中国企业管理研究会年度报告（2017~2018）

中国企业管理研究会　编

“一带一路”与中国企业管理国际化

经济管理出版社
ECONOMY & MANAGEMENT PUBLISHING HOUSE

图书在版编目（CIP）数据

“一带一路”与中国企业管理国际化/中国企业管理研究会编. —北京：经济管理出版社，2018.9
ISBN 978-7-5096-5982-3

Ⅰ.①一… Ⅱ.①中… Ⅲ.①企业管理—国际化—研究—中国 Ⅳ.①F279.23

中国版本图书馆 CIP 数据核字（2018）第 200180 号

组稿编辑：张永美
责任编辑：赵亚荣　高　娅　梁植睿　范美琴　胡　茜
责任印制：黄章平
责任校对：张晓燕　陈　颖

出版发行：经济管理出版社
（北京市海淀区北蜂窝 8 号中雅大厦 A 座 11 层　100038）
网　　址：www. E-mp. com. cn
电　　话：（010）51915602
印　　刷：三河市延风印装有限公司
经　　销：新华书店
开　　本：880mm×1230mm/16
印　　张：38.5
字　　数：1094 千字
版　　次：2018 年 9 月第 1 版　　2018 年 9 月第 1 次印刷
书　　号：ISBN 978-7-5096-5982-3
定　　价：198.00 元

编委会名单

前 言

2017 年 8 月 25 日，“一带一路”与中国企业管理国际化学术研讨会暨中国企业管理研究会 2017 年年会在新疆石河子大学召开。本次会议由中国企业管理研究会、石河子大学、蒋一苇企业改革与发展学术基金联合主办，石河子大学经济与管理学院、《中国工业经济》杂志社、《经济管理》杂志社、石河子大学公司治理与管理创新研究中心、中国社会科学院管理科学与创新发展研究中心、中国社会科学院西部发展研究中心联合承办。来自全国各高校、研究机构、企业、社会机构、杂志社、出版媒体等 74 家单位的 200 多位与会代表以及石河子大学经济与管理学院的部分师生参加了会议。

自 2013 年正式提出以来，“一带一路”倡议这一纵贯古今、统筹陆海、面向全球的世纪蓝图正在逐渐从理念转化为行动、从愿景转变为现实，成为国际社会广泛接受、众多国家积极参与、有效促进全球发展合作的中国方案。“一带一路”倡议的务实实施和全面落地，关键在于实现政策沟通、设施联通、贸易畅通、资金融通、民心相通，载体则是一个个实实在在的重点项目、重大工程和重要行动，而这些项目、工程和行动的最终落地往往需要依托企业，由企业来具体完成，因此企业是“一带一路”建设的重要主体。与此同时，“一带一路”建设的加速推进，也为中国企业“走出去”带来了前所未有的机遇，大大加快了中国企业的国际化进程，显著增强了中国企业的国际竞争力。然而，“走出去”并不一定就能“走成功”，形式上的国际化并不是真正意义上的国际化。真正的国际化不仅是简单的要素国际化、市场国际化，更是企业管理国际化。中国企业要能抓住“一带一路”建设的历史机遇，成为“一带一路”建设的主力军，必须走真正国际化的路子，加快从低阶国际化向高阶国际化转变，将企业管理国际化置于更加突出和更加重要的位置，这也是我们将 2017 年年会主题设定为“一带一路”与中国企业管理国际化的重要原因。

企业管理国际化的目的是实现一流的国际化经营绩效，避免巨大的国际化投入配上低效的资源配置方式。管理存在的必要性是资源的稀缺性，企业管理的根本目的是提升资源的配置效率。企业管理国际化也不例外，其基本着眼点是更好地实现企业开展国际化的动机、目的和初衷，实现更优的国际化经营，主要方式则是通过国际化的计划、组织、指挥、协调和控制来对企业投入于国际化的各种要素、资源和能力进行有效管理，提升它们的开发、配置和利用效率。当前，许多中国企业的国际化经营绩效不佳、遇到重大挫折甚至完全失败，很大程度上是因为这些企业只关注对海外的市场开拓、资源寻求和技术获取，只强调要素、资源和能力的投放，忽视对它们的有效和高效管理，尤其是缺乏国际视野的计划、组织、指挥、协调和控制，其结果必然是走上一条粗放式而非集约化的国际化道路。长此以往，国际化经营不仅不能为企业带来积极的增量贡献，而且可能成为企业痛苦的拖累。

企业管理国际化的前提是树立先进的国际化管理思维，避免国际布局的身躯配上国内思维的头脑。理念决定行为，思维决定高度，企业管理国际化并不是简单地将企业原有的管理思想和理念完全移植于国际市场与国际情境，因为国际化大大增加了企业运营环境的复杂性、动态性和多样性。相反，企业管理国际化要求企业首先需要破除企业“自我中心主义”“国土本位主义”或“民族中心主义”，树立全球视野，培养国际化管理思维，形成符合国际化运行规律和要求的管理理念。国际化管理思维要求企业着眼于全球进行资源配置，更加强调企业管理的异质性、多元性、情境性、透明性、开放性、包容性和可持续性，更加突出对企业运行的国际化语言、国际化文化、国际化认知的有效把握。国际化管理思维意味着企业不能将海外市场、海外机构和海外基地仅仅作为国内的延伸和附属，而应当将整个企业置身于全球视域中，从更加开阔的视角重新定位企业、重新认知企业、重新构想企业、重新管理企业。

企业管理国际化的关键是构建合意的国际化管理系统，避免国际一流的硬件与要素配上较为落后的管理与控制系统。企业管理国际化绝不是某个或几个国际化管理方法与工具的简单应用，也绝不是国内的企业组织模式、管理程序、管理制度在国际市场的简单延伸，相反，企业管理国际化需要企业从组织架构与治理、战略管理、基础管理、职能管理、专项管理等方面构建一套合意的管理系统。这套管理系统不仅与企业国际化运营和发展阶段相匹配，而且与企业的行业属性、跨国公司运营的基本规律相符合，具有先进性、动态性和协同性。国际化管理系统要求企业统筹考虑国内运营与海外运营的复杂关系，立足企业整体视角，着眼海外运营特殊性，系统地对企业管理的对象、内容、程序、制度、流程进行国际化设计，尤其是要对母公司与海外子公司的管理控制、海外子公司的运营管理范式进行科学构建，以实现企业国际化运营的高效性和可控性。

企业管理国际化的重点是运用适用的国际化管理方法，避免全球化与信息化时代的战略部署配上石器时代的工具。工欲善其事，必先利其器。一流的国际化理念、先进的国际化管理系统，最终落地都离不开合适的国际化管理方法。企业管理国际化要求企业必须学习、掌握、运用甚至开发适用于国际化经营的模式类管理方法和工具类管理方法，最大限度地增进国际化管理的有效性，提升国际化管理效果。国际化管理方法意味着企业更需要将管理的科学性和艺术性结合起来，更需要善于对国际一流企业的卓越管理实践进行跟踪、消化、吸收、再创新，更需要把握和探索代表未来方向的新的管理方法与工具。目前，很多中国企业的国际化本身就是在自身的管理方法和管理水平相对落后的背景下进行的，而大量企业采取的又是国内管理方法的海外移植，因此出现了已有管理方法在海外应用的“水土不服”，难以满足国际化运营需要，亟须进行优化和更新。

企业管理国际化的难点是破解特有的国际化管理悖论，避免特殊的国际化经营情境配上一般性的企业国内运营规律。中国企业的国际化相对于发达国家企业的国际化更具复杂性，既具有国际化动机上的双元性，即经济效能动机与战略效能动机，又出现国际市场新进入者的悖论，即新进入者劣势和新进入者优势并存；既要追求在东道国运营的外部合法性，又要在母公司获取内部合法性；既要在全球化战略与本土化战略之间进行平衡，又要在市场拓展型进入模式和资源获取型进入模式之间进行选择。国际化经营的特有情境引发的诸多悖论对企业管理国际化形成挑战，企业管理国际化的难点也在于如何合理地解决这些悖论。这意味着国际化企业管理应当具有相当的“双元管理”属性，中国企业在国际化过程中，应当培养和具备“双元能力”，善于发现悖论要素之间的战略兼容性和运作兼容性，成功运用结构双元、情境双元和领导双元等方式解决国际化运营中的各种管理悖论。

企业管理国际化的支撑是打造优秀的国际化人才队伍，避免最前沿与最陌生的竞争战场配上用落后知识与技能武装的将领和士兵。人既是企业管理的对象，也是实施企业管理的主体，成功的企业管理离不开优秀的管理团队。相对于国内运营，国际市场和海外运营可以说是企业最为前沿和最为陌生的竞争领域，企业管理国际化需要企业拥有一支具备国际化思维、国际化能力和国际化经验的人才队伍，尤其是要打造一支具有高度国际化意识、卓越国际化行为和出众国际化能力的管理团队。中国企业在国际化过程中，既要事先做好国际化人才储备，又要通过“干中学”“学中干”培养国际化人才，同时还应根据需要外源性地引进国际化人才，确保对国际化运营和管理形成强有力的人才支撑。

总之，企业管理国际化并不是单向的，不仅仅局限于对海外市场、海外机构和海外基地的管理，海外运营的先进管理理念、管理方法也能通过反哺的方式，对母公司打造国际一流的企业管理形成逆向溢出效应。中国企业的国际化之路依然任重而道远，中国企业管理国际化的探索和创新更是长路漫漫，但只要我们共同努力，不断前进，就一定会有所收获。

目　录

第一篇　“一带一路”倡议与企业“走出去”

第二篇　“一带一路”背景下的改革创新

第三篇　“一带一路”背景下的管理变革

第一篇　“一带一路”倡议与企业“走出去”

政治战略对企业绩效的影响
——基于合法性视角的分析

刘力钢　张建涛
（辽宁大学商学院，辽宁　沈阳　110036）

［摘　要］政治战略是企业非市场战略中的一种重要战略，在企业面临的环境日益复杂的背景下，政治战略是企业获得竞争优势和实现可持续发展必须考虑的战略选择。企业应该采取相应的政治战略，构建长期稳定的政企关系，获取企业合法性，为企业自身的发展营造良好的外部环境，获取竞争优势。本研究基于合法性视角，构建了企业政治战略与企业绩效的关系模型，实证研究结果表明，企业政治战略均对合法性有显著的影响，合法性对企业市场绩效和非市场绩效产生影响，合法性在政治战略与企业绩效之间起到中介作用。通过对企业政治战略对企业绩效影响机制的探讨，为企业应对复杂的政治环境，改善与地方政府、社会公众及其他利益相关者群体之间的关系提供理论指导。

［关键词］非市场战略；政治关联度；政治战略；企业绩效；合法性

一、问题的提出

随着我国社会民主化进程的加快，企业不会被动地等待政策和法规的出台，而会选择通过一些必要的手段在政府制定政策和法规的过程中主动出击施加影响[1]。面临市场环境的变化，企业战略从竞争战略向非市场战略进行转变。大数据时代，自媒体的新闻时效性越来越强，企业的行为逐渐受到社会公众的关注和监督，消费者对企业的评价对于企业的发展至关重要，企业的商誉已经成为消费者购买与否的重要决策因素[2]。制度理论要求在一定的社会情境中，企业的行为必须符合现行的社会系统，服从合法性机制，符合社会公众认同的价值观，并将合法性分为实用合法性、道德合法性和认知合法性[3]，合法性关系着企业的发展。企业合法性的提高，对于提升组织绩效尤为重要。当前，消费者判断企业是否成功，不再以企业短期投资收益和经营利润为标准，而是更为看重企业的合法性。企业自身的商誉以及与政府的关联程度，成为公众衡量企业合法性的重要指标。因此，企业必须营造一个有利于自身发展的市场环境，而企业通过各种手段影响政府制定并实施政策和法规的过程所采用的策略就称为企业政治战略[4]。Baron D.[5]认为政治战略的制定与实施，是企业战略管理的重要部分，关系到企业的可持续发展，其重要作用日益凸显。而企业政治战略的实施，是企业获取合法性的重要途径。

自 Baron D. 提出企业的政治战略以来，国外学者对于企业政治战略的研究一直是战略管理领域的重点，采用定性或定量的研究方法，取得了一系列的研究成果，并逐渐被引入到中国情境下的企业研究。近年来，学者开始对企业政治战略与绩效的关系进行研究，其逐渐成为战略管理的重点问题。对于企业政治战略与企业绩效关系的“黑箱”，企业的政治战略通过什么机制来影响企业绩效的研究并未完全开展，现有的研究还很有限。大多数学者在对企业政治战略与绩效进行研究时，采用的是企业的经济绩效或者是财务指标等市场绩效来衡量，对于企业通过政治战略的制定与实施所获得的非市场绩效的研究还较少，如获取合法性等，而合法性对于企业绩效的提升至关重要。因此，本文旨在构建企业政治战略与企业绩效的关系模型，以中国企业为研究样本，研究中国转型经济情境下的企业所制定的政治战略类型，进一步探讨企业政治战略与企业绩效的关系，并基于合法性的视角开展企业政治战略对企业绩效的影响机制的研究。

二、研究假设

（一）企业政治战略与企业绩效

关于企业政治战略的研究始于20世纪70年代，主要从经济学、社会学和政治学视角进行研究，并取得了丰富的研究成果。Baysinger B. 和 Hoskisson R. E.[6]通过对企业的外在环境、企业的目标以及实现目标的方式的探讨，提出企业政治战略的分类框架，并将企业政治战略分为3类，即领域管理、领域防御和领域维持。Oberman W. D.[7]根据 Baysinger 的研究成果，结合对外在环境的主要环境和次要环境的划分，提出政治战略的四分类法，即主要—攻击性战略、主动—防御性战略、次要—攻击性战略和次要—防御性战略。Mitchell D. 等[8]通过问卷调查，证明企业进行游说、鼓吹性广告、选民培养等行为，能够显著影响地方政府的立法决策，企业通过实施相应的活动，直接影响政府的立法决策过程，使企业处于有利位置。Meyer J. W. 和 Rowan B.[9]认为，企业自身并不只是追求经济利益的效率机器，处于一个开放的社会环境中，企业的发展必然会受外部环境的影响。企业通过政治战略的实施，能够让企业处于有利地位，获取长久的竞争优势，进而提升企业绩效。Epstein E.[10]研究企业所实施的政治策略与企业绩效的关系，结果表明企业实施政治策略的成本小于其所带来的收益，这些收益包括市场绩效和财务绩效。

Getz K. A.[11]从社会学的利益相关者理论视角出发，阐释政府制定与实施政策过程中，不同的利益相关者所受到的利益冲突，并将企业政治战略分为信息导向战略和压力导向战略。Hillman A.、Zardhooki A. 和 Bierman L.[12]认为企业维持与相关政府部门的关系，对企业的价值水平影响重大，并可能获取特殊的政治利益。Shaffer B.[13]以航空企业为研究对象，研究企业的市场行为与非市场行为对企业绩效的影响，结果表明企业的市场行为与绩效之间并没有显著相关关系，而企业政治行为与绩效有显著的正相关关系。

当前，我国社会还处于经济转型期的后期，政府对市场的干预起到一定的重要作用。中国企业家调查系统调查显示，企业将30%以上的时间和精力用于与政府部门打交道，企业为了影响政府的决策所开展的政治活动非常多[14]。关于企业的政治战略和政治行为与企业绩效的关系研究，现有的研究成果还有差异。但总体来讲，企业实施积极的政治战略，能够得到政府的保护，支持企业的发展[15]。张维迎[1]基于资源基础观的视角，分析企业政治战略行为与企业绩效的关系，认为企业的资源是有限的，并且应该是专用的，而企业的政治战略与政治行为是一种非生产性的行为，会占用企业的生产资源，企业过多地将有限的资源投入到维持政企关系上，必然会影响到企业的运营效率，最终影响到企业的绩效。卫武等[16]通过梳理国外理论文献，根据中国特色的政治体制情境，通过问卷调查和实地调查等方法，研究企业政治策略与企业经济效益的关联，并把中国企业绩效界定为政府资源、政治竞争能力、市场绩效和财务绩效四个方面。

H1：政治战略与企业绩效存在正相关关系。

综上所述，学者们关于企业政治战略与企业绩效关系的研究结果较为一致，从资源基础观理论出发，认为企业政治战略的制定与实施是企业获取关键性资源的主要途径之一，是企业获取竞争优势的重要方式，进而提升企业绩效。但是关于这方面的研究，只是停留在企业的市场绩效或者是财务绩效层面，对于企业的非市场绩效或者是组织绩效层面的研究还处于探索阶段。此外，现有的研究主要集中于企业政治战略与企业绩效的关联性研究，而忽略了企业的合法性、非市场绩效层面的研究。

（二）政治战略与合法性

企业之间的竞争不仅是资源与消费者的竞争，还是政治权利与制度合法性的竞争。已有研究表明，政治权利与制度合法性是企业发展过程中特殊的资源，对企业的发展发挥重要作用[17]。企业通过获取合法性，能够较容易地获取企业发展过程中所需要的重要资源，这种重要资源一般是有限的、排他的。Pfeffer J. 和 Salancik G. R.[18]通过研究发现，合法性显著影响企业之间的资源竞争，即合法性较高的企业能够获得更多的社会荣誉，获取更多的利益相关者的认可与支持，资源竞争能力增强，从而提升企业绩效。

Meznar M. B. 和 Nigh D.[19]从利益相关者理论出发，认为企业与利益相关者之间不仅存在着法律意义上的显性合约关系，还存在着隐性的合约关系。Ruf B. M. 等[20]认为企业与利益相关者之间的合约关系是企业合法性与企业绩效关系的基础，企业通过遵守利益相关者之间存在的显性合约关系，能够获得额外的潜在收益，如提高企业的声誉、增加政府的支持力度、吸引外在投资者和提高员工归属感等。

H2：政治战略与合法性存在正相关关系。

（三）合法性与企业绩效

在我国经济的转型发展过程中，政府对于企业的发展影响重大，关键性资源都掌握在政府手中，行政审批多，而且政府的行为尚不规范，距离依法办事市场环境的形成还有一定差距[15]。因此，企业维持与政府的积极关系是企业获取合法性的重要途径。我国长期形成的“人情”社会，更是为企业政治战略的实施提供了相应的环境。

企业合法性对企业市场绩效的影响研究。Cohen B. D. 和 Dean T. J.[21]通过对上市公司 IPO 值进行研究，结果发现：高管团队合法性会影响公司的 IPO 值，企业和产业合法性会影响高新技术企业的资本市场价值，媒体合法性会影响企业 IPO 值，环境合法性能降低组织的股市非系统风险，企业模仿合法性参照对象会导致低绩效（ROA）。

企业合法性对企业非市场绩效的影响研究。Lee J. N. 和 Kim Y. G.[22]认为转型经济情境下的法律体系还处于不完善阶段，企业更倾向于利用自身的人际关系网络作为企业经营活动中的重要部分，这在一定程度上增加了企业的交易成本。Ashforth B. E. 和 Gibbs B. W.[23]认为企业的合法性能够吸引选民的支持。Tang Z. 和 Tang J.[24]运用合法性理论，以中国私营企业家为研究对象，研究发现中国企业家的行为与合法性有关，明晰了中国企业获取合法性的策略。从战略视角来看，合法性被视为一种帮助企业获得其他关键性资源（技术、人力资本等）的重要资源，企业是可以进行有目的的争取的，进而对企业绩效产生正向影响。

H3：合法性与企业绩效存在正相关关系。

合法性作为企业政治战略的理论基础，能够很好地解释企业政治战略与企业绩效之间的影响机制。张建君和张志学[25]仅仅从定性的研究层面，研究企业政治战略的不同，通过影响企业成本、收益及合法性间接影响企业的竞争优势，缺乏定量思考。从战略管理的视角来看，企业政治战略理论与实证的研究都是基于企业实施的政治战略对企业绩效产生影响。本文通过对我国企业政治战略、合法性及其对绩效的影响进行调查，探讨企业政治战略与绩效之间关系的影响机制。

企业的政治战略是企业获取竞争优势的重要途径，能够提升企业的绩效水平。本文研究企业可能采取的政治战略，获得相应的企业绩效。企业所采取的不同的政治战略，会导致不同的企业绩效。依据资源基础理论，企业制定与实施政治战略，能够获取相应的合法性资源，进而对企业的绩效水平产生影响。

H4：合法性在政治战略与企业绩效之间起中介作用。

本文初步建立企业政治战略、企业合法性与企业绩效之间的关系模型，即企业越采取政治战略，越能够获取合法性资源，企业的市场绩效和非市场绩效也就越好。

三、研究设计与模型检验

（一）问卷设计与数据收集

本文的研究变量涉及企业政治战略、合法性和企业绩效。在阅读文献的基础上，根据现有的研究成果设计问卷。本文所涉及的量表主要来自于现有的研究成果，设计调查问卷，结合本文的合法性研究视角和研究实际再进行必要的修正。问卷主要包括企业基本信息、政治战略测量量表、企业绩效测量量表和企业合法性测量量表四部分。测量量表均采用李克特5点式量表，1代表"没有"，2代表"很少"，3代表"有时"，4代表"经常"，5代表"总是"。

本文主要选择了某重点高校的EMBA和MBA学员，通过课堂现场发放与网络在线填写的方式进行问卷调查。问卷共发放200份，课堂现场回收115份，网络在线回收42份，回收率78.5%。剔除填写不完整、选择一致性较高和受访者为机关事业单位人员等方面的无效问卷后，获得有效问卷115份，有效回收率为73.25%。

（二）变量测量与样本检验

在信度方面，本文研究以Cronbach's α系数来验证测量变量的信度[26]。在效度方面，本文主要采用主成分分析法来验证。研究设计的变量包括企业政治战略、企业绩效、企业合法性。

1. 企业政治战略测量

企业通过影响政府制定并实施政策和法规，从而为企业自身营造良好发展环境的策略即为企业政治战略[4][16]。本文的政治战略测量量表主要来自于现有较为成熟的测量量表[27]，结合访谈效果，最后确定18个变量题项对企业政治战略进行度量。

为了验证企业政治战略测量量表的信度，本文采用SPSS23.0中的可靠性分析，以Cronbach's α值为依据，对测量量表进行内部一致性检验。检验结果表明，测量变量均具有良好的信度，整体的Cronbach's α值达到0.887，说明问卷信度良好。

本文应用SPSS23.0软件对数据进行检验和统计分析，效度检验结果见表1。KMO值达到0.792，大于0.5，Bartlett的球形度检验近似卡方为1031.842，自由度为153，显著性Sig.值为

0.000，通过了效度检验，说明问卷适合进行因子分析。本文采用主成分分析法，并以特征值大于1、因子载荷大于0.5为标准抽取公因子。剔除4个不符合标准的变量以后，对剩余的18个变量进行因子分析，结果见表1。

表1 KMO和Bartlett的球形检验

取样足够度的 Kaiser-Meyer-Olkin 度量		0.792
Bartlett 的球形度检验	近似卡方	1031.842
	df	153
	Sig.	0.000

结果显示（见表2），共提取了5个特征值大于1的公因子，各公因子的Cronbach's α值系数在0.717~0.866区间，各公因子内部一致性良好，累计方差贡献率达到69.867%。其中，直接参与战略的方差贡献率达到35.348%，其他政治战略因子的贡献率都较小。根据测量变量的含义，本文将5个公因子分别命名为“直接参与战略”“信息咨询战略”“政府经营战略”“政府关联战略”和“代言人战略”。因子分析结果所示与以往的研究结果基本一致，从而证实了本文对企业政治战略分类的科学性。

表2 企业政治战略的信度及因子分析

企业政治战略	变量	因子载荷系数	公因子方差	Cronbach's α值	特征值	方差贡献率（%）
直接参与战略	Q2：企业中有人担任政府决策咨询顾问或委员	**0.802**	0.746	0.836	6.363	35.348
	Q3：企业中有人担任政府官员	**0.753**	0.682			
	Q5：企业直接参与政府部门制定政策或法规	**0.730**	0.638			
	Q1：企业中有人担任政协或人大代表	**0.682**	0.671			
	Q4：企业中有人担任行业协会会员	**0.607**	0.666			
信息咨询战略	Q10：企业主动向政府官员了解与行业有关的政策和法规信息	**0.836**	0.808	0.866	2.352	13.069
	Q11：企业主动向政府官员了解与自身利益有关的政策和法规信息	**0.812**	0.803			
	Q9：企业针对影响企业的政策制定问题，向政府提交行业研究报告	**0.693**	0.773			
政府经营战略	Q17：企业经常宣传党和政府的方针政策	**0.847**	0.792	0.821	1.570	8.725
	Q15：企业经常做适合政治环境的事情，如组建党支部和党小组等	**0.804**	0.756			
	Q18：企业经常向政府汇报工作	**0.592**	0.628			
政府关联战略	Q13：企业做政府鼓励的事情，如雇佣下岗职工等	**0.819**	0.705	0.717	1.230	6.833
	Q14：企业做政府推荐的事情，如兼并或并购亏损企业等	**0.678**	0.576			
	Q12：企业成为当地的知名企业和纳税大户	**0.611**	0.530			
	Q16：企业进行有利于政府政绩的投资	**0.508**	0.520			

续表

企业政治战略	变量	因子载荷系数	公因子方差	Cronbach's α 值	特征值	方差贡献率（%）
代言人战略	Q7：企业通过员工的家人、朋友找到政府官员，希望他们为企业说话	**0.862**	0.800	0.796	1.061	5.892
	Q6：企业直接找到熟悉的政府官员，希望他们为企业说话	**0.812**	0.779			
	Q8：企业直接找到参与决策的非政府官员，希望他们为企业说话	**0.793**	0.702			
项目总体信度						0.887
累计方差贡献率（%）						69.867

（1）直接参与战略由五个变量构成。根据测量变量的均值大小来判断政治战略测量变量的策略使用情况。其中，企业中有人担任行业协会会员（Q4）的政治策略使用较多，企业中有人担任政协或人大代表（Q1）的政治策略使用适中，而企业中有人担任政府决策咨询顾问或委员（Q2）、企业中有人担任政府官员（Q3）、企业直接参与政府部门制定政策或法规（Q5）等直接参与策略使用较少。通过分析发现，目前企业的直接参与战略还处于较为低级的水平，较多的仅仅是通过成为行业协会的成员或者聘任政协委员和人大代表的策略来影响政府的决策过程，而直接担任政府决策咨询委员和参与政府部门决策的策略较少。这可能与我国现行的政治体制有关，有较多的政协委员和人大代表都来自于企业，企业拥有一些政治头衔可以使企业拥有一定分量的话语权，能够反馈意见。此外，研究结果也表明企业内的人大代表所提议案中有60%与企业自身的利益有关，这也加大了企业追求政治头衔的动力。

（2）信息咨询战略由三个变量构成。其中，企业主动向政府官员了解与行业有关的政策和法规信息（Q10），企业主动向政府官员了解与自身利益有关的政策和法规信息（Q11），企业针对影响企业的政策制定问题，向政府提交行业研究报告（Q9）三种信息咨询策略使用适中。通过分析发现，目前企业的信息咨询战略主要是为了从政府的决策过程中获取信息，这些信息包括与自身利益相关的信息，还包括与行业发展相关的信息。企业通过信息咨询战略，打通企业与政府的沟通渠道，虽然信息咨询战略的使用目前还处于适中水平，但沟通渠道已经较为畅通。

（3）政府经营战略由三个变量构成。其中，企业经常宣传党和政府的方针政策（Q17）、企业经常做适合政治环境的事情，如组建党支部和党小组等（Q15）、企业经常向政府汇报工作（Q18）三种政府经营战略的策略使用较多。通过分析表明，企业使用政府经营战略的策略较为频繁，主要是因为政府作为权力机关，企业的经营活动受到政府的监督和管理，必须要与政府打交道。此外，对于国有企业来讲，企业的管理者大多是政府任命的，企业的管理者必须向政府请示或咨询相关的重大决策；对于非国有企业来讲，通过与政府的沟通，能够提升企业的合法性。企业的政府经营战略，通过维持与政府的良好关系，以期影响政府的决策过程，最终营造有利于企业的发展环境。

（4）政府关联战略由四个变量构成。其中，企业做政府鼓励的事情，如雇佣下岗职工等（Q13），企业成为当地的知名企业和纳税大户（Q12）两种政治策略使用较多；企业做政府推荐的事情，如兼并或并购亏损企业等（Q14），企业进行有利于政府政绩的投资（Q16）两种政治策略使用适中。企业采取政府关联战略的政治策略，通过经营活动，维持与政府的关系。一方面，通过做政府推荐的事情，很容易获取政府的补贴与扶持政策；另一方面，通过雇佣下岗职工和做大做强企业自身，能够获取社会公众的支持，提升企业自身的品牌形象。实践证明，仅仅依靠企业的自由发展或者仅仅靠政府的力量，都无法推进经济的发展，只有加强企业与政府的关联，企业才能发展壮大。

（5）代言人战略由三个变量构成。其中，企业通过员工的家人、朋友找到政府官员，希望他们为企业说话（Q7），企业直接找到熟悉的政府官员，希望他们为企业说话（Q6），企业直接找到参与决策的非政府官员，希望他们为企业说话（Q8）三种政治策略使用较少。这说明，目前企业的代言人战略还未成为企业普遍选择的政治策略。

本文依据卫武（2006）的研究方法，将政治战略的实施情况按照“均值”的大小，分为“较少（均值<2.5）”“适中（2.5≤均值<3）”“较多（均值≥3）”三种情况，具体见表3。

表3 企业政治战略实施情况

政治战略	变量使用情况		
	较少（均值<2.5）	适中（2.5≤均值<3）	较多（均值≥3）
直接参与战略	Q2、Q3、Q5	Q1	Q4
信息咨询战略		Q9、Q10、Q11	
政府经营战略			Q15、Q17、Q18
政府关联战略		Q14、Q16	Q12、Q13
代言人战略	Q6、Q7、Q8		

分析结果表明，目前企业的政治战略中，政府经营战略以及直接参与战略中的“企业中有人担任行业协会会员（Q4）”和政府关联战略中的“企业成为当地的知名企业和纳税大户（Q12）”“企业做政府鼓励的事情，如雇佣下岗职工等（Q13）”是企业使用最多的策略；而信息咨询战略以及直接参与战略中的“企业中有人担任政协或人大代表（Q1）”和政府关联战略中的“企业做政府推荐的事情，如兼并或并购亏损企业等（Q14）”“企业进行有利于政府政绩的投资（Q16）”等政治策略使用适中；代言人战略以及直接参与战略中的“企业中有人担任政府决策咨询顾问或委员（Q2）”“企业中有人担任政府官员（Q3）”“企业直接参与政府部门制定政策或法规（Q5）”等政治策略使用较少。需要说明的是，通过因子分析得出的政治战略，并不是说企业所使用的政治策略是单一的，就目前来看，企业多数采用的是政治战略组合模式，也即同时采用多种类型的政治战略，从而使企业获取最佳的资源配置，形成对企业最有利的发展环境。

2. 企业绩效测量

在提取因子之前，本文首先对企业绩效的测量量表进行检验，结果如表4所示：量表的KMO值为0.832，Bartlett球形检验的近似卡方值达到450.815，自由度df为28，显著性水平P值为0.000，表明适合进行因子分析。

表4 KMO和Bartlett的球形检验

取样足够度的 Kaiser-Meyer-Olkin 度量		0.832
Bartlett 的球形度检验	近似卡方	450.815
	df	28
	Sig.	0.000

企业绩效的测量。企业的绩效不仅受到企业战略选择的影响，而且还受到分析层次的影响，本文基于企业的非市场战略及合法性视角来研究企业绩效。关于企业绩效的测量研究，主要包括相对绩效和绝对绩效的测量方法。采用绝对绩效的测量方法，虽然能够如实地呈现出企业的真实绩效，市场绩效可以采用绝对绩效指标来测量，但对于组织绩效、非市场绩效等内容的测量就很难用绝对指标来测量，因此，本文采用相对绩效的测量方法对企业的绩效进行测量，分析结果如表5所示。

表5　企业绩效的信度及因子分析

企业绩效	变量	因子载荷系数	公因子方差	Cronbach's α 值	特征值	方差贡献率（%）
市场绩效	企业的投资回报率得到提高	**0.891**	0.814	0.879	2.942	36.781
	企业的销售额得到增加	**0.872**	0.777			
	企业的市场份额得到增加	**0.803**	0.695			
	企业的销售利润得到增加	**0.753**	0.680			
非市场绩效	企业获得优惠的政策支持，如税收优惠等	**0.851**	0.765	0.818	2.652	33.155
	企业的研究与开发得到政府的扶持	**0.789**	0.651			
	企业获得政策与法律方面的机会，如审批手续简化等	**0.759**	0.673			
	企业获得政府的资金支持增加	**0.728**	0.539			
项目总体信度						0.860
累计方差贡献率（%）						69.936

从表5可以看出，因子分析共提取两个公因子，其Cronbach's α值分别为0.879和0.818，说明公因子具有很好的信度，其累计方差贡献率达到69.936%，题项的因子载荷系数都在0.7以上，收敛度较高，信度达到0.86，问卷测量具有很好的构建信度和效度。根据问卷题项的内容及含义，结合相关的文献，本文将两个公因子分别命名为“市场绩效”和“非市场绩效”。

3. 企业合法性测量

本文对企业合法性量表进行因子分析，结果样本KMO值为0.853，Bartlett球形检验值的近似卡方为466.337，自由度df为21，显著性水平的P值为0.000，均表明测量变量适合进行因子分析（见表6）。

表6　KMO和Bartlett的球形检验

取样足够度的 Kaiser-Meyer-Olkin 度量		0.853
Bartlett 的球形度检验	近似卡方	466.337
	df	21
	Sig.	0.000

合法性的测量。根据前文的文献梳理，本文借鉴 Epstein E. 等学者[10][19]对于合法性的测量，采用了8个测量题项度量企业的合法性，分析结果如表7所示。

表 7 企业合法性的信度及因子分析

变量		因子载荷系数	公因子方差	Cronbach's α 值	特征值	方差贡献率（%）
企业合法性	媒体经常关注企业，并给予企业正面报告	**0.832**	0.692	0.904	4.470	63.859
	企业获得较多的好评	**0.826**	0.683			
	企业员工获得较强的组织归属感	**0.826**	0.682			
	企业获得政府授予的各种荣誉称号	**0.799**	0.639			
	企业获得社会公众、政府的支持	**0.786**	0.618			
	企业在行业内获得了较多的尊重	**0.761**	0.580			
	企业的行为使得社会公众获得实惠	**0.759**	0.577			
项目总体信度						0.904

从表 7 可以看出，因子分析共提取 1 个公因子，其 Cranach's α 值为 0.904，说明公因子具有很好的信度，问卷内部一致性良好，其累计方差贡献率达到 63.859%，且题项的因子载荷系数都在 0.5 以上，收敛度较高，信度达到 0.904，问卷测量具有很好的内部一致性。

（三）模型检验

运用 SPSS23.0 进行相关分析，研究结果如表 8 所示。

表 8 相关分析

	直接参与战略	信息咨询战略	政府经营战略	政府关联战略	代言人战略	合法性
市场绩效	0.156*	0.215*	−0.210*	0.393**	0.069	0.247*
	0.049	0.021	0.038	0.000	0.061	0.042
非市场绩效	0.287**	0.176	0.181*	0.406**	0.218*	0.166**
	0.002	0.059	0.047	0.000	0.035	0.000
合法性	0.189*	0.299**	0.359**	0.508**	0.183*	1
	0.043	0.001	0.000	0.000	0.042	

注：** 表示在 0.01 级别（双尾）相关性显著；* 表示在 0.05 级别（双尾）相关性显著。

从表 8 中的结果可以看出，企业直接参与战略、信息咨询战略、政府关联战略与企业市场绩效存在显著的正相关关系，政府经营战略与企业市场绩效存在显著的负相关关系，代言人战略与企业市场绩效不存在显著关系；企业直接参与战略、政府经营战略、政府关联战略、代言人战略与企业非市场绩效之间存在显著的正相关关系，信息咨询战略与企业非市场绩效之间关系不显著；企业直接参与战略、信息咨询战略、政府经营战略、政府关联战略以及代言人战略与合法性均存在显著的正相关关系，合法性与企业市场绩效和非市场绩效之间均有显著的正相关关系。

本文涉及的变量较多，关系较为复杂，在数据分析过程中采取多元回归等传统的方法难以处理。因此，根据各因子变量及其综合得分，本文采用 Amos21.0 软件对所设计的关系模型进行验证，检验关系模型涉及的假设是否成立。如果这些假设成立，则说明企业政治战略、合法性与企业绩效之间的假设得以验证。

（1）理论模型拟合优度。理论模型的拟合优度是对样本数据是否支持理论假设的评价。通过

Amos21.0 软件的统计分析，模型的自由度 df 为 511，卡方值为 1006.637，卡方值与自由度的比值即 χ^2/df 为 1.97，而 GIF、AGIF、NFI、IFI、CFI 都大于 0.9，RMSEA 小于 0.06，表明本文提出的模型的拟合度较好，可信度较高，模型的各项拟合指标都较好，企业政治战略、合法性与企业绩效之间存在结构性关系（见表 9）。

表 9　模型拟合度测量指标

拟合度	χ^2	df	χ^2/df	GIF	AGIF	NFI	IFI	CFI	RMSEA
拟合值	1006.637	511	1.970	0.958	0.962	0.945	0.926	0.912	0.058

（2）统计显著性检验。判断显著性检验用于判断变量之间的相关关系，变量之间的路径系数通过显著性检验，说明变量之间显著相关，不通过说明不相关。企业政治战略、合法性与企业绩效，各变量之间的路径系数及显著性水平如图 1、图 2 所示。

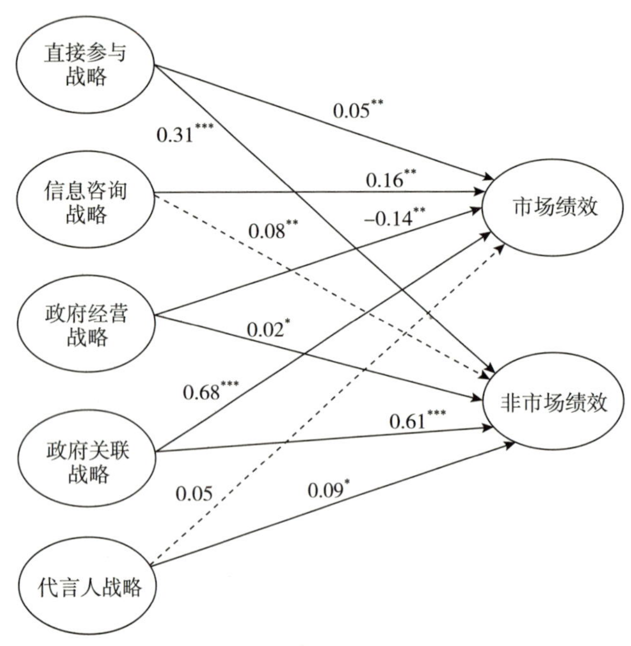

图 1　企业政治战略与企业绩效关系模型

（3）假设验证情况分析。通过对图 1 进行分析，得出如下结果：

企业政治战略与企业绩效。企业直接参与战略与企业市场绩效和非市场绩效有着显著的正相关关系，路径系数分别为 0.05 和 0.31，说明当企业实施直接参与的政治战略时，能够对企业市场绩效和非市场绩效产生显著的正向影响，并且对企业非市场绩效的影响大于企业市场绩效。企业信息咨询战略与企业市场绩效有着显著的正相关关系，路径系数为 0.16，与非市场绩效正相关关系不显著，说明企业实施信息咨询战略能够提升企业的市场绩效，而对非市场绩效影响不大。企业政府经营战略与企业市场绩效有着显著的负相关关系，与企业非市场绩效有着显著的正相关关系，路径系数分别为-0.14 和 0.02，说明当企业实施政府经营战略时，对企业的市场绩效产生负向影响，而对非市场绩效产生正向影响。企业政府关联战略与企业市场绩效和非市场绩效有着显著的正相关关系，路径系数分别为 0.68 和 0.61，说明当企业实施政府关联战略时，能够对企业市场绩效和非市场绩效产生显著的正向影响；企业代言人战略与企业非市场绩效有着显著的正

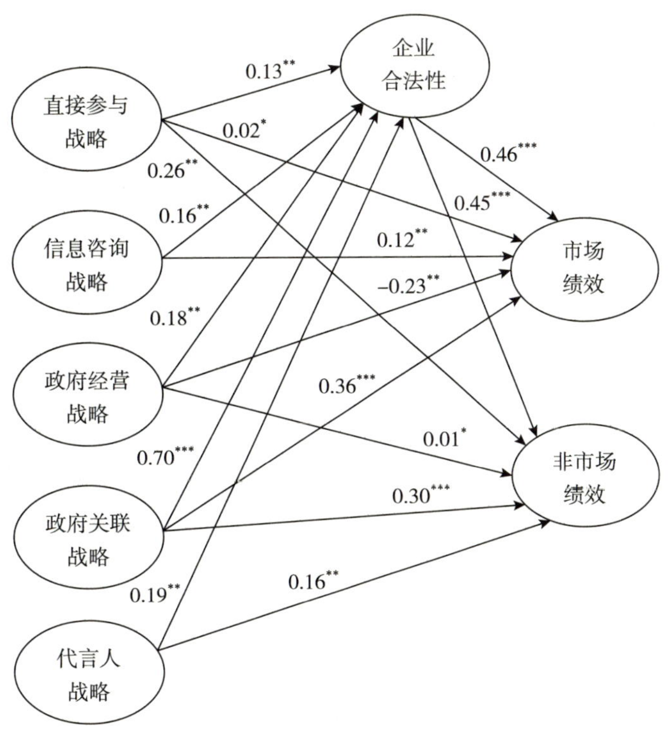

图 2　引入合法性变量的关系模型

相关关系，路径系数为 0. 09，与市场绩效正相关关系不显著，说明企业实施代言人战略时，能够显著提升企业的形象，获得非市场绩效，而对企业的市场绩效没有显著影响。

数据分析结果如图 2 和表 10 所示，模型拟合度较好。对比分析结果表明，合法性在政治战略与企业绩效之间起中介作用。具体来讲，企业合法性在企业直接参与战略、信息咨询战略、政府经营战略、政府关联战略与企业绩效之间起部分中介作用，而在企业直接参与战略、政府经营战略、政府关联战略、代言人战略与企业非市场绩效之间起部分中介作用。

表 10　模型拟合度测量指标

拟合度	χ^2	df	χ^2/df	GIF	AGIF	NFI	IFI	CFI	RMSEA
拟合值	1089. 586	516	2. 112	0. 953	0. 944	0. 937	0. 902	0. 901	0. 059

四、研究结论与管理启示

（一）研究结论

本文基于合法性视角，研究了企业政治战略与企业绩效的关系及其关联性，探讨了合法性的中介作用，得到如下结论：

（1）将企业政治战略划分为直接参与、信息咨询、政府经营、政府关联和代言人战略 5 种类型的战略。对表 3 进行分析可以发现，企业使用最多的政治战略是政府经营战略，其次是政府关联战略和信息咨询战略，使用较少的是直接参与战略和代言人战略。

（2）企业政治战略与企业绩效之间的关联性。本文通过问卷调查数据，运用结构方程模型，验证本文所提出的研究假设，得到了数据支持，模型的拟合优度指标较好。其中，企业直接参与战略、信息咨询战略、政府关联战略对企业市场绩效有显著的正向作用，说明企业采取该种类型的政治战略能够提升企业的市场绩效；代言人战略对企业市场绩效没有显著影响，说明企业采取该种类型的政治战略对企业的市场绩效没有显著的提升作用，消费者对于政府代言的企业并不感兴趣；而政府经营战略对企业市场绩效有显著的负向作用，说明企业采取政府经营战略会占用企业的生产性资源，影响企业的生产效率，这可能与研究数据为截面数据有关，政府经营战略的实施短期内会大量占用企业的资源，这对企业的市场绩效不利。企业直接参与战略、政府经营战略、政府关联战略和代言人战略对企业的非市场绩效有显著的正向作用，而企业信息战略对企业非市场绩效无影响。

（3）合法性的中介作用。通过研究发现，模型引入合法性变量后，模型的拟合优度指标更好。企业直接参与战略、信息咨询战略、政府经营战略、政府关联战略和代言人战略均对企业合法性有显著的影响，而合法性又直接对企业绩效产生影响，在企业实施政治战略提升企业市场绩效的过程中，合法性起到中介作用。企业合法性的获取，主要是通过与政府的良好关系来进行。因此，企业必须采取积极的政治战略，构建长期健康的政企关系，从而获取企业发展的关键性资源，最终有利于企业绩效的提升。

（二）管理启示

（1）从研究结果来看，企业政治战略的实施都能够使企业的绩效获取一定的竞争优势，不管是企业的市场绩效还是企业的非市场绩效，均有显著的促进作用。此外，本文得出企业实施的政治战略，一般不是单一政治战略的实施，而是各种政治战略组合的实施，即同时实施多种政治战略，营造有利于自身企业发展的环境，进而影响地方政府的决策。企业实施政治战略，从短期效果来看，能够提升企业的市场绩效和非市场绩效；从长期效果来看，能够通过营造有利于企业发展的外部环境，使地方政府在进行相关行业法律法规的决策时，必然会考虑企业的诉求，最终企业能够获得长期的竞争优势。在我国特殊国情的情景下，国有企业因为其特殊性，拥有天然的政企关系资源，而民营企业尤其是中小型企业，可以实施政治战略，构建积极健康的政企关系，为企业自身的发展开辟道路。

（2）我国转型经济背景下，企业在经营管理过程中，必然要面对动态的社会环境，尤其是地方的政治生态环境。虽然目前的市场经济日臻成熟，地方政府对于企业的作用有所削弱，但与发达国家的成熟市场经济环境还存在一定的差距，我国地方政府掌握着关键性的资源，对于企业的发展尤为重要，这就导致企业重视与地方政府的关系，采取积极的政治战略向地方政府靠近，从而维持企业与政府的关系资源。但是，企业间的竞争最终还是要回归到市场环境，从企业自身的经营合法角度出发，一定要保证企业与地方政府的合法“距离”，不要过度依赖企业的政治战略能力，而忽视企业自身的市场竞争能力。

（3）我国企业在实施政治战略的过程中，逐渐探索出适用于企业自身发展和地方政府的政治战略组合模式。企业面临多变的外部环境，不可能使用单一的政治战略，实施重复单一的政治战略往往达不到企业的预期绩效。虽然企业实施多种类型的政治战略必然会占用自身额外的资源，但是在进行政治战略整合过程中，企业能够将企业的资源进行有效整合，使企业的冗余资源得到高效利用，发挥资源的效能。通过政治战略的组合化实施，充分利用企业的资源优势，构建长期健康的政企关系，为企业自身的发展争取更加有利的外部环境。

（4）重视合法性的中介作用。企业实施政治战略，应该着重关注企业实施政治战略过程中企业合法性的变化。企业合法性的提升，不仅能够获得消费者的认可，而且能够增强企业员工的归属感和自豪感，提升员工的忠诚度和工作效率。目前，自媒体发展迅速，公众对于企业的发展更为关注，信息传播更加便捷。企业实施多种类型的组合政治战略，能够获得媒体的正面报道，获得相关的声誉，使企业获得社会及公众的认可，提升企业的合法性，扩大企业的知名度和品牌影响力，进而有利于企业绩效的提升。

参考文献

[1] 张维迎．企业寻求政府支持的收益、成本分析［J］．新西部，2001（8）：55-56.

[2] 李德轩，孙道军．企业政治战略研究的综述与展望［J］．经济社会体制比较，2016（5）：198-207.

[3] Schuman M. Managing Legitimacy：Strategic and Institutional Approaches [J]. Academy of Management，1995（20）.

[4] Hillman A.，Hitt M. Corporate Political Strategy Formulation：A Model of Approach，Participation and Strategy Decisions [J]. Academy of Management Review，1995（24）.

[5] Baron D. Integrated Strategy：Market and Non-market Component [J]. California Management Review，1995（37）.

[6] Baysinger B.，Hoskisson R. E. The Composition of Boards of Directors and Strategic Control：Effects on Corporate Strategy [J]. Academy of Management Review，1990，15（1）：72-87.

[7] Oberman W. D. A Framework for the Ethical Analysis of Corporate Political Activity [J]. Business & Society Review，2004，109（2）：245-262.

[8] Mitchell D.，Hansen W. and Jepen E. The Determinants of Domestic and Foreign Corporate Political Activity [J]. Journal of Politics，1997（59）：1096-1113.

[9] Meyer J. W.，Rowan B. Institutionalised Organisations：Formal Structures as Myth and Ceremony [J]. American Journal of Sociology，1977，83（2）：340-363.

[10] Epstein E. The Corporation in American Politics [M]. Englewood Cliffs，NJ：Prentice Hall，1969.

[11] Getz K. A. Research in Corporate Political Action Integration and Assessment [J]. Business & Society：Founded at Roosevelt University，1997，36（1）：32-72.

[12] Hillman A.，Zardkoohi A.，and Bierman L. Corporate Political Strategies and Firm Performance：Indications of Firm-Specific Benefits from Personal Service in the US Government [J]. Strategic Management Journal，1999（20）.

[13] Shaffer B. Firm-level Responses to Government Regulation：Theoretical and Research Approaches [J]. Journal of Management：Official Journal of the Southern Management Association，1995，21（3）：495-514.

[14] 中国企业家调查系统．企业经营者对宏观经济形势及改革热点的判断、评价和建议——2009年中国企业经营者问卷跟踪调查报告［J］．管理世界，2009（12）：79-91.

[15] 张建君．政府权力、精英关系和乡镇企业改制——比较苏南和温州的不同实践［J］．社会学研究，2005（5）：92-124+244-245.

[16] 卫武，田志龙，高海涛．企业政治绩效评价系统模型研究［J］．外国经济与管理，2004，26（5）：13-25.

[17] Carroll G. R.，Hannan M. T. Density Dependence in the Evolution of Populations of Newspaper Organizations [J]. American Sociological Review，1989，54（4）：524-541.

[18] Pfeffer J.，Salancik G. R. The External Control of Organizations：A Resource Dependence Approach [J]. Social Science Electronic Publishing，2003，23（2）.

[19] Meznar M. B.，Nigh D. Buffer or Bridge? Environmental and Organizational Determinants of Public Affairs Activities in American Firms [J]. Academy of Management Journal，1995，38（4）：975-996.

[20] Ruf B. M.，Muralidhar K. Robea M. brown，Jay J. Janney，Karen Paul. An Empirical Investigation of the Relationship between Change in Corporate Social Performance and Financial Performance：A Stakeholder Theory Perspective [J]. Journal of Business Ethics，2001，32（2）.

[21] Cohen B. D., Dean T. J. Information Asymmetry and Investor Valuation of IPOs: Top Management Team Legitimacy as a Capital Market Signal [J]. Strategic Management Journal, 2005, 26 (7): 683-690.

[22] Lee J. N., Kim Y. G. Effect of Partnership Quality on is Outsourcing Success: Conceptual Framework and Empirical Validation [J]. Journal of Management Information Systems, 1998, 15 (4): 29-61.

[23] Ashforth B. E., Gibbs B. W. The Double-Edge of Organizational Legitimation [J]. Organization Science, 1990, 1 (2): 177-194.

[24] Tang Z., Tang J. Stakeholder-firm Power Difference, Stakeholders' CSR Orientation, and SMEs' Environmental Performance in China [J]. Journal of Business Venturing, 2012, 27 (4): 436-455.

[25] 张建君，张志学. 中国民营企业家的政治战略 [J]. 管理世界，2005 (7): 94-105.

[26] 吴明隆. SPSS 统计应用实务 [M]. 北京：科学出版社，2003.

[27] 熊会兵，肖文韬，邓新明. 企业政治战略与经济绩效：基于合法性视角 [J]. 中国工业经济，2010 (10): 138-147.

“丝绸之路经济带”（中国段）城市群旅游空间网络结构研究

王莉莉[1] 肖雯雯[2]

（1. 山东建筑大学商学院，山东 济南 250100；

2. 山东大学管理学院，山东 济南 250100）

［摘 要］基于旅游活动，城市之间形成空间相互作用，可以简化为以城市为节点、以城市间空间关联为边的城市群空间网络。本文提出了城市群旅游空间网络建模方法及衡量网络结构的指标，构建了西北五省区和西南四省市区城市群旅游空间网络，并利用网络指标研究基于旅游活动的城市空间关联结构。研究发现：①研究“丝绸之路经济带”沿线旅游城市之间的关联关系，有助于制定多点支撑、多元带动的旅游城市群，促进“丝绸之路经济带”沿线地区旅游业快速发展，提升区域经济发展实力。②省会城市、自然资源丰富的城市和交通枢纽城市是联通“丝绸之路经济带”旅游网络的重要节点，在推进“丝绸之路经济带”旅游城市建设过程中，应充分发挥这些城市的聚集和带动作用，促进“丝绸之路经济带”沿线旅游城市发展。③本文设计的方法和指标为制定“丝绸之路经济带”旅游城市发展战略和战略实施路径提供了新的方法和工具。

［关键词］“一带一路”；“走出去”；城市群；旅游空间；网络结构

一、引言

春秋战国时期，古代中国就与欧亚大陆其他国家存在着贸易活动（南宇，2012），汉代以后，这种贸易活动的规模和范围不断扩大，成为连接亚、欧、非几大文明和贸易的人文交流通路，成为东西方文化与经济交流的桥梁。1877 年，德国地理学家李希霍芬（F. von Richthofen）将其称为“丝绸之路”。自 20 世纪 90 年代以来，以“丝绸之路”冠名的各种战略不断提出，如联合国的“丝绸之路复兴”计划、美国的“新丝绸之路”计划、日本的“丝绸之路外交”和俄罗斯的“新丝绸之路”等。秉承“和平合作、开放包容、互学互鉴、互利共赢”的丝绸之路精神，顺应全球经济格局时代变革的要求，2013 年国家主席习近平先后提出共建“丝绸之路经济带”和“21 世纪海上丝绸之路”重大倡议（简称“一带一路”倡议）。随后国家发展改革委、外交部和商务部联合发布《推动共建丝绸之路经济带和 21 世纪海上丝绸之路的愿景与行动》，系统阐述了“一带一路”倡议的共建原则、框架思路、合作重点、合作机制、战略定位等[1]。

近些年，我国旅游业快速发展，已成为一个多方位、多层面、多维度的现代化产业，具有开放性强、关联度高、辐射面广等特点[2]，已成为“丝绸之路经济带”（中国段）所包括的西北五省区（陕西、宁夏、青海、新疆、甘肃）和西南四省市区（重庆、四川、云南、广西）的优势产业或支柱产业。《推动共建丝绸之路经济带和21世纪海上丝绸之路的愿景与行动》明确指出要加强旅游合作，扩大旅游规模，联合打造具有丝绸之路特色的国际精品旅游线路和旅游产品等。在《“丝绸之路”国际旅游——乌鲁木齐宣言》中指出，旅游业带动性强、区域壁垒少、民间来往多，通过推动“丝绸之路经济带”旅游合作，以旅游业带动人流、物流和资金流，有利于全面带动丝绸之路经济带全方位、多领域合作。

“丝绸之路经济带”（中国段）所包含的九省市区历史悠久、区域跨度大、拥有众多品质较高的旅游资源，具有良好的旅游发展基础[3]。同时，这些省市区在“丝绸之路经济带”中具有辐射内陆、连通南北的战略区位优势。“丝绸之路经济带”为加强西部九省市区经济合作和发展旅游业提供了新平台。因此，大力发展这些省市区的旅游业，不仅能推动“丝绸之路经济带”建设，也有利于当地经济社会发展。城市是旅游活动的空间承载者，旅游活动使不同城市产生相互关联和空间相互作用[4][5]。基于旅游活动，城市间错综复杂的相互作用和空间关联形成了城市群旅游空间网络。通过研究“丝绸之路经济带”（中国段）城市群旅游空间网络，可以识别各城市在“丝绸之路经济带”旅游经济发展中的地位和作用，在“丝绸之路经济带”建设中，有针对性地推进各城市的旅游经济，对促进文化融合与发展，促进区域经济发展有重要意义。

二、城市群旅游空间网络建模

城市群旅游空间网络模型为研究城市间旅游活动及城市间空间相互影响提供了一类新的方法和工具[6]。该模型将城市简化成网络中的点，将城市间因旅游活动而产生的关联简化为边。本文以城市间旅游足迹数据为基础，构建城市群旅游空间网络模型，建模步骤如下：

第一步，确定城市群关联系数矩阵。根据城市间旅游活动，确定城市间关联。以旅游足迹数据为基础，建立城市群关联系数矩阵。设有 n 个城市，其城市群关联系数矩阵为：

$$V=\begin{pmatrix} V_{11} & V_{12} & \cdots & V_{1t} & \cdots & V_{1n} \\ V_{21} & V_{22} & \cdots & V_{2t} & \cdots & V_{2n} \\ \vdots & \vdots & \ddots & \vdots & \ddots & \vdots \\ V_{s1} & V_{s2} & \cdots & V_{st} & \cdots & V_{sn} \\ \vdots & \vdots & \ddots & \vdots & \ddots & \vdots \\ V_{n1} & V_{n2} & \cdots & V_{nn} & \cdots & V_{nm} \end{pmatrix}$$

第二步，确定城市关联的临界值。本文从关联矩阵的列项出发，利用威弗指数确定 n 列对应的 n 个临界值 α_1，α_2，…，α_n。威弗指数（Weaver-Index）是确定拐点的有效工具，它是通过把一个观察分布和一个假设分布相比较，建立一个最接近的近似分布，从而识别数值序列中的关键元素。

第三步，确定城市群关联0-1矩阵 B。设 $A(i, j)$ 是关联系数矩阵 A 中的元素，则 $B(i, j)=\begin{cases} 1 & A(i, j)\geqslant\alpha_i \\ 0 & A(i, j)<\alpha_i \end{cases}$，$b_{ij}=1$ 表明城市 i 与城市 j 之间存在强关联关系，$b_{ij}=0$ 表明城市 i 与城市 j 之间不存在强关联关系。

第四步，建立城市群旅游空间网络模型。矩阵 B 中 $b_{ij}=1$ 表示城市 i 与城市 j 之间存在边，反之城市 i 与城市 j 之间不存在边，以此为依据建立城市群旅游空间网络模型。

三、城市群旅游空间网络结构指标

（一）城市关联度

关联度是描述网络中节点属性的基本概念之一。在城市群旅游空间网络中，用城市关联度来描述与某城市直接相连的城市数目。城市关联度越大，与该城市直接相关的城市数量越多，该城市越重要。城市关联度分为城市关联入度和城市关联出度。其中，某城市的城市关联入度是指所有指向该城市的边的数目；某城市的城市关联出度是指所有从该城市出发的边的数目。城市关联出度可由城市群关联邻接矩阵的行来计算，城市关联入度可由城市群关联邻接矩阵的列来计算。在城市群关联 0-1 矩阵 B 中，城市关联入度、城市关联出度和城市关联度分别记为 ICd、OCd 和 CD，则有：

$$ICd_i = \sum_{j=1}^{N} b_{ji} \tag{1}$$

$$OCd_i = \sum_{j=1}^{N} b_{ij} \tag{2}$$

$$CD_i = \sum_{j=1}^{N} b_{ij} + \sum_{j=1}^{N} b_{ji} \tag{3}$$

（二）城市旅游空间网络距离

城市旅游空间网络中两个城市之间的最短路径，是指连接这两个城市的边数最少的路径。两个城市之间的距离定义为连接这两个城市 i 与城市 j 的最短路径上的边的数目，记为 d_{ij}。网络的平均距离 AGD 定义为任意两个城市之间的距离 d_{ij}的平均值，即：

$$AGD = \frac{1}{\frac{1}{2}N(N-1)} \sum_{i \geqslant j} d_{ij} \tag{4}$$

当两个城市之间不存在直接关联关系时，城市之间距离为无穷大，因此计算式（4）的倒数，将城市之间距离的无穷大转为城市距离为 0，即城市之间平均距离：

$$HM = \frac{1}{AGD} = \frac{\frac{1}{2}N(N-1)}{\sum_{i \geqslant j} \frac{1}{d_{ij}}} \tag{5}$$

（三）城市旅游空间网络核结构

城市旅游空间网络核结构是指网络中密集程度最高的城市形成的网络结构，这些城市具有高层级、高聚集效应和高辐射效应[7]。本文基于以下步骤确定城市旅游空间网络核结构：

首先，建立城市群旅游空间网络模型 N。在此基础上，计算建立城市群旅游空间网络的 k-$cores$。设建立城市群旅游空间网络 $N=(V, E)$，V 为网络 N 的点集，E 为网络 N 的边集，k 为自然数，对于任意给定 $W \subseteq V$，N 的网络子图 $H_k=(W, E \mid W)$ 称网络 N 的 k-$cores$，当且仅当对 $\forall v \in W$，满足 $d_{H_k}(v) \geqslant k$，且 H_k 为具有这一特点的点极大子图。定义具有最大核值的子网络为城市强关联子网络。

四、实证分析

（一）数据来源

随着互联网技术和信息化发展，旅游活动可以通过文本、照片、视频等数字表现形式展现出来[8][9]，在这些数字信息中，常包含旅游活动的时空信息。Girardin 指出“数字足迹”可以反映游客旅游的现象和规律，数字足迹包括旅游活动中的通话记录、发送和接收的信息、旅游结束后在社交网站发布的图片和文字等，并指出数字足迹包括旅游前信息收集，旅游中照片拍摄，旅游后将游记、点评和攻略等上传网络[10]。

本文利用去哪儿网和携程网研究“丝绸之路经济带”九省市区的旅游空间网络。去哪儿网和携程网中有大量记录旅游活动的数字信息。因西北五省区和西南四省市区差异较大，本文对这九省市区分两部分进行研究。本文主要基于游客上传的游记进行旅游数字足迹分析，根据游记确定旅游的城市及城市之间由旅游活动产生的联系。在收集数字足迹时，分别输入各省市区的名字，按发布时间进行搜索，取 2016 年旅游数据进行分析。利用本文提出的城市群旅游空间网络建模方法，对西北五省区和西南四省市区旅游城市进行模型构建，结果见图 1 和图 2。

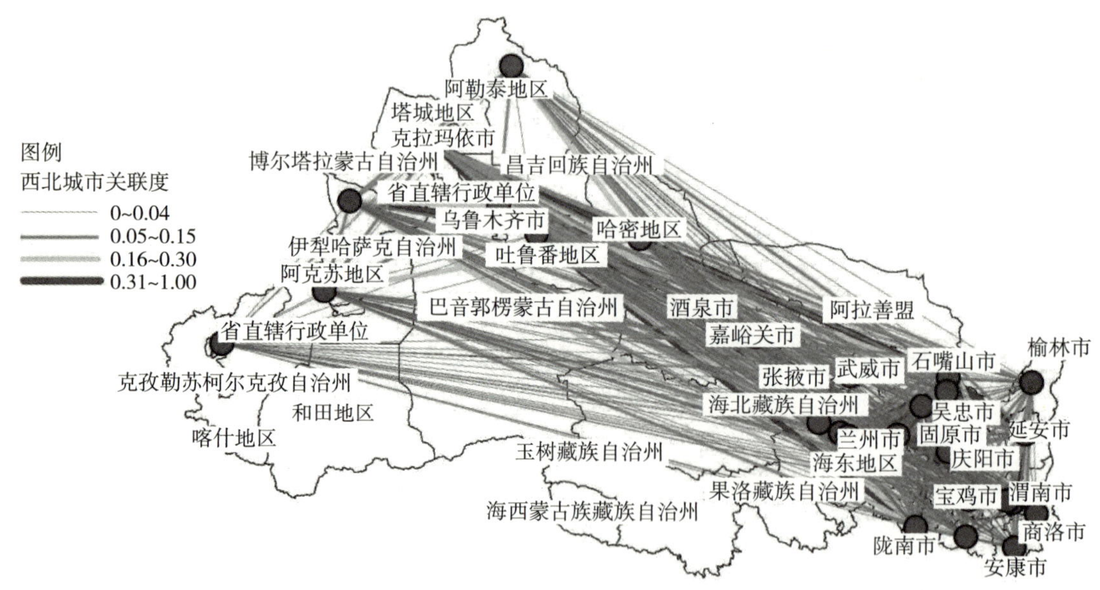

图 1　西北五省区城市群旅游空间网络

从图 1 和图 2 可以直观看出，有些城市关联度高、辐射范围广，有些城市关联度低、辐射范围小；有些城市之间关联紧密，有些城市之间关联稀疏。如在西北五省区城市群旅游空间网络中，西安、西宁、银川等城市关联层级较高、带动范围较广；在西南四省市区城市群旅游空间网络中，成都、昆明、桂林等城市关联层级较高、带动范围较广。为进一步分析“丝绸之路经济带”九省市区城市在旅游空间网络中的地位和作用，本文利用网络结构指标进行定量计算。

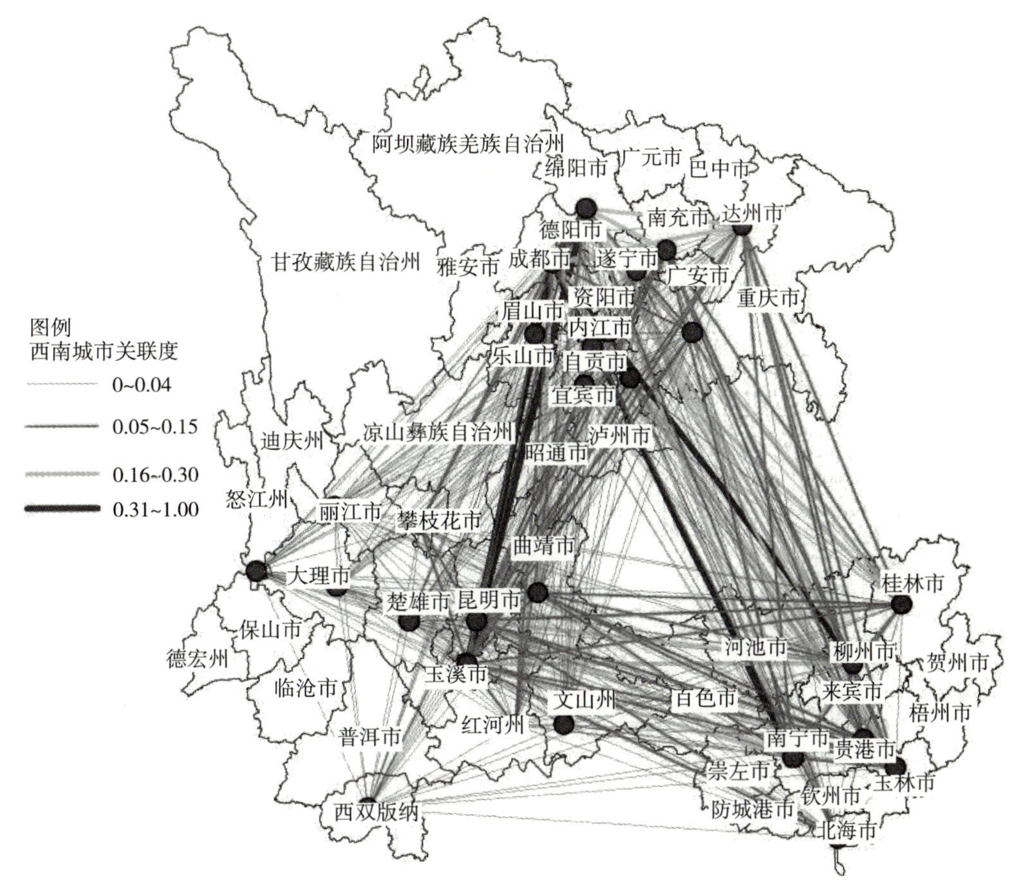

图 2 西南四省市区城市群旅游空间网络

（二）城市关联度

根据本文对城市关联度的定义及公式，计算西北和西南城市群旅游空间网络中各城市的城市关联度，并依据城市关联度数值进行排名，具体计算结果见表 1 和表 2。

表 1 西北五省区城市关联度及排名

排名	城市	城市关联度	排名	城市	城市关联度	排名	城市	城市关联度
1	西安	12	13	宝鸡	6	25	固原	5
2	银川	10	14	石嘴山	6	26	海北藏族自治州	5
3	乌鲁木齐	9	15	克拉玛依	6	27	巴州	4
4	兰州	9	16	汉中	6	28	安康	4
5	西宁	9	17	榆林	6	29	嘉峪关	4
6	哈密	9	18	渭南	6	30	咸阳	4
7	延安	8	19	阿克苏	5	31	吐鲁番地区	4
8	黄南藏族自治州	8	20	阿勒泰	5	32	临夏	2
9	伊犁州	8	21	陇南	5	33	喀什	2
10	海东地区	7	22	金昌	5	34	商洛	2
11	吴忠	7	23	铜城	5			
12	中卫	7	24	白银	5			

表 2　西南四省市区城市关联度及排名

排名	城市	城市关联度	排名	城市	城市关联度	排名	城市	城市关联度
1	成都	5	11	攀枝花	3	21	曲靖	3
2	桂林	4	12	泸州	2	22	玉溪	7
3	重庆	3	13	德阳	3	23	楚雄	2
4	昆明	3	14	遂宁	2	24	红河	2
5	西双版纳	3	15	内江	2	25	文山	2
6	大理	3	16	自贡	3	26	贵港	2
7	丽江	3	17	宜宾	3	27	玉林	3
8	南宁	8	18	南充	4	28	柳州	3
9	绵阳	6	19	达州	3	29	怒江	2
10	乐山	2	20	北海	5			

从表 1 和表 2 可以看出，西北和西南城市关联度高的城市多是省会城市、交通枢纽城市和旅游资源较为丰富的城市。如西北五省区的西安、银川、兰州和西南四省市区的成都、昆明、南宁等省会城市，这些城市行政级别高、辐射带动性强。同时，这些城市交通便利，是重要的交通枢纽，游客在旅游过程中常选择省会城市作为旅游中转城市。

（三）城市群旅游空间网络距离

城市旅游空间网络距离是衡量城市间关联紧密程度的重要指标，城市间距离越近，城市间关联越紧密。通过计算可知，西北五省区城市群旅游空间网络平均距离是 1.389，西南四省市区城市群旅游空间网络平均距离是 1.11。城市两两之间的距离见图 3 和图 4。

	1	2	3	4	5	6	7	8	9	10	11	12	13	14	15	16	17	18	19	20	21	22	23	24	25	26	27	28	29	30	31	32	33	34
1	0	1	1	1	1	1	1	1	1	1	1	2	1	1	1	2	1	1	1	1	1	1	1	1	1	1	1	2	1	1	1	1	1	2
2	1	0	1	1	1	1	2	1	1	1	2	2	2	2	1	2	2	2	1	1	1	2	2	1	2	2	2	3	2	2	2	2	2	3
3	1	1	0	1	1	1	1	1	1	1	1	1	1	1	1	1	2	2	1	1	1	2	1	1	1	1	1	2	1	1	1	1	1	2
4	1	1	1	0	1	1	1	1	1	1	1	2	1	1	1	1	1	1	1	1	1	2	1	1	1	1	1	2	1	1	1	1	1	2
5	1	1	1	1	0	1	2	1	2	1	2	2	2	2	2	2	2	2	2	2	2	2	2	2	2	2	2	3	2	2	2	2	2	3
6	1	1	1	1	1	0	2	1	1	1	2	2	2	2	1	2	2	2	1	1	1	2	2	1	2	2	2	3	2	2	2	2	2	3
7	1	2	2	1	2	2	0	2	1	1	1	2	1	1	1	2	1	1	1	1	1	2	1	1	1	2	2	3	2	2	2	2	2	3
8	1	1	1	1	1	1	1	0	1	1	2	2	2	2	1	2	2	2	1	1	1	2	2	1	2	2	2	3	2	2	2	2	2	3
9	1	1	1	1	1	1	2	1	0	1	1	2	1	1	1	2	1	1	1	1	1	1	1	1	1	1	1	2	1	1	1	1	1	2
10	1	1	1	1	1	1	1	1	1	0	2	2	2	2	1	2	2	2	1	1	1	1	1	1	1	1	1	2	1	1	1	1	1	2
11	1	1	1	1	1	1	1	1	1	1	0	2	1	1	1	1	2	2	1	1	1	1	1	1	1	1	1	2	1	1	1	1	1	2
12	1	1	1	1	1	1	1	1	1	1	1	0	1	1	1	1	2	2	1	1	1	2	1	1	1	1	1	2	1	1	1	1	1	2
13	1	1	1	1	1	1	1	1	1	1	1	2	0	1	1	1	2	2	1	1	1	2	1	1	1	1	1	2	1	1	1	1	1	2
14	1	1	1	1	1	1	1	1	1	1	1	2	1	0	1	1	2	2	1	1	1	2	1	1	1	1	1	2	1	1	1	1	1	2
15	1	1	1	1	1	1	1	1	1	1	1	2	1	1	0	1	1	1	1	1	1	2	1	1	1	1	1	2	1	1	1	1	1	2
16	1	1	1	1	1	1	2	2	1	1	2	2	2	2	1	0	2	2	1	1	1	2	1	1	1	1	1	2	1	1	1	2	1	2
17	1	1	1	1	1	1	1	1	1	1	2	2	2	2	1	2	0	1	1	1	1	1	1	1	1	1	1	2	1	1	1	1	1	2
18	1	1	1	1	1	1	1	1	1	1	2	2	2	2	1	2	2	0	1	1	1	2	1	1	1	1	1	2	1	1	1	1	1	2
19	1	1	1	1	1	1	1	1	1	1	2	2	2	2	1	2	2	2	0	1	1	2	1	1	1	1	1	2	1	1	1	1	1	2
20	1	1	1	1	1	1	1	1	1	1	2	2	2	2	1	2	2	2	1	0	1	2	1	1	1	1	1	2	1	1	1	1	1	2
21	1	1	1	1	1	1	1	1	1	1	1	1	1	1	1	1	2	2	1	1	0	1	1	1	1	1	1	2	1	1	1	1	1	2
22	1	1	1	1	1	1	2	2	2	1	2	2	2	2	1	2	2	2	1	1	1	0	1	1	1	2	1	2	2	1	1	1	1	2
23	1	1	1	1	1	1	2	2	2	1	1	1	1	1	1	2	2	2	1	1	1	1	0	1	1	1	1	2	2	1	1	1	1	2
24	1	1	1	1	1	1	1	1	1	1	1	1	1	1	1	1	2	2	1	1	1	1	1	0	1	1	1	2	1	1	1	1	1	2
25	1	1	1	1	1	1	2	1	1	1	1	1	1	1	1	1	2	2	1	1	1	1	1	1	0	2	1	2	2	1	1	1	1	2
26	2	2	2	2	2	2	2	2	2	2	2	2	2	2	2	2	3	3	2	2	1	1	1	1	1	0	1	2	2	1	1	1	1	2
27	2	2	2	2	2	2	2	2	2	2	1	2	1	1	1	1	2	2	2	2	1	1	1	1	1	1	0	1	1	1	1	1	1	1
28	2	2	2	2	2	2	2	2	2	2	2	2	2	2	2	2	3	3	2	2	1	1	1	1	1	1	1	0	1	1	1	1	1	1
29	2	2	2	2	2	2	2	2	2	2	2	2	2	2	2	2	3	3	2	2	1	1	1	1	1	1	1	1	0	1	1	1	1	1
30	2	2	2	2	2	2	2	2	2	2	2	2	2	2	2	2	3	3	2	2	1	1	1	1	1	1	1	2	2	0	1	1	1	2
31	2	2	2	2	2	2	2	2	2	2	2	2	2	2	2	2	3	3	2	2	1	1	1	1	1	1	1	2	2	1	0	1	1	2
32	2	2	2	2	2	2	2	2	2	2	1	2	1	1	1	1	2	2	2	2	1	1	1	1	1	1	1	1	1	1	1	0	1	1
33	2	2	2	2	2	2	2	2	2	2	1	2	1	1	1	1	2	2	2	2	1	1	1	1	1	1	1	1	1	1	1	1	0	1
34	2	2	2	2	2	2	2	2	2	2	2	2	2	2	2	2	3	3	2	2	1	1	1	1	1	1	1	1	1	1	1	1	1	0

图 3　西北五省区城市距离

	1	2	3	4	5	6	7	8	9	10	11	12	13	14	15	16	17	18	19	20	21	22	23	24	25	26	27	28	29
1	0	1	1	1	1	1	1	1	1	1	1	1	1	1	1	1	1	1	1	1	1	1	1	1	1	1	1	1	1
2	1	0	1	1	1	1	1	1	1	1	1	1	1	1	1	1	1	1	1	1	1	1	1	1	1	1	1	1	1
3	1	1	0	1	1	1	1	1	1	1	1	1	1	1	1	1	1	1	1	1	1	1	1	1	1	1	1	1	1
4	1	1	1	0	1	1	1	1	1	1	1	1	1	1	1	1	1	1	1	1	1	1	1	1	1	1	1	1	1
5	1	1	1	1	0	1	1	1	1	1	1	1	1	1	1	1	1	1	1	1	1	1	1	1	1	1	1	1	1
6	1	1	1	1	1	0	1	1	1	1	1	1	1	1	1	1	1	1	1	1	1	1	1	1	1	1	1	1	1
7	1	1	1	1	1	1	0	1	1	1	1	1	1	1	1	1	1	1	1	1	1	1	1	1	1	1	1	1	1
8	1	1	1	1	1	1	1	0	1	1	1	1	1	1	1	1	1	1	1	1	1	1	1	1	1	1	1	1	1
9	1	1	1	1	1	1	1	1	0	1	1	1	1	1	1	1	1	1	1	1	1	1	1	1	1	1	1	1	1
10	1	1	1	2	2	1	2	1	1	0	1	2	2	1	1	2	1	1	1	1	1	1	2	2	2	2	2	2	2
11	1	1	1	1	1	1	1	1	1	1	0	1	1	1	1	1	1	1	1	1	1	1	2	1	1	2	1	1	2
12	1	1	1	1	1	1	2	1	1	1	1	0	1	1	1	1	1	1	1	1	1	1	1	1	1	1	1	1	1
13	1	1	1	1	1	1	2	1	1	1	1	1	0	1	1	1	1	1	1	1	1	1	2	1	1	2	1	1	2
14	1	1	1	2	2	1	2	1	1	1	1	2	2	0	1	2	1	1	1	1	1	1	2	2	2	2	2	2	2
15	1	1	1	2	1	1	1	1	1	1	1	1	1	1	0	2	1	1	1	1	1	1	2	2	2	2	2	2	2
16	1	1	1	1	1	1	2	1	1	1	1	1	1	1	1	0	1	1	1	1	1	1	1	1	1	1	1	1	1
17	1	1	1	1	1	1	2	1	1	1	1	1	1	1	1	1	0	1	1	1	1	1	1	1	1	1	1	1	1
18	1	1	1	1	1	1	2	1	1	1	1	1	1	1	1	1	1	0	1	1	1	1	1	1	1	1	1	1	1
19	1	1	1	1	1	1	2	1	1	1	1	1	1	1	1	1	1	1	0	1	1	1	2	1	1	2	1	1	2
20	1	1	1	1	1	1	1	1	1	1	1	1	1	1	1	1	1	1	1	0	1	1	1	1	1	1	1	1	1
21	1	1	1	1	1	1	2	1	1	2	1	2	1	2	1	2	2	1	1	1	0	1	1	1	1	2	2	1	1
22	1	1	1	1	1	1	1	1	1	1	1	1	1	1	1	1	1	1	1	1	1	0	1	1	1	1	1	1	1
23	1	1	1	1	1	1	2	1	1	2	1	2	1	2	1	2	2	1	1	1	1	1	0	1	1	2	2	2	2
24	1	1	1	1	1	1	2	1	1	2	1	2	1	2	1	2	2	1	1	1	1	1	1	0	1	2	2	1	1
25																									0				
26	1	1	1	1	1	1	1	1	1	1	1	1	1	1	1	1	1	1	1	1	1	1	1	1	1	0	1	1	1
27	1	1	1	1	1	1	1	1	1	1	1	1	1	1	1	1	1	1	1	1	1	1	1	1	1	1	0	1	1
28	1	1	1	1	1	1	1	1	1	1	1	1	1	1	1	1	1	1	1	1	1	1	1	1	1	1	1	0	1
29	1	1	1	1	1	1	2	1	1	2	1	2	1	2	1	2	2	1	1	1	1	1	2	1	1	2	2	2	0

图 4　西南四省市区城市距离

从图 3 和图 4 可以看出，城市之间关联较为紧密，多为直接关联。随着交通基础设施逐步完善，城市之间关联将进一步密切。此外，西南城市之间的关联程度比西北城市之间的关联程度高，这主要是因为西南城市地理跨越较西北城市地理跨越小，游客在旅游过程中可以涉足更多城市。

（四）城市群旅游空间网络核结构

在构建西北和西南城市群旅游空间网络的基础上，根据本文对网络核结构的定义，计算西北和西南城市群旅游空间网络的核结构，具体见图 5、图 6。

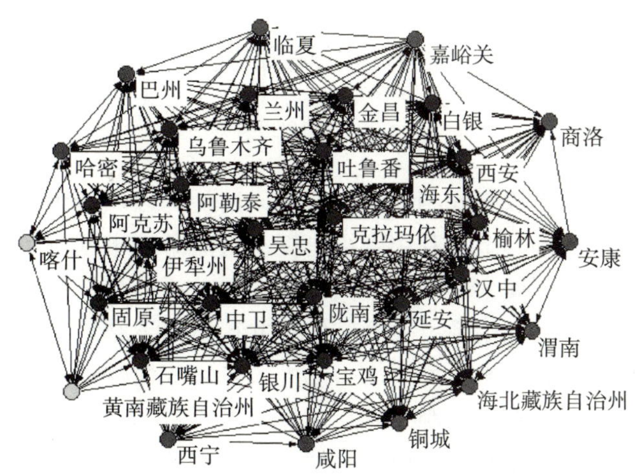

图 5　西北五省区城市旅游空间网络核结构

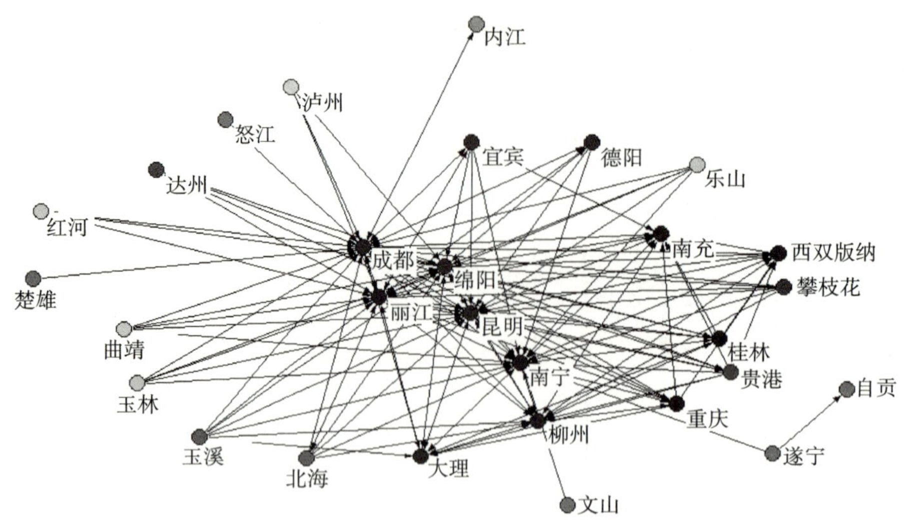

图 6　西南四省市区城市群旅游空间网络核结构

从图 5 和图 6 可以看出，西北和西南城市群旅游空间网络中的核结构是由关联程度最高的城市群形成的稠密区域，不同城市关联层级不同，在核结构网络中，由内向外城市关联度逐渐减弱；核内城市处于网络的中心，关联层级最高、辐射力最强。西北核内的 9 个城市 4 个位于宁夏、2 个位于陕西、2 个位于青海、1 个位于甘肃。核内省会城市西安、银川是西北区域发展的核心，是政治、经济和文化中心，城市集聚辐射能力强，对周边城市旅游发展有较强辐射带动作用；核内城市石嘴山、吴忠、陇南、海东、延安和黄南藏族自治州自然资源丰富，海东和陇南拥有丰富的矿藏资源和水能资源等，这些城市在西北地区旅游发展中发挥着重要作用。同时，西安、延安、银川和中卫也是西北地区重要的交通枢纽城市，航空、铁路、公路和管道运输网络发达，是影响“丝绸之路经济带”西北旅游区域协同合作效率的重要节点城市。与西北核内城市构成结构类似，西南区域网络核内包括成都、南宁和昆明三个省会城市，绵阳、玉溪、曲靖、玉林等多个自然资源丰富的城市，南充、柳州、桂林和达州等交通枢纽城市，这些城市经济实力较强，与周边旅游城市联系紧密，是连通西南地区旅游城市的关键。

五、研究结论

基于旅游活动，城市之间形成空间相互作用，可以简化为以城市为节点、以城市间空间关联为边的城市群空间网络，在此基础上可利用网络指标，对旅游城市网络关联进行研究。本文通过构建西北五省区和西南四省市区城市群旅游空间网络，并分析网络结构特性，得出西北五省区和西南四省市区旅游城市之间的关联关系及关联结构，并得出以下结论：①“丝绸之路经济带”沿线各省市区旅游资源优势突出，旅游业发展潜力巨大，可以成为带动区域发展的主导产业。研究沿线旅游城市之间的关联关系，有助于制定多点支撑、多元带动的旅游城市群，促进旅游业快速发展，提升区域经济发展实力。②省会城市、自然资源丰富的城市和交通枢纽城市是连通“丝绸之路经济带”旅游城市的重要节点，这些城市通过物流、资金流、信息流和技术流等辐射周边城市，带动其发展。在推进“丝绸之路经济带”旅游城市建设过程中，应充分发挥核内城市的聚集和辐射作用，带动“丝绸之路经济带”沿线旅游城市发展。③本文设计的方法和指标为制定“丝绸之路经济带”旅游城市发展战略和战略实施路径提供了定量依据。

参考文献

［1］国家发展改革委，外交部，商务部．推动共建丝绸之路经济带和21世纪海上丝绸之路的愿景与行动［M］．北京：外文出版社，2015.

［2］张爱平，钟林生，徐勇，周彬．中国省际旅游发展质量特征及空间差异［J］．地理科学，2015（3）：283-292.

［3］肖雯雯，赵炳新，于振磊．“丝绸之路经济带”中国段区域协同网络核结构效应研究［J］．经济管理，2016（8）：29-38.

［4］屈小爽．“丝绸之路经济带”西北旅游城市旅游效率评价［J］．统计与决策，2017（10）：70-74.

［5］徐小波，赵磊，刘滨谊，吴必虎，钟栎娜．中国旅游城市形象感知特征与分异［J］．地理研究，2015（7）：1367-1379.

［6］杨兴柱，顾朝林，王群．南京市旅游流网络结构构建［J］．地理学报，2007（6）：609-620.

［7］徐喆，李悦铮，江海旭．20世纪90年代以来辽宁省入境旅游空间集聚性分析与评价［J］．干旱区资源与环境，2014（9）：191-196.

［8］梁保尔，潘植强．基于旅游数字足迹的目的地关注度与共现效应研究——以上海历史街区为例［J］．旅游学刊，2015（7）：80-90.

［9］张妍妍，李君轶，杨敏．基于旅游数字足迹的西安旅游流网络结构研究［J］．人文地理，2014（4）：111-118.

［10］Girardin F.，Fiore F. D.，Ratti C.，et al. Leveraging Explicitly Disclosed Location Information to Understand Tourist Dynamics：A Case Study［J］. Journal of Location Based Services，2008，2（1）：41-56.

“一带一路”背景下中蒙俄经济走廊贸易潜力研究

温 焜

（南昌大学，江西 南昌 330003）

［摘 要］在我国大力倡导“一带一路”，推动全球对外经贸合作深入发展的今天，建立“中蒙俄经济走廊”，充分发挥中俄蒙三国的经济互补性，挖掘三国之间的贸易潜力和合作空间，对三国的经济发展均有重要的战略意义。基于此研究背景，本文利用2002~2015年中俄对外贸易面板数据，通过引力模型分析了中蒙俄三国的贸易潜力。结果表明，近几年中俄两国之间的实际贸易额呈下降趋势，贸易增长潜力较大；中蒙两国之间的贸易虽呈现“贸易过度”的状态，但贸易额波动较大，且贸易总量较小。最后，从加强基础设施建设，增强政治、经济和文化交流以及完善边贸管理体制三个方面对建立“中蒙俄经济走廊”提出了政策建议。

［关键词］中蒙俄经济走廊；引力模型；自由贸易区；潜力

一、前言

我国提出建设“新丝绸之路经济带”和“21世纪海上丝绸之路”的倡议，希望通过各国贸易和合作打造互利共赢的“利益共同体”和共同发展繁荣的“命运共同体”。在“一带一路”背景下，中国和俄罗斯、蒙古地域接壤，边境之间早就有互市贸易，不同程度地促进了三国之间的经济交流与合作。同时，三国均是世界贸易组织（WTO）和亚太经济合作组织（APEC）成员国，深化合作具有良好的政策环境，而且俄罗斯和蒙古有着丰富的能源资源，中国有着较为雄厚的资金和技术，三国经济互补、各有所长，能够在合作中满足彼此的利益需求。目前，在三国的共同努力下，中国已成为俄罗斯和蒙古的最大贸易合作伙伴，也是蒙古的最大投资合作伙伴，在投资、贸易和对外承包等方面的合作发展迅速。“中蒙俄经济走廊”的建立是三国开展经贸合作的重要内容，也是整个东亚经济一体化的关键环节。在这样的大背景下，建立“中蒙俄经济走廊”不仅具有现实的经济意义，更具有重大的战略意义。因此，本文以中蒙俄三国的贸易额为研究对象，利用引力模型分析三个国家之间的经贸潜力，为“中蒙俄经济走廊”的建立和相关贸易政策的制定提供实证支持。

二、文献综述

Tinbergen 在 1962 年将万有引力定律较早地应用到经济学领域，使引力模型成为外贸经济研究的重要工具[1]。之后，Anderson（1979）等一些经济学家给出了引力模型的理论基础[2]。Frankel 等（1995）利用该模型对截面数据进行回归分析，结果表明汇率与亚洲国家的出口贸易存在负相关关系[3]；Tiiu Paas（2000）认为引力模型具有能够在数据条件相对较少的情况下解释国际贸易模式的优点，并利用该模型研究了爱沙尼亚的国际贸易模式，认为该国在波罗的海国家发展贸易关系具有极大潜力[4]。同时，引力模型在国内也获得了较好的应用。盛斌等（2004）对影响中国与发达国家和发展中国家贸易往来的因素进行引力模型分析，结果表明，除了日本以外，中国与发达国家之间的贸易均呈现贸易过度状态，且贸易过度值高于发展中国家[5]；钱学锋等（2008）运用改进的引力模型研究中国与 G7 各国之间的贸易成本，发现中国与这些国家之间的贸易成本均已低于 50%[6]；谭秀杰（2015）利用随机引力模型对"海上丝绸之路"的贸易潜力进行了分析，结果表明中国对"海上丝绸之路"的出口潜力巨大，且"海上丝绸之路"的贸易效率也在不断提高[7]。

当前，虽然关于构建"中蒙俄经济走廊"的研究基本处于探索阶段，但仍有很多学者对中蒙俄关系的发展、现状和未来的预期做了大量分析研究。王力（2008）分析了建立中蒙俄边境自由贸易区的地理位置优势，并指出满洲里在建立边境自由贸易区中起重要作用[8]。高宏强（2012）分析认为，应借助内蒙古与蒙古国和俄罗斯之间的粘连地缘优势，充分发挥内蒙古在促进中蒙俄自由贸易区建立中的枢纽效应[9]。张宇薇（2014）客观总结了中俄经贸发展的现状和制约两国经贸发展的主要因素，从政治往来、金融合作和投资环境三个方面得出两国经贸合作具有广阔的发展前景[10]。张秀杰（2015）对东北亚区域经济合作形势、"中蒙俄经济走廊"的现实基础和制约因素进行分析，提出了打造"中蒙俄经济走廊"的政策建议[11]。刁莉等（2015）利用 TCD 指数和 RCA 指数对中俄蒙三国贸易结合度和互补性进行了分析，认为三国产业结构和贸易具有很强的互补特征[12]。

总体来看，国内学者对"中蒙俄经济走廊"的研究主要是针对三国之间贸易的发展状况、必要性、可行性以及存在的问题和政策建议等方面的定性分析，较少运用规范的理论和计量方法分析"中蒙俄经济走廊"的经济效应。因此，本文补充前人研究的不足，运用定量分析的方法研究"中蒙俄经济走廊"的贸易潜力，使研究结论更具有说服力，更深刻地反映中蒙俄之间的贸易问题。

三、"中蒙俄经济走廊"贸易潜力实证分析

（一）引力模型介绍

19 世纪 80 年代，物理学中的引力法则被运用于经济学领域，而且在经济学中的运用得以不

断拓展与深化。Tinbergen 和 Poyhonen 被认为是最早将引力模型应用于经济学领域的学者，他们给出的早期的引力模型的简化形式如下：

$$M_{ij}=G\times\frac{(Y_i^{\alpha}\times Y_j^{\beta})}{D_{ij}^{\theta}}$$

其中，M_{ij}表示出口国 i 对进口国 j 的贸易流入量，Y_i 和 Y_j 代表两国的经济规模，D_{ij}一般指两个国家首都、经济中心或港口之间的地理距离，G、α、β 和 θ 是常数。为了方便进行回归分析，两边同时取对数，得到对数线性模型形式：

$$\ln M_{ij}=R_j+\alpha\ln Y_i+\beta\ln Y_j-\theta\ln D_{ij}+\varepsilon_{ij}$$

他们指出，两个国家的贸易发展趋势取决于双方的"吸引力"和"排斥力"。"吸引力"即两国的相互吸引与贸易关系的稳固，取决于双方的经济来往总量，通常用总产出（GDP、GNP）、人口或人均总产出、人口密度等来测度。"排斥力"则形象地被描述为贸易成本的引申意义，它一般取决于两个经济体之间的地理距离。由此可以看出，贸易引力模型中的两国之间的贸易流与两国的经济规模呈正相关关系，与两国之间的地理距离呈负相关关系。

引力模型较为成功地解释了影响贸易流量的各种因素。在此基础上，该模型还被应用到了预测某个国家或地区的贸易潜力、检验某一制度安排的效果和影响以及对边境效应的分析等其他方面。

（二）模型设置

1. 指标选取和模型设定

基本的引力模型仅包括贸易国家之间的进出口贸易总额、GDP 和各国之间的地理距离等几个指标，而根据国内外学者对贸易引力模型的研究和应用，人口规模也是影响贸易总额的重要变量，代表一国的市场规模。虽然人均 GDP 比人口因素有更广泛的代表意义，但由于基本指标中已包含 GDP 因素，为了防止出现严重多重共线性问题，本文依然选择人口指标代表市场规模。同时，本文引入"是否加入 WTO（世界贸易组织）"作为贸易政策的虚拟变量来衡量贸易政策对国际贸易的促进作用，其中"加入 WTO"的国家变量赋值为 1，否则赋值为 0。由于蒙古国对外贸易相关数据难以收集，仅以中国和俄罗斯为研究对象建立模型，可根据这两个模型的研究结果分别分析中国和蒙古国、俄罗斯和蒙古国之间的贸易状况和贸易潜力。令 1 代表中国，2 代表俄罗斯，建立贸易引力面板模型如下：

$$\ln T_{1it}=\alpha_0+\alpha_1\ln Y_{1t}+\alpha_2\ln Y_{it}+\alpha_3\ln P_{1t}+\alpha_4\ln P_{it}+\alpha_5 WTO_{1it}+\alpha_6 D_{1i}+\varepsilon_{1it} \quad (1)$$

$$\ln T_{2it}=\beta_0+\beta_1\ln Y_{2t}+\beta_2\ln Y_{it}+\beta_3\ln P_{2t}+\beta_4\ln P_{it}+\beta_5 WTO_{2it}+\beta_6 D_{2i}+\varepsilon_{2it} \quad (2)$$

其中，T 代表两国之间的贸易总额，Y 代表国内生产总值，P 代表人口，D 代表两国之间的绝对距离，WTO 代表是否已加入世界贸易组织。国内生产总值一般代表一个国家的经济发展程度和需求水平，与外贸总额呈正相关关系；人口因素代表国家的市场规模，与外贸总额呈正相关关系；加入世界贸易组织将会提高国家的对外贸易水平，一般假定与外贸总额呈正相关关系；地理距离反映两国之间的运输成本，与外贸总额呈负相关关系。

2. 数据来源

本文选取 2015 年中俄两国对外贸易排名前 50 位的国家或地区，剔除数据缺失和转口贸易的国家或地区，余下的 45 个中国对外贸易国家和 46 个俄罗斯对外贸易国家 2002~2015 年的面板数据进行实证分析。中俄两国的对外贸易进出口总额数据来源于联合国贸易与发展数据库（www. comtrade. un. org），贸易总额由进出口总额相加获得，各年 GDP 和人口数据来自世界银行网站（www. worldbank. org）。两国之间的地理距离用两国首都之间的球面距离来表示，数据来源于 Geobytes 网站。数据的描述性统计信息如表 1 和表 2 所示。

表 1 中国贸易相关数据描述性统计

变量	单位	均值	中位数	标准差	最大值	最小值
T	百万美元	39855. 350	19751. 180	64769. 020	438066. 000	575. 258
Y-中国	亿美元	54210. 560	48089. 250	33752. 170	108664. 400	14619. 060
Y-贸易国	亿美元	9940. 418	3215. 770	22715. 510	179470. 000	13. 966
P-中国	万人	132705. 800	132795. 800	2876. 800	137122. 000	128040. 000
P-贸易国	万人	7522. 010	2781. 031	18205. 080	131105. 100	63. 439
D	千米	8057. 742	7198. 059	4462. 758	19262	956
WTO	无	0. 844	1. 000	0. 363	1. 000	0. 000

表 2 俄罗斯贸易相关数据描述性统计

变量	单位	均值	中位数	标准差	最大值	最小值
T	百万美元	10145. 130	4209. 800	14178. 900	88798. 510	85. 853
Y-俄罗斯	亿美元	13298. 620	13128. 600	6228. 177	22306. 280	3451. 104
Y-贸易国	亿美元	10471. 470	2353. 894	24187. 490	179470. 000	13. 966
P-俄罗斯	万人	14352. 550	14335. 430	75. 296	14530. 600	14274. 240
P-贸易国	万人	9379. 776	1636. 390	25672. 110	137122. 000	39. 597
D	千米	3050. 239	2337. 500	2361. 654	10738	678
WTO	无	0. 500	0. 500	0. 500	1. 000	0. 000

（三）结果分析

1. 中国贸易数据分析

传统的计量统计方法，如最小二乘法、最大似然估计法和工具变量法等都要求随机误差项满足正态分布或其他已知分布，这样才能使计量结果可靠。而现实中很多数据不能完全满足这些条件，随机误差项很可能存在异方差或序列相关等情况，因此，本文采用广义矩估计（GMM）方法进行模型分析，该方法对随机误差项的准确分布不做特别要求，因此参数估计结果更加有效。对包含所有参数模型进行估计，结果如表 3 所示，结果显示 F 统计量 P 值为 0. 000，说明模型整体上线性关系显著，且贸易额的 83. 2%能被模型解释。中国和贸易国的 GDP 参数在 10%的显著性水平下显著，而贸易国的人口因素对贸易额表现为负向影响，且在 10%的显著性水平下不显著。通过对参数进行相关系数检验发现，中国 GDP 和中国人口、贸易国 GDP 和贸易国人口相关系数分别为 0. 994 和 0. 611，说明变量之间存在严重多重共线性问题，具体如表 4 所示。因此，基于模型（1）的分析结果，去掉不显著的变量贸易国人口，再次进行模型拟合，结果如表 3 中模型（2）所示。结果显示，可决系数 R^2 值有所提高，而中国 GDP 对贸易额表现为负向影响，且在 10%的显著性水平下不显著，这与变量的经济意义相悖。因此，去掉变量中国 GDP，再次对模型进行模拟，结果如表 3 中模型（3）所示。结果显示，可决系数 R^2 值又有所提高，且所有参数均在 10%的显著性水平下显著。同时可以看出，变量中国人口和地理距离在三次模拟中参数值基本不变，且均在 1%的显著性水平下显著，这也可以说明模型结果具有一定的稳健性。

表 3　中国贸易数据 GMM 估计结果

变量	(1)	(2)	(3)
ln*Y*-中国	0. 50 *	-0. 47	
ln*Y*-贸易国	0. 15 *	0. 08 **	0. 14 **
ln*P*-中国	1. 047 ***	1. 045 ***	1. 088 ***
ln*P*-贸易国	-0. 24		
ln*D*	-0. 347 ***	-0. 347 ***	-0. 349 ***
WTO	0. 051 *	0. 051 *	0. 050 *
R^2	0. 832	0. 874	0. 891
F 统计量 P 值	0. 000	0. 000	0. 000

注：*** 表示在 1%的显著性水平下显著，** 表示在 5%的显著性水平下显著，* 表示在 10%的显著性水平下显著。

表 4　中国相关变量的相关系数分析

	ln*D*	ln*Y*-贸易国	ln*Y*-中国	*WTO*	ln*P*-贸易国	ln*P*-中国
ln*D*	1. 000	0. 030	0. 000	-0. 151	0. 031	0. 000
ln*Y*-贸易国	0. 030	1. 000	0. 102	-0. 029	0. 611	0. 100
ln*Y*-中国	0. 000	0. 102	1. 000	0. 000	0. 108	0. 994
WTO	-0. 151	-0. 029	0. 000	1. 000	-0. 026	0. 000
lnP-贸易国	0. 031	0. 611	0. 108	-0. 026	1. 000	0. 087
lnP-中国	0. 000	0. 100	0. 994	0. 000	0. 087	1. 000

所以，最终确定中国与 45 个贸易合作国之间的贸易额影响因素构成应以 ln*Y*-贸易国、ln*P*-中国、ln*D* 和 *WTO* 为解释变量。其中，ln*Y*-贸易国、ln*P*-中国和 *WTO* 对贸易额呈正向影响，ln*D* 对贸易额呈负向影响，均与变量的经济意义相符。ln*Y*-贸易国的影响系数为 0. 14，说明贸易国的 GDP 每增加 1%，贸易额会增加 0. 14%；ln*P*-中国的影响系数为 1. 088，说明中国人口每增加 1%，贸易额会增加 1. 088%；ln*D* 的影响系数为-0. 349，说明两国距离每增加 1%，贸易额会降低 0. 349%；*WTO* 的影响系数为 0. 05，说明如果贸易国是 WTO 成员国，会对两国贸易起到 0. 05%的促进作用。

由此可见，我国对外贸易的增长主要依靠我国人口规模的大小，而不是经济规模的大小，也就是说，我国对外贸易的增长不能随着我国 GDP 水平的提高而显著增长。而理论上一般认为，两国之间的贸易额主要受 GDP 而非人口规模的影响，说明我国对外贸易的贸易层次还比较低。

2. 俄罗斯贸易数据分析

对俄罗斯模型进行估计，结果如表 5 所示，结果显示 F 统计量 P 值为 0. 000，说明模型整体上看线性关系显著，且贸易额的 86. 1%能被模型解释。俄罗斯和贸易国的 GDP 参数均在 1%的显著性水平下显著，而贸易国的人口因素在 10%的显著性水平下不显著。通过对参数进行相关系数检验发现，俄罗斯 GDP 和俄罗斯人口、贸易国 GDP 和贸易国人口、贸易国 GDP 和是否加入 WTO 以及贸易国人口和地理距离相关系数分别为 0. 719、0. 751、0. 691 和 0. 541，说明变量之间存在严重多重共线性问题，具体如表 6 所示。因此，基于模型（1）的分析结果，去掉不显著的变量贸易国人口，再次进行模型拟合，结果如模型（2）所示。结果显示，可决系数 R^2 值有所提高，而是否加入 WTO 参数由正向影响转为负向影响，且在 10%的显著性水平下不显著，这与变量的经济意义相悖。因此，去掉变量是否加入 WTO，再次对模型进行模拟，结果如模型（3）所示。结果显示，可决系数 R^2 值又有所提高，且所有参数均在 5%的显著性水平下显著。

表 5 俄罗斯贸易数据 GMM 估计结果

变量	(1)	(2)	(3)
ln*Y*-俄罗斯	0.664***	0.581***	0.599***
ln*Y*-贸易国	0.405***	0.558***	0.529***
ln*P*-俄罗斯	0.642*	0.666*	0.661**
ln*P*-贸易国	0.210		
ln*D*	-1.118***	-0.982***	-0.977***
WTO	0.031	-0.157	
R^2	0.861	0.894	0.897
F 统计量 P 值	0.000	0.000	0.000

注：*** 表示在 1%的显著性水平下显著，** 表示在 5%的显著性水平下显著，* 表示在 10%的显著性水平下显著。

表 6 俄罗斯相关变量的相关系数分析

	ln*D*	ln*Y*-贸易国	ln*Y*-俄罗斯	*WTO*	ln*P*-贸易国	ln*P*-俄罗斯
ln*D*	1.000	0.393	0.000	0.245	0.541	0.000
ln*Y*-贸易国	0.393	1.000	0.184	0.691	0.751	-0.127
ln*Y*-俄罗斯	0.000	0.184	1.000	0.000	0.017	0.719
WTO	0.245	0.691	0.000	1.000	0.387	0.000
ln*P*-贸易国	0.541	0.751	0.017	0.387	1.000	-0.008
ln*P*-俄罗斯	0.000	-0.127	0.719	0.000	-0.008	1.000

所以，最终确定俄罗斯与 46 个贸易合作国之间的贸易额影响因素构成应以 ln*Y*-俄罗斯、ln*Y*-贸易国、ln*P*-俄罗斯和 ln*D* 为解释变量。其中，ln*Y*-俄罗斯、ln*Y*-贸易国和 ln*P*-俄罗斯对贸易额呈正向影响，ln*D* 对贸易额呈负向影响，均与变量的经济意义相符。ln*Y*-俄罗斯的影响系数为 0.599，说明俄罗斯的 GDP 每增加 1%，贸易额会增加 0.599%；ln*Y*-贸易国的影响系数为 0.529，说明贸易国的 GDP 每增加 1%，贸易额会增加 0.529%；ln*P*-俄罗斯的影响系数为 0.661，说明俄罗斯的人口每增加 1%，贸易额会增加 0.661%；ln*D* 的影响系数为-0.977，说明两国距离每增加 1%，贸易额会降低 0.977%。

由此可见，距离因素对俄罗斯对外贸易的影响最强，且为负值，说明地理因素是发展对俄贸易必须加以重视的因素。

四、“中蒙俄经济走廊”贸易潜力评价

衡量两个国家之间贸易关系密切程度最常用的方法是比较两国之间的绝对贸易额占各自贸易

总额的比重，但这种方法常因忽略各国经济水平、收入水平和地理距离等因素而不够准确。为了弥补该方法的缺陷，本文使用上文引力模型的计量结果计算两国的贸易潜力状况。具体用两国的实际贸易额（T）/两国的预测贸易额（T′）代表贸易潜力，潜力比越大，说明两国的贸易来往越密切，贸易潜力也就越小，反之则说明两国的贸易来往越少，贸易潜力越大。将中蒙俄三国2002~2015年的GDP、人口和地理距离等数据分别代入表3和表5的模型中，计算出相应的预测贸易额，结果如表7所示。

表7　2002~2015年中蒙俄之间的贸易潜力

年份	中俄			中蒙			俄蒙		
	实际值	预测值	潜力比	实际值	预测值	潜力比	实际值	预测值	潜力比
2002	43216.60	46945.09	0.92	1795.40	2519.79	0.71	280.38	182.17	1.54
2003	63403.45	48479.39	1.31	2500.35	2546.05	0.98	319.73	222.50	1.44
2004	61718.58	50606.72	1.22	2910.66	2600.50	1.12	384.72	301.97	1.27
2005	59946.49	52457.78	1.14	3194.54	2661.12	1.20	465.65	398.30	1.17
2006	56457.35	54373.32	1.04	3879.24	2745.45	1.41	527.58	544.93	0.97
2007	49300.65	56422.35	0.87	2801.41	2809.11	1.00	677.00	718.45	0.94
2008	41346.53	58360.35	0.71	2583.54	2900.82	0.89	1169.39	966.99	1.21
2009	54358.80	56646.04	0.96	2246.51	2834.37	0.79	717.03	722.19	0.99
2010	54443.89	58409.75	0.93	3233.48	2986.39	1.08	1015.67	1046.99	0.97
2011	56195.09	60685.03	0.93	4134.27	3118.90	1.33	1574.67	1514.04	1.04
2012	57349.56	61471.57	0.93	4263.10	3184.93	1.34	1915.67	1722.10	1.11
2013	48765.94	61998.32	0.79	3742.90	3200.87	1.17	1613.06	1774.96	0.91
2014	47649.06	61672.14	0.77	5257.16	3197.90	1.64	1500.87	1654.93	0.91
2015	36737.35	59046.89	0.62	3920.41	3190.24	1.23	1160.73	1256.73	0.92

从图1可以更清晰地看出，中俄两国之间的预测贸易额基本保持持续稳定增长状态，而两国之间的实际贸易额波动较大。主要原因在于，实际贸易额除了受到经济因素的影响外，还会受到各种政治、文化和随机事件等其他因素的影响，使其波动幅度要远大于预测值的波动幅度。2006年之前，潜力比在0.92以上，且2003~2006年的潜力比在1以上，说明这几年中俄两国实际贸易额大于预测贸易额，呈现“贸易过度”状态，贸易潜力较小。2007~2015年，潜力比均在1以下，由“贸易过度”逐渐转为“贸易不足”状态，且近些年中俄两国贸易联系密切度下降较快，尤其是2015年潜力比低至0.62，还有比较大的增长潜力。中国主要向俄罗斯出口劳动密集型产品，而从俄罗斯主要进口资源密集型产品，这种贸易模式存在比较明显的互补特征，因此，两国都视对方为重要贸易合作伙伴。然而，随着全球经济一体化的逐渐加深，这种互补往往会面临第三方竞争的压力，使互补性优势受到削弱或消失。同时，由于中俄两国经贸合作的制度基础不够稳定，也会增加贸易成本和贸易风险。而且，虽然两国互为邻国，但俄罗斯国土面积很大，经济中心又位于西部地区，使两国之间的实际距离遥远，这也在一定程度上制约了两国的经贸往来。

从图2可以看出，中蒙两国之间的贸易额虽然在总量上不是很大，但近些年的发展趋势比较明显。预测贸易额基本保持持续缓慢增长状态，而实际贸易额整体增长幅度较大，同时波动也较

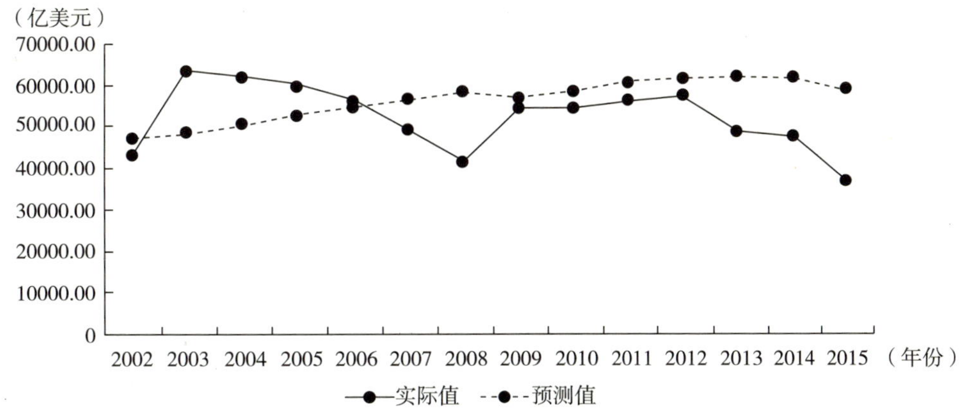

图 1　中俄两国的贸易潜力

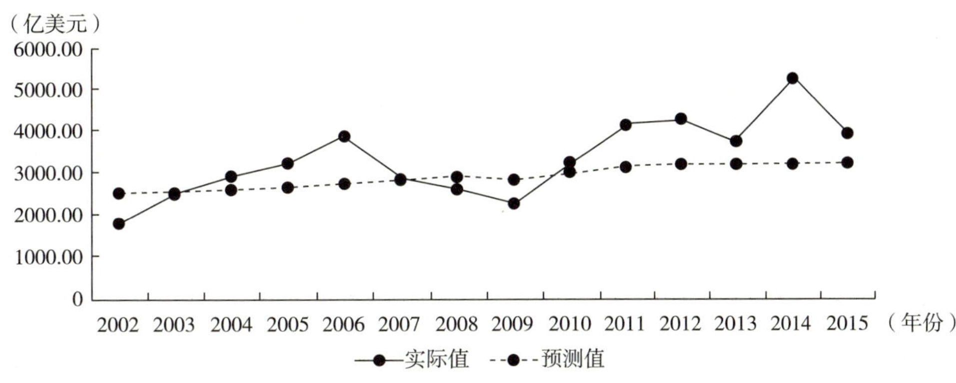

图 2　中蒙两国的贸易潜力

大。除了 2002 年和 2008~2009 年金融危机年以外，其他年份两国之间的实际贸易额均大于预测贸易额，潜力比大于 1，呈现“贸易过度”的状态。近十余年来，中国连续成为蒙古国贸易量和贸易额最大的伙伴国，也是蒙古国接受外来资本流入最多的国家。蒙古国有着丰富的矿产等自然资源，而我国拥有充足的资金和技术方法，同时我国对“走出去”企业进行政策性支持，形成两国贸易和投资合作的重要基础。尽管如此，中蒙两国之间依然存在着贸易关税壁垒和非关税壁垒等，使两国之间的贸易呈现较大的不稳定性。

五、政策启示

通过以上分析可知，近几年中俄两国之间的实际贸易额呈下降趋势，贸易增长潜力较大；中蒙两国之间的贸易虽呈现“贸易过度”的状态，但贸易额波动较大，且贸易总量较小。因此，有必要建立“中蒙俄经济走廊”，充分发挥中蒙俄之间的贸易互补作用，加强三国之间的贸易联系，促进三国之间贸易的稳定持续增加。首先，应加强通商口岸的基础设施建设，并提高口岸的现代化服务水平，这是促进中蒙俄三国边境贸易的先决条件；其次，加强中蒙俄三国政治、经济和文化交流，增进政府间的密切沟通，促进国家间的睦邻友好关系，为三国边境贸易合作搭建广阔的发展平台；最后，还要完善和规范中蒙俄边贸管理体制和经营秩序，促进三国边境贸易的健康可持续发展。

参考文献

[1] Bergstrand, J. H. The Generalized Gravity Equation, Monopolistic Competition and the Factor - proportions Theory in International Trade [J]. Review of Economic and Statistics, 1989, 71 (1): 143-153.

[2] Anderson, J. E. A Theoretical Foundation for the Gravity Equation [J]. American Economic Review, 1979, 69 (1): 106-116.

[3] Jeffrey A. Frankel, Shang-Jin Wei. European Integration and the Regionalization of World Trade and Currencies: The Economics and the Politics [J]. European and Transatlantic Studies, 1995 (11): 202-232.

[4] Tiiu Paas. The Gravity Approach for Modeling International Trade Patterns for Economies in Transition [J]. International Advances in Economic Research, 2000 (6): 633-648.

[5] 盛斌，廖明中．中国的贸易流量与出口潜力：引力模型的研究［J］．世界经济，2004（2）：35-49.

[6] 钱学锋，梁琦．测度中国与G7的双边贸易成本——一个改进引力模型方法的应用［J］．数量经济技术经济研究，2008（2）：53-62.

[7] 谭秀杰，周茂荣．21世纪"海上丝绸之路"贸易潜力及其影响因素［J］．国际贸易问题，2015（2）：3-12.

[8] 王力．从东北亚区域发展看满洲里口岸的战略机遇［J］．中国城市经济，2008（10）：34-39.

[9] 高宏强．中俄蒙自由贸易区建设构想下内蒙古的枢纽效应分析［J］．内蒙古大学学报（社会科学版），2012（6）：42-46.

[10] 张宇薇．中蒙经贸发展及前景研究［J］．北方金融，2014（10）：45-51.

[11] 张秀杰．东北亚区域经济合作下的中蒙俄经济走廊建设研究［J］．学习与探索，2015（6）：23-26.

[12] 刁莉，史欣欣，罗培．中俄蒙经济结构互补性与三国自贸区构建［J］．亚太经济，2015（6）：16-22.

“一带一路”沿线区域污染排放空间异质性溢出的实证研究①

马　明[1]　赵国浩[2]

（1. 山西财经大学经济学院，山西　太原　030006；
2. 山西财经大学资源型经济转型协同创新中心，山西　太原　030006）

［摘　要］本文分析了中国“一带一路”沿线区域污染物的空间异质性排放过程，运用中国“一带一路”沿线区域139个地级市2003~2015年数据，构建异质性空间自回归模型，实证检验了中国“一带一路”沿线区域污染物排放量的异质性空间特征。结果显示：①中国“一带一路”沿线区域污染物排放确实存在空间溢出效应，并且这种溢出效应确实具有异质性特征。这种异质性是由不同区域企业不同的空间互动关联导致。②中国“一带一路”沿线西部地区工业废水排放强度空间上呈现出负的溢出效应，东部地区则在空间上呈现出正的溢出效应。

［关键词］“一带一路”；污染物排放；空间溢出效应；异质性空间自回归模型

一、引言

2013年以来，中国国家主席习近平提出了“丝绸之路经济带”和“21世纪海上丝绸之路”，即“一带一路”倡议。该倡议发端于中国，包括亚洲（45个）、欧洲（19个）和非洲（1个）三大洲国家，涉及65个相关国家，以共商、共建、共享为原则，旨在促进沿线各国各地区经济合作，促进要素自由高效流动、资源有效配置以及市场高度融合，打造开放、包容、均衡、普惠的区域经济合作框架（林永生，2016[1]；朱源等，2017[2]）。“一带一路”倡议对于打造中国及沿线国家和区域的经济新发展点，促进中国实现经济结构转型升级和消化过剩产能、提供共赢互惠平台具有重要意义（胡鞍钢等，2016[3]；Leonard K. Cheng，2016[4]）。同时，随着全球环境的日益恶化，国际社会关于改善人类生活环境的呼声日益高涨。中国作为发展中国家，在实现连续30年GDP增长率超过9.8%奇迹的同时，也成为了世界上排放二氧化硫最多和能源消耗量最大的国家（Yuan Jiahai et al.，2011[5]；Li Li et al.，2011[6]）。因此，中国面临着经济可持续增长和环境保护的双重压力，也面临着来自国际社会的减排压力（Zhao Zhenyu et al.，2014[7]）。中国能否完成污染物减排任务已经成为国家生态文明建设和现代化进程的当务之急（陆大道，2015[8]；陈祖海和雷朱家华，2015[9]），也是中国勇于承担国际义务，提高国际影响力的重要举

①［基金项目］国家自然科学基金项目（71173141）、山西省回国留学人员科研资助项目（批准号2016-081）、山西省高等学校人文社科重点研究基地项目（2015323）。

措。2015年，李克强总理在政府工作报告中指出2015年二氧化碳排放量要减少3.1%以上，化学需氧量和氨氮排放量要分别减少2%，二氧化硫和氮氧化物排放量要分别减少3%和5%左右。国家"十三五"规划纲要也指出要实行最严格的环境保护制度，确保主要污染物排放总量大幅减少，到2020年实现环境质量总体改善。总之，实现低污染的经济增长和生态文明建设是我国未来面临的重大课题。

在上述背景下，中国应该构建一个怎样的"一带一路"？显然，中国应该努力构建一个低污染的"一带一路"，即绿色"一带一路"。2015年，中国政府发布了《推动共建丝绸之路经济带和21世纪海上丝绸之路的愿景与行动》，提出"一带一路"建设要"在投资贸易中突出生态文明理念，加强生态环境、生物多样性和应对气候变化合作，共建绿色丝绸之路"；"严格保护生物多样性和生态环境"（朱源等[2]）。但是，随着"一带一路"建设的启动，沿线各国和各地区经济增长的同时也会带来污染排放的新一轮增长（雷原等，2016[10]；傅京燕和司秀梅，2017[11]）。面对"一带一路"即将到来的大量投资机遇，如何更加有效地促进"一带一路"沿线区域经济增长的同时抑制污染排放的新一轮增长是中国目前亟待解决的问题。

污染的排放过程具有显著的空间溢出性（宋德勇和刘习平，2013[12]；Hossein and Kaneko，2013[13]）。更重要的是，这种污染排放的空间溢出带有明显的空间异质性特征。虽然既有文献分析了污染排放空间溢出的特征及其影响因素，但是并未关注由企业行为导致的污染排放空间异质性特征。而这恰恰是"一带一路"沿线区域污染联防联控，实现绿色丝绸之路，保证"一带一路"沿线区域经济增长与污染减排协调发展的重要理论基础。基于此，笔者综合2003~2015年中国"一带一路"沿线区域污染排放的相关数据，对中国"一带一路"区域污染排放的空间异质性特征进行实证检验，以期为中国实现绿色"一带一路"提供建议。

二、文献综述

现有文献并未对"一带一路"沿线区域污染排放的空间溢出特征进行分析。但是国内外学者围绕环境污染的空间溢出特征进行了有意义的探索。随着经济一体化、新经济地理和空间经济学的发展，污染物排放的空间溢出特征受到了越来越多学者的关注。这为本文研究"一带一路"沿线区域污染排放的空间溢出特征提供了理论和实证基础。从环境污染空间溢出的成因来看，主要有以下几个：①地理邻近效应引起的污染空间溢出。地理学第一定律认为地理位置邻近的区域其联系也较强，即地理位置相邻的区域环境污染的溢出关系更强，从而导致污染的空间正溢出（Anselin L.，2001[14]；刘华军等，2015[15]）。②地方环境规制竞争引起的污染空间溢出。发展中国家或者区域为了吸引投资、促进经济增长、提高就业，倾向于维持较低的环境规制水平。在地方环境规制存在竞争的条件下，污染也呈现出显著的空间相关性（Maddison，2007[16]；张可等，2016[17]）。③产业结构调整引起的污染空间溢出。很多学者研究了产业结构调整对环境污染空间溢出性的影响，认为产业结构调整加深了区域之间经济与污染的空间联动，从而导致了污染在空间上的溢出性（马丽梅和张晓，2014[18]）。大多数学者发现产业结构调整存在显著的"损人利己"效应，产业结构调整降低了本区域的排污，但是提高了其他区域的排污，即产业结构调整导致了污染的空间负溢出（黄亮雄等，2012[19]；刘满凤等，2017[20]；张翼，2017[21]）。④经济集聚引起的污染空间溢出。经济集聚对污染影响的研究存在两种不同的观点：第一，随着经济的集聚，产出和污染的规模都会增加；第二，集聚具有规模经济和溢出效应，从而有利于改善环境

（豆建民、张可，2015[22]）。但是，不论经济集聚对污染的影响是正是负，大多数学者都认为经济集聚会导致污染在空间上呈现出正溢出特征（Verhoef and Nijkampa，2002[23]；刘军等，2016[24]；刘满凤和谢晗进，2014[25]）。⑤国际贸易引起的污染空间溢出。该角度主要集中在研究 FDI 导致的污染空间溢出，大部分学者认为 FDI 导致了污染的正溢出性（严雅雪和齐绍洲，2017[26]；许和连和邓玉萍，2012[27]）。

从污染的空间溢出机制来看，上述文献对污染的空间溢出机制做了大量的研究，但是并未从企业成本和收益角度对污染排放的空间异质性特征进行深入分析，对于企业而言，影响其排污行为的最终因素是成本和收益。因此，研究污染排放的空间溢出特征应该从企业成本与收益入手，虽然现有文献对企业排污行为进行了大量的研究，但是研究主要集中在使用演化博弈理论探讨企业在政府、消费者以及第三方监管下的污染排放行为，并未涉及企业排污行为具有的空间互动关联所形成的污染排放空间溢出特征。更为重要的是，不同区域之间企业排污行为的空间互动具有差异性，这种差异性导致了污染排放空间溢出具有明显的异质性特征。对于企业而言，其他区域企业污染排放行为会对其污染排放产生重要影响，但是由于不同区域经济发展阶段、资源禀赋、产业结构的不同，企业排污行为的空间互动关联并不是相同的，不同区域的企业会对其他区域企业的排污行为做出不同的反应：区域 A 企业污染排放增多时，一方面，区域 B 企业根据区域 A 企业排污行为预期本区域政府对本区域污染排放的“容忍度”，当地方环境规制存在策略互动，即存在地方环境规制竞争时，区域 A 企业污染排放的增多会在很大程度上影响区域 B 企业的污染排放行为；另一方面，污染产品的需求在一定时间内是固定的，一个区域污染产品的生产必然对其他区域相似产品的生产产生影响。这种影响会导致不同区域企业存在竞争行为，这种竞争行为会导致污染排放的空间负溢出性。

从方法上来看，研究污染空间溢出主要有以下三种方法：①投入产出法；②社会系统动力学；③计量方法。第一种方法主要以非连续的投入产出表为基础，对中国污染的空间溢出以及影响因素进行了分析（Guan et al.，2014[28]；李小平和卢现祥，2010[29]）。投入产出法由于使用非连续发布的投入产出表而只能进行跨期研究，难以对多种社会经济因素同时进行全面考察。第二种方法利用社会网络分析方法（SNA）分析了中国污染排放的空间关联特征，一般也同时使用 QAP 技术研究中国污染排放空间关联的主要影响因素（刘华军等，2017[30]；张翼，2017[31]；张德钢与陆远权，2017[32]）。第三种方法主要使用空间计量对中国污染排放的空间溢出效应及其影响因素进行分析，并大多认为中国污染具有显著的空间溢出效应。吴玉鸣和田斌（2012）[33]运用空间滞后面板模型和空间误差面板模型对中国省域环境库兹涅茨曲线进行了实证分析，研究结果表明中国省域环境污染存在明显空间依赖性和空间溢出效应，高高和低低集聚区居主导地位。韩晶等（2015）[34]使用空间滞后模型和空间误差模型分析了中国碳排放绩效的空间集群状况，结果显示中国碳排放具有明显的空间分异特征：东部绩效最高，中部次之，西部最低。向堃和宋德勇（2015）[35]运用空间杜宾模型，对中国 31 个区域的 PM2.5 排放污染的空间溢出效应及影响因素进行了实证检验，结果也表明样本区域 PM2.5 污染表现出了很强的空间相关性。邵帅等（2016）[36]通过构建动态空间面板模型和运用系统广义矩估计方法，在考虑雾霾污染的时间滞后效应、空间滞后效应和时空滞后效应的条件下，对影响雾霾污染的关键因素进行了分析，结果表明中国省域雾霾污染呈现明显的空间溢出效应。罗能生等（2017）[37]运用动态空间杜宾模型分析了财政分权和环境规制对生态效率的影响，结果显示生态效率本身具有“时间惯性”和“空间溢出”效应。马大来等（2017）[38]构建空间自回归模型和空间误差模型实证分析了中国工业碳排放绩效的空间溢出特征，结果显示区域工业碳排放绩效在空间上具有显著的正空间自相关性。

“一带一路”沿线区域主要是西部地区（18 个省份中仅有 5 个位于东部地区），这些省份的基础设施建设滞后，技术水平较低，同时由于西部地区政府急于促进经济增长，赶超东部，存在较为明显的地方环境规制竞争。在明显的地方环境规制竞争背景下，企业排污行为具有空间关联互动，并且这种空间关联互动会导致污染排放的空间正溢出性；另外，近年来中国西部承接东部大量污染密集型产业，导致西部地区成为中国污染产品的主要生产地。在西部地区承接污染密集型产业的背景下，污染产品的生产具有明显的竞争性，根据前文，这种竞争性会导致企业排污行为具有空间关联互动特征，并最终导致污染排放的空间负溢出性。综上所述，准确把握中国“一带一路”沿线区域污染物排放的空间异质性特征，明确中国“一带一路”沿线区域污染物排放的空间异质性特征形成机理，实现中国绿色“一带一路”是目前亟待解决的问题。

同时，上述实证文献使用的方法主要是同质性空间面板数据，同质性空间面板数据模型忽略了污染物排放的空间异质性特征。但在现实中，污染排放的空间溢出效应并不是单一的常数。鉴于中国“一带一路”沿线区域在能源禀赋、产业结构、经济发展等方面存在局域特质性，与一般的同类研究估计获得常参数不同，本研究将在理论探讨“一带一路”沿线区域污染排放异质性特征前提下，首次采用异质性空间自回归模型（HSAR）来实证检验中国“一带一路”沿线区域污染排放的异质性空间溢出特征，进而借助该变量参数估计结果获得具有指导意义的异质性政策建议，以期为中国绿色“一带一路”的发展提供重要的理论支持和实践参考。

三、异质性空间自回归模型（HSAR）

Anselin（1998）给出了标准的空间一阶自回归模型：

$$y_{it}=\psi\sum_{j=1}^{N}w_{ij}y_{jt}+\varepsilon_{it},\ i=1,\ 2,\ \cdots,\ N;\ t=1,\ 2,\ \cdots,\ T,\ \varepsilon_{t}=(\varepsilon_{1t},\ \varepsilon_{2t},\ \cdots,\ \varepsilon_{Nt})' \tag{1}$$

其中，ψ 是空间自回归参数，对于全部的截面该系数为常数。固定 N 个个体观察值，方程（1）变为：

$$y_t=\psi Wy_t \tag{2}$$

其中，$W=(w_{ij})$，i，$j=1$，2，…，N，为 $N\times N$ 的空间权重矩阵。

方程（1）的异质性方程为：

$$y_{it}=\psi_i\sum_{j=1}^{N}w_{ij}y_{it}+\varepsilon_{it},\ i=1,\ 2,\ \cdots,\ N;\ t=1,\ 2,\ \cdots,\ T \tag{3}$$

其中，$y_t=(y_{1t},\ y_{2t},\ \cdots,\ y_{Nt})$，$\varepsilon_t=(\varepsilon_{1t},\ \varepsilon_{2t},\ \cdots,\ \varepsilon_{Nt})$，$\Psi=(\Psi_1,\ \Psi_2,\ \cdots,\ \Psi_N)$，$W=(w_{1t},\ w_{2t},\ \cdots,\ w_{Nt})$，$I_N$是 $N\times N$ 的单位矩阵，在每一个时间 t 上固定个体，式（3）可以重写为：

$$(I_N-\varphi W)\ y_t=\varepsilon_t,\ t=1,\ 2,\ \cdots,\ T \tag{4}$$

其中，$\varphi=\mathrm{diag}(\psi)$，$\psi=(\psi_1,\ \psi_2,\ \cdots,\ \psi_N)'$，$I_N$ 是 $N\times N$ 的单位矩阵。

当空间权重矩阵 W 是稀疏矩阵时，$I_N-\Psi_W$可倒，式（4）可以写为：

$$y_t=(I_N-\psi W)^{-1}\varepsilon_t,\ t=1,\ 2,\ \cdots,\ T \tag{5}$$

当误差项 ε_i是独立同分布的正态分布，并满足假设 2（见下文）时，y_1，y_2，…，y_T的联合概率密度函数为：

$$\prod_{t=1}^{T}\frac{|I_N-\psi W|}{|\sigma_i^2|^{1/2}(2\pi)^{N/2}}\exp\left[-\frac{1}{2\sigma_i^2}y'_t\ (I_N-\psi W)'(I_N-\psi W)y_t\right] \tag{6}$$

基于方程（6）的准极大似然方程为：

$$1(\psi_i,\ \partial_i,\ \sigma_i^2) = -\frac{NT}{2}\ln(2\pi) - \frac{NT}{2}\ln\sigma^2 + T\ln|I_N - \psi W| - \frac{1}{2\sigma^2}\sum_{t=1}^{T} y'_t\ (I_N - \psi W)'(I_N - \psi W)y_t \tag{7}$$

Aquaro 等（2015）[39]和 Lesage 等（2017）[40]证明了当满足以下条件时使用方程（7）估计的异质性空间自回归模型的结果具有一致性和渐进性。

假设 1：空间权重矩阵 w_{ij}为稀疏矩阵。

假设 2：残差 ε_{it}，$i=1，2，\cdots，N，N\geqslant1，t=1，2，\cdots，T$ 在所有的截面 i 和时间 t 上是独立分布。同时，均值为 0，方程为常数，即 $E(\varepsilon_{it}^2)=\sigma^2$。$0<\kappa_1\leqslant\sigma^2\leqslant\kappa_2<\infty$，其中 κ_1 和 κ_2 为与 N 无关的有限泛型常数（finite generic constants）。

假设 3：$(N+1)\times1$ 个参数向量，$\theta=(\psi',\ \sigma^2)\in\Theta$，是 $n+1$ 维欧氏空间的子集。Θ 为封闭的有界（紧）集，其中包含了 θ 的真值。

假设 4：令 $(I_N-\Psi_W)'(I_N-\Psi_W)$ 最小的特征值为 λ_{min}，则 $\lambda_{min}>0$。

假设 5：令 $\sum_T=\sum_{t=1}^{T}\frac{y_t y'}{T}$，当 N 固定，$T\to\infty$ 时，$\sum_T\to_p\sum_0$。其中 $\sum_0=\sigma_0^2\ (I_N-\psi_0W)^{-1}(I_N-\psi_0W)'^{-1}$，$\Psi_0$，$\sigma_0^2$ 为 Ψ 和 σ^2 的真值。

另外，Aquaro 等[39]将异质性误差和外生变量引入方程（3）。加入异质性误差和外生变量的异质性空间自回归模型变为：

$$y_{it}=\varphi_i\sum_{j=1}^{N} w_{it}y_{jt}+\beta'_i x_{it}+\varepsilon_{it}，\ i=1，2，\cdots，N；\ t=1，2，\cdots，T \tag{8}$$

对于每一个时间 t，固定个体，方程（8）变为：

$$y_t=\psi Wy_t+Bx_t+\varepsilon_t，\ t=1，2，\cdots，T \tag{9}$$

其中，$\psi=diag\ (\varphi)$，$\varphi=(\varphi_1,\ \varphi_2,\ \cdots,\ \varphi_N)'$，$W=(w_{ij})$，$i，j=1，2，\cdots，N$，$B=diag(\beta'_1,\ \beta'_2,\ \cdots,\ \beta'_N)$，$x_t=(x'_{1t},\ x'_{2t},\ \cdots,\ x'_{Nt})'$，$\varepsilon_t=(\varepsilon_{1t},\ \varepsilon_{2t},\ \cdots,\ \varepsilon_{Nt})'$

基于方程（9）的准极大似然方程为：

$$1(\psi_i,\ \beta_i,\ \sigma_i^2) = -\frac{NT}{2}\ln(2\pi) - \frac{T}{2}\sum_{i=1}^{N}\ln\sigma_i^2 + T\ln|I_N - \psi W| - \frac{1}{2}\sum_{t=1}^{T}\frac{(y_i - \varphi_i\sum_{j=1}^{N}w_{ij}y_{jt} - x_i\beta_i)'(y_i - \varphi_i\sum_{j=1}^{N}w_{ij}y_{jt} - x_i\beta_i)}{\sigma_i^2} \tag{10}$$

Aquaro 等证明了当满足前文所述假设 1、假设 3、假设 4 和假设 5，并满足误差项 ε_{it}，$i=1，2，\cdots，N，N\geqslant1，t=1，2，\cdots，T$ 在所有的截面 i 和时间 t 上是独立分布，均值为 0，方程为常数，即 $E(\varepsilon_{it}^2)=\sigma_i^2$，$0<\kappa_1\leqslant\sigma^2\leqslant\kappa_2<\infty$，其中 κ_1 和 κ_2 为与 N 无关的有限泛型常数（finite generic constants）时，使用方程（10）估计的异质性空间自回归模型的结果具有一致性和渐进性。

四、“一带一路”沿线区域污染物排放空间异质性溢出实证检验——异质性空间自回归模型

本文使用工业废水排放强度（*wat*）作为因变量，从强度角度反映中国“一带一路”沿线城

市的污染排放。本文的控制变量包含以下三个：①对外投资强度（*Fdi*），使用“一带一路”沿线城市外商直接投资额占 GDP 比重表示；②产业结构（*Sec*），使用“一带一路”沿线城市第二产业占 GDP 比重表示；③经济发展水平（*GDP*），使用“一带一路”沿线城市人均 GDP 表示。另外，本文使用中国“一带一路”沿线 17 个城市（西藏地区由于数据缺失被剔除）139 个地级市 2003~2015 年面板数据。数据来自《中国城市统计年鉴》（2004~2016）。表 1 为各变量的统计特征（对数形式）。本文使用 Natalia Bailey 等（2016）[41] 给出的程序。

表 1　变量统计特征

变量	描述（对数形式）	均值	标准差	最小值	最大值	观测值
Wat	工业废水排放强度	3. 1873	0. 9024	-0. 9369	6. 8526	1807
Fdi	每年 FDI 实际利用金额与当年 GDP 的比例	1. 9461	2. 6215	37. 5789	0. 0001	1807
Sec	产业结构	3. 8238	0. 3638	2. 1972	13. 0934	1807
GDP	人均 GDP	2. 1562	0. 0923	1. 9145	2. 4535	1807

资料来源：笔者使用 MATLAB8. 3 计算。

本文假设只有相邻区域可以相互影响，因此，本文使用“跨省”构建空间权重矩阵。空间相邻权重矩阵见式（11）：

$$W_{ij}=\begin{cases}1, & \text{如果区域 } i \text{ 和 } j \text{ 相邻} \\ 0, & \text{否则}\end{cases} \tag{11}$$

同时，$\sum_{j=1}^{N} W_{ij}=1$。

表 2 给出了采用空间相邻权重矩阵，使用准极大似然估计方法估计的中国“一带一路”沿线区域工业废水排放强度异质性空间自回归模型结果。其中 139 个地市结果显示在 96%水平下显著。根据表 2 可知，由于不同区域之间企业排污行为的空间关联具有差异性，从而污染排放的空间溢出在不同区域具有不同的系数，这表明中国“一带一路”沿线区域工业废水排放的空间溢出确实具有异质性。其中 139 个地级市中有 84 个地级市的工业废水排放强度显示正的空间溢出，占样本地级市的 60%，55 个地级市的工业废水排放强度显示负的空间溢出，占样本地级市的 40%。根据前文所述，这表明中国“一带一路”沿线区域工业废水排放的空间溢出效应主要受不同区域企业排污行为的空间互动影响，当地方环境规制竞争导致不同区域企业排污行为的正相关性大于由于产品竞争导致的不同区域企业排放行为的负相关性时，污染在空间上呈现正溢出性，否则呈现负溢出性。

表 2　中国“一带一路”沿线区域工业废水排放强度异质性空间自回归模型结果

城市	所属省份	污染排放空间溢出系数	城市	所属省份	污染排放空间溢出系数
重庆市	重庆	0. 8239	梅州市	广东	0. 1082
福州市	福建	0. 7042	清远市	广东	-0. 3168
龙岩市	福建	0. 9252	汕头市	广东	-0. 0879
南平市	福建	0. 3583	汕尾市	广东	0. 1595
宁德市	福建	-0. 9950	韶关市	广东	0. 9950
莆田市	福建	0. 1330	深圳市	广东	0. 1212

续表

城市	所属省份	污染排放空间溢出系数	城市	所属省份	污染排放空间溢出系数
泉州市	福建	0.0414	阳江市	广东	0.9136
三明市	福建	0.4336	云浮市	广东	0.9950
厦门市	福建	-0.9950	湛江市	广东	-0.9950
漳州市	福建	0.9950	肇庆市	广东	0.9950
白银市	甘肃	-0.9950	中山市	广东	0.9950
定西市	甘肃	0.8960	珠海市	广东	0.8713
嘉峪关市	甘肃	-0.3688	百色市	广西	-0.2293
金昌市	甘肃	-0.2032	北海市	广西	0.2545
酒泉市	甘肃	0.0264	崇左市	广西	0.9950
兰州市	甘肃	0.4375	防城港市	广西	0.5992
陇南市	甘肃	-0.9950	贵港市	广西	0.5561
平凉市	甘肃	-0.3069	桂林市	广西	0.0651
庆阳市	甘肃	0.9534	河池市	广西	-0.3428
天水市	甘肃	-0.4556	贺州市	广西	-0.0764
武威市	甘肃	0.9950	来宾市	广西	0.9950
张掖市	甘肃	0.3907	柳州市	广西	0.3567
潮州市	广东	-0.1571	南宁市	广西	0.1470
东莞市	广东	0.9950	钦州市	广西	0.3200
佛山市	广东	0.9950	梧州市	广西	0.0516
广州市	广东	-0.3403	玉林市	广西	0.2050
河源市	广东	-0.1065	海口市	海南	-0.0024
惠州市	广东	0.5425	三亚市	海南	0.9950
江门市	广东	-0.9950	大庆市	黑龙江	-0.8475
揭阳市	广东	0.9950	哈尔滨市	黑龙江	0.9838
黑河市	黑龙江	0.9950	鹤岗市	黑龙江	0.1148
佳木斯市	黑龙江	-0.9950	乌兰察布市	内蒙古	0.9950
鸡西市	黑龙江	0.9950	乌海市	内蒙古	-0.9950
牡丹江市	黑龙江	-0.6653	固原市	宁夏	-0.9950
齐齐哈尔市	黑龙江	0.0930	石嘴山市	宁夏	0.5471
七台河市	黑龙江	0.5606	吴忠市	宁夏	0.9950
双鸭山市	黑龙江	-0.5626	银川市	宁夏	-0.3271
绥化市	黑龙江	0.9695	中卫市	宁夏	0.9950
伊春市	黑龙江	-0.3055	西宁市	青海	-0.6646
白城市	吉林	-0.3208	安康市	陕西	-0.9950
白山市	吉林	0.0494	宝鸡市	陕西	-0.9950
长春市	吉林	-0.1369	汉中市	陕西	-0.0593

续表

城市	所属省份	污染排放空间溢出系数	城市	所属省份	污染排放空间溢出系数
吉林市	吉林	-0.9950	商洛市	陕西	0.9950
辽源市	吉林	-0.1705	铜川市	陕西	0.2936
四平市	吉林	0.8069	渭南市	陕西	0.7874
松原市	吉林	0.5853	西安市	陕西	0.9950
通化市	吉林	-0.3491	咸阳市	陕西	-0.1713
鞍山市	辽宁	0.9525	延安市	陕西	-0.9950
本溪市	辽宁	0.9950	榆林市	陕西	-0.9950
朝阳市	辽宁	-0.9950	上海市	陕西	0.0847
大连市	辽宁	0.3662	乌鲁木齐市	新疆	-0.0179
丹东市	辽宁	0.2918	克拉玛依市	新疆	-0.2348
抚顺市	辽宁	0.8339	保山市	云南	0.7101
阜新市	辽宁	-0.9950	昆明市	云南	-0.0845
葫芦岛市	辽宁	0.0936	丽江市	云南	0.0000
锦州市	辽宁	0.9950	临沧市	云南	-0.9946
辽阳市	辽宁	0.3350	普洱市	云南	0.3382
盘锦市	辽宁	-0.9950	曲靖市	云南	0.5028
沈阳市	辽宁	0.3228	玉溪市	云南	-0.5387
铁岭市	辽宁	-0.9313	昭通市	云南	-0.2558
包头市	内蒙古	-0.8112	杭州市	浙江	0.2521
巴彦淖尔市	内蒙古	0.9061	湖州市	浙江	0.1178
赤峰市	内蒙古	-0.4085	嘉兴市	浙江	0.4784
呼和浩特市	内蒙古	0.1197	金华市	浙江	0.8612
呼伦贝尔市	内蒙古	-0.0250	丽水市	浙江	0.9950
鄂尔多斯市	内蒙古	0.6846	宁波市	浙江	0.2019
通辽市	内蒙古	-0.5283	衢州市	浙江	-0.2853
绍兴市	浙江	0.1677	台州市	浙江	-0.9950
温州市	浙江	0.2522			
舟山市	浙江	0.0536			

资料来源：笔者使用 MATLAB8.3 计算。

表3对中国“一带一路”沿线区域工业废水排放强度异质性空间自回归模型结果进行了总结，从表3中可以看出，大部分西部地区污染排放呈现出负的溢出效应，而大部分东部地区污染排放呈现出正的溢出效应。这说明大部分西部地区为了促进各自区域的经济发展，承接东部地区的污染密集型产业，在产品需求既定的情况下，这种承接具有竞争性，同时，这种竞争性导致的污染排放空间溢出大于地方环境规制竞争导致的污染排放空间溢出（绝对值）。

表3　中国“一带一路”沿线区域工业废水排放强度异质性空间自回归模型结果总结

省份	ψ_i>0（个）	ψ_i>0（%）	ψ_i<0（个）	ψ_i<0（%）
福建	7	77.7778	3	33.3333
甘肃	6	50	6	50
广东	10	47.6190	7	33.3333
广西	11	78.5714	3	21.4286
海南	1	50	1	50
黑龙江	7	58.3333	5	41.6667
吉林	3	37.5	5	62.5
辽宁	9	69.2308	4	30.7692
内蒙古	4	44.4444	5	55.5556
宁夏	2	40	3	60
青海	0	0	1	100
陕西	5	45.4545	6	54.5455
新疆	0	0	2	100
云南	4	50	4	50
浙江	9	81.8182	2	18.1818

资料来源：笔者使用MATLAB8.3计算。

五、结论及建议

本文使用中国“一带一路”沿线区域139个地级市2003~2015年数据，构建异质性空间自回归模型，实证检验了中国“一带一路”沿线区域污染物排放量的异质性空间特征；同时，使用准极大似然估计方法对异质性空间自回归模型进行估计，保证研究结果的一致性和渐近性，最终保证了中国“一带一路”沿线区域污染物排放量异质性空间自回归模型参数估计的准确性。结果显示：①中国“一带一路”沿线区域污染物排放确实存在空间溢出效应，并且这种溢出效应确实具有异质性特征。这种异质性是由不同区域企业不同的空间互动关联导致；②中国“一带一路”沿线西部地区工业废水排放强度在空间上呈现出负的溢出效应，东部地区则在空间上呈现出正的溢出效应。

从结论来看，中国“一带一路”沿线西部区域污染物排放在空间上呈现出负的溢出效应，东部地区则在空间上呈现正的溢出效应。因此，面对“一带一路”沿线区域污染排放的空间关联互动，需要创新污染防治的联防联控体系，形成跨区域治污合力。

参考文献

［1］林永生．“一带一路”战略背景下的中国省域绿色发展：现状、问题与对策［J］．中国环境管理，2016（2）：42-46.

［2］朱源，施国庆，程红光，李天威．“一带一路”倡议的环境社会政策框架研究［J］．河海大学学报（哲

学社会科学版），2017，19（1）：69-91.

［3］胡鞍钢，马英钧，高宇宁．“一带一路”：打造对外开放升级版，创造全球性开放红利［J］．河海大学学报（哲学社会科学版），2016，18（4）：1-5.

［4］Leonard K. Cheng. Three Questions on China's “Belt and Road Initiative”［J］. China Economic Review，2016（40）：309-313.

［5］Yuan Jiahai，Kang Junjie，Yu C.，et al. Energy Conservation and Emissions Reduction in China-Progress and Prospective［J］. Renewable and Sustainable Energy Reviews，2011，15（9）：4334-4347.

［6］Li Li，Tan Zhongtan，Wang Jianhui，et al. Energy Conservation and Emission Reduction Policies for the Electric Power Industry in China［J］. Energy Policy，2011，39（6）：3669-3679.

［7］Zhao Zhenyu，Chang Ruidong，Zillante G. Challenges for China's Energy Conservation and Emission Reduction［J］. Energy Policy，2014（74）：709-713.

［8］陆大道．中速增长：中国经济的可持续发展［J］．地理科学，2015，35（10）：1207-1219.

［9］陈祖海，雷朱家华．中国环境污染变动的时空特征及其经济驱动因素［J］．地理研究，2015，34（11）：2165-2178.

［10］雷原，张武林，曲亮．“一带一路”战略下中国经济增长与碳减排协同研究［J］．河海大学学报（哲学社会科学版），2016，18（1）：23-29.

［11］傅京燕，司秀梅．“一带一路”沿线国家碳排放驱动因素、减排贡献与潜力［J］．热带地理，2017，37（1）：1-9.

［12］宋德勇，刘习平．中国省际碳排放空间分配研究［J］．中国人口·资源与环境，2013（5）：7-13.

［13］Hossein，H. M.，S. Kaneko. Can Environment Quality Spread through Institutions［J］. Energy Policy，2013（56）：312-321.

［14］Anselin，L. Spatial Effects in Econometric Practice in Environmental and Resource and Economics［J］. American Journal of Agricultural Economics，2001，83（3）：705-710.

［15］刘华军，刘传明，杨骞．环境污染的空间溢出及其来源［J］．经济学家，2015（10）：28-35.

［16］Maddison D. Modeling Sulphur Emission in Europe：A Spatial Econometric Approach［R］. Oxford Economic Papers，2007，59（4）：726-743.

［17］张可，汪东芳，周海燕．地区间环保投入与污染排放的内生策略互动［J］．中国工业经济，2016（6）：68-82.

［18］马丽梅，张晓．中国雾霾污染的空间效应及经济能源结构影响［J］．中国工业经济，2014（4）：19-31.

［19］黄亮雄，王鹤，宋凌云．我国的产业结构调整是绿色的吗？［J］．南开经济研究，2012（3）：110-127.

［20］刘满凤，黄倩，黄珍珍．区际产业转移中的技术和环境双溢出效应分析——来自中部六省的经验验证［J］．华东经济管理，2017，31（3）：60-68.

［21］张翼．基于空间关联网络结构的中国省域协同碳减排研究［J］．统计与信息论坛，2017，32（2）：63-69.

［22］豆建民，张可．空间依赖性、经济集聚与城市环境污染［J］．经济管理，2015，37（10）：12-21.

［23］Verhoef E.，Nijkamp P. Externalities in Urban Sustainability Environmental versus Localization-type Agglomeration Externalities in a General Spatial Equilibrium Model of a Single-sector Monocentric Industrial City［J］. Ecological Economics，2002（2）：157-179.

［24］刘军，程中华，李廉水．产业聚集与环境污染［J］．科研管理，2016，37（6）：134-140.

［25］刘满凤，谢晗进．中国省域经济集聚性与污染集聚性趋同研究［J］．经济地理，2014，34（4）：25-32.

［26］严雅雪，齐绍洲．外商直接投资与中国雾霾污染［J］．统计研究，2017，34（5）：69-81.

［27］许和连，邓玉萍．外商直接投资导致了中国的环境污染吗？——基于中国省际面板数据的空间计量研究［J］．管理世界，2012（2）：30-43.

［28］Guan，D.，X. Su，Q. Zhang，G. P. Peters，Z. Liu，Y. Lei，K. He. The Socioeconomic Drivers of China's Primary PM2.5 Emissions［J］. Environmental Research Letters，2014，9（2）：1-9.

［29］李小平，卢现祥．国际贸易、污染产业转移和中国工业 CO_2 排放［J］．经济研究，2010，45（1）：

15-26.

[30] 刘华军，孙亚男，陈明华．雾霾污染的城市间动态关联及其成因研究［J］．中国人口·资源与环境，2017，27（3）：74-81.

[31] 张翼．基于空间关联网络结构的中国省域协同碳减排研究［J］．统计与信息论坛，2017，32（2）：63-69.

[32] 张德钢，陆远权．中国碳排放的空间关联及其解释——基于社会网络分析法［J］．软科学，2017，31（4）：15-17.

[33] 吴玉鸣，田斌．省域环境库兹涅茨曲线的扩展及其决定因素——空间计量经济学模型实证［J］．地理研究，2012，31（4）：627-640.

[34] 韩晶，王赟，陈超凡．中国工业碳排放绩效的区域差异及影响因素研究——基于省域数据的空间计量分析［J］．经济社会体制比较（双月刊），2015（1）：113-124.

[35] 向堃，宋德勇．中国省域 PM 2.5 污染的空间实证研究［J］．中国人口·资源与环境，2015，25（9）：153-159.

[36] 邵帅，李欣，曹建华，杨莉莉．中国雾霾污染治理的经济政策选择——基于空间溢出效应的视角［J］．经济研究，2016（9）：73-88.

[37] 罗能生，王玉泽．财政分权、环境规制与区域生态效率［J］．中国人口·资源与环境，2017，27（4）：110-118.

[38] 马大来，武文丽，董子铭．中国工业碳排放绩效及其影响因素——基于空间面板数据模型的实证研究［J］．中国经济问题，2017（1）：121-135.

[39] Aquaro, M., N. Bailey, and M. H. Pesaran. Quasi Maximum Likelihood Estimation of Spatial Models with Heterogeneous Coefficients [R]. USC-INET Research Paper, 2015.

[40] Lesage J. P., Vance C., Chih Y. Y. A Bayesian Heterogeneous Coefficients Spatial Autoregressive Panel Data Model of Retail Fuel Duopoly Pricing [J]. Regional Science and Urban Economics, 2017, 62 (1): 46-55.

[41] Natalia Bailey, Sean Holly, M. Hashem Pesaran. A Two-Stage Approach to Spatio-Temporal Analysis with Strong and Weak Cross-Sectional Dependence [J]. January/February, 2016, 31 (1): 249-280.

“一带一路”背景下的宗教多元化与对外直接投资
——以中国企业 OFDI 为例

赵永亮　苏启林　罗　洁
（暨南大学经济学院产业研究院，广东　广州　510275）

[摘　要]“一带一路”背景下中国企业“走出去”战略面临诸多问题，其中宗教和政治风险尤为突出，本文运用 2002~2007 年我国企业对外直接投资分国别数据，使用 Logit 回归模型定性分析东道国宗教多元化、民族多样化以及其交互变量对我国企业对外直接投资策略的影响。从三个方面实证检验了出口市场宗教多元化对中国企业对外直接投资的影响机制。其一，宗教的多元化通过信用水平来传导，使海外投资企业面临较大的投资风险。其二，宗教多元、民族多样的海外投资环境，使本身居于信息劣势的中国企业面临更多的信息成本、管理与协调成本。其三，多元的宗教文化直接影响消费者行为模式，使商品消费结构多元，对海外直接投资企业的资金规模、生产效率、管理模式及异质性提出了挑战。本文结合国家、企业、时间三个维度的数据，研究发现东道国宗教多元化与海外直接投资负相关，即中国企业更倾向于选择宗教多元化程度较低、民族多样性程度较低的国家进行对外直接投资。

[关键词] 宗教多元化；民族多样化；对外直接投资；中国企业

一、引言

对外投资合作是中国与世界各国经济实现交互融合，互利共赢的桥梁，“两会”期间，“一带一路”① 成为国内外热点关注话题，中国企业“走出去”的步伐不断加快。根据《2015 年度中国对外直接投资统计公报》，2015 年中国对外直接投资流量首居全球第二，创下史上最高值 1456.7 亿美元，超过了同期吸引外资水平，首次实现双向直接投资项下的资本净输出。

随着全球化的不断深入，各国日益重视文化背景差异对企业跨国经营的影响。Dunning 早在国际生产折衷理论中就提出，企业开展海外直接投资活动时还需权衡外部环境因素，即东道国特有的政治法律制度和经济市场条件。一个企业的对外直接投资决定通常是在综合考虑国际贸易环境后做出的。从以往影响跨国直接投资的影响因素着手，可以发现除了人口、经济规模、地理距离、国际制度等传统的因素外，国家间由于历史、语言、宗教、价值观的不同形成的文化差异也对贸易投资产生着重大影响。并且，从地理角度看，“一带一路”沿线地区显然是中国国家利益、

① “一带一路”是“丝绸之路经济带”和“21 世纪海上丝绸之路”的简称，2013 年 9 月 7 日，习近平主席在哈萨克斯坦纳扎尔巴耶夫大学发表重要演讲，首次提出共同建设“丝绸之路经济带”的倡议。

战略诉求和辐射的重点区域，这些地区往往自然禀赋丰富、人口众多、经济规模总量大、在产业发展上与中国具有高度的互补性，这里分布着中国的绝大多数最主要的贸易合作伙伴，因此依托于双多边机制及区域合作平台的促成与持续，中国对外经贸合作势必会迎来新的机遇。但是，不可忽视的是，这些国家或地区的宗教民族背景通常是复杂多元的，中国的海上丝绸之路与陆上丝绸之路与宗教、民族矛盾复杂且热点问题众多的“世界动荡之弧”有着较高的空间吻合性。

海外市场民族构成及宗教文化的差异更容易引起文化上的冲突，影响各国之间的经济、政治模式、法律环境以及人们的社会行为模式，从而产生间接影响国家层面贸易交往的效果。一方面，不同宗教之间存在的隔阂、冲突会使整个社会商业网络分离，资源、资金流动受阻，投资易中断，企业面临较高的海外投资经济风险、政治风险，甚至是人身安全问题。因为，当一个社会按照群体差异进行划分时，无论是宗教群体边界，还是族群边界的出现，都会导致紧张和分裂的局面。各群体为保障集团内部的稳定性与独立性，避免被其他群体征服，集团领袖通常会尽量抵制与当地其他群体间的来往。社会网络的隔离会激发强烈的排斥意识（“我们”和“他们”），信任危机出现，信息、资金、技术等无法实现流通共享，这会使海外投资者面临的问题更加严峻。另一方面，国家间的宗教文化差异会直接影响居民的消费习惯，不同教派的教规教义直接约束着人们的购买和消费经济行为。据了解，世界上有 80% 以上的人信仰宗教（Pew Forum，2012），并且我国的最大贸易伙伴国——美国有超过 70% 的人认为宗教信仰会对他们的日常行为产生影响（Pew Forum①，2008），其中包括消费方式与偏好。不同教派的教规教义对人们的购买和消费等经济行为有着直接的约束作用，比如某些教派强烈抵制、排斥来源于非本教地区的商品，甚至会认为某些产品有辱其信仰而激起冲突。多元宗教的存在使市场消费结构日趋多元，宗教特色或民族色彩的商品需求增多，企业于陌生的投资环境中，需要对不同群体的价值观和行为规则充分了解，熟知当地的文化和制度环境。这些未知因素进一步加重了海外投资成本，信息的不对称使海外投资者在激烈的东道国市场面临较大的挑战。

基于此，考虑到我国重要进出口合作伙伴通常具有民族多样化、宗教多元化的特点，如美国、欧盟、日本、“一带一路”沿线国家等都属于多民族、多宗教经济体，本文将以宗教视角研究中国企业的对外直接投资现状，探讨中国企业在单一宗教国家与多元宗教国家是否存在明显的投资差异，针对实证结论，对中国企业如何充分识别和利用东道国宗教及民族多元化因素，成功实现海外直接投资提供建议及操作性的指导。

二、宗教多元化的现实背景

文化是一种无形价值观的存在，它是在同一个环境中的人们所拥有的“共同的心理程序”，它不是一种个体特征，而是具有相同社会经验、受过相同教育的许多人所共有的心理程序。宗教文化则是归属于文化大系统中的极其重要的一个子系统，它是一种以信仰为中心的文化。宗教文化是宗教在长期的发展过程中，通过与社会生活的全面结合和渗透形成和积累的。它涉及的内容十分广泛，涵盖社会生活的诸多方面，包含理论、信仰和实践多个层面。长期以来，宗教和宗教

① Pew Forum，皮尤研究中心是美国的一家独立性民调机构，近年来以“全球态度调查”而闻名，它受皮尤慈善信托基金资助，旨在对那些影响美国乃至世界的问题、态度与潮流提供信息资料，其全球态度调查项目虽然有其缺陷，但是其中立性值得肯定。

文化不仅影响着信教群众的精神与物质生活，更影响着一个民族、一个国家、一个地区的民族关系、社会稳定，以及相互间的经贸往来。

宗教多元化。世界上绝大多数的人都信仰宗教，每个国家或地区都有宗教，而同一个国家或地区又可以有不同的宗教信仰，甚至出现几百种宗教并存的局面，其最根本的表现便是宗教多元化。"多元"是指多种宗教并存发展，整个宗教格局呈现出种类繁多、派系林立的状况。宗教多样性因地理区域而异，根据 2012 年美国皮尤研究中心"宗教与公共生活论坛"（Pew Research Center Religion & Public Life）发布的《全球宗教景观报告：关于世界主要宗教群体 2010 年的规模和分布》，在研究的 232 个国家和地区中，新加坡是宗教最富多元化的国家，它的宗教多元化指数得分①最高，为 9 分（10 分制）。在研究分析的六个区域中，亚太区域宗教多元化水平最高，其次是撒哈拉以南非洲，欧洲和北美地区的宗教多元化水平适中，拉丁美洲—加勒比海地区和中东—北非地区的宗教多元化程度较低。在宗教多元化程度非常高的国家，占比最大的宗教群体通常不会超过人口的 50%，并且这个国家至少还有其他两个宗教群体各占人口的 10%或以上；在宗教多元化程度高的国家，最大的宗教群体一般占人口的 70%以下，而其余的两个或多个群体则占剩余人口的大多数；在宗教多元化程度较低的国家，最大的宗教群体通常占人口的 70%～85%，而其余人口往往属于另一种宗教；在宗教多元化程度低的国家，最大的宗教群体通常占人口的 85%以上。

当然，皮尤研究的调查没有考虑衍生教派的情形，若加以考虑，则美国当之无愧是"世界上最大的宗教博物馆"。美国是当今世界公认的宗教种类最多的国家，仅主流宗教②就有三种，而由这三大宗教及其他宗教衍生发展来的宗派更是无数，具体要深究其到底有多少种宗教，却往往因为统计口径的差别而无法统一标准，有的说有近 300 种，有的说有近 900 种，更有甚者说有 1200 种。

（一）国内研究

自 20 世纪 90 年代以来，中国海外直接投资迅猛发展，已有众多学者纷纷从母国、东道国层面以及企业微观层面探讨中国对外直接投资的发展态势，并创新地将研究视角拓展到新经济地理学、政治经济学等领域，丰富和发展了 Dunning 的传统国际投资理论。关于东道国文化与中国企业对外直接投资的关系研究近年来开始涌现，孙焱林和胡松（2004）采用双向引力模型和 1997 年 FDI 的数据，用语言差异作为衡量两国文化差异的虚拟变量，来研究文化和地理因素对 FDI 的影响。Wang 和 Lin（2014）运用 2001～2011 年的省级数据研究了宗教信仰对经济增长的影响。田晖和蒋辰春（2012）将 Hofstede 的国家文化维度引入中国对外贸易引力模型，研究国家文化距离对中国对外贸易的影响。陈昊和陈小明（2011）在借鉴 Hofstede 文化五维度理论的基础上，从交易成本和消费者选择模式两个路径分析了文化距离对出口贸易的影响。张帅梁（2012）研究发现大的文化距离会降低两国之间的贸易成本，且不同产品受文化距离的影响存在显著差异。张军和陈磊（2015）研究得出文化因素是中国出口贸易的重要影响因素，同时文化异质性对中国出口贸易的影响存在显著的产品差异。姜玲艳（2011）研究美国企业对外直接投资区位选择时，将宗教差异纳入心理距离中进行考察，并创新地以宗教多元化指数来衡量国家的宗教差异。

---

① 宗教多元化程度依宗教多元化指数得分而定，0～2.9 分表示宗教多元化程度低，3～5.4 分表示宗教多元化程度适中，5.5～6.9 分表示宗教多元化程度高，7～10 分则表示宗教多元化程度非常高。

② 美国三大主流宗教：第一种是长期占据主导地位的宗教，主要是基督新教、天主教、犹太教等；第二种是来自世界各民族的宗教和教派，包括非洲、亚洲血统移民的非洲宗教和东方宗教，以及北美土著宗教；第三种是美国建国以后逐渐形成和发展起来的宗教派别，有 3000～4000 个。

（二）国外研究

文化对经济发展的影响和作用在早期古典经济学家，如斯密、穆勒以及马歇尔的著作中均有相关的阐述，在研究和分析文化对经济发展作用的同时，也研究了宗教文化对对外贸易投资的影响。20世纪以来，国外对宗教与贸易间关系的研究逐渐增多，主要包括以下几个方面：

（1）宗教信仰对微观主体，即消费者的影响。Minkler 和 Cosgel（2004）研究证明，除其他原因之外，消费者往往会通过相应的消费选择向他人传达自身的宗教身份以及强烈的宗教信仰。Mathras 等（2016）将宗教构造成一个综合变量，研究了宗教通过四个方面——信仰、宗教仪式、价值观和社区群体，来影响消费者的心理及行为。Heath 等（1995）运用美国数据分析了宗教对收入层次的影响。Lipford 和 Tollison（2003）研究了宗教参与和消费者收入之间的相互作用。

（2）宗教多元化、民族多样化对企业海外投资决策的影响。Dolansky 和 Alon（2008）应用实证研究的方法，发现宗教自由和宗教多元化影响日本企业的对外直接投资，认为国家收入和宗教多元化对日本企业的对外投资决策有重大的影响。Gelb 和 Longacre（2012）研究认为，企业管理者不能忽视宗教多样性带来的机遇与挑战，开展国际贸易，文化具有重大作用，宗教也同样重要。Easterly 和 Levine（1997）在一项关于各国的跨国研究中，研究了那些民族多样性指数（与宗教相关的社会环境因素）较高国家间的差异，发现族裔群体的两极分化会导致寻租行为的发生，并且会减少对公共物品的消费，导致经济的长期缓慢发展。Drabek 和 Payne（2001）根据对外直接投资在经济增长中扮演着十分重要的角色，得出宗教对对外直接投资有一定的影响的结论。

（3）国家文化距离，包括宗教文化差异对海外投资贸易的影响。DiMaggio 和 Zukin（1990）认为，文化差异是全球市场经济活动的重要影响因子。Ellis（2007）从多维距离角度研究了“距离”对企业国际化的影响，认为“距离”不仅指地理距离，也可以是文化/制度距离，“文化距离”可以通过多种机制影响企业国际化进程。Dunning（1980）在国际生产折衷理论中指出，区位优势是企业进行跨境经营的三大必备优势之一，由特殊的地理、语言、文化、习俗等环境因素形成的区位优势直接影响企业对外直接投资行为。总的来说，对外直接投资区位研究中，文化的作用日益受到各界学者的关注。

（三）文献评述及本文创新点

总的来说，国内外研究均认为除了经济规模、自然禀赋、地理距离、制度因素以及人均购买力这些传统的因素外，文化也是影响国际贸易的一个重要因素。尽管各研究结论之间有所差异，甚至完全相反，但仍对跨国企业开展对外直接投资具有一定的参考价值，同时也为今后的研究提供了可供借鉴的研究方法和思路，为国际贸易的研究提供了更为广阔的视角。

然而，有关宗教多元化对贸易投资的影响的研究起步比较晚，现在正处于不断深入和完善的过程中。目前相关的研究成果并不多见，主要存在以下几点不足：①当前国内很少有研究将宗教文化从文化中细分出来，更多的是将文化作为一个综合变量来研究其对对外贸易投资的影响；②国外的很多研究更加倾向于从微观主体消费者的角度阐述宗教对消费者行为的直接影响，将宗教多元化与对外直接投资结合的研究较少。

鉴于此，本文以独特的选题视角，将东道国宗教文化多元化与企业对外直接投资相联系，采用理论研究与实证研究相结合的研究方法，通过以往文献研究达成的共识与存在的问题，可以肯定宗教多元化确实会影响到消费者的购买行为及偏好，进而影响商品结构，影响企业的贸易投资决策。本文将引用 Logit 二元回归模型，利用中国企业级出口数据，通过统计报表、计量分析等方法来研究宗教多元化对我国企业海外直接投资的影响，为我国企业在未来对外直接投资的选择上提供一些参考意见。

三、宗教多元化对中国企业对外直接投资的影响

（一）影响机制

首先，从中国企业海外投资实例上看，将皮尤研究中心发布的全球宗教景观图与当前中国企业的对外直接投资现状进行对比，我们可以发现一大特征，即中国企业海外直接投资较多集中于宗教多元化程度趋于中等偏下的国家。东南亚、南亚、西亚、北非、南非以及拉丁美洲地区的大部分国家的宗教多元化程度处于中等偏下水平，但历年来中国企业在这些国家（地区）的对外直接投资活动日益频繁。2015 年末中国对外直接投资存量前 20 位的国家（地区）中，三大避税港不考虑，另外的 17 个国家（地区）中有 10 个宗教多元化程度居于中等水平。基于此现象，我们初步猜测东道国宗教多元化在中国企业对外直接投资决策过程中发挥着重要作用。另外，从理论上看，参考以往文献，国外部分学者看到了宗教多元化因素对于企业海外直接投资行为的重要性，但其具体影响机制如何，还有待研究。本文将主要从信用水平、交易成本以及市场需求三个角度来探讨分析宗教多元化对中国企业海外直接投资的影响。

1. 信用水平

宗教多元化对信用水平的影响通常是以投资风险形式来表现的，或者可以将其归结为同类间的归属感，东道国宗教多元化程度越高，越会增加海外投资者的感知风险，甚至直接影响他们的投资决策。不同的宗教背后，其教义、教仪、教团①是相去甚远的，人们的处世观念、生活习性也因此千差万别。特别是某一主流宗教的背后还会支生出千万种不同的派系，宗中有派、派中有别的现象十分常见。比如作为世界三大主流宗教之一的伊斯兰教，它主要包括两大派别——逊尼派和什叶派，这两大派别背后又相继分化出凯撒尼派、宰德派、伊斯玛仪派（七伊玛目派）等多种派别和支系。可以说，自伊斯兰教诞生之日起，教派之间的纷争便贯穿于其历史发展的整个进程中，基于各自的社会背景和思想渊源，政治派别、神学派别和法学派别之争源源不断。

受地域、语言、种族等差异的影响，一些宗教派别会出现裂变，彼此形成相对分割、独立的宗教区域。同时，由于种族和文化背景的差异，同一种宗派或教派也会分化成与众不同的教会。有时，一些教会为保持自身独立性，延承丰厚的历史传统，其领袖会竭力抵制与当地其他教会和教派机构间的来往。因此，不同宗教之间存在的隔阂或是冲突，会使整个社会商业网络隔离，资源、资金流通配置受到限制，从而使原本难以进行的投资更容易中断，投资者面临着较大的风险。

另外，宗教相对多元的国家，往往政治环境复杂，社会纷扰，不确定因素此起彼伏，海外直接投资者较难获得充分利用信息资源以成功开展对外直接投资活动，甚至会面临资金有去无回的风险。因此，宗教多元的国家时常伴随着较大的信用风险，企业海外投资经营的长期性及稳定性受到极大的挑战，企业领导者跨国投资时需充分考虑这一点。

① 一个宗教的三大基本元素：一为宗教的思想观念及感情体验（教义），二为宗教的崇拜行为及礼仪规范（教仪），三为宗教的教职制度及社会组织（教团）。

2. 交易成本

从文化角度看，东西方已然存在巨大的差异，从宗教角度而言，虽然根据 Pew 宗教论坛的宗教多元化指数得分，中国可以说是一个宗教相对多元的国家（宗教多元化指数得分 7.3 分），但是这并不意味着中国与其他海外直接投资国间具有很大的宗教相似性。首先，中国的信教群众并不如某些西方国家普遍，根据 2010 年信教人口统计，中国信教人士的比例并不高，宗教无关人士占比超半，占总人口的 52.2%；其次，中国宗教相对多元是因为中国存在大量的民间宗教，这些民间宗教多由原始宗教演变而来，种类繁多，信教人士崇拜的神祇多为历史上的真实人物，并且由于深受传统儒家思想的影响，中国还有 18.2%的佛教徒。因此，中国宗教多元是基于特定历史环境的结果，与西方众多国家信奉的基督教、伊斯兰教和犹太教等世界主流宗教截然不同。由此可以看出，中国企业海外直接投资将面临较大的宗教多元化挑战。

东道国的宗教环境越复杂，中国企业在开展跨国投资时所要做的前期准备就越多，所耗费的信息成本就越大。投资前期，企业必须花费足够的精力、金钱、时间去搜寻市场信息，了解东道国市场特色，熟悉当地的风土人情，建立人际、商业网络；境外子企业经营期间，多元的宗教文化差异会增大企业的管理与协调成本，跨国经营摩擦性成本增加。因此，多元的宗教文化环境无疑会增加中国企业的海外直接投资成本，降低企业主的预期收益率，对直接投资起到阻碍作用。另外，对于海外投资经验不丰富的企业而言，外来者的劣势地位会增加企业感知和理解东道国市场环境的障碍，在市场调查、海外谈判以及与当地政府、消费者沟通的过程中，企业很可能会因为复杂多元的宗教环境及显著的信息不对称而放弃直接投资。

3. 市场需求

亚当·斯密在《国富论》中提到过，个人的宗教信仰函数是受到感知和行为准则约束的，因而不可避免地会产生相应的经济效应，尽管宗教信仰是无形的和难以验证的，但宗教惯例是可以观察到的[30]。宗教文化背景下，人们会按照既定的道德规范、社会尺度、价值观念以及风俗习惯等做出抉择，在某种程度上，可以说宗教文化决定了人的思维方式，继而采取相应的行为影响该事物的发展，最终产生了经济行为。多元宗教的存在使消费者的偏好差异甚大，特别是各种宗教派别背后有其独特的禁忌以及行为约束，比如一些教派对非本教地区来源的商品有着强烈的排斥与抵制行为，特别是当其认为某些产品有辱其信仰时则会激发冲突。教规教义以约束人们经济行为的方式影响着整个市场的消费结构，消费偏好多元，所需商品种类多样，对供给市场提出了新挑战，生产者必须要提供足够多样的商品以满足不同消费者的需求，同时随着产品种类的增多，企业还得面对新增产品生产效率以及原有产品的市场需求下降等难题。因此，一个国家（地区）的宗教越富多元化，那么对前来投资的生产者的要求也就越高，其必须能够熟知当地各异的宗教习俗，这需要耗费大量的信息成本。同时，企业还得有足够的资金、人力、资源来改善生产结构，优化单一的生产线，以平衡自身的规模效益。从资源角度看，影响企业国际化进程的主要是其自身的有形资源和无形资源的优势。从某种程度上而言，宗教多元对企业规模、生产效率、管理模式及异质性提出了挑战，对中小型企业而言，进入这类市场会有相当的难度。

（二）基本假设

基于上文对宗教多元化与对外直接投资的讨论，本文提出三个基本假设。

假设 1：东道国宗教多元化与企业对外直接投资负相关，即宗教多元化会削减外来直接投资，而宗教相对单一的国家将会吸引更多的海外直接投资。

假设 1 是基于这样一个理念：宗教多元化会削减外来直接投资是因为在宗教多元化的市场中投资者将面临较高的信用风险和信息成本，宗教多元化影响市场资源配置效率，额外的信息成本、不确定的政治事件、复杂多样的宗教规范与禁忌进一步增加了投资者的风险。

宗教发展的过程往往伴随着各教派的兴起、衰落，许多宗教在其发展的各阶段曾先后分裂为不同的教派，而各教派又都以得自真主或神灵的真传自诩，以“真正宗教”和“真正的教会”自居，互相把对方打成异端，有些教派甚至明确规定自派教徒不能与他派教徒来往，各教派间保持着相对对立关系。宗教观念的差异常常会引发社会、政治和伦理问题上的分歧与冲突，紧张的教派关系背后，社会充斥着不稳定因素。Delios 和 Henisz（2003）认为，东道国政治、经济和社会因素的波动越大，对外国投资者而言，越难获取、理解、利用信息资源以成功开展对外直接投资活动。此外，各教派间的隔离状态会使信息交流受阻，社会网络开始出现分离。而经济活动的开展依赖于资金流、信息流、物流的相互支撑，断绝的社会网络成为了投资的一大难题。因此，海外投资者在开展对外直接投资活动时，为降低投资风险，减少繁冗的信息成本，通常不会选择宗教多元化程度高的海外市场。

此外，宗教多元化的市场对企业的进入门槛要求较高。一方面，其要求企业必须具有高度的异质性，生产的产品能够满足多元化的市场需求。这是因为不同宗教群体具有不同的行为模式，教派规章直接约束着人们的行为规范，同时，频繁多样的教会活动，诸如布道、宗教经验交流会、仪式、颂词、圣经研究等都会潜移默化地影响着人们的思维模式及消费观念。Hirschaman（1983）曾指出，天主教徒、犹太人以及新教徒的宗教信仰对他们的周末娱乐、住宅选址、交通方式甚至是领养的宠物品种都有影响。宗教多元化使消费结构向多元化方向发展，市场需要大量异质并富有民族特色的商品，企业的产品生产线在保持多元的同时，又要合理控制规模成本，优化生产结构。另一方面，企业进入海外市场时需要耗费大量的信息成本以了解不同宗教群体的消费偏好，特别是大环境下东西方的文化差异悬殊，彼此宗教构成存在显著的差别。因此，企业在进入宗教多元的海外市场时，通常会结合自身企业规模、生产效率、资本密集度加以考量，为避免额外的信息成本，企业会优先选择宗教相对单一的国家进行海外直接投资。

本文研究的问题是东道国宗教的多样性是否会影响其获得海外直接投资，考察一个企业是倾向于在多元宗教国家，还是单一宗教国家投资。本文以定性分析作为主要的研究方法，即因变量为某一年份企业在该国是否有对外直接投资行为，而宗教多元化的衡量则是宗教多元化指数得分。宗教多元化指数得分改变自赫芬达尔指数，此处选用的是皮尤研究中心基于 2500 个数据来源（包括人口普查、人口统计调查、一般人口调查和其他研究）收集、评估和标准化计算得来的。宗教多元化指数得分在 0～10 分，若一个国家的宗教是完全单一的，那么它的得分即为“0”；若具有很大的多样性，则分数为“10”。作为投资国而言，中国的得分被评为“7.3”，属于宗教多元化程度高的国家。

假设 2：东道国民族多样化与企业对外直接投资负相关，即民族多样化会削减外来直接投资。

从东道国社会环境来看，除了宗教因素外，民族构成也是影响企业海外直接投资的重要区位因素。一些发展中国家由于深受殖民历史的影响，其民族及语言构成也相当复杂，不同族裔之间的生活习俗、商业惯例、法律规则及社会规范等方面存在着巨大的差异，前来投资的跨国企业易遭受这种差异性挑战。近年来，种族异质性对经济发展的影响已成为一个热门的研究话题，关于民族多样性与经济发展关系的研究也越来越多。Garcia-Montalvo 和 Reynal-Querol（2005）首次以定量分析方法来评估民族多样性与种族极化对经济增长的间接影响，认为民族多样性会减少信息在市场经济中的传播。正如宗教多元化对对外投资的影响机制，东道国民族多样性也会通过信用水平来影响外来企业投资。

族群边界的划分可能会使不同集群之间的关系会趋向紧张化，同族裔内部关系网络会更加趋向于独立性、排他性。正如 Montalvo 和 Reynal-Querol（2005）强调的，当一个社会按照民族差异进行划分时，那么紧张和分裂的局面就会出现。因为人际关系的建立和信息的传递在同一集群内是很容易实现的，但在不同集群之间就不行了。这种社会网络的隔离会激发强烈的排斥意识

（“我们”和“他们”），阻碍彼此间的信息共享，甚至会出现信任危机（Harzingand 和 Feely，2008）。而一旦商业信誉和信任缺失，海外投资者面临的投资风险及成本就更大。

此外，民族多样性不可避免地会带来民族纷争，特别是当民族情绪高涨时，社会充斥着不稳定因素。Easterly 和 Levine（1997）认为民族多样性对经济增长有直接的负面影响，他们认为，大多数非洲国家的经济表现不佳，部分是由于生活在同一国家的大量不同族裔群体，部分是由于前殖民国家所划的荒谬边界。Montalvo 和 Reynal-Querol（2005）强调当国家存在高度潜在的民族冲突时政治不稳定对经济发展的重要性。他们发现，在民族多样化的社会中，思想的传播受到阻碍，特别是当不同族裔群体发生冲突时。在这种潜在的民族暴力环境中，由于各级经济活动都受到影响，企业无法照常经营，海外企业更是不容易全身而退，投资资金可能有去无回。

从消费者角度而言，民族多元化会直接导致实际人均收入水平的降低，东道国市场消费潜力缩小，投资者盈利空间有限。Montalvo 和 Reynal-Querol（2005）认为，某些情况下，民族多样化背后的潜在冲突可能对投资率产生负面影响，并诱发寻租行为，从而增加政府公共消费。当社会中很大比例的人开始追求高寻租行为时，经济中的人才配置会受到干扰。由于缺乏产权保护，特别是在撒哈拉以南非洲国家，最有才华的人通常会从事寻租的职业（例如加入军队或成为政府官员）。这些活动通常将财富在其他方面重新分配，而不会创造新的财富，从而导致生产率和收入增长的降低。较低的技术进步以及更多寻租者的出现阻碍了物质资本的积累，社会产出保持不变，市场规模整体缩小，因此会相应削减外来直接投资。Mauro（1995）研究表明，高水平的民族语言多样性意味着较低的投资水平。

假设 3：如果一个出口市场的宗教更富多元化，并且它的民族构成更加多样化，那么在该市场进行直接投资的企业就更少。

有些国家的宗教文化十分多元化，即为多元宗教国家，但是它的民族构成却比较单一，比如韩国；有些国家的宗教文化十分多元化，民族构成也多元化，比如印度、俄罗斯；有些国家是单一宗教国家，但民族构成却十分多元化；有些国家既是单一宗教国家，也是单一民族国家。因此，本文引入了宗教多元化与民族多样性这个交互变量。基于假设 1 和假设 2，我们认为宗教问题和民族问题的相互交织会进一步激发社会矛盾，社会信用水平降低，投资风险加大。因此，我们认为如果一个出口市场的宗教更富多元化，并且它的民族构成更加多样化，那么在该市场进行直接投资的企业就更少。

四、宗教多元化对中国企业对外直接投资影响的实证分析

（一）模型构建

尽管贸易引力模型是考察 OFDI 区位因素最常用的工具，它最早被 Tinbergen（1962）用来解释两国间的双边贸易流量问题，而后又由 Anderson（1979）拓展到了国际投资领域，研究跨国投资流量问题，但由于本文的研究主体是具体的某一家企业在某一年份的投资行为，而目前有关微观企业分国别投资额数据缺乏可靠来源，因此，结合上述理论分析，为考察宗教多元化与中国企业 OFDI 之间的关系，本文将宗教多元化这一变量引入模型做 Logit 二元回归分析。本文选取了 2002~2007 年我国企业在全世界 99 个国家和地区的对外直接投资数据，建立基于宗教文化多样化的 Logit 二元回归模型。

（二）变量选取与数据来源

本文的考察重点是东道国宗教多元化是否会影响其获得的外国直接投资，即间接影响我国企业在东道国的对外直接投资状况。但是仅宗教多元化指数是无法囊括对外直接投资的所有影响因素的，因此，在重点考察宗教多元化之外，本文还考虑了东道国民族多样性特征及其他可能影响我国企业开展对外直接投资策略的影响因素。由于工业企业数据库数据来源受限，因此本文选取的时间序列是2002~2007年，此时正值“十五”期间，“走出去”战略开始积极倡导与实施，中国对外投资贸易处于迅速发展阶段，故本文的研究样本具有代表性。

企业微观层面，本文考察的对外企业大致可以分为两种类型：其一是样本年份有对外直接投资行为的企业，其二是样本年份从未进行过对外直接投资但有出口行为的企业。据此对因变量进行二元赋值。

本文重点研究的对外直接投资企业名单来源于商务部发布的《境外投资企业（机构）名录》，但由于该名录只包括境外投资企业（机构）名称、经营范围、核准日期、投资国度/地区以及境内投资主体名称等基本信息，缺乏企业具体财务数据，故笔者在此将该名录中的境内投资主体名称与工业企业数据库中的企业名称进行匹配，并将工业企业数据库中缺失主要财务指标（工业总产值、资本存量、工业增加值、中间投入）、企业从业人数少于8人、不符合一般会计准则①的样本删除，同时考虑到全部国家宏观层面数据的可获得性，删除数据缺失的国家和地区，最终得到2002~2007年间1039家中国境内投资主体在世界99个国家和地区建立的1378家子公司的数据。这1039家境内投资主体在样本期间均至少进行过一次对外直接投资，投资目的国可能有多个，也可能只有一个，即存在企业i在t年只对a国和b国进行对外直接投资，对其他国家不存在对外直接投资行为的情形。

为保持企业样本的完整性以及实证的可对比性，根据对外企业的性质，本文将工业企业数据库中出口交货值大于0的企业也纳入了考察范围，经过工业企业数据库与海关数据库匹配，最终得到这些企业的分国别出口信息。由于存在企业既出口又对外直接投资的情形，并且第一种类型的企业已经将所有在样本期间至少有过一次OFDI行为的企业囊括在内，因此此处需要将这些企业删除，避免重复，剩下的企业就属于在样本期间从未对目的国有过对外直接投资行为，但有出口行为的企业。由于两大数据库匹配整理后得到的企业数量庞大，参考第一种类型的企业数量，此处笔者大致按照1∶1的比例随机抽取了1000家企业，从而使整个样本中企业类型保持了多样性，使实证分析结果更有说服力。

1. 被解释变量

衡量对外直接投资的指标通常有对外直接投资流量和对外直接投资存量两个。但由于本文的研究涉及三个维度——时间、国家、企业，根据现有的资源无法明确查询到企业具体的分国别对外直接投资额信息，因此，本文以定性分析为主，被解释变量对外直接投资（Outward Foreign Direct Investment，OFDI）是一个三维的二元变量$OFDI_{ijt}$，即企业i在t时是否对外直接投资j国，当有对外直接投资行为时，被解释变量$OFDI_{ijt}$的取值为1，否则为0。被解释变量的数据来源于中国商务部发布的《境外投资企业（机构）名录》，该名录中包含了中国境内投资主体自1970年来在海外建立分支机构的详细情况，涉及海外投资国度、境外投资企业（机构）名称、经营氛围以及核准日期等。

① 一般会计准则将存在以下情况的样本剔除：一是流动资产大于总资产；二是总固定资产大于总资产；三是固定资产净额大于总资产；四是企业的法人代码缺失；五是无效的成立时间（如成立时间在1月之前或12月之后）。

2. 解释变量

（1）宗教多元化指数（Religious Diversity Index，RDI）。社会科学家们曾以各种方式定量宗教多样性，包括社会分裂成不同群体的程度、少数民族群体规模（份额和/或绝对数量）、少数群体影响（多个群体在民间社会中可见和影响的程度）以及群体优势（一个或多个群体支配社会的程度）。为了更直观地表示一个国家的宗教多元化程度，本文选用了宗教多元化指数，它是赫芬达尔指数（Herfindahl-Hirschman）的一个版本，通常用于环境和商业研究以衡量生态多样性或市场集中度。它们的主要区别是宗教多样性指数得分被反转，因此较高的分数表示较高的多样性。

本文采用的宗教多元化指数来自美国皮尤研究中心“宗教与公共生活论坛”（Pew Research Center Religion & Public Life）于 2014 年 4 月 4 日发布的全球宗教多样性指数得分表。皮尤研究中心对宗教多样性采取了一种相对直接的方法，它将全球人口按是否信教以及所属宗教派别划分为八大类，佛教徒、基督教徒、印度教徒、伊斯兰教徒和犹太教徒，这五大宗教的信教徒共占世界人口的 3/4，剩余的 1/4 则被合并为另外三个群体：宗教无关联人士（无神论者、不可知论者或没有什么特别信仰的人）、民间或传统宗教的信徒（包括非洲传统宗教、中国民间宗教、美洲土著宗教和澳大利亚土著宗教）以及其他宗教信徒（例如巴哈教、耆那教、神道教、锡克教、道教、天理教、巫术和拜火教）。皮尤研究中心考察了截至 2010 年这八大主要宗教群体中每个国家的人口的百分比。一个国家的人口在这八大群体中分配得越均匀，即各百分数越接近，那么这个国家的宗教多元化指数得分就越高，总分为 10 分。

（2）民族多样化指数（Ethnic Diversity Index，EDI）。关于民族多样性与经济增长之间的关系，已有越来越多的文献，但是有关民族多样性的测量一直以来都是件十分困难的任务，全球范围内对族裔群体的分类难以保持一致，不同国家的人口普查对种族的每个方面都有不同程度的重视。从描述性的角度来看，像“种族”“颜色”这样的民族特征在某种程度上是由社会构建的，“文化”和“语言”这样的民族特征是可以通过后天学习获得的，种族和族裔身份难以确定，同时又具有流动性，并且除少数国家和个案外，没有关于种族和族裔群体的“流动性”程度的数据记录。考虑到我们研究的国家数目比较多，语言与民族具有共通性，因此我们采用的是基于纯生物学或遗传学观点的种族定义，将种族、语言和文化构建成一个单一的衡量标准，即民族语言多样性，这与世界基督教百科全书（WCE）的分类标准一致。

本文选用的民族多样化指数采用的是民族语言分数化指数（Ethnolinguistic Fractionalization，ELF），是基于赫芬达尔指数构建的。

$$ETHRAC = 1 - \sum_{i=1}^{G} p_i^2$$

其中，p_i是指某种民族族群 i 所占的人口比例，G 表示特定国家中的民族种类。基本上，这个指标可以解释为测量一个国家中两个随机个体属于不同民族语言群体的概率，它常用来捕捉社会的民族分裂程度。民族多样化指数得分取值在 0~1，得分越高表示民族多样性程度越高。此外，当一个国家的族群增多时，那么这个国家的民族语言多样性指数得分也会增加。本文民族多样化指数 EDI 数据来源于 Jose 和 Marta（2005）。

3. 控制变量

（1）地理距离（Distance，Dis）。地理距离表示中国与各投资东道国间的空间距感。本文地理距离数据来源于法国国际预测研究中心（CEPⅡ）地理与距离数据中心的 dis 值，它是根据两国重要城市（主要是首都，少数情况是人口最多的城市）的经纬度计算而来的，单位为千米，本文取对数处理（http://www.cepii.fr/CEPII/en/welcome.asp）。

（2）双边投资协定（Bilateral Investment Treaty，BIT）。双边投资协定是指两个国家（地区）为促进、鼓励和保护相互之间的投资而签署的约定双方权利与义务关系的书面协议。BIT 目前被视为私人海外投资保护的重要手段，也是一国投资环境的重要标志之一。本文中，BIT_{jt}表示 t 年我国与东道国 j 是否签订了双边投资协定，若签订则赋值为 1，否则为 0。本文的数据来源于联合国贸发会议（UNCTAD）的 BIT 数据库，数据库中包含签订时间和生效时间，但笔者认为对于投资者而言双边签订投资协定已是重大利好消息，一定程度上会影响投资者的海外投资决策（http：//investmentpolicyhub. unctad. org// IIIA/countryBits/42#iialnnerMenu）。

（3）国内生产总值增长率（GDP Growth，Growth）。国内生产总值增长率是描述东道国经济整体发展状况的一个指标，本文数据来源于世界银行发展指标数据库（http：//wdi. worldbank. org/）。

（4）双边贸易量（Trade）。双边贸易量是指历年来我国与各东道国间双边贸易往来的总额，它一定程度上象征着两国间经贸往来的密切程度，也彰显了微观企业海外出口经验，总的来说，双边贸易量与企业的对外直接投资行为有着一定的相关性。本文数据来源于《中国统计年鉴》（2002~2007）中的分国别进出口贸易总额，单位为万美元，取对数处理。

（5）东道国市场开放程度（Open）。为更好地反映东道国对外资的开放程度，本文选用变量东道国市场开放程度，以东道国每年吸引 FDI 存量与当年 GDP 的比值来表示，并取对数处理，本文数据来源于联合国贸发会议（UNCTAD）的 FDI 数据库。

（6）全要素生产率（Total Factor Productivity，TFP）。本文企业 TFP 值是根据 LP（Levinsohn and Petrin，2003）方法计算得出的，在工业企业数据库中找到相应的境内投资主体，以 y 表示其工业增加值①，k 表示年末固定资产净值，l 表示全部从业人员年平均人数，m 表示工业中间投入总计，并分别以相应的价格指数进行平减，最终计算得出每个境内投资主体的全要素生产率。

（7）资本密集度（KL）。企业资本密集度以年末固定资产净值与全部从业人员年平均数的比值表示，本文取对数化处理。

（8）企业性质（State）。其为二元变量，当企业为国有企业时赋值为 1，为非国有企业则赋值为 0。

表 1 所示为模型中各变量的含义、单位及预期符号说明。

表 1　模型中各变量的含义、单位及预期符号说明

变量表示	变量含义及单位	预期符号
OFDI	企业是否进行对外直接投资，是为 1，否则为 0	/
RDI	东道国的宗教多元化指数得分（分）	-
EDI	东道国的民族多样化指数得分（分）	-
Dis	中国北京与各投资东道国之间的地理距离（千米）	-
BIT	是否签订双边投资协定，是为 1，否则为 0	+
Growth	东道国 GDP 增长率（%）	+
Trade	中国与东道国的年双边贸易总额（万美元）	/
Open	东道国市场开放程度	+
TFP	中国对外直接投资企业的全要素生产率	+
KL	中国对外直接投资企业的资本密集度	+
State	企业是否为国有企业，是为 1，否则为 0	+

注：“/”表示无内容；“+”表示正效应；“-”表示负效应。

① 工业企业数据库缺乏 2004 年企业工业增加值指标，此处笔者是根据会计准则“工业增加值=工业总产值-工业中间投入+本年应交增值税”估算而来，具体参考聂辉华（2003）等。

（三）计量结果与分析

1. 变量的描述性统计

对于多元面板数据，为了消除价格因素对 *OFDI*、*GDP* 和 *Trade* 变量计算的影响，已通过相应的物价指数进行了平减。由于 *OFDI*、*Dis*、*GDP*、*Trade* 和 *TFP* 等变量数据相对其他数据较大，为了减少异方差和非平稳性因素，更好地描述自变量的变化对因变量的影响程度，以下分析中均对上述变量进行了对数转换。

本文实证分析选用的模型是二元 Logit 模型，以实证检验宗教多元化是否影响企业对外直接投资决策。由于本文涉及的数据包含三个维度，在排列面板数据时笔者参考连玉君的做法，先将国家与企业合并成一个分组变量以构成截面变量，再与时间变量设定面板。例如，在 *t* 年，*a* 企业在两个不同的国家均有 OFDI 行为，此处可以视为两个不同的企业 *b* 和企业 *c* 在开展对外直接投资活动。本文将从国家宏观层面以及企业微观层面双重考虑各要素对中国企业海外直接投资决策的影响，具体模型如下：

$$OFDI_{ijt}=\beta_0+\beta_1X_{it}+\beta_2Z_{jt}+\varepsilon_{ijt}$$

其中，$OFDI_{ijt}$表示 *i* 企业在 *t* 年是否对 *j* 国对外直接投资，如果至少进行过一次对外直接投资活动，则 OFDI 的取值为 1，否则为 0。X_{it}表示企业微观层面的信息，具体包括企业全要素生产率、资本密集度等变量，Z_{jt}表示国家宏观层面的信息，具体包括东道国国内生产总值、GDP 增长率、双边贸易量与中国的地理距离等变量。

本文以 Stata12.1 作为主要的分析软件，对样本进行分析，各变量的描述性统计如表 2 所示。

表 2 变量的描述性统计

变量	观察数	均值	标准差	最小值	最大值
OFDI	7037	0.36	0.48	0	1
BIT	7037	0.73	0.44	0	1
Growth	7037	4.95	2.99	−17.00	34.50
Trade	7020	13.91	2.35	0	17.08
Open	7000	3.35	1.13	−0.27	6.30
Ln_dis	7037	8.68	0.69	6.86	9.87
tfp	7022	8.92	2.16	0	14.7
Ln_kl	7023	3.02	2.23	−3.95	8.90
State	7037	0.04	0.19	0	1
RDI	7037	4.46	2.17	0	9
EDI	6847	0.44	0.25	0.02	0.98

2. 计量结果及说明

本文采用的是带有时间、企业和国家维度的面板数据，海外投资东道国共计 99 个，时间跨度为 6 年，境内投资主体 1039 家以及中国海外出口企业 1000 家。对于面板数据通常采用的回归模型有三种：固定效应模型、随机效应模型以及混合 OLS 效应模型。由于本文的核心解释变量宗教多元化指数（*RDI*）以及民族多样化指数（*EDI*），重要控制变量地理距离（*Dis*）都属于时间恒定变量，给相应的 Hausman 检验和 F 检验均带来了不便，不适合采用固定效应模型进行回归。因此，在判断采用随机效应模型还是混合 OLS 效应模型时，本文采用 Stata 软件对样本进行了 BP 检验，检验结果显示 BP 统计量明显大于临界值（15%），拒绝了原假设，因此本文最终采用随机效应模型对样本进行逐步回归与分析，共建立六个模型，通过步步推导，深入阐述各变量的显著性、合理性以及经济含义，从而更加全面地解释宗教多元化与民族多样化对中国企业海外直接投资的影响。

模型 1 主要考察自变量宗教多元化指数（RDI）对企业对外直接投资决策的影响，控制变量为企业全要素生产率（*TFP*）、资本密集度（*KL*）、企业性质（*State*）以及东道国国内生产总值增长率（*Growth*）、东道国的市场开放程度（*Open*）、是否与中方签订双边贸易协定（*BIT*）、双边贸易量（*Trade*）和东道国与中国的距离（*Dis*）。

$$OFDI_{ijt}=\beta_0+\beta_1 TFP_{it}+\beta_2 Ln\ (KL_{it})\ +\beta_3 State_{it}+\beta_4 BIT_{jt}+\beta_5 Growth_{jt}+\beta_6 Ln\ (Trade_{cjt})\ +\beta_7 Open_{jt}$$
$$+\beta_8 Ln\ (Dis_{cj})\ +\beta_9 RDI_j+u_i+\varepsilon_{ijt}$$

其中，$OFDI_{ijt}$是一个二元变量，取值为 1 或 0，其表示企业 i 在 t 年时对 j 国是否有对外直接投资行为；TFP_{it}表示 t 年企业 i 的全要素生产率，KL_{it}表示 t 年企业 i 的资本密集程度，$State_{it}$表示 t 年企业 i 的企业性质，为哑变量，1 表示国有企业，0 表示非国有企业；BIT_{jt}表示 t 年 j 国是否与中国签订了双边贸易协定，$Growth_{jt}$表示 t 年 j 国的国内生产总值增长率，$Trade_{cjt}$表示 t 年中国与 j 国的双边贸易总额，$Open_{jt}$表示 t 年 j 国的市场开放程度，Dis_{cj}表示中国与 j 国间的地理距离，是一个时间恒量；RDI_j代表 j 国的宗教多元化指数，是一个时间衡量；β_0为常数项，$\beta_1\sim\beta_9$为对应解释变量的回归系数，u_i表示时间、地区和行业固定效应，ε_{ijt}为随机扰动项，均值为 0。

根据表 3 中国企业海外直接投资影响因素回归分析结果，我们可以看出，模型（1）结果表明，自变量 *RDI* 即宗教多元化指数，在 0.05 的显著水平上显著，其系数为-0.2，表示东道国宗教多元化与中国企业开展对外直接投资具有相关性，变量系数符号为负，意味着宗教多元化会削减中国企业海外直接投资。这与本文的假设 1 相符，东道国宗教文化的多元化会通过信用水平影响市场资源配置的方向，各教派间的冲突使社会不稳定因素增多，诱发寻租行为，投资者既面临着高额进入成本，也承担着较大的投资风险。模型的结果也与 Delios 和 Henisz（2003）的观点一致。

表 3 中国企业海外直接投资影响因素回归分析

变量		模型					
		(1)	(2)	(3)	(4)	(5)	(6)
控制变量	*BIT*	-2.087***	-2.176***	-2.367***	-1.883***	-0.567***	-2.399***
		(-5.14)	(-4.83)	(-5.51)	(-4.50)	(-1.17)	(-5.20)
	Growth	0.240***	0.338***	0.129**	0.590***	0.334***	0.175**
		(4.21)	(5.29)	(1.15)	(5.81)	(4.09)	(2.56)
	Trade	1.152***	1.136***	1.269***	1.079***	1.332***	1.477***
		(8.77)	(8.44)	(9.30)	(8.20)	(9.69)	(10.34)
	Open	1.819***	1.475***	1.743***	1.426***	1.301**	2.198***
		(10.65)	(10.26)	(10.38)	(9.78)	(9.64)	(11.55)
	Ln_dis	-1.837*	-0.904*	-1.116**	-0.784*	-0.804**	-0.730*
		(-5.71)	(-2.94)	(-3.58)	(-2.45)	(-3.41)	(-2.09)
	TFP	0.994***	0.984***	1.013***	0.966***	0.882***	1.133***
		(10.87)	(11.91)	(11.95)	(9.00)	(10.52)	(13.92)
	Ln_kl	0.876***	0.868***	0.854***	0.867***	0.769***	0.878***
		(10.91)	(10.45)	(10.42)	(10.64)	(9.42)	(10.12)
	State	1.861*	1.709*	1.802*	1.676*	1.732*	1.667*
		(2.14)	(1.99)	(2.16)	(1.94)	(1.90)	(1.97)

续表

变量		模型					
		(1)	(2)	(3)	(4)	(5)	(6)
解释变量	*RDI*	−0.200 *		−0.501 **	−0.315 ***	−0.038 **	−0.356
		(−2.03)		(−3.08)	(−2.69)	(−0.36)	(−0.201)
	EDI		−1.914 *	−2.730 ***	−2.973 ***	−1.518 ***	−1.292 *
			(−2.34)	(−3.52)	(−3.52)	(−2.62)	(−3.97)
交互项	*RDI* ×*Growth*			−0.618 **			−1.714 ***
				(−4.33)			(−5.25)
	EDI ×*Growth*				0.053 *		0.087 **
					(2.29)		(3.09)
	RDI × *EDI*					−0.237 **	−0.168 **
						(−3.72)	(−3.09)
_cons		−25.44 ***	−32.13 ***	−31.03 ***	−33.01 ***	−42.62 ***	−44.43 ***
		(−5.62)	(−7.50)	(−7.50)	(−7.28)	(−9.77)	(−10.03)
Log likelihood		−2789.51	−2732.00	−2722.77	−2750.40	−2796.94	−2706.47
Wald chi2 (9)		957.15	819.06	944.07	886.26	973.21	1015.67
Prob>chi2		0.0000	0.0000	0.0000	0.0000	0.0000	0.0000
N		6968	6801	6846	6846	6846	6846

注：被解释变量为 $OFDI_{ijt}$，括号内的数字为 t 值，* 表示 $p<0.05$，** 表示 $p<0.01$，*** 表示 $p<0.001$。

模型（2）主要考察解释变量民族多样化指数（*EDI*）对企业对外直接投资决策的影响，EDI_j表示东道国 *j* 的民族多样化程度，属于时间恒量。控制变量保持不变。模型（2）结果表明，自变量 *EDI* 即民族多样化指数，在 0.05 的显著水平下显著，其系数为−1.914，表示东道国民族多样化与中国企业开展对外直接投资具有相关性，变量系数符号为负，意味着民族多样化与中国企业海外直接投资负相关，与假设 2 相符，同时也与 Mauro（1995）高水平的民族语言多样性意味着较低的投资水平的研究相符。民族多样性背后隐含的分裂、冲突及战争，不仅使东道国经济、政治质量下降，而且还阻碍海外资本的流入。

模型（3）同时将宗教多元化变量指数（*RDI*）与民族多样化指数（*EDI*）变量纳入 Logit 模型，并在此基础上加入了国内生产总值增长率（*Growth*）与宗教多元化指数（*RDI*）的交互变量 *Growth*×*RDI*。回归结果显示交互变量在 0.01 的显著水平下显著，其系数为−0.618<0，说明当东道国的经济发展水平越高，市场潜力越大时，宗教多元化对企业海外直接投资决策的影响就越小。这可能是因为东道国的整体经济状况与基础设施环境向海外投资者传递了一个积极信号，企业预期在东道国的对外直接投资回报将会大于潜在的投资风险与成本。因此，当一个国家或地区较发达时，企业会相对忽视宗教多元化对 OFDI 的阻碍作用，或者企业会努力克服以追求更大的经济利润。

模型（4）在前两个模型的基础上，引入了国内生产总值增长率（*Growth*）与民族多样化指数（*EDI*）的交互变量 *Growth*×*EDI*。回归结果显示交互项在 0.05 的水平下显著，其系数为 0.053>0，说明民族多样性对 OFDI 的负作用并不会因为东道国国内生产总值增长率的增加而减弱，这也意味着广大中国企业在"走出去"时需特别关注东道国民族问题。特别是在"一带一路"的大背景下，“丝绸之路”沿线的民族问题通常十分尖锐，中国对外投资新项目也经常受民族问题的干扰，比如巴基斯坦就存在信德人、俾路支人与主体民族旁遮普人的矛盾，中方在此的达尔港项目就曾遭俾路支人质疑与反对。

模型（5）主要考察宗教多元化指数 *RDI* 与民族多样性指数 *EDI* 的交互变量*RDI*×*EDI*对中国企业对外直接投资决策的影响，其余控制变量保持不变，模型（5）可以很好地检验假设 3。根据表 3，交叉变量*RDI*×*EDI*在 0.01 水平下显著，系数为-0.237，说明宗教多元化对对外直接投资的副作用会随着民族多样性的增加而增加，也进一步论证了假设 3，即当东道国的宗教与民族环境越发复杂多样时，企业主越会减少在此的投资意向。因为综合投资难度、投资成本以及后期的协调管理等因素，企业可能会面临较大的投资回报挑战，因此，企业会倾向于向市场环境相对简单的国家（地区）投资。因此，该估计结果与前文提到的各学者研究结果一致，也进一步论证了东道国宗教多元化水平及民族多样化程度是影响中国企业海外直接投资的重要因素。

模型（6）全面考察以上所有变量与中国企业对外直接投资决策的相关性。

从回归结果看，八个控制变量基本控制在 0.05 以上的显著性水平。

在企业微观层面上，控制变量全要素生产率（*TFP*）和资本密集度（*KL*）的系数为正，说明企业生产率水平越高，资本越雄厚，企业就越倾向于对外直接投资，再次验证了 Melitz（2003）的理论。在 0.001 的显著水平上显著，说明 *TFP* 是企业对外直接投资决策时的重要考量因素，生产率水平越高的企业越会主动寻找更大的海外市场，发挥自身比较优势，获取规模经济和范围经济。相反，生产率水平较低的企业在对外直接投资方面就不具有明显优势，它们在选择东道国时会优先考虑自身的生产率情况，即便选择对外直接投资，也会选择市场规模相对较小的市场，以便避开强势的竞争对手，尽可能较多地获得投资回报。

控制变量地理距离（*Dis*）在回归结果中的系数符号为负，六个模型得到的回归结果显示地理距离基本控制在 0.05 的显著性水平，说明地理距离与我国对外直接投资存量呈负相关关系。地理距离是衡量我国企业对外直接投资成本的一个指标，它既带来了交通运输成本，也伴随着两国间交流接触、考察调研等信息成本，两国（地区）之间地理距离的增大对对外直接投资活动可能会存在一定的副作用，投资于地理距离大的市场企业需要耗费更多的管理控制、产品和原料运输成本。因此，一般在同等条件下，企业会优先考虑在地缘关系或地理距离较近的国家（地区）进行投资。所以，我国企业应充分认识到地理距离的阻力作用，政府间应重视各区域的各项基础设施建设合作，缩短两国间的贸易距离，实现互利共赢。

在国家宏观层面上，控制变量国内生产总值增长率（*Growth*）的系数为正。这说明东道国的整体经济环境对外资有着正的吸引作用，东道国经济发展水平越高，市场规模越大，我国企业对其进行的直接投资就越多，企业也更容易获得规模经济效益，降低生产成本取得竞争优势。过往一些学者通过对特定国家的研究也得出了类似结论，*GDP* 作为经济总量和市场规模的代理变量，*GDP* 总量的规模较大，则该国的消费市场容量也较大，意味着其市场需求较大，是对外直接投资区位选择的显著决定因素。东道国市场开放程度（*Open*）的回归系数也均为正，说明一个国家（地区）对外资进入权限越放宽，越能吸引广大海外投资。

双边贸易量（*Trade*）的回归系数为正，也进一步验证了海外经验对中国企业开展对外直接投资行为的重要性。当我国与东道国长期开展对外经贸往来时，企业通过以往的进出口经验已经对特定东道国的政治、经济、文化环境均有了一定的了解，并且在当地建立了一定的人脉、资金关系，企业的管理培训文化也逐渐倾向于当地化。因此，基于已有的信息积累，当企业决定开展对外投资时，其面临的海外投资风险与成本也会相应降低，信息不对称和不确定性会有所缓解，东道国多元的宗教与民族文化环境对其的挑战也会相对降低，企业的对外直接投资能力增强。

3. 分组样本检验

根据前文的基础回归可以得知，东道国宗教多元化与民族多样化对中国企业 OFDI 决策的影响，不仅与东道国的整体经济、文化、制度环境相关，而且与特定企业要素相关。宏观方面，存在发达经济体和发展中经济体的差异，不同经济体的经济与投资制度、基础设施建设以及市场潜力是不同的，对海外企业的吸引力也存在显著差别，因此采用整体样本的检验结果可能存在误差，故本文将参照《世界投资报告》对 99 个样本国家（地区）按照发达经济体样本和发展中经济体样本进行分组检验，其中，发达经济体样本数为 27 个，发展中经济体样本数为 72 个。

微观方面，整体样本中没有考虑企业所有制分样本差异，学术界普遍认为国有企业在进行海外投资时具有明显的优势，因此为了检验国有企业/非国有企业在宗教多元化文化背景不同的国家间的投资情况，本文将对 2039 家样本企业按照国有资本占实收资本的比例划分为国有企业样本和非国有企业样本，并进行分组检验。

表 4 为各分组样本检验结果。根据发达经济体和发展中经济体样本组的检验结果，即表 4 的第 3 列和第 4 列，宗教多元化对中国企业对外直接投资决策的影响存在分国家组别差异。发达经济体中，一国（地区）的宗教越富多元化特征，那么该国对海外中国投资企业的吸引力越弱，这可能是因为处于同等经济环境背景下，投资者会重点参考东道国的文化复杂程度以及由其带来的风险与成本，尽可能地使企业的预期风险降低、预期收益增加，因此，他们通常会选择在宗教相对单一化的国家（地区）投资。而投资发展中经济体则刚好相反，这可能与企业的投资目的挂钩，根据《境外投资企业（机构）名录》可以得知，中国企业海外分支机构的经营范围大致可以分为资源寻求型、技术寻求型及战略资产寻求型。

表 4 分组样本检验回归结果

		全样本	发达经济体	发展中经济体	国有企业	非国有企业
控制变量	*BIT*	−2.399***	4.149***	1.888*	−1.200***	−2.200**
		(−5.20)	(5.06)	(2.65)	(−3.20)	(−5.40)
	Growth	0.175**	−0.519*	0.085*	0.056**	0.135*
		(2.56)	(−1.36)	(0.63)	(0.51)	(0.51)
	Trade	1.477***	3.017***	0.576***	1.161***	3.161***
		(10.34)	(13.73)	(3.79)	(2.48)	(9.58)
	Open	2.198***	3.869***	1.264***	0.552***	3.552***
		(11.55)	(11.19)	(3.52)	(3.52)	(9.52)
	Ln_dis	−0.730*	−3.545***	−0.992**	−0.637*	−1.420*
		(−2.09)	(−4.74)	(−2.39)	(−2.04)	(−3.94)
	TFP	1.133***	1.652***	0.576***	0.969***	3.969***
		(13.92)	(16.09)	(4.69)	(3.27)	(7.04)
	Ln_kl	0.878***	1.013***	0.705***	0.844***	3.844***
		(10.12)	(8.25)	(6.92)	(2.02)	(6.41)

续表

		全样本	发达经济体	发展中经济体	国有企业	非国有企业
解释变量	*RDI*	−0.356 (−0.201)	−1.201 * (−2.42)	1.492 * (3.99)	0.007 (0.21)	−0.0393 * (−0.19)
	EDI	−1.292 * (−3.97)	2.99 *** (8.86)	3.510 ** (2.01)	2.623 * (1.77)	0.286 ** (1.97)
	RDI×EDI	−0.168 ** (−3.09)	−6.961 *** (−7.78)	−2.583 *** (−5.17)	−1.214 *** (−3.07)	−2.011 *** (−4.21)
N		6801	4032	2769	563	6238
Wald chi2 (11)		1015.67	716.90	148.26	79.57	985.31
Prob > chi2		0.0000	0.0000	0.0000	0.0000	0.0000
Log likelihood		−2706.47	−1584.38	−1034.68	−874.02	−2507.34

注：被解释变量为 $OFDI_{ijt}$，括号内的数字为 t 值，* 表示 $p < 0.05$，** 表示 $p < 0.01$，*** 表示 $p < 0.001$。

根据中国企业海外直接投资分国别数据可以大致得出，目前中国企业投向众多发展中经济体主要是因为当地丰厚的（独特的）自然资源以及低廉的劳动力资源，因此，当企业海外直接投资主要是出于资源获取动机时，宗教多元化对中国企业 OFDI 决策的负作用将不再显著，而当企业海外直接投资主要是出于市场开拓等经济目的时，企业更多的会考察宗教多元化的负面影响。同时，不论是发达经济体还是发展中经济体样本中，宗教多元化与民族多样化的交互项（*RDI*×*EDI*）的系数均为负，与全样本回归结果一致，也再一次验证了中国企业对外直接投资时倾向于选择宗教文化相对单一、民族构成相对单一的国家（地区）以减少不必要的海外投资风险和成本。

根据国有企业和非国有企业分样本检验结果，即表 6 的第 5 列和第 6 列，宗教多元化对中国企业对外直接投资决策的影响会因企业性质而异。正如以往学者认为，海外直接投资过程中国有企业具有天生的优势，其背后通常有强大的国家资本作支撑，因而风险意识相对比较淡薄，并且大型国有企业对外直接投资常常伴随着某种“非经济目的”，因此国有企业在开展 OFDI 活动时较少考虑东道国宗教、民族多样性带来的风险与挑战。相反，目前中国企业海外直接投资仍以中小型企业为主，这些企业在进行对外直接投资时，通常会优先选择较为熟悉的海外市场，并且其往往具有丰富的海外出口经验。

五、结论与启示

本文基于 2002~2007 年中国企业分国别对外直接投资，使用二元 Logit 回归模型经验研究东道国宗教多元化和民族多样性对中国企业对外直接投资策略的影响。从上文中的分析可以得出以下结论：企业在开展对外直接投资时，不仅需要考虑东道国的经济规模、人均收入水平、与我国的地理距离以及企业自身的全要素生产率水平，更需要将宗教文化因素纳入其中考量。在假设其他因素影响相同的情况下，宗教多元化、民族多样化会削减外来直接投资，在“走出去”阶段，中国企业更加倾向于选择在宗教多元化程度较低、民族多样性程度较低的国家投资。

不能否认宗教是国际贸易环境中的重要影响因素，宗教影响着经济、政治结构、法律环境以及人们的社会行为模式。通过信用水平机制、交易成本机制以及市场需求机制，东道国宗教多元化以及民族多样性会对企业海外直接投资产生重大影响。一方面，宗教群体及民族群体的划分会导致整个社会网络隔离，群体内部成员间的同类归属感强，但是不同群体之间的信息交流却不畅，彼此相对独立的群体会导致市场中资源配置效率下降。同时，各族群由于宗教信仰、民族起源、语言习俗等的差异，群体间的矛盾、冲突不可避免，社会暗含一系列不确定因素，宗教异端活动、民族分裂活动、内战等的发生致使东道国政治制度环境高度不稳定，市场扭曲出现，资源配置不合理，东道国经济受挫的同时，海外直接投资企业面临着极大的投资回报风险。另一方面，多元宗教及民族的存在，使东道国市场消费结构相对多元化，企业需要耗费大量的时间、精力、金钱了解各个群体的消费偏好及习惯，信息成本增加。同时，由于那些需求量不足以满足企业规模、范围经济的特殊宗教或民族商品的存在，企业更需要额外的资金、人力、资源来改善生产结构、优化单一的生产线，以平衡自身的规模效益，合理控制生产成本。因此，宗教多元化及民族多样化的市场，企业的进入门槛高。多元的宗教及民族构成，会削减海外直接投资。

有调查显示，“现代化时代，地方传统文化不但没有消失，相反地，传统民间文化又有了重生的土壤”。现代经济的飞速发展，使宗教意识更加强烈，逐渐向知识化、精英化的宗教方向发展。因此，在当下经济与文化交融发展、民族与宗教文化日趋多元化发展的背景下，从事国际贸易投资时又面临着新的一大难点，即充分认知多元化的宗教、民族文化环境。经过多年的引进外资和出口拉动政策，对外直接投资已成为我国加强综合竞争力和获得国际控制力的重要手段。企业国际化进程中，我国企业正面临着严峻的人口红利问题，因此无论是政府还是企业都要事先创造充分的条件，满足企业 OFDI 所应具备的多维要素，政府应始终发挥鼓励、支持、保障作用，而企业则应立足自身力量，充分评估风险与收益，积极响应国家“走出去”政策。

参考文献

［1］ Drabek Z., Payne W. The Impact of Transparency on Foreign Direct Investment ［R］. Working Paper ERAD-99-02, World Trade Organization, Geneva, Switzerland, 2001.

［2］ Delios A., Henisz W. J. Policy Uncertainty and the Sequence of Entry by Japanese Firms, 1980-1998 ［J］. Journal of International Business Studies, 2003, 34 (3): 227-241.

［3］ Dunning J. H. Toward an Eclectic Theory of International Production: Some Empirical Tests ［J］. Journal of International Business Studies, 1980, 11 (1): 9-31.

［4］ Dolansky E., Alon I. Religious Freedom, Religious Diversity, and Japanese Foreign Direct Investment ［J］. Research in International Business & Finance, 2008, 22 (1): 29-39.

［5］ Easterly W., Levine R. Africa's Growth Tragedy: Policies and Ethnic Divisions ［J］. Quarterly Journal of Economics, 1996, 112 (4): 1203-1250.

［6］ Ellis P. D. Paths to Foreign Markets: Does Distance to Market Affect Firm Internationalization? ［J］. International Business Review, 2007, 16 (5): 573-593.

［7］ Geert H. Culture's Consequences: Comparing Values, Behaviors, Institutions, and Organizations Across Nations ［M］. Shanghai Foreign Language Education Press, 2008.

［8］ Gelb B. D., Longacre T. E. Acknowledging Religious Diversity: Opportunities and Challenges ［J］. Business Horizons, 2012, 55 (5): 509-518.

［9］ Harzing A., Feely A. J. The Language Barrier and Its Implications for HQ Subsidiary Relationships ［J］. Cross Cultural Management an International Journal, 2013, 15 (15): 49-61.

［10］ Heath W. C., Waters M. S., Watson J. K. Religion and Economic Welfare: An Empirical Analysis of State per Capita Income ［J］. Journal of Economic Behavior & Organization, 1995, 27 (1): 129-142.

［11］ Hirschman E. C. American Jewish Ethnicity: Its Relationship to Some Selected Aspects of Consumer Behavior

[J]. Journal of Marketing, 1981, 45 (3): 102-110.

[12] Hudson, Michael C. World Handbook of Political and Social Indicators [M]. Yale University Press, 1972.

[13] Lipford J. W., Tollison R. D. Religious Participation and Income [J]. Journal of Economic Behavior & Organization, 2003, 51 (2): 249-260.

[14] Mauro P. Corruption and Growth [J]. Trends in Organized Crime, 1997, 2 (4): 67.

[15] Mathras D., Cohen A. B., Mandel N., et al. The Effects of Religion on Consumer Behavior: A Conceptual Framework and Research Agenda [J]. Journal of Consumer Psychology, 2016, 26 (2): 298-311.

[16] Melitz M. J. The Impact of Trade on Intra-Industry Reallocations and Aggregate Industry Productivity [J]. Econometrica, 2003, 71 (6): 1695-1725.

[17] Metin M. Coşgel, Minkler L. Religious Identity and Consumption [J]. Review of Social Economy, 2004, 62 (3): 339-350.

[18] Montalvo J. G., Reynal-Querol M. Ethnic Diversity and Economic Development [J]. Journal of Development Economics, 2005, 76 (2): 293-323.

[19] Wang Q., Lin X. Does Religious Beliefs Affect Economic Growth? Evidence from Provincial-level Panel Data in China [J]. China Economic Review, 2014, 31 (C): 277-287.

[20] Zukin S., Dimaggio P. Structures of Capital: The Social Organization of the Economy [M]. Cambridge University Press, 1990.

[21] 张玲，唐德斌，罗曼等．美国民族多源性与文化多元性 [J]．内江师范学院学报，2009 (b12)：54-55.

[22] 杜德斌，马亚华．“一带一路”：中华民族复兴的地缘大战略 [J]．地理研究，2015，34 (6)：1005-1014.

[23] 纳文汇．“一带一路”建设和重构新南方丝绸之路语境中的宗教文化建设与调适 [J]．云南社会科学，2015 (3)：135-141.

[24] 张卫良．浅析当代美国社会的宗教 [J]．杭州师范大学学报（社会科学版），2000 (2)：89-94.

[25] 孙焱林，胡松．文化和地理因素对中国外商直接投资的影响 [J]．国际贸易问题，2004 (10)：60-64.

[26] 田晖，蒋辰春．国家文化距离对中国对外贸易的影响——基于31个国家和地区贸易数据的引力模型分析 [J]．国际贸易问题，2012 (3)：45-52.

[27] 陈昊，陈小明．文化距离对出口贸易的影响——基于修正引力模型的实证检验 [J]．中国经济问题，2011 (6)：76-82.

[28] 张帅梁．非WTO国际法规范适用于WTO文化贸易的可行性——以中美文化产品案的法律适用问题为视角 [J]．国际经贸探索，2012，1 (3)：88-98.

[29] 张军，陈磊．中国出口贸易文化异质性效应研究——来自主要贸易伙伴国的经验证据 [J]．财贸经济，2015，36 (7)：123-136.

[30] 亚当·斯密，郭大力，王亚南．国民财富的性质和原因的研究 [A]//国富论 [M]．北京：商务印书馆，2002.

[31] 王皓．文化差异对我国企业对外直接投资区位选择的影响 [D]．上海外国语大学硕士学位论文，2014.

[32] 王建辉．生产率异质性视角下企业对外直接投资区位选择——基于中国企业层面数据的经验研究 [J]．商业经济研究，2014 (12)：95-96.

[33] 孙恪廉．社会主义文化与西部民族宗教 [J]．西南民族大学学报（人文社科版），2006，27 (3)：133-136.

[34] 李昭．宗教对社会生活的影响 [D]．山东大学硕士学位论文，2007

[35] 姜玲艳．心理距离对美国OFDI区位分布的影响分析 [D]．湖南大学硕士学位论文，2011.

"一带一路"背景下中国制造企业对外直接投资模式选择研究

周士元
（河南大学商学院，河南　开封　475004）

［摘　要］"一带一路"倡议的实施、人民币的国际化需求，以及我国政府的简政放权都促使我国企业对外投资的发展迅速增长，进入经济发展的"新常态"。本文主要讲述了"一带一路"倡议的实施为我国制造企业能够"走出去"提供的机遇和挑战，同时从东道国的角度分析影响中国制造业企业对外直接投资模式选择的主要因素，并采用二元 Logit 模型进行实证分析，解释了我国制造业企业对外直接投资模式的选择受到市场潜力、基础设施水平、自然资源禀赋、技术水平、企业经验等诸多因素的影响。因此，政府应注重提升对外投资信息的相关服务，为企业选择合适的投资模式提供便利。

［关键词］"一带一路"；对外直接投资；模式

一、引言

"一带一路"指的是"丝绸之路经济带"和"21 世纪海上丝绸之路"，这是我们国家为了推动经济全球化进程的进一步发展提出的国际间区域化经济合作的新形式，其主要目标是促进各种经济要素在国际间有序自由的流动，能够使资源得到高效的配置、使市场深度融合，能够推动开展更大范围、更高水平、更深层次的区域合作，一起创建开放、包容、均衡、普惠的区域经济合作方式。"一带一路"倡议为我国的企业带来了广阔的海外市场，其沿线有 65 个国家，总人口大约有 44 亿人，经济总量约有 21 万亿美元，这些地区有相当大的经济发展潜力、广阔的市场扩展空间，这一系列国家具有丰富的地理以及自然资源优势，然而从它们的国情发展来看，基础设施建设较为薄弱，同时此类国家大部分刚开始走向工业化的发展轨道，因而这些国家对制造业的需要非常迫切。也正因为如此，这些国家的市场具有广阔的发展空间，进而为我国制造业企业走向国际市场提供了有利契机，能够切实改善当前国内制造业企业产能过剩的局面，并为有效提高我国企业国际竞争力奠定扎实的基础。为确保我国企业能够更顺利地"走出去"，企业应该做好充足的准备，合理地选择投资区域，明确对外直接投资的动机，切实提升自身的核心竞争力，合理地选择对外投资方式，加强企业文化建设，提升品牌形象。

二、我国制造业企业对外直接投资的现状和问题

（一）我国制造业企业对外直接投资现状

近年来，我国企业对外投资发展迅速，现阶段我国企业对外直接投资的规模和增长率已经有了很大的提升，2016 年，我国企业的对外投资额大约 7350.8 亿元人民币，同比增长 14.7%。仅 2016 年第一季度，我国对外非金融类直接投资就达到了 2617.4 亿元人民币，同比增长 55.4%，但也存在一些问题。随着中国整体经济的平稳增长，对外直接投资的规模也有了明显的提高。制造业作为我国对外直接投资的重点行业，近年来呈现快速增长的趋势，2014 年中国的净外国直接投资中有 95.8 亿美元流向制造业，占全年总投资的 1/10。2015 年我国制造业对外直接投资总额达到 148.2 亿美元，同比增长 18.2%。“一带一路”倡议的实施，促使我国对相关国家的投资快速增长，能够预见的是，我国制造业将在未来一段时间内始终将发展的重心落实在“一带一路”国家，同时“一带一路”国家对我国制造业产业升级的促进作用也会进一步提升。

（二）存在的问题

1. 对外直接投资质量低

我国的对外投资质量始终不高，以联合国贸易和发展会议的跨国指数（TNI）作为标准就我国对外投资质量展开分析研究后可以了解到，当前，我国只有极个别的企业满足跨国性强度（TNI）超过 20%这一标准。根据我国相关协会调查研究，以企业的国外营业收入、员工数量占企业员工总量比重以及国外资产数量等指标来衡量发现，我国前 100 家跨国企业 2014 年的平均跨国指数为 13.98%。该结果显示，我国企业跨国指数低于同年发展中国家前 100 位跨国公司 37.91%的平均值，同时远低于世界前 100 家跨国公司 61%的指数平均值。相关企业的投资质量甚至低于发达国家几十年前的发展状态。

2. 对外投资风险管控缺失

随着国际经济的发展，各国对外直接投资的制度也涉及以国家安全、税收为代表的诸多方面内容，因而在不同规定之间出现了不少的区别。同时，在世界经济一体化的背景下，无论是我国还是国际经济形势都发生了翻天覆地的变化，各国会适度调整和更改与之有关的投资政策与法律制度，这无疑会增加对外直接投资企业的相关风险。我国企业对外直接投资活动尚处在起步阶段，对被投资国法律特点的认识还停留在表面，因此面临着巨大的风险和挑战。对于被并购企业所处环境和其财务状况等方面，我国的大多数企业也并未能进行科学、有效的评估。我国跨国企业与被投资国的文化差异明显，使投资的不确定性增加，这都对我国企业对外直接投资的效果以及投资后管理提出了巨大的挑战。

我国企业在完成对外投资后，不能建立完善的监管体系，只有部分经理参与了子公司的管理。总的来说，要保证海外的子公司或者相关分支机构的运行效率平稳高效，就必须依靠当地的管理人员参与公司的日常管理和核心业务，但是由于这种本地人才的缺失、对相关法律法规缺乏了解以及语言和文化的差异，子公司或分支机构监督经常出现问题，甚至影响到国内企业的正常发展。

3. 国际政治风险和投资壁垒高筑、保护主义盛行

近年来，国际政治形势越来越复杂，整个国际社会都呈现出动荡不安的局面。Marsh 曾经在

2015 年发布 2015 年政治风险地图和报告，指出全球的政治风险由于恶化的地缘政治、政治暴力、民族主义以及其他因素增加而变得加剧，这无疑给全球经济发展和企业带来巨大的挑战。由《我国企业国际化报告（2014）》能够看出，我国从 2005 年开始，共有 120 起失败的直接对外投资活动，其中因为政治风险导致失败的案例占 25%，因为对外投资相关审批导致被投资国阻挠的占 8%，因为被投资国政治环境恶劣、政权变更导致相关法规变化而影响投资的占 17%。此外，我国企业还面临着经济政策变动风险、市场风险和管理风险等多种风险。

近年来，随着经济全球化进程的不断加快，全球资源竞争也越来越激烈，围绕着各种资源控制权的斗争日趋激烈，发达国家已经开始对新兴的全球战略资源进行布局，同时一些新兴的大国也逐步进入全球资源的布局阶段。因此，许多国家为了防止外资进入本国进行资源掠夺，从多方面设置了诸多障碍。这样的发展态势增加了我国直接对外投资的难度和风险。

4. 对外投资企业没有履行必要的社会责任

从近些年的发展情况来看，尽管我国企业在对外投资领域已经获得了不小的成效，然而必须指出的是，不少企业在发展的过程中涌现出诸如社会责任意识不够等类型的问题。例如部分企业违反合同条款；为了获得订单，一些企业不遵守行业规则，采用不计成本的低价策略恶性竞争。这样不仅企业自身信用受到了损失，而且给我国企业在海外的形象造成了重大影响。这在一定程度上引起了当地政府和居民的强烈不满，极大地损害了企业的形象和国家声誉。

（三）我国制造业企业对外直接投资的主要模式

在中国制造业企业对外投资的初始阶段，企业往往会利用绿地投资的模式实现海外扩张，从实践来看，甚少有企业会做出跨国并购这一扩张的决策，同时对外投资的金额也相对较少。2008 年起，通过跨国并购的形式进行对外投资的企业快速增加，跨国并购的金额也在 2008~2013 年中多次出现突破绿地投资金额的状况。导致这一情况发生的根本性缘由在于随着世界经济危机的爆发，中国企业在此背景下拥有更好的契机实施跨国并购这一行为，以此获取更多的发展和利润。2014 年，我国开始实施“一带一路”建设，同时在相关国家建立工业园区，这使绿地投资金额重新开始大幅上涨，涨势远超过跨国并购的增长速度。现如今，从我国企业对外直接投资总体情况来看，绿地投资这一模式依旧至关重要，不仅如此，跨国并购的重要性也日益提升，并发展成为我国对外直接投资中一项不容小觑的新力量。

就我国制造业企业的发展实践来看，根据《对外直接投资公报》可知，我国制造业对外直接投资的数量和金额都保持着较大幅度的增长。但由于我国制造业企业自身对外直接投资技术水平不高，对于跨国并购所存在的法律、文化等风险的应对经验不足，所以大多企业并不具备跨国并购的真正实力，因此我国制造业企业仍然将绿地投资作为对外直接投资的主要途径，更倾向于海外建厂的形式。

三、我国的制造业企业对外直接投资模式选择的影响因素分析

（一）变量的选取

参照企业对外直接投资的相关理论和实证研究，本文在撰写的过程中立足于九个宏观以及微观影响因素，将这些因素作为变量，并以此为基础就投资模式展开研究和探讨，这九大因素分别

为：一是东道国市场规模以及潜力；二是东道国劳动力成本；三是东道国自然资源禀赋；四是技术水平；五是市场化程度；六是基础设施情况；七是投资企业规模；八是投资企业国际化经验；九是投资企业自身特点。

具体解释变量分别为：

（1）市场规模与潜力。由于市场规模的扩大意味着企业将会拥有更大的利润空间以及面临更多的市场机遇，因而，市场规模推动了投资国企业在境外通过建厂的方式在当地实现生产经营以及销售。因此，市场规模与潜力越大，越有可能采用绿地投资的方式。采用国内生产总值和国民生产总值增长率（GDP 和 GDPG）表示。

（2）劳动力成本。通常认为劳动力成本越低，越有可能采用绿地投资的方式。采用人均国民收入（PGNI）表示。

（3）自然资源禀赋。自然资源禀赋对投资模式选择的导向影响不显著，资源驱动对外投资中绿地与并购两种模式的案例都很多，用能源产量（EG）表示。

（4）技术水平。企业做出跨国并购的决定，其根本目的在于通过该行为的实施获取先进的技术支出。因而可以这么推断，如果东道国拥有强有力的技术水准，那么投资国便更有可能选择该国企业作为并购对象。用专利申请数量（PT）表示。

（5）市场化程度。东道国法律体系与产权保护机制越完善、对外政策自由度越高、相关商业管理越宽松、政府干预度越小，企业选择绿地投资的概率越高。用经济全球化指数（OPN）表示。

（6）基础设施情况。东道国各种保障性基础设施建设越发全面和系统，那么对于跨国投资企业而言，它们在对产品进行生产以及销售的过程中将会获得更好的环境以及支持，投资风险显著减轻，投资意向也会相应提升。因而，东道国的基础设施完善度同国外企业绿地投资的选择成正比。用基础设施指数（ITI）表示。

（7）企业规模。注册资本能够从多个角度反映企业的自身实力和发展潜力以及抗风险能力，例如企业注册资本越多，同时规模越大，也就意味着投资企业所拥有的实力越发雄厚。同时，企业规模可以将企业所具有的各类资源充分地展现出来，特别是财务资源的质量和数量，帮助企业实现跨国并购的能力也就更强。因此许多现有的研究都显示，拥有更大规模的企业通常采用跨国并购的形式进行对外直接投资。用企业注册资本（RC）表示。

（8）国际化经营经验。现有研究表明，由于国际化经验丰富的企业通常更能够对企业并购中可能存在的风险进行分析、预判以及处理，因此丰富的经验会导致企业采用更主动和激进的投资策略，所以企业的国际化经验能够促进企业选择跨国并购的模式对外直接投资。也有研究认为国际化经验和对外投资模式的选择不具有显著性的关系。本文采用企业是否有过海外投资经验（EXP）表示。

以上指标的相关数据均来源于 WDI 数据库、国际统计年鉴以及网络。

（二）样本说明

鉴于统计数据的有效性和可得性，本文在研究撰写的过程中主要选择了自 2004 年起 12 年间我国制造业企业在“一带一路”国家和亚投行其余国家的对外直接投资项目作为调查研究的样本，共涵盖了 86 家企业所投资的 147 个不同项目。从投资模式来看，选择绿地投资模式的研究样本共有 80 个，选择海外并购模式的研究样本则为 67 个。这些投资项目共涉及 40 个不同国家和地区。

（三）模型的设定与检验

（1）模型描述。由于本文研究的制造业企业对外直接投资行为不是连续的事件，因此投资行为不是一个连续的变量，而是一个离散变量，同时运用线性回归模型对因变量以及自变量两者间线性关系进行研究和探讨，通常来说，因变量必须为一个能够进行量化的定量变量，同时该变量不可被定性。本文的研究对象也就是对外直接投资的模式选择只有跨国并购投资和绿地投资两种，因此因变量的取值为1或0。即1代表第一种选择，0代表除了第一种选择的另外一种选择。可见本文的研究问题是一个二元选择问题，因此适合采用Logistic回归模型。

二元选择模型的回归形式为：

$$y_i=\beta_1x_{1i}+\beta_2x_{2i}+\cdots+\beta_kx_{ki}+u_i，\ i=1，2，\cdots，N$$

其中，y表示离散型随机变量，取值为0或1，$y_i=0，1$；k代表解释变量；N代表样本容量。

P作为自变量x的线性函数，表示$y=1$的事件发生概率，即有：

$$P_i=\beta_0+\beta_1x_1+\beta_2x_2+\cdots+\beta_ix_i，\ i=1，2，\cdots，k$$

引入P的Logistic的变换：

$$\theta(P)=\text{Logistic}(P)=\ln\left(\frac{P}{1-P}\right)$$

$$P=\frac{e^{\theta}}{1-e^{\theta}}$$

根据P的变化，θ（P）的取值范围为（$-\infty$，$+\infty$），因此建立对外直接投资方式选择模型：

$$E(y_i)=\frac{\exp(\beta_0+\beta_1x_{1i}+\cdots+\beta_kx_{ki})}{1+\exp(\beta_0+\beta_1x_{1i}+\cdots+\beta_kx_{ki})}$$

其中，y表示企业选择绿地投资或者跨国并购模式的概率，不同于线性回归模型，Logistic模型中的系数只能以符号作为依据对结果进行判断。简单来说，就是系数为正数时，解释变量大，也就意味着因变量等于1具有很大的概率。相反，如果系数是负数，也就代表着解释变量小，因变量取值为1的概率越小。

（2）模型的检验。根据以上分析，本文构造了如下模型来衡量前文选取的各种因素对我国制造业企业对外投资模式选择的影响关系：

$$y_i=\ln\left(\frac{p}{1-p}\right)=\beta_0+\beta_1GDP_{it}+\beta_2GDPG_{it}+\beta_3PGNI_{it}+\beta_4EG_{it}+\beta_5PT_{it}+\beta_6OPN_{it}+\beta_7ITI_{it}+\beta_8RC_{it}+\beta_9EXP_{it}+\varepsilon_{it}$$

$$i=1，2，\cdots，40；t=2005，2006，\cdots，2015$$

首先以所设的九个解释变量作为基础构建Logistic回归模型，检验全部变量回归结果是否显著，随后采用逐步回归的方式，并在此过程中将那些不显著的变量逐一去除，利用WALD统计量检测回归系数的显著性，如果WALD对应的概率值Prob比显著性水平低，这就代表着解释变量同Logistic（P）两者间具有线性关系，不仅如此，这也就意味着这一变量所造成的影响具备显著的效果，因而应将之保留下来。通过检验最后构建Logistic模型预测变量。

模型系数的评估结果如表1所示：

表1　模型系数评估结果

		B	S. E.	Wals	df	Sig.	Exp（B）
步骤1	国民生产总值	0.000	0.000	0.248	1	0.616	1.000
	国民生产总值增长率	−0.729	0.273	3.617	1	0.049	1.667
	劳动力成本	2.321	0.171	5.124	1	0.023	0.688
	市场化程度	0.067	0.444	4.449	1	0.068	0.909

续表

		B	S. E.	Wals	df	Sig.	Exp（B）
步骤 1	基础设施指数	1.388	1.089	0.614	1	0.034	0.431
	专利数	1.323	0.000	0.233	1	0.616	1.000
	注册资本	0.000	0.000	3.444	1	0.818	1.000

注：笔者自制。

$E(y)$ 表示我国制造企业选择对外直接投资模式的概率，当 $E(y)>0.5$ 时，制造企业通常选择跨国并购投资的方式；当 $E(y)<0.5$ 时，则倾向于选择绿地投资。当界定的点设定为 0.5 时，使用该 Logistic 模型预测企业选择投资模式的正确率为 82%，高于 75%，因此该模型能较为客观地对我国制造业选择投资模式提供预测以及对相关企业管理层的决策提供依据。

（四）回归结果与分析

在本次调研时，笔者针对样本数据展开实证研究，并了解到以下要素会对我国企业海外投资的区位选择产生重要影响：一是东道国的市场规模以及发展潜力；二是东道国劳动力成本；三是东道国自然资源条件；四是东道国市场化程度；五是东道国技术水平；六是东道国基础设施建设现状。根据实证结果可以清晰地了解到，我国企业所希望做出投资决策的国家必须满足以下几个方面的条件：一是市场规模大；二是发展潜力大；三是良好的自然资源优势；四是市场开放度高；五是技术水平高；六是基础设施状况良好。结合样本数据以及立足于宏观、微观两个层面要素，利用二元逻辑模型就如何对投资模式选择展开深层次的研讨后可以了解到，如果企业做出投资决策的过程中选择跨国并购这一方式，那么其所选择的市场通常来说要满足以下条件：一是市场规模大；二是市场化程度高；三是基础设施情况良好。而倘若企业做出投资决策的过程中选择绿地投资这一方式，则其所选择的市场一般而言满足两大条件：一是自然资源具有优势；二是劳动力成本低下。在投资模式选择的过程中，无论是跨国企业本身的规模还是自身所具有的跨国经验并不会影响到对其投资模式的挑选。这同先前分析有所出入，造成这一出入的根本原因在于以下几个方面：一是我国中小企业在海外进行投资决策的数据透明度不够，并没有全部的资料，因而在对样本数据进行选取的过程中，企业规模指标存在着或多或少的偏向性；二是就跨国企业所拥有的并购经验来看，文章在研究过程中仅仅将企业过去有无海外投资经验作为依据加以统计，由于这一数据很难获取，也无法就投资方式、金额以及数量等展开细究，也无法计算投资金额是否会对企业投资模式选择造成影响。因而，该结论还需进一步细究。在今后研究的过程中，应当想方设法利用更丰富以及精准的样本数据和指标，对现在所获得的结论是否合理加以重复论证。结果如下：

（1）本文根据现有研究，选取了九个变量作为解释变量，通过回归分析可以看出其中五个解释变量对我国制造企业选择对外直接投资模式有着显著的影响，因此列入投资模式决策模型，这五个解释变量分别是：一是市场规模大小；二是基础设施情况；三是劳动力成本；四是市场化程度；五是自然资源禀赋。

（2）同时通过回归发现，有三个指标对我国制造业企业选择对外直接投资模式的影响不显著，分别是企业规模、技术水平以及企业经验，因此从决策模型中剔除。通过实证分析也能看出，这三个因素对制造企业选择直接投资的进入方式没有显著影响。

（3）同跨国并购投资存在着正相关关系的变量指标主要有三个：一是市场规模；二是市场化程度；三是基础设施。这也就代表着，如果东道国的市场不仅具有良好的市场化程度，同时其基础设施建设也较为完备，那么便会吸引更多的国外企业将资金投入该国，并在该国做出跨国并购投资这一重要决策。从另一个角度来说，跨国企业选择新的投资，大企业进入东道国市场选择兼并和收购的方式，而较小的国家吸引企业进入到新的投资模式。由于跨国并购或新投资倾向于进入更大的东道国市场，这些国家本身企业都具有更为强大的实力以及发展潜能，因而倘若并购成功，则更容易在市场中分得一杯羹，以此帮助企业赢得更丰厚的利润。但是，比起开启一项新投资，企业在做出并购投资决策的过程中更倾向于入驻市场规模相对较大的国家。这是由于在这些国家中更有助于找寻到可以并购的目标企业，以此推动企业目标能够最终通过并购方式得以实现。如果开启新投资，企业更倾向于选择市场规模相对较小的国家，这是由于新兴产业在这些国家的市场中更容易以最快速度占领市场，同时可运用更为一流的技术手段将市场垄断，以此赢得更为丰厚的利润。外商在对直接投资企业的基础设施进行考量的过程中，主要考虑下述方面内容：一是运输的便捷性；二是通信条件；三是能源情况。针对这些内容，外商会考虑其在实际生产经营以及销售过程中对企业是否能够提供有力支持。良好的基础设施，如电力、交通、运输等，可以为产品的生产经营以及销售提供强有力的支持，有效规避基于基础设施的薄弱而引发的投资风险。绿色投资同自然资源禀赋两者间呈现出显著的正相关关系，同时和劳动力成本两者间则呈现出显而易见的负相关关系，这也就代表着，如果一个国家拥有良好的自然资源条件，同时无须支付巨额的劳动力资本，那么便更加受到企业绿地投资模式的青睐。

四、对我国制造企业直接对外投资的建议

（一）明确对外直接投资动机，切实提升对外投资水平

企业倘若在做出海外投资决策的过程中不立足于自身发展情况以及目标国投资环境，不对自身的投资动机加以明确，而是一味地随波逐流跟随大形势的发展，那么这种投资是毫无目的的，顶多只能帮助企业获得眼前的利益。然而从长期来看，这种投资既无法使自身的市场份额持续扩张，同时也无法有效提升自身的管理水平，在日益激烈的国际竞争中，盲目投资最终只会导致企业利益受损。基于我国的国情，目前我国对外投资的企业大多数是劳动密集型产业，在这些行业中，绝大多数企业无论在技术层面还是规模方面均没有显著的差别，更别提比较优势方面了。然而，如果在这些企业中有一家做出了进驻海外市场的决策，其他的企业也都竞相模仿，选择去同样的地方进行投资。然而同类型企业过多发展于同样区域无疑会造成严重的反面影响，其中最为常见的是通过压价的方式抢夺市场，进而导致不正当竞争的发生，这样不但使企业信誉蒙受损失，同时也导致原本可以获得的丰厚利润空间被大规模压缩。

（二）努力提高企业核心竞争力

目前我国企业对外直接投资涉及的行业比较集中，但是仍然是以租赁和商务服务、金融、采矿、批发和零售、制造业为主。随着全球化进程的发展、产业结构的调整，一些新兴的发展中国家会凭借其低廉的成本和优越的市场环境，对相比之下更没有优势的这些行业的企业构成威胁。我国企业应该着眼未来，在被取代之前先发制人，改变策略。劳动密集型制造业的缺点就是无须较大的投资，且不能长远获利。所以企业可以把投资重点放在高新技术产业上，努力获取先进技术，并向发达国家学习，领先掌握科技最新动态和发展形势，提升企业的核心竞争力。

（三）合理选择对外直接投资形式

投资形式的选择不仅会影响到企业基于投资所获得的利润，同时也与投资绩效存在着直接的联系，因而唯有挑选最佳投资方式，才能达成投资目的，进而使企业对外投资的效能最大限度地被激发出来。在对外直接投资的过程中，并购以及新建这两种进入方式最为普遍，同时，这两类方式也存在着各自的特征。企业采用并购投资的方式能够在入驻发达国家市场后直接获取以研发等为代表的一系列无形资产优势，从而更快地获取投资回报，同时可以以最快的速度打入目标市场，不仅能够构建起更加全面的生产以及销售网点，同时也能够有效获取一些稀缺性资源和资产。企业采用新建进入模式，目的在于市场的重塑，并通过更低廉的支出获取高利润，另外，直接在东道国建立生产工厂，可以直接与国内进行贸易交互，并利用当地工厂与周边的销售形成销售网络。以上只是较为突出的两种模式，而企业在选择模式时要根据自身特点和目标市场合理选择。

（四）加强企业文化建设，树立品牌形象

对于企业而言，文化这种力量将理念、道德等一系列因素结合在一起，形成推动企业发展的合力。企业文化无论在市场竞争、客服还是企业士气提升层面均至关重要。企业若要在实践中获得更好的生存与发展，就必须建立一套科学、合理的一流管理体系作为支撑。企业文化融合着企业精神、理念、凝聚力等诸多内容，不仅可以帮助企业有效提升对外形象，同时也有助于提升企业效应，并为企业更好地打造国际市场夯实了基础。想要做好企业文化建设这项重要工作，注重产品销售一条龙服务无疑是有效捷径，其使企业的产品无论在质量方面还是在服务方面均能够使客户满意，从而在国内外市场中拥有极佳的声誉。

（五）建立健全海外投资环境评估体系，做好风险防控工作

在"走出去"的过程中，我国企业往往忽视了风险防控这项重要工作，使企业本身的风险管控能力同发展实践彼此间差距颇大。因而，完善风险管理就是我国企业为了对外投资顺利进行所要解决的重要问题。对于我国而言，加强立法体系建设，建立并完善同对外投资相关的一系列立法，有效促进以保护商签投资为代表的一系列多边投资协定的签署等显得尤为重要。维护我国企业境外投资体系这项重要工作并非一蹴而就，而应当在实践中不断加以完善，以此确保我国企业境外投资的合法权益得以实现。对于走出国门的这些企业来说，应当在产业、区域以及投资方向等方面采用差异化战略，无论是投资主体还是方式上均需更加多样化。利用以风险递延为代表的一系列渠道，使海外投资风险得以有效转移。同时要高度了解其他的国家、社会以及安全风险，运用看得见、摸得着的方式加以运行，并以认真负责的态度实施生产和经营，并时时同各个利益相关方保持密切的合作以及交流，在投资区域内搭建起彼此信任、相互支持的良好关系，将以公共关系为代表的一系列关系统统处理到位，以此将冲突发生的可能性压缩到最低。我国企业要走出国门、走向海外市场，就必须构建起自身良好的专业团队，并同投资国展开密切的交流，与此同时要详细地掌握被投资国的立法以及相关政策，尤其是并购对象所在地域的立法以及政策。

参考文献

［1］ Raymond J. Mataloni Jr. The Structure of Location Choice for New U. S. Manufacturing Investments in Asia-Pacific［J］. Journal of World Business，2011，46（2）：154-165.

［2］ Beule F. D.，Bulcke D. V. D. Locational Determinants of Outward Foreign Direct Investment：An Analysis of Chinese and Indian Greenfield Investments［J］. Transnational Corporations，2012，21（1）：1-34.

［3］张一弛．我国两岸三地对美直接投资的进入模式：一项机遇数据的分析报告［J］．管理世界，2003（10）：33-39.

［4］孟祺．基于“一带一路”的制造业全球价值链构建［J］．财经科学，2016（2）：72-81.

［5］李国学．制度约束与对外直接投资模式［J］．国际经济评论，2013（1）：160-172.

［6］张娟．政府在中国企业跨国并购中的作用分析：基于“一带一路”的视角［J］．国际贸易，2017（2）：49-52.

［7］胡伟，孙浩凯．“一带一路”视角下我国企业对外直接投资的风险及防范对策分析［J］．湖北经济学院学报，2016（3）：56-59.

［8］谭畅．“一带一路”战略下中国企业海外投资风险及对策［J］．中国流通经济，2015（7）：114-119.

中国企业对“一带一路”沿线国家 OFDI 模式选择的实证分析①

国　旭

（云南大学工商管理与旅游管理学院，云南　昆明　650500）

［摘　要］对外直接投资（OFDI）模式的选择影响着跨国企业的海外经营战略以及海外经营绩效。特别是在“一带一路”倡议提出后，对外直接投资模式的选择是影响中国企业能否成功进入“一带一路”沿线国家市场的重要因素。本文从微观和宏观视角分别对影响中国企业对外直接投资模式选择的因素进行分析，并选取“一带一路”倡议提出后中国企业的跨国并购数据为样本，用 Logistic 回归模型进行实证分析。实证结果表明，“一带一路”沿线国家的制度管制越宽松、与中国的地理距离越小、市场规模越大，中国企业越倾向于通过独资模式进入该国海外市场。而中国企业的战略性资产、企业规模和海外经验等因素对模式选择并无显著影响。

［关键词］“一带一路”；对外直接投资；独资；合资

一、引言

“一带一路”倡议自 2013 年 9 月提出以来，为我国经济发展注入了新的活力，中国企业借助“一带一路”倡议“走出去”，积极向沿线国家进行投资和经济合作。根据商务部统计，2017 年 1~5 月，中国企业对“一带一路”沿线国家进行非金融类直接投资达 49.9 亿美元，占同期非金融类直接投资总额的 14.4%，涉及新加坡、老挝、印度尼西亚等 45 个“一带一路”沿线国家。“一带一路”倡议不仅加强和深化了中国与沿线各国的文化交流，也促进了中国与沿线各国的投资合作，更好地参与国际分工。而在这一背景下，中国企业如何更成功地进入“一带一路”沿线国家市场，选择合适的对外投资直接模式是一个关键环节，关系到企业经营战略的选择，最终影响企业绩效。

现有关于对外直接投资（Outward Foreign Direct Investment，OFDI）进入模式的文献，主要基于垄断优势理论（Hymer，1960）、交易成本理论（Riordan & Williamson，1985）、内部化理论（Buckley 等，1975）和国际折衷理论（Dunning，1977）等不同的视角，对不同进入模式的决策机制、绩效差异和影响因素进行研究。OFDI 模式按投资方式的不同可分为新建投资和跨国并购

---

①　收稿日期：2017-07-19。

［作者简介］国旭（1994—），女（汉族），山东济宁人，云南大学工商管理与旅游管理学院研究生，研究领域是财务管理和中小企业管理，E-mail：guoxu199402@163.com。

（Padmanabhan & Cho，1995），按股权结构的不同可分为独资和合资（Pan & Tse，2000）。总体上说，不同的理论和研究视角主要是从微观和宏观两个层面对 OFDI 模式选择的影响因素进行探讨的。一般认为，宏观因素包括东道国经济发展速度（Hennart & Park，1993）和不确定性（Li & Li 等，2010）、东道国市场规模（Agarwal，1994）、东道国地理距离（郭健全、谢新新，2015）和文化距离（吴先明，2011）、东道国腐败程度（薛求知、韩冰洁，2008）和经济自由度（阎大颖，2008）以及东道国自然资源禀赋（Buckley 等，2007）等；微观因素包括母国企业的规模（Brent，1980）、母国企业所有制形式（周经、蔡冬青，2014）、母国企业集权偏好（李平、徐登峰，2010）、母国企业国际化经验（张建红等，2010）、母国企业特定优势（吴先明、谢慰云，2016）、目标企业规模（Hennart & Sabine，1997）以及目标企业的行业相关性（Pehrsson，2008）等。

现有研究大多是基于欧美等国跨国企业的数据进行的，对"一带一路"沿线国家的研究较少。本文基于"一带一路"倡议提出至今中国企业对"一带一路"沿线国家 OFDI 的数据进行分析，意在探讨哪些因素会影响中国企业对"一带一路"沿线国家 OFDI 模式的选择，即独资还是合资。

二、影响因素讨论与研究假设

本文借鉴 Kim 和 Hwang（1992），李平和徐登峰（2010）的分析框架，提出图 1 所示的 OFDI 模式选择影响因素的分析框架，将影响因素分为母国企业微观因素和东道国宏观因素。

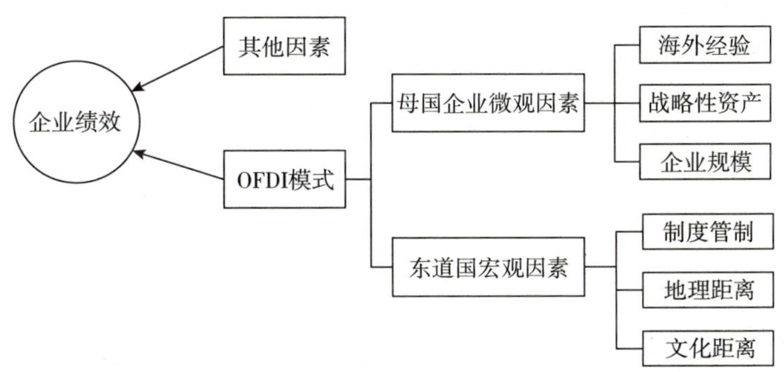

图 1　OFDI 模式选择影响因素分析框架

资料来源：笔者绘制。

（一）母国企业微观因素

1. *海外经验*

按照跨国企业拥有控制权力的大小，可以将 OFDI 模式分为高控模式、中控模式和低控模式三类（Anderson & Gatignon，1986）。以独资方式进入海外市场的跨国企业拥有的控制权最高，但企业面临的风险也最大，而母国企业以往的对外投资经验可以降低企业在海外市场的经营风险（郭健全、谢新新，2015）。因此，母国企业的对外投资经验是影响企业跨国投资的关键因素

（张建红等，2010），母国企业以往进行的对外投资活动越多，母国公司的经验就越丰富，就越可能选择以高控模式进入海外市场（周经、蔡冬青，2014）。基于此，提出假设1。

H1：中国企业OFDI经验越丰富，越倾向于通过独资模式进入“一带一路”沿线国家市场。

2. 战略性资产

企业战略性资产包括研发能力、技术水平、专利、商标等，是影响企业核心竞争力形成的关键性资源（李莉，2010）。Hennart和Park（1993）研究发现，企业的研发密度、品牌影响或技术水平等因素会影响企业OFDI模式的选择。企业的研发活动越密集，越倾向于通过独资方式进入海外市场（Bhaumik & Gelb，2005），采用高控模式防止技术外溢。因此，本文提出假设2。

H2：缺乏战略性资产的中国企业倾向于通过合资模式进入“一带一路”沿线国家市场。

3. 企业规模

母国企业进行对外投资需要一定的资产支撑，企业规模反映了企业的经济能力和资源配置能力（Agarwal & Ramaswami，1992）。企业规模较小，说明企业可能没有足够的资本和资源以独资收购或独资新建的方式进入海外市场，往往会选择合资的进入模式（周经、蔡冬青，2014）。研究表明，母国企业规模越小，越倾向于通过低控模式进入海外市场（Brent，1980）。由此提出假设3。

H3：中国企业的规模越小，越倾向于通过合资模式进入“一带一路”沿线国家市场。

（二）东道国宏观因素

1. 制度管制

Rodrik（2000）认为，东道国政府对经济的干预会通过影响市场运行机制和资源配置效率，最终影响交易成本和经营风险。当东道国政府对经济干预程度较高时，可能出现对跨国企业的歧视性待遇，此时，母国企业为降低交易成本和经营风险，往往会减少自己的资本投入。而且，当东道国政府对经济的干预程度较高时，通过合资模式进入海外市场比独资模式更能获取当地的经营经验、与当地政府的沟通技巧等（阎大颖，2008），因此，母国企业更倾向于采用合资模式进入海外市场（薛求知、韩冰洁，2008）。基于此，提出假设4。

H4：“一带一路”沿线国家的制度管制越宽松，中国企业的OFDI越倾向于选择独资模式。

2. 地理距离

地理距离会增加信息不对称性，影响并购方和被并购方事前、事中和事后的沟通协商，而采取方法降低信息不对称又会产生额外成本。此外，地理距离的增加会影响母国企业对海外公司的监管强度和效度（Malhotra，2012），同时会增加母国企业的信息获取成本（Keller，2002）。因此，当母国企业信息不对称时，更倾向于通过合资方式进入海外市场（Reuer & Koza，2000）。基于此，本文提出假设5。

H5：“一带一路”国家与中国的地理距离越大，中国企业的OFDI越倾向于选择合资模式。

3. 文化距离

东道国与母国的文化距离越大，说明母国企业对东道国人文习俗和法律制度的了解程度就越低，有可能会导致雇员客户纠纷、目标定价失误、人员整合困难等诸多问题（廖运凤，2007），由此增加母国企业的投资风险。因此，当两国文化距离较大时，母国企业倾向于通过低控模式进入海外市场（岳中志等，2011），以降低进入风险、减少资本投入（吴先明、谢慰云，2016）。由此提出假设6。

H6：“一带一路”沿线国家与中国的文化距离越大，中国企业的OFDI越倾向于选择合资模式。

三、实证研究设计

（一）数据来源与变量选取

OFDI 样本案例来自 Bureau van Dijk 商业电子数据出版社（BvD）提供的 ZEPHYR 全球并购交易分析库，并按照以下四个条件进行筛选：①交易事项的宣告日期在 2014 年 1 月至 2017 年 6 月期间；②交易有一个及以上非金融行业中国大陆企业发起人；③目标企业所在地为“一带一路”沿线国家；④中国企业为在上海证券交易所或深圳证券交易所上市的公司。剔除缺失样本后，最终得到 73 份样本案例数据，涉及 15 个“一带一路”沿线国家。

1. 被解释变量的设定

中国企业的 OFDI 模式用 TYPE 表示，为二值变量。一般认为，当企业拥有所有权比例超过 95%时，企业的控制权和收益权与独资企业的差别就很小，因此通常将 95%作为合资与独资的分界线（Gomes-Casseres，1989）。本文结合数据库对交易类型的指标定义并借鉴李平、徐登峰（2010）的方法，将中国企业在东道国公司持股 95%及以上的交易模式视为独资模式，记为 0；持股小于 95%的交易模式视为合资模式，记为 1。

2. 解释变量的选取

战略性资产：本文借鉴李莉（2010）的方法，以样本案例发生上一年中国企业期末无形资产占总资产的比例近似度量企业的战略性资产，并记为 SA。SA 越大，说明企业的战略性资产越丰富；SA 越小，说明企业的战略性资产越匮乏。无形资产和总资产数据来自国泰安数据库。

海外经验：中国企业的海外经验用往年成功完成的跨国并购次数来测度（Hennart & Sabine，1997）。因此，本文根据 ZEPHYR 数据库中的记录，计算出自 1997 年 1 月至样本投资案例发生时中国企业已完成的所有对外投资活动的次数，并记为 EXPE。EXPE 越大，则说明企业以往进行 OFDI 的经验越丰富。

企业规模：中国企业的规模用样本案例发生上一年年末总资产的自然对数度量，即为 LNSIZE。LNSIZE 越大，说明企业的规模越大；否则，越小。数据来自国泰安数据库。

制度管制：全球经济自由度指数（EFI）由美国传统基金会（Heritage Foundation）发布，对一国的司法公正性、政府公平性、贸易自由性和货币流动性等 12 个方面进行了综合评价，以表示政府对经济的干预度及经济运行的程度。因此，中国企业在跨国经营时外部环境的宽松程度用样本案例发生前一年东道国 EFI 与同年中国 EFI 之比来度量，用 REFI 表示。REFI 越大，表明与中国相比，东道国政府对经济的干预度及经济运行的程度越低，该国经济自由化程度越高。

文化距离：本文以 Hofstede 网站上最新公布的权力距离（PDI）、个人主义与集体主义（IDV）、男性与女性（MAS）、不确定性规避（UAI）、长期导向与短期导向（LTO）和放纵与约束（IND）六个文化维度，并基于 Kogut 和 Singh（1988）的文化距离公式计算中国与东道国的文化距离（记为 CD）。CD 越大，则中国与东道国文化距离越大；反之，则越小。

地理距离：本文用法国前景研究与国际中心（CEPII）数据库发布的北京与各东道国首都之间的直线距离（GD）测度地理距离，并取自然对数，记作 LNGD。LNCD 越大，说明中国与东道国的地理距离越大；反之，则越小。

3. 控制变量的选取

市场规模：Buckley 等（2007）通过统计数据发现，东道国的市场规模对中国企业的对外直接投资行为有显著影响。一般来说，东道国的市场规模越大，企业越倾向于选择高控模式进入海外市场（Agarwal，1994）。因此本文用交易发生前一年东道国国民生产总值（GDP）的自然对数来表示其市场规模的大小，并记为 LNGDP。LNGDP 越大，表明该国的市场规模越大；反之，则市场规模越小。数据来源于世界银行数据库。

企业性质：国有控股企业的最终控制人为国家政府部门，因此国有企业的对外投资行为较非国有企业来说更容易受政府的影响，特别是受国家政策和外交动机的影响（阎大颖，2008）。因此，母国企业的所有制形式的不同会影响 OFDI 模式的选择（周经、蔡冬青，2014）。企业性质用 GOV 表示，为二值变量。当中国企业实际控制人为国家时，记为 1；否则，记为 0。数据来自国泰安数据库。

集权偏好：李平、徐登峰（2010）认为集权偏好对 OFDI 模式有显著影响，因此本文用前 5 大股东的赫尔芬德指数表示股权集中程度，记为 H5。H5 越大，说明股权越集中；反之，则越分散。数据来自国泰安数据库。

交易规模：OFDI 规模越大，中国企业需要投入的成本就越高，风险也越大。因此，本文认为交易规模对 OFDI 模式的选择有一定的影响。因此，用 ZEPHYR 数据库提供的交易价值，即获得实际股权付出的代价，表示交易规模。交易规模取自然对数并以 LNDV 表示，LNDV 越大，表明样本案例的交易规模越大。

（二）模型构建

由于中国企业的 OFDI 模式为二值变量，因此本文以二元 Logistic 回归模型进行实证分析。本文设定回归模型的线性模式为：

$$\ln\frac{P_{TYPE}}{1-P_{TYPE}}=\alpha_0+\alpha_1 SA+\alpha_2 EXPE+\alpha_3 \mathrm{LN}SIZE+\alpha_4 REFI+\alpha_5 \mathrm{LN}GD+\alpha_6 CD$$

$$+\alpha_7 \mathrm{LN}DV+\alpha_8 \mathrm{LN}GDP+\alpha_9 H5+\alpha_{10} GOV$$

其中，P_{TYPE}表示 $TYPE$ 等于 1 的概率，即中国企业选择合资模式进入“一带一路”沿线国家市场的概率。

四、结果分析

（一）描述性统计及相关性分析

表 1 为描述性统计分析。从中可以看出战略性资产（SA）的最大值（40.860）与最小值（0.031）之间相差较大，且平均值仅为 5.018。可以说明，样本案例中的中国企业对战略性的投入偏低，技术主导型企业并不多。企业的海外经验（$EXPE$）最大值为 11，说明样本案例中存在 OFDI 丰富的中国企业；但同样也有 OFDI 经验匮乏的中国企业（$EXPE$ 最小值为 0）。

表 1 描述性统计分析

	最小值	最大值	平均值	标准差
TYPE	0.000	1.000	0.658	0.478
SA	0.031	40.860	5.018	6.127
EXPE	0.000	11.000	1.274	2.050
LN*SIZE*	20.306	28.004	22.579	1.514
REFI	0.837	1.703	1.311	0.289
LN*GD*	7.754	8.952	8.467	0.279
CD	0.709	5.485	2.081	1.714
LN*DV*	-0.892	16.018	9.205	2.886
LN*GDP*	24.626	28.448	26.712	0.760
H5	0.014	0.571	0.148	0.126
GOV	0.000	1.000	0.781	0.417

资料来源：笔者整理。

表 2 为模型中主要变量的 Pearson 相关性分析。从中可以看出各解释变量间的相关系数大都小于 0.7，说明各解释变量之间的相关关系不强，不存在严重的多重共线性①。

表 2 主要变量的 Pearson 相关系数

	TYPE	*SA*	*EXPE*	LN*SIZE*	*REFI*	LN*GD*	*CD*	LN*DV*	LN*GDP*	*H5*	*GOV*
TYPE	1.000										
SA	-0.004	1.000									
EXPE	0.125	-0.009	1.000								
LN*SIZE*	0.134	-0.060	0.519**	1.000							
REFI	-0.295*	-0.069	-0.151	-0.020	1.000						
LN*GD*	0.244*	0.027	0.059	0.056	0.114	1.000					
CD	0.318**	0.107	0.122	-0.063	-0.278*	0.669**	1.000				
LN*DV*	0.080	0.021	0.308**	0.439**	0.081	0.039	0.032	1.000			
LN*GDP*	-0.071	-0.022	0.105	0.044	-0.393**	-0.026	-0.151	-0.190	1.000		
H5	0.167	-0.156	0.257*	0.481**	0.087	0.130	0.038	0.079	-0.025	1.000	
GOV	-0.173	0.122	-0.173	-0.637**	0.025	-0.033	0.194	-0.216	-0.086	-0.419**	1.000

注：N=73；Pearson 相关系数汇报中 * 表示显著性，** 表示 p<0.01，* 表示 p<0.05。

资料来源：笔者整理。

（二）回归结果分析

表 3 为 Logistic 回归结果。该模型 *Nagelkerke* R^2 为 0.355 且总体预测准确率为 76.7%，说明模型的整体拟合效果可以接受。结果显示，东道国制度管制（*REFI*）和东道国地理距离（LN*GD*）对中国企业 OFDI 模式的选择有显著影响。东道国制度管制（*REFI*）系数为负（-4.611），表明

① 借助方差膨胀因子（VIF）运用 SPSS 17.0 软件对模型多重共线性程度进行了诊断，计算出的 VIF 均小于 4。因此可以认为各解释变量之间没有严重的多重共线性。由于文章篇幅有限，文中没有进行列示。

东道国的制度管制越宽松，中国企业的 OFDI 越倾向于选择独资模式。东道国地理距离（LN*GD*）系数为 3.723，为正，表明东道国与中国的地理距离越大，中国企业越倾向于通过合资模式进入该国海外市场。因此，假设 4 和假设 5 得以验证。回归结果还显示，控制变量东道国市场规模（LN*GDP*）对中国企业 OFDI 模式的选择也有显著影响。东道国市场规模（LN*GDP*）系数为负（−1.129），说明东道国市场规模越大，中国企业越倾向于选择独资模式进入该国海外市场，这与 Agarwal（1994）的研究基本一致。

表 3 Logistic 回归结果

	B（S. E.）
SA	0.003（0.057）
EXPE	0.076（0.202）
LN*SIZE*	−0.175（0.340）
REFI	−4.611（1.845）**
LN*GD*	3.723（2.099）*
CD	−0.176（0.381）
LN*DV*	0.028（0.133）
LN*GDP*	−1.129（0.609）*
H5	3.117（2.814）
GOV	−1.052（1.036）
常数	9.993（17.435）
Nagelkerke R^2	0.355
总体预测准确率	76.7%

注：* 表示其显著性，* 表示 $p<0.1$，** 表示 $p<0.05$，*** 表示 $p<0.001$。
资料来源：笔者整理。

跨国企业对外投资的目的之一是获取东道国的战略资产以提高自身技术水平（华欣、盛红艳，2016），因此，战略性资产（*SA*）对中国企业 OFDI 模式选择的影响作用应当还受东道国该行业技术水平的影响。有学者认为，跨国企业在某个地区投资方式具有一定的连贯性（阎大颖，2008），而海外经验（*EXPE*）这一指标可以表明中国企业对外投资经验，但并不能完全说明对“一带一路”沿线国家的投资经验和投资惯例。受“一带一路”倡议的影响和国家对发展中小企业的支持，许多中小企业也积极地对“一带一路”沿线国家进行投资，因此弱化了企业规模（LN*SIZE*）这一指标对中国企业 OFDI 模式选择的影响作用的解释力。古丝绸之路本就具有一定的文化交流功能，目前“一带一路”沿线国家与中国的文化和思想交流更是频繁，因此可能减弱了文化距离（*CD*）对中国企业 OFDI 模式选择的影响作用。

五、结论与局限性

（一）研究结论

本文在对“一带一路”沿线国家的 OFDI 模式选择的研究中发现，东道国制度管制的宽松程度和东道国与中国的地理距离对中国企业 OFDI 模式选择确实有显著影响，具体表现为东道国制度管制越宽松、东道国与中国的地理距离越小，中国企业越倾向于选择高控模式，即越倾向于通过独资模式进入该国海外市场。而中国企业战略性资产、海外经验、企业规模和东道国与中国的文化距离对 OFDI 模式的选择并没有显著影响的原因是多方面的。

基于上述结论，中国企业在对“一带一路”沿线国家投资的过程中可以考虑以下建议：①重视对外投资信息收集。东道国的政治稳定性和政府对经济的干预度都会影响跨国公司的投资和运营，而“一带一路”沿线国家中仍有一些国家或长期或短期地面临着政局动荡、民族冲突和治安混乱等问题。中国企业在对“一带一路”沿线国家进行投资时要尽可能详细地收集当地的相关信息，并提前做好风险评估，完善风险预警体系。②了解国家和地方政策。中国与“一带一路”沿线国家的地理距离会增加信息不对称，进一步增加中国企业投资和经营的风险。“一带一路”倡议汇集了多项国际经济合作项目，自“一带一路”倡议提出以来中国各地都出台了一系列促进互联互通的优惠政策，“一带一路”沿线各国也有可以与“一带一路”倡议对接的政策和项目。中国企业在对“一带一路”沿线国家进行投资时要时刻关注政策动态，用好“一带一路”相关政策。③关注自身建设。中国企业自身的规模、对外投资经验和战略性资产等微观因素仍然是对“一带一路”沿线国家进行投资时不可忽略的因素。

（二）研究局限

本研究存在以下局限性：①研究数据缺失严重。首先，BvD 数据库并不能得到完整的所需非上市公司数据，因此本文仅限于对上市公司的研究；其次，有若干东道国的 Hofstede 指数无法获取，因此弱化了这一指标的解释能力；最后，研究样本的时间跨度局限在“一带一路”倡议提出后。这些都大大缩减了研究的样本量。因此，未来的研究可以考虑扩大时间间隔，并且可以采用面板数据对“一带一路”倡议的影响进行研究或者控制。②研究中存在未考虑因素。影响企业 OFDI 模式选择的因素还应当包括母国宏观因素、合资企业的情况以及本企业管理者的偏好等因素。本文在考虑母国宏观因素的时候仅用了母国与东道国的相对值（如 REFI）来度量，没有单独分开；而合资企业的相关情况与企业管理者的偏好等因素无法通过数据库收集得到。因此，以后的研究可以考虑采取调查问卷的形式，以获取尽可能详尽的信息。

参考文献

[1] Anders Pehrsson. Customer Access and Competitive Certainty: Perform and Effects in Swedish Foreign Subsidiaries [J]. Strategic Change, 2008, 17 (5): 179-192.

[2] Benjamin Gomes-Casseres. Ownership Structures of Foreign Subsidiaries: Theory and Evidence [J]. Journal of Economic Behavior & Organization, 1989, 11 (1): 1-25.

[3] Brent D. Wilson. The Propensity of Multinational Companies to Expand through Acquisitions [J]. Journal of International Business Studies, 1980, 11 (1): 59-65.

[4] Bruce Kogut, Harbir Singh. The Effect of National Culture on the Choice of Entry Model [J]. Journal of International Business Studies, 1988, 19 (3): 411-432.

[5] Buckley, Peter J., Mark Casson. The Future of the Multinational Enterprise [M]. The Macmillan Press LTD., 1975.

[6] Dani Rodrik. Institutions for High-Quality Growth: What They Are and How to Acquire Them [J]. Studies in Comparative Institutional Development, 2000, 35 (3): 3-31.

[7] Erin Anderson, Hubert Gatignon. Modes of Foreign Entry: A Transaction Cost Analysis and Propositions [J]. Journal of International Business Studies, 1986, 17 (3): 1-26.

[8] Hennart Jean-Francois, Reddy Sabine. The Choice Between Mergers/Acquisitions and Joint Ventures: The Case

of Japanese Investors in the United States [J]. Strategic Management Journal, 1997, 18 (1): 1-12.

[9] Jean-Francois Hennart, Young-Ryeol Park. Greenfield vs. Acquisition: The Strategy of Japanese Investors in the United States [J]. Management Science, 1993, 39 (9): 1054-1070.

[10] Jeffrey J. Reuer, Mitchell P. Koza. Asymmetric Information and Joint Venture Performance: Theory and Evidence for Domestic and International Joint Ventures [J]. Strategic Management Journal, 2000, 21 (1): 81-88.

[11] Jing Li, Yong Li. Flexibility Versus Commitment: MNEs' Ownership Strategy in China [J]. Journal of International Business Studies, 2010, 41 (9): 1550-1571.

[12] John H. Dunning. Trade, Location of Economic Activities and the MNE: A Search for an Eclectic Approach [M]. London: Macmillan, 1977: 395-418.

[13] Michael H. Riordan, Oliver E. Williamson. Asset Specificity and Economic Organization [J]. International Journal of Industrial Organization, 1985, 4 (3): 365-378.

[14] Peter J. Buckley, Jeremy Clegg, Chengqi Wang. Is the Relationship between Inward FDI and Spillover Effects Linear? An Empirical Examination of the Case of China [J]. Journal of International Business Studies, 2007, 38 (3): 447-459.

[15] Prasad Padmanabhan, Kang Rae Cho. Methodological Issues in International Business Studies: The Case of Foreign Establishment Mode Decisions by Multinational Firms [J]. International Business Review, 1995 (1): 55-73.

[16] Sanjeev Agarwal, Sridhar N. Ramaswami. Choice of Foreign Market Entry Mode: Impact of Ownership, Location and Internalization Factors [J]. Journal of International Business Studies, 1992, 23 (1): 1-27.

[17] Sanjeev Agarwal. Socio Cultural Distance and the Choice of Joint Ventures: A Contingency Perspective [J]. Journal of International Marketing, 1994, 2 (2): 63-80.

[18] Shavin Malhotra. Geographic Distance as a Moderator of Curvilinear Relationship between Cultural Distance and Shared Ownership [J]. Canadian Journal of Administrative Science, 2012 (29): 218-230.

[19] Stephen Herbert Hymer. The International Operations of National Firms: A Study of Direct Foreign Investment [M]. MIT Press, 1960.

[20] Sumon Kumar Bhaumik, Stephen Gelb. Determinants of Entry Mode Choice of MNCs in Emerging Markets: Evidence from South Africa and Egypt [J]. Emerging Markets Finance and Trade, 2005, 41 (2): 5-24.

[21] W. Chan Kim, Peter. Hwang. Global Strategy and Multinationals' Entry Mode Choice [J]. Journal of International Business Studies, 1992, 23 (1): 29-53.

[22] Wolfgang Keller. Geographic Localization of International Technology Diffusion [J]. American Economic Review, 2002, 92 (1): 120-143.

[23] Yigang Pan and David K. Tse. The Hierarchical Model of Market Entry Modes [J]. Journal of International Business Studies, 2000, 31 (4): 535-545.

[24] 郭健全，谢新新．文化距离对中国企业跨国并购所有权安排影响研究——基于地理距离调节作用 [J]. 哈尔滨商业大学学报（社会科学版），2015 (2): 55-62.

[25] 华欣，盛红艳．中国制造业企业对“一带一路”国家 OFDI 模式选择的实证分析 [J]. 工业技术经济，2016 (10): 72-77.

[26] 李莉．跨国公司因素对 FDI 进入方式的影响——基于 Logistic 模型的实证分析 [J]. 经济与管理研究，2010 (11): 68-75.

[27] 李平，徐登峰．独资还是合资——我国企业跨国直接投资进入模式的影响因素研究 [J]. 经济管理，2010 (5): 57-63.

[28] 廖运凤．中国企业海外并购案例分析 [M]. 北京：企业管理出版社，2007.

[29] 吴先明，谢慰云．企业特定优势、东道国特定优势的匹配与对外直接投资模式——制度环境的调节作用 [J]. 经济与管理，2016 (3): 90-96.

[30] 吴先明．制度环境与我国企业海外投资进入模式 [J]. 经济管理，2011 (4): 68-79.

[31] 薛求知，韩冰洁．东道国腐败对跨国公司进入模式的影响研究 [J]. 经济研究，2008 (4): 88-98.

[32] 阎大颖．新兴市场国家吸引跨国并购的决定因素——从市场化程度视角的解析 [J]. 国际贸易问题，

2008（2）：94-99.

［33］岳中志，付竹，袁泽波．中国企业 OFDI 进入模式的选择研究——基于交易成本理论的实证检验［J］．财经论丛，2011（6）：21-26.

［34］张建红，卫新江，海柯·艾伯斯．决定中国企业海外收购成败的因素分析［J］．管理世界，2010（3）：97-107.

［35］周经，蔡冬青．企业微观特征、东道国因素与中国 OFDI 模式选择［J］．国际贸易问题，2014（2）：124-134.

制度视角下中国对“一带一路”国家直接投资区位选择的影响因素

袁 婕

（江西财经大学工商管理学院，江西 南昌 330013）

［摘 要］“一带一路”倡议的提出，使越来越多的中国企业开始走出国门，对“一带一路”国家进行直接投资活动。但是“一带一路”涉及国家众多，不同国家之间经济政治水平存在很大差异，其中东道国制度方面的因素已经成为中国对“一带一路”国家直接投资区位选择的重要考量之一。在这样的背景下，本文从东道国政治制度、经济制度和文化制度三个方面梳理了制度视角对中国对外直接投资区位选择影响的相关文献，并对其进行了评价和总结，旨在为后续的研究提供一个清晰的理论框架。

［关键词］“一带一路”；对外直接投资；区位选择；制度；框架

一、引言

2013 年 11 月，中国政府正式将推进“一带一路”建设作为统筹中国全面对外开放的国家倡议。2015 年 3 月中国政府发布了《推动共建丝绸之路经济带和 21 世纪海上丝绸之路的愿景与行动》的报告，标志着“一带一路”倡议正式迈入实施阶段。

《2015 年中国对外直接投资统计公报》数据显示，2014 年中国对外直接投资达到了历史最高值 1231.2 亿美元，并且连续三年成为世界第三大对外直接投资的国家，中国已经成为世界经济一体化和全球化的重要参与者。根据中国商务部相关统计数据，截至 2015 年，中国已经对与“一带一路”相关的 49 个国家展开了直接投资活动，投资额达到了 148.2 亿美元，比上年增长了 18.2%。

然而在大规模投资增长的背后依然面临着诸多问题，例如企业基于战略的目标选择不当、盲目投资、粗放经营、产业集聚能力弱、缺乏对企业文化差异的认识等。一般而言，东道国区位选择被视为企业对外投资非常重要的考量因素之一，被认为是决定跨国公司对外投资地理方向和投资性质的最重要因素（Dunning，2001）[1]。在中国企业“走出去”成为不可逆的时代趋势下，如何选择有价值的投资区位，避免盲目投资，成为当前学术界和企业界共同关心的议题。

影响企业对外直接投资区位选择的有诸多因素。在经济发展水平不同的国家或地区，不同产业类型投资考虑的因素也不相同，工业化水平、基础设施状况和利用外资程度等因素对吸引投资都有显著影响。对发展中国家来说，基础设施状况、经济增长速度、政治环境、国内市场规模都是吸引外商投资的重要因素（Wheeler & Mody，1992）[2]。具体到中国企业的对外投资，与本国地理距离较近、文化相似程度高的国家更适合进行投资，且东道国的市场规模、政治风险、自然资源丰富程度都是重要的影响因素（Buckley et al.，2007）[3]。国内学者综合经济发展水平、基础设施水平、地理距离、劳动力成本、自然资源、技术水平等多个影响因素做了丰富的研究（林良沛、揭筱纹，2017；翟卉、徐永辉，2016；陈恩、陈博，2015；陈后祥，2016；阎大颖，2013）[4]-[8]。从某一影响因素进行研究的，主要就是研究制度因素的影响（谢孟军，2014；Henisz，2003）[9]-[10]。

制度因素是影响中国对"一带一路"国家直接投资区位选择的重要因素。但是目前学者从东道国制度视角研究中国对"一带一路"国家的区位选择问题不够完善和系统，大多是零散地分布在一些文献当中，没有形成一个完备的研究体系。企业对外直接投资不仅要考虑到东道国宏观经济层面的因素，而且要着重分析东道国制度对企业区位选择的影响。东道国制度质量的好坏直接关系着企业的对外投资决策正确与否。因此，本文将从制度因素视角讨论中国对"一带一路"国家直接投资区位选择。

二、制度视角下中国 OFDI 区位选择的影响因素分析

（一）政治法律制度对中国 OFDI 区位选择的影响

政府对企业的控制力是中国企业对外投资的一大特征。尽管中国在进行对外直接投资时尽量淡化政府的控制力，但是在某些领域，这些控制力依然会存在，虽然从某方面来说可以提高企业与东道国的议价能力，但是在无形之中也会增加中国 OFDI 风险发生的可能性。

鲁明泓（1999）[11]认为东道国法律制度对中国 OFDI 具有重要的影响作用，并且东道国法律制度越完善，对企业私有财产的保护程度越高，就会越吸引他国企业对本国进行直接投资。余淼杰（2008）[12]通过引力模型对 76 个发展中国家的面板数据进行分析，研究结果发现发展中国家之间的民主进步对提升贸易水平具有显著作用。张宏和王建（2009）[13]通过实证研究发现，中国 OFDI 流量受东道国政府的政治制度质量的影响，并且呈显著的负相关关系。这表明东道国的政治制度质量水平越低反而越吸引中国企业进行 OFDI 活动，这与人们通常认为的较低的制度质量会增加行贿以及租金成本，从而不利于企业进行 OFDI 活动背道而驰。他们进一步发现，制度质量对 OFDI 的影响随着中国 OFDI 流量的增加可能出现递减的趋势，这表明制度质量与中国 OFDI 流量的负相关关系随着流量的增加而逐渐趋于不显著。贺书峰和郭羽诞（2009）[14]对中国 OFDI 的 51 个国家 4 年里的 204 个面板数据进行计量分析，研究结果表明：母国与东道国如果在政治领域存在着隔阂或者冲突则会阻碍中国对东道国的直接投资。然而，如果两个国家具有相似的国际地位或政治关系联系紧密，会有利于中国对东道国进行直接投资。

东道国与母国的法治水平的高低也能够对中国 OFDI 的区位选择产生很大影响。谢孟军（2013）[15]通过实证研究发现，中国 OFDI 行为在受东道国法律制度影响的同时，也会受到母国法律制度的影响，并且他认为，企业在对外直接投资进行区位选择时会优先考虑法制完善的地区，但是如果国内法制完善，中国企业就会减少对其他国家的 OFDI 活动，反过来倾向于向国内投资。与这一研究类似的是池建宇和方英（2014）[16]的研究，他们认为，中国企业在进行 OFDI 区位选择时，如果这些国家的经济体制比较类似，那么中国企业会倾向于向政治法律制度比较完善、法治环境较好的国家进行直接投资。这充分说明随着中国企业"走出去"进程的不断深入，中国企

业越来越注重对东道国制度风险的规避。

Jiang 和 Kang（2012）[17]通过研究发现，东道国的监管质量和管制水平对中国企业 OFDI 具有很大的影响，并且东道国监管质量和管制水平越低就越会吸引中国对该国进行投资。王永钦等（2014）[18]通过研究发现，中国企业进行 OFDI 活动时往往不太关心东道国的政治制度和政治稳定程度，而更关心政府效率、监管质量和腐败控制，并且倾向于避开法律体系严格的国家进行投资。

胡兵等（2013）[19]从东道国腐败的角度研究了中国 OFDI 区位选择问题，研究结果表明：如果某一国家腐败程度较低，腐败会对中国企业对外直接投资产生明显的"摩擦效应"，增大母国投资者的投资成本；相反，如果某一国家腐败程度较高，腐败作为一种次优选择对中国企业对外直接投资产生一定的"润滑效应"，降低企业对东道国直接投资的门槛。

本文以陈松和刘海云（2009）[20]的研究为例，重点介绍东道国制度因素对企业 FDI 区位选择的影响机理；收集整理了 2007~2009 年中国对 75 个国家的投资面板数据，具体数据如表 1 所示；采用了广义最小二乘法，并且通过计算截面权重面板来修正标准差。通过回归得到的结果表明：在 5%的显著水平上，东道国政权的稳定程度、腐败程度、法治水平和中国 OFDI 呈现出负相关关系；而在 1%的显著水平上，东道国的监管质量与政府效能和中国 OFDI 同样表现出负相关关系，并且东道国监管质量、政府效能对中国 OFDI 的影响的显著性更强。这也表明中国在进行区位选择时趋向于对治理水平低的国家和地区进行 OFDI，这就使中国 OFDI 将会面临很大的投资风险。

表 1 变量说明

<table>
<tr><th rowspan="2">假设</th><th colspan="2">变量</th><th>数据来源</th></tr>
<tr><td>因变量</td><td>中国对外直接投资存量</td><td>中国对外投资统计公报</td></tr>
<tr><td>H1</td><td rowspan="5">自变量</td><td>政权稳定性</td><td rowspan="5">世界银行</td></tr>
<tr><td>H2</td><td>政府效能</td></tr>
<tr><td>H3</td><td>监管质量</td></tr>
<tr><td>H4</td><td>法治水平</td></tr>
<tr><td>H5</td><td>对腐败的控制</td></tr>
<tr><td>H6</td><td rowspan="7">控制变量</td><td>东道国 GDP</td><td rowspan="2">世界银行发展指标</td></tr>
<tr><td>H7</td><td>金属、矿石出口占总商品出口的比例</td></tr>
<tr><td>H8</td><td>专利批准数量</td><td>世界知识产权组织</td></tr>
<tr><td>H9</td><td>人民币与东道国货币的兑换比率</td><td rowspan="3">世界银行发展指标</td></tr>
<tr><td>H10</td><td>中国从东道国进口额</td></tr>
<tr><td>H11</td><td>中国向东道国出口额</td></tr>
<tr><td>H12</td><td>东道国通胀率</td><td>世界经济展望数据库</td></tr>
</table>

（二）经济制度对中国 OFDI 区位选择的影响

经济制度一般是指国家为了规范和约束经济组织的行为而制定的经济政策、法律等规章制度。一般来说，一个国家的经济制度的完善程度决定着能够吸引跨国企业对本国进行直接投资的程度。

是否签订双边投资协定（Bilateral Investment Treaties，BIT）体现了东道国对外来资本的欢迎和支持程度。宗芳宇等（2012）[21]认为，首先，如果两国签订了 BIT，那么就能够吸引母国企业去东道国进行投资；其次，BIT 能够弥补东道国制度的缺失，尤其是对企业在制度质量差的国家和地区具有更大的促进作用；最后，BIT 在一定程度上保障了民营企业的利益，还能够推动广大民营企业到东道国进行直接投资。邓新明和许洋（2015）[22]以中国对 71 个国家或地区的 OFDI 面板数据为基础，研究结果表明，如果与东道国签订了 BIT 或者东道国具有较为良好的制度环境，在这两种情形下均能够吸引中国对该国进行投资。另外，东道国制度环境还存在着显著的门槛效应。如果东道国政治制度质量在门槛值以下，签订 BIT 作用将会是显著的；当东道国的制度质量跨越门槛值之后，BIT 的促进作用变得不显著。

许小平等（2016）[23]以“一带一路”为研究背景，使用 2003~2012 年中国对“一带一路”64 个沿线国家 OFDI 的数据进行研究，并且将样本分为发展中国家和发达国家两个子样本，数据说明见表 2。研究首先对所有样本进行了检验，得出结论：签订 BIT、双边贸易额对中国 OFDI 表现出显著的正向影响，而东道国的人均 GDP 则与中国 OFDI 具有比较显著的正相关；其次，研究还对中国对发达国家和发展中国家 OFDI 分别进行了检验，其中发达国家的样本回归结果表明，签署 BIT 对中国对“一带一路”沿线发达国家的投资影响不显著，这是因为发达国家具备完善的政治、经济制度。但是母国与东道国之间的制度距离和双边贸易额则会影响中国对东道国的直接投资。发展中国家的样本回归结果显示，签订 BIT 会显著影响中国的 OFDI，同时双边的贸易额与东道国的市场规模也会显著地促进中国对其 OFDI。

表 2 数据说明

变量		数据说明	数据来源
因变量	OFDI 存量	2003~2012 年中国对“一带一路”国家投资存量	中国对外投资统计公报
自变量	BIT	双边投资协定虚拟变量	UNCTAD 官网
控制变量	制度距离	东道国和中国法治水平的差异	世界银行官网
	地理距离	两国任意两城市间距离的加权平均值	CEPII 官网
	资源禀赋	使用燃料、矿产等产品的出口额占商品出口总额的比重	WTO 官网
	双边贸易额	我国同各国海关货物进出口总额	中国统计年鉴
	人均 GDP	东道国人均国民生产总值	世界银行官网

东道国的贸易政策和外资政策体现了东道国对进口商品和外资企业的政策支持程度。江英心和路正南（2009）[24]强调，东道国的经济环境和贸易政策是影响中国 OFDI 区位选择的重要影响因素，在某种程度上甚至是决定性因素。李猛和于津平（2013）[25]则认为，东道国实施贸易壁垒会对中国 OFDI 产生两种效应：一种是空间效应，也就是说对中国实施贸易壁垒的国家比那些没有对中国实施贸易壁垒的国家更能引发中国对该国的 OFDI；另一种是时间效应，具体来说就是如果东道国对中国实施贸易壁垒，那么在 5~7 年内将显著促进中国对该国的 OFDI。周铁军和李传哲（2010）[26]以中国能源企业 OFDI 区位选择为例，认为东道国的外资政策对中国能源企业的区位选择具有重要作用，这就要求中国企业要及时加强与东道国政府的沟通和交流，以便能够取得有利于企业的外资政策。

景红桥（2013）[27]从金融体制的视角分析了中国企业 OFDI 区位选择的决定性因素，结果发现：东道国的金融体系会在很大的程度上影响中国 OFDI 的区位选择，并且他认为，中国 OFDI 应该优先考虑选择进入实施市场主导型金融体系的国家或地区，这样才能在以实现企业利润最大化和股东权益最大化为前提的情况下，充分发挥中国 OFDI 以市场为导向的行为。

（三）文化制度对中国 OFDI 区位选择的影响

文化制度是一种非正式制度，是人们进行沟通交流时能够被大众接受认可的并且可以传承的意识形态。文化制度包含的内涵十分广泛，不仅包括一个国家的历史文化、风土人情，同时也包括个体的价值观和行为规范等内容。

周凌霄（2006）[28]指出，东道国文化环境因素在企业进行 OFDI 决策时，尤其在投资区位和投资进入模式的选择上，将会发挥越来越重要的作用。许和连和李丽华（2011）[29]通过研究发现，文化距离会显著影响中国企业的区位选择，中国与东道国的文化差异越大，对其直接投资越少，中国企业进行 OFDI 区位选择的时候越倾向于考虑位置相近、文化差异较小的地区或国家。从企业内部经营的层面来说，母国与东道国之间的文化差异会给企业的内部管理带来极大的挑战。因此，企业在进行区位选择之前需要对企业自身文化、母国文化以及东道国的国家文化进行深入的认识和了解，通过实施有效的跨文化管理，进行文化的交流与融合，可以有效避免因为两国之间文化方面的差异给 OFDI 企业造成的内部管理方面的冲突（尹忠明，2013）[30]。李凝和胡日东（2014）[31]则认为，虽然中国与东道国之间的文化差异会给中国企业 OFDI 带来显著的负面作用，但是东道国的华人文化网络会降低这种文化差异所带来的负面影响。

孙朋军和于鹏（2016）[32]以中国对“一带一路”沿线投资为切入点，研究文化距离对中国落实“一带一路”投资的影响，具体数据如表 3 所示。首先，研究通过对中国 OFDI 动因的检验得出以下结论：东道国的市场规模、自然资源禀赋和战略资产会对中国 OFDI 区位选择带来正向影响，而文化距离则对中国 OFDI 区位选择具有明显的负向调节作用，这与潘镇（2006）[33]、綦建红等（2012）[34]的研究结果一致。在控制变量方面，地理距离与中国 OFDI 具有明显的负相关关系，双边的贸易额则与中国 OFDI 具有正相关关系，经济制度变量却没有通过显著性检验。其次，文章对文化距离对中国企业 OFDI 的调节作用进行了相关检验。结果表明：文化距离和自然资源禀赋的交叉项系数为负，并通过了显著性检验，说明文化距离对资源型企业 OFDI 区位选择具有负向调节作用；文化距离和战略资产的交叉项则没有通过显著性检验，这表示两国之间的文化距离对战略资产寻求型企业的 OFDI 没有显著影响；文化距离和市场规模的交叉项系数为正，并通过了显著性检验，说明文化距离对市场需求型企业 OFDI 区位选择具有正向调节作用（孙朋军、于鹏，2016）。

表 3　变量说明

变量		数据说明	数据来源
因变量	OFDI 流量	中国对东道国的投资流量	FDI Markets 数据库
自变量	自然资源禀赋	采用东道国石油和金属产品出口比例	世界银行
	市场规模	国内生产总值	世界银行
	战略资产	采用东道国的年度居民专利申请量	世界银行
调节变量	文化距离	采用 Kogut 和 Singh 提出的 KSI 指数	Hofstede 网站
控制变量	地理距离	北京与各东道国首都之间的直线距离	CEPII 数据库
	双边贸易额	采用中国与东道国双边贸易进出口总额来衡量	世界银行网站和中国商务部、海关总署、统计局
	经济制度	东道国的经济制度质量	Heritage Foundation

（四）对东道国制度视角研究的评析

通过对上述文献的梳理我们发现，目前国内外已经有很多学者从东道国制度视角去研究中国

OFDI 区位选择问题，并且也取得了很多的研究成果，充分证明了制度因素对企业 OFDI 区位的选择影响很大，如鲁明泓（1999）、Buckley（2007）、王永钦（2014）等，研究方法也在不断创新，从一般性的理论性分析逐步延伸到实证分析，并且融入心理学、制度学等相关学科，使区位选择理论更加趋于实际。但是就目前学者的研究而言，关于东道国制度因素的研究还比较分散，缺乏系统化的整理，没有形成一般性的理论体系。因此，本文从东道国政治制度、经济制度、文化制度三个方面对现有研究进行梳理，尽量为后续研究提供一个清晰的理论架构，具体见图 1。

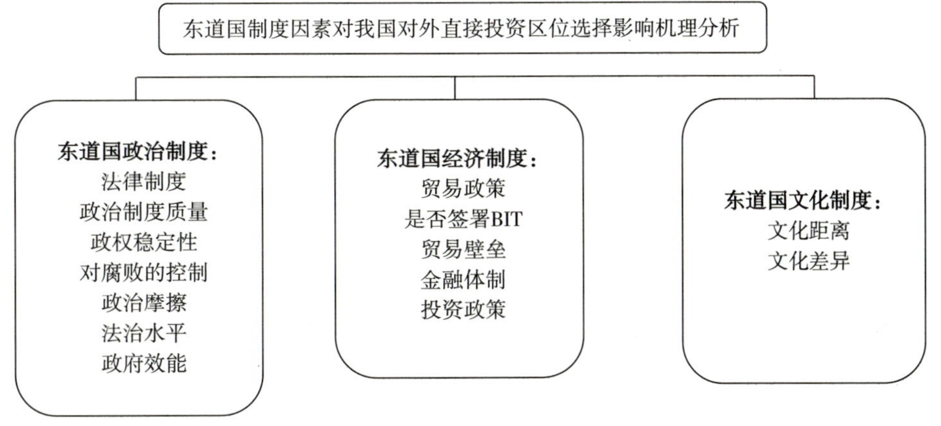

图 1　东道国制度因素对中国 OFDI 区位选择影响框架

三、现有文献评价与总结

（一）现有文献的评价

与欧美传统发达国家 OFDI 方式不同，中国的 OFDI 行为是在中国作为当前世界上最大的发展中国家和转型国家这样的双重身份背景下展开的，具备其他国家不具有的特殊性，并无先例可循。尤其是"一带一路"倡议的提出，为中国企业 OFDI 创造了新的发展空间，但是"一带一路"涉及国家众多，不同国家之间制度环境存在着明显差异。因此，对东道国制度因素的研究和分析对中国在"一带一路"国家的投资具有重大的理论和实践意义。目前，国内外学者对中国 OFDI 区位选择问题进行了大量而深入的研究，取得了不少有建设性的研究成果，但是对东道国制度因素的研究还比较分散，缺乏系统化的整理，没有形成独立的理论体系。

总体来说，已有研究取得了一定的研究成果，但是以东道国制度视角研究中国 OFDI 区位选择仍然存在着很多不足：

首先，大多数学者的研究只是单一地分析了各自所考虑的制度因素对中国企业 OFDI 的影响，并没有把这些因素整合起来进行综合的分析，所以没有得到一致的研究结论。例如，张宏和王建（2009）、陈松和刘海云（2012）的研究一致认为，中国企业 OFDI 趋向于流向政治治理水平较低的国家和地区。而谢孟军（2013）认为，中国企业进行 OFDI 区位选择时会优先考虑法律制度完善的地区。众所周知，衡量制度质量的因素有很多，这些制度因素之间的相互作用也比较复杂。

如果不全面、综合地考虑这些制度因素，很可能会使相应的估计结果不具有代表性，从而不能全面、综合地衡量制度因素对中国企业 OFDI 的影响。总体来看，这些研究并不是很全面，不能够从深层次上了解制度因素对企业 OFDI 行为的影响。

其次，国内的绝大部分研究都是在传统的 OFDI 理论框架范围内展开的。OFDI 最初从发达国家发展起来，因此发达国家对于 OFDI 的研究较早，研究体系也相对比较完善。但是发达国家学者关于 OFDI 的研究一般是站在发达国家 OFDI 的发展角度来说的。中国作为世界上最大的发展中国家和社会主义国家，中国企业的 OFDI 存在着特殊的国情。因此这些研究不能直接用于中国 OFDI 的研究，如果单纯将西方传统的 OFDI 理论运用到中国 OFDI 实践中肯定会造成理论与实践脱节的不适应性问题。因此，研究中国 OFDI 区位选择，在发达国家学者的理论基础之上要充分考虑到中国国情的特殊性，只有这样才能更好地为中国企业的 OFDI 区位选择提供相应的配套服务。

最后，现有理论研究较为分散，缺乏聚焦。从东道国制度因素角度来说，许多学者对制度因素的研究都只局限于东道国制度某个角度来研究（如东道国的民主政治发扬程度、东道国的治理水平），或者单纯地将制度因素混合在一起研究中国 OFDI 的区位选择，对制度因素没有具体的分类，这样是远远不够的，本文认为对中国 OFDI 区位选择的研究应该是综合性的，既要考虑到东道国政治法律制度对企业区位选择的影响，也要注重东道国经济、文化制度的影响作用。因此，只有将这三个方面因素的研究相结合，才能够为企业 OFDI 区位选择提供有价值的参考。

从国内外学者对中国企业 OFDI 区位选择的研究来看，许多学者的研究都是比较笼统的，实际操作难度大。由于企业性质和行业的不同，它们对 OFDI 区位选择的考量也是不同的，并且企业投资区域的不同对企业的区位选择也会产生很大影响。因此，如果单从整体的角度去研究中国 OFDI 的区位选择，对企业的借鉴意义有限，在实际操作过程中也会有很大困难。

（二）总结

由于中国对"一带一路"国家的投资目前来说还是处于起步阶段，未来还有很大的发展空间，因此，学者们对中国对"一带一路"直接投资研究缺乏一定的深度，当前学者们关于中国对"一带一路"国家 OFDI 的研究主要集中在以下几个方面：

（1）中国对"一带一路"国家风险的防范和对策研究，在这方面研究的代表人物主要有王永中（2015）[35]、李锋（2016）[36]以及黄河（2016）[37]等。

（2）从 OFDI 格局分布角度研究中国对"一带一路"国家的投资，在这一方面的代表学者主要有郑蕾（2015）[38]、周五七（2015）[39]等。

（3）从中国对"一带一路"国家投资动机出发，例如张亚斌（2016）[40]、孔庆峰（2016）[41]从投资便利化角度研究中国对"一带一路"直接投资选择，郭烨（2016）[42]则强调了政府的引领推动对中国对"一带一路"国家 OFDI 的促进作用。

从目前国内外学者对"一带一路"的研究现状而言，尚存在很大的空间值得研究。本文认为，从东道国制度视角来研究中国对"一带一路"国家 OFDI 区位选择问题是一个非常可行的研究视角。本文从 OFDI 区位选择的影响因素出发，并且将影响因素继续细分到东道国制度因素视角，通过这种分析可以深入具体地研究东道国制度因素对中国对"一带一路"国家直接投资区位选择的作用机理。本文在对现有理论以及中国对"一带一路"国家 OFDI 现状的研究基础上，构建了东道国制度视角下中国对"一带一路"国家 OFDI 区位选择的理论框架，即从东道国政治、经济和文化制度三个方面共同阐述了东道国制度因素对中国对"一带一路"国家 OFDI 区位选择的作用机理，可以为后续学者从东道国制度视角研究中国对"一带一路"国家 OFDI 行为提供比较系统、完整的理论框架。

参考文献

[1] Dunning J. H. Incorporating Trade into the Investment Development Path A Case Study of Korea and Taiwan [J]. Oxford Development Studyies, 2001, 29 (2): 145-154.

[2] Wheeler D., Mody A. International Investment Location Decisions: The Case of U. S. Firms [J]. Journal of International Economics, 1992 (33): 57-76.

[3] Buckley P. J., Clegg L. J., Cross A. R., Liu X., Voss H., Zheng P. The Determinants of Chinese Outward Foreign Direct Investment [J]. Journal of International Business Studies, 2007 (38): 499-518.

[4] 林良沛,揭筱纹.比较视角下中国对“一带一路”国家直接投资的影响因素分析 [J]. 广东财经大学学报, 2017, 32 (1): 57-62.

[5] 翟卉,徐永辉.中国对“一带一路”国家直接投资影响因素分析——基于东道国角度的实证研究 [J]. 对外经贸, 2016 (9): 39-42.

[6] 陈恩,陈博.中国对发展中国家直接投资区位选择及影响因素 [J]. 国际经济合作, 2015 (8): 14-20.

[7] 陈后祥.“一带一路”背景下东道国基础设施对我国 OFDI 区位选择影响研究 [D]. 浙江工商大学硕士学位论文, 2016.

[8] 阎大颖.中国企业对外直接投资的区位选择及其决定因素 [J]. 国际贸易问题, 2013 (7): 128-135.

[9] 谢孟军.目的国制度对中国出口和对外投资区位选择影响研究 [D]. 山东大学博士学位论文, 2014.

[10] Henisz W. J. The Power of the Buckley and Casson Thesis: The Ability to Manage Institutional Idiosyncrasies [J]. Journal of International Business Studies, 2003 (34): 173-184.

[11] 鲁明泓.制度因素与国际直接投资区位分布:一项实证研究 [J]. 经济研究, 1999 (7): 57-66.

[12] 余淼杰.发展中国家间的民主进步能促进其双边贸易吗?——基于引力模型的一个实证研究 [J]. 经济学, 2008, 7 (4): 1168-1190.

[13] 张宏,王建.东道国区位因素与中国 OFDI 关系研究——基于分量回归的经验证据 [J]. 中国工业经济, 2009 (6): 151-160.

[14] 贺书锋,郭羽诞.中国对外直接投资区位分析:政治因素重要吗? [J]. 上海经济研究, 2009 (3): 3-10.

[15] 谢孟军.法律制度质量对中国对外直接投资区位选择影响研究——基于投资动机视角的面板数据实证检验 [J]. 国际经贸探索, 2013, 29 (6): 107-117.

[16] 池建宇,方英.中国对外直接投资区位选择的制度约束 [J]. 国际经贸探索, 2014, 30 (1): 81-91.

[17] Kang Y. F., Jiang F. M. FDI Location Choice of Chinese Multinationals in East and Southeast Asia: Traditional Economic Factors and Institutional Perspective [J]. Journal of World Business, 2012 (47): 45-53.

[18] 王永钦,杜巨澜,王凯.中国对外直接投资区位选择的决定因素:制度、税负和资源禀赋 [J]. 经济研究, 2014 (12): 126-142.

[19] 胡兵,邓富华,张明.东道国腐败与中国对外直接投资——基于跨国面板数据的实证研究 [J]. 国际贸易问题, 2013 (3): 138-148.

[20] 陈松,刘海云.东道国治理水平对中国对外直接投资区位选择的影响——基于面板数据模型的实证研究 [J]. 经济与管理研究, 2012 (6): 71-77.

[21] 宗芳宇,路江涌,武常岐.双边投资协定、制度环境和企业对外直接投资区位选择 [J]. 经济研究, 2012 (5): 71-81.

[22] 邓新明,许洋.双边投资协定对中国对外直接投资的影响——基于制度环境门槛效应的分析 [J]. 世界经济研究, 2015 (3): 47-55.

[23] 许小平,陆靖,李江.签订双边投资协定对中国 OFDI 的影响——基于“一带一路”沿线国家的实证研究 [J]. 工业技术经济, 2016 (5): 60-64.

[24] 江英心,路正南.国际直接投资的区位选择与政策调整 [M]. 北京:科学出版社, 2009.

[25] 李猛,于津平.贸易摩擦、贸易壁垒与中国对外直接投资研究 [J]. 世界经济研究, 2013 (4): 66-72.

［26］周铁军，李传哲．中国能源企业对外直接投资区位选择的实证研究［J］．南方金融，2010（6）：56-59.

［27］景红桥，王伟．金融体制、法律起源与我国对外直接投资的区位选择［J］．国际贸易问题，2013（12）：148-156.

［28］周凌霄．东道国文化环境对跨国公司直接投资行为的影响［J］．亚太经济，2006（5）：80-83.

［29］许和连，李丽华．文化差异对中国对外直接投资区位选择的影响分析［J］．统计与决策，2011（17）：154-156.

［30］尹忠明，袁泽波，付竹．文化距离对跨国企业绩效的影响［J］．当代经济研究，2013（2）：37-41.

［31］李凝，胡日东．文化差异对中国企业 OFDI 区位选择的影响：东道国华人网络的调节效应［J］．华侨大学学报，2014（3）：93-99.

［32］孙朋军，于鹏．文化距离对中国企业落实“一带一路”投资战略的影响［J］．中国流通经济，2016，30（2）：83-90.

［33］潘镇．制度距离与外商直接投资——一项基于中国的经验研究［J］．财贸经济，2006（6）：44-49.

［34］綦建红，李丽，杨丽．中国 OFDI 的区位选择：基于文化距离的门槛效应与检验［J］．国际贸易问题，2012（12）：137-147.

［35］王永中，李曦晨．中国对一带一路沿线国家投资风险评估［J］．开放导报，2015（4）：30-34.

［36］李锋．“一带一路”沿线国家的投资风险与应对策略［J］．中国流通经济，2016，30（2）：115-121.

［37］黄河，Starostin Nikita. 中国企业海外投资的政治风险及其管控——以“一带一路”沿线国家为例［J］．深圳大学学报，2016，33（1）：94-100.

［38］郑蕾，刘志高．中国对“一带一路”沿线直接投资空间格局［J］．地理科学进展，2015，34（5）：563-570.

［39］周五七．“一带一路”沿线直接投资分布与挑战应对［J］．改革，2015（8）：39-47.

［40］张亚斌．“一带一路”投资便利化与中国对外直接投资选择——基于跨国面板数据及投资引力模型的实证研究［J］．国际贸易问题，2016（9）：165-176.

［41］孔庆峰，董虹蔚．“一带一路”国家的贸易便利化水平测算与贸易潜力研究［J］．国际贸易问题，2016（12）：158-168.

［42］郭烨，许陈生．双边高层会晤与中国在“一带一路”沿线国家的直接投资［J］．国际贸易问题，2016（2）：26-36.

中国企业对中亚五国的直接投资与“一带一路”建设机遇

董昌娟
（中国社会科学院研究生院，北京　102488）

［**摘　要**］中亚地区是“丝绸之路经济带”的核心地区，随着“一带一路”倡议的提出，中国与中亚国家之间的经贸关系投资合作得到了广泛的关注，中国企业投资中亚也将迎来新的契机。“一带一路”倡议的提出势必会掀起中国企业对中亚五国新一轮的投资高潮。本文总结了中国企业对中亚五国直接投资的现状、存在的问题和面临的风险，分析了“一带一路”倡议给中国企业投资中亚五国带来的新机遇，并据此提出针对中国企业投资中亚五国的对策建议。

［**关键词**］“一带一路”倡议；中国企业；直接投资；中亚五国

2013年，习近平主席在访问中亚和东盟期间先后提出共建“丝绸之路经济带”和“21世纪海上丝绸之路”的倡议（简称“一带一路”），在国内外赢得高度关注和积极反响。“一带一路”建设是党中央在经济新常态下构建开放型经济新体制、打造全方位对外开放格局的重大部署。改革开放以来中国对外开放的空间布局十分不平衡，沿海地区起步早，开放程度高，而内陆和沿边地区相对较晚，开放程度较低（陈耀，2015）。“一带一路”倡议的实施，将极大地提升中国经济的全面对外开放水平，加快中西部地区对外开放，有效改善区域发展不平衡问题。

“一带一路”倡议不仅为中国新一轮对外开放确立了宏伟架构，也将为中国对外直接投资开辟新空间、营造新环境（金芳，2016）。2000年，我国政府正式提出实施企业“走出去”战略，此后，中国企业的对外投资有了迅猛的发展。自2003年中国有关部门权威发布年度数据以来，中国对外直接投资实现连续13年增长，2002~2015年的年均增长速度高达35.9%。2015年对外直接投资流量为1456.7亿美元，首次位列全球第二，是2002年的54倍。截至2015年，中国对外直接投资涵盖了国民经济的19个行业大类，分布在全球188个国家（地区）。对外直接投资流入国家和地区高度集中，对“一带一路”沿线国家投资快速增长。2015年中国企业对“一带一路”沿线国家的投资流量为189.3亿元，同比增长38.6%，是对全球投资增幅的2倍，占当年流量总额的13%。“一带一路”建设的重点内容就是投资贸易合作，企业又是贸易投资的主体，未来，“一带一路”沿线将成为中国企业投资的重点（程慧超，2016）。

中亚地区是“丝绸之路经济带”的核心地区，随着“丝绸之路经济带”的提出，中国与中亚国家之间的经贸关系投资合作得到了广泛的关注，中国企业投资中亚也将迎来新的契机。中亚五国是指与中国新疆接壤或邻近的哈萨克斯坦、吉尔吉斯斯坦、土库曼斯坦、塔吉克斯坦和乌兹别克斯坦五个国家。无论是从地理、历史还是当前的合作关系来看，中国与中亚五国都存在着紧密联系。近年来，通过双边机制和上海合作组织，中国与中亚五国在经贸往来、能源合作和交通建设等方面展开了深入合作。中国与中亚五国还存在明显的经济互补性。中亚地区能源资源非常丰富，而中国近年来经济的迅速发展对资源需求不断增加，能源资源供需矛盾日益突出。中国与中亚五国的经贸合作不仅可以缓解持续快速增长的对于能源需求的压力，维护能源资源安全，同时能够带动中亚五国的经济发展，巩固地区稳定。"一带一路"倡议的提出势必会掀起中国企业对中亚五国新一轮的投资高潮，因此，深入分析中国企业对中亚五国直接投资的现状和存在的问题，探讨"一带一路"背景下中国企业投资中亚五国的新机遇，并提出针对性的对策和建议具有重要的现实意义。

一、中国企业对中亚五国直接投资的现状

中国已成为中亚五国第一大贸易伙伴，2003~2015年中国对中亚五国直接投资增长迅速，且70%流向哈萨克斯坦，中国对中亚国家投资领域较为集中，资源开发是中国投资中亚五国的重点领域（张毅等，2016）。

（一）中国企业对中亚五国直接投资规模

1. 中国企业对中亚五国直接投资流量

中国对中亚五国的投资流量虽然有所波动，但整体上处于上升的趋势（见图1）。2003~2008年，中国对中亚五国直接投资流量一直持续快速增长。2003年中国对中亚五国直接投资的流量仅为610万美元，2004年突破1000万美元，2005年突破1亿美元，2008年攀升至6亿美元。2009~2012年，中国对中亚五国直接投资流量波动较大。在2012年突破30亿美元，达到33.77亿美元，达到了顶峰。这一时期中国对中亚五国直接投资流量的波动主要是因为受到金融危机的影响，2012年对外直接投资流量的激增主要得益于对哈萨克斯坦直接投资流量的大幅增加（见图2）。2012年以后，中国企业对中亚五国直接投资流量明显下降。2014年跌至5.5亿美元，2015年更是跌至历史新低，为-23.26亿美元。近两年中国经济下行压力加大，中国对中亚五国直接投资流量也随之大幅下降。中国企业对中亚五国直接投资流量先升后降这种变化趋势主要缘于中国对哈萨克斯坦直接投资流量的大幅波动（见图2）。

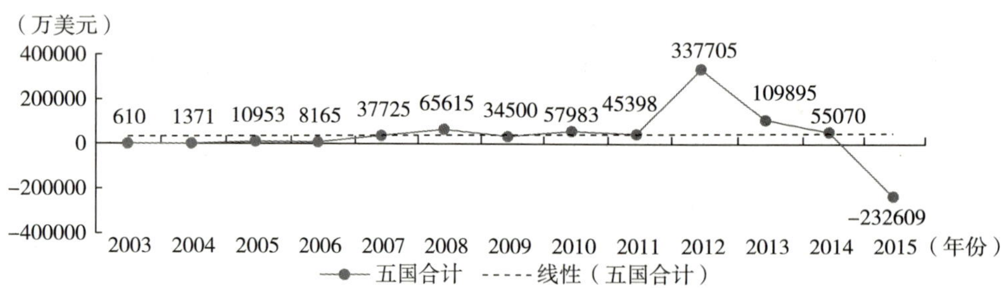

图1 2003~2015年中国对中亚五国直接投资流量总和趋势

2. 中国企业对中亚五国直接投资存量

2003~2014年，中国对中亚五国直接投资存量一直保持稳步增长（见图3）。2003年，中国对中亚五国直接投资存量仅为4409万美元，2005年突破3亿美元，2011年中国对中亚五国直接投资存量突破40亿美元，2012年攀升至78.24亿美元，同比上升94%。2013~2014年，中国对中亚五国直接投资存量上涨幅度放缓。2014年以后，中国对中亚五国直接投资存量有所回落。

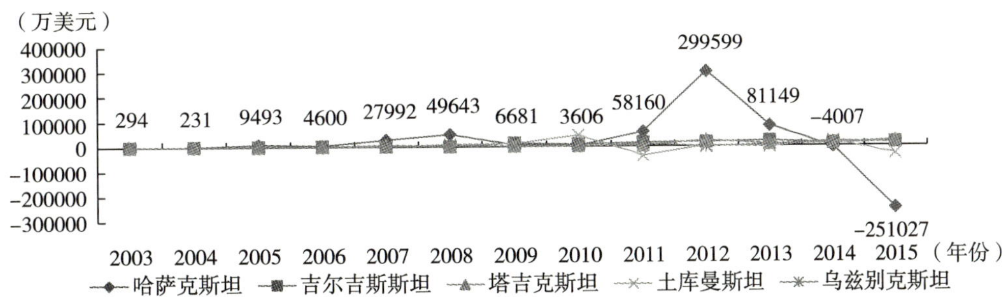

图 2 2003~2015 年中国对中亚各国直接投资流量趋势

资料来源：《2015 年度中国对外直接投资统计公报》。

中国对中亚五国直接投资存量趋势变化基本与中国对哈萨克斯坦直接投资存量趋势相吻合，对其他四国直接投资存量均较小（见图 4）。

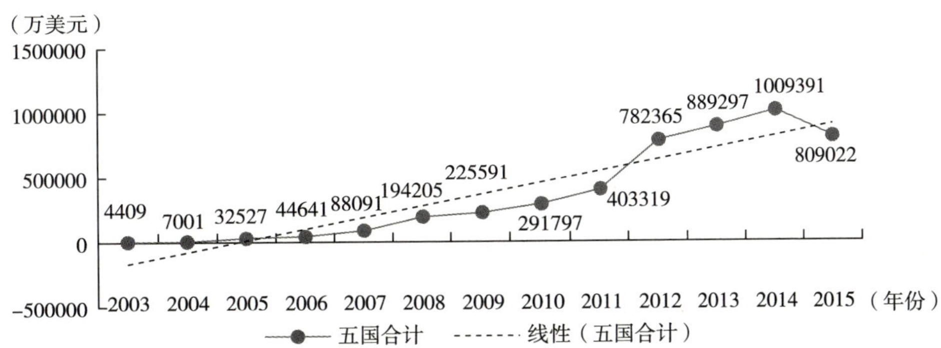

图 3 2003~2015 年中国对中亚五国直接投资存量总和趋势

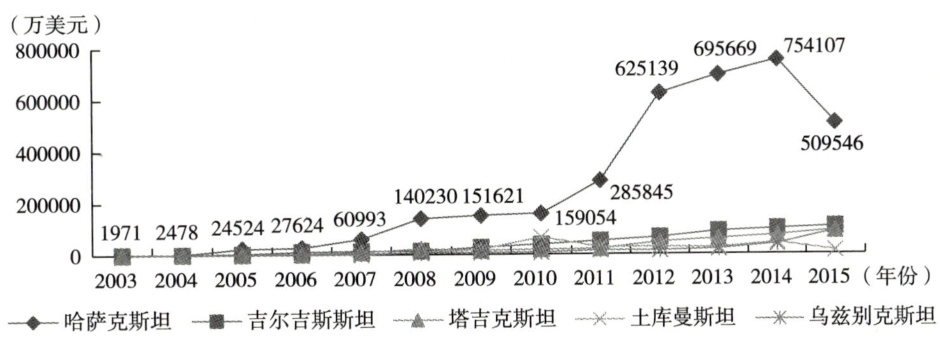

图 4 2003~2015 年中国对中亚各国直接投资存量趋势

资料来源：《2015 年度中国对外直接投资统计公报》。

（二）中国企业对中亚五国直接投资的国别分布

截至 2015 年底，中国对中亚五国直接投资的国别分布比重排序依次为哈萨克斯坦、吉尔吉斯斯坦、塔吉克斯坦、土库曼斯坦、乌兹别克斯坦（李悦、杨殿中，2014）。哈萨克斯坦一直是中国对中亚五国直接投资的主要对象，对其他四国的投资比重则较小且波动较大（见图 5）。

中国对哈萨克斯坦的直接投资比重一直最高，基本保持在 70%以上，2012 年以后有所下降。

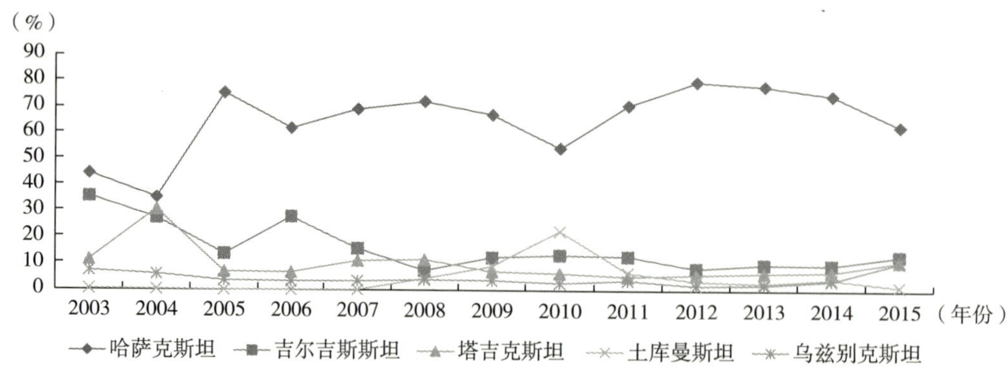

图 5　2003~2015 年中国对中亚各国直接投资存量国别分布比重变化

哈萨克斯坦是中亚五国中经济发展水平最高的国家，其基础设施建设比较齐全、法律基础较为完善、居民消费水平相对较高，油气资源在中亚五国中也最为丰富，已探明石油储量占中亚地区总储量的 80%，所以中国对中亚五国的直接投资大部分流入哈萨克斯坦。截至 2012 年，中国对中亚五国直接投资存量为 78.24 亿美元，其中 62.51 亿美元流入哈萨克斯坦，占中国对中亚五国直接投资存量的 79.9%。2013~2015 年，中国对哈萨克斯坦的直接投资比重有所回落，分别为 78.23%、74.71%和 62.98%。这主要是由于 2012 年以后中国对中亚其他四国的投资存量有所增长。

中国对吉尔吉斯斯坦的投资流量总体上呈现平稳上升的趋势，在中亚五国中排名第二位。截至 2015 年底，中国对吉尔吉斯斯坦直接投资存量突破 10 亿美元，占中国对中亚五国直接投资存量的 13.23%。近年来，中国成为吉尔吉斯斯坦第一大直接投资来源国，并且常年保持很高的占比，最高的一年达到 41.2%。

塔吉克斯坦排名第三。中国对塔吉克斯坦的直接投资相对稳定，基本保持在 5%~7%，2012 年以后比重持续增加。

中国对土库曼斯坦直接投资波动较大。2008 年以前，中国对土库曼斯坦的投资占中国对中亚五国直接投资存量的比重不足 1%，2008~2010 年这一比重迅速增加，在 2010 年达到 22.57%，之后又有所下降。

乌兹别克斯坦一直是中亚五国吸引中国直接投资最少的国家。总体来看，中国对乌兹别克斯坦的投资占中国对中亚五国投资存量的比重常年低于 4%（见表 1）。

表 1　中国对中亚五国直接投资存量的国别分布比重　　单位：%

年份	哈萨克斯坦	吉尔吉斯斯坦	塔吉克斯坦	土库曼斯坦	乌兹别克斯坦
2003	44.70	35.81	11.61	0.45	7.42
2004	35.39	27.51	30.77	0.29	6.04
2005	75.40	13.85	7.01	0.06	3.68
2006	61.88	27.95	6.78	0.04	3.35
2007	69.24	15.86	11.24	0.16	3.50
2008	72.21	7.56	11.70	4.54	4.00
2009	67.21	12.58	7.22	9.22	3.78
2010	54.51	13.51	6.57	22.57	2.84

续表

年份	哈萨克斯坦	吉尔吉斯斯坦	塔吉克斯坦	土库曼斯坦	乌兹别克斯坦
2011	70.87	13.02	5.37	6.86	3.88
2012	79.90	8.46	6.09	3.68	1.87
2013	78.23	9.96	6.74	2.85	2.22
2014	74.71	9.75	7.22	4.43	3.88
2015	62.98	13.23	11.24	1.64	10.90

资料来源：《2015年度中国对外直接投资统计公报》。

（三）中国企业对中亚五国直接投资的行业分布

中国对中亚各国的投资行业具有相似性，主要涉及石油天然气开采、工程承包、交通和电信等基础设施建设、农业养殖、农产品加工、批发零售、餐饮住宿等领域，其中能源资源开采和基础设施建设领域尤为突出。

中国对哈萨克斯坦的直接投资以能源开发为主，但非能源领域的投资合作也在不断深入。中国企业对哈萨克斯坦的投资主要集中在石油天然气开采、能矿资源勘探、建筑业、金融、通信、物流和商贸、餐饮和住宿等行业。中国在哈萨克斯坦的直接投资企业包括中石油、中石化、中国建工、中国水电、中建总公司、国家开发银行、中国银行、中兴通信、华为等一批国有和民营企业。中哈一系列大型经济技术合作项目已取得积极进展：中哈原油管道和中哈天然气管道扩建、中哈谢米兹拜伊铀矿开发、阿特劳炼油厂深加工项目顺利运营，马伊纳克水电站、阿克套沥青厂、中国西部—欧洲西部公路中方承揽哈境内修复路段等项目相继竣工。中哈霍尔果斯国际边境合作中心建设和运营工作顺利开展。

中国对吉尔吉斯斯坦直接投资分布在矿产资源勘探开发、工程承包、农业养殖、农产品和食品加工、通信设备制造、房地产开发、餐饮服务等行业。多数投资项目规模较小，投资主体多为民营企业。在吉尔吉斯斯坦投资的中国企业有中石化、新疆塔城国际资源有限责任公司、华为、中国路桥工程有限公司等。主要投资项目包括“达特卡—克明”输变电线建设项目、中吉乌公路境内段修复项目、阿莱盆地石油开采项目以及金矿、铜矿、铁矿、锡矿勘探开采项目等。

中国对塔吉克斯坦的直接投资主要分布在矿产资源勘探开发、建筑业、通信制造业、批发与零售业等领域。在矿产资源勘探开发领域，中国企业主要从事有色金属采选业，如中国新技术进出口公司采选铅锌矿、紫金矿业西北公司采选金矿等。在建筑领域，中铁五局、中国路桥、中国水电、新疆特变电工等承包了较为重要的基建工程。在制造业，中兴通信、华为已成为塔吉克斯坦主要的通信设备供应商和通信网络服务商。

中国与土库曼斯坦的投资合作起步较晚，但发展迅速。双方在能源领域的合作尤为突出，土库曼斯坦是中国在欧亚地区最大的天然气供应国。中国对土库曼斯坦的直接投资主要集中在油气、纺织、交通、通信等领域。投资合作的主要项目有中土天然气管道项目、油井修复和钻井项目、通信设备供应等。

与其他中亚四国相比，中国对乌兹别克斯坦直接投资规模最小，在乌兹别克斯坦，中资企业主要从事油气勘探开发、天然气管道建设和运营、煤矿/电站/泵站/铁路和电信网改造、制革、制鞋、陶瓷、智能手机、农业种植养殖、餐饮服务等业务。在乌兹别克斯坦投资的中国企业主要有中石油、中国广东核电集团公司（铀矿）、中国水电集团公司、中兴通信、华为等。重点项目包括成立中乌铀矿开采合资企业、中吉乌铁路项目、中乌天然气管道项目等。

二、中国企业对中亚五国直接投资存在的问题和面临的风险

（一）中国企业对中亚五国直接投资存在的问题

1. 投资增长率波动较大

中国对中亚五国的直接投资增长率波动幅度很大。2011 年中国对中亚五国直接投资流量为 4.54 亿美元，2012 年攀升至 33.77 亿美元，增长率高达 644%。2014 年中国对中亚五国直接投资流量为 5.5 亿美元，2015 年骤跌至-23.26 亿美元，出现 522%的负增长。这种剧烈的增长率波动说明中国对中亚五国的直接投资存在很大的不确定性，而这种不确定性对于中国对外直接投资的发展十分不利。

2. 投资国别分布严重不均

一直以来，哈萨克斯坦都是中国对中亚地区直接投资的主要对象，中国对中亚地区的直接投资 70%以上流向了哈萨克斯坦，而对其他四国的投资规模小且变动大。近两年，中国对中亚地区直接投资流量和存量的大幅波动主要是由于中国对哈萨克斯坦直接投资流量和存量的巨大变化。中国对中亚地区投资主要聚集于哈萨克斯坦的这种趋势不利于中国对中亚地区投资的安全与可持续发展（许云霞、王颂尧，2016）。值得一提的是，近年来中国对哈萨克斯坦的直接投资比重有所下降，对其他四国的投资规模均有所增加，这说明这种聚集趋势正在减弱，中国对中亚地区的投资今后有望向均衡发展。

3. 投资行业过于集中

目前，中国对中亚地区投资的主要目的还是以资源获取为主，直接投资的行业主要集中在石油天然气开采、采矿业等能源资源开发和建筑业、制造业等重工业领域，对于轻工业、服务业等领域的投资合作也在展开，但尚未形成一定的规模。中国对中亚地区的大量直接投资流向能源领域，这会引起中亚国家的敏感和不安。近年来，中亚五国均提出了新的经济发展规划，为本国的产业发展指明了方向。因此，面对中亚五国新的产业发展机遇，中国企业有必要适当调整对中亚五国直接投资的产业选择策略，以充分利用相关的产业优惠政策（杨殿中，2012）。

4. 投资规模有限

虽然中国对中亚地区的投资流量与存量总体上都在持续增长，但与欧美发达国家相比，差距还很大（康振，2011）。中国对中亚地区的投资规模占中国投资全球市场的比重还不到 4%。目前，中亚五国正处于工业化发展的重要阶段，各个领域吸引外资的量都相当大，中国在中亚地区仍存在较大的投资空间。

5. 投资主体以国有企业为主，民营企业参与较少

国有企业在中国的对外直接投资存量中所占的比重一直最大（许云霞、王颂尧，2016），虽然近年来有明显下降的趋势，但仍然占到 60%左右。参与对中亚五国直接投资的中国企业仍以国有企业为主，民营企业的资本利用率低。如在中亚地区进行石油天然气开采的主要是三大石油巨头：中石油、中石化、中海油。国有企业对中亚地区的投资主要集中在能源资源开采领域，这会引发东道国政府的敏感，导致对其投资意图的猜测，致使投资成功率降低。而民营企业实力较弱，海外投资规模较小，致使其资本利用率低。

（二）中国企业对中亚五国直接投资面临的风险

1. 国家政治风险

国家政治风险是指在跨国投资过程中，由于东道国的政局变动、该国所采取的政治性措施变化，以及该国与第三国的政治关系等因素发生重大变化，而给外国投资者所造成的投资财产及其权益的损害或损失（聂名华，2009）。中亚五国的政治风险较高。独立后的中亚国家政治体制中保留有过去集权专制的某些痕迹，特别在政治实践中，具有明显的中亚地区特色（苏祖梅，2013）。如总统集权，政府和议会基本按总统的旨意行事，在经济政策方面，总统意志也起主导性和决定性作用。中亚国家政府政务体系公开、透明度不高，部分政府官员官僚主义盛行、办事效率低下，腐败滋生严重，索贿行为时有发生，使外商投资企业备受困扰。另外，党派斗争、民族和宗教势力斗争、恐怖主义活动等政治风险在中亚五国仍然存在，中国企业对中亚五国的直接投资仍面临较高的政治风险。

2. 政策与法律变动风险

东道国有关外国投资的政策立法是对国际投资活动影响最为广泛、最为深刻的因素，也是中国企业对外直接投资风险的主要来源之一。中亚五国对于外资的态度基本上以鼓励为主，并提出了一系列投资优惠政策和优先投资领域。例如，哈萨克斯坦积极欢迎外商投资，尤其是其非资源领域更是政策鼓励的重点领域。中亚国家也制定了相关的投资限制措施。目前，哈萨克斯坦在不断增强国家对战略资源和重点行业的控制力，在石油行业规定哈萨克斯坦政府拥有超过40%的高额利润分成比例，同时设置极高的投资退出门槛。吉尔吉斯斯坦新颁布的《投资法》取消了原外国投资法给予外国投资者的税收优惠等规定。

在中国企业对外直接投资过程中，还可能面临东道国政策与法律变动的风险。例如，吉尔吉斯斯坦涉及经济活动的法律法规修改频繁，政策的连续性和稳定性较差，无疑加大了中国企业在吉尔吉斯斯坦投资的风险。

3. 经济风险

经济风险涉及汇率变动风险、汇兑风险、通货膨胀风险和融资风险等。中亚五国独立后经济曾长期处于萧条期，发展缓慢，财政状况严峻，通货膨胀程度高，各国货币币值不断下跌。1996~1997年间，各国经济出现回升的趋势，但受1998年俄罗斯金融危机的影响，各国经济又重新跌入低谷。进入21世纪后，中亚五国经济趋于好转，开始进入稳定增长时期。中亚国家货币币值不稳定、汇率政策不明朗都会增加我国在当地的投资风险。另外，对外直接投资资金需求大，融资困难。中国企业对中亚五国进行海外投资，特别是基础设施建设等方面的投资，会产生融资困难、渠道单一等问题。

4. 文化冲突风险

在对外直接投资过程中，不同国家之间的文化冲突风险往往被忽视。但事实上，这类风险对跨国企业生产经营会产生广泛而深远的影响。一般而言，投资若与文化相适应，那么文化就会提高投资活动的成功率，反之则不然。中亚五国的主体民族大多都信奉伊斯兰教，在这些伊斯兰国家，宗教是大多数人的全部生活方式。斋月期间，太阳升起后到落山以前不能进食。无论多么重要的生意，在斋月里也不能进行。中国企业在中亚国家进行投资和经营时，要尊重当地的风俗和文化传统，要以开放的胸怀包容文化差异，尽量避免由于文化差异给投资活动造成的风险。

三、中国企业对中亚五国直接投资的对策建议

（一）政府层面

1. 构建对中亚五国直接投资的风险防范和控制机制

相关部门应加快建立对中亚五国投资的风险评估体系，注重投资风险的综合测评，帮助企业准确分析风险。同时，要制定对中亚五国直接投资的风险评估方法，设立规范的风险评估流程。强化境外安全教育和培训，及时解决存在的问题；加大安全保护的投入，加强国际间合作，有效防范危及我国境外企业的威胁活动等。除此之外，还应在以下两个方面完善中国企业对中亚五国直接投资风险控制机制：一是成立负责对外直接投资的监管机构，以执行我国对外直接投资的相关法规，加强对我国企业投资中亚五国的事后监管，有效控制对外直接投资风险。二是设立专门的保险机构，对我国企业投资中亚五国提供保险服务，鼓励企业主动购买境外投资保险。

2. 加大对投资中亚五国的中国企业的政策支持

政府部门应进一步加大对投资中亚五国的中国企业在税收、金融等方面的支持力度。对符合国家发展战略和对外投资鼓励的资源获取型投资项目，要在可能范围内予以财政和金融支持。在财政政策方面，应加大投资与再投资补贴、减免税收、加速折旧、免征进口税、社会保险金减免等政策实施力度。在金融方面，加强国内金融机构对在中亚五国直接投资的中国企业的融资支持力度。以政策性金融机构（如国家开发银行等）作为引导性力量，通过政策引导和扶持，采取政策性金融、商业性金融、民间资本等多种方式为在中亚五国直接投资的中国企业提供融资支持。另外，应尽快缔结诸如中哈双边投资保护协定、中国—中亚自贸区协定等协议，将投资与贸易结合起来发展，以提高对中亚国家投资的质量。

3. 完善关于中亚五国投资环境方面的信息服务

商务部等政府部门应充分发挥自身的信息优势，及时更新发布《国别贸易投资环境报告》《对外投资合作国别（地区）指南》《对外投资合作国别（地区）产业导向目录》等，将中亚五国市场的最新信息及时对外公布。同时，相关部门应为企业提供政策咨询与法律指导。如协助企业进行市场调研、定期走访、提供法律援助等，为在中亚五国进行直接投资的企业提供政策和咨询等方面的服务，降低其海外投资的风险。

（二）企业层面

1. 投资前进行投资环境调研和风险评估

中国企业在开展对中亚五国直接投资之前，一定要进行深入全面的市场调研、环境评估和风险测评，充分了解中亚五国的政治、经济、法律、文化、自然等多方面环境因素，科学计算投资成本和预期收益，制定谨慎而周密的投资策略。

2. 优化直接投资领域

目前，中国企业对中亚各国的投资主要集中在能源行业，这不仅会引起中亚国家的敏感，增加投资和贸易摩擦，而且与中亚各国未来的产业发展规划不符。近年来，中亚五国均提出了新的经济发展规划，提出了各自的产业发展战略，中亚各国不断增强对战略资源和重点行业的控制，而非能源行业则是政策鼓励的重点领域。因此，根据中亚五国新的产业发展规划，中国企业有必

要适当调整对中亚各国的投资领域，今后投资更多关注非能源行业，充分利用中亚各国的投资优惠政策。

3. 提高本土化水平，搞好公共关系

根据中国企业境外投资和经营经验，提高本土化水平和搞好公共关系能够降低投资经营的风险。中国企业在中亚五国投资和经营应当尊重当地居民的风俗习惯、宗教信仰、文化传统，处理好与当地居民的关系。企业还应积极参与东道国的环境保护以及公益事业，体现中国企业的社会责任感，树立良好的企业形象，提高东道国对于中国企业的认可度。企业要遵守东道国的法律法规，按照法律规定办事。尽量聘用当地员工，为东道国创造就业机会，妥善处理与员工和工会的关系，减少劳资纠纷。加强与政府部门的沟通交流，积极发展与中央政府和地方政府的良好关系，了解中央政府和地方政府的职责划分。

四、“一带一路”建设新机遇

“一带一路”建设是通过新一轮对外开放实现中国经济转型升级和引领经济新常态的重大举措，对进一步提升我国对外开放水平和推动沿线国家共同发展具有重大意义，同时对中国企业对外投资、继续推进企业“走出去”也带来了新的历史机遇（裴长洪，2017）。“一带一路”沿线国家资源禀赋各异，发展水平存在较大的差异。中亚五国与中国经济存在较强的互补性，中亚地区能源资源丰富，可以满足中国日益增长的能源资源需求，同时，中亚五国工业基础薄弱，基础设施欠发达，为中国企业在中亚各国开展投资提供了契机。

“一带一路”背景下中国与沿线各国最主要的合作模式是境外经贸合作区。中国企业的对外投资不完全是企业行为，而是由政府与东道国政府谈判，在东道国设立对外经贸合作区，建设基础服务设施，并由龙头企业与当地政府沟通税收、劳动力招工等一系列政策，再通过招商引资吸引其他企业入驻园区。境外经贸合作区降低了中国企业海外投资和经营的风险和成本。同时，“一带一路”倡议将为中国企业海外投资提供金融支持。中共十八届五中全会关于“一带一路”金融支持的设计提出要加强同国际金融机构的合作；设立一些国际性的金融开发机构，如亚洲基础设施投资银行、金砖国家银行和丝路基金等；吸引国际资金共建开放、多元、共赢的金融合作平台（裴长洪，2017）。投资中亚的中国企业可以充分利用这些金融支持，获取投资所需的大量资金，扩大对中亚五国的投资规模。

参考文献

[1] 程慧超．一带一路背景下中国的对外直接投资［J］．经营管理者，2016（3）．

[2] 金芳．“一带一路”倡议与中国对外直接投资的新格局［J］．国际关系研究，2016（2）．

[3] 康振．中国企业对中亚五国直接投资问题研究［D］．东北财经大学硕士学位论文，2011．

[4] 裴长洪．中国企业对外投资与“一带一路”建设机遇［J］．大家，2017（3）．

[5] 李悦，杨殿中．中国对中亚五国直接投资的现状、存在的问题及对策建议［J］．经济研究参考，2014（21）．

[6] 刘敬东．围绕“一带一路”建设和国际产能合作推动“走出去”深入发展［R］．纺织报告．

[7] 聂名华．中国企业对外直接投资风险分析［J］．经济管理，2009（8）．

[8] 苏祖梅．中国企业在中亚五国经营环境的比较研究［J］．国际观察，2013（2）．

[9] 许云霞，王颂尧．中国对中亚五国直接投资的比较分析［J］．新疆财经，2016（4）．

［10］杨殿中．中国企业对中亚五国直接投资的产业分布及产业选择建议［J］．中央财经大学学报，2012（9）．

［11］张毅，蔡向冰，李岩，王波，董莉．中国对中亚地区投资影响因素探析［J］．金融发展评论，2016（11）．

“一带一路”倡议下中国企业“走出去”面临风险与应对措施

程　健　王奎倩

（中国出口信用保险公司博士后工作站，北京　100033）

［摘　要］近年来，随着中国经济的转型升级，中国企业“走出去”的步伐越发加快。随着“一带一路”建设的推进，中国企业“走出去”受到国际的广泛关注。企业是“一带一路”建设中的重要主体，“走出去”的问题，一直是中国企业发展面临的一大“痛点”。无论从“质”还是“量”上看，目前中国企业“走出去”仍处于初级阶段，面临着巨大的风险和挑战，政府和企业自身都应该采取积极的应对措施加以防范和避免，从而保证中国企业能够更好地“走出去”。

［关键词］“一带一路”；企业“走出去”；挑战；对策

一、引言

推进“丝绸之路经济带”和“21 世纪海上丝绸之路”（以下简称“一带一路”）建设，是习近平总书记在 2013 年 9 月和 10 月分别出访中亚和东南亚期间提出的伟大构想，引起国内外的广泛关注。“一带一路”倡议提出以来，从理念构想到人心聚合，从顶层设计到项目落实，都取得了较为显著的成绩，吸引沿线国家和地区的广泛参与并赢得国际社会的普遍共识，在世界上迅速产生重大影响。

企业是“一带一路”建设中的重要主体，“走出去”的问题，一直是中国企业发展面临的一大“痛点”。在“一带一路”倡议提出之后，我国企业“走出去”的环境发生了很大的变化，在面临巨大机遇的同时，也面临着更多的风险和挑战。中国企业在“一带一路”背景之下能够顺利有序地“走出去”，不仅可以为企业自身发展赢得更多的利益，实现长远、稳定、可持续发展，更加能够保证和推动“一带一路”建设的稳步推进。本文就“一带一路”背景下企业“走出去”面临的风险与挑战进行分析，提出有针对性的对策建议，期望能够为“一带一路”倡议实施过程中的企业“走出去”提供切实有效的帮助。

二、"一带一路"倡议的重要意义及企业"走出去"面临的机遇

（一）"一带一路"倡议的重要影响

（1）助推经济全球化。在美国主导的全球化进程因 2008 年全球金融海啸冲击遭遇挫折以及西方民粹思潮蔓延的大背景下，中国积极推动的"一带一路"，正成为新的国际经济环境中引领全球化的重要支点和全新动力。"一带一路"倡议的提出，逐步打通生产要素全球流通的渠道，有力地助推经济全球化的进程。双边、多边自由贸易进程得到极大推动，到目前为止，我国已经同"一带一路"沿线 11 个国家签署了自贸区协定，在沿线 20 多个国家建立了 56 个经贸合作区。同时，区域贸易和投资逆势上扬。2016 年，我国与"一带一路"沿线国家贸易总额达到 9536 亿美元，占我国与全球贸易额的比重为 25.7%；对"一带一路"沿线国家直接投资达到 145 亿美元，较 2003 年增长了超过 70 倍；我国企业与"一带一路"沿线 61 个国家新签对外承包工程项目合同 8158 份，新签合同额 1260.3 亿美元，占同期我国对外承包工程新签合同额的 51.6%。"一带一路"倡议提出以来，区域内贸易和投资年均增速高于全球平均水平近一倍。"一带一路"正在成为新一轮经济全球化的新引擎。

（2）促进全球经济增长。"一带一路"倡议的提出为全球经济增长注入了新的动力，一定程度上缓解了经济增长不平衡的问题，并为世界经济走出阴霾带来了希望。中国提出"一带一路"倡议，不仅是出于中国自身的发展需要，也能极大地促进相关国家的经济发展。新亚欧大陆桥、中蒙俄经济走廊和中国—中亚—西亚经济走廊把最具经济活力的东亚地区与发达的欧亚经济圈联系在了一起，打通了波斯湾和地中海，为亚欧大陆腹地各国的发展提供了广阔的空间；中巴经济走廊、中国—中南半岛经济走廊和孟中印缅经济走廊，极大地提升了欧亚走廊的经济辐射效应，使其惠及南亚、东南亚和印度洋等地区，发展潜力巨大。根据估算，到 2050 年，"一带一路"沿线区域将为全球带来 80%的 GDP 增量和 30 亿人口规模的中产阶层。"一带一路"倡议蕴含着巨大的发展潜力，极大地振兴了沿线国家应对复杂严峻国际经济形势的信心。

（3）扩大经济全球化的"朋友圈"。"一带一路"倡议凝聚了沿线国家与地区渴望发展的最大共识，契合了各经济体经济升级的最迫切愿望。"一带一路"正在成为各个国家推动经济全球化深入发展的新平台。"一带一路"倡议提出以来，共有 100 多个国家和国际组织积极参与和支持，中国与 40 多个沿线国家和国际组织签署共建"一带一路"合作协议，以亚投行、丝路基金为代表的金融合作不断深入。

（二）"一带一路"倡议下中国企业"走出去"面临的机遇

"一带一路"涵盖东亚、东南亚、南亚、中亚、欧洲南部、非洲东部的 65 个国家，总人口 44 亿，经济总量超过 21 万亿美元，分别约占全球的 63%和 29%，是世界跨度最大、覆盖面最广的新兴经济带。在过去的十多年里，中国企业在"走出去"方面取得了很大的成就，而"一带一路"倡议将成为新一轮中国企业"走出去"的指南针，带来新的发展机遇。

（1）基础设施互联互通大机遇。基础设施互联互通是"一带一路"建设的优先领域和重点方向，"一带一路"的六大经济走廊和海上重要港口建设都强调交通大项目的建设。"一带一路"

沿线各国基础设施发展不平衡、互联互通水平较低、基础设施不足与运营效率不高并存的现状，决定了推进“一带一路”建设将优先带动大批铁路、公路、港口、能源等跨境项目的建设。同时，中国企业有能力帮助沿线国家和地区建设道路、桥梁、港口等基础设施，并推动汽车、高铁、钢铁、电力等产业的发展，扩大中国企业海外业务收入比重，更好地顺应企业“走出去”和多元化发展的需要。当前，国际基础设施投资建设市场前景乐观，发达国家和发展中国家都保持了旺盛的需求，国际投资和金融机构积极参与，这为中国相关企业“走出去”开拓国际工程市场创造了机遇。

（2）国际产能合作、产能转移的机遇。“一带一路”建设为企业开展国际产能合作创造难得的历史机遇。“一带一路”以推动实现区域内“五通”为重点，促进开放型经济新体制建立，包括基础设施互联互通、能源资源合作、园区和产业投资合作、贸易及成套设备出口等领域。沿线各国资源禀赋各异，经济互补性较强，彼此合作潜力和空间很大，为我国企业开展国际产能合作提供了新契机。另外，全球金融危机后，世界各国为复苏经济大力发展基础设施项目，促进制造业转型升级。同时，全球绝大部分发展中国家在推进工业化进程中，迫切需要资金、先进技术和成熟的管理经验，我国企业在这方面积累了一定的优势，加之我国政府全力推动，为企业营造友好、积极的合作环境，我国企业深度参与国际产能合作正当时。

“一带一路”为我国东部地区产业转移和化解过剩产能提供更为广阔的空间；推动低端制造业的区域转移；拉动中西部基础设施的投资建设；带动沿海地区优化外贸结构；扩大与沿线国家的经贸合作；增强电力、高铁、工程、机械、汽车产业等相对成熟工业的国际竞争力。最终在与沿线各国的经贸合作与经济交流中推动经济转型升级，稳步促进我国经济质量效率型集约增长。

（3）企业创新能力的机遇。随着“一带一路”建设的逐步实施，必将引发不同国家和地区的区域创新，这包括区域发展模式、产业战略选择、经济技术路径、区域间合作方式等。在克服“水土不服”、适应不同国家和区域环境的同时，中国企业通过学习借鉴海外成功企业的经验，推动企业发展模式、产业战略、技术路径、商业模式的改革和创新，其间的每个改革和创新都蕴含着无限的机遇。

三、“一带一路”倡议下中国企业“走出去”面临的挑战与风险

虽然“一带一路”倡议为中国企业“走出去”提供了千载难逢的巨大机遇，但是，中国企业“走出去”的过程并非一帆风顺、一马平川、一蹴而就的事情，还面临着巨大的挑战和风险，面临大量不确定因素，具体体现在以下几个方面：

（一）“一带一路”沿线国家的政治风险较高

中国与“一带一路”沿线国家交往，必然受到这些国家国内政情的影响。由于历史传统、经济发展和社会文化差异，沿线国家分别形成了独特的政治模式，而政权稳定度也各有不同。中国出口信用保险公司 2015 年《国家风险参保评级》显示，“一带一路”沿线 64 个国家均处于绝对风险水平相对高位区域。

首先是大国角力，“一带一路”国家具有重要的地理位置和战略价值，东南亚、南亚、中亚、西亚乃至中东欧都是大国角力的焦点区域，俄罗斯力推“欧亚联盟”、欧盟积极推动“东部伙伴

计划"、美国提出建设"新丝绸之路"和"印太走廊"设想等，区域内热点问题不断，大国在伊朗、叙利亚、乌克兰等问题上进行博弈，地缘政治关系相对紧张，区域和国家风险显著。

其次是文明冲突，由于历史和现实的原因，"一带一路"国家处于东西方多个文明交汇的地区，基督教（天主教、东正教）、伊斯兰教、佛教等的矛盾与冲突及不同民族与种族的矛盾与冲突，呈现易突发、多样性、复杂化、长期化的特点，某一特定事件的爆发可能对周边国家乃至多个国家产生较强的国家风险外溢效应。

再次是国内矛盾，"一带一路"国家多处于现代化建设阶段，面临突出的政治转制、经济转轨、社会转型的艰巨任务，国内政治经济的稳定性和成熟度较差，容易引发国家风险。另外，部分"一带一路"沿线国家现在处在转型期，政治上是不稳定的，政党轮替后缺乏政策延续性，往往是新上台的政党推翻前任与其他国家签订的协议，甚至作为反对党期间，为了党派的利益，撕毁前任和其他国的协议，这些国家开展的业务也会受到腐败问题的干扰，有时候投资会血本无归。

最后是绝大多数"一带一路"沿线国家政府都相对弱势，中央政府缺乏权威，政府部门各自为政，政策制定和执行能力较弱，人员更替较为频繁，服务意识较差，行政效率不高，时间成本较大。部分国家治理能力和风险管控能力不足，政治稳定性、法理监管、税收管理不强，这也加大了风险危害性和给企业造成的损失。同时由于政策透明度不高，企业在项目审批的过程中会出现腐败的行为，如支付较高的贿赂成本等。

（二）"一带一路"沿线国家的反应与合作意愿不高

国际产能产业合作是"一带一路"建设的重要抓手和平台。国家主席习近平在推进"一带一路"建设工作座谈会上指出，要切实推进关键项目落地，以基础设施互联互通、产能合作、经贸产业合作区为抓手，实施好一批示范性项目，多搞一点早期收获，让有关国家不断有实实在在的获得感。自"一带一路"倡议提出以来，部分国家对其真正内涵的认识存在偏差。中国企业"走出去"最难应对的是来自东道国政府的阻碍，当东道国政府不管出于什么目的和意图，对我国企业的态度是一种害怕、歧视、遏制的态度时，中国企业的立足将是很难的问题，更不要说谋求更大的发展了。建设"一带一路"是一个多元、开放、包容的合作进程，最终实现互尊、互信、合作共赢的目的。如何有针对性地与沿线国家发展计划有效对接，尽可能地兼顾多方利益诉求，将是企业"走出去"面临的一大挑战。一些国家对中国经济发展和国力强大本能地具有抵触情绪甚至充满敌意，将遏制中国发展作为基本战略考量。从前些年中国加强与非洲的战略合作，到近年来中国与"一带一路"沿线国家围绕基础设施建设的投资合作，都曾遭到一些国家的阻挠。"一带一路"沿线国家遍布亚欧大陆，自然地理条件、经济发展阶段、地缘政治角色等差异决定了各国的发展战略及利益诉求千差万别。如俄罗斯提出旨在加强中蒙俄经贸合作的"茶叶之路"；蒙古启动通过运输贸易振兴国内经济的"草原之路"计划；哈萨克斯坦推出以加快交通、工业、能源、社会和文化等领域基础设施建设为重点的"光明之路"计划；印度提出加强中印合作、升级铁路基础设施的高速铁路计划；印度尼西亚为建设海洋强国推出雄心勃勃的"海上高速公路"计划；孟加拉国积极推进孟中印缅经济走廊建设；俄罗斯、印度、伊朗等国家积极构建从印度洋、阿拉伯海经由铁路运输通达里海进而通达中亚、俄罗斯及北欧地区的"北南走廊"计划。此外，部分沿线国家（如巴基斯坦、尼泊尔、吉尔吉斯斯坦、乌兹别克斯坦等）正积极筹划与推进直接通达中国的跨境铁路建设。可见，沿线国家均有自身的发展战略及计划，与中国企业"走出去"或有互补或有冲突，因而，中国企业在"走出去"的过程中应该尽可能地做到求同存异，在保障己方利益的基础上力争能与沿线国家做好战略与政策对接，实现多方共赢与共享。另外，各国国内政党、派别、利益集团和基层民众在政治、经济与社会层面对于中国企业的进入持有不同的态度与立场。由于基础设施互联互通、项目建设、资源和能源开发等涉及复杂的国家安全、商业利益、生态与环境保护、收入分配、减贫、宗教、当地与社区文化等问题，会对中国企业的进入提出较为严苛的要求。

（三）西方国家的掣肘与阻挠

“一带一路”倡议虽然没有覆盖美国、日本、西欧等西方发达国家，但它们作为域外国家的态度同样十分重要。目前看来，对于“一带一路”倡议，西方国家阵营存在较明显的分化。从加入“一带一路”的融资平台——亚投行来看，英国、法国、德国等西欧国家大多表现出较为正面与积极的反应，这主要是出于走出经济低迷、扩大海外市场、增加投资机会、参与融资与项目建设的务实需求。例如，英国政府高度强调“北方经济增长区战略”及其国内高端制造业与“一带一路”建设对接，期待成为“一带一路”的西端支撑点。此外，英国、德国等西欧国家也对通过“一带一路”推进人民币离岸市场和交易中心表现出浓厚的兴趣。另外，美国和日本为了制衡中国在亚太地区的崛起，则对“一带一路”建设处处掣肘，甚至离间破坏。在美国看来，“一带一路”倡议是日益强大与崛起中的中国拓展国际影响力的战略工具，将为中美之间带来广泛的竞争，并会威胁到美国在欧亚大陆的利益和领导地位。为遏制中国势力的扩张，美国以“航行自由”为借口，纠集日本、菲律宾、越南等国挑起南海争端，以阿富汗为支点加紧向中亚、南亚地区渗透，并竭力在中亚引进印度势力以平衡中俄，并以此分化中俄战略关系。在经济领域，美国主导重塑国际经济规则的TPP和TTIP协定谈判，并把中国排除在外。日本对“一带一路”倡议保持高度的警惕。在战略关系上，日本已将部分重点“传统友好国家”提升为“全球战略合作伙伴”（如印度尼西亚与孟加拉国等）。日本政府正在鼓励其企业将海外投资大量转移至印度、越南、印度尼西亚等南亚与东南亚国家。此外，日本还积极推动基础设施或大型项目的对外出口与投资，在高铁等项目上与中国展开针锋相对的竞争，并与中国争夺海外能源。

（四）中国企业普遍存在的自身经营管理风险

经营风险一直贯穿于海外投资和营运的全过程当中。税务、利率、汇率、融资、保险、劳工、政策变化、环境影响、消费习惯和市场需求、工作方式、标准和流程、人才和勤勉程度等，都是容易形成经营风险的各个节点。中国企业“走出去”起步较晚，企业不熟悉国际市场、缺乏海外投资经验，以及会计、律师、咨询等中介机构发展程度低、风险评估能力弱等问题比较突出。中国企业“走出去”由于自身的能力等各方面条件难以适应东道国的竞争环境，这对一个企业来说是很痛苦的。还有就是适应能力和本土化的能力，对企业的生存至关重要。很多中国企业的国际化经营经验不足、国际化管理能力较为薄弱，运用政府力量保护企业“走出去”的相应能力与经验等不足。改革开放40年以来，中国主要是吸引外来投资大国，吸引外资数量在发展中国家始终居于首位。现在企业大规模“走出去”，即使是主要面向“一带一路”沿线整体经济发展水平较低的国家，也同样面临自身国际化经营和管理不到位的问题，同样存在政府如何对企业国际化投资和国际化经营给予有效保护和积极扶持相关经验不足、相关制度缺失和相关措施远不到位的问题。

（五）中国企业缺乏具有国际化视野与综合能力的复合型人才

人才因素是“一带一路”建设成功的关键。企业在“走出去”过程中需要具备一定海外工作经验和专业知识技能的综合性人才，只有充分了解被投资国相关法律政策与文化习俗才能帮助企业适应国外市场环境。当前具备这些能力的人才缺乏，给“走出去”企业的经营管理带来巨大挑战。企业由于不了解国外市场环境，容易做出错误决策，对外投资成功率大打折扣。应对人才瓶颈问题，既需要加强人才培养，也要充分利用海外人才网络。一方面，单单依靠国内教育体系培养的人才并不能充分适应海外工作环境；另一方面，大量高等人才纷纷走出国门去海外深造定居，大量海外留学生与华侨华人等优秀人才在外未能为国所用，企业缺乏强大的智力支持。

四、“一带一路”倡议下中国企业“走出去”风险防范的应对措施

中国企业要有勇气抓住当前“一带一路”的重大历史机遇，更要有能力应对随时可能出现的风险和挑战。对于中国企业如何在“一带一路”地区规避风险、应对挑战，从而更好地“走出去”，主要包括以下几点对策建议：

（一）政府需要着力完善“三大体系”

（1）完善政策扶持体系。一是加强规划布局。根据企业“走出去”的战略需要，认真分析我国当前境外投资面临的新情况、新问题和新任务，统筹制定我国境外投资的总体战略、发展重点和政策措施。引导企业围绕重点国家和地区、重点区域、重点项目开展工作，加强对企业的协调指导。二是创新管理方式。全面落实新的境外投资管理办法，加快推进境外投资便利化，逐步完善境外投资管理制度，最大限度缩小项目审批范围、简化手续、提高效率。三是强化财税支持。加快建立和完善境外投资企业的奖励与补助制度，对纳入境外投资合作重点项目库的项目，在资金、税收等政策方面给予适当倾斜。研究设立境外投资合作发展引导资金，用于重点项目的前期费用补助、贷款贴息和保险补贴等。

（2）完善服务促进体系。一是积极参与国家间和区域合作框架机制。推动中俄、中非、中瑞（典）、中南（非）、中委、中蒙、中巴、中墨、中澳、中美等国家级多、双边框架协议，争取中非基金、中委基金等国家级资金对中国企业“走出去”的支持。二是加快推动产融结合。积极推动中国企业与国家开发银行、中国银行等金融机构建立战略合作关系，共同推动企业“走出去”。鼓励各金融机构进一步降低信贷门槛，放宽信贷限制，合理确定贷款期限及贷款利率，积极开发新的金融产品。鼓励企业借鉴三角集团、万华集团借用国际商业贷款的成功经验，采取国际商业贷款、境外发债、境外上市等多种方式为“走出去”企业融资，切实解决“走出去”的资金短缺问题。三是采取“政府牵头、企业参与”的方式组建海外投资行业协会，加强海外协会在信息交流、咨询服务、风险提示、应对投资纠纷、抵御海外风险等方面的作用，为企业“走出去”保驾护航。

（3）完善风险防控体系。在政府层面，推动建立境外投资信用风险管控“4+1”综合服务机制，创新“政、保、银、法、企”企业信用风险管控合作模式，搭建由政府相关部门、中信保、银行、法律服务机构四方参与的企业境外投资风险监控服务平台，帮助企业建立健全境外经营风险评估体系、风险防范机制和境外风险应急体系，有效规避投资风险。同时，推动建立境外投资项目监测评价体系，制定有效的安全防护措施和突发事件应急处理机制，规范境外人、财、物等保险机制，切实维护境外企业和人员的合法权益；在企业层面，投资前全面做好市场分析调研，认真研究投资目的国的产业政策，充分考虑国际政治动向、目的国政局变化、国际贸易走势、汇率波动等因素，认真测算投资收益预期，慎重决策。在投资过程中，应注意把握好市场策略，选择好投资领域，明确投资方向和重点，宣传和推广先进技术和经营理念，树立产品的良好品牌。

此外，还要充分尊重当地的风俗，遵守法律法规，树立良好的企业形象，处理好企业利益和社会责任之间的关系，主动承担企业社会责任，为当地居民提供新的就业岗位，保护生态环境，努力寻求当地支持。

（二）企业抱团“走出去”

面对海外难以预估的风险和挑战，中国企业依靠“单打独斗”的方式很难获取成功，同时整体的影响力也会受到限制，尤其是对于一些新“走出去”的企业，因为国外法律不同，环境也不一样，政治格局、经济格局都不一样，稍微弄不好就会受损。企业抱团“走出去”是较好的方式，有助于获得政策支持、降低贷款成本、实现资源共享、形成规模经济效益和区位品牌优势，切实增强企业在海外市场的开拓能力和竞争力。企业抱团“走出去”主要包括以下两种方式：

一是与先期“走出去”的企业进行合作。通过“地缘”“亲缘”“侨缘”等各种方式找到已经在当地经营多年的先期“走出去”的企业，并通过咨询、配套、技术合作、联合投资等多种方式进行合作。当前，我国共有5000多万海外的华人华侨，遍布世界各地，从事行业多样，熟知东道国政治、经济、文化、社会形态，能够有效地帮助中国企业在“走出去”的时候趋利避害、规避各种风险。中国企业在“走出去”的过程中，通过当地的华人华侨可以更好、更快地了解当地的风俗、习惯、文化等，及时地调整企业的用工和管理方式，从而可以更好地适应当地的情况。

二是不同类型的上下游企业集群式“走出去”。例如，2015年3月中国民生投资股份带领数十家内地优势产业龙头民营企业，在印度尼西亚投资100亿美元建设中民新型工业城镇和升级版产业园项目，这样可以明显地增强产业间的协同能力和整体抗风险能力。

（三）结合国际化经营运作，促进企业管理提升

“一带一路”沿线不同国家政治社会环境存在较为明显的差异，企业需要建立一套行之有效的组织机构和管理制度，从而实现规范化管理和运营，促进企业自身管理能力的提升。在国际化经营的过程中，企业要深入研究所在国的政治、经济、法律、文化等背景，无论身处何时、何地，都能适应海外发展需要和国际竞争环境。

（四）企业要培养当地化意识，形成“利益共同体”

企业“走出去”需要培养当地化意识，主动学习及掌握当地的制度和文化，遵守规则，与当地社区形成良性互动，主动融入当地文化，了解当地的风俗习惯，适应地方需求，不能有侥幸心理。同时，中国企业除了参与该国的官方项目之外，也要考虑“接地气”，更多与当地民营企业合作。只有逐渐为投资所在国的民众所接受、认同，中国企业才有可能发展得更顺利、更快。简而言之，在“一带一路”倡议背景之下，中国企业“走出去”期间，应该大大方方、直截了当地告诉投资所在国的政府、民众，中国的企业过来投资，就是在商言商、合法经营、追求盈利。坦坦荡荡，才能避免投资所在国对中国企业提出不合理的要求，或做出过高的期望，另外也能够消除各国对中国企业“走出去”的背后目的的猜测，降低外界对中国“一带一路”倡议的误解。

（五）实施人才发展战略

通过人才“走出去”与就地“取才”相结合的方式，突破企业国际化发展中的人才瓶颈，建立人才交流平台和国际化人才储备库。突破国际人才发展瓶颈，推动企业更好地适应海外市场，需要形成以项目为导向，以产业集聚人才的跨体制、跨行业、跨区域人才资源整合优势。实施人才发展战略既要让国内人才“走出去”学习实践，又要善于挖掘运用沿线国家本土人才为己

所用。一方面，要利用好各类教育资源做好国内人才储备，增加国内学生留学访问与海外实践机会，培养精通外语，全面了解国外经济社会环境、风俗习惯、宗教文化，熟悉法律金融等专业知识技能，并具有国际化视野的复合型人才。另一方面，要在合作国挖掘符合企业需求的本土人才，打造本土化“人才供应链”与管理体系，并联通海外华人关系网，吸引留学人员与华人华侨，为企业就地“取才”提供便利。同时，要加强对赴沿线国家工作人员的培训，使他们了解当地的法律、法规和风俗习惯，要尊重当地的习俗，避免与当地民众发生矛盾，培养与当地人民的融洽关系和深厚友谊。

参考文献

［1］方旖旎．“一带一路”战略下中国企业对海外直接投资国的风险评估［J］．现代经济探讨，2016（1）：79-83.

［2］谭畅．“一带一路”战略下中国企业海外投资风险及对策［J］．中国流通经济，2015（7）：114-118.

［3］向东静．“一带一路”战略下中国企业面临的风险与对策［J］．时代金融，2017（1）：116-117.

［4］卢国学．中国企业“走出去”的风险与控制——从综合安全视角审视中国的“一带一路”建设［J］．东南亚研究，2015（6）：56-63.

［5］李军．“一带一路”战略环境下企业走出去的风险与策略［J］．当代经济，2017（1）：22-24.

［6］刘华芹．“一带一路”战略背景下企业走出去的前景与路径选择［J］．对外经贸实务，2015（8）：4-7.

［7］辜胜阻，吴沁沁，庄芹芹．推动“一带一路”建设与企业“走出去”的对策思考［J］．经济纵横，2017（2）：1-9.

［8］盛斌，黎峰．“一带一路”倡议的国际政治经济分析［J］．南开学报（哲学社会科学版），2016（1）：52-64.

［9］于洪君．推动“一带一路”建设要处理好六大关系［J］．求是，2016（16）：20-24.

［10］何茂春，张冀兵，张雅芃，田斌．“一带一路”倡议面临的障碍与对策［J］．新疆师范大学学报，2015，3（36）：36-45.

［11］辜胜阻，吴沁沁，庄芹芹．推动“一带一路”建设与企业“走出去”的对策思考［J］．经济纵横，2017（2）：18-25.

东道国政治风险对中国企业对外直接投资影响研究

宋丽丽

（江西财经大学工商管理学院，江西　南昌　330013）

［摘　要］本文在对相关文献进行梳理的基础上，利用相关统计数据实证分析了东道国政治风险对中国企业对外直接投资的影响。研究结果表明，东道国政府的稳定性、东道国法治水平与中国企业对该国的直接投资风险具有显著的负相关关系。东道国政府的治理质量与中国企业对该国投资风险之间没有显著的相关关系。这表明东道国政府的稳定性越高，则中国企业在该国企业直接投资的风险越小；东道国法治水平越高，则中国企业在该国企业直接投资的风险越小。而东道国的治理质量对中国企业在该国投资风险没有显著影响。最后对实证结果进行了讨论。

［关键词］政治风险；对外直接投资；稳定性；法治水平；治理质量

“走出去”是中国政府为推动本国的海外投资而制定的战略，为更好地推行这一战略，中国政府制定了更为开放、便捷的“走出去”政策，为企业提供更具针对性的政策指导。自改革开放以来，中国企业一直努力加快“走出去”步伐，特别是进入21世纪以后，国际化投资步伐明显加快。在政府“走出去”战略的鼓励下，我国企业积极在广阔的海外市场进行对外直接投资，成果显著，对外直接投资的流量和存量呈大幅度增长趋势。

2015年，中国对外直接投资净额（以下简称流量）为1456.7亿美元，较上年增长18.3%。其中，新增股权投资967.1亿美元，占66.4%；当期收益再投资379.1亿美元，占26%；债务工具投资110.5亿美元，占7.6%。截至2015年底，中国2.02万家境内投资者在国（境）外共设立对外直接投资企业（以下简称境外企业）3.08万家，分布在全球188个国家（地区），年末境外企业资产总额4.37万亿美元。根据联合国贸发会议（UNCTAD）《2016世界投资报告》，2014年全球外国直接投资流出流量1.76万亿美元，年末存量25.04万亿美元。以此为基数计算，2015年中国对外直接投资分别占全球当年流量、存量的9.9%和4.4%，流量首次位列按全球国家（地区）排名的第2位，占比较上年提升0.8个百分点，存量位居第8位，较上年提升1个百分点。2015年末，中国对外直接投资流量是2002年的54倍，年均增长速度高达35.9%。对外直接投资存量是2002年的36.7倍，全球排名由第25名上升到第8名。虽然中国企业“走出去”起步较晚，但是发展迅速无论是从流量，还是从存量上看，都取得了显著的进步。

中国企业“走出去”的步伐加快，并不意味着“走出去”的过程是一帆风顺的，战争的爆发、保护主义盛行、中国威胁论等都说明，中国企业的对外直接投资仍然面临着各种各样的政治风险。尤其是随着中国企业对外直接投资规模的不断扩大，不少中国企业的投资领域涉及东道国的敏感行业，如战略资源领域和高科技领域，引起了东道国政府和民间组织的关注，并且由于中国的社会制度与意识形态不同于世界绝大部分国家，再加上中国企业往往倾向于向政治形势不稳定国家和地区进行投资，导致中国企业对外直接投资很容易面临一些政治风险，给中国企业正常的对外直接投资带来很大的障碍。

西方发达国家为了继续保持在国际政治经济体系中的主导地位，长期以“冷战”思维来处理国家间关系，尤其是对中国共产党执政的我国，西方始终视我国为价值观上的异己。尽管我国长期以来通过多种方式向世界表达了和平发展的思想，但近年我国经济总量快速增长，各类企业大规模地投资于全球各地，特别是在战略资源领域和高科技领域的大规模投资，引起了东道国官方和民间的广泛关注。由于我国的政治制度和意识形态、国有企业的治理结构与世界上大部分国家不同，而且我国企业在海外经营的过程中没有很好地融入当地社会，这很容易引起一些政治性的事件。许多国家对我国企业的投资非常小心，一旦受到少量负面信息的干扰，就会无限扩大我国企业的威胁，进而产生政治风险，给我国企业正常的国际化行为带来很大的障碍。

因此，深入理解东道国政治风险对中国企业对外直接投资的影响机制，并在此基础上构建对外直接投资政治风险防范与应对体系，对于破解当前中国企业国际化困局，提高中国企业海外投资的成功率和投资效益，实现中国企业“走得出”和“走得稳”，积极融入全球经济，促进经济增长具有重要意义。

一、文献回顾

（一）政治风险的界定

虽然在国际上不少专家学者对有关政治风险的研究成果颇为丰硕，但是到目前为止，国际上尚未对政治风险有一个标准的定义，政治风险依然是一个宽泛并且具有争议的概念，其中比较具有代表性的包括以下几种：Stefan H. Robock（1971）认为，国际经营中政治风险存在于经营环境中出现的一些不连续性，这些不连续性难以预料，它们由政治变化而产生。商业环境中的这些变化必须具备显著影响一个特定企业的利润或其他目标时才能被认定为政治风险。Kobrin（1979）则认为，政治风险主要可以从两个方面来加以阐述，一方面是政府或主权的经济政策干预行为给外国企业造成的风险；另一方面是将政治风险等同于东道国的政治事件给外国企业或投资者所带来的风险。Root（1972）认为，政治风险是指东道国内外引起跨国商业运作的潜在利润或资产损失的各种政治事件发生的不确定性。Jeffrey D. Simon（1982）则认为，政治风险是源于东道国内外的原因而产生的政府或社会的行动和政策，并且这些行动和政策对外国投资经营产生不利的影响。世界银行投资担保机构（MIGA）于2009年指出，政治风险指的是企业在跨国经营过程中由于国际环境变化或者东道国、母国的政治力量或事件，而导致经营中断或者遭受损失的一种可能性①。

本文基于上述学者和相关机构的研究，将政治风险定义为：在东道国境内或境外发生的特定政治事件、活动、政府行为（如政府违约、革命）、社会事件或活动（如骚乱）导致的MNCs海外分支机构经营环境的非预期变化，这种变化导致这些机构实际发生的收益和成本内容与预期相比出现较大的偏离。这是一个相当宽泛的定义，目的是尽可能捕捉跨国公司在海外可能遇到的非经济风险。

① Multinational Investment Guarantee Agency. 2009 World Investment and Political Risk [R]. World Bank Group, 2010.

（二）政治风险的类型

Robock（1971）认为，政治风险不能等同于不影响商业环境的政治环境的变动，同时将政治风险分为宏观政治风险与微观政治风险。Root（1973）认为，政治风险主要分为运营风险、转移风险和资本控制风险三种。运营风险是指东道国采取致使外国企业无法正常经营的政策、措施的可能性；转移风险是指东道国限制外国企业对产品、资本、人员及技术转移的风险；资本控制风险是东道国对外国企业进行的征收、国有化或歧视性政策。Simon（1984）从政治风险来源的角度将政治风险分为来自东道国国内的风险（内部风险）和来自外国的风险（外部风险）；同时还根据政治事件对跨国企业的作用方式分为直接风险和间接风险。Schmidt（1986）承认政治风险主要是由投资国政策变动造成的，提出可将政治风险分为运营风险、转移风险和所有权控制风险。运营风险是指对本地内容或来源的威胁；转移风险强调将风险集中在资本支付上；所有权控制风险是指对外国企业财产进行没收或征用的可能性。钞鹏（2012）根据中国企业对外直接投资的现状将东道国政治风险分为国家歧视性干预、排华行为、暴力袭击以及第三国干预行为等。除此之外，我国企业的海外投资还会遇到东道国的政治危机（政变、骚乱等）、宏观经济政策的变化等政治风险。张文军、任荣明（2014）认为，中国目前遇到的一些政治风险主要包括蚕食性征用风险、恐怖主义、政治性绑架和勒索、社会骚乱、动乱和内战等。

（三）东道国政治风险与企业对外直接投资

从理论角度上来说，如果东道国国内存在较大的政治风险，那么将会显著抑制跨国企业对该国进行直接投资的需求。东道国国内的局势动荡、腐败盛行、罢工和骚乱持续以及社会法制的不健全都会对企业对该国的直接投资产生负面影响，显著削弱东道国市场对外资企业的吸引力。从另一个角度来说，如果东道国国内政治风险众多，风险来源复杂，就会使得跨国企业很难采取相应的应对措施，从而给企业带来巨大的损失，这些损失主要包括：直接财物损失和人员伤亡、影响企业全球化的整体运行以及额外的开支或运营计划的意外调整带来的损失等。

但是，关于东道国政治风险与企业对外直接投资关系实证研究的结论却是不明确的。Brunetti（1998）认为，政治风险具有不确定性，因此跨国公司对这种外部风险无法控制，而一旦东道国发生政治风险将会直接影响跨国公司的经营业绩，是阻碍资本流入的重要因素。Frey（2007）和Mancuso（2010）等的研究表明，国际恐怖主义同样会削弱东道国对跨国公司的吸引力。Busse（2004）通过定性分析研究了政治层面因素对跨国投资的影响，认为东道国外交政策的改变、国内战乱的爆发、民族冲突的加剧、治安环境的恶化等对国内所有企业都会产生负面影响。

Wei（2000）基于20世纪90年代初期12个OFDI母国和45个东道国的双边流量数据，得出东道国腐败会阻碍企业对外直接投资的结论。Hine（1995）以美国为例，发现企业对外直接更多地流向腐败程度较低的国家。Teksoz（2006）采用1995~2000年102个国家或地区吸收跨国直接投资的数据，也发现东道国腐败会对跨国直接投资产生负向影响。Egger等（2005）利用77个国家1995~1999年的样本数据研究发现：腐败与企业对外直接投资存在积极联系；存在过度管制和行政控制的情况下，“腐败”可能扮演着鼓励外商直接投资流入的“助手”角色。胡兵等（2013）针对中国企业对外直接投资的经验进行分析，认为如果某一国家腐败程度较低，则腐败会对中国企业对外直接投资产生明显的“摩擦效应”，增大母国投资者的投资成本；相反，如果某一国家腐败程度较高，则腐败作为一种次优选择会对中国企业对外直接投资产生一定的“润滑效应”，降低企业对东道国直接投资的门槛。这与Wei（2000）等学者的观点是截然相反的。

近年来，针对中国的经验检验越来越多，但同样没能得出确定的结论。例如，Buckley（2007）以及Kolstad和Wiig（2010）的研究表明，东道国制度质量对中国企业的OFDI产生了显著的负向影响，即其更偏向于向政治风险高的国家直接投资。国内学者张雨和戴翔（2013）的研究认为，由于风险意识不强，目前东道国的政治风险并没有成为我国企业“走出去”时考虑的主要因素。不过，韦军亮和陈漓高（2009）、高建刚（2011）以及王海军（2012）等的检验则表明东道国的政治风险对我国的OFDI产生了显著的负面影响。此外，还有一些学者发现，自然资源寻求型的中国企业表现出更高的政治风险承受能力（肖文和周君芝，2014；池建宇和方英，2014）。但是随着中国企业对外直接投资规模的不断扩大以及企业风险意识的增强，越来越多的企业开始重视东道国的政治风险。谢孟军（2015）使用1996~2013年中国对52个国家和地区的投资数据，通过随机效应和系统广义矩估计实证研究了政治风险对中国对外直接投资区位选择的影响，结果发现中国偏向于对政治风险较小的国家或地区进行投资，同时发达国家庞大的市场规模和稳定的政治环境对中国的投资有较大吸引力。

从上述梳理的文献中可以看到，关于政治风险对企业对外直接投资的影响，相关研究所得结论不尽相同。鉴于此，本文主要从东道国政府稳定性、东道国政府治理质量、东道国政府法治水平三个方面实证分析了东道国政治风险对中国企业对外直接投资的影响。

本文以下结构安排是：第二部分是理论假设的提出；第三部分是实证研究方法设计；第四部分是实证数据处理；第五部分是实证结论。

二、理论假设的提出

（一）东道国政府的稳定性

企业在经营过程中总是离不开稳定的经营环境和良好的社会秩序。对于中国企业对外直接投资而言，政局不稳更是一个重大的风险因素。政权更迭过程中，每届政府都有自己的政治主张和目的，往往会导致东道国的政策更迭频繁，这无疑会对海外投资企业造成不可估量的影响（Hill等，1990；Anderson & Gatignon，1986；Erramilli & Rao，1993）。因此，我国企业在对外直接投资时应关注东道国政策法规的连续性和一致性，以及该国是否存在政变、战争、动乱和罢工等不安定因素。故而，本文提出如下假设：

H1：东道国政府的稳定性越高，则中国企业在该国企业直接投资的风险越小。

（二）东道国政府的治理质量

一般来说，东道国政府的治理质量对直接投资有着重要影响（Peter Rodriguez，2005），治理质量较高的政府有利于企业间展开公平竞争，减少企业海外经营压力和阻力。陈松和刘海云（2012）通过对75个东道国2007~2009年的面板数据分析发现，在控制其他变量的前提下，中国对外直接投资流入东道国治理水平越高，对外投资风险越小。同理，如果东道国治理水平低下，腐败现象普遍，则可能产生企业采取贿赂等不正当竞争方式获得贷款审批、政府采购合同等现象，从而导致投资环境恶化，影响外商直接投资流入。Wei（2000）在对20世纪90年代初期12个母国和45个东道国进行数据实证后，发现东道国腐败程度的提高会降低外商直接投资流入。为了验证以往研究，本文提出如下假设：

H2：东道国政府的治理质量越高，则中国企业在该国直接投资的风险越小。

（三）东道国法治水平

东道国的法治水平是国家意志的体现，是企业对外直接投资过程中契约和产权保护的法律保障。Scott（1995）认为，母国与东道国的法定管制制度成为企业国际化经营环境面临的最大压力。如果东道国不具备较为成熟的法律保障体系，当东道国利益与中国企业利益不一致时，东道国政府可能会出台一些对海外投资企业不利的法律法规，而这种法律法规对于投资项目而言，往往会产生致命性打击。因此，在同等水平条件下，对外投资企业在选择理想的投资东道国时，往往愿意选择法治水平较高的国家，因为如果在法治水平较高的国家做出违法行为，就很容易受到法律处罚（薛求知，2008）。据此，我们得出如下假设：

H3：东道国的法治水平越高，则中国企业在该国企业直接投资的风险越小。

三、实证研究方法设计

（一）样本选取与数据收集

截至 2014 年底，中国 1.85 万家境内投资者分布在 186 个国家（地区），但地域分布并不均衡。基于代表性和数据的可得性，本文共选取 36 个国家作为样本，其中包括 17 个亚洲国家、6 个美洲（北美、拉美）国家、2 个大洋洲国家、6 个欧洲国家、5 个非洲国家（见图 1、表 1）。选取的样本地理覆盖面广、投资分布强度较大，能够体现真实的投资及其风险。

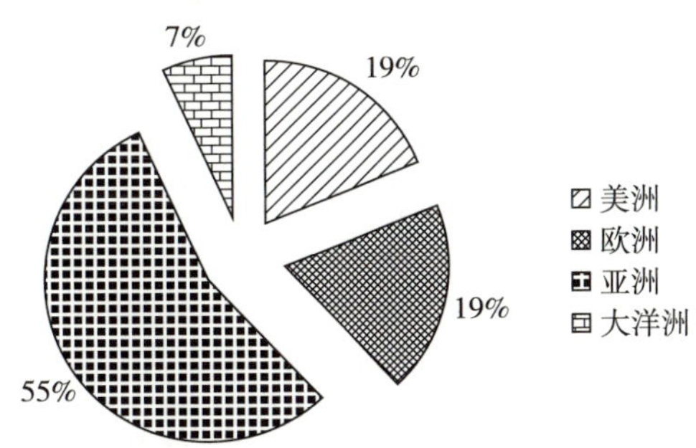

图 1　中国企业海外直接投资风险研究样本分布

表 1　中国企业海外直接投资风险研究样本　　单位：亿美元

编号	国家	所在洲	截至 2013 年投资存量
1	阿根廷	拉丁美洲	16.5
2	安哥拉	非洲	16.3
3	澳大利亚	大洋洲	174.5
4	巴基斯坦	亚洲	23.4
5	巴西	拉丁美洲	17.3
6	德国	欧洲	39.8

续表

编号	国家	所在洲	截至 2013 年投资存量
7	俄罗斯	欧洲	75. 8
8	法国	欧洲	44. 5
9	菲律宾	亚洲	6. 9
10	哈萨克斯坦	亚洲	69. 6
11	韩国	亚洲	19. 6
12	荷兰	欧洲	31. 9
13	加拿大	北美洲	62. 0
14	柬埔寨	亚洲	28. 5
15	老挝	亚洲	27. 7
16	马来西亚	亚洲	16. 7
17	美国	北美洲	219. 0
18	蒙古	亚洲	35. 7
19	缅甸	亚洲	35. 7
20	墨西哥	拉丁美洲	4. 1
21	南非	非洲	44. 0
22	尼日利亚	非洲	21. 5
23	日本	亚洲	19. 0
24	苏丹	非洲	15. 1
25	泰国	亚洲	24. 7
26	土耳其	亚洲	6. 4
27	委内瑞拉	拉丁美洲	23. 6
28	新加坡	亚洲	147. 5
29	新西兰	大洋洲	5. 4
30	伊朗	亚洲	28. 5
31	意大利	欧洲	6. 1
32	印度	亚洲	24. 5
33	印度尼西亚	亚洲	46. 6
34	英国	欧洲	118. 0
35	越南	亚洲	21. 7
36	赞比亚	非洲	21. 6

(二) 变量定义与测量

1. 因变量定义与测量

本文考虑到数据的可获得性与客观性，将采用与原变量类似的、最能代表原变量的替代变量来进行研究与分析。一般来说，一国对另一国投资的投资量是东道国投资风险的一个重要表征。东道国投资风险越大，东道国接受的海外直接投资量就越少，东道国的投资风险越小，接受海外投资量则越多。因此，投资存量能综合地体现东道国吸引海外投资的能力以及东道国投资风险的大小。

本文采用《中国企业对外直接投资公报（2014）》中2013年中国对东道国的投资存量作为基础，通过对原始数据进行处理进而作为东道国投资风险的替代变量。

具体的处理方法如下：

对原始数据进行线性变换，使结果落到［0，1］区间，转换函数如下：

$y* = 1 - |(y - min)/(max - min)|$

其中，max 为样本数据的最大值，min 为样本数据的最小值。y＊越大表示中国在该国投资风险越大，y＊越小表示中国在该国投资风险越小。

2. 自变量定义与测量

在综合已有研究指标的基础上，基于数据可得性的考虑，本文采用中国海外投资国家风险评级中设计的政治风险指标。该指标主要包括东道国政府的稳定性、治理质量和法治水平三个变量指标。一般来说，东道国政府的稳定性和治理质量越高、法制环境越健全，则中国企业在其投资的风险越低。样本数据分别来源于世界银行政治体数据库（Database of Political Institution，DPI）、PRS 集团的国际国家风险指南（International Country Risk Guide，ICRG）和世界银行的全球治理指标体系（Worldwide Governance Indicators，WGI）。

（1）东道国政府的稳定性。政权更迭往往伴随着不同程度的政治动荡，因为政权更迭导致中国企业在东道国投资项目无疾而终的例子屡见不鲜。政府执政时间、政府执行所宣布政策的能力以及保持政权的能力反映了一国政府的稳定性，政府越稳定，则中国企业对外直接投资面临的政治风险越低。因此，本文采用东道国执政时间、执政能力及政权稳定性评分来描述和替代东道国政府的稳定性。

各国执政时间根据世界银行政治体数据库（DPI）公布的任期剩余年数整理而得。执政能力及政权稳定性则采取国际国家风险指南（ICRG）中的做法，对政府执行所宣布政策的能力以及保持证券的能力进行0~12分的评分，分数越高，政府越不稳定。针对这个指标，我们采用反向化处理，即 PFS2′=12-PFS2，这样处理之后就变成了分数越大，政府稳定性越高。

（2）东道国政府的治理质量。政府体系的腐败现象往往伴随着信息不透明、不对称、不公平，腐败程度越高，治理质量越差。而政府对民众诉求的回应、公共服务和行政部门的质量也是政府治理质量的重要反映指标。这些都是企业在对外直接投资过程中重要的参考指标。基于指标效度和数据可得性，本文采用政治体系的腐败程度、政府对民众诉求的回应、政府的有效性作为东道国政府治理质量的替代变量。

东道国的政治腐败采用国际国家风险指南（ICRG）公布的评分，即对东道国政治体系的腐败程度，进行0~6分的评分。此处，我们对该指标进行反向化处理，即 PFG1′=6-PFG1，这样处理之后就变成了分数越高，政府腐败程度越低，政府有效性越好。东道国政府对民众诉求的回应同样采用国际国家风险指南（ICRG）公布的评分，即对政府回应民众诉求进行0~6的评分，分数越高，民众诉求越能得到回应，在一定程度上反映出政府治理质量越好。而一般来说，民主问责的程度越高政府有效性越高，因此，对该指标的原始数值进行处理，PFG2′=6-PFG2。政府有效性则主要考察公共服务和行政部门的质量及其独立于政治压力度、政策形成和执行质量，对其进行-2.5~2.5的评分，分数越高，政府有效性越强。对该指标的原始数据进行标准化处理使其落在0~1区间。

（3）东道国政府的法治水平。对于一般企业而言，东道国政府法治水平越高，则投资程序化水平和规范化水平越高，信息相对更透明。同时，法治水平也是契约和产权保护的重要保证。因此，本文采用履约质量及产权保护来衡量东道国法治水平。数据来源采用世界银行的全球治理指标体系（WGI），根据履约质量和产权保护情况，进行-2.5~2.5的评分，分数越高，法治程度越高。

四、实证数据处理

（一）描述性统计分析

本文中涉及的各个指标的原始数值描述性统计分析如表2所示，在该表中列示了各个指标的最大值、最小值、平均数、标准差并且就指标含义和资料来源进行了说明。

表2 原始数据的描述性统计分析

变量名称	最小值	最大值	平均数	标准差	指标说明	资料来源
存量（FDIS）	40987	2189956	427122.8056	484903.93357	2013年中国对东道国的投资存量（单位：万美元）	投资统计公报
执政时间（PFS1）	0	4	1.83	1.363	任期还剩多少年（单位：年）	DPI
政府稳定性（PFS2）	5	10.0	7.236	1.3705	政府对其颁布的政策保持有效以及对政权保持的相关能力，分值区间为0~12，得分越高，政府越不稳定	ICRG
腐败（PFG1）	0.5	5.5	2.750	1.3443	政治体系的腐败程度，0~6分，分数越高越腐败	ICRG
民主问责（PFG2）	1.5	6.0	4.236	1.5422	政府对民众诉求的回应，0~6分，分数越高，民主问责越弱	ICRG
政府有效性（PFG3）	-1.53	2.15	0.2244	1.07261	政府行政部门的效率、政府提供的公共服务的质量以及政府独立于政治压力的程度、政策形成以及执行的质量，分值区间为-2.5~2.5，得分越高，表示政府有效性越强	WGI
法治（PFL）	-1.69	1.88	0.0764	1.13181	履约质量，产权保护，-2.5~2.5，分数越高，法治程度越高	WGI

注：ICRG是指International Country Risk Guide，来源于PRS集团；CEIC是中国香港环亚经济数据有限公司数据库的英文简称；WEO是指World Economic Outlook Databases，来源于国际货币基金组织；DPI是指Database of Political Institution，该数据来源于世界银行；WGI是指Worldwide Governance Indicators，该数据来源于世界银行。

（二）变量效度分析

首先，我们检验变量之间的相关性。通过运算我们得到KMO值为0.752，数值高于大于0.5的检定标准。Bartlett's球形检验小于0.001（见表3），因此我们可以据此拒绝相关矩阵为单位矩阵的原假设，这表明可以进行因素分析。

表 3 东道国政治风险 KMO 和 Bartlett's 球形检验

KMO 测试值		0.752
Bartlett's 球体检验	检验卡方值	195.001
	自由度	15
	Sig. 值	0.000

根据特征根大于 1 的原则，采用最大方差正交旋转法进行因素抽取，结果得到一个三因素结构，我们把低于 0.5 的值舍去，各个因素的载荷如表 4 所示。

表 4 东道国政治层面因素旋转成分矩阵

	成分		
	1	2	3
法治	0.868		
政府有效性		0.755	
民主问责		0.653	
政府腐败		0.650	
执政时间			0.833
政府稳定性			0.686

注：因子提取方法为主成分分析法，并采用具有 Kaiser 标准化的正交旋转法。

表 5 显示三个因素一共解释了总方差的 91.957%，因此我们可以得出结论，观测变量对因素的载荷符合要求，表明结构效度较好。根据三个因素所反映的内涵，分别将上述三个因素命名为：政府稳定性、政府执政有效性和东道国法治水平。

表 5 东道国政治层面因素解释的总方差

成分	初始特征值			提取平方和载入			旋转平方和载入		
	合计	方差的百分数（%）	累计（%）	合计	方差的百分数（%）	累计（%）	合计	方差的百分数（%）	累计（%）
1	3.473	57.890	57.890	3.473	57.890	57.890	3.425	57.083	57.083
2	1.067	17.778	75.668	1.067	17.778	75.668	1.071	17.853	74.935
3	0.977	16.289	91.957	0.977	16.289	91.957	1.021	17.021	91.957
4	0.378	6.300	98.257						
5	0.084	1.407	99.664						
6	0.020	0.336	100.000						

提取方法：主成分分析法。

（三）变量信度分析

政府稳定性、政府治理质量和东道国法治水平的信度检验结果如表 6 所示，从表 6 来看，政府稳定性、政府治理质量以及东道国法治水平的 Cronbach's α 系数均高于 0.6，通过信度检验，说明各变量测量的一致性和稳定性较好。

表 6　研究变量的信度检测结果

项目类别	构成	Cronbach's α 系数	问题数量	处理方式
政治层面	政府稳定性	0.7507	2	接受
	政府治理质量	0.7534	3	接受
	东道国法治水平	0.6748	1	接受

（四）回归分析

在前文研究中，我们已经对各个变量的效度和信度进行了检测，从结果可以看出各项结果符合要求，可以进行下一步的分析。接下来本文首先对各变量进行相关性分析，然后在此基础上进行多元共线性检验，进而进行回归分析，检验提出的假设是否得到验证。

1. 相关分析

在进行回归分析之前，首先进行相关分析，以呈现预测变量的相关矩阵。所谓相关分析（Correlation Analysis）主要是分析变量之间是否存在某种相互依存关系，并且在此基础上分析其相关方向以及相关程度。皮尔逊相关系数是一种度量两个变量间相关程度的方法。它是一个介于1和-1之间的值，如果取值是1表示变量完全正相关，0表示无关，-1表示完全负相关。

本文采用SPSS17.0来对各变量进行皮尔逊相关分析。从表7中可以看出，东道国政府治理有效性与中国企业对外直接投资风险正相关，东道国法治水平与中国企业对外直接投资风险显著负相关，东道国政府稳定性与中国企业对外直接投资风险未呈现显著相关关系。这与之前的假设内容稍有不符。在此基础上，假设1中东道国政府稳定程度对中国企业对外直接投资的影响可以通过回归分析来进一步验证。

表 7　东道国政治风险各变量与风险之间的相关性系数

		中国企业对外直接投资风险	东道国政府稳定性	东道国政府治理有效性	东道国法治水平
中国企业对外直接投资风险	Pearson 相关性	1	0.100	0.083**	-0.478**
	显著性（双侧）		0.562	0.630	0.003
东道国政府稳定性	Pearson 相关性	0.100	1	0.003	-0.183
	显著性（双侧）	0.562		0.987	0.286
东道国政府治理有效性	Pearson 相关性	0.083**	0.003	1	-0.601**
	显著性（双侧）	0.630	0.987		0.000
东道国法治水平	Pearson 相关性	-0.478**	-0.183	-0.601**	1
	显著性（双侧）	0.003	0.286	0.000	

** 表示在0.01水平（双侧）上显著相关。

2. 回归分析

本文拟分别考察东道国政府稳定性、东道国政府治理有效性以及东道国法治水平对中国企业对外直接投资的影响。根据研究的需要，我们设定的回归方程为：

$$Y_P = \beta_{p0} + \beta_{P1}X_{p1} + \beta_{p2}X_{p2} + \beta_{p3}X_{p3} + \varepsilon_p \quad (1)$$

其中，β_{p0} 是回归方程 1 的截距值，β_{p1}，β_{p2}，β_{p3}，β_{p4}，β_{p5}是方程的待定参数，ε_p 是残差项。

首先，我们将东道国政府稳定性、东道国政府治理质量以及东道国法治水平三个变量代入回归模型中。从表 8 可以看出，模型拟合程度判定指数 R^2 系数值为 0.739，调整后的 R^2 系数（adjusted R-Square）值为 0.727，表明模型拟合程度较好。D-W 值为 1.936，表明模型中自变量的自相关性不明显。

表 8 东道国政治层面各变量回归拟合结果

R 系数	R^2 系数	调整后的 R^2 系数	标准误差	D-W 值
0.860（a）	0.739	0.727	2.51811	1.936

从表 9 可以看出，用于判断是否存在多元共线性问题的指标方差膨胀因子的值都小于 10，这说明各个变量之间不存在严重的共线性问题。

从表 9 可以看出，变量东道国政府稳定性的回归系数为-0.032，自变量与因变量中国企业对外直接投资风险二者之间在 0.05 水平下显著相关。这说明东道国政府稳定性与中国企业对该国投资的风险之间显著负相关。这与假设 1 相符，假设 1 得到支持。一般而言，东道国的政局越稳定，外国对该国投资的风险越小。

表 9 东道国政治层面各变量回归结果

	回归系数	标准误	T 值	Sig. 值	容忍度	方差膨胀因子
（截距值）	6.199	0.146	-0.779	0.438		
东道国政府稳定性	-0.032	0.213	0.602	0.046*	0.593	1.685
东道国政府治理质量	-0.898	0.520	2.015	0.549	0.579	1.726
东道国法治水平	-0.677	0.191	2.633	0.012*	0.472	2.118

注：* 代表 $p<0.05$。

变量东道国政府治理质量的回归系数为-0.898，与中国企业对外直接投资风险之间无显著相关关系。这表明东道国政府的治理质量与中国企业对该国投资的风险之间无显著相关关系。这与假设 2 不符，假设 2 未得到支持。

变量东道国的法治水平的回归系数为-0.677，自变量与因变量中国企业对外直接投资风险二者之间在 0.05 水平下显著。这说明东道国的法治水平与中国对该国投资的风险二者之间存在显著负相关关系，这与假设 3 相符，假设 3 得到支持。

五、实证结论

（一）假设检验结果

东道国政府稳定性、东道国法治水平与中国企业对该国的直接投资风险具有显著的负相关关系。东道国政府的治理质量与中国企业对该国投资风险之间没有显著的相关关系。这表明东道国政府的稳定性越高，则中国企业在该国企业直接投资的风险越小；东道国法治水平越高，则中国企业在该国企业直接投资的风险越小。而东道国的治理质量对中国企业在该国投资风险没有显著影响。假设验证结果如表 10 所示。

表 10　中国企业对外直接投资风险实证研究假设检验结果汇总

序号	假设	关系	假设检验结果
1	H1：东道国政府的稳定性越高，则中国企业在该国企业直接投资的风险越小	显著负相关	支持
2	H2：东道国政府的治理质量越高，则中国企业在该国企业直接投资的风险越小	关系不显著	不支持
3	H3：东道国法治水平越高，则中国企业在该国企业直接投资的风险越小	显著负相关	支持

（二）实证结果讨论

本文从东道国政府稳定性、治理水平以及法治水平三个层面分析了东道国政治风险对中国企业对外直接投资的影响，并实证检验了其与中国企业对外直接投资之间的相关性。从实证研究结果我们可以发现，研究提出的三个假设中有两个假设得到验证，只有假设 2 没能得到验证，这说明我们之前的逻辑推理在这个样本中证明是合理的，在此我们就不再讨论。针对没有得到验证的假设 2，我们讨论如下：

假设 2 东道国政府的治理质量越高，则中国企业在该国企业直接投资的风险越小没有得到验证，或者说东道国政府的治理质量与中国企业在该国的投资风险之间没有显著的相关性。出现这个问题的可能解释是，当前中国企业向亚非拉等发展中国家的投资较多，这些国家的政府治理质量不高，但是由于中国同属发展中国家，经过中国多年的外交和各方面的努力，中国与这些发展中国家之间形成了较好的外交关系，东道国对中国企业投资的保护性较高，即便东道国整体治理质量不高，但是中国企业在该国的投资风险并不大。这一假设没有得到验证，也从另一个角度揭示了中国企业对外直接投资过程中的特殊性。

上述结论为今后更好地引导我国企业对外直接投资有着现实的意义。大量的经验表明，中国企业对外直接投资并非没有意识到东道国政治风险所带来的危害，只是选择性忽视了这些政治风险的存在，这也表明中国企业对外直接投资的特殊性。但是随着中国企业对外直接投资的深入，企业必须重视东道国政治风险。因此，本文认为应该从以下两个层面加强政治风险的预防和管理：一是从政府层面来说，政府应该大力改善国际投资环境，完善对外直接投资法律体系，为中国企业对外直接投资提供信息支持；二是从企业层面来说，中国企业要完善公司治理结构，积极推动实施本土化策略，加强企业的跨文化管理，健全企业风险防范制度体系，履行社会责任，维护企业良好的投资形象。

参考文献

[1] Multinational Investment Guarantee Agency. 2009 World Investment and Political Risk [R]. World Bank Group, 2010.

[2] Brunetti A. Weder B. Investment and Institutional Uncertainty: A Comparative Study of Different Uncertainty Measures [J]. Review of World Economics, 1998, 134 (3): 513-533.

[3] Busse Matthias. Transnational Corporations and Repression of Political Rights and Civil Liberties: An Empirical Analysis [J]. Kyklos, 2004, 57 (1): 45-65.

[4] Wei S. How Taxing is Corruption on International Investors? [J]. Review of Economics and Statistics, 2000 (82):

1-11.

[5] Hines. Forbidden Payment: Foreign Bribery and American Business After 1977 [R]. NBER Working, 1995: 5266.

[6] Teksöz S. Corruption and Foreign Direct Investment: An Empirical Analysis [D]. Dissertation, Munich Graduate School of Economics, 2006.

[7] Egger P., Winner H. Evidence on Corruption as an Incentive for Foreign Direct Investment [J]. European Journal of Political Economy, 2005, 21 (4): 932-952.

[8] 钞鹏. 东道国政治风险与中国企业的国际化 [J]. 江西社会科学, 2012 (8): 225-229.

[9] 张文军, 任荣明. 中国企业海外投资的政治风险及应对策略 [J]. 现代管理科学, 2014 (12): 97-99.

[10] 胡兵, 邓富华, 张明. 东道国腐败与中国对外直接投资——基于跨国面板数据的实证研究 [J]. 国际贸易问题, 2013 (3): 138-148.

[11] 王海军. 政治风险与中国企业对外直接投资——基于东道国与母国两个维度的实证分析 [J]. 财贸研究, 2012 (1): 110-116.

[12] 孟醒, 董有德. 社会政治风险与我国企业对外直接投资的区位选择 [J]. 国际贸易问题, 2015 (4): 106-115.

基于 SEM 模型的兵团农民专业合作社金融支持研究

李光明[1,2]　李　萍[3]　邓　杰[1]

（1. 石河子大学经济与管理学院，新疆　石河子　832003

2. 石河子大学兵团金融研究中心，新疆　石河子　832003

3. 石河子大学商学院，新疆　石河子　832003）

［摘　要］本文利用 264 份兵团农工专业合作社的问卷数据，通过构建结构方程模型，分析了兵团农工专业合作社金融支持不足的影响因素及其之间的关系，结果表明：农工专业合作社的发展能力、外部金融环境对信贷支持具有显著的正向效应；农工专业合作社的发展潜力与发展能力存在正相关关系；合作社的发展潜力对外部金融具有显著正向影响。其中，社员素质、抗风险能力、资金状况、金融产品、授信额度、需求匹配为各变量的主要影响因素。本文在此基础上提出了可供借鉴的对策建议。

［关键词］兵团；农民专业合作社；金融支持；SEM 模型

一、引言

农民专业合作社（以下简称“合作社”）关乎着中国农村未来的使命担当。2013 年，中央一号文件中指出，“要加快转变农业生产经营方式，支持发展各种形式的新型农民合作组织，在政策上要给予更多的优惠”；2015 年，中央一号文件指出，“引导合作社扩宽服务领域，促进规范发展，实行年度报告公示制度，深入推进示范社创建行动，引导农民以土地经营权入股合作社和龙头企业”。中央政策的出台为合作社的发展扫清了制度障碍。近两年来，兵团合作社发展势头强劲，有效化解了家庭细碎化作业方式与社会集约化生产之间的矛盾，突破了封闭式自成体系的主体与开放型大市场的阻隔，成功地调动了农场职工的生产积极性，在促进兵团团场农业生产现代化经营和职工增产增收方面发挥了显著的带动作用，但在实际发展过程中也暴露出众多问题，如规模效应难以突破、政策扶持不到位、金融支持不足等，特别是金融服务不给力，严重地制约了农工专业合作社发展。如何引导合作社规范运行？赋予专业合作社更多的权利和灵活性，创新融资渠道和融资方式是新时期促进兵团合作社健康快速发展的重要课题。

二、问题的提出

我国合作社发展的金融支持的关键问题体现在两个层面：一是合作社制度层面。①制度设计问题。合作社发展初期，没有严格的制度规范，制度设计不完善，内部管理混乱。②产权问题。黄祖辉（2008）认为，土地细碎化、农民分化是合作社发展中的主要问题，产权主体的异质性影响着合作社的产权结构和治理结构。周春芳、包宗顺（2010）认为，“新一代合作社”的创新在于使传统合作社的产权变得明晰，增强了产权激励，从而更好地适应经济活动市场化、一体化、现代化要求。③权益归属问题。张晓山（2004）认为，“公司+农户”的农业产业化经营形式逐渐内部化在合作社之中，由农业经营大户成立和控制的合作社成为部分地区合作社的主要形式，但是合作社资产所有权、控制决策权和收益权的归属成为问题所在。二是金融支持层面。①合作社高攀金融机构。王文献（2007）表示不完善的金融体系不能满足合作社的资金需求，农村金融机构资金外流恶化了合作社的融资环境。②信息不对称。金融机构与合作社之间信贷行为不合拍，韩冰（2008）通过建立商业银行对合作社信贷合约行为模型，认为造成金融支持不足的直接原因是商业银行机会成本以及交易成本对合作社贷款呈现负面影响。

国内已有研究成果清晰地表明：我国农民专业合作社尚处于初创期，无论是制度设计的理论研究方面，还是权益归属方面的研究成果都显不足，对于家庭联产承包责任制后农村出现的合作社这一新型经济主体的市场地位，金融机构还存在不接受、被动服务的倾向。政府的高度重视和商业银行机构消极应对的现实，为本文研究提供了广阔空间。为此，本文研究以兵团合作社金融信贷支持为指引，预期在以下方面有所突破：一是从微观视角考察信贷需求与金融机构支持的差异性；二是用结构方程模式方法分析合作社的发展能力、发展潜力、外部金融环境对金融信贷支持的影响；三是从合作社和金融机构两个方面提出改善贷款难、贷款贵、贷款险的困惑。

三、可获得性因素的理论假设

（一）兵团合作社发展能力分析

郭红东等（2011）的研究成果表明，合作社的自身发展能力是获得金融机构信贷支持的重要因素，自身发展能力大小受外部环境的影响。为此提出以下假设：

H1：外部金融环境对合作社的发展能力有显著性影响。

H2：合作社的发展能力对信贷支持有显著性影响。

（二）兵团合作社的外部金融环境分析

兵团合作社的生存发展离不开外部金融环境，现阶段从农民合作社的生产经营状况来看，资金短缺依旧是制约农民合作社发展的突出问题。一方面是合作社自身发展欠规范原因所致；另一方面则是因为金融机构的服务内容与合作社需求不匹配导致，期限短、额度小、审批烦琐。

从金融机构审批方面来看，各类金融机构为防范风险，对承贷主体严格审批。由于合作社主要从事农业生产经营活动，周期长，风险大，又缺乏合适的抵押担保物，金融机构面临无从追溯信贷资产的风险。为此，提出以下假设：

H3：外部金融环境对合作社信贷支持具有显著性影响。

（三）兵团合作社发展潜力的分析

合作社改善了农工单打独斗面对市场的局面，成为解决“小农户”与“大市场”之间矛盾的主要载体，是提高职工收入、带动团场经济发展的有效工具。合作社今后能为团场农工带来更大收益，吸引更多职工的加入。通过对受访者的调查，可以判断出发展潜力会直接影响合作社的积极性，也会改善合作社的发展能力与对外部金融环境的适应性。为此，提出如下假设：

H4：合作社的发展潜力对外部金融环境有显著影响。

H5：合作社的发展潜力对信贷支持有显著影响。

四、数据来源与描述性统计分析

（一）数据来源

本研究所依据的数据来源是《兵团合作社的金融支持情况调查问卷》，问卷主要涉及三个方面：一是合作社的基本情况；二是合作社发展的状况；三是金融支持合作社的发展状况。问卷调查对象是工商局认定的兵团合作社。问卷实施范围涉及兵团9个师、28个团场，采用随机抽样方式，通过实地调研和邮寄共发放问卷296份，剔除信息不全及失真问卷32份，形成264份有效问卷，问卷回收率89.2%。问卷发放情况如表1所示。

表1　兵团合作社金融支持调查问卷分布情况

地区	第二师	第三师	第四师	第五师	第六师
份数	24	20	15	27	45
比重（%）	9.1	7.6	5.7	10.2	17.0
地区	第八师	第九师	第十师	第十三师	总计
份数	43	19	25	46	264
比重（%）	16.3	7.2	9.5	17.4	1

从被调查的样本来看，63.26%专业合作社的注册资本在200万元以下，合作社出资规模在500万元以上的有16户，仅占所调查合作社总量的6.06%。汇总兵团9个师264份问卷调查数据不难发现：54.17%是养殖业，28.03%是种植业，对农产品加工业涉及比例极低。从组建方式来看，兵团合作社以“农民自发组建”和“能人大户+农户”居多，分别占28.40%和27.27%，“龙头企业+合作组织+农户”及“政府+合作组织+农户”模式所占比重分别是15.15%、15.53%。从合作社的发展阶段来看，57.95%的合作社负责人表示自己的合作社仍处于起步阶段，29.55%的负责人表示合作社正处于发展阶段，仅有10.23%的负责人表示合作社的发展处于成熟阶段。

（二）兵团合作社的金融支持描述性统计分析

1. 贷款难

金融机构支持专业合作社的发展方式大致有两种，一是以合作社为借贷主体，直接放贷；二是通过放贷给社员或者企业来支持合作社的发展。根据调查结果显示，43%的贷款主体来自合作社社员，34.1%的贷款主体来自合作社负责人，19.6%的贷款主体来自合作社（见表2）。

表2 农民专业合作社贷款主体分析

贷款主体	合作社	合作社负责人	合作社社员	其他
数量（家）	52	90	114	8
比例（%）	19.6	34.1	43	3.3

处于发展初期的兵团合作社亟待外部资金支持，这一必经阶段的合作社信用等级低，缺乏有效担保物，使得金融机构放贷风险加大。由表3可以看出，现阶段43.9%的合作社获得金融贷款的主要形式是社员联保贷款，通常是“五户联保”，23.1%和14.6%的合作社是通过抵押形式贷款、信用贷款，仅有13.2%的合作社通过第三方抵押形式贷款，57%的合作社表示抵押担保物的欠缺是获取信贷支持的制约因素。

表3 农民专业合作社贷款的主要形式

贷款形式	信用贷款	抵押贷款	社员联保贷款	第三方抵押	其他
数量（家）	31	49	93	28	11
比例（%）	14.6	23.1	43.9	13.2	5.2

2. 贷款贵

信贷成本的急剧增加也是兵团合作社面临的主要问题。一方面，合作社的信贷审批程序与团场其他较大型企业信贷程序一样，缺乏为团场新生合作经济组织提供信贷审批的绿色通道；另一方面，各金融机构出于资金安全角度考虑，会加大对合作社的审查力度，67.6%的合作社负责人表示合作社的法人主体资格无法通过金融机构审查，合作社理事长及社员只能以个人名义申请信贷支持，以自有资产作为抵押担保。有52%的合作社代表表示现阶段商业银行利率偏高，且期限短，给合作社的发展带来一定负担。由据问卷调查整理的表4可知，53%的合作社能够获得的贷款金额在30万元以下，50万元以上额度的占比30.2%。53.3%的合作社从金融机构贷款的期限在6~12个月。农工合作社的信贷支持呈现额度小、期限短的特点，加重了农工专业合作社“信贷贵”的负担。

表4 农民专业合作社的贷款额度

贷款额度	10万元以下	10万~30万元	20万~50万元	50万~100万元	100万元以上
数量（家）	58	82	44	40	40
比例（%）	21.8	31.2	16.8	15.1	15.1

3. 贷款险

在兵团团场，商业银行都不愿涉足支农服务。兵团团场的合作性金融机构主要以农信社和国民村镇银行为代表，对职工发放“农户联保贷款”，这类合作性金融机构在团场吸收的资本有限，发展能力较商业银行相比较为薄弱，致使对合作社的贷款额度受限。近年来，无论是农信社还是村镇银行的不良贷款都逐年攀升，合作性金融机构为防控风险也普遍收紧联保贷款。被调查的农工专业合作社中，有17.9%采用民间借贷方式筹集资金，相比于正规金融而言，民间借贷不在监管机构范围之内，也具有一定的风险性。主要表现是利率非常高且波动性大，还具有地域差别。据调查，兵团地区的借款利率在10%~20%，相比于银行利率要高出很多。

五、基于结构方程模型的实证研究

（一）变量选择与模型构建

本研究按照兵团合作社发展与获得金融支持的一般规律，从合作社发展能力、发展潜力与外部金融环境三方面探究合作社金融支持不足的影响因素。在问卷设计中，观测变量 *Y* 表示“合作社获得金融信贷支持情况”，其选项为5项量表。具体变量指标描述如表5所示。

表5　农民专业合作社金融支持不足影响因素变量

潜变量	观测变量	变量解释
合作社发展能力	抗风险能力（*X*1）	低 1-2-3-4-5 高
	产品结构（*X*2）	低 1-2-3-4-5 高
	技术管理（*X*3）	低 1-2-3-4-5 高
	社员素质（*X*4）	低 1-2-3-4-5 高
	资金情况（*X*5）	低 1-2-3-4-5 高
	机构设置（*X*6）	低 1-2-3-4-5 高
	人员管理（*X*7）	低 1-2-3-4-5 高
	经营方式（*X*8）	低 1-2-3-4-5 高
	民主管理（*X*9）	低 1-2-3-4-5 高
合作社发展潜力	提高收入（*X*16）	非常不明显 1-2-3-4-5 非常明显
	带动经济（*X*17）	非常不明显 1-2-3-4-5 非常明显
	发展信心（*X*18）	非常不明显 1-2-3-4-5 非常明显
外部金融环境	审查需求（*X*10）	低 1-2-3-4-5 高
	抵押担保（*X*11）	低 1-2-3-4-5 高
	金融产品（*X*12）	低 1-2-3-4-5 高
	需求匹配（*X*13）	低 1-2-3-4-5 高
	授信额度（*X*14）	低 1-2-3-4-5 高
	利率优惠（*X*15）	低 1-2-3-4-5 高
—	金融信贷（*Y*）	非常不容易 1-2-3-4-5 非常容易

结构方程模型（SEM）是20世纪70年代被提出的一种多元统计分析方法，用于对多个因变量建模和检验前提假设。通过前文的假设分析可知，影响兵团合作社金融支持的因素是多方面的，需通过构建结构方程模型明确各因素对获得合作社金融支持的影响程度并识别出关键影响因素。因此，本研究以合作社为对象，从合作社发展能力、发展潜力、外部金融环境入手，分析合作社获得金融支持的影响因素。在模型框架的搭建上致力于探究合作社获得金融机构金融信贷实现问题，构建了合作社发展能力、发展潜力、外部金融环境与信贷支持的路径关系（见图1）。一个完整的SEM模型包含两个模型：测量模型和结构模型，测量模型描述的是潜变量被相应的指标所测量或概念化的部分，而结构模型是指的是潜变量之间，以及模型中无法解释的变异量部分。

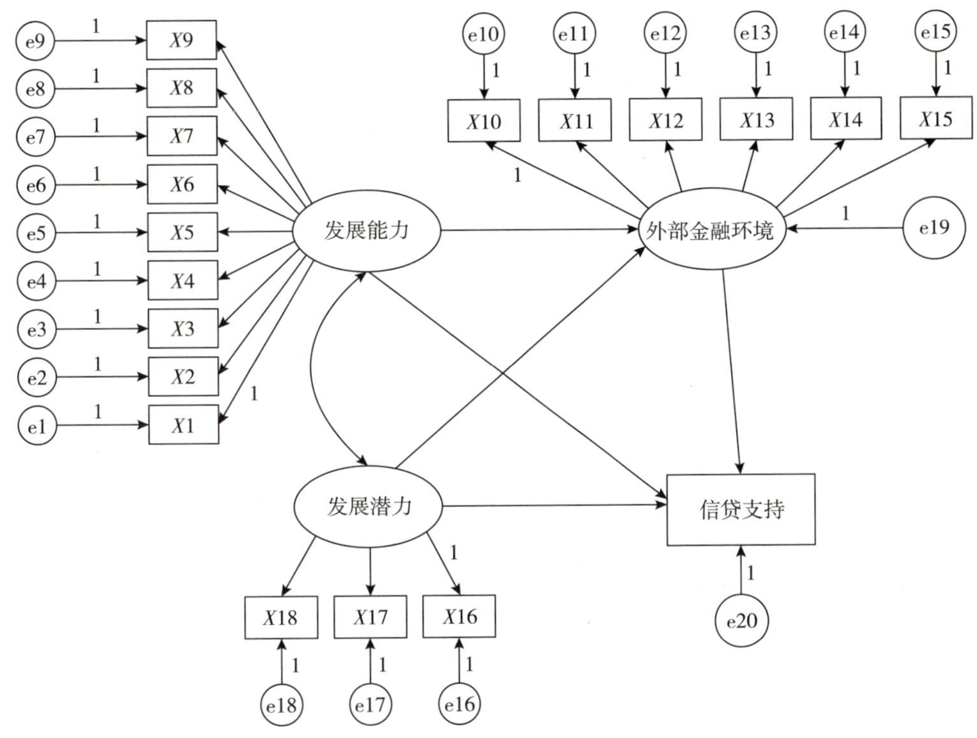

图1 兵团合作社金融支持影响因素的结构方程模型

测量方程：

$$X=\Lambda x\xi+\delta$$

$$Y=\Lambda y\eta+\varepsilon \qquad (1)$$

其中，ξ 为外生潜变量，η 为内生潜变量，X 为外生指标，δ 为 x 的误差项，y 为内生指标，ε 为 y 的误差项，Λx 为外生指标与外生潜变量的关系，Λy 为内生指标和内生潜变量的关系。

结构模型：

$$\eta=B\eta+\Gamma\xi+\zeta \qquad (2)$$

其中，η 为内生潜变量，ξ 为外生潜变量，B 为内生潜变量之间的关系，Γ 为外生潜变量对内生潜变量的影响，ζ 为结构方程的残差项。

（二）样本数据分析

1. 问卷效度信度检验

为获得更多有效信息，需要对问卷进行效度和信度检验。通过表6可知，收集样本的KMO

值为0.636，大于0.5，表明样本数据适合做因子分析。同时，Bartlett's 球形检验值为0，即拒绝原假设，说明样本数据的协方差矩阵不是单位矩阵，变量之间具有较高的相关性，适合做因子分析。

表 6　KMO 与 Bartlett's 球形检验

取样足够度的 Kaiser-Meyer-Olkin 度量		0.636
Bartlett's 球体检验	卡方值	2235.060
	自由度	406
	显著性水平	0.000

研究采用克伦巴赫α系数方法检测问卷的可靠性，根据 Nunnally 建议，α系数小于0.35，属于低可靠性，拒绝使用；0.35~0.8是可接受范围，样本信度较好；大于0.8表示问卷信度好。运用 SPSS17.0 对问卷进行信度检验得到 Cronbach's α 为0.709，在可接受范围，潜变量和内生变量的α系数也在可接受范围内，说明因子间内部结构较好且一致性程度高（见表7）。

表 7　Cronbach's α 的球形检验

	Cronbach's α		观测变量数目
样 本	0.709		19
潜变量	发展能力	0.634	9
	发展潜力	0.732	3
内生变量	外部金融环境	0.751	6
	金融信贷支持	—	1

2. 问卷正态性检验

在结构方程模型分析中，极大似然估计法（ML）是常用方法，样本数据满足多元正态分布是构建结构方程模型的前提条件之一，因此首先要对建模数据进行正态性检验。本文的研究变量均通过数据的正态性检验（为节省篇幅，过程不再赘述）。

3. 模型适配度检验

适配度指标是评价测量数据与路径分析图是否匹配，而不是评价模型构建的好坏，一个适配度完全符合评价标准的模型不一定是有用的模型，只能说研究者假设的模型图比较符合实际数据的情况。本文采用 AMOS21.0 软件的 ML 估计法进行模型的参数估计，形成较稳健的标准化评估结果，得到结构模型与测量模型中的各项参数，参数估计能够得到变量间、各变量测量误差及模型误差项等指定参数，其大小代表各关系的强弱。通过对初始模型的运行可知，*IFI*、*NFI*、*GFI*、*CFI* 以及 *AGFI* 值均未达到临界值，均与可接受值接近，拟合效果一般，但是 χ^2/df 大于3，*RMSEA*=0.12>0.1，均不符合临界值，这表明该模型拟合度欠佳，需要对模型进一步修正。从对模型的路径分析可以看出，发展潜力与信贷支持的路径系数为负值（$p=0.91>0.05$），没有通过显著性检验，将该路径剔除，其余观测变量与潜变量、潜变量之间的路径系数为正值，结合误差修正表分析，其中产品结构（*X*2）、经营方式（*X*8）、民主管理（*X*9）三个变量的误差项不独立，存在较高的相关性，按照模型修正路径，将该观测变量剔除，构建模型适配度更优和拟合度更优的修正模型，如表8、图2所示。

表 8　初始模型与修正模型配度指标拟合比较

统计检验量	初始模型	修正模型	适配度标准或临界值
卡方值	704.18	196.188	尽量小
卡方与自由度比值（χ^2/df）	4.790	2.002	<3.00，有简约适配度指数 >3.00，模型需要修正
增加拟合指数（*IFI*）	0.758	0.934	>0.9
规范拟合指数（*NFI*）	0.712	0.877	>0.9
拟合优度指数（*GFI*）	0.782	0.917	>0.9
比较拟合指数（*CFI*）	0.755	0.933	>0.8，模型可以接受 >0.9，模型拟合较好
近似均方差残根（*RMSEA*）	0.12	0.062	<0.05 优良；<0.08 良好； >0.1 不良
调整后的拟合优度指数（*AGFI*）	0.718	0.885	>0.9

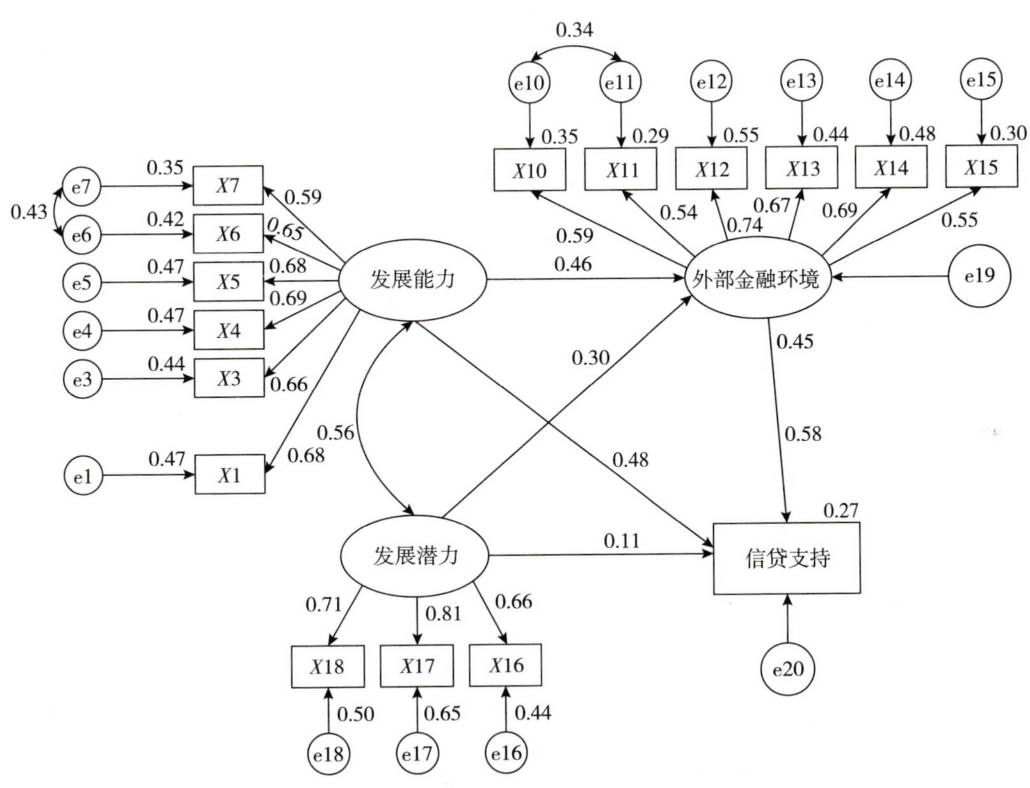

图 2　兵团合作社金融支持不足影响因素分析的修正模型

（三）实证结果分析

从图 2 兵团合作社金融支持不足影响因素的修正模型可以看出，潜变量发展能力、发展潜力与外部金融环境与观测变量信贷支持（*Y*）之间是单变关系；发展潜力与发展能力为共变关系；外生观测变量 *X*6、*X*7，内生观测变量 *X*10、*X*11 为共变关系。并计算出观测变量间标准因子载荷系数，反映了观测变量与其对应的潜变量之间的关系。

从图 2 可以看出，一是合作社发展能力、发展潜力即外部金融环境力与信贷支持路径系数为正，并都具有显著性，这说明合作社获得金融支持与否是内因与外因共同作用的结果，其外因又是推动内因发展的动力所在；二是合作社金融信贷支持的实现与合作社自身发展能力和外部金融环境关系显著，其回归系数分别为 0. 48 和 0. 58，这说明合作社的发展能力与外部金融支持能较大程度地体现信贷支持功能的实现；三是各观测变量较好地解释了对应的潜变量。

1. 各潜变量与观测变量信贷支持之间的关系分析

合作社的发展能力对信贷支持具有显著性影响，并且是直接正效应（证实假设 H2），即农工合作社发展能力越强，能够获得信贷支持的可能性越大，合作社的发展能力与信贷支持的正效应系数为 0. 48，即合作社发展能力每提高一个单位，合作社能够获得信贷支持的可能性就增加 0. 48 个单位。外部金融环境对合作社的信贷支持具有显著正向效应，回归系数为 0. 58（证实假设 H3），即外部金融环境每改善一个单位，合作社获得金融信贷支持的可能性就提高 0. 58 个单位，外部金融环境越好，对合作社获得信贷支持越有利。合作社发展潜力与信贷支持之间是直接正效应（证实假设 H5），回归系数为 0. 11，即合作社的发展潜力每增加一个单位，合作社获得信贷支持的可能性就增加 0. 11 个单位，合作社越具有发展潜力，越有利于合作社的信贷支持能力，但影响力较小。主要原因是合作社的信贷支持指标是实际存在的客观情况，而发展潜力指标是被调查者的主观认识和潜意识的期待，代表未来经营合作社发展的信心。客观实际值与主观期待值在一定程度上会影响相关系数，但不可否认的是，现阶段的合作社发展状况虽不成熟，但团场农工还是对合作社能带来更多收益充满信心，对今后走向规范化发展的合作社获得信贷支持充满期待。

2. 各潜变量之间的关系分析

合作社发展能力对外部金融环境具有显著正效应，路径系数为 0. 46（证实了假设 H1），表明合作社的自我发展能力越强，就越能适应外部金融环境。合作社规范化发展，财务制度明晰，机构设置合理，抵抗风险能力强，能够达到金融机构的审查要求，即容易适应外部金融环境，从而间接影响金融机构信贷支持的可获得性。合作社的发展能力与发展潜力表现为正相关关系，其相关系数为 0. 56，表明合作社对团场农工的经济带动性越大，对未来发展越是充满信心，就越有益于合作社发展能力的提高。合作社的发展潜力对外部金融环境具有显著正向影响（证实假设 H4），路径系数为 0. 30，表明合作社的发展潜力每提高一个单位，外部金融环境就改善 0. 3 个单位。合作社的发展潜力与发展能力具有直接相关关系，与外部金融环境是间接影响，合作社发展潜力能够调动团场职工的积极性，更规范化经营合作社，提高能够合作社的发展能力水平，从而满足外部金融环境要求，有利于合作社获得信贷支持。

3. 各潜变量与观测变量的关系分析

在合作社发展能力的潜变量中，对其有影响的六个因素的解释程度都较好，但系数最大的是社员素质 *X*4（0. 69），其次是抗风险能力 *X*1（0. 68）、资金状况 *X*5（0. 68），技术管理 *X*3（0. 66），最后是机构设置 *X*6（0. 65）和人员管理 *X*7（0. 59）。这表明，社内资金状况、社内成员素质即产品抗风险能力是合作社发展能力的重要影响因素，资金情况是合作社发展的基础，产品的抗风险能力是合作社盈利的保证，社员的知识水平以及合作精神决定了合作社的持续发展性。

在外部金融环境的潜变量中，对其有影响的六个因素的影响力略有差别，其中系数最大的是金融产品 *X*12（0. 74），其次是授信额度 *X*14（0. 69）、需求匹配 *X*13（0. 67），最后是审查需求 *X*10（0. 59）、利率优惠 *X*15（0. 55）、抵押担保 *X*11（0. 54），表明对合作社获得信贷支持的外部环境而言，金融机构要充分发挥作用，开发对合作社具有偏向性的金融产品，提高合作社的授信额度，满足合作社信贷的需求，消除双方信息不对称，如信贷的季节性、时令性需求，灵活性的选择可抵押物等。

在合作社发展潜力的潜变量中，对其有影响的三个因素中，系数最大的是带动经济 X17（0.81），其次是发展信心 X18（0.71），最后是提高收入 X16（0.66）。合作社作为兵团团场的经济实体，具有带动经济发展的作用，农民是能够直观感受到的，对团场农工来说，能够提高收入水平，享受到经济发展带来的红利并对合作社的发展充满信心，这是众多农工自愿加入合作社的根本动力所在。

六、主要结论与政策建议

（一）主要结论

本研究以兵团合作社为研究对象，通过实地调研获得的问卷数据，综合分析了兵团合作社的发展概况以及金融支持困境。运用结构方程模型，分析合作社金融支持不足的影响因素，得出以下结论：合作社的发展能力、外部金融环境对信贷支持具有显著的正向效应；合作社的发展潜力与发展能力存在正相关关系，通过直接影响合作社发展能力从而间接影响信贷可获得性，合作社的发展潜力对外部金融具有显著正向影响。对合作社发展能力的影响因素中，影响系数较大的是社员素质 X4（0.69），其次是抗风险能力 X1（0.68）、资金状况 X5（0.68）；在外部金融环境的潜变量中，其中系数最大的是金融产品 X12（0.74），其次是授信额度 X14（0.69）、需求匹配 X13（0.67）；在合作社发展潜力的潜变量中，系数最大的是带动经济 X17（0.81），其次是发展信心 X18（0.71），最后是提高收入 X16（0.66）。

（二）政策建议

在影响兵团合作社发展能力的诸因素中，社员素质、抗风险能力和资金状况对合作社发展能力的影响系数较大。这表明，从合作社的自身发展来看，合作社的规范化经营与入社成员的素质极为重要，参社人员的社员素质以及技术管理对合作社的发展能力有重要影响。因此，一要规范合作社的自身建设，当前兵团合作社处于初期发展阶段，近几年专业合作社呈现“井喷式”增长，其中存在不能真正为农民带来利益的伪合作社和假合作社，对于那些仅挂名而不存在实际经营的合作社要及时清理。兵团农业局产业办要建立行之有效的监察机制，不定期地对合作社开展检查工作，取缔发展不规范的合作社，规范团场合作社的发展队伍，避免套取国家政策非法获利的行为发生。二要提高合作社社员素质，由各师市农业局领办农业合作社知识讲座，合作社负责人和社员共同参与，主要是向其传达无论是社员还是负责人在合作社经营过程中都要有主人翁意识，要共同参与、共同致富、共担风险，避免专业合作社的变形发展。另外，也要注重合作社管理者的管理知识培训、社员的技术培训，尤其是养殖业的技术管理、圈舍卫生、温度以及牲畜生产流程规范都至关重要，加强对合作社的技术培训在一定程度上可以减少风险。

在影响外部金融环境的诸因素中，金融产品、授信额度以及需求匹配对其影响系数较大，这表明，目前兵团各金融机构产品不能完全适应合作社的发展需要，金融产品创新不足、金融机构信贷疲软也是制约专业合作社获得金融支持的重要因素。因此，在不断完善兵团团场金融体系的同时，也要积极探索金融产品创新。一是利用“公司+农工专业合作社+农户”的经营模式，带动合作社的发展，将发展模式逐渐演变为利益捆绑的信贷模式，将公司、合作社和农户的三方利益捆绑在一起，公司可以作为抵押担保方向金融机构申请信贷资金来促进合作社的发展，实现利益共享，降低信贷风险，解决金融机构的后顾之忧。二是可以借鉴国内地区发展较为成熟的信贷模式，开创发展订单农业、农业供应链的信贷模式，依托合作社的供应链，建立“合作社+农户+银行”的供应链金融业务服务。具体做法是：社员以资金或土地入股组建合作社，合作社负责人作为银行的信贷主体与银行签订协议，农民合作社与企业签订订单交易购销合同，合作社以订单形式解决产品销售问题，另外，银行与合作社发生业务的企业也要签订协议，由企业协助银行将合作社的信贷本息从产品收购款中扣除，实现银行资金在内部的封闭运行，既能使合作社获得金融机构的信贷资本，又实现了金融机构的收益目标。三是为满足农民合作社短期资金需求，向合作社成员提供小额信用卡支持，如兵团农行的“金穗卡”、国民村镇银行提供的“蜜蜂卡”等，金额小，还款快，满足社员短期资金需求。四是要制定政府与金融机构的利益联结机制，以政府公信力为保证，政府认可的农工合作社在向金融机构申请贷款时，由基层政府组织提供信用证明，金融机构取消抵押担保物，以信用方式为农民专业合作成员放贷。

参考文献

[1] 孔祥智．农民专业合作经济组织：认识、问题及对策［J］．山西财经大学学报，2003（5）：1-5.

[2] 王勇．农民专业合作社面临新境况分析［J］．中国农村观察，2012（6）：41-46.

[3] 黄祖辉．中国农民合作组织发展的若干理论与实践问题［J］．中国农村经济，2008（11）：4-7.

[4] 周春芳，包宗顺．农民专业合作社产权结构实证分析——以江苏省为例［J］．西北农林科技大学学报（社会科学版），2010，10（6）：14-18.

[5] 张晓山．促进以农产品生产专业户为主体的合作社的发展——以浙江省农民专业合作社的发展为例［J］．中国农村经济，2004（10）：4-11.

[6] 王文献．我国新型农民专业合作社融资问题研究［D］．成都：西南财经大学，2007.

[7] 韩冰．农民专业合作社的金融支持研究［D］．北京：农业经济与发展研究所，2008.

[8] 郭红东，陈敏，韩树春．农民专业合作社正规信贷可得性及其影响因素分析——基于浙江省农民专业合作社的调查［J］．中国农村经济，2011（7）：25-33.

[9] 邱浩宇．农民专业合作社的规模经济性及其金融支持研究［D］．长沙：湖南大学，2015.

[10] 齐巍巍，曹大飞，李润平．金融支持农民专业合作社发展调研报告［J］．农银学刊，2015（1）：10-15.

[11] 赵铁，孟夏，刘敏志，张文学．金融支持农民专业合作社发展路径的思考——基于对吉林省梨树县的调查［J］．吉林金融研究，2012（6）：65-68.

“一带一路”倡议背景下企业廉洁治理与企业社会责任研究

邓丽明　邱安民

（南昌工程学院，江西　南昌　330099）

［摘　要］“一带一路”倡议背景下大量中国企业走出国门，这很好地推动了我国经济与文化对外交流与传播。随之而来的跨国企业履行企业社会责任成为学界研究的重点。当前，国内学者对于企业社会责任的研究主要集中在环境保护、劳工人权保障、公益慈善事业参与等显性社会责任，而对相对较为隐性的企业内部廉洁治理的研究相对较少，企业自身也在这个方面存在盲区。本文基于系统动力学理论，分析了企业履行社会责任中廉洁治理责任遇到的动力与阻力，为进一步化解阻力、激发动力进行了有益的探索。

［关键词］“一带一路”；廉洁治理；企业社会责任

当今国际贸易格局正在发生深刻变革，已经呈现出了世界多极化、经济全球化、文化多样化、社会信息化的新趋向。随着我国“一带一路”倡议的推进，越来越多的中国企业走出国门，走向世界。“一带一路”倡议有力地推动了全球经济要素的有序自由流动、提升了全球资源的高效配置，最大程度地促进了全球市场的深度融合，对于打造开放、包容、均衡、普惠的区域经济合作架构，探索国际合作以及全球治理新模式有着极为重要而深远的影响。

在“一带一路”倡议的指引下，我国越来越多的企业敢于也善于“走出去”，中国制造与中国品牌领域已经取得了瞩目的成就，获得了世界各国民众的认可，中国企业与产品已经不再是低质低价的代名词。但不可否认的是，相对于中国企业的硬产品，“走出去”企业软文化领域仍存在诸多问题，尤其是在履行企业社会责任方面，由于国别与文化、观念与思维的不同，导致中国企业难以真正融入当地，这在一定程度上将影响“一带一路”的实施。

一、企业社会责任研究综述

跨国企业社会责任是当今学界和企业实践者讨论与研究的热点，通过对跨国企业社会责任现有研究成果进行梳理，有助于进一步明晰“一带一路”倡议背景下企业社会责任的概念，深入探索我国企业走出去遇到的问题，为完善跨国企业社会责任体制机制奠定坚实基础。

(一)企业社会责任概念界定

当前学界对于"企业社会责任"概念和内容并无明确定义，众多专家学者仅从自身研究领域对其进行了界定。

国外对于企业社会责任的研究始于20世纪30年代伯尔和多德的论战，两者就企业是否需要履行社会责任进行了广泛而深入的探讨，并逐渐形成了两个不同的流派，即以弗里德曼为代表的反对企业履行社会责任派和支持企业履行社会责任派。随着时代的发展，尤其是社会环境问题的日益严重和公众社会意识的觉醒，越来越多的公众已经逐步认同了企业应该履行其社会责任，就企业社会责任的发展历程来看，主要经历了三个典型的阶段，如表1所示。

表1　西方学界对于企业社会责任不同发展阶段的主要观点

阶段	时间	代表观点
第一阶段	20世纪30年代到70年代	盈利至上
第二阶段	20世纪70年代到90年代	关注环境
第三阶段	20世纪90年代至今	社会责任普及

西方学者对于企业社会责任内涵的界定主要是基于责任与道德伦理层面进行的。美国学者谢尔顿（Oliver Shelton，1924）最早提出企业社会责任一说，认为企业社会责任包含道德因素，社会利益远远高于企业盈利，"认为企业如同社会人，企业的责任是追求社会利益的最大化，而不是追求企业利润的最大化"。美国著名学者霍华德·R. 博文（Bowen，1953）在《企业家的社会责任》中指出，"企业应该自愿地以对社会负责的精神进行经营活动，即使这样做可能会导致企业利润的降低"。戴维斯（Keith Davis，1960）则提出了"责任铁律"——"商人的社会责任必须与他们的社会权力相称"。卡罗尔（1979）则认为，"企业社会责任是指特定的社会对企业所寄托的经济、法律、伦理和自由决定（慈善）的期望，是社会寄希望于企业履行之义务"。

国内在企业社会责任研究领域尽管起步较晚，但随着我国大量企业走出国门及公众对于环境保护的重视，越来越多的学者重视企业社会责任研究，并取得了丰硕的成果。中国企业社会责任发展中心主任殷格非（2017）重点侧重于企业社会责任管理领域研究，提出了蜜蜂型企业，并认为必须要注重企业社会责任管理。学者李伟阳（2011）认为，"企业社会责任是指在特定的制度安排下，企业追求在预期存续期内最大限度地增进社会福利的意愿、行为和绩效"。中国台湾学者刘连煜（2001）认为，"公司应以社会公众之利益为导向而不计较盈利之义务，企业社会责任需要守法律、知伦理、明责任"。

综观国内外学者对于企业社会责任的内涵界定，大致可以看出众学者是基于企业内在社会伦理道德与社会外在环境相适应双重因素的影响，研究关注的重点往往集中在环境保护、公众福利、社会公益及员工、消费者等的权益保护等方面。因此，跨国企业在履行自身社会责任方面也应该重点发力这些领域。

(二)企业社会责任的主要内容

当今社会企业履行社会责任已经成为共识，不履行社会责任的企业往往难以在激烈的竞争中长期存活，尤其是一些成熟型企业，更需要通过履行社会责任以提升其影响力。然而在企业到底有哪些影响力方面却没有统一的标准与规范，随着时代的不断发展，企业社会责任的内容也在不断地变化。但主要而言，专家学者将企业社会责任划分为以下几个类别（见表2）：

表 2 我国企业社会责任主要内容

企业社会责任	主要内容
遵守法律制度	要求企业不得枉顾法律，如逃避税收、压榨员工等违法行为，强调企业必须自觉合法经营、照章纳税，承担政府规定的其他责任和义务，并接受政府的监督和依法干预
注重环境保护	企业应对环保问题未雨绸缪，主动承担环境保护责任，推进环保技术的开发与普及。生产经营过程中注重对生态环境的保护、资源的永续利用等，强调企业自身的绿色可持续发展
参与社会公益	企业积极投身社会公益活动，通过企业捐赠、参与慈善事业等活动回报社会
关心员工福利	企业应在其所能影响的范围内支持并尊重对国际社会做出的维护人权的宣言，不袒护侵犯人权的行为、劳动，有效保证组建工会的自由与团体交涉的权利，消除任何形式的强制劳动，切实有效地废除童工，杜绝在用工与职业方面的差别歧视
恪守企业道德	企业恪守企业道德，要诚实守信，以工匠之心打造高品质产品，履行对消费者在产品质量和服务质量方面的承诺，不得欺诈消费者和牟取暴利，在产品质量和服务质量方面自觉接受政府和公众的监督

基于上述企业社会责任主要内容的归纳与描述可知，我国企业社会责任主要内容基本符合国际性社会责任标准体系（Social Accountability 8000，SA8000），SA8000 主要基于劳动者人权保护、环境保护及反腐败等领域对企业社会责任进行了规范和约束。从我国企业社会责任的主要内容来看，在人权保护与环境保护等领域都有相对完善的标准，但在企业“积极采取措施反对强取和贿赂等任何形式的腐败行为”方面却很少涉及。随着“一带一路”倡议的推进，如果不能顺应潮流，仍然出现社会责任短板，势必会影响我国企业的跨国生存与发展。因此，必须要关注并践行“一带一路”倡议下企业廉洁反腐败领域的社会责任。

（三）企业履行社会责任的驱动力

从某种意义来说，企业履行社会责任是需要付出巨大成本的，这也是众多中小型企业甚至大型企业不愿意主动履行社会责任的原因。为此，本文就当前企业履行社会责任驱动力研究进行了综述，以探索出新时代下企业履行社会责任存在的动阻力。在企业社会责任驱动力领域的研究方面，国内外学者依据不同侧重点认为主要有九种不同的认知模式（见表 3）：

表 3 国内外学者对于企业社会责任驱动力的认知类型

序号	认知类型	序号	认知类型
1	企业源于自愿的慈善行为	6	企业对社会压力的回应
2	社会对企业行为的期望	7	企业对社会风险的管理
3	企业对社会的影响	8	企业对综合目标的平衡
4	企业对契约精神的遵循	9	企业对最大化社会福利的贡献
5	社会权利与社会义务的匹配		

基于网络信息化与全球经济一体化发展，世界已经成为一个整体。驱动企业履行社会责任的因素已经从单纯的企业内在要求与社会外在环境逐步转向了企业、社会、生态、公众、技术五位一体的综合要素。因此，在“一带一路”倡议背景下，有必要厘清企业社会责任的驱动力，明确其动阻力因素，为下一步走出国门奠定坚实的基础。

二、企业社会责任履行过程中存在的问题

“走出去”一直是诸多大中型企业的梦想，但从目前我国企业履行社会责任的情况来看，却仍有诸多问题需要解决，如企业不遵守法律，诚信道德缺失，环境保护意识较弱，员工人权保护不足，慈善公益心差，商业反贿赂制度虚无，其中企业自身廉洁治理意识和能力弱是跨国企业履行社会责任的短板，必须要高度重视。

（一）不遵守法律，企业道德缺失问题严重

法律责任是企业社会责任最为基础的责任，必须要依法依规合法经营。但受中国传统文化思想的影响，托关系、耍小聪明仍然是诸多企业的通病。部分企业无视法律道德，对法律没有任何的敬畏之心，肆意偷逃税款、不依法缴纳相关税费。特别是国内一些企业在这方面的问题特别严重，而国际社会对于企业税法尤为重视，一旦发现将给予严惩，甚至纳入失信黑名单当中，势必会在国外寸步难行。除了法律责任履行不到位之外，对于企业而言更重要的企业道德缺失问题更为严重。很多企业为了获得高额利润置公众利益于不顾，制假售假问题严重，更有一些企业甚至堂而皇之地欺骗公众，向消费者提供质量不合格的产品。这种不良的社会风气严重侵蚀了社会道德的基石，已经给我国经济社会带来了极为恶劣的影响。而这一类企业一旦走出国门，伤害的绝不是单一的企业，更有损整个国家的声誉与形象，将中国制造与伪劣产品画上等号，这是对“一带一路”倡议的严重破坏。

（二）环保意识弱，没有履行好环境保护责任

尽管随着国际、国内公众环保意识的增强，环境保护已经成为社会主流。但不可否认的是，仍然有部分企业没有很好地履行环境保护的责任，将企业利润建立在污染环境和破坏生态之上，给社会和环境都带来了极为严重的后果。这种不爱护环境主要表现在以下两个方面：一方面是生产经营过程中直接对环境生态的污染与破坏，比如大量的污水排入河湖之中、大量砍伐森林、过度垦殖等；另一方面是不注重对资源的永续利用，资源过度使用，大量浪费，同时，企业产品设计生产过程中就没有很好地贯彻绿色环保理念，为一己之私枉顾公众利益。这些行为看似为企业获得了一定的经济收益，但损害的却是企业未来发展的根基。由于中国环保成本相对较低，诸多企业已经习惯于零成本或是低成本环保，没有养成良好的环保意识，在走出国门之后仍然采用国内这一套行事，势必带来恶果。新闻媒体一再报道有部分中国企业因为环保问题在国外被当地公众抵触、抗议甚至被法院勒令停工，这些现象的发生已经给我们广大希望“走出去”的企业敲响了警钟。

（三）雇员沟通难，员工人权保护任重道远

中国是人口大国，人力资源极为丰富，再加上中国人吃苦耐劳的天性，尽管工作环境相对较差，工作收入待遇一般，但员工仍然会安心工作，这是国情使然。实际上，改革开放后我国外向型经济之所以会成功，主要是因为建立在廉价劳动力基础上。但由于文化和观念的不同，国外雇员在保护自身权益、争取员工福利等方面都非常积极且有力。例如，以中国人习以为常的加班为例，中国企业认为加班是很正常的事情，但欧美国家却并不认同加班，欧美雇员更注重的是生活

质量，不太愿意加班，即使提供高额的加班费用也不愿意。而且法律也对加班进行了很细致的规定，并不是想加班就加班。此外，欧美国家的人力成本极为高昂，如果企业缺少核心技术和竞争力，一味依托廉价人力资本开拓西方市场是极难成功的。而非洲和拉美国家虽然人力成本较低，但由于性格和文化差异，这些雇员也难以真正像中国人那样工作，一旦企业主对员工进行打骂，他们往往会以侵犯人权的名义起诉企业，甚至引发大规模的罢工。部分中国企业由于对国外雇员不满，往往注重从国内挑选员工赴国际项目工作，这有利于企业人力资源管理和成本控制，但也正因为不注重与当地人的互动交流，使得企业难以真正融入当地，双方矛盾极易激化。实际上，大部分企业都遇到了国外雇员的人权问题，如何与国外雇员进行有效的协调沟通是个重要课题。

（四）慈善公益心差，积极参与社会公益主动性不足

我国企业在参与社会公益活动及慈善事业方面的主动性严重不足。具体表现在以下几点：一是企业投入慈善公益事业的资金极为有限，很多企业甚至根本就没有公益慈善支出；二是参与到大中型慈善公益事业活动或项目的企业数量低，除了部分大中型企业外，绝大部分的中小型企业基本没有涉足公益慈善事业。企业之所以不愿意做慈善公益事业，主要是基于以下几个原因：一是由于我国企业主习惯于通过个人做慈善，认为做善事就应该是个人行为，而不应该把企业与公益慈善结合在一起；二是因为整个社会都缺少做慈善的氛围，公众普遍认为做慈善应该是政府的责任；三是对于企业做慈善也没有相应的制度约束与优惠，与西方国家相比，中国做慈善或公益活动缺少深层次的优惠或是评分升级机制，对于企业税费减免力度仍显不足。基于这些原因，导致企业做慈善公益事业的动力严重不足，这在很大程度上制约了中国企业做好慈善公益事业。实际上，目前许多企业已经逐步认识到了做慈善公益事业的积极意义，尤其是愿意将企业品牌建设与社会公益事业结合起来，与当今主流的扶贫助困、关爱弱势群体等相协同，取得了很好的效果。

（五）廉洁治理缺失，对外信息披露存在空白

我国企业“走出去”面临的一个重要问题还在于企业缺少相应的反腐败制度，更没有对外信息披露的途径和意识。受制于中国的国情，我国市场经济并非完全竞争，很多企业仍然通过找关系、暗箱操作等方式获得工程或项目，而这一点恰恰是西方国际社会所深恶痛绝的。国际社会责任标准体系（SA8000）明确规定企业“积极采取措施反对强取和贿赂等任何形式的腐败行为”。然而查询了我国大部分主流跨国型企业的官方网站，网站上根本就没有关于如何预防在商业活动中强取或是贿赂方面的制度，同时也没有相应的信息披露。而反观西方一些跨国公司，其往往会在官方网站上公布相应的预防商业贿赂方面的措施或是信息，还专门设立了道德监督部门对员工违规问题进行调查与惩处。这一点是非常值得我国企业去学习的。此外，我国企业不仅缺少预防商业贿赂领域的制度，对于国际公益或反腐败组织（如透明国际组织）了解反腐败信息调查行动也往往置之不理，最终导致企业的整体得分极低。不仅影响企业自身在国际社会的声誉，其实也在很大程度上影响了我国清廉指数得分。

对于当前诸多企业社会责任履行不到位的问题，相信随着时间的推移及公众认识的提升已经得到了一定程度的解决，尤其是随着企业管理不断规范，社会责任意识不断增强，显性的社会责任履行将会得到有效改善。然而作为企业社会责任当中隐性但又重要的一环，如何做好企业自身的廉洁治理，全面提升跨国企业履行社会责任能力将是一个重要课题。要切实转换传统思维，打破人情关系型治理方式，朝着法治型和透明型高效企业治理路径前进，就必须补齐企业社会责任短板，重视企业自身的腐败预防与治理，加大信息披露与公开力度，让公众对企业有更好的认识，有力推动企业品牌与社会责任向前发展。

三、基于系统动力学的企业社会责任廉洁治理的动阻力因素分析

依据系统动力学理论，任何事物的发展都是相互联系且相互影响的。既有推动其发展的动力，也必定存在妨碍其前进的阻力。廉洁治理作为企业社会责任中的一项重要组成部分，必须要以高度的责任心推动贯彻执行。在当今信息化与全球化浪潮中，推进企业廉洁治理既有强大的动力，又不可避免受到一些阻力，充分认识当前企业面临的动力与阻力，有利于构建一条高效的路径，推动跨国企业更好地履行其社会责任。

（一）影响企业推进廉洁治理的阻力因素

从某种意义上来讲，我国企业要在“一带一路”倡议背景下更好地“走出去”，推进企业自身的廉洁治理是必不可少的，但在推进过程中不过避免地将受到以下阻力因素的影响：一是文化观念阻力，受中国传统文化观念影响，企业根本没有廉洁治理的意识；二是成本经济阻力，企业负责人管理者缺乏廉洁治理的理念，受成本及短期经济利益驱使；三是企业管理制度阻力，廉洁治理需要完善的企业治理，但当前我国企业治理能力普遍不足，在很大程度上阻碍了廉洁治理的推进；四是外在环境阻力，廉洁治理并非单纯企业自身，还需要与政府监管、非政府部门（NGO）等组织相协作，如果外在环境尤其是外在监督缺失，将在很大程度影响企业内部的廉洁治理。

1. 文化观念阻力

影响企业廉洁治理最大的阻力来自文化观念的差异。由于中西方社会文化的巨大差异，中国企业习惯于通过找关系的方式去解决问题，并且把在办事过程中给予对方的一些小恩小惠认为是非常正常的人情往来，不认为这是一种商业贿赂。而国际社会对此非常不认同，把这一举动归结为对他人的贿赂，是严重的不公平竞争。此外，部分企业也认为企业内部是否廉洁治理属于自己内部的事务，与他人无关；再加上企业与政府部门性质根本不同，实际上没有必要制定相关的预防腐败贿赂方面的制度，也因此根本就没有对外进行相关的信息披露，甚至对于一些国际廉政公益组织的询问都认为是对自身经营的干涉，根本不予理会。这种传统观念上的差异严重阻碍了我国企业的廉洁治理。

2. 成本经济阻力

尽管有部分企业已经认识到了企业内部廉洁治理的重要性，并试图尝试构建企业内部廉洁控制机制，但受制于高昂的成本和短期经济利益的驱使，这种尝试往往难以持久，并最终不了了之。一方面，从成本控制角度分析来看。跨国企业在对外经营过程中，由于对当地法律和相关规则的不了解，尽管走正规的程序可以办成事，但所花费的时间成本和经费成本都将是巨大的，再加上大量中小型企业为了更加灵活地适应当地并且本土化，也不愿意设置过多的约束机制，更不想在企业内部设置廉洁监控机制，觉得这种方式纯属多余。另一方面，从短期经济利益来看，除了小部分较有远见的大中型企业希望能够真正融入当地而愿意遵守相关规则，大部分中小型企业出国主要是为了“捞金”，因此短期经济利益驱动力最强，根本就不在乎对方怎么看，只要能在最短时间内获得最大的经济利益即可，一旦受到质疑则立刻更换场所。这种短视行为已经给其他中国企业带来了严重的伤害。

3. 管理制度阻力

廉洁治理是企业治理的一个重要组成部分，然而在大部分企业自身治理机制尚不成熟的背景下，企业廉洁治理显然难以真正贯彻落实。一般来说，能够有较为完善的企业治理机制的企业多为大中型跨国企业，这类企业自身实力较强、规模大，也比较重视企业内部的治理。但随着“一带一路”倡议的推进，除了大中型企业走出了国门，更多的其实是一些中小型甚至很多私营企业走向了世界，这类企业本身经济规模小、实力较弱，根本就没有构建起完善的企业内部治理框架，何谈廉洁治理的推进？从某种意义来说，企业管理内部控制不完善，企业家自身缺少履行企业社会责任的远见，因而廉洁治理在部分中小型企业当中根本就没有任何的制度支撑，甚至不完善的企业管理制度在很大程度上还将成为其进一步发展的阻力。

4. 外部环境阻力

廉洁治理并非企业个人可以解决的，实际上还与其所处的外部环境有较大的关联。外部环境中与廉洁治理最为密切的无外乎就是政府部门和 NGO。从政府部门来看，无论是国内还是国外，部分地方政府对于企业的廉洁治理都天然存在着抵触情绪，因为通过非正常渠道的寻租可以在很大程度上获得非法利益。此外，我国对于政府部门的廉洁治理管控得非常严格，但对于私营企业在廉洁治理方面却仍然关注得不够，在相关的制度设计和法律贯彻方面稍显不足，更不要谈对私营企业在自身廉洁治理方面的引导和宣传了。正是在这样一种背景下，我国部分企业走出国门时根本就没有想过实施所谓的廉洁治理。而从 NGO 组织层面来看，目前世界上注重环境保护及慈善公益事业的 NGO 组织非常多，规模也非常大。这也在很大程度上推动了企业在环境保护和投身公益事业方面的投入。但在政府和企业廉洁治理领域的专业 NGO 组织数量极少，除了透明国际规模较大，影响力较广之外，没有其他相关 NGO 组织参与到企业的廉洁治理过程中。缺少外部监督，加上自身又不愿意推进廉洁治理，直接导致廉洁治理难以全面有效地推进。

（二）推动企业廉洁治理的动力因素

尽管企业廉洁治理面临重重阻力，但随着时代的发展，尤其是“一带一路”倡议的推进，推动企业构建廉洁治理的动力也很多。一是政府顶层推动力。为了更好地提升中国政府形象，进一步扩大中国企业的影响力，基于政府顶层的推动力将快速完善企业内部廉洁治理。二是公众及 NGO 需求倒逼力。随着公众日益觉醒的环保、公益及廉洁意识，会有越来越多的公众和公益组织参与到对企业社会责任的监督过程中来，这股强大的动力将在很大程度上确保很好地履行企业社会责任的企业获得公众认可。三是企业内部治理带来的内驱力。随着企业内部治理的不断完善，尤其是履行企业社会责任将给企业带来巨大的企业声誉并提升企业品牌知名度，企业自身将会更加注重对社会责任的履行，强大的内驱力将是推动企业廉洁治理走向成熟最为关键的动力。四是信息与技术进步带来的促进力。随着信息技术的不断进步，对于减少企业廉洁治理成本将有巨大的促进作用，同时通过技术创新，也有助于改进企业廉洁治理的方式与路径。

1. 政府顶层高位推动力

2017 年《政府工作报告》指出，“要坚定不移扩大对外开放，推进新一轮高水平对外开放，着力实现合作共赢。扎实推进‘一带一路’建设，推动装备、技术、标准、服务‘走出去’，打造中国制造金字品牌”。为了更好地推进“一带一路”倡议的发展，针对当前大量中小型企业在“走出去”过程中不能很好地履行社会责任影响中国形象的问题，中央政府已经通过构建企业联盟、完善企业治理制度等举措加以规范和引导，相信基于政府顶层的高位推动，将极大地推动企业治理能力的提升，有利于企业内部廉洁治理的贯彻实施。

2. 公众与 NGO 组织导致的倒逼力

随着公众环保意识和参与慈善意识的不断觉醒，越来越多的公众不仅关注企业的产品质量和服务，同时也特别注重企业在环境保护、公益慈善及廉洁治理领域的成就。如果一个企业不能很好地履行其社会责任，势必难以在顾客（公众）心中留下良好的企业或品牌形象，这对于企业的良好健康发展也将带来不可估量的结果。而日益成熟的媒体渠道与网络、公众与公益组织带来的压力将会越来越大，过去那种不注重公众互动、不尊重公众的企业行为将是一种愚蠢的自杀行为。再加上越来越成熟的公益组织，也将对企业履行社会责任带来极大的倒逼力。

3. 企业治理完善引发的内驱力

推动企业强化廉洁治理最大的动力来自企业自身的内驱力。实际上，随着企业规模的不断扩大，企业将越发重视企业的内部治理，通过完善企业内部治理，可以有效降低成本，提高效益。同时，企业也将真正认识到，如果不强化企业内部廉洁治理，企业自身也将难以真正长存。此外，通过强化廉洁治理，也有助于提升企业声誉与形象，获得公众与顾客的认可，这对于企业来说是极为重要的。这种企业内部强大的内驱力将是推动企业廉洁治理走向成熟最为关键的动力。

4. 信息技术进步带来的促进力

随着新技术的不断进步与运用，尤其是"互联网+"、大数据、云计算等的广泛使用，传统的企业腐败贿赂问题在新技术面前将无所遁形，即使部分企业员工违背企业廉洁治理制度，也将因严密的数据监控而受到处罚。同时，受益于新技术进步带来的红利，对于构建企业内部治理，尤其是廉洁治理也有极大的促进作用，新技术将为企业治理提供重要的新治理平台，并且最大限度地减少治理成本，提升治理效率。因此，技术进步将成为企业廉洁治理的重要促进力。

四、提升企业社会责任廉洁治理能力的路径探索

为了切实提升企业社会责任廉洁治理能力，在深入分析了其内外影响因素及动阻力之后，本文试图探索一条推进我国企业履行社会责任廉洁治理能力的可行路径。总体而言，一方面要尽可能规避和化解当前企业面临的阻力；另一方面应进一步激活动力，全方位推进企业廉洁治理能力的建设与发展。

（一）破除文化阻力，激发企业内驱力

企业廉洁治理是企业社会责任当中的隐性责任，相对于环境保护、劳工人权保障、社会公益事业等显性责任更加隐蔽。如果不能有效激发企业自身履行的内驱力，单靠外在环境压力传导是难以有效解决的。要激发企业内驱力，必须通过思想引导和教育。对于我国大部分企业主而言，中国传统文化思想影响极为深远，在走出国门之时，必须要破除传统思维的束缚，不害怕与对方政府或组织进行廉洁治理领域的交流与沟通，不要将其视为自身的内部事务。在这个思想引导和教育过程中，政府或企业联盟都应该发挥积极作用，以召开相应的内部交流会议或是培训班的方式，切实帮助这些企业建立健全廉洁治理的机制与体制。同时，也要让企业管理者认识到，履行企业社会责任不仅有利于提升企业的品牌形象，也有利于企业更长远的生存发展，更有利于企业融入当地社区之中，是一项一举多得的好事，只有企业管理者真正认可了它，才可能在心中形成内驱力，并且固化为行动，内化于心，外化于行。

（二）依托技术创新化解制度阻力

随着时代的不断发展，新技术为构建企业廉洁治理提供了新平台。过去由于沟通不畅、信息

失真等因素导致实施廉洁治理管理制度阻力这一问题将通过技术创新很好地加以解决。例如，通过构建“互联网+”企业，基于企业内部大数据共享等方式，一方面可以有效提高工作的整体效率，节约时间和成本；另一方面可以通过实时监控，在最大程度上解决企业员工内部的不廉洁行为，进而为构建高效的企业廉洁治理奠定基础。同时，对于企业的短视经济利益行为，我国政府也必须要高度重视，构建一个“走出去”企业失信黑名单，将这些严重破坏国家声誉和国外企业经营环境的失信企业纳入黑名单中，实现失信数据的共享和共通，让这样的失信企业在国内和国外都寸步难行，付出应有的代价。

（三）发挥公众与 NGO 作用，形成环境合力

公众与 NGO 是企业最好的监督员。正如前文所述，对于企业是否履行社会责任，消费者的“购买”投票最有说服力。现在公众与 NGO 对环保、社会公益等显性社会责任领域已经越来越关注，并形成了强大的公众压力，倒逼企业履行社会责任。但在促进企业做好显性社会责任的同时，也应该逐步引导公众关注更加深层次的隐性社会责任的履行。这个过程中，NGO 将发挥更加重要的责任，通过培育一批有专业技能和素养的社会组织，协同政府共同做好企业廉洁治理的监督工作，这对于企业履责将有极大的推动作用。同时，也要充分发挥企业行业协会的自律意识和能力，在更大程度上营造一个良好的社会环境氛围，为企业做好廉洁治理提供一个良好的环境合力。

（四）高位推动健全企业治理机制，规避短视问题

中央政府的高位推动对于健全企业治理体制机制尤为重要。尤其是在当前“一带一路”倡议之下，众多企业涌向国外之际，政府必须要为这些企业指好方向，划好底线。通过从顶层设计层面对“走出去”的企业设立“负面清单”，更好地引导企业在国外生存和发展。同时，构建正面激励机制。比如对于构建了企业内部廉洁治理机制的企业进行激励，并作为正面典型进行重点宣传和推介，为其走出国门奠定最为坚实的基础。对于一些短视的企业，更应该对其进行惩戒，并不断加大处罚力度，倒逼企业切实履责。

参考文献

［1］刘俊海. 公司的社会责任［M］. 北京：法律出版社，1999.

［2］Bowen H. R. Social Responsibilities of the Businessman［M］. Harper Press，1953.

［3］Keith Davis. Can Business Afford to Ignore Social Responsibilities?［J］. California Management Review，1960（2）：70.

［4］［美］阿奇·B. 卡罗尔，安·K. 巴克霍尔茨. 企业与社会——伦理与利益相关者管理［M］. 黄煜平等译. 北京：机械工业出版社，2004.

［5］殷格非. 企业社会责任管理（一）：概念、特征［J］. WTO 经济导刊，2017（3）：48-53.

［6］李伟阳，肖红军. 企业社会责任的逻辑［J］. 中国工业经济，2011（10）：87-97.

［7］刘连煜. 公司治理与公司社会责任［M］. 北京：中国政法大学出版社，2001.

［8］卜伟华. 社会责任 8000（SA8000）标准简介［J］. 电子质量，2005（3）：60-62.

第二篇　“一带一路”背景下的改革创新

企业商业生态系统中价值共创演化：数字化赋能视角

——仁和集团案例研究

胡海波　卢海涛　管永红　胡京波

（江西财经大学工商管理学院，江西　南昌　330032）

［摘　要］本文以企业商业生态系统中的价值共创为主线，以仁和集团作为案例研究对象，采用SPS案例研究法，以数字化赋能的视角，从价值—共同—创造三个维度分析企业商业生态系统中价值的类型、价值共创的主体及关系、价值共创的演化。研究发现：首先，结构赋能和资源赋能作用于企业商业生态系统价值共创的每个阶段，相互之间能够实现协调驱动和共享识别；其次，数字化赋能视角下的企业商业生态系统中，企业、消费者、利益相关者、所有社会与经济参与者四大主体参与价值共创的演化，相互间呈现二元互动、第三方承接和互动共享关系；最后，数字化赋能促进商业生态系统演化，进而影响共创的价值，由交换价值向平台价值、社会价值演变。研究结论深化了对数字化推动下的企业商业生态系统价值共创演化特征的理解，也从数字化赋能视角为企业商业生态系统价值共创演化提供了一种新的解释机制。

［关键词］数字化赋能；商业生态系统；价值共创；案例研究

一、引言

“互联网+”的概念在2015年的《政府工作报告》中正式提出，报告中着重提到要求制定“互联网+”行动计划，主要内容包括加强现代信息技术（如移动互联网、云计算等）与现代制造业的结合，促进我国产业的健康发展。其后，我国相继推出“中国制造2025”“智能制造”等概念，都表明数字化技术正在深刻地影响我国产业的发展。新一代的数字技术给人们的生活方式带来了前所未有的巨大冲击，人与人、人与物、物与物之间开启了广泛的互联互通，并且促成了以鼓励参与、同侪驱动为特色的开放式的新权力（Heimans & Timms，2014）。

随着云计算、物联网、大数据等数字化技术的发展，越来越多的学者开始关注数字化技术对商业领域的影响，受限于研究情境的影响，目前学界对数字化技术在商业情境下的赋能影响研究才刚刚兴起，在现有的文献中，关于数字化赋能的研究主体更多关注于组织或个人，几乎没有从整体系统这个层面出发的研究。

因此，本文以仁和（集团）发展有限公司（以下简称“仁和集团”）为案例研究对象，从数字化赋能的视角研究企业商业生态系统价值共创的演化过程，试图从数字化赋能的理论视角打开商业生态系统中价值共创演化的“黑箱”。本文内容具体包括三个方面：首先，探究在企业发展的不同阶段赋能的相互作用情况；其次，总结出在商业生态系统价值共创演化过程的各个阶段价值共创主体的变化及相互关系；最后，总结概括出数字化赋能视角下企业商业生态系统共创的价值。

二、文献综述与分析框架

（一）数字化赋能

赋能（Enablement/Enablement）这一概念起源于20世纪60年代的“社会行动”思潮与20世纪70年代在社会科学领域兴起的“自我救助”（Self-help）研究（Kieffer，1982），并且在心理学、管理学、政治科学、教育学、健康研究以及社会学等多个领域有了更深的发展（Hur，2006）。在管理学中，赋能也有多种不同的定义。赋能是指个体或者组织对客观环境与条件拥有更强的控制能力来取代无力感的过程（Perkins & Zimmerman，1995）。赋能是一种关系构建，人们可以通过正式或非正式的组织实践活动来提升自我效能（Conger & Kanungo，1988）。

在现有的研究中，更多地将赋能的过程划分为三个关键维度：结构赋能、心理赋能和资源赋能（Spreitzer，1996）。结构赋能认为可以通过改变情境条件来进行授权，着重于提高客观的外部条件（如组织、机构、社会、经济、政治和文化条件）来给予公众采取行动的力量（Spreitzer & Doneson，2005；Thomas & Velthouse，1990）。心理赋能主要针对改善社会心理、内在动机或个人主观动因（如自信、自我意识、武断）（Ling & Pan et al.，2015），主要聚焦于如何改善社会心理与增强内生动机等主观感受（Christens，2012）。资源赋能强调资源的获取、控制和管控能力（Jacques，1996；Lee & Koh，2001），目的是使资源所有权与控制权被真正赋予到位（Jacques，1996）。

国外关于赋能的研究较多，但国内关于赋能的研究相对较少，特别是赋能在管理学领域的应用研究更少。而在国内外现有的文献中，更多的研究是基于单一维度对赋能进行分析（Ling & Pan et al.，2015），未能考虑到赋能多维度的特征（Ersing，2003；Hur，2006）。对于数字化赋能（Digital Enablement）的研究相对较少，数字化赋能指的是数字驱动商业创新和社会创新中所带来的消费化效应和变革化效应（潘善琳、崔丽丽，2016），数字化赋能也可以理解为提供数字化技术来推动事情向有利的方向发展。

（二）商业生态系统

商业生态系统的概念源于生态系统，最早由英国生态学家Tansley（1935）提出，指在一定的空间和时间范围内，在各种生物之间以及生物群落与其无机环境之间，通过能量流动和物质循环而相互作用的一个统一整体。受生态学理论的启示，生态系统的概念开始大量引入社会科学领域。之后，Moore（1993）首次提出商业生态系统的概念，并将其定义为一种“基于组织互动的经济联合体”。随后，Moore（1998）将其定义进一步完善为“由相互支持的组织构成的延伸的系统，是消费者、供应商、主要生产者、其他风险承担者、金融机构、贸易团体、工会、政府以及类似政府的组织等的集合”。

为了研究清楚商业生态模式的内部机构，Moore（1996）构建了一个主要由消费者、市场中介、供应商和企业构成的商业生态系统结构模型。Garnsey和Leong（2008）将企业所处的商业生态系统看成企业的直接交易环境，在企业的商业生态系统中，除了包括价值链上游的供应商、分包商和下游的分销商、客户等，还包括企业所面对的竞争对手、合作伙伴、监管机构和劳动力市场等，构建了一种典型的商业生态系统内部企业的交互机制。因此，企业的直接和间接交易伙伴都可以被包含在商业生态系统内（潘剑英、王重鸣，2012）。

在商业生态系统的阶段划分上，Moore（1993）将商业生态系统的生命周期划分为四个阶段：产生阶段、扩展阶段、领导阶段和死亡或自我更新阶段。在产生阶段，寻找目标市场，完善自身的产品和服务，建立竞争壁垒；在扩展阶段，创业企业通过提供共享的产品或服务建立合作框架吸引其他参与者加入生态系统中，建立与其他参与者之间的关系；在领导阶段，创业企业通过引领系统内部的创新成为系统的领导者，为系统提供技术和产品基础，领导并协调系统内部成员的协同发展；在死亡或自我更新阶段，通过企业再造和组织变革实现生态系统的组织更替。Peltonie 和 Vuori（2008）从复杂系统的角度将商业生态系统的内部成长周期划分为四个阶段：自组织、兴起、协同演化和适应。Tian 等（2008）认为，商业生态系统演化机制包括吸引（排斥）、进入（脱离）和成长（衰退）等环节，具有系统动力性能、包容性能和孵化性能。

（三）价值共创

价值共创是指组织打破原有封闭的运作，开放组织边界，通过与利益相关方形成共生关系为用户提供有价值的产品和服务（Kohli & Grover，2008），发生在成员之间不同层次的互动（Grover & Kohli，2012），能够将用户纳入价值创造过程，通过与用户的深度交互，满足用户的个性化需求（Payne et al.，2008；Sarker et al.，2012）。

在价值共创的参与主体上，以往的研究更多侧重于企业与消费者的二元互动（Prahalad & Ramaswamy，2000；Gebauer，2010），但近几年对价值共创主体的研究逐渐由企业与消费者转移到更广泛的服务系统以及利益相关者之间的互动（简兆权等，2016；冯长利、刘洪涛，2016）。Lambert 和 Enz（2012）认为，其他一切利益相关者也属于价值共创的参与者。Damali（2016）认为，在新的市场，以消费者为中心，价值的创造与获取需要更多的生态系统中的参与主体。虽然对价值共创主体的研究越来越多，但却始终没有深入探讨价值共创过程及其主体所承担的角色（杨学成、涂科，2016）。

在价值共创的阶段划分上，Gronroos（2009）提出价值共创三阶段理论模型，分别是“价值促成—单独创造价值—价值共创”三阶段。周文辉（2015）基于研发服务机构和中小制造企业案例将价值共创模型阶段划分为“观念共识—价值共生—价值共赢”，之后又进一步完善为“价值共识—价值共生—价值共享—价值共赢”四个阶段（周文辉，2015）。而后 Kao 等（2016）提出了“互动—参与—提出—行为—实现”五阶段模型。

（四）理论分析框架

尽管数字技术赋予“新权力”的崛起被广泛认定为未来发展的趋势（Heimans & Timms，2016），但社会/商业领域的数字化赋能及其影响的深入研究尚未系统开展。现有的数字化赋能研究视角局限于单个企业或组织，缺乏从生态系统和价值共创的角度深入探讨。在商业情境下，商业生态系统指通过正式的契约或相互依赖形成的组织间的网络（Pierce，2009），从整个生态系统的角度进一步探讨数字技术赋能组织变革的文献尚十分缺乏，现有的研究忽视了构成数字化赋能的商业生态系统中价值共创所需的众多参与者及其不同的角色。

不同的学者从不同的角度对数字化赋能、商业生态系统和价值共创进行了深入研究，但却割裂了三者间的关系。在信息化、智能化的大环境下，数字化如何赋能企业实现商业生态系统中的演化？商业生态系统的演化过程也就是价值共创的过程，因此，本文从数字化赋能的视角下探讨资源赋能和结构赋能与企业商业生态系统价值共创演化的相互关系。

基于以上的分析和相关的文献回顾，本文将从数字化技术—赋能—商业生态系统价值共创这一逻辑（见图1）出发，具体探讨不同赋能如何相互作用，商业生态系统价值共创演化过程的各个阶段价值共创主体的变化及相互关系，以及数字化赋能视角下企业商业生态系统共创的价值有哪些。

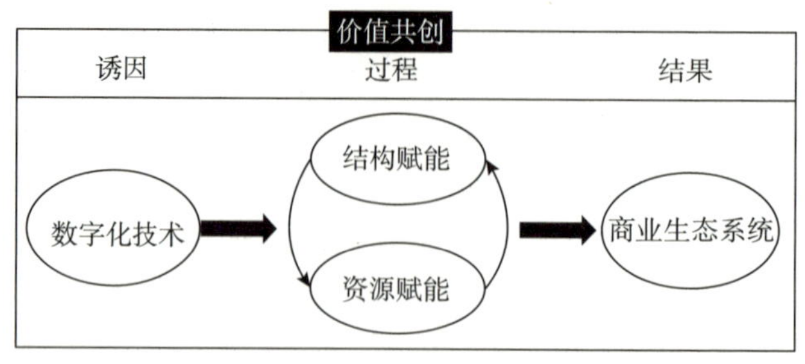

图1 本文分析框架

资料来源：基于相关文献整理和案例推导。

三、研究设计

（一）研究方法

本文采用的是结构化—实用化—情境化（Structured-Pragmatic-Situational，SPS）案例研究方法（Pan & Tan，2011）。案例研究是探索难以从所处情境中分离出来的现象时采用的研究方法（Yin，2014），其焦点在于理解某种单一情境下的动态过程（Eisenhardt，1989），能够再现已经发生的所有里程碑事件及其前因后果，这对于剖析组织或事件的发展历程、发展现有管理理论而言是最深刻、有效的方法（潘善琳、崔丽丽，2016）。首先，本文以一家传统制造企业为案例研究对象，主要探讨数字化赋能和商业生态系统的关系，需要回答"怎么样"和"为什么"的问题，因此本文适合采用案例研究方法（Eisenhardt，1989；Yin，2014；欧阳桃花，2004）。其次，本文重点解决传统制造企业在数字化的背景下商业生态系统演化的问题，SPS案例研究方法尤其适合解决路径演化问题（胡海波，2016），因此选用能够系统解决"为什么"和"怎么样"问题的SPS案例研究方法（Pan & Tan，2011）。最后，已有文献中尚未深入探讨构成数字化赋能的商业生态系统所需的众多参与者及其不同角色，因此本文通过SPS案例研究方法，在应用充分的情境证据下得出较为明确的结论，总结概括出复杂事物背后的一般性规律（Pan & Tan，2011）。

（二）案例选择

案例企业的选择是案例研究理论构建的一大挑战（Eisenhardt，1989；Eisenhardt & Graebner，2007），因此，本文遵循典型性原则（Patton，1987），选取仁和集团作为案例研究对象，理由有三：

第一，就案例企业本身而言，仁和集团是中国医药企业的典型代表，其生产的多个产品成为该行业的领导品牌，销量居全国同类产品第一，具有一定的行业代表性。第二，作为一家传统医药企业，近几年来仁和集团顺应时代潮流，率先在医药领域进行数字化变革，符合本文的数字化情境。第三，仁和集团自组建起便开始了数字化探索，近几年来发展尤为迅猛，在其通过数字化来进行企业转型的路径中，构成其商业生态系统的要素不断增加并趋于完善，符合本文的主题。

（三）数据收集

本文主要采用了深度（半结构）访谈、观察调研和二手数据收集三种不同的数据收集方式，以确保数据来源的多样化，从而对各种数据进行相互补充和交叉印证，提高案例的建构效度（Yin，2014），形成“资料三角形”（Patton，1987）。

第一，深度（半结构）访谈。半结构化深度访谈是本文最重要的数据来源，因仁和集团主要的互联网运营业务在仁和集团旗下的江西仁和堂医药连锁有限公司（以下简称“仁和堂”），本次访谈主要针对仁和堂的相关人员，具体内容如表 1 所示。研究团队对仁和堂的相关人员进行了两个阶段的访谈：第一阶段为集体座谈和单独访谈，主要是大概了解仁和集团数字化建设的情况，并根据所要研究的主题进行提问；第二阶段为单独访谈，主要对第一阶段所收集的信息进行确认，通过相互印证确保收集数据的准确性，并就仍存在的疑惑进行补充提问。访谈全程录音，访谈结束后在 24 小时内完成访谈录音还原，为后期的研究提供材料支撑。

表 1　仁和堂访谈

序号	职位	访谈内容	访谈频次
1	总经理	企业基本概况与发展背景、企业电商战略布局、电商未来规划	1
2	副总经理	行业电商发展趋势、电商平台支撑、电商运营情况、参与人员变化	2
3	综合部部长	电商人力投入、电商运营情况、电商运营总体思路、参与人员变化	1
4	推广部员工	电商运营实际问题、产品推广措施、参与人员变化	2

资料来源：笔者整理。

第二，观察调研。主要采取直接观察的方式，走访了仁和集团办公大楼、物流仓库和仁和 863 科技园，进一步了解了仁和集团的三个“五年规划”、仁和集团产品及叮当云科技，明确了企业发展的重大转折点，加深了对仁和集团及其文化的理解。

第三，二手数据收集。包括从医药行业获取的行业发展现状、医药电商市场数据等；从仁和集团官方渠道（官网、微信、微博等）获取的企业发展大事记、仁和集团电商发展历程、企业品牌、互联网转型等数据；从媒体报道中获取的企业背景、企业发展的重大事件等。

（四）数据分析

本文采用多级编码来进行数据分析（Mirabeau & Maguire，2014），以保证研究的科学性和规范性。将研究团队分为 2 组，每组 2 名成员，基于研究主题，采用“背靠背”的编码方式对案例资料进行单独编码，编码前对研究团队成员进行预编码培训，以加强其对主要构念、测度变量等的理解。在编码的过程中，对同一来源或文本意思相近的表述只算为 1 条条目，研究团队通过表格的形式将编码的结果呈现出来，两组人员再对编码的结果进行比较核对。一手资料的来源编码为 F1～F4，二手资料的来源编码为 S1～S4。经过反复确认和编码的筛查，最终确定了 222 个条目，具体如表 2 所示。

表 2 根据数据来源分类及数据编码

类别		编码	条目数	类别		编码	条目数
一手资料（半结构访谈、观察调研）	总经理	F1	42	二手资料（企业内部资料、媒体报道等）	内部资料	S1	24
	副总经理	F2	37		媒体报道	S2	35
	综合部部长	F3	19		企业官网	S3	22
	推广部员工	F4	26		期刊论文	S4	17

（五）信度与效度保证

建构效度、内在效度、外在效度和信度四方面是检验案例研究质量的常用方法（Yin，2014）。第一，建构效度。本文采用深度（半结构）访谈、观察调研和二手数据收集三种不同的数据收集方式，采用多元的证据来源形成证据链，使得各种证据间能得到相互印证。第二，内在效度。根据文献回顾与理论分析，结合仁和集团数字化转型所表现出来的特征，建立每一阶段的特征模型，对相关理论与企业数据进行匹配，保证内在效度。第三，外在效度。本文采用商业生态系统、赋能、数字化赋能等理论，尝试通过仁和集团案例总结出传统制造企业数字化转型过程中商业生态系统的演化规律，确保研究的外部效度。第四，信度。建立以访谈录音、现场照片、调研笔记、媒体报道、期刊论文等资料为主的案例资料库，以便随时调取和检查。

四、案例描述

（一）案例企业背景介绍

仁和集团组建于 2001 年，经过十几年的发展，仁和集团已成为国内 OTC 龙头企业。作为掌握传统资源的企业，仁和集团积极从自身的资源出发，努力往互联网方向靠拢，并尝试着向互联网医药公司转型。

2005 年，仁和集团率先在企业内部进行数字化建设，通过 PC 端进行内部沟通的协同，便捷了沟通的渠道，促进了企业内部价值的实现。2013 年，仁和集团顺应时代的发展，开始谋求互联网转型，借助于 PC 端的第三方平台，开展企业外部数字化的建设，创造消费者与企业之间的价值。2015 年 7 月，"叮当大健康生态圈"的提出标志着仁和集团从 PC 端向移动端的转变，企业外部市场不断扩大，更多的参与主体加入进来，实现了参与者群体的价值共创。仁和集团数字化发展历程如图 2 所示。

（二）仁和集团商业生态系统价值共创演化

本文基于赋能、价值共创及商业生态系统等理论，根据企业发展的特点及规律，将仁和集团商业生态系统价值共创演化过程归纳为产生期、扩展期和领导期三个阶段。

1. *产生期*（2005~2012 年）

从 2001 年组建至 2004 年，仁和集团设立集团商业总部，下设各营销部门、策划部等机构负责集团产品的销售工作，并通过全国营销电视电话会议等远程方式进行实时指挥，数字化建设相对较

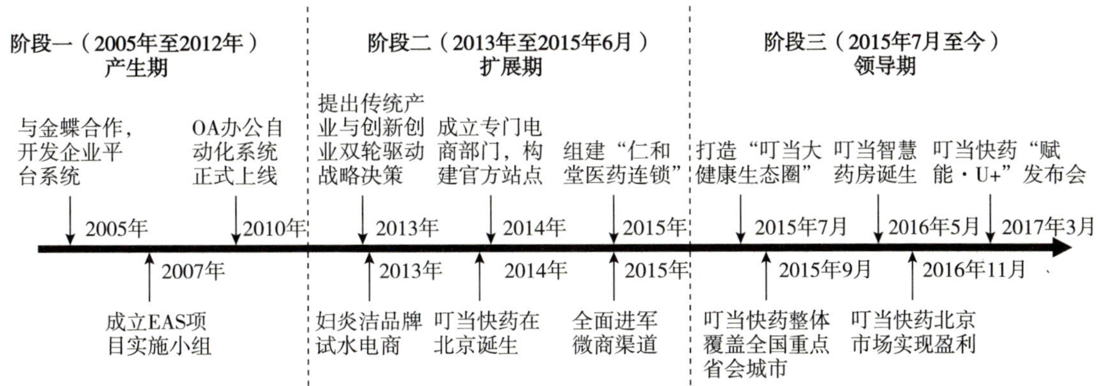

图 2 仁和集团数字化发展历程

薄弱。为了加快企业的发展，仁和集团开始在企业的数字化建设上投入大量的人力、物力与财力，引进了国内某软件企业的财务及业务系统，但随着企业规模的不断扩大、行业竞争的激烈以及企业信息数据处理的需求越来越高，之前选用的行业应用软件已难以满足仁和集团发展的需求。

2005 年，仁和集团与金蝶深入合作，开发出一套符合仁和集团个性化需求的软件应用配置和二次开发平台以及远程控制平台系统，系统较好地满足了当时仁和集团发展的需要。随着"二五计划"（2006~2010 年）的不断推进，仁和集团在集团信息数据交互、集团集中管控（资金、物流、采购等）和企业日常业务管理流程化等方面提出了更高的要求，在双方的充分沟通下仁和集团选择了金蝶第三代平台化 EAS 系统，通过金蝶企业应用套件（Enterprise Application Suite，EAS）集成管理、随需应变的特性构筑仁和集团未来的企业数字化管理平台，确保信息系统能够满足仁和集团不断发展的需要。2007 年初，仁和集团商业总部成立 EAS 项目实施小组，标志着商业总部数字化建设进入具体实施阶段。

随着分销网络和集团规模的不断扩大，仁和集团开始思考如何通过数字化技术提高组织的协作能力，同时提升组织的学习能力和促进组织的制度落地，如何更好、更便捷地对集团员工的工作进行监督和管理。2010 年 10 月，仁和集团 OA 办公自动化系统正式上线，主要用于加强对集团员工工作的跟踪与考评，集团董事会、总裁办公会成员及各总部班子成员的月工作计划及标准要放到 OA 办公自动化系统上，让全体员工来对照、监督。OA 办公自动化系统的运用通过数字化技术的方式打破了集团与下属公司、上下游产业链之间的隔阂，实现了无纸化办公和移动办公，达到随时、随地、随需的办公环境，真正实现了灵活、可控的组织管理，打造了全员统一的办公平台。

这一阶段典型引用语举例及编码结构如表 3 所示。

表 3 仁和集团商业生态系统产生期数据呈现

数据呈现	数据来源	相关构念	测量变量
至 2010 年，仁和集团拥有 1 家上市公司、8 家工业生产企业、5 家商业销售企业和 2 个科技研发中心，承担国家级高新技术项目 5 个，形成了由仁和企业品牌和 6 大产品品牌组成的品牌集群	F1；F2；S1；S2；S3	规模扩大	企业成长
随着集团规模、分销网络的不断壮大，仁和集团开始思考组织灵活性、多产业协同价值的问题，希望借助信息化提升组织的协作能力，同时提升组织的学习能力和促进组织的制度落地	F1；F2；S1；S3	业务需求	

续表

数据呈现	数据来源	相关构念	测量变量
EAS 系统的引入，构建了仁和集团未来的企业信息化管理平台，确保信息系统能够满足仁和集团不断发展的需求	F1；S1；S3	信息化管理平台	资源整合
OA 办公自动化系统运行后，集团董事会、总裁办公会成员及各总部班子成员的月工作计划及标准要放到 OA 办公自动化系统上，让全体员工来对照、监督	F1；F2；F3；S1；S3	内部协同	
商业总部成立 EAS 项目实施小组，能够实时与分销商进行沟通	F1；S1	远程控制	渠道变革
OA 系统引入无纸化办公，降低办公成本；实现移动办公，提升办公便捷性，打造随时、随地、随需的办公平台	F1；F2；S3	线上办公	
老板能够及时地引入企业信息化管理平台	F1；F2	企业高层	参与主体
软件开发商顺应企业发展需求及时更新系统	F1；F2	软件开发商	

2. *扩展期*（2013~2015 *年* 6 *月*）

由于一直身处企业的一线实践中，仁和集团董事长杨文龙对市场有着较高的敏锐度。2013年，仁和集团的妇炎洁品牌就已经开始试水电商。2014 年，在杨文龙的指导下，仁和集团全面拥抱“互联网+”，开启转型之路。短短一年间，仁和集团以“做一个掌握传统资源的互联网企业”为目标，开创全新的物联模式。

2014 年，仁和集团成立专门的电商部门，积极构建自己的官方站点，借助于第三方电商平台以及企业的官方网站来打开产品在互联网的通路，实现产品在电商平台的战略布局。在听取了广泛的用户反馈意见和进行了大量的市场调研后，2014 年底，仁和妇炎洁直属天猫官方旗舰店携手聚划算全网开启“定制健康”的体验之旅。随着微信在人们生活中发挥越来越重要的作用，微商这种新型渠道异军突起，越来越多的消费者通过微商选购自己需要的产品，而在 OTC 市场，仁和集团从来都不缺乏创新与自我挑战的勇气和决心。2015 年，仁和集团紧跟市场趋势，组建“仁和堂医药连锁”从事互联网营销业务，并投入重金全面进军微商渠道。作为仁和集团四大品牌之一的妇炎洁为了更好地全渠道覆盖，除了 KA（Key Account）系统、药房和电商渠道外，也于 2015 年上半年正式开拓了微商渠道，以保证女性在最需要的环境下通过最迅速的方式获得产品。

具体来说，这一阶段仁和集团产品的电商平台战略布局主要体现在四个方面。第一，构建官方站点，打造仁和品牌形象：通过各产品官方微博推送相关产品提高产品知名度，开通各产品官网进行产品的介绍，运营产品微信公众号提升品牌形象。第二，借助第三方电商平台，通过线上转化销售，提升销售业绩：仁和集团产品在天猫、京东、1 号店等主流电商平台都有自己的专卖店，并设立专门的部门负责电商平台的运营与维护，作为中国女性私处洗护市场领导品牌，妇炎洁在电商平台的表现也不负众望，销售量在同类型的产品中排名靠前，大多时候占据第一的位置。第三，通过微商渠道，让妇炎洁能够迅速传播到终端，实现多渠道的配合；为更好拥抱微商新渠道、开拓创新业务，仁和集团针对年轻消费者使用习惯等个性化的特点，为微商渠道量身定做了一系列不同于传统药店渠道的新产品。第四，加强线上推广，除了传统的营销方式，仁和集团积极利用互联网渠道进行活动营销：仁和集团自创“4·11 闺蜜节”，利用网络节日进行品牌宣传，扩大品牌影响力，打造品牌流行文化，在消费者心中形成固定的节假日；针对百度的推广业务，仁和集团进行了 SEO 优化（搜索引擎优化），通过首页推荐等推广方式，加强品牌曝光率、点击量，引流店铺，增加商品露出；利用自媒体传播快等特点，将“体验营销”与“娱乐营销”相结合，实现仁和集团“品牌活动+新媒体运营+新品开发+试用装派发体验”的战略布局。

这一阶段典型引用语举例及编码结构如表4所示。

表4 仁和集团商业生态系统扩展期数据呈现

数据呈现	数据来源	相关构念	测度变量
仁和集团有巨大的传统企业资源，要做产业链的互联网转型	F1；S2；S3；S4	“互联网+”	企业转型
一位传统老板和一位互联网老板的思维完全不一样，互联网老板注重用户的体验，想的是如何颠覆行业	F1；S1；S3	颠覆	
借助于第三方电商平台和企业官网，仁和集团迅速扩大了销售规模	F1；F3；F4；S2；S3	第三方平台	资源整合
通过微信培育微商，发展新的经济增长点	F2；F3；S2；S3；S4	社交媒介	
电商渠道的开通使得销售渠道变得更加多样	F2；F3；F4；S2	电商	渠道变革
随着微信在人们生活中发挥越来越重要的作用，微商这种新型渠道异军突起，越来越多的消费者通过微商选购自己需要的产品	F1；F2；S3	微商	
第三方电商平台通过其旗舰店和企业自己的官网来进行产品的销售，充分返利给消费者，让更多消费者能够享受到实惠	F1；F3；S2	第三方电商平台	参与主体
基于熟人关系网发展的微商使产品变得有“温度”，不仅能够给予人性化的关怀，还能够针对性地给予使用建议	F1；F3；S2	分销商	

3. 领导期（2015年7月至今）

2015年7月，仁和集团在“赢在云端”互联网战略转型发布会上正式发布“互联网+”战略，打造“叮当大健康生态圈”，具体包括和力物联网M2F（Manufacturer to Factory，制造商到工厂）、叮当医药B2B、叮当快药O2O和叮当智慧药房，仁和集团将探索围绕叮当快药服务平台的“M2F+B2B+O2O”的全产业链整合的互联网医药商业模式，解决“最后一公里”的难题。

和力物联网M2F是仁和集团为互联网医药所开辟的创新商业模式，仁和集团与全国200多家知名药企达成合作，共同推出“FSC（Factory Service Customer，工厂服务消费者）药企联盟健康服务工程”项目，旨在通过和力物联网M2F整合各方资源，集中采购医药企业原材料，降低联盟会员的药品采购成本。叮当医药是基于线上的B2B模式，仁和集团通过叮当医药解决零售终端药品采购中分散的问题，从而保证零售终端能够及时且持续地采购药品。将200多家药企的产品资源集中在网上，用于线下32万家实体药店的采购供应，连接上游产品和下游终端资源，从而解决信息不对称的问题。叮当快药是一款基于O2O的医药健康类互联网产品，协助药店提供便民服务，实现“核心区域7×24小时，28分钟免费送药到家”的服务，一键解决用户购药难题。叮当快药公开的数据显示，截至2016年底，叮当快药用户突破1000万人，通过线下布局，由叮当智慧药房完成了对北京、上海、广州、深圳、成都、沈阳、郑州七大城市的全面覆盖，并实现了7×24小时核心区域的免费配送，向用户承诺28分钟送药到家，将用户服务做到极致。其中，北京市场于2016年11月实现日订单突破两万单，率先实现盈利。伴随着叮当快药的快速发展，叮当智慧药房应运而生。2016 年 5 月，"叮当智慧药房揭牌仪式"在北京召开，叮当智慧药房通过整合线上和线下服务的潜力，率先在六大城市开通服务，从健康管理、智能匹配、精品医药、社区健康和快捷到家五大方面为用户的健康提供服务。自此，仁和集团以叮当快药 O2O 模式为基础，以叮当健康 B2C、和力物联网 M2F、叮当医药 B2B 模式为支持的叮当大健康生态圈，有了坚实、可复制的"着陆点"。

这一阶段典型引用语举例及编码结构如表 5 所示。

表 5 仁和集团商业生态系统领导期数据呈现

数据呈现	数据来源	相关构念	测量变量
"叮当大健康生态圈战略升级暨叮当智慧药房揭牌仪式"在北京召开	S1；S2；S3；S4	生态圈构建	企业转型
叮当智慧药房通过叮当大数据分析，为用户提供更为精准的智能服务	F1；F2；F4；S1；S2；S4	智能服务	
"FSC 药企联盟健康服务工程"的打造连接上游产品和下游终端资源	F1；S1；S3；S4	产业链	资源整合
叮当大健康生态圈深挖线上与线下服务整合的潜力，为用户提供最便捷的服务	F1；F2；F3；S1；S3；S4	线上+线下	
互联网的普及让消费者与企业的沟通更加便捷，用户可实时反馈自己的问题或需求。针对这一特点，仁和集团利用网络平台开通了定制服务，能够根据消费者的需求及时做出反应	F2；F4；S1；S2	私人定制	渠道变革
叮当快药能够智能分析用户的使用情况，做到健康管理、智能匹配	F1；F2；S1；S2	智能管理	
一系列的医药电商政策为仁和集团电商的发展提供了利好机会	F1；F3；F4；S2	制度支撑者	参与主体
M2F 模式通过互联网渠道联盟 200 家企业，集中采购，从而降低了企业的运营成本	F3；F4；S3	合作医药企业	

五、案例分析

基于上述材料，本文以"诱因—过程—结果"为案例研究主线，从"价值（价值共创内涵）—共同（价值共创主体及关系）—创造（价值共创过程）"三方面对仁和集团数字化转型过程中商业生态系统价值的共创演化进行分析。

（一）企业商业生态系统中价值共创演化

1. 聚焦企业内部数字化建设的产生期

企业规模的不断扩大让企业迫切需要通过数字化技术来加强管理，仁和集团通过 PC 端加强了对企业内部的管理，使得数字化技术能够为被赋能者（企业）提供环境的改善。因此，仁和集团通过结构赋能和资源赋能初步构建起企业的商业生态系统，但由于参与主体较少，整个商业生态系统呈现单一型特征。

在资源赋能维度，企业引进 EAS 系统以及上线 OA 办公自动化系统，整合企业内部资源，为信息的聚集、整合及传播提高资源赋能。在结构赋能维度，系统的引入使远程控制和线上办公得以实现，客观外部条件的变化使沟通的渠道发生了改变，企业员工可以通过这两个系统进行交易和内部的沟通。

数字化技术的引入便捷了企业内部以及企业与消费者、经销商等的联系，促进了相互之间的价值实现。由于企业还处于对数字化技术的初步运用和尝试阶段，因此参与企业商业生态系统的主体只有企业高层、软件开发商以及经销商和客户，其中，企业高层和软件开发商在这一阶段发挥着关键作用。基于过程分析，本文将数字化赋能视角下的企业产生期单一型商业生态系统价值共创的相互关系总结为图 3。

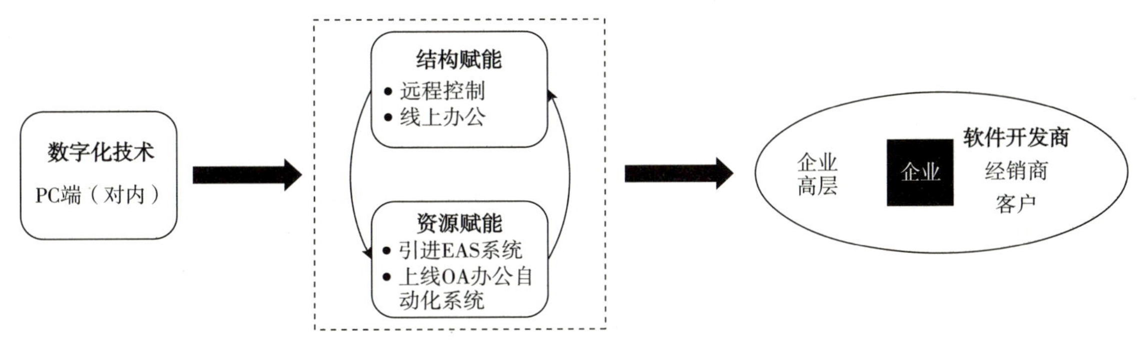

图 3 企业产生期单一型商业生态系统价值共创

2. 聚焦企业外部数字化建设的扩展期

互联网的普及严重冲击着传统企业的发展，作为老牌医药企业的仁和集团率先进行互联网转型，通过 PC 端加强企业与客户间的直接联系，不断拓展企业的外部数字化建设。因此，仁和集团通过结构赋能和资源赋能强化了商业生态系统的构建，参与主体相比第一阶段变得更加多元化。

在资源赋能维度，企业通过整合三大平台（第三方电商平台、企业官方网站、微信）的资源，加强产品的传播能力。在第三方电商平台积极开拓旗舰店，利用电商平台的资源聚集人气，吸引用户的加入；在企业官网构建官方站点，加强企业自身品牌建设；通过微信培育微商，发展新的经济增长点。在结构赋能维度，企业产品销售的渠道由线下向线上转变，数字化技术的加入为企业开拓了新的销售渠道：电商让企业站在了一个更高的平台，企业得以有更多的时间和精力做好产品；微商让产品变得更加人性化，基于熟人经济的微商改变了传统的销售渠道，可以更好地对产品进行宣传。

此时，企业商业生态系统中的参与主体发生了新的变化。通过互联网渠道，企业得以直接与客户进行沟通，客户能够及时对产品进行反馈，有的客户直接通过加盟成为新的分销商，再继续发展客户。这一阶段第三方电商平台和分销商发挥着重要作用，在很大程度上决定了产品的销售情况。基于过程分析，本文将数字化赋能视角下的企业扩展期多元型商业生态系统价值共创的相互关系总结为图 4。

3. 聚焦企业数字化生态建设的领导期

医药电商领域的成功探索让仁和集团确立了行业领先的地位，依托前期积累，仁和集团迅速确立了“叮当大健康生态圈”战略，并提出了“赢在云端”的目标，并通过叮当快药 APP 实现

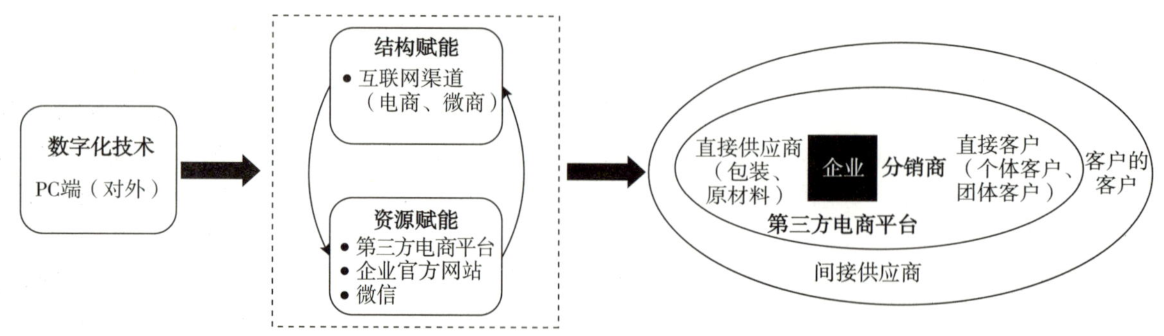

图 4 企业扩展期多元型商业生态系统价值共创

了医药电商的移动化，更加便捷了用户的使用。因此，仁和集团通过结构赋能和资源赋能实现了与商业生态系统的共生，参与主体的多样使得商业生态系统呈现共生型特征。

在资源赋能维度，企业打造以和力物联网 M2F、叮当医药 B2B、叮当快药 O2O 和叮当智慧药房四大环节为主的叮当大健康生态圈，整合了医药企业上下游的资源，全面布局线上、线下，深挖线上、线下服务整合能力，实现线下主要城市全覆盖。在结构赋能维度，除了电商和微商渠道，数字化技术的运用使企业能够进行个性化服务；用户可以通过微信、叮当快药 APP 等渠道进行私人定制，根据自己的实际情况线上购买药品，并能得到专业建议。此外，基于大数据的智能分析能够有效地监控用户的实际情况，为用户的身体健康提供科学化的建议。

资源的有效整合及渠道的变化，使更多的主体参与到了企业的商业生态系统中来。标准制定机构以及政府等管制机构的相关政策在很大程度上影响着生态系统的构建速度及规模大小，药企联盟的搭建使更多的医药资源得以共享，以仁和集团为中心的核心系统不断向外拓展，相关产业和利益相关者等的加入壮大了商业生态系统的参与主体，并逐渐完善了数字化商业生态系统。

基于过程分析，本文将数字化赋能视角下的企业领导期共生型商业生态系统价值共创的相互关系总结为图 5。

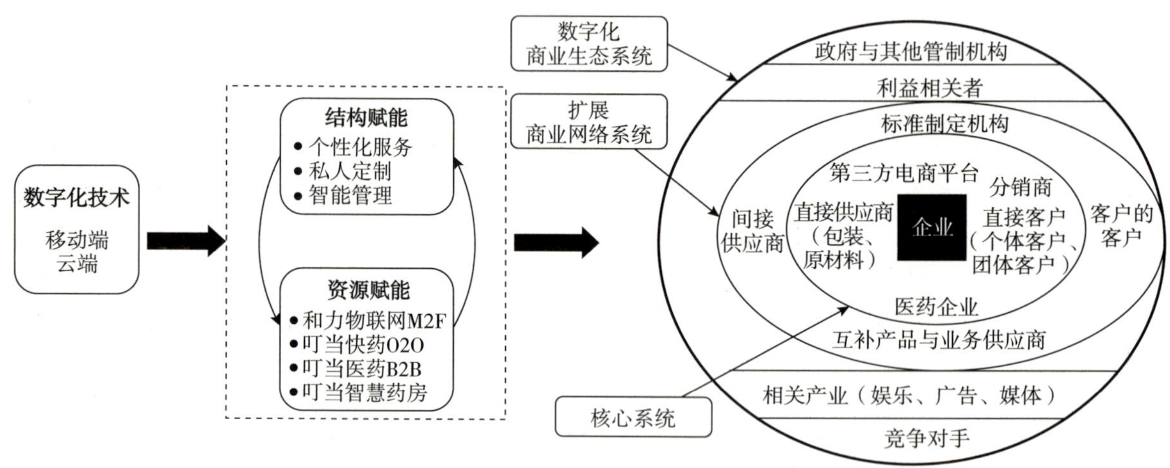

图 5 企业领导期共生型商业生态系统价值共创

（二）企业商业生态系统价值共创演化参与主体及其关系

仁和集团在不同的发展阶段参与其商业生态系统价值共创的主体在不断地发生变化，每个阶段价值共创主体及其关系、关键参与者、作用平台等如表 6 所示。

表 6 企业商业生态系统价值共创主体

维度 \ 阶段	产生阶段（2005 年至 2012 年）	扩展阶段（2013 年至 2015 年 6 月）	领导阶段（2015 年 7 月至今）
价值共创主体	企业、消费者	企业、消费者、利益相关者	企业、消费者、所有社会与经济参与者
主体关系	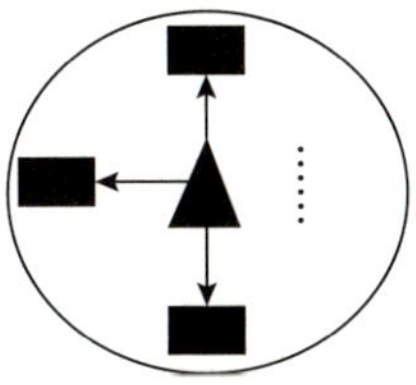 二元互动	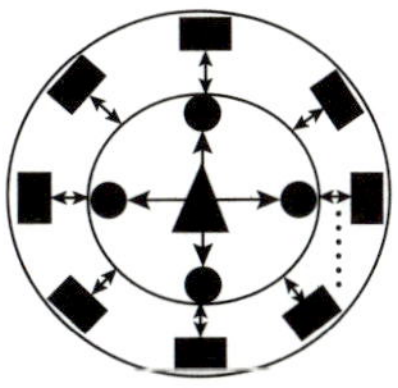 第三方承接	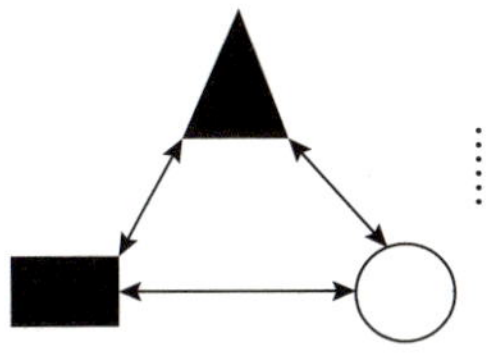 互动共享
关键参与者	企业高层 战略化布局：率先进行数字化变革，开启商业生态系统价值共创构建	电子商务服务提供商 提供交易平台：保证更多的参与主体能够加入，提供数据的实时更新	制度支撑者 提供政策支持：其他参与主体能够发挥更多的自主权
	技术服务提供商 提供技术支撑：依托商业生态系统价值共创构建的需要提供服务，减少沟通和交易成本	分销商 扩大销售渠道：扩大产品影响力，提供更多销售渠道	合作企业 扩大产品来源：个性化服务与智能管理成为可能
作用平台	内部 PC 端	外部 PC 端	移动端云端

注：图示代表：▲企业，■消费者，●利益相关者，○所有社会与经济参与者，……为省略数量。
资料来源：根据相关文献和仁和集团案例整理。

1. 企业商业生态系统价值共创的产生

由于企业规模不断扩大，仁和集团迫切需要通过数字化技术来协助管理。因此，仁和集团引进 OA 办公自动化系统加强对集团员工的管理，引进 EAS 系统构建企业数字化管理平台，加强企业与供应商等之间的联系。通过数字化建设，仁和集团从企业内、外两个方面入手，双轮驱动，实现企业内外部信息化水平，开始了传统企业与数字化的融合。

在这一阶段，企业通过数字化建设开始加强与外部的联系，但缺乏沟通反馈渠道，价值共创的主体企业与消费者虽呈现直接互动关系，但仅仅局限于交易买卖。其中，企业高层和技术服务提供商发挥着最为重要的作用。企业高层能够及时发现企业对数字化技术的需求，并且愿意投入大量的人力、物力和财力在企业的数字化建设上；技术服务提供商能够及时响应企业的需求，开发出符合企业要求的软件或系统，并且能够根据企业业务的调整及变化不断对系统进行更新，对企业数字化建设提供了有效的技术支撑。

2. 企业商业生态系统价值共创的扩展

互联网的快速发展给传统企业带来了新的挑战，仁和集团积极响应市场变化，在医药领域率先进行互联网转型的尝试。首先，仁和集团积极建设企业及各产品的第三方电商平台（官方网站，天猫、淘宝、京东等官方旗舰店），并通过第三方平台销售产品。其次，开拓微商渠道，利用自身优质品牌和产品优势，实现民族品牌与微电商渠道强强结合，为微电商带来持久的增量点。最后，仁和集团利用互联网方便、快捷等特点积极对产品进行传播，开展各种线上营销活动，加强消费者与产品的互动，提高消费者对产品的黏性。通过对数字化（互联网）的运用，仁和集团不仅迎来了老牌国货的重新起航，其多个产品更是在类目中排名第一，成功开始了企业互联网转型。仁和集团整合品牌资源，规划电商平台，通过官方和第三方平台，利用丰富的品牌种类及产品线，打造全面的电商平台，完成全网销售的格局。通过个性化会员服务、积分式会员制度、定制化会员营销以及等级式会员体系一系列措施打造粉丝聚合平台，最终建立“仁和大健康”综合型电商平台。

在这一阶段，利益相关者（电子商务服务提供商和分销商）开始出现，企业通过利益相关者进行产品销售，消费者通过利益相关者购买产品。因此，价值共创主体演变为企业、消费者和利益相关者三大主体，企业与利益相关者互动，利益相关者和消费者互动，三者间的关系呈现为“第三方承接”，由利益相关者链接企业和消费者。其中，电子商务服务提供商和分销商发挥着最为重要的作用。第三方电商平台通过其旗舰店和企业自己的官网来进行产品的销售，使原本只能通过药店购买的产品也能通过网络购买，保护了消费者的隐私，减少了中间环节，提供了更多的产品渠道，充分返利给消费者，让更多消费者能够享受到实惠。分销商更多的指微商，微信渠道的开通为微信的发展提供了天然的土壤，基于熟人关系网发展的微商使产品变得有“温度”，不仅能够给予人性化的关怀，还能够针对性地给予使用建议。

3. 企业商业生态系统价值共创的领导

电商平台的成功让仁和集团在医药电商领域确立了领先优势，作为行业领先的医药企业，仁和集团的数字化探索远非如此。在新的发展规划中，仁和集团提出了“云端、物端、人端”三位一体的“云商生态”策略：通过云商平台，以电商集群的方式，利用供应链有效连接组成“商务云”生态系统，在品牌、产品、服务、营销推广等方面实现资源共享；同时组建线下实体分销网络，实体配送网络；基于社会化媒体实现商品的个人体验、社交分享与推荐。三大终端互动互补、相辅相成，最终展现一个云商业态，实现“赢在云端”的美好目标。此外，仁和集团打造的“叮当大健康生态圈”已初具雏形并趋于完善。

在这一阶段，更多的社会与经济主体参与进来，价值共创主体演变为企业、消费者和所有社会与经济参与者，借助于数字化技术，三大价值共创主体之间能够实现互动共享。其中，企业与消费者之间能通过移动 APP、第三方平台等方式进行直接互动，企业和所有社会与经济参与者的通过经济往来、合作交流等形式进行直接互动，消费者和所有社会与经济参与者通过网站、第三方机构等形式进行直接互动。其中，制度支撑者和合作的医药企业发挥着最为重要的作用。仅2016 年一年，我国就出台了《中医药发展战略规划纲要（2016~2030 年）》《“健康中国 2030”规划纲要》等一系列行业改革政策，均提出了要推动中医药振兴发展，推进中药工业数字化、网络化、智能化建设，为我国医药行业改革发展带来众多利好和指导。其中，加快药品技术创新，充分调动各大药企之间的关系，创造鼓励公平、充分竞争的创新生态系统制度环境，构建医药产业创新生态系统被着重提到。随着互联网药品交易审批逐渐放开以及政府政策的支持，仁和集团在这一阶段发展迅速。FSC 药企联盟健康服务工程的打造为仁和集团大健康生态圈的构建提供了产品支撑，200 多家药企的加入不仅能够解决药品及时供应的问题，还能够集中力量，共建医药企业的商业系统。

（三）企业商业生态系统中价值类型演变

数字化赋能下，企业商业生态系统也在不断发展演化，在不同的商业生态系统演化过程中，由于价值共创主体与发展重点的变化，共创的价值也在发展变化，具体如图 6 所示。

商业生态系统产生阶段，价值共创主体企业与消费者属于直接交易关系，但并没有过多互动，企业虽占据主导地位，但却和消费者一样被动接受价值共创活动，此时企业与消费者间的互

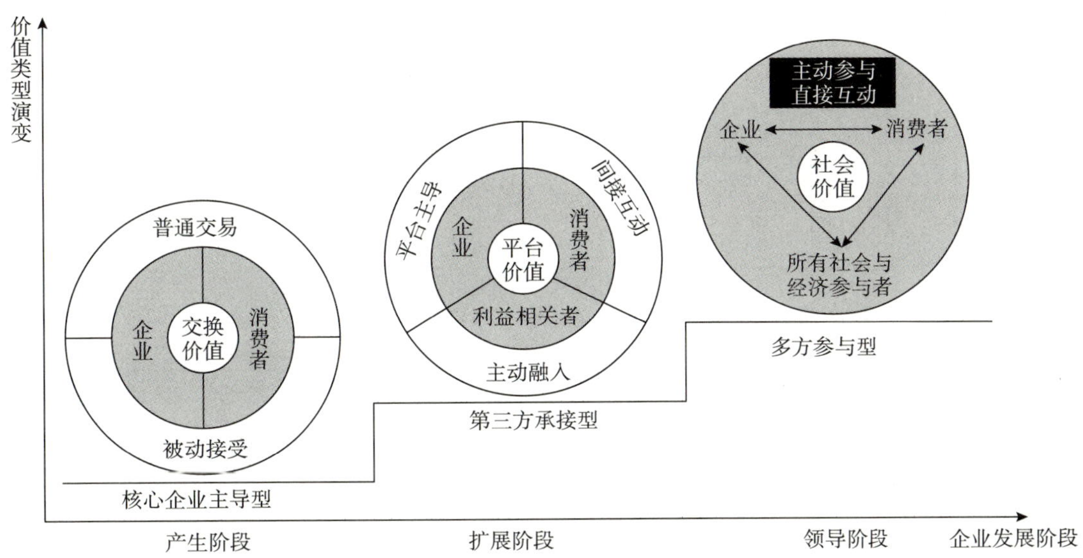

图 6 企业商业生态系统中价值类型演变

动共创的是交换价值。商业生态系统扩展阶段，随着利益相关者的加入，企业与消费者之间的互动有了第三方的承接，第三方平台作为企业与消费者沟通的纽带，逐渐占据主导地位，企业与消费者开始主动融入价值共创活动，此时，企业、消费者与利益相关者互动共创的是平台价值。商业生态系统领导阶段，数字技术的运用大幅提高了沟通和反馈效率，随着所有社会与经济参与者的加入，整个生态系统中的各个主体不再是独立的个体，而是通过相互间的联系成为一个有机整体，在这个系统中没有主次之分，价值共创主体可以自由互动，主动参与到生产和决策等活动中来，此时，企业、消费者和所有社会与经济参与者共创的是社会价值。

六、研究结论与展望

（一）研究结论

本文基于商业生态系统理论、价值共创理论和赋能理论，遵循诱因—过程—结果的逻辑框架，试图以传统制造企业仁和集团为案例研究对象，从数字化赋能视角解析企业商业生态系统价值共创演化过程，并总结归纳出数字化赋能视角下企业商业生态系统价值共创演化模型，具体如图 7 所示。

通过对仁和集团数字化转型的案例研究，本文得出的主要研究结论如下：

首先，数字化赋能是商业生态系统价值共创构建的关键。通过案例分析可以发现，结构赋能和资源赋能作用于企业成长的每个阶段，并在每个阶段都发挥着不同作用。资源赋能通过整合企业内外部资源为企业提供持续发展的动力，结构赋能通过各个渠道的开通让更多的主体参与到生态系统中来。其中，结构赋能能够识别出资源赋能下的各种资源，并且能够将资源运用到各个渠道以便参与主体能够实时共享；资源赋能对于结构赋能作用下的各个渠道能够有效运行进行协调与对接，并推动企业的发展。

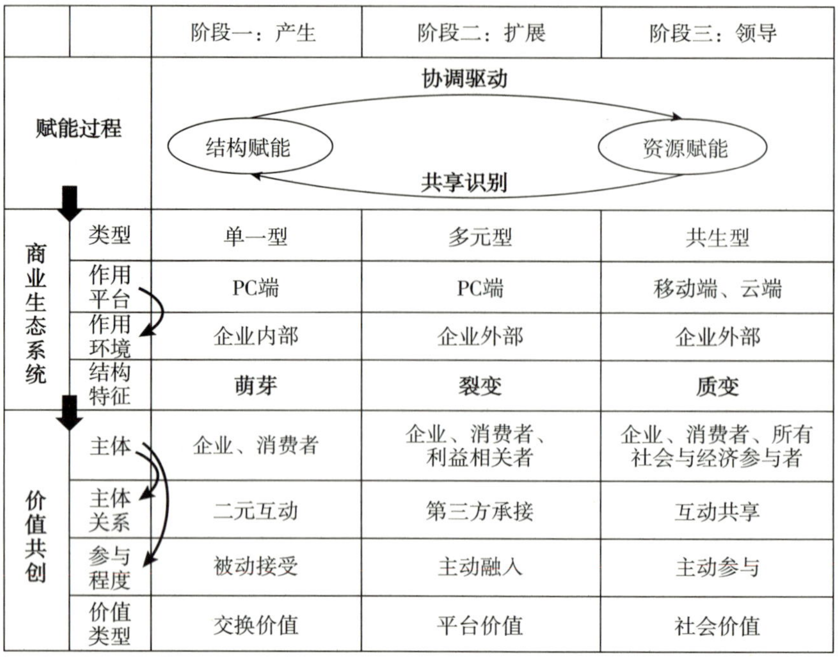

		阶段一：产生	阶段二：扩展	阶段三：领导
赋能过程		协调驱动 结构赋能 ⇄ 资源赋能 共享识别		
商业生态系统	类型	单一型	多元型	共生型
	作用平台	PC端	PC端	移动端、云端
	作用环境	企业内部	企业外部	企业外部
	结构特征	**萌芽**	**裂变**	**质变**
价值共创	主体	企业、消费者	企业、消费者、利益相关者	企业、消费者、所有社会与经济参与者
	主体关系	二元互动	第三方承接	互动共享
	参与程度	被动接受	主动融入	主动参与
	价值类型	交换价值	平台价值	社会价值

图 7　数字化赋能视角下企业商业生态系统价值共创演化模型

其次，四大价值共创主体演化及相互关系。数字化赋能视角下的企业商业生态系统中，企业、消费者、利益相关者、所有社会与经济参与者四大主体参与价值共创的演化，相互间呈现二元互动、第三方承接和互动共享关系。在产生阶段，企业与消费者直接互动，属于被动接受，呈现二元互动关系。在扩展阶段，借助第三方平台的力量，产品经销商和供应商变得更加多元化，由第三方平台负责企业与消费者之间的互动，呈现第三方承接关系。在领导阶段，更多的参与主体加入形成了新的主体，各个主体之间相互作用，主动参与商业生态系统价值共创构建，呈现互动共享关系。

最后，商业生态系统共创的价值由交换价值向平台价值、社会价值演变。通过数字化赋能，企业借助 PC 端开始进行商业生态系统的构建，但参与主体有限，主要体现在企业与消费者间的互动，共同创造交换价值；当参与商业生态系统构建的主体变得多元，企业开始通过 PC 端与外部参与主体进行沟通和联系，平台的承接使得平台价值凸显；智能手机的普及使移动端的实现成为了可能，通过移动端实现产品的个性化定制，能够更多地满足用户的需求，让更多的外部主体参与到企业商业生态圈的共建中，各个价值共创主体相互作用，呈现社会价值。

（二）理论意义

本文的理论贡献主要体现在三方面：

首先，丰富了数字化赋能的理论基础。通过赋能的两个维度，进一步揭示了结构赋能和资源赋能的内在联系，在数字化的情景下赋能最终能够作用于企业商业生态系统的构建，实现企业与参与主体之间的价值共创。

其次，深化了商业生态系统和价值共创的研究。进一步厘清和完善了数字化赋能、商业生态系统与价值共创之间的关系，总结出了数字化赋能视角下企业商业生态系统价值共创演化模型，为后续开展商业生态系统和价值共创的研究提供了新的视角。

最后，本文明确了构成数字化赋能的商业生态系统中价值共创的参与主体及相互关系，确立了在企业商业生态系统构建中发挥重要作用的主体，并表明数字化技术在不同阶段对参与主体的不同，也会导致商业生态系统的构建发生变化。

（三）实践意义

本文提出了一个数字化赋能视角下企业商业生态系统演化价值共创模型，并分析了其演化路径，对于企业数字化转型具有一定的实践参考价值和借鉴意义，能够帮助企业辨别不同阶段的参与主体及其所扮演的角色。此外，本文强调了数字化技术对企业发展的作用，因此企业可借助理论的数字化工具，来促进企业的转型和升级，推动企业的发展。

（四）研究局限与展望

尽管本文揭示了数字化赋能视角下企业商业生态系统中价值共创的演化路径，并提出了不同阶段的参与主体及其角色，但本文还是存在一些不足：

首先，案例研究样本的局限。本文研究的仁和集团商业生态系统构建是单个案例，尽管在分析的过程中资料丰富，但在案例结论的普适性上还存在局限，未来可通过多案例研究的方式来验证结论。其次，企业商业生态系统价值共创演化过程中参与主体过多，未能在本文中全部提及，需要在后续的研究中加以完善。最后，本文从结构赋能和资源赋能来考虑对商业生态系统价值共创构建的影响，未来将考虑从更多的维度来分析赋能与商业生态系统中价值共创之间的关系。

参考文献

[1] Christens B. D. Toward Relational Enablement. [J]. American Journal of Community Psychology, 2012, 50 (1): 114-128.

[2] Damali U., Miller J. L., Fredendall L. D., et al. Co-creating Value Using Customer Training and Education in a Healthcare Service Design [J]. Journal of Operations Management, 2016 (47): 80-97.

[3] Douglas M. Lambert, Matias G. Enz. Managing and Measuring Value Co-creation in Business-to-business Relationships [J]. Journal of Marketing Management, 2012, 28 (13-14): 1588-1625.

[4] Eisenhardt K. M., Graebner M. E. Theory Building from Cases: Opportunities and Challenges [J]. Academy of Management Journal, 2007, 50 (50): 25-32.

[5] Eisenhardt K. M. Building Theories from Case Study Research [J]. Academy of Management Review, 1989, 14 (4): 532-550.

[6] Elizabeth Garnsey, Yuen Yoong Leong. Combining Resource-Based and Evolutionary Theory to Explain the Genesis of Bio-networks [J]. 2008, 15 (6): 669-686.

[7] Ersing R. L. Community Enablement [M]//K. Christensen & D. Levinson. Encyclopedia of Community: From the Village to the Virtual World [M]. Thousand Oaks, CA: Sage, 2003.

[8] Gebauer H., Johnson M., Bo E. Value Co-creation as a Determinant of Success in Public Transport Services: A Study of the Swiss Federal Railway Operator (SBB) [J]. Journal of Service Theory & Practice, 2010, 20 (6): 511-530.

[9] Grönroos C. Marketing as Promise Management: Regaining Customer Management for Marketing [J]. Journal of Business & Industrial Marketing, 2009, 24 (5/6): 351-359.

[10] Grover V., Kohli R. Cocreating IT Value: New Capabilities and Metrics for Multifirm Environments [J]. Mis Quarterly, 2012, 36 (1): 225-232.

[11] Heimans J., Timms H. Understanding "New Power" [J]. Harvard Business Review, 2016: 92.

[12] Hur M. H. Enablement in Terms of Theoretical Perspectives: Exploring a Typology of the Process and Components across Disciplines [J]. Journal of Community Psychology, 2006, 34 (5): 523-540.

[13] Iansiti M., Levien R. The Keystone Advantage: What the New Dynamics of Business Ecosystems Mean for Strategy, Innovation and Sustainability [M]. Boston: Harvard Business School Press, 2004.

[14] J. A. Conger, R. N. Kanungo. The Enablement Process: Integrating Theory and Practice [J]. Academy of Man-

agement Review, 1988, 13 (3): 471-482.

[15] Jacques R. Manufacturing the Employee: Management Knowledge from the 9th to the 21st Centuries [M]. London: Sage, 1996.

[16] Kao T. Y., Yang M. H., Wu J. T. B., et al. Co-creating Value with Consumers through Social Media [J]. Journal of Services Marketing, 2016, 30 (2): 141-151.

[17] Kieffer C. H. Citizen Enablement: A Developmental Perspective. [J]. Prevention in Human Services, 1982, 3 (2-3): 2-3.

[18] Kohli R., Grover V. Business Value of IT: An Essay on Expanding Research Directions to Keep up with the Times [J]. Journal of the Association for Information Systems, 2008, 9 (1): 23-39.

[19] Ling C. L. M., Pan S. L., Ractham P., et al. ICT-Enabled Community Enablement in Crisis Response: Social Media in Thailand Flooding 2011 [J]. Journal of the Association for Information Systems, 2015, 16 (3): 174-212.

[20] Mirabeau L., Maguire S. From Autonomous Strategic Behavior to Emergent Strategy [J]. Strategic Management Journal, 2014, 35 (8): 1202-1229.

[21] Moore J. F. Predators and Prey: A New Ecology of Competition [J]. Harvard Business Review, 1993, 71 (3): 75-86.

[22] Moore J. F. The Death of Competition: Leadership and Strategy in the Age of Business Ecosystems [M]. Boston: John Wiley&Sons Ltd, 1996.

[23] Moore J. F. The Rise of a New Corporate Form [J]. Washington Quarterly, 1998, 21 (1): 167-181.

[24] Mushin Lee, Joon Koh. Is Enablement Really a New Concept? [J]. The International Journal of Human Resource Management, 2001, 12 (4): 684-695.

[25] Pan S. L., Tan B. Demystifying Case Research: A Structured-pragmatic-situational (SPS) Approach to Conducting Case Studies [J]. Information & Organization, 2011, 21 (3): 161-176.

[26] Patton M. Q. How to Use Qualitative Methods in Evaluation [M]. Sage Publications, 1987.

[27] Payne A. F., Storbacka K., Frow P. Managing the Co-creation of Value [J]. Journal of the Academy of Marketing Science, 2008, 36 (1): 83-96.

[28] Peltoniemi M., Vuori E. Business Ecosystem as the New Approach to Complex Adaptive Business Environments [J]. Enablement in Organizations, 2008 (8): 1-15.

[29] Perkins D. D., Zimmerman M. A. Enablement Theory, Research, and Application [J]. American Journal of Community Psychology, 1995, 23 (5): 569-579.

[30] Pierce L. Big Losses in Ecosystem Niches: How Core Firm Decisions Drive Complementary Product Shakeouts [J]. Strategic Management Journal, 2009, 30 (3): 323-347.

[31] Sarker S., Sahaym A., et al. Exploring Value Cocreation in Relationships between an ERP Vendor and Its Partners: A Revelatory Case Study [J]. Mis Quarterly, 2012, 36 (1): 317-338.

[32] Spreitzer G. M., Doneson D. Musings on the Past and Future of Employee Enablement [J]. 2005 (8): 29-35.

[33] Spreitzer G. M. Social Structural Characteristics of Psychological Enablement [J]. Academy of Management Journal, 1996, 39 (2): 483-504.

[34] Tansley A. G. The Use and Abuse of Vegetational Concepts and Terms [J]. Ecology, 1935, 16 (3): 284-307.

[35] Thomas K. W., Velthouse B. A. Cognitive Elements of Enablement: An “Interpretive” Model of Intrinsic Task Motivation [J]. Academy of Management Review, 1990, 15 (4): 666-681.

[36] Tian C. H., Ray B. K., Lee J., et al. BEAM: A Framework for Business Ecosystem Analysis and Modeling [J]. Ibm Systems Journal, 2008, 47 (1): 101-114.

[37] Yin R. K. Case Study Research: Design and Methods [M]. London: Sage Publications, 2014.

[38] [美] 罗伯特·K. 殷. 案例研究方法的应用 [M]. 周海涛等译. 重庆: 重庆大学出版社, 2014.

[39] 冯长利, 刘洪涛. 网络视角下制造企业服务转型的价值共创模型——基于陕鼓的案例研究 [J]. 管理案例研究与评论, 2016 (5): 472-484.

[40] 胡海波, 涂舟扬, 胡大立. 动态演化视角下企业自主创新动力机制——正邦科技的案例研究 [J]. 江

西财经大学学报，2016（4）：40-51.

[41] 简兆权，令狐克睿，李雷．价值共创研究的演进与展望——从“顾客体验”到“服务生态系统”视角[J]．外国经济与管理，2016（9）：3-20.

[42] 欧阳桃花．试论工商管理学科的案例研究方法[J]．南开管理评论，2004，7（2）：100-105.

[43] 潘剑英，王重鸣．商业生态系统理论模型回顾与研究展望[J]．外国经济与管理，2012（9）：51-58.

[44] 潘善琳，崔丽丽．SPS案例研究方法[M]．北京：北京大学出版社，2016.

[45] 杨学成，涂科．共享经济背景下的动态价值共创研究——以出行平台为例[J]．管理评论，2016（12）：258-268.

[46] 周文辉，曹裕，周依芳．共识、共生与共赢：价值共创的过程模型[J]．科研管理，2015，36（8）：129-135.

[47] 周文辉．知识服务、价值共创与创新绩效——基于扎根理论的多案例研究[J]．科学学研究，2015，33（4）：567-573.

企业规模质量、技术创新效率及区域门槛效应
——基于省际高技术产业的实证检验

李　宇[1,2]　李姣姣[1]

（1. 东北财经大学工商管理学院，辽宁　大连　116025；
2. 复旦大学管理学院，上海　200433）

［摘　要］本文首先明确了企业规模质量的概念内涵和基本维度，并进一步以2003~2013年高技术产业的省际面板数据，检验了中国高技术产业的企业规模质量对技术创新效率的区域门槛效应。实证检验结果显示，我国高技术产业的技术创新效率呈现明显的区域差异性，高技术产业的企业规模质量与技术创新效率之间满足三重门槛回归模型，企业规模质量在不同的门槛区间内对技术创新效率的影响不同。对技术创新效率的分解显示，技术进步是导致各区域技术创新效率低的主要原因，政府扶持对技术创新效率并非完全具有正向作用。最后针对实证检验结果，本文提出相应政策建议。

［关键词］企业规模质量；技术创新效率；高技术产业；门槛回归模型

一、引言

中国企业联合会和中国企业家协会每年公布的中国企业500强排名和分析报告一直作为中国经济发展的晴雨表而备受关注。从2014~2016年公布的分析报告来看，中国500强企业规模扩张速度在受全球经济衰退影响增速显著降低之后有所反弹，整体上处于一个新的增长区间，专利数量和发明专利数量大幅提升，出现了显著的企业规模增速降低而技术创新能力提升的逆向关系。这种现象说明中国企业能够主动适应“新常态”下的创新环境，规避外界带来的风险和内部结构冗杂的问题，更加重视企业规模内部投入调整，在客观上已经开始摆脱追大求全，一味依靠资源投入和扩大生产能力的发展逻辑，转而开始重视对落后产能的剥离，开始寻求有利于技术创新的企业增长方向，这是企业规模朝“质量”方向发展的重要信号。我们认为，这里的“质量”指的是在新的经济和技术条件下企业规模对资源获取的便利性、结构合理化、人才知识化和市场国际化等要素的综合反映。未来摆在中国企业面前的新常态就是从过去盲目扩大企业规模来完成企业目标转变为努力寻求通过提高企业规模质量来保持组织活力。

关于企业规模与技术创新的关系，自熊彼特假说（Schumpeter's Hypotheses）的大企业创新优势论开始，引起了广泛争议，随着大量经验性研究得到完全对立的研究结论，人们开始转向从企业规模与技术创新关系形成过程视角拓展研究空间。一些研究指出，技术创新变化过程并不是在企业规模的连续变化下实现的（Filippetti，2011），由企业规模增长引致的企业内部控制失效、

公司资源利用率低、结构冗杂以及研发投入不能有效促进技术创新等问题，都是企业规模“质量”低下的表现（赵渊贤、吴伟荣，2014）。而对企业 R&D 投入存在着某种“积累效应”或称为“阈值”的研究，则更为深入地涉及了企业规模质量问题，研究发现，当 R&D 投入或企业规模积累到一定程度时，关键性的技术创新才能够大量、连续地输出，在此之前的技术创新则是零星和间断的（高良谋、李宇，2009）。

尽管有大量关于企业规模与技术创新的研究文献，但鲜有关于企业规模质量与技术创新效率关系的研究，更缺少实证性的研究。究其原因，除了缺乏对企业规模质量概念的清晰认识外，方法上的欠缺也是重要原因之一。事实上，无论是企业规模与技术创新的倒 U 形关系，还是企业规模质量本身的“积累效应”，都是由数量向质量跃迁的独特的“临界值”效应，或称门槛效应的体现。Hansen（1999）提出的门槛回归模型在解决类似问题上做出了很多贡献，基于该模型的面板数据分析，不仅能够构建解释变量回归系数的分段函数，而且能够对所得到的门槛值及门槛效应进行一系列估计和显著性检验。在上述理论和方法准备基础上，本文将采用面板数据的门槛模型对企业规模质量和技术创新效率的地区差异进行研究，一方面可以从数理角度强化对企业规模质量对技术创新作用的更为准确的定量分析，另一方面研究我国省际企业规模质量与技术创新效率的差异、不同省级技术创新效率的影响因素，以及企业规模质量的门槛效应，揭示我国高技术产业企业规模质量与技术创新之间的关系，有助于找出提高技术创新能力的新规律，从而提出符合我国企业规模质量调整的具体建议，为提高我国区域科技创新能力提供理论指导。

二、数据的统计描述与变量测量

（一）数据来源与特征

根据研究需要和数据的可获得性，本文以中国高技术产业（制造业）为数据来源，根据《国民经济行业分类》（GB/T 4754-2011）和 OECD（经济合作与发展组织）关于高技术产业的分类方法，高技术产业（制造业）是指国民经济行业中 R&D 投入强度相对较高的制造业行业[①]。数据来自《中国统计年鉴》《中国科技统计年鉴》和《高技术产业统计年鉴》，样本区间确定为 2003~2013 年，包括 27 个省、自治区和直辖市的高科技产业数据，由于内蒙古、西藏、青海和新疆对非 R&D 投入太少，数据缺失严重，故予以剔除，其他省份少量的数据缺失以均值替代法补全。最后按照中国经济区域划分为东部、中部和西部三大地带[②]。本文利用 Stata 11.0 统计分析软件对所获得的样本数据进行分析，对各变量进行描述性统计分析，结果如表 1 所示。

① 主要包括医药制造、航空航天器及设备制造、电子及通信设备制造、计算机及办公设备制造、医疗仪器设备及仪器仪表制造五大类。

② 东部地带包括北京、天津、河北、辽宁、上海、江苏、浙江、福建、山东、广东和海南 11 个省市；中部地带包括山西、吉林、黑龙江、安徽、江西、河南、湖北、湖南 8 个省；西部地带包括重庆、四川、贵州、云南、西藏、陕西、甘肃、青海、宁夏、新疆、广西、内蒙古 12 个省、市、自治区。

表1 主要变量的描述统计分析（2003~2013年）

变量	单位	样本量	均值	标准误	最小值	最大值
新产品销售收入	万元	297	5327837	11700000	150	97700000
专利申请数	件	297	2144. 875	5765. 417	4	49691
拥有发明专利数	件	297	1642. 162	6503. 448	2	70733
R&D人员全时当量	万人/年	297	12567. 12	26993. 08	6	224334
R&D经费内部支出	万元	297	323006. 10	726345. 10	311	6612820
新产品开发经费	万元	297	379934. 60	858157. 20	340	7594487

资料来源：《中国科技统计年鉴》（2004~2014）和《中国高技术产业统计年鉴》（2004~2014）。

从技术创新的投入来看，人员和经费投入比较大，且在各省份的投入各异，其中R&D人员全时当量平均可达12567. 12万人/年，R&D经费内部支出平均每年可达323006. 10万元，新产品开发经费平均每年可达379934. 60万元，从技术创新产出角度来看，各省份的产出相对差异比较大，其中新产品销售收入平均每年可达5327837万元，专利申请数和拥有发明专利数平均每年分别可达2144. 875件和1642. 162件。技术创新的投入和产出每年基本都是在增加的。

从R&D投入可看出，R&D经费和R&D人员全时当量比较高，平均每年分别可达395857万元和14337. 05万人；非R&D的每年投入差异非常大，如技术引进经费支出最小值为5万元，最大值为384669万元（见表2），说明在各省份的分布也特别不均匀。从整体来看，基本上这些变量每年各省份都呈增加的趋势，各省份之间差异比较大，说明样本涵盖了不同程度的企业规模质量的范围，增加了企业规模质量与技术创新效率之间的代表性。

表2 主要变量的描述统计分析（2005~2013年）

变量	单位	样本量	均值	标准误	最小值	最大值
R&D经费	万元	243	395857	830809. 7	311	6933715
R&D人员全时当量	万人/年	243	14337. 05	29427. 03	12	224334
技术引进经费支出	万元	243	29944. 77	58796. 4	5	384669
消化吸收经费支出	万元	243	5731. 811	14348. 44	3	158030
购买国内技术经费支出	万元	243	6962. 449	11062. 78	8	64382
技术改造经费支出	万元	243	97630. 32	159784. 3	18	1225605
机构经费支出	万元	243	309351. 2	720199. 9	526	5437925
国外技术引进合同金额	万美元	243	26582. 15	60961. 68	11. 88844	410802. 1
技术市场技术流向地域金额	万元	243	233273. 1	451463	704. 6077	2512119
技术市场成交合同金额	万元	243	307012. 6	779860. 6	104. 7104	5595214
有效发明专利数	件	243	1974. 613	7148. 858	3	70733
人力资本	%	243	0. 0422222	0. 0257772	0. 01	0. 17
对外开放度	%	243	0. 3655144	0. 4354432	0. 04	1. 72

续表

变量	单位	样本量	均值	标准误	最小值	最大值
政府支持	%	243	0.194856	0.2448331	0.02	2.28
市场结构	个	243	869.2099	1180.035	14	5802
技术机会	%	243	167.8595	101.1792	8.78	490.43

注：国外技术引进合同金额、技术市场技术流向地域合同金额和技术市场成交合同金额这三个指标缺少各省份高技术产业的数据，本文采用依据高技术产业的主营业务收入与各省份 GDP 的比值换算各省份高技术产业的数据。

资料来源：《中国统计年鉴》（2006~2014）、《中国科技统计年鉴》（2006~2014）和《中国高技术产业统计年鉴》（2006~2014）。

（二）变量选取

1. 自变量（SQ）

本文将企业规模质量作为主要解释变量，首先将企业规模概念内涵做了量和质的区分，认为企业规模对技术创新的影响已由 R&D 投入的数量影响转变为 R&D 投入的效果影响，企业规模质量是表征 R&D 投入效果对技术创新水平影响的概念，因此除了 R&D 投入外，还包含非 R&D 投入和知识能量这两个对 R&D 投入效果至关重要的要素，共同作为测量企业规模质量的基本维度（见表 3）。

表 3 企业规模质量测量的指标

<table>
<tr><th>总指标</th><th>一级指标</th><th>细分方向</th><th>二级指标</th></tr>
<tr><td rowspan="12">企业规模质量</td><td rowspan="2">R&D 投入</td><td>经费投入</td><td>R&D 经费投入</td></tr>
<tr><td>人员投入</td><td>R&D 人员全当时量</td></tr>
<tr><td rowspan="4">非 R&D 投入</td><td>技术改造</td><td>技术改造经费投入</td></tr>
<tr><td>技术引进</td><td>技术引进经费投入</td></tr>
<tr><td>消化吸收</td><td>消化吸收经费投入</td></tr>
<tr><td>购买资产</td><td>购买国内固定资产经费投入</td></tr>
<tr><td rowspan="6">知识能量</td><td>知识解读</td><td>研发机构经费支出</td></tr>
<tr><td>知识获取</td><td>国外技术引进合同金额</td></tr>
<tr><td>知识储存</td><td>有效发明专利数</td></tr>
<tr><td rowspan="2">知识流通</td><td>技术市场技术流向地域合同金额</td></tr>
<tr><td>技术市场成交合同金额</td></tr>
</table>

（1）R&D 投入。R&D 投入通常可分为 R&D 经费投入和 R&D 人员投入。R&D 经费投入与技术创新绩效存在明显的正相关关系，其对技术创新绩效产出的贡献率远高于研发人员的贡献率。本文选用 R&D 经费投入和 R&D 人员全当时量来衡量 R&D 投入。

（2）非 R&D 投入。余泳等（2015）认为，非 R&D 投入包括技术改造经费投入、技术引进经费投入、消化吸收经费投入、购买国内技术经费投入和新增固定资产。孙春吉和李新功（2015）认为，非 R&D 投入包括技术改造经费投入、技术引进经费投入、消化吸收经费投入和购买国内技术经费投入。借鉴以上指标，本文采用技术改造经费投入、技术引进经费投入、消化吸收经费投入和购买国内固定资产经费投入作为衡量非 R&D 投入的指标。

（3）知识能量。Huber（1991）、Jordan 等（1997）将知识能量的形成与创造过程概括为知识解码、知识获取、知识储存、知识流通四个方面。本文以研发机构经费支出指标衡量知识解码，以国外技术引进合同金额来衡量知识获取，以有效发明专利数来衡量知识储存，以技术市场技术流向地域合同金额以及技术市场成交合同金额（又名技术市场技术输出地域）来衡量知识流通。

2. 因变量（TFP）

本文研究的是企业规模质量与技术创新水平之间的关系，因此文中的被解释变量为技术创新水平。已有的研究文献大多采用两类指标来衡量技术创新水平：一类是创新投入的角度，采用的指标主要包括研发经费支出、研发人员数等；另一类是创新产出的角度，采用的指标包括专利数量、新产品产值等。而技术创新水平是创新过程的整体反映，仅从单一角度来衡量技术创新水平不够全面，所以本文从创新投入和创新产出结合的角度，用技术创新效率来衡量技术创新水平。借鉴以往已有文献并进行适当延伸，同时考虑统计数据的可获得性以及中国的实际情况，本文主要借鉴董晓庆等（2014）关于创新效率的指标体系。

其中，除了以 R&D 人员折合全时当量、R&D 内部经费支出、新产品开发经费作为常见的衡量创新投入指标外，在创新产出方面，特别强调在专利申请数指标基础上，以拥有发明专利数代表高技术企业在技术层面取得的实质进步，以及由新产品销售收入代表的产业创新成果的转化能力（见表 4）。

表 4　技术创新效率变量的衡量指标

变量	符号	指标
创新投入方面	X1	R&D 人员折合全时当量
	X2	R&D 内部经费支出
	X3	新产品开发经费
创新产出方面	Y1	专利申请数
	Y2	拥有发明专利数
	Y3	新产品销售收入

3. 控制变量

（1）人力资本（HK）。人力资本水平可以直接影响国内的技术创新效率，并影响从国外吸收、学习新技术的速度。本文以高技术产业行业人员素质，即高技术产业的 R&D 机构人员数/平均从业人员数作为人力资本的代理变量。

（2）对外开放度（OD）。地区的经济开放程度直接关系到该地区企业能否得到技术发达国家投资，因而也影响技术创新效率。本文以历年各地区进出口总额占 GDP 比重作为经济开放程度的衡量指标，并按照当年人民币对美元平均汇率水平折算为人民币计量，将当年平均汇率折算成亿元。

（3）政府支持（GS）。国际经验表明，政府对区域创新的支持程度是区域创新环境优越程度的重要指标，本文采用高技术产业科技活动经费筹集总额中政府资金所占比重来衡量政府投入力度的大小。

（4）市场结构（MS）。该指标主要反映企业所在的市场竞争环境，竞争的不断加剧会导致企业现有技术或者产品无法再为企业带来更多垄断收益，也有利于刺激企业提高环境技术创新效率，从另一个侧面反映了高技术产业各行业进出壁垒的高低。

行业特征方面，借鉴李宇和张瑶（2014）对行业特征的测量，技术机会是研发投入研究中常常需要考虑的一个因素，本文用 R&D 支出/主营业收入来表示技术机会。

三、回归模型的设定与说明

（一）模型设计

本文根据 Hansen（1999）的面板数据门槛模型，构建基本方程：

$$y_{it}=u_i+\beta'_1x_{it}I(q_{it}\leqslant\gamma)+\beta'_2x_{it}I(q_{it}>\gamma)+e_{it} \tag{1}$$

其中，式（1）中下标 i、$t(1\leqslant i\leqslant N,\ 1\leqslant t\leqslant T)$ 分别表示样本个体和样本时间，y_{it} 为被解释变量，q_{it} 为门槛变量，二者均为标量，x_{it} 为解释变量，是 κ 维向量，$I(\cdot)$ 为指示性函数，u_{it} 表示未观测样本的个体效应，$e_{it}\sim iid(0,\ \delta^2)$ 是随机干扰项。式（1）等价于：

$$\mathrm{y}_{it}=\begin{cases}u_i+\beta'_1x_{it}+e_{it},\ q_{it}\leqslant\gamma\\ u_i+\beta'_2x_{it}+e_{it},\ q_{it}>\gamma\end{cases} \tag{2}$$

该模型实际上相当于一个分段函数模型。式（1）中 γ 所代表的就是要求的门槛值，在单一门槛模型中，门槛值 γ 可以将观测样本划分为两个区间，即当 $q_{it}\leqslant\gamma$ 时，方程中 x_{it} 的系数是 β'_1，当 $q_{it}>\gamma$ 时，方程中 x_{it} 的系数为 β'_2。模型中误差项 e_{it} 假设是服从于均值为 0、标准差为 δ^2 的独立同分布的。

借鉴 Hansen 的门槛模型，本文单一门槛模型的设定如下：

$$\begin{aligned}TFP_{\mathrm{it}}=&\alpha_0+\lambda_1SQ_{it}\times I(\mathrm{p}_{it}\leqslant\gamma)+\lambda_2SQ_{it}\times I(\mathrm{p}_{it}>\gamma)+\beta_1HK_{it}\\&+\beta_2OD_{it}+\beta_3GS_{it}+\beta_4MS_{it}+\beta_5TO_{it}+\beta_6CI_{it}+\varepsilon_{it}\end{aligned} \tag{3}$$

其中，p 为门槛变量，表示第 i 家上市公司第 t 年度的企业规模质量，γ 为门槛值，单一门槛模型下门槛值将观测变量划分为两个门槛区间，在不同的门槛区间内，企业规模质量的估计系数分别为 λ_1 和 λ_2。

1. 门槛值的确定

根据 Hansen 的面板数据门槛回归理论，门槛值的估计是基于最小残差平方和原理，即对于给定门槛回归模型中的门槛值 γ，均可以使用 OLS 法求出其所对应的残差平方和，门槛估计值就是使残差平方和最小时所对应的 γ 值，即：

$$\hat{\gamma}=art\min S_1(\gamma) \tag{4}$$

Hansen 提出使用“格栅搜索法”（Grid Search）来确定候选门槛值 γ，计算门槛值相对应的残差平方和，并选择使其最小时的门槛值为估计的真实门槛值。

2. 门槛效应的检验

在门槛模型的参数估计值得出后，下一步需要进行门槛分析的相关检验，检验主要包括两个方面的检验：一是门槛效应的显著性检验；二是门槛估计值真实性的检验。回归式（1）不具有门槛效应的原假设为：$H_0:\beta_1=\beta_2$。这时的检验统计量为：

$$F_1=\frac{S_0-S_1(\hat{\gamma})}{\sigma^2(\hat{\gamma})} \tag{5}$$

由于在门槛效应原假设下门槛值γ是不确定的，因此统计量F_1的分布为非标准分布，Hansen建议采用“自抽样法”（Bootstrap）来模拟统计量F_1的渐进分布。

接下来对门槛估计值的真实性进行检验，即检验所得到的门槛估计值是否等于其真实值，对门槛估计值真实性检验的原假设为：$H_0:\hat{\gamma}=\gamma_0$。相对应的似然比检验统计量为：

$$LR_1(\gamma)=\frac{S_1-S_1(\hat{\gamma})}{\hat{\sigma}^2(\hat{\gamma})}. \tag{6}$$

似然比统计量LR_1的分布也是非标准的，但Hansen提供了一个简单的公式，可以计算出LR_1的拒绝域，即当$LR_1(\gamma)>c(\partial)=-2\log(1-\sqrt{1-\partial})$时，拒绝原假设，其中$\partial$为显著性水平。其中，在95%的置信水平下，$c(\partial)$等于7.35。

以上的参数估计及假设检验都是针对存在一个门槛的情况，在实际的计量过程中可能会存在多个门槛，多门槛模型可以据此进行扩展。

（二）技术创新效率及分解

本文采用基于DEA的Malmquist生产率指数模型，利用DEAP2.1软件，对各省份的全要素生产率（*TFP*）、技术进步（*TE*）、综合技术效率（*EF*）、纯技术效率（*PE*）和规模效率（*SE*）进行测算。

参照Fare等（1994）的方法，我们把每一个地区视为一个生产决策单位，先确定每一年各地区生产最佳前沿面，再把各地区的生产前沿面同最佳前沿面进行比较，就可以对各地区的技术效率和技术变化进行测定。为了得到生产率随时间变化的Malmquist生产率指数，我们引入距离函数D_i^t，投入的距离函数$D_i^t(x^t, y^t)$可以看作某一生产点（x^t，y^t）向理想的最小投入点压缩的比例。当且仅当$D_i^t(x^t,y^t)=1$时，（x^t，y^t）为技术前沿上的点，生产在技术上是有效率的，也就是在给定产出情况下实现了最小投入。如果$D_i^t(x^t,y^t)>1$，表示（x^t，y^t）在技术前沿的外部，生产在技术上是无效的。根据Caves的方法，投入的全要素生产率指数可以用Malmquist生产率指数来表示：

$$M_i^t=\frac{D_i^t(x^t,y^t)}{D_i^t(x^{t+1},y^{t+1})} \tag{7}$$

该指数测度了在t期的技术条件下，从t到$t+1$期的全要素生产率的变化率。同样，可以定义在$t+1$期的技术条件下，测度从t到$t+1$期的全要素生产率变化的Malmquist生产率指数：

$$M_i^{t+1}=\frac{D_i^{t+1}(x^t,\ y^t)}{D_i^{t+1}(x^{t+1},\ y^{t+1})} \tag{8}$$

为了避免前沿技术参照系选择时的随意性，用两个Malmquist生产率指数的几何平均值来计算生产率的变化：

$$\begin{aligned}M_i(x^{t+1},\ y^{t+1};\ x^t,\ y^t)&=\left[\frac{D_i^t(x^t,\ y^t)}{D_i^t(x^{t+1},\ y^{t+1})}\times\frac{D_i^{t+1}(x^t,\ y^t)}{D_i^{t+1}(x^{t+1},\ y^{t+1})}\right]^{\frac{1}{2}}\\&=\frac{D_i^{t+1}(x^t,\ y^t)}{D_i^{t+1}(x^{t+1},\ y^{t+1})}\left[\frac{D_i^{t+1}(x^{t+1},\ y^{t+1})}{D_i^t(x^{t+1},\ y^{t+1})}\times\frac{D_i^{t+1}(x^t,\ y^t)}{D_i^t(x^t,\ y^t)}\right]^{\frac{1}{2}}\\&=EC_i^t(x^{t+1},\ y^{t+1};\ x^t,\ y^t)\times TC_i^t(x^{t+1},\ y^{t+1};\ x^t,\ y^t)\end{aligned} \tag{9}$$

其中，*EC*是规模报酬不变且要素自由处置条件下的相对效率变化指数，它测度了从t到$t+1$时期每个观察对象到最佳实践的追赶程度。*TC*是技术进步指数，它测度了技术边界从t到$t+1$的移动。该指标大于1表示技术进步，等于1表示技术无进步，小于1表示技术退步。这样，生产率的变化被拆分为两个部分：一是技术效率的变化，二是技术进步率的变化。技术效率变化指数是指由于制度变革所引起的效率提高的结果，一般指现有的资源是否得到充分使用以及配置是否最优等；技术进步率变化指数是指创新或引进新技术的结果，一般引起生产可能性曲线边界的外移，即技术进步。当加入限制条件后，就可求解变动规模报酬条件下各决策单元的距离函数，并可以将技术效率变化指数进一步分解为规模效率的变化（*SE*）和纯技术效率变化（*PE*）。故通过分解，Malmquist 创新效率分解为规模效率变化、纯技术效率变化以及技术进步三个部分，即：

$$M_i(x^{t+1}, y^{t+1}; x^t, y^t) = EF \times TE = SE \times PE \times TE \tag{10}$$

Malmquist 创新效率指数大于 1，则表明从 t 到 $t+1$ 时期的创新效率的增长率为正，反之，则为负。同时当规模效率变化、纯技术效率变化或者技术水平变化大于 1 时，表明它是创新效率增长的源泉，反之，则是其降低的理由。

四、实证结果分析

（一）Malmquist 指数测算

Malmquist 指数方法与传统 DEA 模型具有相似的优越性，与传统 DEA 模型及其他评价方法相比，更能反映出由于规模、技术等方面变化所带来的前沿面的动态演进过程，并且在分解的结果中，不仅能够测度规模效率与技术效率，而且能够进一步反映出技术变化和技术效率变化。

由于从创新“投入”到创新“产出”，即新专利和新产品的诞生以及商业化通常都需要一定周期，即存在投入产出时滞，本文结合高技术产业特点，选择滞后期为 1 年，创新投入采用 2003~2012 年数据，产出采用 2004~2013 年数据。进一步应用 DEAP2. 1 软件，对 27 个省份的技术创新效率（*TFP*）、综合技术效率（*EF*）、技术进步（*TC*）、纯技术效率（*PE*）和规模效率（*SE*）指数进行测算，结果如表 5 所示。

表 5 各省（直辖市、自治区）Malmquist 指数的均值

区域	省份	*EF*	*TC*	*PE*	*SE*	*TFP*
东部	北京	1. 105	0. 963	1. 008	1. 096	1. 064
	天津	1	0. 881	1	1	0. 881
	河北	1. 193	0. 91	1. 174	1. 016	1. 086
	辽宁	1. 08	0. 874	1. 022	1. 057	0. 943
	上海	1. 033	0. 93	0. 975	1. 06	0. 961
	江苏	1. 064	0. 941	1. 043	1. 021	1. 001
	浙江	1. 102	0. 962	1. 019	1. 081	1. 06
	福建	0. 969	0. 912	0. 949	1. 022	0. 884
	山东	1. 04	0. 964	0. 973	1. 069	1. 003
	广东	1. 138	0. 959	1	1. 138	1. 091
	海南	1. 052	1. 046	1	1. 052	1. 101

续表

区域	省份	*EF*	*TC*	*PE*	*SE*	*TFP*
中部	山西	1.004	0.946	0.938	1.071	0.949
	吉林	1.043	0.967	0.998	1.046	1.009
	黑龙江	1.254	0.959	1.245	1.008	1.202
	安徽	1.274	0.961	1.262	1.01	1.225
	江西	1.144	0.9	1.117	1.024	1.029
	河南	1.101	0.967	1.027	1.072	1.064
	湖北	1.062	0.876	0.971	1.093	0.93
	湖南	1.1	1.012	1.111	0.99	1.113
西部	广西	1.053	0.891	1.014	1.039	0.938
	重庆	1.198	0.928	1.183	1.013	1.112
	四川	1.133	0.899	1.047	1.082	1.019
	贵州	1.04	0.975	0.959	1.084	1.014
	云南	1	0.921	1	1	0.921
	陕西	1.206	0.889	1.181	1.021	1.072
	甘肃	1.129	0.988	1.049	1.076	1.116
	宁夏	1.171	0.95	1.024	1.144	1.113
均值	东部地区	1.0705	0.9402	1.0148	1.0556	1.0068
	中部地区	1.1228	0.9485	1.0836	1.0393	1.0651
	西部地区	1.1163	0.9301	1.0571	1.0574	1.0381
	全国	1.0970	0.9390	1.0440	1.0500	1.0300

资料来源：《中国科技统计年鉴》（2004~2014）和《中国高技术产业统计年鉴》（2004~2014）。

从全国总体来看，2004~2013年中国高技术产业技术创新效率获得了3%的增长，综合技术效率增长了9.7%，纯技术效率增长了4.4%，规模效率增长了5%，技术进步下降了6.1%（见表6）。从三大区域对比来看，东部技术创新效率略微上升了0.68%，中部上升了6.51%，西部上升了3.81%。从技术进步来看，东部下降了5.98%，中部下降了5.15%，西部下降了6.99%。从纯技术效率来看，东部上升了1.48%，中部上升了8.36%，西部上升了5.71%；从规模效率来看，东部上升了5.56%，中部上升了3.93%，西部上升了5.74%，虽然中部有所上升，但低于全国平均水平，说明我国高技术产业发展仅仅靠投入增长是不能带来规模效率增长的，大规模的研发投入并没有形成更高比例的产出，同时也说明我国的高技术产业存在严重的盲目跟风、重复建设、产业趋同以及规划布局不合理等现象，尤其是在创新资源相对丰富的东中部地区。

表6　2004~2013年中国高技术创新平均技术创新效率的比较

年份	*EF*	*TC*	*PE*	*SE*	*TFP*
2004~2005	1.297	0.959	0.98	1.324	1.243
2005~2006	1.088	0.678	1.205	0.903	0.737
2006~2007	0.938	1.483	0.977	0.959	1.39

续表

年份	*EF*	*TC*	*PE*	*SE*	*TFP*
2007~2008	1.366	0.698	1.089	1.255	0.954
2008~2009	1.13	1.17	1.2	0.942	1.323
2009~2010	0.927	0.543	0.846	1.096	0.504
2010~2011	1.109	1.721	1.102	1.006	1.907
2011~2012	1.094	0.752	1.046	1.046	0.822
2012~2013	1	1.025	1.003	0.997	1.026

资料来源：《中国科技统计年鉴》（2004~2014）和《中国高技术产业统计年鉴》（2004~2014）。

具体而言，中部地区最好，自2004年中部崛起战略实施以来，以核心技术、关键技术研发为着力点，建设现代装备制造业及高技术产业基地，以高新技术和先进适用技术改造传统制造业的效果比较显著。西部次之，自2001年西部大开发战略实施以来，对基础设施、产业结构等方面的支持，使西部地区投资环境初步改善，经济运行步入良性循环，增长速度达到全国平均增长水平，这在一定程度上促进了中西部高技术产业的发展，对技术创新产业生产率的提高有很大的促进作用。尤其是重庆市的技术创新效率上升了11.2%，在促进区域协调发展和推进改革开放大局中具有重要的战略地位，以笔记本电脑集群和“云计算”为主的电子信息产业，以及为实现国家中心城市功能开展的基础设施建设项目，使重庆技术创新效率飞速提升。而具有传统优势的东部地区，整体上发展比较平稳，增量方面比中西部略低，这在一定程度上说明我国高技术产业发展已经由东部向中西部扩散。在创新能力方面，广东技术创新发展迅猛，北京和上海整体的技术创新能力也较为强劲。

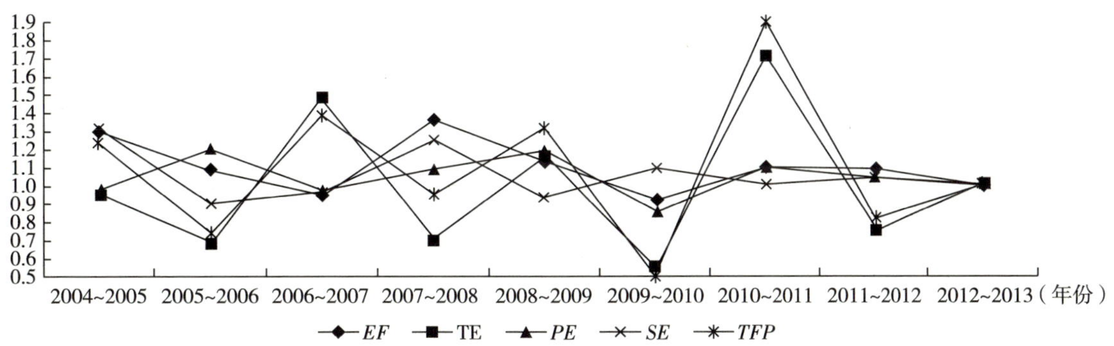

图1 2004~2013年中国高技术创业平均技术创新效率及分解

资料来源：《中国科技统计年鉴》（2004~2014）和《中国高技术产业统计年鉴》（2004~2014）。

从图1中可以看出，2004~2013年中国高技术产业创新效率基本处于平稳状态，但在2009~2010年出现显著的降低，主要由技术进步大幅度下降所引起，这是受2008年金融危机的影响，导致企业倒闭、失业率增加、技术创新停滞不前。2010~2011年技术创新效率有了显著的提高，中国采取了相应的措施来调整，起到了良好的效果。从历史变化来看，技术进步的变化趋势与技术创新效率大致相似，说明中国高技术产业技术创新效率的增长基本是由技术进步来带动的，综合技术效率基本处于平稳状态，但在2005~2006年有所下降。纯技术效率2004~2013均位于1左右，部分年份低于1，2009~2010年达到了最低的0.846，我国各地区高技术产业普遍存在高技术产业技术水平进步和高技术产业技术效率恶化并存的局面，暴露出我国高技术产业自主创新能力不足、创新管理能力跟不上等问题。技术效率普遍不高，也说明我国高技术产业呈现粗放型发展，同时也印证了很多学者"高技术不高"的悖论（Srholec，2007）。

（二）利用因子分析提取企业规模质量

本文采用 SPSS 13.0 对企业规模质量的 11 个指标实现降维，得出企业规模质量的数据。首先，将原始数据导出到 SPSS 13.0 进行标准化处理。

本文采用 KMO 检验和 Bartlett's 球形检验，检验值如表 7 所示。

表 7 KMO 和 Bartlett's 球形检验

检验＼年份		2005	2006	2007	2008	2009	2010	2011	2012	2013
KMO		0.509	0.622	0.573	0.613	0.682	0.613	0.663	0.721	0.794
Bartlett's 球形检验	Approx. Chi-Square	532.615	599.105	623.763	585.23	592.157	572.484	555.58	577.36	556.028
	df	55	55	55	55	55	55	55	55	55
	Sig.	0	0	0	0	0	0	0	0	0

资料来源：《中国统计年鉴》（2004~2014）、《中国科技统计年鉴》（2004~2014）和《中国高技术产业统计年鉴》（2010~2014）。

我们选取累计方差贡献率大于 0.85 的特征值个数为因子个数，每年都提取 3 个公共因子，采用回归法估计因子得分系数，以各个公因子的方差贡献率作为加重权数，计算各省份的总因子得分，得出企业规模质量水平。为了后面计算结果方便，将企业规模质量都进行加 1 处理变成正值，结果如表 8 所示。

表 8 企业规模质量测量结果

省份＼年份	2005	2006	2007	2008	2009	2010	2011	2012	2013
北京	1.58	1.54	1.67	1.47	1.45	1.34	1.46	1.37	1.27
天津	1.22	1.12	1.13	1.16	1.11	1.07	0.91	1.04	0.92
河北	0.71	0.72	0.71	0.74	0.72	0.74	0.72	0.75	0.74
山西	0.63	0.66	0.66	0.69	0.65	0.69	0.65	0.70	0.67
辽宁	0.81	0.79	0.78	0.87	0.85	0.80	0.87	0.86	0.77
吉林	0.66	0.68	0.68	0.80	0.69	0.70	0.69	0.73	0.71
黑龙江	0.87	0.75	0.73	0.75	0.98	0.88	0.79	0.91	0.71
上海	1.82	1.96	1.86	1.77	1.67	1.54	1.51	1.52	1.33
江苏	1.80	1.69	2.10	1.97	2.13	2.27	2.71	2.18	2.54
浙江	1.34	1.41	1.27	1.22	1.27	1.15	1.29	1.21	1.27
安徽	0.69	0.68	0.69	0.74	0.71	0.78	0.79	0.78	0.77
福建	1.03	1.18	1.05	1.02	1.13	1.12	1.22	1.14	1.20
江西	0.81	0.90	0.88	0.74	0.70	0.74	0.72	0.75	0.72
山东	1.11	1.00	1.08	1.07	1.19	1.13	1.22	1.16	1.35

续表

省份\年份	2005	2006	2007	2008	2009	2010	2011	2012	2013
河南	0.78	0.79	0.77	0.78	0.81	0.75	0.75	0.80	0.74
湖北	0.78	0.84	0.79	0.80	0.77	0.80	0.80	0.81	0.90
湖南	0.70	0.70	0.68	0.73	0.77	0.81	0.80	0.82	0.82
广东	3.12	2.90	2.73	2.96	2.96	2.98	2.67	2.67	3.02
广西	0.66	0.67	0.67	0.70	0.67	0.70	0.69	0.72	0.67
海南	0.62	0.64	0.65	0.68	0.66	0.72	0.66	0.72	0.71
重庆	0.72	0.71	0.70	0.74	0.77	0.76	0.74	0.79	0.80
四川	0.89	0.95	1.08	0.99	0.94	0.94	0.96	0.95	0.92
贵州	0.79	0.72	0.71	0.71	0.67	0.72	0.67	0.72	0.68
云南	0.64	0.66	0.65	0.69	0.64	0.69	0.66	0.70	0.66
陕西	0.93	1.01	0.93	0.85	0.82	0.84	0.80	0.84	0.80
甘肃	0.65	0.66	0.66	0.69	0.63	0.69	0.64	0.69	0.64
宁夏	0.63	0.69	0.68	0.69	0.63	0.68	0.64	0.69	0.64

资料来源：《中国统计年鉴》（2004~2014）、《中国科技统计年鉴》（2004~2014）和《中国高技术产业统计年鉴》（2004~2014）。

各地区的企业规模质量得分如表8所示，小于1代表该地区的企业规模质量水平低于全国27个省份的平均水平，大于1代表该地区企业规模质量水平高于27个省份的平均水平。北京、上海、江苏、浙江、福建、山东和广东在2004~2013年的企业规模质量始终是高于全国27个省份的平均水平的，天津整体来看是高于全国水平的，但是2011年和2013年略低于全国水平。

（三）面板门槛模型的回归结果

根据门槛模型的研究方法，本文着重研究的是企业规模质量与技术创新效率之间的关系，所以其余变量均作为模型中的控制变量，研究首先需要确定模型是否存在企业规模门槛效应，如果存在门槛效应，需要进一步验证门槛的个数，并且分别求出各个门槛值。本文在进行门槛效应检验时设定的显著性水平分别为1%、5%和10%，根据上文所述检验方法，模型的门槛效果自抽样检验如表9所示。由表9可以看出，单一门槛、双重门槛和三重门槛的p值均小于0.1。这一结果表明上述面板门槛模型存在三个门槛值。

表9　门槛效果自抽样检验

模型	F值	p值	BS次数	临界值		
				1%	5%	10%
单一门槛	6.742*	0.06	500	11.387	7.036	5.546
双重门槛	4.538*	0.058	500	8.844	4.847	3.003
三重门槛	8.605*	0.064	500	26.338	10.214	5.738

注：“*”表示估计量在0.1的统计水平下显著。

资料来源：《中国统计年鉴》（2004~2014）、《中国科技统计年鉴》（2004~2014）和《中国高技术产业统计年鉴》（2004~2014）。

通过进一步计算可以得到模型第一个门槛值为 0.7，图 2 即表示单一门槛模型门槛值的置信区间和最大似然估计量，其中 7.35 表示在 95%的置信水平下的拒绝域。固定第一个门槛值后得到第二个门槛值 0.86，图 3 表示其门槛值的置信区间和最大似然估计量，固定第二个门槛值后重新确定第一个门槛值，重新估计第一个门槛值，这样最终确定模型的一阶门槛值为 0.7，其门槛值的置信区间和最大似然估计量如图 4 所示。最后确定的第三个门槛值为 0.89，其门槛值的置信区间和最大似然估计量如图 5 所示。

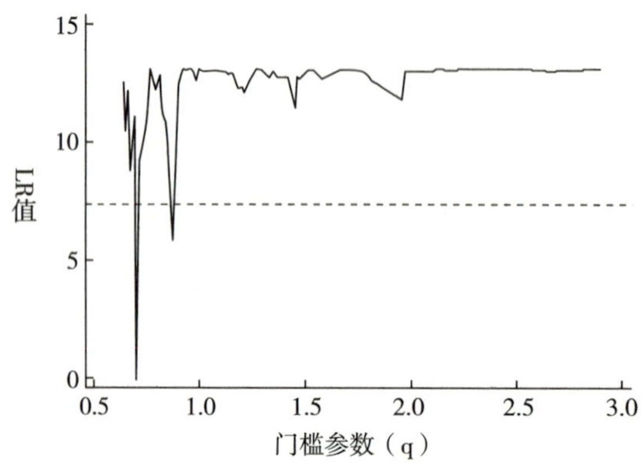

图 2　单一门槛模型置信区间

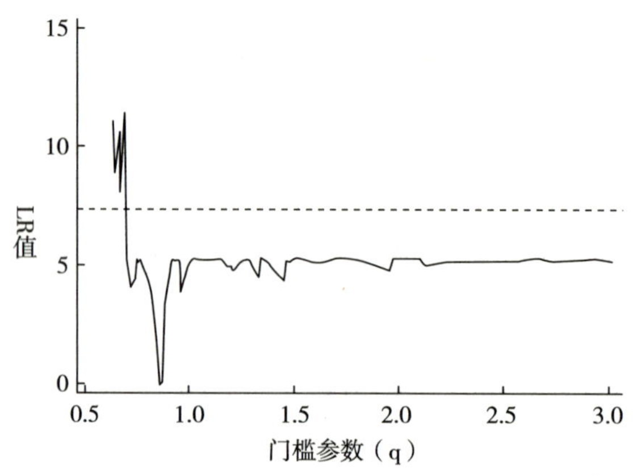

图 3　双重门槛模型置信区间（第二门槛）

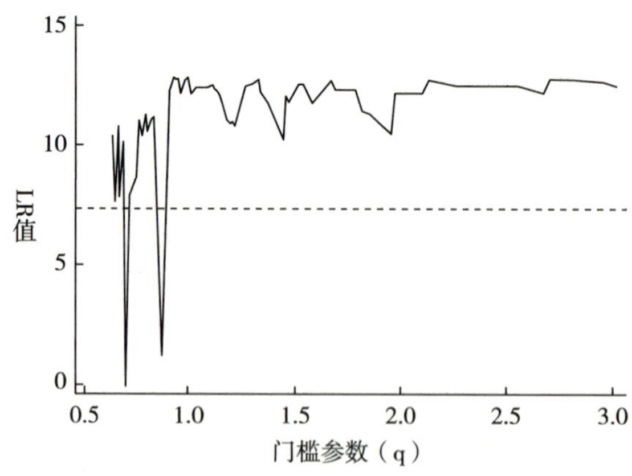

图 4　双重门槛模型（重估第一个门槛值）

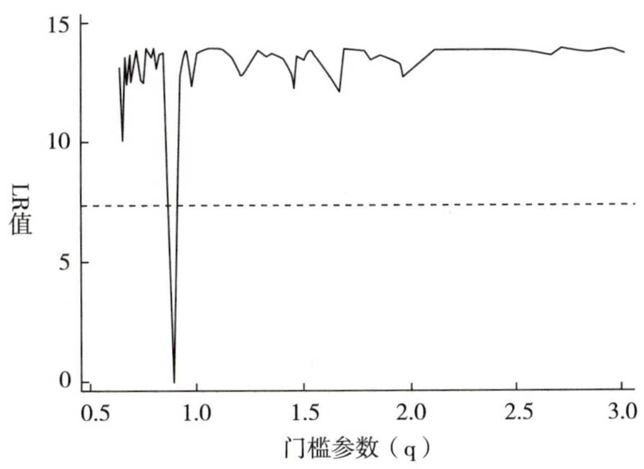

图5 三重门槛模型置信区间（第三门槛）

资料来源：《中国统计年鉴》（2004~2014）、《中国科技统计年鉴》（2004~2014）和《中国高技术产业统计年鉴》（2004~2014）。

这样，本文得到的企业规模质量的门槛值及其95%置信区间，结果如表10所示。同时得出结论，企业规模质量与技术创新效率存在门槛效应，并且为三重门槛模型，得到三个门槛值。

表10 企业规模质量门槛估计值及其95%置信区间

模型	门槛估计值	95% 置信区间
单一门槛模型	0.7	[0.700, 0.870]
双重门槛模型 Ito1	0.86	[0.700, 3.020]
双重门槛模型 Ito2	0.7	[0.700, 0.890]
三重门槛模型	0.89	[0.890, 0.900]

资料来源：《中国统计年鉴》（2004~2014）、《中国科技统计年鉴》（2004~2014）和《中国高技术产业统计年鉴》（2004~2014）。

对于控制变量，政府支持与技术创新效率之间呈显著负相关关系，人力资本与技术创新效率之间呈正相关关系，但不显著；市场结构、对外开放程度和技术机会与技术创新效率之间都呈负相关，但不显著。

统计结果显示，三个门槛值把企业规模质量的区间分成4个部分，企业规模质量在［0.62，0.70］区间，门槛系数估计值为1.535，企业规模质量与技术创新效率之间呈正相关，但不显著；企业规模质量在［0.70，0.86］区间，门槛估计值为2.502，企业规模质量与技术创新效率之间呈显著正相关；企业规模质量在［0.86，0.89］区间，门槛系数估计值为0.558，企业规模质量与技术创新效率之间呈显著正相关；企业规模质量在［0.89，3.12］区间，门槛系数估计值为0.758，企业规模质量与技术创新效率之间呈显著正相关。可以说明，企业规模质量对技术创新效率存在明显的门槛效应（见表11）。

表11 模型参数估计结果

变量	模型估计系数
sq	2.502***
hk	1.052
od	−0.987

续表

变量	模型估计系数
gs	-0.998***
ms	-0.000365
to	-0.00282
sq_x_q1	1.535
sq_x_q3	0.558***
sq_x_q4	0.758***
_cons	1.652*
r^2	0.135
r^2_*w*	0.135
N	243
F	3.592

注：“_con”表示常数项，“sq_x_q1”“sq”“sq_x_q3”“sq_x_q4”依次分别表示四个区间的企业规模质量。“***”“*”分别表示估计量在0.01、0.1的统计水平下显著。

资料来源：《中国统计年鉴》（2004~2014）、《中国科技统计年鉴》（2004~2014）和《中国高技术产业统计年鉴》（2004~2014）。

直至2013年，企业规模质量在［0.62，0.70］区间的有甘肃、宁夏、云南、广西、山西、贵州，这些省份的企业规模质量与技术创新效率之间呈正相关关系，但并不显著，这说明R&D投入还未产生积累效应，没有达到技术创新要求的最低企业规模质量；企业规模质量在［0.70，0.86］区间的有吉林、海南、黑龙江、江西、河南、河北、辽宁、安徽、重庆、陕西、湖南，这些省份的企业规模质量与技术创新之间呈显著正相关，系数为2.502，表明提升技术创新效率不仅依靠研发投入，还要重视研发投入的使用效果和产业成果转化，此时加大对R&D投入已不能显著提高技术创新水平了，非R&D和知识能量成了限制技术创新的因素，加大非R&D和知识能量能有效提高技术创新水平；企业规模质量在［0.89，3.12］区间的有湖北、四川、天津、福建、北京、浙江、上海、山东、江苏、广东，这些省份的企业规模质量与技术创新效率之间呈显著正相关关系，系数为0.758，处于这一区间的省份企业规模质量对技术创新效率影响的程度没有第二区间的省份快，考虑这些省份的科技实力与经济增速的相关程度，当经济发展对科技创新的依赖程度较大时，大企业无论在绝对规模优势上还是对科技资源的调动和运用方面，都需要与快速成长的高科技中小企业之间配合及相互借鉴，因此对技术创新效率的提升可能更要关注产业链上下游企业之间的协同创新，乃至区域创新环境对新创企业和颠覆性创新的支持能力。从历年来看，曾经位于［0.86，0.89］区间的省份有辽宁、黑龙江、江西、四川。

五、结论与政策建议

（一）研究结论

本文基于我国2003~2013年高技术产业省际面板数据，采用DEA-Malmquist指数分析法生成技术创新效率变量，然后采用因子分析法将 R&D 投入、非 R&D 投入以及知识能量降维成企业规模质量变量，最后实证检验了我国高技术产业企业规模质量对技术创新效率的门槛效应。通过实证检验，我们得出以下主要结论：

第一，通过企业规模质量这一变量的使用，本文得到了不同于企业规模与技术创新关系的研究结论，当单纯从企业规模的数量角度考察其与技术创新的关系时，不同的数据来源和计量模型可能会得到正相关、负相关以及倒 U 形等多种关系类型。而企业规模质量变量考察了更为全面和客观的技术创新影响要素，并得到了结论更为精确的门槛效应：企业规模质量与技术创新效率之间的关系是三重门槛模型，企业规模质量对技术创新效率的影响力度表现在不同的企业规模质量门槛区间内有不同的影响力。当企业规模质量低于 0. 7 时，企业规模质量与技术创新效率之间呈正相关关系，但不显著。当企业规模质量高于 0. 7 低于 0. 86 时，企业规模质量与技术创新效率之间呈显著正相关关系，系数为 2. 502，此时企业规模质量对技术创新影响最大。第一个门槛值表示当 R&D 投入积累到一定程度时，关键性的技术创新才能够大量、连续地输出，在此之前的技术创新则是零星和间断的，这一结论与高良谋和李宇（2009）的结论是一致的。当企业规模质量高于 0. 86 低于 0. 89 时，企业规模质量与技术创新效率之间呈显著正相关关系，系数为 0. 558。R&D 投入积累到一定程度，不能大幅度提高技术创新，此时已到第二个门槛值，需要加入非 R&D 等要素，才能有效提高技术创新，这与严焰和池仁勇（2013）得出的购买技术资料或专利等国外技术引进方式对企业 R&D 投入与创新绩效之间起正向调节作用的结论相一致。当企业规模质量高于 0. 89 时，企业规模质量与技术创新效率之间呈显著正相关关系，系数为 0. 758。此时已达到第三个门槛值，R&D 和非 R&D 已不是技术创新提升的主要因素，整个过程中知识积累起到至关重要的作用，知识能量的缺乏成了关键因素。知识能量的构建可以促进企业创新能力和创新资源的积累，促进知识在企业内部的交流与分享，从而提高技术创新能力。

第二，我国技术创新效率呈现了明显的区域差异。东部地区的技术创新效率变化主要是由技术进步、纯技术效率引起的，中部地区主要是由技术进步和规模效率引起的，而西部地区主要是由技术进步下降引起的。从中部、西部、东部的创新效率依次递减的结果可以看出，并不是投入的量越大，技术创新效率就越高，由于东部发展较早，产业布局由“三来一补”过渡到知识创造的过程中，在原来固定投资模式下的产业基础和产业布局正在经历转型发展，虽然知识聚集的形成条件要比中西部成熟，但消化原有产业模式的任务也比中西部重。相比而言，国家加大对中西部的投入，已经从东部的高技术产业布局投入中吸取经验教训，从而有效指导中西部的发展，面向战略新兴产业和知识聚集的资源配置更为清晰合理。同时应该看到，我国各地区高技术产业普遍存在高技术产业技术水平进步和高技术产业技术效率恶化并存的局面，放在世界技术革命尚未形成第四次支柱性技术的背景下有其合理性，但也暴露出我国高技术产业自主创新能力仍亟待提升的问题，说明各地纷纷上马高技术产业园区，也呈现了粗放型发展的苗头，技术效率普遍不高的结论也呼应了很多学者“高技术不高”的忧虑，而规模效率下降则说明大规模的研发投入并没有形成更高比例的产出，高技术产业的盲目跟风、重复建设、产业趋同以及规划布局不合理等现象仍是需要直面的问题。

第三，从控制变量在企业规模质量对技术创新效率影响中的作用来看，较为需要注意的是，政府支持变量与技术创新效率之间存在显著负相关，这一结果与牛泽东和张倩肖（2012）的研究结论相似。原因可能在于：政府受行政隶属关系的影响，虽然对高新技术产业创新的支持提供资金方面的支持，但可能脱离市场规律干涉企业自主发展创新，使得支持力量无法作用于有效的方向，并可能出现对民营投资的挤出效应。同时，政府的一些创新扶持政策可能缺乏可操作性，加之监管不到位，就会因创新资源浪费而影响技术创新效率。

（二）政策建议

第一，研究结论显示，随着企业规模质量门槛区间的变化，有效提高技术创新效率的R&D、非R&D和知识能量投入结构也应当进行调整。由此，应根据影响高技术产业技术创新效率提升的不同阶段，有重点地提升企业规模质量。研发资本及科技人员投入是高技术产业创新活动的基础，第一阶段要以R&D投入为主，要建立R&D投入的激励机制和政策导向，逐步形成以企业为主体的R&D投融资体系通过完善风险投资机制和证券市场等方式支持中小企业创新融资，扩大R&D经费来源和规模。第二阶段以非R&D投入为主，企业必须加强对设计、培训、采用先进生产技术等非R&D活动的重视和利用，并通过这些不同形式的非R&D活动来增强企业创新绩效。第三阶段以知识能量投入为主，企业还需要重视培养良好的内部网络关系，构建以信任和共同愿景为基础的企业文化，并注重通过知识解读、知识获取、知识储存、知识流通等步骤来促使知识能量的蓄积，从而提升技术创新水平。R&D投入、非R&D投入和知识能量三者应兼顾协调发展，才能从根本上提高技术创新效率。

第二，各省份应平衡技术进步、纯技术效率和规模效率的协调发展。由于各省份技术创新效率损失的原因各不相同，应结合自身采取不同的措施。技术进步是导致全国技术创新效率低的主要原因，因此技术进步是提升全国技术创新效率的关键，各省份应注重国内外先进技术的引进、落后技术的淘汰，快速扩散高精尖技术，改良传统技术，营造高技术产业主导和高技术产业集群的氛围，通过提高自身的技术创新效率，充分利用现有产业动能，探索新技术产业动能和传统产业转型。对于规模效率低的省份，企业应着重改善自身规模配置能力，调整布局，减少研发资本和研发人员的不当使用，减少投入产出要素的浪费，避免重复研发和跟风创新，发挥企业家在改善管理水平、提高创新决策正确性方面的优势，完善企业内部监督机制和制度规范，最终形成科技含量高、人力资源优势得到充分发挥，并具有良好经济增长潜力的产业结构。

第三，政府应继续加大对高技术产业的支持力度，尤其在和市场机制的相互配合中既要发挥政策的导向作用，对高技术产业发展对地区经济的牵引作用给予政策倾斜，通过创新资源合理调配和使用实现地区之间高技术产业的协同稳定发展。同时，在维护市场机制有效发挥作用方面，应做好制度和环境建设，在专利权保护制度、技术知识市场和职业经理人市场建设方面做好符合市场规律的顶层设计，尤其要理顺政府与企业的关系，减少过多的干涉，适时更新和调整产业政策以适应创新的快速变化。在微观层面，高技术企业应继续与外资企业建立多种形式的研发合作关系，采取研发合作联盟，加速知识与信息的传播，缩小与发达国家的技术差距。此外，应加大对研发人员智力资本的投资，建立多渠道、多层次的职业提升体系，以及技术人员持股计划等激励机制。

参考文献

[1] Filippetti A. Innovation Modes and Design as a Source of Innovation: A Firm-level Analysis [J]. European Journal of Innovation Management, 2011, 14 (1): 5-26.

[2] 赵渊贤，吴伟荣. 企业外部规制影响内部控制有效性研究——来自中国上市公司的经验证据 [J]. 中国软科学，2014 (4): 126-137.

[3] 高良谋，李宇. 企业规模与技术创新倒U形关系的形成机制与动态拓展 [J]. 管理世界，2009 (8): 113-123.

[4] Hansen B. E. Threshold Effects in Non-Dynamic Panel Estimaion Testing and Inference [J]. Journal of Econometrics, 1999, 93 (2): 345-368.

[5] 余泳，陈龙，王筱. R&D投入、非R&D投入与技术创新绩效作用机制研究——以中国高技术产业为例 [J]. 科技进步与对策，2015, 32 (6): 66-71.

［6］孙春吉，李新功．技术创新资源投入对产业创新绩效的影响——基于非 R&D 投入的调节效应［J］．发展研究，2015（4）：33-36.

［7］Huber G. P. Organizational Learning：The Contributing Processes and the Literatures［J］. Organization Science，1991，2（1）：88-115.

［8］Jordan J.，Jones P. Assessing Your Company's Knowledge Management Style［J］. Long Range Planning，1997，30（30）：392-398.

［9］董晓庆，赵坚，袁朋伟．国有企业创新效率损失研究［J］．中国工业经济，2014（2）：97-108.

［10］李宇，张瑶．制造业产业创新的企业规模门槛效应研究——基于门槛面板数据模型［J］．宏观经济研究，2014（11）：96-106.

［11］Fare R.，Grosskopf S.，Norris M.，Zhang Z. Productivity Growth，Technical Progress and Efficiency Change in Industrialized Countries［J］. American Economic Review，1994，84（1）：66-83.

［12］Srholec M. High-tech Exports from Developing Countries：A Symptom of Technology Spurts or Statistical Illusion［J］. Review of World Economics，2007，143（2）：227-255.

［13］牛泽东，张倩肖．中国装备制造业的技术创新效率［J］．数量经济技术经济研究，2012（11）：51-67.

［14］严焰，池仁勇．R&D 投入、技术获取模式与企业创新绩效——基于浙江省高技术企业的实证［J］．科研管理，2013，34（5）：48-56.

“一带一路”背景下全球能源互联网运行机制构建

徐向艺[1,2]　李海石[1,2]

（1. 山东大学管理学院，山东　济南　250010；

2. 全球能源互联网（山东）协同创新中心，山东　济南　250061）

[摘　要] 随着清洁能源的大力发展、智能电网技术的不断成熟，特高压技术解决了超远距离电力传输调度问题，在当今全球化进程中，全球能源互联已成为现阶段急需解决的重大问题，也是实现全球经济与能源可持续发展的重要战略规划。全球能源互联需要世界各国在能源领域进行全方面合作，打破不同发展水平国家间的能源准入壁垒，将世界各国的资源及能源性企业联合起来，形成一套互信互惠的能源交易运行机制，并探索适用于全球能源互联的商业模式，以保障全球能源互联网的建设有序开展。本文立足于“一带一路”背景下对当今全球能源发展现状及全球能源互联网现阶段取得的成果分析，对全球能源互联网发展过程中的组织保障机制、市场机制、协同创新机制、金融机制及多元化投融资平台的建设进行了探索，旨在提出全球能源互联运行当中需面对的各种问题，为全球能源互联运行机制建设提供可行性方案。

[关键词] 全球能源互联网；运行机制；多元化融资平台

一、“一带一路”与构建全球能源互联网两大战略的耦合与互动

“一带一路”建设对于构建战略协作区和发展合作区具有非凡意义，是开展国际能源合作重要的物质支撑。在“一带一路”倡议下进一步提出的全球能源互联网（Global Energy Interconnection）建设是21世纪能源发展机制的重大创新，是应对世界能源可持续发展问题的必由之路，也是“一带一路”能源领域建设的重要构想。全球能源互联网实质上是“智能电网+特高压电网+清洁能源”，其中智能电网是基础，特高压电网是关键，清洁能源是根本。随着清洁能源经济性的快速提升，特高压输电技术更加先进成熟，智能电网技术进一步突破发展，全球电力联网将会得到前所未有的发展。当前能源资源分配不均衡的特征决定了能源资源全球配置的需求差异，而构建全球能源互联网是一项复杂的系统工程，需要政府、企业、社会组织乃至每个人的积极参与和共同行动。同时，在当今“互联网+”的新型商业思维模式下，不仅既有的传统产业需要进行理念的革新和技术的创新，能源领域的不同方向的企业也应该利用互联网思维来考虑新型战略转型问题。全球能源互联网是一个开放的能源领域的生态系统，既具备互联网的开放与包容，也要坚守能源行业与能源企业既有的稳定性。在“一带一路”沿线进行的区域性能源互联将是全球能源互联一次区域性的创新与尝试，需要充分依靠中国自身优势与有关国家既有的、新建的双边或

多边机制，建立并借助互信、互融、互赢的区域合作平台，积极发展与沿线国家的经济合作伙伴关系，共同打造利益共同体。全球能源互联网的构建，既是实现“一带一路”倡议的重要举措，也是对“一带一路”构想的丰富和具体化。

当前世界能源发展面临资源紧张、环境污染、气候变化三大难题。据国际能源署（IEA）2014年统计数据，全球消费煤炭、石油、天然气分别达到了82亿吨、336亿桶和3.5万亿立方米，依照现阶段全球开采强度，未来煤炭、石油和天然气资源技术可开发量仅能再开采110年、53年和54年。全球化石能源消费总量从1965年的51亿吨标准煤增加到2014年的159亿吨标准煤，在生产、运输、存储、使用各环节，对大气、水质、土壤、地貌等造成严重污染和破坏（刘振亚，2015）。全球化石能源消费目前每年排放二氧化硫1.2亿吨、氮氧化物1亿吨。化石能源的碳排放是气候变化的主要原因，且全球二氧化碳排放总量仍以年均2%的速度增长。在未来想要最大程度地解决这三大难题就必须走清洁发展道路，大力实施“两个替代”，优化全球能源领域内的资源配置，强化清洁能源在能源利用中的地位，全面革新全球能源需求方式。构建全球能源互联网，推动能源生产和消费革命，是能源安全发展、清洁发展、可持续发展的必由之路。

如表1所示，截至2016年，从全球发电结构及全球发电装机容量结构来看，燃煤和燃气发电依然是现阶段发电的主要手段，同时也意味着新能源在未来发展的潜力巨大。近几十年来，具备清洁特征的新能源发展迅速。2000年以来，全球风电、太阳能发电年均分别增长26%、45%，远远超过煤炭3.6%、石油1.2%、天然气2.5%的增速。截至2015年底，我国风电、太阳能发电装机容量分别达到1.283亿千瓦、0.4157亿千瓦，分别比2000年增长了375倍、8918倍，新能源发展势头比预期更快更猛。传统能源技术的进步加之绿色清洁的新能源发展，让越来越多的能源得以转化为电能。全球能源互联更是全球清洁能源、全球电能的有效互联，让所有能源都转化为电能。这种清洁高效的二次能源等各种终端能源都可用电能替代，实施电能替代对于提高终端能源利用效率具有显著意义。

表1 2016年全球发电及装机容量结构 单位：%

能源类别	2016年全球发电装机容量结构	2016年全球发电结构
燃煤发电	31.9	40.9
燃气发电	24.0	21.2
燃油发电	5.3	4.1
生物质和垃圾发电	1.9	2.3
核能发电	5.5	9.8
水力发电	18.3	16.5
风力发电	7.8	3.6
太阳能发电	5.0	1.1
其他能源发电	0.2	0.4

资料来源：IEA（2016），《世界能源投资》。

现阶段，世界各国不仅正在积极推动以清洁低碳为核心的能源转型，纷纷制定清洁能源发展目标和规划。而且在智能电网领域，许多国家加快建设和升级改造，努力提高电网的灵活性、适应性和自愈能力。区域性电网互联趋势日益加快，欧洲超级电网、东北亚互联电网、北非向欧洲输电的“沙漠太阳能计划”等正在积极研究推进。中国在能源转型发展方面开展了富有成效的工作，水电、风电和太阳能发电装机容量居世界首位，成功研发了特高压技术和装备，已商业化运营九条特高压交直流工程，为推进跨国跨洲联网提供了可行的技术选择。各国实践表明，当前建设全球能源互联网已具备良好的基础和条件。

全球能源互联网的构建大体可分为国内互联、洲内互联、洲际互联三个阶段。按全球能源互联网合作组织（GEIDCO）的构想，现阶段到 2020 年，是通过推广“特高压”技术加快各国国内电网互联并进一步加快世界领域内的清洁能源开发利用的建设时期；到 2030 年，加快洲际能源领域的合作与互联，推动洲内能源基地开发和电网跨国互联；到 2050 年，在进一步完善多洲际能源互联的基础上加快“一极一道”能源基地开发，基本建成一个涵盖世界几大洲的全球能源互联网。表 2 列示了全球能源互联网在通过洲内互联的基础上，畅想建设的洲际网络互联。

表 2　全球能源互联网构想

<table>
<tr><td rowspan="5">亚洲电网</td><td>东北亚</td><td>形成中韩日俄四国环网结构</td><td>欧洲电网</td><td colspan="2">围绕负荷中心，建设洲内及跨洲输电通道，形成密集网格状结构，实现北欧水电、北海风电以及北非太阳能、亚洲太阳能和风电的受入和消纳</td></tr>
<tr><td>中亚</td><td>建设东、西两个纵向输电通道与南亚、西亚联网</td><td rowspan="4">亚欧非互联</td><td>亚欧</td><td>南、北两个横向通道（北通道：中国—中亚—欧洲；南通道：南亚—西亚—欧洲）</td></tr>
<tr><td>南亚</td><td>形成南、北两个横向输电通道</td><td>亚非</td><td>南、北两个横向通道（北通道：埃及—以色列；南通道：埃及—沙特阿拉伯）</td></tr>
<tr><td>东南亚</td><td>依托中南半岛形成环网结构</td><td>欧非</td><td>东通道：埃及—希腊；中通道：阿尔及利亚/突尼斯—意大利；西通道：摩洛哥/阿尔及利亚—西班牙/葡萄牙</td></tr>
<tr><td>西亚</td><td>围绕阿拉伯半岛形成环网结构</td><td></td><td></td></tr>
<tr><td rowspan="3">非洲电网</td><td>北部</td><td>向北外送欧洲、向东与亚洲互联互济</td><td rowspan="3">美洲电网</td><td>北美洲—南美洲</td><td>通过巴拿马—哥伦比亚，实现跨洲联网。远期，可经美国—古巴—多米尼加—委内瑞拉实现联网</td></tr>
<tr><td>北部与中部</td><td>形成东、中、西 3 个联网通道</td><td>南美洲</td><td>形成东西海岸纵向通道、中部横向通道，总体形成大环网结构</td></tr>
<tr><td>中部与南部</td><td>形成东、西 2 个联网通道</td><td>北美洲</td><td>形成东部和西部纵向通道、中西部至东西海岸多个横向通道，温哥华南部与南美洲电网互联。远期，东部受入北极风电、西部经阿拉斯加与亚洲电网互联</td></tr>
</table>

资料来源：全球能源互联网合作组织（GEIDCO）资料，经笔者整理而成。

在全球范围内，构建全球能源互联网的战略构想得到日益广泛的认同，规划研究、技术探讨、政策设计、合作交流等相关工作正在不同层面以不同方式展开（刘振亚，2015）。2017 年 5 月 14 日，中国国家主席习近平在“一带一路”国际合作高峰论坛开幕式上指出，“一带一路”倡议的提出是落实并践行全球能源洲际互联的重要途径，沿线各国要借助“一带一路”战略契机，以能源开发为切入点，促进产业合作，推动沿线周边国家能源战略布局，深化国家间的战略合作关系，提高自身在能源市场中的地位。

二、全球能源互联网建设现状透视与问题分析

全球能源互联网是一项全球电力能源系统领域内的具有变革性的世纪性“工程”，不仅需要完善各国国内电力网的建设，也需要在洲际进行电力网络建设。构建全球能源互联网需要连接“一极一道”（北极、赤道）大型能源基地，适应各种集中式、分布式电源，能够将风能、太阳能、海洋能等可再生能源输送到各类用户，是服务范围广、配置能力强、安全可靠性高、绿色低碳的全球能源配置平台，具有网架坚强、广泛互联、高度智能、开放互动的特征。当前世界能源领域范围内，智能电网的可靠性、适应性、互动性已全面提升。智能电网通过应用先进的电力电子技术、自动控制技术、信息技术和互联网技术，将多种能源、储能设备、各类负荷相连，将逐步实现电源、电网和用户的深度互动。在电源侧，新能源发电功率预测、并网仿真分析和调度控制水平进一步提升，实现高比例新能源的可预测、可控制、可调度；在用户侧，实现多类型分布式电源、多样负荷和微网的灵活友好接入，推动能源消费从单向被动接受的方式向双向互动、灵活智能的用电方式转变。智能电网作为电力能源的一项新的应用技术早已在世界主要国家应用并取得了重大进展，智能电网发展将为进一步的能源生产、消费革命和全球能源互联提供必不可少的技术支撑。表 3 是当前世界主要国家及地区在智能电网领域建设方面已取得的成就。

表 3 世界主要智能电网工程

国家	项目
中国	截至 2015 年底，中国国家电网公司累计安排智能电网试点项目 38 类 352 项，建成试点项目 32 类 342 项，智能电能表 3. 17 亿只，充换电站 1537 座，充电桩 3 万个，覆盖 80 多个城市的高速公路快充网络，智能变电站 2554 座，智能电网综合示范工程 20 个
美国	能源部牵头推动智能电网项目，西北太平洋智能电网工程是美国最大的跨州示范工程之一
欧洲	欧盟主导开展智能电网建设，德国 E-Energy 项目利用信息通信技术实现能源电力和信息的深度融合
日本	经济产业省组织开展智能电网研究实践，“新一代能源社会系统”示范工程设立了四种各具特色的智能电网模式
韩国	成立国家层面智能电网发展协调组织机构，济州岛智能电网工程主要用于先进技术以及新商业模式的开发

资料来源：《全球能源互联网发展战略白皮书》。

智能电网的发展在发达国家及地区已经取得了显著的成果，而“一带一路”沿线的广大发展中国家现阶段不具备大力发展智能电网的实力，急需完善其单边和双边的电力网络建设。世界上跨度最长的经济长廊，贯通了中亚、东南亚、西亚乃至欧洲部分地区，这同样也是世界上最具发展潜力的经济合作带。表 4 列示了目前主要运营及在建的特高压工程建设项目，这也是中国结合自身特高压先进成熟的技术经验，在“一带一路”沿线推广以帮助沿线国家完善其国内电网网络的成果。从战略布局看，“一带一路”发端于中国，东西两端经济发展最活跃，而中间地带基础薄弱，潜力大，发展要求迫切。由此可见，特高压技术在“一带一路”建设过程中和全球能源互联网建设中起到了关键的作用，是具体落实跨地区、跨国、跨洲电力输送与调度的重要技术支撑。中国已建立全面与系统的特高压交、直流标准体系，现已发布 33 项国家标准、41 项电力行业标准。截至 2016 年底，中国已全面掌握了特高压交、直流输电关键技术，攻克了诸多全新电

压等级面临的关键难题，研制了全套特高压设备，代表了世界输电领域的最高水平，中国会积极推广目前国内电力能源互联所取得的经验。在未来的全球能源互联网建设当中，随着特高压输电距离和输电能力的进一步提升，具有引领示范作用的跨国跨洲重大联网项目的实施，以特高压为骨干网架的跨国跨洲互联网络将逐步建成，最终形成全球范围配置能源资源的大格局，能够充分利用时区差、季节差，获得显著联网效益。届时，跨国跨洲电力贸易规模将大幅提升，预计2030年、2050年跨国跨洲电力贸易量占全球电力消费的比重将分别达到10%和30%。

表4　世界特高压工程情况

国家	项目
中国	到2016年底，中国已建成并运行特高压工程13项，包括中国国家电网公司11条线路（"六交五直"）和南方电网公司2条线路（直流）。此外，中国在建的特高压线路共9条（"两交七直"）；中国新能源并网装机已突破2.2亿千瓦，成为世界风电并网规模最大、太阳能发电增长最快的电网
印度	在建两项±800千伏特高压直流输电工程： 阿萨姆邦—阿格拉城工程，线路长度1728千米，输电能力600万千瓦 坚巴—古鲁格舍德拉工程，线路长度1365千米，输电能力600万千瓦
巴西	在建两项±800千伏特高压直流输电工程： 巴西美丽山一期工程，线路长度2092千米，输电能力400万千瓦 巴西美丽山二期工程，线路长度2518千米，输电能力400万千瓦

资料来源：《2016全球能源分析与展望》。

全球能源互联网建设推动生态环境可持续发展的作用将进一步凸显，能够有效控制温室气体排放，保护生态环境。依托全球能源互联网，二氧化碳排放将大幅降低，可以实现全球温升控制在2°C以内，各类污染物排放也将显著下降。预计2025年，全球二氧化碳排放将由2014年的335亿吨增至360亿吨，提前10年达到峰值，之后进入下降通道，到2050年，二氧化碳排放量降低到115亿吨，相当于1990年排放量的50%。清洁能源将成为世界主导能源，将逐步取代化石能源的地位。到2050年，清洁能源占一次能源比重将达80%；清洁能源发电量将占总发电量的90%。此外，随着清洁能源发电技术、储能技术的快速进步，风电、太阳能发电的经济性将大幅提高，预计2025年前后，在发电成本上与化石能源基本持平，2030~2050年将更具竞争优势。考虑环境成本，表5所示2010~2050年的化石能源发电成本将上升，而陆上风电和光伏发电成本将大幅下降。

表5　主要发电能源成本　　单位：美分/千瓦时

类别	2010年	2050年
化石能源发电	9	20
陆上风电	11	6
光伏发电	34	5

构建全球能源互联网的关键技术将加快突破、优化和提升新能源、新材料、通信、人工智能等各类新技术，将使其实现集成式、聚合式突破，更好地适应清洁能源发电的间歇性、波动性特征，各类设备的适应性将进一步增强，满足全球能源互联网"一极一道"等复杂环境下清洁能源

开发和输送的要求。权楠（2016）提出在全球能源互联网的新需求下，不仅绿色的新型能源会带来能源系统的巨大变革，绿色的新型互联网信息渠道也将支撑全球能源互联网的信息系统发生巨大变化，带动传统能源领域的交流由封闭走向开放，由地区性中心走向全球性的网络型连接。

除了在清洁能源、智能电网和特高压等能源应用领域的大力研发与创新，2016 年全球能源互联网发展合作组织（GEIDCO）的成立也会在组织层面对推广新能源的有效利用及特高压建设发挥积极作用，将为全球能源互联的有效落实与推进开创一个新局面。作为以中国为主导倡议成立的一项全球性组织，无论是推动全球领域内的智能电网合作，推广清洁能源在世界各国的替代使用，还是推广特高压技术在现阶段区域的能源互联，都必须用全球化的思维和视野来处理能源互联中出现的各种棘手问题。全球能源互联网发展合作组织（GEIDCO）建立以来，虽提出了许多建设性的意见和方案，并举办了多次世界范围内的会议，但现阶段并未在全球能源互联的实际运行当中找到切实有效的方案。如何在世界范围内克服地域性等多种问题并有效促成各国能源领域的局部或洲际性合作项目也是合作组织目前面对的重大问题。

三、全球能源互联网运行机制的构建

构建全球能源互联网需要世界各国在能源领域进行全方面合作，打破不同发展水平国家间的能源政策壁垒，逐步建立相互依存、互信互利的组织机制，实现各国政府、企业与用户间的全方位参与与合作，探索建立新形式的运行机制与商业模式，以保障全球能源互联网建设的有序开展。全球能源互联过程中涉及不同国家、政府与企业间的合作与交流，这就需要建立一套适应于全球能源领域的运行机制来保障在区域性、洲际性能源互联时能有效推进。全球能源互联网发展合作组织（GEIDCO）要积极搭建能源合作领域的各项平台并吸引全球性的人才进行全球能源互联在技术领域、商业领域等各项运行保障机制的探索与创新。完善全球能源互联过程当中的机制建设是实现全球能源互联网安全经济运行、引导各方积极参与全球能源互联网发展、全面提升各国电网发展能力的重要保障。要注重全球能源互联网发展过程中的组织保障机制、市场机制、协同创新机制、金融机制及多元化投融资平台的建设。全球能源互联网建设不论在各个阶段还是各个领域都是一项巨大的工程建设项目，都需要政府与企业巨额投入。建立一个成熟有序的多元化融资平台就尤为重要，是各项机制建设的“基石”；完善的组织机制建设是保证全球互联网在地区领域及世界范围内的有效运行所必需的保障；有效的市场机制建设是全球能源为了互联所推行的各项具体措施及手段；进一步优化各项协同创新机制会为全球能源互联提供源源不断的新思路（见图 1）。

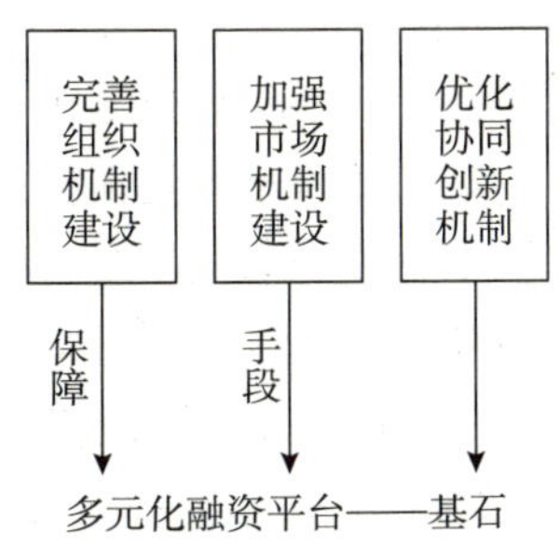

图 1 构建全球能源互联网运行机制

（一）在全球能源互联中构建新型投融资机制

全球能源互联网是资本密集型的系统，资金需求庞大，需构建开放创新的全球能源互联网投融资模式，建立多元化、多主体、多层次的投融资体系。在互联网思维的新经济形式下，不光要发挥本国资本优势，更要利用多元化的国际资本平台，利用世界资本市场的优势。对于各国政府或企业而言，要充分利用好银行业金融系统和非银行业金融系统的直接融资与间接融资，来自资本市场的需求多元化的股权融资与债权融资，将传统融资与创新融资工具相结合，通过资本全球化构建起多元化的融资保障体系。图2所示的多元化融资平台其实就是由多种融资方式共同构成的融资保障体系的循环系统，各项融资手段互相交融，这样才会盘活全球能源互联过程当中出现的大量项目。当前，世界各国能源企业进行能源项目投资时大多是综合利用绿地投资、跨国并购、合作开发等多种方式。从全球基础设施投资经验来看，政府与社会资本合作的PPP投资方式是当前较为理想的项目投资模式。这种政府与社会资本合作的模式有利于整合区域性乃至全球性的各类资源，会切实强化政府在企业进行项目投资当中的作用，有效分担和化解投资风险，对于项目周期普遍较长的能源类项目及大型电网项目较为适用。

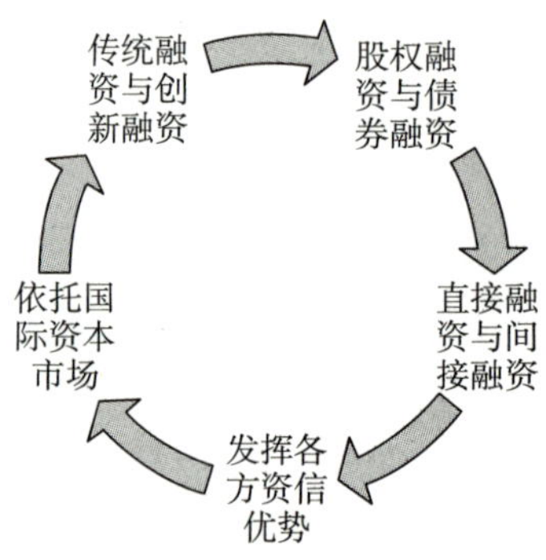

图2　多元化融资平台

全球能源互联网面临相对有利的融资环境，便于建立多层次的融资保障体系。构建全球能源互联网，推动全球能源的可持续发展，让清洁绿色能源能够在全球普遍应用，从而优化全球环境与气候，这也是全球各国政府及人民达成的共识。这种全球性共识会让全球能源互联网在建设过程当中获得异于其他项目的融资优势。当前，在面对大型建设类项目时，中国的金融机构多偏向选择主权担保类项目，而非项目融资类项目。而在“一带一路”沿线国家中，大多数国家甚至是国内政局都不稳定，进行大规模基础设施建设的能力甚至都不具备，在大型项目建设中很难进行主权担保。“一带一路”沿线的能源互联是全球能源互联网的初步尝试，如果中国的金融机构不做出契合现状的改变将很难配合中国电力企业的对外建设，区域性的能源互联网建设也将难以开展。面对这种艰难的局面，不仅是电力企业，银行等金融机构也要积极进行金融创新，通过结合各类企业的自身优势，通过各方加强合作，探索开放创新的投融资模式。中国作为全球能源互联网的发起国，现阶段的内外形势也有利于加快推动全球能源互联。中国已成功掌握了特高压技术，已在国内开展应用并尝试性地帮助周边国家完善其国内电网，现阶段正在实施的“一带一路”倡议也将大力支持相关项目建设。中国在2016年正式被纳入SDR（特别提款权）、A股被纳入MSCR，加之目前中国国内发展兴盛的互联网金融以及中国正在逐步完善的国内资本市场体制，这些条件都将丰富中国企业的融资手段，也有利于中国企业对外推广能源的区域互联和洲际互联。此外，能够参与到国内、洲内甚至洲际能源互联过程中的企业一般是各国规模实力与资信较好的企业，这些企业本身庞大的规模也是进行各种能源项目建设与融资的保证。

（二）推动全球能源互联中的市场机制建设

全球化的市场机制是形成全球能源互联网发展动力的制度基础，建立起完善的市场机制保障体系就必须建立起适合于全球能源大系统的供求机制，适应于全球能源建设与发展的竞争机制以及建立起在全球能源体系中认同的电力价格机制。为配合各项机制的有效建立应逐步构建全球电力市场体系，需建立健全跨国跨洲电力市场交易机制，探索建立一个全球性的能源交易平台，并尝试性地在全球能源互联过程当中创新商业模式。全面开展全球能源互联网工程建设合作形成全球统一市场机制示范先行，共享技术成果，联合开展示范项目建设。重点突破，共同推进一批大型清洁能源基地输电工程及跨国跨洲联网等重大项目，形成全球统一市场机制。

第一，全球能源互联网的建设是全球能源供求机制的一次改革与创新。通过能源互联将本来只局限于本国的电力供给提供给全世界的电力需求市场，能源的供给与需求成为一项在全球领域内开放的交易标的。为了配合全球领域内的电力交易就需要建立跨国跨洲电力调度机制，研究适应各类集中式和分布式清洁能源特性的电力调度运行规则，建立跨国跨洲联合调度机制，形成全球联合调度协议机制，形成全球联合调度协议体系，实现各层级调度的统筹协调，为全球能源供给方与需求方做好资源调度的渠道与技术保障。

第二，全球能源互联过程当中急需建立起一套适用于各国各方面的市场竞争机制，最重要的是建立跨国跨洲电力交易机制，建立促进跨国跨洲输电的中长期交易机制，形成稳定的电量和收益预期，并且尝试性建立起灵活的短期交易机制，适应清洁能源波动和需求变化带来的资源配置需求。通过种种方面的尝试以便建立健全跨国跨洲电力市场交易机制和运行规则，保证全球电力市场安全、稳定运转。最终做到全球能源互联中各利益方能以公开、公平、公正原则进行竞争与交易，无论是对于各国国内经济发展还是世界经济发展都将产生巨大的经济效应。以中国为例，中国能源互联网的建设将带动经济增长，2016～2025 年，按电网、电源投资 1∶1 的比例，每年投资可达 2 万亿元，总计投资 20 万亿元，每年可拉动 GDP 增长超过 1.5 个百分点，对众多产业具有带动作用。全球能源互联网将带动中国相关企业在依托“一带一路”建设过程当中逐渐开始国际化路程。

第三，电力价格在全球能源资源配置当中起到决定性作用，应统筹协调各国电价与税收机制，构建科学、完善的跨国跨洲电力交易结算体系，保障市场主体利益，维护市场稳定运行，而后进一步建立促进跨国跨洲交易的税收与电价机制，适应跨国跨洲电力交易需要；逐步构建多方参与、平等开放、充分竞争的全球电力市场交易体系，建设支撑全球能源互联网发展的统一电力市场交易平台全球能源互联网将成为拉动经济增长的新引擎，成为世界经济新的增长点。

第四，建立全球能源互联网人才合作培养机制，构建多层次、跨学科的全球能源互联网人才培养体系，为构建全球能源互联网提供专业型和复合型人才。制定适应全球能源互联网发展需要的学科建设和人才培养规划，依托重大项目实施，在全球范围培育一批高层次的国际、政治、经济、技术、管理和金融等领域的综合性人才，并依托全球化信息平台组织开展专项教育培训，设立全球能源互联网战略研究基金，引导国际组织、各国智库、咨询机构等开展重大问题研究，培育一批高端智库。

（三）推动全球能源互联协同创新机制建设

新能源将在技术经济性上全面赶超化石能源，风电、太阳能等清洁性能源发电的经济性将会有一个明显的提高，预计 2025 年前后在发电成本上与化石能源基本持平，在 2030～2050 年将会取得更强的竞争力。构建全球能源互联网关键技术加快突破、优化和提升新能源、新材料、通信等各类新技术将实现集成式、聚合式突破，满足全球能源互联网安全运行和清洁能源的大规模消纳要求。实现全球能源互联是一个系统性、综合性过程，需要在各个方面不断进行创新以应对在全球化建设过程当中出现的各种问题，需要进行充分的协同创新。

建立联合研发机制，推动组建全球能源互联网联合研究中心，开展重大战略问题研究和关键技术联合攻关。整合利用各类创新资源，共享研发设施、科研成果，以重大研发项目为纽带，开展产学研用、跨机构、上下游联合攻关。联合打造一批高层次、开放型、面向全球的技术研发中心和成果转化中心。共同构建数据资源共享平台，积极开展能源数据领域合作，挖掘全球能源互联网大数据商业价值。合作制定全球能源互联网国际标准；各国科研机构和标准机构加强合作，制定全球能源互联网相关的能源转换类、信息交换类、安全防护类、能源交易类、计量采集类等关键领域的国际技术标准体系，并在世界范围内推广应用。此外，应积极探索全球能源互联网商业合作模式，构建覆盖能源生产、传输、消费全环节的新型商业模式，让投资者、消费者和其他市场参与者都能获得合理收益和回报。

全球能源互联网下的跨国电网调度的难度要远远大于国内电网调度，鉴于各洲内部各国发展政治、经济、技术的差别，很难形成一套刚性的电力调度体系，潮流调度具有较强的双边协商和自组织特性，传统调度系统不能应对这种应用场景。松散的多源交互应用适合采用信息化手段进行支撑，通过数据平台、数据交互总线、数据分析应用实现互利、互惠的综合性电网调度体系，探索性地发展跨国电网互联的新型电力调度模式。电网互联涉及不同管辖区，因此任何联网电力交易也必然涉及公用事业单位或其他责任方之间的协调。为此，IEA 于 2015 年提出了相关电力跨境交易模型，这些模型从简单到复杂，涵盖了基于成本差异或独立发电公司（IPP）进口单向交易的双边或多边电力贸易，基于成本差异或独立发电公司进口的单向交易以及多买方、多卖方市场。在不同的管辖区边界，考虑不同的市场框架或电力市场化程度，可能采用混合模型。跨境电力贸易的关键在于得到国家法律法规许可，并尽可能获得与本国发电相同的地位。跨国电力市场框架主要考虑两个方面的内容：一是新的电网项目如何开发和获利，二是既有项目如何运营。其中新建项目最关键的是成本分摊和商业投资问题，电网运营最关键的是确定联网传输容量及其分配。

（四）推动全球能源互联中组织保障机制建设

刘振亚（2015）提出，全球能源互联网是在全球范围内集能源传输、资源配置、市场交易、信息交互、智能服务于一体的物联网，是共建共享、互联互通、开放兼容的“巨系统”，是创造巨大经济、社会、环境综合价值的发展平台，需要完善各项组织机制建设。基于全球化平台建设的能源互联网在运行之初也就应该逐步建立起全球性质的官方机构及非官方合作组织。

第一，应在联合国设立全球能源互联网合作联盟，在现有的国际电工委员会（IEC）、国际大电网会议（CIGRE）、电气和电子工程师协会（IEEE）等全球性专业机构当中加强合作，建立常态化工作机制，以全球能源互联网合作组织为主体倡议成立全球能源互联网相关标准工作组或者技术委员会。中国作为地区性能源互联网领域的先行者，应结合自身优势发挥积极作用，国家电网下属全球能源互联网研究院应在各项技术标准领域与世界各国各地区进行接轨，将先进的研发管理经验介绍给合作国家及地区。各国也应加强能源领域的合作，形成应对气候变化的共识。当前世界各国在能源低碳发展方向上已经形成了基本共识，但是在过渡能源品种和路径选择上还各自存在差异，未来全球能源互联网建设需要各国能源政策的进一步协调，所以要保障各国能源政策协调推进。对于“一极一道”地区的清洁能源，合作开发的价值高于拥有的价值，只有资源所在国和消费国家的政府和企业通力合作，清洁能源才能成为有价值的资源。这需要各国达成共识，走向从资源争夺向合作开发转变的合作共赢的能源地缘政治，即使面对巨大的困难及挑战，也要尝试性地建立合作共赢的地缘政治格局。

第二，中国作为全球能源互联网建设的发起国，当前不仅要进一步充分依托并加强与世界贸易组织（WTO）、世界银行、国际货币基金组织（IMF）、亚太经合组织（APEC）、亚洲开发银行（ADB）等全球性组织的联系，更需要借机推进上海合作组织、亚洲基础设施投资银行（AIIB）在区域及全球能源建设中扮演重要的角色。通过众多全球性组织的已有渠道推动全球能源互联网在世界范围内达成有效共识，并借助其强大的资源平台逐步推进区域性的能源互联建设。全球能源互联网发展合作组织（GEIDCO）作为目前唯一的全球性非政府、非营利性的能源领域国际组织，应积极推广全球能源互联网理念，组织制定全球能源互联网发展规划，建立技术标准体系，开展联合技术创新、重大问题研究和国际交流合作，推动工程项目实施，提供咨询服务，引领全球能源互联网发展。

此外，要建立跨国跨洲项目协调管理机制，推进项目顺利实施，依托全球能源互联网合作组织首先尝试建立多区域性的便于不同国家、不同领域与不同专业间的能源领域交流的调度管理平台，倡议多边能源合作与交流，举办具有国际影响力的高端论坛。即使“一带一路”建设在地区性能源合作中取得了一定的成果，但合作潜力并没有充分释放，供应安全的保障体系也尚未建立，贸易投资的经济效益还有待提升，与当地社会沟通交流的能力需要同步加强。以“一带一路”建设为例探索如何在沿线不同政治、经济、文化下的各个国家进行有效的能源治理并构建覆盖沿线地区的新型能源合作保障机制，是全球能源互联网在区域性互联中面临的典型性问题。

四、总结

以电为中心是未来能源发展的必然格局，清洁能源主要转化为电力使用，其大规模利用必将加快电气化进程，并最终使电能成为终端的主要用能形式。智能电网的可靠性、适应性、互动性将全面提升智能电网通过应用先进技术将多种能源、储能设备、各类负荷相连，逐步实现电源、电网和用户的深度互动。以特高压为核心的能源配置网络将遍布全球，以特高压为骨干网架的跨国跨洲互联网络将逐步建成，形成全球范围配置能源大格局，充分利用时区差和季节差，获得显著联网效益。加之“一带一路”的开展和推广为洲际能源合作提供了一个良好的实验平台，这也将推动在未来形成全球能源互联网“共商、共建、共享、共赢”的新格局。虽然，当前在地缘政治、商业模式、科技水平等方面还面临一些挑战，需要集中研究能源互联网中的关键技术问题，但仍需充分发挥各方作用，进一步凝聚共识、深化合作，共同推进技术攻关、政策协调、投融资模式创新、规划研究、工程建设和人才培养，为全球能源互联网提供强有力的政策支持、资金保障、技术装备和人才支撑，营造良好的发展合作环境。

因此，本文从宏观上对全球能源互联网的建设现状及运行机制进行了探索，以开放交互的视角对全球能源互联中的关键问题进行了全面审视，对全球能源当前的现状做了详细的梳理，对全球能源互联网建设过程中的组织机制、市场机制、创新机制及多元化融资平台进行综合分析并提出解决方案，为全球能源互联网的进一步发展提出运行支撑思路。而“一带一路”作为全球能源互联构想中的一个重要环节，沿线国家在选择能源合作方式时应考虑自身发展水平，不仅要以“一带一路”建设作为战略目标，更要以“一带一路”作为国家战略调整契机，尝试性地践行全球能源洲际互联运行的各项机制，逐步由双边能源供应关系转向多边能源贸易，改善不同能源结构国家能源供应及消费格局，打造一条受益于各方的能源供应链。全球能源互联网各利益相关方将进一步凝聚共识、深化合作，共同推进技术攻关、政策协调、规划研究、工程建设等工作。

参考文献

[1] 李晓露，宋燕敏，唐春童，潘毅．全球能源互联网的跨境电力交易市场成熟度模型研究［J］．电力信息与通信技术，2017（3）：7-13.

[2] 刘振亚．全球能源互联网跨国跨洲互联研究及展望［J］．中国电机工程学报，2016（19）：5103-5110+5391.

[3] 魏钧，邓文靓，吴向京．全球能源互联网：我国能源供给侧改革的新契机［J］．价格理论与实践，2016（8）：89-92.

[4] 张恒旭，施啸寒，刘玉田，杨冬．我国西北地区可再生能源基地对全球能源互联网构建的支撑作用［J］．山东大学学报（工学版），2016（4）：96-102.

[5] 范爱军，潘垠伊．全球能源互联网发展潜力与关联效益探析——基于微观经济学的视角［J］．福建论坛（人文社会科学版），2016（7）：10-16.

[6] 张小平，李佳宁，付灏．全球能源互联网对话工业 4.0［J］．电网技术，2016（6）：1607-1611.

[7] 权楠，张亚平，司晋新，邱岳，黄娜，吴建海，罗志明．全球能源互联网的信息顶层架构［J］．电力信息与通信技术，2016（3）：60-65.

[8] 王益民．全球能源互联网理念及前景展望［J］．中国电力，2016（3）：1-5+11.

[9] 谢国辉，李琼慧．全球能源互联网技术创新重点领域及关键技术［J］．中国电力，2016（3）：18-23.

[10] 刘振亚．全球能源互联网与中国电力转型之路［J］．电气时代，2015（11）：22-25.

[11] 张东霞，苗新，刘丽平，张焰，刘科研．智能电网大数据技术发展研究［J］．中国电机工程学报，2015（1）：2-12.

[12] 刘振亚．全球能源互联网［M］．北京：中国电力出版社，2015.

[13] 刘振亚．构建全球能源互联网　推动能源清洁绿色发展［N］．人民日报，2015-10-22（11）.

[14] European Environment Agency. Europe's Onshore and Offshore Wind Energy Potential：An Assessment of Environmental and Economic Constraints［M］. Copenhagen：EEA，2009.

[15] Henry S.，Denis A. M.，Panciatici P. Feasibility Study of Off-shore HVDC Grids［C］//Proceedings of the IEEE Power and Energy Society General Meeting. Minneapolis：IEEE，2010.

基于财务管理活动视角的商业模式及其创新路径研究

汤　莉　杜善重

（石河子大学经济与管理学院，新疆　石河子　832003）

［摘　要］明晰商业模式创新路径对于企业价值的提升具有重要意义。本文从财务管理活动的视角出发，根据企业价值最大化的目标将商业模式构成要素与财务管理活动构成要素进行匹配，分析了各要素之间的匹配机理及匹配关系；又按照"创新动因—创新过程—创新结果"的逻辑体系探讨了商业模式创新的路径。本文的研究表明：商业模式构成要素与财务管理活动构成要素之间具有一致性，二者能够形成匹配关系；在技术创新与内部资源的创新动因下，企业通过调整匹配关系来完成创新过程，并在创新动机与创新过程中减少价值的流失以实现创新结果即企业价值最大化。本文不仅拓宽了商业模式路径的研究视角，也为企业开展商业模式创新活动提供了理论支持。

［关键词］财务管理；商业模式；商业模式创新；创新路径

一、引言

创新对于企业的发展具有重要意义，一方面，创新是企业对自身未来的成长进行投资（Schumpeter，1934；Ettlie，1998）；另一方面，创新能够帮助企业改变产业结构并满足市场需要从而提升企业在行业中的竞争力。20 世纪 70 年代以来，诸多学者认为创新中的技术创新是推动经济发展的根本要素，但随着时代的发展，当今企业之间的竞争，不再仅仅是产品和服务等技术层面之间的竞争，而是商业模式之间的竞争（Peter F. Drucker，2004）。商业模式创新是企业成功的关键（Chesbrough，2010；Lüdeke-Freund，2010；Zott et al.，2011），一方面，商业模式创新能够帮助企业获取新的市场资源，发现新的经济增长点从而提升自己的竞争优势（吴晓波、赵子溢，2017）；另一方面，技术创新要通过商业模式才能为企业带来经济效益（张越、赵树宽，2014），商业模式能够通过重塑资源交易方式赋予企业新的竞争优势从而提升企业绩效，为企业创造更大的价值（Zott & Amit，2007）。因此，研究商业模式创新以及商业模式创新的实现途径对于企业的发展来说具有重要意义，通过明晰商业模式创新途径来提升企业价值也是企业开展商业模式创新活动的重要目标。

财务管理活动贯穿于企业的日常经营活动中，具体来说，企业在日常活动中，通过筹集资金并投资于相应的新项目，对投资项目进行经营管理获得利润，最终对利润进行合理分配。财务管理的目标在于实现企业价值最大化（李心合，2010），这与商业模式将企业价值作为结果与逻辑（原磊，2007；魏炜、朱武祥，2012）具有内在的一致性。商业模式与企业财务之间存在着天然的联系（李端生、王东升，2016），但目前却鲜有学者将商业模式的构成要素与财务管理的构成要素相结合来研究商业模式创新的相关问题。企业通过在关键价值活动的基础上建立和强化自身的竞争优势从而为企业创造更多的价值（Porter，1985），商业模式构成要素与财务管理活动构成要素作为关键价值活动，对于提升企业价值具有重要意义。创新就是要建立一种新的生产函数即"生产要素"的重新组合（Schumpeter，1934），通过对商业模式构成要素与财务管理活动的构成要素进行组合来探讨商业模式创新路径的选择是本文的目的所在，也是本文的创新之处。

本文安排如下：第二部分为文献回顾与理论模型，对企业目标、财务管理活动构成要素、商业模式定义及其构成要素、商业模式创新的定义及其路径进行了回顾总结，给出了本文对于商业模式的定义与要素划分，以及商业模式创新的定义，并构建了相应的理论模型；第三部分为财务管理活动视角下的商业模式创新路径构建，对商业模式构成要素与财务管理活动构成要素进行了匹配，在此基础上探讨了商业模式创新的路径；第四部分为研究结论，对本文主要结论进行了总结。

二、文献回顾与理论模型

（一）企业财务管理活动的目标与构成要素

1. 企业财务管理活动的目标

财务管理目标决定财务管理所采用的原则、程序和方法。因此，财务管理的目标是建立财务管理体系的逻辑起点。目前，关于财务管理的基本目标主要有利润最大化、每股收益最大化与企业价值最大化三种观点。在这三种观点中，利润最大化忽视了利润的时间价值；每股收益最大化忽视了每股收益的风险与取得时间；企业价值最大化也称为股东财富最大化（李心合，2010），由于利润归属于股东所有，价值也是归属于股东的价值，因此企业价值最大化体现了企业财务管理活动的目标。

企业价值最大化的财务管理目标能够克服企业在追求利润上的短期行为，体现了对经济效益的深层次认识，它是现代企业财务管理的最优目标（荆新、王化成，2015）；在目前主流财务学的框架内，公司财务的目标函数只有一项，即企业价值最大化，企业价值最大化既是企业的目标也是股东的目标（李心合，2010）。因此，本文选取的是企业最大化的目标。

2. 财务管理活动的构成要素

财务管理活动的构成要素即财务管理过程中的具体活动，目前关于企业财务管理活动的研究可以分为以筹资活动为起点的财务活动论和以投资活动为起点的财务活动论（胡振兴，2012）。在以筹资活动为起点的财务活动论中，综合已有学者观点，可以将其概括为筹资活动、投资活动、营运活动以及分配活动（陆正飞，2001；彭韶兵，2003；熊剑、罗淑贞，2007）；在以投资活动为起点的财务活动论中，企业的财务活动可以划分为投资活动、融资活动和股利分配活动（Van Home，2001；Damodaran，2001），还可以划分为投资活动、筹资活动以及营运资本管理活动（Stephen A. Ross，2011；谷祺、刘淑莲，2007）。

由于投资是现代企业的首要财务活动（胡振兴，2012），并且国内外主流财务学的教科书将企业的财务活动划分为投资、筹资和股利分配三项活动，因此，以投资活动为起点的财务活动论更符合现代企业财务管理的需要。具体来说，企业通过开展投资活动促进企业的发展，投资活动可以划分为长期投资活动与短期投资活动；项目的投资需要资金的支持，通过合理的筹资活动获得企业投资所需的资金，筹资活动又可以划分为长期筹资活动与短期筹资活动，其中短期投资与短期筹资又构成了企业的营运资本管理活动，企业通过开展营运资本活动来权衡风险与报酬；最后企业通过利润分配来协调企业与股东之间的关系，这四项财务管理活动联系紧密，共同构成了企业价值创造的财务要素。因此，本文在借鉴投资观的基础上将企业财务管理活动的构成要素划分为长期投资活动、长期筹资活动、营运资本管理活动与利润分配管理活动四项基本活动。具体内容如图 1 所示。

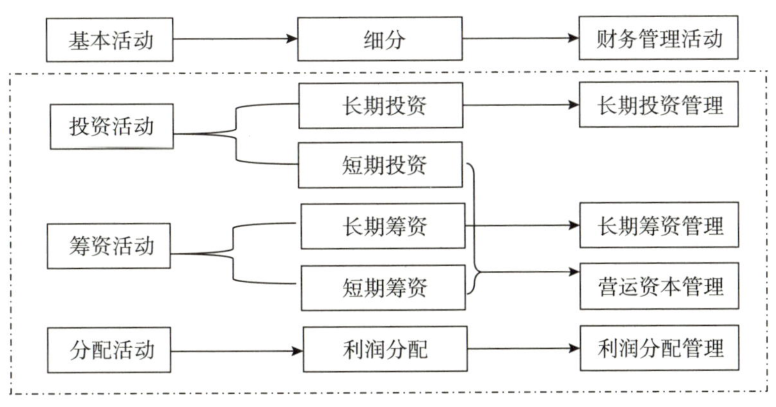

图 1 财务管理活动的构成要素

（二）商业模式的定义及构成要素

1. 商业模式的定义

商业模式最早由 Bellman 和 Clark 于 20 世纪中期提出。到了 20 世纪 70 年代，商业模式的相关问题研究主要集中于计算机领域。20 世纪 90 年代，随着以互联网为基础的电子商务的兴起，商业模式从计算机领域逐步扩展到电子商务领域。21 世纪以来，针对商业模式的研究已经跨越了行业的限制，各行各业均掀起了商业模式研究的热潮。

虽然商业模式已经成为学术研究的热点问题，但关于商业模式的定义，众多学者仍然莫衷一是。因此，针对商业模式的定义，国内外学者从不同的角度出发对其展开研究。Timmers（1998）从互联网的视角出发，指出商业模式是产品、服务与信息流三种要素所组成的架构，能够描述不同商业主体的参与进程。Afuah（2000）从价值创造的角度出发，将商业模式定义为企业通过获取和使用资源为顾客创造更多价值进而创造更多利润的活动。Zott 和 Amit（2001）从系统观的视角将商业模式定义为企业以企业创造价值为目的的各种交易活动所构成的组合体系，该体系阐明了企业、供应商、潜在竞争对手以及客户之间的关系。Morris 等（2005）将商业模式的定义划分为经济类、运营类、战略类和整合类四种，在此基础上，给出了一个整合的商业模式定义，即商业模式是一种旨在说明企业如何对战略方向、运营结构和经济逻辑等一系列具有内部关联性的变量进行定位和整合以便在特定的市场上建立竞争优势的陈述。原磊（2007）指出，商业模式是一种概念性的工具，能够描述企业通过对经济逻辑、运营结构和战略方向等具有相互关联的要素实现定位和整合的过程。Osterwalder 和 Pigneur（2010）从企业价值的角度出发，将商业模式定义为一种企业如何创造价值、传递价值和获取价值的原理。魏炜等（2012）从利益相关者的角度出发，将商业模式定义为利益相关者的交易结构，具体包括交易主体、交易内容、交易方式以及交易定价。

本文认为商业模式与企业价值紧密相关，因为企业价值是商业模式的目的与逻辑（原磊，2007；Bocken，2014）。以上研究也都是以企业价值为中心对商业模式定义展开论述，企业通过确立符合自身发展需要的商业模式并辅以配套的价值管理活动来提升企业价值。因此，本文将商业模式定义为企业创造价值的逻辑，商业模式设计的目的在于提升企业的价值。

2. 商业模式的构成要素

商业模式的要素是构成和分析商业模式的基础性要件（李鸿磊、柳谊生，2016），与此同时，商业模式组成要素由商业模式的定义所决定（兰孝玲，2016；李鸿磊、柳谊生，2016），本文已经指出商业模式是企业价值创造的逻辑，因此，商业模式的构成要素也紧紧围绕企业价值展开，结合上文各学者关于商业模式的定义并综合已有研究，本文对商业模式的构成要素进行归纳总结，具体内容如表 1 所示。

表 1　关于商业模式构成要素的主要研究

相关学者	商业模式的构成要素
Gordijn 等（2001）	参与主体、价值目标、价值端口、价值创造、价值界面、价值交换、目标客户
Amit 和 Zott（2001）	资源、功能、信息流、产出、机会、价值创造、交易内容、交易治理、交易结构
Chesbrough 等（2006）	价值主张、目标市场、价值链结构、成本结构、价值网络、竞争优势
原磊（2007）	客户、价值内容、网络形态、业务定位、伙伴关系、隔离机制、收入模式、成本
Richardson（2008）	价值主张、价值创造和传递体系、价值获取体系
魏炜、朱武祥（2012）	业务系统、关键资源能力、定位、盈利模式、现金流结构、企业价值
程愚、孙建国（2013）	决策、资源和能力、价值成果
Bocken 等（2014）	价值主张、价值创造与传递、价值获取
张越、赵树宽（2014）	企业的核心产品、目标市场、运营流程、价值分配原则、价值链结构

资料来源：笔者整理。

以上学者关于商业模式要素构成的研究也是围绕企业价值进行扩展的，虽然具体内容不同，但其目的都是通过设计商业模式的构成要素来帮助企业获取价值（张越、赵树宽，2014）。因此，本文在借鉴 Richardson（2008）、Osterwalder 和 Pigneur（2010）、Bocken 等（2014）观点的基础上，将商业模式的构成要素分为顾客价值主张、核心产品和服务、价值创造以及价值获取。

根据 Porter（1985）提出的价值链理论，在价值活动中只有某些特定的价值活动才能真正创造价值，这些真正创造价值的经营活动即“战略环节”。顾客价值主张、核心产品、价值创造、价值传递与价值获取构成了价值活动的“战略环节”。如图 2 所示，顾客价值主张体现了目标市场的需求，通过信息流将顾客价值主张传递到企业内部，企业利用物流将核心产品传递到目标市场以满足顾客的价值主张；核心产品和服务是企业价值创造的主要源泉，核心产品和服务在商流的作用下由商品状态转化为货币形态，实现了价值的创造，企业通过信息流将价值创造的信息反馈给企业从而帮助企业判断其核心产品和服务是否满足价值创造的需要；价值创造、价值传递与价值获取三者本身存在着紧密的联系：价值创造的结果在商流以及资金流的辅助下，在企业内部通过价值传递来实现价值获取，价值获取的结果通过信息流反馈给企业以帮助企业判断价值创造的结果与最终获取价值之间的差距，若两者差距不大，表明企业价值在传递的过程中并没有发生过多的价值流失，若两者差距过大，则表明企业价值在传递的过程中发生了过多的价值流失，企业应从商业模式的五个构成要素入手以判断价值流失的环节，针对不同的环节采取不同的措施以减少企业价值的流失。

综上所述，顾客价值主张、核心产品、价值创造、价值传递与价值获取五个要素在物流、商流、资金流以及信息流“四流”的辅助下相互影响、相互作用，共同构成了一个完整的价值创造体系，能够充分诠释商业模式的内涵。

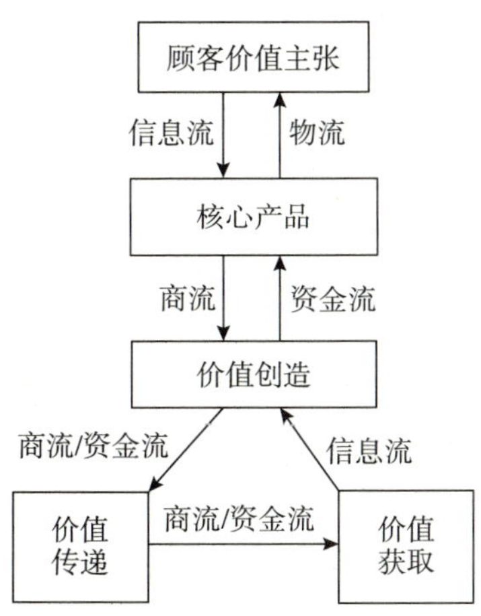

图2 商业模式构成要素

（三）商业模式创新及其路径

1. 商业模式创新的定义

商业模式创新是企业成功的关键（Chesbrough，2010；Lüdeke-Freund，2010；Zott et al.，2011）。虽然商业模式创新引起了众多学者的广泛关注（George & Chapman，2006；Zott & Amit，2010；Teece，2010），但由于不同的学者从不同的视角对商业模式创新的概念进行界定，因此商业模式创新仍然没有形成统一的定义（王雪冬、董大海，2013）。由于本文从商业模式及其构成要素展开研究，因此本文从商业模式学（王雪冬、董大海，2013）以及价值逻辑（朱明洋、林子华，2015）的视角出发对相关研究进行总结，具体内容如表2所示。

表2 关于商业模式创新定义的主要研究

相关学者	商业模式创新的定义
Osterwalder（2005）	一种基于价值主张，涵盖资源、流程、收入、成本等运营与盈利模式的设计过程
Zott 和 Amit（2010）	商业模式创新是企业通过重组其现有资源和合作伙伴来设计新的运营系统
Casadesu-Masanell（2010）	商业模式创新是企业的行为逻辑，反映企业如何运营并为利益相关者创造和传递价值
张越、赵树宽（2014）	商业模式创新是指对复杂资源的最优化重组，以创新的逻辑实现有效的价值提升
Martins 等（2015）	一种内部驱动的过程，通过企业决策层不断地进行类比推理和概念组合得以实现
吴晓波、赵子溢（2017）	商业模式创新是指提出一个新的价值主张，对商业模式元素进行创新设计的过程

资料来源：笔者整理。

通过以上的研究总结可以发现，商业模式学以及价值逻辑视角下的商业模式创新多与企业价值存在着重要的联系，这是因为商业模式创新的目的在于为企业、股东、客户以及合作伙伴创造更多的价值（王鑫鑫、王宗军，2009）。商业模式创新与商业模式有着紧密的联系，本文将商业模式定义为企业创造价值的逻辑，因此，本文关于商业模式创新的定义也紧紧围绕企业价值进行阐述。综上所述，本文将商业模式创新定义为：商业模式创新是指企业通过对商业模式构成要素与相应的财务管理活动构成要素进行匹配从而形成不同的匹配要素组合，在此基础上对匹配要素组合进行动态调整以实现企业价值最大化目标的经营管理活动。

2. 商业模式创新的路径

概念认知和创新途径探索是商业模式研究的两个重要部分（王水莲、常联伟，2014）。国内外众多学者从不同的视角出发对商业模式创新途径的研究进行了总结。Timmers（1998）通过价值链整合与交互模式相联结的方式来实现商业模式创新。Magretta（2002）认为，要实现商业模式创新可以从产品创新或流程创新入手。高闯、关鑫（2006）以企业价值链为基础，利用其在整条价值链上的价值活动的创新来解释企业商业模式创新的实现，将商业模式创新划分为五种类型，即价值链延展型、价值链分拆型、价值创新型、价值链延展与分拆结合型、混合创新型。Osterwalder（2006）指出可以通过改变目标客户、价值内容、网络形态、业务定位、伙伴关系、隔离机制、收入模式、成本管理等因素来激发商业模式创新。Giesen 等（2007）指出，商业模式中盈利模式的变化驱动着企业价值创造与获取模式的改变，企业通过更新自身的利润模型以实现商业模式的创新。王茜（2011）从 IT 驱动的视角出发，指出商业模式创新的路径包括三种情形：以传统产品和服务为依托，以创新客户价值为目标，以追求产品附加值、扩展客户价值为目标，以追求价值网络利益最大化为目标；陈学猛、丁栋虹（2014）从价值共赢的视角出发，指出企业在进行商业模式创新时可以参考自身的特征与需求，确定自己所需要建立的竞争优势，定位自身在价值网络中的位置，选择成员构建价值网络。

综合以上学者的研究可以发现，在商业模式创新路径的相关研究中，要素构成视角是探讨商业模式创新路径的重要切入点，本文同样从构成要素的视角切入。企业财务管理活动的目标在于实现企业价值最大化，这与商业模式将企业价值作为落脚点具有内在一致性。因此，本文在进行商业模式创新路径设计的过程中，将商业模式构成要素与企业财务管理活动的构成要素紧密结合来探讨商业模式创新路径的设计问题。

三、构成元素匹配下的商业模式及其创新路径模型构建

（一）商业模式构成要素与财务管理活动构成要素的匹配

财务管理活动的目标在于实现企业价值最大化（李心合，2010），而商业模式的结果与逻辑是企业价值（原磊，2007；魏炜、朱武祥，2012），因此，财务管理活动与商业模式存在着内在一致性，二者在构成要素方面能够形成相互匹配的关系，具体的关系如图 3 所示。

1. 顾客价值主张与长期投资活动的匹配

大部分的商业模式创新起源于一个新的价值主张（Chesbrough & Rosenbloom，2002；Johnson et al.，2008；吴晓波、赵子溢，2017），顾客的价值主张是指能够为顾客创造价值并最终为企业带来显著价值的要素形态或要素形态组合（Anderson，2006）。顾客价值主张反映了目标市场上的顾客需求以及企业对顾客的价值承诺，企业通过提供产品和服务来满足顾客需求从而为企业带来利润的流入以及价值的提升。通过满足顾客的价值主张，企业不仅能留住现有顾客，还能通过口碑效应吸引部分新顾客从而为企业创造持续稳定的价值源泉。

投资活动是现代企业的首要财务活动（胡振兴，2012），长期投资是指企业将现金直接投资于生产性资产，然后用其开展经营活动并获取现金，其直接目的在于获取企业生产经营所需要的

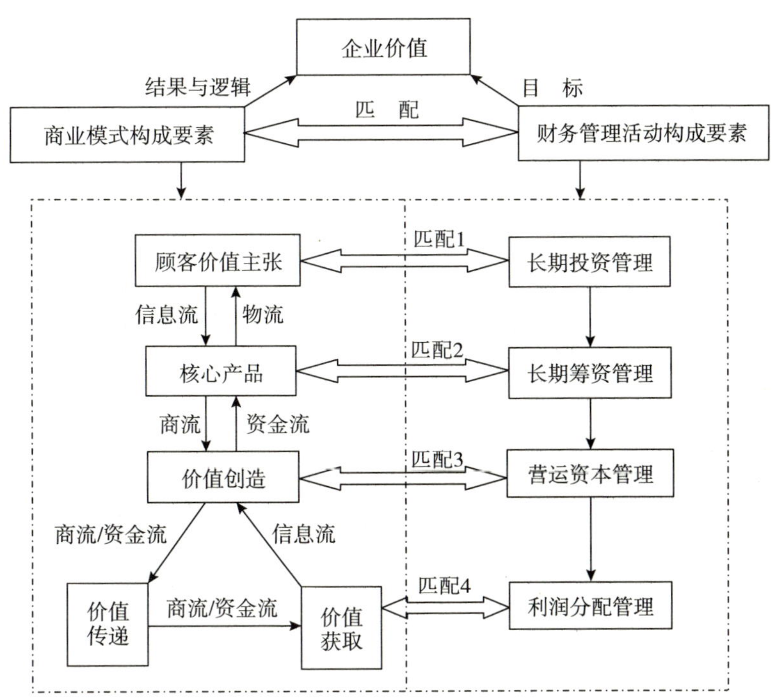

图 3 商业模式构成要素与财务管理活动构成要素匹配图

固定资产等相关资源，以便运用这些资源赚取利润从而为企业创造更多的价值。长期投资活动的开展需要企业明晰投资方向，否则盲目投资会造成企业资源的浪费进而给企业的发展带来损失。通过明确顾客价值主张来确定企业开展长期投资活动的领域，能够满足目标市场上顾客的需求，为企业带来持续稳定的消费群体，并且能够减少盲目投资所带来的风险，为企业的发展带来稳定的利润，进而提升企业的价值。因此，顾客价值主张与长期投资活动之间存在的内部契合性使得二者能够形成相应的匹配关系。

2. 核心产品与长期筹资活动的匹配

企业通过核心产品来反映顾客价值主张，核心产品是指能够持续满足顾客实际或潜在需求并得到相关方高度认可的产品利益或服务。核心产品是企业核心竞争力的载体，核心竞争力能使企业为顾客带来特殊利益（Prahalad & Hamel，1990）以满足顾客的价值主张。在企业的价值链上，只有某些特定的价值活动才能真正创造价值（Porter，1985），核心产品作为企业利润的重要来源，能够为企业创造更多的价值。因此，企业应对自身的核心产品不断升级改造以满足顾客的价值主张。

明确长期投资的领域以及对象之后，企业需要通过长期筹资来满足投资活动所需要的资金。长期筹资是指企业筹集生产经营所需要的长期资本，其目的在于满足企业长期投资的需要。不同的企业由于其核心产品的不同，其生产核心产品所需的资金量也不同。因此，企业应在确定投资领域和对象的前提下，合理评估自身核心产品升级改造所需要的资金量，避免筹资过多而带来偿债压力或者筹资过少导致资金短缺。综上所述，核心产品的升级改造需要资金，长期筹资活动为核心产品的升级改造提供资金，二者之间存在着匹配关系。

3. 价值创造与营运资本管理活动的匹配

核心产品能够为企业带来价值，实现价值的创造，价值创造是指企业在日常经营活动中利用核心产品满足顾客价值主张从而为企业带来经济利益流入的过程。只有完成了价值获取的商业模式才是有效的商业模式，才能为企业持续带来价值从而使企业保持竞争优势（项国鹏等，2014）。

价值创造意味着经济利益由企业外部流向了企业内部，从而为企业带来了价值的提升，为企业日常经营活动的开展提供了资金方面的支持。

营运资本是指短期资产与短期负债的差额，营运资本管理涉及营运资本投资和营运资本筹资两部分。营运资本投资政策影响融资政策，融资政策又制约着投资政策，两者只有相互配合才能实现企业营运资本管理的目标，实现收益与风险的最佳组合（刘怀义，2010）。营运资本的数额越大即短期资产远远高于短期负债，企业的短期偿债压力越小，企业的财务状况越稳定。价值创造能为企业的营运资本管理活动提供充足的资金支持，减少对短期负债的依赖，确保企业在进行营运资本管理活动时更加稳健，合理处理风险与收益之间的关系。因此，价值创造与营运资本管理之间存在着匹配关系。

4. 价值传递和价值获取与利润分配活动的匹配

价值创造能够为企业持续带来价值（项国鹏等，2014），但在这一过程中可能还会发生价值的流失，只有通过价值传递来实现价值获取才意味着企业价值的提升，因此价值传递和价值获取两者密不可分。由于风险会带来价值的损耗，企业的目标在于减少风险所造成的价值损耗（Seth et al.，2012），通过价值传递能最大限度地规避风险从而减少价值的损耗以实现企业对于价值的获取。

利润分配活动是企业财务管理活动的终点，它是指将企业实现的净利润在企业与投资者之间合理分配。企业通过价值传递实现价值的获取，但要对获取的价值进行合理的分配；企业价值最大化本质上也是股东财富最大化，将企业所获取的利润在企业与股东之间合理分配，不仅能够为企业带来价值的提升，还能满足股东追求财富的动机。因此，将价值获取与利润分配相结合，能够考虑企业各相关者之间的利益，避免利润分配不均而影响企业的稳定与发展。综上所述，价值传递和价值获取与利润分配之间相辅相成，构成了相互匹配的关系。

（二）商业模式创新路径的设计

商业模式的所有元素都有可能成为商业模式创新的出发点（Osterwalder & Pigneur，2010）。商业模式创新是一个复杂的动态过程，需要商业模式各构成要素的协同作用（张越、赵树宽，2014）。通过分析目标企业的商业模式构成要素来探讨变更某个或者某些构成要素的可能性，能够帮助企业实现商业模式创新（Yip，2004；Voelpel et al.，2004；Teece，2010；Yunus et al.，2010）。本文从构成要素的视角出发，将商业模式构成要素与财务管理活动的构成要素相结合，通过商业模式构成要素与财务管理活动构成要素的匹配来探讨商业模式创新的路径。本文在借鉴江积海、张烁亮（2015）提出的“动因—内在属性—理论—价值创造结果”商业模式创新路径的基础上，将商业模式创新路径设计为由创新动因、创新过程以及创新结果三方面构成的逻辑体系，首先明确商业模式创新的动因，在此基础上进一步通过探讨商业模式创新过程最终达到实现商业模式创新的结果。具体内容如图 4 所示。

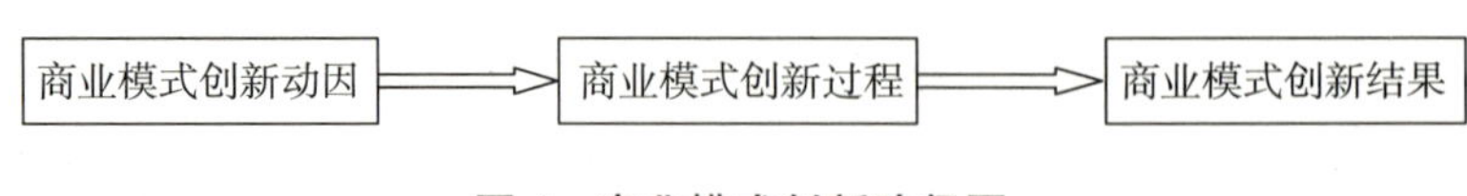

图 4 商业模式创新路径图

1. 商业模式创新动因

企业开展商业模式创新的原因在于技术和环境的压力以及企业内部变革的需要（张越、赵树宽，2014；江积海、张烁亮，2015），商业模式驱动因素能够推动企业不断更新技术、提升能力、积累资源，从而推动商业模式创新的实现。因此，本文从技术创新层面与内部资源两个方面入手来探究商业模式创新的动因，为下一步探讨商业模式创新过程奠定基础。

首先，从技术创新层面来看。技术创新推动了商业模式创新（Chesbrough & Rosenbloom，2002；Pateli & Giaglis，2005；Teece，2010），推动了技术由企业内部向外部市场的流动，满足了消费者潜在的市场需求。商业模式创新的实现不一定需要新技术的支持（Mezger，2014），但新技术往往能够推动商业模式创新（Khanagha et al.，2014；Velu，2015）。技术创新与商业模式创新之间存在着共演关系，企业的技术创新有力地支撑了商业模式创新及其演化（吴晓波等，2013）。其次，从企业内部资源来看。企业领导层对于外部环境的认知能力对商业模式创新具有驱动作用（Martins，2015），领导者作为企业商业模式的设计者，其能力与决策对于商业模式创新是否成功具有重要的影响。此外，企业组织结构与组织活动的变化也会导致企业商业模式创新（吴晓波、赵子溢，2017）。由于企业内部组织和管理因素（Hartmann et al.，2013）的变化，原有的商业模式已不能满足企业发展的需要，企业需要根据组织结构与组织活动的变化来设计新的商业模式，从而实现商业模式创新。

2. 商业模式创新过程

本文从商业模式构成要素与财务管理构成要素形成的匹配关系入手来探讨商业模式创新的过程。商业模式的创新过程与创新动因并不是割裂的，前文已经指出技术创新能够满足消费者潜在的市场需求并且推动商业模式创新，消费者潜在的市场需求体现为顾客价值主张，技术创新体现在核心产品的更新改造方面。因此，在商业模式创新动因的作用下，企业通过对匹配关系进行调整来研究商业模式创新的过程。

顾客价值主张反映了市场需求，但顾客价值主张并非一成不变。针对市场需求的变化，企业一方面可以寻找可开发的潜在市场，另一方面可以通过采取相关措施来满足潜在的市场需求。此时，需要顾客价值主张与长期投资战略相互配合以实现商业模式的创新。企业需要通过成本效益原则来判断满足该顾客价值主张是否值得投资，如果该项目投资周期较长但回报周期长且回报利润丰厚，那么应该纳入企业长期投资活动的考虑范围内；如果该项目投资周期长但收效甚微，那么企业不应该满足该顾客价值主张。在确定了顾客价值主张以及相关的投资范围后，企业应该进一步围绕自身的核心产品展开创新以满足顾客的价值主张，但核心产品的研发与改进也需要企业投入大量的资金。企业的资金是有限的，当内部资源不足以支撑时，企业可以通过长期筹资活动来满足资金的需要。在以上匹配关系的基础上，企业通过日常经营活动为企业创造价值，此时企业将商业模式创新的重点放在营运资本管理方面。营运资本数额越大表明企业的财务状况越稳定，企业应该合理处理短期资产与短期负债之间的关系。虽然此时企业拥有较为充足的现金流，但也应该合理进行投资，避免依赖短期负债进行过度投资，确保企业财务状况的稳定。创造的价值通过价值传递活动最终实现价值的获取，企业可以在价值获取规则方面进行创新，通过提前在价值获取规则中明确各利益主体的责任与权利来有效地整合不同利益相关方的力量，通过更加多样化的利润分配方式来合理分配利润以激发各利益相关方创造价值的动力。

3. 商业模式创新结果

商业模式创新结果在于企业价值最大化。在商业模式创新过程中已经探讨了价值创造、价值传递以及价值获取的关系，但商业模式创新过程中的匹配 3 与匹配 4 并不能完全代替企业价值最大化的目标。因此，在商业模式创新过程中虽然已经实现了价值的创造，但企业价值最大化目标的实现还有赖于商业模式创新路径的整体运作。

商业模式创新结果与商业模式创新过程、商业模式创新动因紧密相关。为了实现企业价值最大化的创新结果，企业首先要确保合理识别创新动因，将技术创新因素与企业内部资源相结合来考虑商业模式创新的动因，通过洞察消费者潜在的市场需求来为商业模式创新的具体过程奠定基础。在商业模式创新的过程中，通过匹配关系 1 明确消费者潜在市场需求，在此基础上确定目标市场能够确定最大的价值创造空间；通过匹配关系 2 能够实现技术创新，技术创新围绕企业核心产品展开，在顾客价值主张的基础上对核心产品进行合理的升级改造能为企业创造更多的价值；通过匹配关系 3 和匹配关系 4，企业创造的价值通过合理的价值传递渠道以及合理的价值分配原则实现价值获取。通过合理设计创新动因到创新过程中的各个环节，减少创新路径中可能导致价值流失的因素，从而实现企业价值最大化的目标（见图 5）。

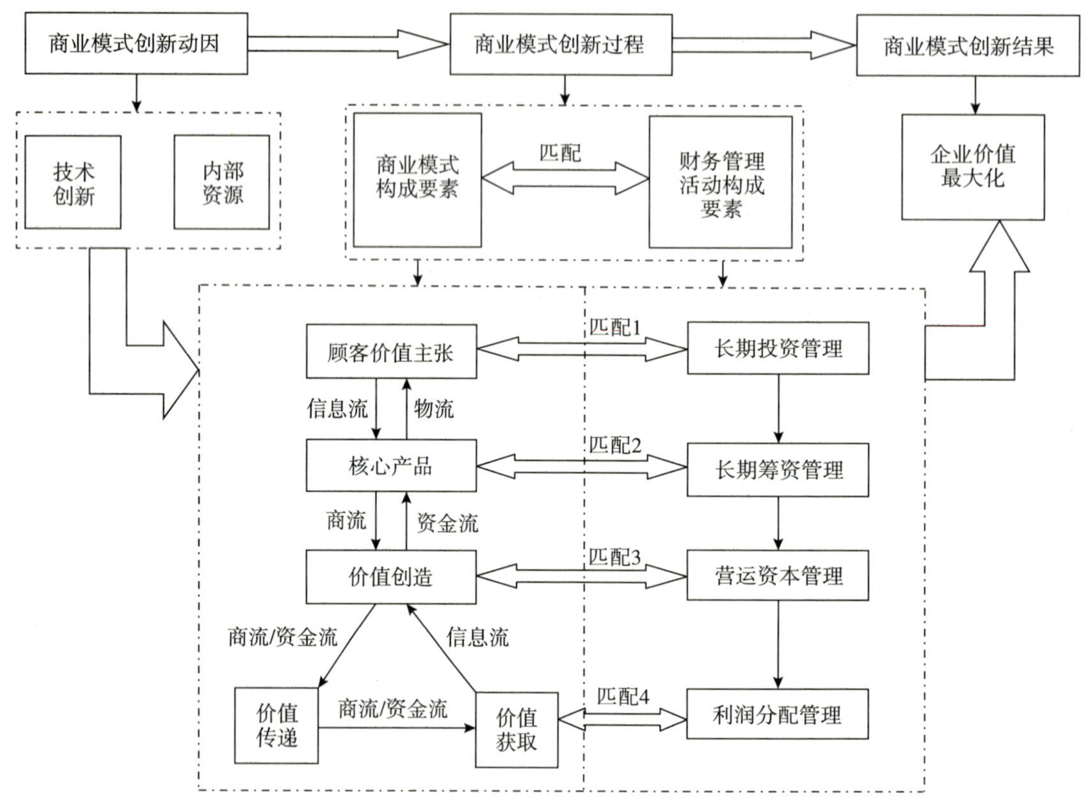

图 5　商业模式创新路径图

四、研究结论

本文首先通过整理相关文献对企业目标、财务管理活动、商业模式、商业模式创新以及商业模式创新路径进行了回顾，并给出了本文关于商业模式以及商业模式创新的定义；根据企业价值最大化的目标，对商业模式的构成要素与财务管理活动构成要素的关系进行探讨并进行相应的匹配；在"创新动因—创新过程—创新结果"的逻辑下探讨了商业模式创新路径。综合本文研究，具体结论如下：

（1）基于企业价值最大化的目标，商业模式构成要素与财务管理活动构成要素之间具有内在一致性，二者能够形成匹配关系。商业模式的结果与逻辑是企业价值，财务管理活动的目标在于企业价值最大化，这使商业模式与财务管理活动具有天然的联系，商业模式构成要素与财务管理活动构成要素能相互匹配形成了四对匹配关系，具体来说：顾客价值主张能够与长期投资管理匹配、核心产品能够与长期筹资管理匹配、价值创造能够与营运资本管理活动匹配、价值传递和价值获取能够与利润分配管理活动匹配。

（2）基于“创新动因—创新过程—创新结果”的逻辑体系来研究商业模式创新路径。技术创新与企业内部资源构成了商业模式的创新动因，在创新动因的刺激下，企业通过调整商业模式构成要素与财务管理活动构成要素形成的匹配关系来研究商业模式创新的过程，商业模式创新的结果在于实现企业价值最大化，为了实现这一结果，企业在进行商业模式创新过程中，要合理安排与设计创新动因到创新过程中的各个环节，减少创新路径中可能导致价值流失的因素，通过减少价值的流失来达到企业价值最大化的商业模式创新结果。

综上所述，本文从财务管理活动的角度考虑商业模式与商业模式创新的相关问题，利用商业模式与财务管理活动在企业价值方面的内在一致性构建了商业模式创新的路径，形成了“创新动因—创新过程—创新结果”的商业模式创新路径研究体系，拓宽了商业模式创新的研究视野与思路，未来的研究可以进一步将财务管理中的具体问题与商业模式的问题相结合，为企业开展商业模式创新提供理论方面的支撑。

参考文献

[1] Bocken N. M. P.，Short S. W.，Rana P.，et al. A Literature and Practice Review to Develop sustainable Business Model Archetypes [J]. Journal of Cleaner Production，2014，65（4）：42-56.

[2] Magretta J. Why Business Models Matter [J]. Harvard Business Review，2002，80（5）：86.

[3] Casadesus-Masanell R.，Rocart J. E. From Strategy to Business Models and Onto Tactics [J]. Long Range Planning，2010，43（2-3）：195-215.

[4] Osterwalder A.，Pigneur Y. Clarifying Business Models：Origins，Present，and Future of Heconcept [J]. Communications of the Association for Information Systems，2015，15（1）：1-25.

[5] Afuah A.，and Tucci C. Internet Business Models and Strategies：Text and Cases [M]. Boston：McGraw-Hill/Irwin，2001（32-33）：196-201.

[6] Amit R.，C. Zott. Value Creation in E-business [J]. Strategic Management Journal，2001，22（6/7）：493-520.

[7] Weill P.，Vitale M. R. Place to Space：Migrating to E-business Models [M]. MA：Harvard Business School Press，2001：96-101.

[8] Michael Morris，Minet Schindehutte，Jeffrey Allen. The Entrepreneur's Business Model：Toward a Unified Perspective [J]. Journal of Business Research，2003，58（1）：726-735.

[9] Timmers P. Business Models for Electronic Markets [J]. Electronic Markets，1998，8（2）：3-8.

[10] Matzler K.，Bailom F.，Eichen S. F. V. D.，et al. Business Model Innovation：Coffee Triumphs for Nespresso [J]. Journal of Business Strategy，2013，34（2）：30-37.

[11] Johnson W. M.，Christensen M. C.，Kagermann H. Reinventing Your Business Model [J]. Harvard Business Review，2008（12）：2-11.

[12] Kley F.，Lerch C.，Dallinger D. New Business Models for Electric Cars—A Holistic Approach [J]. Energy Policy，2011：3392-3403.

[13] Casadesus-Masanell R.，Zhu F. Business Model Innovation and Competitive Imitation：The Case of Sponsor-based Business Models [J]. Strategic Management Journal，2013，34（4）：464-482.

[14] Chesbrough H.，Rosenbloom R. S. The Role of the Business Model in Capturing Value from Innovation：Evidence from Xerox Corporation's Technology Spin-off Companies [J]. Industrial and Corporate Change，2002，11（3）：529-555.

[15] Martins L. L.，Rindova V. P.，Greenbaum B. E. Unlocking the Hidden Value of Concepts：A Cognitive Approach to Business Model Innovation [J]. Strategic Entrepreneurship Journal，2015，9（1）：99-117.

[16] Osterwalder A., Pigneur Y. Business Model Generation: A Handbook for Visionaries, Game Changers, and Challengers [M]. New Jersey: John Wiley and Sons, 2010.

[17] Teece D. J. Business Models, Business Strategy and Innovation [J]. Long Range Planning, 2010, 43 (2-3): 172-194.

[18] Zott C., Amit R. Business Model Design: An Activity System Perspective [J]. Long Range Planning, 2010, 43 (2-3): 216-226.

[19] Zott C., Amit R., Massa L. The Business Model: Recent Developments and Future Research [J]. Journal of Management, 2011, 37 (4): 1019-1042.

[20] Zott C., Amit R. The Business Model: A Theoretically Anchored Robust Construct for Strategic Analysis [J]. Strategic Organization, 2013, 11 (4): 403-411.

[21] Gordijn J. e^3 - value: Design and Evaluation of E - Business Models [J]. IEEE Intelligent Systems, 2001: 1-16.

[22] 魏炜,朱武祥,林桂平.基于利益相关者交易结构的商业模式理论[J].管理世界,2012 (12): 125-131.

[23] 原磊.国外商业模式理论研究评介[J].外国经济与管理,2007 (10): 17-25.

[24] 原磊.商业模式体系重构[J].中国工业经济,2007 (6): 70-79.

[25] 高闯,关鑫.企业商业模式创新的实现方式与演进机理——一种基于价值链创新的理论解释[J].中国工业经济,2006 (11): 83-90.

[26] Chesbrough et al. Business Models for Technology in the Developing World: The Role of Non-Governmental Organizations [J]. California Management Review, 2006, 48 (3): 48-61.

[27] 王雪冬,董大海.商业模式创新概念研究述评与展望[J].外国经济与管理,2013 (11): 29-36.

[28] Afuah A. Business Models: A Strategic Management Approach [J]. A Strategic Management Approach, 2004 (4): 182.

[29] 李心合.论公司财务概念框架[J].会计研究,2010 (7): 32-39.

[30] Li Y. R. The Technological Roadmap of Cisco's Business Ecosystem [J]. Technovation, 2009, 29 (5): 379-386.

[31] Linder J., Cantrell S. Changing Business Models: Surveying the Landscape [R]. Ma: Accenture Institute for Strategic Change, 2000.

[32] Peter F. Drucker. The Practice of Management [M] //The Practice of Management. Harper & Row, 1986: 142-144.

[33] Peter F. Drucker. The Theory of the Business [J]. Harvard Business Review, 1994, 72 (5): 95-104.

[34] Richardson J. The Business Model: An Integrative Framework for Strategy Execution [J]. Strategic Change, 2008, 17 (5-6): 133-144.

[35] 朱明洋,林子华.国外商业模式价值逻辑研究述评与展望[J].科技进步与对策,2015 (1): 153-160.

[36] 张越,赵树宽.基于要素视角的商业模式创新机理及路径[J].财贸经济,2014 (6): 90-99.

[37] 李鸿磊,柳谊生.商业模式理论发展及价值研究述评[J].经济管理,2016 (9): 186-199.

[38] 吴晓波,赵子溢.商业模式创新的前因问题:研究综述与展望[J].外国经济与管理,2017 (1): 114-127.

国企改革背景下的混合所有制企业竞争力研究
——以国有控股的制造业混合所有制企业为例

胡　锋

（中共上海市委党校第五分校，上海　200237）

［摘　要］本轮国企改革的重点任务是发展混合所有制经济，为研究混合所有制企业的竞争力，尤其是担负着振兴实体经济责任的制造业混合所有制企业的竞争力现状，本文以符合条件的388家国有控股的制造业混合所有制上市公司作为研究对象，建立了竞争力评价指标体系，涵盖了3个二级指标、31个三级指标。对2014年混合所有制企业的竞争力现状进行分析，结果显示，制造业混合所有制企业竞争力分布极不均衡，得分最高的为4015.41分，最低的却只有9.00分；竞争力整体偏弱，高于均值水平的企业数占比只有24.74%；从行业大类看，铁路、船舶、航空航天和其他运输设备制造业的竞争力最强，仪器仪表制造业的竞争力最弱；从企业归属层级看，省级国企的竞争力最强，高校/科研院所类国企的竞争力最弱。

［关键词］混合所有制企业；竞争力；国有控股；制造业

中共十八届三中全会通过了《中共中央关于全面深化改革若干问题的决定》，提出了要发展混合所有制经济，此后，全国各省市都相继发布了关于国有企业发展混合所有制经济的相关措施；为进一步规范混合所有制经济发展，2015年9月，《中共中央、国务院关于深化国有企业改革的指导意见》的顶层设计出台，而且还有针对性地出台了《国务院关于国有企业发展混合所有制经济的意见》，而发展混合所有制经济在实践层面的内涵就是通过不同性质的资本相互融合形成混合所有制企业。那么混合所有制企业是否有竞争力？当前，我国经济发展进入新常态，为实现我国经济发展重回中高速增长，推动产业结构优化升级，《中国制造2025》把制造业发展提升为国家战略，提出到2025年，使中国迈入制造强国行列，形成一批具有较强国际竞争力的跨国公司和产业集群。那么，如何利用建设制造强国的战略契机，提升我国制造业企业的综合竞争力，实现我国由制造业大国向制造业强国的转变？出于对以上两个问题的考虑，本文选择了制造业中的混合所有制企业作为研究对象，通过对当前制造业混合所有制企业竞争力的测评来了解当前我国制造业混合所有制企业的竞争力现状。

一、混合所有制企业竞争力评价指标体系的构建

（一）关于竞争力评价指标体系的文献综述

国际组织主要致力于对世界各国及主要经济体的国际竞争力评价，每年发布一次国际竞争力

评价报告，其中久负盛名的为世界经济论坛（WEF）和瑞士洛桑管理学院（IMD），WEF 出版的竞争力评价报告名为《全球竞争力报告》，IMD 出版的名为《世界竞争力年鉴》。

世界著名期刊中对竞争力排名较有影响力的主要有《财富》《商业周刊》和《福布斯》。《财富》杂志每年都会发布“世界 500 强”企业排名，具有非常强的影响力，以营业收入为主要评价指标，同时还要求公司具有较高的透明度和独立的公司治理，评价指标包括利润总额、总资产、股东权益、雇用人数、利润率、总资产报酬率、净资产收益率等。《商业周刊》的企业排名主要是针对发达国家，以每年 5 月最后一个交易日的股票市值（折算成美元）为主要排名标准，此外还参照公司规模、部门间的协调能力、资金流动性等，发布“全球企业 1000 强”。《福布斯》的企业排名主要以营业收入、利润、资产总额、股票市值的综合评分为依据，每年发布“全球企业 2000 强”。

国内学者中，刘宁等（2010）从规模能力、技术创新能力、市场能力、财务能力、成长能力五个子能力系统（共 32 个方面）来评价汽车整车制造企业竞争力。张进财等（2013）从企业的内部和外部两个视角建立企业竞争力评价指标体系，内部视角又包括资源和能力两个方面，外部视角包括分析性指标和显示性指标。王健等（2014）采用了中国企业联合会在 2000 年设计的企业竞争力评价指标体系，并根据数据可得性做了修改，最后确定了经济效益、财务状况、管理水平、科技水平四个方面共计 24 个评价指标来进行企业竞争力评价。

中国社科院工经所金碚研究员自 2003 年开始建立企业竞争力的评价指标体系，并逐步完善，然后每年都发布一次中国企业竞争力报告，直到 2013 年，产生了极大的影响力。他建立的沪深两市公司竞争力监测指标体系，包括三个二级监测指标（规模因素、增长因素、效率因素），每个二级指标又下设三级指标以及为每个指标设定权重，规模因素的三级指标（括号中数字为权重）包括销售收入（19%）、净资产（10%）、净利润（15%）；增长因素的三级指标包括近三年销售收入增长率（16%）、近三年净利润增长率（13%）；效率因素的三级指标（括号中数字为权重）包括净资产利润率（8%）、总资产贡献率（8%）、全员劳动效率（6%）、出口收入占销售收入比重（5%）；最后，再将三级指标值与各指标所占权重相乘再求和即可得出企业竞争力的监测值。

（二）混合所有制企业竞争力评价指标体系的构建

本文参考了国内外对企业竞争力评价的指标体系内容，采用了各指标体系中使用频率最多的指标，尤其是参考了金碚所建立的评价指标体系，又适当增加和丰富了某些指标，构建了制造业混合所有制企业竞争力测评指标体系（见表 1）。指标体系包括一级指标 1 个，二级指标 3 个，三级指标 31 个。

表 1　混合所有制企业竞争力测评指标体系

一级指标	二级指标	三级指标	指标代码
混合所有制企业竞争力	规模竞争力	总资产	A01
		净利润	A02
		固定资产净额	A03
		营业总收入	A04
		员工数量	A05
		流动资产合计	A06

续表

一级指标	二级指标	三级指标	指标代码
混合所有制企业竞争力	增长竞争力	资本积累率	B01
		总资产增长率	B02
		固定资产增长率	B03
		利润总额增长率	B04
		净利润增长率	B05
		营业收入增长率	B06
		营业利润增长率	B07
		综合收益增长率	B08
		净资产收益率增长率	B09
		所有者权益增长率	B10
		每股净资产增长率	B11
		基本每股收益增长率	B12
		可持续增长率	B13
	效率竞争力	资产报酬率	C01
		投资收益率	C02
		净资产收益率	C03
		总资产净利润率	C04
		存货周转率	C05
		流动资产比率	C06
		投入资本回报率	C07
		流动资产净利润率	C08
		固定资产净利润率	C09
		长期资本收益率	C10
		营业利润率	C11
		营业净利率	C12

二、混合所有制企业竞争力评价的方法选择

（一）关于竞争力评价方法的文献综述

在构建好混合所有制企业竞争力评价指标体系之后，还需要确定各测评指标的权重，必须采取一定的方法将各测评指标压缩到同一个等级上来综合评价。国内外关于权重的确定方法主要有三大类，即主观构权法、客观构权法以及主客观相结合的构权法。主观构权法主要有层次分析法、加权平均法、专业评判法等；客观构权法包括因子分析法、因素分析法、相关系数构权法、

多元线性回归法以及结构方程模型等；主客观相结合的构权法主要指综合使用主观构权法和客观构权法来确定测评指标的权重，进而降低了主观构权法和客观构权法的局限性。

刘宁等（2010）采用因子分析法的定量评价方法对汽车整车制造企业竞争力进行评价。张进财等（2013）采用加权平均法对企业竞争力进行评价。王健等（2014）采用了层次分析法的定量评价方法计算企业竞争力得分。

（二）混合所有制企业竞争力评价方法的选择

因子分析最初是由心理学家 Spearman、Thomson、Burt 等提出的应用于心理学领域的统计方法，经过多年发展，后来被逐渐应用于生物学、教育学、经济学等领域。因子分析的主要目的是减少变量数目、确认数据的基本结构及尺度；因子分析的优点是具有全面性、可比性、客观合理性，可以克服层次分析法和模糊评价法中在对各项指标赋予权重过程中进行专家打分时的人为影响因素，又可以克服在应用 BP 人工神经网络进行竞争力评价时需要大量的案例数据进行训练的缺点。进行因子分析时要求：①因子分析是一种互依分析，对所有变量都一视同仁；②样本数不得低于 50 个，最好在 100 个以上；③样本数量至少为变量个数的 5 倍，最好是 10 倍。

本文中采用的变量（指标）个数为 31 个，样本数为 388 个，样本数高于变量数 10 倍。而且，本文认为规模竞争力、增长竞争力、效率竞争力对混合所有制企业的竞争力同等重要。所以，本文最终采用了因子分析法的评价方法。

三、混合所有制企业竞争力评价

（一）样本选择与数据来源

1. 样本选择

本章按照中国证监会 2012 年的行业分类标准，选取 2010~2014 年在上海证券交易所和深圳证券交易所上市的混合所有制制造业上市公司作为研究样本。研究样本的具体筛选标准为：第一，实际控制人为国有股东的制造业上市公司，制造业分类以《上市公司行业分类指引（2012 年修订）》（见表 2）为准；第二，在每家制造业上市公司的前十大股东中选择，同时含有国有股东（且国有股比例≥5%）和非国有股东；第三，剔除存在数据遗漏、数据不全的混合所有制制造业上市公司，剔除掉 2010 年以后上市的公司（未公布 2010 年年报）；第四，剔除经营状况较异常曾经被 ST 股的公司。最终得到 388 家制造业混合所有制企业（其中包括虽在 2011 年上市，但公布了 2010 年年报的企业）。

表 2　制造业行业门类

行业代码	类别名称	行业代码	类别名称
C13	农副食品加工业	C17	纺织业
C14	食品制造业	C18	纺织服装、服饰业
C15	酒、饮料和精制茶制造业	C19	皮革、毛皮、羽毛及其制品和制鞋业
C16	烟草制品业	C20	木材加工和木、竹、藤、棕、草制品业

续表

行业代码	类别名称	行业代码	类别名称
C21	家具制造业	C33	金属制品业
C22	造纸及纸制品业	C34	通用设备制造业
C23	印刷业和记录媒介的复制	C35	专用设备制造业
C24	文教、工美、体育和娱乐用品制造业	C36	汽车制造业
C25	石油加工、炼焦及核燃料加工业	C37	铁路、船舶、航空航天和其他运输设备制造业
C26	化学原料及化学制品制造业	C38	电气机械及器材制造业
C27	医药制造业	C39	计算机、通信和其他电子设备制造业
C28	化学纤维制造业	C40	仪器仪表制造业
C29	橡胶和塑料制品业	C41	其他制造业
C30	非金属矿物制品业	C42	废弃资源综合利用业
C31	黑色金属冶炼及压延加工业	C43	金属制品、机械和设备修理业
C32	有色金属冶炼及压延加工业		

资料来源：证监会上市公司行业分类指引（2012 年修订）。

对国有股比例的计算，通常根据公司年报或公告中的前十大股东持股情况计算出的所有权和控股权都属于中间所有权，而根据上市公司金字塔式或交叉持股情况追溯到最终出资人而计算出的所有权为终极所有权。曹廷求（2007）认为，终极所有权能客观公平地反映股权结构，是国际范围内研究股权结构的首选。甄红线（2008）研究发现，国家和境内自然人是我国上市公司最重要的终极所有者，而个人作为终极所有者较国家更易获得控制权的私人收益和损害中小股东利益。所以本文采取了终极所有权结构的方法，按照金字塔式以及交叉式的持股结构向上追溯到最终的国有股东出资人：国务院（包括代表国务院出资的国资委、财政部、教育部等部门），省级（含自治区、直辖市、新疆生产建设兵团），地（市）级、县级政府或代表政府出资的部门，将最终国有股东出资人与股权关系链每层持有比例相乘的总和作为最终的国有股比例，即终极所有权。

2. 数据来源

本文中的混合所有制制造业上市公司样本数据主要来自国泰安 CSMAR 数据服务中心的“上市公司研究数据库”和“Wind 中国金融数据库”，部分不足的研究数据由上海证券交易所和深圳证券交易所网站所公开披露的样本公司年报进行补充。对于部分变量指标的异常值，分别用 1%或 99%分位点数值进行替换。

3. 样本分布

按照中国证监会《上市公司行业分类指引（2012 年修订）》，本文中所选取的 388 家制造业混合所有制企业涉及农副食品加工业、食品制造业、纺织业、医药制造业等 24 个行业大类。

（1）按空间分布。为了更直观地了解混合所有制企业样本的空间分布，按照企业的注册地划分，图 1 给出了我国各省、市、自治区混合所有制企业样本数量的空间分布情况。从图 1 中可以看出，上海、北京、山东以及广东等地是混合所有制企业的主要集聚地，四个地区的样本企业数量最多，分别为 33 个、30 个、29 个、27 个；其次是江苏、安徽、浙江、湖北、湖南以及河南等地区，样本企业数量分别为 24 个、21 个、18 个、17 个、16 个、16 个；然后是河北、四川、陕西、云南、新疆、辽宁以及福建等地区，样本企业数量分别为 14 个、13 个、12 个、11 个、11 个、11 个、10 个；接着是江西、贵州、吉林、重庆、黑龙江、山西、天津、内蒙古、广西，分别是 9 个、9 个、9 个、8 个、7 个、6 个、5 个、5 个、5 个；样本企业数量最少的为青海、甘肃、宁夏以及海南等地区，分别为4个、4个、3个、1个；西藏地区的混合所有制企业样本企业数量为0。

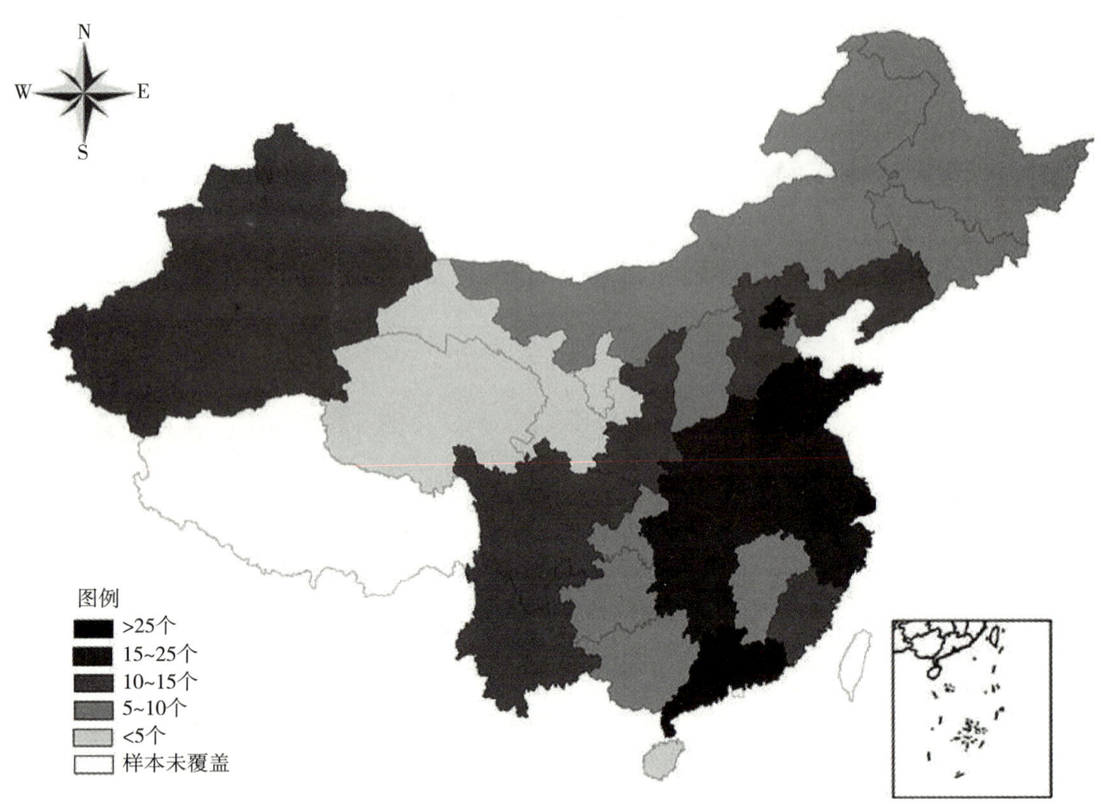

图1 混合所有制企业样本空间分布示意图

（2）按企业归属层级分布。对终极所有者身份的划分，肖作平、尹林辉（2015）根据终极所有者的差异将不同企业划分为中央企业、地方企业、事业单位企业、民营企业和外资企业。本文将制造业混合所有制企业按照终极所有者性质的不同划分为央企、省级国企、地市级国企、县级国企和高校/科研院所类国企。央企指国务院国资委、财政部等部委出资的国企；省级国企指各省、自治区、直辖市、新疆生产建设兵团等及其所属部门出资的国企；地市级国企指省会城市、自治区首府、地级市、新疆生产建设兵团下属的师、直辖市的区及其所属部门出资的国企；县级国企指地级市辖区、县级市、县及其所属部门出资的国企；高校/科研院所类国企指教育部直属高校、中国科学院、中国工程院、中国工程物理研究院等出资的国企。按照上述规则，388家制造业混合所有制企业的具体划分如表3和图2所示。

表3 混合所有制企业按企业归属划分表

企业归属	央企	省级国企	地市级国企	县级国企	高校/科研院所类国企
数量（家）	127	121	105	20	15

（二）竞争力评价的因子分析

首先，检验因子分析方法对竞争力测度的适用性，混合所有制制造业企业样本数量与变量数量比约为13∶1，初步判断结果证实了因子分析方法适用。本部分以2014年混合所有制企业的各

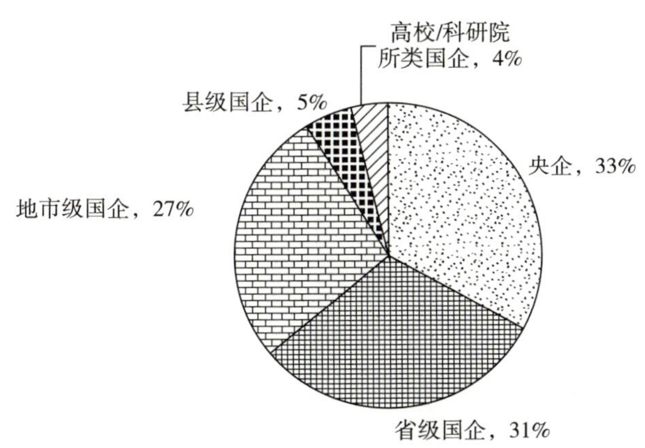

图 2 混合所有制企业按企业归属分布图

项指标值为例进行分析，Bartlett's 球形检验值为 18114.02，K.M.O. 检验值为 0.784，对应的 Sig. 值为 0.000，进一步证实样本数据进行主因子分析具有较明显的效果（见表 4）。

表 4 K.M.O. 和 Bartlett's 球形检验

取样足够度的 Kaiser-Meyer-Olkin 度量		0.784
Bartlett 's 球形度检验	近似卡方	18114.02
	df	465
	Sig.	0.000

既然因子分析适用于混合所有制制造业企业竞争力测评，那么可以进一步提取因子分析的特征值、方差贡献率以及累计方差贡献率。从表 5 中可以看出，31 个测试变量中提取了 8 个主要因子，累计解释原有变量总方差的 81.08%。另外，碎石图检验（见图 3）也进一步证实，当特征值大于 1 时可以提取 8 个主因子。总之，混合所有制制造业企业竞争力评价指标信息丢失较少，因子分析效果比较理想。

表 5 抽取因子的特征值、贡献率及累计贡献率

成分	初始特征值			提取平方和载入			旋转平方和载入		
	特征值	方差贡献率（%）	累计方差贡献率（%）	特征值	方差贡献率（%）	累计方差贡献率（%）	特征值	方差贡献率（%）	累计方差贡献率（%）
1	9.573	30.882	30.882	9.573	30.882	30.882	8.610	27.775	27.775
2	4.539	14.642	45.524	4.539	14.642	45.524	4.520	14.580	42.354
3	3.943	12.720	58.244	3.943	12.720	58.244	3.976	12.825	55.179
4	2.028	6.542	64.786	2.028	6.542	64.786	2.656	8.569	63.748
5	1.412	4.554	69.340	1.412	4.554	69.340	1.473	4.751	68.499
6	1.351	4.357	73.697	1.351	4.357	73.697	1.414	4.560	73.059
7	1.212	3.909	77.605	1.212	3.909	77.605	1.351	4.359	77.418
8	1.076	3.470	81.075	1.076	3.470	81.075	1.134	3.658	81.075

提取方法：主成分分析。

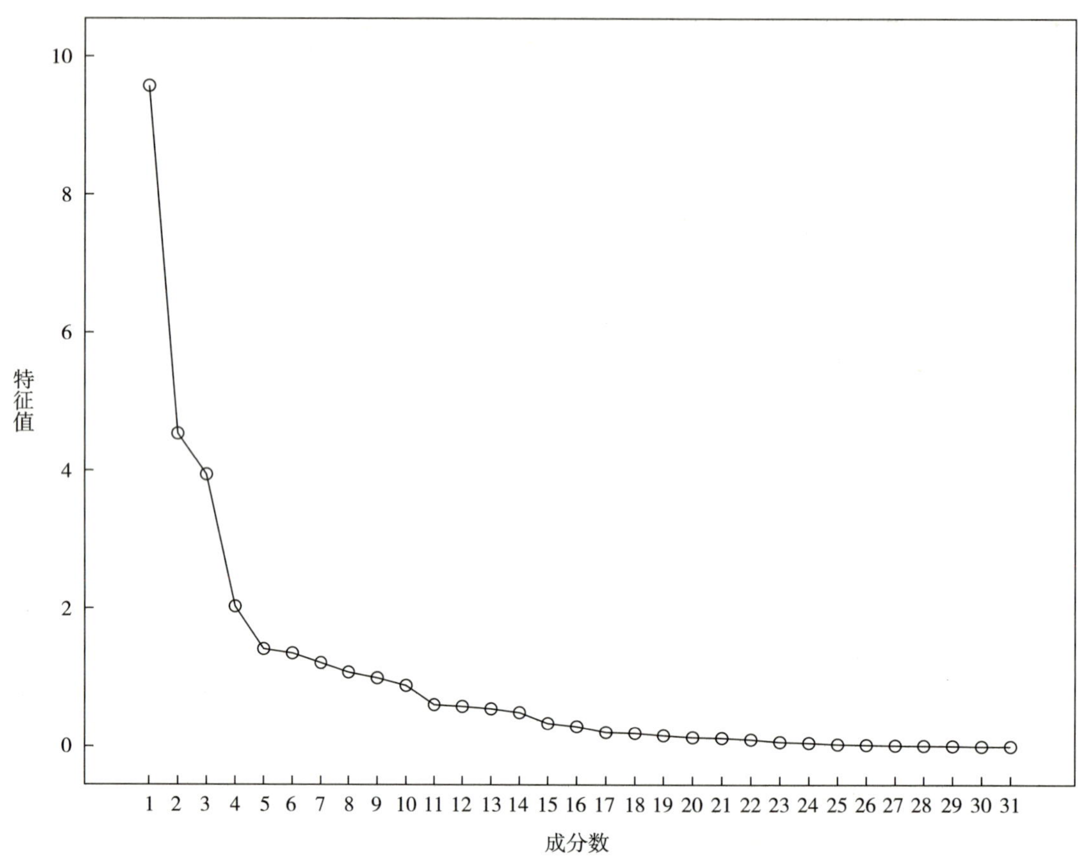

图 3 竞争力因子分析碎石图

(三) 竞争力得分测算

从混合所有制制造业企业竞争力因子中提取了 8 个主因子，然后可以根据因子得分系数矩阵计算得出主因子 Z_1、Z_2、Z_3、Z_4、Z_5、Z_6、Z_7、Z_8的得分。并且，结合 8 个主因子的贡献率可以加权求和得到混合所有制制造业企业竞争力评价总得分。

基于竞争力主因子成分得分系数矩阵，可以测算出混合所有制制造业企业效率竞争力主因子 Z_1、Z_2、Z_3、Z_4、Z_5、Z_6、Z_7、Z_8 的得分，具体计算过程见式（1）、式（2）、式（3）、式（4）、式（5）、式（6）、式（7）以及式（8）。

$$Z_1=-0.019\times A01+0.037\times A02-0.014\times A03-0.012\times A04-0.014\times A05-0.023\times A06+0.002\times B01-0.004\times B02+0.000\times B03+0.003\times B04-0.056\times B05-0.025\times B06+0.056\times B07-0.059\times B08-0.037\times B09+0.002\times B10+0.015\times B11-0.039\times B12+0.094\times B13+0.135\times C01+0.026\times C02+0.093\times C03+0.132\times C04+0.033\times C05-0.026\times C06+0.133\times C07+0.113\times C08+0.117\times C09+0.114\times C10+0.121\times C11+0.113\times C12 \tag{1}$$

$$Z_2=0.220\times A01+0.140\times A02+0.158\times A03+0.204\times A04+0.209\times A05+0.213\times A06-0.008\times B01-0.006\times B02-0.012\times B03+0.013\times B04-0.004\times B05+0.001\times B06+0.018\times B07+0.008\times B08+0.001\times B09-0.008\times B10-0.008\times B11+0.007\times B12-0.006\times B13-0.015\times C01+0.003\times C02+0.000\times C03-0.012\times C04-0.011\times C05+0.027\times C06-0.012\times C07-0.021\times C08+0.009\times C09+0.003\times C10-0.014\times C11-0.017\times C12 \tag{2}$$

$$Z_3=0.009\times A01-0.013\times A02-0.014\times A03-0.019\times A04-0.026\times A05+0.026\times A06+0.250\times B01+0.248\times B02-0.016\times B03+0.006\times B04-0.008\times B05-0.033\times B06+0.005\times B07-0.012\times B08-0.006\times B09+0.250\times B10+0.257\times B11-0.002\times B12+0.001\times B13-0.002\times C01-0.003\times C02+0.001\times C03+0.000\times C04+0.030\times C05+0.003\times C06+0.000\times C07+0.009\times C08-0.010\times C09-0.005\times C10+0.006\times C11+0.004\times C12 \quad (3)$$

$$Z_4=0.024\times A01-0.081\times A02+0.065\times A03-0.009\times A04+0.017\times A05+0.009\times A06-0.007\times B01-0.007\times B02-0.053\times B03-0.127\times B04+0.379\times B05+0.019\times B06-0.085\times B07+0.152\times B08+0.360\times B09-0.007\times B10-0.007\times B11+0.334\times B12+0.006\times B13-0.061\times C01-0.085\times C02-0.001\times C03-0.065\times C04-0.028\times C05+0.008\times C06-0.066\times C07+0.025\times C08-0.169\times C09-0.042\times C10-0.031\times C11+0.005\times C12 \quad (4)$$

$$Z_5=0.001\times A01-0.029\times A02+0.048\times A03-0.026\times A04+0.016\times A05-0.029\times A06+0.006\times B01-0.019\times B02+0.588\times B03-0.034\times B04+0.001\times B05+0.567\times B06+0.068\times B07+0.013\times B08-0.024\times B09+0.006\times B10-0.069\times B11-0.020\times B12+0.018\times B13+0.011\times C01+0.097\times C02+0.019\times C03-0.001\times C04-0.038\times C05-0.010\times C06-0.008\times C07-0.034\times C08+0.042\times C09+0.006\times C10-0.050\times C11-0.034\times C12 \quad (5)$$

$$Z_6=0.012\times A01+0.030\times A02-0.172\times A03-0.019\times A04+0.031\times A05+0.129\times A06-0.016\times B01+0.000\times B02-0.045\times B03-0.079\times B04+0.012\times B05+0.077\times B06-0.014\times B07+0.048\times B08+0.020\times B09-0.016\times B10-0.034\times B11-0.016\times B12-0.014\times B13-0.061\times C01-0.127\times C02-0.001\times C03-0.015\times C04-0.521\times C05+0.586\times C06-0.017\times C07-0.156\times C08+0.141\times C09-0.003\times C10-0.031\times C11-0.026\times C12 \quad (6)$$

$$Z_7=-0.026\times A01+0.072\times A02-0.085\times A03+0.025\times A04-0.016\times A05+0.002\times A06-0.002\times B01-0.003\times B02-0.076\times B03+0.679\times B04-0.012\times B05+0.040\times B06+0.054\times B07+0.463\times B08-0.214\times B09-0.002\times B10+0.002\times B11+0.021\times B12+0.072\times B13-0.030\times C01+0.024\times C02+0.091\times C03-0.018\times C04+0.093\times C05+0.024\times C06-0.019\times C07-0.047\times C08+0.010\times C09+0.021\times C10-0.074\times C11-0.084\times C12 \quad (7)$$

$$Z_8=-0.063\times A01+0.279\times A02-0.290\times A03+0.103\times A04-0.060\times A05+0.036\times A06-0.010\times B01-0.001\times B02+0.024\times B03-0.032\times B04-0.009\times B05-0.005\times B06-0.689\times B07+0.020\times B08+0.054\times B09-0.010\times B10-0.001\times B11-0.075\times B12-0.029\times B13-0.030\times C01+0.394\times C02-0.029\times C03+0.009\times C04+0.232\times C05+0.089\times C06+0.009\times C07+0.012\times C08+0.070\times C09-0.060\times C10-0.040\times C11-0.039\times C12 \quad (8)$$

$$Z=0.278\times Z_1+0.146\times Z_2+0.129\times Z_3+0.086\times Z_4+0.048\times Z_5+0.046\times Z_6+0.044\times Z_7+0.037\times Z_8 \quad (9)$$

最后，结合混合所有制制造业企业竞争力主因子 Z_1、Z_2、Z_3、Z_4、Z_5、Z_6、Z_7、Z_8的得分以及方差贡献率，并利用加权求和的方法计算得出混合所有制制造业企业竞争力评价总得分，见式（9）。

四、混合所有制企业竞争力分析

为了更直观地展现出混合所有制制造业企业竞争力分布态势，本文给出了 2014 年综合竞争力评价总得分直方图（见图 4）。如图 4 所示，混合所有制制造业企业综合竞争力评价总得分呈现出偏态分布态势，其均值为 225. 51，最大值为 4015. 41，最小值为 9. 00，极差为 4006. 41，可见 388 家制造业混合所有制企业的综合竞争力相差悬殊，分布极不均衡。

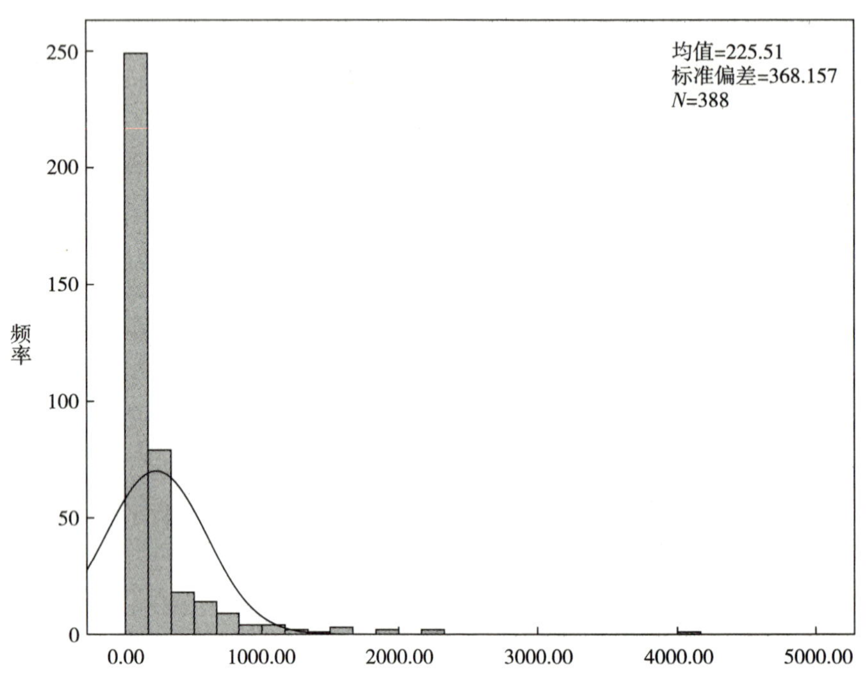

图 4 混合所有制企业竞争力评价总得分直方图

综合来看，竞争力评价总得分高于均值 225. 51 的混合所有制制造业企业数量占 24. 74%，低于均值水平的混合所有制制造业企业数量占 75. 26%。由此可见，我国混合所有制制造业企业综合竞争力整体水平较弱。

（一）竞争力按行业大类分析

把各混合所有制企业按照不同行业大类进行分类，计算出不同企业归属行业大类中企业的综合竞争力得分均值，来代替各行业大类的综合竞争力（见表 6）。

表 6 混合所有制企业综合竞争力按行业大类分布表

行业代码	C13	C14	C15	C17	C18	C20	C22	C25
综合竞争力均值	81. 25	99. 44	251. 78	113. 14	497. 5	124. 00	118. 5	157. 67
行业代码	C26	C27	C28	C29	C30	C31	C32	C33

续表

综合竞争力均值	108.53	138.47	123.40	116.33	218.84	487.58	358.09	219.75
行业代码	C34	C35	C36	C37	C38	C39	C40	C41
国有股比例均值	133.76	137.87	474.43	555.28	191.55	235.68	34.00	72.00

从2014年各行业大类综合竞争力得分来看，有四个行业的综合竞争力得分较高，其中最高的是铁路、船舶、航空航天和其他运输设备制造业（C37），得分为555.28分，这个行业属于《中国制造2025》中重点发展的高端装备制造业，基本代表了我国目前高端装备制造业的发展水平，尤其是高铁行业发展成绩显著，其中的中国北车和中国南车也于2015年重组中国中车，并于2016年入《财富》世界500强。这个行业中综合竞争力得分高于1000分的企业有4个，分别是中国南车2244分、中国北车2185分、中国重工1465分、中航动力1022分，中航飞机的竞争力也达到814分。

综合竞争力排名第二的行业大类为纺织服装、服饰业（C18），综合竞争力得分为497.5分，这个行业中共有2家企业，分别为际华集团、美尔雅，而际华集团是进入2016年《财富》世界500强的企业，其在本文中的综合竞争力得分为899分，所以拉高了本行业的综合竞争力。

制造业门类24个行业大类中，仪器仪表制造业（C40）的行业综合竞争力得分最低，只有34分，这个行业中只有2家企业，分别为奥普光电、自仪股份，其企业竞争力得分分别为35分和33分；另外，还有3个行业的竞争力得分低于100分，分别为农副食品加工业（C13）、食品制造业（C14）、其他制造业（C41），其行业竞争力得分分别为81.25分、99.44分、72分。

（二）竞争力按企业归属层级分析

把各混合所有制企业按照不同的企业归属进行分类，计算出不同企业归属层级中企业的综合竞争力得分均值，来代替各企业归属的竞争力（见图5）。

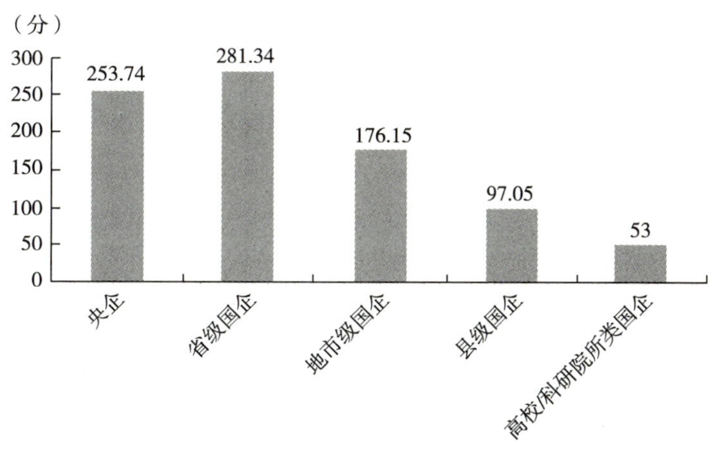

图5 混合所有制企业综合竞争力按企业归属分布图

分析发现，省级国企的综合竞争力最强，得分为281.34分，其综合竞争力得分高于1000分的企业有5家，分别为上汽集团、潍柴动力、海螺水泥、河北钢铁、马钢股份。在121家省级国企中得分低于100分的企业有47家，占比为38.84%，最低的棱光实业的综合竞争力得分只有16分；央企的综合竞争力居第二，分值为253.74分，央企中有7家企业综合竞争力得分高于1000分，这一数字高于省级国企，但却有55家央企的综合竞争力得分低于100分，在127家央企中所占比例达到43.31%，综合竞争力最低的上海贝岭，其得分值只有9分，说明央企内部综合竞争力的两极分化程度较大，这一情况比省级国企严重；地市级国企的综合竞争力得分低于央企，为176.15分，位居第三；县级国企和高校/科研院所类国企的得分值都低于100分，分别为97.05分和53分。

（三）竞争力“前五十强”企业分析

为了更进一步分析我国混合所有制制造业企业综合竞争力的异质性特征，文章还报告了综合竞争力评价总得分排名前50名的混合所有制制造业企业（见表7）。从表7中可以看出，综合竞争力评价总得分排名前50名的混合所有制制造业企业有上汽集团、中国南车、中国北车、中国铝业、格力电器、潍柴动力等。

表7　制造业混合所有制企业竞争力排名前50名

总排名	证券代码	公司名称	综合得分	总排名	证券代码	公司名称	综合得分	总排名	证券代码	公司名称	综合得分
1	600104	上汽集团	4015	**18**	000725	京东方A	889	**35**	600582	天地科技	563
2	601766	中国南车	2244	**19**	000625	长安汽车	870	**36**	000778	新兴铸管	547
3	601299	中国北车	2185	**20**	000768	中航飞机	814	**37**	600881	亚泰集团	535
4	601600	中国铝业	1921	**21**	600010	包钢股份	811	**38**	600096	云天化	528
5	000651	格力电器	1839	**22**	601727	上海电气	802	**39**	600060	海信电器	522
6	000338	潍柴动力	1633	**23**	000932	华菱钢铁	795	**40**	600418	江淮汽车	519
7	000039	中集集团	1532	**24**	600022	山东钢铁	794	**41**	600782	新钢股份	518
8	600839	四川长虹	1528	**25**	000933	神火股份	768	**42**	600569	安阳钢铁	507
9	601989	中国重工	1465	**26**	601992	金隅股份	759	**43**	000401	冀东水泥	477
10	600585	海螺水泥	1220	**27**	600005	武钢股份	732	**44**	600519	贵州茅台	468
11	000709	河北钢铁	1184	**28**	600166	福田汽车	730	**45**	000792	盐湖股份	467
12	600600	青岛啤酒	1075	**29**	000858	五粮液	664	**46**	000016	深康佳A	465
13	600019	宝钢股份	1049	**30**	600307	酒钢宏兴	663	**47**	600664	哈药股份	458
14	600893	中航动力	1022	**31**	000825	太钢不锈	620	**48**	000630	铜陵有色	436
15	600808	马钢股份	1012	**32**	600362	江西铜业	615	**49**	002013	中航机电	422
16	000729	燕京啤酒	970	**33**	000761	本钢板材	576	**50**	600686	金龙汽车	401
17	601718	际华集团	899	**34**	600875	东方电气	572				

出现在“综合竞争力前50强”中最多的是省级国企，接下来是央企和地市级国企，而没有县级国企和高校/科研院所类国企，即有央企16家、省级国企25家、地市级国企9家（见图6）。可见省级国企作为在省域经济中发挥重要作用的企业，制造业混合所有制企业中省级国企的综合竞争力最强，接下来是央企和地市级国企，县级国企和高校/科研院所类国企作为在国民经济中发挥作用稍弱的群体，其制造业混合所有制企业综合竞争力也最弱。

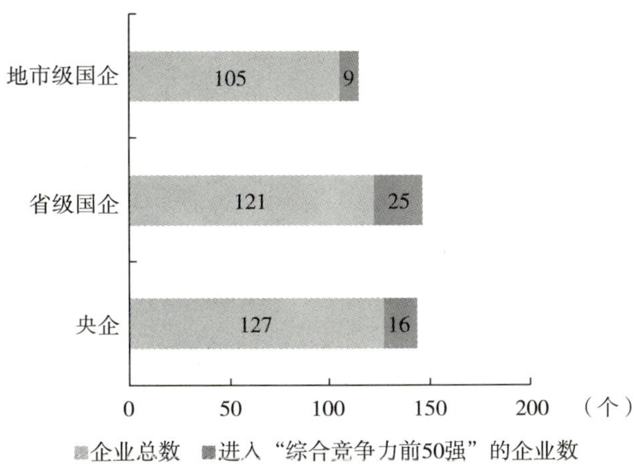

图 6 进入“竞争力前 50 强”的不同企业归属企业数

五、本文结论

本文根据终极产权论的观点，依据金字塔式的持股结构，最后确定了实际控制人为国有股东的 388 家制造业混合所有制企业。这 388 家样本企业按照注册地划分，覆盖了除西藏以外的 30 个省、自治区、直辖市，上海、北京的样本数最多，分别为 33 个、30 个，涵盖了制造业门类中的 24 个行业大类。根据最终出资人的不同，将样本企业划分为央企、省级国企、地市级国企、县级国企、高校/科研院所类国企五个不同的企业归属层级，依据建立的混合所有制企业竞争力测评的指标体系测评了 388 家样本企业 2014 年的竞争力，并进行了相关分析，得出的结论如下：

（1）制造业混合所有制企业竞争力分布极不均衡，内部分化严重。企业综合竞争力得分最高的为 4015. 41 分，最低的却只有 9. 00 分，极差为 4006. 41 分，均值为 225. 51 分，可见 388 家制造业混合所有制企业的综合竞争力相差悬殊，分布极不均衡。在 338 家样本企业中，竞争力得分高于 1000 分的企业只有 15 家，低于 100 分的企业却有 183 家。

（2）制造业混合所有制企业竞争力整体偏弱。388 家样本企业的综合竞争力得分均值为 225. 51 分，高于均值水平的企业数占比为 24. 74%，低于这一均值水平的企业数量占比高达 75. 26%。

（3）从行业大类看，铁路、船舶、航空航天和其他运输设备制造业，纺织服装、服饰业，黑色金属冶炼及压延加工业，汽车制造业四个行业的竞争力最高，分值居于 470~560 分；竞争力最低的四个行业为农副食品加工业、食品制造业、其他制造业和仪器仪表制造业，分值均低于 100 分，最低的为仪器仪表制造业，只有 34 分。

（4）从企业归属层级看，省级国企的竞争力最强、高校/科研院所类国企的竞争力最弱。按照企业归属层级进行分类，计算出各不同层级企业综合竞争力的均值代表各层级的竞争力，发现省级国企的竞争力最强，接下来分别是央企、地市级国企、县级国企，最低的为高校/科研院所类国企。

（5）对进入“综合竞争力前 50 强”和落入“综合竞争力后 50 名”的企业分析，发现黑色金属冶炼及压延加工业进入前50名的企业数最多，达12家，而且均没有落入后50名；化学原料及化学制品制造业进入前50名的企业只有2家，落入后50名的却有10家。按企业归属层级分，进入前50名的最多的是省级国企，有25家，而县级国企和高校/科研院所类国企均无1家，这也充分说明了省级国企具有较强的竞争力。

参考文献

［1］胡锋．现阶段发展混合所有制企业应重点解决好的几个问题［J］．湖湘论坛，2016（1）．

［2］黄群慧，贺俊．中国制造业的核心能力、功能定位与发展战略——兼评《中国制造2025》［J］．中国工业经济，2015（6）．

［3］李烨，黄速建．我国国有企业的综合绩效影响因素研究［J］．经济管理，2016（11）．

［4］刘宁，刘亮．汽车企业竞争力评价研究［J］．财经问题研究，2010（7）．

［5］张进财，左小德．企业竞争力评价指标体系的构建［J］．管理世界，2013（10）．

［6］王健，张晓媛．企业竞争力指标体系研究［J］．山东社会科学，2014（11）．

［7］金碚．中国企业竞争力报告（2013）［M］．北京：社会科学文献出版社，2013.

［8］张文魁．混合所有制的公司治理与公司业绩［M］．北京：清华大学出版社，2015.

［9］安泰生．SPSS与研究方法［M］．大连：东北财经大学出版社，2012.

［10］曹廷求，杨秀丽，孙宇光．股权结构与公司绩效：度量方法和内生性［J］．北京：经济研究，2007（10）．

［11］甄红线，史永东．终极所有权结构研究——来自中国上市公司的经验证据［J］．北京：中国工业经济，2008（11）．

［12］肖作平，尹林辉．终极所有权性质与股权融资成本——来自中国证券市场的经验证据［J］．深圳：证券市场导报，2015（7）．

［13］胡锋，黄速建．混合所有制经济的优势、改革困境与上海实践［J］．经济体制改革，2016（5）．

“一带一路”背景下新疆兵团国企改革的内生动力研究

——基于 AGIL 理论模型的案例分析

司志伟[1]　胡　蓓[2]　张　立[2]

（1. 华中科技大学管理学院，湖北　武汉　430074；

2. 清华大学技术创新研究中心，北京　100084）

[摘　要] 本文以“一带一路”为背景，以新疆生产建设兵团某国有企业 M 公司作为案例，运用 AGIL 理论模型和案例研究法，从转轨、冲突、整合、价值变革这一系统行动过程对 M 公司改革中的内外部动力机制进行了系统研究，通过对转轨中的冲突产生机制及冲突协调机制的整合，分析了内生动力在兵团国企改革中的重要作用，构建了兵团国企改革中的内生动力模型，提出了通过激发内生动力推动兵团国企改革的新探索。

[关键词] “一带一路”；国企改革；AGIL 理论模型；案例分析

一、引言

“一带一路”倡议将新疆定位为“丝绸之路经济带”核心区，使新疆在中国传统开放格局中从“末梢”变为“前沿”。在新疆经济社会发展体系中，新疆生产建设兵团（以下简称“兵团”）是重要力量。作为党政军企合一的特殊组织，兵团在维护新疆社会稳定、长治久安工作大局中具有举足轻重的地位。从社会系统角度来讲，兵团国有企业作为兵团这个特殊系统中的一个单元，其结构与功能受外部环境影响，呈现出与之相适应的特点；而兵团国企自身作为一个子系统，其组织结构作为整合内外部因素的手段也呈现出与现代企业制度和市场经济规律不相吻合的一些特征。

长期以来，对兵团国企改革的研究主要侧重于政策性研究，对其组织变革的研究相对较少。理顺产权关系、建立现代企业制度、推进政企政社分开等研究成果，均是从政策角度分析如何从外部性因素入手引导组织变革，缺乏内部动力机制的系统研究。

由于体制上的特殊性，当前在市场导向下组织变革的动力机制研究也不能完全适用于兵团国企。多数研究认为，制度性压力是驱动企业进行市场导向变革的情境动力，领导认知和行为是市场导向实施的关键触发动力，企业内部支持系统是市场导向实施的使能动力。此类研究侧重于微观层面的影响因素，对受政治性因素和国家战略因素影响较大的兵团国企的解释力尚显不足；兵团国企体制机制在很大程度上滞后于内地国企，在市场导向战略下其组织变革更加激烈、难度更大，单纯从情境动力、触发动力和使能动力三方面无法完全解释激烈冲突下整合机制的自我完善功能的实现路径。

当前，兵团国企改革面临三大契机：一是中央关于深化国企改革的意见，明确了国企改革的方向和方法；二是中央关于深化兵团改革的意见，明确提出强化“企”的市场主体地位；三是“一带一路”倡议下，兵团国企面临更加开放的市场、资源、资金等外部要素。中央关于深化国企改革和兵团改革的意见，是外部性变革因素；“一带一路”倡议则给兵团国企面临的国际国内环境带来了颠覆性影响，这些影响促使兵团国企不得不重新进行组织结构设计和组织流程整合，从而产生企业改革的内生动力。

本文试图在 AGIL 理论模型下，运用案例研究，分析环境适应性、目标达成手段的变革对组织结构这一整合方式和组织潜在维系模式的影响。在研究过程中，选取了在兵团及各师普遍存在且具有较强代表性和典型性的从事棉花贸易的某商贸流通企业（以下简称“M 公司”）作为研究案例，通过访谈法、文献法和比较研究法对其现状及组织变革趋势进行系统分析，提出了内生动力机制在兵团国企改革中的重要性，探讨如何通过激发内生动力推动兵团国企改革，构建了兵团国企改革的内生动力模型。

二、理论工具与研究框架

本文运用 AGIL 理论模型对 M 公司改革进行探索和研究。AGIL 理论模型是美国现代结构功能主义创始人帕森斯提出的社会行动系统分析工具。他认为，不论是整个社会行动系统还是构成社会行动系统的各个组织，如企业、家庭、学校等，都具有基本的共同结构，这些结构在运行中发挥着某种特定功能。AGIL 理论的含义如下：

A（Adaptation），即适应，是指系统对环境的适应。

G（Goal-attainment），即目标达成，是指系统确定的目标，并且通过调动系统内部力量去实现这个目标。

I（Integration），即整合，是指组成系统的各个部分之间开展有效合作，保证各部分的一致性和系统功能的整体性，避免系统脱节、系统分离等现象的发生。

L（Latency Pattern Maintenance），即模式维持，是指系统内部存在的潜在规范，各部分都遵循这个规范来行动，从而在系统运行出现中断时不会导致运行模式的中断和消失。

AGIL 理论模型如图 1 所示。

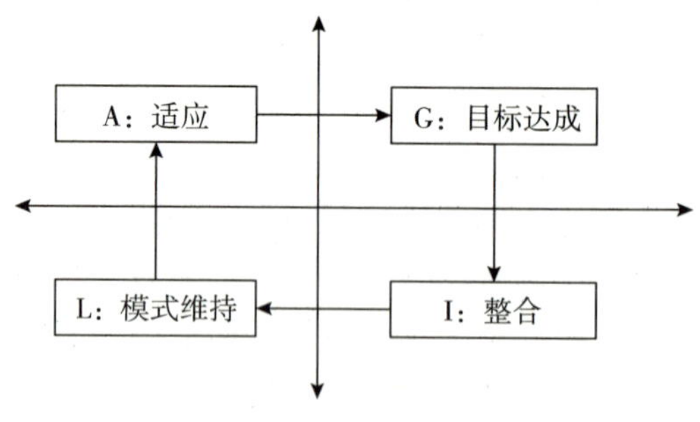

图 1　AGIL 理论模型

图 1 中，横轴为环境轴，将四个系统分为外在环境和内在环境两个部分，纵轴为行动轴，将四个系统分为显在行动和潜在行动两个部分，从而构成四个象限：

A（适应）：外在环境中的潜在行为，即外部环境转轨过程中，出于系统适应性的组织变革动机。

G（目标达成）：外在环境中的显在行为，即因转轨导致的目标达成过程中行动的失范性冲突。

I（整合）：内在环境中的显在行为，即为缓和和调解转轨过程中行动失范性冲突，系统内部各部分所采取的协调一致行动，也就是组织变革以整合行动，保持系统功能整体性。

L（模式维持）：外在环境中的潜在行为，即在组织变革基础上，通过潜在规范（如价值观、文化等因素），形成长期稳定性的潜在维持模式。

本文在研究过程中，从 AGIL 理论模型着手，以 M 公司为例，分别从 AGIL 四个象限分析 M 公司变革的线性过程：

关于 A（适应）的分析，主要侧重于 M 公司为适应政策环境与市场环境变化造成的转轨问题，即在开放性市场环境中，M 公司面临的宏观环境转轨及对微观环境转轨的传导机制，因此在本文中对 A 的分析着重在“转轨”。

关于 G（目标达成）的分析，主要侧重于从动因、实施与评价过程看转轨所造成的系统目标的暂时性失范，即由计划转向市场过程中因系统绩效评价体系变革导致系统目标变化，从而导致新旧体系下的行为失范与冲突，因此在本文中对 G 的分析着重在“冲突”。

关于 I（整合）的分析，主要侧重于激烈冲突下的组织重构，即 M 公司组织结构变化的趋势，推论兵团国企改革中内生性动力带来的组织变革趋势。

关于 L（模式维持）的分析，主要侧重于价值观与文化体系建设这一潜在模式对组织变革和系统功能维系的重要影响，分析价值变革在兵团国企改革中的重要作用，进而在对四个功能进行分析的基础上，提出兵团国企改革的内生动力模型，因此在本文中对 L 的分析着重在“价值变革”。

本文的研究框架如图 2 所示。

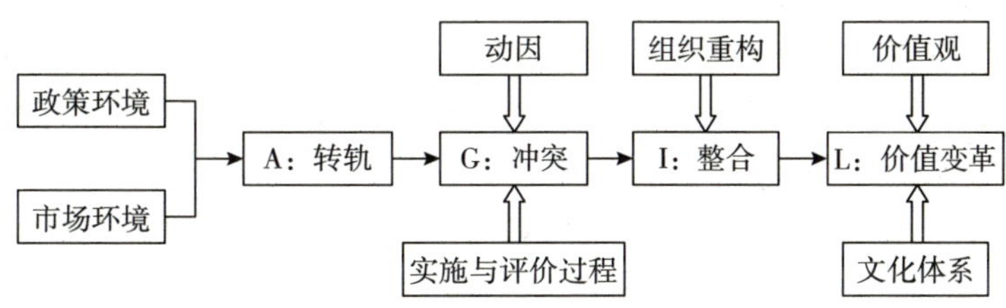

图 2 本文研究框架

三、基于 AGIL 理论模型的 M 公司组织变革案例分析

（一）M 公司面临的环境转轨

1. 宏观层面的环境转轨

M 公司经营模式集中体现了兵团类似国有企业的共性特点，即按照“五统一”模式（统一规划、统一机耕、统一技术、统一种苗、统一销售）经营，具有较强的计划经济色彩。

“一带一路”倡议提出促进经济要素有序自由流动、资源高效配置和市场深度融合，开展更大范围、更高水平、更深层次的区域合作，推动沿线各国发展战略的对接与耦合，发掘区域内市场的潜力，促进投资和消费，创造需求和就业。深化国企改革和兵团改革的意见，也要求要突出市场在资源配置中的决定性地位、突出企业市场主体地位。

综上，M公司外部环境的变革主要表现为：由计划体制向市场体制转变、由区域内市场向国际性市场拓展。概括来讲，其外部环境变革主要集中于以下要素（见图3）：

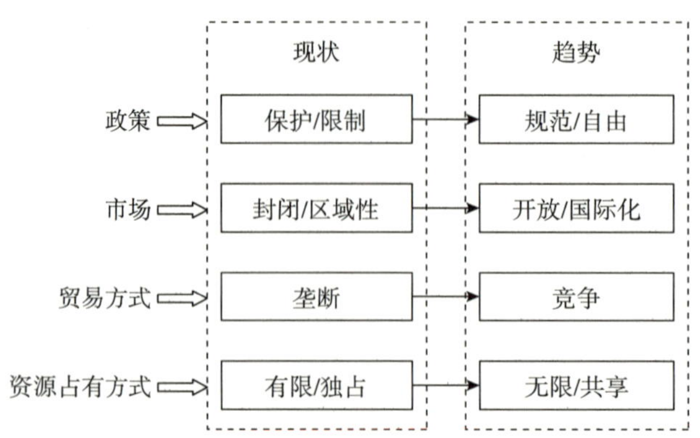

图3 外部环境的变革要素

从政策方面看，“五统一”政策下，M公司受到全面的政策保护，本师所有团场棉花只能出售给M公司，而M公司也只能收购本师团场棉花；市场条件下，政策导向由保护转为对M公司采购行为的监管和规范，M公司以市场手段进行收购，增强了自主权的同时也要面对市场选择机制。

从市场方面看，由于政策的调整，M公司的经营也从封闭性的区域内交易，转而面对开放的、国际化的市场。在棉花价格波动较大的情况下，M公司拥有了根据市场行情决定采购地、采购数量及价格的自主权，但也面临着其他棉花贸易公司，甚至国外棉花贸易巨头的竞争压力。

从贸易方式看，长期以来M公司的贸易具有垄断性特征，各团场所有棉花无论产量、质量，均按照统一价格全部出售给M公司，而在“一带一路”背景下，M公司不仅需要与其他企业争夺贸易主动权，还要面对与哈萨克斯坦等国家优质、低价棉花的竞争。

从资源占有方式看，M公司将从独占区域内有限棉花资源，转向与其他企业共享更大空间的无限资源。

2. *微观层面的环境转轨*

在宏观环境变革的同时，组织面临的微观环境也处在相应转轨过程中，概括如下（见图4）：

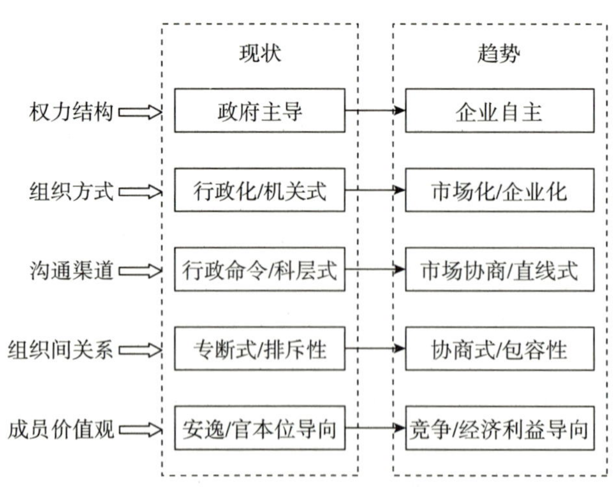

图4 微观环境的变革要素

权力结构上，M 公司正由经营方针和重大经营问题由师党委或主管部门决定，向企业管理层依法人治理结构和市场规律自主决策过渡。

组织方式上，正由高度行政化的机关式金字塔组织结构向现代企业制度和符合企业战略发展需求的职能式扁平化组织方式转轨，如适量缩减行政人员数量、扩充营销采购部门等。

沟通渠道上，由过去对外特别是对采购对象的行政命令式沟通转向市场协商式沟通，沟通中介由行政指令逐步转变为市场机制；对内沟通渠道由过去严格的科层制管理逐步向信息反应迅速的直线式沟通方式转变。

组织间关系上，由对上游企业的专断式关系转为协商式关系，变垄断为合作；由对同业企业的排斥性关系转为包容性关系，变互斥为竞争、共享和共存。

成员价值观上，由追求舒适安逸的工作状态和以行政职级晋升为目标的价值理念，转变为在竞争状态下以经济利益为导向、追求绩效提升和自我实现为目标的价值观念。

3. 宏观环境对微观环境转轨的传导

宏观环境转轨在组织变革过程中具有先导作用，是重要诱因。宏观环境通过传导机制输出微观环境转轨信息，并通过领导认知这一关键触发动力来实现。

以政策转轨的传导为例，可以将上述传导机制概括为图 5。

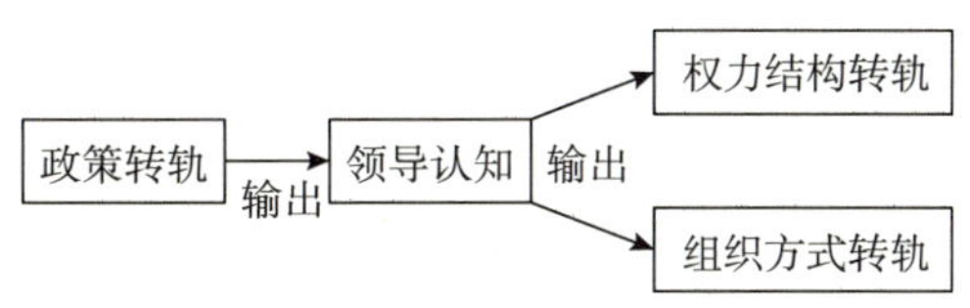

图 5 宏观环境对微观环境的传导机制

但在实际传导过程中，在由宏观环境转轨输出转换为领导认知的过程中，还有一个环节被忽视，即价值变革直至实现领导认知的过程。故此传导机制的准确过程应概括为图 6。

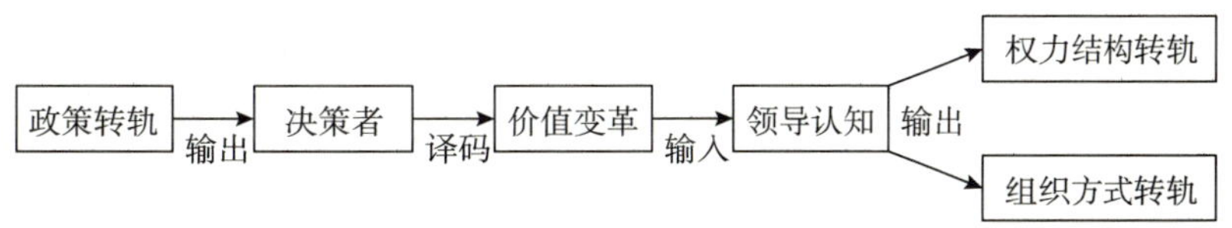

图 6 宏观环境对微观环境的传导过程

事实上，由宏观环境转轨转变为领导认知，再催化微观环境转轨的过程，是一个易被观察的显性过程；而在形成领导认知并输出微观环境转轨的过程中，还有一个潜性过程，即决策者在接收到宏观环境的转轨信息后，必须首先对这种信息进行理解、形成认同，从而实现价值观的变革，形成内在性的领导认知，继续输出催化微观环境转轨。如果在此过程中，决策者译码失误或者没有完成价值变革过程，则很可能导致微观环境转轨的异化、迟滞甚至中断。

从 AGIL 理论模型中可以发现，在此系统行动过程中呈现出的并不是 A-G-I-L 的线性规律，价值观作为一种潜在维系系统功能的模式，与环境适应存在直接互动关系，也即 L 与 A 存在直接互动关系，A 是组织变革的诱因，L 在组织变革中不仅具有触发动力，也具有使能动力。

（二）M 公司转轨过程中产生的冲突

1. 环境转轨导致的组织功能、目标变化

M 公司面临的环境转轨，从宏观环境讲即由计划经济向市场经济、由区域化市场向国际化市场的转变；从微观层面讲即由行政化管理体制向现代企业制度的转变、由年功导向向绩效导向的转变。

由此，M公司的功能发生了重要变化。上级主管部门将M公司定义为“商业类企业”。在过去，M公司长期作为所在师的财力收入来源，其所获利润大部分上交师财政，即其功能主要是为所在师提供财政收入；定位为商业类企业后，M公司的功能调整为充分参与市场竞争、做强企业以服务经济社会发展。

从组织目标来看，过去M公司的主要目标是完成上级主管部门下达的棉花采购、销售任务，获取利润上缴财政；在转轨机制下，其组织目标转变为三个部分，即企业经济效益最大化和持续发展、员工物质及精神需求的满足、企业社会责任的实现。

2. 显性冲突的产生

环境转轨、组织功能与目标的变化，使得在目标达成过程中需要调动系统各部分的力量使之协调一致。但在此过程中，往往由于新旧两种机制的并行，导致冲突的产生。如M公司在此过程中遇到了典型问题：组织变革进程缓慢，无法适应环境转轨和目标达成的需要；结构转型的缓慢导致功能得不到有效发挥，新市场开拓缓慢、原市场被侵蚀，新旧系统的并行使组织内部、组织各部分之间发生显在的激烈冲突。

从一个业务单元的实施过程将两种系统进行比较（见表1）。

表1 原系统与新系统比较

	动因	实施	评价
原系统	外在/指令	计划/强制融合/刚性定价	指令完成情况
新系统	内在/自觉	预算/市场耦合/理性定价	经济效益

将两种系统各分为三个子系统来进行特征比较（见表2）。

表2 原系统与新系统各个子系统比较

	结构子系统		管理子系统		技术子系统	
	特征	表现	特征	表现	特征	表现
原系统	官僚制	金字塔型结构 管理层级复杂 刚性结构，缺乏弹性 行政系统占比高	任务导向	规划系统弱 成本控制系统弱 平均化分配机制 指令式协调	非核心	技术支撑作用弱 技术更新慢 员工创新意识弱
新系统	职能制	扁平化结构 职能或矩阵式设计 组织具有一定弹性 业务系统为主导	绩效导向	明确的战略规划 有力的成本控制 绩效导向分配 协作式协调	核心	技术部门强势 技术更新快 员工创新意识强

综上，M公司在目标达成过程中，出现了系统内部激烈的显性冲突。主要表现在以下三个方面：

一是评价机制与实施过程的冲突。在市场条件下，对M公司的业绩评价指标（也即系统的绩效评价体系）为经济效益导向；在实施过程中，因长期处于计划体系当中，系统产生了依赖计划、强制整合、刚性定价的运行惯性，而技术子系统和管理子系统尚未完成改革转型，使得评价机制与实施过程无法匹配。

二是动因存在较大程度的模糊性。由外在指令转向内在自觉的过程，需要结构子系统和管理子系统的有力支持。由于金字塔型结构中信息传导层级多、传导过程不顺，容易产生信息失真，导致理想模型中的内在自觉性动因形成机制没有完全建立，系统有内在自觉意识，但仍然较大程度上存在外在指令型的运行惯性，突出的表现就是在市场化条件下，M公司从管理层至员工一定程度上并不知道如何主动寻找市场、适应市场。

三是子系统无法支持实施过程。新系统中实施过程具有以明确的战略目标为导向、高度自治化的市场耦合机制、市场理性定价机制的特点。但从M公司组织系统现状来看：结构子系统缺乏弹性、业务部门力量不强、行政部门存在冗员，没有以业务职能为导向建立合理的组织架构；从管理子系统看，战略规划不够清晰、指令传导存在模糊性，导致系统行为处于失范状态，而平均化的分配机制无法调动积极性，组织内在自觉的动因无法传导至每一名员工，以市场化为方向的实施过程缺乏现代企业制度和管理方法的支持；从技术子系统看，目前国内外棉花贸易呈现出高度市场化特征，由现货交易转向期现结合的贸易方式，M公司传统现货交易人员多、缺乏熟悉期货市场的技术型人才，没有建立期货贸易部门。

3. 潜性冲突的产生

显性冲突外在且有制度化表现形式；潜性冲突则是潜在的，有时难以察觉，没有制度化表现形式。

M公司与内地国有企业之间的最大不同是，内地国有企业经历了多轮改革，已经基本建立起适应市场经济体制的现代企业制度，完成了第一次的组织重构，而M公司面临的是由计划体制向全面开放的国际市场的剧烈变革，要完成内地二十余年国企改革的全部过程，冲突程度之剧烈前所未有。潜性冲突的主要表现有：

（1）转轨压力与系统价值观。即在外部环境转轨的情况下，系统没有建立起与环境转轨同步或一致的价值体系。

（2）转轨压力与领导认知。即在外部环境转轨的情况下，作为组织中枢的领导者没有感受到转轨压力，或对转轨压力信息理解不准确，造成转轨压力无法传导或传导失真。

（3）领导认知与系统认知。即转轨压力主要由领导者接收，没有继续向系统进行传导，或领导者在向系统传导过程中由于协调机制问题使传导失真或传导被系统抵制。

（4）系统目标与员工认知。即系统目标不明确，导致员工认知迷茫，系统行动失去方向，或系统目标虽然明确但没有准确地向员工传导或被员工抵制。

（5）概括来讲，潜性冲突即环境系统与目标系统、环境系统与价值系统、目标系统与价值系统之间的不协调、不匹配，以及价值系统中系统认知、领导认知和员工认知三个子系统之间的不协调、不匹配。

（三）M公司冲突的协调机制

1. 显性冲突的协调机制

外部环境可以粗分为政策性环境与市场环境两类。

政策性环境对领导认知具有单向传导作用，即外部政策变化单向传导给领导认知，在此基础上推动组织领导者的价值变革，催化组织整体价值变革，产生组织变革行动，这种变革具有被动性和强制性特征。

市场环境的传导机制则呈现出主动性特征。M公司虽然长期处于封闭性市场中，但M公司领导人已经意识到市场的开放是大势所趋，在环境转轨前已经开始价值变革的过程，并在力所能及的范围内着手准备，如将核心部门由行政系统向业务系统调整，加强对期货市场的研究，通过相关企业了解市场信息并计划以市场化方式整合棉花资源等。此时，政策性环境转轨成为组织变革的触发动力，即在企业领导人已经从价值和认知层面做好充分准备时，外部环境提供了变革的机遇和条件。

环境转轨带来的外源性压力造成显性冲突，冲突有具体明确的表现形式，如转轨造成的目标模糊、运行惯性给转轨造成的反功能、子系统支撑不足对转轨造成的迟滞作用等（见图 7）。环境转轨给组织领导者发出清晰信号，即要通过一定的协调机制针对性地调和客观存在的显性冲突，这种协调机制主要是制度性的，如制定清晰的战略规划，采取新的制度手段、激励措施，对组织子系统进行改造等。

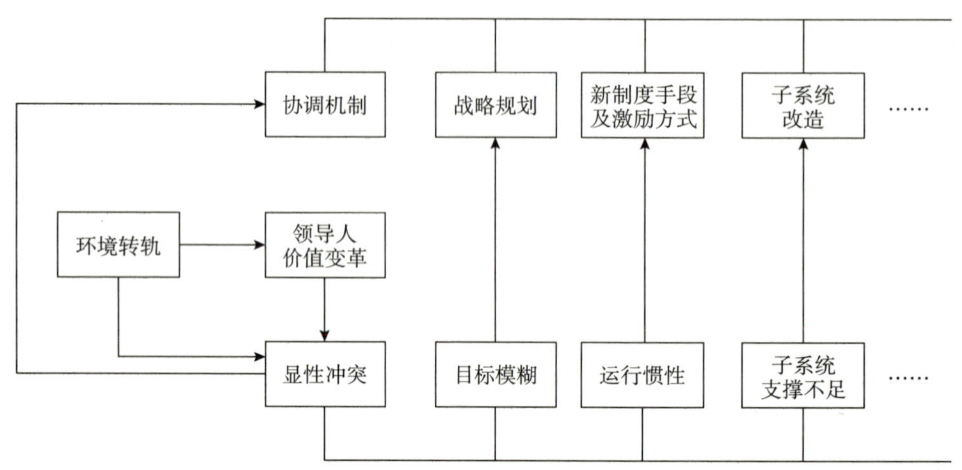

图 7 显性冲突的协调机制

2. 潜性冲突的协调机制

潜性冲突是环境、目标、价值体系不一致的结果。在潜性冲突协调过程中，有以下两个关键性因素（见图 8）。

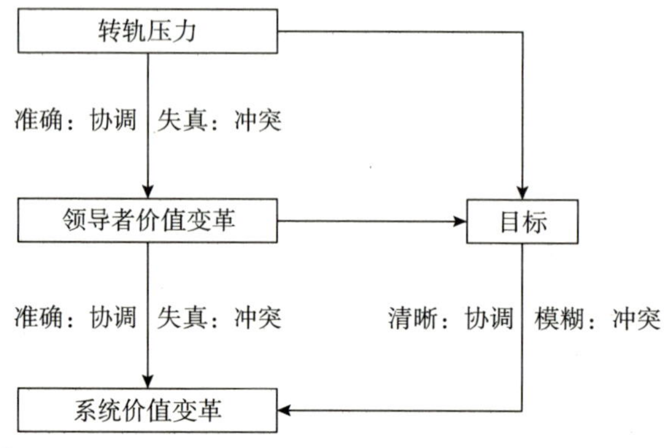

图 8 潜性冲突的协调机制

（1）领导者价值变革。领导认知是组织变革的重要触发动力，是转轨压力与冲突协调的中介。企业领导人员的价值导向、个人素质对组织变革具有重要影响。

领导者价值导向适应转轨压力，系统变革可以继续；领导者价值导向无法适应转轨压力，变革终止。

领导者具备组织系统价值变革的能力，系统变革可以继续；领导者不具备组织系统价值变革的能力，变革终止。

领导者具备制定清晰战略目标并准确向系统传导的能力，系统变革可以继续；领导者不具备战略规划能力和信息传导能力，变革终止。

（2）系统价值变革。系统价值变革是使系统接收转轨压力和系统目标，并将之转化为系统自觉行动的过程，是保证系统协调一致的关键性因素（见图9）。

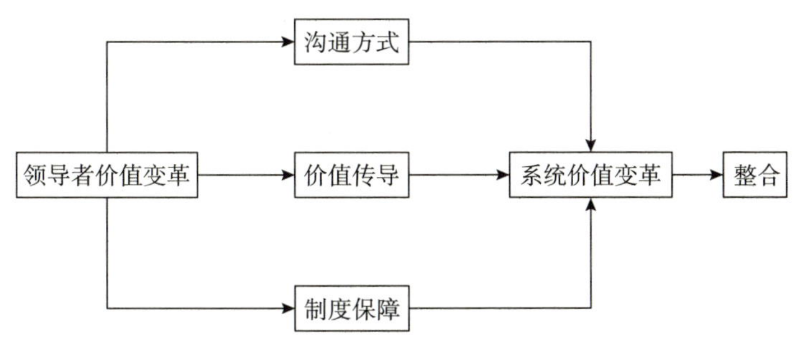

图9 系统变革机制

系统建立良性沟通方式，价值变革传导顺利，系统价值变革可以进行；否则整合终止。

系统建立正确的价值导向，价值传导准确、顺利，系统价值变革可以进行；否则整合终止。

系统通过制度化手段建立系统价值变革的引导机制和保障机制，如在由计划向市场变革过程中建立相应的激励约束机制，价值传导得到催化，系统价值变革进行更加顺利；否则整合迟滞或终止。

3. 组织变革的动力系统

从上述分析中，可以得出以下组织变革动力因素：

（1）环境转轨。即外部环境变化对系统提出的适应性要求。对M公司，主要包括两个环境系统：①政策环境系统，即中央关于深化国企改革及兵团、师党委关于国企改革的相关配套政策，主要通过强制性力量对组织变革施加外部环境影响；②市场环境系统，即“一带一路”倡议实施及市场经济体制下，各种要素的配置手段由计划配置转向市场配置的过程，主要通过价值系统对组织变革施加内在影响，通过改变组织领导者及组织的价值导向实现由内向外的组织变革。

（2）价值变革。即系统领导者及系统整体价值观念适应环境转轨发生的变革。系统领导者价值变革是组织变革的重要触发动力，通过价值传导将变革信息传递给组织个体，进而推动组织整体价值观念的变革。价值变革对组织变革进程具有正负两种功能。当价值变革进程顺利时，对组织变革施加正功能；当价值变革异化、迟滞时，对组织变革施加负功能。

（3）冲突协调机制。即在环境转轨、目标变化、价值变革过程中，由于新旧两种体系的更替而造成系统运行暂时性失范时，通过协调系统各个部分使之具有协调一致性。包括两种形式：①显性冲突的协调机制，指通过制度性手段对组织进行变革或重构；②潜性冲突的协调机制，指通过文化手段对系统价值观念进行变革或重组。

其中环境转轨及其带来的冲突，是组织变革的外源性动力；价值变革是系统变革的内生动力；冲突协调机制是外源性动力与内生动力的连接机制，并具有内生性特点。

四、兵团国企改革的内生动力模型

（一）内生动力模型构建

AGIL模型解释了企业作为一个社会子系统的系统行动过程。但通过对M公司的案例分析发现，该模型在解释企业组织变革的内生动力方面有所不足。A-G-I-L 四个功能之间并非直接线性过程，各个功能之间具有互动性和相关关联性；AGIL 理论从四个功能的角度阐释了系统如何保持稳定，又在何种情况下会发生变革，但对其中的内在机理的解释并不清晰，也没有明确地揭示出外源性动力、内生动力的产生机制及作用过程，特别是强调了外源性动力在组织变革中的作用，对内生动力的研究分析还不够充分。

通过对 M 公司“解剖麻雀式”的案例分析，并结合兵团国企的普遍性特征，本文提炼出构建兵团国企改革的内生动力模型，如图 10 所示。

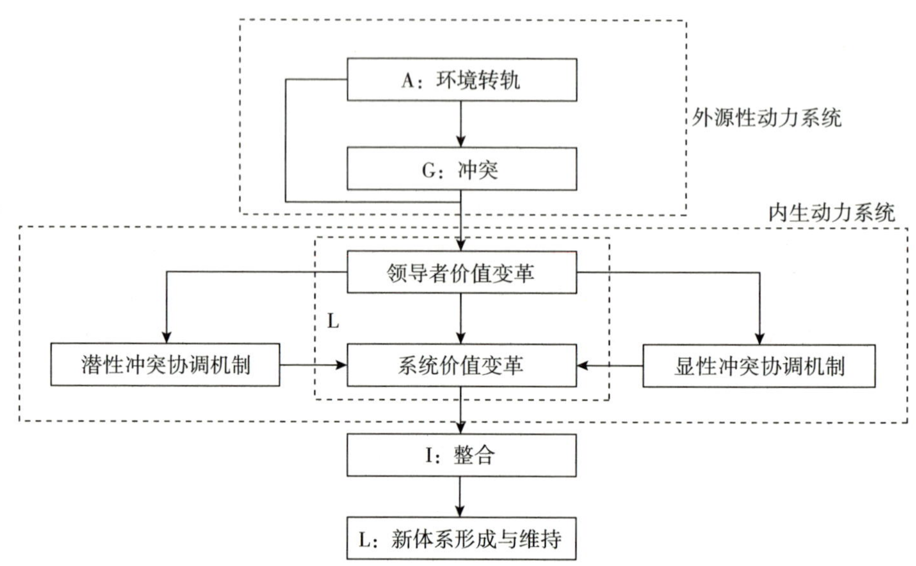

图 10 兵团国企改革的内生动力模型

（二）模型中的主要变量释义

上述模型将动力系统划分为外源性动力系统和内生动力系统；将环境转轨因素划分为政策环境转轨和市场环境转轨两个变量；将冲突模式划分为显性冲突和潜性冲突两种类型，并由此产生了显性冲突协调机制和潜性冲突协调机制；将价值变革细分为领导者价值变革和系统价值变革两个变量。

在此模型中，涉及的主要变量释义如表 3 所示。

表 3 内生动力模型主要变量释义

系统	要素	释义
动力系统	外源性动力系统	由外部压力施加的组织变革动力
	内生动力系统	由内部产生或具有内部性特征的组织变革动力
环境转轨	政策环境转轨	通过强制性力量对组织变革施加外部环境影响
	市场环境转轨	各种要素配置手段由计划配置转向市场配置
冲突	显性冲突	显在的可以制度化形式表现的冲突
	潜性冲突	潜在的没有制度化表现形式的冲突
冲突协调机制	显性冲突协调机制	以制度化、规范化手段协调显性冲突的机制
	潜性冲突协调机制	以文化、价值观念手段协调潜性冲突的机制

续表

系统	要素	释义
价值变革	领导者价值变革	组织领导者通过领导认知达成的价值观念变革
	系统价值变革	系统整体通过准确接收转轨信息达成的价值观念变革
整合	整合	通过一定规范协调各系统已达成系统协调一致
维持	新体系形成与维持	变革后组织形态和组织价值观念的平衡稳定

（三）模型各系统协调与运行机制

内生动力模型将组织变革动力划分为外源性动力和内生动力两个系统。外源性动力系统是组织变革的诱因，通过环境转轨诱发系统内机制上和观念上的冲突，即表现为显性的和潜性的冲突，从而使系统平衡被打破，如要继续维系系统，必须调和这两种冲突，使系统达到重新平衡。

在调和冲突的过程中，产生了两种协调机制。①通过制度化、规范化手段实现的显性冲突的协调机制，使系统在功能与结构上实现协调一致；②通过文化、价值观念的手段实现潜性冲突的协调机制，使系统在价值导向、文化认同上实现与组织目标的一致，实现系统各个部分的价值观念的协调统一。

在此过程中，价值变革成为关键的内生动力。显性和潜性两种协调机制能否发挥作用，关键在于系统及其各个部分对这种协调机制是否认同。组织领导者的价值变革是重要触发动力，是连接价值变革与冲突协调机制的中介，组织领导者的能力素质和价值观念影响到变革的传导；系统价值变革成为具有决定性的内生动力，系统价值变革对环境转轨和协调机制的认可是组织能够成功变革的决定性因素，一旦系统价值变革与环境转轨和协调机制不相匹配，则组织变革的进程将大幅放缓，出现异化甚至停滞或倒退。

当外源性动力系统、内生动力系统与价值变革实现了一致，则组织变革基本实现，整合实现。在整合基础上，系统形成了相对稳定平衡的机制和与之匹配的价值观念及文化系统，使组织在良性制度框架和理性价值框架下得以维持和发展。

五、深化兵团国企改革的对策建议

通过对兵团国企改革内生动力模型的研究分析，针对兵团国企改革提出如下对策建议：

第一，加快兵团改革步伐，为兵团国企改革提供市场化环境，准确传导改革的市场导向信息。仅仅推动国企的市场化改革而忽视兵团整体由计划体制向面向市场的新治理体系的改革，兵团国企改革很难取得实质上的成功，反而可能会因为外部环境转轨中的政策环境与市场环境不协调导致兵团国企在制度上和价值观念上的冲突。改革成功首先需要创造与改革导向相匹配的外部环境，并通过政策和市场准确传导改革信息。

第二，重视自下而上、由内而外的改革方式。行政命令是兵团国企管理的手段之一，许多师市都曾以行政命令手段实施资源调整配置，但也产生了较多失败案例；而对于一些内部改革意愿强烈的企业，则由于种种政策障碍无法推动改革。建议在改革政策制定过程中要注重充分研究分析企业情况、听取和采纳企业提出的合理改革要求，切实落实好“一企一策”的改革要求，使企业成为真正的改革实施主体。

第三，既要注重改革政策的顶层设计，也要从微观层面放开放活，减少内生改革动力的政策性阻力。不论是企业改革中的显性冲突协调机制还是潜性冲突协调机制，都需要一定的制度化手段作为保障，如市场化的决策机制、用人机制、分配机制等，改革政策既要从宏观层面规定改革的方向和底线，也要从微观层面给予企业更多自主权，使企业能够配合改革进程自主制定相应政策，以保障改革能够顺利实施，而不因政策性障碍加剧变革中的冲突。

第四，改革不仅是制定政策、传达文件，更重要的是培养和强化市场意识。兵团国企经历了漫长的计划体制，思维模式和经营方式出现固化倾向。推进改革过程中，要综合运用政策宣讲、集中培训、体验式学习等方式，将市场观念深植到国企领导者及其员工的价值观念中，使他们真正认识到改革的紧迫性、必要性和正确性，避免产生制度变了观念没变、形式变了实质没变的问题。

第五，打造学习型组织和学习型兵团国企干部队伍。兵团国企改革成败的关键之一是干部队伍，建议在兵团国企改革中高度重视学习型组织和学习型兵团国企干部队伍建设，通过学习提升企业整体运作群体智力和持续的创新能力，同时调整优化兵团国企领导人员的选拔任用机制和任职标准，切实提高国企干部的企业意识、市场意识、改革意识，强化国企领导者的改革自觉性。

参考文献

［1］刘卫东．“一带一路”倡议的科学内涵与科学问题［J］．地理科学进展，2015（5）．

［2］刘润忠．试析结构功能主义及其社会理论［J］．天津社会科学，2005（5）．

［3］张婧，段艳玲．市场导向组织变革的动力机制研究［J］．科研管理，2013（10）．

［4］全面深化国资国企改革［J］．当代兵团，2017（2）．

［5］杨芳．制度变迁视角的国企改革［J］．企业经济，2017（3）．

“一带一路”背景下电力企业创新范式演化路径与协同机理分析①

徐向艺[1,3]　王　旭[2,3]　褚　旭[2]　赵　岩[4]

（1. 山东大学管理学院，山东　济南　250100；
2. 山东财经大学工商管理学院，山东　济南　250014；
3. 全球能源互联网（山东）协同创新中心，山东　济南　250061；
4. 国家电网山东省电力公司电力科学研究院，山东　济南　250001）

[摘　要] 能源行业的全球化发展对于推进“一带一路”国家顶层战略具有重要实践意义和理论价值。本文基于协同创新视角，以国家电网公司为研究样本，探讨了企业创新范式的演化路径，建构并剖析了企业协同创新范式，并从政治、社会、经济和技术环境四个维度分析了东道国宏观环境对国家电网公司创新协同机制的影响。研究结论显示：国家电网公司创新范式经过了技术创新驱动、管理创新嵌入和创新协同构建三个阶段，各阶段创新范式与战略意图存在显著差异；双元性技术创新、营销创新、组织创新和文化创新共同构成了协同创新体系，并且技术创新与管理创新之间存在单向影响和动态协同两种交互机制；另外，东道国不同维度的宏观环境对协同创新体系的作用点和影响机制具有明显差异。

[关键词] 协同创新；演化路径；国家电网公司；全球能源互联网

2015 年，中国政府发布了《推动共建丝绸之路经济带和 21 世纪海上丝绸之路的愿景与行动》文件，正式启动“一带一路”建设，指导中国与亚洲、非洲、欧洲地区多个国家在经济、文化等领域展开深度合作。同年 9 月，习近平总书记提出“探讨构建全球能源互联网，推动以清洁和绿色方式满足全球电力需求”的倡议。作为中国重要战略性支柱产业，能源行业也成为了“一带一路”倡议的重要合作领域之一。其中，电力企业对于推动产业经济和区域经济发展具有举足轻重的作用，而技术创新始终是驱动中国电力企业稳健成长的关键因素。在全球能源互联网和国家“一带一路”倡议背景下，中国电力企业将通过能源互联的形式深度参与到国际竞争格局中。此时，除技术因素以外，管理制度、文化背景等一系列非技术因素将对电力企业全球化战略产生影响。在诸多非技术要素中，管理创新对企业组织核心竞争优势的获取与培育具有重要影响。本文选取国家电网公司作为研究样本，在对电力企业创新范式进行演化分析的基础上，构建

---

① ［基金项目］本文系国家电网公司总部科技项目“全球能源互联网构建中宏观战略关键问题研究”（项目编号：SGSDDK00KJJS1600067）、山东省社科联人文社科课题“债权治理视角下山东省企业创新融资战略升级路径研究”（项目编号：16-ZZ-GL-09）、山东省高等学校人文社科计划一般项目“绿色金融视角下山东省制造业企业创新发展驱动机制与提升路径研究”（项目编号：J17RA113）的阶段性成果。

［作者简介］徐向艺，男，山东大学管理学院教授、博士生导师，研究方向为公司治理、企业组织与战略管理；王旭，男，山东财经大学工商管理学院副教授、硕士生导师，研究方向为公司治理与技术创新；褚旭，女，山东财经大学工商管理学院研究生，研究方向为公司治理与技术创新；赵岩，男，国家电网山东电力公司电力科学研究院高级工程师、副院长。

并剖析协同视角下的电力企业协同创新机制，并基于全球能源互联网背景，探索了东道国宏观环境对电力企业协同创新机制产生的影响，以期丰富协同创新理论，为推动电力企业全球能源互联网建设和"一带一路"倡议的有效落地提供切实可行的政策建议。

一、文献综述

已有研究形成了"适配假说"和"偏协同假说"两类文献以解释管理创新和技术创新的协同机理。适配假说（Fit Evolution）以适配理论为基础，指出企业能够对"环境—战略—资源—绩效"四种适配路径进行识别和选择。苏敬勤和崔淼以中兴 TD-SCDMA 技术创新为研究案例，认为技术创新和管理创新之间具有适配演化关系，并指出由于技术可变度的不同，二者的主辅关系也将表现出差异化特征①②。偏协同假说（Partial-synergy）认为管理创新和技术创新存在单向因果关系，能够通过"途径—目标"模型进行阐释。许庆瑞等认为技术创新与制度创新分别属于生产力和生产关系的范畴，并指出存在技术创新主导、管理创新主导和混合主导三重创新协同机制③。实际上，管理创新与技术创新的协同关系具有多层次性特征，管理创新中的品牌创新、组织结构创新、营销创新能够作用于新产品研发、生产、推广整个技术创新过程④。陈劲和王方瑞基于市场创新层面指出技术创新与市场创新协同的影响因素包括协同战略、价值观、业务流程等⑤。Lin 和 Chen 认为技术创新是管理创新的重要影响因素，并且管理创新在技术创新与企业绩效关系中具有显著路径作用⑥。王旭和张晓峰建构了管理创新与技术创新的动态协同模型，并从探索性创新和利用性创新双重层面探讨了创新协同对财务绩效和长期竞争优势的影响⑦。

根据协同理论，序参量（Order Parameter）是驱动系统组织发展和成长的核心，其主要包含彼此影响、相互促进的结构要素。多数文献基于管理创新与技术创新的协同视角，认为管理创新与技术创新具有彼此调适与配置的特征，因而表现出情境性主辅关系或单向因果关系。然而已有研究未能从创新协同的核心逻辑出发，揭示管理创新与技术创新的相互作用机理，并且忽略了电力企业全球化发展进程中，制度与文化差异对创新协同机制造成的独特影响，进而降低了理论指导性。因此，本文认为创新协同相关研究应回归"协同学"的核心范式，探究创新机制的相互作用机制，避免单向传导假设或适配假说造成的"协同陷阱"。另外，管理创新具有多维度性，既包含组织文化、管理思想、运营理念，又包含组织结构、业务流程等管理实践⑧。同样，根据组织双元性理论，技术创新也包含探索性学习、利用性学习以及其他创新范式⑨。因此管理创新与技术创新协同模型

---

① 王鹤春，苏敬勤，曹慧玲．第三方物流企业管理创新的适配路径分析［J］．科学学与科学技术管理，2013（4）.

② 苏敬勤，崔淼．核心技术创新与管理创新的适配演化［J］．管理科学，2010（1）.

③ 许庆瑞，谢章澍．企业创新协同及其演化模型研究［J］．科学学研究，2004（3）.

④ 苏敬勤，林海芬，李晓昂．产品创新过程与管理创新关系探索性案例研究［J］．科研管理，2013（1）.

⑤ 陈劲，王方瑞．再论企业技术和市场的协同创新——基于协同学序参量概念的创新管理理论研究［J］．大连理工大学学报（社会科学版），2005（2）.

⑥ Lin C. Y. & Chen M. Y.. Does Innovation Lead to Performance? An Empirical Study of SMES in Chinese Taiwan［J］. Management Research News，2007（30）：115-132.

⑦ 王旭，张晓峰．组织双元性、创新协同与企业绩效：基于战略一致性的调节作用［J］．南京师大学报（社会科学版），2015（1）.

⑧ Birkinshaw J.，Mol M. J.. How Management Innovation Happens［J］. Sloan Management Review，2006，47（4）：81-88.

⑨ March J. G.. Exploration and Exploitation in Organizational Learning［J］. Organization Science，1991（2）：71-87.

包含的创新机制种类与数量，需要根据企业具体发展实践和战略情境进行权变考量。

二、电力企业创新范式演化分析

（一）创新范式演化模型

中国本土电力企业创新范式演化路径包括技术创新驱动、管理创新嵌入、创新协同建构、创新协同升级四个阶段。技术创新驱动阶段，企业将通过增加创新投入，建构知识学习机制，利用社会网络等多种形式提升组织技术创新能力，并着重在智能电网、特高压、绿色能源等领域提升技术水平。其目标在于满足国内电力市场的多层次需求。随着技术创新水平的不断提升，企业需要在组织结构、管理流程等多个方面进行相应的升级和完善，以适配和保障高水平的技术能力。因此，文化创新、流程再造等大量管理创新活动开始涌现，企业进入管理创新嵌入阶段。在全球战略的引导下，电力企业海外市场拓展进程加快，此时，不同管理创新与技术创新机制需要通过不断磨合以达到相互促进的协同效果，电力企业进入协同机制建构阶段。最后，电力企业创新协同机制趋于完善，能够根据不同国家、地域的文化和制度差异，权变调整协同创新的运作实践和演化方向，不断促进创新协同机制的升级与完善。电力企业创新范式的演化模型如图 1 所示。

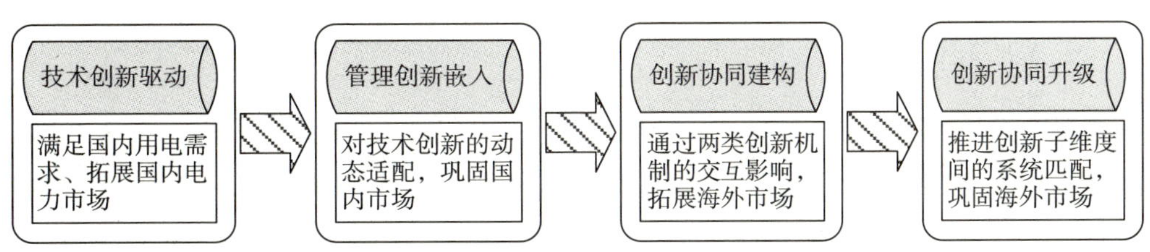

图 1 电力企业创新范式演化模型

（二）国家电网公司创新范式演化进程

作为中国电力行业中的骨干企业，国家电网公司对电力行业发展和国计民生具有重要作用。本文选取国家电网公司作为分析对象，以 2009~2016 年为观测窗口，对国家电网公司的技术创新和管理创新进行连续八年的持续观测，进而探索国家电网公司创新范式的演化过程，以及在各个阶段表现出的创新异质性。

1. 技术创新驱动阶段（2009~2011 年）

国家电网公司在该阶段的战略意图表现为：通过特高压、智能电网等技术创新驱动公司成长，以满足国内的电力市场需求，拓展国内市场份额。其核心技术包括特高压直流、交流系列技术、智能电网与变电站技术等。管理创新方面，国家电网公司重点通过创新企业社会责任管理、开发集约化管理信息系统平台等方式提升品牌价值，提高公司运营效率。在该阶段，管理创新强度和项目个数均低于技术创新，并且管理创新与技术创新之间表现出了较强的独立性，两者缺乏交互影响。

2. 管理创新嵌入阶段（2012~2014 年）

突破性创新已不是国家电网公司在该阶段的技术创新重点，取而代之的是同塔双回特高压交流工程、分布式电源并网技术等利用式技术创新。创新项目数量和复杂程度均低于前期，并且技术创新对公司成长的整体贡献也低于上一阶段。然而，国家电网公司开始注重管理创新活动，包括创新电网重大反事故措施、成立共产党员服务队、优化公司客服服务中心、建立电网调控中心等，涵盖了品牌创新、组织创新、业务路程创新等多个维度，管理创新强度和项目数显著高于上一阶段。尽管该阶段的管理创新能够解决由于技术创新驱动带来的组织不适应性问题，但管理创新的主要目标还是对固有管理体制、业务流程的优化与升级。

3. 创新协同建构阶段（2015~2016 年）

随着全球化战略的深入推进，国家电网公司的管理创新和技术创新强度不断增加，并且开始探索两者之间的相互影响和协同机制问题。技术创新方面，围绕特高压和智能电网核心技术，公司涌现出了电力系统高压开关设备智能化技术、光伏电站集群控制系统、模块化智能变电站核心技术等创新活动。为保障技术创新的持续性，国家电网公司先后开展配网运检精益化管理、发行债券融资工具、改革电力交易中心等管理创新活动，分别从业务流程、融资机制、组织结构三个层面来实现技术水平的稳健性提升，同时能够改善技术创新水平快速提升带来的管理机制低效问题。国家电网公司创新范式转型进程与事例引证如表 1 所示。

表 1　国家电网公司创新范式转型进程与事例引证

战略阶段	时间	事例引证		战略意图
		技术创新	管理创新	
技术创新驱动阶段	2009 年 1 月	发布电力可靠性指标		通过特高压、智能电网等技术创新满足国内用电需求，扩大国内市场份额
	2009 年 4 月	开发灵活交流输电可控串补技术		
	2009 年 5 月		完善全面社会责任管理机制	
	2009 年 6 月	尝试特高压直流输电带电作业		
	2009 年 12 月		资金集约化管理系统和信息安全防御工程	
	2010 年 1 月	推进特高压交流试验示范工程		
	2010 年 2 月	完成电力系统全数字实时仿真		
	2011 年 3 月	完成 750 千伏智能变电站建设项目		
	2011 年 7 月	完成首条柔性直流输电示范工程		
	2011 年 9 月	验收首批农网智能化试点工程		
管理创新嵌入阶段	2012 年 8 月		推出 18 项电网重大反事故措施	通过升级组织结构、优化管理理念、改善营销机制等管理创新方式适配快速发展的技术范式
	2012 年 6 月		成立 27 支统一品牌的共产党员服务队	
	2012 年 12 月		成立集中化公司客户服务中心	
	2013 年 5 月			
	2013 年 6 月	推出同塔双回特高压交流工程		
	2013 年 7 月	推进智能变电站试点建设		
	2013 年 8 月		建成电网调控中心和三级运营监测中心	
	2014 年 5 月	推进特高压工程大气污染防治		
	2014 年 6 月		提出全球能源互联网建构理念	
	2014 年 7 月	开发分布式电源并网工程	开发电动汽车充换电设施市场	

续表

战略阶段	时间	事例引证		战略意图
		技术创新	管理创新	
创新协同建构阶段	2015 年 3 月	开发高压开关设备智能化技术	成功发行 2015 年第一期 100 亿元中期票据	
	2015 年 4 月	开发配变采集信息共享接口	推进配网运检精益化管理	
	2015 年 4 月	开发光伏电站集群控制系统	升级两项“电力民生工程品牌”	
	2015 年 4 月	验收统一潮流控制器关键技术	发布《2015 年全面深入推进电能替代行动》	
	2015 年 4 月	开发互感器一体化检测设备	成立业扩报装提质提速领导小组	
	2015 年 4 月	研制新型移动式智能变电站	启动“新农村新电力新服务”农电发展战略	
创新协同建构阶段	2015 年 6 月	开发特高压直流换流阀关键技术	推进国家电网公司企业级大数据平台建设	通过磨合技术创新与管理创新机制，为全球化战略提供动力保障
	2015 年 7 月	开发特高压直流输电关键设备	启动输变电资产运维绩效项目	
	2016 年 3 月	推进绿色能源柔性直流送出技术	成立全球能源互联网合作组织	
	2016 年 3 月	创建模块化智能变电站	推进输配电价改革试点工作	
	2016 年 7 月	构建高精度气象数据集成平台	成立 27 家电力交易中心	
	2016 年 8 月	完成风光储输技术研发与推广	创新新能源项目配套电网投资机制	

（三）国家电网公司协同创新变化趋势

根据管理创新和技术创新的强度变化以及二者之间交互作用的强弱，国家电网公司创新协同度在 2009~2016 年整体呈现出了上升趋势（见图 2）。在技术驱动阶段，国家电网公司采取了以特高压输电和智能电网为核心的技术创新战略，进而满足国内广袤电力市场的多层次需求。而以社会责任为导向的管理创新旨在提升公司公众形象和品牌价值，企业并未通过组织创新、流程再造等形式对特高压、智能电网等突破性技术创新提供良好的组织保障和财务支持。并且，管理创新表现出了短期性和非常态化特点，2010 年和 2011 年未推进任何管理创新项目。这些造成了国家电网公司创新机制相互独立、各自发展的非协同创新格局。

伴随着公司的战略转型，电力市场逐渐从国内延伸至亚洲和非洲。国家电网公司意识到管理创新对解决全球化战略带来的制度差异、文化差异等问题的独特优势，因此大力推进品牌创新、组织创新、文化创新等管理创新举措，以保障全球化战略的有效落地。此时，公司依靠长期积累的经验优势和知识储备已经在上一阶段完成技术飞跃，使得技术创新进入疲软期。2012 年，全年几乎没有开展任何具有突破意义的技术创新项目。然而，公司通过升级原有的客户服务中心来满足全球化的客户关系管理需求，通过出台反事故措施来降低组织整体的运营风险，进而大力促进管理创新。2013 年和 2014 年，国家电网公司提出全球能源互联网构建理念，在该理念的引导下，公司再一次将技术创新纳入创新战略框架，开始基于在特高压和智能电网领域积累的知识和经验开展利用式技术创新，完善和升级原有技术和服务项目。尽管这种非均衡的创新发展方式无法在当期体现协同创新效应，但是为技术和管理的有效协同奠定了基础。

2015 年，国家提出“一带一路”倡议，进一步强化了国家电网公司通过推进全球能源互联网架构来实现能源经济全球化的动机。在技术创新领域，公司基于双元学习模式，开始通过利用

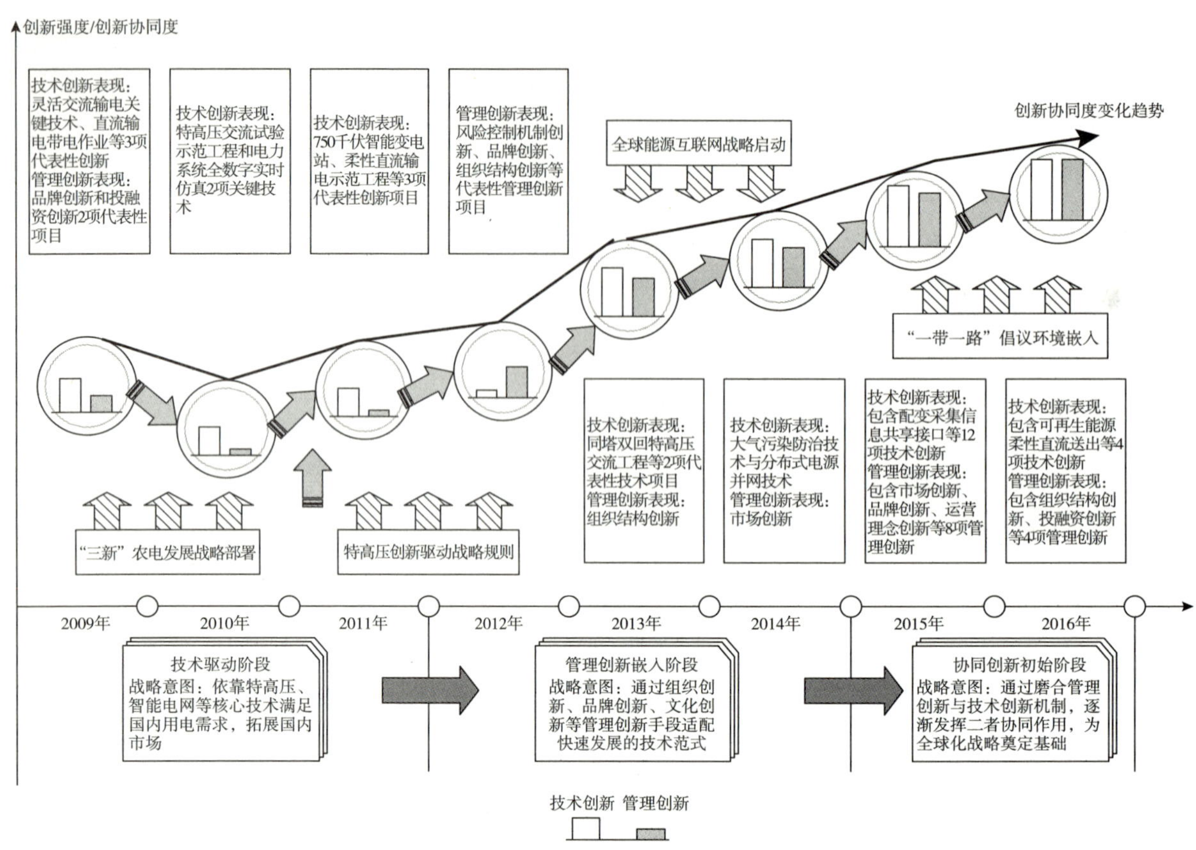

图 2　国家电网公司创新范式演化路径

探索式和利用式技术创新手段重点探索绿色能源直流输送、电力系统高精度气象采集、新型移动式智能变电站等方面的创新空间。并且，为了保障技术创新活动的持续性和有效性，国家电网公司采取了投融资创新（发行公司债券）、组织创新（建立全球能源互联网合作组织）等管理创新机制，进而实现了管理创新与技术创新的初步协同。然而，这种协同创新范式尚处于初级阶段，主要表现为管理创新对技术创新起到的保障和促进作用，而技术创新对管理创新的积极影响尚未显现。并且，国家电网公司的协同创新机制属于问题导向的被动式协同，尚未建立起成熟的协同创新框架，因此对不同国家和地区的制度和文化环境的适应能力尚显不足。

三、国家电网公司协同创新模式建构

（一）管理创新与技术创新维度解构

根据组织双元性理论，结合国家电网公司技术创新实践，本文从探索式创新和利用式创新两个维度对技术创新展开探讨。① 其中，探索式创新是指企业通过对新知识、新技术的探索，开发出新的产品或服务，以满足潜在客户需求，例如国家电网公司的特高压输电技术和智能电网技

① March J. G.. Exploration and Exploitation in Organizational Learning [J]. Organization Science, 1991 (2): 71-87.

术。而利用式创新是指利用已有的知识储备和技术经验，完善已有产品或服务的功能，以更好地满足既定市场的需求，例如国家电网公司特高压灵活交流输电可控串补技术和新一代智能变电站技术。

Birkinshaw 等认为管理创新主要表现为组织结构变革、业务流程优化等管理实践。① Cosh 等认为在动态环境中，管理创新的重点是文化和理念的革新。② 基于此，本文从理念和实践双重层面对管理创新概念进行解构。其中，理念层面包括文化创新，管理实践层面包括营销创新、组织创新和流程创新。进一步地，按照管理创新对技术创新影响的交互性，将国家电网公司管理创新分为Ⅰ类创新和Ⅱ类创新。其中，前者与技术创新之间存在单向影响关系，而后者与技术创新之间存在交互关系。国家电网公司协同创新模型如图 3 所示。

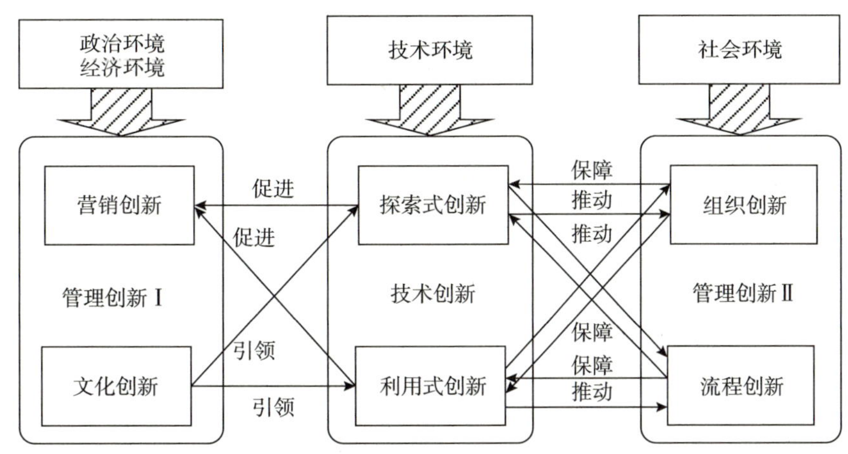

图 3 国家电网公司协同创新模型

（二） Ⅰ类、Ⅱ类管理创新与技术创新的协同机制

国家电网公司Ⅰ类管理创新与双元性技术创新之间存在单向影响关系。具体而言，文化创新对探索式创新和利用式创新具有引领作用。文化创新主要体现为企业战略理念和管理思想的变革，当国家电网公司企业文化所包含的核心价值体系向技术创新导向进行转化时，公司将据此进行创新战略设计，进而促进创新行为的发生。进一步地，根据公司已有的技术经验和知识储备，结合市场拓展情况和用电单位的需求特点，国家电网公司将针对性地选择探索式创新或利用式创新，进而拓展潜在市场或满足既定市场的多层次需求。营销创新方面，双元性技术创新对国家电网公司的营销创新具有重要促进作用。当国家电网公司利用探索式创新在特高压领域取得突破性技术成果，并将其相应地转化为新的产品或服务后，公司随即进行营销战略的重构和机制的创新，推出两项“电力民生工程品牌”，以拓展新产品的市场份额。

Ⅱ类管理创新与双元性技术创新之间具有交互影响。组织创新与技术创新之间表现出动态协同关系。技术创新的持续推进需要部门协同、研发人员配置、研发资金投入等系列组织工作的保障和支持。当国家电网公司通过探索式创新或利用式创新推出新的产品或服务后，原有来自企业组织的支撑体系将与新产品研发、生产、销售等活动产生不匹配问题。在技术创新的推动作用下，公司将通过组织变革来创新组织形式，以满足高水平技术创新的需求。例如，为保障特高压

① Birkinshaw J., Mol M. J.. How Management Innovation Happens [J]. Sloan Management Review, 2006, 47 (4): 81-88.

② Cosh A. et al.. Organization Structure and Innovation Performance in Different Environment [J]. Small Business Economics, 2012, 39 (2): 301-317.

技术的研发条件，国家电网公司对原有组织结构进行调整和创新，成立了特高压工程技术实验室、变电技术实验室，以支持特高压技术的突破性创新。当特高压技术成果被成功开发后，技术创新将反作用于管理创新。此时，国家电网公司组建了全球能源互联网组织，以保障新产品和服务在全球市场范围内的战略落地，进而体现了技术创新对组织创新的积极影响。

流程创新与技术创新之间同样具有动态协同关系。在企业通过组织变革来支持技术创新水平不断提升的过程中，必将引起业务流程的优化与调整，以匹配新的组织形式和创新活动。而当技术创新达到一定高度后，与原有的业务流程同样会出现不适应性。例如特高压技术被成功研发后，围绕该核心技术形成了特高压直流输电带电作业技术等一系列利用式创新形式，公司原有的风险控制机制和管理流程与全新特高压系列技术所引致的多层次风险点呈现出非匹配特点。所以国家电网公司通过出台 18 项重大反事故措施，对原有风险控制流程进行优化，以促进技术创新和管理创新的动态协同。

（三）多层次战略情境对创新协同的影响

全球化战略的推进过程中，国家电网公司创新协同机制将受到不同国家和地区文化、制度及其他宏观环境的影响。按照 PEST 分析框架，本文将影响国家电网公司全球化战略的东道国宏观环境划分为政治环境、经济环境、技术环境和社会环境四个维度。四类环境对国家电网公司协同创新的作用点和影响机制具有明显差异。

首先，政治环境和经济环境通过作用于Ⅰ类管理创新对创新协同产生影响。政治环境在双元性技术创新与营销创新之间具有调节效应。在政治局势较为稳定的国家和地区，国家电网公司的技术创新能够正常发挥对营销创新的推动作用。而在政治局势动荡的国家或地区，公司开展营销创新的动机在一定程度上被削弱，并且动荡的政治局势使得地区经济制度和市场制度快速变化，国家电网公司既定的营销策略难以适应波动较大的经济和市场需求。另外，国家电网公司的产品和服务具有战略属性，公司将采取更加审慎的态度在政治局势动荡的国家和地区设计营销战略。外部经济环境主要作用于国家电网公司的战略理念和管理文化。当经济环境较为开放，市场化程度较高时，国家电网公司将以提高竞争能力、鼓励技术创新作为战略理念，进而有效参与当地市场竞争。相反，当经济环境较为保守，市场化程度较低时，企业的文化创新将以稳健发展作为导向，进而降低对技术创新的引领作用。

其次，技术环境通过影响双元性技术创新选择和创新强度的方式对创新协同产生作用。在电网领域技术较为发达的国家和地区，国家电网公司更加倾向于选择探索式创新方式，不断推出新产品或服务，以参与当地行业竞争，并且公司将会通过构建学习机制、完善社会网络、提升社会资本储备等方式，缩小与当地电力企业的技术差距。而在电网技术领域欠发达国家或地区，公司更加倾向于选择利用式创新方式，基于已有的知识储备和技术经验，完善和升级既定能源产品和供电服务，进而满足已有客户群体用电需求，稳健拓展市场份额。

最后，东道国社会环境通过影响Ⅱ类管理创新的方式对国家电网公司的创新协同机制产生影响。Ⅱ类管理创新包含组织创新和流程创新，国家电网公司需要根据东道国的社会制度，选择战略并购、成立新公司或运营中心等组织创新形式，来保障技术创新活动的持续性，并且在人力资源的招聘与配置过程中，也要充分考虑社会环境中的人口因素、劳动力特征和社会流动性等因素，进而实现组织结构的稳定性。在流程创新方面，国家电网公司全球化战略要求其部分业务流程将嵌入当地电力行业产业链条中，需要与上下游企业及其他利益相关者构建良好的合作关系。当地文化传统、社交习惯和主流价值观念等社会环境因素将在较大程度上影响国家电网公司与其他利益相关者的沟通机制和合作方式。可见社会环境对国家电网公司创新协同体系将产生显著影响。

四、结论与政策建议

能源行业的转型发展对于推进“一带一路”国家顶层战略的落地实施具有重要实践意义和理论价值。本文以创新协同为切入视角，选择国家电网公司作为研究案例，在对国家电网公司创新范式进行演化分析的基础上，构建并剖析了公司技术创新与管理创新的协同创新机制，并基于全球能源互联网背景，从政治环境、经济环境、技术环境和社会环境四个维度探讨了宏观环境对国家电网公司创新协同机制的影响。

研究结论如下：第一，国家电网公司创新范式演化过程包括技术创新驱动、管理创新嵌入和创新协同构建三个阶段。公司在技术驱动阶段主要通过推进特高压和智能电网核心技术来满足国内电力市场的多层次需求，公司在管理创新嵌入阶段主要通过组织创新和营销创新来适配快速提升的技术创新能力，公司在创新协同构建阶段通过建构多层次的技术创新和管理创新协同机制以支撑全球能源互联网战略的有效落地。第二，双元性技术创新、Ⅰ类管理创新和Ⅱ类管理创新共同构成了国家电网公司的协同创新体系，并且三者之间协同方式具有明显差异。Ⅰ类管理创新主要包含文化创新与营销创新，前者对探索式和利用式技术创新具有引领作用，而双元性技术创新对营销创新具有推动作用。Ⅱ类管理创新包括组织创新与流程创新，二者与双元性技术创新之间通过交互作用形成了动态协同关系。第三，“一带一路”倡议推进过程中，东道国政治环境、经济环境、技术环境、社会环境对国家电网公司协同创新体系具有显著作用，并且作用点和影响机制具有明显差异。政治环境对营销创新具有直接影响，能够在双元性技术创新与营销创新关系中产生调节作用；经济环境的作用点主要集中在文化创新；技术环境能够对双元性技术创新方式的选择和强度的设计产生作用；社会环境将通过影响组织创新和流程创新的方式对国家电网公司创新协同机制产生作用。

本文对于国家电网公司及其他电力企业实施和优化创新战略具有重要指导意义：首先，电力企业应根据创新协同一般演化规律，识别创新演化所处的具体阶段，并在明确阶段性创新战略目标的前提下，结合企业整体发展战略，通过权变调整在技术创新与管理创新的资源投入、建立创新绩效评价体系等方式，推进二者有效协同。其次，在“一带一路”倡议实施背景下，电力企业一方面应强化以特高压和智能电网为核心的技术群优势，以提升技术创新对拓展海外市场的驱动作用；另一方面应通过优化组织结构、升级企业文化、创新品牌营销等管理创新手段，以保障技术创新的持续性和有效性。最后，在全球能源互联网战略实施过程中，电力企业应完善信息披露制度和投资者关系管理平台，加强企业在东道国与供应商、顾客、地方政府等多方利益相关者的有效沟通，并据此动态调整企业技术创新和管理创新机制，进而降低东道国政治环境、市场环境等因素对创新协同产生的不利影响，提升电力企业的环境适应能力和协同创新效应。

参考文献

[1] 王鹤春，苏敬勤，曹慧玲．第三方物流企业管理创新的适配路径分析［J］．科学学与科学技术管理，2013（4）．

[2] 苏敬勤，崔淼．核心技术创新与管理创新的适配演化［J］．管理科学，2010（1）．

[3] 许庆瑞，谢章澍．企业创新协同及其演化模型研究［J］．科学学研究，2004（3）．

[4] 苏敬勤，林海芬，李晓昂．产品创新过程与管理创新关系探索性案例研究［J］．科研管理，2013（1）．

[5] 陈劲，王方瑞．再论企业技术和市场的协同创新——基于协同学序参量概念的创新管理理论研究 [J]．大连理工大学学报（社会科学版），2005（2）．

[6] Lin C. Y. & Chen M. Y.. Does Innovation Lead to Performance? An Empirical Study of SMES in Chinese Taiwan [J]. Management Research News, 2007（30）：115-132.

[7] 王旭，张晓峰．组织双元性、创新协同与企业绩效：基于战略一致性的调节作用 [J]．南京师大学报（社会科学版），2015（1）．

[8] Birkinshaw J., Mol M. J.. How Management Innovation Happens [J]. Sloan Management Review, 2006, 47（4）：81-88.

[9] March J. G.. Exploration and Exploitation in Organizational Learning [J]. Organization Science, 1991（2）：71-87.

[10] Cosh A. et al. Organization Structure and Innovation Performance in Different Environment [J]. Small Business Economics, 2012, 39（2）：301-317.

基于市场竞争的技术创新成果标准化分析

舒　辉

（江西财经大学产业集群与企业发展研究中心工商管理学院，江西　南昌　330013）

[摘　要] 本文将从基于市场竞争转化方式的视角，按“路径→模式→要素→策略”的研究思路，探讨技术创新成果的标准化问题。在阐述市场竞争型方式、政府协会主导型方式是技术创新成果转化为市场标准的两种方式的基础上，针对市场竞争转化方式提出了两种转化路径、四种转化模式，并同时就它们的影响因素、实施策略展开了探讨。

[关键词] 市场竞争；技术创新；标准化；路径；模式

一、引言

技术创新在社会生活中以及市场竞争中扮演着越来越重要的角色，无形中已成为企业、行业乃至国家的重要竞争战略之一。而技术标准作为技术创新竞争的成果之一，是内部研发的组成部分或是内部研发阶段的延续，与技术创新相辅相成，存在紧密的互补关系（Kondo，2000）。[①]由于技术标准和技术创新本质上是相互影响的，关于技术标准是否促进或者阻碍技术创新，并不存在一个统一的答案（Peter Swann，Paul Temple and Mark Shurmer，1996）。[②]虽然技术标准在一定程度上可能表现出限制技术创新成果的选择，但与此同时，它也为技术创新成果的扩散提供了新的机会（David and Greenstein，1990）。[③]技术标准化不仅是对技术创新的保护，更是新技术扩散的重要途径（Daron Acemoglu，Gino Gancia，Fabrizio Zilibotti，2012），[④]这是因为技术标准“制定—实施—修订”的过程，恰是技术“创新—扩散—再创新”的过程，两者在互动中协同演进，[⑤]从而推动着人类社会的进步与发展。因此，对企业而言，只有当技术创新成果转化为技术标准（市场标准）时，才能更好地体现和实现企业的价值；对国家而言，只有在拥有足够的具有知识产权的技术创新成果标准化时，才能拥有核心竞争力和在国际上称雄的资本。

---

① Yoshio Kondo. Innovation versus Standardization [J]. The TQM Magazine，2000（9）：6-10.

② Peter Swann，Paul Temple and Mark Shurmer. Standards and Trade Performance：The UK Experience [J]. The Economic Journal，1996，106（9）：1297-1313.

③ David P. A. and Greenstein S.. The Economics of Compatibility Standards：An Introduction to Resent Research [J]. Economic of Innovation and New Technology，1990（1）：3-41.

④ Daron Acemoglu，Gino Gancia，Fabrizio Zilibotti. Competing Engines of Growth：Innovation and Standardization [J]. Journal of Economic Theory，2012，147（3）：570-601.

⑤ 胡慧芳. 探索技术管理的并行工程——基于技术创新、专利和技术标准三者关系的研究 [J]. 福建论坛（人文社会科学版），2010（7）：40-44.

然而，在技术创新成果标准化的过程中有诸多影响因素，其中主要有：政府行为和行业组织（F. T. Edum-Fotwe，A. G. F. Gibb and M. Benford-Miller，2004）、①经济的稳定性；产品的价格、分销以及促销；企业将技术创新转化为技术标准的能力等（Rozana Sustar，2007）。②与技术标准相关的准入机制的不同政策导致不同的技术创新程序（Endre Grotnes，2009）。③同时，从创新的风险以及技术标准和网络效应相结合产生的消费者福利两方面平衡的角度出发，市场对技术标准形成的导向以及政府、行业协会对技术标准发展方向的导向同等重要（Chinyelu Onwurah，2009）。④ 由此可见，技术创新成果标准化的过程是一个十分复杂的过程，它受到众多因素的影响与制约，这也反映出技术创新成果标准化的转化路径应该是多种多样的。

二、技术标准的形成方式

从现实的市场态势上来分析，一项技术创新成果若想成为市场标准，一般可以采取两种方式：一种方式是通过市场竞争的方式来实现；另一种是通过非市场竞争的方式来实现，这可以由政府组织主导制定标准来实现，也可以由标准化协会或产业协会主导制定标准来实现。由此可见，目前现实中所有市场标准的形成，基本上都是由基于市场导向或基于政府、行业协会指导的这两种机制所形成的。这就意味着，一项技术创新成果若想成为市场标准，一般有两种转化方式：一种是市场竞争型方式，即参与市场竞争，让市场来决定谁的技术创新成果有资格成为市场标准；另一种是政府协会主导型方式，即通过政府协会主导、协商，选择某家或者几家的技术创新成果成为市场标准。

根据标准形成市场化程度的不同，又可将这两种转化方式细分为：市场自由竞争、联盟竞争、标准化协会或行业协会主导制定、政府主导制定四种转化路径。其中前两种转化是通过市场竞争形成的事实标准，而后两种转化则是由非市场的官方组织决定的法定标准（见表1）。

表1　标准形成的方式、路径比较

形成方式	形成路径	标准引入机制	标准类型
市场竞争	自由	“市场优胜劣汰”机制	事实标准
	联盟	“利益协商”机制：即按各自利益关系协调并达成协议	
政府、协会主导	标准化协会或行业协会	“调和性引入”机制：即在自愿基础上以程序化方式通过	法定标准
	政府	“强制性引入”机制	

① F. T. Edum-Fotwe，A. G. F. Gibb and M. Benford-Miller . Reconciling Construction Innovation and Standardisation on Major Projects [J]. Engineering，Construction and Architectural Management，2004（11）：366-372.

② Rozana Sustar. Marketing Standardization：To be or Not to be [J]. Ekonomski Pregled，2007，15（11）：106-124.

③ Endre Grotnes. Standardization as Open Innovation：Two Cases from the Mobile Industry [J]. Information Technology & People，2009，22（4）：367-381.

④ Chinyelu Onwurah. Standardizing Wholesale Super-fast Broadband Access：The Public Role [J]. Information，2009，11（6）：14-29.

（一）事实标准

事实标准是指在没有任何官方或准官方标准设定机构批准的情况下，通过市场竞争而成功地使产业界接受，从而成为市场的事实标准。事实标准是单个企业或者多个企业联合在市场中通过大量使用的企业标准或者联盟标准所产生的市场公认的行业标准。“事实标准”的产生遵循“竞争”机制的规则，取决于竞争主体的实力（技术实力、经济实力）和商业模式的综合有效运用。

根据具体产生方式的不同，事实标准又可以分为两类：

第一类是 Wintel 标准。也就是单个企业或者极少数具有垄断地位的企业凭借其市场优势所形成统一或单一的市场标准，典型的是美国微软公司的 Windows 操作系统和英特尔公司的微处理器，由于得到了世界的公认，因此这类标准也称为 Wintel 标准。

第二类是企业联盟型标准。在多数技术领域中，单个企业很难独霸核心技术，往往是实力相当的几个企业在竞争中不能彻底打败对方的情况下开始联合，进行专利的交叉许可，最后形成联盟，构成对整个行业的技术控制，从而形成统一的行业市场标准。

事实标准是由市场竞争产生的标准。其优点在于市场上围绕某种产品展开了充分的技术竞争和价格竞争，技术标准能适应市场和技术的动态变化；缺点是同一个市场上可能存在多种标准，容易引起过度竞争，造成一定的社会资源浪费。

（二）法定标准

法定标准则是指技术标准的形成过程主要通过非市场竞争的力量，如政府、产业协会等来决定哪一个标准能最终成为统一的市场标准。如我国政府发布的中华人民共和国国家标准、ISO、IEC、ITU 或者区域标准化组织发布的有关国际标准。“法定标准”的形成遵循“权力”机制的规则，取决于企业在产业中的地位和游说“权力”能力的有效配合。

依据非市场力量主体的不同，可分为两种：

（1）政府标准化部门主导制定的法定标准。它往往带有强制性的约束，属于“接受也得接受，不接受也得接受”的范围，因而可以确保解决市场协调问题：所有厂商和消费者都使用相同的标准或技术。一般而言，最适合政府出面主导制定的标准通常包括与互换性、质量、可靠性、安全、健康和环保等内容有关的非产品类标准，以及那些涉及国计民生的重要生产资料部门，或者是军事技术等产品的技术。显然，由政府统一制定这类标准并强制实行，有助于社会整体福利水平的改善和提高。

（2）标准化协会或产业协会所形成的协议标准或论坛标准。技术标准通常可以分为两类，一类是基础标准或非产品类标准；另一类是产品要素标准。而市场选择标准机制和政府组织制定标准存在诸多潜在的缺陷。所以，通过标准化协会或产业协会的协商或论坛来选择市场标准已成为可能。

法定标准的特点在于其设立过程相对公开，比较透明，主要建立在公共利益的基础上；同时，政府主导标准的产生能较好地兼顾公平，从而迅速得到各方面的支持，这有利于抢先获得市场的更大份额。但政府主导产生的标准往往难以适应技术的快速变化，可能会增加技术延误和采用错误技术的社会成本。

本文将从基于市场竞争转化方式的视角，尝试着按“路径→模式→要素→策略”的研究思路，探讨技术创新成果的标准化问题。

三、基于市场竞争转化方式的路径选择分析

企业希望通过参与市场竞争，将自己的创新成果或标准融入到市场标准中，这就要求企业对自身的研发实力和市场占有率有着充分的了解。因为拥有不同的研发实力和市场占有率的企业，其所适合的转化路径各不相同。

（一）自由竞争转化路径

自由竞争转化路径一般为"技术创新—申请专利—占领市场—事实标准"。这个路径的主要过程是企业在市场需求的驱动下，进行研发和技术创新。企业要从自己研发的技术中获取最大的利益，前提条件就是获得专利权。因此在进入标准以前，企业必须将创新成果申请专利以形成专利技术，其后成为事实标准的最重要的环节就是占领市场，使自己的技术在市场竞争中脱颖而出，满足市场需求成为消费的主流，从而逐步成为事实标准。

自由竞争转化路径的标准引入机制是典型的"市场优胜劣汰"机制。它要求参与市场竞争的主体完全按照市场竞争的规则，凭借其在技术、市场、机构游说等方面的优势，通过运用各种有效的、合法的技术、市场、经济、文化、政治等手段，实现将企业标准上升为"市场标准"。自由竞争转化路径的结果是"赢者全得，败者全失"结局。

一般适合选择自由竞争转化路径的企业必须满足以下几个基本条件：

首先，要有卓越的技术研发能力，这样才可能满足日益丰富的市场竞争对新技术的需求。

其次，要有雄厚的经济实力。在市场竞争中要成为一统天下的垄断者，必须要有足够的财力以支撑其主导激烈的技术竞争与市场营销竞争。

最后，要有很好的市场基数。成为事实标准的最为关键的环节就是其技术能够成为市场消费的主流，进而占领市场，这就要求企业原先就有很好的市场基数，其技术或产品已经得到市场上大多数消费者及配套厂商的认可，只有这样才有可能通过进一步的市场运营，达到激发消费者的消费预期，进而增强消费者的市场基数，最终促使本创新实体的创新成果能成为真正的市场标准。①

（二）个人电脑产业标准——基于自由竞争转化路径之争

英特尔 386、486，奔腾 Pro、奔腾Ⅱ代、奔腾Ⅲ代、奔腾Ⅳ代系列微处理器的不断升级，使其始终占领芯片技术的制高点；而微软基于英特尔芯片的视窗 3.2、视窗 95、视窗 98、视窗 2000 则确定了软件产品的行业秩序，"产业标准"对于企业创造价值具有重要意义。

微软与英特尔的相互配合促使它们分别成为了电脑软件产品、硬件产品的产业标准制定者。个人电脑的视窗系统和硬件构成了其他应用软件的平台，它们能否相互兼容直接影响电脑的性能。但这两部分分别由独立的厂商生产，在软硬件产品还没有确定产业秩序时，人们可以对其自由搭配，因此往往存在不匹配或不兼容的问题，微软与英特尔的相互配合解决了这一问题。

1981 年，IBM 公司的第一台基于微软的 Windows 和英特尔芯片的 IBM PC 推出后，微软与英特尔都搭上了 IBM 这趟快车，迅速地获得了较好的销售业绩，从此它们逐步形成了战略协作关

① 舒辉．基于标准形成机制的技术创新模式分析［J］．当代财经，2013（9）：72-79.

系。微软与英特尔进行技术交流与合作，实现了微软 Windows 和英特尔芯片的相互匹配和兼容，而且只有它们相互匹配才能发挥软硬件产品最佳的效果。这样微软与英特尔的利益息息相关，微软 Windows 和英特尔芯片共同构成了应用软件平台。利益的相关性无形中将微软 Windows 与英特尔芯片捆绑起来，最终微软 Windows 与英特尔芯片构成的应用软件平台得到广泛的认可，成为许多应用软件唯一可选择的工作环境，从而确定了个人电脑产品的产业秩序。

由于搭上了 IBM 这辆快车，微软 Windows 和英特尔芯片构成的应用软件平台很快获得了较大的市场份额，拥有较大的用户基数，导致较多的应用软件供应商愿意提供基于这种环境的应用软件，因为大用户基数的平台环境，可促进应用软件供应商销售更多的软件，获得更多的利润。而微软与英特尔的相互配合共同促进其产品的不断升级，它们提供速度越来越快、功能越来越强大的应用软件平台，吸引了越来越多的用户。而随着用户基数的增大，基于微软 Windows 和英特尔芯片应用软件的供应商越来越多，从而形成了“Wintel 联盟—应用软件供应商—用户”之间强大的正反馈效应，进一步扩大了微软 Windows 和英特尔芯片的网络规模，使得与之配套的应用软件达到 70000 多种，从而锁定了竞争优势，最终分别成就了微软与英特尔在软件产业、硬件产业的霸主地位。

微软与英特尔各自借助于与对方配套产品配合的市场竞争策略，成就了它们电脑软件产品、硬件产品的“市场标准（产业标准）”制定者地位。而成为产业标准对于一个企业而言，尤其是对于高科技企业来说具有非凡的价值，因为成为产业标准的产品将是“胜者全得”，能够垄断市场、获得超额利润，而不能成为产业标准的产品则可能没有生存和发展的空间。

（三）技术联盟转化路径

大部分企业在实施技术标准化战略中仅依靠自己的实力是无法赢得市场竞争，从而将企业标准升格为“市场标准”的，因此，采取“技术联盟”的方式是现实中众多企业首选的将技术创新成果标准化的转化路径之一。

技术联盟转化途径一般为“技术创新—申请专利—交叉许可形成技术专利联盟—占领市场—事实标准”。企业要想实施技术联盟转化，首先，需要有属于自己的技术专利；其次，应该具有一定的市场基数。没有属于自己的技术专利，就无法免费获得与联盟伙伴的交叉许可的资格。当然，具有相当市场基数的企业也可以先进入技术联盟，再进行技术创新，申请专利，进而获得与联盟伙伴的交叉许可的资格，但其难度相对较大。在现实中，真正意义上的技术联盟的建立，都是各自在其擅长领域拥有专利的基础上，通过交叉许可形成“捆绑”，再共同进入市场进行竞争的。

联盟转化路径的标准引入机制是“利益协商”机制，即按各自利益关系协调并达成协议。它要求参加联盟的主体都应具有一定的“核心”技术、能力、资源等现实实力，并依据实力的大小协商分配利益关系，形成“共同标准”，从而通过共同的努力将“共同标准”上升为“市场标准”。联盟转化路径的结果是“联盟者全得，非联盟者全失”结局。

实施技术联盟转化不仅要求联盟企业之间在技术层面开展研发合作，还应在市场层面开展技术标准推广合作。这就要求必须高度重视上下游兼容配套技术、产品开发活动，将关联技术纳入联盟创新体系中，形成共生共存、协同进化的创新生态系统，推动企业之间的竞争由“单个企业”之间的竞争演变为“供应链之争”，最后升级为“创新生态系统之争”。

技术联盟一方面能筹集所需的财力，另一方面又能关注真正具有财力和市场份额的团体。联盟标准化过程中，志趣相投的参与者之间致力于一项相对有限的任务，免去不必要的各种程序，而且通常具有足够的资金来坚持持续宣传、营销、测试、认证和维护标准，从而使得联盟能够很快地推出标准，并更容易获得成功。另外，技术联盟通过形成专利池或专利许可权、授予标准复制权利、以有利地位与知识产权者签订协议，并在其成员企业间加强知识产权解密策略等方法，从而在处理和管理递增的知识产权问题时，处于一个很好的地位。而且技术联盟通过基本专利的认定，要求专利所有者保证交易内容的质量和价格公开，将不履行义务的企业逐出技术联盟；同时对标准的使用者承诺无歧视许可原则。①这样既有利于技术外溢效应内部化、提高创新效率、节约创新成本，又能有效地提高交易质量，减少了契约数量与交易费用，还能够以很低的成本提供更好的服务，在为技术所有者减负的同时为标准使用者让利。

（四）“蓝光”技术标准——基于技术联盟转化路径之争

以索尼、飞利浦、松下等为代表的“蓝光”集团与以东芝为代表的HD-DVD集团上演的“蓝光”技术标准之争就是典型案例。其始于2002年6月，终于2008年2月19日，历时6年，索尼支持的“蓝光”标准在竞争初期处于相对弱势，但最终却成功逆转，迫使以东芝为主导的HD-DVD技术向以索尼等为主导的“蓝光”技术低头，成为高清DVD市场的唯一标准。

由于这两种标准在技术方面存在着差异，致使东芝等HD-DVD阵营厂商利用成本和兼容性上的优势在竞争初期实现规模生产，在商品化方面领先一步，在市场上占据优势地位；而蓝光阵营则需要在竞争的其他方面寻求积蓄优势，同时努力改进生产工艺降低成本，后发制人，为此，索尼公司采取了以下三方面的竞争策略：

一是建立强大的联盟，作为构建商业网络的核心，不单打独斗。在高清DVD标准竞争伊始，索尼就联合其他8个重量级厂商共同组成蓝光创始人组织（BDF），随后发展成为蓝光协会（BDA），拥有专设的蓝光董事会，甚至连曾在录像机格式和DVD格式竞争中两次战胜索尼的松下公司都成为了蓝光阵营中最核心的成员。而在HD-DVD一方，最初东芝只有NEC一个伙伴，尽管随后成立了北美和欧洲HD-DVD促进社团，但相对于蓝光阵营仍显得力量单薄。

二是准确地分析网络中不同关键力量的作用和重要性，并有针对性地采取措施赢得首要关键力量的支持。由于在高清DVD中，影响消费者选择的最主要原因是可供选择购买视频内容的丰富性，即内容提供商支持的多寡将决定两种标准最终的成败。为此，索尼准确地利用主流片商的偏好，首先通过强调蓝光盘片的容量优势成功吸引迪士尼加入蓝光董事会，随后借助加强版权保护措施赢得20世纪福克斯对蓝光的支持，通过参与收购著名系列影片《007》版权终于在2005年11月顺利获得米高梅对蓝光的完全支持，从而在内容提供商方面后来居上，占据了明显的片源优势。

三是有效调动联盟成员协同作战，并充分利用自身资源和能力，从而能够在整个商业网络中合理配置各方掌握的资源，提高竞争效率。如索尼的坚定盟友飞利浦公司在欧洲市场占据举足轻重的地位，分担了索尼的竞争压力，使索尼可以专注于美国市场的竞争，而东芝明显缺乏来自欧洲的支持，被迫需要分散资源进行两线作战。同时，索尼还能调动蓝光阵营的其他成员（如松下、三星、先锋等），配合生产蓝光影碟机、刻录机等产品，丰富蓝光的产品线。2006年11月，索尼公司打出了这次标准竞争中至关重要的一张牌——P3S游戏机，通过将内置的“蓝光”光驱作为所有P3S游戏机的标准配置，为“蓝光”产品积累了大量潜在消费者，从而扩大了“蓝光”标准的用户安装基数。

---

① 信春华，高晓红．高新技术转化为技术标准的模式选择研究［J］．科技管理研究，2010（6）：1-2，61.

四、基于市场竞争转化方式的模式分析

从基于市场竞争转化方式的两种转化路径的特征与要求分析看，研发能力与市场占有率是此种转化方式的关键要素。为此，我们以“市场占有率”为横坐标、以“研发能力”为纵坐标，可将不同企业的具体做法归纳为四种转化模式：自由竞争型、技术资本型、积极参与型和用户资本型（见图1）。其中，自由竞争型是在自由竞争路径下的转化模式，而其他三种都是技术联盟路径下的转化模式。

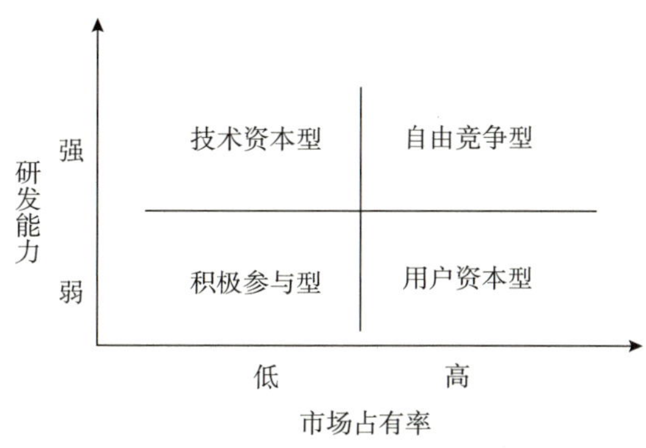

图1 基于市场竞争的转化途径

（一）自由竞争型

具有强大的技术研发能力，拥有很高的市场占有率是采用自由竞争型转化模式企业的基本条件与典型特征。只有拥有如此强大的竞争实力，企业才有充分的自信参与到市场竞争中，通过在技术、市场、机构三个层面上对竞争对手市场空间的挤压，让自己的技术成为市场上的主导范式，进而将企业的标准上升为市场标准，并通过不断的技术创新、技术升级、市场营销来推动市场标准的不断更新，从而实现在标准上的垄断，以确保使自己永远处于领先地位。

该模式的核心是通过整合技术、市场、机构（政府、行业协会）三方面的资源，构建起基于自身技术标准的具有正反馈回路网络效应的机制，形成对消费者的选择心理进行“强制”引导效果，进而迫使市场认可、接受其技术标准成为市场上的“主导技术标准”，从而达到标准垄断化的目标。实施该模式的创新实体不仅需要具有高度的市场敏感性和消费者心理导向的洞察力，强大的研发团队以及丰富、可持续供给的研发资源，同时还必须具有在关键时刻能成功游说行业协会、政府，获得支持的能量。①

（二）技术资本型

掌握着产业技术领域的前沿技术，控制着众多的、必不可少的产业核心专利技术，但在市场运营方面存在着不足，或者是以“技术—利润”的利润生产链条方式为主体的专门经营和销售知

① 舒辉．基于标准形成机制的技术创新模式分析［J］．当代财经，2013（9）：72-79.

识产权的组织是采用技术资本型转化模式企业的基本条件与典型特征。

该模式的核心是以某项技术为核心，构建起专利网，并通过行业标准提升技术壁垒；同时通过扁平化的管理结构和广泛的专利许可，加快技术普及速度，利用交叉许可和固定专利费等方式，与授权厂商结成利益联盟，采用与传统技术企业依托产品的“技术—产品—利润”产生利润不同的基于“技术—利润”的利润生产链条方式来获取最大利益。

技术资本型转化模式的企业是以技术为资本参与技术联盟，这说明企业有着前沿的技术，有着优越的技术研发和持续升级能力，但由于处于新入市场阶段，或者向市场投放一定时间，但是效果欠佳，需要市场营销团队的支持。这样的企业以技术为资本参与联盟将弥补自身市场上的缺陷，并给联盟奠定技术基础。

（三）用户资本型

掌握有庞大的用户安装基数，构建起正反馈回路的网络效应机制，具有非凡的市场营销能力，能够通过政府政策等的直接和间接干预的方式，产生社会认知性和规范性的压力，从而影响市场、产业、消费群体的战略导向和消费行为是采用用户资本型转化模式企业的基本条件与典型特征。

采用用户资本型转化模式的企业与技术资本型企业恰恰相反，企业由于具有丰厚的市场底蕴，但因技术更新能力不足，无法有效、持续地实施技术标准演化的复制行为、模仿行为和创新行为；或者因进入市场较早，已经取得了较高的市场占有率，拥有了良好的市场基础，但因技术水平不能有效地满足日渐高涨的市场需求，有可能面临着被市场淘汰的风险，需要与技术方面的强者进行联盟。这样的企业以用户为资本参与联盟将解决自身在技术上的缺陷，并给联盟带来用户基础。它们往往有可能是联盟的牵头企业，是技术的需求者，是联盟的核心。用自己的用户资本进入联盟可以解决联盟的市场需求这一最大的问题。

（四）积极参与型

技术研发能力弱、市场营销能力与市场影响力小是采用积极参与型转化模式企业的典型特征。而掌握有某项必备专利技术或在某个地域、产业具有一定的影响力，但不具备在技术、市场运营方面独当一面的能力与实力则是采用积极参与型转化模式企业的基本条件。

积极参与型转化模式是适合绝大多数中小企业的一种模式。随着产品集成度的提高，某个中小企业所持有的专利技术的特征覆盖技术标准的全部技术要素已经越来越不可能实现；加之对大多数中小企业而言，其技术研发能力往往一般，在相对较小的领域或地域上可能具有一定的市场占有率，但不足以成为标准市场竞争的主体者，因而选择参与产业技术联盟对于绝大多数中小企业来说可能是将其技术创新成果转化为标准的唯一途径。因为加入相关的产业技术联盟，通过充分利用各自所掌握的某项必备专利技术，建立起共有的“专利池”，可提高各技术之间的兼容程度，推进产业技术的完全兼容之功效。同时，由于不同技术的用户基数处于同一产业技术网络之中，“专利池”的用户安装基数就是池中各技术的用户数量之和，从而为专利技术标准化累积了更大规模的用户安装基数，最终可达到“抱团取暖”“取长补短”“聚弱小为强壮”的目的。

五、基于市场竞争转化方式的要素分析

无论选择哪种转化模式，最后决定胜负的关键还是如何赢得市场竞争。市场竞争的成败是由

市场需求决定的，要想占领市场，就必须充分了解市场竞争的影响要素。从市场的角度来看，影响一项技术或者个体标准成为行业标准的要素主要有：技术质量、用户基数、市场预期、网络效应、技术开放性。①

（一）技术质量

技术标准竞争的根基在于技术质量，技术的简单性、优越性、成熟度、兼容性是技术质量的外在表现，它们从技术角度加强技术标准稳定性、影响网络用户规模、控制互补产品丰裕度。所以说一项技术要获得市场的认可，其技术质量是基础，是先决条件，这并不是说技术质量越高端越好，但一定要适合市场，一定要与时俱进，一定要符合用户需求。因此，技术不能是过时的技术，不能是已被淘汰的技术，不能是不成熟的技术。技术的有效性（成熟、有市场需求支持）是支撑产业标准必须具备的，技术成熟的标准依靠技术的稳定性、可靠性、兼容性等特征提升技术标准适用性进而作为主流技术赢得社会广泛认同，市场化能力更强。一般来说，完全竞争市场所选择出来的技术，都是质量较高的技术。一项技术要成为市场标准，一定是符合大多数消费者需求的前沿性、有效性技术。

（二）用户基数

个体标准能否成为行业标准，其决定因素就是用户安装基数。通过规模经济和学习效应我们知道，在生产和销售上拥有一定规模优势的技术或者产品，一定同时也具有成本优势。成本优势可以使产品的销量增大，进一步扩大生产规模，产生正反馈效应。另外，网络效应的产生也对用户基数有着要求，当用户基数突破一个临界点的时候，就开始产生网络外部效应，造成使用相同产品用户的数量以几何级数倍增，进而使用户从中所能获得的效用也能以几何级数或近似几何级数倍增。在这种情况下，用户能获得很好的网络效应，并且存在较高的转换成本，无形中就被产品绑住了。由此可见，产业技术标准之间的竞争归根结底是用户规模的竞争，特别是在网络效应显著的产业，因而提升用户需求满足能力，以吸引更多用户基数是根本出路之一。当用户基数达到临界容量（Critical Mass）用户数量时将产生爆炸性增长，从而支撑着整个网络向正反馈方向发展，以迅速占领产业市场，实现“赢家通吃”。所以，用户基数对于行业标准的形成起着关键性的作用。

（三）市场预期

除了现有的消费者市场以外，对于开拓潜在消费者市场来说，起关键作用的是消费者对产品和技术的市场预期。一般来说，当消费者预期某种产品和技术未来将具有较大的规模、互补性产品比较容易获得、价格水平与质量合适、更新及时，且会有很多的其他消费者采用的话，那么该消费者就会决定购买这种产品和技术；反之则不会。所以，市场预期能改变市场结果，从而改变市场的竞争规则。一方面，当一种技术或产品的市场预期前景非常好时，就会出现正反馈效应现象，使得强者更强，弱者更弱，从而引发极端的结果；另一方面，持有同种市场预期的潜在消费者越多，那么实际的消费者数量也会相应增多，最终这种产品和技术的消费者安装基数就会达到临界容量，从而成为主导市场竞争的市场上的事实标准。

（四）网络效应

用户市场是标准竞争的重要着力点，当产业标准是通过市场竞争来实现时，那么网络效应将

---

① 舒辉．标准竞争中的市场策略分析［J］．商业经济与管理，2008（5）：23-28.

是标准得以确定的决定因素之一。我们知道，如果互补性产品的“网络”规模决定了该产品的需求，那么网络效应就会出现。网络效应的产生主要取决于能否形成正反馈回路，因为网络效应本身说明的是需求上的一种规模经济。使用相同产品的用户数量越多，用户所获得的效用就越大。正反馈回路所产生的自增强机制和收益递增机制会使不断扩张的用户规模借助于网络外部性形成“马太效应”，拉大非对称用户安装基础偏差，促使用户安装基数大的技术赢得显著的优势市场份额，从而使网络规模具有优势的技术或产品主导市场，使市场选择收敛于这种技术或产品，即使存在可以与之竞争并且比它更优的技术或产品，但由于更优的技术或产品缺乏一定的用户安装基数，正反馈回路的作用结果只会使更优技术的用户安装基数越来越少，最终使这种技术退出市场，从而市场选择的结果可能会被锁定于一种较劣势的技术上。由此可见，网络效应作用的最终结果会使市场产生偏向。①

（五）技术开放性

现如今信息化越来越发达，很难做到对技术的完全保密，而且保密也不易于长久控制市场，因此，越来越多的企业选择主动出击，主动开放技术信息，这样做的好处是既可以争取到更多的用户基数，形成网络效应，又可以使其他竞争企业失去开发自己技术的原动力或财务动力，只能跟着你的技术走，同时还能鼓励更多配套厂商围绕你的技术平台开展技术创新，促进更多的互补产品发展，从而增强系统价值，借助外部杠杆实现商业化。因此，技术开放性也是标准竞争中一个重要的因素。

六、实施基于市场竞争转化方式的策略分析

在实施基于市场竞争转化方式的技术创新成果标准化时，一项技术或个体标准能否成为市场标准不仅取决于该项技术或个体标准的技术水平的高低，同时还将取决于该企业的市场运作策略水平的高低，以及选择了一条怎样的转化路径。所以，正确地选择基于市场竞争转化方式的策略能够达到事半功倍的效果，否则将会变为“事与愿违”的局面。

实施基于市场竞争转化方式的策略需要分两步进行：第一步，正确选择技术创新成果标准化的路径：是单独进行市场竞争，还是加入技术联盟参与市场竞争；第二步，针对不同路径采取不同的实施策略：对选择单独进行市场竞争的企业采取相应的市场竞争策略，对选择加入技术联盟参与市场竞争的企业采取对应的联盟策略。

（一）路径选择策略

正确选择参与市场竞争的路径，对于一个企业获取成功至关重要。对于市场竞争模式一般可供选择的路径就是是否参与技术联盟，这是由企业的技术研发实力和市场占有率决定的。一般来说，技术研发实力强，市场占有率高的企业，适合选择单独进行市场竞争的路径；而其余情况下，则更适合于选择加入技术联盟来参与市场竞争。

但加入技术联盟是需要有资本的，这就是企业是否有属于自己的核心竞争力。如果在技术研发能力方面较强，但是缺乏市场资源，则企业可以技术为资本，参与技术联盟，为联盟提供核心

① 舒辉．标准竞争中的市场策略分析［J］．商业经济与管理，2008（5）：23-28.

技术；若企业在市场上已经占有很高的市场份额，用户基数较大，但由于技术研发能力不足，技术渐渐无法满足市场需求，则可以用户基数为资本参与技术联盟，为联盟提供市场资源；如果企业刚刚起步，技术和市场实力都不强，则更需要通过各种其他途径积极地参与到技术联盟，以争取在其中分配到一部分工作，一方面学习掌握先进技术，一方面分享市场资源，慢慢将自身实力做大做强。

（二）市场竞争策略

企业参与标准竞争，关键在于能否赢得市场，从历史经验来看，市场策略已经成为每个企业不得不认真对待的问题。因为一项技术或标准能否成为行业标准不仅取决于该项技术或标准的技术水平的高低，同时还将取决于该企业或技术联盟的市场运作策略水平的高低。从本质上来看，标准竞争的市场争夺策略的核心是要获得足够的用户安装基数和建立起良好的消费者预期。所以，不管采取什么样的市场策略都是围绕着这两个核心展开的。

1. 先发制人策略

市场选择标准的过程类似于生物进化的过程，其选择结果将很大程度上依赖于初始条件。这意味着如果谁能抢在竞争对手前面使消费者和互补厂商进入锁定，无疑会更快地达到临界安装基数，从而更快地促成网络效应。因此，先发制人策略的最直接和最有效的方法就是首先进入市场，以造成这种“先行者优势”的局面。具体可以考虑从以下几方面采取相应措施：

首先，标准推出时间的率先性。市场进入的次序将影响到企业的市场份额和市场权力。市场的首入者将通过建立顾客偏好、规模经济和学习曲线效应带来的成本优势，而创造所谓的“率先者”优势。这种率先者优势不仅有利于率先者的产品和技术被更多的消费者所采用，从而成为事实标准，而且还有助于率先者赶在其他潜在竞争对手之前迅速控制市场，在一段时间内享有一定的超额垄断利润。标准推出时间的率先性对于高科技产业特别有效，这是因为高科技产业的产品开发存在着“路径依赖”和“网络外部性”等特性，这将使得率先进入市场者拥有极大的竞争优势，甚至容易导致出现强者更强、弱者更弱的马太效应和“赢家通吃”的现象。

其次，攻击性的营销。标准竞争的经验表明，谁先突破了临界容量，消费者的预期就会偏向于谁。而攻击性的营销就是一个能有效启动领先产品市场需求的关键因素，它是通过进行大规模、大范围的预热营销和使用销售点促销技术，来吸引早期的消费者承担采用新标准的转换成本。如果这些营销措施运用得当，将可能启动一个正的反馈回路，从而突破临界安装容量，建立起前期消费者安装基础。

最后，提前宣传和承诺。在新技术或新产品投入使用之前，提前向消费者和产业中的其他企业宣告将要推出新技术或新产品的消息是企业经常采用的一种竞争手段，它既可以起到减缓竞争对手用户基数增长的作用，同时还能吸引消费者和相关互补厂商的关注。承诺意味着向消费者和竞争者传递了这样的信息：本企业所拥有的技术在未来将会有更大的规模、更多的互补品和更便宜的价格。这种承诺不是口头上的，而是以战略姿态展示的，并且投入有一定的资源作为抵押后盾，以显示企业的决心和力量。所以，提前宣传和承诺是影响消费者预期的重要方式之一。

2. 预期管理策略

标准竞争的风险之一，就是它会使消费者和互补厂商对参与竞争的标准都产生怀疑，从而形成两败俱伤的局面。所以，首先建立起广泛的初始销售和积累大规模的用户安装基础对于将企业的产品或技术成功助推为产业标准是至关重要的。然而如何才能建立广泛的初始销售和积累大规模的用户基础？最为有效的途径就是影响消费者预期。

预期管理的要旨在于获得消费者的信任：采用该标准将获得最大的网络效用。同时预期管理也是建立正反馈的关键，它可以很容易地将预期变成自我实现的预言。借助于自身品牌、企业形象等市场势力，实施诸如产品预期宣告与承诺、定期公布独立第三方对其技术产品市场占有率的调查结果、实行低价甚至免费赠送等方式来满足用户预期需求从而引导消费者认同感，继而引发从众心理扩大用户基础规模是许多知名企业惯用的“预期管理”手段。所以企业要尽最大努力来管理预期。

当前预期管理的具体做法主要有：充分发挥品牌和声誉的影响效力、与相关厂商合作建立技术联盟、积极介入市场营销、培养一定数量的忠诚消费者群、重视政府示范效应对消费者预期的影响力等。

（三）技术联盟策略

在技术联盟策略中，如果以技术联盟作为一个整体来看的话，它也是一个特殊的“企业”，也要参与到与其他企业或者其他联盟的自由竞争中。因此，企业的市场竞争策略对于联盟整体而言同样适用。这里主要分析作为联盟组成部分的企业如何在联盟中争取一席之地的策略。

1. 技术联盟选择策略

首先要判断自己的实力是否能够脱离技术联盟独立参与市场竞争，如果答案是否定的，那就要考虑加入怎样的一个技术联盟，以什么资本加入技术联盟。在选择技术联盟时一定要看这个技术联盟的资源配置是否整齐，目标方向与价值观是否和自己企业相吻合，再或者看企业的自我实力是否要牵头组建一个技术联盟。在选择技术联盟的同时，也可以发掘出自己对于技术联盟的价值，或者说是自身企业的核心竞争力。因此，企业的技术联盟选择策略往往有以核心竞争力加入策略和牵头组建策略。

2. 技术联盟生存策略

在加入技术联盟之后，如何有效地在技术联盟中生存下去，并占据一席之地，这是企业要考虑的第二个问题。牵头组建技术联盟的企业要做的就是让加盟企业沿着自己规划的目标和道路走下去，自始至终掌握主动权；而以核心竞争力加盟的企业要做到的则是能否取得参与重大决策的话语权，了解联盟中各兄弟企业的特点和需求，将自己的技术或者核心竞争力充分运用到联盟的标准中，让将来参与市场竞争的联盟标准中，自己有举足轻重的作用。归纳起来，企业技术联盟生存策略有掌握主动权策略和深入渗透策略。

七、结论

基于市场竞争转化方式的技术创新成果标准化有自由竞争路径和技术联盟路径两种。在此两种路径下有四种转化模式，即自由竞争路径下的自由竞争型转化模式，技术联盟路径下的技术资本型模式、用户资本型模式和积极参与型模式。为此，企业在实施基于市场竞争转化方式的技术创新成果标准化时，应按照不同转化路径的具体要求，结合企业自身的条件选择适合的转化模式，以最大限度地将企业的技术创新成果转化为市场标准。

参考文献

[1] Yoshio Kondo. Innovation Versus Standardization [J]. The TQM Magazine, 2000 (9): 6-10.

[2] Peter Swann, Paul Temple and Mark Shurmer. Standards and Trade Performance: The UK Experience [J]. The Economic Journal, 1996, 106 (9): 1297-1313.

[3] David P. A. and Greenstein S.. The Economics of Compatibility Standards: An Introduction to Resent Research [J]. Economic of Innovation and New Technology, 1990 (1): 3-41.

[4] Daron Acemoglu, Gino Gancia, Fabrizio Zilibotti. Competing Engines of Growth: Innovation and Standardization [J]. Journal of Economic Theory, 2012, 147 (3): 570-601.

[5] 胡慧芳.探索技术管理的并行工程——基于技术创新、专利和技术标准三者关系的研究 [J]. 福建论坛(人文社会科学版), 2010 (7): 40-44.

[6] F. T. Edum - Fotwe, A. G. F. Gibb and M. Benford - Miller . Reconciling Construction Innovation and standardisation on Major Projects [J]. Engineering, Construction and Architectural Management, 2004 (11): 366-372.

[7] Rozana Sustar. Marketing Standardization: To be or Not to be [J] . Ekonomski Pregled, 2007, 15 (11): 106-124.

[8] Endre Grotnes. Standardization as Open Innovation: Two Cases from the Mobile Industry [J]. Information Technology & People, 2009, 22 (4): . 367 - 381.

[9] Chinyelu Onwurah. Standardizing Wholesale Super-fast Broadband Access: The Public Role [J]. Information, 2009, 11 (6): 14 - 29.

[10] 舒辉.基于标准形成机制的技术创新模式分析 [J]. 当代财经, 2013 (9): 72-79.

[11] 信春华, 高晓红.高新技术转化为技术标准的模式选择研究 [J]. 科技管理研究, 2010 (6): 1-2, 61.

[12] 舒辉.标准竞争中的市场策略分析 [J]. 商业经济与管理, 2008 (5): 23-28.

[13] 吴文华, 曾德明.论我国中小企业集群中行业协会的技术标准化功能 [J]. 商业研究, 2005 (7): 122-124.

创业导向对企业成长的影响
——企业生命周期的调节效应

刘　追　贾　伟

（石河子大学经济与管理学院，新疆　石河子　832000）

[摘　要] 目前关于创业导向的研究大多基于静态的视角，本文将企业生命周期作为约束条件，探究了创业导向对企业成长的关系及企业生命周期的差异性影响效应。基于不同生命周期阶段动态视角，选取我国2013~2015年创业板上市公司901个非平衡面板数据进行实证分析。全样本回归表明：创业导向显著促进企业成长。分组回归结果表明：不同生命周期阶段对创业导向与企业成长具有调节效应，并产生动态差异性影响，即企业成长随生命周期发展阶段呈现先上升后下降的趋势；企业处于初创期时，创业导向促进企业成长作用不显著；企业处于成长期时，创业导向能显著正向促进企业成长且促进作用高于成熟期阶段；企业处于衰退期时，创业导向变量没有显著作用。

[关键词] 企业生命周期；创业导向；企业成长

一、引言

随着我国人口红利的消失、企业转型升级和经济转型深入，创新创业精神逐渐成为各企业获取新经济增长的核心变量。在创业创新行为的研究过程中，创业导向行为已经成为重要的研究课题，其如何使企业获得成长竞争优势，一直备受企业界、学术界的关注。创业导向作为战略决策活动，在推动企业开拓新产品、新市场等行为过程中影响企业价值创造，因此，决策战略的执行应充分考虑企业生命周期特征，企业所处发展阶段的不同会影响其在组织结构、战略选择和经营目标等方面的表现，这是企业成长过程中的关键因素。现有相关研究大多从公司治理、合法性、动态能力等视角展开（周萍和蔺楠，2015；李雪灵等，2011；胡望斌和张玉利，2011），将所有样本同样看待，没有区分创业导向在不同样本中的差异性作用，未深入探讨企业不同发展阶段特征对创业导向与企业成长的影响效应。尽管少数文献论及企业生命周期对创业导向与企业成长的影响（李倩倩，2012），但往往是基于特定时期的截面数据静态视角，对动态行为信息、不同发展阶段企业成长的纵向影响未做深入研究。此外，创新创业相关研究与实践表明，创业导向对企业成长的影响并不是简单相关关系，应结合具体的企业发展环境进行动态分析，企业发展阶段的不同会对创业导向与企业成长之间关系产生差异性的影响效应。不同生命周期阶段的这种差异性影响效应可能为解释有关实证中创业导向与企业绩效关系不一致或矛盾（Wiklund and Shepherd，2005；Tang et al.，2008）的问题提供一个新的视角，对情景因素影响下创业文献的丰富有一定的意义。鉴于此，本文从企业生命周期动态视角这一情景因素出发，选取创业板上市公司 2013~2015 年非平衡面板数据样本进行研究，在拓宽静态层面研究的基础上，进一步从纵向层面探讨不同发展阶段对创业导向与企业成长的调节效应，揭示创业导向对企业成长的差异性作用机理。

二、理论分析与假设提出

（一）企业生命周期理论

Haire（1959）最早提出企业生命周期的概念，认为企业的发展阶段同生物一样，经历从出生、成长、成熟到消亡的过程。企业生命周期理论是指企业同生物有机体一样，经历着从生到死、由盛转衰的过程，企业作为一个经济组织，在其生产经营过程中受到产品市场和行业竞争的影响，使得处于不同发展阶段的企业会面临不同的问题。基于生命周期的分析方法，爱迪斯从动态视角分析了企业成长与发展的一般规律，并将企业生命周期分成了两个阶段（成长阶段和老化阶段）、十个时期（孕育期、婴儿期、学步期、青春期与盛年期；稳定期、贵族期、官僚前期、官僚期与死亡期）（Adizes，1989）。此后，许多国内外学者对企业生命周期的阶段划分展开了研究，逐渐形成按照以企业的经营战略和组织特征为标准划分企业的发展阶段，并将其划分为初创期、成长期、成熟期和衰退期四个阶段。同时研究表明，企业因处于不同发展阶段在组织结构、战略选择、经营活动和管理方式等方面的差异性会对企业价值创造产生影响。

（二）创业导向与企业成长

在我国经济“新常态”背景下，顾客消费需求体系不断升级，企业的产品或服务能否领先竞争对手并快速占据市场，创业创新行为是重要的推动因素。高创业导向企业同竞争对手相比，其提供新产品或服务的意愿更加强烈，通过自身企业的改变提升核心竞争力，创造企业价值。Miller（1983）提出创业导向的创新性、超前性和风险承担性三个维度，描述企业战略决策活动的特征。创业导向的创新性体现了企业支持可能产生新产品、服务或技术的想法、实践和创造活动的倾向性（Lumpkin & Dess，1996）。在同行业激烈的市场竞争中提高企业新产品或服务创新率，获取自身企业产品或服务的品牌优势，提高消费者和市场满意度，成为拉动经济增长的引擎并获得超额利润。创业导向超前性特征体现了企业同竞争对手竞争过程中优先识别商业机会并把握市场风向，不仅拥有应对市场环境变化的迅速反应能力，而且通过对新技术、产品或服务的开发，创造有利于企业市场竞争的有利环境并占据市场优势地位。超前性还意味着本企业拥有在关键业务领域领先竞争对手的产品、服务、技术流程和管理方式，甚至可以参与制定市场规则，设置市场进入壁垒，树立企业品牌形象，占据消费者市场，做同行业业务领域的“领跑者”，引领企业占据市场份额。此外，新创企业成长过程中，不可回避的一个重要问题就是企业面临的不确定和风险性。在新的转型经济背景下，企业拥有一定的经济风险承担能力有利于潜在市场机会的获取，从而拥有新进入优势，获取高风险收益和超额利润。企业承担高风险进入结果未知的领域过程中，投入大量资源于不确定的项目中的意愿强烈，主动把握住市场机遇而不是在犹豫中错失商机，进而不断打造企业自身核心竞争能力，获取竞争优势，促进企业价值创造和长足发展。因此，本文提出如下假设：

H1：企业创业导向正向促进企业成长。

（三）企业生命周期的调节作用

创业导向与企业绩效关系研究表明，创业导向产生正向影响（Zhao et al.，2011），不相关甚至产生负向影响（Tang et al.，2008），对于研究结论的不一致性，学者们分别从企业所处的环境与内部资源的差异（胡望斌、张玉利，2011）、高管团队（杨林等，2016）等角度进行了分析，但他们的研究未区分样本的差异性，而是将样本同等看待，这将无法分析创业导向对企业价值创造的深层次原因及影响。因此，本文认为应该考虑企业生命周期这一关键性因素，从新的视角研究其对创业导向与企业成长之间的差异性调节效应，使得结论更贴近实践。企业处于初创时期时，公司刚成立不久，主要依靠自身高新技术推动企业的发展，此时企业在开发新的产品或服务开拓市场的创新性方面表征显著；由于企业规模较小，所拥有的资源相对匮乏及日常管理制度不够规范、健全，企业内部运行效率较低，因而，企业此发展阶段对于进入结果未知领域承担风险的能力尚且薄弱。初创时期，面临着较为激烈的市场和行业竞争，企业自身通过塑造环境以对瞬息万变的市场环境做出反应的能力以及为新产品或服务所需的新的管理能力表现不足，不利于企业业绩的提高。因此，创业导向行为在初创期阶段没有实质性影响。企业处于成长时期时，规模发展迅速，技术创新带来的产品需求在市场中占据优势，所占市场份额逐渐扩大，因而企业会拥有更大的动力参与鼓励新产品、服务或技术流程相关的新创意，创新性行为进一步得到重视。成长期企业拥有更多的资源，组织结构和制度不断健全，内部管理与资源配置逐渐规范化，将资源投入到高回报、高风险的项目意愿较高，并且企业也逐渐有能力承担进入未知领域的风险。企业不断探索领先于竞争对手的新产品、服务、技术及管理的方式方法，获取竞争优势，提高企业绩效，促进企业成长发展。企业处于成熟时期时，企业规模、销量达到最高水平，制度完善并能充分发挥作用，组织内部稳步运行，正在进行着管理变革，创新能力具有一定程度的稳定性并为企业带来稳定绩效。一定的资本积累、资源和经营管理优势，使得企业拥有足够的风险承担能力。把握机会成为市场竞争中的领跑者而不是追随者，为企业绩效的提高不断注入动力，促进企业健康成长，但成熟期企业绩效逐渐接近顶峰，同成长期相比此时期企业的成长速度远低于成长期。企业进入衰退期后，管理体系和组织结构缺乏灵活性，企业面临着生存危机。创新能力逐渐变差，研发投入减少，对新产品、新服务或技术流程的试验支持力度减弱，外部产品需求逐渐被新产品取代，市场需求疲软。此时，企业经营状况呈不良态势，效益下滑，资源投入高风险项目后结果的不确定性和高风险承担能力下降，影响企业业绩的创造与企业价值的提升。因此，本文提出如下假设：

H2：企业生命周期阶段对创业导向与企业成长的关系产生差异性调节作用。

H 2a：初创期阶段，创业导向对企业成长性没有显著作用。

H 2b：企业成长期阶段对创业导向与企业成长的调节作用将会高于成熟期。

H 2c：衰退期阶段，创业导向对企业成长性没有显著作用。

三、研究设计

（一）样本选择与数据选取

本文选择我国 2013~2015 年创业板上市公司数据样本，选择此样本的主要原因如下：①创业板上市的公司属于高科技行业居多，这些企业研发资源投入、创新性、先行性行为意愿强，即创业导向行为特征表现明显。因此，选择此类样本公司具有较强的代表性。②自2009年创业板开市之后，监管及制度环境逐渐完善，选取2013~2015年样本数据稳定，可靠性强。为保证实证结果的有效性，避免缺失值和异常值的影响，剔除了ST企业及关键数据缺失严重的公司，最后筛选取三年上市公司共901个非平衡面板样本数据，并对文中连续型变量进行上下5%的缩尾处理以避免极端值影响。本研究数据来源于CSMAR数据库、Wind和RESSET数据库，筛选数据并整理所得，文中实证部分使用Stata 14.0统计软件进行相关分析。

（二）变量定义与测度

（1）企业成长。企业成长表现在企业规模的扩张、盈利能力以及运行效率的提升等方面。本文借鉴周萍（2015）的做法，被解释变量企业成长选取总资产增长率指标来进行衡量，并选取营业收入增长率指标作为总资产增长率指标的替代变量。

（2）创业导向。创业导向特征的研究一直是学者们关注的重要课题，本文赞同Miller（1983）提出创业导向的创新性、超前性和风险承担性特征。在借鉴Williams和Lee（2009）以及杨林（2014）做法的基础上，本文用年度研究开发支出占销售收入比例和年度投资活动净现金占销售收入比例两项数据指标测量创业导向。企业对创新性资源投入的意愿体现了创业导向的程度，研发支出和投资活动净现金流量共同体现了企业的创新性、先动性和风险承担行为意愿程度。创业导向强度指标构建如下：x_{it}表示i公司在第t年的研发收入占销售收入的比例，y_{it}表示i公司在第t年的投资活动净现金流量占销售收入的比例，EO_{it}表示i公司在第t年的创业导向强度，计算公式为：$EO_{it}=\sqrt{(x_{it}-0)^2+(y_{it}{}^2-0)}=\sqrt{x_{it}^2+y_{it}^2}$，创业导向指标反映的是二维空间中i公司在第t年的创业战略状态，EO的值越大表示创业导向的强度越大，公司的战略偏好越倾向于创新性、新进入性行为，以新产品或服务把握市场动态并承担高风险；EO的值越小则表示创业导向的强度越小，公司创新性、先动性行为意愿越倾向于保守状态，采取风险规避措施。

（3）企业生命周期。界定企业处于哪个生命周期阶段的标准众多，本文借鉴Dickinsion和任海云的划分方法并依据经营现金流、投资现金流和筹资现金流的符号特征，将生命周期划分为初创期、成长期、成熟期和衰退期四个阶段（Dickinsion，2006；任海云，2015），如表1所示。初创期阶段，公司刚成立不久，产品或服务面临市场进入壁垒，营业收入较低且存在较高的经营成本，因而经营活动现金流为正；为吸引投资，企业会寻找多种融资渠道与活动为企业后续发展获取资金支持，这使得筹资现金流为正。成长期阶段，企业的产品或服务逐渐打开市场，主营业务收入增加，经营现金流为正；为抓住机会占据更多产品市场，企业需要继续投资扩大生产规模，故投资现金流为负；在企业快速扩张过程中，需要融资活动注入大量支持资金，所以筹资现金流符号为负。成熟期阶段，企业拥有稳定的产品或服务市场，且市场运作平稳，因而经营现金流仍为正数；此阶段企业发展遇到瓶颈，新的发展机会较少，投资活动在一定程度上会减少，因而投资现金流为负；企业拥有资本积累，无须对外筹资而是要偿还前期融资借款，因而有正的筹资现金流。衰退期阶段，产品或服务占据的市场份额虽有一定规模但逐渐缩小，因而有正或负的经营现金流；当存在失去产品或服务的市场时，企业可能会停止对现有产品的投资生产或者投资开发新的产品或服务，因而投资现金流正负均有可能；企业投资开发新的产品或服务可能采用内部投资或者拓展对外融资渠道，因而筹资现金流正负也均有可能。此外，当文中筹资现金流为零时，依据另外两个指标（经营和投资现金流）符号特征划分到四个时期；同理，当投资现金流为零时，结合剩余两个指标（经营和融资现金流）符号特征划分到四个时期。具体发展阶段划分标准如表1所示。依据上述划分依据和方式，本文对初始901个非平衡面板数据样进行划分，得到初创期169个样本，成长期301个样本，成熟期303个样本，衰退期128个样本，表明处于成长期与成熟期阶段的公司所占比重较大，同时经营现金流为正，在一定程度上反映出企业在成长期和成熟期创新性行为优势凸显，新产品或服务仍拥有一定的市场优势。样本具体分布如表 2 所示。

表 1　企业生命周期四阶段划分标准

	初创期	成长期	成熟期	衰退期			
经营现金流	−	+	+	−	+	+	−	−
投资现金流	−	−	−	−	+	+	+	+
筹资现金流	+	+	−	−	+	−	+	−

表 2　样本分布概况　　单位：个

	观测值	初创期	成长期	成熟期	衰退期
2013 年	334	54	90	138	52
2014 年	348	60	123	113	52
2015 年	219	55	88	52	24
合计	901	169	301	303	128

（4）控制变量。为了保证模型估计的有效性，本文借鉴现有研究的做法（杨林，2016；周萍，2015），在本文构建的计量模型中将企业年龄、公司规模、财务杠杆、行业和年度作为控制变量。各变量描述及定义具体如表 3 所示。

表 3　变量定义

变量性质	名称	符号	定义及计算说明
因变量	总资产增长率	*Growth*1	本年总资产增长额/年初资产总额
	营业收入增长率	*Growth*2	本期营业收入增长额/上期营业收入
自变量	创业导向	*EO*	见文中公式
调节变量	企业生命周期	—	见文中划分
控制变量	公司规模	*Size*	企业总资产的自然对数
	财务杠杆	*Lev*	总负债/总资产
	年度哑变量	*Year*	年度虚拟变量
	行业哑变量	*Industry*	行业虚拟变量
	企业年龄	*Age*	成立时间的自然对数

（三）模型设计

本文以创业导向为解释变量，探究了不同生命周期阶段对创业导向与企业成长关系的差异性影响。按照企业的生命周期阶段的划分，分组考察了企业生命周期的调节作用，本文主要关注创业导向对企业成长性的影响，即重点关注 β_1 的显著性与系数。本文构建计量模型进行假设检验，模型如下：

$$Growth1_{i,t}=\beta_0+\beta_1 EO_{i,t}+\beta_2 Size_{i,t}+\beta_a Leve_{i,t}+\beta_4 ge_{i,t}+\beta_5 Year+\beta_6 Industry+\varepsilon$$

四、数据分析与实证结果

（一）变量描述性统计分析与相关性分析

（1）变量描述性统计分析。全样本和各个阶段样本所涉及变量的平均值（Mean）、标准差（SD）、最大值（Max）、最小值（Min）的基本统计结果如表4所示。由全样本基本统计量结果可以看出，财务杠杆均值为0.276，说明企业财务杠杆较低，可能是新产品或服务面临新进入市场壁垒，使得企业融资能力受限。从企业生命周期各阶段样本基本统计可以看出，各阶段企业样本分布呈“倒U形”，即样本集中于成长期和成熟期均300个样本数左右，初创期样本169个，分布于衰退期样本最少有128个，这说明目前创业板上市公司处于成长期和成熟期发展阶段所占比重较大。从各变量的最值来看，成长期总资产增长率最大值为1.386、均值为0.430，均高于其他各阶段，成熟期总资产增长率最大值为0.376、均值为0.096，这两个指标均低于其他阶段，以上数据在一定程度上反映出处于成长期的企业成长速度高于其他阶段；处于成熟期时企业基本达到成长的峰值，成熟期总资产增长率标准差较其他阶段最小值为0.230，说明此阶段企业成长速度低且较稳定。

表4　主要变量描述性统计

样本	变量	Mean	SD	Max	Min
全样本（N=901）	①总资产增长率	0.250	0.298	1.080	-0.038
	②创业导向	0.278	0.236	0.942	0.049
	③企业规模	21.100	0.605	22.3329	20.153
	④财务杠杆	0.276	0.154	0.586	0.061
	⑤企业年龄	2.518	0.368	3.332	1.386
初创期（N=169）	①总资产增长率	0.315	0.822	1.089	0.022
	②创业导向	0.227	0.211	0.942	0.049
	③企业规模	21.272	0.584	22.329	20.153
	④财务杠杆	0.370	0.143	0.586	0.096
	⑤企业年龄	2.554	0.314	3.296	1.792
成长期（N=301）	①总资产增长率	0.430	0.380	1.386	0.046
	②创业导向	0.332	0.243	0.942	0.049
	③企业规模	21.224	0.627	22.329	20.153
	④财务杠杆	0.313	0.148	0.586	0.061
	⑤企业年龄	2.544	0.364	3.332	1.364

续表

样本	变量	Mean	SD	Max	Min
成熟期（N=303）	①总资产增长率	0.096	0.230	0.376	-0.049
	②创业导向	0.258	0.229	0.942	0.048
	③企业规模	20.954	0.547	22.329	20.153
	④财务杠杆	0.211	0.131	0.586	0.061
	⑤企业年龄	2.507	0.393	3.219	1.386
衰退期（N=128）	①总资产增长率	0.126	0.275	1.066	-0.111
	②创业导向	0.262	0.243	0.942	0.049
	③企业规模	20.931	0.589	22.329	20.153
	④财务杠杆	0.220	0.140	0.586	0.061
	⑤企业年龄	2.433	0.373	3.045	1.386

（2）变量相关性分析。主要研究变量 Pearson 相关系数矩阵如表 5 所示。总样本中创业导向与总资产增长率的相关系数为 0.143 且在 0.01 水平上显著，H1 得到初步验证。即创业导向与企业成长呈正相关。从各生命周期发展阶段样本相关系数矩阵可以看出，成长期阶段自变量创业导向 *EO* 与被解释变量总资产增长率 *Growth*1 的相关系数为 0.189，在 1%水平上显著正相关，H2b 得到部分验证。加入其他控制变量，本文对非平衡面板数据不同发展阶段样本数据进行混合回归，进一步检验各生命周期阶段创业导向与企业成长的影响效应。通过相关系数矩阵可以看出，自变量与控制变量之间相关系数不存在过高的现象，且自变量与控制变量方差膨胀因子（*VIF*）均不高于 2，表明它们之间不存在多重共线问题。

表 5 主要变量相关系数矩阵

样本	变量	1	2	3	4	5
全样本（N=901）	①总资产增长率	1.000				
	②创业导向	0.143***	1.000			
	③企业规模	0.379***	0.033	1.000		
	④财务杠杆	0.306***	-0.197***	0.470***	1.000	
	⑤企业年龄	0.050	-0.022	-0.027	0.072**	1.000
初创期（N=169）	①总资产增长率	1.000				
	②创业导向	0.084	1.000			
	③企业规模	0.447***	0.121	1.000		
	④财务杠杆	0.218***	-0.267***	0.475***	1.000	
	⑤企业年龄	0.151*	-0.123	-0.075	0.079	1.000
成长期（N=301）	①总资产增长率	1.000				
	②创业导向	0.189***	1.000			
	③企业规模	0.284***	0.052	1.000		
	④财务杠杆	0.096*	-0.134**	0.482***	1.000	
	⑤企业年龄	-0.017	-0.028	-0.011	0.054	1.000

续表

样本	变量	1	2	3	4	5
成熟期（N=303）	①总资产增长率	1.000				
	②创业导向	0.021	1.000			
	③企业规模	0.298***	0.004	1.000		
	④财务杠杆	0.251***	-0.316***	0.272***	1.000	
	⑤企业年龄	0.070	-0.032	-0.044	0.068	1.000
衰退期（N=128）	①总资产增长率	1.000				
	②创业导向	-0.045	1.000			
	③企业规模	0.329***	-0.144	1.000		
	④财务杠杆	0.302***	-0.248***	0.497***	1.000	
	⑤企业年龄	-0.051	0.085	-0.136	-0.079	1.000

注：* 表示 $P<0.1$，** 表示 $P<0.5$，*** 表示 $P<0.01$（双尾检验）。

（二）变量回归分析

（1）创业导向与企业成长。本文从整体与部分两个层面探究创业导向对企业成长的影响效应，一是全样本层面的回归分析，二是企业生命周期不同阶段层面的分组回归分析。本文以非平衡面板数据为样本并采用混合效应回归模型进行检验，结果如表 6 和表 7 所示。由表 6 的全样本回归结果可知，控制变量除企业年龄外，企业规模和财务杠杆能促进企业成长，即对于全样本企业来说企业规模越大、财务杠杆越高，越有利于企业成长。模型 2 引入自变量创业导向后，模型的方差解释能力由 23.63 增加到 87.62，增加了 63.99，创业导向与企业成长的回归系数为 0.198，在 1%水平上呈显著正向影响，H1 得到验证，即创业导向正向促进企业成长。

（2）企业生命周期的调节效应。为深层次分析企业生命周期的差异性调节作用，本文参考调节效应检验方法（温忠麟等，2005）采用分组回归进行检验，对四个发展阶段样本进行回归分析，探究不同生命周期阶段对创业导向与企业成长关系的影响效应。四个样本分组回归分析中共构建 8 个模型，M1、M3、M5 仅包含控制变量，M2、M4、M6 包含控制变量和自变量创业导向，回归结果如表 7 所示。从表 7 中可以看出各模型的拟合效果较好。初创期样本中，控制变量方面除财务杠杆外，企业规模与企业年龄分别在 1%、5%水平上显著正向促进企业成长，即初创阶段企业规模越大，企业年龄越大越有利于企业成长；自变量创业导向加入回归方程后，回归系数为 0.042（$P<0.1$），即创业导向与企业成长呈正相关关系但是显著性不明显，验证了 H2a。成长期样本中，控制变量只有企业规模在 1%显著性水平上正向促进企业成长；创业导向引入模型 4 之后，方差解释能力由 4.40（$P<0.000$），增加到 4.89（$P<0.000$），增加了 0.49，回归系数为 0.292 且在 1%水平上显著正向促进企业成长。成熟期样本中，控制变量方面企业规模、财务杠杆和企业年龄分别在 1%、1%、5%显著水平上正向促进企业成长，即企业规模越大、财务杠杆越高、企业年龄越大越有利于企业成长；自变量创业导向引入模型 6 后，回归系数为 0.045，并在 10%水平上具有显著正向影响。与成长期相比，成熟期阶段引入自变量后的回归系数为 0.045，小于成长期的回归系数 0.292，说明在成长期创业导向有更高的显著性影响，即 H2b 得到验证，即企业处于成长期阶段时，创业导向显著正向促进企业成长性并且显著性高于成熟期。衰退期样本中，控制变量中除了企业年龄外，企业规模和财务杠杆均在 5%显著性水平上正向促进企业成长，同成熟期相比衰退期财务杠杆 5%的显著性低于成熟期 1%的显著水平；自变量创业

导向引入模型 8 之后，其与企业成长的回归系数为 0.037（$P>0.1$），不显著，H2c 得到验证。表 7 的结果分析显示了企业生命周期的差异性调节作用，进一步验证了 H2 的成立。

表 6　全样本回归结果

变量	Growth1	
	M1	M2
Size	0.134***	0.126***
	(6.68)	(6.31)
Lev	0.338***	0.417***
	(4.81)	(5.76)
Age	0.014	0.018
	(0.56)	(0.68)
EO		0.198***
		(4.23)
Constant	-2.552***	-2.482***
	(-5.84)	(-5.72)
Year	控制	控制
Industry	控制	控制
F	23.63***	87.62***
Adj-R^2	0.240	0.261
N	901	901
VIF	1.20	1.19

注：①*表示 $p<0.1$，**表示 $p<0.05$，***表示 $p<0.01$（双尾检验）；②括号内为 t 值。

表 7　不同生命周期创业导向与企业成长性关系的回归结果

变量	初创期		成长期		成熟期		衰退期	
	Growth1		Growth1		Growth1		Growth1	
	M1	M2	M3	M4	M5	M6	M7	M8
Size	0.201***	0.197***	0.148***	0.142***	0.055***	0.054***	0.101**	0.102**
	(5.27)	(5.02)	(3.72)	(3.61)	(5.16)	(5.04)	(2.07)	(2.07)
Lev	0.039	0.062	-0.032	0.055	0.167***	0.194***	0.394**	0.410**
	(0.25)	(0.37)	(-0.20)	(0.35)	(3.69)	(4.06)	(2.02)	(2.04)
Age	0.150**	0.152**	-0.052	-0.045	0.033**	0.034**	-0.054	-0.054
	(2.43)	(2.45)	(-0.92)	(-0.81)	(2.27)	(2.33)	(-0.82)	(-0.81)
EO		0.042		0.292***		0.045*		0.037
		(0.43)		(3.36)		(1.72)		(0.34)
Constant	-4.065***	-4.011***	-2.286**	-2.337***	-1.160***	-1.160***	-1.953*	-1.977*
	(-4.85)	(-4.72)	(-2.56)	(-2.66)	(-4.88)	(-4.90)	(-1.84)	(-1.85)

续表

变量	初创期		成长期		成熟期		衰退期	
	*Growth*1		*Growth*1		*Growth*1		*Growth*1	
	M1	M2	M3	M4	M5	M6	M7	M8
Year	控制	控制	控制	控制	控制	控制	控制	控制
Industry	控制	控制	控制	控制	控制	控制	控制	控制
F	5. 79***	5. 42***	4. 40***	4. 89***	4. 48 ***	4. 43 ***	2. 54***	2. 38**
$Adj\text{-}R^2$	0. 325	0. 321	0. 185	0. 214	0. 172	0. 178	0. 163	0. 156
N	169	169	301	301	303	303	128	128
VIF	1. 22	1. 29	1. 21	1. 18	1. 06	1. 11	1. 23	1. 21

注：①*表示 $p<0.1$，**表示 $p<0.05$，***表示 $p<0.01$（双尾检验）；②括号内为 t 值。

（三）稳健性检验

本文从回归模型和替代变量两个方面进行稳健性检验。一方面，由于文中未考虑个体效应的影响采用混合回归模型，故在稳健性检验时考虑个体效应的影响进行固定效应与随机效应回归，具体结果如表 8 所示，回归结果显示，考虑到个体效应之后，创业导向对企业成长全样本回归结果与上文检验结果基本一致，支持文中的检验。另一方面，选取营业收入增长率指标代替总资产增长率进行混合回归模型检验，回归结果与文中检验相符，进一步验证了结论的可靠性。

表 8 固定效应与随机效应下全样本回归结果

变量	*Growth*1	
	Fe	*Re*
Size	0. 831***	0. 239***
	(20. 83)	(10. 71)
Lev	0. 026	0. 294***
	(0. 18)	(3. 42)
Age	0. 217	0. 026
	(0. 91)	(0. 76)
EO	0. 186***	0. 219***
	(4. 31)	(5. 40)
Constant	-17. 805***	-4. 897***
	(-16. 85)	(-9. 93)
Year	控制	控制
Industry	控制	控制
F	57. 35***	—
R-squared	0. 129	0. 239
N	901	901

注：①*表示 $p<0.1$，**表示 $p<0.05$，***表示 $p<0.01$；②固定效应括号内为 t 值，随机效应括号内为 z 值。

五、研究结论与讨论

（一）研究结论

已有创业导向的相关实证研究多采用静态截面数据，对一些重要的情景因素关注得比较少，因此本文从企业生命周期阶段这一动态视角，探究生命周期阶段对创业导向与企业成长的差异性调节效应。选取我国2013~2015年创业板上市公司数据样本进行研究，回归结果表明：第一，全样本回归结果表明创业导向显著正向促进企业成长。第二，分组回归结果表明企业生命周期对创业导向与企业成长产生差异性调节效应。企业成长随生命周期发展阶段呈现出先上升后下降的趋势。第三，初创期阶段创业导向对企业成长没有显著影响。第四，成长期创业导向对企业成长的正向促进作用显著高于成熟期，企业处于成长期阶段创新性行为投入能带来企业绩效的迅速提升，到成熟期阶段新产品或服务占据稳定的市场份额，研发投入产出效果明显，企业发展增速放缓，有一定的资本积累和风险承担能力，"领跑"产品或服务市场。第五，衰退期阶段创业导向对企业成长没有显著影响，企业面临失去市场的风险，创新能力减弱且风险承担能力不足，研发投入减少，更易采取保守型战略，减少企业的不必要的风险投资行为，竭力创造一个健康的发展环境。第六，财务杠杆方面，各阶段分组回归结果显示，企业成长随企业生命周期发展阶段呈现先上升后下降的趋势，初创期和成长期时财务杠杆对企业成长没有显著作用，成熟期财务杠杆正向促进企业成长且显著性高于衰退期，这可能与企业的业绩有关，业绩高的发展阶段，财务杠杆越高越有利于企业成长。

（二）研究贡献与启示

本文研究贡献如下：第一，从企业生命周期理论视角动态层面研究了在不同生命周期发展阶段中企业创业导向对企业成长的差异性影响，进一步丰富了情景因素下创业导向现有文献；在不同的企业生命周期发展阶段创业导向对企业成长的影响效应不同，这对于创业导向对企业绩效的影响存在不一致甚至矛盾的问题，提供了一个动态层面的解释视角。第二，我国正处于转轨经济新的历史时期，企业转型升级一直是各界关注的重点，在新时期战略性行为如何促进企业长远发展，创业导向值得关注。在实践方面，本文认为初创期阶段，企业应积极培养新创意、新事物创作的意愿，鼓励全员内部创新、创业，营造良好的创新文化氛围，致力于开发新产品或服务；成长期和成熟期阶段，企业应制定相关保障措施，鼓励创新性行为，同时制定风险规避措施，致力于打造产品竞争优势，塑造健康环境领先竞争者，并结合财务杠杆趋势制定融资方案，占据市场优势；衰退期阶段，企业应采取风险规避措施，减少风险性投资，更替新老产品与服务，整合资源，使得企业损失降到最低。本文尽管控制了行业的影响，但推广到一般性企业仍要保持谨慎态度，针对所处不同的生命周期阶段，综合考虑创业导向对企业成长的影响作用。

（三）研究局限与展望

本文对于企业生命周期的划分存在局限性，按照三种现金流的符号特征划分了四个生命周期发展阶段，虽然得到了一些有价值的结果分析，但是严格意义上应划分五阶段，因此，未来研究可以对企业生命周期做更为严格的划分，探究不同发展阶段企业成长的问题。另外，非上市公司和其他板块上市公司因其所处生命周期阶段不同可能会产生不同的影响效应，同时不同行业企业采取的创业导向战略策略和行为也会存在差异，未来可以对这一话题进行更深入的探讨、研究与完善。

参考文献

[1] Adizes I. Corporate Lifecycles：How and Why Corporations Grow and Die and What To Do about It：Corporate Life Cycle [M]. Englewood Cliffs，NJ：Prentice Hall，1989.

[2] Child J. Organizational Structure，Environment and Performance：The Role of Strategic Choice [J]. Sociology，1972，6 (1)：1-22.

[3] Dickinson V. Future Profitability and the Role of Firm Life Cycle [J]. Fisher School of Accounting University of Florida，2006 (2)：56-72.

[4] Haire M. Biological Models and Empirical History of the Growth of Organizations：Modern Organizational Theory [M]. New York：John Wiley and Sons，1959.

[5] Lumpkin G. T.，Dess G. G. Clarifying the Entrepreneurial Orientation Construct and Linking It to Performance [J]. Academy of Management Review，1996，21 (1)：135-172.

[6] Miller D. The Correlates of Entrepreneurship in Three Types of Firms [J]. Management Science，1983，29 (7)：770-791.

[7] Tang J.，Tang Z.，Marino L. D.，et al. Exploring an Inverted U-Shape Relationship Between Entrepreneurial Orientation and Performance in Chinese Ventures [J]. Entrepreneurship Theory and Practice，2008，32 (1)：219-239.

[8] Tan J. Innovation and Risk-taking in a Transitional Economy：A Comparative Study of Chinese Managers and Entrepreneurs [J]. Journal of Business Venturing，2001，16 (4)：359-376.

[9] Wiklund J.，Shepherd D.. Entrepreneurial Orientation and Small Business Performance：A Configurational Approach [J]. Journal of business venturing，2005，20 (1)：71-91.

[10] Williams C.，Lee S. H.. Resource Allocations，Knowledge Network Characteristics and Entrepreneurial Orientation of Multinational Corporations [J]. Research Policy，2009，38 (8)：1376-1387.

[11] Zhao Y.，Li Y.，Lee S. H.，et al.. Entrepreneurial Orientation，Organizational Learning，and Performance：Evidence from China [J]. Entrepreneurship Theory and Practice，2011，35 (2)：293-317.

[12] 胡望斌，张玉利，牛芳. 我国新企业创业导向、动态能力与企业成长关系实证研究 [J]. 中国软科学，2009 (4)：107-118.

[13] 胡望斌，张玉利. 新企业创业导向转化为绩效的新企业能力：理论模型与中国实证研究 [J]. 南开管理评论，2011 (1)：83-95.

[14] 李倩倩，朱瑜，王平，石硕. 创业导向及社会资本对企业成长的影响研究——基于企业生命周期及环境动态性的调节作用 [J]. 科技管理研究，2012 (24)：235-239.

[15] 李乾文. 公司创业导向的差异分析——基于环渤海地区企业所有权差异的实证研究 [J]. 科学学研究，2007 (8)：707-711.

[16] 李雪灵，马文杰，刘钊，董保宝. 合法性视角下的创业导向与企业成长：基于中国新企业的实证检验 [J]. 中国工业经济，2011 (8)：99-108.

[17] 任海云. 企业 R&D 投入影响因素——基于企业生命周期视角的实证检验 [J]. 工业技术经济，2015，34 (8)：40-49.

[18] 温忠麟，侯杰泰，张雷. 调节效应与中介效应的比较和应用 [J]. 心理学报，2005 (2)：268-274.

[19] 杨林. 创业型企业高管团队垂直对差异与创业战略导向：产业环境和企业所有制的调节效应 [J]. 南开管理评论，2014 (1)：134-144.

[20] 杨林，张世超，季丹. 公司创业战略导向、高管团队垂直对差异与创业绩效关系研究 [J]. 科研管理，2016 (12)：92-104.

[21] 朱秀梅，孔祥茜，鲍明旭．国外创业导向研究脉络梳理与未来展望 [J]．外国经济与管理，2013（8）：2-13，26.

[22] 周萍，蔺楠．创业导向企业的成长性：激励型与监督型公司治理的作用——基于中国创业板上市公司的实证研究 [J]．经济管理，2015（3）：44-55.

知识产权保护政策对企业创新的传导机制

张建宇　张春桃　王　颖　晋　磊

（天津财经大学商学院企业管理系，天津　300222）

［摘　要］知识产权是衡量企业竞争优势和创新水平的重要内容，针对知识产权的相关政策将会影响企业的创新进程乃至国家的整体创新水平。本文从制度视角和能力视角解读了知识产权的内涵，梳理了知识产权保护政策与企业创新产出之间从单一线性关系到非线性关系的发展脉络，并根据时间进程以及保护的主动程度将知识产权保护划分为顶层设计阶段、中层推进阶段、基层强化阶段，在此基础上，厘清了不同阶段中知识产权政策影响创新的传导机制。对二者关系的梳理以及传导机制的探索，是对完善知识产权保护政策与促进企业创新的双重深化与发展。

［关键词］知识产权；企业创新；保护政策；传导机制

一、引言

企业的创新能力在其获取竞争优势的过程中扮演着重要的角色，而创新的成果常常以知识产权的形式呈现，国家针对这一成果制定的知识产权政策将会影响企业的创新进程乃至国家的整体创新水平（Lochner，2002；Chesbrough，2003；Kanwar and Robert，2003；杨晨和张涛，2007）。近年来，随着跨境知识产权活动的日益增多，各国需要对本国知识产权法的应用范围进行清晰的界定，以便参与跨国知识产权活动的各方能明确其活动涉及的法律，但是立法者很少考虑跨境因素的影响，只专注于单一国家的情况（Trimble，2015）。但即使在一国范围内，知识产权保护政策的制定也并非易事，若制定的知识产权政策过于宽松，侵犯知识产权所付出的代价远小于知识产权带来的利益时，知识产权政策鼓励企业创新的目的就无从谈起；另外，若对知识产权保护得过于严格，赋予知识产权所有者太强的垄断势力又会造成资源配置失衡、市场扭曲等问题，影响整个社会的发展（王华，2001）。由此看来，知识产权保护与创新之间可能不仅是简单的线性关系，而关于知识产权对创新先促进后抑制的倒“U”形关系和先抑制后促进的“U”形关系的争论还未得出统一的结论（O'Donoghue and Zweimuller，2004；Lemely，2005）。

各国的创新能力存在差异，发展较为落后的创新消费国（Innovation-consuming Countries）常常需要借助创新生产国（Innovation-producing Countries）的技术实现自身的发展，这也就导致这两类国家在知识产权保护立场上的迥异。创新生产国希望在国际上推行更为严格的知识产权保护制度以寻求在他国的应得利益；而创新消费国希望借助较为宽松的国际知识产权保护制度促进技术扩散，以实现自身的发展。两类国家间的矛盾一直难以调和，即便后来签订了 TRIPs（Agreement on Trade-Related Aspects of Intellectual Property Rights）协议，对其效果的争论以及两类国家的矛盾也从未停止。如此看来，对不同发展程度的国家来说，不同严格程度的知识产权保护对创新的影响机制还有待进一步研究，对欠发达国家来说，比较严格的知识产权保护制度是否可以弥补禁止模仿带来的损失，如何在严格的国际知识产权保护政策下开辟自身的创新路径，实现赶超发达国家的目标都是日后研究的关键点。

随着国际技术交流的增强和国际贸易的增多，知识产权保护政策从没像今天这样如此重要同时又饱受争议。但知识产权保护政策与企业创新产出的关系如何？又存在怎样的影响路径？现有研究还未得出清晰的结论。当然，知识产权政策并不是影响创新的唯一因素，而且对知识产权保护力度强弱的测量并非易事，关键是要明确知识产权政策是不同因素间多次竞争又妥协的产物，不同条件下知识产权政策对创新的影响可能存在差异（Maskus，1998）。了解知识产权政策对创新的影响机制，国家才能制定匹配的知识产权政策，企业才能更好地利用这种机制实现自身的发展。

二、知识产权与知识产权保护政策解读

（一）制度视角和能力视角下的知识产权

激烈的竞争、数量不断增长的知识产权纠纷以及对创新的战略性思考等因素，使得企业与国家不得不关注知识产权相关问题，知识产权也就成为创新领域、法律领域的热门话题。这种个人或组织的创造性智力成果可以涵盖商标、专利、设计以及版权等内容（Ricketson，1991；Moser，2011）。在现有研究的基础上，本文从制度视角、能力视角两个层面重新归纳和整理了知识产权所具有的不同属性，涉及核心问题、出发点、特征等内容（见表1）。

表1　对知识产权的制度视角、能力视角解读

	制度视角	能力视角
分析层面	国家层面，知识产权保护的政策、立场	特定主体的知识财产，知识产权私有的权利状态
属性	私权、公权、发展权	私权
核心问题	在什么制度条件下，知识产权可以促进社会、国家发展	如何促进企业创新，企业如何利用知识产权政策实现自身发展
出发点	既保护特定主体，又寻求利益平衡	保护和激励特定主体、如何利用知识产权政策
特征	灵活性、标准可调整	工具性

资料来源：根据相关资料整理。

制度视角的支持者认为，知识产权是从国家层面制定、推行和保证知识资源的归属（Moser，2011）。这里的知识产权有特定的归属主体，因此带有私权的属性；同时对知识产权的保护有时间、空间的限制，这是为了寻求不同利益主体之间的平衡，因此又具有公权的属性；此外，这种平衡以促进社会以及国家的发展为目的，这里的知识产权也是具有发展潜力的"发展权"（宋慧献和周艳敏，2004）。保护这种具有"三权属性"的知识产权，需要解决的核心问题是，建立怎

样的制度既能给予知识产权主体保护，又能促进社会、国家发展，更进一步讲，如何在知识产权特定主体与其他主体之间寻求利益的平衡（吴汉东，2011）。正是因为需要调整多个主体之间的利益关系，制度层面对知识产权的处理具有很大的弹性，是否保护知识产权、保护哪些知识产权，怎样保护知识产权，国家都可进行调整（吴汉东，2006）。随着跨境知识产权的增多，制度层面在进行这些调整时，也需要将跨境环境中知识产权标准、处理程序等内容的差异性纳入考虑范围（Trimble，2015）。制度视角是从国家层面对知识产权的界定和利用，在制度安排上，知识产权作为提升社会整体福利的重要内容，对创新活动本身和创新活动主体有着非常大的影响。

能力视角的支持者认为在知识经济时代，知识产权是企业竞争优势的重要组成部分，企业的成功也往往建立在核心知识产权的基础上，因此企业有必要将知识产权上升到战略高度，成为企业着重培养的重要能力之一（Rivette and Kline，2000；Alexy and Criscuolo，2009）。这里的知识产权是一种独占权、排他权、垄断权，具体体现在知识产权主体具有唯一性，其他主体使用知识产权需要知识产权所有人的特许，否则会构成侵权（冯晓青，2006）。在能力视角下需要解决的核心问题是如何利用知识产权提高企业自身发展潜力，这对企业是否能够确定知识产权策略并加以利用提出了要求。另外，需要认识到，随着信息技术的进步以及创新方式由封闭向开放的不断发展，知识产权的主体也从单一向多元扩展，知识产权除了衡量单个主体的创新能力之外，也成为吸引具有互补能力的主体共同创新的工具（汪忠和黄瑞华，2005）。从企业层面出发分析企业创造、拥有和利用知识产权的能力，对企业选择和实施知识产权策略有重要的指导意义（薛元昊和王重鸣，2011；徐瑄，2011）。

学术界对知识产权概念的关注集中于对其内容的界定，但一旦涉及不同层次主体间权利属性的差异时，现有的概念就显得有些模糊。原因在于国家是知识产权法律化的主体，是知识产权的权威，而企业作为知识产权保护机制的跟随者，在学者界定知识产权概念时受到的关注相对较少（Smith and Hansen，2002）。而本文从制度角度和能力角度对知识产权概念进行解读，可以涵盖不同层次主体对知识产权的认知（Reitzig，2004），为我们进一步理解知识产权的相关内容奠定了基础。

（二）对知识产权保护的呈现

国家作为知识产权保护政策的制定者，是在一定期限内对产权主体创新的激励。一般来讲，知识产权保护以法律为主要依据，具体包括专利保护、商标保护、商业秘密保护、版权保护等内容，每种保护机制下的保护对象、具体保护要求的差异造成了不同的独占性（见表2）。

表2 主要的知识产权保护机制

知识产权保护机制	保护对象	具体呈现	独占性表现	保护期限
专利保护	新产品或新工艺	在保护期限内，任何单位或者个人未经专利权人许可，都不得以生产经营为目的实施该专利	公开技术内容以获得垄断权，对技术的独占性强	发明专利为20年；实用和外观设计类为10年
商标保护	将某种产品或服务与其他产品或服务区分开的标识	已登记的商标不受他人妨害	对商标名称的独占性	10年

续表

知识产权保护机制	保护对象	具体呈现	独占性表现	保护期限
商业秘密保护	与技术或经营相关的信息	其他主体不得以盗窃、胁迫、利诱或其他不正当手段获取权利人的商业秘密	依据保密协议从社会获得利益，未对社会公开信息，独占性取决于保密协议	无期限限制
版权保护	某一主体对某项著作享有的印刷、出版、销售权利	未经版权主体允许，任何人不得进行改编、翻译等行为	保护著作权人对其作品的权利，但不限制著作思想、内容传播	作者有生之年与死后50年

资料来源：根据相关资料整理。

知识产权保护机制的核心运作方式，是社会以牺牲立即应用新技术来换取激励创新所带来的好处，这就意味着知识产权保护机制首先要依知识产权的私权属性界定利益享有者，在一定期限内保护排他、独占利益（Sweet and Maggio，2015）。但是由于不同机制的保护客体以及具体法律规定存在差异，不同保护机制呈现出的排他性存在区别，这为企业制定和采取不同知识产权策略提供了决策依据（薛元昊和王重鸣，2011；徐瑄，2011），而企业选择的知识产权保护机制会如何影响其创新产出，引起了大量学者的关注。

三、知识产权保护与创新产出的关系梳理：单一关系与"最优均衡点"假说

知识产权保护政策的制定会受到多重因素的影响，在具体实施中也会因经济发展水平、法律完备程度的不同产生差异，这就可能导致两者关系的不确定（Smith and Hansen，2002），为了理顺两者关系，本文对现有研究进行了系统的评述，梳理出两者间呈现单一线性关系、最优均衡点的非线性关系以及其他关系的不同脉络（见表3）。

表3　知识产权保护与创新产出的关系与代表学者

关系		表述	代表学者
单一线性关系	单一正向关系	知识产权保护越严格越有利于创新产出	杨晨和张涛（2007）；周茜（2012）；Kanwar 和 Robert（2003）；Schneider（2005）
	单一负向关系	知识产权保护越严格越不利于创新产出	Shapiro（2001）
"最优均衡点"假说	"U"形	随着知识产权保护越来越严格，对创新产出有先抑制后促进的影响	Allred 和 Park（2007）；阳立高等（2013）
	倒"U"形	随着知识产权保护越来越严格，对创新产出有先促进后抑制的影响	O'Donoghue 和 Zweimuller（2004）；Lemely（2005）

续表

关系		表述	代表学者
其他关系	递增正相关	知识产权保护对创新的作用不仅是正向关系，而且是以递增趋势放大的促进作用	Branstetter，Fisman 和 Foley（2006）
	非统一关系（差异性关系）	增强知识产权保护力度对不同国家所带来的影响具有差异性	Sweet 和 Maggio（2015）

资料来源：根据相关资料整理。

（一）单一线性关系

Shapiro（2001）认为为了商业化那些拥有多重专利的技术，需要付出巨大的交易成本，这使得部分涉及多重专利的创新项目不得不搁置，知识产权保护对创新存在着一定的负面影响。与此相反，杨晨和张涛（2007）认为知识产权保护提高了模仿成本，这对已有创新主体存在一定的激励作用，为其不断创新提供了必要的资金和法律保障。周茜（2012）从知识产权的外部性着手，认为知识产权政策界定了知识产权的归属和对侵犯者的惩罚，从而内部化知识产权的外部性，实现研发投资的增长。

对知识产权的拥有者而言，知识产权保护不仅提供了继续创新的投资来源，还能提高模仿成本获取竞争优势，这都有利于增加创新产出与经济增长（Kanwar and Robert，2003）；但是对于其他非知识产权拥有者而言，对已有知识产权的保护意味着更高的交易成本、漫长的等待时期，这都可能导致创新的中断（Shapiro，2001）。而以上对两者关系的简单划分，未能呈现现实中由于不同因素影响致使关系出现的复杂性，这促使其他学者在关注两者简单线性关系的基础上，进行更细致、更具有针对性的研究，“最优均衡点”假说出现。

（二）“最优均衡点”假说

考虑到鼓励研发者进行创新的需要，对知识产权的保护力度不能太低；但是若保护得过于严格，赋予专利所有者太强的垄断势力又会造成资源配置失调等问题，因此知识产权保护政策对创新的影响不仅是简单的线性关系（王华，2011）。

在对知识产权保护与创新关系的论证中，有学者提出了知识产权保护先促进后抑制创新的倒“U”形关系以及先抑制后促进的“U”形关系。O'Donoghue 和 Zweimuller（2004）提出了知识产权保护与创新之间倒“U”形关系的假说。Lemely（2005）也认为需要保护知识产权以保证边际利润，但是过了某个节点，对知识产权保护的加强会遏制进一步创新，因此知识产权保护与创新之间的关系类似于一个倒“U”形。Allred 和 Park（2007）也认为在发达国家，技术创新与知识产权保护之间呈倒“U”形关系。Kanwar 和 Robert（2003）是从时间进程上来看，认为加强对知识产权的保护力度一开始确实有助于激励创新、促进技术进步，但是随着时间的推移会出现不利影响。然而，也有研究表明在发展程度不高的国家和地区，知识产权保护使得模仿成本提高，这对以模仿创新为主的国家呈现的是负向影响，但是随着创新模式的不断调整和部分专利开放，正向作用才会凸显，因此知识产权保护与技术创新之间存在着“U”形关系（Allred and Park，2007；阳立高等，2013）。Park（2008）将以上这一系列非线性关系归纳为“最优知识产权保护假说”。

知识产权保护与创新产出之间并不总是一种特定的关系，这可能是因为研究者选取样本及所处情境的差异（Park，2008），但不论是先抑制后促进的“U”形关系，还是先促进后抑制的倒“U”形关系，在知识产权政策与创新之间似乎存在着一个均衡点（或拐点），有关均衡点的讨论为认清知识产权保护政策与创新关系提供了新的思路，也促使后续研究更加关注外部环境以及由于所处情境的不同带来的差异性影响。

（三）对"最优均衡点"假说的反驳

首先，国家之间日益频繁的贸易与技术交流吸引了学者的注意，外部环境的变化对两者关系可能存在的影响受到关注（Kwanwar and Evenson，2003）。随着跨国公司数量的增多，公司分支所处国家有效的知识产权保护政策，会促进总部与分支之间显性与隐形的知识交流，对分支所在地知识与技术提升的溢出效应会越加凸显，不断吸引人才聚集，进而促进跨国公司以及各分支所在地的整体创新（Branstetter et al.，2006；Athreye and Cantwell，2007；Poole，2012），知识产权保护对创新的促进作用呈现出一种递增扩大的趋势（Kwanwar，2007）。

其次，样本所处情境存在差异的事实也促使学者研究某些差异化因素对两者关系的影响。Schneider（2005）通过研究 31 个国家的数据，得出知识产权对发达国家的创新水平存在积极并且显著的影响，但是对发展中国家而言，这种影响可能是负面的。他认为由于发展中国家的大多数创新可能是模仿性或适应性的，提供更强的知识产权保护可能更有利于外国公司而不利于当地公司。更进一步地，Sweet 和 Maggio（2015）研究得出，更严格的知识产权保护对一个国家提升创新产出具有积极影响，然而这种影响仅限于高于平均发展水平的国家，对于发展中国家，这种影响并不显著甚至会有负面影响。

当然，两者关系仍然存在争论有多种原因，其中一个重要因素是样本的选取，针对研究所处情境和样本特征的基础上产生的研究成果，对理解两者关系仍具有很大的启发性。

四、知识产权保护影响企业创新产出的传导机制

知识产权保护是在一定时期内保护产权主体的垄断权利，以不利于市场竞争的短期损失实现鼓励创新的长远发展（Nordhaus，1969）。为了寻求这种长期利益能否实现，学者们积极投身到知识产权保护与创新关系的研究中，探究短期损失如何赢得长期利益的传导机制。对这些传导机制的梳理和归纳，将有助于将知识产权保护政策对创新产出的宏观影响向微观上延展。

（一）揭开知识产权保护影响创新的"黑箱"

企业是国家创新的重要力量，也是知识产权政策的保护对象，知识产权政策只有与企业的创新实践结合才能真正地发挥作用，揭开知识产权保护对企业创新产出影响的"黑箱"就成为学者关心的重点，其中某些传导机制已经得到学者的重视。

一方面，技术专有性（Technology Appropriability）是知识产权保护政策影响企业创新的"黑箱"中不可忽视的一条路径（斤全平，2007）。保护知识产权是在有限的时间内赋予创新者特权，从而保护发明人将创新收益内部化，那么随着知识产权保护标准的提高，这种对技术专有性的支持不断加强，就为专利权人在保护期限内获取利益提供了更强有力的保障，这将促使企业不断加大研发投入，进而创新产出增加（解维敏和唐清泉，2008；耿丽辉，2008）。另一方面，增强企业融资能力也是知识产权保护影响创新的重要路径之一（李梅和柳士昌，2012）。良好的知识产权保护可以通过增强企业的融资能力，进而实现企业研发收入的增长，使企业创新产出增加（李春涛等，2015），对于某些行业（如电力、电子、计算机等）来说，尤其对于新进入者和中

小企业，能否利用专利进行融资甚至比技术专有性更重要（Hall，2004），利用知识产权作为财产质押以获得融资的行为成为这些企业解决专利商业化资金来源难题的主要途径（Haeusaler，2009）。对于发展程度不高的国家来说，优质的外商投资是影响本土企业创新实践中不可忽视的重要路径（Nunnenkamp and Spatz，2004）。高水平的知识产权保护会促使投资者在权衡市场和被模仿风险时做出投资的决策（Huang and Yin，2010）。因为更强的知识产权保护意味着外来技术被模仿的风险更低，相比于投资销售渠道，这将有利于提高优秀外部资金在东道国投资研发和制造的意愿（Smith，2001）。这既可以促进先进产品和管理经验流入（Hu and Jefferson，2009），也能增强通过对本地员工培训带来的“隐形技术传播”（Meyer，2004；Yang and Maskus，2009），有利于本地企业的消化、吸收、再创新。但是更强的技术专有性提高模仿成本进而削弱技术扩散，增加外部投资也可能带来负面的竞争效应，这些可能会抵消甚至超过其带来的正面影响（Branstetter et al.，2011），对这些正面效应和负面效应的讨论为全面理解和深化研究这一路径走出了关键一步，也引导和启发后续研究进一步分析不同情境中正面效应和负面效应的作用机理和触发机制。

认清知识产权保护如何影响企业创新有重要意义，但是考虑到一国知识产权保护政策大致会经历从无到有，从不完备到更加完备的过程，不同国家或地区之间的知识产权保护会处于不同的状态，而这种对传导机制的一概而论不能很好地体现其在不同保护状态下的差异性（Burk and Lemley，2009），将知识产权保护状态进行划分和整理，对清楚认识传导机制是必不可少的。

（二）知识产权保护与企业创新产出两者协同的阶段性特征

1. 知识产权保护的阶段性特征

知识产权与技术创新之间存在着密切关系，技术创新是知识产权产生和发展的动力，知识产权是技术创新的结果和目标（周寄中等，2006），这两者的协同促使两者以动态的形式不断演进。同样，针对知识产权设立的保护政策也会根据保护对象的变化呈现动态的发展，同样具有动态演变、时间性特征（金雪军和杨晓兰，2005）。对政策的演变分析大致存在两种方法，另一种是根据进化论的内容，利用生物学来描述政策的演变，一种是根据社会发展的历史进程描述政策的演变（Peter John，2003）。根据第二种方法，将改革开放以来中国知识产权保护的发展进程进行梳理，可以发现中国的知识产权保护经历着从无到有、从不完备到更加完备的动态过程（见图 1），政策在实施中不断被调整和完善，执法过程也依据法律制度的指导逐渐落实（赵娟霞，2009）。

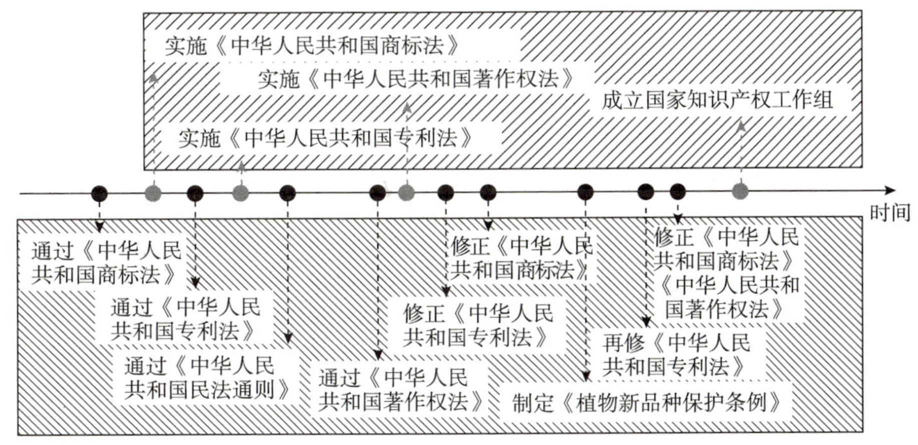

图 1 中国知识产权保护政策制定与实施的主要历程

对知识产权保护政策进行阶段划分，有利于进一步认清知识产权保护的特征和企业所处知识产权保护环境。从时间维度，知识产权政策可以划分为创新政策出现阶段、发展阶段以及衰落阶段（金雪军和杨晓兰，2005）；依据主动性划分，知识产权政策大致经历被动接受、有选择接受、调整性适用以及主动决策阶段（吴汉东，2006）。以上阶段的出现对划分知识产权保护提供了新的思路，但也很容易忽视不同阶段在时间上的重叠和现实中的交互影响。因此将两者结合，融合时间性和主动性，按照制度—行动—意识的逻辑，既可以对知识产权保护状态进行阶段性划分，又能充分体现不同阶段间的交互作用，本文依据这个逻辑将知识产权保护划分为顶层设计阶段、中层推进阶段和基层强化阶段三个阶段（见图2）。

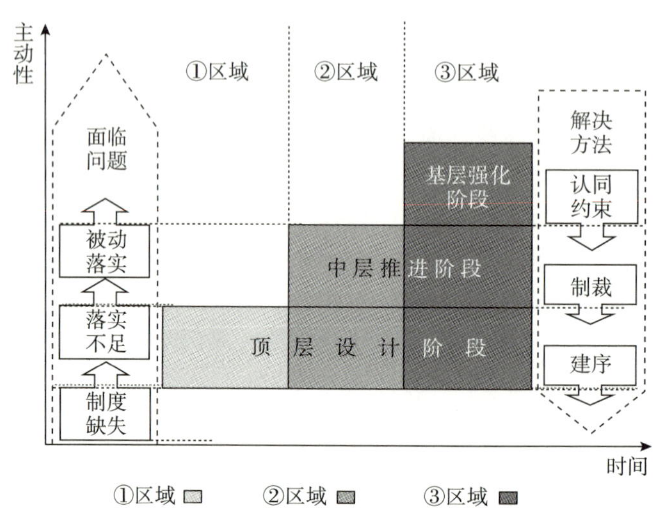

图2 知识产权保护状态的阶段划分

顶层设计阶段是知识产权保护的制度安排阶段，也是相关政策的动态发展阶段（汪海粟和韩刚，2007），由于知识产权内涵的不断丰富以及企业创新活动的多样化，某些知识产权政策已经不再适用，而同时新政策也不断涌现，这种持续更新推动政策不断演变，这一过程将贯穿社会发展始终（吴汉东，2006）。中层推进阶段是在相关法律制度的指导下，落实制度、奖惩和激励的阶段，也是完善制度的阶段（赵娟霞，2009）。制度的实施以制度的存在为前提，但制度存在并不保证企业一定会执行，因此制裁与惩罚不法行为成为推动知识产权保护进入中层推进阶段的关键所在（吴汉东，2006）。从时间上看，中层推进阶段要滞后于顶层设计阶段，制度也在具体实践中不断完善（冯晓青，2013）。随着行动不断反复和强化，行动主体不断由个体扩展到群体，一种新的思维和行动方式产生（纪晓鹏等，2011）。以知识产权保护制度为土壤，以遵守知识产权政策的行动为支撑，保护知识产权成为社会认可的行事方式（曾昊等，2009），由此形成借由社会制裁的基层强化阶段，而违背社会认可带来的制裁后果和孤立压力又会进一步约束企业的行动、完善制度（樊耘等，2013）。三个阶段逐级发展，相互交互存在重叠（见图2中②③区域）。三个阶段的特征描述如表4所示。

表4 三个阶段的特征描述

阶段	顶层设计阶段	中层推进阶段	基层强化阶段
主要内容	法律制度安排、明确指导意见	以法律为指导，进行惩罚和激励	形成社会制裁，下意识操作和遵守形成

续表

阶段	顶层设计阶段	中层推进阶段	基层强化阶段
阶段具体描述	创新者对效益内部化的追求和自我保护意识的觉醒、国际标准的约束和国际监督使得一国知识产权保护制度的存在成为必要。拥有了国家法律的支撑，知识产权保护政策与企业创新的互动初步形成，但是政策的实施依赖社会提供的现实条件，缺少相应的经济、文化以及相应的配套体系，政策的实施效果会大打折扣，不遵守制度的行为依然普遍，制裁这些违背制度和法律的行为成为新的社会需求，推动知识产权保护进入中层推进阶段	在知识产权保护政策不断完善的基础上，政策实施的物质条件与社会环境不断成熟，政策与企业创新互动中的良性互动推动企业践行保护自我知识产权与尊重他人知识产权，政策实践化	随着国家制定的正式制度的普及应用，遵守制度的行动不断被确认、传播和强化，形成社会认可的正确途径。以正式制度为支撑，一种“非正式制度”形成，企业与个人都处于这种“非正式制度”的考察范围，背离行动带来的压力迫使其按照社会认可的方式行事
面临的问题	制度缺失	落实不足	被动落实
解决方法	建序	制裁	认同约束
主要学者	汪海粟和韩刚（2007） 赵娟霞（2009）	吴汉东（2006） 冯晓青（2013）	曾昊等（2009） 纪晓鹏等（2011） 樊耘等（2013）

资料来源：根据相关文献整理。

当然，以知识产权保护意识为主导，逐渐落实保护行动，形成相关制度，这种意识为先、行动在后、制度为果的模式也是一种可能的路径（吴汉东，2006）。例如在发展程度不高的国家，“引进、消化、吸收再创新”就是意识为先、行动在后的一种表现，但是这种模式的关键在于在消化吸收的基础上进行创新，而并非引进，引进加复制的模式并不能实现长期持续发展，反而会引发一系列问题（樊耘等，2013）。究其根源，停留在意识层面的逻辑常常会脱离执行基础，而且由于没有强大的修正机制，失败的可能性较大，甚至由此造成社会的动荡，影响经济正常发展（冯晓青，2013）。

2. 知识产权政策与企业创新之间的协同效应

在顶层设计阶段，知识产权保护政策初步形成和实施，知识产权保护对创新的影响常常局限在一国范围中，对技术专有性的保障成为企业加大研发投入的主要动力，技术专有性成为知识产权保护影响创新产出的主要路径（岳书敬，2011）；而对于某些发展程度不高的国界或地区，以模仿创新为主的创新模式使技术引进成为主要路径（Glass，2004）。在中层推进阶段，企业创新与知识产权保护政策的良性互动增强（Meyer，2004），知识产权保护影响创新的路径不断增多，具体体现在技术专有性、吸引融资、信息纰漏以及技术许可。具体表现在技术专有性保障与吸引融资促使研发投入增加（Hu and Jefferson，2009），同时技术信息纰漏、技术许可等会加速企业积累知识存量，促使企业创新产出增加（Yang and Maskus，2009）。在这两个阶段，知识产权政策作为保护知识产权的主要力量，同时也限定了企业创新的范围和边界，政策对企业创新的引导机制也就有章可循。而在基层强化阶段，与知识产权保护相关的制度文件作为保护意识的支持系统，很难再对企业创新行为进行限定，每个企业都可能是被保护的主体，这种自我保护使自主约束成为常态，自主创新—再创新的良性循环成为创新产出的主要路径，社会的整体福利增加（周寄中等，2006）。考虑到在实际发展进程中三个阶段存在重叠，不同阶段的影响路径并不是单一的，在重叠时期可能同时存在着多种影响路径（见图3）。

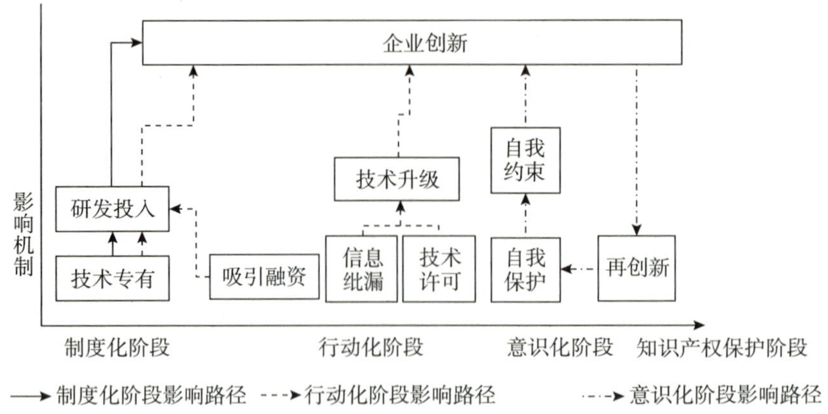

图 3　知识产权保护不同阶段对企业创新的影响路径分析

知识产权保护状态的阶段划分和内部机制研究，在一定程度上为国家或地区根据目前所处阶段，认清面临的问题和寻求解决办法提供了借鉴，对了解企业所处环境、如何有效影响企业具有重要的作用（余志良和谢洪明，2003）。

（三）其他潜在影响因素在知识产权保护影响企业创新中发生的作用

由于各国情况的差异，在衡量知识产权保护与创新产出的关系时，还需考虑其他潜在影响因素。主要的潜在影响因素包括经济发展水平、贸易开放程度、人口素质等（Schneider，2004；Sweet 和 Maggio，2015）。

经济发展水平是一个国家知识库存的代表，对创新的影响不可忽视（Stern et al.，2002）。Schneider（2005）通过 31 个国家的 GDP 数据，研究得出知识产权对创新的影响受到经济发展水平的制约，对发达国家而言，知识产权保护对创新存在积极且显著的影响，但是对发展中国家来说这种影响可能是负面的；Sweet 和 Maggio（2015）研究得出，更严格的知识产权保护对一个国家提升创新产出具有积极影响，然而，这种影响仅限于高于平均发展水平的国家，对于发展中国家，这种积极影响并不显著甚至会有负面影响。以上研究指出，随着知识产权保护水平的提高，经济发展程度高的国家在创新产出方面享有积极的回报，而经济发展水平较低的国家通过提高知识产权保护水平反而降低了其增加创新产出的可能性。

人力资本存量对一国创新水平有积极和显著的影响（Schneider，2005）。拥有较高人力资本的国家比人力资本水平较低的国家能更有效和更高效地进行创新，因为在人力资本水平较低的国家，缺少科学家和专家，已经远离了技术前沿，而且由于更严格的知识产权标准导致技术扩散降低的负面影响可能远远大于鼓励创新的正面效应，使其无法借助技术扩散实现自身发展（Sweet and Maggio，2015）。

Gould 和 Gruben（1996）研究了创新产出与知识产权保护水平之间的关系如何随贸易制度的改变发生变化，最终结果表明经济越开放，知识产权保护和创新在经济增长中的作用越大，虽然这种影响并不显著。Schneider（2005）认为贸易可以通过获得国外技术来增加本国的创新，较高的贸易开放度对本国创新存在积极影响。

知识产权政策并不是影响创新的唯一因素，在研究知识产权保护政策对创新产出的引导机制时，意识到这些差异化因素的存在也同样重要。

五、结论及研究展望

当代经济建立在知识的基础上，而知识的更新与发展离不开知识产权保护机制的有力支撑，本文围绕知识产权保护与创新产出的相关内容，依据“关键概念解读”—“关系梳理”—“影响路径探究”的脉络进行梳理。首先，从制度视角和能力视角对知识产权的内涵进行解读；其次，梳理了知识产权保护政策与创新的关系，即两者间单一线性关系、存在最优均衡点的非线性关系以及其他关系的争论；在此基础上，通过分析知识产权保护与企业创新产出两者协同的阶段性特征，探讨不同阶段中的影响路径。对两者关系的理顺、知识产权保护状态的阶段划分以及传导机制的研究，在一定程度上为国家或地区根据目前所处阶段，认识面临的问题和寻求解决办法提供借鉴，并为后续相关研究提供了新的理论支持，这是对完善知识产权保护机制与促进创新的双重深化与发展（余志良和谢洪明，2003）。具体体现在，一方面，探究知识产权保护与创新的关系为进一步深化鼓励创新，应用激励创新新方法提供了可能；另一方面，知识产权保护机制因创新的发展而越发完善。

政策是支持企业创新活动的重要力量，现有研究虽然对了解知识产权保护影响企业创新的一般传导机制做出了重要贡献，但是有些问题还需要我们继续研究，进一步深化影响机制存在的科学性和准确性，从而引导企业从知识产权保护机制中获益。

首先，现有学者大多将研究重点集中在知识产权保护与创新产出关系的具体呈现，是线性关系、非线性关系或者其他形式，而有关知识产权政策与企业创新的适配研究还比较少（Sweet and Maggio，2015），即面对已有的知识产权保护机制，企业内部该如何决策才能实现创新产出的增长。因此，在对知识产权保护与企业创新产出关系研究的基础上，延伸到企业如何应对是未来需要继续深化的内容。

其次，努力证实知识产权保护对企业创新存在着某种影响是学者们研究的重点内容，但是研究结果产生巨大差异的原因未得到足够关注，因此，深入挖掘知识产权保护政策对创新产生差异化影响的条件和触发机制（Stern et al.，2002），有助于企业从微观层面把握两者关系的一般规律。例如，不同国家的经济发展水平、人力资本存量以及贸易开放程度都存在着巨大的差异，探究不同环境下知识产权保护影响创新的传导机制可能产生的变化，归纳其中的一般规律，有利于企业根据所处环境进行应对。

最后，随着全球经济联系的加强，每个国家都不是一个独立的主体，而是存在于与其他国家的贸易交流中，探讨国际环境中统一知识产权保护政策存在的可能和表现形式，在国际经济往来如此密切的今天具有重要意义，更进一步讲，有关全球知识产权制度的形式与具体应用还有待进一步探讨（Schneider，2005）。

参考文献

[1] Lochner S. J.. Risk-minimization Strategies in Licensing Intellectual Property from Entities That are, or Might Become, Financially Troubled [J]. Intellectual Property & Technology Law Journal, 2002 (14): 7-11.

[2] Chesbrough W. Henry. The Logic of Open Innovation: Managing Intellectual Property [J]. California Management Review, 2003, 45 (3): 33-58.

[3] Kanwar Sunil, Robert Evenson. Dose Intellectual Property Protection Spur Technological Change? [J]. Oxford

Economic Papers, 2003, 55 (2): 235-264.

[4] 杨晨，张涛．基于价值的企业知识产权创新研究［J］．科学管理研究，2007，25（1）：53-56.

[5] Trimble M.. Advancing National Intellectual Property Policies in Transnational Context [J]. Maryland Law Review, 2015 (74): 203-233.

[6] 王华．更严厉的知识产权保护制度有利于技术创新吗？［J］．经济研究，2011（2）：124-135.

[7] O' Donoghue T., Zweimuller J.. Patents in a Model of Endogenous Growth [J]. Journal of Economic Growth, 2004 (9): 81-123.

[8] Lemely M. A.. Property Intellectual Property and Free Riding [J]. Texas Law Review, 2005 (83): 1031-1075.

[9] Maskus K. E.. The International Regulation of Intellectual Property [J]. Review of World Economics, 1998, 134 (2): 186-208.

[10] Ricketson S.. New Wine into Old Bottles: Technological Change and Intellectual Property rights [J]. Prometheus, 1991, 10 (1): 53-82.

[11] Moser P.. Do Patents Weaken the Localization of Innovations? Evidence from the World's Fairs [J]. The Journal of Economic History, 2011, 71 (2): 363-382.

[12] 宋慧献，周艳敏．冲突与平衡：知识产权的人权视野［J］．知识产权，2004（2）：51-56.

[13] 吴汉东．知识产权的多元属性及研究范式［J］．中国社会科学，2011（5）：39-45.

[14] 吴汉东．知识产权本质的多维度解读［J］．中国法学，2006（5）：97-106.

[15] Rivette G., Kline D.. Discovering New Value in Intellectual Property [J]. Harvard Business Review, 2000 (1/2): 54-66.

[16] Alexy O., Criscuolo P., Salter A.. Does IP Strategy Have to Cripple Open Innovation? [J]. MIT Sloan Management Review, 2009, 51 (1): 70-77.

[17] 冯晓青．论知识产权的专有性［J］．知识产权，2006，16（5）：26-31.

[18] 汪忠，黄瑞华．合作创新的知识产权风险与防范研究［J］．科学学研究，2005（23）：419-424.

[19] 薛元昊，王重鸣．企业知识产权策略研究现状探析与未来展望［J］．外国经济与管理，2011，33（2）：17-25.

[20] 徐瑄．视阈融合下的知识产权诠释［J］．中国社会科学，2011（5）：45-52.

[21] Smith M., Hansen F.. Managing Intellectual Property: A Strategic Point of View [J]. Journal of Intellectual Capital, 2002, 3 (4): 366-374.

[22] Reitzig M. Strategic Management of Intellectual Property [J]. MIT Sloan Management Review, 2004, 45 (3): 35-40.

[23] C. M. Sweet, D. S. E. Maggio. Do Stronger Intellectual Property Rights Increase Innovation? [J]. World Development, 2015 (66): 665-677.

[24] Shapiro Carl. Innovation Policy and the Economy [M]. MIT Press, 2001.

[25] 周茜．知识产权制度对企业创新的作用机制综述［J］．现代管理科学，2012（5）：89-91.

[26] Allred B., Park G.. Patent Rights and Innovative Activity: Evidence from National and Firm-level Data [J]. Journal of International Business Studies, 2007, 38 (6): 878-900.

[27] 阳立高，贺正楚，柒江艺，韩峰．发展中国家知识产权保护、人力资本与经济增长［J］．中国软科学，2013（11）：123-138.

[28] Park W. G.. International Patent Protection: 1960-2005 [J]. Research Policy, 2008, 37 (4): 761-766.

[29] Branstetter L., Fisman R., Foley C.. Do Stronger Intellectual Property Rights Increase International Technology Transfer? Empirical Evidence from US Firm-level Panel Data [J]. Quarterly Journal of Economics, 2006 (121): 312-349.

[30] Athreye S., Cantwell J.. Creating Competition?: Globalisation and the Emergence of New Technology Producers [J]. Research Policy, 2007, 36 (2): 209-226.

[31] Poole J. P.. Knowledge Transfers from Multinational to Domestic Firms: Evidence from Worker Mobility [J].

Review of Economics and Statistics, 2012, 95 (2): 393-406.

[32] Kanwar S.. Business Enterprise R&D, Technological Change, and Intellectual Property Protection [J]. Economics Letters, 2007, 96 (1): 120-126.

[33] Schneider P. H.. International Trade, Economic Growth and Intellectual Property Rights: A Panel Data Study of Developed and Developing Countries [J]. Journal of Development Economics, 2005 (78): 5529-5547.

[34] Nordhaus W.. Invention, Growth and Welfare: A Theoretical Treatment of Technological Change [M]. Cambridge: MIT Press, 1969.

[35] 斤全平．论自主创新与知识产权保护的关系 [J]. 经济新论，2007 (6): 50-52.

[36] 解维敏，唐清泉．知识产权保护提高了企业自主创新吗——来自中国上市公司的经验证据 [J]. 现代管理科学，2008 (7): 33-34.

[37] 耿丽辉．浅谈自主创新与知识产权保护 [J]. 经营管理，2008 (11): 85-86.

[38] 李梅，柳士昌．对外直接投资逆向技术溢出的地区差异和门槛效应——基于中国省际面板数据的门槛回归分析 [J]. 管理世界，2012 (1): 21-32.

[39] 李春涛，郭培培，张漩．知识产权保护、融资途径与企业创新——基于跨国微观数据的分析 [J]. 经济评论，2015 (1): 77-91.

[40] Hall B.. Exploring the Explosion [J]. Journal of Transfer, 2004 (30): 195-208.

[41] Haeusaler C., Harhoff D., Mueller E.. To Be Financed or Not—The Role of Patents for Venture Capital Financing [R]. ZEW Discussion Paper No. 09-003, 2009.

[42] Nunnenkamp P., Spatz J.. Intellectual Property Rights and Foreign Direct Investment: A Disaggregated Analysis [J]. Review of World Economics, 2004, 140 (3): 393-414.

[43] Huang G., Yin Z.. Intellectual Property Rights and Multinational Enterprises Entry: Evidence from Cross-Country Data [R]. School of Economics Peking University Working Paper, 2010.

[44] Hu A. G. Z., Jefferson G. H.. A Great Wall of Patents: What is Behind China's Recent Patent Explosion? [J]. Journal of Development Economics, 2009 (90): 57-68.

[45] Meyer K. E.. Perspectives on Multinational Enterprises in Emerging Economies [J]. Journal of International Business Studies, 2004, 35 (4): 259-276.

[46] Yang L. and Maskus, K. E. Intellectual Property Rights, Technology Transfer and Exports in Developing Countries [J]. Journal of Development Economics, 2009, 90 (2): 231-236.

[47] Branstetter L., Fisman R., Foley C. F., Saggi K.. Does Intellectual Rights Reform Spur Industrial Development [J]. Journal of Development Economics, 2011, 83 (1): 27-36.

[48] Burk D., Lemley M. A.. The Patent Crisis and How the Courts Can Solve It [M]. Chicago: University of Chicago Press, 2009.

[49] 周寄中，张黎，汤超颖．知识产权与技术创新：联动与效应分析 [J]. 研究与发展管理，2006，18 (5): 106-112.

[50] 金雪军，杨晓兰．基于演化范式的技术创新政策理论 [J]. 科研管理，2005 (3): 55-60.

[51] Peter John. Is There Life after Policy Streams, Advocacy Coalitions, and Punctuations: Using Evolutionary Theory to Explain Policy Change? [J]. The Policy Studies Journal, 2003, 31 (4): 481-498.

[52] 赵娟霞．略论近代中国知识产权制度的演进 [J]. 现代财经，2009 (10): 91-96.

[53] 汪海粟，韩刚．知识产权保护与技术创新关联研究述评 [J]. 经济社会体制比较，2007 (4): 151-155.

[54] 冯晓青．知识产权制度与技术创新之内在联系——以两者内在协同机制、模仿和知识产权保护强度为考察视角 [J]. 时代法学，2013，11 (2): 10-16.

[55] 纪晓鹏，樊耘，刘人境．组织文化演变驱动力的实证研究 [J]. 南开管理评论，2011 (4): 50-58.

[56] 曾昊，陈春花，乐国林．组织文化研究脉络梳理与未来展望 [J]. 外国经济与管理，2009，31 (7): 33-42.

[57] 樊耘，邵芳，纪晓鹏．基于组织文化结构和人格化代表理论的文化诊断及流变研究 [J]. 管理工程学

报，2013（1）：31-40.

[58] 岳书敬．知识产权保护与发展中国家创新能力提升——来自中国的实证分析［J］．财经科学，2011（5）：63-70.

[59] Glass A. J. Intellectual Property Protection and International Technology Diffusion [R]. Working Paper Economics Department Texas A&M, 2004.

[60] 余志良，谢洪明．技术创新政策理论的研究评述［J］．利学管理研究，2003（6）：32-37.

[61] Stern S., Porter M. E., Furman J. L.. The Determinants of National Innovative Capacity [J]. Research Policy, 2002 (31): 899-933.

[62] Gould D. M., Gruben W. C.. The Role of Intellectual Property Rights in Economic Growth [J]. Journal of Development Economics, 1996 (48): 323-350.

知识协同视角下企业协同创新机制研究：基于江中集团的案例

胡宇辰　位　鹏　曹诗雨

（江西财经大学工商管理学院，江西　南昌　330032）

［摘　要］知识经济时代加速了科学技术、专利等一系列知识流在各大创新主体之间的转移，面对激烈的市场变化和巨大的竞争压力，传统企业的转型迫在眉睫。本文以企业知识协同创新发展历程为线索，采用探索性单案例研究，以南昌市江中集团为研究对象，在已有研究回顾的基础上，基于知识协同视角，初步建立知识协同行为、知识协同模式及协同创新机制三者关系的分析框架，对江中集团创新能力构建过程中的三个知识协同阶段进行系统分析。案例研究表明，企业的协同创新机制经历了酝酿、接洽、运行三个不同阶段；企业协同创新不同阶段协同创新机制遵循一定的演进路径，即先由酝酿阶段的嵌入机制，到接洽阶段的双向机制，再演进到运行阶段的联盟机制，企业不同阶段的知识协同行为、知识协同模式存在差异，揭示了互联网时代背景下医药企业内外部的知识协同创新行为逻辑，即“知识协同创新”。

［关键词］知识协同；协同创新；江中集团

一、引言

当今世界受“连续技术变革波”（Freeman，1987）的影响，经济发展方式已逐渐由传统的大规模生产和线性转移演化为后工业化、知识驱动以及更加开放和交互的创新体系（Chesbrough，2003）。个人、组织和国家的经济绩效越来越依赖于知识生产水平，知识已经成为经济增长、社会发展与工作创造的驱动力和世界市场竞争力的主要来源，现代社会的财富正是基于新知识的创造和扩散而产生的（Robin & T. Schubert，2013）。虽然改革开放以来中国的科技创新已经取得了举世瞩目的成就，经济发展模式从“要素驱动”发展到“效率驱动”，但总体来看，创新能力提升空间仍然较大，实施“创新驱动”发展战略仍然面临诸多挑战。例如，实现经济“绿色增长”转型和提高生态文明水平不仅存在技术障碍，也缺少支撑的市场环境等，特别是创新范式的现代转型过程中存在着大量显著的“市场失灵”“组织失灵”和“系统失灵”（Hong，2008）现象，以及科技创新中的“孤岛现象”①。

随着经济全球化和资源网络化时代的到来，企业所处的外部环境发生了巨大变化，顾客需求

① 科技创新中的“孤岛现象”主要指科技创新系统中某一环节、要素或区域与外界隔离，较少或很少与外界进行资源、信息、人员等交流，所形成的闭路循环，造成科技创新和技术转移效率低下的状况。

日益个性化、多样化，市场竞争日趋激烈，产品生命周期缩短，这些都对企业的技术开发和商业化提出了更高的要求。企业要完成如此复杂的资源密集型任务，除了依赖自身的资源和创新能力以外，与其他组织共享资源、学习外来知识是实现优势互补、降低创新风险的重要方式。作为一种新的创新范式，协同创新应运而生，它是通过构建与整合企业内外部的网络创新资源，以促进组织之间的联合行动，从而完成组织的创新任务（蔡坚和杜兰英，2013）。

从中国的发展现况来看，企业技术创新能力普遍较弱，在大部分企业的技术吸收能力还很薄弱的情况下，企业与科研机构进行无缝对接非常困难（孙伟等，2009）。如果科研机构仅仅向企业转移技术，只能对消化、吸收与创新能力强的企业起作用，而消化、吸收与创新能力弱的企业则会出现技术转移"失灵"的问题（何建坤等，2007）。因此，如果科研机构只是单向地向企业转移技术而没有进行交互学习，就难以实现产学创新能力的协同发展，只能在一定程度上缓解这种失灵现象，并不能从根本上解决问题。

协同创新是一项更为复杂的创新组织方式，其关键是形成以大学、企业、研究机构为核心要素，以政府、金融机构、中介组织、创新平台、非营利性组织等为辅助要素的多元主体协同互动的网络创新模式，通过知识创造主体和技术创新主体间的深入合作和资源整合，产生系统叠加的非线性效用（陈劲和杨银娟，2012）。其中涉及多个主体和多个主体之间的关系。从协同创新已有的文献来看，有的研究相对宏观，对于企业内部门间和联盟内成员间的协同关系研究成果较为丰富且观点趋于一致，有的相对细微，对于企业内成员间、职能部门间的协同进行了研究，缺乏对内外部创新主体之间协同关系的全局性分析，也未对协同创新机制演化背后的逻辑进行梳理。可见，现如今有关知识协同与协同创新的理论研究尚未完全覆盖，抑或是由于政治经济环境条件的变化，衍生出了一系列迫切需要解答的新问题，比如，企业结合发展条件变化会如何选择知识协同行为策略？企业在不同阶段采取何种知识协同模式？知识协同背景下协同创新机制如何演进？

综上，本文以江中制药（集团）有限责任公司（以下简称"江中集团"）为案例研究对象，以江中集团的发展历史数据作为案例素材，基于知识协同视角，从企业转型过程中知识协同行为、知识协同模式等方面切入，深入剖析企业在转型过程中协同创新机制演化的基本逻辑。一方面，为企业转型发展提供理论指导；另一方面，对于我国企业自主创新能力和创新绩效的提升具有重要的实践意义。

二、理论分析和研究框架

（一）知识协同

知识协同就是知识管理的协同化发展阶段（Anklam P.，2002）。知识协同也被定义为一种"活动"，如协作开发、协同著作和协同研发等，在活动中参与各方都积极投入知识创新（McKelvey M. et al.，2003）。知识协同是以知识创新为目标由多个拥有知识资源的行为主体（组织、团队、个人）协同参与的知识活动过程，是组织优化整合知识资源的管理模式和战略手段（樊治平等，2007）。知识协同是知识管理的高级阶段，知识协同通过整合组织内外部的知识资源，使知识管理中的主体、客体、环境等达到一种在时间、空间上有效协同的状态，通过知识主体间或并行或串行地开展协同工作，实现在恰当的时间和场所（即空间，包括实体空间和虚拟空间），将恰当的信息和知识传递给恰当的对象并实现知识创新的"双向"或"多向"（也包含

"单向")的多维动态过程(佟泽华,2011)。各参与主体根据自身知识需求与合作关系在参与统一知识运作过程中,通过资源整合、人员、组织、环节之间的关系协调以达到协同效应、实现优化的所有活动和过程的综合(李丹,2009)。基于对知识协同前提条件及运作条件的分析,进一步构建知识发展协同过程模型。在支持知识协同的运行环境下,协同过程总体分为准备阶段、运行阶段、终止阶段三个环节,其中准备阶段包含酝酿阶段与形成阶段,具体如图1所示。

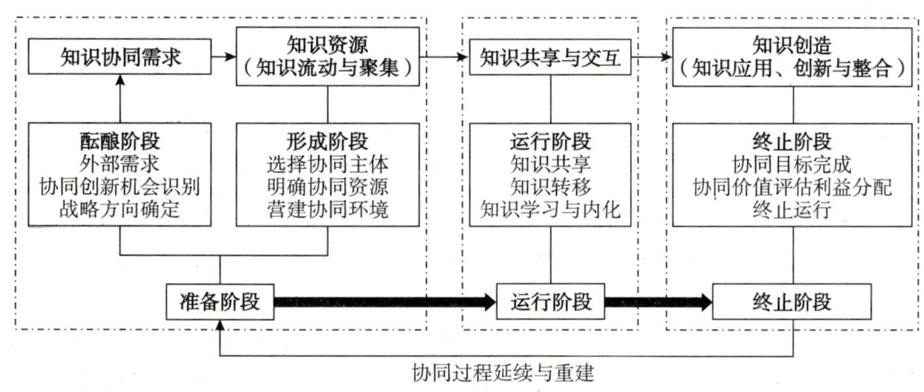

图1 知识协同发展过程模型

资料来源:笔者根据相关文献资料自行整理。

知识协同强调协同效应,开放式创新环境下的知识协同主要受到企业开放度、知识主体组合、知识需求发现、知识供给时间、知识匹配度、知识传播程度等因素的影响(储节旺,2017)。本案例主要结合企业开放度、知识需求发现、知识匹配度、知识传播程度四个方面对江中集团通过知识协同提升知识创新能力进行分析。企业创新开放度是指为了提高创新绩效,企业对外开放的程度,也就是企业融入与依赖外部资源的程度。知识需求发现是知识协同的第一步,也是最关键的一步。知识需求发现的深度、宽度及速度决定知识协同的质量与速度,从而决定着知识创新的绩效。知识匹配度主要包括:与企业创新目标相匹配;与知识创新者的知识结构相匹配;与创新人员的创新进度相匹配。知识传播通过将内外部知识进行交互、关联、碰撞、共享等实现知识创新,推动异质性知识的流动。

(二)协同行为策略

Ansoff(1987)将协同分为销售协同、运营协同、投资协同、管理协同四种类型,并提出所有协同效应都可以用三种变量来描述增加了的销售收入、降低了的运营成本以及压缩了的投资需求。绝大多数的协同通过一定数量资源或技能的共享来实现(Barkema & Vermeulen,1998)。进行共享的资源可以是技能知识的转移,研发、生产、市场、分销、行政管理,或者财务。资源共享能降低成本,它能提升参与共享公司的效率(Porter,1998)。

国内学者李宏贵(2007)在系统研究的基础上,认为对"协同行为策略"的理解可以从四个关键性维度加以把握:①竞争合作性。企业间竞争的加剧促进了经济的迅速发展、社会资源的合理配置和科学技术的创新发展。企业在经营过程中要考虑策略联盟、伙伴关系,谋求相互合作。在合作的过程中,通过协同来发挥资源的最大效能,创造自己的竞争优势。②共生共赢性。协同策略寻求共生共赢的发展模式,强调通过合作和知识共享寻求发展机遇。协同各方主要是一种协作关系,即使可能在某些方面存在竞争,也属于协同型竞争。③动态适应性。企业协同策略根据外部环境、自身条件以及企业目标的综合平衡而时刻保持动态变化适应。协同策略对象选择强调协同各方的适应,即基于任务相关性标准的策略适应和基于伙伴相关性标准的文化适应

(Potocan，1972)，而不仅从合作单方的角度来考虑，协同策略业务选择也必须因时因地制宜等。④系统全局性。协同策略应该包括整个企业系统的协同，既包括企业与竞争者的协同，也包括企业与合作者的协同，更包括企业与环境的协同。

企业协同行为策略就是在全球竞争环境下，企业在自身资源有限条件下，为了能够获得竞争优势，提高企业竞争能力，进而取得生存和发展，通过与其他企业协同合作，提高竞争能力的一种企业战略形态。

（三）协同创新

协同的概念最早是由 Ansoff（1965）在其 *Corporate Strategy* 一书中提出的，他认为协同就是相互协调和协作发展的企业在资源共享基础上所形成的关系，并将价值创造作为协同的中心，协同效应对企业的发展非常重要。1971 年，德国理论物理学家 Haken 系统地提出了协同理论，认为协同效应主要是通过系统内部的子系统相互协调、相互合作而形成的一种关系，而这是某一个子系统自身无法实现的。

国内学者从企业在协同创新中整合资源的过程，对协同创新的概念和相关过程进行了归纳。陈劲和杨银娟（2012）认为协同创新是多个创新主体在政府、中介服务机构和非营利性组织的辅助作用下，对资源、知识、信息和技术等元素的整合，所形成的网络创新模式，并通过非线性的方式创造的系统叠加效用。企业的协同创新主要分为组织内协同创新和组织间协同创新，前者主要强调企业内部的信息知识分享体制，进行多方面的交流和协作，后者主要集中于企业与外部各辅助机构之间的合作，实现资源整合的目的（万幼清和王云云，2014）。

何郁冰（2012）认为企业在选择协同创新模式过程中主要受以下因素影响：企业规模、发展目标、行业、研发能力、地理距离。因此对协同创新的理论框架主要从以下三个层次进行分析：战略协同维度、组织协同维度和知识协同维度，如图 2 所示。借此来进一步说明在企业、中介服务机构和科研机构的辅助下，创新主体是如何将信息、技术和资源进行整合，在组织间进行交流共享，并促进技术创新的升级。

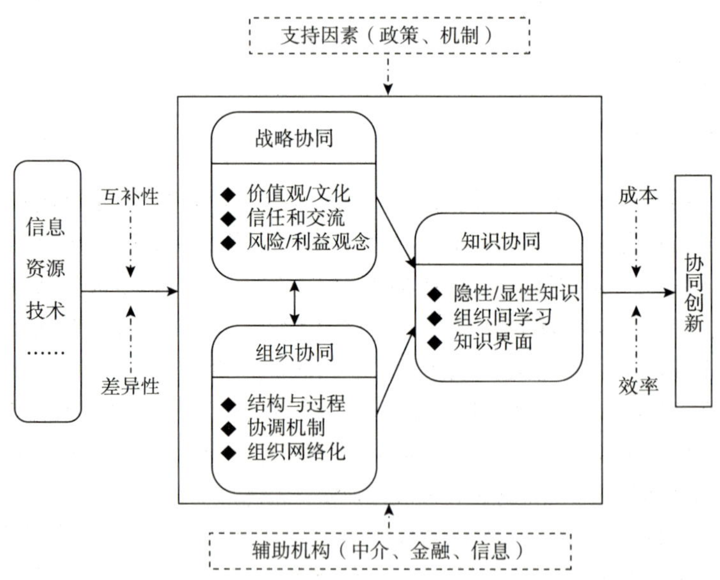

图 2 协同创新的理论结构

资料来源：笔者根据相关文献资料整理。

三、研究方法和数据来源

（一）研究方法

相比于其他研究方法，案例研究重点在于对经验主义的探究（Yin，2009），更加适合回答“为什么”（Why）和“怎么样”（How）的问题（Stake，2000；余菁，2004），在理解新现象和构建新的理论概念上的适用性较强。作为案例研究方法的一种，SPS（Structured-Pragmatic-Situational）是一种具备结构化、实用化和情景化的案例研究方法（Pan & Tan，2011），尤其适用于解决路径演化等问题。本文采用SPS案例研究方法主要有以下原因：首先，本文旨在探究企业协同创新机制演化路径的实际问题，因而选择能系统地解决“为什么”“怎么样”问题的SPS案例研究；其次，现有关企业协同创新机制建立的运行机理等的研究还不够深入，采用SPS案例研究方法能够相对系统全面地解释复杂现象背后的普遍规律，从而得出一般性结论；最后，对企业协同创新机制的运行机理和演化路径进行描述性分析，能够为我国企业转型中的问题提供有效的借鉴。

（二）研究样本

本文遵循典型性原则（Patton，1987）选取江中集团的案例作为案例研究样本有以下原因：第一，作为江西医药行业的国有控股公司，江中集团近年来发展态势良好，具有一定的行业代表性；第二，笔者的团队对江中集团持续追踪和关注多年，对其相关产业信息、数据等掌握得较为全面；第三，江中集团的快速发展和众多科技成果的积累很大程度上得益于其相对成熟完善的协同创新机制。鉴于此，本案例样本能为本文提供较为完整数据的有力支撑。

（三）分析框架

近年来，关于知识协同的研究是沿着两条主线进行的：一是把重点放在信息管理上。大多数文献关注于此，信息作为知识的载体，它的管理与知识协同有着密切的关系。从知识的获取、发现、共享直到协同、创新的整个过程。二是侧重于协同中的主体——人或组织的管理。诸如知识协同的组织管理问题、协同过程中组织与人的角色和行为等因素、协同伙伴选择、运作模式、文化建设等，目前针对这些方面的研究还相对较少。知识协同的研究价值体现在它在实践中的应用。在复杂多变的市场环境下，从企业到政府、从单一组织到战略联盟、从产品设计到知识创新，知识资源如何利用知识共享和协同来提高各类组织竞争力？现有研究未给出明确回答。基于此，本文采用探索性单案例研究方法探究企业在知识协同视角下协同创新机制的演化路径和运行机理，这不仅有助于丰富现有企业转型理论，还有助于企业根据自身条件和外部经济条件判断所处发展阶段选择适配的协同创新机制。具体分析框架如图3所示。

（四）数据分析策略

本文严格遵循案例研究的流程：“明确研究问题→理论回顾→案例研究草案设计→数据收集→数据分析”，通过理论与数据循环分析，多次校对，挖掘理论创新点。

（1）基于数据来明确研究问题。本文通过对数据的分析，企业所处的政治经济条件变化，引

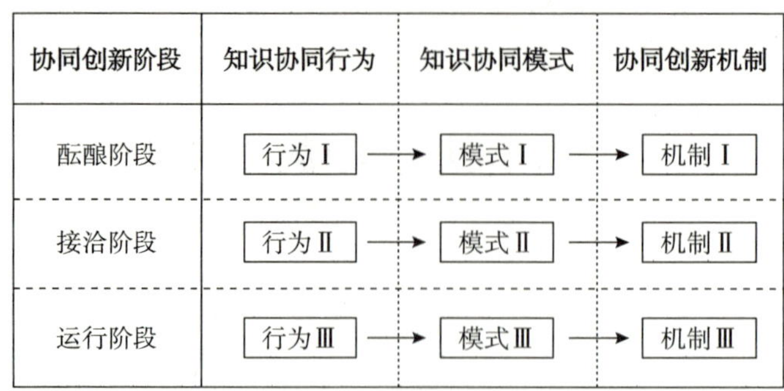

图3　本文分析框架

资料来源：笔者根据本研究整理。

发了企业发展过程中的新一轮转型升级，作为国有控股的医药企业，江中集团具备一般医药企业的共性，同时又拥有其他医药企业所不具备的特性，具有一定的代表性，便于研究者进一步收集数据，从而分析出理论的空白点，得出研究问题和相关概念，即知识协同和协同创新。

（2）对知识协同、协同行为策略和协同创新理论进行重点回顾。本文在调研江中集团的过程中，发现江中集团在提高自主创新能力过程中充分利用外部资源，调动集团内部各部门的协同性，促进内外部协同创新机制的建立，在此基础上增加相关文献的研读，确定研究的问题和分析框架。

（3）本文通过对已有文献资料的回顾，收集案例的一手资料和二手资料，以此来保证研究的信度和效度。在一手资料的收集过程中，对江中集团的发展过程、大事记、发展战略和经营状况等方面进行数据的收集和筛选，有针对性地获取资料；在二手资料收集方面，重点围绕企业的年度财务报表、企业的档案、相关媒体资料进行收集。然后利用数据对模型进行分析，保证模型的可靠和数据的准确。

四、案例描述

江中集团是中国OTC行业的领先企业、双工程研究中心制药企业，江中集团已经从原来的校办小厂发展成以两家上市公司为运营主体的，集医药制造、保健食品、房地产于一体的现代化综合型企业。集团以两家上市公司（江中药业和中江地产）为平台，运作江中医贸、时商公司、江中小舟、恒生食业等数家子公司。主导产品有江中复方草珊瑚含片、江中健胃消食片、江中亮嗓、博洛克、东青胶囊、杞浓系列果酒、焕采牌羊胎娇丸等100多种。江中集团从一个资产不过百万元，年销售额几十万元的作坊式工厂发展成总资产60亿元、净资产16亿元、年收入40亿元、年创利税6亿元、拥有一家A股上市公司江中药业（600750）的国有控股集团，其销售收入连续六年实现30%的增长。业务主要集中于中药非处方药、保健品、功能性食品的研发、生产和销售。江中集团在药品和保健品领域分别创造了两个中国驰名商标——“江中”和“初元”，其中“江中”品牌价值连续十年入选“中国品牌价值500强”。

本文遵循探索性单案例研究常用的处理方式，基于企业协同创新机制与演化理论的相关文献，根据案例企业发展过程中的关键事件和重要节点，将江中集团协同创新机制归纳为酝酿期、接洽期和运行期，其具体发展历程如图4所示。

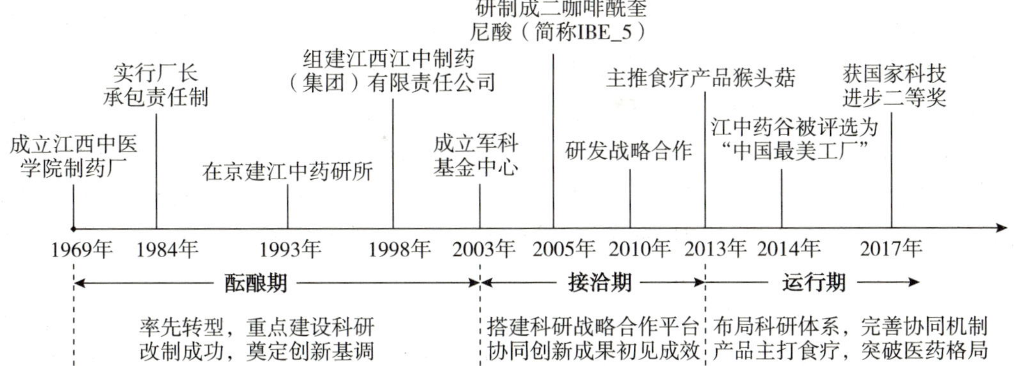

图 4 江中集团发展历程

资料来源：笔者根据本研究整理。

（一）酝酿期（1969~2003 年）

1969 年成立的江西中医学院制药厂，主要是为学院的教学实践服务，且不以营利为目的。作为校办作坊式工厂，面临着逐年亏损、入不敷出的财务状况，因其非营利性的性质，医药企业对其生产经营的投资也望而却步。

面对经营的窘况，江中集团审时度势，结合公司的实际情况，于 1984 年 10 月在江西中医学院校内通过竞选产生厂长，实行厂长承包责任制，主张打破资历的限制，任人唯贤，任人唯才，充分释放人才的创造性和积极性。改革开放后，经济发展活力旺盛，存在较多市场空白点，创新机会大，另外，人们亟待提高生活水平，对保健品的需求较大。江中集团确立了“消费者心中的名牌，才是真正的名牌”的品牌塑造思路，创新地推出了“宝宝康”“鸡胚宝宝素”等一系列儿童保健产品，开辟了新的市场，药厂盈利 200 万元，远超利润指标。

在保健品行业打开市场后，保健品市场前景可观，引来大批企业进入，受利益驱使，保健品市场混乱，出现门槛低、监管少、产品质量参差不齐等一系列问题。此时，国内大批引进国外先进科学技术，实施“科教兴国”和“人才强国”战略，大力实施科技振兴工程。在国家的经济还不是很发达的背景下，江中集团开始在科技资源、研发人才、信息资源、政策资源比较集中的北京，建立自己的研究机构，提高产品科技含量。1993 年，江中集团投资 3000 万元在北京建立了药物研究所。之后，江中集团建立了江西的首个企业博士后工作站，与中国军事医学科学院共同培养博士后，加强江中集团和军科院的合作关系，借助军科院的科研实力，慢慢形成了研发的战略合作雏形，派技术骨干深入同行企业沟通交流，以学习、吸收行业内先进技术；请相关技术专家现场指导培训，定期举办企业技术沙龙，并成立多个项目试验基地，以公司“博士后科研工作站”为重要支撑，进行多次技术开发成果测试，并择优应用于公司的产品研发。

（二）接洽期（2003~2013 年）

江中集团坚持以市场为导向，依靠科技进步，不断开发新产品，保持企业可持续发展，每年用于高新技术及产品研究开发的经费达到企业销售收入的 5%以上。至此，江中集团的技术创新体系建设已初具规模，先后创建了以培养高技术人才为主的江西省首家“企业博士后科研工作站”和以研究开发仿制药品、保健食品和新药中试为主的“江中药业技术中心”；2002 年，经国家发改委批准，集团和江西中医药大学组建了国内唯一的、以研究中药固体制剂制造技术和经典方剂二次开发为主的“中药固体制剂制造技术国家工程中心”；2003 年，江中集团与军事医学科学院共建了以研究开发具有市场重大价值，拥有自主知识产权，具备国际竞争力的创新药物为主的"军科江中新药研究中心"；2003 年 12 月，集团与军科院等共同组建了以研究蛋白质组和蛋白质药物为主的"蛋白质药物国家工程研究中心"，构建了科研战略合作共同体。

江中集团以国家和省级中医药科研机构为核心，以高等院校、医疗机构和企业为主体，以中医科学研究基地（平台）为支撑，构建多学科、跨部门共同参与的中医药协同创新体制机制、中医药领域科技布局。统筹利用相关科技计划（专项、基金等），支持中医药相关科技创新工作，促进中医药科技创新能力提升，加快形成自主知识产权，促进创新成果的知识产权化、商品化和产业化。

在强大的科研实力的支撑下，江中集团旗下产品江中复方草珊瑚含片、江中健胃消食片均荣获"2005 百姓信赖药品品牌"。另外，为充分解放公司的生产力和创造力，在公司组织形式方面，于 2010 年改制，将各大科研机构或高校院所以股份形式入股，协调利益分配机制，其中军科院成为江中集团的第三大股东。为响应国家"绿色发展"理念，2012 年以来，江中集团逐步形成了"源头削减—过程控制—末端治理—循环再利用"的全套节能环保管理新体系。车间实行"全封闭、全监控、全自动"的无人操作模式，引进国外先进科学技术，107 个机械手臂，配合完成提取、分离、纯化、配料、洗瓶、灌装、密封、检测、装盒、码垛等一系列生产线流程，此时，江中集团的科研设施与水平达到了先进水平，为科研战略合作提供了硬件设施。

目前，江中集团与各科研机构已合作研发出初元营养饮品、杞浓酒、猴姑饼干、蓝枸饮料等一系列创新产品。以食疗产品为主推产品，食疗产品制造包含三个关键环节：第一，用"药食两用"的原料，利用中国 100 多种药食两用的原料；第二，加上制药的工艺和技术，对药效的有效含量进行严格测定；第三，用临床观察来验证功效，对食疗产品的口味和疗效进行反复试验、观察、论证和临床检验，最终从试验开发的 100 多种食疗产品中严格挑选出推向市场的 10 种产品。

（三）运行期（2013~2017 年）

2014 年，在第十届中国工业论坛上，江中药谷被评选为"中国最美工厂"。江中集团一直在践行"绿色"和"创新"的发展理念，作为江中集团的生产制造基地，江中药谷对品牌和科研的坚持、对生态和绿色的坚守、对创新升级的坚定，为江中集团营造了良好的科研环境，并针对企业和高校的不同工作性质建立立项考核指标和结题考核指标，通过制度设计对双方加以约束，并明确利益分配机制。科研战略合作共同体将科研经费分为基础研究经费和提成费用，按绩效提成。同时，以邀请第三方科技服务机构担任评估方的形式建立第三方评估制度，进一步发挥知识协同合作优势，深化共同合作。江中集团现已形成了开发、研究、临床、销售等"一条龙"的创新服务体系。

2015 年 6 月，位于赫拉德茨—克拉洛韦大学附属医院的中国—捷克中医中心落成，这是中国医疗界推动"一带一路"倡议实施的第一个医疗项目，中药企业江中集团董事长钟虹光作为唯一医药企业代表随行前往，江中集团与世界 500 强华信达成战略合作，充分发挥江中集团在中医药行业的研发、产品、品牌优势；充分利用华信集团国际贸易经验、海外市场网络与关系推动中医药走向世界，致力于让中医药文化走出国门，促进中医药在捷克、中东欧国家的应用和发展。

2016 年 6 月，江中集团的评估价值为 140.85 亿元。《中国制造 2025》颁布之后，江中集团获得"智能制造试点示范企业"。2016 年 6 月，被国家工信委评为"智能制造试点示范"基地。在第十一届中国工业论坛上被评为"中国工匠精神标杆制药企业"。同年，江中集团获得世界品牌实验室"中国 500 强最具价值品牌"，江中品牌价值 140.85 亿元，名列第 239 位，医药行业第 7 名。目前，江中药谷已成为中国首个"岐黄国医外国政要体验中心"，已接待了许多国际政要和国际友人。江中集团借助其夯实的科研力量推动其品牌价值升值，形成品牌和科研"互哺"的良性循环。

2016 年 10 月 17 日，江中集团与各科研机构联合研发的参灵草冻干粉和消食饮冻干粉再次随神舟十一号升上太空，为保护航天员身体健康和保持良好状态做出贡献。据介绍，参灵草原料为西洋参、灵芝、冬虫夏草、玫瑰花等，它由国医大师路志正、朱良春，中医院士王永炎等指导配方，是将几千年的传统中医药理论和江中集团先进的生产技术工艺相结合制造的高级滋补保健品，借助科研战略，充分利用外部技术资源，对产品实行更新换代。江中集团以此为起点开始规划医药行业的产品格局“小产品+大药品”。

五、案例分析

（一）企业知识协同阶段演化

回顾江中集团的整个知识协同发展过程，江中集团经历了四个阶段，在知识协同酝酿阶段、知识协同形成阶段、知识协同运行阶段、知识协同终止阶段四个阶段中企业开放度、知识需求发现、知识匹配度、知识传播程度等因素的影响程度不同，具体如表 1 所示。

表 1 江中集团在知识协同不同发展阶段的关键要素分析

时间	协同过程	企业开放度	知识需求发现	知识匹配度	知识传播程度
知识协同 1.0（2003 年以前）	酝酿阶段	低	多	低	低
	形成阶段	低	少	低	低
	运行阶段	中	多	低	中
	终止阶段	低	少	低	低
知识协同 2.0（2003 年以后）	酝酿阶段	低	多	低	中
	形成阶段	高	少	中	高
	运行阶段	高	多	高	高
	终止阶段	低	少	高	低

资料来源：笔者根据相关调研资料整理。

2003 年，江中集团与军事医学科学院共建了以研究开发具有市场重大价值，拥有自主知识产权，具备国际竞争力的创新药物为主的“军科江中新药研究中心”，标志着江中集团的科研从“知识协同 1.0 阶段”迭代进入“知识协同 2.0 阶段”。

1. “知识协同 1.0 阶段”

2003 年以前，江中集团的知识协同处于一个相对较低的水平，各个阶段的发展初见雏形，相关影响因素的作用较为独立。

（1）企业开放度：1984 年开始，江中集团“改朝换代”，但依旧处于计划经济时代，市场依旧处于开发中，企业的产品创新以自我研发为主，对外部资源的依赖程度较低，但国家大力实施“科教兴国”和“人才强国”战略，且江中集团当时属于校企合作企业，有医学院技术作为支撑，知识协同环境良好，企业开放度逐渐提高，开始整合内外部资源。

（2）知识需求发现：改革开放后，经济发展活力旺盛，存在较多市场空白点，创新机会大，另外，人们亟待提高生活水平，对保健品的需求较大。以钟虹光为代表的企业家具有敏锐的政策分析力、市场洞察力、资源整合意识以及进行科研布局的前瞻性，能够较好地从知识协同过程中进行新转移知识的市场化。

（3）知识匹配度：国家大批引进国外先进科学技术和专家，但合作主体的研发主要聚焦在高精尖等一系列强国富国的技术上，对保健品药品涉及较少，而江中集团的主要目标集中于市场化商品上，因此知识协同双方的知识流匹配程度在各个阶段都较低。

（4）知识传播程度：由于知识的匹配程度较低，导致各主体之间的异质性知识流动较为困难，知识传播程度较低，江中集团与知识协同主体之间的合作停留在知识的浅层次合作上。

2. “知识协同 2.0 阶段”

2003 年之后，江中集团与中药固体制剂制造技术国家工程研究中心、蛋白质药物国家工程研究中心、创新药物国家重点实验室、中国航天营养与食品工程重点实验室开展了一系列合作，知识协同主体的种类变多，协同的交互层次加深，合作方式扩展升级为技术转让模式、技术开发模式、共建经济实体模式、共建实验室或研发机构模式、联合培养人才（建立大学生实习基地）模式、共享科技资源（包括科技文献、仪器设备等）等模式。

（1）企业开放度：市场步入开放式创新环境，2014 年 9 月，李克强总理在夏季达沃斯论坛发出“大众创业、万众创新”的号召，江中集团对外部知识资源的重视程度提升，同时迫切需要借助外部的科研力量进行产品创新，每年在研发经费的投入占销售收入 4%以上，积极搜寻外部异质性知识资源。

（2）知识需求发现：互联网时代的到来，使得市场中的机会急剧增加，需求品类和层次更加多样化，在供给侧结构性改革和居民消费升级的背景下，江中集团研发部坚持“药食两用”的原则，推出了猴姑饼干、蓝枸饮料、猴姑米稀等一系列食疗产品，挖掘了用户的深层次需求。

（3）知识匹配度：大数据使得个性化需求和大批量消费者数据获取成为可能，新的商业生态也应运而生，进一步优化了利益分配机制，为知识协同的合作双方奠定了基础。江中集团和四大科研中心建立合作关系后，积极进行科研布局，将公司发展战略和科研机构的科研目标结合起来，提高了知识的匹配度。

（4）知识传播程度：信息技术得到进一步发展，各类信息系统的建立加快了知识的流动，江中集团通过多种合作模式与各大知识协同主体建立了更加密切的联系，同时在内部要求各部门按照集团整体战略目标进行部门内部业务流程重组，调整改进部门之间的协作关系。

（二）企业知识协同行为

在企业转型过程中，企业变革任务特征与协同行为策略选择是动态变化的，在协同创新酝酿阶段，组织变革的首要任务是如何保证企业的生存并寻找发展的机会，积极开拓市场；在协同创新接洽阶段，组织变革的首要任务是如何调整内部管控与明确市场定位以及如何整合公司内外部资源，实现互补发展；在协同创新运行阶段，组织变革的首要任务是如何从企业战略层面考虑，实现多层次协同，促使企业持续成长。正因为协同各阶段的变革任务特征各有不同，企业需要采取的协同行为策略也存在差异。

企业拥有可利用的异质性资源对于企业获取竞争力和持续的创新力具有重要作用，在开放式创新的背景下，企业组织的所有创新活动的边界都是模糊的，企业的创新模式逐渐走向创新资源融合、协作与共享来面对技术创新的不确定性、资源获取困难、研发资金不足和技术落后等情况。在不同的知识协同发展阶段，江中集团是如何通过知识协同，提升知识创新能力的？江中集团的做法是通过识别外部需求、整合内外部资源、共享和内化知识与应用知识等一系列步骤的不断演化，具体如图 5 所示。

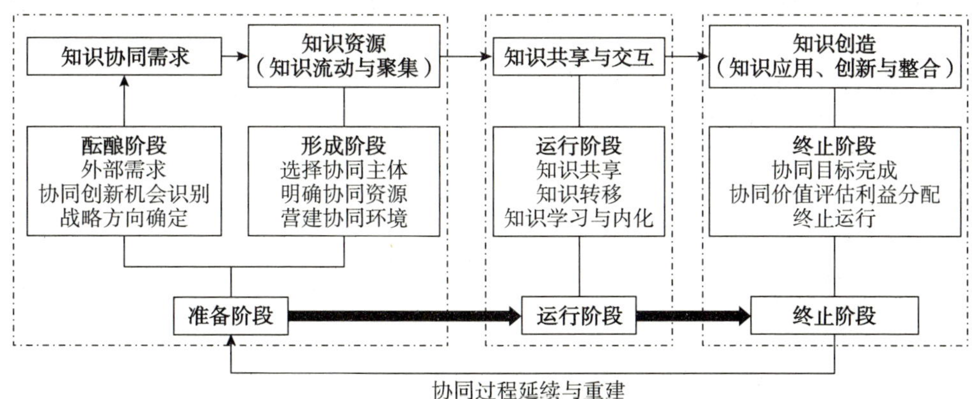

图 5 企业知识协同行为路径

资料来源：笔者根据本研究整理。

（1）结合知识协同的理论基础，江中集团在知识协同的准备阶段，通过对市场需求进行有效甄别，进军儿童保健品市场，开发了“宝宝康”“鸡胚宝宝素”等一系列儿童保健产品，基本确定了产品创新的战略方向，同时为提高产品的技术水平，建立了江西的首个企业博士后工作站，与中国军事医学科学院共同培养博士后，双方达成了契约合作。之后与中药固体制剂制造技术国家工程研究中心、蛋白质药物国家工程研究中心、创新药物国家重点实验室、中国航天营养与食品工程重点实验室分别建立了稳定的合作关系，基本确定知识协同的创新主体，为自身发展营造了一种良好的创新氛围。

（2）在知识协同运行阶段，江中集团借助共享的知识对新产品、新工艺、现存产品和工艺进行改善和提高，同时对新转移的知识重新进行整理、吸收与转化，从而达到对自身产品技术结构的调节。在抗艾滋病、乙肝病毒一类新药——二咖啡酰奎尼酸（简称 IBE-5）等方面江中集团积极参与，获取和吸收新知识，另外，在“航天营养与食品工程重点实验室”承担多项总装备部的研究课题，并与各科研机构合作为航天员提供航天食品，对研发机构主体的异质性知识进行有效的扩散和组合，通过搜索、选择和传递等一系列行为向学研机构转移技术开发所需要的市场化、工程化知识，同时接受学研机构专业技术知识的转移，最终实现知识的学习与内化。

（3）在知识协同终止阶段，江中集团依据协同的目标对所拥有的独特知识资源及前两个阶段所形成的知识进行重组利用、增值和创新。江中集团在合作契约的基础上与中药固体制剂制造技术国家工程研究中心合作承担多项国家“863”项目、“十五”和“十一五”科技攻关项目，先后在《科学》《自然》等国际重要刊物上发表 SCI 论文 230 篇，累计影响因子达到 1307，共同拥有一些具有市场重大价值、拥有自主知识产权、具备国际竞争力的创新药物。

（三）企业协同创新机制演变轨迹

江中集团将已有的研究技术应用到实际产品或服务中，把生产、技术或经营方面的可能性转化为商品的一系列活动是内外部知识协同的过程，整合内外部资源，结合企业的需求与目标，进行迭代开发。在江中集团的科研布局下，调整以产品创新为主导战略，推动新产品的开发，进而拓展新业务。

1. 嵌入机制

江中集团以公司的总体战略目标对现有组织结构进行调整，打破各部门之间的研发孤立性，提高协同效用，具体如图6所示，突破有限的资源、资金和人力约束，降低创新风险和成本，为企业打造长期的竞争优势。在公司战略理念的引导下，结合产品创新的市场需求，江中集团各部门针对自身实际树立具有战略特色的发展理念，并在理念的驱使下建立相应的运作机制，推动实现产品结构多元化、产品内容专业化和产品品牌权威化的战略目标。

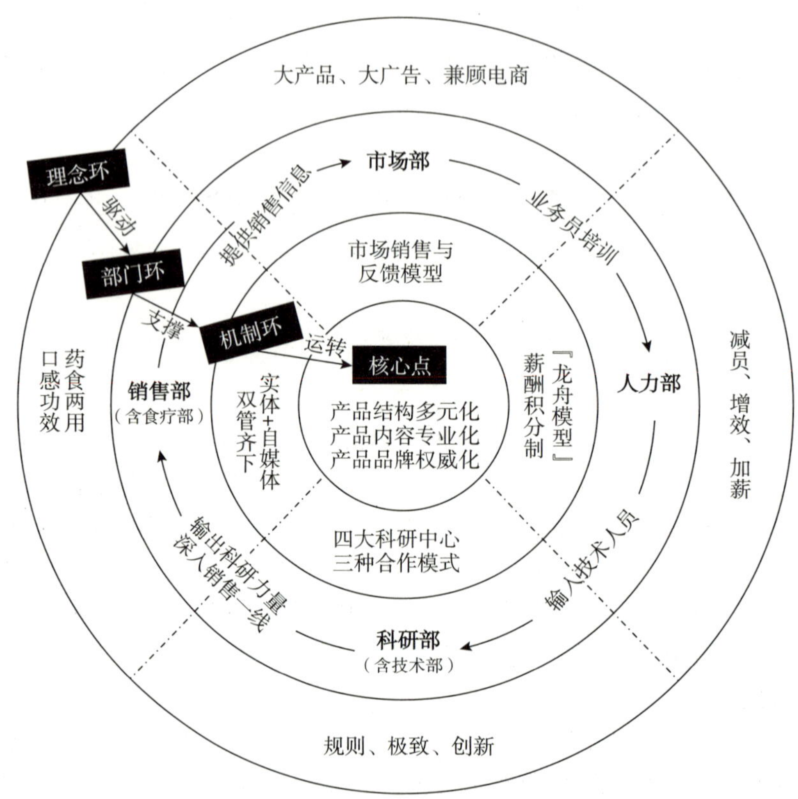

图6　江中集团内部协同创新嵌入机制

资料来源：笔者根据相关调研资料整理。

其中，市场部主打"营销牌"，主张"大产品、大广告、兼顾电商"的理念，扩大江中集团产品品牌的影响力，将单品做出"爆品"，将"爆品"做出远期优势和品牌效应，同时兼顾电商，扩大产品受众面，提高市场占有率。另外，在产品的改进方面，建立"市场销售与反馈模型"，收集顾客反馈的消费信息，有针对性地解决产品在不同消费阶段的问题，优化产品消费体验，改进产品特性；人力部主打"精简牌"，主张"减员、增效、加薪"的理念，迎合"短平快"的组织结构，建立了"龙舟模型"，放权给员工，增加自主性，充分调动员工的创新积极性，快速响应需求，同时制定薪酬积分制，分模块培训，标准化规范薪酬流程，弱化等级制度，与"龙舟模型"形成配套机制；科研部主打"创新牌"，主张"规则、极致、创新"的理念，以创新为主基调，对接四大科研中心，结合三种不同的合作模式扩大科研实力，转化科研成果，进行商业化应用，对产品进行临床测试安排，确保产品的药效；销售部主打"食疗牌"，主张"口感功效、药食两用"，以食疗为突破口，打通"实体+自媒体"线上和线下两种渠道，双管齐下，借助食疗产品打响江中品牌，全面铺开市场。

同时，以项目为基础，各部门之间关系密不可分，销售部为市场部提供销售信息完善市场销售与反馈模型，市场部为人力部针对性培养业务员，人力部根据科研部需求提供技术人员，最后科研部安排科研人员到销售一线采集产品信息。

2. 双向机制

在协同过程中，需要根据企业创新目标、创新流程及创新进展等将知识创新需求分解成为一个个阶段需求，并且需求根据企业外部各主体或团体所拥有的知识结构、知识特长等进行知识创新能力评估，然后根据阶段需求及创新能力评估结果将知识互补的各主体组合成一个知识协同群。江中集团借助多个联合项目，主要向外部知识协同主体（即各大科研机构及高校）吸取“高精尖”技术（如抗艾滋病、乙肝病毒等一类新药）进行产品的前沿开发，力求抢占先机，研究市场的“爆品”，同时为内部知识协同提供优质的知识资源，通过与外部知识协同主体之间的定期沟通机制，解决江中集团自身科研过程中的疑难点，有效降低了知识资源的运作成本和风险，提高了知识创新能力和绩效。

在江中集团所处的医药产业价值链中，流程可以简化区分为药物发现、临床前/临床试验、药品制造和药品销售四个环节。医药产业价值链参与主体间的关系有三种：一是技术转移关系，江中集团直接将科学技术成果从生成部门（研究机构）转向自身研发部门，从而创造经济效益、提高社会生产力水平的关系形式。二是战略联盟关系，江中集团与其他医药企业一起，出于对未来发展战略的规划和实现各自生产经营目标的考虑，在某些共同利益环节通过合作，建立共担风险、共摊成本、共享利益、优势互补、共同发展的伙伴关系。三是外包关系，江中集团通过与外部其他企业签订契约，将一些原来由企业内部负责或者企业希望却没有能力负责的业务、机能转包给专业、高效的服务提供商的一种关系，从而在各个主体之间形成一种双向流通的关系，实现资源互补、互通有无的良性机制，具体如图 7 所示。

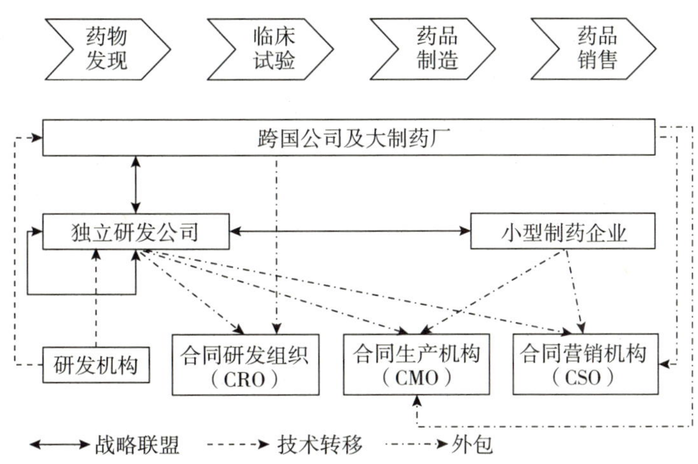

图 7 江中集团外部协同创新双向机制

3. 联盟机制

与封闭式创新相比，开放式创新更强调外部创意的重要性，企业通过不断地获得外部创意来填补内部创意的不足。创新具有一定的流程，不同创新阶段对知识资源的需求（隐性知识需求与显性知识需求）也不尽相同，需要根据创新流程不断与外部知识资源进行协同，在开放式环境下，企业一般更趋向于与大学、研究机构、企业、政府和知识产权机构等进行知识协同（储节旺和张静，2017）。

江中集团创建了“企业博士后科研工作站”，保证人才的充足供应，为科研战略合作不断输送创新动力，储备科研人才，同时以“江中药业技术中心”为依托，结合市场需求，研究开发仿制药品、保健食品和新药中试，为江中集团的基本业务提供坚实的科研基础。在较为高端的创新药物方面，“军科江中新药研究中心”和“蛋白质药物国家工程研究中心”的合作中，通过提供具有市场重大价值、拥有自主知识产权，具备国际竞争力的药物以及蛋白质组和蛋白质药物来攻坚克难，既要守住中药之本，也要涉足顶尖科学领域，构建更加全面的科研格局。在中药的高精尖领域，“中药固体制剂制造技术国家工程中心”为江中集团提供研究中药固体制剂制造技术和经典方剂二次开发的相关高科技技术，符合江中集团“布局未来”的科研战略定位。

在协同创新的外部嵌入机制中，结合外部知识流（大学、科研机构、技术中介、企业、政府、知识产权机构等），企业内部通过交互、关联、转移、整合、共享、碰撞等一系列活动，使知识流在企业的内外部高效运转，知识在隐性与显性之间不断转换与螺旋上升，各主体间知识吸收能力、应用能力以及创新能力不断提高，从而激发整体间的协同效应，加速知识创新和技术创新，实现知识创新绩效。在协同创新的外部双向机制中，江中集团引入外部知识流并输出内部知识需求（市场产品更新升级、新产品开发），并对两者的匹配度进行测量，即开始了知识协同的双向循环。企业内部各部门之间的协同以及企业与外部各科研机构的协同和不断交互，提升了知识流在企业内外部之间的流动效率，同时深化了企业内部与外部科研机构之间的合作程度，并构成了良性循环，具体如图8所示。

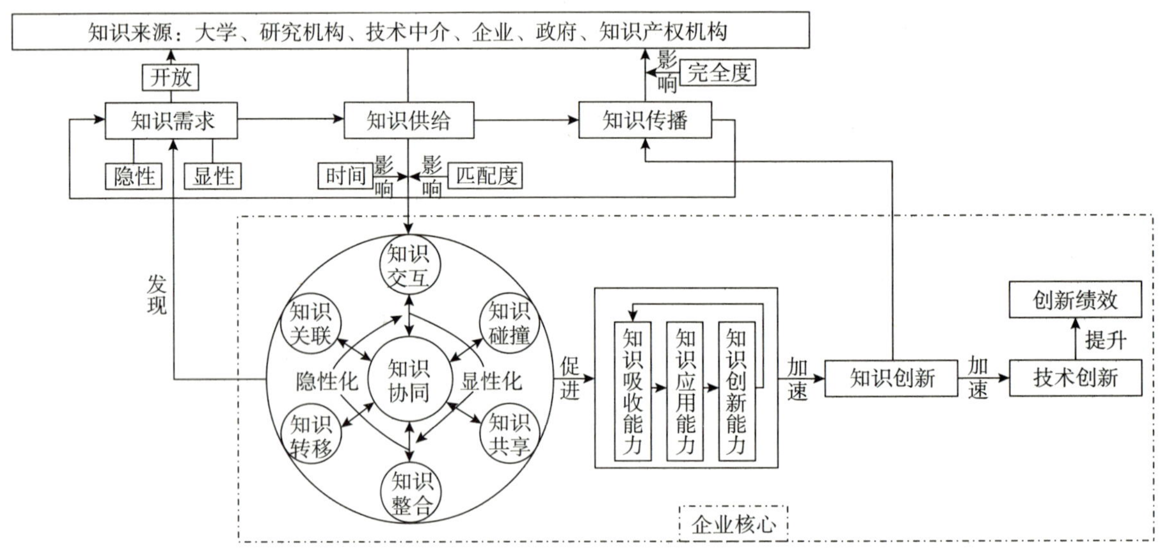

图8 江中集团协同创新联盟机制

六、结语

（一）理论价值

本文以江中集团为案例研究对象，采用探索性案例研究方法探讨了知识协同视角下企业协同创新机制发展演进路径的一般规律。基于案例讨论，为了更清晰地展示协同创新机制演化状态在不同发展阶段的表现，本文提出一个整合型理论框架模型，如表2所示。

企业在不同发展阶段的特质表现有所差异，当采取与之相匹配的协同创新机制时，就能有效提升企业的创新能力和资源的利用效率，推动企业成长，通过本案例发现：

表2 企业协同创新机制发展演化路径模型

协同创新阶段	酝酿期	接洽期	运行期
知识协同行为	激活：识别需求、分析需求	融合：伙伴选择、模式选择、利益分配	消化吸收：组织建立、信息交流、文件融合、知识创造、监督协调
知识协同模式	串行模式	并行模式	协同模式

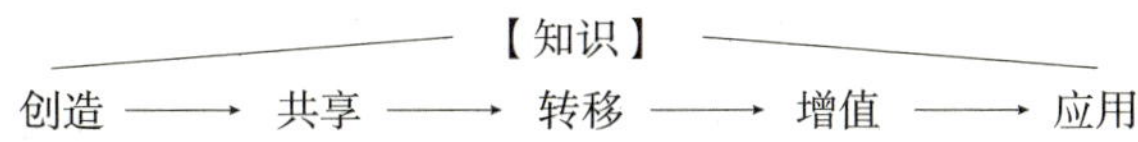

	嵌入机制	双向机制	联盟机制
协同创新机制			

○ 企业主体　● 内部协同创新主体　■ 外部协同创新主体　←→ 知识协同路径

（1）企业协同创新过程由酝酿期、接洽期、运行期三个时期构成，且三个时期是环环相扣、层层递进、逐步深入的过程。在酝酿阶段，当企业发展到一定时期，出于资源积累与业务发展需要，企业集团开始考虑向新产品领域拓展，并进一步提升企业所在行业地位；在接洽阶段，企业考虑由内部成长向外部扩张发展，并与相关科研机构建立合作关系以实现技术独立和资源共享，推动产品创新，扩大企业发展规模，提升品牌价值，同时增强企业市场竞争力；在运行阶段，企业集团发展到一定规模，拥有一定的资源剩余，开始布局科研战略合作，充分运用内部资源与外部优势，在内部成长的基础上，更大程度上依赖于外部支持，构建战略合作平台，实现资源充分利用。

（2）在企业协同创新机制的建立过程中，企业知识协同行为、知识协同模式与协同创新机制也在不断演进，且这种演进遵循一定规律，即激活行为策略（酝酿期）—融合行为策略（接洽期）—消化吸收策略（运行期）；串行模式（酝酿期）—并行模式（接洽期）—协同模式（运行期）；嵌入机制（酝酿期）—双向机制（接洽期）—联盟机制（运行期）。每个发展阶段产品特点不一样，并且与特定阶段的企业成长需要相匹配。

相对于理论验证而言，理论构建是案例研究的重要目的。从实证数据中得出涌现理论，并弥补现有理论缺口是案例研究的主要目的（毛基业，2010）。已有研究大都从协同创新的外部主体关系和关键影响因素出发分析协同创新机制问题，本文基于案例分析讨论，理论价值主要体现在以下几个方面：①清晰界定了企业协同创新酝酿、接洽、运行三个阶段，并对三个不同阶段的知识协同行为和模式、协同创新机制进行了全面系统的分析；②基于知识协同视角发现，企业协同创新三个不同阶段采用内部性、外部性和协同性等有顺序的发展模式，每一种模式都呈现不同的特点；③构建了协同创新机制发展演化的一般规律，揭示了协同创新机制背后的运行机理，以知识协同的视角阐释了协同创新机制为适应不同阶段而不断演进的一般规律及其对应的特质，这样为相关研究提供了新方向。

（二）管理实践意义

通过本案例研究，提出如下管理实践的启示：

（1）在企业协同创新不同发展阶段，知识协同行为与知识协同模式呈现出差异性。随着企业协同创新机制的不断完善，企业对内外部资源的整合能力逐渐增强，与外部科研机构的合作程度不断加深，在企业协同创新机制构建的过程中，企业的经营活动需紧紧围绕企业的科研战略展开，寻找突破点，需用动态的观点来看待协同创新，循序渐进，企业只有发展到特定时期才适合实施与之相匹配的知识协同行为策略和知识协同模式。因此，企业需根据内部环境变化制定适配的科研合作战略，不能盲目效仿其他企业的科研发展路径，只有与特定的企业知识协同行为策略和知识协同模式相匹配，才能带来期望的企业创新绩效提升。

（2）在不同的企业协同创新阶段，企业创新能力提升要实现良好的实施效果，需把握不同的发展动机、发展方向和关键影响因素，时刻关注这些因素的变化情况，及时转变科研合作的着力点，并针对协同创新阶段提出合理化对策。

（三）研究局限性与展望

需要指出的是，作为一项探索性单案例研究，本文在体现企业协同创新不同阶段发展路径演化一般规律的同时，也呈现出鲜明的行业与企业特征。未来研究主要包括：①在研究广度方面，可通过多案例研究，对业务领域类似的多家企业的协同创新演化路径进行分析，归纳出相应的一般企业协同创新演化路径及关键影响因素；②在研究深度方面，基于大样本调查数据，实证检验协同创新机制与企业知识协同行为策略和知识协同模式的关系，以进一步验证本文结论的有效性。

参考文献

[1] Ansoff. Corporate Strategy, Revised Edition [M]. New York: McGraw-HiU Book Company, 1987: 35-83.

[2] Anklam P. Knowledge Management: The Collaboration Thread [J]. Bulletin of the American Society for Information Science and Technology, 2002, 28 (6): 8-11.

[3] Barkema H. G. &Vermeulen F. International Expansion Through Start-up or Acquisition: A Learning Perspective [J]. Academy of Management Journal, 1998, 41 (1): 7-26.

[4] C. Freeman. Technology Policy and Economic Performance: Lessons from Japan [M]. London: Frances Pinter Publishers, 1987.

[5] Chesbrough H. Open Innovation: The New imperative for Creating and Profiting from Technology [M]. Boston: Harvard Business School Press, 2003.

[6] H. W. Chesbrough. Open Innovation: The New Imperative for Creating and Profiting from Technology [M]. Boston: Harvard Business Press, 2003.

[7] McKelvey M., Almb H., Riccaboni M. Does Co-location Matter for Formal Knowledge Collaboration in the Swedish Biotechnology-pharmaceutical Sector [J]. Research Policy, 2003 (32): 483-501.

[8] Potocan V., Mulej M., Kajzer S. Business Cybernetics: A Provocative Suggestion [J]. Kybernetes, 1972, 34 (9-10): 1496-1516.

[9] Porter M. E. Competitive Advantage: Creating and Sustaining Superior Performance [M]. Canada: Free Press, 1998: 245-251.

[10] Pan S. L., Tan B.. Demystifying Case Research: A Structured-Pragmatic-Situational (SPS) Approach to Case Studies [J]. Information & Organization, 2011, 21 (3): 237-258.

[11] S. Robin & T. Schubert. Cooperation with Public Research Institutions and Success in Innovation: Evidence from France and Germany [J]. Research Policy, 2013, 42 (1) 149-166.

[12] W. Hong. Decline of the Center: The Decentralizing Process of Knowledge Transfer of Chinese Universities from 1985 to 2004 [J]. Research Policy, 2008, 37 (4): 580-595.

[13] Yin R. K. Case Study Research: Design and Method (4th) [M]. London: Sage Publications, 2009.

[14] Stake R. E.. Case Studies [J]. Handbook of Qualitative Research, 2000, 64 (2): 147-160.

[15] 蔡坚，杜兰英．协同创新网络嵌入影响企业创新绩效的机制与路径研究——基于知识协同的中介效应[J]．工业技术经济，2013 (11)：3-13.

[16] 陈劲，蒋子军，陈钰芬．开放式创新视角下企业知识吸收能力影响因素研究 [J]．浙江大学学报（人文社会科学版），2011 (5)：71-82.

[17] 陈劲，阳银娟．协同创新的理论基础与内涵 [J]．科学学研究，2012 (2)：161-164.

[18] 储节旺，张静．企业开放式创新知识协同的作用、影响因素及保障措施研究 [J]．现代情报，2017 (1)：25-30.

[19] 佟泽华．知识协同的内涵探析 [J]．情报理论与实践，2011 (11)：11-15.

[20] 樊治平，冯博，俞竹超．知识协同的发展及研究展望 [J]．科学学与科学技术管理，2007 (11)：85-91.

[21] 何建坤，吴玉鸣，周立．大学技术转移对首都区域经济增长的贡献分析 [J]．科学学研究，2007 (5)：871-876.

[22] 何郁冰．产学研协同创新的理论模式 [J]．科学学研究，2012 (2)：165-174.

[23] 柯青，李纲．企业知识协同研究综述 [J]．情报科学，2008 (10)：1584-1588.

[24] 吕巍．知识优势 [M]．北京：机械工业出版社，2002：25-38.

[25] 李宏贵．中国企业借鉴协同战略理论研究 [J]．现代经济（现代物业下半月刊），2007 (1)：71-74.

[26] 李丹．企业群知识协同要素及过程模型研究 [J]．图书情报工作，2009 (14)：76-79.

[27] 李文慧．基于知识管理的企业知识创新能力评价研究 [J]．情报科学，2009 (2)：231-235.

[28] 李春娟．国内知识协同研究综述 [J]．技术经济与管理研究，2012 (8)：29-32.

[29] 毛基业，李晓燕．理论在案例研究中的作用——中国企业管理案例论坛（2009）综述与范文分析 [J]．管理世界，2010 (2)：106-113，140.

[30] 彭伟，符正平，李铭．网络位置、知识获取与中小企业绩效关系研究 [J]．财经论丛，2012 (2)：98-103.

[31] 孙伟，高建，张帏，王德保，冯冠平．产学研合作模式的制度创新：综合创新体 [J]．科研管理，2009 (5)：69-75.

[32] 吴云鹏，王君．企业知识创新能力影响因素分析方法 [J]．北京航空航天大学学报（社会科学版），2010 (4)：48-53.

[33] 吴悦，顾新．产学研协同创新的知识协同过程研究 [J]．中国科技论坛，2012 (10)：17-23.

[34] 万幼清，王云云．产业集群协同创新的企业竞合关系研究 [J]．管理世界，2014 (8)：175-176.

[35] 徐少同，孟玺．知识协同的内涵、要素与机制研究 [J]．科学学研究，2013 (7)：976-982.

[36] 余菁．案例研究与案例研究方法 [M]．北京：经济管理出版社，2004.

[37] 杨武，申长江．开放式创新理论及企业实践 [J]．管理现代化，2005 (5)：4-6.

[38] 游达明，孙洁．企业开放式集成创新能力的评价方法 [J]．统计与决策，2008 (22)：179-181.

[39] 邹晓东，王凯．区域创新生态系统情境下的产学知识协同创新：现实问题、理论背景与研究议题 [J]．浙江大学学报（人文社会科学版），2016 (6)：5-18.

“一带一路”背景下我国企业知识转移激励机制的演化博弈分析：边界扳手视角

黄彬云　杨　晨　刘梦奇

（江西财经大学工商管理学院，江西　南昌　330013）

［摘　要］边界扳手是指一些从事跨边界活动的人，他们作为一个单位与其环境之间的关联者，可以履行几个不同的职能，如信息交换、获取资源和群体代表等。随着“一带一路”倡议的不断推进，沿着“一带一路”“走出去”与“引进来”，将推动我国企业跨边界知识转移活动日益增多，边界扳手在知识转移活动以及战略决策的过程中也日趋重要。对边界扳手而言，边界扳手通过知识转移行为可以获得丰厚的报酬、晋升的机会等；对企业而言，企业通过激励边界扳手的知识转移行为可以在一定程度上降低边界扳手在知识转移活动过程中可能会产生的焦虑和不确定性，提高边界扳手进行知识转移行为的主动性和积极性，更好地应对外界环境带来的挑战，提高企业的整体收益。因此，首先，本文运用演化博弈理论、知识转移理论等对企业知识转移激励行为以及边界扳手的知识转移行为进行演化博弈分析并构建相关的演化博弈模型；其次，分析不同的情况下企业运用边界扳手进行知识转移活动时所产生的不同均衡结果，得出企业在针对边界扳手进行知识转移行为时应采取的策略。通过对企业知识转移激励机理的演化博弈分析，将有助于企业建立知识转移激励机制。

［关键词］“一带一路”；边界扳手；知识转移；演化博弈

一、引言

2013 年 9 月和 10 月，习近平总书记分别提出了各国共同建设“丝绸之路经济带”和“21 世纪海上丝绸之路”的战略倡议。“一带一路”倡议的提出，将有利于促进我国和中亚、南亚、欧亚等多个国家和地区的贸易往来，进一步推进区域之间的合作与交流，促进各国的共同发展。伴随着“一带一路”倡议的实施，沿线各国企业之间的交流与合作也日益密切。但是，由于各国的社会、政治、经济以及文化背景存在差异，企业在对知识转移的有效性进行管理时必定受到各种因素的影响。此外，各国企业之间在转移模式与转移路径上也各有特点。因此，如何建立有效沟通的桥梁，减少距离量，为企业提供跨边界对话的机会，改善团队的学习条件，是企业有效进行知识转移的关键。而在企业知识网络中有一类个体行为人——跨边界者在知识转移中扮演着重要的角色。边界扳手来源于“Boundary Spanner”一词，指的是一些从事跨边界活动的人，他们通过不断访问市场和资源进行信息的交换（Cross and Prusak，2002）。作为一个单位与其环境之间的关联者，他们可以履行几个不同的职能，如信息交换、获取资源和群体代表等。随着“一带一路”倡议的不断推进，沿着“一带一路”“走出去”与“引进来”，将推动我国企业跨边界知识转移活动日益增多，边界扳手在知识转移和战略决策的过程中占据着日益重要的地位。在创新多领域中，边界扳手将对知识进行判定和共享，并且在合理利用跨边界代理人资源的基础上，有效促进处于同一网络中伙伴之间的交流与互动（Levina et al.，2005）。因此，对企业知识转移激励行为与边界扳手的知识转移行为进行演化博弈分析并构建企业知识转移激励行为的演化博弈模型，找出我国企业在运用边界扳手进行知识转移行为时所应采取的策略，为推动我国企业建立知识转移激励机制以及促进“一带一路”沿线各国企业之间的知识转移活动具有极为重要的意义。

关于企业知识转移的有关问题，学术界虽然进行了一定程度的研究，但是大多数侧重于从企业整体层面研究知识转移，很少注重对企业个体行为人作用的研究，特别是知识网络中的边界扳手（如侨民、外派人员以及驻海外人员等）在企业知识转移活动中所产生的影响。从边界扳手视角下研究分析企业知识转移激励机理的文献更是少之又少。基于上述问题，本文运用演化博弈理论以及知识转移理论等对企业知识转移激励行为以及边界扳手的知识转移行为进行演化博弈分析并构建相关的演化博弈模型，分析在不同的情况下企业运用边界扳手进行知识转移活动时所产生的不同均衡结果，以期找出我国企业运用边界扳手进行知识转移活动时应采取的有关激励措施。

二、理论背景

（一）边界扳手

边界扳手来源于“Boundary Spanner”一词，指的是一些从事跨边界活动的人，他们通过不断访问市场和资源进行信息的交换。1920年，跨边界行为者（Boundary Spanner）第一次出现在文献中（Abrahamson and Fisher，2007）。1977年，Tushman第一次提出“边界扳手”这一概念。在管理方面，有关边界扳手的早期研究主要运用于创新研究领域（Katz and Tushman，1983）。在不同的情境中，边界扳手有着不同的含义。在以往的研究当中，关于对组织研究的相关文献中，学者们将边界扳手定义为一种特定代理人，他们的活动主要是在不同群体之间建立联系。

已有文献研究对边界扳手的多种角色进行了解释。在信息处理方面，边界扳手主要通过在组织间进行更好的交流以及减少不确定性以改善信息处理过程。有关社会网络分析的文献中，将边界扳手划分为代表角色、看门人角色、建议型中介和信任型中介四种角色，并强调随着环境的变化，这些角色也将会发生变化，甚至出现不兼容现象（Friedman and Podolny，1992）。边界扳手跨边际角色有着九种不同类型：创建联系、塑造行为、收集情报、收集信息、传递信息、协调协商、卫、代表以及中介人，其中创建联系是边界扳手主要的角色类型，并运用探索性案例研究的方法验证了边界扳手与组织外部代理人之间的互动，案例研究结果说明各国环境的差异以及代理人之间的互动，使得边界扳手的角色不断发生变化（Karen L. Johnson and Linda Duxbury，2010）。

边界扳手在知识转移和战略决策中将组织与环境连接起来的过程中发挥着重要的作用。边界扳手们通过不断访问市场和资源进行信息的交换（Cross and Prusak，2002）。在创新多领域中，边界扳手将对知识进行判定和共享，并且在合理利用跨边界代理人资源的基础上，有效地促进处于同一网络中伙伴之间的交流与互动（Levina et al.，2005）。有一类个体行为人——跨边界者在企业知识转移中扮演着重要的角色，企业可以通过网络边界者们紧密开展工作，建立紧密的关系网络，从而促进知识的交流、共享与转移（赵云辉，2016）。

在研究中应考虑情景变量对边界扳手角色的影响，使用动态视角分析知识边界扳手的角色变化。在创新过程中应该侧重于对创新活动需求的关注，而且技能娴熟的边界扳手的存在将有利于用户驱动创新。除了在创新领域中，边界扳手角色在其他的一些领域中也具有广泛的意义。

（二）知识转移

知识（技术）转移的概念最早是由 Teece（1977）提出，他认为知识转移指的是一个过程，它是个人与个人之间、组织与组织之间以及组织与个人之间知识的发送与接收过程，其中知识既包括隐性知识，也包括显性知识。通过中介媒体作为媒介将知识的发送者与接收者相连，从而形成一个知识转移链条。张大为和汪克夷（2009）进一步地把知识转移运用于个体、团体、组织部门之间以及组织之间等不同主体之间的知识流动、共享与转移。

立足于交换的角度，知识转移是知识源方与知识接收方之间进行的知识交换的过程（Szulanski，1996）。更进一步，知识转移可分为知识传递、知识吸收两个过程。知识被接收意味着知识接受方对发送方所传递的知识能够充分地感知与理解，并且能够对此实施行动（Davenport and Prusak，1998）。在知识转移的过程中的影响因素主要有知识转移特性（Zander and Kogut，1995）、知识转移主体的能力（Zahra and George，2002）以及知识转移的情境（Leonard-Barton，1992）。

知识转移的构成要素主要有转移主体、情境、内容和媒介四个部分（Vito and Garavelli，1999）。知识转移过程依赖于转移主体、情境、内容以及媒介四个部分的相互作用。由于知识的主体包括个体和组织，因此转移情境可分为组织内、组织外两种不同的情境，转移过程中知识的内容决定了知识转移过程是否有效，转移媒介指的是在知识转移过程中所运用到的方法（谭大鹏和霍国庆，2006）。

知识转移模式的经典理论可追溯到 Nonaka 和 Takeuchi（1995）的经典 SECI 模型，这个模型当中概括了知识转移的四种模式，也就是四个阶段：社会化（隐性知识—隐性知识）；外部化（隐性知识—显性知识）；组合化（显性知识—显性知识）；内部化（显性知识—隐性知识）。在诸如此类的模型中，在内隐和外显的循环中不断发生知识转移，进而形成一个螺旋结构。

在关于企业知识转移的文献中，大多数侧重于从企业整体层面研究知识转移，很少关注个人层面，分析企业组织内部个人在企业知识转移中所扮演的角色以及所产生的影响；同时，已有文献也很少关注企业个体行为人的角色，特别是知识网络边界扳手（如侨民、外派人员以及驻海外人员等）在企业知识转移中所起的作用。

（三）演化博弈

1973 年，Smith 和 Price 首次提出演化博弈论的基本概念——演化稳定策略，这标志着演化博弈理论的正式诞生。Selten（1980）在有限理性的假设条件下，将演化博弈论运用于社会经济制度的演进、产业的变迁等相关研究领域，在一定程度上拓展了演化博弈理论的运用。此外，Selten（1983）的研究视角开始由对称博弈转为非对称博弈。近年，有关演化博弈理论的研究开始出现新的发展趋势，如在演化合作博弈研究中嵌入合作方模仿情形（David and Wolfgang，2007）、在演化博弈分析中纳入随机扰动情形（Josef and William，2007）等。此外，学术界对演化稳定策略（ESS）的有关分歧问题也进行了讨论（Bach et al.，2006）。国内关于演化博弈在理论方法方面的研究文献相对较少，张良桥和玛从文（2001）将经典博弈理论与演化博弈理论进行了对比分析；王龙等（2014）研究分析了系统状态与个体策略共同演化情形下的反馈机制问题；孙庆文等（2003）在考虑不完全信息的条件下引入复制动态思想，针对非对称性的演化博弈的均衡稳定性进行了分析与讨论；吴昊等（2004）分析讨论了合作竞争博弈的复杂性，并通过构建演化博弈模型对合作竞争策略的演化稳定性进行了研究。

演化博弈理论在管理学科的应用方面，更多集中于对人的行为因素、社会规范形成以及企业的运作管理等方面的研究。Friedman 和 Fung（1996）运用演化博弈理论，以日本和美国的企业组织模式作为研究对象分析了企业组织模式的演化规律。Bester 和 Guth（1998）针对在经济活动中人的利他行为，构建演化博弈模型并对该行为的存在性以及演化趋势特征进行了研究分析。Dufwenberg 和 Guth（1999）分析对比了双寡头垄断竞争的市场环境下间接演化与策略代理两种方法，并研究了间接演化与策略代理两种方法分别在各种条件下产生的市场结果。Guttman（2000）在机会主义群体中引入互惠主义群体，并运用演化博弈理论研究互惠主义群体是否能够在系统中得以生存。Haruvy 和 Prasad（2001）选择具有网络外部性特征的免费软件作为研究对象，通过构建演化博弈模型研究如何确定其最优价格和质量的相关演化路径。

因此，本文尝试结合边界扳手的相关概念、知识转移理论以及演化博弈理论研究“一带一路”背景下我国企业该如何建立知识转移激励机制，建立有效沟通的桥梁，减少距离量，为“一带一路”沿线各国企业提供跨边界对话的机会。

三、企业与边界扳手的复制动态和演化稳定策略

在知识转移活动中，一方面，边界扳手能够通过吸收知识来源方的原有知识直接得到价值增值；另一方面，知识协同以及杠杆作用下边界扳手将会得到新创造的价值，使得自身的整体价值得以提升。与此同时，在知识转移活动中也必然需要付出一些成本，诸如知识发送成本、知识接收成本、知识管理成本等。当企业对边界扳手的知识转移行为采取资助策略时，在一定程度上可以降低边界扳手在知识转移过程中可能产生的风险，以得到更多的知识收益。因此，在知识转移活动中，企业是否采取激励策略与边界扳手是否进行知识转移行为将会产生博弈关系。

实际上，各企业由于受到利益等各种主、客观因素的影响，难以做到完全理性。因此，实际情况应是在实践中进行学习与调整，使所选择的策略能够最大程度地趋向于完全理性。基于达尔文生物进化论和拉马克的遗传基因理论提出了演化稳定策略的相关概念，在重复博弈中，根据既得利益，各具备有限信息的个体通过不断地调整策略使自身利益得到改善，不断地用更完美的事态代替较不完美的事态，以实现最终的动态平衡状态。在这个平衡状态中，各个体不会单方面改变目前的策略，这时的策略就是演化稳定策略，这样的不断调整以实现平衡状态的过程就是演化博弈。边界扳手进行知识转移行为有两种策略可以进行选择：一种是转移，另一种是不转移；同时，企业对边界扳手激励行为有两种策略可以进行选择：一种是资助，另一种是不资助。因此，假设边界扳手与企业进行博弈时的相关符号说明以及支付矩阵如表 1 和表 2 所示。

表 1 符号说明

符号	说明
V_1	表示企业资助下边界扳手采取转移策略所获收益
V_2	表示没有企业资助下边界扳手采取转移策略所获收益（$V_1>V_2$）
a	表示在所获收益中，边界扳手所占比例，有 $0<a<1$
$1-a$	表示在所获收益中，企业所占比例

续表

符号	说明
c_1	表示边界扳手在知识转移过程中所支付的成本
c_2	表示企业激励边界扳手进行知识转移行为时所支付的成本，包括为提高企业内部的知识接受与学习能力而支付的成本以及为建立顺畅的知识转移渠道而承担的相应费用等

资料来源：本文整理。

表 2　企业与边界扳手的支付矩阵

		企业	
		资助	不资助
边界扳手	转移	av_1-c_1，$(1-a)v_1-c_2$	av_2-c_1，$(1-a)v_2$
	不转移	0，$-c_2$	0，0

资料来源：本文整理。

在知识转移过程中，x 表示边界扳手采取转移策略所占的比例，y 表示企业采取资助策略所占的比例，从而得出有关边界扳手的复制动态方程：

$$f(x)=\frac{dx}{dt}=x(u_{11}-\overline{u_1})=x(1-x)(u_{11}-u_{12})=x(1-x)[a(v_1-v_2)y+av_2-c_1]$$

$u_{11}=y(av_1-c_1)+(1-y)(av_2-c_1)$，表示边界扳手采取转移策略所期望得到的收益。

$u_{12}=0$，表示边界扳手采取不转移策略所期望得到的收益。

$\overline{u_1}=xu_{11}$，表示边界扳手采取转移与不转移策略的平均收益。

有关企业的复制动态方程为：

$$g(y)=\frac{dy}{dt}=y(u_{21}-\overline{u_2})=y(1-y)(u_{21}-u_{22})=y(1-y)[(1-a)(v_1-v_2)x-c_2]$$

$u_{21}=x[(1-a)v_1-c_2]-(1-x)c_2$，表示企业采取资助策略所期望得到的收益。

$u_{22}=x(1-a)v_2$，表示企业采取不资助策略所期望得到的收益。

$\overline{u_2}=yu_{21}+(1-y)u_{22}$，表示企业采取资助与不资助策略的平均收益。

（一）对边界扳手的演化稳定策略进行讨论

（1）当 $av_2-c_1<0$ 时，即 $a<c_1/v_2$。其中 c_1/v_2 表示边界扳手在知识转移过程中所支付的成本与没有企业资助下边界扳手采取转移策略所获收益之比。因此，在企业没有对边界扳手的知识转移活动进行资助的情况下，边界扳手在知识转移所获收益中的占比小于边界扳手在知识转移过程中所支付的成本与边界扳手采取转移策略所获收益的比。此时边界扳手所获得的净收益小于边界扳手不采取转移策略时所获得的净收益 0。分三种情况讨论边界扳手的演化稳定策略：

①当 $y=(c_1-av_2)/a(v_1-v_2)$ 时，$f(x)$ 恒等于 0，此时 x 为任意值时都将处于稳定状态。

②当 $y>(c_1-av_2)/a(v_1-v_2)$ 时，$x_2=1$ 是演化稳定策略。

③当 $y<(c_1-av_2)/a(v_1-v_2)$ 时，$x_1=0$ 是演化稳定策略。

（2）当 $av_2-c_1>0$ 时，即 $a>c_1/v_2$，$y>(c_1-av_2)/a(v_1-v_2)$ 显然成立。此时，在企业采取不资助的情况下，边界扳手在知识转移所获收益中的占比小于边界扳手在知识转移过程中所支付的成本与边界扳手采取转移策略所获收益的比，此时边界扳手所获得的净收益大于边界扳手不采取转移策略时所获得的净收益 0，所以企业与边界扳手进行演化博弈之后的结果是：边界扳手将会采取转移策略。

（二）对企业的演化稳定策略进行讨论

（1）当 $c_2<(1-a)(v_1-v_2)$ 时，$(1-a)>c_2/(v_1-v_2)$，其中 $c_2/(v_1-v_2)$ 表示企业采取资助策略所需支付的成本与边界扳手采取知识转移策略所获得的收益增加额的占比。这就意味着在边界扳手采取转移策略的情况下，企业在知识转移所获收益中的增加额中所分享的收益比例要大于企业采取资助策略所需支付的成本。此时企业采取资助策略所获得的净收益大于采取不资助策略时所获得的净收益。分三种情况讨论企业的演化稳定策略：

①当 $x=c_2/(1-a)(v_1-v_2)$ 时，$g(y)$ 恒等于 0，此时 y 为任意值时都将处于稳定状态。

②当 $x>c_2/(1-a)(v_1-v_2)$ 时，$y_2=1$ 是演化稳定策略。

③当 $x<c_2/(1-a)(v_1-v_2)$ 时，$y_1=0$ 是演化稳定策略。

（2）当 $c_2>(1-a)(v_1-v_2)$ 时，即 $(1-a)<c_2/(v_1-v_2)$，$x<c_2/(1-a)(v_1-v_2)$ 显然成立。这就说明在边界扳手采取转移策略的情况下，企业在知识转移所获收益中的增加额中所占的收益比例要小于企业采取资助策略所需支付的成本。此时企业采取资助策略所获得的净收益小于采取不资助策略时所获得的净收益。因此，企业与边界扳手进行演化博弈之后的结果是：企业将采取不资助策略。但是，当企业采取资助策略后所获收益更大时，只要 $x>c_2/(1-a)(v_1-v_2)$，$y_2=1$ 仍然是演化稳定策略，也就是说在企业与边界扳手的演化博弈中，企业将会趋向于采取资助策略。同时也说明，当企业采取资助策略，但是在边界扳手的知识转移能力却较弱的情况下，企业所获得的收益将小于采取不资助策略所获得的收益，因此在长期的博弈过程中企业将采取不资助策略。因此，边界扳手应在企业采取资助策略下，不断提升自我的知识接受能力、知识学习能力等，不断强化自我的创新意识，以获得更多的收益。

四、知识转移激励机制的演化博弈分析

假设 $x_0=c_2/(1-a)(v_1-v_2)$，$y_0=(c_1-av_2)/a(v_1-v_2)$，$x$、$y$ 分别表示横坐标和纵坐标，建立复制动态相位图表示边界扳手和企业在知识转移行为和激励行为时的比例变化复制动态的关系。分四种情况进行讨论：

（1）当 $av_2-c_1>0$，$(1-a)v_1-c_2>(1-a)v_2$ 时，此时，$x^*=1$ 与 $y^*=1$ 是博弈的演化稳定策略。这主要出现在边界扳手的知识转移能力强、知识转移所获收益中各方所占的比例恰当的情况下，这种情况下即使没有得到企业的资助，边界扳手采取转移策略依然能获得知识收益；如果企业采取资助策略，将会提高边界扳手的知识转移能力以及知识转移的积极性。因此，有限理性的博弈各方在长期的演化博弈过程中将会趋向于：边界扳手采取转移策略，企业采取资助策略。对边界扳手而言，当采取转移策略时的成本 c_1 一定时，随着边界扳手自我知识转移能力的不断提升，相同成本将会产生更大的收益，$a(c_1/v_2)$ 越小时，$(1-a)$ 会越大，此时企业可以在一定程度上提高激励策略下各方的收益占比，在提高企业在知识转移中所获收益的同时，也不会挫伤边界扳手采取转移策略的积极性。复制动态相位图如图 1 所示。

（2）当 $av_2-c_1<0$，$(1-a)v_1-c_2>(1-a)v_2$ 时，此时，$x^*=0$，$y^*=0$ 与 $x^*=1$，$y^*=1$ 是博弈的演化稳定策略，这主要出现在边界扳手的知识资源少、知识转移能力弱的情况下，当边界扳手所

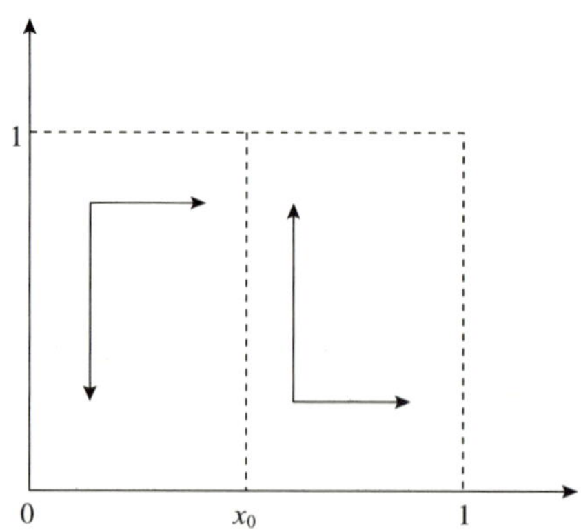

图 1　$av_2-c_1>0$，$(1-a)v_1-c_2>(1-a)v_2$ 复制动态相位图

资料来源：本文整理。

获收益的分配占比较小且企业采取不资助策略时，边界扳手采取转移策略将会降低现有收益，所以边界扳手将采取不转移策略。但是如果企业采取资助策略，将会提高边界扳手知识接受能力、知识转移能力以及抗险能力等，从而也会让企业在知识转移活动中获得更多的收益。这时博弈各方可以选择两种不同的策略，第一种是企业采取资助策略，边界扳手采取转移策略；第二种是企业采取不资助策略，边界扳手采取不转移策略。在这两个策略当中，企业采取资助策略，边界扳手采取转移策略能够达到帕累托最优，最终的博弈结果将由双方的初始情况进行决定，博弈各方可以通过采取相应措施使得博弈结果最终达到帕累托上策均衡。复制动态相位图如图 2 所示。

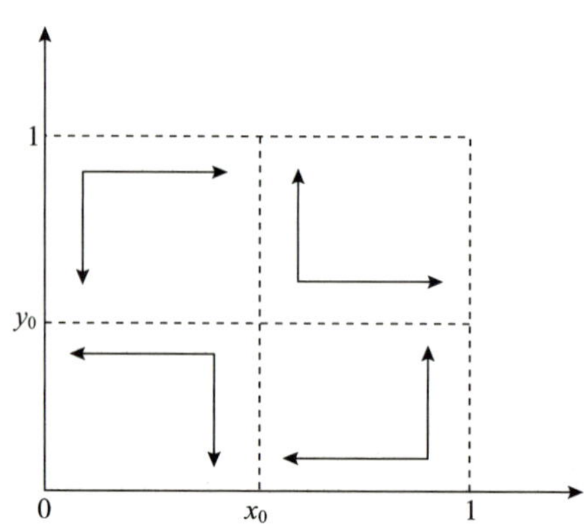

图 2　$av_2-c_1<0$，$(1-a)v_1-c_2>(1-a)v_2$ 复制动态相位图

资料来源：本文整理。

（3）当 $av_2-c_1>0$，$(1-a)v_1-c_2<(1-a)v_2$ 时，此时，$x^*=1$ 与 $y^*=0$ 是博弈的演化稳定策略。这主要出现在边界扳手的资源多、知识转移能力强的情况下，企业是否对知识转移活动进行资助对边界扳手采取知识转移策略产生的影响极小。此时，即便企业采取不资助策略，边界扳手也可以获得知识转移带来的收益。而此时因为企业采取资助策略所支付的成本大于知识转移活动中企业所获得的净收益，因此企业采取资助策略的净收益小于采取不资助策略的净收益，此时长期博弈的结果将是：边界扳手将会采取知识转移策略，而企业将会采取不资助策略。如果企业在一定程度上提高知识转移收益各方的占比，对边界扳手采取转移策略的积极性以及边界扳手在知识转移中所获得的收益将不会产生影响，反而能在一定程度上提高其所获收益，使企业有能力、有动

力采取资助策略，从而达到帕累托上策均衡。复制动态相位图如图 3 所示。

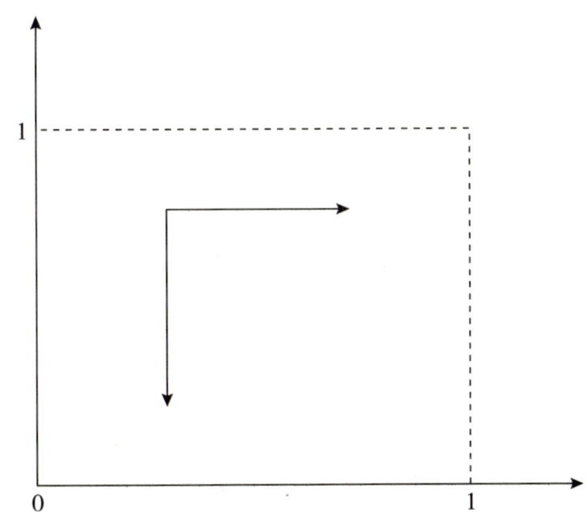

图 3 $av_2-c_1>0$，$(1-a)v_1-c_2<(1-a)v_2$ 复制动态相位图

资料来源：本文整理。

（4）当 $av_2-c_1<0$，$(1-a)v_1-c_2<(1-a)v_2$ 时，此时，$x^*=0$ 与 $y^*=0$ 是博弈的演化稳定策略。这主要出现在边界扳手的知识资源少、知识转移能力弱，而且企业采取资助策略并没有使边界扳手的知识转移能力得以提升的情况下。当企业采取不资助策略时，边界扳手采取转移策略将会降低现有的收益，同时因为企业采取资助策略所获得的净收益小于不资助时所获得的净收益，长期的演化博弈将会产生的结果是：边界扳手将采取不转移策略，企业将采取不资助策略。复制动态相位图如图 4 所示。

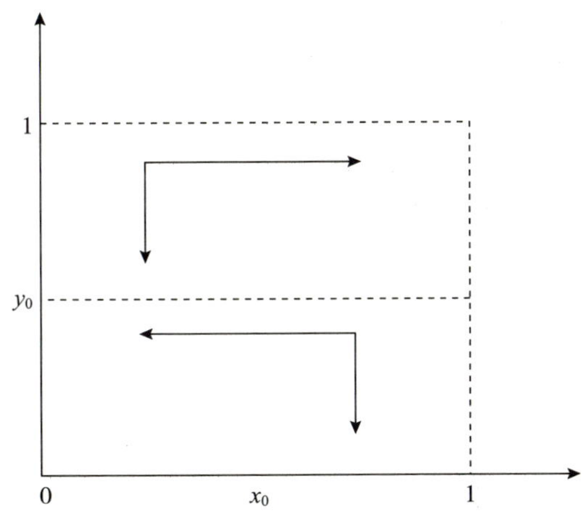

图 4 $av_2-c_1<0$，$(1-a)v_1-c_2<(1-a)v_2$ 复制动态相位图

资料来源：本文整理。

综上所述，可知：当 $av_2-c_1>0$，即 $a>c_1/v_2$ 时，边界扳手将采用转移策略；当 $av_2-c_1<0$，即 $a<c_1/v_2$ 时，只要 $y>(c_1-av_2)/a(v_1-v_2)$，边界扳手仍然会采取转移策略。这就说明边界扳手是否采取转移策略和知识转移的成本收益比有着较为紧密的关系。$1-c_1/v_2$ 表示企业在所获得的知识转移总收益中的占比，所以，当 c_1 固定不变时，v_2 越大，就会使得 $1-c_1/v_2$ 越大；相反，当 v_2 固定不变时，c_1 越小，就会使得 $1-c_1/v_2$ 越大。这表明当边界扳手的实力强、知识转移能力强时，在转移成本一样的情况下边界扳手将会得到更多的收益；企业采取资助政策时可以在一定程度上提高自身的收益占比，使得企业既不挫伤边界扳手知识转移积极性，又使自身得到更多的收益；当边界扳手的实力弱、知识转移能力弱时，企业在采取资助政策时可以在一定程度上提高自身的收益占比，使得企业既能够加强资助的力度，也能够提高边界扳手进行知识转移行为的积极性。

五、结语

“一带一路”倡议将带动更多的中国企业涌入到国际市场，企业跨边界知识转移活动也将日益增多。企业知识转移作为获取不同企业之间战略性知识资源的一种重要途径，在其转移过程中困难重重。本文运用演化博弈理论、知识转移理论等对我国企业知识转移激励行为以及边界扳手的知识转移行为进行演化博弈分析并构建相关的演化博弈模型；另外，分析不同的情况下企业运用边界扳手进行知识转移活动时所产生的不同均衡结果，得出企业在针对边界扳手进行知识转移行为时应采取的策略。

首先，由于企业知识转移处在不同的语言与文化环境下，因此，能力强的跨边界者必将成为知识转移中的主力。跨边界扳手将我国企业与各国环境连接起来，通过其紧密的工作建立企业的关系网络，促进知识的交流与转移。

其次，我国企业要想获得更多的收益，需要对边界扳手的知识转移行为进行激励。一方面，对边界扳手的知识转移行为进行激励。企业可以对边界扳手的知识转移行为进行一定程度上的资助，从而能够获得更大的收益。另一方面，从短期来看，由于知识转移活动存在风险与成本，将会在一定程度上挫伤边界扳手采取转移策略的积极性，但是从长期来看，在不断的演化博弈之后，边界扳手将趋向于采取转移策略，这样既能够提高自身所获得的收益，也能够增加企业的整体收益。

最后，我国企业应对边界扳手的知识转移活动采取资助策略。企业在拟定收益的分享比例时需要考虑边界扳手的实力，如知识创新能力、知识转移能力等，努力提高边界扳手进行知识转移的积极性、增强边界扳手的知识接受能力与知识学习能力。

本文虽构建了相关的演化博弈模型，分析了不同的情况下企业运用边界扳手进行知识转移活动时所产生的不同均衡结果，但是分析所得的结果仍需要实践的检验。对于未来的研究，学者们可以结合不同的情境，深入探究企业与边界扳手两者之间的利益关系，对本文所构建的演化博弈模型进行修正。另外，也可以采用案例研究与实证分析的方法，收集相应的样本进行研究与分析，使研究结论更具实践性与指导性。

参考文献

［1］Abrahamson J. & Fisher K. E.. What's Past is Prologue：Towards a General Model of Lay Mediary Information Behaviour［J］. Information Research，2017，12（4）.

［2］Bester H.，Guth W.. Is Altruism Evolutionarily Stable［J］. Journal of Economic Behavior & Organization，1998（34）：193-209.

［3］Cross R. & Prusak L. The People Who Make Organization Go or Stop［J］. Harvard Business Review，2002，80（6）：104.

［4］Davenport & Prusak. Working Knowledge：How Organizations Manage What They Know［M］. Boston：Harvard

Business Press, 1998.

[5] David K. Levine, Wolfgang Pesendorfer. The Evolution of Cooperation Through Imitation [J]. Games and Economic Behavior, 2007, 58 (2): 293-315.

[6] Errmn Haruvy, Ashutosh Prasad. Optimal Freeware Quality in the Presence of Network Externalities: An Evolutionary Game Theoretical Approach [J]. Journal of Evolutionary Economics, 2001 (11): 231-248.

[7] Friedman D., Fung K. C.. International Trade and the Internal Organization of Firms: An Evolutionary Approach [J]. Journal of Interational Economics, 1996 (41): 113-137.

[8] Guttman J. M.. On the Evolutionary Stability of Preferences for Reciprocity [J]. European Journal of Political Economy, 2000 (16): 31-50.

[9] Haas, Aurore. Crowding at the Frontier: Boundary Spanners, Gatekeepers and Knowledge Brokers [J]. Journal of Knowledge Management, 2015 (9): 1029-1047.

[10] Josef Hofbauera, William H. Sandholmb. Evolution in Games with Randomly Disturbed Payoffs [J]. Journal of Economic Theory, 2007 (132): 47-69.

[11] Karen L. Johnson, Linda Duxbury. The View from the Field: A Case Study of the Expatriate Boundary-spanning Role [J]. Journal of World Business, 2010 (45): 29-40.

[12] Levina N. & Vast E.. The Emergence of Boundary Spanning Competence in Practice: Implications for Implementation and Use of Information Systems [J]. MIS Quarterly, 2005, 29 (2): 335-363.

[13] Leonard-Barton D.. Core Capabilities and Core Rigidities: A Paradox in Managing New Product Development [J]. Strategic Management Journal, 1992, 13 (S1): 111-125.

[14] L. A. Bach, T. Helvikc, F. B. Christiansen. The Evolution of No-player Cooperation-threshold Games and ESS Bifurcations [J]. Journal of Theoretical Biology, 2006, 238 (2): 426-434.

[15] Martin Dufwenberg, Werner Guth. Indirect Evolution VS. Strategic Deletion: A Comparison of Two Approaches to Explaining Economic Institutions [J]. European Journal of Political Economy, 1999 (15): 281-295.

[16] Majchrzak A., Ricere, Kngn et al.. Computer Mediated Inter-organizational Knowledge Sharing: Insights Form a Virtual Team Innovating Using a Collaborative Tool [J]. Information Resources Management Journal, 2000, 13 (1): 44-53.

[17] Maynard Smith J.. The Theory of Games and the Evolution of Animal Conflict [J]. Journal of Theory Biology, 1973 (47): 209-221.

[18] Maynard Smith J., Price G. R.. The Logic of Animal Conflicts [J]. Nature, 1974 (246): 15-18.

[19] Szulanski G.. Exploring Internal Stickiness: Impediments to the Transfer of Best Practice Within the Firm [J]. Strategic Management Journal (Special Issue), 1996 (17): 27-44.

[20] Selten Reinhard. A Note on Evolutionary Stable Strategies in Asymmetric Animal Conflicts [J]. Journal of Theoretical Biology, 1980 (84): 93-101.

[21] Selten Reinhard. Evolutionarily Stable Strategies in Extensive Two-person Games [J]. Mathematical Social Sciences, 1983 (5): 269-363.

[22] Teece D.. Technology Transfer by Multinational Firms: The Resource Cost of Transferring Technological Know-how [J]. The Economic Journal, 1977 (87): 242-261.

[23] Vlto A. & Garavelli A. C.. Limited Flexibility in Cellular Manufacturing Systems: A Simulation Study [J]. International Journal of Production Economics, 1999, 60 (61): 445-447.

[24] Zander U. & Kogut B.. Knowledge and the Speed of the Transfer and Imitation of Organizational Capabilities: An Empirical Test [J]. Organizations Science, 1995, 6 (1): 76-92.

[25] Zahra S. A. & George G.. Absorptive Capacity: A Review, Re-conceptualization, and Extension [J]. Academy of Management Review, 2002, 27 (2): 185-203.

[26] 杜晓君，王小干，周仙华，刘赫．企业全球战略、各国市场特征与企业知识转移模式——基于企业在华子公司市场知识转移的实证研究 [J]. 研究与发展管理，2009 (6): 9-18.

[27] 孙庆文，陆柳，严广乐，车宏安．不完全信息条件下演化博弈均衡的稳定性分析 [J]. 系统工程理论

与实践，2003，23（7）：11-16.

［28］谭大鹏，霍国庆．知识转移一般过程研究［J］．当代经济管理，2006，28（3）：11-14.

［29］王先甲，全吉，刘伟兵．有限理性下的演化博弈与合作机制研究［J］．系统工程理论与实践，2011（S1）：82-93.

［30］吴昊，杨梅英，陈良猷．合作竞争博弈中的复杂性与演化均衡的稳定性分析［J］．系统工程理论与实践，2004，24（2）：90-94.

［31］王龙，吴特，张艳玲．共演化博弈中的反馈机制［J］．控制理论与应用，2014，31（7）：823-836.

［32］谢识予．经济博弈论［M］．上海：复旦大学出版社，2001：263-273.

［33］谢识予．有限理性条件下的进化博弈理论［J］．上海财经大学学报，2002（5）：3-9.

［34］赵云辉．企业知识转移的边界扳手概念、角色及驱动［J］．技术经济与管理研究，2016（10）：51-55.

［35］张大为，汪克夷．知识转移研究述评与展望［J］．科技进步与对策，2009（19）：196-200.

［36］张良桥，玛从文．理性与有限理性：论经典博弈理论与进化博弈理论之关系［J］．世界经济，2001（8）：74-78.

互补知识对企业技术创新绩效的影响研究
——技术创新动态能力的中介作用

熊胜绪　李　萍　马自星
（中南财经政法大学工商管理学院，湖北　武汉　430064）

[摘　要] 本文基于资源基础观的“资源决定能力”，以及产业组织经济学的“结构决定行为，行为决定绩效”为思想，探讨了互补知识对企业技术创新绩效的影响，以及技术创新动态能力的中介作用。通过文献研究和实地调研的结合，开发了互补知识和技术创新动态能力测量量表。对252个企业样本的调查问卷进行统计分析，结果显示：①互补知识各维度对企业的技术创新绩效有显著正向影响。②互补技术知识和顾客知识对技术创新动态能力各维度有显著正向影响，但经营管理知识只是显著地正向影响企业感知技术机会的能力和创新资源的整合能力，对企业适应环境的组织变革能力的影响不显著。③技术机会的感知能力在互补知识与研究开发绩效间具有中介作用，但在互补知识与新技术产业化绩效间没有中介作用。④资源整合能力无论是在互补知识与研究开发绩效，还是在互补知识与新技术产业化绩效间都具有中介作用。⑤在互补技术知识影响研究开发绩效和互补知识影响新技术产业化绩效，以及顾客知识影响研究开发绩效和顾客知识影响新技术产业化绩效的过程中，组织变革能力都具有部分中介作用。

[关键词] 互补知识；技术创新动态能力；创新绩效

一、引言

知识经济时代，知识是技术创新中最重要的资源[1]。技术创新中的知识包括核心技术知识和互补知识，前者是某一技术领域的专业技术知识，后者是在创新中与核心技术知识共同起作用的其他相关知识，它包括互补技术知识、顾客知识和经营管理知识三个维度。技术创新动态能力是基于动态能力提出的一个新概念，指的是企业变革现有的创新资源，调整组织惯例与流程，推动技术创新能力不断提升的能力，它包括技术机会的感知能力、创新资源的整合能力和适应环境的组织变革能力三个维度[2]。

互补知识对企业技术创新绩效的影响，目前理论界还没有一个统一的认识。一种观点认为，互补知识的积累能提升企业的技术创新绩效。例如，Butler（2000）研究发现，顾客需求知识与技术创新机会的识别呈正相关关系[3]。Lehrer（2007）的研究表明，研发活动得到其他研究机构的互补知识能有效地提高研发效率。另一种观点认为，互补知识的积累不利于提升技术创新绩效[4]。例如，Stefan Thomke 和 Walter Kuemmerle（2002）发现，互补技术知识会在原有的技术体系内给企业提供更多的技术机会，这使企业不愿离开原有的技术领域去开展突破性创新[5]。

Rothaermel（2001）研究发现，如果一项技术创新会导致核心技术知识和互补技术知识的贬值，掌握这些技术知识的员工就会为防止其人力资本贬值而抵制这种创新的实施[6]。

互补知识对企业技术创新绩效的影响机理，目前还是一个需要研究的问题。按照互补资产决定动态能力的理论观点[7]，互补知识无疑是直接影响企业技术创新动态能力的一个因素。技术创新动态能力这个概念虽然较新，但它对企业技术创新绩效的影响已受到了理论界的广泛关注。例如，Antikainen等（2010）提出，技术创新动态能力会导致突破性创新，因为具有动态创新能力的企业有较强的知识吸收能力，有利于企业探索新的信息[8]。2014年，徐宁等经实证研究发现，具有较强技术创新动态能力的中小上市公司，其公司绩效与成长性高于一般公司[9]。

基于以上研究发现，本文将互补知识、技术创新动态能力和技术创新绩效纳入一个分析框架，从理论和实证上探讨各类互补知识对企业技术创新绩效的影响，同时，以技术创新动态能力为中介，通过研究其中介作用，揭示互补知识影响技术创新绩效的内在机理。这一研究是对互补知识与技术创新绩效现有研究的一个补充，也是对企业技术创新动态能力作用认识的一个深化。

二、理论分析与假设

企业技术创新过程包括新技术的研究开发过程以及新技术的产业化过程，研究开发活动形成的成果称为研究开发绩效，新技术的产业化活动形成的成果称为产业化绩效。互补知识不仅对技术创新绩效的这两个维度有直接影响，而且会通过技术创新动态能力产生间接影响。

（一）互补知识对企业技术创新绩效的影响

现代技术创新具有的跨学科性质使互补技术知识对创新绩效的影响越来越明显。生物医药是传统化学知识和生物技术知识结合的产物，智能制造技术是电子技术与机械技术融合创新的产物。3D打印技术更是融合了电子、机械、材料技术的创新成果。

顾客知识是顾客的欲望、感知、经验、价值、情境信息以及顾客对企业提供的产品是否满足等需求信息。顾客知识是企业重要的资产，Sanchez等（1991）认为，顾客知识是企业创新的源泉，将顾客知识应用到创新过程可以减少重复研究，并大大缩短寻找和开发新产品的时间，获得市场先占优势[10]。Atuahene-Gima K.等（1995）提出，顾客是产品的使用者，将顾客知识整合到创新过程中，可以降低创新的失败率[11]。

经营管理知识是管理者开拓和管理市场，选择或设计商业模式，组织与管理生产过程的知识和技能。许多学者强调了管理者的管理能力在企业适应环境中的作用[12][13][14]。管理者的经营管理知识不同，对市场的直觉和决策能力就不同。通常情况下，知识丰富的管理者对市场需求和技术发展方向有更好的直觉，决策能力更强，也能更好地为新技术的商业化选择恰当的商业模式。这有利于提升技术创新成功的概率。基于以上分析，我们提出以下假设：

假设1a：互补知识的各维度对企业的研究开发绩效有正向影响。

假设1b：互补知识的各维度对企业的新技术产业化绩效有正向影响。

（二）互补知识对企业技术创新动态能力的影响分析

感知技术机会的能力形成于企业对顾客需求的了解和企业掌握的技术知识的多少。对顾客需求了解更多的企业，能更多地开发出适销对路的新产品。一个在检测化学元素抵抗疾病的功能方面积累了更多知识的企业，就能发现更多的开发新产品的机会。拥有机械、电子、信息、自动控制、传感测试及软件编程等多种技术知识的企业，就能在数控（NC）机床、工业机器人、智能机器人等领域感知到更多的技术创新机会。经营管理知识丰富的企业能更好地构建鼓励人们寻找创新机会的体制与机制。

互补性知识是企业合作创新的前提。拥有各种互补知识的企业，更容易成为核心技术企业寻求的合作对象。无论是互补技术知识，还是顾客知识和经营管理知识，一旦成为了企业的战略性资产，它就具有整合核心技术知识和其他互补知识的作用。例如，通用电气并不是CT产品的核心技术的发明者，但它拥有的医疗产品设计方面的互补技术，对顾客需求的认知，以及在生产、人员培训、售后服务等方面的经营管理知识是稀缺的战略性资源，依靠这些互补知识，它成功地整合了EMI公司的核心技术，使CT产品在通用电气生根、开花、结果。

组织的变革能力取决于经营管理企业的知识或技能[12]。同时，市场经济中，组织的变革是由技术变革和市场需求的变化引导的。互补技术知识和顾客知识多的企业，能更好地根据技术变革或市场变迁的要求适时调整企业的组织结构。

根据以上分析，我们提出以下假设：

假设2a：互补知识的各维度对企业感知技术机会的能力有正向影响。

假设2b：互补知识的各维度对企业整合创新资源的能力有正向影响。

假设2c：互补知识的各维度对企业适应环境的变革能力有正向影响。

（三）技术创新动态能力对企业技术创新绩效的影响分析

技术机会感知能力强的企业能更好地响应技术和顾客需求的变化，开发出市场需要的新技术和新产品，并及时将其产业化，获取其商业价值。经济全球化时代，最稀缺的不是创新资源，而是整合创新资源的能力。整合创新资源能力强的企业能够在全球市场上整合创新资源，将好的创意变成有价值的新产品或新技术，也能从市场上获取有商业价值的技术成果，通过产业化占有这些新技术的价值。组织变革能力强的企业更能适应环境的变化，通过更新技术创新的资源基础，改变落后的创新惯例与流程，提升企业的研究开发和新技术的产业化绩效。基于以上分析，我们提出以下假设：

假设3a：技术创新动态能力的各维度对研究开发绩效有正向影响。

假设3b：技术创新动态能力的各维度对新技术产业化绩效有正向影响。

（四）技术创新动态能力在互补知识与企业技术创新绩效间的中介作用分析

能力的基础是知识，根据产业组织经济学提出的“结构决定行为，行为决定绩效”的理论观点，可以认为，企业有什么样的创新绩效，取决于企业的创新行为，而企业的创新行为是由企业的知识结构决定的。企业的知识结构不同，其感知技术机会、整合创新资源和变革企业组织的行为就不同，不同的行为体现出来的企业感知技术机会的能力，从企业内外整合创新资源的能力，以及根据创新的需要对组织做出合理变革的能力是不同的。这些能力的异同，会形成企业获取的创新机会和创新资源以及组织对创新的适应性的异同，从而会形成企业的研究开发成果和新技术产业化成果上的差异。基于这一分析，我们提出以下假设：

假设4a：技术机会的感知能力在互补知识的各维度与企业研究开发绩效间具有中介作用。

假设4b：创新资源的整合能力在互补知识的各维度与企业研究开发绩效间具有中介作用。

假设4c：适应环境的组织变革能力在互补知识的各维度与企业研究开发绩效间具有中介作用。

假设4d：技术机会的感知能力在互补知识的各维度与新技术产业化绩效间具有中介作用。

假设 4e：创新资源的整合能力在互补知识的各维度与新技术产业化绩效间具有中介作用。

假设 4f：适应环境的组织变革能力在互补知识的各维度与新技术产业化绩效间具有中介作用。

根据上述理论分析，本文提出互补知识影响企业技术创新绩效的理论模型，如图 1 所示。

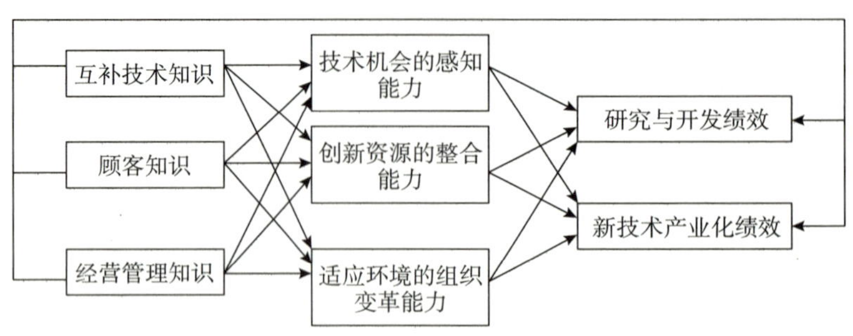

图 1　研究变量关系

三、研究设计

对上述假设的检验是对中国企业的问卷调查进行的。目前，中国无论在国家层面，还是在企业层面，技术创新都是重要的战略目标，知识和技术创新动态能力对企业的创新绩效发挥着重要作用。我们研究的企业包括各种规模、行业特点和产权结构的企业，这些企业不仅具有行业的核心技术知识，而且具有丰富的互补知识。近些年，这些企业也取得了明显的技术创新绩效。

（一）研究设计与数据收集

问卷是通过广泛的文献研究和实地调查开发的，采用的是李克特 7 级量表。问卷的第一稿是基于文献开发的。根据 Sveiby（1997），赵静杰、张少杰（2005），陈晓红等（2009），汤湘希、杨帆、田延平（2011）的理论观点，我们拟定了测量互补知识的 14 个题项[15-18]。根据 Teece（2007），林萍（2009），王菁娜、王亚江、韩静（2010），贺小刚、李新春、方海鹰（2006）的理论观点，拟定了测量技术创新动态能力的 13 个题项[19-22]。针对这一稿问卷，我们向两位精通知识管理的专家咨询了互补知识题项内容的有效性，向两位精通技术创新管理的专家咨询技术创新动态能力题项的有效性，向一位精通调查设计的教授咨询问卷总体结构的合理性。在根据专家意见修改之后，将调查问卷发送到部分目标企业，这些企业是随机挑选的，问卷发送对象是企业对知识管理或技术创新活动最熟悉的研发主管或主管技术创新的副总裁，并按照他们的意见对问卷做了进一步修改。数据的收集是通过三种方式进行的：一是面对面的调查收集。利用现场调查、访谈的机会收集数据。二是利用学校校友资源，通过 E-mail 向校友所在企业的研发主管和技术副总裁发放问卷。三是通过问卷调查中介公司调查收集一部分问卷。

问卷调查分两个阶段进行：第一个阶段是预调研，向目标企业发放了 200 份问卷，回收有效问卷 165 份。采用主成分分析法与最大方差法进行因子分析，删除了因子载荷小于 0.5 的题项，其余的题项构成了本文正式的调查问卷，题项如表1和表2所示。第二个阶段是正式调研。本次研究共发放了530份正式调查问卷，回收问卷308份，剔除了56份填写信息不全或连续多题项填写相同答案的无效问卷，有效问卷252份，有效回收率为47.55%，检验假设采用了252个企业样本。

表1 互补知识量表（N=252）

构 念	测量题项	因子载荷	Cronbach's α 值
互补技术知识	本企业拥有许多与核心技术相关的其他学科的高素质的技术人员	0.787	0.743
	本企业经常组织各学科的技术人员开展交流、研讨技术问题	0.775	
	本企业能够从外部获取专家建议等智力资本用于支持企业决策	0.640	
顾客知识	本企业和重要顾客保持着密切的联系，及时获取顾客需求信息	0.654	0.719
	本企业能适时根据顾客对产品与服务喜好的变化，进行产品的改进	0.770	
	本企业对顾客能接受的价格水平有深刻的了解	0.704	
	本企业对提供的产品与服务受顾客欢迎程度的信息比较了解	0.568	
经营管理知识	本企业经常订购各种科技期刊，供企业科技人员学习	0.563	0.693
	本企业有良好的信息系统帮助员工获取和利用所需的相关知识	0.748	
	本企业时常吸收顾客参与新产品的设计	0.695	
	本企业主要管理者参与过许多重大的经营决策	0.726	
	本企业曾多次实施成功的战略和商业模式	0.600	

表2 技术创新动态能力量表（N=252）

构 念	测量题项	因子载荷	Cronbach's α 值
技术机会的感知能力	本企业频繁考察和分析环境的变化，评估环境变化对顾客的影响	0.796	0.818
	本企业管理者和技术人员对技术的变化态势有较强的洞察力	0.795	
	本企业经常开展市场调研，及时了解顾客需求的变化	0.766	
创新资源的整合能力	本企业定期吸收新的技术知识和信息，并将个人能力整合成组织能力	0.733	0.803
	本企业有多种渠道吸收和利用外部技术知识	0.809	
	本企业各部门员工都有适当的途径参与技术创新活动	0.754	
	本企业能根据需要适时获取或利用外部研发资金、样品制造、营销网络等创新资源	0.795	
	本企业能适时获取和利用外部技术创新成果，并将其成功产业化	0.787	
	本企业经常和其他企业、社会研究机构开展联合创新	0.805	
适应环境的组织变革能力	本企业能根据新技术或新产品的特点选择合适的战略和产业化模式	0.826	0.816
	本企业能根据新技术发展的要求适时改变旧的决策规则	0.857	
	本企业能根据创新项目的要求适时授予创新部门、创新团队和创新者较多的决策自主权	0.780	
	本企业能为保护知识产权并促进创新产业化建立适宜的治理机制	0.809	

（二）变量的测量

（1）因变量。技术创新绩效是因变量，包括研究开发绩效与新技术产业化绩效。本文分别用“和同行其他企业相比，本企业所开发的新产品和新技术数量较多”测量研究开发绩效，用“和同行其他企业相比，本企业新产品的销售额占销售总额的比重较大”测量新技术的产业化绩效。

（2）自变量。互补知识是自变量，在预调研的基础上形成了12个题项的量表，如表3-1所示。测量维度包括互补技术知识、顾客知识和经营管理知识。

（3）中介变量。技术创新动态能力是中介变量，在预调研的基础上形成了11个题项的量表，如表3-2所示，包括技术机会的感知能力、创新资源的整合能力和适应环境的组织变革能力三个维度。

（4）控制变量。因为技术创新绩效还要受企业规模、企业的核心技术知识、行业类型和企业产权性质的影响，因此本文将这四个因素作为控制变量。对控制变量的赋值情况为：①企业规模。本文用1、2、3、4、5依次表示50人以下、51~100人、101~500人、501~1000人、1000人以上。②企业的核心技术知识。本文用1、2、3、4、5依次表示很弱、较弱、一般、较强、很强。③行业类型。用1~11依次代表电子电气、化工、机械、交通运输、能源、汽车、软件与通信、新材料、冶金、医药、其他行业。④企业产权性质：用1、2、3、4、5、6依次代表国有企业、集体企业、民营企业、三资—内资控股、三资—外资控股、其他企业。

（三）量表的信度和效度检验

本文运用SPSS 19.0对互补知识量表和技术创新动态能力量表进行了信度和效度的检验。结果如表1和表2所示。结果显示，每个构念的Cronbach's α值均大于0.60，表明两个量表都有较好的信度。由于问卷是根据深度的文献回顾和现场访谈设计的，其构念的内容效度是理想的。运用SPSS 19.0统计软件计算发现，互补知识量表的KMO值为0.889，大于0.800；Bartlett球形检验的卡方值为890.888，自由度为66，统计显著概率P值为0.000<0.001，达到显著水平，适合做因子分析。本文运用主成分分析法与最大方差法进行因子分析，提取出三个因子的公共贡献率57.63%，大于40%。因子载荷如表1所示，各题项的因子载荷均大于0.5，这表明互补知识量表通过构建效度检验。

技术创新动态能力量表的KMO值为0.914，大于0.900；Bartlett球形检验的卡方值为1213.071，自由度为78，统计显著概率P值为0.000<0.001，达到显著水平，适合做因子分析。运用因子分析，提取出三个因子的公共贡献率55.446%，大于40%。因子载荷如表2所示，各题项的因子载荷均大于0.5，这表明技术创新动态能力量表具有较好的构建效度。

四、相关分析、回归分析与假设的检验

（一）相关分析

表3显示了变量的平均值、标准差和相关系数。各变量之间均存在显著的正相关关系，这表明本文假设初步得到支持。

表 3 变量间的相关分析（N=252）

	1	2	3	4	5	6	7	8
互补技术知识	1							
顾客知识	0.518***	1						
经营管理知识	0.683***	0.624***	1					
感知能力	0.679***	0.634***	0.654***	1				
整合能力	0.637***	0.625***	0.655***	0.672***	1			
变革能力	0.598***	0.520***	0.541***	0.647***	0.611***	1		
研究开发绩效	0.486***	0.428***	0.503***	0.552***	0.565***	0.503***	1	
产业化绩效	0.470***	0.436***	0.500***	0.470***	0.489***	0.473***	0.659***	1
均值	5.42	5.65	5.49	5.52	5.56	5.58	5.21	5.45
标准差	0.89	0.81	0.91	0.81	0.82	0.80	1.13	1.07

注：*表示 p≤0.05 的水平（双侧）上显著；**表示 p≤0.01 的水平（双侧）上显著；***表示 p≤0.001 的水平（双侧）上显著，下同。

（二）互补知识与企业技术创新绩效关系的回归分析

回归结果分别显示在表 4 和表 5 中。表 4 中的模型 1 是研究开发绩效与四个控制变量的回归结果。模型 2 是加入了互补知识的各维度变量的回归结果，其中，$R^2=0.408$，$F=35.604$，$p=0.000<0.001$，回归方程显著，R^2 变动为 0.258，模型的整体解释力上升，这表明，互补知识各维度对研究开发绩效是具有显著正向影响的，假设 1a 成立。

表 4 互补知识与企业的研究开发绩效关系的多元回归分析（N=252）

变量	因变量：研究开发绩效					
	模型 1			模型 2		
	β	P	VIF	β	P	VIF
企业规模	0.073	0.277	1.313	0.034	0.549	1.332
企业核心技术	0.253***	0.000	1.353	0.153**	0.010	1.410
行业类型	-0.172**	0.005	1.056	-0.125*	0.015	1.075
企业产权	0.098	0.101	1.032	0.028	0.576	1.058
互补技术知识				0.230***	0.001	2.064
顾客知识				0.143*	0.030	1.784
经营管理知识				0.236**	0.003	2.525
	$R^2=0.150$ $\Delta R^2=0.136$ $F=10.858$ $p=0.000$ $DW=2.122$			$R^2=0.408$ $\Delta R^2=0.392$ $F=35.604$ $p=0.000$ $DW=2.122$		

注：*表示 p≤0.05 的水平（双侧）上显著；**表示 p≤0.01 的水平（双侧）上显著；***表示 p≤0.001 的水平（双侧）上显著，下同。

表 5 是互补知识与新技术产业化绩效的回归结果。模型 1 是产业化绩效与四个控制变量的回归结果。模型 2 中加入了互补技术知识、顾客知识、经营管理知识三个变量，$R^2=0.403$，$F=34.527$，$p=0.000<0.001$，回归方程显著，其中 R^2 变动为 0.254，模型 2 比模型 1 的整体解释力上升，这表明互补知识对新技术产业化绩效也是有显著的正向影响的，假设 1b 成立。

表 5　互补知识与企业的新技术产业化绩效关系的多元回归分析（N=252）

变量	因变量：新技术产业化绩效					
	模型 1			模型 2		
	β	P	VIF	β	P	VIF
企业规模	0. 126	0. 062	1. 313	0. 090	0. 117	1. 332
企业核心技术	0. 243***	0. 000	1. 353	0. 141*	0. 017	1. 410
行业类型	-0. 112	0. 064	1. 056	-0. 066*	0. 200	1. 075
企业产权	0. 131*	0. 029	1. 032	0. 063	0. 218	1. 058
互补技术知识				0. 202**	0. 005	2. 064
顾客知识				0. 163*	0. 015	1. 784
经营管理知识				0. 240**	0. 003	2. 525
	R^2=0. 149　ΔR^2=0. 135　F=10. 812 p=0. 000　DW=1. 840			R^2=0. 403 ΔR^2=0. 385 F=34. 527 p=0. 000　DW=1. 840		

(三) 互补知识与技术创新动态能力关系的回归分析

互补知识的三个维度与技术创新动态能力的三个维度的多元回归结果如表 6 所示。回归模型显示，互补知识的各维度对企业感知技术机会的能力和创新资源的整合能力都有显著的正向影响，假设 2a、假设 2b 得到验证，但对适应环境的组织变革能力而言，有显著正向影响的因素是“互补技术知识”和“顾客知识”，经营管理知识的影响在置信水平 0. 05 上是不显著的，这表明假设 2c 只是部分成立。

表 6　互补知识与技术创新动态能力关系的多元回归分析（N=252）

自变量	因变量	β	P	t 值	容忍度	VIF
互补技术知识	技术机会的感知能力	0. 386***	0. 000	6. 732	0. 493	2. 029
顾客知识		0. 322***	0. 000	6. 032	0. 570	1. 755
经营管理知识		0. 186**	0. 004	2. 943	0. 407	2. 454
	R^2=0. 598	ΔR^2=0. 594	F=123. 157	p=0. 000	DW=2. 049	
互补技术知识	创新资源的整合能力	0. 301***	0. 000	5. 141	0. 493	2. 029
顾客知识		0. 320***	0. 000	5. 884	0. 570	1. 755
经营管理知识		0. 259***	0. 000	4. 023	0. 407	2. 454
	R^2=0. 581	ΔR^2=0. 576	F=114. 642	p=0. 000	DW=2. 112	
互补技术知识	适应环境的组织变革能力	0. 386***	0. 000	5. 771	0. 493	2. 029
顾客知识		0. 253***	0. 000	4. 069	0. 570	1. 755
经营管理知识		0. 133	0. 072	1. 808	0. 407	2. 454
	R^2=0. 452	ΔR^2=0. 446	F=68. 332	p=0. 000	DW=2. 123	

(四) 技术创新动态能力与技术创新绩效关系的回归分析

以技术创新动态能力的三个维度为自变量，技术创新绩效的两个维度分别为因变量进行多元回归分析，分析结果如表 7 所示。

表 7 技术创新动态能力与企业技术创新绩效关系的多元回归分析（N=252）

自变量	因变量	β	P	t 值	容忍度	VIF
技术机会的感知能力	研究开发绩效	0.223**	0.002	3.107	0.439	2.279
创新资源的整合能力		0.356***	0.000	5.107	0.464	2.156
适应环境的变革能力		0.168*	0.013	2.498	0.498	2.009
$R^2=0.441$	$\Delta R^2=0.434$	F=65.109	p=0.000	DW=2.035		
技术机会的感知能力	新技术产业化绩效	0.146	0.059	1.894	0.439	2.279
创新资源的整合能力		0.303***	0.000	4.045	0.464	2.156
适应环境的变革能力		0.222**	0.002	3.070	0.498	2.009
$R^2=0.353$	$\Delta R^2=0.345$	F=45.122	p=0.000	DW=1.981		

回归结果显示，技术创新动态能力的三个维度对研究开发绩效都有显著影响，假设 3a 得到验证。创新资源的整合能力、适应环境的变革能力对新技术产业化绩效的影响在 0.000 置信水平上显著，而技术机会的感知能力对新技术产业化绩效的影响不显著，这说明假设 3b 只是部分成立。

（五）技术创新动态能力的中介效应分析

1. 技术创新动态能力在互补知识与研究开发绩效间的中介效应

从表 8 中可知，模型 1 是研究开发绩效与四个控制变量的回归结果，模型 2 加入了互补技术知识、顾客知识、经营管理知识和中介变量技术机会的感知能力，结果显示，$R^2=0.445$，F=32.335，回归方程显著，其中 R^2 变动为 0.295，模型的整体解释力上升，技术机会的感知能力在 0.000 置信水平上显著，互补技术知识、顾客知识的影响不显著，因此技术机会的感知能力起完全中介作用，经营管理知识对研发绩效的影响在置信水平 0.05 上显著，β=0.174<0.236，说明技术机会的感知能力在此过程中起部分中介作用，因此，假设 4a 成立。模型 3 中，加入互补技术知识、顾客知识、经营管理知识和中介变量创新资源的整合能力，回归结果显示，$R^2=0.456$，F=34.155，回归方程显著，其中 R^2 变动为 0.306，模型的整体解释力上升，创新资源的整合能力在 0.000 置信水平上显著，互补技术知识、顾客知识、经营管理知识的影响不显著，这说明创新资源的整合能力具有完全中介作用，假设 4b 成立。

由于经营管理知识对适应环境的组织变革能力影响不显著，因此检验适应环境的组织变革能力的中介效应时删除经营管理知识变量。模型 4 中，加入互补技术知识、顾客知识时，$R^2=0.386$，F=47.308，回归方程显著；模型 5 中，加入适应环境的组织变革能力，$R^2=0.425$，F=38.900，回归方程显著，模型的整体解释力上升，适应环境的组织变革能力在 0.000 置信水平上显著，互补技术知识对研发绩效的影响在 0.001 置信水平上显著，β=0.226<0.345，这表明，适应环境的组织变革能力在此过程中起部分中介作用，顾客知识对研发绩效的影响在 0.05 置信水平上显著，β=0.153<0.229，这表明适应环境的组织变革能力在此过程中也具有部分中介效应，假设 4c 成立。

表 8　技术创新动态能力在互补知识与研究开发绩效间的中介效应分析（N=252）

变量	因变量：研究开发绩效				
	模型 1	模型 2	模型 3	模型 4	模型 5
企业规模	0. 073	0. 054	0. 033	0. 070	0. 050
企业核心技术	0. 253***	0. 158**	0. 121*	0. 172**	0. 149**
行业类型	−0. 172**	−0. 108*	−0. 095	−0. 115*	−0. 107*
企业产权	0. 098	0. 054	0. 050	0. 040	0. 047
互补技术知识		0. 113	0. 129	0. 345***	0. 226***
顾客知识		0. 048	0. 040	0. 229***	0. 153*
经营管理知识		0. 174*	0. 149		
感知能力		0. 305***			
整合能力			0. 344***		
变革能力					0. 264***
R^2	0. 150	0. 445	0. 456	0. 386	0. 425
ΔR^2	0. 136	0. 427	0. 438	0. 371	0. 408
F	10. 858	32. 335	34. 155	47. 308	38. 900

注：* 表示 p≤0. 05 的水平（双侧）显著；** 表示 p≤0. 01 的水平（双侧）显著；*** 表示 p≤0. 001 的水平（双侧）显著。

2. 技术创新动态能力在互补知识与新技术产业化绩效间的中介效应

由于技术机会的感知能力对新技术产业化绩效的影响不显著，说明技术机会的感知能力在互补知识资产与新技术产业化绩效中无中介作用，假设 4d 不成立。在此无需进行中介效应分析。

表 9 显示，模型 2 在模型 1 的基础上加入了互补技术知识、顾客知识、经营管理知识和中介变量创新资源的整合能力，这时的 $R^2=0.416$，$F=27.806$，回归方程显著，其中 R^2 变动为 0. 267，模型的整体解释力上升，创新资源的整合能力在 0. 05 置信水平上显著，互补技术知识对新技术产业化绩效的影响在 0. 05 置信水平上显著，$\beta=0.147<0.202$，这表明创新资源的整合能力在此过程中起部分中介作用。顾客知识对新技术产业化绩效的影响不显著，这表明创新资源的整合能力起完全中介作用。经营管理知识对新技术产业化绩效的影响在 0. 05 置信水平上显著，$\beta=0.185<0.240$，表明创新资源的整合能力在此过程中起部分中介作用，由此，假设 4e 得到验证。

表 9　技术创新动态能力在互补知识与新技术产业化绩效间的中介效应（N=252）

变量	因变量：新技术产业化绩效			
	模型 1	模型 2	模型 3	模型 4
企业规模	0. 126	0. 089	0. 095	0. 104
企业核心技术	0. 243***	0. 125*	0. 161**	0. 142*
行业类型	−0. 112	−0. 050	−0. 055	−0. 049
企业产权	0. 131*	0. 074	0. 075	0. 081
互补技术知识		0. 147*	0. 319***	0. 218***
顾客知识		0. 107	0. 250***	0. 186**

续表

变量	因变量：新技术产业化绩效			
	模型 1	模型 2	模型 3	模型 4
经营管理知识		0.193*		
整合能力		0.185*		
变革能力				0.223***
R^2	0.149	0.416	0.380	0.407
ΔR^2	0.135	0.397	0.365	0.390
F	10.812	27.806	45.592	35.409

注：* 表示 $p\leq0.05$ 的水平（双侧）显著；** 表示 $p\leq0.01$ 的水平（双侧）显著；*** 表示 $p\leq0.001$ 的水平（双侧）显著。

由于经营管理知识对适应环境的组织变革能力的影响不显著，因此在检验中介效应的过程中，删除经营管理知识变量。模型 3 是在模型 1 的基础上加入互补技术知识和顾客知识，$R^2=0.380$，$F=45.592$，回归方程显著；模型 4 是在模型 3 的基础上加入了中介变量适应环境的组织变革能力，结果显示，$R^2=0.407$，$F=35.409$，回归方程显著，模型的整体解释力上升，中介变量适应环境的变革能力在 0.001 置信水平上显著，互补技术知识对新技术产业化绩效的影响在 0.001 置信水平上显著，$\beta=0.218<0.319$，这表明适应环境的组织变革能力在此过程中起部分中介作用；顾客知识对新技术产业化绩效的影响在 0.01 置信水平上显著，$\beta=0.186<0.250$，说明适应环境的组织变革能力在此过程中也具有部分中介作用，由此，假设 4f 得到验证。

五、研究结论与展望

（一）研究发现与实践意义

本文有以下发现：①互补知识各维度对企业的技术创新绩效都有显著的影响。②互补技术知识和顾客知识对技术创新动态能力各维度的影响都是显著的，但经营管理知识只是显著地影响企业感知技术机会的能力和创新资源的整合能力，对企业适应环境的组织变革能力的影响是不显著的。这一发现说明，现代企业组织管理方式是受技术导向和顾客导向的，经营管理知识不是主要影响因素。只有当企业的各种技术知识和顾客知识决定的企业技术创新活动需要组织做相应的变革时，组织变革才会发生。③技术机会的感知能力在互补知识与研究开发绩效间具有中介作用，但在互补知识与新技术产业化绩效间没有中介作用。④资源整合能力无论是在互补知识与研究开发绩效，还是在互补知识与新技术产业化绩效间都具有中介作用。⑤组织变革能力在互补技术知识和顾客知识与研究开发绩效和新技术产业化绩效间都有部分中介作用。

上述结论具有以下实践意义：①互补知识对技术创新绩效有明显的影响，因此，企业要取得良好的创新绩效，就不仅要重视核心技术知识的积累，而且要重视互补知识的建设和积累。②不同创新导向的企业，技术创新动态能力各维度的中介作用是不同的。对于研究开发为创新导向的企业，技术创新动态能力的三个维度都很重要。对于以新技术产业化作为创新导向的企业，最重要的技术创新动态能力是创新资源的整合能力和组织变革能力。③经营管理知识对组织变革能力没有明显的影响，但它对企业感知技术机会的能力和创新资源的整合能力的影响是明显的，因此，要提升技术创新绩效和技术创新动态能力，企业加强经营管理知识的建设和积累也是必要的。

（二）研究的不足与展望

互补知识和技术创新动态能力的构成维度的测量工具都还在探索之中，本文使用的量表是笔者基于国内外相关文献，结合对企业调查数据的分析确定的。受掌握的文献资料的限制，对量表的测量题项的设计可能不够全面。同时，本文的样本主要来自我国中部地区的企业，这样的样本可能有利于提高量表的内部一致性，但也可能会降低研究的外部效度。随着互补知识和技术创新动态能力理论研究的深入，进一步检视和完善测量量表的题项，并从更多的地区获取样本，从而完善现有的量表是未来的一个研究方向。

互补知识相同的企业，技术创新动态能力未必完全相同。在互补知识向技术创新动态能力的转化中，组织学习可能具有重要的作用。受篇幅的限制，本文没有考察组织学习的调节作用。将组织学习引入研究模型，进一步揭示互补知识向技术创新动态能力转化的机理是未来研究的另一个方向。

参考文献

[1] Nonaka I.. A Dynamic Theory of Organizational Knowledge Creation [J]. Organization Science, 1994, 5 (1): 14-37.

[2] 熊胜绪，崔海龙，杜俊义. 企业技术创新动态能力理论探析 [J]. 中南财经政法大学学报，2016 (3): 32-37.

[3] Butler S.. Customer Relationships: Changing the Game: CRM in the E-World [J]. Journal of Business Strategy, 2000, 21 (2): 13-14.

[4] Lehrer M.. Organizing Knowledge Spillovers When Basic and Applied Research are Interdependent: German Biotechnology Policy in Historical Perspective [J]. The Journal of Technology Transfer, 2007 (32): 277-296.

[5] Stefan Thomke and Walter Kuemmerle. Asset Accumulation, Interdependence and Technological Change: Evidence from Pharmaceutical Drug Discovery [J]. Strategic Management Journal, 2002, 23 (7): 619-635.

[6] Rothaermel F. T.. Incumbent's Advantage Through Exploiting Complementary Assets via Interfirm Cooperation [J]. Strategic Management Journal, 2001b (22): 687-699.

[7] Teece D. J., Pisano G. and Shuen A.. Dynamic Capabilities and Strategic Management [J]. Strategic management Journal, 1997 (18): 7, 509-533.

[8] Antikainen M. et al.. Motivating and Supporting Collaboration in Open Innovation [J]. Europe Journal of Innovation Management, 2010, 13 (1): 100-119.

[9] 徐宁，徐鹏，吴创. 技术创新动态能力建构及其价值创造效应——来自中小上市公司的经验证据 [J]. 科学学与科学技术管理，2014 (8): 125-133.

[10] Sanchez R. & Mahoney J. T.. Modularity, Flexibility, and Knowledge Management in Product and Organizational Design [J]. Strategic Management Journal, 1996 (17): 63-76.

[11] Atuahene-Gima K.. An Exploratory Analysis of the Impact of Market Orientation on New Product Performance: A Contingency Approach [J]. Journal of Product Innovation Management, 1995, 12 (4): 275-293.

[12] Véronique Ambrosini, Cliff Bowman. What are Dynamic Capabilities and are They a Useful Construct in Strategic Management? [J]. International Journal of Management Reviews, 2009, 11 (1): 29-49.

[13] Eisenhardt K. M., Martin J. A.. Dynamic Capabilities: What are They? [J]. Strategic Management Journal, 2000 (10/11): 1105-1121.

[14] Tripsas and Gavetti.. Capabilities, Cognition, and Inertia: Evidence from Digital Imaging [J]. Strategic Man-

agement Journal, 2000 (21): 1147-1161.

[15] Sveiby K.. The New Organization Wealth: Managing and Measuring Knowledge-Based Assets [M]. San Francisco, CA: Berrett Koehler, 1997.

[16] 赵静杰，张少杰．知识资本化及其评价指标体系分析 [J]. 情报科学，2005 (9): 1314-1320.

[17] 陈晓红，李喜华，曹裕．技术创新对中小企业成长的影响——基于我国中小企业板上市公司的实证分析 [J]. 科学学与科学技术管理，2009 (4): 91-98.

[18] 汤湘希，杨帆，田延平．企业知识资产价值贡献测度研究 [M]. 北京：经济科学出版社，2011.

[19] Teece D. J.. Explicating Dynamic Capabilities: The Nature and Micro-foundations of (sustainable) Enterprise Performance [J]. Strategic Management Journal, 2007, 28 (13): 1319-1350.

[20] 林萍．动态能力的测量及作用：来自中国企业的经验数据 [J]. 中南大学学报（社会科学版），2009 (8): 533-540.

[21] 王菁娜，王亚江，韩静．企业动态能力的概念发展与维度测量研究 [J]. 北京师范大学学报（社会科学版），2010 (6): 123-133.

[22] 贺小刚，李新春，方海鹰．动态能力的测量与功效：基于中国经验的实证研究 [J]. 管理世界，2006 (3): 94-113.

第三篇 “一带一路”背景下的管理变革

董事会资本、研发投入与创业板上市公司绩效
——家族管理涉入的调节

谢永珍[1]　刘岩岩[2]

（1. 山东大学管理学院，山东　济南　250000；2. 山东财经大学，山东　济南　250000）

[摘　要] 理论研究与现实脱节是现有研究广为诟病的问题，本文在选题以及研究范式的选择两个方面关注了理论研究与现实逻辑的一致。基于“结构—行为—绩效”的研究范式，以资源依赖理论作为理论依据，构建了“董事会资本—研发投入—企业绩效”的理论模型，以 2010~2015 年我国创业板上市公司为样本，验证了董事会资本丰富性和嵌入性通过研发投入决策在家族管理涉入的调节下对创业板上市公司绩效的影响效用。研究发现，董事会资本丰富性对研发强度具有显著的正向作用效应，董事会资本嵌入性对企业研发强度的改善也具有显著的积极影响；研发投入强度在董事会资本丰富性以及嵌入性与企业绩效间均发挥着显著的中介作用；家族管理涉入负向调节董事会资本与研发投入的关系，并决定着研发投入在董事会资本嵌入性与公司绩效间的中介作用。本文的理论贡献在于构建了可调节的中介效应模型，实现了理论研究与实现逻辑的统一，拓展了“结构—行为—绩效”的研究范式。其现实启发意义在于，创业板上市公司应优化董事会结构，关注并增强董事会资本的丰富性与嵌入性水平，通过董事会的科学决策，提升企业的创新能力，改善财务绩效。家族控制人应树立风险意识，而不能一味地规避风险，从而遗失组织创新的机会，甚至导致企业可持续成长能力的下滑。

[关键词] 董事会资本；研发投入；家族管理涉入；企业绩效

一、引言

理论研究与现实脱节是学术研究存在的严重问题，破解这一问题的途径之一，就是实现理论模型与现实逻辑的一致。但传统董事会治理与公司财务绩效关系的研究，大多采用“结构—绩效”的范式，在董事会特征、结构和程序等方面对财务绩效的关系进行验证，存在的最大问题是理论模型与现实逻辑的不吻合，董事会对财务绩效的影响处于“黑箱”之中，导致了董事会显性特征对财务绩效影响的突兀。近年来，超越董事会规模与结构等显性特征的董事会资本逐步受到学者们的关注，但学者们主要采用“结构—绩效”的研究范式，探讨董事会资本对企业绩效的直接作用。然而如 Deutsch 所言，董事会资本并不会直接作用于企业绩效，而是存在着不同的因果路径。Hillman 以及 Westphal 等发现董事会人力资本和社会资本的差异导致不同的公司治理水平，进而导致不同的战略选择和经营绩效。董事会作为公司战略决策的核心，通过战略决策的选择与执行，最终对企业绩效产生影响。因此，董事会治理的研究范式需要创新，引入战略决策变量作

为中介变量，采用"结构—行为—绩效"的研究范式，实现理论模型与现实逻辑的统一。另外，关于家族涉入的研究，多数文献致力于探讨家族成员对企业的控制及其在经营管理中的涉入程度对研发投入的直接影响，而家族管理涉入对董事会治理影响研发投入决策的作用边界尚未受到关注。本文认为，公司治理是一个系统工程，董事会是公司战略决策的核心，家族涉入不会独立影响公司的创新决策。符合现实逻辑的董事会治理、家族涉入、创新决策以及组织绩效的关系是，董事会资本在家族管理涉入的干预下，做出创新投资的决策，并进一步影响组织财务绩效。也就是说，董事会成员的经验、信息和知识获取能力等特质决定着研发战略决策的选择，而家族成员对企业的控制、在经营管理中的涉入程度等是影响战略决策的重要治理情景因素。鉴于此，本文以资源依赖理论为基础，采用"结构—行为—绩效"的研究范式，以企业绩效为被解释变量，董事会资本为解释变量，研发投入为中介变量，家族管理涉入为调节变量，探究董事会资本在家族涉入的调节下，通过研发决策而影响企业绩效的作用机理，并验证其相互作用的效应。

本文的主要贡献是缓解了理论研究与现实脱节的问题，具体有以下两点贡献：第一，打开了董事会治理对企业绩效影响的"黑箱"，将董事会战略决策的"结果—研发投入"纳入理论模型中，采用"结构—行为—绩效"的研究范式，构建了"董事会资本—研发投入—企业绩效"的理论模型，并对相关要素之间的影响效应进行了验证。第二，引入家族管理涉入作为调节变量，验证了家族涉入程度对董事会资本影响研发投入决策选择的作用边界，突破了现有文献仅关注家族涉入对研发投入的直接影响，而忽略董事会的核心决策职能的弊端。如此，构建的理论模型对现实逻辑具有较强的诠释力。

二、理论分析和假设提出

（一）董事会资本

董事会资本是人力资本和社会资本的总和。其中，人力资本是董事个人经历、知识、声望和技能等的有机组合，而社会资本是指个人所在的关系网络以及由此而带来的真实与潜在资源。现有文献多从人力资本和社会资本的视角考察董事会资源提供能力对公司决策的影响，使得董事会的研究由外部特征转向内部实质，一定程度上揭开了董事会的"黑箱"，推进了董事会治理的研究。但从人力资本和/或社会资本视角对董事会资本的研究存在以下不足：第一，人力资本和社会资本相互依赖、不可分割，难以区分两者的作用效应。第二，人力资本和/或社会资本，限制对董事会资本整体的理解。第三，董事会资本的测度，只考察了董事会资本的某些特征，导致对董事会资本理解的片面性。本文借鉴 Haynes 等以及马连福的董事会资本模型，从丰富性和嵌入性两个维度考量董事会资本，既系统反映董事会资本，又能分别测度其作用效应。

图 1 显示了董事会资本丰富性、嵌入性及其与人力资本和社会资本的关系。

（二）研究假设

（1）董事会资本丰富性与研发投入强度。董事会资本的异质性主要表现为教育、职业、年龄、任期和行业关系等方面的异质性。依据源组织异质性（Group Heterogeneity）理论，高管团队能力异质性随对外部环境的应变能力而变化（Murray，1989）；能力差异越大的组织越具创造性，越能够做出更好的决策（Jackson et al.，1991）。

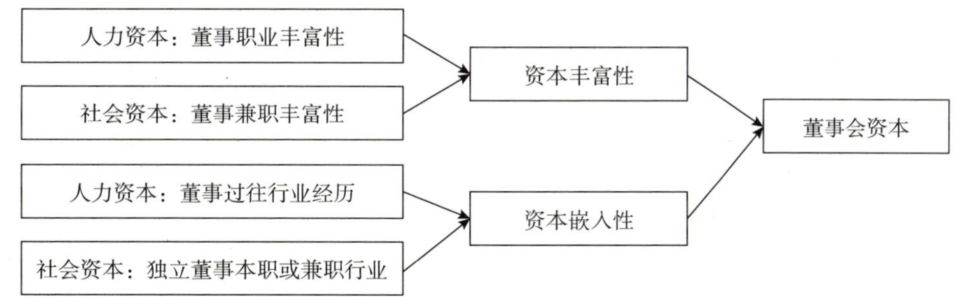

图1 董事会资本模型

资料来源：Haynes and Hillman（2010）；马连福和冯慧群（2014）。

董事的职业与其自身的经验和专业知识有关，职业不同的董事往往承担着不同的职能，为公司提供的资源也不尽相同。职业差异性较大的董事会一般具有更加多元化的知识、更丰富的经验与创造力，拥有更多的外部资源，更有利于公司做出创新决策。相反，职业差异较小的董事会在知识和经验等方面过于狭窄，难以甄别与把握创新的机会。

董事的兼职行业越多，行业经验越丰富，其对行业环境的把握越准确，越可能考虑更广泛的战略选择，实施组织创新。同时，董事兼职的行业越丰富，越能灵活应对复杂多变的内外部环境，创新能力越强。

总之，本文认为，董事会资本越丰富，团队越具创造性，越有助于做出创新决策。据此提出下列假设：

H1：董事会资本丰富性与研发投入强度正相关。

（2）董事会资本嵌入性与研发投入强度。董事会资本嵌入性指董事的行业嵌入性，即董事会成员在公司所在行业的工作经历。根据资源依赖理论，由于学习曲线效应，董事在一个行业工作时间越长，越可能在战略决策时提出“更加专业化”的建议。

研发决策是一个机会识别过程，董事拥有深度的本行业经历，不仅有助于强化对本行业的理解和判断，及时把握市场机会，也易形成丰富的关系资源，以为公司提供各种有利于研发的资源并帮助公司解决研发过程中可能遇到的困难。在目前我国市场尚不完善、信息不对称性程度较高的环境下，创新会增加公司的运营风险，董事深度的行业嵌入有助于降低由此所带来的风险。

作为外部董事的独立董事能够带来更富多元化的信息，当独立董事掌握更多关于本行业经营的内、外部信息时，其为董事会决策提供的知识和经验等更具专业性，更有助于发现创新机会。

总之，董事会资本嵌入性越深，越能对研发决策做出专业判断。因此，本文提出下列假设：

H2：董事会资本嵌入性与研发投入强度正相关。

（3）家族管理涉入的调节。家族管理涉入反映了家族参与企业战略决策制定与执行的程度。首先，家族企业中，创始人担任高管的现象普遍，他们将个人的尊严与公司声誉联系起来，在决策时可能会更加保守，倾向于降低投资风险，从而减少研发投入。其次，家族企业往往倾向于雇用家族成员担任企业高管而非聘请职业经理人，一方面减少了企业与外部信息的交流和共享，不利于做出高质量的研发战略决策；另一方面也使家族企业的研发决策因资源与能力的约束以及对规避创新风险的考量，控制人可能会降低 R&D 的投入。因此，家族管理涉入可能对董事会资本与研发投入的关系产生负向调节作用。据此，本文提出如下假设：

H3：家族管理涉入负向调节董事会资本与研发投入之间的关系。

具体而言，家族成员担任董事长或/和总经理时，将弱化董事会资本与研发投入的关系。

（4）研发投入和企业绩效。企业通常依靠研发投入获得市场领先地位，进而提升自身价值，这种现象在高新技术行业更为常见。Aboody 等（1998）的研究表明，在计算机软件行业，开发成本的资本化支出越高，公司的股票回报率越高。O'Brien（2003）认为，企业通过连续不断地对 R&D 的投入来产生稳定的产品流和服务流，从而保持市场竞争优势。王化成等（2005）不仅发现了无形资产与企业未来业绩之间的正向关系，还发现当期的资本化研发支出对未来业绩的贡献是呈递增态势的。孙早和宋炜（2012）以制造业为研究对象，发现无论是国有企业还是民营企业研发投入与产业创新绩效均呈正相关，并且，和国有企业相比，民营企业研发投入与创新绩效之间的正相关关系更为显著。朱乃平等（2014）也认为，企业的研发投入与以 Z 得分衡量的短期财务绩效和以 VAL 衡量的长期财务绩效正相关。据此，本文提出如下假设：

H4：研发投入与企业绩效正相关。

（5）研发投入的中介作用。现有研究大多遵循“结构—绩效”的逻辑范式，未能揭开董事会治理“黑箱”，因此，难以对董事会资本影响组织绩效的机理做出合理的诠释。早在 2005 年 Deutsch 就指出，董事会资本并不会直接作用于企业绩效，两者之间存在不同的因果路径。Hillman 和 Daziel（2003）以及 Westphal Milton（2000）也认为董事会资本不会直接影响企业绩效，而是通过作用于公司治理水平进而影响经营绩效。根据资源依赖理论，一个组织的战略导向与其获得所需资源的机会有关。诸如竞争等外部压力，会驱使组织寻求环境联系以获得资源或控制资源。董事会使得组织与环境形成联系从而获得资源，即董事会资本决定了董事们如何管理公司，如何为公司提供咨询，从而影响他们提供的资源。具有人力资本和社会资本的董事会通过提供信息和资源，帮助企业了解 R&D 环境，并作为研发的监护人，做出更好的研发规划以及提出研发激励，最终提高企业生产效率及绩效。本文认为，董事会资本通过研发投入决策作用于企业绩效。据此，本文提出如下假设：

H5：研发投入是董事会资本与企业绩效之间的中介变量，三者存在传导关系。

本文的机理模型如图 2 所示。

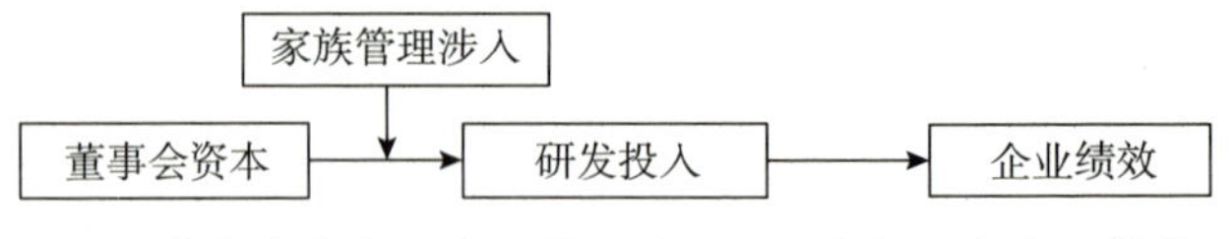

图 2　董事会资本、家族管理涉入、研发投入与企业绩效

三、研究设计

（一）样本选取

本文选取 2010~2015 年度中国创业板上市公司为研究样本。除前述研究意义外，部分原因在于：创业板上市公司自身大多为高新技术企业，研发投入的披露较完整，数据的可获得性较好，使得研究更贴近现实。为了保证样本数据的完整性和有效性，本文删除了金融保险业公司样本和数据缺失样本，最终得到公司年度观测样本 1896 个，其中 2010 年 146 家，2011 年 271 家，2012 年 344 家，2013 年、2014 年和 2015 年分别为 332 家、368 家和 435 家。我们对所有的数据进行收尾各1%的winsorization① 处理，以消除极端值的影响。基础数据来源于国泰安、CCER以及锐思数据库，部分数据由笔者根据公司年报和相关信息手工整理得到。本文选用Eccel 2010和Stata 13.0、SPSS 17.0对相关数据进行处理和统计分析。

（二）变量定义与测量

（1）被解释变量：公司绩效。采用资产回报率（ROA）作为代理变量。

（2）解释变量：董事会资本，通过资本丰富性和资本嵌入性予以衡量。

董事会资本丰富性变量由职业丰富性和兼职丰富性拟合而成，这两个指标通过布罗异质性指数来测度，其计算公式为：

$$BHI = 1 - \sum_{i=1}^{R} P^2$$

其中，R代表董事会成员职业或社会兼职类型的个数，P代表某一类型的董事人数占董事会总人数的比例，BHI介于0~1，值越高，说明董事会资本丰富性越强；反之，则越低。

最终衡量董事会资本丰富性的数值由职业BHI和兼职BHI相加得到。数值介于0~2，越接近2表示董事会资本越丰富。其中，对于董事职业的划分依据Haynes等的文献，共分为管理人员、财务人员、法律人员、技术人员、政府人员、教育人员、其他人员七种类型的董事；董事兼职行业按照国家行业标准（2011）分为19类。

董事会资本嵌入性由董事会成员过去在本行业的职业经历、独立董事本职工作在本行业两个指标拟合而成。这两个指标通过比值的方式来测度，然后将两个比率相加来衡量董事会资本嵌入性，取值范围在0~2，值越高表示嵌入性越深。其中，前一个指标由曾经在本行业工作过的董事人数除以董事会规模得到，后一个指标由独立董事本职或兼职工作在本行业的董事人数除以独立董事总人数得到。

（3）中介变量：研发投入强度。参考该领域的研究，本文采用R&D经费作为研发投入的替代变量。为了消除企业规模的影响，本文使用R&D与销售收入的比值衡量企业研发投入强度。

（4）调节变量：家族管理涉入。根据谷棋等（2006）、贺小刚等（2010）对家族企业的定义，将符合下述条件的上市公司视为家族企业：①企业最终控制权可以追溯至自然人或家族；②最终控制人直接或间接持有上市公司股权，且最终控制人为上市公司第一大股东。本文中，家族管理涉入指家族成员担任董事长和/或总经理参与企业经营决策，用FIM表示，当家族成员担任董事长和/或总经理时，取值为1，否则为0。

（5）控制变量：主要包括：公司规模（公司总资产的自然对数）；资产负债率（当年）；董事会规模（董事会人数）；董事平均年龄；股权集中度（公司前十位大股东持股比例的平方和）。

根据以上的分析，表1列出了本文模型中所有的变量。

表1 变量选取与定义

变量类型	变量简称	变量名称	变量定义
被解释变量	ROA	总资产收益率	净利润/企业平均资产总额
解释变量	BCF_occu	董事会资本职业丰富性	根据董事会成员本职行业分类，然后由布罗异质性指数计算得出
	BCF_part	董事会资本兼职丰富性	根据董事会成员兼职行业分类，然后由布罗异质性指数计算得出
	BCF	董事会资本丰富性	由董事会资本职业丰富性以及董事会资本兼职丰富性拟合而成

① 上下1%极端值处理：如果一个样本某变量的值大于该变量的99分位数，则该样本的值被强制指定为99分位数的值；类似地，如果一个样本某变量的值小于该变量的1分位数，则该样本该变量的值被强制指定为1分位数。

续表

变量类型	变量简称	变量名称	变量定义
解释变量	BCE_pass	董事本行业经历	曾经在本行业工作过的董事人数/董事会总人数
	BCE_duty	本行业独立董事占比	独立董事本职或兼职工作在本行业的董事人数/独立董事总人数
	BCE	董事会资本嵌入性	由董事会成员本行业经历和独立董事本行业拟合而成
中介变量	R&D	R&D 投入强度	R&D 支出/销售收入
调节变量	FIM	家族管理涉入	家族成员担任董事长和/或总经理取值为 1，否则为 0
控制变量	Size	公司规模	公司总资产的自然对数
	Debt	资产负债率	本年总负债/总资产
	Boardsize	董事会规模	董事会人数
	Boardage	董事平均年龄	董事会所有成员年龄的平均数
	Herfin10	股权集中度	前十位大股东持股比例的平方和
	Industry	行业虚拟变量	所处行业
	Year	年度虚拟变量	年份

（三）理论模型

根据研究假设，构建以下回归模型。其中，模型 1 用来验证假设 1 和假设 2，模型 2 用来验证假设 3，模型 3 用来验证假设 4，模型 4 用来验证假设 5。

$$R\&D = a_0 + a_1 X + a_2 \sum Control + \varepsilon \tag{1}$$

$$R\&D = b_0 + b_1 X + b_2 FIM + b_3 X \cdot FIM + b_4 \sum Control + \varepsilon \tag{2}$$

$$ROA = c_0 + c_1 R\&D + c_2 \sum Control + \varepsilon \tag{3}$$

$$ROA = d_0 + d_1 X + d_2 R\&D + d_3 \sum Control + \varepsilon \tag{4}$$

其中，ROA 指企业总资产收益率，表示企业绩效；X 代表解释变量矩阵；R&D 指企业的研发强度，表示企业的研发投入；FIM 表示家族管理涉入；$\sum$ Control 代表控制变量矩阵。

四、实证结果与分析

（一）描述统计

从变量的描述性统计结果来看，以 ROA 表示的公司绩效的平均数为 5.600%，中位数为 5.490%，最小值为-7.320%，最大值为 17.200%，表明创业板公司的绩效水平普遍较低，且差距较小，这与创业板多为年轻的创业型公司，且正处于成长期有关。

董事会资本丰富性平均数、中位数和最小值分别为 1.170、1.221 和 0.500，而董事会资本嵌入性平均数和中位数分别为 0.679 和 0.636，最小值为 0，两者相比，创业板公司董事会资本的丰富性较强，公司的行业嵌入性相对较低，甚至有些公司董事会成员没有在本行业的职业经历。

公司研发投入 R&D 强度的平均数和中位数分别为 3.598%和 2.860%，样本公司中创新投入最低的最小值为 0.320%，最大值为 14.710%，这表明样本公司的研发投入强度存在较大差距。

表 2 变量描述性统计

变量	样本量	平均数	标准差	中位数	最小值	最大值	极差
ROA（%）	1896	5.600	3.820	5.490	-7.320	17.200	24.600
BCF_occu（系数）	1896	0.514	0.212	0.568	0.000	0.816	0.816
BCF_part（系数）	1896	0.655	0.109	0.667	0.340	0.857	0.517
BCF（系数）	1896	1.170	0.248	1.221	0.500	1.594	1.094
BCE_pass（系数）	1896	0.425	0.168	0.444	0.000	0.778	0.778
BCE_duty（系数）	1896	0.255	0.264	0.250	0.000	1.000	1.000
BCE（系数）	1896	0.679	0.333	0.636	0.000	1.571	1.571
Size（对数）	1896	20.940	0.628	20.870	19.700	22.660	2.957
Debt（%）	1896	23.400	15.000	20.200	2.500	66.100	63.600
Herfin10	1896	0.154	0.0855	0.134	0.0251	0.399	0.374
Boardsize（人）	1896	9.324	2.119	9.000	5.000	16.000	11.000
Boardage（年）	1896	49.710	3.503	49.750	41.830	58.170	16.330
R&D（%）	1896	3.598	2.590	2.860	0.320	14.710	14.390
FIM（0，1）	1896	0.640	0.480	1.000	0.000	1.000	1.000

（二）董事会资本对研发投入强度的影响效应

表 3 给出了研究假设 1 和假设 2 的实证检验结果，具体内容如下：

模型 1-1 表明，在控制变量中，资产负债率（Debt）、董事会平均年龄（Boardage）、股权集中度（Herfin10）对公司研发投入均具有显著的影响，且模型调整后的 R^2 达到 25.8%，这说明控制变量的选择较为合理，模型整体的拟合程度较好。

模型 1-2 检验了董事会资本丰富性对公司研发投入的影响。BCF 的系数显著为正（β=0.684，t=2.97），可以看出，由职业丰富性和兼职丰富性拟合而成的董事会资本丰富性变量与公司研发投入水平存在显著的正相关关系，由此假设 1 得到了验证。职业和兼职更丰富的董事，不仅能够将其他公司的“标杆”做法介绍到本公司中来，同时，其视野更开阔，风险识别能力更强，更容易做出确保企业长期发展的研发决策。

模型 1-3 分别检验了董事会资本职业丰富性（BCF_occu）和董事会资本兼职丰富性（BCF_part）对研发投入的影响。结果显示，在控制了兼职丰富性及控制变量后，董事会资本职业丰富性（BCF_occu）与公司研发投入显著正相关（β=0.693，t=2.53），这说明董事会的职业资本越丰富，其对公司研发投入决策的贡献程度就越大。在控制了职业丰富性与控制变量后，董事会资本兼职丰富性（BCF_part）与研发投入正相关但是并不显著（β=0.624，t=1.31），这可能是由于：第一，在过多的公司兼职使得董事无暇有效履行职责；第二，在多种行业兼职降低了其对本公司所在行业的专业理解。

表 3　董事会资本对企业研发投入的影响效应检验

	模型 1-1	模型 1-2	模型 1-3	模型 1-4	模型 1-5	模型 1-6	模型 1-7	模型 2-1	模型 2-2	模型 2-3	模型 2-4	模型 2-5	模型 2-6
	被解释变量 R&D												
Size	-0.153	-0.142	-0.141	-0.159*	-0.159*	-0.149	-0.149	-0.180*	-0.181*	-0.205**	-0.207**	-0.192*	-0.195**
	(-1.58)	(-1.46)	(-1.45)	(-1.65)	(-1.65)	(-1.53)	(-1.52)	(-1.82)	(-1.82)	(-2.11)	(-2.13)	(-1.96)	(-1.98)
Debt	3.948***	3.812***	3.809***	3.978***	3.980***	3.851***	3.859***	3.843***	3.828***	3.966***	3.973***	3.878***	3.877***
	(-8.95)	(8.65)	(8.64)	(9.10)	(9.14)	(8.81)	(8.85)	(8.72)	(8.67)	(9.13)	(9.18)	(8.89)	(8.9)
Herfin10	-1.943**	-2.045**	-2.042**	-1.871**	-1.867**	-1.968**	-1.966**	-2.609**	-2.598**	-2.500**	-2.511**	-2.617**	-2.620***
	(-3.70)	(-3.87)	(-3.87)	(-3.54)	(-3.53)	(-3.70)	(-3.70)	(-4.68)	(-4.66)	(-4.44)	(-4.46)	(-4.63)	(-4.64)
Boardsize	-0.04	-0.042	-0.042	-0.034	-0.034	-0.036	-0.035	-0.055**	-0.054**	-0.042	-0.042	-0.047*	-0.045*
	(-1.50)	(-1.56)	(-1.56)	(-1.27)	(-1.26)	(-1.33)	(-1.32)	(-2.07)	(-2.03)	(-1.58)	(-1.57)	(-1.78)	(-1.70)
Boardage	-0.048**	-0.052**	-0.052**	-0.044**	-0.044**	-0.048**	-0.048**	-0.059**	-0.059**	-0.052**	-0.052**	-0.056**	-0.055***
	(-3.21)	(-3.48)	(-3.48)	(-3.01)	(-3.00)	(-3.26)	(-3.26)	(-3.95)	(-3.96)	(-3.56)	(-3.51)	(-3.78)	(-3.74)
BCF		0.684***				0.632***		1.281***				1.127***	
		(2.97)				(2.75)		(3.17)				(2.8)	
BCF_occu			0.693**				0.599**		1.206***				0.986**
			(2.53)				(2.17)		(2.64)				(2.11)
BCF_part			0.624				0.721		1.453*				1.600**
			(1.31)				(1.52)		(1.85)				(2.05)
BCE				0.687***		0.656***				1.258***		1.181***	
				(4.15)		(3.92)				(4.24)		(3.84)	
BCE_pass					0.714**		0.725**				1.517***		1.512***
					(2.14)		(2.16)				(2.78)		(2.62)
BCE_duty					0.658***		0.615***				1.126***		1.039***
					(3.18)		(2.96)				(3.25)		(2.96)

续表

	模型 1-1	模型 1-2	模型 1-3	模型 1-4	模型 1-5	模型 1-6	模型 1-7	模型 2-1	模型 2-2	模型 2-3	模型 2-4	模型 2-5	模型 2-6
被解释变量 R&D													
FIM								0. 708 (1. 26)	0. 957 (1. 36)	0. 164 (0. 64)	0. 256 (0. 82)	1. 113 ** (2. 06)	1. 640 ** (2. 22)
FIM×BCF								-0. 975 ** (-2. 04)				-0. 826 * (-1. 73)	
FIM×BCF_occu									-0. 778 (-1. 39)				-0. 58 (-1. 02)
FIM×BCF_part									-1. 512 (-1. 52)				-1. 626 * (-1. 65)
FIM×BCE										-0. 891 ** (-2. 58)		-0. 839 ** (-2. 38)	
FIM×BCE_pass											-1. 202 * (-1. 79)		-1. 232 * (-1. 77)
FIM×BCE_duty											-0. 738 * (-1. 73)		-0. 684 (-1. 59)
constant	6. 694 *** (3. 22)	5. 912 *** (2. 82)	5. 933 *** (2. 78)	6. 386 *** (3. 08)	6. 374 *** (3. 08)	5. 678 *** (2. 71)	5. 609 *** (2. 63)	6. 697 *** (3. 08)	6. 633 *** (2. 99)	7. 690 *** (3. 62)	7. 635 *** (3. 59)	6. 326 *** (2. 93)	6. 021 *** (2. 71)
Industry	Yes	Yes	Yes	Yes	Yes	Yes	Yes	Yes	Yes	Yes	Yes	Yes	Yes
Year	Yes	Yes	Yes	Yes	Yes	Yes	Yes	Yes	Yes	Yes	Yes	Yes	Yes
N	1896	1896	1896	1896	1896	1896	1896	1896	1896	1896	1896	1896	1896
Adjusted R^2	0. 258	0. 262	0. 262	0. 265	0. 264	0. 268	0. 267	0. 269	0. 269	0. 273	0. 272	0. 277	0. 275
F	29. 1	28. 757	27. 576	28. 783	27. 619	28. 436	26. 197	27. 213	25. 126	26. 664	24. 65	25. 835	22. 216

注：模型采用异方差稳健标准误消除异方差的影响。其中 * p<0. 1， ** p<0. 05， *** p<0. 01。

模型1-4检验了董事会资本嵌入性（BCE）与研发投入的相关关系。由董事会成员过去在本行业的职业经历和独立董事本职或兼职工作在本行业两个指标拟合而成的董事会资本嵌入性（BCF_part）与公司研发投入之间存在着显著的正相关关系（β=0.687，t=4.15），假设2得到验证。

模型1-5分别检验了董事会成员过去在本行业的职业经历（BCE_pass）和独立董事本职或兼职工作在本行业（BCE_duty）这两个指标对研发投入的影响，两个分变量系数均为正（β分别为0.714和0.658），且均显著（t值分别为2.14和3.18）。这说明当董事会成员来自于同一个行业甚至一个企业集团时，其对公司和行业发展的见解越到位，越能做出科学有效的研发战略决策。独立董事大多是专业资源提供者，如果具有同行业经验，能够为企业提供更多的专业性知识、技能和经验等，更易于发现创新机会。

模型1-6和模型1-7整体考察了上述变量及其分变量的影响。可以看出，在控制了相关重要控制变量后，关键变量的系数显著性并未受到影响，进一步验证了上述的分析。而且，依次对比模型调整的R^2，可以看出，不加解释变量时，模型调整后的R^2达到25.8%，加入丰富性后，调整后的R^2变为26.2%，加入嵌入性后，调整后的R^2为26.5%。当丰富性和嵌入性都加入后，调整后的R^2提高到26.8%，模型的拟合优度逐步提高，侧面反映出董事会资本对研发投入的影响。

采用家族涉入虚拟变量与解释变量的乘积而形成交互项系数的显著性来检验调节效应。

模型2-1考察了家族管理涉入对董事会资本丰富性（BCF）和研发投入关系的调节效应，交互项FIM×BCF系数为负且显著（β=-0.975，t=-2.04），说明家族管理涉入明显弱化董事会资本丰富性对研发投入的影响。同样，家族管理涉入对董事会资本嵌入性（BCE）和研发投入关系的影响（见模型2-3）也是负向调节，交互项FIM×BCE系数同样为负且显著（β=-0.891，t=-2.58），并且，综合考察家族管理涉入对董事会资本丰富性（BCF）和嵌入性（BCE）对研发投入的调节效应，模型2-5的回归结果进一步佐证了上述结果（β分别为-0.826和-0.839，t分别为-1.73和-2.38），假设3得到验证，说明家族成员的风险规避倾向往往会抑制家族企业的研发投入水平，削弱董事会资本对研发投入的影响，据此得出图3。

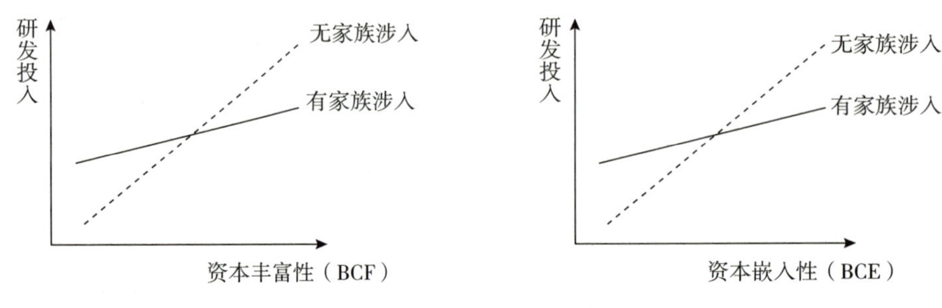

图3　家族管理涉入的调节效应

模型2-2、模型2-4和模型2-6考察了调节效应在两个解释变量（BCF和BCE）的分变量对研发投入的影响，更进一步检验了上述结论。模型2-2中，家族管理涉入对董事会资本丰富性（BCF）两个分变量即董事会资本职业丰富性（BCF_occu）和兼职丰富性（BCF_part）的负向调节效应不再显著（β分别为-0.778和-1.512，t分别为-1.39和-1.52），但是这种情况在模型2-6得到改善，模型2-6中交互项FIM×BCF_part的系数为负且显著（β=-1.626，t=-1.65）。说明，家族管理涉入显著负向调节董事会资本兼职丰富性对研发投入的影响。但家族管理涉入并未对董事会资本职业丰富性（BCF_occu）与研发支出之间的关系产生显著的负向影响。在模型2-4中，家族管理涉入对董事会资本嵌入性（BCE）的两个分变量董事会成员过去在本行业的职业经历（BCF_occu）和独立董事本职或兼职工作在本行业（BCF_part）的负向调节效应均显著（β分别为-1.202和-0.738，t分别为-1.79和-1.73）。

总之，调节效应验证结果显示，家族管理涉入对董事会资本与研发投资强度的调节作用在不同类型董事会资本中的影响程度不一。家族管理涉入对董事会资本嵌入性（BCE）的调节作用大于对董事会资本丰富性的调节作用。

（三）董事会资本、研发投入对企业绩效的影响效应

表4中的模型3给出了研究假设4的实证检验结果，模型3-1回归结果表明，公司规模（Size）大和股权集中度（Herfin10）高的企业绩效水平较高，资产负债率（Debt）低的企业绩效水平较高。模型3-2验证了研发投入对企业绩效的影响，研发投入的系数为0.001，其t值为1.98，在5%的显著性水平上显著，说明研发投入对企业绩效有显著的正向影响，验证了假设4。

依据前述文献研究，下文将董事会资本、研发投入与企业绩效三个变量综合考察，考察研发投入能否在董事会资本与企业绩效间发挥中介效应的作用。中介效应一般方程如图4所示。

$$Y=i+cX+e_1$$
$$M=i+aX+e_2$$
$$Y=i+c'X+bM+e_3$$

图4 中介效应模型

温忠麟等（2005）提出了经典的中介效应检验方法，近几年，相关学者研究认为该方法存在：主效应并非中介效应存在的前提；完全中介并非中介检验的完美准则；该方法并非直接检验中介路径a×b=0等问题。Zhao等（2010）和Zhao（2013）参照Preacher和Hayes（2004）以及Hayes（2013）提出了新的中介效应检验步骤及方法，认为sobel检验对系数乘积分布为正态分布的要求较高，可能增加第一类错误概率，提出用Hayes的Process运用Bootstrap方法进行中介效应检验。方杰、张敏强（2012）对比分析了三种中介效应检验方法，认为MCMC法在先验信息下效果最好，而先验信息不可的情况下，非参数的Bootstrap法效果较好。因此，本文用Hayes提出的Bootstrap法（SPSS中Process程序）进行中介效应检验，其中抽样次数默认设为5000。

表4依次列出了加入中介效应的回归结果，表5给出了Bootstrap对系数a×b显著性的检验及其中介效应的大小。依据Zhao等（2010）和Zhao（2013），结合表4和表5，不仅可以得出中介效应是否成立，而且还可以区分是否为唯一中介。

表5显示，研发投入在董事会资本丰富性（BCF）和企业绩效之间中介效应检验中a×b的系数是显著的（LLCI=0.0000，ULCI=0.0014），并且由表4中模型4-11的c′的系数不显著（t=-0.68）可以得出研发支出为董事会资本丰富性（BCF）与企业绩效之间的唯一中介变量，且其中介效应大小为0.0005。后续依次验证了研发支出在董事会资本丰富性（BCF）两个分变量（BCF_occu和BCF_duty）与企业绩效之间的中介效应，可以看出，研发支出在董事会资本职业丰富性（BCF_occu）与企业绩效之间的中介效应显著且为唯一中介（a×b显著且c′不显著），中介效应大小为0.0005，但研发支出在董事会资本兼职丰富性（BCF_part）与企业绩效间的中介效应并不显著（LLCI=-0.0001，ULCI=0.0022）。

同样可以检验研发投入在董事会资本嵌入性（BCE）和企业绩效之间的中介效应。表5显示a×b的系数显著（LLCI=0.0000，ULCI=0.0014），且由表4中模型4-11可知c′的系数并不显著（t=1.44）可得研发投入为唯一中介，其中介效应为0.0005。相似的方法可得出研发支出在董事会资本嵌入性（BCE）分变量（BCE_pass和BCE_duty）与企业绩效间的中介效应显著且为唯一中介，中介效应大小分别为0.0006和0.0005。上述分析验证了假设4，研发投入在董事会资本与企业绩效之间存在中介效应。

表 4　董事会资本、研发投入与企业绩效

	模型 3-1	模型 3-2	模型 4-1	模型 4-2	模型 4-3	模型 4-4	模型 4-5	模型 4-6	模型 4-7	模型 4-8	模型 4-9	模型 4-10	模型 4-11	模型 4-12
	被解释变量 ROA													
Size	0.007***	0.007***	0.007***	0.007***	0.007***	0.007***	0.007***	0.007***	0.007***	0.007***	0.007***	0.007***	0.007***	0.007***
	(4.09)	(4.16)	(4.06)	(4.07)	(4.07)	(4.06)	(4.05)	(4.04)	(4.14)	(4.14)	(4.14)	(4.13)	(4.11)	(4.11)
Debt	-0.086**	-0.089**	-0.085**	-0.085**	-0.085**	-0.085**	-0.085**	-0.084**	-0.089**	-0.088**	-0.089**	-0.088**	-0.088**	-0.088**
	(-12.69)	(-12.81)	(-12.47)	(-12.35)	(-12.67)	(-12.66)	(-12.42)	(-12.27)	(-12.62)	(-12.50)	(-12.74)	(-12.73)	(-12.53)	(-12.38)
Herfin10	0.024**	0.025**	0.024**	0.023**	0.024**	0.024**	0.024**	0.024**	0.026**	0.025**	0.026**	0.026**	0.026***	0.026**
	(2.34)	(2.50)	(2.37)	(2.34)	(2.39)	(2.40)	(2.43)	(2.40)	(2.55)	(2.51)	(2.54)	(2.55)	(2.59)	(2.55)
Boardsize	-0.000	-0.000	-0.000	-0.000	-0.000	-0.000	-0.000	-0.000	-0.000	-0.000	-0.000	-0.000	-0.000	-0.000
	(-1.32)	(-1.24)	(-1.31)	(-1.31)	(-1.21)	(-1.19)	(-1.20)	(-1.17)	(-1.22)	(-1.22)	(-1.15)	(-1.13)	(-1.13)	(-1.10)
Boardage	-0.000	-0.000	-0.000	-0.000	-0.000	-0.000	-0.000	-0.000	-0.000	-0.000	-0.000	-0.000	-0.000	-0.000
	(-1.50)	(-1.32)	(-1.47)	(-1.50)	(-1.41)	(-1.40)	(-1.37)	(-1.39)	(-1.26)	(-1.30)	(-1.25)	(-1.24)	(-1.19)	(-1.21)
BCF			-0.002				-0.002		-0.002				-0.002	
			(-0.44)				(-0.54)		(-0.61)				(-0.68)	
BCF_occu				-0.004				-0.004		-0.004				-0.005
				(-0.83)				(-0.99)		(-0.97)				(-1.10)
BCF_part				0.006				0.007		0.005				0.007
				(0.77)				(0.93)		(0.70)				(0.86)
BCE					0.004		0.004*				0.004		0.004	
					(1.63)		(1.65)				(1.41)		(1.44)	

续表

	模型 3-1	模型 3-2	模型 4-1	模型 4-2	模型 4-3	模型 4-4	模型 4-5	模型 4-6	模型 4-7	模型 4-8	模型 4-9	模型 4-10	模型 4-11	模型 4-12
被解释变量 ROA														
BCE_pass						0.008		0.009				0.007		0.008
						(1.48)		(1.61)				(1.37)		(1.49)
BCE_duty						0.003		0.003				0.002		0.002
						(0.86)		(0.89)				(0.70)		(0.73)
R&D		0.001**							0.001**	0.001**	0.001*	0.001*	0.001*	0.001*
		(1.98)							(2.02)	(2.01)	(1.86)	(1.86)	(1.89)	(1.88)
constant	-0.086**	-0.144**	-0.142**	-0.141**	-0.141**	-0.140**	-0.141**	-0.140**	-0.144**	-0.144**	-0.143**	-0.143**	-0.143**	-0.142**
	(-2.30)	(-3.87)	(-3.80)	(-3.79)	(-3.77)	(-3.76)	(-3.77)	(-3.75)	(-3.87)	(-3.86)	(-3.84)	(-3.83)	(-3.84)	(-3.82)
Industry	Yes	Yes	Yes	Yes	Yes	Yes	Yes	Yes	Yes	Yes	Yes	Yes	Yes	Yes
Year	Yes	Yes	Yes	Yes	Yes	Yes	Yes	Yes	Yes	Yes	Yes	Yes	Yes	Yes
N	1896	1896	1896	1896	1896	1896	1896	1896	1896	1896	1896	1896	1896	1896
Adjusted R^2	0.138	0.140	0.138	0.138	0.139	0.139	0.139	0.139	0.14	0.140	0.141	0.140	0.140	0.140
F	20.012	19.392	19.24	18.782	19.2	18.541	18.488	17.547	18.664	18.26	18.616	18.006	17.94	17.081

注：模型采用异方差稳健标准误消除异方差的影响。其中 * $p<0.1$，** $p<0.05$，*** $p<0.01$。

表 5　中介效应 Bootstrap 检验结果

	5-1				5-2		
	中介效应				带有调节的中介效应		
	Indirect Effect	LLCI	ULCI	FIM	Conditional Indirect Effect	LLCI	ULCI
BCF	0.0005	0.0000	0.0014	0	0.0010	0.0001	0.0026
				1	0.0002	-0.0001	0.0010
BCF_occu	0.0005	0.0000	0.0015	0	0.0009	0.0001	0.0026
				1	0.0003	-0.0002	0.0013
BCF_part	0.0006	-0.0001	0.0022	0	0.0010	0.0000	0.0040
				1	0.0000	-0.0012	0.0012
BCE	0.0005	0.0000	0.0014	0	0.0010	0.0001	0.0025
				1	0.0003	0.0000	0.0009
BCE_pass	0.0006	0.0000	0.0019	0	0.0013	0.0001	0.0035
				1	0.0002	-0.0004	0.0013
BCE_duty	0.0005	0.0000	0.0013	0	0.0019	0.0001	0.0023
				1	0.0002	-0.0001	0.0011

前述已经验证了家族管理涉入在董事会资本与研发投入之间的调节作用以及研发投入在董事会资本与企业绩效之间的中介作用，现综合考察家族管理涉入的调节作用对董事会资本、研发投入和企业绩效关系的影响。模型 5 的回归结果初步验证家族涉入的负向调节带来的影响，模型 5-1到模型 5-7 中控制变量、中介变量与自变量依次进入模型，其中模型 5-6 和模型 5-7 中 R^2 的变化分别为 5.925 和 1.062，且均显著，说明家族涉入的调节作用显著，家族涉入显著调节董事会资本、研发支出对企业绩效的影响（见表 6）。

表 6　全要素模型

被解释变量 ROA							
	模型 5-1	模型 5-2	模型 5-3	模型 5-4	模型 5-5	模型 5-6	模型 5-7
Size	0.007***	0.008***	0.008***	0.008***	0.008***	0.008***	0.008***
	(4.09)	(4.78)	(4.77)	(4.82)	(4.79)	(4.74)	(4.70)
Debt	-0.086**	-0.093***	-0.093***	-0.092***	-0.092***	-0.092***	-0.091***
	(-12.69)	(-14.24)	(-14.13)	(-14.27)	(-14.20)	(-14.01)	(-13.79)
Herfin10	0.024**	0.034***	0.034***	0.032***	0.032***	0.033***	0.033***
	(2.34)	(3.35)	(3.38)	(3.16)	(3.13)	(3.29)	(3.28)
Boardsize	-0.000	-0.001	-0.000	-0.001	-0.001	-0.000	-0.000
	(-1.32)	(-1.30)	(-1.19)	(-1.28)	(-1.26)	(-1.15)	(-0.99)
Boardage	-0.000	-0.000	-0.000	-0.000	-0.000	-0.000	-0.000
	(-1.50)	(-1.54)	(-1.57)	(-1.56)	(-1.53)	(-1.50)	(-1.49)
BCF		-0.008				-0.008	
		(-1.37)				(-1.49)	
BCF_occu			-0.012**				-0.014**
			(-2.07)				(-2.27)
BCF_part			0.012				0.014
			(0.93)				(1.13)
BCE				0.008*		0.009**	
				(1.91)		(1.99)	

续表

被解释变量 ROA							
BCE_pass					0.014 (1.60)		0.016* (1.88)
BCE_duty					0.006 (1.18)		0.006 (1.21)
R&D		0.001*** (3.26)	0.001*** (3.22)	0.001*** (2.87)	0.001*** (2.88)	0.001*** (2.94)	0.001*** (2.89)
FIM		0.003* (1.65)	0.003* (1.82)	0.003* (1.75)	0.003* (1.73)	0.003* (1.68)	0.003* (1.86)
FIM×BCF		0.007 (0.99)				0.008 (1.06)	
FIM×BCF_occu			0.011 (1.37)				0.012 (1.46)
FIM×BCF_part			-0.009 (-0.58)				-0.011 (-0.66)
FIM×BCE				-0.005 (-1.02)		-0.006 (-1.09)	
FIM×BCE_pass					-0.007 (-0.70)		-0.010 (-0.89)
FIM×BCE_duty					-0.005 (-0.75)		-0.005 (-0.75)
constant	-0.086** (-2.30)	-0.130*** (-3.62)	-0.130*** (-3.62)	-0.130*** (-3.63)	-0.129*** (-3.62)	-0.130*** (-3.61)	-0.129*** (-3.61)
Industry	Yes	Yes	Yes	Yes	Yes	Yes	Yes
Year	Yes	Yes	Yes	Yes	Yes	Yes	Yes
N	1896	1896	1896	1896	1896	1896	1896
Adjusted R^2	0.138	0.109	0.109	0.110	0.109	0.110	0.110
ΔF	—	—	—	—	—	5.925***	1.062*
F	20.012	28.351	23.801	28.820	23.737	23.865	18.143

为了进一步探究调节作用带来的影响，下文用 Process 具体量化家族管理涉入的调节作用对前述中介效应的影响。由于调节变量家族涉入为分类变量，在进行带有调节的中介效应分析时 Process 依据不同的类别进行中介效应分析，回归结果得到表 5-2 部分。综合表 5 可以看出，除了董事会资本嵌入性（BCE）之外，家族管理涉入使得之前显著的中介作用均不再显著，说明家族涉入的负向调节影响了中介效应的大小。

五、稳健性检验

为了检验以上结论的稳健性，本文用 Bootstraps 方法，每次用简单随机抽样随机选取 948 个样本，执行 1000 次来检验结果的稳健性。通过对比发现针对上述假设的回归结果均具有稳健性（见表 7 和表 8）。同时，为了检验变量是否存在反向因果关系，即企业绩效是否在董事会资本与

表 7　董事会资本对企业研发投入的影响效应稳健性检验

	模型 1-1	模型 1-2	模型 1-3	模型 1-4	模型 1-5	模型 1-6	模型 1-7	模型 2-1	模型 2-2	模型 2-3	模型 2-4	模型 2-5	模型 2-6
	被解释变量 R&D												
Size	-0.153	-0.142	-0.141	-0.159	-0.159	-0.149	-0.149	-0.18	-0.181	-0.205	-0.207	-0.192	-0.195
	(-1.14)	(-0.97)	(-1.02)	(-1.17)	(-1.13)	(-1.11)	(-1.07)	(-1.21)	(-1.31)	(-1.46)	(-1.53)	(-1.33)	(-1.36)
Debt	3.948***	3.812***	3.809***	3.978***	3.980***	3.851***	3.859***	3.843***	3.828***	3.966***	3.973***	3.878***	3.877***
	(6.25)	(6.13)	(6.07)	(6.38)	(6.51)	(6.30)	(6.01)	(6.32)	(6.08)	(6.36)	(6.45)	(6.23)	(6.37)
Herfin10	-1.943***	-2.045***	-2.042***	-1.871**	-1.867**	-1.968**	-1.966***	-2.609***	-2.598***	-2.500***	-2.511***	-2.617***	-2.620***
	(-2.75)	(-2.68)	(-2.79)	(-2.46)	(-2.45)	(-2.53)	(-2.62)	(-3.23)	(-3.23)	(-3.24)	(-3.19)	(-3.25)	(-3.30)
Boardsize	-0.04	-0.042	-0.042	-0.034	-0.034	-0.036	-0.035	-0.055	-0.054	-0.042	-0.042	-0.047	-0.045
	(-1.02)	(-1.09)	(-1.08)	(-0.89)	(-0.89)	(-0.92)	(-0.92)	(-1.43)	(-1.42)	(-1.09)	(-1.11)	(-1.23)	(-1.17)
Boardage	-0.048**	-0.052**	-0.052**	-0.044**	-0.044**	-0.048**	-0.048**	-0.059***	-0.059***	-0.052**	-0.052**	-0.056***	-0.055***
	(-2.25)	(-2.42)	(-2.45)	(-2.22)	(-2.11)	(-2.30)	(-2.27)	(-2.91)	(-2.73)	(-2.51)	(-2.49)	(-2.72)	(-2.60)
BCF		0.684**				0.632*		1.281**				1.127*	
		-2.07				-1.84		-2.24				-1.93	
BCF_occu			0.693*				0.599		1.206*				0.986
			-1.78				-1.55		-1.9				-1.48
BCF_part			0.624				0.721		1.453				1.6
			-0.89				-1.07		-1.31				-1.46
BCE				0.687***		0.656***				1.258***		1.181***	
				-2.88		-2.63				-2.95		-2.65	
BCE_pass					0.714		0.725				1.517*		1.512*
					-1.5		-1.47				-1.92		-1.76
BCE_duty					0.658**		0.615**				1.126**		1.039**
					-2.22		-2.08				-2.29		-2.07

续表

	模型 1-1	模型 1-2	模型 1-3	模型 1-4	模型 1-5	模型 1-6	模型 1-7	模型 2-1	模型 2-2	模型 2-3	模型 2-4	模型 2-5	模型 2-6
被解释变量 R&D													
FIM								0. 708 -0. 87	0. 957 -0. 95	0. 164 -0. 45	0. 256 -0. 59	1. 113 -1. 44	1. 64 -1. 56
FIM×BCF								-0. 975 (-1. 42)				-0. 826 (-1. 24)	
FIM×BCF_occu									-0. 778 (-0. 97)				-0. 58 (-0. 72)
FIM×BCF_part									-1. 512 (-1. 05)				-1. 626 (-1. 15)
FIM×BCE										-0. 891 * (-1. 84)		-0. 839 (-1. 62)	
FIM×BCE_pass											-1. 202 (-1. 27)		-1. 232 (-1. 20)
FIM×BCE_duty											-0. 738 (-1. 24)		-0. 684 (-1. 12)
constant	6. 694 ** -2. 29	5. 912 * -1. 89	5. 933 * -1. 91	6. 386 ** -2. 18	6. 374 ** -2. 11	5. 678 * -1. 95	5. 609 * -1. 84	6. 697 ** -2. 07	6. 633 ** -2. 18	7. 690 ** -2. 54	7. 635 ** -2. 56	6. 326 ** -1. 98	6. 021 * -1. 87
Industry	Yes	Yes	Yes	Yes	Yes	Yes	Yes	Yes	Yes	Yes	Yes	Yes	Yes
Year	Yes	Yes	Yes	Yes	Yes	Yes	Yes	Yes	Yes	Yes	Yes	Yes	Yes
N	1896	1896	1896	1896	1896	1896	1896	1896	1896	1896	1896	1896	1896
Adjusted R^2	0. 258	0. 262	0. 262	0. 265	0. 264	0. 268	0. 267	0. 269	0. 269	0. 273	0. 272	0. 277	0. 275
Wald Chi	317. 13	325. 75	314. 67	314. 25	321. 98	317. 93	355. 45	338. 60	314. 51	323. 91	333. 24	346. 38	311. 00

注：模型采用异方差稳健标准误消除异方差的影响。其中 * p<0. 1， ** p<0. 05， *** p<0. 01。

表 8　研发投入的中介效应回归稳健性检验

	模型 3-1	模型 3-2	模型 4-1	模型 4-3	模型 4-5	模型 4-7	模型 4-9	模型 4-11	模型 4-2	模型 4-4	模型 4-6	模型 4-8	模型 4-10	模型 4-12
	被解释变量 ROA													
Size	0.007***	0.007**	0.007**	0.007**	0.007***	0.007**	0.007***	0.007**	0.007***	0.007**	0.007***	0.007***	0.007***	0.007***
	(2.88)	(2.93)	(2.85)	(2.98)	(2.87)	(2.90)	(2.82)	(2.89)	(2.85)	(2.88)	(2.85)	(3.07)	(2.91)	(2.84)
Debt	-0.086***	-0.089**	-0.085**	-0.085**	-0.085***	-0.085**	-0.085**	-0.084**	-0.089**	-0.088**	-0.089**	-0.088**	-0.088**	-0.088**
	(-9.04)	(-8.97)	(-8.68)	(-8.33)	(-8.64)	(-8.75)	(-8.68)	(-8.64)	(-8.87)	(-8.61)	(-8.88)	(-8.86)	(-8.89)	(-8.76)
Herfin10	0.024*	0.025*	0.024*	0.023*	0.024*	0.024*	0.024*	0.024*	0.026*	0.025*	0.026*	0.026*	0.026*	0.026*
	(1.75)	(1.86)	(1.66)	(1.72)	(1.70)	(1.69)	(1.69)	(1.74)	(1.71)	(1.75)	(1.70)	(1.8)	(1.84)	(1.81)
Boardsize	-0.000	-0.000	-0.000	-0.000	-0.000	-0.000	-0.000	-0.000	-0.000	-0.000	-0.000	-0.000	-0.000	-0.000
	(-0.92)	(-0.84)	(-0.90)	(-0.91)	(-0.86)	(-0.84)	(-0.85)	(-0.81)	(-0.87)	(-0.87)	(-0.78)	(-0.79)	(-0.79)	(-0.74)
Boardage	-0.000	-0.000	-0.000	-0.000	-0.000	-0.000	-0.000	-0.000	-0.000	-0.000	-0.000	-0.000	-0.000	-0.000
	(-1.09)	(-0.92)	(-1.01)	(-1.04)	(-0.99)	(-1.01)	(-0.95)	(-1.01)	(-0.86)	(-0.90)	(-0.89)	(-0.89)	(-0.86)	(-0.84)
BCF			-0.002				-0.002		-0.002				-0.002	
			(-0.31)				(-0.38)		(-0.43)				(-0.48)	
BCF_occu				-0.004				-0.004		-0.004				-0.005
				(-0.56)				(-0.71)		(-0.67)				(-0.75)
BCF_part				0.006				0.007		0.005				0.007
				(0.53)				(0.64)		(0.50)				(0.61)

续表

	模型 3-1	模型 3-2	模型 4-1	模型 4-3	模型 4-5	模型 4-7	模型 4-9	模型 4-11	模型 4-2	模型 4-4	模型 4-6	模型 4-8	模型 4-10	模型 4-12
被解释变量 ROA														
BCE					0. 004		0. 004				0. 004		0. 004	0. 008
					(1. 15)		(1. 11)				(1. 03)		(1. 01)	(1. 05)
BCE_pass						0. 008		0. 009				0. 007		0. 002
						(1. 05)		(1. 13)				(0. 95)		-0. 51
BCE_duty						0. 003		0. 003				0. 002		-0. 005
						(0. 62)		(0. 65)				(0. 50)		(-0. 75)
R&D		0. 001							0. 001	0. 001	0. 001	0. 001	0. 001	0. 001
		(1. 39)							(1. 49)	(1. 45)	(1. 32)	(1. 34)	(1. 34)	(1. 36)
constant	-0. 086	-0. 144*	-0. 142*	-0. 141*	-0. 141***	-0. 140*	-0. 141*	-0. 140*	-0. 144*	-0. 144*	-0. 143*	-0. 143*	-0. 143*	-0. 142*
	(-1. 61)	(-2. 75)	(-2. 66)	(-2. 80)	(-2. 69)	(-2. 65)	(-2. 67)	(-2. 67)	(-2. 64)	(-2. 59)	(-2. 69)	(-2. 79)	(-2. 66)	(-2. 64)
Industry	Yes	Yes	Yes	Yes	Yes	Yes	Yes	Yes	Yes	Yes	Yes	Yes	Yes	Yes
Year	Yes	Yes	Yes	Yes	Yes	Yes	Yes	Yes	Yes	Yes	Yes	Yes	Yes	Yes
N	1896	1896	1896	1896	1896	1896	1896	1896	1896	1896	1896	1896	1896	1896
Adjusted R^2	0. 138	0. 14	0. 138	0. 138	0. 139	0. 139	0. 139	0. 139	0. 14	0. 14	0. 141	0. 14	0. 14	0. 14
Wald Chi	212. 49	216. 83	203. 51	196. 49	202. 43	215. 25	226. 16	204. 58	212. 82	213. 59	208. 24	211. 67	215. 49	244. 87

注：模型采用异方差稳健标准误消除异方差的影响。其中 * p<0. 1，** p<0. 05，*** p<0. 01。

研发投入之间具有中介效应，本文借鉴 Miller 等（2009）稳健性检验方法，通过检验上述反向因果关系是否存在进行稳健性检验。通过表 9 可以看出，企业绩效在董事会资本丰富性（BCF）和董事会资本嵌入性（BCE）以及各自的分变量和研发投入之间的中介效应均不显著，即不存在上述反向因果关系。

表 9　中介效应的稳健性检验

	中介效应		
	Indirect Effect	LLCI	ULCI
BCF	-0.062	-0.0428	0.0151
BCF_occu	-0.0136	-0.0677	0.0077
BCF_part	0.0231	-0.0159	0.1104
BCE	0.0142	-0.0018	0.0502
BCE_pass	0.0275	-0.0022	0.0983
BCE_duty	0.0091	-0.0077	0.0458

六、讨论、理论贡献与启发意义

（一）讨论

前述分析论证了家族管理涉入的调节作用削弱了董事会资本对研发投入的影响，进而影响了研发投入在董事会资本与企业绩效之间的中介效应，但家族管理涉入强度的不同对董事会资本对研发投入的效应有何影响值得研究，下文试探性地选择 1213 家家族企业样本，当家族成员担任董事长（或副董事长）或总经理（或副总经理）时表明家族管理涉入的强度较弱，取值为 0；当家族成员担任董事长（或副董事长）和总经理（或副总经理）时表明涉入的程度较强，取值为 1，通过分组回归来探究家族管理涉入强度对前述分析带来的影响。

从表 10 中可以看出，当家族管理涉入程度由弱变强时，董事会资本丰富性（BCF）对研发投入的影响逐步减小，且其分变量亦是如此，但董事会资本嵌入性却相反，家族管理涉入程度较强时董事会资本嵌入性对研发投入的影响甚至比全样本状态下模型 1-6 中的影响还要大（0.656 <0.807），其分变量 BCE_duty 呈现相同的趋势。

表 10　家族企业样本分组回归结果

	被解释变量 R&D			
	家族管理涉入强度			
	弱 0	强 1	弱 0	强 1
Size	-0.852***	0.139	-0.897***	0.118
	(-5.51)	(0.79)	(-5.71)	(0.65)

续表

	被解释变量 R&D			
	家族管理涉入强度			
	弱 0	强 1	弱 0	强 1
Debt	3.865*** (5.87)	3.748*** (4.75)	3.867*** (5.83)	3.788*** (4.74)
Herfin10	-4.246*** (-3.65)	-0.550 (-0.59)	-4.214*** (-3.59)	-0.598 (-0.65)
Boardsize	0.003 (0.07)	-0.098** (-1.99)	0.009 (0.22)	-0.097** (-1.97)
Boardage	-0.041 (-1.63)	-0.092*** (-3.79)	-0.040 (-1.58)	-0.091*** (-3.71)
BCF	0.608 (1.63)	0.529 (1.32)		
BCE	0.070 (0.27)	0.807*** (3.01)		
BCF_occu			0.868* (1.76)	0.571 (1.21)
BCF_part			0.288 (0.35)	0.204 (0.22)
BCE_pass			0.939* (1.74)	0.482 (0.78)
BCE_duty			-0.321 (-0.93)	0.966*** (2.68)
constant	21.366*** (6.18)	1.552 (0.39)	22.114*** (6.36)	2.124 (0.50)
Industry	Yes	Yes	Yes	Yes
Year	Yes	Yes	Yes	Yes
N	569	644	569	644
Adjusted R^2	0.309	0.304	0.312	0.302
F	23.845	13.22	21.448	12.15

（二）理论贡献

（1）丰富了董事会资本的研究。既有研究多将董事会资本分为人力资本与社会资本，这可能导致因难以分割而出现的资本测算重复以及研究结果的不确定性等问题，本文从丰富性和嵌入性两个维度考量董事会资本，既全面反映了董事会资本的构成，又能测度董事会资本不同维度的治理效应。

（2）发展了“结构—行为—绩效”的研究范式。本文以董事会资本丰富性与嵌入性作为解释变量，研发投入强度作为中介变量，家族管理涉入作为调节变量，企业绩效作为被解释变量。在构建有调节中介效应理论模型的基础上，进一步验证了研发投入的中介效应以及家族管理涉入的调节效应。有调节的中介效应模型是对传统中介效应模型的扩展。

（三）主要结论与启示

本文研究表明，董事会资本丰富性和嵌入性均与研发投入有显著的正向关系，研发投入在董事会资本对企业绩效产生影响的过程中起传导作用，是董事会资本与企业绩效关系的部分中介变量，家族管理涉入负向调节董事会资本与研发投入的关系。一定程度上支持了假设，说明董事会资本的合理配置有利于改善公司研发水平和企业绩效，这一研究结论，对创业板上市公司的治理实践具有以下启发意义：

第一，由职业丰富性和兼职丰富性拟合而成的董事会资本丰富性对研发投入具有显著的正向影响，研发投入不仅在董事会资本丰富性和企业绩效之间起中介作用，且在董事会资本嵌入性和企业绩效之间所起的中介效应也一样显著。因此，创业企业应当合理构建及优化企业董事会，选拔职业和兼职丰富或具有丰富行业经验的董事加入到董事会队伍中来，这将有利于企业做出研发决策，进而改善企业绩效。

第二，董事会成员过去在本行业的职业经历和独立董事本职或兼职工作在本行业两个指标拟合而成的董事会资本嵌入性对研发投入具有显著的正向影响。这表明，董事的行业经验能够为创业型企业提供专业知识与技能，这有利于董事会做出研发投资决策。上市公司选聘董事成员时应充分考虑候选人的行业经验，并有意识地将行业经验丰富的专业人士纳入董事会。

第三，家族管理涉入对董事会资本与企业 R&D 投入水平具有负向调节作用，表明家族企业出于风险规避的考虑，会采取限制研发投入的决策，这不利于企业的长远发展。家族企业应权衡组织短期现金流与长期可持续成长的关系，不可一味地为了规避风险而降低企业的 R&D 投入。

本文探究了董事会资本通过研发投入作用于企业绩效的传导效应，但也应考虑可能存在的其他中介变量，如 Westphal 等提出的公司治理水平等，将综合影响董事会资本与企业绩效的关系。另外，董事会资本通过研发投资决策对企业绩效的影响，还有赖于高管以及员工对战略的执行，未来研究应建立多阶段中介效应模型，并加入关键调节变量，使理论模型与现实逻辑更加一致，从而提高理论研究的现实价值。

参考文献

[1] Aboody D., B. Lev.. The Value Relevance of Intangibles: The Case of Software Capitalization [J]. Journal of Accounting Research, 1998, 36 (22): 161-191.

[2] Baysinger B. D., Butler H.. Corporate Governance and Board of Directors: Performance Effects of Changes in Board Composition [J]. Journal of Law, Economics and Organizations, 1985, 1 (1): 101-124.

[3] Boyd B.. Corporate Linkages and Organizational Environment: A Test of the Resource Dependence Model [J]. Strategic Management Journal, 1990, 11 (6): 419-430.

[4] Carpenter M. A., Westphal J. D.. The Strategic Context of External Network Ties: Examining the Impact of Director Appointments on Board Involvement in Strategic Decision Making [J]. Academy of Management Journal, 2001, 44 (4): 639-660.

[5] Coleman J. S.. Social Capital in the Creation of Human Capital [J]. American Journal of Sociology, 1988 (94): 95-120.

[6] Dalziel T., Gentry R. J., Bowerman M.. An Integrated Agency-resource Dependence View of the Influence of Directors' Human and Relational Capital on Firms' R&D Spending [J]. Journal of Management Studies, 2011, 48 (6): 1217-1242.

[7] Deutsch Y.. The Impact of Board Composition on Firms' Critical Decisions: A Meta-Analytic Review [J]. Journal of Management, 2005, 31 (3): 424-444.

[8] Eddleston K. A., Otondo R. F., Kellermanns et al.. Conflict, Participative Decision-making and Generational

Ownership Dispersion：Amultilevel Analysis [J]. Journal of Business Management，2008，46（3）：456-484.

[9] Griliches Z.. Productivity，R&D，and Basic Research at the Firm Level in the 1970s [J]. American Economic Review，1986，76（1）：141-154.

[10] Golden B. R.，Zajac E. J.. When Will Boards Influence Strategy? Inclination X Power = Strategic Change [J]. Strategic Management Journal，2001，22（12）：1087-1111.

[11] Haynes K. T.，Hillman A.. The Effect of Board Capital and CEO Power on Strategic Change [J]. Strategic Management Journal，2010，31（11）：1145-1163.

[12] Hillman A. J.，Daziel T.. Boards of Directors and Firm Performance：Integrating Agency and Resource Dependence Perspective [J]. Academy of Management Review，2003，28（3）：383-396.

[13] Hillman A. J.，Cannella A. A.，Paetzold R. L.. The Resource Dependence Role of Corporate Directors：Strategic Adaptation of Board Composition in Response to Environmental Change [J]. Journal of Management Studies，2000，37（2）：235-256.

[14] Jackson S. E.，Brett J. F.，Sessa V. I.，Cooper D. M.，Julin J. A.，Peyronnin K.. Some Differences Make a Difference：Individual Dissimilarity and Group Heterogeneity as Correlates of Recruitment，Promotions，and Turnover [J]. Journal of Applied Psychology，1991，76（5）：675-689.

[15] Murray A. I.. Top Management Group Heterogeneity and Firm Performance [J]. Strategic Management Journal，1989，10（S1）：125-141.

[16] O'Brien J. P.. The Capital Structure Implications of Pursuing a Strategy of Innovation [J]. Strategic Management Journal，2003，24（5）：415-431.

[17] Pfeffer J.，Salancik G. R.. The External Control of Organizations：A Resource Dependence Perspective [J]. New York：Harper& Row，1979：309-310.

[18] Prahalad C. K.，Bettis R. A.. The Dominant Logic：A New Linkage Between Diversity and Performance [J]. Strategic Management Journal，1986，7（6）：485-501.

[19] Tong L.，Zheng Y.，Zhao P.. Is Money Really the Root of All Evil? The Impact of Priming Money on Consumer Choice [J]. Marketing Letters，2013（6）：119-129.

[20] Westphal J. D.，Milton L. P.. How Experience and Network Ties Affect the Influence of Demographic Minorities on Corporate Boards [J]. Administrative Science Quarterly，2000，45（2）：366-398.

[21] Zajac E. J.，Westphal J. D.. Director Reputation，CEO-Board Power，and the Dynamics of Board Interlocks [J]. Administrative Science Quarterly，1996，41（3）：507-529.

[22] Zhao Xinshu，Lynch J. G.，Chen Q.. Reconsidering Baron and Kenny：Myths and Truths about Mediation Analysis[J]. Journal of Consumer Research，2010（8）：197-206.

[23] 陈闯，刘天宇．创始经理人、管理层股权分散度与研发决策[J]. 金融研究，2012（7）：196-206.

[24] 方杰，张敏强．中介效应的点估计和区间估计：乘积分布法、非参数 Bootstrap 和 MCMC 法[J]. 心理学报，2012（10）：1408-1420.

[25] 谷棋，邓德强，路倩．现金流权与控制权分离下的公司价值[J]. 会计研究，2006（4）：30-36.

[26] 贺小刚，李新春，连燕玲，张远飞．家族内部的权力偏离及其对治理效率的影响——对家族上市公司的研究[J]. 中国工业经济，2010（10）：96-106.

[27] 李维安，牛建波，宋笑扬．董事会治理研究的理论根源及研究脉络评析[J]. 南开管理评论，2009，12（1）：130-145.

[28] 马连福，冯慧群．董事会资本对公司治理水平的影响效应研究 [J]. 南开管理评论，2014，17（2）：46-55.

[29] 孙早，宋炜．企业 R&D 投入对产业创新绩效的影响——来自中国制造业的经验证据[J]. 数量经济技术经济研究，2012（4）：49-63.

[30] 王化成，卢闯，李春玲．企业无形资产与未来业绩相关性研究[J]. 中国软科学，2005（10）：120-123.

[31] 王永明，宋艳伟．独立董事对上市公司技术创新投资的影响研究[J]. 科学管理研究，2010（5）：94-97.

[32] 温忠麟，侯杰泰，张雷．调节效应与中介效应的比较和应用[J]. 心理学报，2005，37（2）：268-274.

[33] 严若森，叶云龙．家族所有权、家族管理涉入与企业 R&D 投入水平——基于社会情感财富的分析视角[J]. 经济管理，2014，36（12）：51-61.

[34] 严子淳，薛有志，董事会社会资本、公司领导权结构对企业 R&D 投入程度的影响研究[J]. 管理学报，2015（4）：509-516.

[35] 于东智．董事会与公司治理［M]. 北京：清华大学出版社，2004.

[36] 朱乃平，朱丽，孔玉生，沈阳．技术创新投入、社会责任承担对财务绩效的协同影响研究[J]. 会计研究，2014（2）：57-95.

[37] 朱焱，张孟昌．企业管理团队人力资本、研发投入与企业绩效的实证研究[J]. 会计研究，2013（11）：45-96.

风险投资声誉是否影响基金募集行为？
——中国的经验证据

叶小杰
（上海国家会计学院，上海 201702）

［摘　要］ 本文研究风险投资声誉对于风险投资基金募集行为的影响。通过 CVSource 数据库收集我国 1998~2015 年募集完成的 4320 只基金的相关数据，构建 OLS 模型并采用分样本和交乘项回归进行实证检验，研究发现，风险投资声誉对基金募集规模有显著的正向影响，风险投资声誉越高，则其能够募集到的基金金额越多；风险投资基金的组织形式及投资机构的产权性质会影响声誉与募资规模之间的关系，有限合伙制强化了其关系的敏感性，而政府背景则弱化了其关系的敏感性。对募资活动的其他因素研究表明，风险投资声誉越高，则风险投资基金的募资时限越短、超额募资的比例越大。

［关键词］ 风险投资声誉；基金募集；有限合伙制；政府背景

一、引言

基金募集是风险投资“募、投、管、退”这一运作模式的起点，是风险投资存在的前提和基础。近年来，我国风险投资行业发展迅速，基金募集处于相对活跃的状态。清科研究中心发布的数据显示，2016 年第三季度，我国风险投资市场基金募资活跃度虽有所下降，但募资金额大幅提升（平均募集规模高达 22.27 亿元），并涌现出多只超大额基金，超大额基金募资已成趋势。①从宏观视角来看，宏观经济状况、股市活跃程度会对风险投资行业层面的基金募集规模产生影响（Gompers & Lerner，1998；孙力强、倪正东，2008）。但是，对于微观的风险投资机构而言，其募资行为究竟受到哪些因素的影响？尤其是在中国的制度环境下，存在诸多具有政府背景的风险投资机构，也存在不少公司制的风险投资基金，这些因素又会如何影响基金募集？这是值得探讨的话题。

风险投资声誉是研究这一问题的重要切入点。Gompers（1996）提出了风险投资行业的“逐名理论”，并比较了不同投资机构在 IPO 中的行为差异。他认为，对于具有丰富投资经验和良好退出记录的投资机构而言，其质量和信誉已经经过市场检验，因此，在后续的募资活动中占有优势；而对于年轻的风险投资机构而言，声誉是其追求的重要目标，因此，它有动机尽快推动其投

① 申伶坤．清科季报：还是寒冬？2016 第三季度 VC 投资保持平稳，千亿国有资本风投基金助力央企创新发展．2016-10-21．［2017-2-15］．http：//research. pedaily. cn/201610/20161021404321. shtml.

资的企业 IPO 以积累声誉资本，从而为后续基金募集奠定基础。国内一些研究指出，相较于西方成熟市场，我国风险投资行业发展较晚，普遍经营年限不长，因此，在资本市场也主要表现出“逐名”动机而非起到“认证”作用（陈工孟等，2011；蔡宁，2015）。但是“逐名理论”成立与否取决于一个重要环节：风险投资经由 IPO 退出所形成的声誉，是否真的有助于其后续募资活动？基于此，研究风险投资声誉对于基金募集行为的影响，不仅可以为业界的募资活动提供理论解释，而且可以完善前人关于“逐名理论”的研究。

为回答上述问题，本文通过文献回顾和理论分析，逐步深入分析以下三个问题：一是具有良好声誉的风险投资机构能否募集到更大规模的基金；二是不同的组织形式（有限合伙制、公司制和信托制）是否会影响风险投资声誉与募资规模之间的关系；三是风险投资机构的产权性质（是否具有政府背景）如何影响声誉与募资规模之间的关系？此外，本文还扩展了募资环节的研究框架，进一步探讨风险投资声誉是否影响基金超募率及募资时限。针对这些问题，本文通过 CVSource 数据库收集了我国 1998~2015 年募集的 4320 只基金的相关数据，构建 OLS 模型并采用分样本和交乘项回归进行实证检验，结果发现：①风险投资声誉对基金募集规模有显著的正向影响，风险投资声誉越高，则其能够募集到的基金规模越大；②风险投资基金的组织形式会影响前述关系，有限合伙制具有正向调节作用，强化了其关系的敏感性；③投资机构的产权性质也会影响声誉与募资规模之间的关系，如果风险投资机构具有政府背景，则前述正相关关系的敏感性下降，因此，声誉机制是在市场化环境中对于政府背景的一种替代机制；④风险投资声誉不仅提高了基金募集规模，而且提高了基金超募率，并缩短了募资时限。

本文的主要贡献在于：一是从募资环节证实了风险投资声誉对于投资机构自身的价值和意义。已有研究表明，风险投资声誉对于投资机构自身的价值可以从募资、投资和退出等环节体现出来（叶小杰、王怀芳，2016），本文从募资环节提供了经验证据，对风险投资声誉作用机理的研究提供了有益的补充。二是立足我国制度背景，以风险投资基金的组织形式和投资机构的产权性质作为切入点，考察其对于风险投资声誉与基金募集规模之间关系的调节作用。本文研究发现，有限合伙制具有正向调节作用，政府背景具有负向调节作用，这为我国风险投资行业的市场化改革提供了理论借鉴。三是为“逐名理论”在我国风险投资行业的适用性提供了经验证据。追溯西方市场上对于“逐名理论”的研究，风险投资机构之所以要积累和维持声誉，目的就在于后续的基金募集，但这尚未得到我国风险投资行业数据的证实。因此，本文的研究为“逐名理论”在我国的适用性补足了重要一环——风险投资经由成功 IPO 所形成的声誉确实对其自身的募资活动带来了好处。

二、文献回顾与研究假设

（一）风险投资基金募集文献回顾

基金募集作为风险投资“募、投、管、退”活动的起点和重要环节，受到了学者们的广泛关注。与财务学领域的大多数研究主题类似，对于风险投资募资行为的研究也是从影响因素开始的，并且也是遵循从宏观到微观的基本思路。从宏观视角来看，主要探讨某一国家或地区风险投资行业整体募资活跃程度、规模受到哪些因素影响，相应的指标也多为宏观指标（如宏观经济因素、IPO 市场状况等）；从微观视角来看，主要研究哪些因素在风险投资机构个体层面募集基金时发挥作用，这些因素既包括宏观因素，也包括个体层面的因素（如投资机构的年龄、政治关联、声誉等）。

总体而言，宏观层面风险投资行业募资行为的影响因素可以分为：宏观经济因素、利率、股票市场状况、政府政策和税收等。作为该领域的早期文献，Porterba（1989）研究认为，风险投资募资活动受到向上的供给曲线和向下的需求曲线的共同影响，并且供给方要求的投资收益率就是供求曲线交点所代表的价格，因此，应该降低资本利得税以降低期望收益率，进而提高风险投资的募资能力。Gompers 和 Lerner（1998）对前述供应—需求模型进行了拓展研究，认为资金需求因素对风险投资募资活动具有更大影响，放松养老基金投资限制及增加研发支出有利于提升风险投资的活跃程度。Audretsch 和 Joltan（1994）研究发现，宏观经济波动及行业特定因素会影响创业活动，宏观经济增长、资本成本降低及创业人数增长将增大对于风险投资基金的需求程度。Black 和 Gilson（1998）则比较了“以银行为中心”和“以股市为中心”的资本市场相对效率，通过检验两种体系的系统性差异发现，“以股市为中心”的体系更有利于风险投资发挥作用，风险投资的活跃程度更高。Jeng 和 Wells（2000）进一步分析风险投资募资行为的影响因素后发现，IPO 市场、政府政策和养老基金发展状况是显著影响风险投资发展的因素，而 GDP 增长率和市场资本化水平的影响并不显著。此外，不同类型风险投资募资行为受到这些因素的影响也不尽相同。Huson 等（2006）对市场条件如何影响风险投资活跃状况进行研究发现，企业对于资金来源的偏好受到市场条件的影响，在股市收益率较高时期，风险投资活动较活跃。

微观视角的研究对象主要是投资机构层面。Gompers 和 Lerner（1998）考察了个体层面的风险投资机构在募资活动中受哪些因素影响，研究表明，投资机构以往管理的基金业绩及积累的声誉显著影响其基金募集能力，此外，投资机构在创业企业中的持股比例、上一次参与 IPO 距离募资活动的时限，也对募资行为有影响。Mayer 等（2005）研究发现，不同国家之间的风险投资基金来源具有明显差异，而且各国风险投资机构的投资策略也有差异，但是资金来源对于投资策略差异的解释能力有限。Cumming 等（2005）研究发现，具有财务和战略管理专长的风险投资机构更容易得到市场认可，进而募集到更多资金，而具有市场营销和行政专长的风险投资机构募资能力较差。Gejadze 等（2012）研究发现，采取投资阶段专业化策略有助于风险投资机构募资活动，而采取投资行业专业化策略则对募资活动无影响。

相较于西方成熟市场的研究，我国风险投资募资行为的实证研究较少，从研究视角来看，可分为宏观和微观两个层面。宏观视角主要探讨宏观因素对于风险投资行业基金募集行为的影响。孙力强、倪正东（2008）研究发现，我国风险投资行业募资规模不仅与国内经济总量及增长率高度相关，而且受到美国市场的 IPO 规模、市值和经济总量的影响。Chang 等（2011）则考察了政府背景、IPO 规模、股市增长率、经济增长率等 7 个指标对我国风险投资行业募资行为的影响，研究发现，中国证券市场的发展促进了大部分分指标影响的显著性。关于微观个体层面的研究则是最近两年才开始出现。戴亦一等（2014）研究了社会资本、政治关联对于风险投资基金投融资行为的影响，发现在社会资本水平较高的地区，当地风险投资机构的融资规模较大，而风险投资机构的政治关联对其投融资行为的影响与社会资本是可以相互替代的。董建卫等（2014）发现，宏观经济环境变动所引起的投资者投资偏好变化会影响风险投资机构的筹资行为。冯冰等（2015）、党兴华等（2015）也分别从网络地位和政治关联等角度对风险投资机构的基金募集行为展开了研究。总体而言，关于风险投资基金募集的研究吸引了国内外学者越来越多的关注，相关文献也不断出现。但是，立足我国风险投资行业的制度背景（有大量政府背景和公司制的风险投资基金），从风险投资声誉角度探讨风险投资募资行为的研究尚不多见，这也正是本文试图解决的问题。

(二)理论分析与研究假设

(1)风险投资声誉与募资规模。风险投资声誉的早期文献大多关注其对于风险投资基金募集的影响(Gompers,1996;Gompers & Lerner,1998)。在风险投资募资环节的研究中,募资规模无疑是首要研究对象,因为其表征风险投资机构所掌握的资金资源数量,也直接体现出投资机构的品牌和形象。风险投资声誉对于募资规模的影响机制体现在:一是风险投资声誉是在市场交易中形成的重要无形资产,具有信号发送作用和认证功能(Gompers,1996;董建卫等,2014),能够向市场传递投资机构的优秀品质和专业能力,有可能获得潜在投资者的信任。Gompers(1996)研究了风险投资行业中的"逐名"现象,发现年轻的投资机构出于顺利募集后续基金的考虑,倾向于尽快将其支持的企业IPO,并且以较高的折价作为代价;相比之下,资深的投资机构具备了丰富的投资和退出经验,"逐名"动机较弱,其支持的IPO折价也较小。二是高声誉的风险投资机构往往具有更完善的关系网络[①],并且与其合作的市场主体通常也都质量较高、信誉较好,这些关系网络有助于将投资机构和创业企业联系起来(Gompers & Xuan,2009;叶小杰、王怀芳,2016),有利于其募资之后的投资和管理过程,也会获得市场投资者的青睐。Tian等(2016)研究发现,风险投资声誉受损后,会影响其关系网络——当风险投资机构参与的IPO企业财务舞弊被惩罚后,其后续的募资活动会受到影响,并且只能与声誉较低的投资机构进行联合投资。三是高声誉风险投资机构具有良好的投资业绩(Nahata,2008;叶小杰,2014),并且其投资的企业长期业绩更好(Krishnan等,2011),这为市场投资者带来更加稳健的投资预期。叶小杰(2014)研究发现,风险投资声誉对于投资机构的成功退出和投资收益均具有显著的正向影响。从这个意义来说,高声誉风险投资机构更能够吸引市场潜在投资者的关注,风险投资声誉是解决机构与投资者之间信息不对称的重要机制,能够在基金募集方面发挥重要作用。

风险投资声誉对于募资活动的影响也得到了实务界的证实。据报道,美国著名的风险投资机构KPCB在中国募集第一期人民币基金时,三天之内就完成了6亿元的募资额度[②]。清科研究中心所做的市场调查表明,超过一半的有限合伙人在选择投资意向时重视投资机构的声誉和品牌[③]。因此,本文提出如下假设:

H1:在控制其他因素的情况下,风险投资声誉对其募资规模具有显著的正向影响。

(2)风险投资基金组织形式的影响。组织形式是风险投资基金的重要特征,直接影响到基金的运作效率(李佳音,2010),风险投资基金的类别大致可分为有限合伙制和公司制。有限合伙制基金是由市场投资者作为有限合伙人、风险投资机构作为普通合伙人所组成的有限合伙企业;而公司制基金则是指基金以股份有限公司或有限责任公司的形式设立(陈业宏、黄媛媛,2003)。在西方成熟的市场环境下,有限合伙制是风险投资基金的主流形式,这种组织形式通常会规定具体的期限,到期进行结算和清盘。为确保风险投资业务的持续运转,投资机构必须在上一只基金到期前后募集新的基金(Da Rin等,2011)。然而,在我国的制度环境下,情况有所不同。当前,我国风险投资基金主要的组织形式有三种:公司制、信托制和有限合伙制(吴永刚、李建伟,2013)。从下文的样本年度分布可以看出,我国的风险投资基金以有限合伙制为主,但是风险投资机构则以公司制为主,这一趋势在2007年《合伙企业法》颁布实施后开始发生变化。

---

① 风险投资在对企业进行投资的过程中,需要与其他风险投资机构、券商、商业银行、会计师事务所、律师事务所等进行合作。

② 刘冬.银行PE募资合伙人险"关键人条款".2011-08-11.[2017-2-15].http://www.yicai.com/news/2011/08/1005985.html.

③ 刘碧薇.清科观察:"3+2年"基金受宠LP看重GP专业性及业内资源.2012-06-08.[2017-2-15].http://research.pedaily.cn/201206/20120607328097.shtml.

本文预期，有限合伙制的风险投资基金募集时，充当普通合伙人的风险投资机构声誉更加重要，原因如下：一是在有限合伙制的组织形式下，有限合伙人不执行合伙事务，不对外代表有限合伙企业（李佳音，2010），基金的日常运营由普通合伙人负责。因此，有限合伙人和普通合伙人（投资机构）之间就存在着信息不对称，进而会导致委托—代理问题（吴永刚、李建伟，2013）。在这种情况下，有限合伙人在投资时会更加注重投资机构的声誉，因为声誉建立在过往投资业绩的基础上，是投资机构重要的无形资产（Lee & Wahal，2004），隐含着投资保障。二是有别于公司制和信托制，有限合伙制下的风险投资基金需要更频繁地募集资金，参加市场交易，这也有利于风险投资声誉发挥作用。因此，本文提出如下假设：

H2：有限合伙制会增强风险投资声誉与募资规模之间关系的敏感性。

（3）风险投资机构产权性质的影响。有别于西方成熟市场，我国风险投资行业的一个显著特点是存在大量具有政府背景的投资机构。在发展初期，我国风险投资行业主要是由政府推动的，截至目前，政府背景的投资机构仍然在行业中占据重要地位（冯中圣、沈志群，2011）。不仅如此，政府背景的风险投资机构组织形式多样，既有中央和地方各级政府财政直接管理的，也有政府成立的引导基金；政府角色有的作为有限合伙人，也有的作为一般合伙人。反观西方发达国家，除加拿大以外，很少有政府直接主导的风险投资机构。这种产权性质上的差异不仅会对投资回报、IPO 折价、抑制自由现金流过度投资等方面产生影响（钱苹、张帏，2007；张学勇、廖理，2011；吴超鹏等，2012），而且也将影响风险投资声誉在基金募集环节的作用。

本文预期，政府背景将弱化风险投资声誉在募资环节的作用。主要理由如下：一是政府背景的风险投资机构是依赖行政命令组建的，承担着解决我国科技成果转化慢以及高新技术发展资金投入不足问题的使命（余琰等，2014），其基金募集、投资策略、退出时机选择等环节并非完全市场化，主要由政策和行政命令进行管理，因而，市场化的声誉机制发挥作用有限。相比之下，民营和外资等非政府背景的投资机构中，其募资、投资、退出等行为更具有市场化的特征，加上其掌握的资金、人脉等方面资源有限，更加需要依靠积累和维持自身的良好信誉来向市场传递信号。二是不同背景的投资机构募集基金的重点对象也不一样，政府背景的投资机构主要面向财政资金和国有资本等募集资金，而民营和外资机构主要面向市场上的个体投资者、民营企业等，后者更加依赖于声誉机制所传递的信号。换言之，声誉机制是在市场化环境中对于政府背景的一种替代机制。因此，本文提出如下假设：

H3：风险投资机构的政府背景会弱化风险投资声誉与募资规模之间关系的敏感性。

三、研究设计

（一）数据来源

本文的初始样本取自投中集团 CVSource 数据库①中，募集完成时间在 1998~2015 年的 6566 个风险投资基金。根据研究需要，按如下标准进行筛选和调整：①剔除募集完成规模信息缺失的样本；②剔除管理机构（即风险投资机构）信息不完整的样本。在数据整理过程中，若遇到明显

① CVSource 数据库是我国投资市场信息咨询领域的知名数据库，提供了风险投资基金的名称、开始募集时间、管理机构、组织形式及募集完成时间等方面的信息。

错误或存在较大疑问，一方面，与 Wind 金融资讯终端"中国 PEVC 库"的基金募集事件进行比对；另一方面，则通过电话或 Email 与投中集团联系，进一步核实。最终得到 4320 个风险投资基金样本，即基金层面（而非投资机构层面）的观测值。本文所用的风险投资募资规模、组织形式、产权性质及其他特征因素的相关数据取自 CVSource 数据库，宏观经济指标如 GDP 增长率、央行基准利率等取自 Wind 金融资讯终端。

表 1 列示了风险投资基金样本的年度分布。从表 1 中可以看出，风险投资基金的募集数量随着时间的推移呈现递增趋势，其中，2007 年和 2010 年的增长幅度尤为明显。这一统计结果符合我国风险投资行业发展的历程和现状：2007 年开始实施的《合伙企业法》从法律意义上认可了有限合伙制基金的地位，促进了风险投资基金的发展，并且，在此之后，有限合伙制基金占据主流位置；2009 年底，创业板的推出则为风险投资机构退出提供了良好契机。从组织形式来看，有限合伙制的风险投资基金总共 3283 只，占比 76%；从产权性质来看，非政府背景（民营和外资）的风险投资机构管理基金总共 3291 只，占比 76.18%。由此可以看出，有限合伙制和非政府背景是我国风险投资基金的主流，① 这一趋势随着时间的推移日趋明显。

表 1　样本的年度分布

年份	基金组织形式		基金管理机构产权性质		合计
	非有限合伙制	有限合伙制	非政府背景	政府背景	
1998	3	11	11	3	14
1999	9	11	15	5	20
2000	27	30	40	17	57
2001	15	19	25	9	34
2002	18	15	27	6	33
2003	12	12	17	7	24
2004	17	28	36	9	45
2005	15	54	63	6	69
2006	43	80	106	17	123
2007	122	126	202	46	248
2008	115	153	221	47	268
2009	173	119	217	75	292
2010	190	335	410	115	525
2011	105	682	643	144	787
2012	83	406	360	129	489
2013	58	332	269	121	390
2014	21	353	277	97	374
2015	11	517	352	176	528
合计	1037	3283	3291	1029	4320

资源来源：根据 CVSource 数据库的风险投资基金募集事件整理而得。

① 关于有限合伙制的统计结果与李佳音（2010），吴永刚、李建伟（2013）的数据有较大差异，其原因在于，本文研究对象是风险投资基金层面，而前者研究对象是风险投资机构层面。当然，这引发了另一个值得探讨的问题：投资机构层面和风险投资基金层面组织形式的差异是否影响募资行为，这值得后续展开研究。

（二）变量定义

（1）因变量：风险投资基金募资规模（Ln*size*）。借鉴 Gompers 和 Lerner（1998）、Gejadze 等（2012）的研究结论，以风险投资基金实际募资金额（*Size*，单位：百万美元）的自然对数来衡量。对募资金额取自然对数的原因在于，一是考虑到风险投资声誉对于募资规模的正向影响作用可能是递减的；二是这样处理后数据具有较好的正态性，在回归分析中可以得到较为稳健的结果。

（2）自变量：风险投资声誉（*VCrepu*）。借鉴 Krishnan 等（2011）、吴超鹏等（2012）、叶小杰（2014），用两个变量进行度量：一是募资前三年内管理机构参与的 IPO 次数与所有风险投资机构参与的 IPO 次数的比例（*VCrepu*1），该指标反映了投资机构在 IPO 市场上所占的份额。二是风险投资机构在募资前三年内是否参与过 IPO（*VCrepu*2），是取 1，否则取 0。采用这两个指标的原因在于，IPO 与风险投资机构的净利润关系最为密切，是所有退出方式中最为投资机构青睐的，因此，风险投资机构参与的 IPO 最能够表征其投资经验及品牌声誉。此外，使用第二个指标则与 Gompers（1996）的研究思想相吻合，通过检验风险投资机构参与 IPO 后是否促进了基金募集规模，可以对“逐名理论”在我国市场上的适用性进行补充分析。

风险投资基金的组织形式（*LPdum*）。综合比对 CVSource 数据库、Wind 数据库关于风险投资基金组织形式的认定（分为有限合伙制、公司制和信托制），如果是有限合伙制则取值 1，否则取 0。[①] 需要注意的是，这里的组织形式是指风险投资基金层面，而非风险投资机构层面。

政府背景的风险投资（*GVC*）。借鉴吴超鹏等（2012）、余琰等（2014）对于国有风险投资机构的认定，并综合比对 Wind 数据库、CVsource 数据库中关于风险投资机构产权性质的认定（遇到信息缺失的情况则通过百度搜索进行核对），如果投资机构的合伙人或者股东具有政府背景（即由中央和地方各级政府、国资委、发改委、科技部门等担任）则取值 1，否则取 0。

（3）控制变量。借鉴 Gompers 和 Lerner（1999）、Change 等（2011）、Gejadze 等（2012）、戴亦一等（2014）的研究结论，在后文的回归模型中加入如下几类变量：一是风险投资特征因素。包括风险投资机构的经营年限、所在地（是否位于北京、上海或深圳）、风险投资基金拟投资区域、管理团队募资经验等特征因素。二是宏观经济指标。包括行业募资状况、IPO 状况、GDP 增长率和央行基准利率等因素。此外，在回归中还控制了年度固定效应。表 2 列示了变量的名称、符号及其具体的定义和计算方法。

表 2 变量定义及计算方法

变量名称	变量符号	变量定义及计算
A 栏：因变量		
募资规模	Ln*size*	风险投资基金实际募资金额的自然对数
B 栏：自变量		
风险投资声誉	*VCrepu*1	募资前三年管理机构所参与的 IPO 次数占行业的比重
	*VCrepu*2	虚拟变量，募资前三年内管理机构是否参与过 IPO
是否为有限合伙制	*LPdum*	风险投资基金是有限合伙制的取 1，否则取 0
政府背景风险投资	*GVC*	风险投资机构具有政府背景的取 1，否则取 0
C 栏：控制变量		

① 在本文的 4320 个样本中，组织形式为信托制的样本仅 23 个，因此，将之合并到公司制中。若将这部分样本剔除，仅比较公司制和有限合伙制，后文的主要实证结果保持稳健。

续表

变量名称	变量符号	变量定义及计算
投资机构经营年限	*VCage*	（募资完成日期-管理机构注册成立日期）/365
管理团队募资经验	*VCexp*	募集后续基金或派生基金则取1，首次募集则取0
拟投资区域	*Invarea*	风险投资基金拟投资于中国境内取1，否则取0
投资机构所在地	*VCloc*	风险投资机构位于北京、上海或深圳则取1，否则取0
行业募资状况	Ln*prefund*	风险投资基金募资前一季度行业募资规模的自然对数
IPO状况	*IPOcon*	风险投资基金募资期间IPO正常进行取1，暂停取0
GDP增长率	*GDP*	风险投资基金募资当季当季GDP增长率（%）
央行基准利率	*IR*	风险投资基金募资当月五年期贷款利率（%）

资源来源：本文整理。

四、实证结果与分析

（一）变量描述性统计

从表3列示的变量的描述性统计结果中可以看出，风险投资基金的募集金额（*Size*）均值为201.477百万美元，中位数为33.77百万美元，不同风险投资基金之间的募集金额具有很大差异；风险投资基金的募集规模（Ln*size*）的均值为3.704，中位数为3.520，具有较好的正态性。平均而言，风险投资机构在募资前三年内参与的IPO数占所有风险投资行业同期参与IPO数量的比重（*VCrepu*1）为0.179%，最小值为0，最大值为100%[①]（为避免极端值对回归结果造成影响，后文在回归分析中采用了稳健的标准误）。在所有样本中，760只基金对应的风险投资机构在募资前三年内参与过IPO，占比17.6%。3283只基金的组织形式为有限合伙制，占比76%；1029只基金有政府背景，占比23.8%，这一统计结果与戴亦一等（2014）的研究结果大致相符。这说明，在风险投资基金层面，有限合伙制和非政府背景已经成为主流。募集基金时风险投资机构经营年限（*VCage*）平均为3.845年，但不同投资机构之间差异很大，最小值为0（即首次募集完成即宣告机构成立），最大值为27.3年。从拟投资区域来看，89.9%的基金都是瞄准中国境内，这通常就是人民币基金。从投资机构所在地来看，53.7%的风险投资机构位于北京、上海和深圳，表明我国风险投资行业的集聚效应非常明显，大多分布在一线城市。这些城市也是风险投资活动（募资、投资、退出）最活跃的地方。

表3　变量描述性统计

变量	均值	标准差	最小值	中位数	最大值	样本数
Size	201.477	829.650	0.02	33.77	20300	4320
Ln*size*	3.704	1.628	-3.912	3.520	9.918	4320

① 样本中，广东省粤科金融集团有限公司于1999年6月18日募集了一只公司制基金，而在CVSource数据库中，1996~1998年只有广东省粤科金融集团参与过IPO，因此，其声誉指标（*VCrepu*1）为100%。

续表

变量	均值	标准差	最小值	中位数	最大值	样本数
*VCrepu*1（%）	0.179	1.635	0	0	100	4320
*VCrepu*2	0.176	0.381	0	0	1	4320
LPdum	0.760	0.427	0	1	1	4320
GVC	0.238	0.426	0	0	1	4320
VCage	3.845	5.296	0	1.430	27.299	4320
VCexp	0.478	0.500	0	0	1	4320
Invarea	0.899	0.302	0	1	1	4320
VCloc	0.537	0.499	0	1	1	4320
Ln*prefund*	9.601	0.900	3.664	9.757	10.997	4320
IPOcon	0.751	0.432	0	1	1	4320
GDP（%）	9.169	2.065	6.200	8.700	14.900	4320
IR（%）	6.470	0.689	4.900	6.550	10.530	4320

资源来源：本文整理。

（二）单变量检验

为了检验前述三个研究假设是否成立，本文首先进行单变量分析。如表 3 所示，所有风险投资基金样本的募资规模（Ln*size*）中位数为 3.520，以此作为标准将样本划分为募资规模较大（Ln*size*≥3.520）和募资规模较小（Ln*size*<3.520）的两组子样本。其次，采用独立样本 *T* 检验和非参数 Mann-Whitney U 检验对两组子样本的均值和中位数差异进行检验，结果如表 4 所示。从表 4 中可以看出，募资规模较小的组中，风险投资声誉的两个指标均值分别为 0.130%和 0.142；而募资规模较大的组中，两个指标的均值分别为 0.227%和 0.210，这两个指标的均值差异都至少在 10%的水平上显著。这表明，募资规模较大的组相较于募资较小的组，其风险投资声誉较高，初步支持了假设 H1。在募资规模较小的组中，有限合伙制比例为 67.8%，而募资规模较大的组中，有限合伙制比例为 84.1%，二者差异在 1%的水平上显著，这从侧面反映了风险投资声誉与有限合伙制之间的“互补”作用。募资规模较小的样本中，具有政府背景的投资机构比例为 23.9%，而募资规模较大的样本中，这一比例为 23.7%，两者的差异并不显著。两个分组的风险投资机构经营年限、管理团队募资经验、拟投资区域及投资机构所在地均有显著差异，而其余指标的差异并不显著。综上所述，单变量检验的结果初步支持了假设 H1 和假设 H2。

表 4 单变量均值和中位数检验

变量	均值		独立样本 T 检验		Mann-Whitney U 检验	
	募资规模较小（N=2148）	募资规模较大（N=2172）	T 值	P 值	Z 值	P 值
*VCrepu*1（%）	0.130	0.227	1.941*	0.052	5.912***	0.000
*VCrepu*2	0.142	0.210	5.928***	0.000	5.904***	0.000
LPdum	0.678	0.841	12.724***	0.000	12.494***	0.000
GVC	0.239	0.237	-0.168	0.866	-0.168	0.866
VCage	2.929	4.752	11.484***	0.000	10.16***	0.000
VCexp	0.451	0.504	3.493***	0.001	3.488***	0.001

续表

变量	均值		独立样本 T 检验		Mann-Whitney U 检验	
	募资规模较小（N=2148）	募资规模较大（N=2172）	T 值	P 值	Z 值	P 值
Invarea	0.979	0.820	-18.024***	0.000	-17.384***	0.000
VCloc	0.471	0.603	8.806***	0.000	8.729***	0.000
Ln*prefund*	9.606	9.596	-0.352	0.725	-0.09	0.929
IPOcon	0.748	0.755	0.527	0.598	0.527	0.598
GDP（%）	9.146	9.192	0.720	0.471	0.067	0.947
IR（%）	6.486	6.455	-1.461	0.144	-1.57	0.117

注：***、**、*分别代表1%、5%和10%的显著性水平，双尾检验。

资源来源：本文整理。

（三）风险投资声誉与基金募资规模的实证检验

为了检验风险投资声誉对于风险投资基金募资规模的影响，采用如下 OLS 模型进行实证检验：

$$\mathrm{Ln}size=\alpha+\beta_1 VCrepu+\beta_2 LPdum+\beta_3 GVC+\gamma Controls+YD+\varepsilon \quad (1)$$

模型（1）中，因变量 Ln*size* 表示风险投资基金募资规模，*VCrepu* 表示风险投资声誉，分别用 *VCrepu*1 及 *VCrepu*2 来衡量。另外，对回归模型的标准误进行异方差调整，以获得较为准确的 *T* 统计量。模型（1）的回归结果如表5所示。表5中，第一列加入 *VCrepu*1 作为衡量风险投资声誉的变量，结果显示，风险投资声誉对于风险投资基金募资规模具有显著的正向影响，*VCrepu*1 的系数为0.021，对应的 *T* 值为4.537，在1%的水平上显著。根据第一列的回归结果，风险投资机构的声誉（即募资前三年内风险投资机构参与的 IPO 市场份额）每上升1%，则风险投资基金募资规模将上升2.1%。表5第二列则以 *VCrepu*2 作为衡量风险投资声誉的指标，结果显示，该指标的回归系数为0.301，对应的 *T* 值为4.298，在1%的水平上显著。这表明，风险投资的良好声誉确实有利于其基金募集活动，提高了其募资能力。

表5 风险投资声誉与基金募集规模的关系

因变量	风险投资基金募资规模（Ln*size*）			
方程	(1)	(2)	(3)	(4)
*VCrepu*1（%）	0.021*** (4.537)		0.017*** (3.648)	
*VCrepu*2		0.301*** (4.298)		0.323*** (4.583)
LPdum	0.578*** (10.469)	0.586*** (10.579)	0.638*** (10.654)	0.646*** (10.748)
GVC	0.485*** (8.646)	0.471*** (8.411)	0.488*** (8.620)	0.469*** (8.304)
VCage	0.037*** (7.013)	0.029*** (4.927)	0.039*** (7.226)	0.030*** (5.059)

续表

因变量	风险投资基金募资规模（Lnsize）			
方程	（1）	（2）	（3）	（4）
VCexp	−0.074 （−1.523）	−0.123** （−2.492）	−0.060 （−1.228）	−0.112** （−2.251）
Invarea	−2.064*** （−21.967）	−2.108*** （−22.413）	−1.945*** （−19.683）	−1.983*** （−20.152）
VCloc	0.299*** （6.513）	0.275*** （5.957）	0.280*** （6.041）	0.252*** （5.409）
Ln*prefund*	0.165*** （4.784）	0.159*** （4.628）	0.324*** （4.156）	0.324*** （4.177）
IPOcon	0.026 （0.520）	0.022 （0.443）	0.014 （0.276）	0.009 （0.187）
GDP（%）	0.034*** （2.838）	0.032*** （2.702）	0.023 （0.956）	0.022 （0.888）
IR（%）	−0.091*** （−2.611）	−0.094*** （−2.691）	−0.135* （−1.804）	−0.130* （−1.733）
Constant	3.404*** （8.552）	3.556*** （8.981）	3.697*** （4.009）	3.797*** （4.130）
年度效应			控制	控制
R^2	0.238	0.241	0.245	0.249
F 统计量	107.2***	109.8***	45.62***	46.74***
样本量	4320	4320	4320	4320

注：回归系数下括号中的数字为经过异方差调整的 t 统计量，***、**、* 分别代表 1%、5%和 10%的显著性水平。
资源来源：本文整理。

控制变量的回归结果也基本和预期相符。有限合伙制（*LPdum*）及政府背景（*GVC*）的风险投资基金募资规模更大，表明风险投资基金的组织形式及投资机构的产权性质确实对基金募集规模具有影响，后文将进一步考察组织形式及产权性质是否影响声誉作用的发挥。风险投资机构的经营年限（*VCage*）、拟投资区域（*Invarea*）及所在城市（*VCloc*）均对风险投资基金募集规模产生显著影响，而管理团队募资经验和 IPO 状况的影响则不显著。这些结果与戴亦一等（2014）、党兴华等（2015）的研究结果基本吻合。此外，模型的整体检验结果较好，*F* 值均大于 100 且在 1%的水平上显著，拟合优度在 24%左右，表明模型整体具有较强的解释能力。表 5 后两列是在前两列的基础上加入年度控制变量，结果与之前的类似，表明前述结果比较稳健。前述结果支持了假设 H1。

（四）风险投资基金组织形式的影响

为检验风险投资基金的组织形式对于前述发现是否具有调节作用，首先进行分样本回归分析。根据组织形式将样本分为非有限合伙制和有限合伙制两组，并分别运用模型（1）进行回归，结果如表 6 的前 4 列所示。表 6 前两列使用的样本是非有限合伙制，分别加入 *VCrepu*1 和 *VCrepu*2 作为度量风险投资声誉的指标。回归结果发现，*VCrepu*1 的系数为 0.016，对应的 *T* 值为 3.133，在 1%的水平上显著；*VCrepu*2 的系数则不显著。表 6 第 3~4 列则是针对有限合伙制的样本进行回归，结果发现，*VCrepu*1 和 *VCrepu*2 都显著为正。上述分样本回归的结果表明，风险投资声誉与募资规模之间显著的正相关关系仅存在于有限合伙制的样本，而在非有限合伙制的样本中则有一个声誉指标不显著。

表 6　组织形式对风险投资声誉与基金募集规模关系的影响

因变量	风险投资基金募资规模（*Lnsize*）					
样本	非有限合伙制样本		有限合伙制样本		全样本	
方程	（1）	（2）	（3）	（4）	（5）	（6）
*VCrepu*1（%）	0.016*** （3.133）		0.104** （2.026）		0.013*** （2.793）	
*VCrepu*2		0.109 （0.882）		0.443*** （5.294）		0.194* （1.823）
LPdum×*VCrepu*1					0.132** （2.405）	
LPdum×*VCrepu*2						0.242** （2.017）
LPdum					0.485*** （8.346）	0.477*** （7.546）
VCage	−0.017 （−1.442）	−0.020 （−1.523）	0.046*** （7.643）	0.036*** （5.589）	0.038*** （7.124）	0.030*** （5.185）
VCexp	0.067 （0.767）	0.050 （0.556）	−0.095* （−1.689）	−0.150*** （−2.651）	−0.086* （−1.739）	−0.131*** （−2.630）
Invarea	−1.113*** （−3.208）	−1.125*** （−3.243）	−1.674*** （−16.214）	−1.719*** （−16.733）	−1.868*** （−19.127）	−1.908*** （−19.572）
VCloc	0.443*** （5.513）	0.435*** （5.441）	0.078 （1.422）	0.049 （0.882）	0.209*** （4.472）	0.187*** （4.004）
Ln*prefund*	0.378*** （3.049）	0.369*** （2.966）	0.345*** （3.707）	0.350*** （3.797）	0.328*** （4.195）	0.330*** （4.234）
IPOcon	−0.125 （−1.376）	−0.132 （−1.452）	0.039 （0.648）	0.037 （0.625）	0.011 （0.210）	0.008 （0.160）
GDP（%）	0.018 （0.555）	0.018 （0.559）	0.007 （0.199）	0.003 （0.091）	0.017 （0.714）	0.016 （0.674）
IR（%）	−0.210 （−1.484）	−0.217 （−1.530）	−0.085 （−0.985）	−0.078 （−0.899）	−0.156** （−2.068）	−0.152** （−2.017）
Constant	3.434** （2.372）	3.572** （2.453）	3.989*** （3.667）	4.081*** （3.778）	4.186*** （4.546）	4.278*** （4.668）
年度效应	控制	控制	控制	控制	控制	控制
R^2	0.200	0.200	0.245	0.251	0.233	0.237
F 统计量	8.040***	7.875***	40.50***	42.38***	42.66***	44.41***
样本量	1037	1037	3283	3283	4320	4320

注：回归系数下括号中的数字为经过异方差调整的 t 统计量，***、**、* 分别代表 1%、5%和 10%的显著性水平。
资源来源：本文整理。

进一步地，在模型（1）中加入风险投资声誉与有限合伙制指标的交乘项，构成模型（2）如下：

$$\text{Ln}size=\alpha+\beta_1 VCrepu+\beta_2 LPdum+\beta_3 LPdum\times VCrepu+\gamma Controls+YD+\varepsilon \quad (2)$$

在模型（2）中，重点关注交乘项的系数 β_3 是否显著为正。回归结果如表 6 的第 5~6 列所示。当加入 *VCrepu*1 作为声誉指标时，交乘项的系数为 0. 132，对应的 *T* 值为 2. 405，在 5%的水平上显著；当加入 *VCrepu*2 作为声誉指标时，交乘项的系数为 0. 242，对应的 *T* 值为 2. 017，也在 5%的水平上显著。这表明，风险投资基金的组织形式对于风险投资声誉与募资规模之间的关系具有正向调节作用，当采取有限合伙制的形式时，风险投资声誉对于募资规模的影响更大。究其原因，有限合伙制作为世界范围内风险投资基金的主流形式，更强调投资机构对于基金的管理及其附带的责任，投资机构的声誉能够起到更好的认证和监督作用。此外，由于有限合伙制风险投资基金具有双重委托—代理问题，声誉可以在某种程度上缓解该问题，因此，有限合伙制增强了风险投资声誉与募资规模之间的正相关关系。前述结果支持了假设 H2。

(五) 风险投资机构产权性质的影响

为检验风险投资机构产权性质对风险投资声誉与募资规模之间的正相关关系是否具有调节作用，首先进行分样本回归分析。在全部样本中，1029 只风险投资基金为政府背景，3291 只基金为非政府背景（包括民营和外资）。运用模型（1）对两组分样本分别进行回归分析，结果如表 7 的前 4 列所示。表 7 前两列所使用的样本是非政府背景，分别加入 *VCrepu*1 和 *VCrepu*2 作为度量风险投资声誉的指标。回归结果发现，*VCrepu*1 的系数为 0. 212，对应的 *T* 值为 2. 411，在 1%的水平上显著为正；*VCrepu*2 的系数为 0. 383，也在 1%的水平上显著为正。表 7 第 3~4 列则是针对政府背景的样本进行回归，结果发现，*VCrepu*1 的系数不显著，*VCrepu*2 的系数则在 10%的水平上显著为正。上述分样本回归的结果表明，风险投资声誉与募资规模之间显著的正相关关系仅存在于非政府背景的样本，而在政府背景的样本中则有一个声誉指标不显著。

进一步地，在模型（1）中加入风险投资声誉与政府背景指标的交乘项，构成模型（3）如下：

$$\text{Ln}size=\alpha+\beta_1 VCrepu+\beta_2 GVC+\beta_3 GVC\times VCrepu+\gamma Controls+YD+\varepsilon \quad (3)$$

在模型（3）中，重点关注交乘项的系数 β_3 是否显著为负。回归结果如表 7 的第 5~6 列所示。当加入 *VCrepu*1 作为声誉指标时，交乘项的系数为−0. 261，对应的 *T* 值为−2. 626，在 1%的水平上显著为负；当加入 *VCrepu*2 作为声誉指标时，交乘项的系数为−0. 556，对应的 *T* 值为−4. 150，在 1%的水平上显著为负。这表明，风险投资基金的产权性质对于风险投资声誉与募资规模之间的关系具有负向调节作用，当风险投资机构为非政府背景时，风险投资声誉对于募资规模的影响更大。究其原因，政府背景风险投资机构的募资、投资等目标更复杂，而且在募资时具有更多的政策便利，声誉的重要性弱化了。相反，对于民营、外资等非政府背景的风险投资机构来说，声誉是说服市场投资者对其进行投资的重要依据，声誉对其更加重要。从这个意义来说，声誉机制是在市场化环境中对于政府背景的一种替代机制。上述结果支持了假设 H3。

表 7 产权性质对风险投资声誉与基金募集规模关系的影响

因变量	风险投资基金募资规模（Ln*size*）					
样本	非政府背景样本		政府背景样本		全样本	
方程	(1)	(2)	(3)	(4)	(5)	(6)
*VCrepu*1（%）	0. 212*** (2. 411)		0. 006 (0. 692)		0. 256*** (2. 604)	

续表

因变量	风险投资基金募资规模（Lnsize）					
样本	非政府背景样本		政府背景样本		全样本	
方程	（1）	（2）	（3）	（4）	（5）	（6）
VCrepu2		0.383*** （4.781）		0.273* （1.872）		0.438*** （5.647）
GVC×VCrepu1					−0.261*** （−2.626）	
GVC×VCrepu2						−0.556*** （−4.150）
GVC					0.374*** （6.795）	0.434*** （7.257）
VCage	0.046*** （6.922）	0.040*** （5.792）	−0.009 （−0.935）	−0.018* （−1.745）	0.033*** （5.821）	0.029*** （4.852）
VCexp	0.038 （0.675）	−0.000 （−0.005）	−0.216** （−2.159）	−0.267*** （−2.583）	−0.048 （−0.955）	−0.074 （−1.480）
Invarea	−1.930*** （−19.246）	−1.963*** （−19.568）	−1.140* （−1.765）	−1.177* （−1.867）	−2.103*** （−21.417）	−2.127*** （−21.581）
VCloc	0.200*** （3.768）	0.191*** （3.593）	0.561*** （5.960）	0.510*** （5.198）	0.302*** （6.462）	0.296*** （6.358）
Ln*prefund*	0.343*** （3.722）	0.346*** （3.765）	0.193 （1.261）	0.189 （1.235）	0.311*** （3.885）	0.313*** （3.920）
IPOcon	0.125** （2.161）	0.123** （2.131）	−0.234** （−2.208）	−0.243** （−2.304）	0.009 （0.168）	0.007 （0.145）
GDP（%）	−0.001 （−0.051）	−0.002 （−0.063）	0.111** （2.333）	0.110** （2.318）	0.025 （0.970）	0.025 （0.970）
IR（%）	−0.186** （−2.172）	−0.181** （−2.115）	−0.071 （−0.442）	−0.057 （−0.353）	−0.160** （−2.096）	−0.152** （−1.997）
Constant	4.793*** （4.506）	4.825*** （4.549）	2.944 （1.561）	2.961 （1.577）	4.603*** （4.896）	4.566*** （4.864）
年度效应	控制	控制	控制	控制	控制	控制
R^2	0.282	0.283	0.145	0.148	0.230	0.231
F 统计量	42.67	45.33	12.83	13.91	37.45	40.25
样本量	3291	3291	1029	1029	4320	4320

注：回归系数下括号中的数字为经过异方差调整的 t 统计量，***、**、* 分别代表 1%、5%和 10%的显著性水平。
资源来源：本文整理。

（六）进一步分析

（1）基金超募率。在基金募集运作实务中，风险投资机构首先会对基金规模设定一个目标，再到市场中向投资者进行募集。从某种意义来说，目标规模反映了风险投资机构对于自身需求端的评估，而募集完成规模则反映了市场投资者在需求端的表现。根据前述逻辑推理，如果风险投资机构拥有优异的投资业绩和IPO记录，这种良好声誉将对潜在投资者产生巨大的吸引力，其基金募集规模更有可能超额完成。借鉴企业IPO超募率，本文构建了风险投资基金超募指标——基金超募率（*Oversize*），其计算方法为 *Oversize*=募集完成规模/募集目标规模×100%。本文收集的数据有768只基金披露了募集目标规模，根据 *VCrepu2* 对这部分样本进行 *T* 检验。结果显示，风险投资声誉较高（*VCrepu2*=1）的241个样本中，平均超募率为110.58%；而风险投资声誉较低（*VCrepu2*=0）的527个样本中，平均超募率为99.43%；两组子样本的差异为11.15%，对应的 *T* 值为2.28，在5%的水平上显著。Mann-Whitney U检验同样显示，这两组子样本的中位数存在差异，并且在10%的水平上显著。这一研究结果表明，风险投资声誉不仅提高了基金募集规模，而且提高了基金超募率，风险投资声誉越高，则基金超额募集的程度越高。郑秀田、许永斌（2015）研究表明，风险投资的良好声誉有助于提高其投资企业的资金募集能力，表现为更高的IPO超募率。本文的前述发现刚好对此构成有趣的补充：风险投资声誉不仅能提高创业企业的募资能力，而且也能提高自身的募资能力。

（2）募资时限。在基金募集运作实务中，募资所耗费的时间也是需要考虑的重要因素。如果一只风险投资基金花费了很长时间才募集完成，则可能贻误投资机会，也影响资金的使用效率。借鉴Nahata（2008）、叶小杰（2014）对于风险投资声誉影响投资时限的思想，本文构建了反映募资时限的指标（*Duration*），其计算方法为 *Duration*=（募集完成时间-开始募集时间）/募集完成规模。该指标的含义是，风险投资机构每募集一定规模的资金（如100万美元）需要耗费多少时间。本文收集的数据有749只基金披露了完整的募集完成时间和开始募集时间，根据 *VCrepu2* 对这部分样本的募资时限进行 *T* 检验。结果显示，风险投资声誉较高（*VCrepu2*=1）的229个样本中，平均每百万美元的募资时限为6.71天；而风险投资声誉较低（*VCrepu2*=0）的520个样本中，平均每百万美元的募资时限为9.68天；两组子样本的差异为2.97天，对应的 *T* 值为1.78，在10%的水平上显著。Mann-Whitney U检验同样显示，这两组子样本的中位数存在差异，并且在10%的水平上显著。这一研究结果表明，风险投资声誉确实提高了投资机构的募资能力，缩短了募资时限。

（七）稳健性检验

为检验本文的前述发现是否稳健，进行如下稳健性测试①：

第一，使用其他风险投资声誉变量。近年来，国内研究对于风险投资声誉的衡量普遍采用清科集团的《中国创业投资暨私募股权投资年度排名》，借鉴沈维涛、陈洪天（2016），如果投资机构募资前一年上榜则取1（代表声誉较高），否则取0。使用该变量作为风险投资声誉指标，对前文的实证模型重新回归分析，主要实证结果并无太大改变。②

第二，对连续型变量进行Winsorize缩尾处理，以缓解异常值可能对实证结果的影响。本文所用的指标中，风险投资基金募资规模、风险投资声誉、经营年限等变量是连续型变量，对这些变量在1%和99%分位数上进行Winsorize处理，并重新对前文的实证模型进行回归分析，结果并无实质性差异，表明结果比较稳健。

第三，内生性问题。在本文的逻辑推理和实证分析中，风险投资声誉对于风险投资基金募资规模具有显著的正向影响，但存在另一种可能性——风险投资基金募资规模对于投资机构声誉具有正向的促进作用。这种逆向因果关系会导致内生性问题，对此，本文以募资前三年的时间窗口衡量风

---

① 篇幅所限，前述稳健性检验结果未制表列出。

② 尽管如此，正文还是使用基于风险投资参与过的IPO次数的指标，其原因一是类似指标得到了国际主流期刊的广泛采用（Nahata，2008；Krishnan等，2011）；二是本文的两个声誉指标是基于退出环节构建的，可直接用于验证“逐名理论”。

险投资声誉，再检验其对于募资当年的影响，这种时间窗口的前移有效解决了逆向因果关系。

五、研究结论及政策建议

（一）研究结论

本文基于我国的制度背景，从募资规模、超募情况及募资时限等角度探讨风险投资声誉是否影响风险投资基金募集活动，并进一步探讨了组织形式和产权性质对于前述发现的调节作用。本文的研究结果表明：①风险投资声誉对基金募集规模有显著的正向影响，风险投资声誉越高则其能够募集到的基金规模越大；②风险投资基金的组织形式会影响前述关系，有限合伙制强化了其关系的敏感性；③投资机构的产权性质也会影响声誉与募资规模之间的关系，如果风险投资机构具有政府背景，则前述正相关关系的敏感性下降，因此声誉机制是在市场化环境中对于政府背景的一种替代机制；④风险投资声誉不仅提高了基金募集规模，而且提高了基金超募率，并缩短了募资时限。综合前述发现，本文认为，风险投资声誉确实提高了投资机构的募资能力。

（二）政策建议

根据前述研究结果，本文提出以下政策建议：①风险投资机构应该不遗余力地维持自身的良好声誉。从本文的研究结果来看，风险投资机构在参与 IPO 后可以获得市场投资者更广泛的关注和认可，这种经由成功上市所带来的品牌和声誉具有重要价值，能够在后续的基金募集中发挥“认证”作用。此外，相对成熟和具备良好声誉的机构应该努力维护自身声誉，因为声誉一旦受损，也将直接影响到自身的管理和运营。由此，风险投资机构应该致力于为企业提供更好的增值服务，促进其投资企业的健康发展，从而实现投资机构和创业企业的合作共赢。②市场投资者在选择风险投资机构时，应该关注机构的品牌和声誉。我国的风险投资行业良莠不齐，虽然发展迅速，但也存在不少问题，而声誉就是区分风险投资机构的重要标准。从本文的研究结论来看，风险投资的良好声誉有助于吸引市场潜在投资者，而市场投资者的这种选择也是经过权衡之后所做出的，符合自身的利益最大化。③监管部门应该合理引导和规范风险投资行业的发展，促进声誉作用的发挥。应该致力于推动风险投资机构的市场化，促进民营、外资机构的发展，对政府背景的风险投资机构进行改制，从而在风险投资行业中更好地建立起声誉机制。同时，监管部门应该采取配套措施，促进有限合伙制在风险投资行业的运用。如此，才能使我国的风险投资行业不断发展，从而为国家创新驱动战略做出应有的贡献。

（三）研究不足与展望

本文的不足主要表现在以下方面：①从研究对象来看，本文主要探讨风险投资声誉对基金层面募资活动的影响，与此紧密相关的还有风险投资机构层面的基金募集行为。在实际运作中，通常一家投资机构管理若干只风险投资基金，因此，未来可进一步研究风险投资声誉对于投资机构层面募资活动的影响机理，从而完善募资环节的研究层次。②本文关于风险投资声誉与募资活动之间关系的研究，主要从组织形式和产权性质两个维度考察其调节作用，缺乏其他维度的研究。综观前人研究，宏观经济条件、政治关联等因素都是风险投资募资活动的重要影响因素，未来可进一步研究这些指标是否具有调节作用，从而完善该领域的研究。

参考文献

[1] Audretsch D. B., Acs Z. J. New - firm Startups, Technology and Macroeconomic Fluctuations [J]. Small Business Economics, 1994, 6 (6): 439-449.

[2] Black B. S., Gilson R. J. Venture Capital and the Structure of Capital Markets: Banks versus Stock Markets [J]. Journal of Financial Economics, 1998, 47 (3): 243-277.

[3] Chang C. Y., Wang F., Chen J., Fu H. Analysis of the Factors that Influence Venture Capital Fundraising: An Empirical Study in China [J]. African Journal of Business Management, 2011, 5 (12): 4765-4774.

[4] Cumming D., Fleming G., Suchard J. A. Venture Capitalist Value-added Activities, Fundraising and Drawdowns [J]. Journal of Banking & Finance, 2005, 29 (2): 295-331.

[5] Da Rin M., Hellmann T., Puri M. A Survey of Venture Capital Research [R]. National Bureau of Economic Research, 2011.

[6] Gejadze M., Giot P., Schwienbacher A. Private Equity Fundraising, Fund Performance and Firm Specialization [R]. Working Paper, 2012.

[7] Gompers P. A. Grandstanding in the Venture Capital Industry [J]. Journal of Financial Economics, 1996, 42 (1): 133-156.

[8] Gompers P. A., Lerner J. What Drives Venture Capital Fundraising? [C]. Brookings Papers on Economic Activity: Microeconomics, 1998.

[9] Gompers P. A., Xuan Y. Bridge Building in Venture Capital-Backed Acquisitions [R]. Working Paper, 2009.

[10] Huson M. R., Malatesta P. H., Parrino R. Capital Market Conditions and the Volume and Pricing of Private Equity Sales [R]. Working Paper, University of Alberta, University of Washington and University of Texas at Austin, 2006.

[11] Jeng L. A., Wells P. C. The Determinants of Venture Capital Funding: Evidence across Countries [J]. Journal of Corporate Finance, 2000, 6 (3): 241-289.

[12] Krishnan, C. N. V., Ivanov V. I., Masulis R. W. Venture Capital Reputation, post - IPO Performance and Corporate Governance [J]. Journal of Financial and Quantitative Analysis, 2011, 46, (5): 1295-1333.

[13] Lee P. M., Wahal S. Grandstanding, Certification and the Underpricing of Venture Capital Backed IPOs [J]. Journal of Financial Economics, 2004, 73 (2): 375-407.

[14] Lerner J., Schoar A., Wongsunwai W. Smart Institutions, Foolish Choices: The Limited Partner Performance Puzzle [J]. The Journal of Finance, 2007, 62 (2): 731-764.

[15] Mayer C., Schoors K., Yafeh Y. Sources of Funds and Investment Activities of Venture Capital Funds: Evidence from Germany, Israel, Japan and the United Kingdom [J]. Journal of Corporate Finance, 2005, 11 (3): 586-608.

[16] Nahata R. Venture Capital Reputation and Investment Performance [J]. Journal of Financial Economics, 2008, 90 (2): 127-151.

[17] Poterba J. M. Venture Capital and Capital Gains Taxation [J]. Tax Policy and the Economy, 1989 (3): 47-67.

[18] Tian X., Udell G. F., Yu X. Disciplining Delegated Monitors: When Venture Capitalists Fail to Prevent Fraud by their IPO Firms [J]. Journal of Accounting and Economics, 2016, 61 (2): 526-544.

[19] 蔡宁. 风险投资“逐名”动机与上市公司盈余管理[J]. 会计研究, 2015 (5).

[20] 陈工孟, 俞欣, 寇祥河. 风险投资参与对中资企业首次公开发行折价的影响——不同证券市场的比较[J]. 经济研究, 2011 (5).

[21] 陈见丽. 风投介入, 风投声誉与创业板公司的成长性[J]. 财贸经济, 2012 (6).

[22] 陈业宏, 黄媛媛. 公司制与有限合伙制风险投资之比较与选择[J]. 华中师范大学学报 (人文社会科学版), 2003 (6).

[23] 党兴华, 施国平, 仵永恒. 政治关联与风险资本筹集[J]. 预测, 2015 (6).

[24] 戴亦一, 潘越, 刘新宇. 社会资本, 政治关系与我国私募股权基金投融资行为[J]. 南开管理评论, 2014 (4).

[25] 董建卫，杨敏利，郭立宏．宏观经济环境，“飞向品质”与风险资本筹集[J]. 管理评论，2014（1）.

[26] 冯冰，党兴华，王凤．网络地位对风险投资机构筹资行为的影响研究——基于地位信号视角[J]. 经济问题，2015（8）.

[27] 冯中圣，沈志群．中国创业投资行业发展报告［M］. 北京：中国计划出版社，2011.

[28] 李佳音．私募股权投资基金组织形式的比较[J]. 投资研究，2010（7）.

[29] 钱苹，张帏．我国创业投资的回报率及其影响因素[J]. 经济研究，2007（5）.

[30] 沈维涛，陈洪天．风险投资会影响企业做市转让行为吗？——我国新三板市场的实证研究[J]. 经济管理，2016（10）.

[31] 孙力强，倪正东．中国创业投资机构募集资金影响因素分析[J]. 研究与发展管理，2008（3）.

[32] 吴超鹏，吴世农，程静雅，王璐．风险投资对上市公司投融资行为影响的实证研究[J]. 经济研究，2012（1）.

[33] 吴永刚，李建伟．有限合伙型私募股权投资基金内部治理的异化和重构[J]. 证券市场导报，2013（6）.

[34] 叶小杰．风险投资声誉，成功退出与投资收益——我国风险投资行业的经验证据[J]. 经济管理，2014（8）.

[35] 叶小杰，王怀芳．风险投资声誉研究述评及展望[J]. 管理世界，2016（11）.

[36] 余琰，罗炜，李怡宗，朱琪．国有风险投资的投资行为和投资成效[J]. 经济研究，2014（2）.

[37] 张学勇，廖理．风险投资背景与公司 IPO：市场表现与内在机理[J]. 经济研究，2011（6）.

[38] 郑秀田，许永斌．高声誉风险投资机构参股能否提升企业公开市场募资能力？——来自中国创业板 IPO 的经验证据[J]. 商业经济与管理，2015（7）.

电子领导力对员工敬业度的影响：组织支持感的中介作用*

刘　追　姜海云　闫舒迪

（石河子大学，新疆　石河子　832000）

[摘　要] 本文基于相关文献分析，探讨了电子领导力对员工敬业度的影响，以及组织支持感在此过程中的中介作用，提出了相应的理论假设。以488份企业员工调查数据为样本，利用结构方程模型对其进行验证，结果表明：电子领导力显著正向影响组织支持感与员工敬业度；组织支持感显著正向影响员工敬业度，且组织支持感在电子领导力与员工敬业度的关系中起部分中介作用。研究结论为促进企业培养管理者电子领导力以提升员工敬业度提供了一定的理论依据。

[关键词] 电子领导力；组织支持感；员工敬业度

一、引言

随着积极心理学研究的兴起，员工敬业度成为学者们关注的重点课题。员工敬业度代表着员工从行为和态度方面对工作的投入程度，决定着员工传播、共享、运用和转化他们所拥有的智力资本的意愿和行动，对组织绩效、顾客满意度和忠诚度、员工离职率、生产率和组织公民行为有重要影响（赵欣艳、孙洁，2010）。信息时代，员工的工作自主性更强，工作方式更加灵活，工作过程难以监督，“网络摸鱼”（Cyberslacking）这种低敬业度的现象极为普遍，即员工在工作时间利用网络便利做与工作无关的事，严重影响工作效率。因此，探讨信息时代背景下的员工敬业度对提升组织绩效具有重要意义。已有研究发现，员工敬业度受领导、工作（工作特征、个人—组织匹配、职业发展、薪酬待遇、工作环境等）和心理（公平感、组织支持感、内在动机、认同感等）等多种因素的影响。其中，领导力是影响员工敬业度的最重要因素（Wellins & Concelman，2007），在工作场所，管理者负责下属员工的工作安排和资源分配，其领导能力和行为表现对下属敬业度有重要的影响。因此，众多学者开始探讨变革型领导、真实型领导、家长式

* 基金项目：新疆维吾尔自治区普通高校人文社科重点研究基地“公司治理与管理创新研究中心”招标课题（XJEDU020116C05）。

作者简介：刘追（1979—），男，河南唐河人，博士，石河子大学经济与管理学院教授，硕士生导师，研究方向人力资源开发与管理；姜海云（1992—），女，湖北襄阳人，石河子大学经济与管理学院硕士研究生，研究方向人力资源管理；闫舒迪（1990—），女，新疆乌鲁木齐人，上海踏瑞计算机软件有限公司技术研发部职员，研究方向人力资源管理。联系电话：15299959296；邮箱：969174650@ qq. com。

领导等不同领导力对员工敬业度的影响作用。然而，目前研究尚缺乏对信息时代背景下电子领导力（E-leadership）这一重要领域的针对性研究。

先进信息技术的引入带来了领导情境、领导者角色、领导范式的改变，新的领导理论要求领导力必须体现信息化的特征，电子领导力因此受到了越来越多的重视。电子领导力是在技术革新背景下，领导者所具备的以信息技术为媒介，整合资源，激励、影响员工不断实现个人目标和组织目标的能力（刘追、闫舒迪，2015）。目前学者围绕着电子领导力展开了一定程度的研究，但是大多是有关教育、校长、首席信息官方面的信息化领导力的研究，涉及企业领域的电子领导力研究较少且多是从组织层面或团队层面上探讨电子领导力在虚拟组织、无边界组织以及跨文化团队中的应用（Das，2011；Avolio 等，2014），从个体层面上探讨电子领导力对员工的行为和态度的影响作用方面的研究较为罕见。而在领导理论研究中，探讨领导者如何影响和激发员工对工作、对组织的积极态度和行为是关键内容（孙利平、凌文辁，2010）。实践中，员工敬业度会因员工与领导之间接触的频率、得到的信息和资源、沟通和反馈以及互动的深度不同而表现出较大的差异（Christian 等，2011；Li 等，2012）。电子领导力作为一种融合了先进信息技术与传统领导力的新型领导能力，具有民主性、开放性、交互性和服务性等特点（南京市行政学院课题组，2003），能够随时随地实现与员工之间一对一及一对多的互动与沟通，给予员工及时的反馈、帮助和指导（Avolio & Kahai，2003），与提升员工敬业度要求的领导能力高度匹配，势必会对员工敬业度产生重要作用。因此，有必要系统地探究电子领导力对员工敬业度的影响及其作用机理。

社会认知理论指出，个体行为往往会受到心理感知的影响。组织支持感作为反映心理状态的重要因素，能够有效预测员工敬业行为（卢纪华等，2013）。且有学者研究发现，员工知觉到的组织支持感是连接领导行为与员工敬业度的重要桥梁与纽带（储成祥等，2012；朱永跃等，2014）。领导者通过让员工知觉到领导对其工作的支持来影响员工的组织支持感，根据社会交换理论，改善员工的组织支持感会显著提升员工回报组织的意愿，促使员工产生更多的积极工作行为和工作态度，如提高敬业度、产生更多的组织公民行为等。

鉴于此，本文基于中国背景，从领导情境出发，以电子领导力为切入点，选取员工敬业度作为结果变量、组织支持感作为中介变量，深入探讨电子领导力对员工敬业度发挥作用的内部过程，以期为相关理论研究和实践工作提供参考。本文的创新之处在于：一是把电子领导力引入到企业领导者这一实施主体，拓展了电子领导力的研究范围；二是深入地探讨了电子领导力对个体层面态度和行为的影响，将电子领导力的研究引到一个更深更细的角度；三是引入了组织支持感作为中介变量，构建并揭示了电子领导力对员工敬业度的影响路径，为解释信息化情境下员工敬业度发生机制贡献了一个全新的构念和视角。

二、文献回顾与理论假设

（一）电子领导力与员工敬业度

信息社会，人与人之间低成本、互联互通的交流与沟通必然会产生大量数据、信息与知识，这些数据背后隐含着人的需求、个性特征、情感变化（彭剑锋，2014），拥有高电子领导力的管理者可以通过便捷的电子媒介加强与员工在工作过程中的信息和情感交流，进而影响员工的行为和情感，使员工对所在组织或团队产生情感归依，提升员工的敬业度。首先，高质量的领导和成员关系表现为相互信任、尊重、关爱和相互影响（Graen & Uhl-Bien，2015），而这些关系因素可以通过 CMC（计算机辅助交流）过程中员工高度的自我披露、领导者提供的专业知识和多样化信息等社会支持以及发展弱关系联系得到加强（Jiang 等，2013）。因此，具备高电子领导力水平的电子领导者能够利用信息技术增进员工对领导和组织的信任和认同（郑喜娟、陈进，2017），进而增强员工对工作安全感、意义感的认知（叶仁荪等，2016），使员工在工作过程中充满积极的情绪体验，从而自发地全身心投入到工作当中。其次，电子领导力强调利用信息技术建立规律的沟通渠道，通过信息技术平台为员工及时提供完成任务所需的各种资源支持。通过信息技术与员工建立的关系以及给员工提供的各种支持，有利于员工产生增值螺旋效应，从而做出有利于组织的行为（Hobfoll & Shirom，2001）。再次，电子领导者较少受时间和空间的限制，具有较大的优势与员工进行频繁互动，拉近与员工之间的距离，发挥自身的感召力。感觉自己受到关注的员工更有可能对工作充满热情，努力工作以不辜负领导者的厚望，从而使敬业度得以提升。最后，相对于一般领导者来说，电子领导者更多地将自己视为一名教练或问题专家，倾向于为员工提供及时的指导和咨询（Savolainen，2014）。而领导者的支持、鼓励以及高质量的引导能够帮助员工更好地应对挑战并最终表现出对工作的高度敬业（Avery 等，2007）。综上所述，提出如下假设：

假设 1：电子领导力对员工敬业度有显著的正向影响。

（二）电子领导力与组织支持感

组织支持感反映了员工对于组织是否支持其工作、关心其幸福的主观感受。相关研究表明，员工感知到的组织支持水平主要受组织是否公平、上级领导者是否支持、待遇及工作条件是否良好三个方面的影响，其中上级支持（主要指领导支持）是第二强因素（Eisenberger 等，2001）。可见，领导行为对员工感知到的组织支持有重要的影响。已有学者通过实证研究表明，真实型领导的各维度与组织支持感均显著正相关（朱永跃等，2014）；变革型领导通过让员工感受到组织对其工作的重视和尊重，知觉到自身的价值，正向影响员工的组织支持感（Stinglhamber 等，2015）；家长式领导中的仁慈领导、德行领导均会对组织支持感产生显著的正向影响（林声洙、杨百寅，2014）。根据以上学者提出的观点及研究结论，本文认为电子领导力作为领导力的一种，对组织支持感同样具有重要影响。信息时代，具备卓越电子领导力的领导者一方面可以利用信息技术清晰地为员工提供发展路径，便捷地协调、指导员工工作，及时给予信息反馈以及认可和奖励员工所取得的成绩等。电子领导者的这些行为有助于促进员工的自我发展，并且使员工感受到来自领导对其个人和工作发展的关怀和认可，进而增强员工的组织支持感。另一方面，电子领导者能够在整个团队中创造出畅通和无边界的沟通渠道、信任与支持的沟通氛围，有助于领导和员工之间的交流与沟通，使员工感受到的被领导和组织关注感得到提升，满足员工的社会情感的需求，使员工组织支持感得到提升。综上所述，提出如下假设：

假设 2：电子领导力对组织支持感有显著的正向影响。

（三）组织支持感与员工敬业度

基于社会交换理论和互惠原则，Eisenberger 等提出了组织支持理论，该理论指出，当员工感受到来自组织方面的支持，例如对员工所付出努力的尊重、所做出成绩的认可、身心健康的关心等，员工会从心理上感到自己得到了应有的对待，并因此受到激励，从而产生回报组织的心理，自发地通过积极的态度和工作行为对组织做出贡献。因此，感知到高水平组织支持感的员工更可能表现出较高的敬业度和其他有利于组织的行为。已有丰富的实证研究表明，组织支持感对员工敬业度有积极的正向影响，尤其是对员工敬业度的活力与奉献维度有较强的预测作用（Saks，2006；高建丽、孙明贵，2015）。这些研究结果表明，员工与组织之间最好的关系应该是相互奉献，而不是管理与被管理，组织主动关心员工的需求，员工才乐意为组织努力，组织和员工相互付出才能达到良好的共赢局面。当员工受到组织的真心对待，出于感激和回报的心理，员工会自发地投入到组织所期望的行为当中。感受到来自组织支持的员工会产生心理上的安全感，不用担心失败带来的负面后果，专注于实现工作目标，并且当员工认为在实现工作目标过程中遇到问题可以及时得到组织的帮助时，会提高员工胜任工作的信心，保持工作的热情和动力，产生更多的积极工作行为，提升工作绩效（Musela & Stampe，2007）。此外，充分的组织支持可以减轻员工担心自身资源损失的压力，提高员工获得增值螺旋的可能性，产生自有资源增量（曹霞、瞿皎皎，2014），缓解员工的工作倦怠，促使员工提高敬业度作为组织支持的回报。综上所述，提出如下假设：

假设3：组织支持感对员工敬业度有显著的正向影响。

（四）组织支持感的中介作用

员工倾向于将直接领导者看作组织的代理人，因而电子领导者对待员工的行为态度能够在较大程度上影响员工的组织支持感。而组织支持感可以通过满足员工工作资源需求和情感社会需求，增强其为组织发展积极贡献力量的内在驱动力，使员工表现出高度专注于工作，保持高昂的工作热情，并且具备强烈的奉献精神的工作状态和行为（Eisenberger，2001）。因此组织支持感在电子领导力与员工敬业度之间起中介作用。具体来说，电子领导者能够通过信息技术给员工提供及时、有效的支持与帮助，员工会通过电子领导者的行为态度感受到组织的支持，并将这种组织支持看作组织提供的工作资源，从而增强在工作过程中对资源的可用性感知。根据资源保存理论，拥有较多资源的个体不易受到资源损失的威胁，并且往往能够利用现有资源获得更大的资源收益，从而激发更强的工作动力，表现出更多的积极工作行为（如高敬业度）。此外，高电子领导力的领导者注重通过频繁的沟通交流给予员工更多的情感关怀，感受到组织关爱的员工能够满足其情感社会需求，因而对组织的感激程度更高，产生努力工作以回报组织的意愿更强，员工敬业度水平自然能够得到提升。综上所述，提出如下假设：

假设4：组织支持感在电子领导力对员工敬业度的影响过程中起中介作用。

三、研究设计

（一）研究样本

本文以企业员工为调查对象，选取了新疆、北京、河南等地企业，通过现场发放、委托发放以及网络发放相结合的方式，共发放正式问卷655份，回收595份，剔除具有明显不认真答题倾向和信息不完整的问卷，共获得有效问卷488份，有效问卷回收率为74.5%，有效问卷统计情况见表1。

表1 有效问卷统计情况

项目	分类	样本数	百分比（%）	项目	分类	样本数	百分比（%）
性别	男	283	53.8	工作年限	1年以内	101	19.2
	女	243	46.2		1~3年	154	29.3
年龄	20岁以下	28	5.3		3~5年	97	18.4
	20~29岁	279	53.0		5~10年	90	17.1
	30~39岁	163	31.0		10年以上	84	16.0
	40~49岁	44	8.4	工作类型	生产/运营	78	14.8
	50岁及以上	12	2.3		研发/设计	33	6.3
学历	高中/中专/技校	14	2.7		市场/销售	90	17.1
	大专	60	11.4		人事/行政	119	22.6
	大学本科	352	66.9		财务/会计	72	13.7
	研究生	100	19.0		其他	134	25.5

（二）变量测量

本文调研问卷的所有题项采用 Likert 五点测量法（1 代表“完全不符合”；5 代表“完全符合”）。

（1）电子领导力：鉴于目前尚未有成熟的电子领导力测量量表，本文在 Malhotra 等（2007），Samartinho（2014），毕新华、王磊等（2015）关于电子领导力研究成果的基础上，遵循 Churchill（1979）提出的测量工具开发规范流程，经过文献梳理、实地访谈、小样本预试修改，最终形成电子领导力测量量表，该量表共有 20 个题项，包括电子化素养、电子化沟通、电子化激励和电子化任务推行四个维度。

（2）员工敬业度：采用 Schaufeli 等（2002）编制的 UWES 工作敬业度量表，包含活力、奉献、专注三个维度 17 个题项，包括“早上起床时，我很乐意去上班”“我认为我的工作具有挑战性”“我觉得我所从事的工作非常有意义”等。

（3）组织支持感：采用 Eisenberger 等（1986）开发的组织支持感单维度量表，共有 8 个题项，包括“组织对我很关怀”“组织能顾及我的福利”“当我工作中遇到困难时，组织会给予我帮助”等。

四、数据分析和结果

（一）共同方法偏差分析

在程序控制方面，通过确保问卷内容的保密性、保护被试者的匿名性以及要求领导回避以降低员工不安全感等方法进行了程序控制。在统计控制方面，采用了 Harman 的单因子检测方法，检测结果显示：未旋转成分得到的第一个因子解释变异量为 37.86%，低于平均标准的 50%。表明本文所使用数据的同源误差在可接受的范围内，不会显著影响到本文的结论。

（二）信度与效度检验

运用 SPSS19.0 统计软件检验量表的信度。检测结果显示：各变量的 Cronbach's α 值均大于 0.8，达到较高水平，表明量表具有良好的内部一致性。量表各因子的 KMO 值均在 0.9 以上，Bartlett 球形检验结果在 0.001 水平上显著，说明量表适合做因子分析。探索性因子分析显示，电子领导力量表抽取 4 个因子，累计可解释变异总量的 69.906%，因素负荷在 0.532~0.755；员工敬业度量表抽取 3 个因子，累计可解释变异总量的 69.711%，因素负荷在 0.492~0.835；组织支持感量表抽取 1 个因子，累计可解释变异总量的 65.988%，因素负荷在 0.720~0.855。表明各量表具有良好的聚合效度，具体见表 2。

表 2　信度检验和因子分析结果

分量表	因子	Cronbach's α 系数		因子分析适宜性		因素负荷	累计解释总体方差变异
				KMO 值	Bartlett 球形检验 χ^2 值		
电子领导力	电子化素养	0.897	0.955	0.958	6848.908（sig. =0.000）	0.532~0.755	69.906%
	电子化沟通	0.887					
	电子化激励	0.885					
	电子化任务推行	0.861					
员工敬业度	活力	0.884	0.950	0.949	6061.564（sig. =0.000）	0.492~0.835	69.711%
	奉献	0.908					
	专注	0.912					
组织支持感			0.926	0.923	2668.059（sig. =0.000）	0.720~0.855	65.988%

运用 AMOS 20.0 统计软件检验量表的区分效度。验证性因子分析结果显示，模型各项拟合指标均符合检测标准，其中 χ^2/df 值均小于 3，GFI、NFI、IFI、CFI 值均超过标准值 0.9，RMSEA 值均低于标准值 0.08，说明量表具有较好的拟合效果。检验结果见表 3。

表 3　电子领导力、组织支持感与员工敬业度变量拟合指数比较

	χ^2/df	GFI	NFI	IFI	CFI	RMSEA
电子领导力二阶模型	2.963	0.907	0.931	0.953	0.953	0.063
员工敬业度二阶模型	2.650	0.932	0.952	0.969	0.969	0.058
组织支持感单因子模型	2.722	0.980	0.985	0.990	0.990	0.059

（三）变量的描述性统计与相关分析

在进行假设检验之前，首先对研究变量进行相关分析检验，分析结果表明：①电子领导力与员工敬业度显著正相关（r=0.425，p<0.01），假设 1 得到初步验证；②电子领导力与组织支持感（r=462，p<0.01）显著正相关，假设 2 得到初步验证；③组织支持感与员工创新行为（r=0.580，p<0.01）显著正相关，假设 3 得到初步验证。检验结果见表 4。

表 4 变量及其维度的描述性和相关性分析（N=488）

	1	2	3	4	5	6	7	8	9	10
1	1									
2	0.877**	1								
3	0.882**	0.700**	1							
4	0.917**	0.693**	0.756**	1						
5	0.890**	0.706**	0.735**	0.781**	1					
6	0.425**	0.403**	0.378**	0.385**	0.340**	1				
7	0.355**	0.336**	0.304**	0.332**	0.282**	0.891**	1			
8	0.459**	0.442**	0.416**	0.405**	0.366**	0.900**	0.715**	1		
9	0.342**	0.320**	0.307**	0.309**	0.277**	0.912**	0.708**	0.733**	1	
10	0.462**	0.451**	0.447**	0.400**	0.341**	0.580**	0.502**	0.565**	0.504**	1
M	3.544	3.622	3.615	3.370	3.616	3.693	3.762	3.691	3.626	3.523
SD	0.710	0.740	0.836	0.817	0.803	0.676	0.679	0.803	0.776	0.699

注：** 代表 $p<0.01$，M=均值，SD=标准差，1=电子领导力，2=电子化素养，3=电子化沟通，4=电子化激励，5=电子化任务推行，6=员工敬业度，7=活力，8=奉献，9=专注，10=组织支持感。

（四）结构方程模型检验

本文采用 AMOS20.0 统计软件的"Specification Search"（模型界定搜索）对模型进行筛选，以期通过对比确定三者之间的最优模型。几个主要的代表性搜索模型的相关统计量见表 5。其中部分中介模型如图 1 所示，完全中介模型在图 1 基础上删除了电子领导力与员工敬业度之间的路径，直接作用模型在图 1 的基础上删除了电子领导力与组织支持感之间的路径，以及组织支持感与员工敬业度之间的路径。根据模型界定搜索结果，单从模型适配度指标来看，模型 M1、M2、M3 的模型适配度 χ^2 均达到显著性水平，χ^2/df 均小于 3，达到模型适配标准。根据吴明隆（2009）的建议，此时应根据 BCC 0 与 BIC 0 的数据（K-L 最佳模型）统计量进行模型比较。分析结果显示，模型 M1、M2 的 BCC 0 的统计量数据均大于 10，表示有非常强烈证据推断该模型不是 K-L 最佳模型；而模型 M3 的 BCC 0 的统计量数值小于 2，表示没有证据否定该模型不是 K-L 最佳模型。因此本文认为，部分中介模型为最佳匹配模型，即组织支持感在两者之间具有部分中介作用，具体结果见表 5。

表 5 模型界定搜索结果比较

Model	name	χ^2	df	BCC 0	BIC 0	χ^2/df	P
M1	无中介模型	2238.070	933	231.060	223.097	2.399	0.000
M2	完全中介模型	2117.851	932	113.049	109.068	2.272	0.000
M3	部分中介模型	2002.593	932	0.000	0.000	2.151	0.000

采用 AMOS20.0 对部分中介模型和假设进行检验。数据分析结果显示，模型拟合效果较好，其中，$\chi^2/df=2.151$，GFI=0.843，NFI=0.882，IFI=0.933，CFI=0.933，RMSEA=0.049，均达到了良好标准。

标准化路径系数如图 1 所示。电子领导力与员工敬业度之间的标准化路径系数为 0.20（$p<0.001$），表明电子领导力对员工敬业度有显著的正向影响，假设 1 得到验证。电子领导力与组织支持感之间的标准化路径系数为 0.49（$p<0.001$），表明电子领导力对组织支持感有显著正向影响，假设 2 得到验证。组织支持感与员工敬业度之间的标准化路径系数为 0.54（$p<0.001$），表

明组织支持感对员工敬业度有显著正向影响，假设 3 得到验证。且模型中各条路径系数均在 p<0.001水平下显著，表明电子领导力通过组织支持感的部分中介作用对员工创新行为产生影响，其间接效用为 0.27（0.49×0.54）。因此，电子领导力对员工敬业度的直接效应为 0.20，间接效应为 0.27，总效应为 0.47（0.20+0.27），即电子领导力通过组织支持感的部分中介作用对员工敬业度产生影响，假设 4 得到验证。

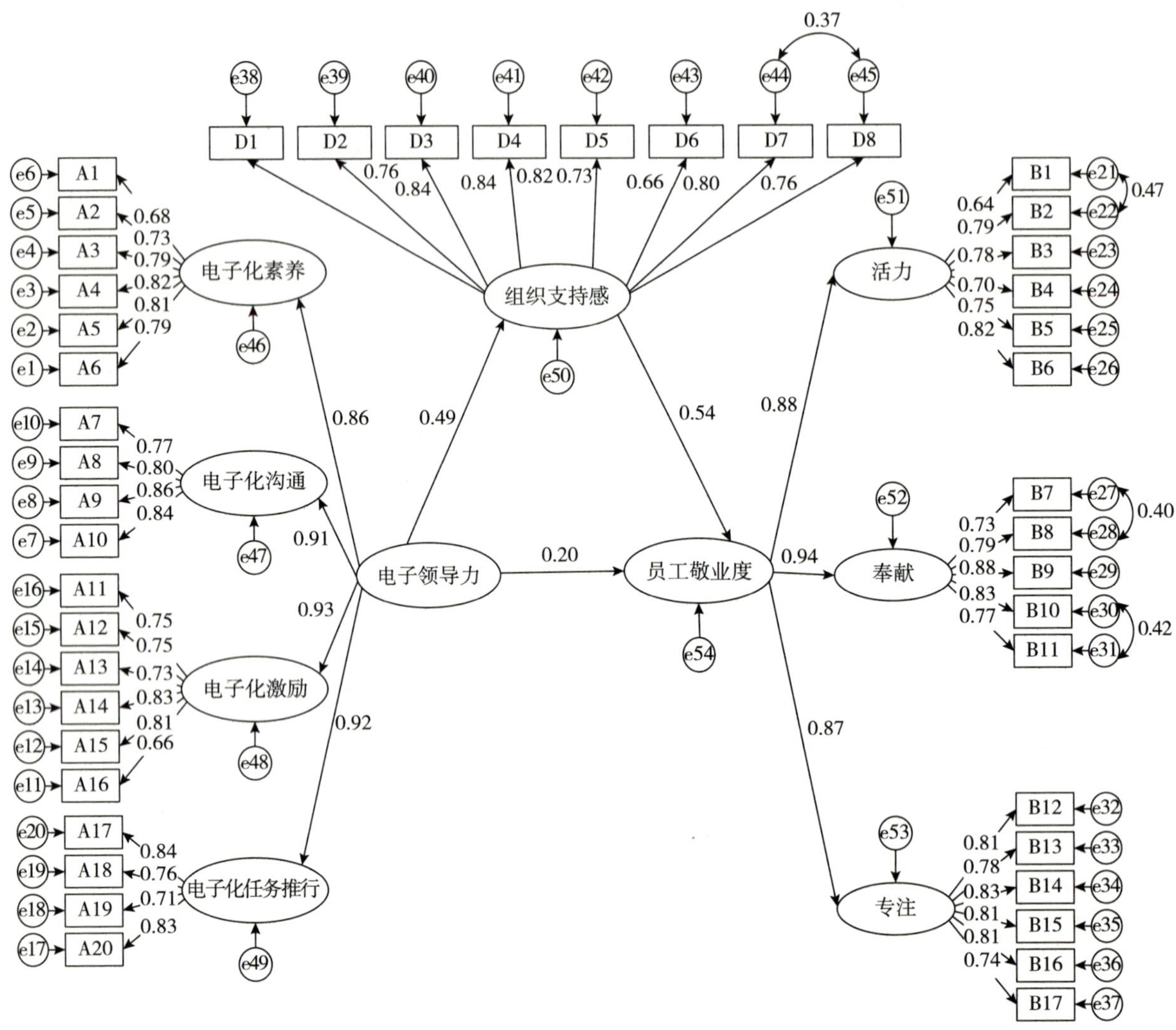

图 1　组织支持感在电子领导力与员工敬业度之间的中介作用模型假设图（N=488）

五、结论与讨论

（一）研究结论

本文通过问卷调查数据对电子领导力、员工敬业度和组织支持感三者之间的关系进行了结构方程模型检验，得出以下主要结论：

（1）电子领导力对员工敬业度有显著正向影响（$r=0.46$，$p<0.001$）。该结论证实了 Avolio 和 Kahai（2003）以及 Dihn 等（2014）提出的电子领导力能够通过整合先进的信息技术积极发挥自身领导魅力，有效促进企业中的个体或群体在态度、行为、情感等方面的积极变化的观点。具有高水平电子领导力的领导者在日常工作中，注重通过电子媒介与员工频繁的交流互动，相对于面对面领导来说，电子领导者的这些行为有助于减轻中国背景下的高权利距离文化障碍，鼓励员工超越社会地位与领导发展良好的关系。在这样一种良好的领导—员工关系中，电子领导者更容易地获得员工的信任，了解到员工的真实想法，从而给予员工更多有针对性的帮助和指导，使员工获得更多的积极情绪体验，自发地全身心投入到工作当中。此外，大数据、云计算等技术的使用，使电子领导者能够通过大数据准确分析员工的行为和情感信息，做出科学合理的决策，更好地影响员工，帮助员工获得更高的工作绩效，从而使员工更加认同组织，强化奉献意识，促进敬业行为，自愿投入更多时间和精力向着组织期望的方向努力。

（2）电子领导力对组织支持感有显著正向影响（$r=0.49$，$p<0.001$）。这一研究结果反映出，在具体的工作场所中，来自领导者的支持和关怀对员工感知到的组织支持感有着举足轻重的影响（龙立荣等，2014）。在信息化工作情境下，电子领导者为员工确定清晰的方向，促进有效信息在相关员工之间流通，甚至为员工提供技术上的指导，能够使员工充分感知到组织对他们的情感支持和资源支持，从而提高员工的组织支持感。

（3）组织支持感对员工敬业度有显著正向影响（$r=0.63$，$p<0.01$）。研究结果与社会交换理论相符，说明员工感受到的组织支持感的水平会影响到员工为了组织的利益而做出努力的程度。一方面，员工感受到组织对其给予的支持能够满足员工对于组织的情感依赖，使员工保持对组织的忠诚和对工作的敬业；另一方面，组织支持感作为一种工作资源，能够降低员工资源损失威胁感，产生增值螺旋效应，实现自有资源存量的增加，使员工能够全身心地投入工作，对工作更加专注并付出更多的努力。因此，构建便于沟通、和谐与支持的组织支持能够对员工的敬业度水平具有重要影响。

（4）组织支持感在电子领导力对员工敬业度的影响中起部分中介作用。数据分析显示，电子领导力对员工敬业度的总效应为 0.46，其中直接效应为 0.20，通过组织支持感传递的间接效应为 0.26（0.49×0.54），间接效应占总效应的一半以上。这表明，电子领导力并非简单地直接作用于员工敬业度，更多的是通过影响员工对组织代理人的感知，即组织支持感这种心理状态影响员工敬业度。电子领导力水平高的领导者能够借助信息技术平台为员工提供情感信息等资源支持，感受到组织支持的员工，会产生回报组织的意愿，进而更加积极地努力工作。实证检验结果与前文的理论分析一致，这一研究结论一方面扩展了电子领导力的应用范围，另一方面揭示了电子领导力对员工敬业度的作用路径。

（二）管理启示

（1）重视信息技术与领导力的结合，有意识培养和提升自身电子领导力水平。在日常的管理实践中应注意提高电子领导力水平，发挥信息技术在领导过程中的优势。第一，系统和全面地思考信息化时代领导情境和员工尤其是新生代员工特征的变化，关注和把握信息化发展趋势和规律，感知员工的需求，深化对电子领导力的领悟，增强利用信息技术发挥领导力的意识。第二，加强对主流的信息技术媒介的学习和操作使用。学习运用新通信媒体与成员沟通互动的技巧，降低由于彼此之间缺乏直观认识而导致的信息理解偏差或信息扭曲，增加沟通交流的有效性；学习运用信息技术收集、评估和利用各种信息资源的技巧，更好地发挥在与员工互动的过程中的指导作用。第三，创造社交环境，与员工建立紧密联系。电子领导者应当借助社交平台，为员工创造良好的工作社交环境，鼓励团队成员共同交流，如分享工作心情、分享工作成就、讨论实时热点等，拉近与员工之间的距离，促进信任的建立。

（2）重视员工的心理状态，通过积极影响员工组织支持感来提升员工敬业度。电子领导者可以通过采取有效措施来影响员工的心理感受，改善员工感受到的组织支持感水平，从而强化电子领导力对员工敬业度的影响，提高员工工作绩效。因此，在管理实践中，电子领导者一方面应强化通过电子信息技术提升员工组织支持感的意识，并将其付诸到日常的管理行为之中。具体来说，电子领导者可以通过员工熟悉的社交平台（如QQ、微信、办公协同系统等）加强与员工的沟通交流，关心他们的感受，了解他们的想法和需要，在员工遇到工作困难时及时给予指导和帮助，在员工获得成就时及时给予肯定（点赞、转发、发表评论等），同时传达出对员工重视和期望，使员工朝着组织期望的方向努力。另一方面，需要关注员工的工作资源与工作需求的平衡，及时协调组织内部优势资源，为有需要的员工提供充足的工作资源和支持，免除员工的后顾之忧，让员工真切地感受到组织对其自身工作的认可和支持，从而集中精力投入到本职工作当中。

（三）研究局限与展望

本文尚存在一定局限性：一是由于学者们对电子领导力的测量尚未达成共识，本文所开发的量表有待更广泛地检验和完善。二是研究采用横截面数据，不能很好地体现变量之间动态影响过程，未来的研究可以考虑采用纵向数据进一步验证不同阶段电子领导力所发挥的作用。三是未来研究可以探讨电子领导力对员工敬业度发挥影响的其他路径，以完善和扩充电子领导力模型，从而为企业的管理实践提供更有力的理论支撑和指导。

参考文献

[1] Avery D. R., McKay P. F., Wilson D. C. Engaging the Aging Workforce: The Relationship between Perceived Age Similarity, Satisfaction with Coworkers and Employee Engagement [J]. Journal of Applied Psychology, 2007, 92 (6): 1542-1556.

[2] Avolio B. J., Kahai S. S. Adding the “E” to E-leadership: How It May Impact Your Leadership [J]. Organizational Dynamics, 2003, 31 (4): 325-338.

[3] Avolio B. J., Sosik J. J., Kahai S. S., et al. E-leadership: Re-examining Transformations in Leadership Source and Transmission [J]. The Leadership Quarterly, 2014, 25 (1): 105-131.

[4] Christian M. S., Garza A. S., Slaughter J. E. Work Engagement: A Quantitative Review and Test of Its Relations with Task and Contextual Performance [J]. Personnel Psychology, 2011, 64 (1): 89-136.

[5] Das G. P. Literature Review: E-Leadership [J]. Emerging Leadership Journeys, 2011, 4 (1): 1-36.

[6] Dinh J. E., Lord R. G., Gardner W. L., et al. Leadership Theory and Research in the New Millennium: Current Theoretical Trends and Changing Perspectives [J]. The Leadership Quarterly, 2014, 25 (1): 36-62.

[7] Eisenberger R., Armeli S., Rexwinkel B., et al. Reciprocation of Perceived Organizational Support [J]. Journal of Applied Psychology, 2001, 86 (1): 42-51.

[8] Graen G. B., Uhl-Bien M. Relationship-Based Approach to Leadership: Development of Leader-Member Exchange (LMX) Theory of Leadership Over 25 Years: Applying a Multi-Level Multi-Domain Perspective [J]. The Leadership Quarterly, 1995, 6 (2): 219-247.

[9] Hobfoll S. E., Shirom A. Conservation of Resources Theory: Applications to Stress and Management in the Workplace [J]. Handbook of Organizational Behavior, 2001 (2): 57-80.

[10] Jiang L. C., Bazarova N. N., Hancock J. T. From Perception to Behavior: Disclosure Reciprocity and the Intensification of Intimacy in Computer-Mediated Communication [J]. Communication Research, 2013, 40 (1): 125-143.

[11] Li X., Sanders K., Frenkel S. How Leader-Member Exchange, Work Engagement and Hrm Consistency Explain Chinese Luxury Hotel Employees' Job Performance [J]. International Journal of Hospitality Management, 2012, 31

（4）：1059-1066.

［12］ Malhotra A.，Majchrzak A.，Rosen B. Leading Virtual Teams［J］. The Academy of Management Perspectives，2007，21（1）：60-70.

［13］ Musela，Stampe C. L. Perceived Organizational Support：Evidence for A Mediated Association With Work Performance［J］. Journal of Managerial Issues，2007，19（4）：517-535.

［14］ Saks A. M. Antecedents and Consequences of Employee Engagement［J］. Journal of Managerial Psychology，2006，21（7）：600-619.

［15］ Samartinho J.，Silva P.，Faria J.，et al. Good Practices in Virtual Leadership-The e-3cs Rule（Communication，Trust and Coordination）［C］. European Conference on Knowledge Management，2014（3）：1272-1282.

［16］ Savolainen T. Trust-Building in E-Leadership：A Case Study of Leaders' Challenges and Skills in Technology-Mediated Interaction［J］. Journal of Global Business Issues，2014，8（2）：45-56.

［17］ Schaufeli W. B.，Martinez I. M.，Pinto A. M.，et al. Burnout and Engagement in University Students A Cross-National Study［J］. Journal of Cross-Cultural Psychology，2002，33（5）：464-481.

［18］ Stinglhamber F.，Marique G.，Caesens G.，et al. The Influence of Transformational Leadership on Followers' Affective Commitment：The Role of Perceived Organizational Support and Supervisor's Organizational Embodiment［J］. Career Development International，2015，20（6）：583-603.

［19］ Wellins R.，Concelman J. Culture of Engagement Ensure People Know What is Expected［J］. Leadership Excellence，2007，24（2）：19.

［20］ 毕新华，王磊，曹越．信息化领导力对信息技术参与服务创新影响机理的实证研究［J］. 情报科学，2015（4）：125-131.

［21］ 曹霞，瞿皎姣．资源保存理论溯源，主要内容探析及启示［J］. 中国人力资源开发，2014（15）：75-80.

［22］ 储成祥，毛慧琴，江芮澜．领导行为，组织支持和员工敬业度的关系——以通信企业为例［J］. 北京邮电大学学报（社会科学版），2012，14（5）：91-99.

［23］ 高建丽，孙明贵．研发人员心理资本，组织支持感对敬业度的作用路径［J］. 科技管理研究，2015，35（1）：231-236.

［24］ 林声洙，杨百寅．中韩家长式领导与组织支持感及组织公民行为之间关系的比较研究［J］. 管理世界，2014（3）：182-183.

［25］ 刘追，闫舒迪．企业电子领导力的发展，挑战和对策［J］. 领导科学，2015（26）：14.

［26］ 龙立荣，毛盼盼，张勇，黄小冰．组织支持感中介作用下的家长式领导对员工工作疏离感的影响［J］. 管理学报，2014（8）：1150-1157.

［27］ 卢纪华，陈丽莉，赵希男．组织支持感，组织承诺与知识型员工敬业度的关系研究［J］. 科学学与科学技术管理，2013，34（1）：147-153.

［28］ 南京市行政学院课题组．信息网络化时代的领导方式变革［J］. 中共南京市委党校南京市行政学院学报，2003（5）：39-43.

［29］ 彭剑锋．互联网时代的人力资源管理新思维［J］. 中国人力资源开发，2014（16）：6-9.

［30］ 孙利平，凌文辁．德行领导对员工行为的影响研究［J］. 理论探讨，2010（4）：157-160.

［31］ 叶仁荪，倪昌红，廖列法．领导信任，群体心理安全感与群体离职——基于群体互动视角的分析［J］. 经济管理，2016（5）：87-97.

［32］ 赵欣艳，孙洁．员工敬业度研究综述与展望［J］. 北京邮电大学学报（社会科学版），2010（5）：92-98.

［33］ 郑喜娟，陈进．“互联网+企业领导力”与员工绩效的实证分析［J］. 科技与经济，2017，30（1）：61-65.

［34］ 朱永跃，夏正晶，马志强．真实型领导、组织支持感与新生代研发人员敬业度的关系研究［J］. 中国科技论坛，2014（12）：119-124.

绩效薪酬对组织公民行为的影响是正向还是负向？
——基于组织承诺和分配公平感的作用研究

许艳红　杨俊青
（山西财经大学工商管理学院，山西　太原　030006）

［摘　要］绩效薪酬与组织公民行为关系问题，学术界尚未得出一致结论。有学者赞同绩效薪酬会减少组织公民行为，也有学者认为绩效薪酬对组织公民行为具有促进作用。究竟绩效薪酬与组织公民行为关系如何？本文依据绩效薪酬的信息性与控制性，通过引入组织承诺的三个维度（持续承诺、情感承诺、规范承诺）作为中介变量，试图从新的角度探讨回答绩效薪酬对组织公民行为的影响及其作用机制，并研究了分配公平感在绩效薪酬和组织公民行为之间的调节作用。得出的结论对以往研究不一致的观点提供了一个新的理论解释，揭示了绩效薪酬影响组织公民行为的内在作用机制，从绩效薪酬管理视角提出了提升企业员工组织承诺和组织公民行为的建议。

［关键词］绩效薪酬；组织公民行为；组织承诺；分配公平感；信息性；控制性

一、问题提出

绩效薪酬实施的本意是激励员工，使其行为更符合组织期望，然而大量学者的研究都证实了绩效薪酬对组织公民行为有负面影响（Beer 等，2004；吴饴瑾，2007），因为它可能会促使员工仅仅将注意力集中于由绩效会带来奖励的行为上，从而减少组织公民行为；也有学者研究得出不同结论，如 Deckcop 等（1999）的研究将价值观契合度作为调节变量，认为当组织成员个体价值观与组织的价值观高度契合时，绩效薪酬正向影响组织公民行为。绩效薪酬与组织公民行为关系究竟如何？我们研究发现，得出不同结论的研究都是将绩效薪酬作为一个整体，并未深入分析究竟是绩效薪酬的哪个或哪些特征对组织公民行为产生负面影响，其他特征又是否会产生不同影响，即绩效薪酬的不同特征会对组织公民行为产生不同的影响的可能性。因此，分析并研究绩效薪酬的不同特征维度对组织公民行为的影响应是解决这一问题的新的突破点。

二、相关概念阐释与理论假设

（一）相关概念阐释

1. 绩效薪酬

绩效薪酬（Pay-for-Performance，PFP），是指基于绩效的薪酬模式，根据员工绩效评价结果发放的薪酬，具体来说，是指员工在达到某个绩效目标或创造某种价值或盈利时，组织对其劳动所支付的薪酬（曾湘泉，2006）。

2. 绩效薪酬的信息性和控制性

绩效薪酬作为奖励的一种，也同时具备信息性和控制性两大特征属性。其中，信息性是指绩效薪酬本身承载着员工期望从组织中得到的信息，即组织通过向员工发放绩效薪酬，可以使员工获得组织对自己工作内容的评价、对自己工作成果的反馈以及工作能力的认可等信息，这些信息是员工衡量自己在组织中地位和价值的重要依据；控制性是指绩效薪酬使员工相信只有达到组织设定的绩效标准的要求才能得到薪酬，否则自己的薪酬所得将会大打折扣，这使员工感到组织通过绩效薪酬间接控制自己的行为，为了保证更高的薪酬，只能被动地选择做组织要求的事情。本文将信息性和控制性作为绩效薪酬的特征因素展开随后研究。

3. 组织承诺

尽管人们对组织承诺进行了大量的研究，但对组织承诺的定义不尽相同。

美国社会学家 Becker（1960）最初提出组织承诺这个概念时把它看成随着员工对组织投入的增加而使其不得不继续留在该组织的一种心理现象。其产生的基本假设是经济理性人假设。员工与企业之间存在一种契约关系，随着员工在企业中工作时间的增加，其对企业投入了大量的时间、精力、感情，使得他一旦离开该企业就会遭到巨大的损失。员工感知到这种单边投入可能给自己带来损失，因而离职倾向会降低（马飞等，2010；卢纪华等，2013）。与 Becker 的观点类似，之后很多学者都从经济利益的角度阐释组织承诺，如 Kanter（1968）认为组织承诺是员工对留在组织中的收益和离开组织的成本进行权衡后仍然选择继续留在组织的心理认知。Hrebiniak 和 Alutt（1972）认为，组织承诺是个体与组织经济交换时进行成本权衡后的一种结构现象。Meyer 和 Allen（1984）关注员工与组织在经济利益方面的交换关系，提出“持续承诺”（Continuance Commitent，CC）并开发了量表，他认为持续承诺是“员工为了不失去为组织服务期间所获得的利益而选择继续留在组织的一种承诺”。

一些学者主张不是从经济利益，而是从情感的角度阐释组织承诺。Buchanan（1974）认为，组织承诺是员工从情感上对组织的认同、投入和忠诚，员工与组织的关系如同信徒和宗教，是发自内心的情感维系，而不是出于经济利益的工具导向，认为员工对组织的忠诚来源于员工对组织深厚的感情，愿意为组织奉献而不计较报酬。Porter，Steers 和 Mowday（1974）对组织承诺的特征进行了细化，他们把组织承诺看作“个体对组织的认同与卷入的相对强度”，认为员工对组织的承诺主要体现为情感上的依赖，有以下三个特征：①接受、认同并信仰组织的文化、理念和价值观；②愿意尽自己最大的努力维护组织利益；③对组织成员身份的强烈自豪感，并渴望长久的拥有。Meyer 和 Allen（1990）正式提出了“情感承诺”（Affective Commitment，AC）的概念并开发了量表，他们认为情感承诺就是员工对组织情感上的卷入、认同和依赖。

还有一部分学者从其他角度解释了组织承诺。以美国社会学家 Weiner（1982）为代表，他依据行为—意图理论和规范—动机理论对组织承诺的概念进行了阐述，他认为组织承诺更多受到员工的价值观念、教育背景、职业道德以及组织文化等因素的影响，认为组织承诺是员工受到规范性压力而不得不表现出的一种合乎社会责任要求和满足组织利益的行为方式。员工选择留在组织不是出于个人利益，而是因为他们觉得自己“有义务”继续为组织服务，因为他们从小受到的传统文化、社会风气熏陶和学校、家庭的教育告诉他们对组织忠诚是一种良好的品德，或者是他们受到组织的某种恩惠（如免费为他们提供职业技能培训等），让他们对组织产生一种“负债感”，认为应当继续留在组织“报恩”，这样的心理让他们理所当然地认为继续留在组织是唯一正确的选择，这在集体主义的国家尤为突出。Meyer 和 Allen（1990）正式提出了“规范承诺”（Normative Commitment，NC）的概念并开发了量表，将规范承诺定义为员工受到社会规范的影响并以此为准则认为自己有义务留在组织的承诺。

以上三种观点从不同的角度解释了组织承诺。由此可知，虽然组织承诺最后的表现相似，但其产生的根源却可能是不同的：或来源于对投入的理性计算，或来源于对组织价值观的认同，抑或来自于社会规范的教导。在特定条件下，这三种理论都可以单独解释组织承诺。但现实情况中，组织承诺却可能同时有多个来源，如果能将这些单维度模型整合起来，将有利于我们更全面地理解组织承诺的概念。

1990 年，加拿大学者 Meyer 和 Allen 对以前诸多研究者关于组织承诺的研究结果进行了全面的分析和回顾，并在自己的实证研究基础上提出了承诺的三因素模型。Meyer 和 Allen 将组织承诺定义为“体现员工和组织之间关系的一种心理状态，暗示了员工对于是否继续留在该组织的决定”。从而将上述研究主题整合为组织承诺的三种形式，分别为持续承诺，指员工对离开组织所带来的损失的认知；情感承诺，指员工对组织的感情依赖、认同和投入；规范承诺，反映的是员工对继续留在组织的义务感。中国学者张勉等（2002）以中国企业员工为样本验证三因素模型在中国企业具有一定适用性。

4. 组织公民行为

Katz（1964）的观点首次构建了组织公民行为概念的雏形。他认为，一个组织内的员工如果仅仅完成他们工作角色要求的任务，那么这个组织的发展必然受到限制，要想使组织高效运作，员工还需要自觉主动地承担那些超越角色要求的任务，这种员工自发的角色外行为对于组织的生存和长远发展至关重要。Bateman 和 Organ（1983）根据 Katz 的观点，并借鉴社会学中“公民”（Citizenship）的概念，将这种员工自发承担他们“分外之事”的角色外行为定义为“公民行为”（Citizenship Behavior）。美国印第安纳大学 Smith，Organ 和 Near（1983）进一步完善了公民行为的概念，并将 Bateman 和 Organ（1983）提出的公民行为概念进一步称为“组织公民行为”，但并未明确界定其概念，依旧沿用公民行为的概念，只是名称上发生变化，而这一名称也一直沿用至今。Organ（1988）正式提出“组织公民行为”（Organizational Citizenship Behavior，OCB）的概念，在《组织公民行为：好战士现象》一书中，Organ 对组织公民行为的概念给出了如下定义：组织公民行为是员工自发的、随意的个体行为，是员工自觉自愿表现出来的行为，它不在员工职位说明书所描述的范围内，也不会受到薪酬的回报和奖励，是一种角色外行为，但从长期来看，可以从整体上提升组织绩效。Organ（1997）又对组织公民行为的定义进行了改进和完善，他认为 OCB 与 Borman 和 Motwidlo（1993）提出的关系绩效（Contextual Performance）有较为相似的内涵，关系绩效与任务绩效（Task Performance）相区别，它与工作任务和产出不直接相关，不能直接为企业创造价值，但却可以为企业提供社会和心理环境的支持，提高企业的环境适应能力，促进人际沟通，营造良好的工作氛围，最终从整体上提升组织绩效。

国内学者也对组织公民行为这一概念进行了相关的理论研究，并从不同的视角对 OCB 的概念进行了界定。林淑姬、樊景立（1994）将组织公民行为定义为员工在工作职责之外主动做出的对组织的贡献；许道然（2001）认为，组织公民行为是员工自觉主动表现出的有利于组织的行为，并且这些行为不在组织的奖励系统之内；许道然（2001）认为组织公民行为是员工不计较个人的得失、不求回报、以组织和集体的利益为中心所做出的行为，并且这些行为并非组织所明确要求的；李政翰（2005）认为，组织公民行为是员工自愿做出的超出他们职位要求的能间接提高企业绩效的行为；杨斌和陈坤（2012）进一步探讨了关系绩效与组织公民行为概念的关系，并构建了二者的整合模型。

Organ（1988）将组织公民行为分为五大类：①利他主义（Altruism）：员工自愿花费时间和精力去帮助他人解决工作中的问题，完成超负荷的工作任务而没有抱怨。②事先知会（Courtesy）：为了避免不利于同事的问题发生，而愿意主动采取行动的行为。③自主行为（Conscientiousness）：员工在考勤、保持工作环境清洁、节省公司资源等问题上表现出超越组织对其在岗位职责上的基本要求，并可以自己安排时间和进行工作计划。④运动员精神（Sportsmanship）：员工在工作中忠于职守、任劳任怨、积极乐观，即使在遇到非常困难的事情时也能用积极的态度去面对，遇到麻烦时不抱怨工作和他人。⑤公民美德（Civicvirtue）：员工积极参与到组织的各项事务中去，关心组织的重要事件，并对相关问题提出自己的意见和建议。Podsakoff 等（1990）基于这个理论发展了组织公民行为评价量表，得到了大多数学者的认可。

5. 组织公平

公平（Justice）往往不是绝对的，而是相对的。Greenberg（1987）首次提出组织公平（Organizational Justice）的定义，他认为组织公平是“在雇佣关系中，员工对与他们个人利益相关的组织制度、政策及行为措施的公平感知”。他认为，公平往往是一种主观上的感知，公平与否的得出往往基于个体自身认知和判断的差异，因此公平其实是指个体是否感受到被公平对待，而不是实际是否被公平对待，因而称之为“公平感”更合适。所以在很多情况下，“公平”可以等同于“公平感”（汪新艳，2009）。

组织公平会影响员工对组织的态度和行为，当员工出现不公平感时，其组织承诺会降低，工作绩效会下降，团队协作会减少，这就会刺激他们为重建公平而努力（Cropanzano & Greenberg，1997）[20]。

组织公平包括三种形式：分配公平、程序公平和互动公平。

（二）理论假设

1. 绩效薪酬对组织公民行为的影响

根据有机整合理论对动机的划分，动机按照是否迫于外界压力可分为控制动机（Controlled Motivation）和自主动机（Autonomous Motivation）。控制动机下的行为往往是个体迫于外部压力而不得不做出的，与通常所说的外部动机相似；自主动机下的行为则是个体不受外在压力和控制而自发做出的，与通常所说的内部动机相似。根据 Organ（1988）对组织公民行为的定义，组织公民行为不在企业正式薪酬系统所奖励的范围内，也不是员工职责所要求的，而是员工自觉自愿选择做出的，因而从组织公民行为的内涵可以看出，组织公民行为是员工在个人意志驱动下所做出的自主行为，因此是受自主动机驱动的行为。根据认知评价理论，绩效薪酬的信息性通过给员工发放基于绩效评价的绩效薪酬，使员工获得组织对自己工作成果的反馈和认可，使其相信自己有能力胜任工作，满足了员工“能力的需要”（The Needs For Competence）。根据基本需要理论，当个体“能力的需要”得到满足时，行为的成就感会增强，激发其自主动机的产生，员工在工作中会产生更积极的情绪，受个人意志驱动而非外在压力选择做出何种行为，因而即使他们知道不会受到奖赏也会自愿做出那些对给予自己报酬的组织有利的行为，即组织公民行为。因此，本文提出假设：

H1：绩效薪酬信息性对组织公民行为有正向影响。

代理理论基于经济人假设，认为委托人和代理人受个人利益驱使做出决策，尽可能减少行为的风险，委托人制定薪酬政策的出发点是最大限度地监控代理人的行为。根据代理理论，绩效薪酬实质上是一种控制性的措施，使委托人确保代理人的行为是可控的，鼓励员工努力达到组织要求的绩效从而得到更丰厚的报酬，使其迫于薪酬压力而不得不完成某些任务。因此，绩效薪酬的控制性可能会促使员工仅仅将关注点集中在可以使自己薪酬增加的那些行为上，从而减少组织公民行为。因此，本文提出假设：

H2：绩效薪酬控制性对组织公民行为有负向影响。

2. 绩效薪酬对组织承诺的影响

绩效薪酬的信息性将工作价值与员工个体价值相连，使员工知觉到自己的报酬是来自于组织对其工作绩效的认可，没有组织就不会有自己的薪酬，自己的付出得到了相应的回报，使其感受到组织对个人发展的支持，相信自己的职业生涯可以在公平的组织中获得不错的发展（持续承诺），进而在认知上和情感上对组织产生一种认同感和依赖感（情感承诺），也会认为自己有回报组织的义务（规范承诺），从而提高对组织的投入程度。根据社会交换理论，员工依据互惠的原则处理其与组织的关系，那么感受到更多组织支持和认可的员工也会更加愿意继续留在组织，保持一个更高的组织承诺水平。因此，本文提出假设：

H3：绩效薪酬信息性对组织承诺有正向影响。

绩效薪酬的控制性向员工传达一种组织试图控制他们的信号，员工会认为他们做出某种行为不是自己主动选择，而是为了完成组织的要求，如果不做将得不到报酬。这种信号可能会使员工产生一种消极的情绪，感到自己被组织"奴役"，自己不再是自我行为的主人，认为组织压迫了他们真正的意愿，忽视了他们的自尊，从而降低了其"自主的需要"（The Needs For Autonomy），削弱了其自主动机的产生。根据自我决定理论，员工的自主动机对员工认同组织目标及其价值观并为之努力有至关重要的作用（Oagne & Koestner，2004）。因此，绩效薪酬控制性可能会降低员工对组织目标和价值观的认同，削弱其对组织的情感依附（情感承诺），员工认为自己是受到某种压力才不得不努力工作，不会对组织有"负债感"（规范承诺），也不能确定留在组织工作会使职业生涯有很好的发展（持续承诺），员工继续留在组织工作的意愿会降低，对员工组织承诺有负向预测作用。因此，本文提出假设：

H4：绩效薪酬控制性对组织承诺有负向影响。

3. 组织承诺对组织公民行为的影响

组织承诺是心理层面的变量，体现了员工对组织的心理依附；组织公民行为是行为层面的变量，体现了员工的自觉行为。态度决定行为，组织承诺的强弱会改变员工对组织的态度和心理认知，进而影响员工的行为。当员工组织承诺较强时，员工出于经济利益（持续承诺）、情感投入（情感承诺）和社会规范（规范承诺）等原因选择继续留在组织，愿意将自己融入到组织中，成为组织的一分子，对组织的依赖感不断增强，并会认为自己作为组织成员对组织的发展负有不可推卸的责任，希望为组织贡献自己的力量，以组织的立场为出发点做出思考和决策，体现在行为上，就是做出更多对组织有积极意义的行动，如组织公民行为。因此，本文提出假设：

H5：组织承诺对组织公民行为有正向影响。

4. 组织承诺对绩效薪酬与组织公民行为的中介作用

Fishbein 和 Ajzen（1975）提出的理性行动理论认为，个体的行为受到了行为意向，即个体打算做出某种行为的倾向的影响，而意向又受到了态度，即对个体行为结果的价值判断和估计的影响，也就是说，任何外部因素只有通过影响个体的态度，进而影响个体的行为意向，最终达到影响个体行为的作用，态度在其他变量对个体行为的作用过程中发挥中介作用。绩效薪酬作为外部奖励的一种，其不同特征会对员工态度产生不同影响，进而影响员工的行为。

组织承诺是员工心理和态度的变量，是员工在与组织长期互动中形成的心理依附，是联结员工与组织的一条无形的“纽带”。社会交换理论认为，员工会遵循互惠的准则处理其与组织的关系，当员工认为自己对组织的付出与组织对自己的回报对等时，就愿意与组织维持长期的关系。所以，这条“纽带”的维系取决于员工与组织之间的价值交换关系。绩效薪酬的信息性通过给员工发放基于绩效评价的绩效薪酬，使员工获得组织对自己工作成果的反馈和评价，并将自己的能力价值和对组织的贡献做出一个基本的定位，也就是说，绩效薪酬的信息性将工作价值与员工个体价值相连，实际上就是员工与组织之间价值信息的沟通与交流，长此以往的积累逐渐形成了一条联结员工与组织的“纽带”，这条“纽带”就是组织承诺，进而员工会加强对组织的心理依附，希望为组织做贡献，自觉表现出对组织有积极意义的行为，即表现出更多的组织公民行为。而绩效薪酬的控制性使员工认为组织压迫了他们真正的意愿，忽视了他们的自尊，可能会降低员工对组织目标和价值观的认同，这就切断了员工与组织间的这种“纽带”，从而降低了员工对组织的组织承诺，当员工对组织的心理依附感降低时，他们不再愿意继续维持与组织的关系，从而也就不愿意为组织的发展做额外的付出，组织公民行为减少。

综上所述，绩效薪酬的信息性和控制性通过组织承诺这一态度变量的中介作用，最终对员工的组织公民行为产生了影响。因此，本文提出假设：

H6：组织承诺在绩效薪酬信息性和组织公民行为之间起中介作用。

H7：组织承诺在绩效薪酬控制性和组织公民行为之间起中介作用。

5. 分配公平感的调节效应

分配公平感是指员工对分配结果公平与否的感受。Isaac（2001）认为，绩效薪酬激励效果受到员工的公平感知的影响。公平理论认为员工会将自己与他人的付出与回报比例进行主观比较，比较结果会影响其受到激励的程度。根据公平理论，员工工作积极性与他的分配公平感正相关，当员工的分配公平感高时，员工感受到自己的付出得到了应有的报酬，且公平公正地体现出自己与他人的相对能力水平，从而绩效薪酬的信息性所承载的反馈和信息使员工相信自己的报酬是来自于组织对其工作绩效的认可，自己的付出得到了相应的回报，使其感受到组织对个人职业生涯发展的支持，进而在认知上和情感上对组织产生一种认同感和依赖感，增加其组织承诺，更多的以组织的立场为出发点做出思考和决策，组织公民行为增加；反之，当分配公平感较低时，员工认为自己付出的努力和工作成果并未被组织公平地对待，感到自身不被组织认可，产生挫败、不安、气愤等不良情绪，降低对组织的投入程度，削弱组织承诺，减少组织公民行为。因此，本文提出假设：

H8：分配公平感在绩效薪酬信息性与组织公民行为之间起调节作用：与分配公平感较低的员工相比，分配公平感较高的员工绩效薪酬信息性对组织公民行为的正向影响作用更强。

同理，当员工分配公平感较高时，虽然绩效薪酬的控制性传达出组织试图对员工行为进行控制的信号，员工出于对达到高绩效以得到更高薪酬的期望，或者是被这种“控制”压制了其真实意图而产生消极情绪从而减少组织公民行为。但是当员工意识到组织给予自己的报酬是公平与合理的，感受到组织对自己付出的尊重与认可时，那些因控制感而产生的不良情绪便会相对减少，因此，与那些分配公平感较低的员工相比，绩效薪酬控制性对组织公民行为的负向影响会减少。

H9：分配公平感在绩效薪酬控制性与组织公民之间起调节作用：与分配公平感较低的员工相比，分配公平感较高的员工绩效薪酬控制性对组织公民行为的负向影响作用更弱。

三、研究设计

（一）量表选取与问卷设计

本文主要采取对企业员工发放调查问卷的方式收集数据。其中，涉及的变量包括被调查员工的人口统计学特征等个人信息、绩效薪酬信息性和控制性、组织承诺、组织公民行为与分配公平感。除绩效薪酬量表是在原有学者所使用的相关量表基础上进行改编外，其余变量（组织承诺、组织公民行为、分配公平感）均是在查阅大量文献基础上，采纳国外学者公开发表并具有良好信度和效度的成熟量表进行测量。

（1）绩效薪酬信息性和控制性。在常涛（2014）量表的基础上进行改编，得出“绩效薪酬特征总量表”，共 12 个题项，其中前 6 个题项测量“绩效薪酬信息性”，后 6 个题项测量“绩效薪酬控制性”。

（2）组织承诺。采纳 Meyer 和 Allen（1997）开发的组织承诺量表，将组织承诺分为三个维度进行测量：持续承诺、情感承诺和规范承诺，每个维度用 6 个题项测评，共 18 个题项。

（3）组织公民行为。采纳 Podsakoffetal（1990）基于 Organ（1988）的五维度所编制的组织公民行为量表，将组织公民行为分为 5 个维度进行测量：利他行为、事先知会、自主行为、运动员精神和公民美德，每个维度用 4 个题项测评，共 20 个题项。

（4）分配公平感。分配公平感的测量量表选用 Colquitt（2001）的研究成果，Colquitt（2001）根据 Leventhal（1976）对分配公平的定义编制了相应的测量项目，共 5 个题项。

（5）控制变量。为了避免无关因素对数据分析结果的影响，将人口统计特征包括性别、年龄、学历、职位和工龄作为控制变量进行测量。

受中国文化中“中庸”思想的影响，中国员工在填写问卷时总是倾向于选择中间值，因此，本文选用 Likert 六点的计分形式，1~6 六个数字分别代表“非常不符合”“不符合”“有点不符合”“有点符合”“符合”“非常符合”六个度量值。

（二）数据收集及样本情况

本文调研在山西、河北、北京、天津、上海五个地区 36 家实施绩效薪酬政策的企业以随机抽样的方式发放问卷，共发放问卷 300 份，回收有效问卷 268 份，有效回收率为 89.3%。样本的基本特征如表 1 所示。

表 1　样本基本特征表（N=268）

变量	属性	人数（人）	百分比（%）
性别	男	112	41.8
	女	156	58.2
年龄	25 岁及以下	80	29.9
	26~35 岁	80	29.9
	36~45 岁	46	17.2
	46 岁及以上	62	23.1

续表

变量	属性	人数（人）	百分比（%）
学历	大专及以下	52	19.4
	本科	146	54.5
	硕士及以上	70	26.1
工龄	1年以下	50	18.7
	1~3年	52	19.4
	4~7年	68	25.4
	7年以上	98	36.6
职位	普通员工	84	31.3
	基层管理人员	111	41.4
	中层管理人员	58	21.6
	高层管理人员	15	5.6

资料来源：由调研问卷统计得到。

四、数据分析与假设检验

本文采用SPSS21.0和AMOS21.0作为统计分析工具。首先进行量表信度和效度分析；其次是描述性统计检验；最后运用温忠麟、张雷、侯杰泰（2006）介绍的有中介和调节效应检验方式验证绩效薪酬信息性和控制性对组织公民行为的影响和组织承诺的中介效应及分配公平感的调节效应。

（一）信度分析

本文通过内部一致性检验即计算Cronbach’α值来衡量其信度，当Cronbach’α值大于0.7时，表明量表的信度较高，数据稳定性高。本文中量表的内部一致性系数如表2所示，可以看出，所有变量的Cronbach’α值均大于0.8，表示量表各题项的内部一致性系数很高，即拥有较高的信度。

表2 量表的信度分析

变量	题项	Cronbach’α值
绩效薪酬信息性	A1~A6	0.956
绩效薪酬控制性	A7~A12	0.916
持续承诺	B1~B6	0.894
情感承诺	B7~B12	0.921
规范承诺	B13~B18	0.916
组织公民行为	C1~C20	0.907
分配公平感	D1~D5	0.949

（二）效度分析

本文采用因子分析（Factor Analysis）的方法来检验变量的效度。因子分析分为探索性因子分析（Exploratory Factor Analysis，EFA）和验证性因子分析（Confirmatory Factor Analysis，CFA），二者适用情境不同。探索性因子分析的目的是找出量表最佳的因素结构，即一个变量可由哪些因子来测量是最合适的，而验证性因子分析则是基于严谨的理论已经确定构成量表的因素和题项，然后采用数学程序对该模型是否合理进行的评估。

由于本文中绩效薪酬信息性和控制性的测量题项是根据相关量表翻译和改编的，而其余变量则是采用成熟量表测量，因此需要对绩效薪酬量表的效度进行探索性因子分析和验证性因子分析，而对其余变量只进行验证性因子分析以检验其各维度的区分效度。

1. 探索性因子分析

采用 SPSS21.0 对绩效薪酬特征总量表进行探索性因子分析，量表的 KMO 值为 0.904，大于 0.7，Bartlett 球形检验的卡方值为 2906.971，且在 $p<0.001$ 显著，说明适合进行因子分析。

表 3 绩效薪酬特征量表 KMO 值和 Bartlett 球形检验

取得足够度的 Kaiser-Meyer-Olkin 度量		0.904
Bartlett 球形检验	近似卡方	2906.971
	df	66.000
	sig.	0.000

接下来进行探索性因子分析，提取特征值大于 1，得到绩效薪酬信息性与绩效薪酬控制性两个因子，旋转后的因子载荷矩阵如表 4 所示，当因子载荷大于 0.45 时该题项对公因子变化有较高解释力，因子 1 在 A1～A6 上有较大的载荷，说明这六个题项较好地解释了该因子，即"绩效薪酬信息性"；因子 2 在 A7～A12 上有较大载荷，说明这六个题项对它的解释力较高，对应"绩效薪酬控制性"。两个因子累计解释变异量为 76.985%，量表有较好的效度。

表 4 绩效薪酬特征量表旋转后的因子载荷矩阵和方差贡献率

	因子 1	因子 2
A1	0.860	-0.111
A2	0.899	-0.116
A3	0.910	-0.028
A4	0.915	-0.126
A5	0.916	-0.086
A6	0.907	-0.053
A7	-0.088	0.858
A8	-0.152	0.852
A9	-0.126	0.862
A10	0.069	0.882
A11	-0.179	0.687
A12	-0.006	0.879
解释变异量（%）	41.317	35.668
累计解释变异量（%）	41.317	76.985
因子命名	绩效薪酬信息性	绩效薪酬控制性

2. 验证性因子分析

用 AMOS21.0 对变量进行验证性因子分析。采用吴明隆（2013）提供的模型拟合指数指标进行检验。卡方自由度比在 1~3（较宽松值为 5 也可接受）表示模型适配良好；RMSEA 小于 0.05 表示模型适配很好，介于 0.05~0.08 表示模型适配尚可，介于 0.08~0.1 表示模型适配一般但可以接受；GFI、IFI、TLI、CFI 的值在 0~1，越接近 1 表示模型适配度越好，理想值应大于 0.90，在大样本情况下最好接近 0.95。

（1）绩效薪酬的验证性因子分析。

表 5 绩效薪酬的验证性因子分析

模型	CMIN	CMIN/DF	GFI	IFI	TLI	CFI	RMSEA
绩效薪酬二因子模型	126.881	2.538	0.928	0.974	0.965	0.973	0.076

如表 5 所示，绩效薪酬二维度结构的量表的卡方自由度比为 2.538，介于 1~3；GFI、IFI、TLI、CFI 的值均大于 0.90；RMSEA 的值为 0.076，介于 0.05~0.08，说明模型拟合符合要求。

（2）组织承诺的验证性因子分析。

表 6 组织承诺的验证性因子分析

模型	CMIN	CMIN/DF	GFI	IFI	TLI	CFI	RMSEA
组织承诺三因子模型	297.357	2.586	0.901	0.954	0.939	0.954	0.077

如表 6 所示，组织承诺三维度结构的量表的卡方自由度比为 2.586，介于 1~3；GFI、IFI、TLI、CFI 的值均大于 0.90；RMSEA 的值为 0.077，介于 0.05~0.08，说明模型拟合符合要求。

（3）组织公民行为的验证性因子分析。

表 7 组织公民行为的验证性因子分析

模型	CMIN	CMIN/DF	GFI	IFI	TLI	CFI	RMSEA
组织公民行为五因子模型	310.691	2.203	0.902	0.962	0.948	0.962	0.067

如表 7 所示，组织公民行为五维度结构的量表的卡方自由度比为 2.203，介于 1~3；GFI、IFI、TLI、CFI 的值均大于 0.90；RMSEA 的值为 0.067，介于 0.05~0.08，说明模型拟合符合要求。

（4）分配公平感的验证性因子分析。

表 8 分配公平感的验证性因子分析

模型	CMIN	CMIN/DF	GFI	IFI	TLI	CFI	RMSEA
分配公平感单因子模型	8.938	1.788	0.987	0.997	0.994	0.997	0.054

如表 8 所示，分配公平感量表的卡方自由度比为 1.788，介于 1~3；GFI、IFI、TLI、CFI 的值均大于 0.90；RMSEA 的值为 0.054，介于 0.05~0.08，说明模型拟合符合要求。

3. 描述性统计分析和相关分析

表 9 列出了各变量的均值、标准差以及相关系数。绩效薪酬信息性与组织公民行为有显著正

相关关系（r = 0.356，p < 0.01），绩效薪酬控制性和组织公民行为有显著负相关关系（r = -0.646，p<0.01），绩效薪酬信息性与组织承诺三个维度（持续承诺、情感承诺和规范承诺，下同）均有显著正相关关系（r=0.350，p<0.01；r=0.613，p<0.01；r=0.567，p<0.01），绩效薪酬控制性与组织承诺三个维度均有显著负相关关系（r=-0.241，p<0.01；r=-0.607，p<0.01；r=-0.532，p<0.01），组织承诺三个维度均与组织公民行为有显著正相关关系（r=0.227，p<0.01；r=0.535，p<0.01；r=0.470，p<0.01）。

表 9　变量描述性统计和相关分析结果统计

变量	均值	标准差	1	2	3	4	5	6
1. 绩效薪酬信息性	4.026	0.874	—					
2. 绩效薪酬控制性	3.243	0.749	-0.193**	—				
3. 分配公平感	3.181	0.776	-0.158**	0.722**	—			
4. 持续承诺	3.673	0.882	0.350**	-0.241**	-0.105	—		
5. 情感承诺	3.937	0.833	0.613**	-0.607**	-0.400**	0.470**	—	
6. 规范承诺	3.833	0.859	0.567**	-0.532**	-0.272**	0.447**	0.871**	—
7. 组织公民行为	4.436	0.753	0.356**	-0.646**	-0.738**	0.227**	0.535**	0.470**

注：N=268；** 表示 p<0.01。

4. 回归分析

为了更深层次探讨变量间的关系，在考虑员工性别、年龄、学历、工龄、职位控制变量的影响下，运用 SPSS21.0 对主要变量进行分层次的回归来验证前文提出的理论假设。

根据温忠麟等（2005）的论文中归纳的检验中介效应的一般程序对组织承诺在绩效薪酬信息性和控制性与组织公民行为间的中介效应做检验。

表 10　组织承诺对绩效薪酬信息性和组织公民行为中介作用分析结果

变量	组织公民行为		组织承诺	组织公民行为	
	模型 1	模型 2	模型 3	模型 4	模型 5
性别	0.033	-0.041	0.072	-0.060	-0.071
年龄	-0.102	-0.048	0.052	-0.086	-0.070
学历	-0.063	-0.097	-0.005	-0.087	-0.095
工龄	-0.206	0.152	0.001	0.164*	0.151
职位	0.045	-0.021	0.068	-0.039	-0.049
绩效薪酬信息性		0.374**	0.582**		0.126
组织承诺				0.497**	0.426**
R^2	0.020	0.147	0.354	0.254	0.261
$\triangle R^2$		0.127**		0.234**	0.114**
F 值	2.062	8.652**	25.387**	16.159**	14.484**

注：** 表示 p<0.01。

根据表 10，模型 1 首先将控制变量纳入模型，模型 2 在模型 1 的基础上又加入了绩效薪酬的信息性看其与组织公民行为关系如何，模型 3、模型 4 分别做了组织承诺对信息性的回归以及组织公民行为对组织承诺的回归，模型 5 是同时加入了信息性与组织承诺来看信息性的系数变化。模型 2 显示绩效薪酬信息性对组织公民行为有显著正向影响（β=0.374，p<0.01），假设 H1 得到验证；模型 3、模型 4 显示绩效薪酬信息性对组织承诺、组织承诺对组织公民行为均有正向影响（β=0.582，p<0.01；β=0.497，p<0.01），假设 H3 和假设 H5 得到验证；模型 5 显示将绩效薪酬信息性和组织承诺同时加入回归模型，组织承诺的系数依然显著（β=0.426，p<0.01），绩效薪酬信息性的系数不再显著（β=0.126，n.s），即组织承诺在绩效薪酬信息性和组织公民行为之间起到了完全中介作用，假设 H6 得到验证。

采用相同的方法检验绩效薪酬控制性对组织公民行为的作用和组织承诺的中介效应。表 11 中，模型 2 表示绩效薪酬控制性对组织公民行为有显著负向影响（β=-0.642，p<0.01），假设 H2 得到验证；模型 3 显示绩效薪酬控制性对组织承诺有显著负向影响（β=-0.533，p<0.01），假设 H4 得到验证；模型 5 显示在模型 2 基础上加入了组织承诺后，绩效薪酬控制性对组织公民行为的系数绝对值变小但依然显著（β=0.435，p<0.01），说明组织承诺在绩效薪酬控制性和组织公民行为间起到了部分中介作用，假设 H7 得到验证。

表 11 组织承诺对绩效薪酬控制性和组织公民行为中介作用分析结果

变量	组织公民行为		组织承诺	组织公民行为	
	模型 1	模型 2	模型 3	模型 4	模型 5
性别	0.033	-0.020	0.0143	-0.060	-0.048
年龄	-0.102	-0.035	-0.024	-0.086	-0.039
学历	-0.063	0.000	0.100	-0.087	-0.020
工龄	-0.206	0.173**	0.058	0.164*	0.161
职位	0.045	0.006	0.137	0.039	-0.022
绩效薪酬控制性		-0.642**	-0.533**		-0.435**
组织承诺				0.497**	0.199**
R^2	0.020	0.430	0.322	0.254	0.455
ΔR^2		0.410**		0.234	0.025**
F 值	2.062	34.543**	22.169**	16.159**	32.797**

注：*表示 p<0.05，**表示 p<0.01。

采用温忠麟等（2005）推荐的调节效应模型检验方法对分配公平感对绩效薪酬信息性和控制性与组织公民行为的调节效应做检验。

首先，检验分配公平感对绩效薪酬信息性和组织公民行为的调节作用。对绩效薪酬信息性和分配公平感进行中心化处理，对组织承诺和分配公平感进行中心化处理。表 12 给出了假设 H8 的回归分析过程及结果。具体而言分为三步：一是将控制变量纳入模型（模型 1），二是绩效薪酬信息性与分配公平感（模型 2），三是将绩效薪酬信息性与分配公平感的线性交互项纳入模型（模型 3）。模型 3 显示绩效薪酬信息性与分配公平感的交互项显著（β=0.285，p<0.01），说明分配公平感在信息性和组织公民行为之间起正向调节作用。因此，假设 H8 得到验证。由图 1 关系模型图进一步发现，当分配公平感处于高水平时，与分配公平感处于低水平时相比，绩效薪酬信息性对组织公民行为的促进作用更强。

表 12　分配公平感对绩效薪酬信息性和组织公民行为的调节效应分析结果

变量	组织公民行为		
	模型 1	模型 2	模型 3
性别	0.033	-0.029	-0.022
年龄	-0.102	-0.029	0.031
学历	-0.063	-0.039	-0.064
工龄	-0.206	0.092	0.028
职位	0.045	0.042	0.073
绩效薪酬信息性		0.248**	0.269**
分配公平感		-0.690**	-0.680**
绩效薪酬信息性×分配公平感			0.285**
R^2	0.020	0.609	0.687
$\triangle R^2$		0.581**	0.077**
F 值	2.062	60.417**	74.197**

注：** 表示 $p<0.01$。

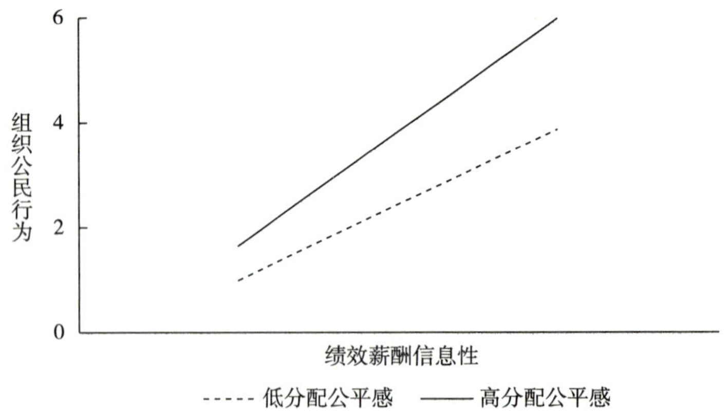

图 1　分配公平感的调节作用

其次，检验分配公平感对绩效薪酬控制性与组织公民行为的调节作用。如表 13 所示，模型 3 的结果显示绩效薪酬控制与分配公平感的交互项的系数不显著（β=0.093，n.s），R^2改变量也未达到显著，即分配公平感在绩效薪酬控制性与组织公民行为之间没有起到调节作用，假设 H9 没有得到验证。

表 13　分配公平感对绩效薪酬控制性和组织公民行为的调节效应分析结果

变量	组织公民行为		
	模型 1	模型 2	模型 3
性别	0.033	0.003	0.015
年龄	-0.102	-0.047	-0.042
学历	-0.063	-0.003	-0.006
工龄	-0.206	0.130	-0.120
职位	0.045	0.064	0.064

续表

变量	组织公民行为		
	模型 1	模型 2	模型 3
绩效薪酬控制性		0.231**	-0.256**
分配公平感		-0.564**	-0.504**
绩效薪酬控制性×分配公平感			-0.093
R^2	0.020	0.579	0.583
$\triangle R^2$		0.559**	0.004
F 值	2.062	53.366**	47.730**

注：** 表示 $p<0.01$。

五、研究结果讨论与管理启示

（一）研究结果与讨论

通过实证分析对本文提出的假设进行检验，现将检验结果总结如表 14 所示。

表 14 假设检验结果汇总

假设	结果
H1：绩效薪酬信息性对组织公民行为有正向影响	成立
H2：绩效薪酬控制性对组织公民行为有负向影响	成立
H3：绩效薪酬信息性对组织承诺有正向影响	成立
H4：绩效薪酬控制性对组织承诺有负向影响	成立
H5：组织承诺对组织公民行为有正向影响	成立
H6：绩效薪酬信息性通过组织承诺正向影响组织公民行为	成立
H7：绩效薪酬控制性通过组织承诺负向影响组织公民行为	成立
H8：分配公平感在绩效薪酬信息性与组织公民行为之间起调节作用	成立
H9：分配公平感在绩效薪酬控制性与组织公民行为之间起调节作用	不成立

（1）绩效薪酬不同特征维度对组织公民行为的主效应得到验证。实证研究的结果表明，绩效薪酬信息性和控制性分别对组织公民行为产生不同方向的影响，绩效薪酬信息性正向影响组织公民行为，而控制性则对组织公民行为产生负向影响。因此，不能简单地说绩效薪酬对组织公民行为有何种影响，而是要看绩效薪酬中信息性和控制性哪个更突出，即绩效薪酬的两个特征——信息性与控制性对组织公民行为有混合效应。具体说，当绩效薪酬信息性更突出时，员工获得象征个人能力的薪酬，其工作成果得到极大反馈，满足了其胜任感，自主动机增强，产生更正面的积极情绪，更多地表现出组织公民行为；而当绩效薪酬控制性更突出时，员工绩效薪酬视为组织控制自己行为的工具，自主行为动机遭到破坏，更多将精力集中到有绩效会带来奖励的行为上，减少组织公民行为。

（2）绩效薪酬两个维度对组织承诺的影响作用以及组织承诺对组织公民行为的影响作用均得

到验证。具体来说，绩效薪酬信息性对组织承诺产生显著的正向影响效果，绩效薪酬控制性对组织承诺产生显著的负向影响效果；组织承诺对组织公民行为产生显著的正向影响效果。

（3）绩效薪酬的两个维度通过组织承诺的中介作用影响组织公民行为得到部分验证。组织承诺在绩效薪酬信息性和组织公民行为之间起到了完全中介的作用，而在绩效薪酬控制性和组织公民行为之间起到了部分中介的效果。这两个结论证明了组织承诺是绩效薪酬信息性和控制性作用于组织公民行为的重要的中介变量，揭示了绩效薪酬两个特征维度影响组织公民行为的内在作用机制。

（4）分配公平感在绩效薪酬信息性和组织公民行为之间的正向调节作用得到验证，当员工认为自己得到的绩效薪酬是公平时，绩效薪酬所体现出的信息性对组织公民行为的正向影响作用就越大。但分配公平感在绩效薪酬控制性与组织公民行为之间的调节作用并没有得到验证，这就是说，无论员工感知到的分配公平与否，绩效薪酬控制性对组织公民的削弱作用的强弱并没有明显差别。这可能是因为绩效薪酬控制性使员工迫于薪酬压力而被动选择那些有利于提高绩效而增加薪酬的行为，从而减少组织公民行为，无论其认为薪酬分配是否公平，追求绩效目标和薪酬压力并没有改变，因此不会对结果产生影响。

（二）管理启示

根据研究结果，绩效薪酬不同特征维度对组织承诺和组织公民行为的影响效果也不同，绩效薪酬的信息性对组织承诺和组织公民行为产生正向预测作用，而绩效薪酬的控制性对组织承诺和组织公民行为产生负向预测作用，因此绩效薪酬到底如何影响组织承诺进而影响组织公民行为就取决于员工感受到的信息性和控制性何种更突出。因而企业在薪酬实践中，在绩效薪酬政策制定和实施中，应当注意突出绩效薪酬的信息性，同时注意抑制绩效薪酬的控制性可能产生的消极效果。同时，分配公平感也在绩效薪酬信息性和组织公民行为之间起调节作用，因此，下文主要从这三方面提出本文的管理启示。

1. *绩效薪酬政策制定和实施中突出信息性*

绩效薪酬的信息性是指绩效薪酬本身承载着员工期望从组织中得到的信息，即组织通过向员工发放绩效薪酬，可以使员工获得组织对自己工作内容的评价、工作成果的反馈以及工作能力的认可等信息，这些信息是员工衡量自己在组织中地位和价值的重要依据，对于员工选择何种工作态度和行为有至关重要的作用。

由于本文研究的绩效薪酬是基于员工个人的绩效评价结果而发放的薪酬，虽然属于薪酬管理系统的范畴，但是作为一种既定的薪酬政策，对它的可控性主要体现在绩效管理系统上，而绩效管理是一个循环往复的过程，包括绩效目标的制定、绩效辅导与监督、绩效考核与反馈等过程，因此这里主要从绩效管理系统的整个过程来对如何增强绩效薪酬信息性提出对策。

首先，绩效目标制定阶段。绩效目标制定是绩效管理系统的起点，是绩效管理系统成功运行的基础。企业根据总体的战略规划，以目标责任书和绩效考核表等方式制定出企业的绩效计划，这一环节可以向员工提供的“信息”主要是为了完成企业的战略目标，企业对他们的期望和要求。在绩效目标制定阶段，人力资源管理者需要向员工提供关于组织和部门发展战略和经营计划的信息，以被考核者的工作描述和上期考核结果反馈为依据，制定出不同部门不同岗位需要完成的任务以及对完成情况如何评判的指标。

其次，绩效辅导与监控阶段。这一阶段处于绩效目标制定与绩效考核之间，就是员工实际工作的过程，这一阶段企业通过绩效监控体系建立的信息系统可以得到员工相关绩效指标的统计数据，同时，员工也希望从管理者那里得到他们需要的“信息”。由于工作的过程是动态的，工作目标需要根据环境变化不断地调整，为了更好地完成工作，员工需要在工作过程中不断得到反馈信息，以便适时调整，同时，他们也希望得到管理者的资源和帮助，了解管理者对自己工作是否认同等，这些“信息”帮助他们更好地推进工作。

最后，绩效考核与反馈阶段。这一阶段考核者将对被考核在一个绩效周期的工作成果进行评价和反馈，也是发放绩效薪酬最重要的依据。绩效考核所提供的“信息”让员工知道自己的长处和短板，明确自己还需要在哪些方面努力，如何发挥特长和清除障碍，管理者还可以和员工探讨未来职业发展的方向，进一步明确职业发展计划，明确需要哪些资源和支持，培训和锻炼，这些“信息”使员工相信他有能力胜任所从事的活动，或让他知道如何更好地胜任该活动，在工作中获得成长和提升。诸如此类措施使员工在获得绩效薪酬的同时也感受到了更多的绩效薪酬所承载的信息性。

2. 绩效薪酬政策制定和实施中抑制控制性

研究结果显示，绩效薪酬控制性对组织公民行产生负面影响，因而企业应格外重视减少绩效薪酬政策使员工感受到的控制程度。控制性是指绩效薪酬使员工相信只有达到组织设定的绩效标准的要求才能得到薪酬，否则自己的薪酬所得将会大打折扣，这使员工感到组织通过绩效薪酬间接控制自己的行为，为了保证更高的薪酬，只能被动地选择做组织要求的事情。因此，在人力资源管理的过程中，管理者不要总是试图控制员工的行为，而应当给员工提供更多的支持，对工作任务做出合理的解释，赋予员工更多自主性，让他们对绩效考核和薪酬分配的依据有充分知情权和发言权，保证沟通渠道畅通，及时与员工沟通，最大限度地减少绩效薪酬政策中控制性的因素。同样，这里主要从绩效管理系统的整个过程来对如何抑制绩效薪酬控制性提出一些对策。

首先，绩效目标制定阶段。这一阶段减少“控制性”的关键就是增加员工的自主性。让员工参与到他们绩效目标制定的过程中，管理者应认真倾听下属的意见，与他们面对面、一对一沟通，在绩效目标沟通的过程中要保持平等的关系，不依靠权威迫使员工服从某个决定，相互协调和配合，给予员工更多的弹性和自主权，最终达成共识，做出个人工作承诺，形成书面的材料，双方都要对结果承担责任。

其次，绩效辅导与监控阶段。这一阶段是员工最容易感到“控制性”的阶段，因为员工可能会认为自己是在为了管理者设置的那些“指标”在工作，所以最重要的是要让员工了解，企业绩效监控的目的不单单是对他们进行监督和考核，而是改进绩效，确保企业发展进入预期的轨道，因而才需要及时了解他们的工作状况。这就需要管理者与员工建立长效沟通机制，与员工保持持续的沟通，了解员工的想法和动态，而不是仅仅完成绩效监控表格的填写。

最后，绩效考核与反馈阶段。与绩效监控阶段类似，管理者首先需要让下属相信，绩效考核的目的不是为了打出一个分数，而是通过考核反映出的问题为进一步的绩效改进指明方向，消除员工的敌对情绪。在考核的过程中所采用的方法，无论是评定等级还是排出顺序，都需要在管理者与员工充分沟通后达成共识，这样员工才能从内心接受考核的结果，由于这是员工自己认可的，也就减少了“控制性”的因素。

3. 重视员工分配公平感的提升

谈到薪酬问题不可避免地要谈到公平性。任何企业在进行薪酬分配时，必须以公平为首要原则，让员工感到自己被企业公平对待，才能做出更多有利于组织的行为。具体到绩效薪酬分配上，一方面要从绩效管理入手，在绩效目标的制定、绩效辅导与监督、绩效考核与反馈的过程中要保证客观合理公正，对绩效考核的实施者进行相关能力的培训，避免因考核者个人能力的欠缺、对被考核者的偏见及考核者年龄、性别等个人因素的差异而对被考核者做出有失公正的评价；尽量由多个评价人员共同对被考核者做出评价，避免因考核者个人的偏差而得出不公正的结论，通过不断调整和沟通，对每一名员工做出客观公正的评价。另一方面，在绩效薪酬的分配上，必须以绩效考核的结果为依据，将绩效考核的结果科学合理地反映到员工的薪酬上，提升员工的分配公平感。

参考文献

[1] 曾湘泉．薪酬：宏观、微观与趋势［M］．北京：中国人民大学出版社，2006.

[2] 张勇，龙立荣．绩效薪酬对雇员创造力的影响：人—工作匹配和创造力自我效能的作用[J].心理学报，2013（3）：363-376.

[3] Becker，H. S. Notes on the Concept of Commitment［J］. American Journal of Sociology，1960，66（1）：32-42.

[4] 马飞，孔凡晶，孙红立．组织承诺理论研究迷评［J］.情报科学，2010，28（11）：1741-1745.

[5] 卢纪华，陈丽莉，赵希男．组织支持感、组织承诺与知识型员工敬业度的关系研究[J].科学学与科学技术管理，2013（1）：147-153.

[6] Kanter R. M. Commitment and Social Organization：A Study of Commitment Mechanisms in Utopian Communities [J]. American Sociological Review，1968，33（4）：499-517.

[7] Hrebiniak，L.，Alutto，J. Personal and Role-related Factor in the Development of Organizational Commitment [J]. Administrative Science Quarterly，1972（17）：131-155.

[8] Meyer，S. P.，Allen，N. J. Testingthe "side-bettheory" of Organizational Commitment：Some Methodological Considerations [J]. Journal of Applied Psychology，1984（69）：372-378.

[9] Buchanan B. Building Organizational Commitment：The Socialization of Manager in Work Organizations [J]. Administrative Science Quarterly，1974（19）：533-546.

[10] Mowday，R.，Steer，R.，Porter，L. Employee - Organization Linkage［M］. NewYork：Academic Press，1974.

[11] Meyer，J. P.，Allen，N. J. A Three Component Conceptualization of Organizational Commitment [J]. Human Resource Management Review，1991，1（1）：61-89.

[12] Wiener Y. Commitment in Organization：A Normative View [J]. Academy of Management Review，1982（7）：418-428.

[13] 张勉，张德，王颖．企业雇员组织承诺三因素模型实证研究[J].南开管理评论，2002（5）：70-75.

[14] Katz. The Motivation Basis of Organization Behavior [J]. Behavior Science，1964（9）：141-144.

[15] Bateman，T. S.，Organ，D. W. Job Satisfaction and the Good Soldier：The Relationship Between Affect and Employee Citizenship [J]. Academy of Management Journal，1983（26）：587-595.

[16] Smith，C. A.，Organ，D. W.，Near，J. P. Organizational Citizenship Behavior：Its Nature and Antecedents [J]. Journal of Applied Psychology，1983（68）：653-663.

[17] Organ，D. W. Organizational Citizenship Behavior：The Good Soldier Syndrome［M］. Lexington，MA：Lexington Books，1988.

[18] Organ，D. W. Organizational Citizenship Behavior：It's Construct Clean-up Time [J]. Human Performance，1997（10）：85-97.

[19] Greenberg，J. Reactions to Proeedural Injustice in Payment Distributions：Do the Means Justify the Ends? [J]. Journal of Applied Psychology，1987（72）：55-61.

[20] 汪新艳．中国员工组织公平感结构和现状的实证解析[J].管理评论，2009（9）：39-47.

[21] Cropanzano，R.，Greenberg，J. Progress in Organizational Justice：Tunneling through the Maze［J］. In C. L. CooPer & I. T. Robbertson（Eds.）. International Review of Industrial and Organizational Psyehology，London：John Wiley & Sons，1997（12）：317-372.

[22] 温忠麟，张雷，侯杰泰．有中介的调节变量和有调节的中介变量[J].心理学报，2006（3）：448-452.

[23] 吴明隆．结构方程模型——AMOS的操作与应用［M］．重庆：重庆大学出版社，2013：42-47.

考虑投资成本的双边平台企业定价机制分析*

雷　辉　熊　丹

（湖南大学工商管理学院，湖南　长沙　410082）

［摘　要］针对双边市场的定价机制、竞争策略等与传统单边市场所遵循规律不一致的问题。本文以日益普遍的产业间平台的合作为背景构建考虑合作投资成本并包含资源限制的 Hotelling 双寡头竞争模型。分析竞争市场中合作平台的最优投资水平及其投资行为对市场均衡价格结构、市场份额分配、平台利润等的影响。研究结果表明：在资源约束条件下，最优投资与定价是依赖于边际投资成本系数大小的多阶段阈值策略，边际投资成本系数的大小直接影响平台的投资与定价水平；合作平台的投资行为会加大市场份额在两平台间的分配不均衡程度并影响价格结构的不对称性。此外，网络外部性增强了市场份额的倾斜程度，使得“赢者通吃”现象在双边市场中尤为显著，投资有效性强于传统单边市场。在平台收益方面，投资行为并未带来合作平台显著的利润优势，两平台收益随网络外部性强度的增强有所减少，利润方面的投资有效性低于无网络外部性的单边市场。

［关键词］双边平台；投资决策；定价机制；合作

引言

从 2009 年淘宝商城发起的“双十一”购物节到 2014 年的网约车“红包大战”以及饿了么和美团的“补贴大战”，2016 年爆发的网红直播平台等，在信息技术的推动下，平台现象几乎渗入了人们生活及经济发展的方方面面，既包括金融业、零售业、传媒业等传统产业，又包括如 PC 操作系统、游戏平台、社交平台等新兴产业。较之传统单边市场，双边市场以多元化需求为核心，全面整合产业链、融合价值链，提高了市场资源的配置效率。所以，面对激烈的市场竞争，平台企业运营的竞争战略也变得越来越复杂与多元化，既包括倾斜的定价策略，也包括产业内企业的互联互通、相互兼容的战略合作。除此之外，为扩大市场份额与经营领域，增加自身市场竞争力，一些双边平台企业采取了跨产业的合作策略以及产业一体化战略。2016 年 9 月，腾讯与

＊　基金项目：国家自然科学基金资助项目（71272208）；教育部人文社会科学基金资助项目（17YJA630041）；湖南省社会科学基金资助项目（湘财教指［2016］141 号）；湖南省社会科学基金资助项目（16ZWC29）。

作者简介：雷辉（1967—），男，湖南长沙人。湖南大学工商管理学院教授，博士生导师，研究方向：战略管理，投资决策。

58 同城达成合作：利用 58 同城的线下客户资源、O2O 服务能力和腾讯的大数据及社交优势，将技术、服务和线下商业进行深度整合。天猫牵手直播平台，映客成为 2016 年天猫“双十一”唯一移动直播战略合作伙伴，天猫在合作中投放了千万元的广告费及 50 亿元红包优惠券。以上平台企业通过合作进行的资源整合为用户提供了更好的体验，并扩大了市场影响力。

因此，通过投入资源达成与其他企业的合作来提升平台价值及顾客体验成为平台企业运营中重要的战略决策问题。基于以上现实背景，本文以双寡头竞争市场中双边平台企业跨产业的合作为研究对象，在考虑投资成本的条件下寻求平台企业合作的最优投资水平，探究产业间平台合作对市场均衡，如价格结构、市场份额分配、平台利润等的影响。

一、文献回顾

（一）双边平台概念及价格策略

平台是一个超越组织的概念，能够在参与者间创造价值，不同属性的用户以平台为中心，依附平台进行互动，双边平台的存在必须依靠双边用户的参与[1,2]，同时双边平台具有交叉网络外部性与价格非中性的特点。所以，平台管理者通常会通过一边或双边的补贴解决平台面临的“鸡蛋相生”问题[3]。在双边市场理论与网络外部性理论的基础上，现有关于双边平台的研究大多集中在垄断市场或双寡头竞争市场中平台企业价格策略的研究[4]。考虑的因素主要包括价格结构和价格歧视问题[5]-[6]、双边用户的归属问题[7]、网络外部性的研究[8]、需求价格弹性[9]等，也有考虑信息透明程度[10]、平台差异[11]等其他因素对平台定价策略影响的研究。在学者已有的研究中对不同因素影响下的平台定价策略进行了比较全面的分析，对均衡价格结构以及价格结构非中性的原因进行了解释，部分研究中对消费者剩余及社会福利进行了相应分析。但是现有文献对于双边平台企业价格竞争之外策略的研究还比较缺乏[12]。

（二）双边平台合作及投资策略

企业的合作与投资策略在单边市场中已有较为成熟的研究，但是双边市场具有明显区别于单边市场的特征。因此，对于双边平台企业的合作及投资策略的分析也需要区别单边市场进行单独研究。目前涉及双边平台企业合作的研究主要集中在互为竞争关系企业的兼并与互联互通问题上，平台企业之间的合作能够增加双边用户效用，比如爱奇艺与 PPS 的合并能够使得用户获得更多的平台内容，减少用户多归属成本。但是，一般来说，互为竞争关系的同类平台，只在局部业务领域和一定范围内存在合作的可能性[13]。并且同类平台的合作与兼并常常受到反垄断法的规制[14]，例如电信运营商的强制分解、广受争议的滴滴与优步合并。所以，合作产生的溢出效应促成平台企业在投资等方面合作[15]的同时，同类平台由于顾客群相同而使其主要是竞争关系，合作可能性较小[13]。

张新香和胡立君（2010）从双边市场的视角指出，在激烈的竞争中企业间通过合作，整合产业链中的各个环节，能够使得更多产业链中的成员加入到价值创造活动，能够实现不同主体之间的协同共赢与产业链整体竞争力的提升[16]。基于同类平台进行合作易受到反垄断规制的问题，董维刚等（2011）提出了对产业间平台合作的研究，研究表明产业间平台企业之间的合作能够提升社会福利并影响平台的最优定价策略[14]。在此基础上，张千帆等（2016）考虑用户的部分多归属特性建立了双边用户部分多归属的双寡头竞争模型对平台跨产业合作进行了更为深入的研究[17]。但以上关于产业间平台合作的研究中仅仅将合作产生的固有收益增量以外生变量形式纳入Hotelling模型之中，且均未考虑产业间平台进行合作产生效用增量所需的成本问题。而Sen等（2011）在垄断市场的假设下探讨新创平台的投入高低问题，研究得出平台的决策取决于成本相关的影响因素，且两者关系复杂，收益关于成本的变化灵敏度极高[18]。Hagiu和Spulber（2013）将投资平台第一方内容作为双边平台运营的战略工具，基于参与者初始预期的不同，探讨了投资与平台定价策略之间的相互影响。研究发现，平台是否应该投资第一方内容取决于销售商与买方的均衡参与度以及第一方与第三方内容的互补与替代关系[19]。但是，在Hagiu和Spulber的研究中却未考虑双边用户的异质性，其研究中假设效用非负时所有用户都将参与平台，这与实际情况有着较大出入。Creti和Verdier（2014）研究了支付平台在防欺诈技术投资中的责任与投资成本分配的收益最大化问题，并指出了现有关于双边平台投资方面的研究是极其不足的[12]。黄文妍和段文奇（2015）研究了垄断平台企业管理者面临建立一个技术创新导向型的平台还是建立一个人工服务导向型平台时的投资决策问题，得出平台技术投资与服务投资的最优结构，研究结果表明在考虑交叉网络效应的条件下，平台管理者应采用技术创新导向型战略，加强技术投资与建设，从而建立进入壁垒，把握平台生态系统的中心位置[20]。Casadesus等（2015）研究了平台开放性如何影响平台质量投资动机的问题，研究表明，开放性平台相对于私有平台会导致更高的投资水平，私有平台对某一边开放会使得投资动机降低，私有平台可能会从开放平台的高投资中获益[21]。Anderson等（2014）针对游戏平台的研究指出，加大对平台质量的投资并不一定会使得平台获得竞争优势，过高的平台质量投资水平会使得内容开发商研发成本上升，降低了对内容开发商的吸引力，但在其研究中并未将对卖方收取的费用这一关键因素作为决策变量，决策变量仅为平台对于买方的定价与平台质量投资水平[22]。在此基础上，Dou等（2016）基于增值服务投资提升单边用户效用的前提，对平台的定价与投资策略进行了研究，得出了决定投资策略的投资成本系数阈值[23]。但其研究仅仅限于市场中只存在一个平台的垄断市场结构，所以考虑投资成本的双寡头竞争市场的投资策略具有进一步研究的价值。

以上研究表明，双边平台的运营与竞争战略与传统单边市场有着明显的区别，传统单边市场适用的理论双边市场不一定遵循[24][25]；除定价策略外，双边市场其他方面运作策略的研究还较为缺乏。在已有的产业间双边平台合作的研究中忽略了合作成本对于平台收益函数的影响，缺乏对合作产生的效用增量大小的分析，并且在关于双边平台投资策略的研究中大多数研究是基于垄断市场进行的，与现实有着较大区别。在已有研究基础上，本文以产业间双边平台合作为背景，借鉴Hotelling空间线性模型，在双寡头竞争市场上建立考虑投资策略的双边平台定价模型。探讨竞争市场中某一平台产业间合作的投资策略对于市场均衡的影响，具体分析双边平台最优定价结构和最优投资水平，分析市场份额分配以及平台企业利润的变化，并在此基础上通过数值仿真对理论结果进行更为直观的验证。以此为双边平台的运营提供管理意见，也为科学的政策规制提供一定的理论建议。综上所述，本文创新主要有以下几点：以用户偏好代表用户的异质性，放宽了用户同质性的模型假设。从双边平台定价之外的策略研究平台企业的运营问题，将产业间平台合作的投资决策纳入双边平台定价模型，引入投资水平变量，对模型进行了补充与丰富，并增加了资源约束条件使得模型与现实更为接近。以竞争市场结构进行研究并构建定价模型，拓展了基于垄断市场进行的双边平台相关研究。

二、模型构建

（一）模型假设与参与者效用分析

假设市场上存在两家互为竞争关系的同类双边平台，平台 1 和平台 2。两平台同时向双边用户买方 b 和卖方 s 提供服务使得双方进行交易需求的匹配。服务具有同质性，即平台提供给双边用户的固有效用均为v_0，但由于双边用户自身的偏好、把握市场交易机会等方面存在差异，双边用户对平台提供的服务具有不同感知，评价系数分别为θ_b与θ_s。此外，双边用户间存在正的交叉网络外部性，其强度参数为α_b和α_s，其中α_b表示卖方增加一个用户给买方每个用户增加的外部收益；同理，α_s为买方增加一个用户使得卖方每个用户产生的外部收益增量。假设双边用户均匀分布在线性市场［0，1］，参与平台的用户规模为 n（$0\leqslant n\leqslant 1$）。同时，两平台均对参与平台的用户收取会员费m_{i1}和m_{i2}（$i=b$，s）。至此，得出双边用户效用的三部分：平台提供服务的固有效用、交叉网络外部性产生的外部收益、因平台收取注册费产生的效用损失。

基于产业间平台企业合作会使双边平台用户的固有收益出现差异这一基本特征[11]，现考虑平台 1 为拓展业务、提升平台服务内容以增加用户效用而采取与产业间不同类企业进行合作的市场战略。假设平台与其他企业合作仅改变买方用户效用，增量为 Δu_{b1}。投资水平为 x（$x\geqslant 0$），投资水平的大小可以改变提供给买方用户的效用水平，包括平台内容的可得性、丰富性、使用的便捷性等。假设投资水平 x 所对应平台承担的投资成本为 $c(x)=kx^2/2$，$k/2$ 为投资水平的平方单位边际成本系数[22][23]，β 为每单位合作水平给买方用户带来的效用增量，则双边平台买卖双方用户的效用如表 1 所示。

表 1　双边平台买卖双方用户的效用

	平台 1	平台 2
买方	$u_{b1}=\theta_b v_0+\alpha_b n_{s1}-m_{b1}+\beta x$	$u_{b2}=(1-\theta_b)v_0+\alpha_b n_{s2}-m_{b2}$
卖方	$u_{s1}=\theta_s v_0+\alpha_s n_{b1}-m_{s1}$	$u_{s2}=(1-\theta_s)v_0+\alpha_s n_{b2}-m_{s2}$

平台追求的最终目标是收益最大化，收益的大小取决于对双边市场用户收取的注册费以及合作产生的投入成本。其中，本文不考虑平台为双边用户提供服务的成本[7]。则平台 1 与平台 2 的收益函数为：

$$\begin{cases}\pi_1=m_{b1}n_{b1}+m_{s1}n_{s1}-kx^2/2\\ \pi_2=m_{b2}n_{b2}+m_{s2}n_{s2}\end{cases}\tag{1}$$

（二）模型求解与均衡分析

在平台 1 的决策中不仅要使得合作给用户带来足够程度的效用提升，更有效地吸引用户参与平台，还要避免付出较大的投资成本而降低自身收益，所以平台在做出投资决策的同时，还要对双边用户制定合理的价格结构，以扩大市场规模，增强自身竞争力。平台 1 的决策变量包括其与产业间企业进行合作的投资水平 x，双边用户的注册费m_{b1}与m_{s1}；平台 2 的决策变量为利润最大化目标下对双边用户收取的注册费m_{b2}与m_{s2}。综上所述，决策过程可分为两个阶段进行：

第一阶段：投资水平决策与定价阶段。平台 1 选择一定的投资水平，同时平台 1 与平台 2 确定对双边用户的价格结构。

第二阶段：用户参与阶段。两平台进行市场份额的竞争，双边用户根据自身效用采用“用脚投票”机制对平台进行选择。

对以上决策过程采用博弈论逆向归纳法进行求解，首先在给定投资水平与注册费的条件下求解参与到平台 1 与平台 2 的双边用户规模。当$u_{i1}=u_{i2}$（$i=b, s$）时，双边用户认为加入平台 1 与加入平台 2 无差异。所以当$u_{b1}>u_{b2}$时，买方用户选择加入平台 1；当$u_{s1}>u_{s2}$时，卖方用户选择加入平台 1；反之则选择加入平台 2。假设双边用户有且仅有两种选择，加入平台 1 或加入平台 2，即满足用户全覆盖假设$n_{i1}+n_{i2}=1$（$i=b, s$）。在效用无差异点上的买方用户效用满足$u_{i1}=u_{i2}$，则买方的效用无差异点为$\theta_b^*=(m_{b1}-m_{b2}-2\alpha_b n_{s1}+\alpha_b-\beta x)/2v_0+1/2$；同理，卖方用户的效用无差异点为$\theta_b^*=(m_{s1}-m_{s2}-2\alpha_s n_{b1}+\alpha_s)/2v_0+1/2$。则以效用无差异点进行划分，（$\theta_b^*$，1）的用户将选择加入平台 1，（0，$\theta_b^*$）的用户会加入平台 2；（$\theta_s^*$，1）的用户将加入平台 1，（0，$\theta_s^*$）的用户选择加入平台 2。在 Hotelling 模型潜在用户规模为 1 的假定下，$\theta_b^*=n_{b2}$，$\theta_s^*=n_{s2}$。根据可实现预期方法，双边用户的预期会完全反映在其实际需求上，所以接入平台 1 与平台 2 的双边用户规模为：

$$\begin{cases} n_{b1}=\dfrac{1}{2}-\dfrac{(m_{b1}-m_{b2})v_0+(m_{s1}-m_{s2})\alpha_b-\beta v_0 x}{2v_0^2-2\alpha_b\alpha_s} \\ n_{b2}=\dfrac{1}{2}+\dfrac{(m_{b1}-m_{b2})v_0+(m_{s1}-m_{s2})\alpha_b-\beta v_0 x}{2v_0^2-2\alpha_b\alpha_s} \\ n_{s1}=\dfrac{1}{2}-\dfrac{(m_{s1}-m_{s2})v_0+(m_{b1}-m_{b2})\alpha_s-\beta \alpha_s x}{2v_0^2-2\alpha_b\alpha_s} \\ n_{s2}=\dfrac{1}{2}+\dfrac{(m_{s1}-m_{s2})v_0+(m_{b1}-m_{b2})\alpha_s-\beta \alpha_s x}{2v_0^2-2\alpha_b\alpha_s} \end{cases} \tag{2}$$

现考虑两平台的收益函数，平台根据参与用户规模，以平台收益最大化为目标确定最优收费水平与投资水平，两平台的决策问题分别为：

$$\max \pi_1(m_{b1}, m_{s1}, x)=m_{b1}n_{b1}+m_{s1}n_{s1}-kx^2/2 \tag{3}$$

$$\max \pi_2(m_{b2}, m_{s2})=m_{b2}n_{b2}+m_{s2}n_{s2} \tag{4}$$

定理 1：当投资成本系数较大即$k>\bar{k}$时，在双寡头竞争市场，平台 1 采取与产业间平台合作并进行一定水平的投资提升买方用户效用水平。市场均衡价格结构、市场份额分配以及平台 1 的投资水平如表 2 所示。

表 2 均衡市场价格结构、市场份额分配及平台投资水平

		平台 1	平台 2
价格结构	买方	$m_{b1}^*=v_0-\alpha_s+\dfrac{(2\alpha_b\alpha_s+\alpha_s^2-3v_0^2)\beta^2}{3\beta^2 v_0+2k\varphi}$	$m_{b2}^*=v_0-\alpha_s-\dfrac{(2\alpha_b\alpha_s+\alpha_s^2-3v_0^2)\beta^2}{3\beta^2 v_0+2k\varphi}$
	卖方	$m_{s1}^*=v_0-\alpha_b+\dfrac{(\alpha_b-\alpha_s)\beta^2 v_0}{3\beta^2 v_0+2k\varphi}$	$m_{s2}^*=v_0-\alpha_b-\dfrac{(\alpha_b-\alpha_s)\beta^2 v_0}{3\beta^2 v_0+2k\varphi}$
市场份额	买方	$n_{b1}^*=\dfrac{1}{2}-\dfrac{3\beta^2 v_0}{2(3\beta^2 v_0+2k\varphi)}$	$n_{b2}^*=\dfrac{1}{2}+\dfrac{3\beta^2 v_0}{2(3\beta^2 v_0+2k\varphi)}$
	卖方	$n_{s1}^*=\dfrac{1}{2}-\dfrac{(2\alpha_b+\alpha_s)\beta^2}{2(3\beta^2 v_0+2k\varphi)}$	$n_{s2}^*=\dfrac{1}{2}+\dfrac{(2\alpha_b+\alpha_s)\beta^2}{2(3\beta^2 v_0+2k\varphi)}$
投资水平		$x^*=\beta\varphi/(3\beta^2 v_0+2k\varphi)$	

证明：将两平台目标收益函数关于各自决策变量分别求一阶偏导得海塞矩阵 H，按两阶段逆

向归纳法求解 det(H)<0 时的内部最优解。其中，$\varphi=(2\alpha_b+\alpha_s)(\alpha_b+2\alpha_s)-9v_0^2$，$\varphi<0$；$\bar{k}$为边际投资成本阈值且$\bar{k}=\beta^2v_0/[4v_0^2-(\alpha_b+\alpha_s)^2]-3\beta^2v_0/2\varphi$。

当 $x=0$，即平台 1 不进行资源投入时，类似于 Armstrong（2006）的研究，要使得双边平台收益函数存在最优解需要满足条件 $2v_0>\alpha_b+\alpha_s$。平台提供给用户的固定效用要大于网络外部性带给用户效用之和的平均，这样才能使得平台得到规模的增长并存在最优定价以使收益最大。原始 Hotelling 模型存在对称均衡，即两平台存在同边的对称定价$m_{b1}=m_{b2}=v_0-\alpha_s$，$m_{s1}=m_{s2}=v_0-\alpha_b$；平台双边定价的不对称性 $\Delta m^1=m_{b1}^*-m_{s1}^*=\alpha_b-\alpha_s$，$\Delta m^2=m_{b2}^*-m_{s2}^*=\alpha_b-\alpha_s$，平台 1 与平台 2 价格结构的非对称性取决于交叉网络外部性的大小。均衡时相互竞争的两平台平分市场份额，即$n_{b1}=n_{b2}=n_{s1}=n_{s2}=1/2$；平台 1 与平台 2 的最大收益为$\pi_1=\pi_2=v_0-(\alpha_b+\alpha_s)/2$。从两平台对双边用户的收费以及自身的最大收益函数得出平台对双边用户的收费水平与交叉网络外部性强度呈负相关，当交叉网络外部性非常强时表示此边用户对于对边用户具有显著的正向效用，吸引对边用户加入平台，因此平台会倾向于收取较低的费用甚至补贴，即对网络外部性强的一方收取低费用而对网络外部性弱的一方收取较高费用。因此在现实生活中会有许多平台企业在初创期时会不惜成本地进行大量补贴与优惠，即使收益出现暂时的亏损。另外，平台收益和收费水平均与提供的服务效用有关，服务效用越高，收费越高，平台获得的收益越大，因此不考虑平台建设及运营成本时，一些服务质量好、内容丰富的平台往往会具有较强的竞争优势。结合定理 1 并对比无平台采取策略性投资行为时的市场均衡状态可得出如下理论结果：

性质 1：$\dfrac{\partial x^*}{\partial k}<0$，$\dfrac{\partial x^*}{\partial\beta}>0$。

通过求最优投资水平$x^*=\beta\varphi/(3\beta^2v_0+2k\varphi)$关于投资成本系数 k 与边际效用增量β 的一阶偏导可得性质 1。性质 1 表明最优投资水平与投资成本系数有关，当边际投资成本越大，则平台 1 会进行较低水平的投入来控制投入成本；当边际投资成本较小时，平台 1 充分利用资源优势进行较高水平的投资使得买方用户获得足够大的效用提升，从而利用双边市场的外部性抢占更多的市场。同理，当单位投资导致的买方边际效用实际增量 β 系数越大时，投资水平会越高；反之越低。

性质 2：(i)当$\alpha_b\geqslant\alpha_s$时，$m_{s1}^*\leqslant m_{s2}^*$；$m_{b1}^*\geqslant m_{b2}^*$。

(ii)当$\alpha_b<\alpha_s$时，$m_{s1}^*>m_{s2}^*$；且$v_0>\sqrt{(2\alpha_b\alpha_s+\alpha_s^2)/3}$时，$m_{b1}^*>m_{b2}^*$，$v_0\leqslant\sqrt{(2\alpha_b\alpha_s+\alpha_s^2)/3}$时，$m_{b1}^*\leqslant m_{b2}^*$。

(iii)当$\alpha_b\geqslant\alpha_s$时，$\dfrac{\partial m_{b1}^*}{\partial k}<0$，$\dfrac{\partial m_{b2}^*}{\partial k}>0$，$\dfrac{\partial m_{s1}^*}{\partial k}>0$，$\dfrac{\partial m_{s2}^*}{\partial k}<0$。

(iiii)当$\alpha_b<\alpha_s$时且$v_0\leqslant\sqrt{(2\alpha_b\alpha_s+\alpha_s^2)/3}$时，$\dfrac{\partial m_{b1}^*}{\partial k}>0$，$\dfrac{\partial m_{b2}^*}{\partial k}<0$，$\dfrac{\partial m_{s1}^*}{\partial k}<0$，$\dfrac{\partial m_{s2}^*}{\partial k}>0$；$v_0>\sqrt{(2\alpha_b\alpha_s+\alpha_s^2)/3}$时，$\dfrac{\partial m_{b1}^*}{\partial k}<0$，$\dfrac{\partial m_{b2}^*}{\partial k}>0$，$\dfrac{\partial m_{s1}^*}{\partial k}<0$，$\dfrac{\partial m_{s2}^*}{\partial k}>0$。

当$\alpha_b\geqslant\alpha_s$时，一定有 $2\alpha_b\alpha_s+\alpha_s^2-3v_0^2<0$ 即$v_0>\sqrt{(2\alpha_b\alpha_s+\alpha_s^2)/3}$。所以，对定理 1 中的竞争均衡价格进行分析可得性质 2(i)、2(ii)。将平台对双边用户的收费函数关于投资成本系数 k 求一阶偏导可得性质 2(iii)、2(iiii)。由性质 2(i)、2(iii)可得，当$\alpha_b\geqslant\alpha_s$时，平台 1 降低了对卖方用户的定价而提高了对买方用户的定价水平；平台 2 提高了对卖方用户的定价水平降低了对买方用户的定价水平，变化幅度相等，且投资成本系数的增加会减小这种趋势。当卖方用户增加对买方用户的效用增加量较大，即$\alpha_b\geqslant\alpha_s$时，卖方用户成为平台利用网络外部性的重点考虑对象。平台 1 降低对卖方的收费水平，以使得更多的卖方用户加入，进一步增强为增加买方用户效用的投资效应；对于买方用户，由于平台合作带来了增值服务与更多的平台内容，平台 1 会增加对买方用户的收费。而平台 2 由于相比平台 1 提供给买方用户的服务效用较小因此会降低买方收费，增加对偏好较强的卖方用户的收费，从卖方市场获得主要利润。由性质 2(ii)、2(iiii)可得，当$\alpha_b<\alpha_s$时，平台 1 提高了对卖方用户的定价水平而平台 2 降低了对卖方用户的定价水平，变化幅度相等，投资成本系数的增加同样会减小两平台定价之间的差距。对于买方的收费分析需要根据固有效用的大小分阶段讨论。$v_0>\sqrt{(2\alpha_b\alpha_s+\alpha_s^2)/3}$时，$m_{b1}^*>m_{b2}^*$，平台 1 对买方的定价会高于平台 2，平台 1 提高了对买方用户的定价水平，平台 2 降低了对买方用户的定价水平，并且变化幅度相等；$v_0\leqslant\sqrt{(2\alpha_b\alpha_s+\alpha_s^2)/3}$时，$m_{b1}^*\leqslant m_{b2}^*$，平台 1 降低了对买方用户的定价水平，平台 2 提高了对卖方用户的定价水平，并且变化幅度相等。当买方用户增加带来的卖方用户效用增加量较大，即$\alpha_b<\alpha_s$时，从整体分析，买方用户成为平台利用网络外部性抢占市场份额获得利润的重点。在对买方的定价方面，当固有效用较大显得网络外部性不太明显时，平台会倾向于单边市场的边际成本定价法，因为提供了合作的增值服务内容会提高对买方用户的收费，而平台 2 因相较于平台 1 提供给买方用户的服务较少，所以会降低买方的收费以尽量保住市场份额。当网络外部性相较于固有效用显得明显时，平台会充分利用平台网络外部性的特点，平台 1 降低对买方的收费以吸引更多的卖方用户，而平台 2 则会比较被动，只能对偏好较强的买方用户提高收费以获得部分利润。在对卖方的定价方面，平台 1 通过投资给买方用户增加了效用，从而锁定了部分卖方用户，增加了其黏性，所以可以适当地提高对卖方用户的定价；而平台 2 因在买方市场定价水平较高，丢失部分用户，则会通过较低价格来吸引卖方用户，通过网络外部性保留住部分市场份额。

性质 3：(i)当$(\alpha_b+\alpha_s)/2<v_0\leqslant[\sqrt{\alpha_b^2+13\alpha_s^2+22\alpha_b\alpha_s}-(\alpha_b-\alpha_s)]/6$时，$\Delta m^1=m_{b1}^*-m_{s1}^*\leqslant\alpha_b-\alpha_s$，$\Delta m^2=m_{b2}^*-m_{s2}^*\geqslant\alpha_b-\alpha_s$。

(ii)当$v_0>[\sqrt{\alpha_b^2+13\alpha_s^2+22\alpha_b\alpha_s}-(\alpha_b-\alpha_s)]/6$时，$\Delta m^1=m_{b1}^*-m_{s1}^*>\alpha_b-\alpha_s$；$\Delta m^2=m_{b2}^*-m_{s2}^*<\alpha_b-\alpha_s$。

性质 3 是关于均衡状态下平台 1 取得最优投资水平时，平台 1 与平台 2 对双边用户定价的非对称性。其中$\Delta m^1=m_{b1}^*-m_{s1}^*=\alpha_b-\alpha_s+\beta^2[(2\alpha_b\alpha_s+\alpha_s^2-3v_0^2)-(\alpha_b-\alpha_s)v_0]/(3\beta^2v_0+2k\varphi)$；$\Delta m^2=m_{b2}^*-m_{s2}^*=\alpha_b-\alpha_s-\beta^2[(2\alpha_b\alpha_s+\alpha_s^2-3v_0^2)-(\alpha_b-\alpha_s)v_0]/(3\beta^2v_0+2k\varphi)$。价格结构非对称程度的变化取决于平台提供给用户的固有效用与平台的交叉网络外部性强度α_b和α_s之间的关系，满足当$(\alpha_b+\alpha_s)/2<v_0\leqslant[\sqrt{\alpha_b^2+13\alpha_s^2+22\alpha_b\alpha_s}-(\alpha_b-\alpha_s)]/6$时，$\Delta m^1=m_{b1}^*-m_{s1}^*\leqslant\alpha_b-\alpha_s$；$\Delta m^2=m_{b2}^*-m_{s2}^*\geqslant\alpha_b-\alpha_s$。平台 1 对双边用户定价的非对称性减小，平台 2 对双边用户的非对称性增大。$v_0>[\sqrt{\alpha_b^2+13\alpha_s^2+22\alpha_b\alpha_s}-(\alpha_b-\alpha_s)]/6$时，$\Delta m^1=m_{b1}^*-m_{s1}^*>\alpha_b-\alpha_s$；$\Delta m^2=m_{b2}^*-m_{s2}^*<\alpha_b-\alpha_s$。平台 1 对双边用户定价的非对称性增大，平台 2 对双边用户定价的非对称性减小。在网络外部性的影响下使得双边平台的定价具有区别于传统单边市场的非对称性特点，由此分析得出，相对于无投资策略或是传统的边际成本定价法，平台 1 的投资行为会进一步影响到两平台对双边用户的定价不对称性，使两平台定价的不对称程度呈现相反趋势的变化。

性质 4：(i)$n_{b1}^*-n_{b2}^*=-3\beta^2v_0/(3\beta^2v_0+2k\varphi)>0$；$n_{s1}^*-n_{s2}^*=-(2\alpha_b+\alpha_s)\beta^2/(3\beta^2v_0+2k\varphi)>0$。

(ii)$\frac{\partial n_{b1}^*}{\partial k}<0$，$\frac{\partial n_{s1}^*}{\partial k}<0$；$\frac{\partial n_{b2}^*}{\partial k}>0$，$\frac{\partial n_{s2}^*}{\partial k}>0$。

(iii)$\frac{\partial n_{b1}^*}{\partial\alpha_b}>0$，$\frac{\partial n_{b1}^*}{\partial\alpha_s}>0$；$\frac{\partial n_{b2}^*}{\partial\alpha_b}<0$，$\frac{\partial n_{b2}^*}{\partial\alpha_s}<0$。

(iiii)$\frac{\partial n_{s1}^*}{\partial\alpha_b}>0$，$\frac{\partial n_{s1}^*}{\partial\alpha_s}>0$；$\frac{\partial n_{s2}^*}{\partial\alpha_b}<0$，$\frac{\partial n_{s2}^*}{\partial\alpha_s}<0$。

平台 1 的投资策略打破了两平台均分市场的状态，不同的投资与定价水平会使得平台 1 与平台 2 产生不同的用户需求，改变接入平台 1 与平台 2 的双边用户规模，其大小与网络外部性强度系数、平台提供的固有效用、投资的边际成本、卖方用户的边际效用增量等有关。具体市场份额分配如定理 1 中所示，n_{b1}^*与n_{s1}^*均大于 1/2，n_{b2}^*与n_{s2}^*均小于原有的 1/2。性质 4(i)说明平台 1 在市场占有率上强于平台 2，市场份额分配的不均匀程度为：$n_{b1}^*-n_{b2}^*=-3\beta^2v_0/(3\beta^2v_0+2k\varphi)$；$n_{s1}^*-n_{s2}^*=-(2\alpha_b+\alpha_s)\beta^2/(3\beta^2v_0+2k\varphi)$。其大小与边际投资成本有关，边际投资成本越小，市场份额分配的不均匀程度会越大，所以当一项合作给用户带来的相同效用提升所需花费成本越小，平台 1 投入的资源会越多，平台 2 会面临极大的市场份额丢失甚至最终被挤出市场。性质 4(ii)说明，当投资成本比较大时，会抑制市场份额的一边倾斜现象，结合性质 1 可解释为，当投资成本较大时，会减少平台 1 的资源投入，使得两平台的差距减小。

性质 4(iii)、4(iiii)显示的是在双边市场中网络外部性强度对投资策略在抢占市场份额方面的影响。将n_{b1}^*关于α_b求一阶偏导可得$\frac{\partial n_{b1}^*}{\partial\alpha_b}=\frac{3(4\alpha_b+5\alpha_s)\beta^2k\,v_0}{(3\beta^2v_0+2k\varphi)^2}>0$，同理可得$\frac{\partial n_{b1}^*}{\partial\alpha_s}>0$；$\frac{\partial n_{b2}^*}{\partial\alpha_b}<0$；$\frac{\partial n_{b2}^*}{\partial\alpha_s}<0$。由表 2 可得，$n_{s1}=\frac{1}{2}-\frac{(1-2n_{b1})(2\alpha_b+\alpha_s)}{6v_0}$，所以结合性质 4(ii)可得$\frac{\partial n_{s1}^*}{\partial\alpha_b}>0$，同理可得$\frac{\partial n_{s1}^*}{\partial\alpha_s}>0$；$\frac{\partial n_{s2}^*}{\partial\alpha_b}<0$；$\frac{\partial n_{s2}^*}{\partial\alpha_s}<0$。当网络外部性强度越大时，采取投资策略的平台 1 在市场占有率方面越具有优势，而逐渐增强的网络外部性会使得平台 2 处于明显的弱势地位。此性质也表明，相对于不存在网络外部性的单边市场，在抢占市场份额方面，双边市场的投资有效性明显提高，更容易形成“赢者通吃”的市场格局。

性质 5：(i)$\frac{\partial\pi_1}{\partial k}<0$，$\frac{\partial\pi_2}{\partial k}>0$。

(ii)$\pi_1>v_0-\frac{\alpha_b+\alpha_s}{2}>\pi_2$。

收益最大化是平台 1 与平台 2 运营的最终目标，由表 2 可得两平台的利润函数分别为：

$$\pi_1=v_0-\frac{\alpha_b+\alpha_s}{2}+\frac{\varphi-(2\alpha_b\alpha_s+\alpha_s^2-3v_0^2)-(\alpha_b-\alpha_s)v_0}{2(3\beta^2v_0+2k\varphi)}\beta^2-\frac{\beta^2v_0+k\varphi}{2(3\beta^2v_0+2k\varphi)^2}\beta^2\varphi$$

$$\pi_2=v_0-\frac{\alpha_b+\alpha_s}{2}-\frac{\varphi-(2\alpha_b\alpha_s+\alpha_s^2-3v_0^2)-(\alpha_b-\alpha_s)v_0}{2(3\beta^2v_0+2k\varphi)}\beta^2-\frac{\varphi}{2(3\beta^2v_0+2k\varphi)^2}\beta^4v_0$$

对平台利润函数关于投资成本系数求一阶偏导可得：

$$\frac{\partial\pi_1}{k}=-\frac{\beta^2\varphi(\alpha_b+\alpha_s-2v_0)(2\alpha_b+\alpha_s+3v_0)(3\beta^2v_0+2k\varphi+2\varphi(\beta^2v_0+k\varphi))}{(3\beta^2v_0+2k\varphi)^3}\tag{5}$$

$$\frac{\partial\pi_2}{k}=\frac{\beta^2\varphi(\alpha_b+\alpha_s-2v_0)(2\alpha_b+\alpha_s+3v_0)(3\beta^2v_0+2k\varphi)+2\varphi\beta^2v_0)}{(3\beta^2v_0+2k\varphi)^3}\tag{6}$$

分析式（5）可知，平台利润关于投资成本的变化趋势取决于$3\beta^2v_0+2k\varphi+2\varphi(\beta^2v_0+k\varphi)$的正负性，若其小于零，则平台 1 投资策略的收益随投资成本系数的增大而减小；若其大于零，则投资成本越大会导致平台 1 的利润越高。而由性质 1 可知，当投资成本增加时，平台 1 会选择减少投资资源，最终趋于保持原均衡状态。所以平台 1 的利润会随投资成本系数 k 的增大而减小。进而分析式（6）的各因子可明显得出性质 5（i），说明平台 1 的投资策略对于平台 2 产生了不利的影响，但随着边际投资成本的增加，平台 1 逐渐减少资源投入，平台 2 的亏损会逐渐减小并接近原始无投资策略的状态，所以始终存在$\pi_1>\pi_2$，即性质 5（ii）。

以上讨论了定价模型存在最优内部解的情况，但在现实中，企业采取的竞争战略与行为往往受到企业自身资源的限制，所以当企业可用于合作的最大资源小于最优内部解，即$x^{max}<\beta\varphi/(3\beta^2v_0+2k\varphi)$时，平台1的最优投资水平只能是以其最大资源投入，即$x^*=x^{max}$。当$x^*=x^{max}$时，均衡市场的价格结构与市场份额分配情况如定理2所示。

定理2：当投资成本系数较小，即$k\leq\bar{k}$时，海塞矩阵非负定，不存在内部最优解。因目标函数连续且驻点唯一，则极值点在边界处取得，所以$x^*=x^{max}$或$x^*=0$。$x^*=x^{max}$时，竞争均衡状态下价格结构与市场份额分配如表3所示。

表3 均衡市场价格结构、市场份额分配及平台投资水平

		平台1	平台2
价格结构	买方	$m_{b1}^*=v_0-\alpha_s+\frac{(2\alpha_b\alpha_s+\alpha_s^2-3v_0^2)\beta x^{max}}{\varphi}$	$m_{b2}^*=v_0-\alpha_s-\frac{(2\alpha_b\alpha_s+\alpha_s^2-3v_0^2)\beta x^{max}}{\varphi}$
	卖方	$m_{s1}^*=v_0-\alpha_b+\frac{(\alpha_b-\alpha_s)\beta v_0x^{max}}{\varphi}$	$m_{s2}^*=v_0-\alpha_b+\frac{(\alpha_b-\alpha_s)\beta v_0x^{max}}{\varphi}$
市场份额	买方	$n_{b1}^*=\frac{1}{2}-\frac{3\beta v_0x^{max}}{2\varphi}$	$n_{b2}^*=\frac{1}{2}+\frac{3\beta v_0x^{max}}{2\varphi}$
	卖方	$n_{s1}^*=\frac{1}{2}-\frac{(2\alpha_b+\alpha_s)\beta x^{max}}{2\varphi}$	$n_{s2}^*=\frac{1}{2}+\frac{(2\alpha_b+\alpha_s)\beta x^{max}}{2\varphi}$
投资水平		$x^*=x^{max}$	

证明：当$x=x^{max}$时，平台1与平台2的决策问题为：

$$\max \pi_1(m_{b1},m_{s1})=m_{b1}n_{b1}+m_{s1}n_{s1}-kx^{max^2}/2 \tag{7}$$

$$\max \pi_2(m_{b2},m_{s2})=m_{b2}n_{b2}+m_{s2}n_{s2} \tag{8}$$

按两阶段逆向归纳法进行求解，将两平台目标收益函数关于各自决策变量$m_{ij}(i=b,s;j=1,2)$的一阶偏导，验证满足的二阶条件即可。其中$\varphi=(2\alpha_b+\alpha_s)(\alpha_b+2\alpha_s)-9v_0^2$，$\varphi<0$。

性质6：(i) $-3\beta^2v_0/2\varphi<k\leq\bar{k}$时，$x^{max}<\beta\varphi/(3\beta^2v_0+2k\varphi)$则$\frac{\partial\pi_1}{\partial x^{max}}=\frac{\beta}{2}-\left(k+\frac{3\beta^2v_0}{2\varphi}\right)x^{max}>0$；$x^{max}\geq\beta\varphi/(3\beta^2v_0+2k\varphi)$，$\frac{\partial\pi_1}{\partial x^{max}}=\frac{\beta}{2}-\left(k+\frac{3\beta^2v_0}{2\varphi}\right)x^{max}<0$。

(ii) $k\leq-3\beta^2v_0/2\varphi$时，$\frac{\partial\pi_1}{\partial x^{max}}=\frac{\beta}{2}-\left(k+\frac{3\beta^2v_0}{2\varphi}\right)x^{max}>0$。

为分析收益关于企业资源的变化趋势，对合作平台1的收益函数关于x^{max}求一阶偏导可得$\frac{\partial\pi_1}{\partial x^{max}}=\frac{\beta}{2}-\left(k+\frac{3\beta^2v_0}{2\varphi}\right)x^{max}$，当投资系数$k\leq-3\beta^2v_0/2\varphi$时，$\frac{\partial\pi_1}{\partial x^{max}}>0$，最优投资量$x^*=x^{max}$。当投资的边际成本系数$-3\beta^2v_0/2\varphi<k\leq\bar{k}$时，需要对企业拥有的最大资源进行分情况讨论，当可用于合作的最大资源$x^{max}<\beta\varphi/(3\beta^2v_0+2k\varphi)$时，$\frac{\partial\pi_1}{\partial x^{max}}>0$。则最优投资量$x^*=x^{max}$；当$x^{max}\geq\beta\varphi/(3\beta^2v_0+2k\varphi)$时，$\frac{\partial\pi_1}{\partial x^{max}}<0$，则$x^*=0$。$x^*=x^{max}$时，与$x^*=\beta\varphi/(3\beta^2v_0+2k\varphi)$时分析类似，平台1和平台2对双边用户的定价以及市场份额的分配与交叉网络外部性的大小及固有效用与其之间的大小关系等影响

因素有关。此外，还与x^{max}大小有关，x^{max}越大则平台1采取的合作投资策略对于原有均衡的影响越大。$x^{*}=0$的情况在定理1中已有讨论，此处不再详细说明。

综合以上分析可得，平台1采取合作策略时的最优投资水平与投资的边际成本系数和企业所拥有的可用于合作的最大资源有关。当企业拥有的最大资源$x^{max}\geqslant\beta\varphi/(3\beta^2v_0+2k\varphi)$时，最优的投资水平为关于投资边际成本系数大小的多阶段双阈值决策，边际投资成本系数的大小直接影响平台的投资与定价水平。当企业拥有的资源受到限制且小于$\beta\varphi/(3\beta^2v_0+2k\varphi)$时，企业应以其最大资源进行投资，具体投资水平如表4所示。

表4　资源约束条件下不同投资边际成本对应的最优投资水平

边际成本 \ 最大资源	$x^{max}\geqslant\beta\varphi/(3\beta^2v_0+2k\varphi)$	$0<x^{max}<\beta\varphi/(3\beta^2v_0+2k\varphi)$
$k>\bar{k}$	$x^{*}=\beta\varphi/(3\beta^2v_0+2k\varphi)$	$x^{*}=x^{max}$
$-3\beta^2v_0/2\varphi<k\leqslant\bar{k}$	$x^{*}=0$	
$0<k\leqslant-3\beta^2v_0/2\varphi$	$x^{*}=x^{max}$	

三、数值仿真及其讨论

通过构建考虑投资成本与资源限制的Hotelling双寡头竞争模型、求解及分析发现平台的交叉网络外部性强度、平台提供给用户的固有效用以及投资的边际成本系数等参数对双边平台的投资与定价决策有显著的影响。为更加直观地表现各参数对两平台决策变量以及均衡时市场份额、两平台利润的影响强度，清晰地呈现决策变量关于影响因素变化的灵敏程度。本部分利用Matlab对前述的理论模型存在内部最优解的情况进行数值仿真，其中价格关于k的函数变化图像中，仅代表网络外部性强度关系为$\alpha_b\geqslant\alpha_s$的情况。主要参数设置如下，平台双边用户之间存在的网络外部性强度参数$\alpha_b=0.8$，$\alpha_s=0.4$；买方用户将平台的投资转化为自身效用的转化系数为$\beta=0.3$；平台提供给消费者与商家的固有价值为$v_0=0.8$。

平台1、平台2对边b和s制定的价格水平如图1所示，对性质2和性质3进行了验证。随着边际投资成本的增加，平台1对买方的收费降低而平台2对买方的收费增加，但始终低于平台1。平台1对卖方用户始终处于补贴状态，随着边际投资成本的增加对其的补贴逐渐减少；平台2对卖方的定价也随边际投资成本的增加而逐渐减少。由投资水平关于边际成本k的函数关系$x^{*}=\beta\varphi/(3\beta^2v_0+2k\varphi)$分析可得，平台1的投资水平随边际投资成本的增加而逐渐减少，且在越接近边际投资成本阈值$\bar{k}$时的变化趋势越明显。所以，在平台1和平台2对买卖双方的定价中，随边际投资成本的增加，两平台的定价水平均逐渐接近平台1未采取投资策略时的均衡状态。

图2与性质4的描述一致，在双寡头竞争市场中，平台1采取的竞争行为对于市场规模的均衡分配有明显影响，边际投资成本越小，市场份额分配越不均，平台1会因其投资策略抢占大部分市场份额。与收费水平的变化趋势一样，随着边际成本系数的增大，市场份额会越来越均匀并逐渐接近$x=0$时的均衡状态，同样也是边际投资成本的上升导致投资水平降低而引起的。

收益最大化是平台1与平台2运营的最终目标，以下分析当平台1取得最优投资水平$x^{*}=$

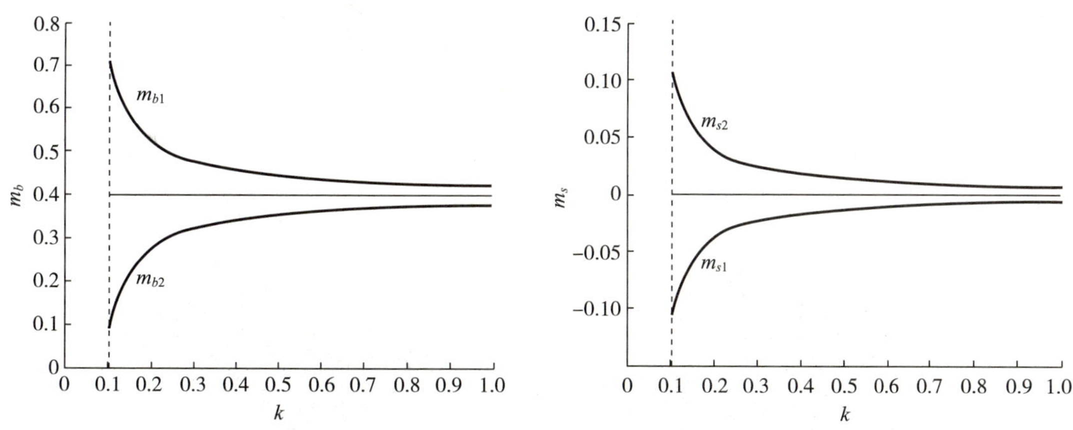

图 1 平台价格结构与边际投资成本

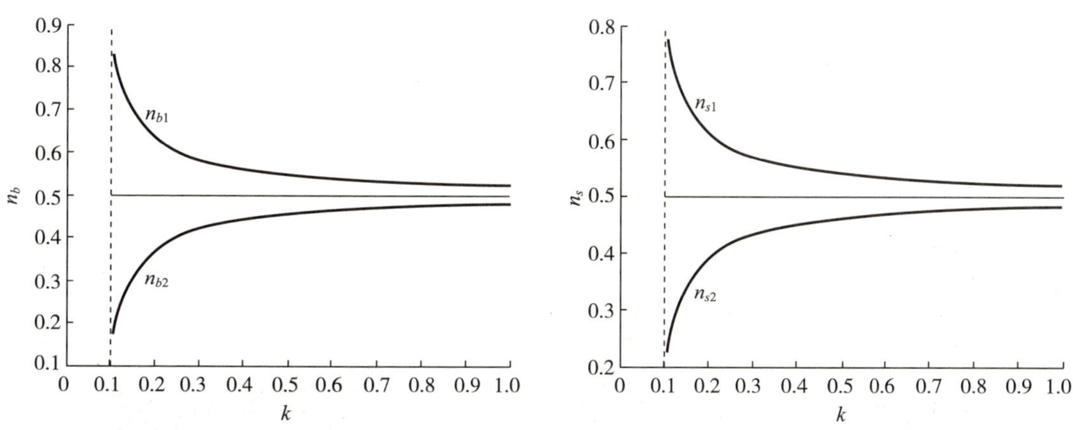

图 2 市场规模与边际投资成本

$\beta\varphi/(3\beta^2 v_0+2k\varphi)$时两平台的收益大小。与性质 5 描述一致，平台 1 与平台 2 的利润走势如图 3 所示。平台 1 采取的投资策略使得自身利润得到了提升，但损害了平台 2 大部分的利润；随着边际投资成本的增加，利润差额逐渐变小，接近平台 1 无投资合作行为时的均衡状态，市场的整体收益水平低于原有的市场均衡状态。

双边市场区别于单边市场最主要的特征源于存在的网络外部性，以下在表 2 基础上令$v_0=2$，$k=\bar{k}+\delta$ 进行数值仿真，其中$\bar{k}$为边际投资成本阈值，δ 为正的无穷小量，根据性质 4 分析网络外部性对竞争市场份额分配与收益的影响。如图 4 所示，在买方市场，平台 1 的市场份额明显大于平台 2，且受交叉网络外部性强度的影响不大。n_{b1}和n_{b2}关于交叉网络外部性的变化曲面具体如图 5 所示，当α_b与α_s越大时，买方市场份额分配越不均，但总体变化不大。在卖方市场，平台 1 的市场份额也大于平台 2，且交叉网络外部性强度越

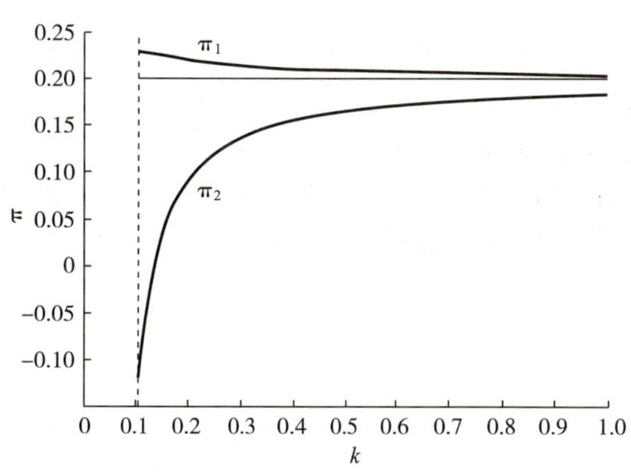

图 3 平台利润与边际投资成本

大，卖方市场份额分配越不均，在平台 1 抢占市场份额方面，投资策略的有效性越明显。

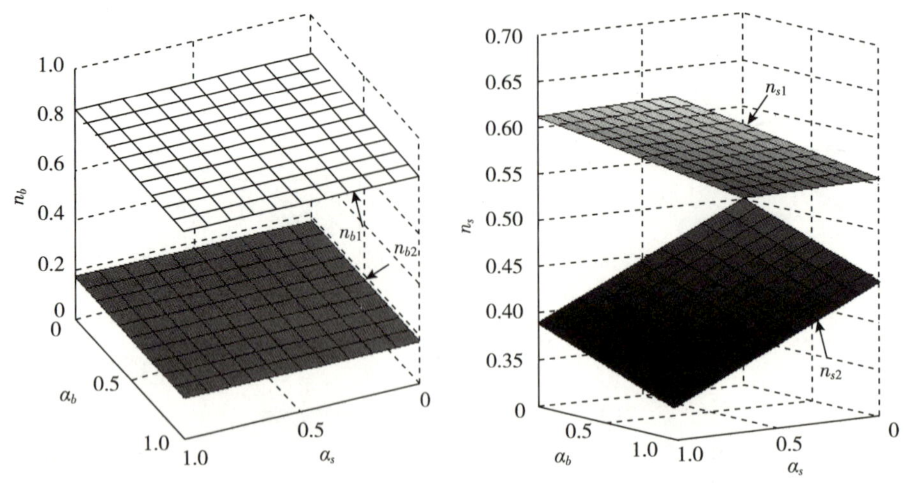

图 4　市场份额分配与交叉网络外部性

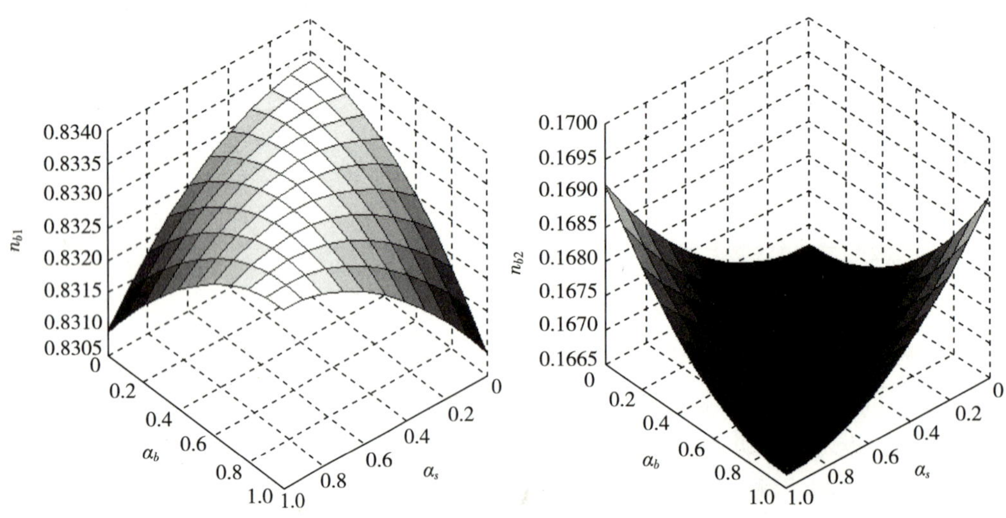

图 5　买方市场份额分配与交叉网络外部性

在性质 4 及图 3 的基础上，通过改变网络外部性的大小，对平台 1 与平台 2 的利润进行数值仿真。如图 6 所示，其中π_0为平台 1 不采取投资行为时两平台的利润平面。从图 6 可观察出平台 1 的利润明显高于平台 2，并高于不采取投资策略时的利润，平台 2 的利润受到不利影响低于初始值。但两平台的利润均随着网络外部性强度系数的增大而有所下降，这说明在收益方面，双边市场的投资有效性低于传统无网络外部性的单边市场。

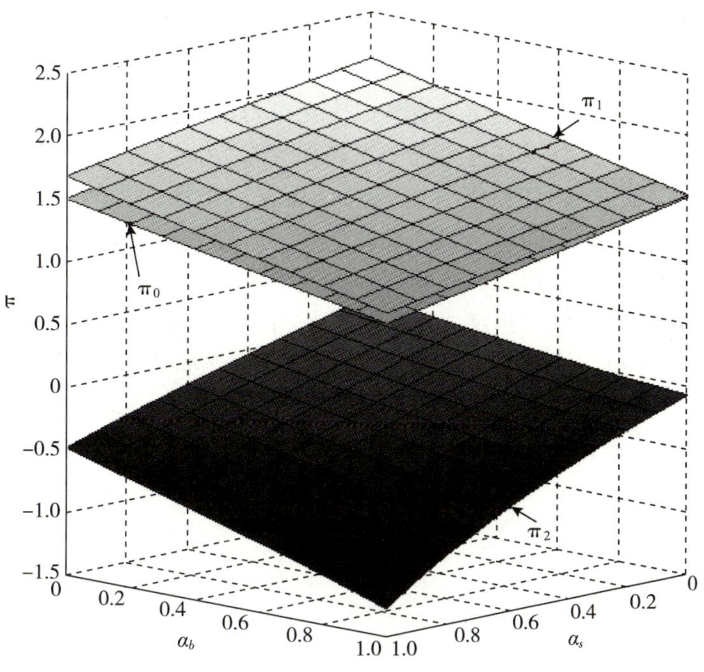

图 6 平台利润与网络外部性

四、结论

新创平台或在位平台均会面临是否通过投资发展成为内容丰富、功能多样化平台的决策问题，本文以越来越普遍的产业间平台企业的合作为研究背景建立包含投资策略的 Hotelling 定价模型，分析了竞争市场中平台的最优投资决策和定价机制，具体对投资水平、均衡价格、市场份额、平台利润等进行了分析。理论结果可归类为以下三种情况：①内部最优解存在。当边际投资成本高于边际投资成本阈值且企业资源充足时，平台 1 存在最优的投资水平，两平台存在对应的最优市场定价结构。②存在最大边界解。当边际投资成本低于较小的边际投资成本阈值或企业资源不足时，双边平台应以其最大资源进行投入。③零投资。当边际投资成本处于边际投资成本两阈值之间时，平台 1 的最优策略是不进行投资活动。本文对存在内部最优解的情况进行了详细分析，并进行数值仿真。结合理论结果可知：①边际投资成本系数在投资策略上是一个关键性的决定因素，不同的投资成本会对应不同的投资水平及价格结构。仅存在边界解的情况不应在研究中忽视。②网络外部性强度和固有效用的相对大小会影响价格结构的变化趋势。当固有效用远大于网络外部性强度参数时，双边市场的双边性会显得不太明显，这时平台的定价策略会接近传统单边市场的边际定价策略。③在市场占有率方面，因为存在的网络外部性会使得采取投资策略的平台获得绝对性的优势，而无策略平台会处于被动的弱势地位，甚至被挤出市场。相较于传统的单边市场，在双边市场中“赢者通吃”的市场格局更易形成，投资有效性明显。④采取投资策略的平台相对于无策略平台会获得一定的利润优势，但随着边际投资成本的增加，利润优势会逐渐减小，同时也受网络外部性强度大小的影响。

在理论方面，本文在已有研究的基础上得出了进一步的理论结果。首先，相对于垄断市场投资水平的研究[23]，本文考虑企业的资源限制条件，将模型拓展至竞争市场，得到多阶段的最优投资水平。其次，拓展了卖方用收费作为外生变量的竞争模型[22]，将两平台对双边用户制定的价格均以内生变量的形式引入，理论结果对其内生性进行了验证。最后，本文分析了网络外部性在投资策略中的调节作用，解释了双边市场中更易形成“赢者通吃”市场格局的原因。在管理启示方面，研究结果表明，相较于单边市场投资行为，在双边市场的投资策略中应考虑更多影响因素，包括边际投资成本、企业资源、网络外部性强度等。企业资源充足并不代表企业一定要进行此项投资，投入资源越多并不一定能够获得越强的竞争优势。

此外，本文研究也存在一些可拓展之处，为简化分析，本文中投资成本采用了已有的二次型成本函数，已有研究表明投资成本对投资水平、定价结构等都具有显著的影响，所以构造更为接近现实情况且与投资行为匹配的成本函数是可取方向之一。此外，以差异化平台为研究对象或是考虑用户的多归属或部分多归属特性也可作为后续研究问题。

参考文献

[1] Boudreau K. J., Jeppesen L. B. Unpaid Crowd Complementors: The Platform Network Effect Mirage [J]. Strategic Management Journal, 2015, 36(12): 1761-1777.

[2] Gold A., Hogendorn C. Tipping in Two-sided Markets with Asymmetric Platforms [J]. Economic Analysis & Policy, 2016(50): 85-90.

[3] Armstrong M. Competition in Two-sided Markets [J]. The Rand Journal of Economics, 2006, 37(3): 668-691.

[4] Kung, L. C., Zhong, G. Y. The Optimal Pricing Strategy for Two-sided Platform Delivery in the Sharing Economy [J]. Transportation Research Part E Logistics & Transportation Review, 2017, 101(5): 1-12.

[5] Rochet J. C., Tirole J. Platform Competition in Two-sided Markets [J]. Journal of the European Economic Association, 2003, 1(4): 990-1029.

[6] Kodera T. Discriminatory Pricing and Spatial Competition in Two-sided Media Markets [J]. B. E. Journal of Economic Analysis & Policy, 2015, 15(2): 891-926.

[7] 纪汉霖，王小芳. 平台差异化且用户部分多归属的双边市场竞争[J]. 系统工程理论与实践，2014，34(6)：1398-1406.

[8] 程贵孙. 单边收费还是双边收费：双边市场中媒体定价模式选择[J]. 管理工程学报，2011，25(1)：203-208.

[9] Aloui C., Jebsi K. Optimal Pricing of a Two-sided Monopoly Platform with a One-sided Congestion Effect [J]. International Review of Economics, 2010, 57(4): 423-439.

[10] Hagiu A., Hałaburda H. Information and Two-sided Platform Profits [J]. International Journal of Industrial Organization, 2013, 34(1): 25-35.

[11] Roger, G. Two-sided Competition with Vertical Differentiation [J]. Journal of Economics, 2017, 120(3): 193-217.

[12] Creti A., Verdier M. Fraud, Investments and Liability Regimes in Payment Platforms [J]. International Journal of Industrial Organization, 2011, 35(1): 84-93.

[13] 华中生. 网络环境下的平台服务及其管理问题[J]. 管理科学学报，2013，16(12)：1-12.

[14] 董维刚，许玉海，孙佳. 产业间平台合作下的双边定价机制研究——基于对固有收益影响的分析[J]. 中国工业经济，2011(7)：65-75.

[15] Bourreau M. Cooperative and Noncooperative R&D in Two-sided Markets [J]. Review of Network Economics, 2014, 13(2): 175-190.

[16] 张新香，胡立君. 数据业务时代我国移动通信产业链整合模式及绩效研究——基于双边市场理论的分析视角[J]. 中国工业经济，2010(6)：147-157.

[17]张千帆，于晓娟，张亚军．网络平台企业合作的定价机制研究——基于多归属情形[J].运筹与管理，2016，25(1)：231-237.

[18]Sen S.，Guerin R.，Hosanagar K. Functionality-rich Versus Minimalist Platforms：A Two-sided Market Analysis [J]. Acm Sigcomm Computer Communication Review，2011，41(5)：36-43.

[19]Hagiu A.，Spulber D. First-Party Content and Coordination in Two-sided Markets [J]. Management Science，2011，59(4)：933-949.

[20]黄文妍，段文奇．双边市场平台战略投资决策——技术创新导向型还是人工服务导向型[J].中国管理科学，2015，23(S1)：686-689.

[21]Casadesus-Masanell R.，Llanes G. Investment Incentives in Open-source and Proprietary Two-sided Platforms [J]. Journal of Economics & Management Strategy，2015，24(2)：306-324.

[22] Anderson E. G.，Parker G. G.，Tan B. Platform Performance Investment in the Presence of Network Externalities [J]. SSRN Electronic Journal，2013，25(1)：152-172.

[23]Dou G.，He P.，Xu X. One-side Value-added Service Investment and Pricing Strategies for a Two-sided Platform [J]. International Journal of Production Research，2016，54(13)：3808-3821.

[24] Bounie，D.，François，A.，Hove，L. V. Consumer Payment Preferences，Network Externalities，and Merchant Card Acceptance：An Empirical Investigation [J]. Review of Industrial Organization，2016，7(2)：1-34.

[25]Chang，C. W.，Lin，Y. S.，Ohta，H. Optimal Location in Two-sided Markets [J]. Economic Modelling，2013，35(5)：743-750.

真君子还是伪君子：谦卑型领导与行为正直的交互效应对员工的情感承诺的影响

高日光[1]　徐小凤[1]　王碧英[2]

（1. 江西财经大学工商管理学院，江西　南昌　330013；

2. 江西师范大学商学院，江西　南昌　330022）

[**摘　要**] 谦卑型领导能否做到“知行合一”？这一疑点引起了学者的关注。本文以292名各企事业单位的员工为对象，使用回归分析、交互效应图，探讨了谦卑型领导对员工情感承诺的作用条件。结果表明，谦卑型领导对员工情感承诺具有显著的正向影响，其中，领导行为正直能够调节谦卑型领导与员工情感承诺的关系，并且这种作用大小随着员工传统性的不同而呈现出显著的差异。确切来讲，高传统性的员工感知到领导言行是否一致，直接决定了谦卑型领导与员工情感承诺的关系，即若谦卑型领导“知行合一”（真君子），便能增强员工的情感承诺，而若谦卑型领导表现为“道德伪善”（伪君子），则会显著减少员工的情感承诺；对于低传统性的员工，谦卑型领导这一领导方式对员工的情感承诺均具有一定的积极作用。本文研究结果有助于揭示谦卑型领导的作用边界，并对管理实践具有重要的启示。

[**关键词**] 谦卑型领导；情感承诺；行为正直；员工传统性

一、引言

随着全球经济的快速发展，组织处在剧烈变化、动荡的大环境中，存在着更多的不确定性和不可预知性（Morris，Brotheridge & Urbanski，2005；Owens，Johnson & Mitchell，2013）。同时，伴随着组织高管的自恋、傲慢等行为，致使企业丑闻频发，业绩每况愈下（Owens et al.，2013）。组织越来越意识到交易型领导、威权式领导等“自上而下”领导方式的弊端，进而转向关注谦卑型领导等“自下而上”的领导方式的优越性。研究发现，在现代组织环境下，“英雄主义”或“个人崇拜”已慢慢退出历史舞台（Murrell，1997），领导者的谦卑能够减少领导者的自恋、自大等负面行为，有利于提高领导的有效性（Owens et al.，2015），并逐渐成为未来组织主导的领导方式。这正是组织学者关注谦卑型领导并努力开展理论研究的重要原因。

自2012年开始，谦卑型领导逐渐受到学者的关注，以Owens为代表的西方学者正式提出谦卑型领导行为，并进行了开拓性研究。研究发现，谦卑型领导能够改善领导—员工的关系（Owens & Herman，2012），减少员工沉默（徐小凤、高日光，2016；张军成，2016），优化组织决策，增强员工的工作努力程度和创新行为（Owens et al，2013；唐汉瑛、龙立荣、周如意，2015），提高员工的工作绩效（罗瑾琏、花常花、钟竞，2015），而且还能通过社会渲染来提高团队工作绩效（Owens & Herman，2015），等等。这些研究证实了谦卑型领导具有重要的作用。

但是，领导力是一种高度复杂的现象，往往深受情境和象征性解释的影响（Conger，1998）。谦卑型领导是员工观察或感知到的结果，其领导行为的真伪性可能存在异议。正如 Batson（2008）提出的“道德伪善”，是指个体表现得“道德”，但只要抓住机会又会设法避免真实行善所需付出代价的行为过程，倾向为利益导向行为。谦卑型领导表现出谦虚谨慎，礼贤下士，但如果领导的“言”与“行”背道而驰，这一过程便可视为“道德伪善”，便可将谦卑型领导视为“伪君子”。目前，并未有研究对谦卑型领导的真伪性进行辩证研究，所以本文从这一视角来界定谦卑型领导。此外，谦卑型领导是否会被员工感知为“伪君子”？答案是不确定的，因为这种感知与个体传统性密切相关，个体传统性可能会影响个体对组织态度的变化（Simons，2002；Simons et al.，2007）。情感承诺作为个体态度的重要变量（樊耘等，2013），仍未有学者对谦卑型领导与情感承诺的关系进行过有效探讨。基于以上论述，本文将采用实证研究，努力揭示谦卑型领导作用机制的边界条件，并回答如下三个问题：①谦卑型领导对员工情感承诺会产生何种影响，谦卑型领导能否增强员工对组织的情感依赖。②行为正直是否具有调节作用？即当领导真正做到谦卑型领导时（真君子），员工对组织的情感依赖是否会更强。③在中国传统文化下，上述作用是否会受员工传统性的影响而发生变化。本文的研究框架如图 1 所示。

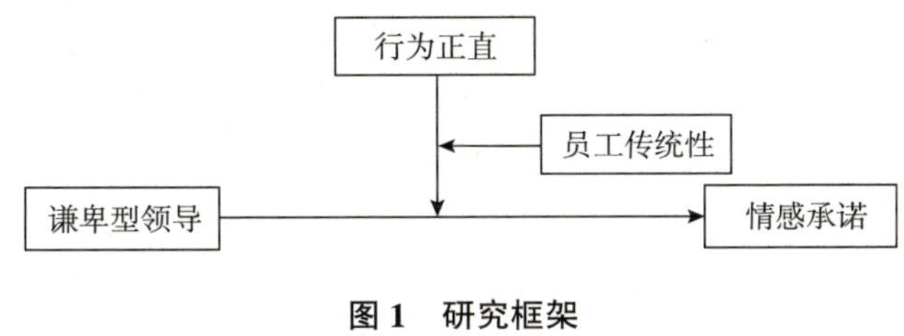

图 1 研究框架

二、理论基础和研究假设

（一）谦卑型领导的基本概念

在《易经》中，古人云：“‘谦’，德之柄也。念高危，则思谦冲而自牧；惧满盈，则思江海下百川”“谦谦君子，卑以自牧”“劳谦君子，万民服也”，等等。谦卑是一种内在涵养，是一种立身之道，更是一种“为政”之德。在组织中，“为政”的方式非常重要。根据西方学者 Owens 和 Herman（2012）的研究结果，谦卑型领导行为主要表现在三个方面：①承认自身的弱点（包括缺点、错误等）。谦卑型领导对自身的优缺点有一个清晰的认识，能够做到勇于承认错误，敢于承担责任。②欣赏员工的优势及称赞其贡献。谦卑型领导会经常地、真诚地认同、表扬和赞赏员工的努力和创新等。③具有可教性。谦卑型领导对新的信息或知识接受能力强，善于倾听，乐意接受反馈信息。例如，在会议上，谦卑型领导会认真做笔记，了解最新信息，学习新知识，并且是一个优秀的倾听者。

（二）谦卑型领导对员工情感承诺的影响

组织承诺包括情感承诺、持续承诺及规范承诺（Meyer & Allen，1991）。其中，情感承诺是指员工对组织的一种情感依附，表现为员工自愿为组织付出心血，甚至将个人的全部事业情感倾注于组织（Meyer & Allen，1991）。研究发现，员工感知到组织支持，能够增强员工对组织的情感承诺（Rhoades et al.，2001），良好的领导与员工的关系一方面能够提高员工的组织支持感，另一方面也能改善员工对组织的情感承诺（潘静洲等，2010）。谦卑型领导作为一种"自下而上"的领导方式，能够弱化层级关系，拉近领导与员工的距离，改善领导与员工关系（Owens & Herman，2012），从而有助于增强员工对组织的情感承诺。同时，在工作中，谦卑型领导尊重员工，赞赏员工所做出的努力和贡献，对于不了解的工作内容乐于请教下属，增强员工在组织中的自我价值感，从而提高组织支持感，继而激发员工对组织的正向情感，愿意为组织做出更多的贡献。基于此，本文提出如下假设：

假设1：谦卑型领导对员工情感承诺产生正向影响。

（三）行为正直的调节作用

在《礼记·中庸》中，"言必行，行必果"是对言行一致的高度概括。在学术界，领导的行为正直（Behavioral Integrity）则是指员工感知到的领导者言行匹配程度，是员工的一种主观感知（Simons，2002；高日光，2015）。在工作过程中，员工对领导言行的感知会影响其工作态度与行为（Simons，2002），领导言行一致可以使员工更加信任领导、信任组织，能够增强员工对组织的认同感（Simons & Mc Lean Parks，2000）；同时，领导言行一致作为一种正向要素能够调节领导行为对员工表现结果的影响。例如，领导正直能够增强监督管理对组织公民行为的正向影响，当领导行为正直时，领导的监督管理与员工组织公民行为的关系越强；反之则越弱（Dineen，Lewicki & Tomlinson，2006）。谦卑作为一种美德，一直被人们所推崇，但同时也发现一些所谓的"谦卑"不是发自领导者的内心，而是在一定情境下伪装出来的，被称为"伪君子"。行为正直可以在很大程度上监测领导谦卑是否真诚，即领导言行是否一致在很大程度上会增强或减弱谦卑型领导对员工的情感承诺。基于此，本文提出如下假设：

假设2：领导行为正直在谦卑型领导与员工情感承诺之间起调节作用，当领导行为正直时，谦卑型领导对员工的情感承诺的作用更强。

（四）员工传统性的作用

需要注意的是，领导行为正直还受个体主观认知和解释过程的限制，不同员工对领导行为正直的感知程度是存在差异的。员工对领导行为正直的感知敏感度受很多因素的调节，如员工的谨慎性、启动效应等（Simons et al.，2007）。在传统文化的影响下，中国人的传统性一般包括遵从权威、孝亲敬祖、男性优势、宿命自保、安分守己等维度（杨国枢等，1989；Farh，Earley & Lin，1997），是影响员工认知的重要因素。在组织关系中，中国人的传统性主要表现为"上尊下卑"的等级角色（刘军等，2008）。高传统性的员工出于一种义务而无条件地尊重和服从上级；而低传统性的员工则更倾向于"现代性"，强调平等主义（等级意识不强）。

文献分析表明，传统性是一个重要的调节变量（Farh，Earley & Lin，1997；汪林、储小平，2008；吴隆增等，2009；周浩、龙立荣，2012），如传统性在组织支持感与员工表现结果的关系中具有调节作用（Farh & Liang，2007）。仲理峰等（2013）指出，员工对领导行为的反应受个体传统性价值取向的影响。高传统性的员工深受传统价值观念的影响，一方面高度遵从领导、信任领导；另一方面将领导看作是自己的衣食父母，期望领导能够真诚地对待他们。因此，传统性较高的员工，对领导行为正直的感知灵敏，反应强烈；反之，低传统性的员工崇尚平等自由。谦卑型领导礼贤下士，与员工平起平坐，满足低传统性（现代性）员工崇尚平等价值观的基本需求，更加注重组织所营造的工作氛围，而不强求领导者的道德方面。因此，低传统性员工对领导行为是否真诚并不敏感，反应也不够强烈。我们推测，个体传统性可能会影响员工对领导行为的感知，从而影响谦卑型领导与员工情感承诺关系的强度。基于此，本文提出如下假设：

假设3：领导行为正直对谦卑型领导与情感承诺关系的影响还受限于个体传统性。

假设3-1：当员工具有高传统性时，谦卑型领导若做到“知行合一”，能够增强员工对组织的情感承诺；反之，谦卑型领导若表现为“伪善”，员工会将其视为“伪君子”，从而降低对组织的情感承诺。

假设3-2：当员工具有低传统性时，不论谦卑型领导的言行是否一致，均对员工情感承诺具有一定的影响。

三、研究方法

（一）研究对象

本文研究数据来自各企事业单位，共发放400份问卷，回收了360份，其中有效问卷292份，有效率达73%。在调查过程中，得到了各企事业单位人力资源部门的大力支持。同时，为获得有效问卷，我们告知被试者该调查问卷将仅用于学术研究，且为匿名填写，并为其准备了一份精美的礼品。在样本结构方面，男女比例较平衡（男性占47.9%，女性占50.3%）；年龄分布以21~30岁的员工为主（占80.1%），其次是31~40岁的员工（占10.6%），40岁以上的员工占2.7%；员工学历水平总体偏高，以本科及以上学历为主（占52.4%），其次是专科（占32.9%），高中或中专（占9.9%），初中及以下学历（占1.7%）；平均工作经验为4.6年。

（二）研究工具

谦卑型领导。结合Owens等（2009，2012）的研究，采用10个题项进行测量，典型题项有“他/她能积极寻找反馈，即使反馈是批评性的”“他/她经常赞美别人的长处”等。该量表由员工填写，信度系数（Cronbach's alpha）为0.92，满足心理测量学的要求。

行为正直。采用Simons等（2007）的量表，共8个题项，典型题项有“我的领导践行他所宣扬的东西”“我的领导信守承诺”等。该量表由员工填写，信度系数（Cronbach's alpha）为0.93，满足心理测量学的要求。

传统性。采用Farh等（1997）的量表，共5个题项，其典型题项有“避免错误的最好方法是服从上级的指挥”“当人们争论不清时，应请最具权威的长者来主持公道”等。该量表由员工填写，信度系数（Cronbach's alpha）为0.68，在心理测量学要求的可接受范围内。

情感承诺。采用Allen和Meyer（1990）的量表中的正向题项，共4个题项，典型题项有“我非常开心将我的职业生涯贡献给这个企业”“这个企业对我个人的意义非常大”等。该量表由员工填写，信度系数（Cronbach's alpha）为0.86，满足心理测量学要求。

控制变量。本文将人口特征因素作为控制变量，包括上下级的性别、年龄、学历、工龄、司龄。

四、数据分析与结果

（一）验证性因子分析

本文采用 AMOS24.0 对各变量进行验证性因子分析，见表 1。由于各变量的题项较多，因此本文采用题目打包法，例如将谦卑型领导 10 个题项打包成 5 个新题项。结果表明，四因子模型较三因子模型、两因子模型、单因子模型具有更好的拟合度（$\chi^2=236.0$，df＝71，RMSEA＝0.09<0.1，NFI＝0.91，IFI＝0.93，CFI＝0.93，TLI＝0.90）。可见，各变量之间具有良好的区分效度。

表 1 验证性因子分析结果

模型	χ^2	df	χ^2/df	RMSEA	CFI	NFI	IFI	TLI
四因子模型①	236.0	71	3.32	0.09	0.93	0.91	0.93	0.90
三因子模型②	491.2	74	6.64	0.14	0.82	0.80	0.83	0.75
两因子模型③	569.6	76	7.50	0.15	0.79	0.77	0.80	0.71
单因子模型④	710.3	77	9.22	0.17	0.73	0.71	0.74	0.64

注：①四因子模型：谦卑型领导、行为正直、员工传统性、情感承诺；②三因子模型：谦卑型领导+行为正直、员工传统性、情感承诺；③两因子模型：谦卑型领导+行为正直+员工传统性、情感承诺；④单因子模型：谦卑型领导+领导正直+员工传统性+情感承诺。

（二）相关分析

本文采用 SPSS17.0 统计软件对各变量进行相关矩阵分析，见表 2。表 2 总结了变量的平均数、标准差及相关系数。结果表明：谦卑型领导与员工情感承诺相关性显著（β＝0.47，$p<0.01$），行为正直与员工情感承诺相关性显著（β＝0.53，$p<0.01$），行为正直与员工传统性相关性显著（β＝0.18，$p<0.01$），表明数据适合进一步回归分析。

表 2 各变量的平均数、标准差及变量间的相关系数

变量	1	2	3	4	5	6	7	8	9
1. 性别	1								
2. 年龄	-0.26**	1							
3. 学历	0.06	-0.21**	1						
4. 工龄	-0.01	0.79**	-0.39**	1					
5. 司龄	0.04	0.63**	-0.16**	0.73**	1				
6. 谦卑型领导	0.14*	0.01	0.05	0.03	0.03	1			
7. 行为正直	0.13*	0.09	-0.03	0.14*	0.07	0.70**	1		
8. 员工传统性	-0.02	0.10	-0.13*	0.12*	0.08	0.02	0.18**	1	
9. 情感承诺	0.18**	0.12*	0.01	0.17**	0.20**	0.47**	0.53**	0.12*	1

续表

变量	1	2	3	4	5	6	7	8	9
平均值（M）	1.61	26.99	3.40	4.62	2.94	3.47	2.71	3.41	3.20
标准差（SD）	1.75	4.99	0.74	4.27	3.51	0.75	0.74	0.79	0.91

注：** 表示 p<0.01，* 表示 p<0.05（双尾检验）。

（三）假设检验

本文采用层级回归的方法对数据进行分析，见表 3 和图 2。结果表明，谦卑型领导对员工情感承诺具有显著的正向影响（β=0.45，p<0.01），即领导越表现出谦卑，越能够增强员工对组织的情感承诺，假设 1 得到了验证；在控制人口学变量、自变量和调节变量的主效应之后，行为正直与谦卑型领导（事先进行标准化）的交互效应显著（Simple Slope=0.664，β=0.18，p<0.01），即行为正直在谦卑型领导与员工情感承诺之间起调节作用，在领导行为正直的情况下，谦卑型领导对员工情感承诺的影响更强，假设 2 得到验证。

最后，结合回归分析结果（见表 3）和三维交互效应图（见图 3）的结果可知，谦卑型领导、领导行为正直及员工传统性之间的三维交互（事先进行标准化）对员工的情感承诺有显著的影响（Simple Slope=0.516，β=0.15，p<0.05）。当员工传统性较高时，领导表现出真正的谦卑领导时（真君子），能够显著地增强员工对组织的情感承诺，而当谦卑型领导表现出言行不一致时（伪君子），则会显著地减少员工对组织的情感承诺；当员工传统性较低时，只要领导表现出谦卑，不管其行为是否一致，均对员工情感承诺有一定的影响。因此，假设 3、假设 3-1、假设 3-2 均得到了验证。

表 3 情感承诺作为因变量的层级回归统计结果

因变量 / 解释变量	情感承诺				
	M1	M2	M3	M4	M5
控制变量					
性别	0.26*	0.15*	0.13*	0.10	0.10
年龄	0.17	0.12	0.10	0.11	0.10
学历	0.01	-0.01	0.00	-0.01	-0.02
工龄	-0.06	-0.06	-0.10	-0.11	-0.11
司龄	0.17	0.10	0.10	0.10	0.12
自变量					
谦卑型领导（HL）		0.45**	0.20**	0.21**	0.16*
调节变量					
行为正直（BI）			0.36**	0.35**	0.38**
员工传统性（T）			0.04	0.06	-0.03
二维交互效应					
HL×BI				0.18**	0.17**
BI×T				-0.04	-0.01
HL×T				-0.07	-0.13
三维交互效应					
HL×BI×T					0.15*

续表

因变量 / 解释变量	情感承诺				
	M1	M2	M3	M4	M5
R^2	0.08	0.28	0.34	0.37	0.38
F	4.16**	15.77**	15.92**	13.21**	12.63**
ΔR^2	0.08	0.20	0.06	0.03	0.01
ΔF	4.16**	68.27**	12.14**	4.29**	4.32*

注：** 表示 p<0.01，* 表示 p<0.05（双为检验）。

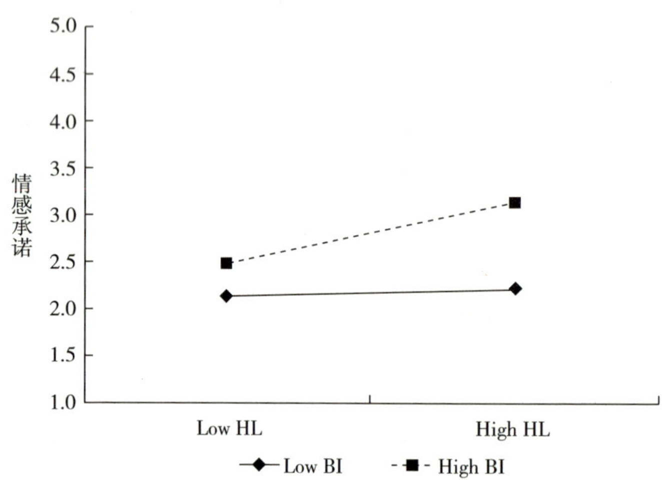

图 2　谦卑型领导与行为正直的交互效应对情感承诺的影响

五、讨论

谦卑型领导是“真君子”还是“伪君子”？本文对谦卑型领导进行了辩证研究，并采用实证研究方法，揭示了谦卑型领导的作用效果及其边界条件，结果表明：①谦卑型领导对员工情感承诺具有显著的正向影响，领导越谦卑，员工对组织的情感承诺越强。②行为正直在谦卑型领导与员工情感承诺的关系中起调节作用，即如果领导能够做到真正的谦卑领导，做到“言必行”，将能够显著增强员工对组织的情感承诺。③对于高传统性的员工，领导言行是否一致，直接决定了谦卑型领导与员工情感承诺的关系，即谦卑型领导做到“知行合一”（真君子），能显著增强员工的情感承诺，而仅表现出谦卑却不作为的领导（伪君子），则会显著减少员工的情感承诺。④对于低传统性的员工，谦卑型领导对员工的情感承诺仍具有一定的积极作用，但影响程度低。

（一）理论意义

本文改变以往主要研究两维交互及中介作用的实证研究，转向关注领导方式、道德及员工传统性之间的匹配性对下属情感承诺的影响效果，这是本文的理论贡献之一。本文发现，首先，行为正直在谦卑型领导对员工情感承诺的影响中起调节作用，谦卑型领导能够做到言行一致将对员

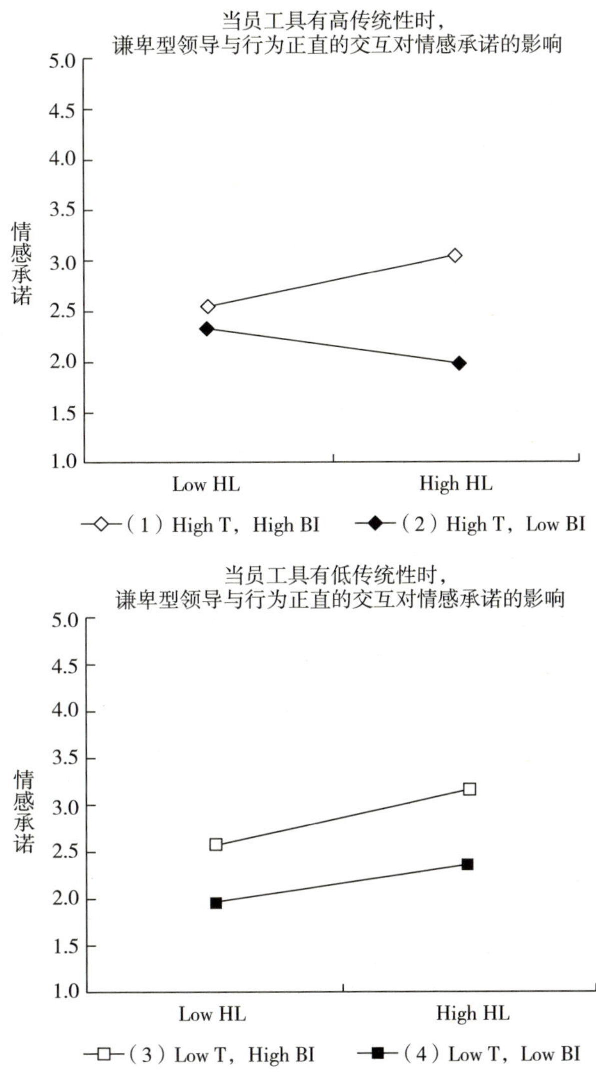

图3 谦卑型领导、行为正直和员工传统性的三维交互对员工情感承诺的影响

工情感承诺的影响更大更强，揭示了谦卑型领导作用效果的道德边界，这是本文理论贡献之一。

其次，本文还发现，领导行为正直并非总是有效的，对于高传统性员工而言，领导是否正直是一个重要标杆。过去我们一致认为，领导行为正直至关重要，但现在这种思想似乎应该有所改变。低传统性员工对于领导是否言行一致并不敏感，他们更关心领导是否与他们平起平坐，不摆官架子，这是本文重要理论贡献之二。

最后，本文揭示了员工传统性在谦卑型领导与行为正直交互作用中的调节作用。传统观点认为，谦卑型领导与行为正直的交互作用对于高传统性员工而言，作用较弱；对于低传统性员工而言，作用更强。这是因为，传统观点认为，相对于低传统性员工而言，高传统性员工对领导逆来顺受，无条件服从，即领导言行是否一致，谦卑型领导均能增强员工的情感承诺，所以，本文改变了传统的管理理论观点，这是本文理论贡献之三。

（二）实践价值

综合本文研究结果，我们认为实践价值有三：第一，尽管低传统性员工对领导行为正直不敏感，但对高传统性员工而言，影响截然相反，如果领导表现出谦卑，但言行不一致，这样的“伪君子”对传统性员工的影响是致命的，这会严重损害员工的心理健康，并会对组织造成重大损失。正所谓“德才兼备者，重用；德盖才者，宜用；才盖德者，慎用；无德无才者，勿用”，这从另一个视角证实了在中国情境下“德行”的重要性。因此，我们在领导的选拔与晋升时，应考虑将领导行为正直与否作为甄选条件之一。

第二，谦卑型领导对员工的情感承诺均产生显著的正向影响，这表明，谦卑型领导有强大的生命力，是组织千金难买的领导方式。对于组织而言，一方面应加强谦卑型领导的选拔与考核，重点选拔那些具有谦卑特质和行为的人员进入管理层；另一方面应注重谦卑型领导的培训和组织谦卑型文化的塑造，打造一批德才兼备的谦卑型领导，充实组织的管理队伍。

第三，改变以往只是领导影响员工单向作用视角，重视领导与员工匹配视角对下属心理和行为的影响效果。随着“90后”“00后”员工的不断涌现，低传统性员工会越来越多，他们对管理方式改变的愿望也会越来越强。也许不久将来，一批适应“90后”“00后”的管理者会呼之欲出。

（三）研究局限与未来研究方向

任何研究均存在一定的不足，在有限的资源下，本文也不例外。本文虽然采用了配对样本，但本文研究的变量均来自员工评价，这可能存在一定的同源误差。从相关数据来看，本文研究变量之间的相关性不高，佐证了本研究的同源误差较小，具有一定的可靠性。尽管如此，未来研究还是应该分割时间点来调查，以此获得更为合理的数据，进而分析变量之间的关系，这是其一。

其二，本文的一个重要缺陷，也是绝大部分组织行为学研究的缺陷，即采用的是横断面数据分析变量之间的因果关系，未来研究应采用追踪研究或实验研究来确定本文研究的变量关系。

其三，本文仅发现情感承诺作为后果变量来探讨三维交互效应，取得一定的研究进展，但是否可以推广到其他变量，如工作绩效、工作满意度等，还有待于验证。另外，对于不同层级的主管，不同企业类型、管理者表现出的谦卑型领导对员工是否都具有积极的影响？这也是一个值得我们后续进行不断深入探讨的议题。

参考文献

[1] Allen, N. J., Meyer, J. P. The Measurement and Antecedents of Affective, Continuance and Normative Commitment to the Organization [J]. Journal of Occupational Psychology, 1990, 63 (1): 1-18.

[2] Conger, J. A. Qualitative Research as the Cornerstone Methodology for Understanding Leadership[J]. Leadership Quarterly, 1998, 9 (1): 107-121.

[3] Dineen, B. R., Lewicki, R. J., Tomlinson, E. C. Supervisory Guidance and Behavioral Integrity: Relationships with Employee Citizenship and Deviant Behavior [J]. Journal of Applied Psychology, 2006, 91 (3): 622-635.

[4] Farh, J. L., Liang, J. Individual-Level Cultural Values as Moderators of Perceived Organizational Support-Employee Outcome Relationships in China: Comparing the Effects of Power Distance and Traditionality [J]. Academy of Management Journal, 2007, 50 (3): 715-729.

[5] Farh, J. L., Lin, S. C. Impetus for Action: A Cultural Analysis of Justice and Organizational Citizenship Behavior in Chinese Society [J]. Administrative Science Quarterly, 2007, 42 (3): 421-444.

[6] Meyer, J. P., Allen, N. J. A Three-Components Conceptualization of Organizational Commitment [J]. Human Resource Management Review, 1991, 1 (1): 61-89.

[7] Morris, J. A., Brotheridge, C. M., Urbanski, J. C. Bringing Humility to Leadership: Antecedents and Consequences of Leader Humility [J]. Human Relations, 2005, 58 (10): 1323-1350.

[8] Murrell, K. L. Emergent Theories of Leadership for the Next Century: Towards Relational Concepts [J]. Organi-

zation Development Journal, 1997, 15 (3): 35-42.

[9] Owens, B. P. The Utility of Humility in Organizations: Establishing Construct, Nomological, and Predictive Validity [J]. Academy of Management Annual Meeting Proceedings, 2009.

[10] Owens, B. P., Hekman, D. R. How does Leader Humility Influence Team Performance? Exploring the Mechanisms of Contagion and Collective Promotion Focus [J]. Academy of Management Journal, 2015, 59 (3).

[11] Owens, B. P., Herman, D. R. Modeling How to Grow: An Inductive Examination of Humble Leader Behaviors, Contingencies, and Outcomes [J]. 2012, 55 (4): 787-818.

[12] Owens, B. P., Johnson, M. D., Mitchell, T. R. Expressed Humility in Organizations: Implications for Performance, Teams, and Leadership [J]. Organization Science, 2013, 24 (5): 1517-1538.

[13] Owens, B. P., Walker, A. S., Waldman, D. A. Leader Narcissism and Follower Outcomes: The Counterbalancing Effect of Leader Humility [J]. Journal of Applied Psychology, 2015, 100 (4): 1203-1213.

[14] Rhoades, L., Eisenberger, R., Armeli, S. Affective Commitment to the Organization: The Contribution of Perceived Organizational Support [J]. Journal of Applied Psychology, 2001, 86 (5): 825-836.

[15] Simons, T. Behavioral Integrity: The Perceived Alignment Between Managers' Words and Deeds as a Research Focus [J]. Organization Science, 2002, 13 (1): 18-35.

[16] Simons, T., Friedman, R., Liu, L. A., Mclean, P. J. Racial Differences in Sensitivity to Behavioral Integrity: Attitudinal Consequences, In-group Effects, and "trickle down" among Black and non-Black Employees [J]. Journal of Applied Psychology, 2007, 92 (3): 650-665.

[17] Simons, T., Mc Lean-Parks, J. The Sequential Impact of Behavioral Integrity on Trust, Commitment, Discretionary Service Behavior, Customer Satisfaction and Profitability [Z]. Paper Presented at the Annual Meeting of the Academy of Management, Toronto, Ontario, Canada, 2000.

[18] 樊耘，张旭，颜静．基于理论演进角度的组织承诺研究综述[J]. 管理评论，2013，25（1）：101-113.

[19] 高日光．领导正直的前因与结果：一项追踪研究[J]. 心理科学进展，2015，23（12）：2042-2053.

[20] 刘军，富萍萍，张海娜．下属权威崇拜观念对信心领导过程的影响：来自保险业的证据[J]. 管理评论，2008，20（1）：26-31.

[21] 罗瑾琏，花常花，钟竞．谦卑型领导对员工工作绩效和工作满意度的影响研究[J]. 软科学，2015（10）：78-82.

[22] 潘静洲，周晓雪，周文霞．领导—成员关系、组织支持感、心理授权与情感承诺的关系研究[J]. 应用心理学，2010，16（2）：167-172.

[23] 唐汉瑛，龙立荣，周如意．谦卑领导行为与下属工作投入：有中介的调节模型[J]. 管理科学，2015（3）：77-89.

[24] 汪林，储小平．心理契约违背与员工的工作表现：中国人传统性的调节作用[J]. 软科学，2008，22（12）：137-140.

[25] 吴隆增，刘军，刘刚．辱虐管理与员工表现：传统性与信任的作用[J]. 心理学报，2009，41（6）：510-518.

[26] 徐小凤，高日光．谦卑型领导的前因与结果：人格与组织政治知觉的作用[J]. 中国人力资源开发，2016（13）：22-27.

[27] 杨国枢，余安邦．中国人心理与行为［M］. 台北：桂冠图书出版公司，1989：241-301.

[28] 张军成．谦卑型领导对员工建言行为的影响：心理安全感与主动型人格的作用[J]. 商业经济与管理，2016（11）：25-33.

[29] 仲理峰，王震，李梅，李超平．变革型领导、心理资本对员工工作绩效的影响研究[J]. 管理学报，2013，10（4）：536-544.

[30] 周浩，龙立荣．变革型领导对下属进谏行为的影响：组织心理所有权与传统性的作用[J]. 心理学报，2012，44（3）：388-399.

股权结构与企业价值的影响研究

——基于不同实际人持股控制下的中国家族企业

向仙虹[1,2]　孙　慧[1,2]

（1. 新疆大学新疆创新管理研究中心，新疆　乌鲁木齐　830046

2. 新疆大学经济与管理学院，新疆　乌鲁木齐　830046）

［摘　要］中国家族企业占民营企业的比例高达 69.71%，对国民经济的贡献也越来越大；同时股权结构是公司治理的难点和重点。本文以 2011~2015 年 663 家中国家族企业为研究对象，通过案例分析法，分析家族企业实际控制人类型，同时将家族企业分为三类，并进行情景划分：将总样本记为情景 1；将以业主一人持股控制的家族企业记为情景 2；将以业主为核心的亲缘关系持股控制的家族企业记为情景 3；将以业主为核心的创业伙伴持股控制的家族企业记为情景 4。同时采用多元线性回归和多元非线性回归分析不同实际控制人控制方式下家族企业股权结构对企业价值的影响。结果表明：①在总样本（情景 1）中，第一大股东持股比例对企业价值的影响呈先下降后上升再下降的三次函数关系，但不同实际控制人持股控制的家族企业股权结构对企业价值的影响存在差异；②无论是总样本还是在分组样本中，股权集中度与企业价值呈显著正相关关系，股权制衡度与企业价值呈显著负相关；③总样本（情景 1）中最优股权在 20%~25%，情景 4 中企业价值最大同时股权集中相对分散、制衡度高，情景 3 企业价值最小、股权集中度较高。

［关键词］股权结构；企业价值；实际控制人；中国家族企业

引言

“家族企业”不再是家庭式的“小作坊”，它是民营企业的重要组成成分，对中国国民经济的贡献也越来越大，家族企业作为中国经济发展的一个增长点，是世界经济体系中最基本和最古老的组成形式。在民营企业发展史研究中，无论是大型上市公司还是小型企业，其前身都是由一位或者若干位企业创始人利用其自身的优势资源，从小规模企业逐渐做强并做大，而且家族企业的创建也大多都采用这种方式。在全球视角上，家族企业是普遍存在的：Gersick，Davis，Hampton 和 Lansberg（1997）[1]算出全球有 65%~80%的企业是家族企业；而 Shanker 和 Astrachan（1996）[2]认为美国的家族企业占比高达 60%以上；Claessens（2000）[3]等在研究中国、朝鲜、韩国、日本等东亚 9 国的大型上市公司时发现，在 2980 家上市公司中有 60%是家族企业。

在中国，以家族为基础的企业形态是当前我国民营企业的主要形式，温永红（2007）[4]统计了在中国民营企业中，家族管理式的企业至少占 90%以上，并且在经济新常态下，中国家族企业对社会经济做出很大的贡献。《福布斯》连续对中国家族企业进行调查，结果显示，家族企业占民营企业数量的 69.71%，并且这个比例还在逐年上升，这也表明家族企业在整个国民经济中具有举足轻重的地位。

截至 2017 年 1 月 13 日，共有 3061 家 A 股上市企业。其中，有 1773 家 A 股民营企业，占 57.90%。如图 1-1 所示，在 2010~2015 年 A 股新增上市公司中，除 2013 年外，新增民营上市公司占新增上市公司总额比例高达 77%以上，而 A 股新增家族企业占新增民营企业的比例高达 66%以上。A 股新增上市公司总数、A 股新增民营上市公司总数、A 股新增家族企业总数，在经过 2010~2012 年 3 年的井喷式上市潮之后，到 2013 年 A 股市场就停止了 IPO（首次公开向公众出售发行股票），这也使得许多家族企业没有在 2013 年上市，抑制了它的上市需求。但 2013 年底恢复 IPO 以后，在 2014~2015 年两年间，家族企业的上市数量又大幅增加。

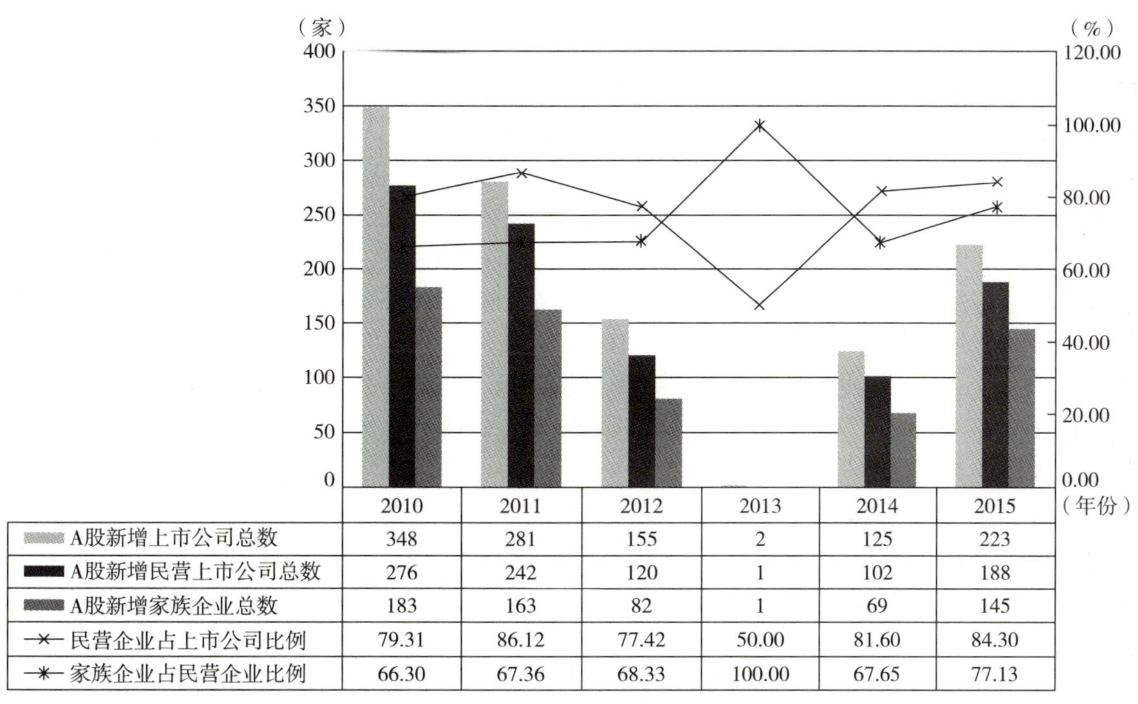

	2010	2011	2012	2013	2014	2015
A股新增上市公司总数	348	281	155	2	125	223
A股新增民营上市公司总数	276	242	120	1	102	188
A股新增家族企业总数	183	163	82	1	69	145
民营企业占上市公司比例	79.31	86.12	77.42	50.00	81.60	84.30
家族企业占民营企业比例	66.30	67.36	68.33	100.00	67.65	77.13

图 1 2010~2015 年 A 股新增上市公司数量趋势图

资料来源：根据 Wind 数据库整理而得。

一、研究假设

（一）股权集中与企业价值的研究假设

在公司治理理论和委托代理理论中，股权集中度对公司价值的影响是要通过公司的激励机制来实现的，实际控制人会让自己可信的朋友或者家族成员在公司担任要职，在一定程度上减少了代理成本，从而有利于公司的经营激励。但股权相对集中时，大股东也会出现侵占企业资源的现象。

在第一大股东持股比例对企业价值的影响研究中，主要存在三个不同的观点：①第一大股东持股与企业价值呈线性关系：第一，呈正向关系的主要原因是第一大股东持股比例越高，表明第一大股东拥有企业较大的所有权，第一大股东会高度参与企业的经营活动和决策，一定程度上缓解了大股东和职业经理人的委托代理成本，有利于企业价值的提高。这一观点也得到了 Thomsen 和 Pedersen（2000）[5]的认可。第二，呈负相关关系是由于股权集中越高越会出现"一股独大"的现象，实际控制人或者大股东会侵害小股东的利益，掏空企业价值，不利于提高企业价值，白重恩等（2005）[6]也验证了这一观点。②大股东持股与企业价值呈非线性关系：一些学者如孙永祥和黄祖辉（1999）[7]、杜莹和刘立国（2002）[8]等在研究中发现第一大股东的持股比例对企业价值的影响并非线性关系，两者之间存在显著的倒 U 形非线性关系，特别是 Morck（2004）[9]通过分段回归认为股权在 0%~5%是正相关关系，在 5%~25%是负相关关系，在 25%以上是正相关关系。③大股东持股比例和企业价值不存在相关性：Demsetz（1985）[10]认为股权集中度与企业价值之间不存在显著的相关性，肖淑芳等（2012）[11]、吴国鼎和叶扬（2013）[12]也验证了这一研究结论。国内外学者主要从不同领域和对象进行研究，也得出了不同的结果。在家族企业中第一大股东持股比例较高，根据公司治理理论和委托代理理论，第一大股东持股对企业价值的影响会随着股权结构的增加而发生变化，并非单纯的线性关系。因此，提出如下假设：

假设 1：在家族企业中第一大股东持股比例与企业价值呈非线性关系。

股权集中除了用第一大股东持股比例来表示外，同时还应该考虑到前十大股东持股比例之和、赫芬达尔指数。在委托代理理论中主要是大股东和职业经理人之间的委托代理，随着大股东持股比例逐渐增加，股权相对集中，大股东不仅是企业所有者，更是企业的经营者，股东利益与企业利益是高度一致的。此时，为了使企业能够长期发展，大股东会注意企业的长期投资，而非短期利益，会加大对管理层的监督力度，从而提高企业价值。并且在家族企业中，前十大股东中家族成员占比较高，他们与家族企业的实际控制人一样，不仅要考虑到家族利益，也要兼顾企业利益，双方利益在博弈过程中，大股东会更加重视企业的长期战略发展，从而促进企业价值的提高。这些观点也得到了学者们高度认可，如秦志华、徐斌（2011）[13]认为非第一大股东所持股权比例对企业价值的影响是正向的；李明辉（2009）[14]认为，股权集中度会促进企业价值的提高。因此提出如下假设：

假设 2：在家族企业中前十大股东持股比例之和与企业价值呈正相关关系。

假设 3：在家族企业中赫芬达尔指数与企业价值呈正相关关系。

（二）股权制衡与企业价值的研究假设

在探讨大股东之间的利益冲突对公司价值的影响来提高公司的治理效率时，股权制衡是必须考虑的因素之一。根据公司治理理论，企业第一大股东和其他股东的持股比例相差很大，单个股东对第一大股东的制衡作用就显得微乎其微。

家族企业股权非常集中，第一大股东往往会掏空企业价值，其他股东很难对这种行为实施有效的监管控制。此时，各股东利用各自的股权参与经营和决策所形成的一种相互牵制和相互监督的局面，才能促使企业价值重新突破瓶颈。Shleifer 和 Vishny（1997）[15]、La Porta 等（2000））[16]认为集中型股权结构很难有效避免股东之间的矛盾和冲突，即企业中大股东对小股东利益的侵占，此时需要大股东之间股权相互制衡，才能突破企业价值的提高。股权制衡能够有效地避免股东内部之间的矛盾。朱红军和汪辉（2004）[17]在研究中发现，在股权制衡的企业中，企业价值没有"一股独大"企业中的企业价值大，说明股权制衡度反而会对企业价值产生负面影响，刘汉民（2016）[18]在研究中也验证了上述结论。因此提出如下假设：

假设 4：在家族企业中股权制衡与企业价值呈正相关关系。

二、中国家族企业实际控制人类型分析

分析家族企业股权结构的特征有助于进一步研究股权结构对企业价值的影响，特别是探讨不同实际控制人类型下的家族企业股权结构对企业价值的影响是否存在差异，对提高家族企业的企业价值有着重要意义。而按实际控制人类型可将家族企业分为有四种：以业主一人持股控制的单一家族企业、以业主为核心的亲缘关系的单一家族企业、以业主为核心的亲缘关系的多家族企业、以业主为核心的创业伙伴控制的家族企业。本文研究的是广义家族企业，如实际控制人是业主一人，则视为单一家族控制。

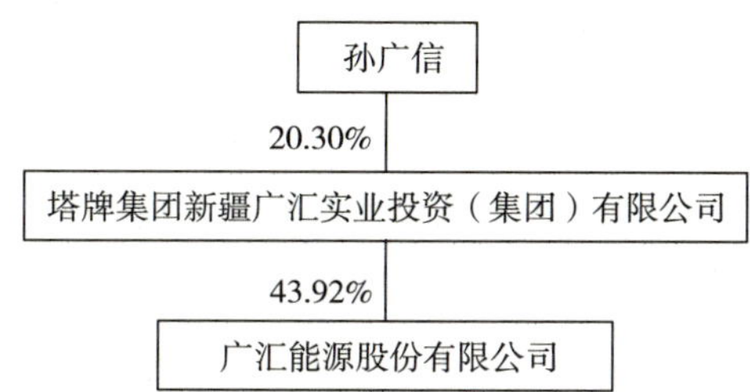

图 2　2015 年广汇能源股份有限公司实际控制人控制关系图

资料来源：《2015 年广汇能源股份有限公司年报》。

（一）单一家族

1. 以业主一人持股控制的单一家族

实际控制人是以业主一人持股控制的单一家族企业是广义家族企业中最直接和简单的控制方式。以广汇能源股份有限公司（600256. SH）（以下简称广汇能源）为例，自上市以来，公司立足于新疆本土及中亚丰富的石油、天然气和煤炭资源，确立了以能源产业为经营中心、以资源获取与转换为方向的产业发展格局。广汇能源的实际控制人是孙广信，实际控制人孙广信对新疆广汇能源实业投资（集团）有限责任公司（以下简称广汇实业）直接持股 71. 73%，而广汇实业是广汇能源的第一大股东，持股 43. 92%。孙广信通过垂直间接控制广汇能源是单一家族控制最常见的控制方式。

2. 以业主为核心的亲缘关系持股控制的单一家族

实际控制人是以业主为核心的亲缘关系的单一家族是家族企业最原始、最典型的组成形式。以姚俊良家族通过美锦能源集团有限公司（以下简称美锦能源）控制山西美锦能源股份有限公司（000723. SZ）（以下简称山西美锦能源）为例。山西美锦能源的大股东是美锦能源集团，它是一个家族控股的民营企业，目前美锦能源集团的全部股份由七名自然人持股，其中，姚俊良是公司实际控制人，姚俊杰、姚三俊、姚四俊、姚俊卿与姚俊良均为兄弟关系；姚俊良和高反娥是夫妻关系；姚俊花与姚俊良为兄妹关系。除姚俊良对美锦能源集团持股 25%外，其余股东均持股 12. 5%，美锦能源集团是山西美锦能源的第一大股东，持股 77. 29%；并且姚俊良任美锦能源集团的董事长，而儿子姚锦龙任上市公司山西美锦能源的董事长，弟弟姚俊卿任总经理。姚氏集团通过间接持股和任职管理实现家族间接控制山西美锦能源的目的。

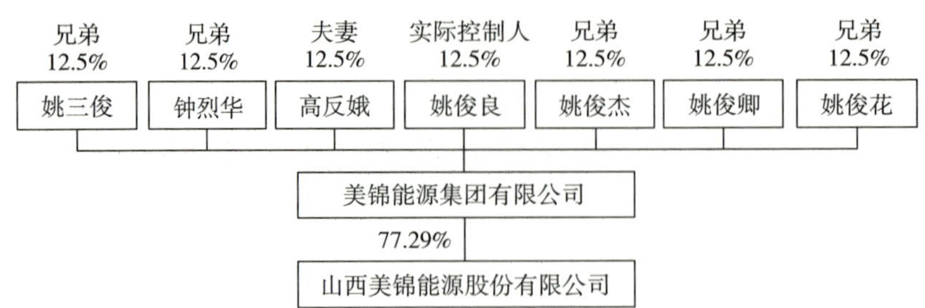

图 3　2015 年山西美锦能源股份有限公司实际控制人控制关系图

资料来源：《2015 年山西美锦能源股份有限公司年报》。

（二）多家族

1. *以业主为核心的亲缘关系持股控制的多家族*

随着家族企业的变革和发展，多家族共同联盟合作发展的趋势也逐渐增多，如以广州海鸥卫浴用品股份有限公司（以下简称海鸥卫浴）为例，唐台英家族和戎启平家族通过直接和间接方式持股共同控制海鸥卫浴，同时唐台英任上市公司海鸥卫浴和第一大股东中馀投资有限公司的董事长；戎启平任上市公司海鸥卫浴的监事会主席和中盛集团有限公司的董事。因此，唐台英家族和戎启平家族通过直接或间接持股和担任要职来控制上市公司海鸥卫浴。

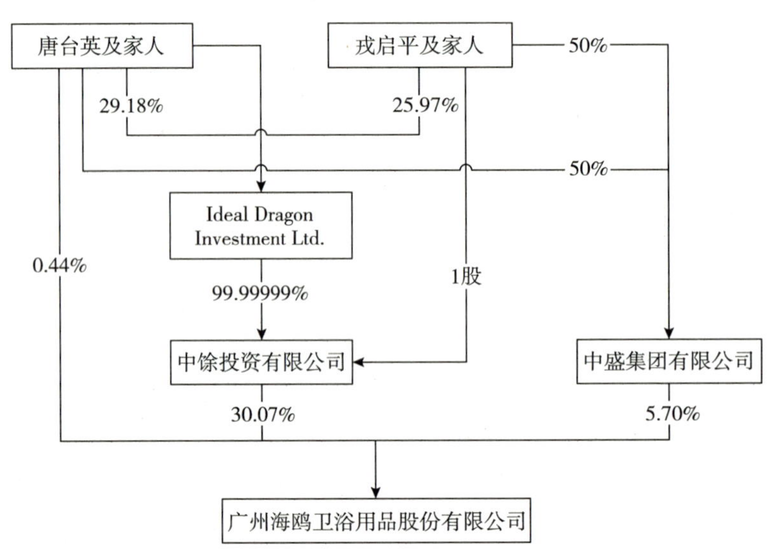

图 4　2015 年广州海鸥卫浴用品股份有限公司实际控制人控制关系图

资料来源：《2015 年广州海鸥卫浴用品股份有限公司年报》。

2. *以业主为核心的创业伙伴持股控制的多家族*

有的学者认为，中国是一个信任度很低的社会，股东对公司的所有权和经营权很难完全相信外人。但事实上，大股东不仅会考虑到自身利益同时要兼顾企业的长久发展。因此，在广义的家族企业中，以业主为核心的创业伙伴共同持股创建家族企业也普遍存在。多以塔牌集团（002233. SZ）为例来阐述家族直接共同控股，张能勇、钟烈华和徐永寿是以创业伙伴为基础来控制企业股份。持股比例相近，股权相对分散，三者之间存在很好的制衡作用，并能够有效地参与企业经营管理活动。

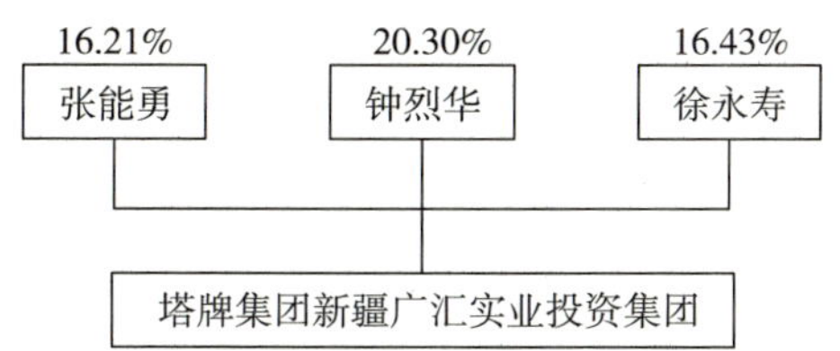

图 5 2015 年广东塔牌集团股份有限公司实际控制人控制关系图

资料来源：《2015 年广东塔牌集团股份有限公司年报》。

三、研究设计

（一）变量定义

本文主要分析股权结构对企业价值的影响，则自变量为股权结构而因变量是企业价值，为了更好地解释两者之间的关系还引入了控制变量和虚拟变量，详见表 1。

表 1 变量定义

变量类型	变量名称	变量符号	变量定义
因变量	托宾 Q 值	TQ	TQ =企业资产市场价值/资产的重置成本 =（股票市值+净资产+净债务）/期末总资产
	经济增加值	EVA	EVA = log（税后经营业利润-资本成本）
自变量	股权集中	OWN_1	第一大股东持股比例
		OWN_{1-10}	前十大股东持股比例
		HHI_{10}	前十大股东持股比例的平方和
	股权制衡	ZH_5	前二到前五大股东持股比例之和/第一大股东持股比例
控制变量	企业规模	SIZE	总资产的对数
	负债率	FZL	FZL = 负责总额/资产总额
	企业上市年龄	LIFE	LIFE = 截止时间-上市时间
	法人持股	FRCG	法人持股比例
虚拟变量	实际控制人职位	ZW	董事长或经理人是否是实际控制人，是 = 1，否 = 0

本文研究的是股权结构与企业价值的关系，企业价值作为被解释变量，股权结构是解释变量，同时在研究过程中也引入控制变量。

（二）样本选择与数据来源说明

本文根据 La Porta（1999）和 Mork（2004）对家族企业的判别标准来筛选家族企业：一是企业的最终控制者可以追溯到某个自然人或者以实际控制人为核心的家族成员；二是企业的最终控制人通过直接或者间接持股，成为第一大股东。根据国泰安数据库和万得数据库中所提供的 A 股上市公司的实际控制人情况，提取企业直接控股股东名称、直接控股股东性质、实际控制人名称、实际控制人性质和实际控制人拥有上市和公司股份性质等共获得 2954 家 A 股企业信息数据。由连燕玲、贺小刚、张远飞（2011）对家族企业的筛选方法，根据企业实际控制人名称和性质剔除实际控制人为“国家控制”“员工持股或工会”“集体企业”“外商投资企业”“港澳台投资企业”“公众持股”以及 ST 和退市的企业，剩余 1639 家家族企业。剔除 2011 年以后上市的家族企业和金融行业后的样本并从万得数据库中获得 2011~2015 年的财务数据，再剔除指标数据缺失和异常值的企业，剩余 663 家企业，共 3315 个面板数据，本文运用 SPSS19. 0 进行统计分析和相关性分析，用 Eviews6. 0 进行回归分析。

（三）情景划分

在分析家族企业实际控制人控制方式的基础上（见图 6），为了更深入地研究家族企业股权结构与企业价值之间的关系，本文将实际控制人持股控制的家族企业进行分类：①将总样本记为情景 1；②将实际控制人为业主一人持股控制单一家族企业样本记为情景 2；③将实际控制人为以业主为核心的亲缘关系包括父母、兄弟姐妹、配偶等的家族成员持股控制的单一家族和多家族企业样本记为情景 3，鉴于亲缘关系持股控制的多家族企业样本少，因此将以业主为核心的亲缘关系的单一家族和多家族合为研究样本；④将实际控制人为以业主为核心的创业伙伴所持股控股的家族企业样本记为情景 4。

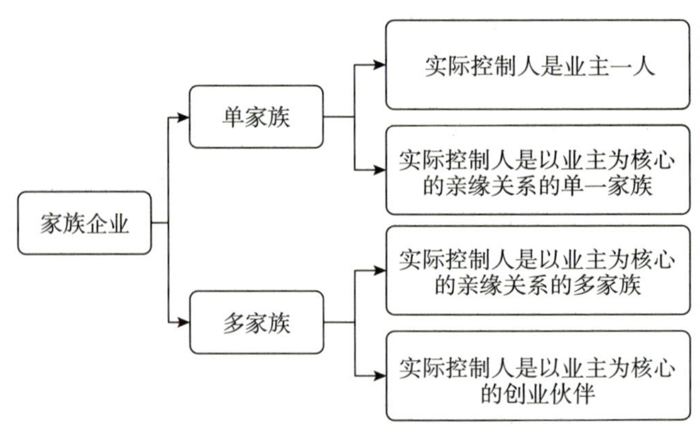

图 6 家族企业实际控制人控制关系图

四、实证分析

（一）描述性统计分析

本研究样本有 663 家企业，选取 2011~2015 年共 3315 个样本。其中，实际控制人为业主一人持股控制的企业（情景 2）有 502 家，占总样本的 75. 72%；实际控制人为以业主为核心的亲属关系持股控制的企业（情景 3）有 64 家企业，占总样本的 9. 65%；实际控制人为以业主为核心的创业伙伴持股控制的企业（情景 4）有 97 家，占总样本 14. 91%。

（1）企业价值的描述性统计分析。

企业价值最大均值均位于情景 4，并且企业价值（TQ）均值排名为：情景 4>情景 2>情景 3。从表 2 描述性统计中可知，在情景 1 中总样本企业价值（TQ）均值为 2.34，企业价值的替代变量（TQ 最大均值为 2.46，最小为 2.08；EVA 最大均值为 3.75，最小 3.66）的最大均值都位于情景 4 中，并且企业价值（TQ）均值排名为：情景 4>情景 2>情景 3，主要原因是由于股权结构中股权集中度和股权制衡度对企业价值相互作用的结果。同时表明，在情景 4 中，以业主为核心的创业伙伴一方面能够积极参加企业的运营管理，一定程度上能够缓解家族所有者与经营者的委托代理冲突；另一方面能够更好地监督第一大股东对中小股东的利益侵占并制衡大股东对企业价值的“掏空”行为，因此企业价值相对要高于情景 1、情景 2 和情景 3。

表 2 变量的描述性统计

	情景 1（总样本）				情景 2（实际控制人为业主一人）				情景 3（实际控制人为以业主为核心的亲缘关系的家族成员）				情景 4（实际控制人为以业主为核心的创业伙伴）			
	N	极小值	极大值	均值	N	极小值	极大值	均值	N	极小值	极大值	均值	N	极小值	极大值	均值
TQ	3315	0.00	42.39	2.34	2510	0.00	42.39	2.36	320	0.24	14.35	2.08	485	0.20	17.23	2.46
EVA	3315	2.71	5.11	3.73	2510	2.71	5.11	3.66	320	2.93	4.89	3.72	485	2.91	5.02	3.75
OWN_1	3315	0.29	89.99	32.90	2510	0.29	86.49	33.14	320	8.54	89.99	34.14	485	4.31	78.02	30.93
OWN_{1-10}	3313	1.32	94.48	55.78	2510	1.32	94.48	54.77	320	13.34	91.78	59.68	485	11.19	87.08	58.37
HHI_{10}	3315	0.00	81.00	2.69	2510	0.00	59.92	2.67	320	0.01	81.00	3.00	485	0.01	40.90	2.41
ZH_5	3315	0.01	3.92	0.71	2510	0.01	3.92	0.66	320	0.02	3.59	0.78	485	0.02	3.92	0.92
SIZE	3315	0.00	5.01	3.42	2510	0.00	5.01	3.43	320	2.59	4.43	3.44	485	2.38	4.94	3.32
FZL	3315	0.71	99.59	41.25	2510	0.71	99.58	42.87	320	5.16	85.09	38.35	485	1.40	92.42	34.69
LIFE	3315	27	9131	3294.71	2510	27.00	8899	3521.24	320	39	84.99	2660.26	485	27	9131	2537.27
FRCG	3315	0.00	92.14	30.67	2510	0.13	88.02	30.86	320	0.45	92.14	32.81	485	0.37	75	28.49
ZW	3315	0.00	1.00	0.76	2510	0.00	1.00	0.73	320	0.00	1.00	0.83	485	0.00	1.00	0.87

资料来源：根据 Wind 数据库整理而得。

（2）股权集中度的描述性统计分析。

验证家族企业“一股独大”的现象，情景 3 的股权最集中，大小排名为情景 3>情景 2>情景 4。在情景 1 总样本中，第一大股东持股比例（OWN_1）极大值为 89.99%，极小值为 0.29%，均值为 32.90%，极差大，验证了家族企业第一大股东或者实际控制人“一股独大”的现状；无论是第一大股东持股比例最大均值（34.14%）、前十大股东持股比例最大均值（59.68%）还是赫芬达尔指数最大均值（3.00）都位于情景 3，表明情景 3 的家族企业股权相对集中，实际控制人可以通过产权、血缘或姻缘等关联关系集中企业股权，并且提高对公司的话语权和投票决策权；同时情景 3 的企业价值（TQ）均值最小，表明大股东股权集中存在侵害小股东利益、掏空企业价值的动机。

（3）股权制衡度的描述性统计分析。

情景 4 中股权制衡度最大，情景 2 次之、情景 3 最小，在前五大股东中，第二大股东至第五大股东共同对第一大股东的制衡度（ZH_5）最大均值为 0.92，位于情景 4 中，同时情景 4 中的企业价值均值最大，表明在以业主为核心的创业伙伴持股控制的家族企业中，第二大股东至第五大股东共同对第一大股东的制衡度比较高，他们对第一大股东的管理和决策起到监督和制衡作用，有利于企业价值的提升。情景 3 中的股权制衡度大于情景 2，其重要原因是在情景 3 中实际控制人是以业主为核心的亲缘关系的家族成员，他们在企业中存在两个目标：一方面是家族企业利益最大化，实际控制人对家族利益存在一致性；另一方面是个人利益最大化，不同家族成员的个人利益存在差异，并且家族成员对企业持股比例不同，对掏空企业价值的动机也存在差异。

从企业寿命来看，以业主为核心的亲缘关系持股控股的家族企业创立时间最早，但企业数量却最少，这说明家族企业也在不断转型升级。

（二）Pearson 相关性检验

表 3 是本文主要的因变量、解释变量和控制变量之间的相关性分析。企业价值的替代变量（TQ、EVA、ROA）与解释变量之间的系数均小于 0.5，表明变量之间不存在严重的多重共线性，和预期相一致。

表 3 变量的相关性分析

	TQ	EVA	OWN1	OWN_{1-10}	HHI_{10}	ZH_5	SIZE	FZL	LIFE	FRCG	ZW
TQ	1										
EVA	0.087***	1									
OWN_1	-0.113***	0.132***	1								
OWN_{1-10}	-0.054***	0.120***	-0.633***	1							
HHI_{10}	0.212***	0.388***	0.197***	-0.138***	1						
ZH_5	0.083***	-0.065***	-0.611***	0.069***	0.108***	1					
SIZE	-0.416***	0.207***	0.197***	-0.132***	0.185***	0.127***	1				
FZL	-0.289***	0.300***	0.055**	-0.140***	0.044**	-0.180***	0.481***	1			
LIFE	0.062***	0.201***	-0.192***	-0.458***	0.091***	-0.149***	-0.175***	0.370***	1		
FRCG	-0.089***	0.196***	0.313***	-0.247***	0.156***	-0.157***	0.242***	0.197***	0.146***	1	
ZW	-0.102***	-0.046**	0.108***	0.204***	-0.015*	0.026***	0.003***	-0.098***	-0.338***	-0.042**	1

注：***、**和*分别表示在 1%、5%和 10%的显著性水平上显著。

资料来源：根据 Wind 数据库整理而得。

（三）回归分析

在表 4 回归分析中，情景 1 总样本的企业价值（TQ、EVA）与第一大股东持股比例呈显著三次函数的非线性关系，随着第一大股东股权持股比例的增加，企业价值会先下降后上升再下降，假设 1 得到验证。在家族企业中，实际控制人一般为第一大股东，在委托代理理论中，家族企业的实际控制人是企业的创始人，对企业的成长发展、经营管理密切关注，对企业的参与度高于其他企业，这在很大程度上缓解了所有者和管理者之间的委托代理，但如果第一大股东持股比例过高，也会存在侵害小股东的利益或掏空企业价值的情况。

表 4 回归分析结果

变量	情景 1（总样本）		情景 2（实际控制人是业主一人）		情景 3（实际控制人是以业主以为核心的家族成员）		情景 4（实际控制人是以业主为核心的创业伙伴）	
	TQ	EVA	TQ	EVA	TQ	EVA	TQ	EVA
OWN_1	-0.1496*** (-3.5152)	-0.0185*** (-4.3630)	-0.0974*** (-3.9098)	-0.0126*** (-5.3648)	-0.2988*** (-2.7511)	-0.0518*** (-3.8230)	-0.0430*** (-2.9196)	-0.0072*** (-4.0938)

续表

变量	情景1（总样本）		情景2（实际控制人是业主一人）		情景3（实际控制人是以业主以为核心的家族成员）		情景4（实际控制人是以业主为核心的创业伙伴）	
	TQ	EVA	TQ	EVA	TQ	EVA	TQ	EVA
OWN_1^2	0.1948** (2.2507)	0.02212** (2.5646)	0.0726** (3.4727)	0.0096*** (4.8393)	0.6101*** (2.8367)	0.1069** (3.9838)		
OWN_1^3	-0.1060* (-1.6479)	-0.0110* (-1.7102)			-0.4621*** (-2.9667)	-0.0800*** (-4.1146)		
OWN_{1-10}	0.0417*** (5.6435)	0.0049*** (6.6269)	0.0282*** (3.4865)	0.0032*** (4.1718)	0.0486*** (2.4294)	0.0088*** (3.5178)	0.0250** (2.4074)	0.0030** (2.4237)
HHI_{10}	0.1078*** (19.4635)	0.0146*** (26.3780)	0.1146*** (16.9070)	0.0149*** (23.2486)	0.0885*** (6.9817)	0.0142*** (8.9764)	0.1301*** (9.4164)	0.0187*** (11.3867)
ZH_5	-0.7300*** (-3.7669)	-0.0878*** (-4.5810)	-0.5514** (-2.4840)	-0.0587*** (-2.7946)	-0.6415 (-1.3303)	-0.0984 (-1.6350)	-0.3876* (-1.7347)	-0.0678** (-2.5510)
SIZE	-2.2666*** (-24.8749)	0.7137*** (79.5911)	-2.3708*** (-22.3442)	0.7075*** (70.4891)	-1.4895*** (-5.8341)	0.7256*** (22.7707)	-1.5942*** (-6.3566)	0.8068*** (27.0472)
FZL	-0.0156*** (-7.4813)	-0.0002*** (-12.2675)	-0.0117*** (-4.7627)	-0.0023*** (-9.9324)	-0.0210** (-3.7216)	-0.0018** (-2.6073)	-0.0283*** (-5.4523)	-0.0040*** (-6.4560)
LIFE	0.0002*** (9.0302)	0.00001*** (7.9808)	0.0001*** (5.1372)	0.00008*** (3.8244)	0.0001* (1.7742)	0.00002** (2.1575)	0.0002*** (4.9587)	0.00002*** (3.6224)
FRCG	-0.0022 (-1.1435)	-0.0002 (-1.1653)	-0.0040* (-1.7149)	-0.0006*** (-2.7331)	0.0014 (0.3274)	0.0004 (0.7474)	-0.00005 (-0.0125)	0.0005 (0.9668)
ZW	-0.3934*** (-4.5408)	-0.0225*** (-2.6057)	-0.4022*** (-3.9707)	-0.0197** (-2.0529)	-0.3697 (-1.5378)	-0.0464 (-1.5463)	0.0565 (0.2282)	0.0424 (1.4386)
C	11.4362*** (20.1985)	1.5054 (26.6662)	11.8004*** (23.8592)	1.5362*** (32.8366)	10.0428*** (6.0553)	1.5925*** (8.9630)	8.0285*** (9.8343)	1.0803*** (11.1260)
N	3315	3315	2510	2510	320	320	485	485
R^2	0.3109	0.7471	0.3067	0.7515	0.3530	0.7623	0.3056	0.7149
F	135.3946	886.6785	110.4366	755.0793	15.2761	89.7849	23.2266	89.9206

注：***、**和*分别表示在1%、5%和10%的显著性水平上显著，括号中的数值为t值。

资料来源：根据Wind数据库整理而得。

在对情景1分段统计中（见表5），第一大股东持股比例在15%~40%时，家族企业样本量的占比相对集中，占64.04%。在首尾两端排除样本数量的限制外，企业价值（TQ）先下降后上升再总体下降，与回归分析结果相一致，且在20%~25%时企业价值最高，在描述性统计中，情景1的第一大股东持股比例均值为32.90%，超过了该区间，表明在情景1中，适当降低第一大股东持股比例会促进企业价值的提高。

表5 第一大股东持股比例与企业价值的替代值分段统计

第一大股东持股比例（%）	TQ均值	占样本比例（%）	第一大股东持股比例（%）	TQ均值	占样本比例（%）
0~5	3.3923	0.27	40~45	2.0166	9.23
5~10	3.3757	1.63	45~50	2.1824	6.75

第一大股东持股比例（%）	TQ 均值	占样本比例（%）	第一大股东持股比例（%）	TQ 均值	占样本比例（%）
10~15	2.3756	5.01	50~55	1.8825	4.89
15~20	2.6727	10.95	55~60	1.9373	2.93
20~25	2.7804	17.13	60~65	2.2603	2.47
25~30	2.3352	14.36	65~70	1.7640	1.30
30~35	2.1256	10.89	70~75	1.2300	0.54
35~40	2.3129	10.71	75~90	1.5973	0.30

不同类型的实际控制人家族企业中，第一大股东持股比例对企业价值的影响有很大的差异。在情景 2 中，企业价值（TQ、EVA、ROA）与第一大股东持股比例呈显著倒“U”形非线性关系，与图 7 的散点图相符。企业价值会随企业第一大股东持股比例的增加而先增加后下降。

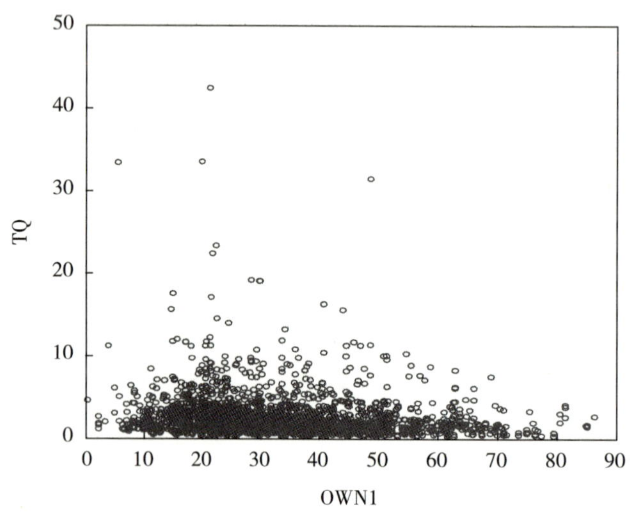

图 7　情景 1 中第一大股东持股比例与企业价值替代值的散点图

在情景 3 中，第一大股东持股比例与企业价值（TQ、EVA、ROA）呈显著三次函数，与情景 1 一致。企业价值会随第一大股东持股比例的增加而先降低后增加再降低。

在情景 4 中，第一大股东持股比例与企业价值（TQ、EVA、ROA）呈显著负相关关系，表明在以业主为核心的创业伙伴所持股控制的家族企业中，各创业伙伴对企业的持股比例相对比较均衡，股权分散，创业伙伴之间存在很强的制衡作用，若提高第一大股东持股比例，打破创业伙伴之间的制衡作用，在短时间内不利于提高企业价值。

在情景 1、情景 2、情景 3、情景 4 中，前十大股东持股比例与企业价值显著正相关，赫芬达尔指数与企业价值呈显著正相关关系，说明家族企业中提高前十大股东的股权对企业价值的提高存在正向的促进作用，此时大股东对公司价值的“支持效应”要大于“掏空效应”，即大股东更注重公司的“公共利益”而非自身的“私人利益”，验证了假设 2、假设 3。但从系数上看，情景 4 的 HHI_{10}的系数比情景 2、情景 3 的系数大，相对于情景 2 和情景 3 而言，情景 4 的创业伙伴的持股比例相差不大，股权相对分散，在描述性统计分析中也得到了验证。表明在情景 4 中提高前十大股东持股比例的集中度对企业价值的正向促进作用要大于以业主一人持股控制和以业主为核心的亲缘持股控制的家族企业。

ZH_5表示企业前二至前五名大股东共同对第一大股东的制衡程度，股权制衡度与企业价值呈显著负相关关系，假设4未通过，表明在家族企业中实际控制人主要通过直接或者间接控制企业，或者以大股东之间亲缘关系和亲信关系，提高对企业的参与度，并且实际控制人往往在企业中担任要职，高度参与企业经营活动和重大决策。由于家族企业所有权和管理权没有完全分离的特点，很大程度上会缓解企业的委托代理成本。此时，大股东的利益和企业价值一致，前五大股东对第一大股东的制衡会降低管理者即实际控制人对企业的战略决策效率，从而降低家族企业的企业价值。情景3中ZH_5的系数绝对值大于情景2和情景4，表明以业主为核心的亲缘家族成员所控股的家族企业，前五大股东中家族成员股东占比高，对第一大股东的制衡度越大则对企业价值的负向影响越大。

企业价值与企业寿命呈显著正相关关系，但从回归系数上看，回归系数非常小，表明在家族企业中随着企业寿命的增加，企业的管理模式逐渐规范化，企业文化逐渐完善，有利于提高企业价值；在家族企业上市后，企业运营正常化、规范化，企业寿命对家族企业提高企业价值的正向促进作用的强度会减弱。

在情景1、情景2中，实际控制人的职位与企业价值呈显著负相关关系，而情景3中实际控制人的职位与企业价值呈负相关关系，但不显著，而情景4中，实际控制人的职位与企业价值呈正相关关系，但不显著，表明以业主为核心的创业伙伴持股控制的家族企业，实际控制人积极参与企业经营活动和决策有利于企业价值的提高。

五、研究结论与启示

（一）研究结论

（1）在总样本（情景1）中，第一大股东持股比例对企业价值的影响是先下降后上升再下降的三次非线性函数关系，但在不同实际控制人类型下的家族企业（情景2、情景3、情景4）中第一大股东持股比例对企业价值影响存在显著的差异。

（2）无论在总样本还是在分组样本中，股权集中度与企业价值呈显著正相关关系；股权制衡度与企业价值呈显著负相关。

（3）总样本（情景1）中，最优股权介于20%~25%；情景4中，企业价值最大、股权集中相对分散、制衡度高；情景3中，企业价值最小、股权集中度较高。

（二）启示

1. 适当降低家族企业中第一大股东持股比例

对家族企业而言，股权结构过度分散或者过度集中都不利于提高企业价值，而本文情景1中第一大股东持股比例的均值32.90%，而第一大股东最优持股比例在20%~25%。因此，适当降低第一大股东持股比例有利于提高企业价值，避免第一大股东“一股独大”的现象。从描述性统计中可知第一大股东持股比例的极大值高达89.99%，很容易出现损害小股东利益的动机，其他股东对大股东的监督成本也变高。适当降低第一大股东持股比例，提高股东之间的监督作用，避免“一股独大”所引发的企业价值侵蚀的现象，使家族实际控制人能够做出对公司、对股东利益相权衡的恰当战略决策，对企业的长期稳健发展起到重要的作用。

2. 合理利用大股东之间的制衡作用

研究结果表明，样本企业中前二至前五大股东持股比例之和对第一大股东的制衡与企业价值呈显著负相关。已有学者的相关文献表明，在企业中适当提高股东之间的制衡度有利于提高企业价值，但是由于多数家族企业中实际控制人既是所有者，又是管理者。参与企业经营活动，大股东利益与企业利益能够保持一致性，能够将所有者、管理者和企业利益相对统一。因此，大股东也不能过度制衡第一大股东的控制权和决策权。同时需要建立合理的监督体系，明确规定监督成员中关联大股东的比例、企业内外专家成员数量等标准，以确保企业的所有者、管理者能够做出对企业有利的经营决策。

（三）下一步工作

本文采用案例分析法分析家族企业实际控制人对家族企业的控制方式，为本文的情景分类提供划分依据，同时本文发现在不同实际控制人持股控制的家族企业中，股权结构对企业价值的影响存在差异，但本文没有深入挖掘股权结构对企业价值影响机理，例如，家族股权结构对企业价值的影响存在差异是否受企业生命周期的影响。

参考文献

［1］ Gersiek，K. E.，Davis，J. A.，Hampton，M. M. Generation To Generation：Life Cycles of the Family Business［M］. Cambridge，MA：Harvard Business School Press，1997：156-169.

［2］ Shanker，M. C.，Astrachan，J. H. Myths and Realities：Family Businesses，Contribution to the US Economy-A Framework for Assessing Family Business Statistics［J］. Family Business Review，1996（9）：107-123.

［3］ Claessens S. Djankov S.，Lang，L. The Separation of Ownership and Control in East Asian Corporations［J］. Journal of Financial Economics，2000，58（1/2）：81-112.

［4］ 温永红．中国家族式民营企业治理结构［D］．北京交通大学，2007：56-72.

［5］ Thomsen S.，Pedersen T. Ownership Structure and Economic Performance in the Largest European Companies［J］. Strategic Management Journal，2000，21（6）：689.

［6］ 白重恩，刘俏，陆洲等．中国上市公司治理结构的实证研究［J］．经济研究，2005（2）：81-91.

［7］ 孙永祥，黄祖辉．上市公司的股权结构与绩效［J］．经济研究，1999（12）：23-30.

［8］ 杜莹，刘立国．股权结构与公司治理效率：中国上市公司的实证分析［J］．管理世界，2002（11）：124-133.

［9］ Morck Randall. A History of Corporate Governance around the World：Family Business Groups to Professional Managers［M］. The University of Chicago Press，2005.

［10］ Demsetz H. The Structure of Ownership and the Theory of the Firm［J］. Journal of Law & Economics，1983，26（2）：375-390.

［11］ 肖淑芳，金田，刘洋．股权激励、股权集中度与公司绩效［J］．北京理工大学学报（社会科学版），2012（3）：18-26.

［12］ 吴国鼎，叶扬．股权集中度、行业特征与企业绩效——基于中国上市公司的实证分析［J］．北京工商大学学报（社会科学版），2013（5）：90-98.

［13］ 秦志华，徐斌．大股东行为影响公司价值的理论模型解释［J］．管理科学，20011，24（4）：22-31.

［14］ 李明辉．股权结构、公司治理对股权代理成本的影响：基于中国上市公司 2001~2006 年数据的研究［J］．金融研究，2009（2）：149-168.

［15］ Shleifer A.，Vishny R. W. A Survey of Corporate Governance［J］. Journal of Finance，1997，52（2）：737-783.

［16］ LA Porter，Lopez-DE-Silanes F.，Shleifer A.，etc. Agency Problems and Dividend Policies around the World［J］. Journal of Finance，2000，55（1）：1-33.

［17］ 朱红军，汪辉．“股权制衡”可以改善公司治理吗？——宏智科技股份有限公司控制权之争的案例研究［J］．管理世界，2004（10）：114-123.

［18］ 刘汉民，王芳华．不同实际控制人类型下股权结构与绩效的关系——来自中国 817 家上市家族企业的经验统计［J］．经济与管理研究，2016（5）：98-104.

产权性质差异、管理层自信程度与企业并购绩效的关系研究*

孙　慧[1,2]　张　娇[1,2]

（1. 新疆创新管理研究中心；2. 新疆大学经济与管理学院，新疆　乌鲁木齐　830046）

[摘　要] 文章以2009~2013年发生并购交易的623家上市公司为样本，实证检验了管理层自信对企业并购绩效的影响以及产权性质差异视角下管理层自信程度对企业并购绩效的影响差异。得出管理层自信程度与企业并购绩效二者呈倒U形关系；管理层自信异质性与企业并购绩效不显著正相关。进而据产权性质分组检验得出，国有企业管理层自信程度与企业并购绩效呈U形关系；而非国有企业管理层自信程度与企业并购绩效呈倒U形关系；总样本企业、国有企业与非国有企业的管理层自信程度拐点依次为1.070、0.965、0.998。据此提出针对性的政策建议。

[关键词] 管理层自信程度；管理层自信异质性；并购绩效；产权性质

引言

近年来，处在新兴市场及转轨经济的中国企业具有强烈的扩张意愿，有关企业并购绩效的研究话题也逐渐受到国内外学者的关注。传统的并购效率理论认为，并购是企业实现规模经济效应、市场主导效应、资源优化配置及多元化发展的重要手段，也是公司成长过程中优先考虑的发展战略，能够有效提升主并方绩效。然而，近些年大量的国内外研究发现，并购并不总是有效的，即并购绩效并不总是提高的[1]。甚至还有学者发现，公司所发生的并购活动，在总体上并没有提升企业价值，甚至还会损害企业价值[2]；并购活动对于并购双方不一定是双赢局面，有时可能会毁损股东权益[3]。然而，世界范围的并购事件并没有减少，反而呈现出愈演愈烈的态势。这种收购公司积极实施并购活动与大多数并购并未创造公司价值甚至毁损股东价值之间的矛盾就形成了所谓的公司并购的“成功悖论”，也被称为“公司并购绩效之谜”或“收购公司股东损益”

* 基金项目：①国家自然科学基金资助项目“资源型产业碳排放损益偏离分析与区域公平发展研究”（项目编号：71463056）。

②新疆维吾尔自治区研究生教育改革创新计划项目：公司治理结构与并购绩效关系的实证研究（项目编号：XJGRI2016021）。

③新疆大学经济与管理学院“丝路”项目：上市公司管理者过度自信、投资决策与企业绩效的实证研究（项目编号：JGSL16013）。

作者简介：孙慧（1963年11月—），女（汉），江苏泗阳人，新疆普通高等学校人文社科重点研究基地“新疆创新管理研究中心”主任，新疆大学经济与管理学院教授，博士生导师，研究方向：人力资源与企业战略管理；张娇（1992年12月—），女（汉），新疆伊犁人，新疆大学经济与管理学院硕士研究生，研究方向：人力资源与企业战略管理。

之谜[4]。直至1986年Roll开创性地提出"自大假说"[5]及代理理论的出现，才弥补了传统并购效率理论的不足。

Roll"自大假说"的提出为并购绩效的研究提供了新视角，管理者并不总是理性的，他们的并购决策还会受到个人心理的影响。而在我国企业中，管理层扮演着决策制定者和执行者的重要角色，他们的自信心理状态会影响企业的投资决策与企业价值[6]。因此，探讨管理层自信对公司决策行为及绩效的影响具有很强的现实意义。除此之外，李维安等[7]（2000）指出，基于公司股权结构及委托代理等方面的差异，国有企业与非国有企业的并购机制也不尽相同。耿亚薇[8]（2015）则认为管理者过度自信是一种心理因素，基于不同的产权性质，对管理者的心理影响也有所不同。因而进一步区分产权性质差异研究管理层自信程度对企业并购绩效的影响是非常有必要的。

国内学者从管理者过度自信角度探讨并购绩效的文献目前还比较少，大多数学者仅关注管理者是否存在过度自信，较少有人探究自信程度对并购绩效的影响变化情况，而基于不同产权性质对二者关系的探讨更是鲜有。因此，本文拟基于产权性质差异视角，研究管理层自信程度对企业并购绩效的影响差异。

一、文献回顾与理论假设

（一）管理层自信对企业并购绩效的影响

1. 管理层自信程度对企业并购绩效的影响

过度自信是行为金融学最稳健的成果之一，针对管理者过度自信与企业并购绩效之间的关系，不同学者所得结论具有明显差异。Roll[5]（1986）认为，过度自信的管理者总是过于乐观地估计并购活动带来的协同效应而频繁地实施并购活动，最终促使无效并购活动的产生，降低企业的绩效；而Gervias[9]（2003）通过建立简单的决策模型发现，过度自信的管理者会为企业投入更多的精力和时间，使委托代理问题得到更有效的解决，并对企业绩效有积极的促进作用；但姜付秀[10]（2009）等研究发现，管理者过度自信与公司并购绩效之间并无显著的关联性。

基于上述文献梳理，本文认为并购战略的实施具有复杂性与不确定性等特点，这一决策过程的最终制定者是人而非其他实体，而决策者的心理及行为会影响企业的战略活动。管理者自信这一企业家心理特征已成为推动企业并购的有效动力之一[11]。适度自信能够促使管理者相对理性地分析企业内外部环境，把握契机，推动并购项目的运行，在一定范围时，随着管理层自信程度的提升，会避免因放弃一些净现值为正的投资项目而带来的投资不足，企业并购的长期效应绩效会相应提升[12]。然而，过度自信的管理者具有高估收益而低估风险的特点[13]，这就使得管理者会因自身的经营管理能力不够盲目地实施并购决策导致企业过度扩张，导致风险水平和信息不对称程度的提高，从而给并购企业带来危害，使得并购绩效低下。由此，本文认为管理层自信是一种复杂的心理特征，其与并购绩效之间并不是一种简单的线性关系。基于此，提出如下假设：

H1：管理层自信程度与企业并购绩效呈倒U形非线性关系。

2. 管理层自信异质性对企业并购绩效的影响

在现代企业中，群体决策仍然是企业决策时的主流方式。"群体极化"论点认为，在进行群体决策时，人们会比个人决策时更谨慎[14]（2016）。Hambrick和Mason[15]（1984）首次提出

“高层梯队理论”，并基于此表明高管团队异质性会影响企业战略决策与绩效。郝二辉[16]（2011）研究发现，高管团队学历、任期、专业背景、年龄等异质性与企业财务困境呈显著相关关系。白云涛[17]（2007）研究发现，管理层的风险偏好异质性会影响团队成员在投资环境判断与企业战略选择方面的沟通，进而影响高管团队的决策过程互动与战略决策具体执行。随着研究的不断深入，高管团队的认知异质性逐渐成为学者关注的热点。杨卫忠[18]（2012）研究发现，TMT 认知异质性对决策质量和决策满意度有显著的正向影响。

而自信心理特征属于风险认知的范畴[19]（2005），因而管理层自信程度的差异会影响企业战略决策，从而影响企业绩效。在并购活动中，管理层自信异质性较低时，说明高管成员间并购战略意图更容易达成一致，这样会因缺乏高管间的相互监督与制约而无法减少企业低效并购行为的发生。但管理层自信异质性较高时，高管成员间较难达成共识，反复的斟酌能够有效提高并购战略决策质量，从而有利于企业并购绩效。基于此，提出如下假设：

H2：管理层自信异质性与企业并购绩效呈正相关关系。

（二）不同产权性质下管理层自信程度对企业并购绩效的影响

产权性质不同，管理层自信程度与企业并购绩效也会有所差异，两者之间的影响机理也应不同。李维安[20]（2006）表示国有企业与非国有企业在股权代理、发展历史与委托代理等方面存在显著差异，单纯将二者混为一谈会使得研究结果的可靠性难以得到保证；黄莲琴[21]（2010）指出，国有上市公司的管理者比非国有上市公司更加容易过度自信。田满文[22]（2012）指出，并购绩效会随着政府干预程度的降低而降低，且受政府控制较少的民营上市公司并购绩效要显著高于国有企业；王德鲁[23]（2013）的研究也表明，管理者过度自信与民营控股公司绩效显著负相关，但与国有控股公司绩效却显著正相关。因此可知不同所有制性质中，管理层自信程度对企业并购绩效存在显著差异。

本文认为，企业所有权性质不同，管理层“心理账户”也会不同，在非国有企业中，管理者会将企业价值的长期稳定视为损失[13]（2016）。因此适度自信水平的非国有企业管理层愿意在复杂多变的情况下抓住机遇，为企业谋得新的发展前景。但非国有企业的私人资本性质导致其财务决策权相对较大，所受干预及限制较少，因此当自信水平上升到一定程度时，易产生自大倾向，最终因低估风险而降低企业并购绩效。

与非国有企业不同，“不求有功，但求无过”是我国国有企业管理层的显著心理特征，他们大多把因业绩的稳定带来的晋升作为一种利得[13]（2016）；加之国有企业活力较低、弹性小，管理层激励机制又缺失，使得低自信水平的管理层所做决策相对保守落后，对企业绩效既无明显提升也无明显下降，但却耗费了大量的交易与协调成本。因此，未达到适度水平的管理层自信对企业并购绩效负相关。另外，据不完全契约理论，代理人并不会仅仅按照显性契约条款约定的报酬标准确定自己的努力程度，契约中的隐性条款也会成为重要的激励因素。管理层拥有的权力、地位和声誉等因素对管理者的激励作用甚至会远远大于工资、福利等物质因素[24]（2006）。因此，当国有企业管理层突破现有的思维瓶颈并试图摆脱现有的企业惰性时，他们会意识到成功的并购活动不仅能够提升企业价值，在一定程度还能提高管理层的个人声誉，为他们带来丰厚的报酬，这是在所有权缺位的情况下，对管理者激励机制缺失一定程度上的自我弥补。由此，管理层工作热情和自信心会受到激发，会更谨慎地做出理性决策以期获得名利双收。因为一旦失败，带来的损失不仅是企业绩效的低下，还会促使他们的自身声誉受损。因此，管理层自信程度在适度水平上有所升高时，会正向促进企业并购绩效。基于此，本文提出如下假设（图 1 为研究框架）：

H3a：在非国有企业中，管理层自信程度与企业并购绩效呈倒 U 形非线性关系。

H3b：在国有企业中，管理层自信程度与企业并购绩效呈正 U 形非线性关系。

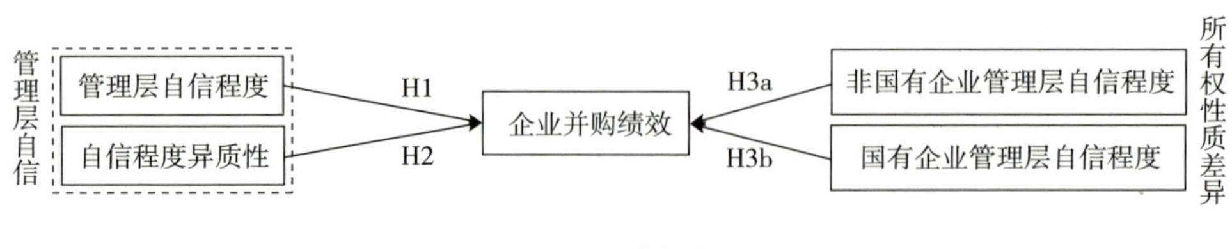

图1 研究框架

二、研究设计

（一）样本选取及数据来源

本文所有数据来源于Wind数据库，选取首次披露日在2009~2013年的沪深A股上市公司作为主并方的并购事件为初始样本，研究时间窗口为2007~2015年。为确保研究规范性，满足研究需要，还根据以下条件对样本进行筛选：①剔除ST、PT及金融类公司，金融类公司的并购行为通常会受到较强的管制，与其他公司可比性较弱；ST、PT类公司经营异常；②剔除数据不全的公司；③剔除样本区间高层管理者发生变更的公司；④剔除并购事件发生时上市不足一年的公司；⑤剔除其中属于关联交易的事件，这类并购事件发生的动因通常不是出于经营管理方面的需要，与非关联并购交易不具有可比性；⑥对一年内发生多次收购兼并的样本只保留该年内最后一次事件；⑦同一天内同一主并公司发生两次并购活动的，仅保留并购规模最大的那次。当然，未完成及失败的并购事件不纳入探讨并购绩效的研究范围内，因此，只保留并购完成的事件，经上述处理，获取了623个样本。排名前三的高管薪酬金额从Wind数据库中的“高管薪酬和持股”中手工收集；数据分析和处理采用Excel2007、SPSS21.0及Stata14.0软件。

（二）变量设计

1. 被解释变量

被解释变量为企业并购绩效（PER）。并购绩效即并购事件发生前后企业经营业绩的对比变化情况，本文拟采用因子分析法对企业并购绩效进行衡量。具体选取流动比率、速动比率、现金比率、资产负债率、总资产增长率、营业收入增长率、综合杠杆、每股收益、每股营业收入、每股现金净流量、总资产净利率、总资产周转率共12个评价指标并购前后两年的均值变化来衡量企业的偿债能力（包括短期和长期）、成长能力、风险水平、股东获利能力、现金流量能力、盈利能力、营运能力7个方面的变化情况，用因子分析法对这7个方面的变化情况进行分析，并购绩效的高低则采用因子分析法得到的综合得分衡量。特别地，所选取的资产负债率指标是成本型指标，即数值越小代表企业绩效越好，而采用因子分析的综合得分越高代表企业并购绩效越好，因此需将此指标进行取倒数处理。除此之外，对各指标进行了标准化处理。各评价指标均值变化计算方法如式（1）所示：

$$\Delta iu=\frac{(i_{-1}+i_{-2})-(i_1+i_2)}{2} \tag{1}$$

式中，Δiu 表示第 u 家企业第 i 个评价指标并购前后两年的均值变化情况。i_{-1}、i_{-2}、i_1 与 i_2

分别表示并购前一年、并购前两年、并购后一年、并购后两年的评价指标值。

在因子分析前需做因子分析适用性检验。根据检验可知 KMO 值为 0.732，Bartlett 球形检验值较高，说明适合应用因子分析法（如表 1 所示）。因此，采用上述方法对并购绩效进行测度是合理且有效的。

表 1　KMO 和 Bartlett 的球形度检验

KMO 检验		0.732
Bartlett 的球形度检验	近似卡方	2884.385
	df	55
	sig.	0.000

2. 解释变量

以往针对管理层自信程度的衡量主要有以下几种方式：①管理者持有的股票数量及其变动情况（Malmendier 和 Tate[25]，2005）；②企业景气指数（余明桂等[26]，2006）；③相关主流媒体对管理者的评价（Hayward 和 Hambrick[27]，2003）；④企业并购频率（Doukas 和 Petmezas[28]，2007）；⑤企业盈利预测偏差（刘彦文[29]，2013）；⑥管理者的相对报酬（Hayward 和 Hambrick[27]，2003）；⑦管理者的年龄、学历、教育背景及任职期限等个人特征（江伟[30]，2010）；⑧企业的历史业绩（Hayward 和 Hambrick[31]，1997）。

基于已有研究，我们认为薪酬水平是管理者能力及地位的体现，当实际薪酬高于理性薪酬时，管理者会认为自身价值被企业得到赏识，自信水平也会相应提升。以往研究对管理者过度自信的衡量大多采用 0-1 虚拟变量，只考量管理者是否过度自信，而未针对管理层自信程度进行测量。另外，“高层梯队理论”将管理团队而非管理者个人作为战略决策主体的研究重点，即对重大事项往往选择的是群体决策而非个人决策。因此，本文研究的是企业高层管理者所组成的决策群体的自信程度对企业决策及绩效的影响，而非个人的。

借鉴宋淑琴等[32]（2015）对于管理层自信程度的测量方法，即公司高管①的实际薪酬相对于理性薪酬的偏离程度测度管理层自信程度。具体计算方法如下：

第一步，利用模型（2）估计出薪酬前三名管理者的理性薪酬水平$\widehat{Compensation}$。

$$\mathrm{LN}(Compensation)=\beta_0+\beta_1 CR_1+\beta_2 SCALE+\beta_3 ROA+\beta_4 Q+\beta_5 LEV+\sum\beta_i ZONE_i+\sum\beta_j YEAR_j+\sum\beta_K IND_k+\varepsilon \tag{2}$$

其中，第一大持股比例（CR1）、公司规模（SCALE）、企业绩效（ROA）、企业成长性（Q）、资产负债率（LEV）、所在地区（东部与非东部）（ZONE）、年份（YEAR）、所在行业（IND）等作为理性薪酬的影响因素。

第二步，利用管理者的实际薪酬与理性薪酬之比作为管理者自信程度的代理变量：$CON_{it}=Compensation/(\widehat{Compensation})$，即以实际薪酬与理性薪酬的偏离度来表示管理层的自信倾向，偏离程度越高，自信程度越高。并以薪酬前三名高管的薪酬偏离度的平均数来衡量管理层自信程度。

进一步采用薪酬前三名管理者自信程度的变异系数来衡量管理层自信程度的异质性，计算公式如下：

① 根据《公司法》规定，高级管理人员即公司管理层中担任重要职务、负责公司经营管理、掌握公司重要信息的人员，主要包括经理、副经理、财务负责人，上市公司董事会秘书和公司章程规定的其他人员。

$$HE_{it} = \frac{\sqrt{\sum(CON_{uv} - \overline{CON_{uv}})/3}}{\overline{CON_{uv}}} \tag{3}$$

其中，uv 表示第 u 家企业第 v 位管理者。

3. 控制变量

根据已有文献关于企业并购绩效的研究，本文还选取了股权集中度（H5）、股权制衡度（SPR）、企业规模（SCALE）、企业性质（EN）、总资产净利率（ROA）、投资机会（托宾 Q）、企业成长性（GROWTH）、现金流量（CF）、宏观环境不确定性（MP）、并购支付方式（CASH）、并购类型（TYPE）、行业特征（IND）和时间差异（YEAR）等可能影响因素作为控制变量（相关变量定义如表 2 所示）。

（三）模型设计

基于前文分析，本文采用多元线性回归模型来实证检验管理层自信程度与企业并购绩效之间的关系，通过变量定义，建立的模型如下所示：

$$PER=\beta_0+\beta_1 CON_u^2+\beta_2 CON_u+\sum CONTROLS+\varepsilon \tag{4}$$

$$PER=\beta_0+\beta_1 HE_u+\sum CONTROLS+\varepsilon \tag{5}$$

其中，β_0 为截距项，β_1、β_2 为相关变量的系数，$\sum CONTROLS$ 为其他控制变量，ε 为随机扰动项。

表 2　相关变量定义

变量名称		代码	变量定义
被解释变量			
企业并购绩效		PER	并购前两年与后两年 12 个企业财务指标因子分析后得到
解释变量			
管理层自信程度		CON	并购前一年薪酬前三名高管自信程度的均值
管理层异质性		HE	并购前一年薪酬前三名高管自信程度变异系数
控制变量			
股权结构	股权制衡度	SPR	并购前一年第二大股东至第五大股东持股比例/第一大股东持股比例
	股权集中度	H5	并购前一年前五大股东持股比例平方和
企业特征	企业规模	SCALE	并购前一年的公司总资产对数
	企业性质	EN	国有企业取 1，否则为 0
企业财务特征	总资产收益率	ROA	并购前一年 ROA
	投资机会	Q	并购前一年托宾 Q=（年末流通股市值+非流通股数×每股净资产+期末总负债账面价值）/期末总资产账面价值，其中年末流通股市值=年末流通股数×年底收盘价
	成长性	GROWTH	（上年主营业务收入-前年主营业务收入）/前年主营业务收入
	现金流	CF	用上期净现金流量/年初总资产
并购特征	并购类型	DIV	战略类型为相关并购取 1，反之取 0
	支付方式	CASH	收购方公司采取现金支付方式取 1，反之取 0
宏观环境不确定性		MP	$MP=M_2$增长率-GDP 增长率-CPI 增长率

续表

变量名称	代码	变量定义
行业虚拟变量	IND	按照证监会分类标准，将行业按门类分为 18 种，属于该行业赋值为 1，反之赋值为 0
年度虚拟变量	YEAR	5 个年份虚拟变量，属于样本当年则赋值为 1，反之为 0

三、实证结果

（一）描述性统计分析

表 3 列出了主要变量的描述性统计特征。可知样本公司并购绩效的平均值为 0.00001，标准差为 0.3934，说明不同企业的并购绩效差别较大；管理层自信程度的均值为 0.9987，标准差为 0.0463，说明不同企业管理层的自信程度存在明显差异；管理层自信异质性的均值为 0.0141，标准差为 0.0119，说明我国企业管理层内部高管间的自信程度差异并不大，并未见明显的管理层自信异质性。在全部样本公司中，有 33.92%的样本公司属于中央或地方国有企业，66.08%的样本公司属于非国有企业。在两类型企业的变量描述性统计中，国有企业并购绩效要优于非国有企业；国有企业管理层自信程度高于非国有企业。这为进一步区分产权性质探究管理层自信程度与企业并购绩效提供了基础。其他控制变量描述如表 3 所述。

表 3 变量描述性统计

	全样本（n=623）		国有企业（n=211）		非国有企业（n=412）	
	均值	标准差	均值	标准差	均值	标准差
PER	0.000	0.393	-0.087	0.362	0.045	0.402
CON	0.999	0.046	1.001	0.047	0.998	0.046
HE	0.014	0.012	0.012	0.011	0.015	0.012
SPR	0.726	0.636	0.496	0.534	0.843	0.653
H5	0.175	0.124	0.197	0.141	0.164	0.113
MP	10.337	4.546	11.211	4.958	9.889	4.262
SCALE	12.435	1.228	13.192	1.376	12.047	0.935
ROA	5.298	28.025	2.275	47.110	6.847	7.005
Q	6.245	39.305	3.051	8.250	7.880	47.941
GROWTH	19.787	38.488	17.706	35.254	20.855	40.101
CF	-25.357	734.501	6.316	11.236	-41.578	903.694
EN	0.339	0.474	1	0	0	0
TYPE	0.637	0.481	0.564	0.497	0.675	0.469
CASH	0.843	0.364	0.796	0.404	0.867	0.341

（二）相关性检验

表 4 列出了各连续变量的相关性系数。在对各变量进行估计之前，需对各变量进行多重共线性检验，避免因多重共线性导致的回归不稳定性，可见各变量的相关系数都比较低。除此之外，本文还采用方差膨胀因子 VIF 解释变量之间是否存在多重共线性，经检验发现所有变量的 VIF 值范围均较小（<10），综上可知，各变量之间并不存在多重共线性。

表 4　变量相关性检验

	CON	HE	SPR	H5	MP	SCALE	ROA	Q	GROWTH	CF	EN	TYPE	CASH
CON	1												
HE	-0.030	1											
SPR	0.051	0.055	1										
H5	0.068	-0.055	-0.457	1									
MP	0.012	-0.018	-0.054	0.012	1								
SCALE	0.058	-0.112	-0.165	0.216	0.125	1							
ROA	-0.011	-0.220	0.063	-0.035	0.006	0.091	1						
Q	0.012	0.007	-0.001	0.050	-0.027	-0.152	-0.054	1					
GROWTH	-0.039	-0.027	0.090	-0.022	-0.109	0.016	0.088	0.060	1				
CF	-0.045	-0.116	-0.047	0.044	0.014	0.098	0.007	0.001	0.120	1			
EN	0.028	-0.149	-0.259	0.125	0.137	0.442	-0.077	-0.057	-0.039	0.031	1		
TYPE	0.065	0.053	0.048	0.092	-0.133	-0.076	-0.003	0.003	-0.016	-0.030	-0.108	1	
CASH	0.037	0.008	0.009	-0.000	-0.026	-0.069	0.111	-0.069	-0.026	-0.017	-0.095	-0.030	1

（三）模型估计与实证分析

1. 回归结果讨论

本文利用 Stata14.0 软件对各变量进行多元回归分析，回归分析如表 5 所示。管理层自信与企业并购绩效之间的关系结构如表 5 所示，所有模型的卡方值都较高（$p=0.000$），说明模型的拟合度较好，对变量的解释能力较强。

Model1 检验了各控制变量与绩效间的关系，可知股权集中度与企业并购绩效呈正相关关系（$p<0.01$），股权制衡度与企业并购绩效呈正相关关系（$p<0.05$），宏观环境不确定性与企业并购绩效呈正相关关系（$p<0.1$），企业上年度总资产净利率与企业并购绩效呈正相关关系（$p<0.01$）。Model2 检验了管理层自信程度与并购绩效间的非线性关系。管理层自信程度的二次项与并购绩效显著负相关（$c=-6.433$，$p<0.1$），管理层自信程度与企业并购绩效显著正相关（$c=-13.30$，$p<0.1$），表明管理层自信程度与企业并购绩效呈倒 U 形关系，假设 1 得证；Model3 检验了管理层自信异质性与企业并购绩效间的关系，表明管理层自信异质性与企业并购绩效呈不显著正相关关系（$c=1.085$，$p>0.1$），假设 2 部分得证；Model5 与 Model6 检验了不同企业性质下，管理层自信程度与企业并购绩效的差异。可以看出，在国有企业中，管理层自信程度二次项与企业并购绩效的回归系数显著为正（$c=17.386$，$p<0.05$），管理层自信程度与企业并购绩效的回归系数显著为负（$c=-33.525$，$p<0.05$）。因此管理者自信程度与企业并购绩效呈正 U 形非线性关系，假设 3 得证；在非国有企业中，管理层自信程度二次项与企业并购绩效的回归系数显著为负（$c=-12.50$，$p<0.01$），管理层自信程度与企业并购绩效的回归系数显著为负（$c=24.73$，$p<0.01$）。因此管理层自信程度与企业并购绩效呈倒 U 形非线性关系，假设 4 得证。

表 5 产权差异、管理层自信程度与企业并购绩效实证结果

	全样本				国有企业	非国有企业
	Model1	Model2	Model3	Model4	Model5	Model6
CON		13.30* (7.396)		13.921* (7.421)	−33.525** (15.22)	24.731 *** (8.779)
CON^2		−6.433* (3.744)		−6.744* (3.756)	17.386** (7.651)	−12.50 *** (4.460)
HE			1.085 (1.341)	1.369 (1.341)	0.731 (2.557)	0.404 (1.585)
SPR	0.111 *** (0.023)	0.106 *** (0.028)	0.110 *** (0.028)	0.105 *** (0.028)	0.023 (0.052)	0.131 *** (0.0340)
H5	0.312** (0.144)	0.286** (0.144)	0.314** (0.144)	0.288** (0.144)	0.070 (0.232)	0.265 (0.195)
MP	0.010* (0.006)	0.011* (0.006)	0.010* (0.006)	0.011* (0.006)	−0.005 (0.011)	0.022 *** (0.005)
SCALE	0.006 (0.015)	0.005 (0.015)	0.006 (0.015)	0.005 (0.015)	0.031 (0.024)	4.34e−06 (0.022)
ROA	0.003*** (0.001)	0.003*** (0.001)	0.003*** (0.001)	0.003*** (0.001)	0.002*** (0.001)	0.016*** (0.003)
Q	−1.41e−05 (0.000)	−4.34e−05 (0.000)	−8.28e−06 (0.000)	−3.72e−05 (0.000)	0.002 (0.004)	0.000 (0.000)
GROWTH	0.000 (0.000)	0.000 (0.000)	0.000 (0.000)	0.000 (0.000)	0.001 (0.001)	0.000 (0.000)
CF	4.79e−06 (2.14e−05)	5.14e−06 (2.13e−05)	6.41e−06 (2.15e−05)	7.15e−06 (2.14e−05)	−0.001 (0.003)	3.42e−06 (2.24e−05)
EN	−0.073* (0.039)	−0.074* (0.039)	−0.068* (0.039)	−0.068* (0.039)		
TYPE	−0.014 (0.032)	−0.016 (0.032)	−0.015 (0.032)	−0.018 (0.032)	−0.047 (0.053)	−0.031 (0.041)
CASH	0.066 (0.043)	0.067 (0.043)	0.064 (0.043)	0.066 (0.043)	0.074 (0.065)	0.024 (0.057)
C	−0.323 (0.428)	−7.189* (3.661)	−0.337 (0.429)	−7.516** (3.675)	15.60** (7.577)	−12.54 *** (4.384)
IND	控制	控制	控制	控制	控制	控制
YEAR	控制	控制	控制	控制	控制	控制
R^2	0.1611	0.1701	0.1620	0.1716	0.2753	0.2219
ADR^2	0.1155	0.1220	0.1150	0.1221	0.1402	0.1583
N	623	623	623	623	211	412
F 值	3.53	3.54	3.44	3.47	2.04	3.49
P 值	0.000	0.000	0.000	0.000	0.002	0.000

注：*、**、*** 分别表示在 10%、5%、1%水平上统计显著，括号中的数字为双尾检验的 t 值。

2. 自信程度拐点的讨论

参照李春玲、刘桂贤[33]（2013）对自信程度拐点的讨论方法，在以上研究基础上，本文得到管理层自信程度及其他控制变量和并购绩效的关系，表示如下：

$$PER=-7.153-6.308CON^2+13.175CON+0.009SCALE+0.003ROA-2.52e^{-06}Q+0.001GROWTH+3.75e^{-06}CF+0.009MP-0.104EN-0.009TYPE+0.064CASH$$

$$PER=16.010+17.819CON^2-34.395CON+0.035SCALE+0.002ROA+0.003Q+0.001GROWTH+0.001CF-0.006MP-0.045TYPE+0.076CASH$$

$$PER=-11.645-11.654CON^2+23.259CON-0.008SCALE+0.016ROA-0.000Q+0.000GROWTH+1.67e^{-06}CF+0.021MP-0.022TYPE+0.018CASH$$

通过上式对 CON 求导，可以进一步求得总样本、国有企业与非国有企业的管理层自信程度拐点依次为 1.070、0.965、0.998。由此可以得出：在全样本企业中，当管理层自信程度低于 1.070 时，随着管理层自信程度的上升，企业绩效会上升，但当管理层自信程度超过 1.070 时，企业绩效会随着管理层自信程度的提高而下降；在国有企业中，当管理层自信程度低于 0.965 时，随着管理层自信程度的上升，企业并购绩效会下降，但当管理层自信程度超过 0.965 时，企业并购绩效会随着管理层自信程度的提高而提高；在非国有企业中，当管理层程度低于 0.998 时，随着管理层自信程度的上升，企业并购绩效会逐渐升高，但当管理层自信程度超过 0.998 时，企业并购绩效会随着管理层自信程度的提高而降低。

进一步做全样本企业、国有企业与非国有企业管理层自信程度与企业并购绩效的散点图，发现二者之间关系方向与实证分析结果一致，验证了本文研究结果（图 2 依次为全样本企业、国有企业与非国有企业管理层自信程度与企业并购绩效散点图）。

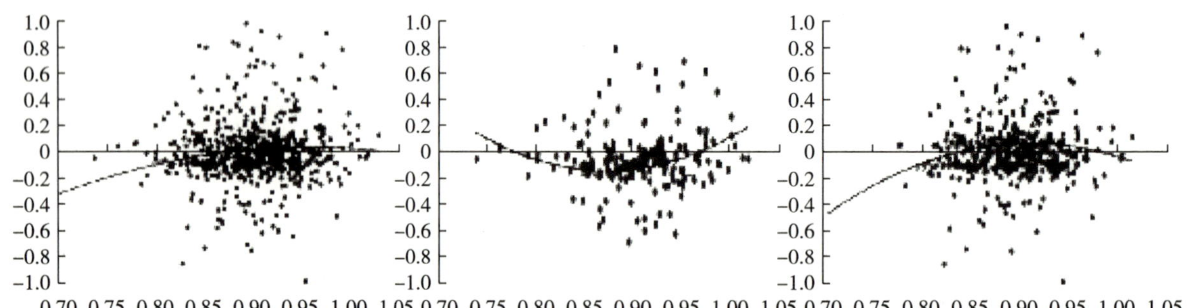

图 2　不同产权性质视角下管理层自信程度与企业并购绩效散点图

四、研究结论与政策建议

（一）研究结论

本文以中国沪深 A 股上市公司数据为研究样本，实证检验了产权性质差异、管理层自信程度与企业并购绩效之间的关系。主要研究结论如下：

（1）管理层自信程度与企业并购绩效呈倒 U 形非线性关系，主要是因为适度自信的管理者能把握住机遇，为企业发展赢得机会，相对理性地做出并购决策，从而提升企业并购绩效；而过度自信则容易产生自大心理，低估了风险而促使无效并购活动的产生，从而降低企业并购绩效。

（2）管理层自信异质性与企业并购绩效正相关，但并不显著。可能是因为“一言堂”现象在我国企业中还普遍存在，即使存在高管自信异质性，也不得不遵循权力较大的管理者的想法而“关起”自己的想法。而这并没有发挥出决策过程中的商议作用，使得企业投资过程缺乏有效的沟通与监督，致使无效并购行为的产生，从而降低企业并购绩效。

（3）基于不同产权性质的企业，管理层自信程度对企业并购绩效的影响方向截然相反。在国有企业中，管理层自信程度与企业并购绩效呈U形非线性关系；而在非国有企业中，管理层自信程度与企业并购绩效呈倒U形非线性关系。对其可能的解释是因为产权性质不同，企业管理者“心理账户”及“资本私有化程度”等方面存在差异，所做出的财务决策也会有所不同，最终所导致的经济后果也不尽相同。

（4）在全样本企业中，管理层自信程度拐点值为1.070；国有企业中，管理层自信程度拐点值为0.965；非国有企业中，管理层自信程度拐点值为0.998。也就是说，国有企业管理层自信程度值为0.965时，企业并购绩效最低；而在非国有企业中，管理层自信程度值为0.998时，企业并购绩效达到最大化。

以上研究结论一方面证明了管理层自信程度对企业并购绩效的影响并非线性；另一方面，该结论证明了基于产权性质加以区分管理层自信程度与企业并购绩效差异的必要性与合理性。

（二）政策建议

1. 个人层面

（1）己强人随，加强自身综合软实力。“打铁还需自身硬”，高层管理者作为企业的核心人力资源，要想在企业投融资过程中突破外部风险屏障，并赢得企业内部决策话语权，还需自身的综合软实力过硬。因此，高层管理者一方面应及时丰富资本运营及企业管理等方面的最新理论知识，另一方面要在实践过程中密切关注自身心理状态，善于从决策结果中总结经验教训，不断提升自身的综合软实力。进而有效地降低管理者在决策过程的主观片面性，降低非理性行为的可能性，提高决策质量。

（2）稳中有为，制定科学理性决策。由于终极控制人性质的不同，管理层经营目标也不尽相同，从而导致国有企业与非国有企业的管理层自信程度对企业并购绩效存在差异。前者的管理者在国有控股的约束下，存在“瞻前顾后、畏首畏尾、怕犯错误、恐失职位及声誉”等不自信现象，使得企业丧失了最佳决策时间或实施了非理性的并购决策，从而有损企业绩效。因此，国有企业管理者应突破传统思维的桎梏，“放开步子，大胆尝试”。同时应加强对内外部信息的把控，提升自身的素质能力，增强对自己及企业的自信心，结合企业自身优劣势资源“快、稳、准、狠”地紧抓企业发展机遇，制定合理理想的并购决策，从而有效提升企业绩效。

而在非国有企业中，管理层属于自然人，具有相对较少的政治约束及较高的自由裁决权，管理层在企业决策过程中的“自主选择”能力得以加强，而这会在一定程度上促使民营企业管理者产生过度自信心理。因此，民营企业管理者应时刻保持清醒头脑，保持适度自信，在并购决策中克服盲目及冲动情绪，必要时邀请第三方独立专业机构为企业并购决策“出谋划策”，提高并购决策质量，进而有效提升企业并购绩效。

2. 企业层面

（1）防微杜渐，构建动态心理测评体系。一方面，企业也应将心理学知识、行为学等知识联系起来，建立一套科学健康的管理者心理动态测验方法，重视管理者自信心理状态变化；另一方面各企业也应成立专业心理评估团体，定期且适时地对管理层心理状态进行测评并及时反馈给股东，对管理层自信实施动态管理，避免因自信程度不足或过度对企业绩效造成不必要的损失。

（2）未雨绸缪，完善企业管理者监督机制。完善企业监督机制。一方面，外部监管企业应对企业的投融资规模与频率进行监管；另一方面，企业内部监管也应加强。让更多的企业利益相关者参与到公司治理中，如独立董事、监事会应有效地发挥其独立性及专业性，对管理者自信心理偏差引起的非理性并购决策进行及时的修正及调整。

（3）任人唯贤，健全高层管理者选聘制度。只有结合企业自身特征选贤举能、任人唯贤，才能促使这些宝贵的"智力财富"创造出巨大的企业财富。在国有企业的高管聘任决策中，不能只认识到管理者过度自信带来的消极影响，还应从风险承担能力角度，结合企业自身的实际情况，适时适当地聘任一些自信程度较高的管理者；而在非国有企业中，应尽量回避对具有过度自信特征管理者的聘用，任用适度自信的高素质管理者。

参考文献

［1］郭龙飞．管理者过度自信、内部控制与企业并购绩效［D］．东北财经大学，2016.

［2］张新．并购重组是否创造价值？——中国证券市场的理论与实证研究［J］．经济研究，2003（6）：20-93.

［3］［11］李善民，朱滔．多元化并购能给股东创造价值吗？——兼论影响多元化并购长期绩效的因素［J］．管理世界，2006（3）：129-137.

［4］Singh H.，Montgomery C. A. Corporate Acquisition Strategies and Economic Performance［J］. Strategic Management Journal，1987（8）：377-387.

［5］Richard Roll. The Hubris Hypothesis of Corporate Takeover［J］. Journal of Business，1986（2）：197-216.

［6］陈德萍，陈永圣．股权集中度、股权制衡度与公司绩效关系研究——2007～2009年中小企业板块的实证检验［J］．会计研究，2011（1）：38-43.

［7］李维安，钱先航．终极控制人的两权分离、所有制与经理层治理［J］．金融研究，2010（12）：80-98.

［8］耿亚薇．终极控制人性质、管理者过度自信与企业并购绩效［D］．大连工业大学，2015.

［9］Gervais S.，Heaton J. B.，Odean T. Overconfidence，Investment Policy and Executive Stock Options［R］. University of Pennsylvania，Working Paper，2003.

［10］姜付秀，张敏，陆正飞等．管理者过度自信、企业扩张与财务困境［J］．经济研究，2009（1）：131-143.

［12］Larwood L.，W. Whittaker. Managerial Myopia：Self-serving Biases in Organizational Planning［J］. Asian Journal of Finance，1977（62）：194-198.

［13］［14］翟淑萍，毕晓方．环境不确定性、管理层自信与企业双元创新投资［J］．中南财经政法大学学报，2016（5）：91-100+159.

［15］Hambrick D. C.，Mason P. A. Upper Echelons：The Organization As A Reflection of Its Top Managers［J］. Academy of Management Review，1984，9（2）：193-206.

［16］郝二辉．高管团队背景特征、行为选择与财务困境［D］．西南财经大学，2011.

［17］白云涛，郭菊娥，席酉民．高层管理团队风险偏好异质性对战略投资决策影响效应的实验研究［J］．南开管理评论，2007（2）：25-30+44.

［18］杨卫忠，葛玉辉．TMT认知异质性、自反性对决策绩效的影响——基于中国企业的实证研究［J］．预测，2012（2）：23-30.

［19］Shleifer，Andrei and Robert W. Vishny. Large Shareholders and Corporate Control［J］. Journal of Political Economy，1986，94（3）：461.

［20］李维安，李汉军．股权结构、高管持股与公司绩效——来自民营上市公司的证据［J］．南开管理评论，2006（5）：4-10.

［21］黄莲琴，陈文静．不同所有制下管理者过度自信与公司债务融资的关系［J］．技术经济，2010，29（11）：98-102.

［22］田满文．政府干预、终极控制人变更与并购价值效应评价［J］．财经科学，2016（6）：18-25.

［23］王德鲁，宋学锋．公司治理机制、管理者过度自信对企业与市场绩效的影响——基于不同所有权性质

视角的经验检验[J]. 现代财经，2013（5）：72-88.

[24] 孟令国．中国企业管理层隐性激励机制研究［D］. 暨南大学，2006.

[25] Malmendier U. , Tate G. CEO Overconfidence and Corporate Investment [J]. Journal of Finance, 2005 (60): 2661-2700.

[26] 余明桂，夏新平，邹振松．管理者过度自信与企业激进负债行为[J]. 管理世界，2006（11）：104-112.

[27] Hayward, M. L. A. , Hambrick, D. C. Explaining the Premiums Paid for Large Acquisitions: Evidence of CEO Hubris [J]. Quarterly Journal of Economics, 2003, 118 (3): 969-1006.

[28] John A. Doukas, Dimitris Petmezas. Acquisitions, Overconfident Managers and Self -Attribution Bias [J]. European Financial Management, 2007, 13 (3): 531-577.

[29] 刘彦文，郭杰．管理者过度自信对企业融资次序的影响研究[J]. 科研管理，2012（11）：84-88.

[30] 江伟．董事长过度自信与管理层薪酬——基于中国上市公司的实证分析[J]. 中大管理研究，2010（2）：64-84.

[31] Mathew L. A. Hayward, Donald C. Hambrick, Explaining the Premiums Paid for Large Acquisitions: Evidence of CEO Hubris [J]. Administrative Science Quarterly, 1997, 42 (1): 103-127.

[32] 宋淑琴，代淑江．管理者过度自信、并购类型与并购绩效[J]. 宏观经济研究，2015（5）：139-149.

[33] 李春玲，刘桂贤．管理者过度自信对企业并购绩效影响研究[J]. 燕山大学学报（哲学社会科学版），2013（4）：118-121.

"一带一路"区内西北五省区上市公司董事会特征对内部控制质量的影响研究①

李军训　陈　月　姜　铸　乔　蓓　王舒然

（西安工程大学管理学院，陕西　西安　710048）

［摘　要］国家"一带一路"倡议的提出，对沿线省份上市公司加强内部管控提出了更高要求。本文以区域带内西北五省区上市公司2013~2015年内部控制自我评价报告为样本，采用理论研究与实证分析相结合的方法，研究得出结论：董事会规模与内部控制质量存在倒U形关系；独立董事比例与内部控制质量之间关系不显著；董事长与总经理的两职分离可以增强公司内部控制质量；连锁董事比例与内部控制质量关系不显著；适度增加董事会会议频率可提高企业内部控制质量；董事会稳定性越强，企业内部控制质量越高；董事持股比例与内部控制质量呈反向关系；财务背景董事比例与内部控制质量存在显著的倒U形关系。

［关键词］董事会特征；内部控制质量；实证研究

一、引言

受"一带一路"倡议推进的影响，其热点地区西北区域内的上市公司"闻鸡起舞"，积极布局，内练内功，不断强化自身的内部管控体系建设。伴随"走出去"，区域内企业可能会面临多方面风险，加强上市公司内部控制规范体系的建立与不断完善，是防范经营风险的重要举措。内部控制制度在发展健全的同时逐步成为企业加强管理、防范风险的重要手段。董事会作为企业的核心经营决策机构及内部控制的主体，影响着企业管理监督效率，决定着长期发展方向。

二、国内外文献回顾

（一）国外研究成果

1. 内部控制质量相关研究

国外学者主要从缺陷视角、五要素对内部控制有效性进行研究。Beniesh（2008）和Krishnan

---

① 基金项目：陕西省哲学社会科学重点研究基地项目支持，项目编号16JZ032。

（2005）均认为，内部控制缺陷越多，表明企业内部控制有效性水平越低；Al-Thuneibat（2015）和 Onumah（2012）、Angella Amudo 等（2009）均认为，内部控制五要素是进行内部控制有效性评价的理论依据。

2. 董事会特征对内部控制质量的影响研究

Johnstone（2011）、Marra（2012）等认为，独立董事依据其自有的专业素养及丰富的经验，可以为企业带来更专业、全面、科学的建议，有助于企业目标的实现，有利于内部控制的高质量实施。Mitra 等（2013）研究发现，两职分离的董事会有助于在内部形成有效的制约监督机制，有利于内部控制缺陷的更正及制度的改进。Udi Hoitash、Jean C. Bedard、Rani Hoitash（2011）采用实证研究的方法分析董事会成员专业背景与内部控制缺陷之间的关系，结果表明具有财务背景董事的企业在缺陷披露及改进方面更为积极。

（二）国内研究成果

1. 内部控制质量相关研究

国内学者主要从要素评价法、目标导向法、内部控制缺陷的有无及多少或根据内部控制信息的披露程度评价内部控制质量。杭健民、徐峰林等（2014）在研究企业内部控制评价模型时采取要素评价法，并借助层次分析法，对其运用情况进行论述。高平（2013）在衡量内部控制质量时，根据 COSO 内部控制框架，以目标完成情况为衡量标准，利用因子分析法得到。李万福等（2011）认为，企业需要定期对各项活动进行监督检查，而内部控制便是其重要环节。通过编制自查报告发现企业内部控制是否存在缺陷及漏洞，并依此出具整改规划，并根据此信息来构建内部控制指标，以此来评价其质量。

2. 董事会特征对内部控制质量的影响研究

国内学者在探究两者关系时，主要从以下几个方面进行研究：董事会规模、独立董事比重、董事长与总经理两职兼任情况、董事长会议次数、董事会激励等方面。闫贤贤（2011）、郭方捷（2014）等在研究中发现，董事会规模的扩大，削弱了对企业合规性经营的监督能力，内部控制在执行中易出现问题。池国华、杨金等（2014）在研究中觉察到随着独立董事机制的引入，企业在向社会公众及其他利益相关者披露相关信息。万雪（2015）研究发现，董事持股避免了短期化行为，将董事成员的个人利益与公司的长远发展结合起来，也有利于董事成员监督公司治理，积极努力为公司服务，进而促进内部控制的有效执行。

（三）文献综述

国内外学者从不同的角度构建内部控制有效性的评价体系，并使用不同的方法进行研究。已有的成果颇为丰富，但研究的契合度不够，缺乏一定的理论基础。

现有文献在构建内部控制有效性的模型上，基本实现了定向分析与定量分析相结合，国内外关于内部控制质量的评价方法在不断完善，目前尚未形成科学统一的评价标准。同时，在董事会特征的分析上，目前我国学者的研究只涉及部分特征，有待进一步深入。

三、内部控制质量综合评价体系的建立

（一）评价指标的选取

根据突变级数法，并结合规范中所规定的五个方面目标为基础，共选取了28个指标对企业内部控制质量进行综合评价。其中一级指标2个，分别为定性类指标、定量类指标；二级指标5个，分别为合规性目标、资产安全性目标、财务报告目标、经营目标及战略目标；三级指标28个。

（二）评级指标的筛选及体系建立

通过因子分析法对三级指标进行删选，提取前5个因子作为公共因子。同时可据此对各因子相对重要性进行排序。通过成分矩阵可得到，净资产收益率、总资产净利润率、营业利润率在第一公共因子上载荷较高，而这3项指标常运用于衡量企业的内部控制的经营目标，因此将第一公共因子命名为经营性目标指标。同时可以依据载荷系数的大小对指标的重要性进行排序，依次为总资产净利润率、净资产收益率、营业利润率。同理，可将其他公共因子分别命名为财务报告目标指标、资产安全性目标指标、经营目标指标及战略目标指标，并可得到其余指标的重要性排序。

由此，构建出内部控制质量的评价指标体系，如图1所示。

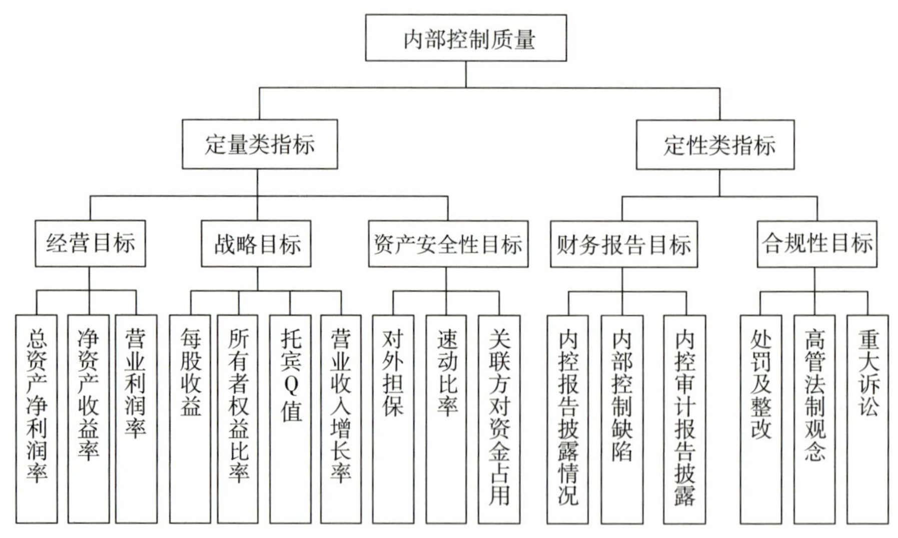

图1　内部控制质量评价指标体系

（三）西北五省区上市公司内部控制质量的综合评价

由于各项指标具有不同的量纲，本文运用极差变换法对西北五省区121家上市公司2013~2015年的各项指标进行无量纲化处理，使底层指标在0~1。之后按照突变级数法的基本原理及表

1 中的归一公式对其内部控制质量进行计算分析，得出西北五省区上市公司内部控制质量得分。

表 1 西北五省区上市公司内部控制质量得分

地区	年份	财务报告目标	合规性目标	经营目标	战略目标	资产安全性目标	定量类指标	定性类指标	综合得分
陕西	2013	0.8667	0.8833	0.9007	0.3988	0.9006	0.7100	0.8667	0.7977
	2014	0.9000	0.9167	0.8854	0.4294	0.8949	0.7514	0.8783	0.8013
	2015	0.9833	0.9000	0.8947	0.4387	0.9023	0.7586	0.9534	0.8704
甘肃	2013	0.8750	0.9722	0.9032	0.4084	0.8971	0.7385	0.9207	0.8591
	2014	0.9444	0.9722	0.9062	0.4363	0.8901	0.7566	0.9589	0.8698
	2015	0.9861	0.9306	0.8909	0.4345	0.8918	0.7526	0.9638	0.8702
青海	2013	0.8148	0.7407	0.8981	0.3025	0.8795	0.5655	0.7919	0.6629
	2014	0.8889	0.7407	0.8937	0.3818	0.8707	0.7159	0.8327	0.7446
	2015	0.8519	0.8148	0.8978	0.3823	0.8806	0.6669	0.8264	0.6654
宁夏	2013	0.9333	0.6667	0.8171	0.3910	0.8968	0.7016	0.7770	0.7621
	2014	0.9333	0.6333	0.8610	0.3573	0.8990	0.6562	0.7698	0.6823
	2015	1.000	0.7333	0.8472	0.4231	0.7189	0.6008	0.8881	0.6930
新疆	2013	0.8649	0.9189	0.9028	0.3742	0.8845	0.7023	0.8915	0.8025
	2014	0.9009	0.9099	0.9015	0.4064	0.8903	0.7382	0.9012	0.8346
	2015	0.9550	0.9009	0.8905	0.4123	0.8867	0.7408	0.9362	0.8595
西北五省区	2013	0.8705	0.8843	0.8948	0.3846	0.8931	0.7016	0.8731	0.7989
	2014	0.9118	0.8898	0.8928	0.4136	0.8911	0.7379	0.8899	0.8117
	2015	0.9669	0.8871	0.8889	0.4236	0.8787	0.7320	0.9357	0.8295

四、实证研究设计与分析

（一）研究假设

国内外关于董事会规模的研究尚未达成统一，一种观点认为由于董事会中存在着多种具有丰富市场经验及不同领域专业的人才，有利于科学决策，提高内部控制制度设计的合理性；另一种观点则认为董事会规模的扩大会使得成员之间的沟通、协调变得复杂，易产生“搭便车”行为，从而削弱内部控制的能力。董事会中存在不作为的董事，这些董事没有参与公司的经营管理、决策制定等活动，对内部控制不存在影响力。因此提出研究假设：

H1：董事会规模与内部控制质量呈现倒“U”形关系。

独立董事基于其自身特有的独立性与专业性，对企业的各项事务、决策有着相对独立客观的判断，并且公司在引进外部董事时会考虑引入更多的专家董事，带来更专业更丰富的信息与经验，更好地履行监督职能，加强风险防范，有效提升内部控制质量。据此提出研究假设：

H2：企业独立董事的比例越高，企业内部控制质量越高。

董事长与总经理两职设立情况是领导权结构的重要特征，是衡量公司治理结构、判断内部权力关系的重要指标。将董事长与总经理两职分设，在平衡不同利益主体的同时，形成相互制衡机制，加强监督与风险管控。据此提出研究假设：

H3：企业董事长与总经理两职分设，有利于提高内部控制质量。

一人同时担任两家或两家以上企业的董事职务即为连锁董事，由连锁董事所串联起来的公司而形成的网络称作连锁董事网。当企业拥有连锁董事时，相当于拥有了与其他企业沟通信息和知识的“信息桥”，增强了企业获得真实有效信息的可能和范围。据此提出以下假设：

H4：连锁董事比重越大，企业内部控制质量越高。

董事会的相对稳定，一则有利于保持董事会对管理层经营活动的监督，先于 CEO 加入公司的董事会成员若继续留在公司，董事会被 CEO 架空的可能性越小；二则董事会成员对公司内部环境、运作状况及面临的外部环境等方面更了解，对于内部控制的制度设计、实施管理更有效，其监督效果越明显。据此提出研究假设：

H5：董事会越稳定，企业内部控制质量越高。

董事会会议是董事会行使其监督决策职能的重要手段，会议次数在一定程度上可反映出成员的参与度。相应地，董事会也能加强内部监督，定期收集反馈信息，有效控制风险。据此提出研究假设：

H6：董事会会议的次数越多，企业内部控制质量越高。

在正常范围内，董事持股比例越大，监督越有效，工作积极性更大，管理效率越高，并且利益相关者冲突减少，进而有利于内部控制的有效执行，内部控制实施效果更佳，其质量相应也会更高。据此提出研究假设：

H7：董事持股比例越大，企业内部控制质量越高。

财务背景董事对内部控制的含义、制度设计、执行要点等方面见解会更准确合理，有利于风险防范。董事会规模有限，因此公司董事会中财务背景董事的比例不是越大越好，而是要有一个限度。国内外学者在研究董事会成员背景时，也发现财务专业人员在董事会中的比例会影响内部控制质量，并且存在适度的比例范围。据此提出研究假设：

H8：企业财务背景董事比例与内部控制质量存在倒“U”形关系。

（二）样本选择与数据来源

本文以 2013~2015 年西北五省区上市公司为样本，对样本进行选筛整理，标准如下：

（1）剔除数据不完整并且存在异常值的样本公司。

（2）为保证样本研究的一致性，剔除在 2013~2015 年未能持续经营的公司。

（3）为保证结果的可靠性，剔除 ST、＊ST 类的公司，企业由于连年亏损会有一些战略调整，可能会导致指标出现异常。

经过上述筛选，本文选取 2013~2015 年 121 家西北五省区上市公司，共 363 组样本。

样本数据主要来源于国泰安数据库（财务报表板块、公司违规处理板块、公司治理结构等板块）、巨潮资讯网、新浪财经网，部分数据通过手工收集整理上市公司年报所得。

（三）构建回归模型

根据内部相关理论基础及前文所提出的八个研究假设，本文建立以下三个回归模型：

（1）模型 1 用来验证研究假设 1，由于前文假设董事会规模与内部控制质量之间呈倒“U”形关系，因此采取曲线回归。

$$ICQ=\alpha+\beta_1 Bsize+\beta_2 Bsize^2+\varepsilon$$

（2）模型2用来验证研究假设2、假设3、假设4、假设5、假设6、假设7，由于以上假设中解释变量与被解释变量呈线性关系，因而构建多元线性回归模型。

$$ICQ=\alpha+\beta_1 Idpdiretor+\beta_2 Dual+\beta_3 Interlock+\beta_4 Stability+\beta_5 Meets+\beta_6 Sholder+\varepsilon$$

（3）模型3用来验证研究假设8，由于假设财务背景董事与内部控制质量之间呈倒“U”形关系，因此采用曲线回归。

$$ICQ=\alpha+\beta_1 Finance+\beta_2 Finance^2+\varepsilon$$

其中，α 为截距，β 为回归系数，ε 为随机变量。

（四）实证结果分析

1. 描述性统计

具体的描述分析结果如表2所示。

表2 描述性统计量

	N	极小值	极大值	均值	标准差
ICQ	363	0.0000	0.9092	0.8134	0.1985
Bsize	363	5	16	8.9000	1.7440
Idpdiretor	363	0.2500	0.5556	0.3705	0.0502
Dual	363	0	1	0.8800	0.3300
Meets	363	5	15	11.8500	2.2940
Interlock	363	0.0000	0.9091	0.2248	0.2262
Stability	363	0.0000	1.0000	0.8203	0.2061
Sholder	363	0.0000	0.5992	0.0420	0.1181
Finance	363	0.0000	0.3750	0.0521	0.0888
ALR	363	0.0496	1.1123	0.4874	0.2173
Size	363	12.3262	25.6053	21.9815	1.5366

从表2的描述统计结果可以看出：

（1）内部控制质量均值为0.81，极大值与极小值相差0.91，个别企业内部控制质量为0，与样本公司整体内控水平相差较大。标准差为0.1985，说明西北五省区上市公司内部控制质量不均衡，各企业间存在一定差距。

（2）董事会规模方面，均值为8.90，说明西北五省区上市公司一般规模在9人左右，极小值为5，极大值为16，相差11人，反映出样本公司间董事会规模存在一定差异，可能是由于企业规模、董事会设立标准等方面的原因导致的。

（3）独立董事比例方面，平均值为37.05%，反映出样本企业独立董事比重大于1/3的基本要求，符合相关法规，较为合理。极小值为0.25，极大值为0.56，标准差较小，西北五省区上市公司独立董事比例设立方面差异较小。

（4）两职设置情况方面，均值为0.88，说明绝大部分的样本公司将董事长与总经理分设，由不同人员担任，但仍有小部分企业存在两职合一现象。

（5）董事会会议次数方面，平均值为 11.85，西北五省区上市公司一年内召开的董事会会议次数大约在 12 次；极大值与极小值相差 10，标准差达到 2.29，差异较大，这表明样本公司间董事参与企业经营管理活动的程度不同。

（6）连锁董事比例方面，平均值为 0.22，说明整体而言样本公司间连锁董事占有小额比例，公司间存在一定的连锁网络，但比例不高。极小值与极大值相差 0.91，标准差为 0.23。

（7）董事会稳定性方面，平均值达到 0.82，且标准差为 0.21，说明样本公司董事会整体而言较为稳定，人员变动幅度较小，董事会整体规模相对稳定。

（8）董事持股比例方面，极小值与极大值相差 0.60，标准差达到了 0.12，说明股权激励机制在实际操作中存在一定程度的差异。董事持股比例的平均值仅为 0.04，并且大部分比例为 0，整体来看处于比较低的水平，大部分样本公司未设立股权激励机制或股权激励未得到有效实施，激励行为有待改善。

（9）财务背景董事比例方面，均值为 0.05，说明董事会成员个性化特征不明显，样本公司财务背景董事比例很小；且其极小值与极大值相差 0.38，标准差为 0.09，存在一定差异。

（10）控制变量方面，资本结构的极小值为 0.05，极大值为 1.11，均值为 0.49，表明大部分样本公司资本结构处于相对合理的状态，但仍有部分企业资本结构过大，企业风险较大。公司规模的平均值为 21.98，最小值与最大值相差 13.28，标准差为 1.54，说明样本公司间公司规模存在较大的差异。

2. 相关性分析

本文对独立董事比例、董事会会议次数、两职设置情况、董事会网络性、董事会稳定性、董事会持股比例六个解释变量及控制变量与被解释变量进行相关性分析。通过相关性分析，可以看出两职设置情况、董事会稳定性、董事会会议次数与内部控制质量在 0.01 水平下均存在显著的正相关关系。独立董事比例、董事会网络性与内部控制质量相关系数为正，但两者与被解释变量均不存在明显的相关关系。董事会持股比例则与内部控制质量负相关，且不显著。

同时可以看出，公司规模及资本结构都与内部控制质量存在着显著的相关关系，公司规模在 1%的水平下显著，资本结构在 5%的水平下显著。以上数据还说明资本结构与内部控制质量之间负相关，公司规模与内部控制质量正相关。

3. 回归分析

从表 3 可以看出，董事会规模与内部控制质量的线性回归系数为 0.036，概率 P 值为 0.000，通过了显著性检验；二次项回归系数分别为 0.293、-0.013，概率 P 值为 0.000，也通过了 0.05 的显著性检验。从决定系数的大小可以看出，二次曲线函数 R^2 为 0.353，相比线性拟合效果更好。因此董事会规模与内部控制质量呈倒"U"形的二次曲线关系，与本文的假设一致。

表 3　模型 1 汇总和参数估计值

	模型汇总					参数估计值		
方程	R^2	F	df_1	df_2	Sig.	常数	b_1	b_2
线性	0.153	65.237	1	361	0.000	0.473	0.036	
二次	0.353	98.408	2	360	0.000	-0.697	0.293	-0.013

从表 4 中的统计量可以看出，模型 2 拟合度较好，调整后的 R^2 为 0.663，大于 0.4，说明模型中的被解释变量可以通过解释变量得到有效的解释，得到的结果是可以接受的。在方差检验中，F 值为 90.007，概率 P 值为 0.000，小于 0.05，说明回归方程 2 从统计学的角度来说是有意

义的。在加入公司规模、资本结构两个控制变量后，考虑董事会特征与内部控制质量的相关关系。

表 4 模型 2 的回归结果

		非标准化系数	标准系数		
模型	B	标准误差	试用版	t	Sig.
（常量）	-0.306	0.105		-2.902	0.004
Idpdiretor	0.126	0.128	0.032	0.983	0.326
Dual	0.270	0.027	0.421	10.050	0.000
Interlock	0.020	0.027	0.023	0.746	0.456
Stability	0.328	0.033	0.375	9.950	0.000
Meets	0.015	0.003	0.195	5.565	0.000
Sholder	-0.071	0.054	-0.042	-1.988	0.048
Size	0.018	0.004	0.140	4.242	0.000
ALR	0.025	0.033	0.028	0.781	0.436
R^2	0.670	F 值	90.007		
调整后 R^2	0.663	Sig.	0.000		

通过表 5 的参数估计值可以看出，财务背景董事比例与内部控制质量的线性回归系数为 0.815，概率 P 值为 0.000，通过了显著性检验；二次项回归系数分别为 1.826、-4.148，概率 P 值为 0.000，也通过了 0.05 的显著性检验。从决定系数的大小可以看出，二次曲线函数方程 R^2 更大，相比拟合效果更好，且从散点图可以看出两变量呈现曲线关系，因此财务背景董事比例与内部控制质量呈倒“U”形二次曲线关系，与本文的假设相一致。

表 5 模型 3 汇总和参数估计值

	模型汇总					参数估计值		
方程	R^2	F	df_1	df_2	Sig.	常数	b_1	b_2
线性	0.112	45.437	1	361	0.000	0.735	0.815	
二次	0.155	32.942	2	360	0.000	0.703	1.826	-4.148

五、研究结论

通过实证研究进行检验，分别进行了描述性统计、相关性分析、回归分析，以此检验董事会特征对内部控制质量是否存在影响及影响程度，根据实证检验结果得出以下结论：①董事会规模与内部控制质量存在倒“U”形关系。②独立董事比例与内部控制质量之间关系不显著。③董事长与总经理的两职分离可以增强公司内部控制质量。④连锁董事比例与内部控制质量关系不显著。⑤适度增加董事会会议频率可提高企业内部控制质量。⑥董事会稳定性越强，企业内部控制质量越高。⑦董事持股比例与内部控制质量呈反向关系。⑧财务背景董事比例与内部控制质量存在显著的倒“U”形关系。

六、相关建议

“一带一路”倡议的实施，为我国企业“走出去”创造了难得的历史机遇，顶层设计与内部管理制度的创新相结合，才能让“一带一路”平稳落地。国家领导人是“一带一路”倡议的设计师和倡导者，国内企业，尤其是区域内的西北五省区上市公司理应成为推进这一战略的中坚力量，在实施过程中扮演着重要的角色，以获得更为广阔的生存空间。上市公司的董事会是公司的核心，应发挥决策和监督的双重作用，因此从以下几个方面规范上市公司董事行为，以期完善公司内部控制管理，加强风险防范，夯实自身基础，为“走出去”构想的实施奠定基础。

第一，科学合理设置董事会规模及结构。西北五省区上市公司规模相比其他公司较小，董事会规模存在不相匹配、结构不合理等问题。因此，企业应当依据自身的公司规模、发展战略、管理需求等各方面因素的影响，科学合理设置董事会结构及规模，建立符合自身情况、适合自身发展的董事会。

第二，强化独立董事影响力。首先，制定一套有效的激励机制，从薪酬、股权、期权等方式加强对独立董事的激励，引入声誉机制，提高工作积极性及主动性，确保其在工作岗位尽职尽责。其次，赋予独立董事更多的话语权。最后，完善独立董事选任制度，加强独立董事队伍的建设，为企业董事会注入新鲜血液。

第三，规范董事会会议行为。在保证定期会议次数的基础上，根据企业实际运营情况灵活调整，并提升会议的质量。

第四，健全完善股权激励机制。建立灵活高效的激励机制，将短期激励与长期激励相结合，调动董事会成员积极性、主动性，同时做好监督工作，确保成员的相对独立性。

第五，维持董事会的相对稳定。企业应通过薪酬、股权等激励机制，增强吸引力，结合人文关怀，企业文化，发展空间等方式，尽量维持董事会人员结构的相对稳定。

第六，保持适当比例的财务背景董事。应适当提高财务背景董事的比例，确保财务背景董事在企业中发挥其专业技能与经验，实现企业的各项目标，并使财务背景董事比例维持在适度的范围内。

参考文献

[1] Beniesh. Theory of Board Control and Size [J]. Government General Information, 2008, 21 (4): 1797-1832.

[2] Johnstone K., Li C., Rupley K. H. Changes in Corporate Governance Associated with the Revelation of Internal Control Material Weaknesses and Their Subsequent Remediation [J]. Contemporary Accounting Research, 2011, 28 (1): 331-383.

[3] Marra A. Board Monitoring and Earnings Management pre-and Post-IFRS [J]. The International Journal of Accounting, 2012, 46 (2): 205-230.

[4] Udi Hoitash, Rani Hoitash. Conflicting Objectives within the Board: Evidence from Overlapping Audit and Com-

pensation Committee Members [J]. Group Decision and Negotiation, 2011: 181.

[5] 杭建民，徐峰林，吴迎新．基于要素与目标导向的上市公司内部控制评价体系研究[J].河北工业科技，2014 (3): 185-192.

[6] 高平．上市公司董事会对内部控制有效性的影响研究 [D]. 大连：东北财经大学硕士学位论文，2013.

[7] 李万福，林斌，宋璐．内部控制在公司投资中的角色：效率促进还是抑制？[J]. 管理世界，2011 (2): 81-99.

[8] 闫贤贤．董事会治理对企业内部控制有效性影响研究 [D]. 包头：内蒙古科技大学硕士学位论文，2011.

[9] 郭方捷．董事会特征对内部控制信息披露影响的实证研究 [D]. 沈阳：沈阳理工大学硕士学位论文，2014.

[10] 池国华，杨金，邹威．高管背景特征对内部控制质量的影响研究——沈阳：来自中国 A 股上市公司的经验证据[J]. 会计研究，2014 (11): 67-74.

[11] 万雪．上市商业银行董事会治理与内部控制有效性关系研究 [D]. 重庆：重庆工商大学硕士学位论文，2015.

独立董事委婉履职行为研究
——基于清洁意见中文字情感分析视角

范合君[1]　王乐欢[2]　张　勃[1]

（1. 首都经济贸易大学，北京　100070；2. 民生银行北京分行，北京　100621）

[摘　要] 本文采用文献研究和实证分析相结合的方法研究独立董事的委婉履职行为。首先，尝试性地用成本收益分析的方法分析独立董事出具两种情感的关联交易意见的不同路径；其次，观察界定并测度独立董事出具两种情感的清洁意见的方式；最后，在梳理国内外关于影响独立董事履职行为的因素研究文献的基础上，进行层次划分，设计本文研究的宏观、中观和微观三个切面的模型，实证分析影响独立董事委婉履职行为的主要因素，不仅仅局限于以往研究独立董事履职行为的影响因素。得出如下结论：微观切面的因素中女性独立董事、有财务和法律专业背景的独立董事倾向于出具有功型的清洁意见，而中观切面中较高的独立董事比例和公司处于亏损状态均会提高出具有功型清洁意见的概率。

[关键词] 委婉履职行为；清洁意见；文字情感；影响因素

一、引言

上市公司针对高风险的关联交易事项，独立董事出具的意见绝大部分表现为清洁意见的形式，然而清洁意见的态度明显不同，有的多使用“有助于”“有利”的词语，相比之下，有的用词则更为保守，多使用“没有损害”“符合”等词语，而这种现象在独立董事出具的关联交易意见中普遍且容易区分开来，那么究竟是什么原因使得一向被喻作“裁判员”的独立董事采取委婉的方式发表意见？而针对影响独立董事在不否定基础上发表不同情感意见的各种因素，是否可以进行归类，进而研究哪一项或者多项因素对独立董事意见影响最大？

理论方面：第一，本文将复杂的语言分析简化后，进一步具体地引入公司治理领域，研究分析本土的上市公司独立董事出具的清洁关联交易意见中的语言，并提炼出文字情感，进一步扩大社会语言学和管理学两大集合学科的交集区。其实，“语言转向热”不仅体现在语言学的研究被其他很多社会学科广泛采纳，而其研究的重点也开始发生转向，即从语言的内在问题到语言外部层面的研究，本文并未采用分析独立董事意见的文字形式、结构和语法，而是分析独立董事清洁意见中的文字情感，实际上是把理论的语言分析拓展到社会情景当中展开研究的。第二，引入独立董事履职的成本效益分析和中国传统的语言规则两个创新点，着眼于本土独立董事在出具的清洁关联交易意见的特点。首先是选用经济学里的成本收益分析和独立董事的经济人假设来分析其委婉履职行为的路径。其次在影响因素中分析了宏观的传统文化下影响下的语言规则，总结了本土独立董事的三个传统观念，分别为重脸面、重权力和印象管理三个观念，旨在定性地分析独立董事的委婉履职行为机理和影响因素。第三，本文在理论上提炼独立董事出具的清洁关联交易意见蕴含的文字情感。具体地讲，分为包含“有功”和“无过”两种文字情感的清洁意见，进而对后续跨层次分析影响独立董事委婉履职的因素奠定研究基石，不局限于以往研究中出具清洁意见或者否定意见的影响因素，改变了认为出具否定意见或者投反对票即代表独立董事履职行为有效性高，反之有效性低或者无效的思路。

实践方面：第一，从投资者角度，有助于投资者了解独立董事在本土履职环境下不直接选择否定意见，而选择出具“无过”和“有功”两种情感的清洁意见的行为方式和内在动机，进而判断上市公司管理层关联交易决策的真实动机和外在的合法性，一定程度上有利于改善信息的不对称性，维护自身的投资利益。第二，从上市公司角度，对影响因素的研究主要为董事会选拔聘用独立董事提供可能的借鉴和启示。第三，从监管者角度，分析影响因素和出具清洁意见的机理路径，可以一定程度上为监管方提供合理可靠的依据，对设计和完善全面、完整的独立董事信息库可能有帮助，最终达到独立董事履职信息能够公开、透明的目的，证监会等机构的监督效力更有利于提升上市公司独立董事的进入门槛，具有强制性、高效性和独立性的特点。第四，从独立董事自身角度，可能使得独立董事主动参与培训中来，主动提升自身的职业能力和专业素质，保持自身独立性，更全面、客观和清晰地出具独立董事意见，负责任地履职。

二、文献综述

清洁意见是一种独立董事意见中约定俗成的叫法，最早用于事务所出具的上市公司的审计报告中，形容标准的审计意见，格式固定且有统一模板，通常是指为证明财务报告的真实、准确合法而出具的不含任何附加说明的无保留意见。而内部人控制带来的巨大的客户压力和目前法律法规体系带来的监管压力使得独立董事在权衡出具否定意见的成本和不作为成本之后，在清洁的意见中通过区分文字情感来传递信息，既在一定程度上避开了监管压力，又不违反客户意志，这种通过促进信息的流动来履职的方式为委婉履职的方式。赵子夜（2014）使用了“圆滑履职”一词来解释独立董事的这种履职方式。而文字情感就是通过文字、图形、内容等传达出的作者或者说话人的情感信息，并且能够进行相应的测度。学者也从不同角度研究文字传达出的情感信息。从文字最初的形态出发，漆克（2007）研究文字图形设计，旨在搭建作者和受众之间情感交流的虚拟平台；卢杰（2008）侧重于技术领域的研究，试图通过发现相关的技术来识别、分析文字情感。

理论上讲，独立董事制度的建立主要是为了处理两类代理问题。针对第一类代理问题，它保护全部股东的利益；针对第二类代理问题它削弱大股东强势控制权，保护了中小股东的话语权。在我国的企业实践当中，面对控股股东滥用权力、职业管理者掌权以及中小投资者权利受侵害的问题，监管部门也试图通过独立董事的有效履职行为提升监督效力。不管在国内还是在国外，研究热点始终围绕在独立董事履职行为有效性上，目前可以总结出三种观点：基本有效观、有限有效观和无效观。第一种观点的研究主要有：Jensen 和 Meckling（1976）认为，通过独立董事的有效履职会减少因股权问题导致的企业市场估价的跌落。Fama 和 Jensen（1983）认为，独立董事履职行为的实施可以有效降低强势地位的大股东和管理层合谋的概率。朱慈蕴和金明义（2002）认为，独立董事制度的引入可以促进董事会内部制衡，增强投资者对公司的信心。张学武

（2003）进一步补充了独立董事在克制内部人控制方面的相关研究。第二种观点的研究主要有：巴曙松（2001）指出，要使独立董事真正发挥作用，不仅要解决独立董事的激励、选拔、独立性等问题，还要对独立董事在监管中信息不对称等问题进行多角度的考虑。鲁桐（2002）指出了时间和精力的有限性及信息的不对称，薪酬机制和社会环境等因素都可能影响独立董事履职的低效率甚至导致其无法发挥应有的作用。第三种观点的研究主要有：喻猛国（2001）认为在我国特殊的环境下，不能达到英美国家独立董事履职行为的效果。于东智和王化成（2003）研究认为，外部董事的独立性是其最重要的履职条件，也是制约其履职行为有效性最为显著的因素。

本文重点集中于对影响独立董事出具履职行为的因素进行分析和探讨，以往文献研究不多，而针对影响独立董事履职行为有效性的因素，从独立董事比例这一数量影响因素到独立董事自身特征的影响因素，国内外的研究相对完善并成体系，通过梳理相关文献，本文归纳了如下影响独立董事履职行为有效性的研究成果。首先是关于独立董事相关特征的影响因素。绝大多数的研究结果均表明，独立董事的知识、经验和专业胜任能力都有助于公司的发展，如提高会计信息含量、减少盈余操纵、应对财务危机等。Kesner 和 Lamont（1986）、Donaldson 等（1992）研究表明，相比于企业内部其他方，独立董事作为外部履职者能够为公司提供更客观的资源支持。LeeY. S.，Rosenstein 和 Wyatt（1999）认为，有财务知识的独立董事可以协助公司财务部门，甚至整个公司构筑公司财务板块的根基，使得公司更有效地适应不断更新换代的财务准则和风云变幻的财务市场。而 Anup 和 Knoeber（1996）指出，通常有政治、法律背景或者与此相关的从业经验的独立董事，抑或是律师和有相应职业证书的董事，会对处于政府管制下的公司经营献计献策，相比于对照组来说，在面对多样化经营、复杂的决策问题时往往更胜一筹。毛志忠（2012）发现在中国本土环境下，具有财务背景的独立董事人数越多也越能有效抑制企业舞弊现象的发生。曹伦和陈维政（2008）用违规受到处罚的公司作为测度独立董事履职行为是否有效的解释变量，认为，独立董事组成人员中由适当数量的专业人员参与，可有效减少企业违规处分现象的频繁发生。Bedard（2004）和 Xie（2003）等用盈余管理这一变量测度的结果表明，有过财务学习经历的独立董事可以在一定程度上抑制管理层多余盈利操纵的动机和过程，督促其调整重心到合规决策上。Bryan（2004）的研究是定位在审计委员会的组成人员中，发现当其中含有有过财务学习经历的董事时，整个公司会具有更高质量的会计信息，而较少发生利润操纵行为。除此之外，Arthur（2004）认为，经过专业学习的独立董事也会影响重报的概率。综上所述，独立董事的专业背景在一定程度上与履职效力有关。另外，对独立董事人数和独立董事比例两个类似因素的研究也很多，学者们也持不同的观点并得出了不同的结论。Gilson（1990）认为许多公司会在经营不利的情况下，增加本公司独立董事的人数，使其临危受命，最终达到改善公司现状，克服当前经营危机的目的。王跃堂等（2006）认为在同一行业内部，状况基本相同的两家企业相比，企业的董事会中独立董事占比越高，这家企业以盈利水平为标志的经营业绩就越好。叶康涛等（2007）认为，足够数量的独立董事，可以相对具备发言权，在抑制大股东占用资金方面的履职行为的有效性水平越高。但 Kesner 和 Lamont（1986）、Donaldson 和 Davis（1994）的研究结果相反，认为在防范监督公司舞弊行为方面，独立董事履职行为并不有效，部分研究结果也得出，聘请的独立董事越多，监督效率反而会越低。

其次是关于公司治理相关指标的影响因素。从履职环境即公司治理角度出发，股权集中度和公司对独立董事的激励两个因素对独立董事履职行为有效性的研究文献较多。Mace（1986）等的研究表明，许多公司的实际决策中，独立董事往往因为受控于内部董事从而不能或者不敢挑战强势的内部董事并且不能积极地提出自己的意见。吴淑琨（2004）的研究设计了两个变量测度股权集中度，认为大股东股权集中且缺乏制衡时，独立董事的行为会受到负面的影响，从而削弱独立董事履行监督责任的能力。另外，学术界的一些学者认为，独立董事行为动力的来源是外部的两个激励措施：一个是薪酬激励，另一个就是所谓的声誉激励。前者的代表学者有 Hermalin 和 Weisbach（1998）、Perry（2000）等，独立董事作为经济人范畴，有对物质报酬的基本需求，当获得了上市公司高水平的薪酬激励，甚至是股权激励时，其履职行为的有效性更高。马斯洛的需求理论是声誉激励影响独立董事履职行为有效性的又一重要的理论支持，这一因素相比薪酬激励往往是更高层次的追求，研究表明对于高度发达的声誉市场而言，独立董事履行职责的主要约束力和动力不再是简单的薪酬激励，更多的是在塑造和维护自身的外部声誉（William & Brown，1996）。正如 Steven N. Kaplan 和 David Reishus（1990）采取实证的方法证明，任职在业绩差、履职环境不理想的企业的独立董事通常被外界以为未能尽心地履行职责义务，因而他们往往不太容易再聘任为别的公司的独立董事，而早在 20 世纪 70 年代，Mace（1971）采用的是人力资源研究中的问卷设计、收集、调查的方式，在公司可能出现危机的情况下或者说业绩出现明显下滑时，大多数独立董事倾向于选择“明哲保身”，而不是去挑战比较强势的公司管理者，但是当辞职成本超过可以承受的限度时，可能有挑战职位权势的迹象和行为发生，最后往往迫于压力以辞职告终。谭劲松（2003）创新性地指出，独立董事的薪酬与履职行为的效率二者更接近正态关系。简宇寅（2006）从选择就职的视角肯定了薪酬激励的促进作用。陈宏辉和贾生华（2002）的研究得出了对独立董事的激励应该以声誉激励为主，以薪酬激励为辅的政策建议。

为深层次地了解独立董事的履职行为得以实施的方式和过程，深化对其作用的认识，Warther（1998）通过设计三个人董事会投票的模型，采取实验方法模拟独立董事的履职行为，发现独立董事一般视情况做出反对表态，通常不会投反对票，而当业绩极其不乐观时，外部董事可能对提案投出有实际价值的反对票，甚至提议变更公司管理层。叶康涛等（2011）依托企业被硬性规定披露的有效信息，研究发现当公司业绩不佳甚至出现负利润时，独立董事一改以往委婉的履职行为方式，表现出直接质疑管理层的行为。

综上所述，以往大多关于独立董事的探讨都集中在其监督效力上，具体到对履职行为有效性影响因子的探讨不多。通过总结与本文研究相关的国内外文献得出，独立董事专业背景知识、与股东或者高管的关系以及企业股权结构、独立董事比例、激励机制、声誉假设、信息沟通机制等因素，都会影响独立董事的履职行为。同时这些因素解释的往往是当前绩效、关联方相互间不合理的交易和重组，以及受到监管机构处罚的违规行为等。并且以往对独立董事履职行为的研究主要借助于独董董事意见库中的数据，但研究的内容多集中于否定投票行为，很少研究出具含不同文字情感的清洁意见的履职行为。

三、独立董事委婉履职行为的机理分析

（一）独立董事委婉履职行为的成本收益分析

我国独立董事制度从陆续推行到发展完善的实践过程给我国独立董事各个方面的研究提供了很广泛的视角，我国《关于在上市公司建立独立董事制度的指导意见》明确规定了独立董事的权力范围，例如提名董事和任免董事的权力，对重大事项以意见的形式的表态，诸如大额借款、担保和重要性较高的关联交易事项等。《上海证券报》指出，独立董事职能框架体系里最重要的是其对上市公司经营运作的第三方监督职能，而监督的对象排在最前面的是公司的重大关联交易和信息披露。因为关联交易通常被看作是大股东掏空行为的工具，所以本文就是依托关联交易意见

信息分析经济人假设下的独立董事的委婉履职行为路径。

狭义的成本效益分析是经济学决策中常用的一个方法，顾名思义，就是指一个经济体在选择最有利经济决策时采取的一种分析方法，通过分别评估成本和收益来选择决策方案。效益的产生必会带来一定的成本支出，这种办法常常被应用在政府部门关于投资计划项目的决策之中，通过比较项目预计合计成本和合计效益的孰大孰小来评估一个项目是否值得推进和项目能够带来的预估价值，以期在所有可操作方案中，通过集体决策等各种方式，选择成本低而受益高的预选方案并达成一致。

而广义的成本效益分析被广泛应用在几乎所有的行为决策之中，作为“理性经济人”的独立董事在出具关联交易意见过程中，也存在成本收益分析的心理和行为认知的过程。当公司的关联交易对股东和公司经营有利时，独立董事往往会出具含“有功”型文字情感的清洁意见，意见中多含有“有利于”等词语。当关联交易对股东和公司经营无害时，独立董事往往承受着来自监管方和管理层的双重压力，就会进行成本效益分析，一方面权衡离任现职的三方面因素，主要有离任后的直接损失和现在所处位置的重要性以及当前报酬在自身目前个人或者家庭的总收入中的重要性；另一方面会权衡就任新职的收益，以及新职位的可获得性，如果离任旧职成本大于就任新职收益，独立董事往往会选择留在现有公司，并出具一种“无过型”的清洁意见，委婉地表明对本项关联交易的态度，而成本小于受益的结果是主动辞职，这就是用成本收益分析法刻画独立董事委婉履职行为路径的核心部分。而当此项关联交易不真实、不合法，甚至舞弊的风险较高时，公司往往陷入危机中，独立董事为保全自身以往的声誉水平，选择辞职，即使最终留在现有职位，也往往是迫于管理层的压力，违背了其意愿，之后也会离开现有职位。

图 1 为独立董事委婉履职行为成本收益分析流程图。

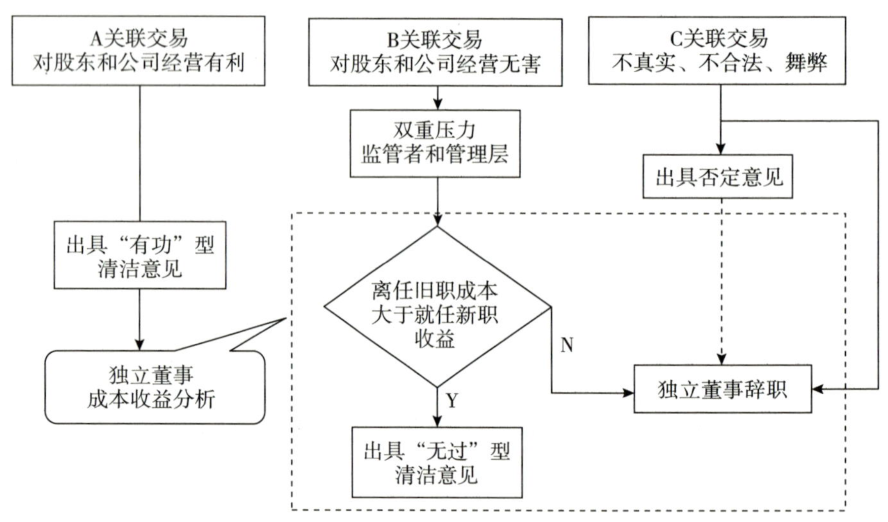

图 1　独立董事委婉履职的成本收益分析流程图

（二）独立董事委婉履职行为的测度

本文将独立董事在对待关联交易问题上避开否定意见，选择通过出具含两种文字情感的清洁意见的行为界定为独立董事委婉履职行为。而通过观察独立董事意见文件发现，第四项对关联交易出具的意见比较容易界定文字情感，在清洁意见中能够筛选出被独立董事认为否定，但迫于压力而出具清洁意见的样本。表 1 是关联交易事项的两种清洁意见，要完成独立董事委婉履职行为的量化工作就是要测度清洁意见包含的积极和消极的文字情感，可见，积极情感之所以被定义为“有功”型情感是因为在意见的表述中频繁使用“有利于”等类似的词汇，情感值要高于独立董事仅仅追求“无过”情感的意见，后者表现为消极的出具了包含“不存在”等一系列词汇的清洁意见。在操作可行性方面，只需对所有有效样本进行人工阅读并逐条删选即可完成区分清洁意见中文字情感的工作。

为使表述更加清晰，列出如表1所示的清洁意见中“有功”和“无过”情感界定表。

表1 清洁意见中“有功”和“无过”情感界定

	无过（消极）	有功（积极）
关联交易意见文字表述 ⇩	本关联交易不会对公司持续经营能力造成影响，不会影响公司未来财务状况、经营成果，亦不存在损害公司及投资者利益的情形，我们同意该项关联交易	上述关联交易有利于公司降低制造成本和投资风险，扩大生产能力，对公司经营发展有积极影响
关键情感词提取	不会对……造成影响 不存在 不影响	有利于 对……有积极影响

（三）独立董事委婉履职行为的影响因素

1. 影响因素理论依据分析

行为决策理论是本节内容分析的理论依据，20世纪50年代阿莱斯悖论和爱德华兹悖论提出之后，包含有限理性模型和社会模型两大主要组成部分的行为决策理论相继出现。有限理性模型是指人由于受决策时间、包括信息情报等的可用资源以及认知能力等方面的限制，导致人不能完全理性，也并非毫无理性，而是介于两者之间的范围之内，而通常被称作有限理性的表现是，倾向于选择风险较小的方案，在行动上放弃收益最高的最佳方案，退其次只求满意的结果，在社会复杂多变和争相竞争的大环境中，决策的最优标准只能蜕变成一种无法实现的理想假设，这个模型是该理论的主要理论模型。行为决策理论的另一个模型是社会模型，也被称作社会心理学模型，也是本文引入宏观影响因素的重要理论依据，该模型主要提出了社会因素这一影响决策者行为的重要因素，具体讲可以是一种无形的来自于社会的压力，可以是根深蒂固的本土文化导致的惯性行为，这些都会使得决策者不经思量地按照文化传统产生带偏差的认知，采取相对武断式的行动，最终使得决策者采取不理性的行为方式，做出并不符合事物客观情况的结论。

Ward Edwards（1961）将行为决策理论形象地概括为信息处理过程和决策者心理过程的结合，心理过程包含决策者的动机、态度和期望等组成要素。微观层面的因素就是决策者个体因素，包括能力、经验、认知、态度等方面，除此之外，决策者在做出行为判断和选择行为方式的过程中很大程度上受到环境因素影响，这些因素可以来自组织内部，也可来自组织外部，可以简言之为中宏观层面的环境因素，包括相关的信息条件、组织环境、组织机制等方面，这些都会对独立董事履职行为产生潜移默化的效应或者直接影响原本客观的认知和判断，进而做出与此相应的履职行动，实质上可以归结为决策者的一项判断选择和信息处理过程，最终，需要判断出履行何种职能行为。大多数情况下决策者是明晰所选择的行动后果并为其负责的。因此，该理论将社会因素影响决策者判断的事实延展成了环境的因素。Kahneman 和 Tversky（1979）提出的个体行为决策模型框架，与上述观点有一定的相似之处，认为独立董事的整个履职过程受到三个维度因素的影响，并将整个决策过程划分为决策编辑和决策选择两个阶段，第一阶段侧重于识别所有可行方案并对所有方案的优劣做一个相对系统的分析，得到一个完善的方案构思框架图，第二阶段侧重于得出选择结论，不论方案的选择如何，基本可以将选择结果定性为决策者的两种态度，表现为有作为和无作为，而且决策者自身也明晰这种选择的方式和应承担的责任后果。以上述阐述为基础，绘制如图2所示的前后两阶段行为决策过程图。

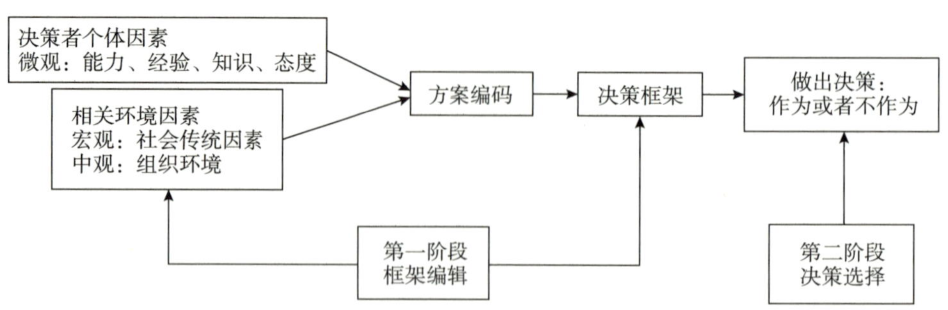

图2　两阶段行为决策过程图

而在现代公司治理实践中，独立董事依托个体的职业能力、知识框架和以往从业的阅历经验，沟通获取有价值的信息，最终通过出具董事意见做出相应履职行为的过程，实质上就是一项完整的编辑决策和决策选择的过程。在此过程中，独立董事需要综合考虑各种内外部条件，而文化传统和整个企业组织的治理环境都会影响其判断和履行何种职能行为。因此，选择用行为决策理论来诠释和说明独立董事履职行为实施前的全部过程。

2. *影响因素的跨层次分析*

本文总结影响独立董事委婉履职行为的因素主要依赖于以往研究中探讨的关于履职行为有效性的影响因素，然后将诸多影响因素总结归类，提炼梳理成一个跨层次的分析模型，为了更加形象地列示三层因素的空间分布，构建了如图3所示的切面图形，最外层的宏观切面主要是基于本土语言规则的三个因素，中观切面是公司治理层面的因素，微观切面是独立董事自身特质的因素，用三切面的因素试图挖掘独立董事履职行为具备委婉属性的内部原因。

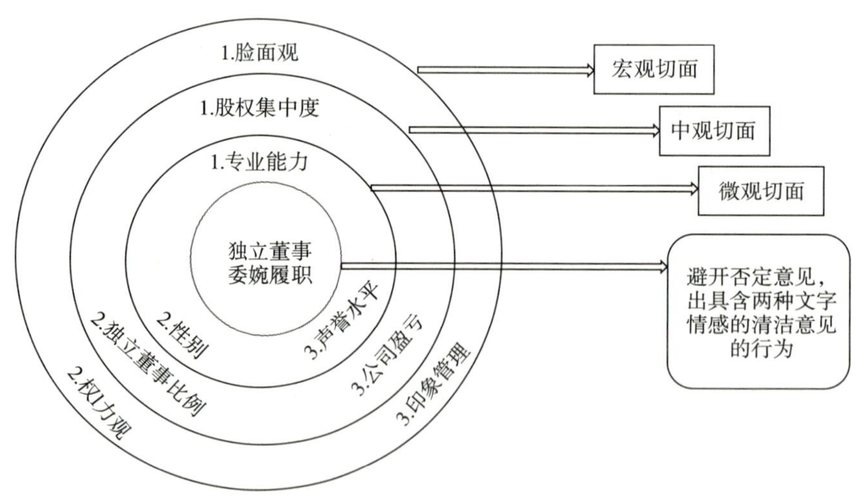

图3　独立董事委婉履职影响因素的切面图

（1）本土语言规则宏观切面分析。影响独立董事出具包含两种文字情感清洁意见的外部宏观因素很多，而这种委婉的履职行为在宏观切面，本质上是受本土的语言规则的影响。而根据行为决策理论的社会模型可知，社会文化是影响决策人行为方式的关键因素。所以，本土独立董事对关联交易大多并未表现出否定态度，而是选择委婉地出具含两种情感的清洁意见的行为，归根结底，离不开传统文化下语言规则的影响。

受传统文化的影响，中国本土的语言规则呈现出委婉、不直接的特点。即使交际过程并不复杂，人们也会惯性地使用含蓄委婉的方式表达原本明确清晰的观点，而这种语言规则或者说语言习惯是传统文化在人们的认知观念中根深蒂固的结果，突出体现为脸面情节、权力区分和印象观三个观念。一是中国人语言规则中的脸面观。台湾学者翟学伟（2004）较早并详细地讲述了脸与面的内在语义，论述了中国本土化的脸面观。明恩溥（2011）认为“脸面”是中国人的第一性格。在表述中国社会特征的词语中，“人情”二字必不可少，人们的处事行为讲究人情，讲究给他人和自己脸面，重视亲戚、朋友、校友关系，重视和睦相处，为了所谓的“脸面情结”、所谓的人情关系，甚至无视规章制度，做出违反该职位制度规范的行为，甚至身份地位越高的人，自身的脸面观念越浓重，他们往往因顾及其脸面和身份地位，自身行为更加缺乏约束。而在现代公司的治理中，管理层直接负责公司重大事项并对保证经营效益的目标有着不同于其他参与方的不可推卸的责任，而对身居高位的管理层的监督基本都依赖于外部的独立董事，虽然有时独立董事受雇于股东或者董事会，与管理层并无直接利益关系，但因顾忌高管脸面，在脸面观的影响下形成的语言规则，对某些关联交易委婉地出具独立董事意见，减弱了自身的独立性，而意见的不客观性，最终导致上市公司在不同程度上损害了中小投资者的切身利益。二是中国人语言规则中的权力观。翟学伟认为，日常权威在中国社会中普遍存在，而语言规则中的权力观起源于等级辈分的观念。一个人的年长和年幼，学历的高和低，经济地位的高和低，师长和学生等都被约定俗成地区分开来。独立董事和管理层形式上处于监督与被监督的关系，但就职位权势而言，管理层的职位权势往往更加突出，而按照儒家礼节，出于尊敬对方的需要而讲出不符合客观事实的言辞，做出有刻意恭维权势者、无视其不正直表现的行为。因此，独立董事面对可能存在舞弊意向的管理层时，也或多或少地受到权力观的影响，发生冲突时不能正面地谴责，出具客观的独立董事意见变得十分困难。三是中国人语言规则中的印象管理。虽然中西方在语言规则中都有印象管理的原则，但由于文化的巨大差异，导致中国人在沟通中习惯采纳自谦并尊重他人的言语规则，而外国人则习惯采纳认可自身努力的语言规则。库利（Coolx，cH.）曾提出“镜中之我”的观点，将他人比作镜子，通过镜子人们方可以了解自己。中国人印象管理的主要表现是尽量增加赞扬类词汇，把话语呈现得更好一些，怀着试图诠释角色的动机，在他人心目中留有一个良好的印象。因此处于弱势位置的独立董事对公司关联交易事项做出履职行为，即在出具意见的过程中往往也会无意中进行了自我的印象管理。

传统文化的语言规则的影响不容易量化测度，更倾向于定向地描述，但它是研究独立董事委婉履职的行为影响因素中不容忽视的一个宏观因素，脸面观和权力观也是一种潜在的影响因素，迫于管理层无形的权势压力，独立董事只能遵守相对委婉的语言规则，又经过印象管理采取“不求有功，但求无过”的履职方式。

（2）公司治理环境中观切面的分析。首先，上市公司的股权结构是独立董事履职环境的一个重要的衡量指标，一般借助于股权集中度进行测度，通过以往一系列比较研究显示，总股数基本一致的条件下，国有股、发起人法人股二者比例越充分时，流通股和募集法人股就会越稀薄，而此时股权结构往往呈现高度集中的不平衡状态，独立董事履职环境相对困难，一是鉴于内部董事相对强势，二是发起人法人职位权势较高，都是独立董事履职行为委婉不直接的根本原因。而我国政策上一直致力于通过提高上市公司重组和变动股权结构，适度降低国有股占比，推进股权分散，鼓励股权证券化和提升公司流通股比例，这些都有利于优化独立董事的履职环境。其次，如前所述，股权结构更多地体现为制度政策要求，可以说是外部的制度环境因素，而独立董事比例则是内生变量，当前基于独立董事比例划分的董事会结构类型有四种，分别为极端模式、英国模式、美国模式和德国模式。四种模式的独立董事占比呈现递增的趋势，极端模式是董事会被管理层覆盖，没有外部董事的状态；英国模式为少数独立董事凭借排他性的素质和能力，抑或靠自身的社交关系资源而形式上被任命为董事并列入董事会名单中，但主要表现还是代表大股东的利益；美国模式中独立董事占极高的比例，甚至组建了审计委员会加强监督效力，其组成人员全部来自独立董事成员，来防止多数独立董事只代表一部分股东利益的现象发生，保障董事会独立性；德国模式成立了全部外部董事构成的监督董事会，区分于管理层成员构成的管理董事会，这种分设理念是为了通过类似匿名投票的方式实现独立监督的外部化。独立董事比例这一内生变量，各国"因地制宜"。而要试图提升独立董事的履职有效性，依靠抬高独立董事比例无疑是看似可行又相对简洁可操作的方法，然而就因此鼓吹和不理性地倡议向国际机制靠拢，不设上限地提高独立董事比例或者设置双层董事会等类似观点，显然是盲目追风的不可靠行为。因为试图不顾及股权状况，简单增加独立董事比例去遏制上市公司内部控制局面并不可行，在股权分散的情况下，独立董事比例的增加能够取得一定的履职成效；然而在股权集中的情况下，不仅出现增加代表中小股东的独立董事数量遭到强烈反对的不稳定现象，甚至出现经理人操控独立董事名单的现象，即任命大多数支持自己决策的人担任审计委员会成员。所以说，作为内生变量的独立董事比例设置的条件是：在股权结构相对完善的前提下，增加独立董事比例将会改善独立董事弱势地位的现状。最后，当上市公司经营中发生困难，出现亏损、财务危机甚至资不抵债的情况，企业往往会真正意识到独立董事存在的意义，特别是有经验且专业能力强的独立董事，希望通过聘用独立董事并通过其高校履职使公司度过困难时期，克服危机，而相对于处于正常盈利水平的公司，担任亏损状态公司的独立董事履职行为也会表现出差异，因此盈亏状况是表述公司环境不可或缺的相关变量，也是中观影响因素中的一个较理想的分析视角。

综上所述，中观层面的三个重要性水平较高，并具备理论和实践意义的影响因素依次为股权集中度、独立董事比例和公司盈亏状况，一般来讲，股权集中程度处在较低水平，即公司股权越分散，并在股权集中度适宜的条件下，独立董事比例越高以及公司急需独立董事负责任履职来改善危机的状态，都是对独立董事负责履职和激发积极性有利的环境因素。

（3）独立董事自身微观切面的分析。首先，独立董事微观切面的研究比较多地集中在其专业知识和能力方面，认为掌握充分的财务知识、法律原理，或者直接获取职业资格证书的独立董事会更加胜任和负责任地履职，可能对有效地遏制上市公司的违规行为、提升公司绩效和改善治理环境有所作为。而整个履职行为的过程使这类独立董事更倾向于选择直接、较为强硬的履职方式，而不是"不求有功、只求无过"的履职态度，对关联交易出具"有功"型清洁意见和否定意见的概率较高，这些行为表现形式理论上是因为自身的专业能力，阅历经验让这类独立董事相对比较清晰地认识到其应该对所出具的独立董事意见负有多大程度的法律或者道德层面的责任，遇到自身不能承受的情况，这类独立董事一般不会抱有委婉履职的侥幸心理。其次，女性独立董事相对于男性董事，一方面具备细心谨慎的特质和擅长沟通的特点。女性独立董事在进行公司决策时，特别是涉及关联交易的重大决策时，会更加认真地高度谨慎地收集、整理各方面的信息，然后与管理层进行沟通，会倾向于出具质量较高的"有功"型的意见。另外，有研究表明由于女性倾向于"权力分享"，厌恶带有垄断属性的决策方式，经理人的高度控制权往往容易被女性董事提出挑战。另一方面，女性本身相对于男性对安全感的程度要求更高，有规避风险的倾向，即风险厌恶者中女性比例较高，都会使得女性独立董事面对风险时更为谨慎，而不是选择在清洁意见中表达"无过"型的文字情感。最后，我们可以在实践中或者独立董事意见库中可以发现，我国法律规定一人可以同时在多家上市公司任职独立董事职务，但这并不意味着兼任公司数越多，该独立董事的声誉水平越高，根据声誉假设，当一名独立董事有很高的声誉水平时，当其面对自身责任范围内出现的风险较高时，更倾向于从维护自身声誉的角度出发，采取离开现任公司的方式来规避风险。因此，独立董事任职上市公司数目越多，声誉水平反而越低，大多声誉水平低下的独立董事会选择委婉地履职，出具较多数量的含“无过”型情感的关联交易意见。

四、实证设计

（一）理论分析与研究假设

根据前一节独立董事委婉履职影响因素的跨层次分析结果，对宏观切面的影响因素给予了简单定性分析，本小节将着眼于中观切面和微观切面并对其进行实证的分析验证，首先提出如下六条假设：

首先，上市公司关联交易的独立董事意见往往并不是由一名独立董事出具，而是由两名或两名以上的独立董事联合出具的，在出具意见的独立董事小组成员中会发现，其中包含不同数量的女性董事，从零到两名以上不等，也包含不同层次专业背景的成员，有的小组中含财务专业背景董事居多，有的含法律专业背景的独立董事居多，有的这两类均在小组成员中。由于女性特有的沟通优势、细心谨慎的特质，以及“权力分享”的倾向和风险规避的态度，都会使得独立董事更清楚关联交易的真实情况，有更强程度的责任意识，最终往往倾向于出具“有功”型文字情感的意见。在独立董事的专业性方面，Brickly 和 James（1987）的研究创新之处在于发现了当公司陷入经营困难时，许多公司更容易意识到独立董事的经验、知识都对帮助企业渡过难关发挥雪中送炭的作用；Kalplan 和 Minton（1994）以金融专业背景的独立董事为研究对象发现，有熟悉金融知识的银行家担任独立董事的公司在应对财务危机时将会更加得心应手，这也是大多数出现或者有或多或少财务问题的公司更倾向于将银行家背景的人员提名在独立董事之列的原因之一；Brown 和 Maloney（1999）认为由于独立董事本身是专家或有丰富经验的管理人员，理论上可以采取多样的方式，如提供建议和咨询的方式来提高董事会的运作效率，这与 Johnson（1999）的观点不谋而合，具有行业专长的独立董事可以站在独立性较高的角度，在战略层面进行统筹，他们都认可专业知识及能力可以提高独立董事履职行为的有效性。而国内学者魏刚等（2007）实证研究指出，在政府和金融行业从业过或者有类似背景的独立董事通过有效的履职行为，在改善业绩方面有显著作用。履职的有效性得以实现，在一定程度上来讲是借助于出具“有功”型的意见的履职方式，因此提出如下假设：

H1：善沟通和规避风险等特质的女性独立董事的存在，更倾向于出具“有功”型意见。

H2：有财务或者法律等专业方向出身的独立董事的存在，更倾向于出具“有功”型意见。

其次，根据声誉假设，独立董事任职在公司业绩不好、履职环境欠佳的公司，通常被信息使用者或者其他试图招聘独立董事的公司看作是失职的表现，猜测其没有完全地履行独立董事的职责，去改善公司现状，因此这些独立董事不被认可就无法再继续聘任其他公司独立董事。因此如果关联交易行为违反常态隐含风险，管理层借助这一工具发生舞弊行为给公司带来明显损失，就很可能被猜想为独立董事对其有不真实不合法的判断的结果。大多数理性的独立董事为了维护其声誉水平不会降低，更倾向选择“明哲保身”式履职行为，多为选择个人成本较低的辞职来规避对出具意见事项的态度，而不是出具简单的否定意见去挑战强势一方的提案或者经营决策，除非辞职的成本超过自身的可承受度时独立董事才选择挑战管理层，但往往最后迫于管理层压力也以辞职告终。William 和 Michael（1996）的实证也验证了这种论述，在期间内如果出现较多的独立董事辞职变更行为的，则这些公司的业绩表现往往相比同行业的竞争对手而言更差。国内学者陈宏辉和贾生华（2002）比较了薪酬激励和声誉激励两种方式，而后者的激励作用更加显著，所以选取声誉水平作为影响独立董事履职方式的影响因素之一。因此实践中不同于直观的感受，独立董事声誉水平与兼任上市董事的上市公司数成反比，自身声誉水平越高，兼任董事的公司数就会越少，出具的关联交易的意见质量就会越高。

H3：独立董事自身的声誉水平越高，兼任董事的公司数越少，越倾向于出具“有功”型意见。

最后，中观切面的三个要素分别为股权结构、独立董事占全部董事会成员的比例和公司盈亏现状。反映股权结构的股权集中度水平越高，以及较低比例的独立董事占比，都会反映出公司的控制环境和独立董事的履职环境不佳，缺少话语权的独立董事迫于来自管理层内部的压力带来的解雇风险和监管方制定的硬性的规则制度约束，往往更倾向于委婉履职行为，选择出具“无过”型清洁意见。Hermalin 和 Weisbach（1998）等就用股权集中度测度外部董事的履职环境，并作为影响外部董事做出履职行为决策的指标之一，认为对于一些初创公司或者说管理成熟度较低的公司，创立团队包括公司经理人依然持有公司大量的股份，具有更多的话语权，外部董事更多地处在被动控制的地位上面，这种类型的履职环境对于独立董事客观地履职显然是明显不利的。独立董事比例方面，王跃堂等（2006）研究发现，同一行业内部状况基本相同的两家企业相比，企业的董事会中独立董事占比越高，这家企业以盈利水平为标志的经营业绩就越好。刘海运（2007）用销售收入变量作为测度公司业绩的指标，验证了独立董事占比越高，销售收入越高，归根结底也是经营业绩好的表现。学术界关于独立董事占比的研究也很丰富，关于多少数量独立董事才能够整合为有效能的监督集体还存在不一致的观点，但都认为在董事会的审计、提名等重大事务和舞弊风险较高的薪酬监督中，应该保证独立董事占足够高的比例甚至是全部；而公司处于亏损状态时，或者说深陷包括财务危机在内重大危机之中的上市公司，反而更大程度地依赖独立董事的经验和专业能力，这种依赖给独立董事更有效地履职营造了适宜的环境，改善独立董事有名无实的状态，激励独立董事提出有建设性的观点，并出具真正反映公司真实情况的意见，这就是出现亏损危机，甚至资不抵债的上市公司的独立董事反而倾向于出具“有功”型的意见的内在原因。

H4：公司股权越集中，独立董事履职环境越差，出具“无过”型意见概率较大。

H5：公司独立董事在董事会总人数中的比例越低，相对弱势位置和缺少话语权使其越倾向于出具“无过”型意见。

H6：处于亏损状态的上市公司的独立董事出具“有功”型意见的概率相对较大。

（二）数据来源及变量说明

1. *数据来源*

本文的研究观测值为 2015 年上市公司独立董事出具的所有的关联交易意见。意见未处理前合计 3086 条，意见的文字来自 CSMAR 数据库的独立董事意见库，包含清洁意见、极少数否定意见和无法表示意见在内所有针对关联交易的意见，考虑到研究需要，本文对初始的样本数据依次进行如下六个步骤的整理筛选：剔除在 B 股上市的公司相关的董事意见；剔除 2015 年被 ST、*ST的上市公司数据；剔除对金融类上市公司出具的相关董事意见；剔除当年报表呈现出资不抵债的上市公司数据；剔除变量缺失的样本数据；剔除否定意见和无法表示意见条目。上述六类剔除条目相互之间有交叉，按上述条件要求并使用 EXCEL 软件进行筛选之后，得到了共计 2507 条非金融类、符合实证条件且各变量的数据完整的上市公司样本数据，为在此之后的实证研究部分奠定了基础。

2. 变量说明

为了验证上述六项假设，本文选取相应变量进行测度，主要涉及因变量、解释变量和控制变量三大类。①因变量选取。清洁意见中文字情感（*BEN*）。关联交易意见阐述中用到“有利于”等标志的词语，即认为独立董事对关联交易出具了明显含有功型情感的清洁意见，这样的履职行为产生的意见标注为1，否则为0。所以抽象的文字情感被量化为哑变量形式的被解释变量，所以导致回归分析中也选用的是Logistic回归方法。②自变量选取。一是独立董事专业性（*IEXP*）。当出具一项关联交易意见的独立董事小组成员中至少聘请了一名简历中有专业信息的独立董事则该变量取1，否则为0，专业字段中有经济、管理两大类专业取1，理工类专业取0，或者职称有注册会计师、律师、仲裁员、审判员、高级经济师、非理工科教授等取1；反之取0。二是独立董事性别（*IFEM*）。通过查阅独立董事简介，对出具一项关联交易的意见的独立董事小组成员中至少包含一女性独立董事则该变量取1，否则为0。三是独立董事声誉水平（*FAME*）。我国《关于在上市公司建立独立董事制度的指导意见》规定独立董事最高任职五家上市公司，尽管随着我国独立董事制度的各个方面不断发展完善，体系愈加成熟，我国独立董事多家兼任的趋势在逐渐上升，结果是担任1家以上上市公司独立董事职位的比只任职1家的情况表现更普遍，若只任职1家公司的情况变量$FAME=0$；反之，任职超过1家以上，则$FAME=1$。四是股权集中度（*GQ*）。以往文献对上市公司股权结构解释力水平最高的变量是用前几位股东持股比例占前十大股东持股比例的方法测度，不同的研究选取不同数量的股东，本文以各上市公司前五大股东占比量化评估公司的股权集中程度水平。五是独立董事的比例（*INDR*）。相对于独立董事总人数，本文选取独立董事比例指标，使得数据值更加紧凑，波动性相对较小。六是公司盈亏（*LOSS*）。当公司净利润小于0陷入亏损危机时，变量取0；反之取1。③控制变量选取。赵子夜（2014）研究独立董事意见情感时，选用了股权性质（*STATE*）、公司规模（*SIZE*）以及总资产收益率（*ROA*）、资产负债率（*LEV*）等指标作为控制变量，严玉洁（2014）研究独立董事监督行为时，将年龄（*AGE*）和性别（*IFEM*）等作为控制变量，本文考虑研究需求和数据收集的可行性，主要选取两大类控制变量，一类是财务指标，分别用测度偿债能力的流动比率（*CR*）和资产负债率（*LEV*）两个指标，另外，总资产周转率（*TAT*）指标反映公司营运能力，以及测度盈利能力的总资产收益率（*ROA*）都是刻画中观层环境的有效指标；另一类是公司治理的指标，由于样本企业规模差异较大，为防止出现资产规模影响实证分析准确度的情况，本文中以资产规模的对数作为代替，即对总资产数值进行对数运算来代表上市公司的资产规模（*SIZE*），股权性质（*STATE*）分国有企业和非国有企业测度，以及盈余管理（*RR*）指标，因为本文并非专门研究盈余管理，未采用可操作性应计利润来度量公司的盈余管理水平，简化计量为应收账款占营业收入的比率（见表2）。

表2 变量说明

	变量名称	变量代码	变量定义
因变量	清洁意见中文字情感	*BEN*	有功型清洁意见取1，无过型取0
自变量	性别	*IFEM*	包含女性董事取1，反之取0
	专业	*IEXP*	包含专业董事取1，反之取0
	声誉水平	*FAME*	任职两家及两家以上取1，反之取0
	股权集中度	*GQ*	前五大股东占所有股东的持股比例
	独立董事比例	*INDR*	独立董事人数/董事会人数
	公司盈亏	*LOSS*	净利润>0，取1，反之取0

续表

	变量名称	变量代码	变量定义
控制变量	流动比率	*CR*	流动资产/流动负债
	资产负债率	*LEV*	负债/总资产
	总资产周转率	*TAT*	营业收入/平均总资产
	总资产收益率	*ROA*	净利润/平均资产总额
	总资产	*SIZE*	总资产对数
	股权性质	*STATE*	实际控制人国有为1，反之为0
	盈余管理水平	*RR*	应收账款/营业收入

（三）实证分析

1. 模型构建

本文的被解释变量清洁意见中的文字情感的哑变量属性决定了在回归方法的选择上采用 Logistic 回归分析的方法，又因为需要验证上述六项假设，检验两个切面的共六个自变量对独立董事出具清洁意见的文字情感的影响，采用层次回归的方法，本文自变量有两个维度，微观维度变量是独立董事性别 *IFEM*、专业 *IEXP* 和声誉水平 *FAME*，中观维度的变量是股权集中度 *GQ*、独立董事比例 *INDR* 和测度盈亏的 *LOSS*，逐层加入一个维度的自变量，最终共构建如下两个层次，共六个回归模型：

（1）微观维度自变量和清洁意见中文字情感的模型。

$$\text{Logit}BEN=\alpha_0+\alpha_1 IFEM+\alpha_2 CR+\alpha_3 LEV+\alpha_4 TAT+\alpha_5 ROA+\alpha_6 SIZE+\alpha_7 STATE+\alpha_8 RR+\xi_1 \quad (1)$$

$$\text{Logit}BEN=\beta_0+\beta_1 IFEM+\beta_2 IEXP+\beta_3 CR+\beta_4 LEV+\beta_5 TAT+\beta_6 ROA+\beta_7 SIZE+\beta_8 STATE+\beta_9 RR+\xi_2 \quad (2)$$

$$\text{Logit}BEN=\gamma_0+\gamma_1 IFEM+\gamma_2 IEXP+\gamma_3 FAME+\gamma_4 CR+\gamma_5 LEV+\gamma_6 TAT+\gamma_7 ROA+\gamma_8 SIZE+\gamma_9 STATE+\gamma_{10} RR+\xi_3 \quad (3)$$

（2）中观维度自变量和清洁意见中文字情感的模型。

$$\text{Logit}BEN=\alpha_0+\alpha_1 INDR+\alpha_2 CR+\alpha_3 LEV+\alpha_4 TAT+\alpha_5 ROA+\alpha_6 SIZE+\alpha_7 STATE+\alpha_8 RR+\xi_1 \quad (4)$$

$$\text{Logit}BEN=\beta_0+\beta_1 INDR+\beta_2 GQ+\beta_3 CR+\beta_4 LEV+\beta_5 TAT+\beta_6 ROA+\beta_7 SIZE+\beta_8 STATE+\beta_9 RR+\xi_2 \quad (5)$$

$$\text{Logit}BEN=\gamma_0+\gamma_1 INDR+\gamma_2 GQ+\gamma_3 LOSS+\gamma_4 CR+\gamma_5 LEV+\gamma_6 TAT+\gamma_7 ROA+\gamma_8 SIZE+\gamma_9 STATE+\gamma_{10} RR+\xi_3 \quad (6)$$

其中，α_i、β_i和 γ_i为自变量回归系数，三项均为需要待估的常数，α_0、β_0、γ_0为常数项，ε为误差项。

2. 描述性统计

（1）清洁意见中文字情感变量（*BEN*）的描述性统计。从表3清洁意见文字情感分类表中可以得出，2015年独立董事出具的关联交易意见中，“无过”型文字情感意见1768条，约占70.5%；“有功”型文字情感意见739条，约占29.5%，可见绝大多数独立董事针对关联交易事项的态度保守，履职行为委婉，“不求有功，但求无过”。

表3 清洁意见文字情感分类

清洁意见中文字情感（*BEN*）	N	百分比（%）
0	1768	70.5
1	739	29.5
合计	2507	100

（2）影响因素变量的描述性统计。从表4影响因素的描述统计表中可以看出，2015年有效研究数据为2507条关联交易意见，在小组组成成员中，含女性独立董事的小组与全部为男性独立董事的小组相比，相对要少；八成以上的独立董事小组中有专业背景的小组成员参与；89%的公司处于盈利状态，极少数的公司在2015年对外显示处于亏损状态或者深陷财务危机；大约65%的独立董事成员在不止一家A股上市公司担任类似董事职务；上市公司独立董事占比平均约1/3，最低约占到董事会全部董事的1/5，外部独立董事的最高占比达到70%以上；在全部的有效研究数据中，股权集中度的均值指标可以得出前五大股东持有股份占比超过一半的水平，约为53.75%，最低比例是7.35%，最高比例是100%，表4中前四个变量为虚拟变量，极小值为0，极大值为1。

表4 影响因素变量的描述统计

	N	极小值	极大值	均值	标准差
性别（*IFEM*）	2507	0	1	0.440	0.497
专业（*IEXP*）	2507	0	1	0.880	0.326
声誉水平（*FAME*）	2507	0	1	0.650	0.477
公司盈亏（*LOSS*）	2507	0	1	0.890	0.317
独立董事比例（*INDR*）	2507	0.231	0.714	0.370	0.056
股权集中度（*GQ*）	2507	7.354	100.000	53.753	15.901
有效的N（列表状态）	2507				

3. 相关性分析

表5列出了自变量和控制变量分别对因变量的相关系数表，两种检验方法得出的相关系数基本具有一致性，初步说明了性别、专业、独立董事比例与清洁意见中文字情感存在相关性。另外，将自变量和控制变量之间的两两相关性省略，但观察其他变量与变量之间的相关性检验系数表格，可以判断自变量内部、控制变量内部以及自变量和控制变量之间的相关关系不显著。

表5 变量间的相关系数

Variable	Pearson 相关		Spearman 相关	
	相关系数	Sig（双侧）	相关系数	Sig（双侧）
性别（*IFEM*）	0.042	0.037*	0.042	0.037*
专业（*IEXP*）	0.057	0.005**	0.057	0.005**
声誉水平（*FAME*）	-0.010	0.615	-0.010	0.615
公司盈亏（*LOSS*）	-0.030	0.129	-0.030	0.129
独立董事比例（*INDR*）	0.048	0.017*	0.047	0.018*
股权集中度（*GQ*）	-0.005	0.803	-0.005	0.783
流动比率（*CR*）	0.000	0.983	0.000	1.000
资产负债率（*LEV*）	-0.004	0.824	-0.003	0.884
总资产周转率（*TAT*）	0.02	0.311	0.013	0.503
股权性质（*STATE*）	-0.02	0.325	-0.02	0.325
总资产收益率（*ROA*）	0.017	0.391	0.008	0.704
盈余管理（*RR*）	-0.017	0.409	-0.015	0.467
总资产对数（*SIZE*）	-0.007	0.718	-0.003	0.900

4. 共线性检验

本文研究中涉及解释变量数目偏多，因而为防止自变量之间存在共线性的问题发生，可能导致模型结果的可靠性降低，最终使得回归结果的准确性和稳定性也降低，因此对解释变量实施共线性诊断，结果如表6所示，结果显示六个自变量和七个控制变量的容忍度（Tolerance）均大于0.1，而方差膨胀因子（VIF）均不超过3，得出变量间共线属性不强，可以继续进行后续的逻辑回归分析。

表6　共线性诊断结果

Variable	共线性统计量	
	容差	VIF
性别（*IFEM*）	0.991	1.009
专业（*IEXP*）	0.937	1.067
声誉水平（*FAME*）	0.920	1.087
公司盈亏（*LOSS*）	0.995	1.005
独立董事比例（*INDR*）	0.986	1.014
股权集中度（*GQ*）	0.895	1.117
流动比率（*CR*）	0.898	1.114
资产负债率（*LEV*）	0.773	1.294
总资产周转率（*TAT*）	0.974	1.027
总资产收益率（*ROA*）	0.874	1.145
总资产（*SIZE*）	0.933	1.072
股权性质（*STATE*）	0.990	1.011
盈余管理水平（*RR*）	0.747	1.339

5. 回归结果

通过上文提出的六个模型，接下来对被解释变量清洁意见中文字情感变量借助SPSS软件进行层次回归分析，逐层添加变量，得出结果如表7和表8所示，表7列示微观切面变量回归的结果，表8是中观切面变量回归的结果，由于篇幅限制，列示主变量相关系数、显著性水平、标准误差。

表7　微观切面变量回归系数

Variable	Model1		Model2		Model3	
	B	SE	B	SE	B	SE
IFEM	0.188**	0.089	0.179**	0.089	0.181**	0.089
IEXP			0.391***	0.147	0.432***	0.151
FAME					(0.118)	0.096
常量	(0.387)	0.879	(0.719)	0.889	(0.776)	0.891

注：***、**、*分别表示变量系数在1%、5%和10%的统计水平上显著。

表8　中观切面变量回归系数

Variable	Model4		Model5		Model6	
	B	SE	B	SE	B	SE
INDR	1.905**	0.768	1.908**	0.768	1.828**	0.770
GQ			0.000	0.003	0.000	0.003

续表

Variable	Model4		Model5		Model6	
	B	SE	B	SE	B	SE
LOSS					(0.246)*	0.140
常量	(0.923)	0.917	(0.912)	0.922	(0.833)	0.923

注：***、**、*分别表示变量系数在1%、5%和10%的统计水平上显著。

从结果中得出：微观切面的变量中，性别和专业两个变量分别在5%和1%水平上被验证，性别因素在5%水平上显著，专业因素在1%水平上显著，即假设H1善沟通和规避风险等特质的女性独立董事的存在，更倾向于出具“有功”型意见；假设H2有财务或者法律等专业背景的独立董事的存在，更倾向于出具“有功”型的意见两个假设得到验证，假设H3关于声誉水平与清洁意见的文字情感并不相关，系数为负数，因此并没有显示当独立董事任职公司数越多时，其自身的外部声誉水平越低，更倾向于出具“无过”型情感的意见。中观切面的因子中，独立董事占比呈现两颗星水平的显著，所以假设H5公司独立董事占比小的情况下，弱势地位使其更倾向于出具“无过”型意见可以验证成立，而公司处于亏损状态时，公司需要独立董事的专业能力和经验来改变现状，因此独立董事更倾向于出具“有功”型意见的假设H6也是成立的，关于股权集中度与出具清洁意见文字情感的结果并不显著，假设H4未被验证。

6. 实证结果分析

首先，从描述性统计的结果表中能够看出，独立董事小组成员的特点是含有财务、法律等专业背景的成员小组居多，可见公司聘请独立董事的目的是积极的，提升公司的效益和决策效率，有女性独立董事的小组也接近一半，公司还是认可女性在专业能力以及沟通协调能力等特质的。而不一样的公司其聘请的独立董事在人数的占比不尽相同，最低占比和最高占比相差较大，可见有些公司内的独立董事在人数上相对弱势，有些公司内的内部董事，或者说执行董事在人数上相对弱势。其次，在显著性水平上可以看出四个假设得到验证：第一个假设是含女性董事的独立董事小组更倾向于出具“有功”型的清洁意见，除了前述的善于沟通的特质可以帮助其从管理层一方获得足够多并有效的信息，作为出具关联交易意见的依据之外，女性董事谨慎、规避风险的特质也使得其承受“无过”型意见责任的能力较差，当一项关联交易出现舞弊风险时，其更多的做法是获取更充分的信息，谨慎出具本事项的意见，更甚者会选择辞去现有职务，因此这一特质也是解释实证结果的一个因素。第二个假设是独立董事小组中含有财务、法律背景的成员会出具“有功”型清洁意见的概率较高，这些独立董事往往学历高，专业能力较强，兼有职业资格证书，对关联交易的事实情况较容易地把握和区分，除此之外法律意识强，责任观念重，一般不会刻意地做出委婉履职的行为。第三个假设是公司越高水平的独立董事比例，越倾向于“有功”型的清洁意见，这是中观切面在本文实证中一个显著的变量，独立董事在量上的充分度或许能够形成彼此监督的履职机制，或者能够确保独立董事整体在重大事项上提出的建议被管理层采纳，使得独立董事达到在其位，谋其职的效应。但如前文所述，独立董事比例的确定还要考虑到公司内部的股权集中度的问题，在股权较为集中的履职环境中，增加独立董事的数量提案往往受到驳斥无法实施，甚至出现强势的大股东操纵独立董事的任用和决策的现象，反而使得独立董事职位“名存实亡”了。第四个假设当公司处于亏损或者危机状态时，需要独立董事利用其专业能力、经验阅历等来改善公司现状，此时独立董事常常倾向于出具“有功”型意见，而不是采取委婉履职的行为方式。最后，关于独立董事的声誉水平的假设并不显著，只是与因变量之间呈现了负向的关系，这说明独立董事兼任上市公司的数目对出具关联交易意见的情感影响不大。本文认为或许也存在声誉水平较高的独立董事在多家监督状况较好的公司任职的情况；而股权集中度的假设也未得到验证，说明股权集中度不能作为衡量独立董事在公司内究竟是强势地位还是弱势地位的变量，即不能完全权衡独立董事履职环境的具体情况。

五、研究结论与政策建议

（一）研究结论

本文通过构建影响独立董事清洁意见文字情感主要因素的切面模型，采用实证分析的方法验证模型的中微观切面的影响因素，四个假设被证明成立。如出具关联交易意见的独立董事小组中若有女性董事或者有专业背景的独立董事参与，关联交易的清洁意见就更倾向于“有功”型；独立董事人数的高比例，或者公司处于亏损状态时，都会导致出具“有功”型清洁意见的概率较高，其他关于股权集中度以及声誉水平影响因素，在本文实证部分并不显著。上一节也对不成立假设进行了一定的解释和猜想，如关于声誉水平的假设，独立董事兼任上市公司的数目对意见的情感影响不大的原因是，可能存在诸多声誉水平较高的独立董事在多家监督环境较好的公司任职的情况，也可能存在仅仅用股权集中度权衡独立董事履职环境并不全面的问题。

（二）政策建议

（1）聘请外籍独立董事，改善本土化现状。尽管本文并未对影响清洁意见文字情感因素模型的宏观层面进行实证的分析，但是可以看出传统文化影响下的语言规则是影响独立董事意见的潜在的重要因素，目前本土独立董事数量相对冗余，而聘请的外部独立董事却寥寥无几。本土化使其思维受限于自身的文化和语言规则中，聘请外籍独立董事有利于突破本土化带来的局限性。

（2）建立独立董事评估机制，优化人员组成。大量的理论和实践证明了独立董事存在的必要性，但独立董事自身也需要来自信息使用者的“二次监督”。监管部门应当建立相对完善的独立董事声誉市场及其评估机制，该机制应当建立评价等级，对独立董事进行评价，对等级不够的独立董事采取市场禁入机制，以达到提高独立董事质量的目的。

（3）加强专业知识培训，提升沟通质量。研究显示，有财务、法律专业背景的独立董事更有倾向出具“有功”型的关联交易意见，因此企业不仅要在聘用独立董事时择优挑选，而且要加强对公司现有独立董事的专业知识培训，随时跟上公司发展的节奏。除此之外，在丰富专业知识的基础上，还要提升其与管理层沟通的质量，以获得公司充分的信息，从而保证出具意见的可靠性。

（4）增加独立董事比例，给予制度保障。本文的实证结果表明，独立董事比例越高，出具“无过”型的关联交易意见的概率越低，因此增加独立董事的比例是改善独立董事履职过程中处于公司弱势地位的有效方法。中国证监会的《关于在上市公司建立独立董事制度的指导意见》规定独立董事的设置比例不低于1/3，企业应在满足国家规定的前提下制定相应的制度给予保障。

参考文献

［1］Anup A.，Knoeber C. R. Firm Performance and Mechanisms to Control Agency Problems between Managers and Shareholder［J］. Financial and Quantitative Analysis，1996（31）：377-397.

［2］Arthur. Earnings Management and Tunneling through Related Party Transactions：Evidence from Chinese Corporate Groups [R]. Working Paper, The Hong Kong University of Science and Technology, 2004 (56): 89-95.

[3] Bedard J., S. M. Chtourou, L. Courteau. The Effect of Audit Committee Expertise, Independence and Activity on Aggressive Earning Management [J]. Auditing: A Journal of Practice & Theory, 2004 (23): 13-35.

[4] Bryan, D., M. H. Liu, S. L. Tiras, the Influence of Independent and Effective Audit Committees on Earnings Quality [R]. Working Paper, 2004.

[5] Donaldson L., Davis J. H. Board and Company Performance: Research Challenges the Conventional Wisdom [J]. Corporate Governance, 1994, 2 (3): 151-160.

[6] Fama, E., Jensen, M. Separation of Ownership and Control [J]. Law and Economics, 1983 (25): 327-349.

[7] Gilson. Bankruptcy, Boards, Banks and Blockholders: Evidence on Changes in Corporate Ownership and Control when Firms Default [J]. Financial Economics, 1990, 27 (2): 355-387.

[8] Hermalin, B. E., Weisbach, M. S. The Determinants of Board Composition [J]. Rand Journal of Economics, 1988, 4 (19): 458-467.

[9] Jensen, M., Meckling, W. Theory of the Firm: Managerial Behavior. Agency Cost, and Capital Structure [J]. Financial Economics, 1976 (3): 305-360.

[10] Kesner I. F., Victor B., Lamont B. Board Composition and the Commission of Illegal Acts: An Investigation of Fortune 500 Companies [J]. Academy of Management Journal, 1986, 29 (24): 789-799.

[11] Lee Y., S. Rosenstein S., Wyatt J. G. The Value of Financial Outside Directors Oncorporate Boards [J]. International Review of Economics and Finance, 1999, 8 (4): 421-431.

[12] Mace. A Modest Proposal for Improved Corporate Governance [J]. Business Lawyer, 1986 (48): 59-77.

[13] Perry, T. Incentive Compensation for Outside Directors and CEO Turnover [R]. Working Paper, Arizona State University, 2000.

[14] Steven N. Kaplan. Outside Directorships and Corporate Performance [J]. Financial Economics, 1990, 27 (2): 389-410.

[15] William, Brown. Inside Directors, Board Effectiveness, and Shareholder Wealth [J]. Financial Economics, 1996 (44): 229-250.

[16] Warther, V. A. Board Effectiveness and Board Dissent: A Model of the Board's Relationship to Management and Shareholders [J]. Journal of Corporate Finance, 1998 (4): 53-70.

[17] 巴曙松．“最贵”银行独董辞职[J].中国企业家，2011 (15)：14-21.

[18] 曹伦，陈维政．独立董事履职影响因素与上市公司违规行为的关系实证研究[J].软科学，2008 (11)：127-132.

[19] 陈宏辉，贾生华．信息获取，效率替代与董事会职能的改进——一个关于独立董事作用的假说性诠释及其应用[J].中国工业经济，2002 (2)：55-66.

[20] 鲁桐．独立董事制度的发展及其在中国的实践[J].世界经济，2002 (6)：3-11.

[21] 谭劲松．中国上市公司独立董事制度若干特征分析[J].管理世界，2003 (9)：15-23.

[22] 王跃堂，赵子夜，魏晓雁．董事会的独立性是否影响公司绩效[J].经济研究，2006 (5).

[23] 吴淑琨，刘忠明，范建强．非执行董事与公司绩效的实证研究[J].中国工业经济，2004 (9)：23-26.

[24] 喻猛国．独立董事制度缺陷分析[J].经济理论与经济管理，2001 (9)：48-50.

[25] 于东智，王化成．独立董事与公司治理：理论、经验与实践[J].会计研究，2003 (8)：8-13.

[26] 叶康涛，陆正飞，张志华．独立董事能否抑制大股东的“掏空”[J].经济研究，2007 (4)：101-111.

[27] 叶康涛，祝继高，陆正飞，张然．独立董事的独立性：基于董事会投票的证据[J].经济研究，2011 (1)：126-139.

[28] 张学武．论中国建立独立董事制度的必要性[J].中山大学学报，2003，23 (2)：138-141.

[29] 朱慈蕴，金明义．评我国独立董事之引进[J].浙江社会科学，2002 (7)：88-93.

[30] 赵子夜．“无过”和“有功”独立董事意见中的文字信号[J].管理世界，2014 (5)：131-141.

企业集团管理研究现状与趋势
——基于中英文文献的科学计量比较分析

郑　丽　陈志军
（山东大学管理学院，山东　济南　250100）

［摘　要］运用 Citespace 科学计量方法，探究企业集团管理现状与趋势，以 2002~2016 年我国学者在国内外发表的相关论文为研究样本，通过中英文文献对比分析发现：相比国内企业集团研究的递减趋势，国际期刊关于中国特色的集团管理模式研究逐年递增；国内外文献对企业集团研究的关注点存在较大差异，国外文献更多关注企业集团的战略管理，而国内期刊关注集团内部财务管理，同时二者研究存在一致性，创新创业、公司治理、跨国经营均是国内外文献研究的焦点；香港的大学在国际期刊领域比较活跃，山东大学在国内研究领域具有较高影响力。本文对中国学者已发表的中英文文献对比分析，总结出企业集团管理研究的热点前沿领域，以及一批有影响力的核心期刊、核心作者与核心机构，为未来企业集团相关研究提供了有益参考和借鉴。

［关键词］企业集团；母子公司；科学计量

一、引言

企业集团是独立的法人公司由于经济（如股权、财务、商业）和社会（如家庭、血缘、朋友）关系联结而立（Yiu 等，2005）[1]。从经济学的角度讲，资本主义国家的企业集团是经济垄断化的一种重要表现（徐金发，1988）[2]，如卡特尔、托拉斯和辛迪加等。相比欧美企业集团 19 世纪末 20 世纪初在资本主义竞争过程中通过资本积累，以家族性财团为主体形成的集团结构（陈志军，2014）[3]，我国企业集团最早是由国家政府在 20 世纪 80 年代中期牵头设立，作为市场改革的工具（在制度变革期间实现公司化和合法化），目的是促进市场经济发展，而不仅仅是经济发展的产物（Yiu 等，2005）[1]。政府（包括中央与地方）给予国有企业集团一系列特权或优惠以促进其成长（Lee 和 Kang，2010）[4]，使我国企业集团的形成与发展有其独特性。早在 90 年代我国学者对企业集团的探索主要借鉴日本和西方国家，研究属于理论式探析，主要探究企业集团的概念和经营方式，将企业集团作为一个整体研究集团经营模式。随着市场经济的逐步建立，民营企业集团的快速发展，在激烈的市场竞争下，国有企业集团管理模式具有一定的行政色彩，更多地体现出了公司化的特征，成为法人独立公司的集合体。目前企业集团对中国经济发展的促进作用已得到普遍认可。企业集团的相关研究也从理论式探析更多地转为实证研究，研究焦点从集团整体转为更加关注集团内部的管控方式，如战略管控、财务管控等。中西方企业集团的形成与发展过程不同，导致我国企业集团的管理模式相比欧美发达国家具有一定的独特性，从而吸引了国内外对其的关注。

本文运用科学计量方法对国内外企业集团相关研究进行统计与梳理，通过对我国学者发表的中英文研究成果的比较与研究热点的挖掘，总结集团管理研究的现状与发展趋势，国内外前沿内容的差异，该领域具有较高影响力的期刊、团队与机构，帮助学者了解具有中国特色的企业集团相关研究在国内外的前沿方向与热点，以期为中国企业集团管理研究做出引导性贡献。

二、研究数据

（一）数据来源

本文以中国学者在国内外发表的企业集团管理相关文献为样本对数据进行分析。英文文献数据来自 Web of Science（WoS）核心数据库，检索 2002~2016 年共 15 年已发表的相关文献，检索规则如下：以“business groups”或“headquarters-subsidiary”为主题，以 article 为文献类型，以 business、management、economics、business finance 为检索学科，以中国地区为样本共获取 233 篇文献。需要特别说明的是，国际企业集团相关研究已发表论文排名中，中国排名第五，占文献总量（4087 篇）的 5.701%，说明我国企业集团研究在国际研究领域具有一定的影响力。中文文献数据来自中国知网数据库，检索以“企业集团”或“母子公司”为主题，以期刊为文献类型，以经济学（75 种期刊）和管理学（29 种期刊）为检索学科，共获取 822 篇发表在 CSSCI（不包括扩展板）期刊的文献。文献检索的详细规则见表 1。

表 1 文献检索规则

数据库	研究主题	类型	数据库源	学科类别	结果
WoS	business groups/headquarters-subsidiary	article	SCI-E/SSCI/A&HCI/CPCIS/CPCISSH/ESCI	business/management/economics/business finance	233
中国知网	企业集团/母子公司	期刊	CSSCI	管理学/经济学	822

（二）国内外文献发表状况

图 1 汇总了 2002~2016 年间相关文献检索结果。就研究发展趋势看，企业集团相关研究在国内发表的论文数量有升有降，整体呈下降趋势，而我国学者在国外期刊发表的文献数量整体呈上升趋势，国内外文献发表存在相反趋势。根据时间区间将样本平均分为三部分，每部分为 5 年。2002~2006 年，在 CSSCI 发表的论文数量先降后升，外文数量有升有降，变化趋势不明显；2007~2011 年，中文文献相关研究升降浮动较大，外文文献数量缓慢增长；2012~2016 年，中文相关研究自 2012 年发表 59 篇文章后，每年在 40 篇左右波动，外文文献呈快速递增趋势，尤其是 2016 年，与中文文献数量接近一致。图 1 的统计结果表明，虽然国内企业集团相关研究逐渐减少，但是在国际上，具有中国特色的企业集团管理模式是非常有趣的研究课题，吸引了国际学术界的关注。

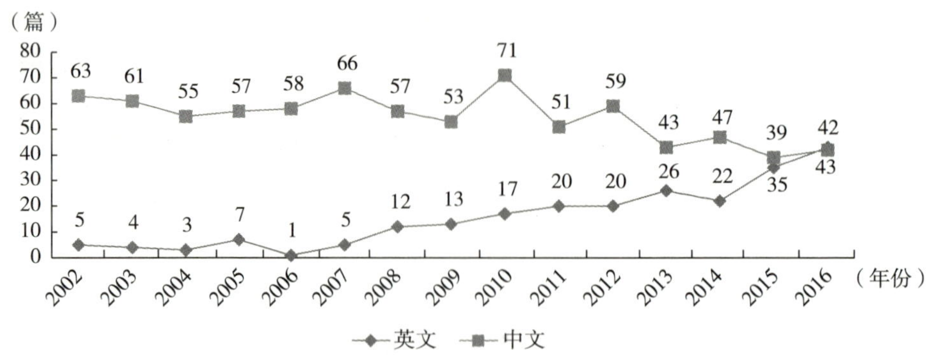

图1 文献检索数量

(三) 国内外发表期刊状况

表2汇总了企业集团相关研究在样本数据中发表论文数量排名前5的期刊名称。由表2统计可知，中国学者发表英文文献数量最多的期刊为 *Asia Pacific Journal of Management*，15年期间共发表14篇文章，在排名前5期刊中，影响力最高的期刊为 *Journal of International Business Studies*，共发表8篇文章。英文文献的发表主要集中于能够体现亚洲（*Asia Pacific Journal of Management*）尤其是中国特色（*Chinese Management Studies*）的期刊，同时也存在具有国际较高影响力的期刊（*Journal of International Business Studies*）。前5期刊相关研究占样本总数的22.74%。中文发表企业集团相关文献前5期刊占样本总数的20.92%，其中数量最多的期刊是《会计研究》，为会计领域权威期刊，共发表50篇文章，影响力最高的期刊为《管理世界》，其既是发表相关论文数量前5期刊也是管理学最具影响力的期刊，共发表30篇相关文章。中文相关文献的发表主要集中于国内具有重大影响力的期刊，它们一般被经管研究者认可，并不断被引用，表明企业集团相关研究在国内权威期刊中备受重视。表2的统计结果为我们寻找相关论文以及投稿方向提供了指引。

表2 期刊发表数量

排序	英文期刊	数量（篇）	百分比（%）	中文期刊	数量（篇）	百分比（%）
1	Asia Pacific Journal of Management	14	6.01	《会计研究》	50	6.08
2	Journal of Business Ethics	13	5.58	《经济管理》	42	5.11
3	Chinese Management Studies	10	4.29	《管理世界》	30	3.65
4	Journal of International Business Studies	8	3.43	《南开管理评论》	25	3.04
5	Electronic Commerce Research and Applications	8	3.43	《科技进步与对策》	25	3.04

三、文献分析

本文采用Citespace对数据进行可视化计量分析，主要从文献的被引用率、关键词词频角度对已发表的文献进行解读，探寻企业集团管理领域的研究重点与热点。

（一）引文分析

根据研究样本，以每年前50篇代表文献为标准，得到包含186个网络节点，441个连线组成的网络图谱。节点大小表明被引用频率，节点颜色变化表明在相应的时间被引用，颜色越冷表明被引用的时间越早，颜色越暖表明被引用的年份越近，连线的粗细代表节点间的关联强度。图2为中国学者在国际期刊发表的关于企业集团文献的被引用程度，由冷色调向暖色调过渡代表了企业集团研究的发展脉络，图中标注的圆点代表经典文献被引用程度，圆点越大，作者的名字字体越粗越大，表明被引用的频率越高，也越是近几年的研究重点与热点。图2中暖色调约占图示空间的2/3，表明具有中国特色的企业集团管理研究在近几年逐步被国际期刊重视，文献收录数量呈增长趋势。

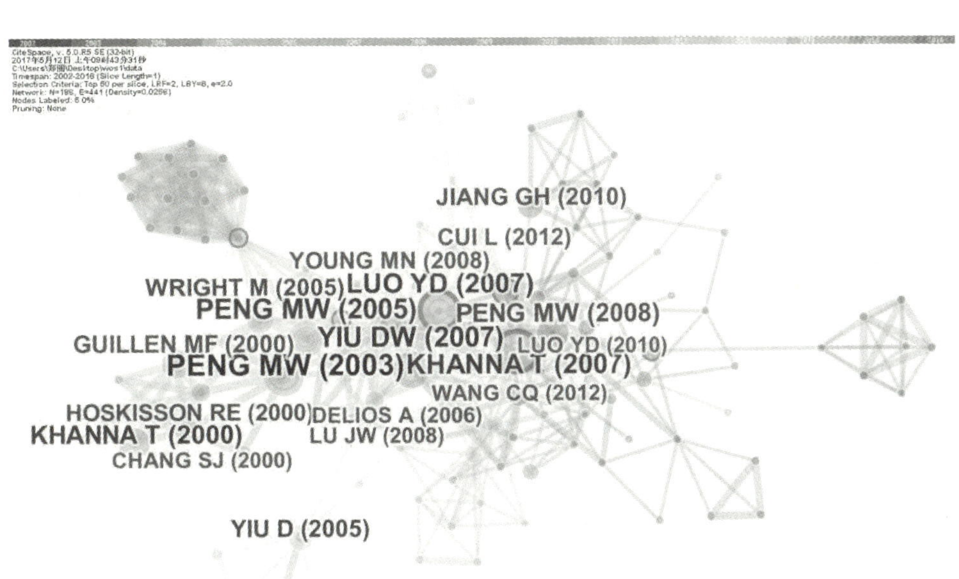

图2 文献引文图谱

表3汇总了样本数据中被引用频次最高的前5篇文献。结合图2与表3中国学者发表的具有国际影响力的英文文献，探究这些文献的研究方向，挖掘未来的研究热点。Peng（2003）[5]运用制度理论研究新兴经济体制度变革前后两阶段组织战略变化发现，组织的战略由以关系为基础、网络中心战略的交易结构转变为以规则为基础、市场中心战略的交易结构，即我国企业集团逐步具有公司化、市场化特征。Luo和Tung（2007）[6]将新兴经济体跨国公司的国际扩张战略作为一个跳板，以获取战略资源和降低母国制度与市场的约束。Peng等（2005；2008）[7,8]运用制度理论研究新兴经济体中企业规模、战略和绩效的影响因素。Khanna和Yafeh（2007）[9]将企业集团作为一个整体，从集团结构（多元化、涉足金融业）、所有权与控制权（金字塔结构、家族控制程度）、与社会的关系（与政府关系、垄断势力）研究企业集团优劣势，而且这篇文章的译文分别在《管理世界》2010年第5期、第6期刊登，对研究我国企业集团的管理模式具有重要借鉴作用。Yiu等（2007）[10]研究新兴经济体公司能力、母国网络化和公司创业行为对国际扩张的影响。表3中已发表的中文文献关于企业集团研究焦点主要表现在，李增泉等（2004）[11]研究控股股东的股权比例对上市公司资金占用的影响。张会丽和陆正飞（2012）[12]研究母子公司之间现金分布状况与过度投资关系。李增泉等（2008）[13]从债务融资约束角度研究金字塔结构与集团债务

融资规模的关系。刘运国和陈国菲（2007）[14]将平衡计分卡与经济增加值相结合，研究国有企业集团绩效评价指标。张瑞君等（2010）[15]基于中兴通讯集团案例，提炼集团财务管理变革与流程再造的关键要素。通过表3高引用率中英文文献对比分析发现，我国学者在国外发表的具有国际影响力的文献更加关注中国企业集团的形成、战略、绩效等方向，而国内文献主要关注集团内部的管控模式，尤其是财务方面的控制与协调，即国内外期刊对中国企业集团研究的关注点存在明显区别。

表3 高引用率文献

类型	英文				中文			
排序	引用/年	第一作者	期刊	年份	引用/年	第一作者	期刊	年份
1	79.25	Peng	*Journal of International Business Studies*	2008	154.83	李增泉	《会计研究》	2004
2	69.78	Luo	*Journal of International Business Studies*	2007	44.25	张会丽	《管理世界》	2012
3	64.3	Peng	*Academy of Management Review*	2003	40.63	李增泉	《管理世界》	2008
4	31.89	Khanna	*Journal of Economic Literature*	2007	36.67	刘运国	《会计研究》	2007
5	22.67	Yiu	*Journal of International Business Studies*	2007	29.83	张瑞君	《会计研究》	2010

（二）关键词分析

关键词代表了文献的研究核心，是文章主题的高度概括与凝练（谭力文等，2016）[16]，对关键词进行分析可以有效掌握集团研究领域的热点与前沿。图3描绘了关键词图谱的演化趋势，前半部分为中国学者在国际期刊发表文献的关键词演化路径，后半部分为CSSCI期刊发表关于企业集团文献研究关注点的变化趋势。由图3英文关键词图谱颜色变化可知，在样本时间区域内，前5年我国学者在国外期刊发表的文献焦点较少，尚未形成聚类，近10年具有中国特色的企业集团管理研究得到重视，研究焦点增多。根据字体的粗细与大小，探索频繁出现、具有参考价值的关键词，其中企业集团（business group）、公司绩效（firm performance）、公司治理（corporate governance）、市场（market）、战略（strategy）、创新（innovation）、管理（management）词语出现了15次以上，所有权（ownership）、海外直接投资（foreign direct investment）、产业（industry）、网络（network）出现了10次以上，另外，成长（growth）、创业（entrepreneurship）、多元化（diversification）、竞争优势（competitive advantage）、知识（knowledge）等词语也出现较高频次。图3中文关键词颜色变化比较明显。关键词图谱的颜色变化可以清晰展示国内企业集团研究焦点的变化趋势与热点。粗略而言，早期国内更加关注企业集团尤其是国有企业的战略，现今更加关注集团内部的管理模式，尤其是财务管理模式。在国内期刊已发表的中文文献中，企业集团、母子公司、内部资本市场、跨国公司、公司治理、关联交易、财务管理、子公司、知识转移词语出现了10次以上，融资约束、财务控制、协同效应、多元化、控股股东词语出现了6次以上，国有企业集团、组织结构、绩效等词语出现频次较高。通过中英文关键词对比分析发现，英文文献的研究更聚焦，中文文献的关键词分布比较离散。中英文企业集团管理相关研究既有一致性又存在较大差别，其一致性主要表现在，中英文期刊已发表的文献都比较关注集团的公司治理、创新、跨国投资、多元化等研究方向，差别性主要表现在图3英文关键词图示中，很少出现财务、融资等词语，更多地关注公司创新创业，提高竞争优势的战略，而中文关键词图示频繁地出现，如融资约束、财务管理、财务控制、财务公司等词语，即中文期刊在关注集团战略的同时，更加关注企业集团的内部资本市场，二者的研究焦点存在一定区别。

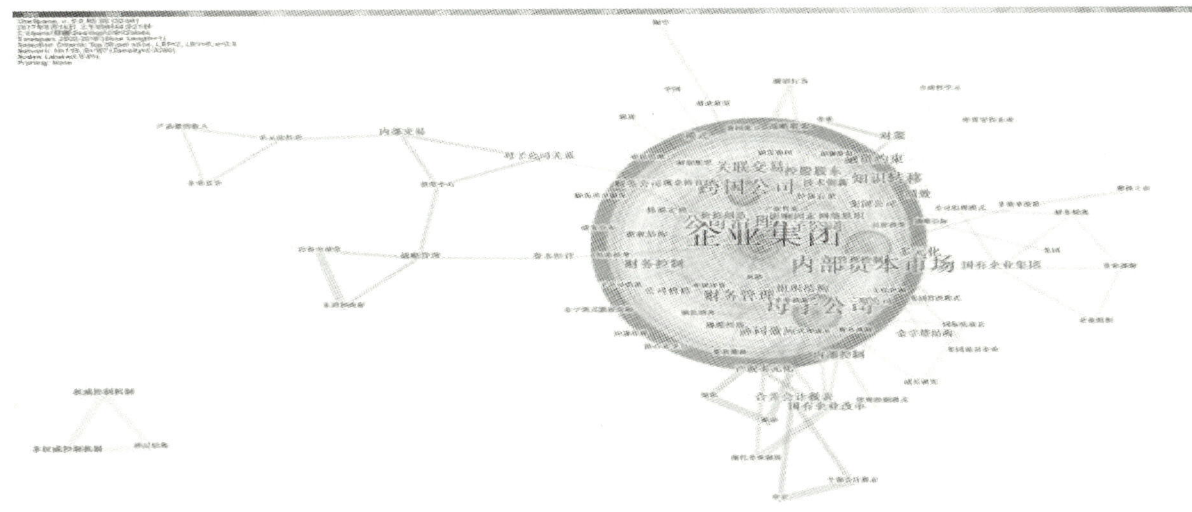

图 3 关键词图谱

四、研究团体分析

高频作者与研究单位在推动学术发展方面发挥着重要作用（谭力文等，2016）[16]。通过对高频作者的研究领域和研究单位的可视化计量分析，可以快速掌握推动企业集团研究发展的具有重要影响力的团体。

（一）高频作者

一定时期内，成果较多的学者对所研究领域的影响更大，有效推动了该领域的研究进展。对国内外发表企业集团管理相关研究最多文献作者的研究可以快速掌握该领域研究的发展趋势，从高频作者研究的焦点中，可以清晰地找到未来研究的可能契合点，有效抓住研究的热点与前沿。

图 4 描绘了 15 年期间我国学者发表企业集团相关论文的数量。研究发现，中国学者发表的 233 篇英文文献中，发表 2 篇以上的作者共 25 人，其中香港中文大学的 Yiu 发表了 5 篇，数量最多，5 篇文章全部与他人合作，有 4 篇文章为第一作者，4 篇文章有国外学者参与。Yiu 的主要研究方向为新兴经济体中企业的海外投资（Xia 等，2014）[17]、网络化（Yiu 等，2007）[10]、公司创业（Yiu 等，2014）[18]等，全部为该领域内国际期刊的研究热点。在 CSSCI 期刊已发表的 822 篇文章中，发表 2 篇以上的作者共 89 人，山东大学的陈志军发表相关文献最多，共发表了 14 篇，其次为蓝海林（12 篇）、陆正飞（10 篇）、潘爱玲（8 篇）和刘星（8 篇）等。陈志军主要研究我国企业集团内部文化控制（陈志军和董青，2012）[19]、协同创新（陈志军等，2014）[20]、子公司自主性（陈志军和郑丽，2016）[21]等问题，并于 2016 年获国家自然科学基金项目"企业集团内部网络特征与子公司技术创新关系研究"，专注于研究集团内部嵌入性与公司创新的关系，这与图 3

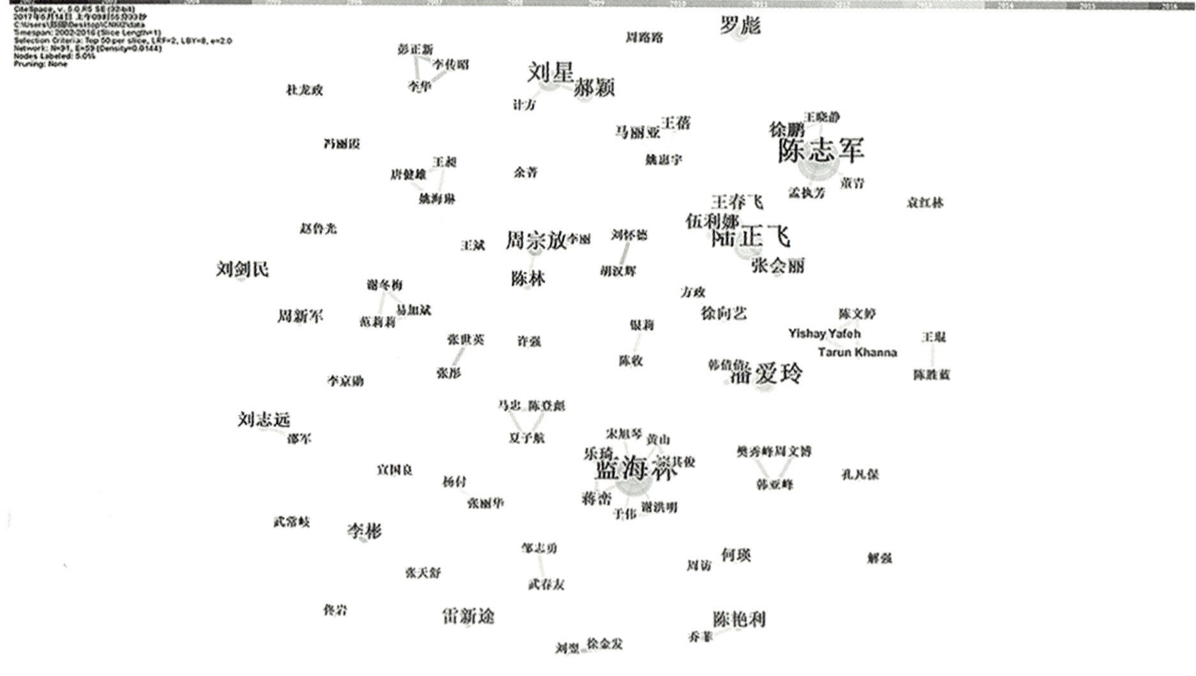

图 4　高频作者图谱

英文文献的关键词“网络化（network）”趋向一致，而中文文献对这方面的研究较少，陈志军团队的研究方向与国际研究热点具有一致性。由图 4 不难看出，在企业集团管理的研究发展过程中，形成了一些共同研究的学术团队，相比外文期刊发表的中国学者网络图，在国内期刊发表的学者团队规模更小，除陈志军、蓝海林和陆正飞团队外，其他团队分布比较离散，说明当前学者对企业集团研究的关注点存在较大区别，不具备很高的黏合度。

（二）研究单位

对企业集团管理领域发表机构的研究可以更好地把握该领域的主要推动力量。由图 5 可知，发表外文期刊数量最多的中国机构是香港中文大学（Chinese Univ Hong Kong），15 年共发表 28 篇相

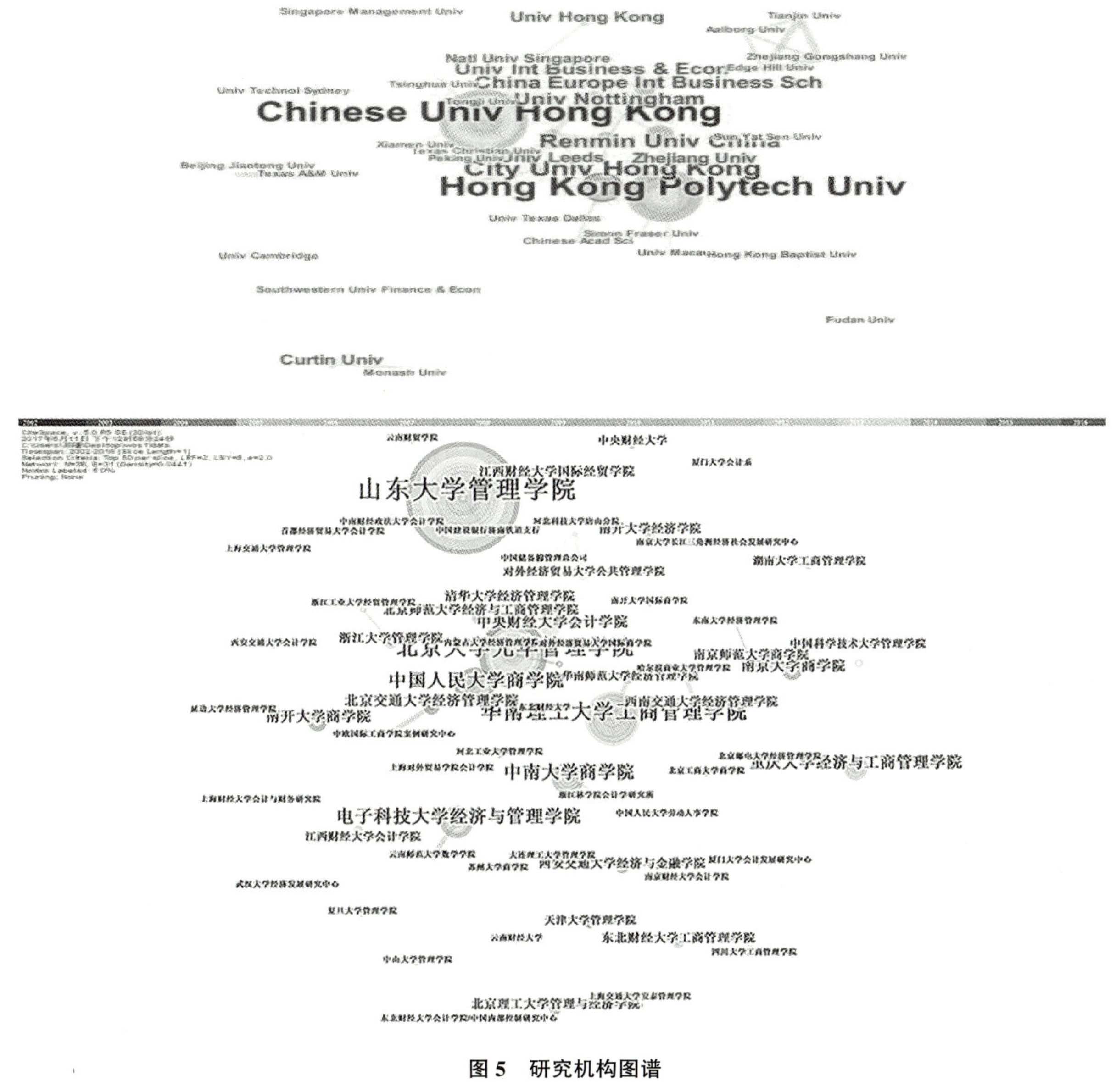

图 5 研究机构图谱

关文章，其次是香港理工大学（Hong Kong Polytech Univ），共发表23篇，然后是香港城市大学（City Univ Hong Kong），发表了12篇文章，中国人民大学，发表了8篇文章。香港高校的企业集团管理研究在国际期刊比较活跃，取得了较多研究成果，具有一定的国际影响力。从图5中国内CSSCI期刊发表关于企业集团研究的文献发现，发表数量最多的单位为山东大学，共发表35篇相关论文，其次为北京大学，发表了21篇，然后是华南理工大学，发表17篇，中国人民大学发表了12篇。这些研究单位大多为高频作者任职的高校，与高频作者统计结果基本一致。由时间年轮颜色变化可知，山东大学和北京大学始终有学者从事企业集团研究，华南理工大学2011年以前相关研究成果较多，近三年研究的关注点发生转移。由图5可知，高校之间合作具有一定的区域性，如北京地区高校之间的合作比较紧密，国内其他地区高校合作较少；中国人民大学学者关于企业集团相关研究在国内外均取得卓越的研究成果。结合图4和图5，山东大学对企业集团管理的研究更加多元化，既有关注企业集团战略方向的研究团队（陈志军团队），也有关注财务管理方向的研究团队（潘爱玲团队）。

五、研究结论与建议

本文通过检索中国学者在WoS和CNKI数据库已发表的企业集团相关研究，运用科学计量方法，探究企业集团管理领域的研究现状与发展趋势。首先，利用样本分析了中国企业集团管理研究在国内外的发展趋势，研究发现，相对于国内期刊对企业集团领域研究的逐渐减少，国际期刊对具有中国特色的企业集团管理模式展现出极大的兴趣，相关研究论文数量逐年增加，国内外对企业集团研究出现相反的发展趋势；企业集团相关研究的英文文献大多发表在能体现亚洲特色或者中国特色的期刊，也有具有较高国际影响力的期刊，中文文献一般发表在国内被经管学者认可的权威期刊，如《管理世界》《会计研究》等。其次，通过高被引文献和高频关键词探究国内外期刊对中国企业集团研究专注点的区别，研究发现，国际期刊对中国企业集团的战略管理方向更感兴趣，国内期刊较多关注企业集团的财务管控问题；国内外期刊对企业集团的创新创业、跨国投资、公司治理等方向的研究内容趋向一致。最后，通过高频作者和研究机构统计企业集团领域具有重要影响力的研究团体，研究发现，香港的大学研究团队在国际期刊上发表的关于企业集团研究的成果较多，跨地区跨高校之间的合作更强；山东大学在国内期刊发表的相关研究成果较多，国内高校除北京地区外，跨地区跨高校之间的合作较少。

根据统计结果，本文对该领域未来研究提出以下几点建议：①针对国内外期刊对企业集团相关研究发展趋势的不匹配以及企业集团对我国经济发展的重要作用，未来建议国内权威期刊更多地关注企业集团相关研究，如2016年《南开管理评论》第6期出现了企业集团专栏，希望引起学者对企业集团研究的关注。②英文期刊发表的文献一般是具有国际影响力的研究热点与前沿，同时也是现实中跨国公司关注地焦点，是中文研究的借鉴。企业集团对中国经济发展的重要作用已得到认可，随着市场经济制度的逐步建立，企业集团研究的焦点应由财务管控向战略管控转移，因为财务管控关注的是当下，战略管控关注地企业的长期发展（王化成等，2016）[22]。因此，我国学者在关注集团财务管控的同时，也需与国际研究趋向一致，关注集团的战略方向，尤其在经济下行压力下，集团公司如何调整战略，提高绩效也可以是未来的研究方向。③综观企业集团管理发展路径，早期对中国企业集团的研究主要将其看作是对外部不完善制度环境的替代，通常将企业集团看作一个整体，更加关注集团成立的原因，对绩效的影响，常用的理论为制度理论、交易成本理论。随着市场经济的逐步建立，企业集团研究的焦点变为如何协调集团内部母子公司之间、各子公司之间的战略目标冲突，实现协同效应，即随着企业集团研究的演进，现有研究更多地运用资源基础理论、网络嵌入理论等从集团内部角度出发，研究集团内部公司间资源分配问题（资金、技术、人力等），未来可以寻找新的理论或者各种理论相结合探析企业集团内部管理面临的各种问题，也可以研究子公司如何通过与外部环境的关系为集团创造利益，将理论研究与企业的实践问题相结合，提出具有价值的问题解决机制。

参考文献

[1] Yiu D., Bruton G. D., Lu Y. Understanding Business Group Performance in an Emerging Economy: Acquiring Resources and Capabilities in Order to Prosper [J]. Journal of Management Studies, 2005, 42 (1): 182-206.

[2] 徐金发. 论企业集团的概念及其经营方式[J]. 管理世界, 1988 (4): 86-96.

[3] 陈志军. 集团公司管理 [M]. 北京: 中国人民大学出版社, 2014.

[4] Lee K., Kang Y. Business Groups in China [M]// Colpan A. M., Hikino T., Lincoln J. R. The Oxford Handbook of Business Groups. Oxford: Oxford University Press, 2010: 234.

[5] Peng M. W. Institutional Transitions and Strategic Choices [J]. Academy of Management Review, 2003, 28 (2): 275-296.

[6] Luo Y., Tung R. L. International Expansion of Emerging Market Enterprises: A Springboard Perspective [J]. Journal of International Business Studies, 2007, 38 (4): 481-498.

[7] Peng M. W., Lee S., Wang D. Y. L. What Determines the Scope of the Firm Over Time? A Focus on Institutional Relatedness [J]. Academy of Management Review, 2005, 30 (3): 622-633.

[8] Peng M. W., Wang D. Y. L., Jiang Y. An Institution-based View of International Business Strategy: A Focus on Emerging Economies [J]. Journal of International Business Studies, 2008, 39 (5): 920-936.

[9] Khanna T., Yafeh Y. Business Groups in Emerging Markets: Paragons or Parasites [J]. Journal of Economic Literature, 2007, 45 (2): 331-372.

[10] Yiu D. W., Lau C., Bruton G. D. International Venturing by Emerging Economy Firms: The Effects of Firm Capabilities, Home Country Networks, and Corporate Entrepreneurship [J]. Journal of International Business Studies, 2007, 38 (4): 519-540.

[11] 李增泉，孙铮，王志伟. “掏空”与所有权安排——来自我国上市公司大股东资金占用的经验证据[J]. 会计研究, 2004 (12): 3-13.

[12] 张会丽，陆正飞. 现金分布、公司治理与过度投资——基于我国上市公司及其子公司的现金持有状况的考察[J]. 管理世界, 2012 (3): 141-150.

[13] 李增泉，辛显刚，于旭辉. 金融发展、债务融资约束与金字塔结构——来自民营企业集团的证据[J]. 管理世界, 2008 (1): 123-135.

[14] 刘运国，陈国菲. BSC 与 EVA 相结合的企业绩效评价研究——基于 GP 企业集团的案例分析[J]. 会计研究, 2007 (9): 50-59.

[15] 张瑞君，陈虎，张永冀. 企业集团财务共享服务的流程再造关键因素研究——基于中兴通讯集团管理实践[J]. 会计研究, 2010 (7): 57-64.

[16] 谭力文，伊真真，效俊央. 21 世纪以来国内组织行为学研究现状与趋势——基于 CSSCI 文献的科学计量分析[J]. 科技进步与对策, 2016, 33 (1): 154-160.

[17] Xia J., Ma X. F., Lu J. W., Yiu D. W. Outward Foreign Direct Investment by Emerging Market Firms: A Resource Dependence Logic [J]. Strategic Management Journal, 2014, 35 (9): 1343-1363.

[18] Yiu D. W., Hoskisson R. E., Bruton G. D., Lu Y. Dueling Institutional Logics and the Effect on Strategic Entrepreneurship in Chinese Business Groups [J]. Strategic Entrepreneurship Journal, 2014, 8 (3): 195-213.

[19] 陈志军，董青. 母子公司文化控制与子公司效能研究[J]. 南开管理评论, 2011, 14 (1): 75-82.

[20] 陈志军，王晓静，徐鹏. 企业集团研发协同影响因素及其效果研究[J]. 科研管理, 2014 (3): 108-115.

[21] 陈志军，郑丽．不确定性下子公司自主性与绩效的关系研究[J].南开管理评论，2016，19（6）：91-100.

[22] 王化成，高升好，张修平，胡静静，孙昌玲．企业集团特点、集团管控模式与内部资本市场[J].科学决策，2016（5）：1-27.

央企经理人产生来源与企业绩效提升

——基于继任情境的分析

谭玥宁　黄速建

（中国社会科学院工业经济研究所，北京　100836）

［摘　要］央企是一个集团性质的公司，在我国的央企集团中，管理者（包括总经理和董事长）主要来自内部，绝大部分管理者来自集团控制的上市公司或子公司，我们称为内部晋升；也有一部分人来自其他央企集团的高管，还有一小部分高管来自央企的监管机构或除央企系统外的政府机构，我们并称为岗位轮换。本文将央企集团作为研究对象，实证检验了在不同继任情境下央企管理者产生来源对集团绩效的影响，为央企集团经理人选聘的作用机制提供了经验证据。本文研究发现，董事长的来源差异没有对集团绩效产生影响，如果总经理来自岗位轮换则集团绩效更差。进一步研究发现，虽然董事长的个体差异并没有对集团绩效产生短期和长期的影响，但却通过影响总经理间接影响集团绩效。最后，我们引入高管团队重组变量表征继任情境，发现如果总经理来自岗位轮换，则高管团队重组率越高，集团的绩效越差。本文的讨论不仅为我国央企集团完善经理人更替制度提出直接的政策建议，而且为我国央企集团管理体系中的“轮岗制度”的相关政策设计和完善带来启迪。

［关键词］管理者来源；继任情境；集团绩效

一、引言

不同来源的经理人对企业会产生不同的影响，因为新任的 CEO 代表了未来组织发展方向的一个信号（Mackey，2008）。公司治理的主流文献将经理人来源主要分为两种，分别为内部晋升和外部聘用（Bommer & Ellstrand，1996；Boeker & Goodstein，1993；柯江林等，2007）。但是与上市公司相比，企业集团的管理者来源具有不同的特点，尤其在分析中央企业集团的经理人来源时，同时还应该考虑其特殊的制度背景。

对国有企业尤其是央企来说，管理者外部聘用实现起来比较困难。首先，外来者如果没有政府工作背景或相关国企工作经历，很难融入新进入的国有企业当中，存在严重的“水土不服”。只有少数具有先进管理理念和改革基因的国有企业，才能实现管理者的外部聘用。其次，央企管理层的薪酬普遍偏低，也是外部聘用难以实现的原因。目前，高管的外部聘用只在央企子公司层面得以实现，在集团层面聘用外部管理者则更加困难。管理者外部聘用的成功与企业的发展历史和企业文化有密切的联系。这就使得央企集团内部岗位轮换制度的产生，这样做既避免了内部提升引起的内部人控制和腐败的滋生，也有助于企业间取长补短，互相促进。同时，岗位轮换制度在央企集团内部形成了一个小范围的经理人市场。

哪种管理者的来源方式更有利于提高国有资本的运行效率（包括短期绩效和长期绩效）。传统公司治理理论认为，来自外部的管理者能更好地避免权力集中、内部人控制，有助于战略变革和创新。但对央企集团来说也许并非如此。央企董事会改革后，央企纷纷在集团层面成立董事会，集团由原来的一把手（总经理）负责制变为董事长和总经理两职分离，即决策权和执行权的分离。这种制衡机制的建立使原来的个人决策变为现在的集体决策，提高了决策质量，降低了决策失误的可能性。一些关系集团未来发展的重大问题由董事会进行决策，总经理负责执行。在董事长和总经理相互制衡的背景下，管理者来源的优劣情况变得更加复杂。

在此背景下，本文将在对2014~2016年央企集团管理者（包括董事长和总经理）来源数据收集的基础上，分析不同来源的管理者对央企绩效的影响，同时引入继任情境作为分析变量，考虑在不同继任情境下，管理者来源对企业绩效有怎样的影响。本文的创新性工作及贡献在于：第一，基于央企集团的视角分析管理者来源与集团绩效的关系；第二，分析了在不同继任情境下管理者来源与集团绩效的关系。

本文的第二部分进行理论分析和假设提出；第三部分介绍样本选择、主要变量的定义以及描述性统计结果；第四部分检验央企集团经理人来源对集团绩效的影响及作用机制；最后提出研究结论与启示。

二、理论分析与假设提出

（一）管理者产生来源的相关文献综述

管理者的继任问题是企业最重要的战略决策和发展过程中无法回避的问题。外部继任者是指那些未被企业雇用过的人，而内部继任者则是指那些曾经以及正在被企业雇用的人。当企业绩效很差，需要外部支持或进行重大改革时，常从企业外部选聘经理人。关于管理者继任来源与企业绩效的关系研究，现有的研究结论并没有达成一致，这可能与不同文献采取的变量定义、计量方法和研究模型不同有关。Huson MR的研究发现，CEO外部继任情况下业绩改善的程度显著大于内部继任下业绩改善的程度。Parrino的研究指出，CEO外部继任与行业调整后的业绩存在负相关关系，同时也指出外部继任存在成本，与内部继任相比，外部继任的成本更高。Zajac（1990）认为，与外部继任相比，内部继任的绩效更高。但由于继任问题受到外部环境的影响，其自身的复杂性使得现有研究在理论上和方法上存在很大争论。

尽管现有研究存在分歧，但是一个普遍认同的观点是，不同的继任情境和不同的继任者来源对企业的绩效会产生不同的影响。内部继任与企业绩效关系不大，外部继任与企业绩效有显著相关。在不同情况下，两种继任方式各有利弊：一方面，在企业绩效差的情况下或者企业因自身的局限性遇到无法解决的问题时，需要外来的力量进行重大改革。在这种情况下，公司可以通过外部聘任总经理，从而影响组织变革（Deepakandames，1994），并最终提高公司业绩。另一方面，内部继任对经理人员能起到较强的激励作用（高闯，1997），内部晋升有助于继任者沿着原有管理模式积累经验、熟悉企业运营流程。与外部继任者相比，内部继任者更容易建立和维持良好的高管团队关系。内部继任还有助于保证高管团队的稳定性，因为内部晋升通常是总经理一人职位的变动，高管团队其他成员保持不变。

基于上述分析，本文提出以下假设：

H1a：岗位轮换的经理人比内部晋升的管理者更有利于央企绩效的改善。

H1b：岗位轮换的经理人比内部晋升的管理者更不利于央企绩效的改善。

（二）我国央企集团管理者来源的制度背景

中国正处于向市场经济转型的阶段，企业所有制形式复杂多样，经理人的继任问题存在很多特有的特色。国有企业和非国有企业在继任问题上的表现有较大差异。集团尤其是央企集团的规模都很大，岗位轮换的比例增加和央企集团的绩效下降以及腐败窝案有关，由于央企集团管理者的更换没有实现市场化运作，因此其管理者来源情况与西方的情况不具有可比性。国有企业的管理者被更换可能是因为绩效差，但更可能是由于上级领导不满意引起的管理者更换。国有企业中的继任发生本身带有很强的主观和行政色彩。在国有企业，继任并不完全是企业独立的决策过程，而在不少情况下，受到主管部门意志的左右。继任并非在企业绩效低下的情况下发生，绩效好的企业经理也极有可能被调离岗位。

同时，为了避免内部晋升带来的“内部人控制”和由此引发的集团经营不善、集团领导人发生严重违法违纪事件，央企管理者的岗位轮换制度由此产生。岗位轮换的初衷是避免权力集中、腐败滋生，或者试图通过外部人实现企业的战略变革，从而扭转企业之前的颓势，实现企业绩效大幅提升。但这种任命方式真的达到实际效果了吗？

一方面，同行业之间高管的互换是央企集团岗位轮换最常见的形式。这种形式岗位轮换的产生源于此种类型的高管更了解新任同行业企业的情况，并且同行业的不同央企集团，其发展的优势和侧重点也各不相同，高管的岗位轮换可以使企业实现优势互补和更加协调的发展，实现央企的优化重组，使企业成为未来全产业链的巨头。

另一方面，岗位轮换背景下还存在以下几个问题：首先，同行业央企高管的岗位轮换实际上是竞争对手之间高管的互换，这就使得央企集团无法确保自身的商业机密和核心利益，最终也无法实现在市场中的公平竞争，或者说同行业央企在市场竞争中会彼此留有余地。其次，一些央企的高管来自相关的行业监管部门，或来自央企体系外的政府机构，这一类型的高管缺乏实际经营大型企业的相关经验，同时也使央企集团逐渐成为实际上的行政性公司。岗位轮换成为各利益集团新型的博弈，同时也加剧了行业的垄断性。

央企集团层面的董事会成立时间较晚。董事会试点要求董事长和总经理两职分离，即分离央企的决策权和执行权，目的是改变过去央企两职合一造成的无法监督制衡的弊端。董事会成立前，总经理同时拥有决策权和执行权，董事会成立后，央企的决策权交由董事会执行。央企的董事长和总经理均由国资委或中组部选聘，这与国外的公司甚至中国的上市公司均存在差异。董事长与总经理被认为同样处于企业的权力中心，是对企业有影响力的人物。

基于上述分析，我们提出以下假设：

H2：董事长和总经理的来源不同会共同作用于央企绩效，产生不同的影响。

（三）高管团队重组产生的影响

尽管 CEO 被认为是企业中最具影响力的人物，指导企业向其制定的目标发展（Brady & Helmick，1994），但管理者的各种管理和经营活动是由他所处的高管团队共同来实现的。高管团队特征对企业绩效而言是一个不可忽视的变量。特别地，央企集团的副总经理往往是央企下属上市公司或子公司的负责人，与普通上市公司副总经理的重要性有很大不同，其对集团的发展发挥着重要作用。

高管继任事件的发生往往伴随着高管团队的更替和重组。这种更替在外部继任时更为明显，高管团队会因外部继任者的进入而受到冲击，甚至组建全新的高管团队。

央企的高管团队重组是一种被动行为，央企的管理人员包括董事长、总经理和副总经理在内全部由国资委或组织部任命。这是央企与其他上市公司不同的地方。即央企负责人更换情境不会对高管团队成员的更替产生影响，或只能产生有限的影响，但是高管团队的重组会改变企业内部的权力结构，从而进一步影响管理者来源与绩效之间的关系。每一次继任事件所引起的企业内部组织调整和认识变动，在一定程度上对企业有破坏性（Haveman，1993），因此，频繁的高管团队重组对于公司业绩改善是不利的。

基于上述分析，本文提出以下假设：

H3：集团高管团队重组加强了经理人来源差异对绩效的影响。

（四）经理人来源、继任情境与央企绩效的关系模型

经理人来源与企业绩效的关系会受到继任情境的影响，管理层内部的其他高管就是一种能够产生影响的情境变量。Haveman 和 Khaire（2004）的研究发现，高管继任与企业绩效之间的关系会受到企业创立者的意识形态取向的影响。当这种意识形态取向越强烈时，它对于高管继任和企业绩效的关系影响越负面。Qiugley 和 Hambrick（2011）指出，卸任的高管会压制新任高管的影响力。如果前任高管继续担任董事长，更有可能阻碍新任高管为企业带来高绩效。

继任者的来源差异产生了不同的央企绩效，同时这种关系又受到继任情境，即董事长来源与高管团队重组的影响。基于以上讨论，本文提出了一个继任者来源、继任情境和央企绩效的关系模型（如图 1 所示）。

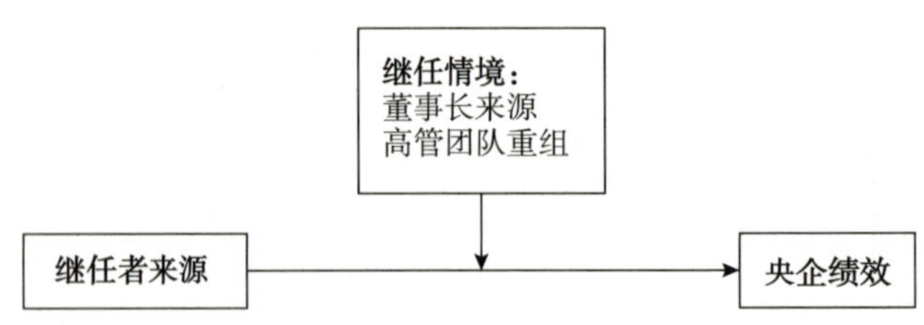

图 1　继任者来源、继任情境、央企绩效关系模型

三、研究设计

（一）样本选择与数据来源

本文以央企集团作为研究对象，其中管理者来源及管理者传记特征数据根据国资委网站、各央企集团公司年报和央企集团网站公开信息整理而成。财务数据来自福布斯世界五百强公布的上榜央企信息。本文选取了 2014~2016 年进入福布斯世界五百强的央企作为研究样本，共收集了 49 家央企共 138 个观测值，其中有三家央企 2015 年上榜，三家央企 2016 年上榜。

另外，2015 年以后才在集团层面成立董事会的央企（如中国船舶重工集团公司、中化集团、中国有色矿业集团有限公司），还没有设立董事长的职位，公司负责人为总经理。这种情况下，我们认为董事长与总经理两职合一。部分央企总经理职位空缺，我们将此种情况也归类为董事长

与总经理为两职合一（如中国电子信息产业集团有限公司）。

（二）主要变量的定义和描述

1. 管理者继任类型的确定

如果央企管理者来自集团内部、子公司或控股公司，并且从未在集团外其他企业、政府部门或事业单位任职，则认为管理者来自内部晋升；如果管理者任职前曾经在其他央企集团、政府部门或事业单位工作，则认为管理者来自岗位轮换。

具体地，岗位轮换主要分为以下几类：央企高管的岗位轮换大多都为同行业集团间的岗位轮换（如船舶重工和船舶工业），但也存在从其他类型央企调任的情况；少量央企高管曾供职于央企相关的主管部门；极少量央企高管曾为省份负责人（如中国铝业公司的董事长到任前曾是四川省成都市委副书记、市长）。另外，岗位轮换还有一种情况为，管理者在原集团工作，后被调到其他集团或政府部门，最终又被调回原集团。

2. 高管团队重组的度量

本文定义的高管团队包括集团董事长、副董事长、总经理、副总经理、总会计师、纪委书记等职务的高级管理人员，但不包括外部董事。本文借鉴 Garner 和 Kale 对高管团队稳定性的测算方法，具体计算公式为式（1）。高管团队重组值（TMTR）的测量如式（2）所示。

$$SI_{t1,t2}=\frac{M_{t1}-\#(S_{t1}\setminus S_{t2})}{M_{t1}}\times\frac{M_{t2}}{M_{t1}+M_{t2}}+\frac{M_{t2}-\#(S_{t2}\setminus S_{t1})}{M_{t2}}\times\frac{M_{t1}}{M_{t1}+M_{t2}} \tag{1}$$

其中，$SI_{t1,t2}$代表期初到期末内的高管团队重组程度；M_{t1}代表某集团高管团队在 $t1$ 时刻的人数，M_{t2}代表某集团高管团队在 $t2$ 时刻的人数；#（$S_{t1}\setminus S_{t2}$）代表其是高管团队 $t1$ 时刻的成员，但不是 $t2$ 时刻的成员的数目，#（$S_{t2}\setminus S_{t1}$）代表其是高管团队 $t2$ 时刻的成员，但不是 $t1$ 时刻的成员的数目，$SI_{t1,t2}$越接近于 1 说明高管团队稳定性越好，高管团队的重组程度越低。

$$TMTR=1-SI_{t1,t2} \tag{2}$$

3. 控制变量

依据现有相关文献，本文选择了一系列影响企业绩效的因素作为控制变量。首先是代表企业特征的变量，包括企业规模，用集团总资产的对数来测量；增长机会，用总资产增长率表示；所属行业，本文将样本中的央企依据主营业务分为石油石化、航天军工、电力煤炭、地产建材、信息技术、钢铁、航运、机械、汽车、有色和其他共 11 个行业。同时，本文还加入了管理者传记特征作为控制变量，包括管理者的学历、年龄、海外经历和任期。具体地，表 1 列示了主要变量的定义和描述。

表 1 变量定义

变量类型	变量名称		变量符号	变量描述
因变量	财务绩效	资产收益率	$ROA_{i,t+2}$	第 t+2 年的资产收益率（净利润/总资产）
		资产收益率平均	$ROA_{\_avg}$	t、t+1、t+2 年资产收益率的平均值
解释变量	继任者来源	内部继任	Inside	管理者来源于集团公司自身的高管团队，是为“1”，否为“0”
		岗位轮换	Rotation	管理者曾就职于其他央企集团或政府部门，是为“1”，否为“0”
	继任情境	高管团队重组	TMTR	1 与 Garner 和 Kale 提出的平稳性指数的差值
		董事长来源	Ro-chair	董事长为岗位轮换，是为“1”，否为“0”

续表

变量类型	变量名称		变量符号	变量描述
控制变量	继任者特征	年龄	Age	管理者继任年份与出生年份的差值
		学历	Education	哑变量，大学=1，硕士（MBA 或 EMBA）=2，博士=3
		海外背景	Overseas	哑变量，有海外学习工作背景=1，否则=0
		任期	Tenure	在管理者岗位的任职年数（回归时取自然对数）
	集团特征	企业规模	Size	集团总资产的对数值
		增长机会	Growth	总资产增长率，即（期末总资产-期初总资产）/期初总资产
		行业	Industry	行业虚拟变量，公司属于行业 i，为 1；否则，为 0

注：变量 $ROA_{\_avg}$ 统计了央企在 2014~2016 年资产收益率的均值，若央企在 2015 年上榜，则该变量计算的是 2015~2016 年资产收益率的均值；若央企在 2016 年上榜，则该变量赋值为 2016 年的资产收益率。

四、检验结果与讨论

（一）描述性统计分析

表 2 列示了央企经理人来源和传记特征的基本分布情况。

表 2　央企集团母公司管理者来源及基本特征

变量	内部晋升		岗位轮换	
	董事长	总经理	董事长	总经理
年龄	59.353	55.464	60.156	56.952
学历	2	2.071	2.125	1.952
海外经历	0	0.143	0.219	0.095
任职年限	5.176	4.786	5.469	6.143
薪酬	73.518	72.088	68.731	67.040
ROA	0.0154	0.0159	0.0120	0.0096
ROA 均值	0.0144	0.0165	0.0133	0.0099

注：薪酬统计的为央企高管 2015 年度的年薪总额。
资料来源：国资委网站。

从年龄上看，董事长年龄高于总经理年龄均值，岗位轮换年龄高于内部晋升年龄均值；岗位轮换的董事长拥有更高的学历和更丰富的海外经历；岗位轮换的高管任职年限更长；内部晋升的高管平均薪酬更高。无论对于总经理还是董事长，内部晋升的财务绩效好于岗位轮换，这表明，内部晋升的高管不见得不优秀，也可能未达到岗位轮换的年龄。

（二）多元回归分析

1. 经理人产生来源对央企集团绩效的影响

我们采用如式（3）所示的回归模型。其中，$Performance_{i,t+2}$代表企业绩效，分别为期末 ROA（$ROA_{i,t+2}$）和三年平均 ROA（$ROA_{\_avg}$）来度量。三年平均业绩常被公司治理文献用来衡量长期绩效。$Rotation_{i,t}$为表征管理者来自岗位轮换的虚拟变量，$M_{i,t}$为反映管理者特征的变量，包括年龄（*Age*）、学历（*Education*）、海外经历（*Overseas*）和任期（*Tenure*）。$F_{i,t}$代表央企特征变量，包括企业规模（*Size*）、增长机会（*Growth*）和所属行业（*Industry*）。

$$Performance_{i,t+2}=\alpha+\beta_1 Rotation_{i,t}+\beta_2 M_{i,t}+\beta_3 F_{i,t}+\varepsilon_{i,t} \tag{3}$$

表 3 为基于式（3）回归的计量结果。其中第（1）和第（3）列列示了央企董事长来源为岗位轮换的相关结果，第（2）和第（4）列报告了总经理产生来源为岗位轮换的相关结果。前两列为以期末 ROA 为业绩度量的结果，后两列为以三年平均 *ROA* 为业绩度量的结果。

表 3 管理者产生来源对央企集团绩效的影响

变量	ROA		$ROA_{\_avg}$	
	董事长（1）	总经理（2）	董事长（3）	总经理（4）
Rotation	-0. 00887 (-1. 49)	-0. 0133** (-2. 41)	-0. 00529 (-1. 06)	-0. 0108** (-2. 33)
Age	0. 00266 (0. 05)	-0. 0262 (-0. 69)	0. 00629 (0. 14)	-0. 0100 (-0. 32)
Education	-0. 000124 (-0. 03)	0. 000845 (0. 22)	-0. 0000846 (-0. 02)	0. 000920 (0. 28)
Overseas	0. 0112 (1. 33)	0. 00892 (1. 14)	0. 00875 (1. 24)	0. 00855 (1. 30)
Tenure	-0. 00366 (-0. 86)	-0. 00101 (-0. 26)	-0. 00239 (-0. 66)	-0. 0000446 (-0. 01)
Size	-0. 00566 (-1. 68)	-0. 00719** (-2. 21)	-0. 00202 (-0. 71)	-0. 00343 (-1. 26)
Growth	-0. 0551 (-1. 52)	-0. 0663* (-1. 98)	-0. 0401 (-1. 32)	-0. 0524* (-1. 87)
Industry	Control	Control	Control	Control
Observations	49	49	49	49
R-squared	0. 020	0. 160	-0. 011	0. 135

注：括号内为 t 统计量；***、**、*分别表示在 1%、5%、10%水平上显著，下同。

回归结果表明：第一，岗位轮换的董事长对央企的短期绩效和长期绩效都产生了负面的影响，但这种关系并不显著；第二，与董事长相比，总经理的岗位轮换不但降低了央企的短期绩效，而且对企业的长期绩效也产生了负向的影响，假设 H1b 得到证实。这表明央企经理人的岗位轮换制度并没有达到预期的效果，未实现央企绩效的提升。如果说从基层工作、副总经理到总经理、董事长是一个管理者内部的晋升路径，那么在这一晋升路径中，管理者完成了其企业家禀赋的原始积累。而过早的岗位轮换制度打断了这种企业家禀赋积累的过程，同时岗位轮换破坏了原有管理层的权力结构，最终导致企业的绩效变差。

2. 管理者产生来源对央企集团绩效的影响——基于继任情境的分析

首先，我们依据式（3）所示模型进行了董事长是否为岗位轮换的分样本分析。表 4 第（1）和第（3）列列示了央企董事长来源为岗位轮换的分样本下总经理岗位轮换对集团绩效影响相关结果，其中第（2）和第（4）列列示了央企董事长来源为内部晋升的分样本下总经理岗位轮换对集团绩效影响相关结果。前两列列示了以期末 ROA 为业绩度量的结果，后两列列示了以三年平均 ROA 为业绩度量的结果。回归结果表明，如果一家央企的董事长来自内部晋升，而总经理来自岗位轮换，则集团的绩效更低，而且，总经理的海外经历对央企的短期绩效负相关，且结果显著。如果董事长来自岗位轮换，那么总经理的来源对绩效的影响不显著，但总经理的海外经历会提升集团的绩效。由此，我们发现，董事长的继任来源虽然不会对绩效产生直接影响，但会通过影响总经理间接地影响央企绩效。即在董事长为内部晋升的继任情境下，如果选聘岗位轮换的总经理集团的绩效更差；在董事长为岗位轮换的继任情境下，总经理的海外经历有助于提升集团绩效。

接下来如式（4）所示，我们在模型中加入高管团队重组变量和岗位轮换与高管团队重组的交乘项，分析在高管团队重组的继任情境下，岗位轮换与央企绩效的关系。

$$Performance_{i,t+2}=\alpha+\beta_1 Rotation_{i,t}+\beta_2 TMTR+\beta_3 Rotation_{i,t}\times TMTR+\beta_4 M_{i,t}+\beta_5 F_{i,t}+\varepsilon_{i,t} \quad (4)$$

表4列示了基于式（4）回归的计量结果。其中第（5）列中列示了以期末ROA为业绩度量的结果，第（6）列列示了以三年平均ROA为业绩度量的结果。回归结果表明：第一，高管团队重组会对央企绩效产生正向影响，但这种影响并不显著；第二，如果总经理来自岗位轮换，那么高管团队重组会加重岗位轮换与央企绩效之间的负相关关系。

表4　管理者产生来源对央企集团绩效的影响——继任情境分析

变量	(1) ROA	(2) ROA	(3) ROA_avg	(4) ROA_avg	(5) ROA	(6) ROA_avg
Rotation	-0.00762 (-0.86)	-0.0123* (-1.87)	-0.00750 (-1.05)	-0.00937 (-1.07)	0.00270 (0.29)	0.00168 (0.21)
Age	-0.000444 (-0.46)	-0.000732 (-0.91)	-0.000150 (-0.19)	-0.000768 (-0.72)	-0.000236 (-0.35)	-0.0000480 (-0.08)
Education	-0.000986 (-0.17)	0.00659 (1.72)	-0.000781 (-0.17)	0.00545 (1.07)	0.00241 (0.61)	0.00207 (0.62)
Overseas	0.0217* (1.92)	-0.0247* (-2.18)	0.0180* (1.96)	-0.0227 (-1.51)	0.0145* (1.81)	0.0128* (1.89)
Tenure	-0.000319 (-0.36)	0.00119 (0.71)	-0.0000496 (-0.07)	0.00165 (0.74)	-0.000335 (-0.47)	-0.0000328 (-0.05)
TMTR					0.0500 (1.23)	0.0483 (1.41)
Rotation×TMTR					-0.116** (-2.04)	-0.0945* (-1.96)
Size	-0.00761 (-1.48)	-0.00859** (-3.01)	-0.00377 (-0.91)	-0.00489 (-1.29)	-0.00807** (-2.44)	-0.00419 (-1.50)
Growth	-0.112* (-1.81)	-0.0765** (-2.58)	-0.0794 (-1.59)	-0.0754* (-1.91)	-0.0647* (-1.93)	-0.0505* (-1.78)
Industry	Control	Control	Control	Control	Control	Control
Observations	32	17	32	17	49	49
R-squared	0.153	0.477	0.129	0.085	0.207	0.175

注：括号内为t统计量；***、**、*分别表示在1%、5%、10%水平上显著，下同。

五、研究结论与启示

经理人来源是经理人的一个经历，也是一种特殊的传记特征。经理人产生来源是公司治理理论一直十分关注的问题之一。以往的研究表明，经理人产生来源会对企业绩效产生影响。不同于以往文献，本文将央企集团的经理人作为研究对象研究经理人继任来源与央企绩效之间的关系，同时本文还分析了不同继任情境对这种关系的影响。本文得到的主要结论和相关启示是：

岗位轮换在央企经理人更替中扮演重要的角色，本文的研究发现：与内部晋升相比，总经理的岗位轮换与央企的短期绩效和长期绩效负相关。董事长的产生来源对央企绩效的影响不显著。接下来，本文将董事长继任来源和高管团队重组作为继任情景变量，分析在不同继任情境下总经理来源与央企绩效的关系。研究结果发现，如果一家央企的董事长来自内部晋升，而总经理来自岗位轮换，则集团的绩效更低，高管团队重组会加重岗位轮换与央企绩效之间的负相关关系。基于上述结论本文认为：

首先，在央企集团没有成立董事会的时候，总经理权力过于集中，缺乏制衡，更容易滋生腐败。央企董事会试点后，要求董事长与总经理两职分设，可以很好地实现相互监督和权力制衡，但这一做法也产生了新的问题。央企的董事会改革使总经理负责制进化到了董事会制度，董事长和总经理的分设实现了决策权和执行权的分离。但来自内部晋升的董事长出于惯性没有将执行层面的事情放权，董事长职责定位的偏差影响了总经理能力的发挥，从而进一步影响央企的整体绩效。因此，董事长的来源对央企的绩效虽然不会产生直接影响，但会通过改变总经理继任情境间接影响公司绩效。

其次，作为央企集团的决策层，岗位轮换的董事长因为丰富的经历，使其拥有更广阔的视野，不受集团传统思维影响的局限。以往的研究发现，外部继任能够给企业带来更多的战略变化。同时，央企集团只有在绩效较差或出现腐败问题时才会选择集团外的管理者进入的执行层，因此，如果集团运行良好，内部晋升的执行层更有利于集团发展的稳定发展。另外，如果总经理来自岗位轮换，那么高管团队重组率越高，央企管理层的稳定性就越差，会进一步加重岗位轮换对企业绩效的影响。

最后，以往的文献在研究经理人来源时，大多是进行上市公司层面的比较。实际上从央企集团层面进行比较也非常有意义。这一层面的分析能更好地体现中央企业的选聘机制对央企绩效产生的影响。同时，央企主要在关系国家经济命脉的各个领域，其重要性和特殊性意味着央企的权力交接具有重要的意义，也对未来央企的发展产生深远的影响。但是，本文的研究还存在需要改进的地方：第一，由于央企公开的财务数据很难收集，导致本文实证分析的样本量过少；第二，本文没有分析央企董事会，尤其是外部董事的影响。

参考文献

[1] 刘新民，王垒，吴士健 . CEO 继任类型对战略变革的影响研究：高管团队重组的中介作用[J]. 管理评论，2013，25（8）：102-112.

[2] 郑志刚，梁昕雯，吴新春 . 经理人产生来源与企业未来绩效改善[J]. 经济研究，2014（4）：157-171.

[3] Mackey A. The Effect of CEOs on Firm Performance [J] . Strategic Management Journal，2008，29（12）：1357-1367.

[4] Huson M. R.，Malatesta P. H.，Parrino R. Managerial Succession and Firm Performance [J] . Journal of Financial Economics，2004，(74)：237-275.

[5] Parrino R. CEO Turnover and Outside Succession：A Cross-sectional Analysis [J] . Journal of Financial Economics，1997（46）：165-197.

"一带一路"背景下我国企业"走出去"的跨文化管理
——基于费拉罗文化维度理论模型

白梦湘
（云南大学商旅学院，云南　昆明　650500）

[摘　要] 随着我国"一带一路"倡议的推进和经济全球化进程的不断加速，为国内企业"走出去"创造了良好的发展机遇。未来将会有更多的企业走出国门，走向国际。但是由于不同种族人们的价值观念、风俗习惯、语言表达等方面产生的文化差异，中国企业在"走出去"的过程中会碰到各种各样的跨文化管理问题，所以对于"走出去"的中国企业来说，如何摸索出合适有效的跨文化管理方法，尽快使企业融入当地文化，解决跨文化差异的问题就变得非常重要。本文借鉴费拉罗文化维度理论模型，在继承吸收霍夫斯泰德跨文化理论模型的基础上，从个人主义和集体主义、平等主义和等级主义、阳刚型和阴柔型、不确定性规避以及文化价值的时间观念五个维度进行跨文化对比分析，提出了中国企业"走出去"的跨文化管理策略。

[关键词] "一带一路"；企业"走出去"；跨文化管理；文化差异；霍夫斯泰德

一、引言

2013 年 9 月和 10 月，国家领导人在出访中亚和东南亚国家期间，根据我国及世界经济发展变化的新格局与新态势先后提出了与周边国家共同建设"丝绸之路经济带"和"21 世纪海上丝绸之路"的"一带一路"倡议构想。在经济全球化的驱动下，我国众多跨国企业逐步走向以全球为中心的国际经营模式（郑后建，2015）。"企业经营无国界"的特点越来越突出，跨国公司只有朝着全球化的步伐迈进，才能寻求更大的发展和发挥最大的潜能，从而变得更强和更具竞争力（章泽运，2012）。统计资料表明，在经营失败的跨国企业中有 30%是政策、资金和技术等原因造成的，另外 70%则是文化差异导致的（郑后建，2015）。不同文化之间的价值观念和风俗习惯等均存在着巨大差异，不同文化背景下人的思维方式和所应采取的管理模式也存在着较大差异，因此产生的文化冲突和摩擦，必将给迈出国门的企业经营造成困难。因此，企业在全球化经营过程中必须进行有效的跨文化管理（资海喜，2015）。这将是企业能否成功"走出去"的关键所在，也是对中国企业传统管理理念的提升和洗礼。

自"一带一路"倡议提出以后，国内各领域的学者相继展开了大量研究，主要涉及"一带一路"倡议的出路、内涵、突出问题（李向阳，2017；盛毅等，2015；卢锋等，2015），"一带一路"倡议下边疆地区的区位优势及定位问题（张军，2014；高春平，2015），亚投行和人民币国际化问题（韩玉军等，2015；刘翔峰，2015），“一带一路”的外交风险和能源安全问题（薛力，2015；朱雄关，2015），“一带一路”背景下我国对外投资的战略意义、政治风险与对策（阴医文，2017；谭畅，2015）等。

本文重点关注“一带一路”倡议下中国企业“走出去”的跨文化管理，以及当前中国企业“走出去”的跨文化管理策略。结构安排是：首先，分别从跨文化管理的发展、跨文化管理理论（包括霍夫斯泰德文化维度理论和费拉罗文化维度理论）进行理论背景的分析。对跨文化管理有一个基本认识，发现费拉罗文化维度模型在企业经营管理中占据举足轻重的位置。其次，对费拉罗理论模型的五个维度进行跨文化对比分析，给出跨国企业经营活动的具体建议，接着又分析了费拉罗理论模型在中国企业“走出去”的跨文化管理中的应用。最后，指出中国企业应该更加积极地“走出去”，并提出了相关跨文化管理的策略。

二、理论背景

（一）跨文化管理及其发展

跨文化管理也称为交叉文化管理，指企业在跨国经营中，对不同种族、不同文化类型、不同文化发展阶段的子公司所在国的文化采取包容性的管理方式（Ruber，2000）；是指与企业有关的不同文化团体在互动过程中出现文化矛盾和冲突时，有效地解决这种矛盾，以达到文化的理解、沟通协调一体化，从而实现企业的高效管理（李彦亮，2006）。

综合上面两位学者的研究，本文认为：跨文化管理是企业在跨国经营过程中，对来自不同文化背景、不同国家、不同种族的组织成员在价值观念、风俗习惯、语言表达等方面产生的文化差异上进行协同管理的过程，并有效地解决此过程中产生的文化差异问题，从而实现卓有成效的企业管理。

跨文化经营管理活动最早产生于古老的国际间的商贸往来。当时，古埃及人和古希腊人在开始海外贸易活动时，就已经知道如何与不同文化背景下的人们打交道。丹麦人、英国人以及其他一些欧洲国家的商人在文艺复兴时期逐步建立起了全球性的商业集团。当他们与自己文化环境以外的人们进行贸易活动时，他们就学会了对与他们不同文化背景下产生的语言、信仰以及风俗习惯保持敏感，以避免发生冲突并顺利实现交易。这就是最初的跨文化管理活动。不过这时的跨文化管理活动完全取决于从事贸易活动的商人的个人经验，有关文化及文化差异的研究仅是人类学家的事情，那时候的公司和企业还很少注意对文化及其差异的研究（李彦亮，2006）。然而，随着科技的迅猛发展、全球经济一体化的不断推进，以及各国之间的经济交往范围的扩大，人们逐步意识到文化与管理之间的重要性。随着跨国企业经营的不断拓展，企业内部的组织成员具有不同的文化背景、价值观念、风俗习惯，文化差异的存在导致了文化冲突。此后，企业开始对文化冲突加以重视，关于跨文化管理的研究作为一门新兴学科在美国逐步形成和发展起来（赵曙明，2005）。

（二）跨文化管理理论：从霍夫斯泰德理论到费拉罗理论模型

1967~1973 年，荷兰人类学家吉尔特·霍夫斯泰德在闻名全球的跨国公司 IBM 进行了一项大规模的文化价值观调查，他的团队用二十几种语言在 72 个国家对 IBM 公司的各国员工先后进行了两轮问卷调查，一共发放 116000 多份问卷，并有效回收进行数据处理分析。结果显示，各国员工在价值观上表现出了国别差异。因此，霍夫斯泰德根据此次调查总结出了衡量价值观的五个维度：权力距离、不确定性的规避、个人主义与集体主义、男性化与女性化、长期取向和短期取向（李文娟，2009）。

霍夫斯泰德认为，国际贸易中的经营活动在本质上是文化的互动。在跨文化研究领域，虽然五个维度的研究发现有其特殊的历史地位和现实意义，能够帮助人们更好地理解不同国家之间的文化差异，但也存在诸多局限性。首先，他研究的视角是西方的，而不完全是跨文化的，其问卷的设计也是基于西方价值观的，故而，在调查过程中难免会有偏差。其次，其问卷设计的调查对象主要是富有的中上层阶级。前期的调查对象是 IBM 的员工，后期的调查对象是航空公司飞行员、公务员、高端市场顾客和社会精英等。然而，无论在任何社会，富有者只是小部分，且这些富有的中上层阶级与广大下层人们的价值观存在一定差异。因此，在一定程度上，其研究不具有广泛代表性。最后，当今世界已发生巨大变化，全球化的发展极大地促进了文化的融合与经济的交流。霍夫斯泰德的研究数据大多是在 20 世纪六七十年代采集的，这些数据能否有效反映当今社会现实，有待进一步验证（Hofstede，2005）。

美国北卡罗来纳大学人类学退休教授盖里·费拉罗（Garry Ferraro）博士的研究在很大程度上弥补了霍夫斯泰德文化维度研究的不足。他的研究对象的样本覆盖到了全世界多个国家的各个社会阶层，调查范围更广泛，数据分析更全面，运用自己建构的理论框架来分析文化差异，克服了霍夫斯泰德在价值观研究上的缺陷。有关费拉罗的文化维度模型的相关内容，在其著作 *The cultural dimension of international business* 中做了全面阐述（Tian，2010）。他验证了文化差异的存在及其重要性，并提出涵盖个人主义和集体主义、平等主义等级主义制度、阳刚型和阴柔型社会、不确定性规避和文化价值的时间观念五个维度的文化模型。在跨国经营文化维度研究方面，费拉罗的研究在某种程度上平衡了理论和实践的关系，提高了从业者在跨国经营中对文化敏感度基本知识与技能的有效运用（田广，2013）。事实上，商业行为是文化活动的延伸，文化会影响商业组织的决策、类型与结构。企业的跨国经营是经济全球化进程的产物，也是企业实现自我发展的重要途径。由于费拉罗文化维度模型能够帮助跨国企业有效解决文化差异并在东道国实现本土化，因此，费拉罗文化维度模型在企业跨国经营管理中占据着举足轻重的地位（薛桢慧，2016）。

三、费拉罗理论模型的主要内容及对企业跨国经营活动的建议

（一）个人主义和集体主义维度

集体主义和个人主义作为价值观层面的思想理论，可以反映出不同国家在文化方面的差异性（张卜元，2016）。重视个人主义的国家倾向于强调个人权利与自由，非常松散地结成社会关系网，并极大关注自尊，对本人的职业和个人酬劳尤为重视，每个人更顾及自身的利益。在集体主义盛行的国家中，每个人必须考虑他人利益，组织成员对组织具有精神上的义务和忠诚。费拉罗的研究表明，美国、加拿大、英国、荷兰等欧美国家是以个人主义为主的国家，强调个人的独立性、个人尊严与财富，弱化个人对社会的义务和责任。集体主义国家的代表，如中国、日本、危地马拉等，以民族和国家利益为主要出发点，强调团队的力量、集体长期目标的实现以及鼓励个

人对集体的奉献精神。对个人主义和集体主义维度的差异性可以用表 1 来概括和总结。

表 1 个人主义和集体主义维度

个人主义为主的社会	集体主义为主的社会
个体是社会认知的主要单位	集体是社会认知的主要单位
通过个人的特征来解释他人的行为	通过集体规范来解释他人的行为
成功归因于个人的能力	成功归因于集体的帮助
在个体中定义自己	在集体中定义自己
对自己的了解多于对他人的了解	对他人的了解多于对自己的了解
获得成就是为了自己的利益	获得成就是为了集体利益
个人的目标高于集体的目标	集体内部的目标高于个人目标
价值观是自信	价值观是谦虚
价值观是自主性和独立性	价值观是相对依赖性
害怕依赖别人	害怕被排斥
与很多组织的随意关系	与少部分组织的强烈关系
对他人较少的责任义务	对他人较大的责任义务
对抗是可以接受的	和谐是共同所追求的
完成任务是重要的	建立关系是重要的

资料来源：Ferraro，Garry P.（2006）。

费拉罗对处理集体主义社会的问题提出以下几点建议：①在高度强调个人主义的国家，如欧美国家，普遍通过强调个人利益来激励个人。但在集体主义社会国家，如日本，个人应为集体利益考虑，其首要任务是为集体做贡献，而非考虑自身利益。因此，在集体主义社会国家，应通过表扬个人为集体所做的贡献来鼓励个人。②必须意识到建立长期关系的必要性。如果与倾向于集体主义的国家发展贸易合作的唯一方法是建立长期关系，那么，更注重个人主义的国家则需要花费更多的时间和精力去经营关系。③由于和他人培养关系需要花费时间和精力，因此，身处个人主义社会的成员需要培养耐心。④小心代词“我”的使用。通常，个人主义社会的人更多使用“我”而不是“我们”。集体主义社会的人大多都是我行我素不计后果，更多考虑的是自己而不是组织。⑤在集体主义国家怀疑其成员对家庭、种族和国家的忠诚是忌讳的。⑥裙带关系，在个人主义社会里是不被允许的，但在集体主义社会里，却被认为是有效的、不违反道德的。⑦强调个人对公司的忠诚度与责任感，因为忠诚度和责任感在集体主义社会非常重要（Ferraro，2006）。

（二）平等主义和等级主义维度

费拉罗认为，等级制度是不同权力等级、声誉和地位三者互动时所必须遵循的不同或相同方式。在倾向最小化权力和地位差异、强调绝对平等的国家，如加拿大、瑞典、澳大利亚和美国，人们一致认为应该同等对待社会中不同等级的人。在期待维持地位和权力等级制度的国家，如马来西亚、巴拿马和菲律宾，人们信奉高度等级文化，认为阶级不平等能够满足组织、命令和安全需要，是正常社会所必需的条件之一。表 2 是对这个维度的归纳与总结。

表 2　平等主义和等级主义维度

平等主义社会	等级主义社会
低地位差异	高地位差异
权力分布于多数人手中	权力集中在少数人手中
授权	较少授权
非正式的社会关系	正式的社会关系
对上级持最小限度的顺从	对上级持最高的顺从
较少敬重老年人	非常敬重老年人
有申诉的机构	没有申诉的机构

资料来源：Ferraro，Garry P.（2006）。

费拉罗为处理等级主义社会的问题提出以下建议：①在平等主义社会里，人们预期高地位的人淡化自身优越的等级；而在等级主义社会里，他人的外在条件成为其地位以及所受待遇的判定标准。因此，在介绍自己的地位、职责、文凭、专业技能和爱好时，既不能傲慢也不能自夸。②在等级主义社会里，领导需要被特殊对待。③在平等主义社会里，决策过程需要更长的时间，因为每个人的意见都很重要；而在等级主义社会里，由于忽略部分人的意见而使决策过程更为迅速。④对于一个来自平等主义社会，而在等级主义社会国家工作的经理来说，减少组织结构并不明智。⑤在等级主义社会里，不要质疑上司的决策和判断。⑥组织中地位不同的人不会开展商业谈判和沟通。因此，与人相处时，必须留心不同等级的社会地位。⑦不要假定所有人都能平等地获得信息。⑧使用地位高的个人（第三方）作为代理、联系人和中介机构。做好地位高与地位低者每天互动可能出现紧张状况的准备工作。⑨意识到对下属亲近的指导很有必要。⑩期望下属能够更多地微笑和抒发负面情绪（Ferraro，2006）。

（三）阳刚型和阴柔型维度

根据费拉罗的观点，阳刚型和阴柔型维度通过描述文化对成就、自信、权力、竞赛和物质财富及子女的教养、社会关系与合作倾向程度的衡量，来帮助人们理解何为成功。阳刚型社会，如澳大利亚、意大利、日本和墨西哥等，对性别角色要求更严格。费拉罗强调，阳刚型社会更倾向于严格限制某些职业的性别，对达成外部可度量的目标或实现个人目标，给予很高评价。阴柔型社会，如荷兰，则强调团队、性格、个人素质、子女教养、生活质量和社会关系维持。阳刚型和阴柔型维度可以用表 3 来归纳与总结。

表 3　阳刚型和阴柔型维度

阳刚型社会	阴柔型社会
高的性别职业隔离	低的性别职业隔离
性别不平等	相对的性别平等
男性的职业选择是强制的	男性的职业选择是随意的
很少女性担任权力大的职位	更多的女性担任权力小的职位
高度看重成就	高度看重子女的教养
高程度的工作压力	低程度的工作压力
高度竞争	高度合作
任务导向	关系导向

续表

阳刚型社会	阴柔型社会
重视斗争的艺术	重视协调的艺术
越大越好	小就是美
家庭和工作分离	在工作地方也会关心家庭事情
活着是为了工作	工作是为了活着

资料来源：Ferraro，Garry P.（2006）。

费拉罗指出，任务的完成度是阳刚型社会所关注的重点，成就和目标被当作个人表现的判断标准。阴柔型社会强调工作满意度问题，人们更关注怎样做出有意义的选择来提高生活质量，如服务他人和更脚踏实地地工作。在国际贸易中，只有认识社会文化差异并更加注意行为举止才能避免产生文化冲突。为应对阴柔型社会，费拉罗提出以下建议：①避免敏感性别议题并平等对待性别；②管理员工时，重视解决与整体工作环境、时间和假期相关的问题；③必须意识到，相对于富贵者，社会和政府更关注并趋向于帮助弱势群体；④软式推销比强硬推销更加有效；⑤学会控制“胜者为王”的竞争意识；⑥尽可能避免营销和管理决策实施中产生负面影响；⑦在谈判中，尽力实现双赢局面；⑧对养育儿女和帮忙做家务的男人持有正确态度；⑨处理任何类型的商务时，尽可能地投入时间、建立关系；⑩正确看待女性在公司或政府里担任重要职位（Ferraro，2006）。

（四）不确定性规避维度

基于社会学、跨文化心理学和管理学的理论，不确定性规避是指社会成员在不确定或不了解的情境中感受到的威胁程度。费拉罗认为，霍夫斯泰德的不确定性规避理论反映社会成员试图最小化不确定性来处理其焦虑程度。高不确定性规避的国家，如地中海文明、拉丁美洲地区的国家和日本等，倾向于完备的法规以及良好的组织环境。不确定性规避较高的组织内的员工，更愿意长期保持现有上司以及身处结构化环境，对未来事件发生情况的清晰感和稳定性需求较高，依赖法律规章制度。低不确定性规避的国家，如新加坡、丹麦、美国等，人们的信仰、哲学和宗教更多样化，更倾向于不同于平常的选择以及规章少和简单化的组织架构。不确定性规避文化维度可用表4来归纳总结。

表4 不确定性规避维度

高不确定性规避	低不确定性规避
愿意过一天算一天地生活	对未来有很大的焦虑
对于变革，更少情绪上的抵触	对于变革有大的情绪抵触
更能承担风险	更少承担风险
愿意更换雇主	倾向于维持同一位雇主
渴望成功	害怕失败
对雇主较低忠诚度	对雇主有足够的忠诚度
在特定时期，制度法规是可能被破坏的	法规是不能违背的
冲突是正常的，是可以接受的	冲突是大家不乐意发生的
鼓励主动的服从	鼓励下属的创新
容忍差异	差异化被认为是危险的

续表

高不确定性规避	低不确定性规避
低压力	高压力
更少情感的表达	情感表达是可以接受的
上司会说我不知道	上司了解所有关于公司问题的答案
更少正式的组织架构	正式的组织架构

资料来源：Ferraro，Garry P.（2006）。

费拉罗认为，霍夫斯泰德的不确定性规避理论与21世纪全球经济高速发展步调存在相关性。随着互联网的普及，当今世界的商业方式已经发生巨大变化。迅速兴起的电子商务使世界各国之间的贸易往来越来越频繁，积极推动了国际贸易的发展。如今，面对电子商务占据巨大市场份额的经济环境，经营管理者在通过快速做出决策来胜过竞争对手的同时，增加了商业活动中的不确定性和风险。在全球化的经济形势下，高不确定性规避公司处于竞争劣势地位。

为应对高不确定性规避社会，费拉罗提出以下建议：①建议书和决策应包括对未来处境的预测，从而最小化对未来的焦虑；②预先奖励员工对组织的忠诚度；③制定更温和的方案来应对变革；④避免聘请与员工相似年龄的管理层；⑤协助员工克服对失败的恐惧，与员工分享可继承的工作经验；⑥确保制定合适的、明确的或高预见性的组织指导方针、规章和条例；⑦确保计划书包含内部保护措施，从而充分预见谈判的艰难性，更好地预测未来；⑧切勿过高期望员工的模仿能力、创造力和远见；⑨管理层须将权力集中（Ferraro，2006）。

（五）文化价值的时间维度

时间观，又称时间学，研究人类在互动过程中如何认知、使用及构建时间，属于非言语交际的范畴。费拉罗认为时间观是文化的要素之一，并指出时间维度可从三个方面进行探究：①时间精确计算的重要性；②文化对序列时间或同步时间的应用程度；③文化是由过去、现在和未来的时间导向的。文化价值的时间维度可用表5来概括总结。

表5　时间维度

精确 VS 宽松		连续 VS 同步	
时间精确社会	时间宽松社会	连续性社会	同步性社会
守时 严格的日程表 时间稀缺/有限 时间就是金钱	**不守时** 宽松的日程表 社会关系	**单个任务** 关注任务 严格的日程表 短期关系 时间是一个威胁	**多任务** 容易分散注意力

资料来源：Ferraro，Garry P.（2006）。

时间具有价值标准，正如费拉罗所言，每个文化都有其特有的时间词汇和生活节奏。莱文（Levine）和沃尔夫（Wolfe）对美国加州（California）等六种不同文化的生活节奏进行研究，指出在时间观念和生活节奏方面，六种文化之间存在很大差异。在对生活节奏和速度与精度的关注方面，日本、美国和印度尼西亚的差异不言而喻。费拉罗认为，时间能够传递关于人们如何与世界和他人联系的强有力信息，因此，针对一些问题，时间比语言更具有说服力。在连续型和同步型社会，人们的行为表现各不相同，因此，在计算精确或宽松时间的同时，也需要决定做事的方式是顺序型还是同步型。在进行国际商务活动时，了解将要进行贸易活动国家的时间观念决定贸易能否成功。

如何对待宽松时间观念的社会，费拉罗提出下列建议：①抑制把事情快速做完的冲动；②愿意花时间去建立长久的关系；③控制不耐烦的情绪，避免被视为不可信赖或想要欺骗合作伙伴的人；④让日程表更加灵活，把可接受的时间底线延长；⑤意识到处于高地位的人可以让地位较低者等候，而反之则不然；⑥当生意伙伴在同一时间做不止一件事情时，做好在同一时间进行不同对话的准备；⑦理解和尊重当地传统和长期承诺；⑧使用过去的榜样和情景激励员工；⑨做好时刻推销公司声誉和成功的准备（Ferraro，2006）。

四、费拉罗理论模型在中国企业“走出去”的跨文化管理中的应用

越来越多的研究表明，文化差异成为影响企业跨国经营胜败的一个重要决定因素。仔细考察与我国“一带一路”倡议相关的沿线国家，它们基本上分布在亚非欧三大洲。这些沿线国家无论在语言方面，还是在其他文化要素方面，都各不相同，存在着巨大的文化差异。因此在推进“一带一路”倡议我国企业“走出去”的过程中，我们必须以多元文化的群体性差异为出发点，去积极推动与沿线国家经贸关系的持续稳定发展。毫无疑问，随着“一带一路”倡议的纵深发展，必将带动我国更多的企业走向国际市场。我国企业在认识自身文化的同时，更应从费拉罗文化理论模型中找到有资可循的理论意义，对“一带一路”沿线国家的文化进行深入细致的研究，加强对文化差异性的认识，从而在进行跨文化团队管理时及时发现问题，合理解决文化矛盾和冲突，避免因对文化差异的认识不够而步入困境或造成损失。

我国国家领导人提出的“一带一路”倡议构想，是全面建成小康社会，实现中华民族伟大复兴的中国梦，为世界和平做出更大贡献的重要组成部分。在实施这一战略措施的过程中，我们必须加强与来自不同文化的各个国家的政府、企业和其他组织的人员交流沟通，以文化交融为经济交流搭桥铺路，通过推动各国及其背后多元文化的群体性复兴，进而打造政治互信、经济融合、文化包容的利益共同体、命运共同体和责任共同体，在此基础上实现更具包容精神的共同发展。与此同时，我国决心走出国门的企业，必须对所要进入的目标市场及其文化进行分析，并与我国自身文化进行反复比较，从费拉罗文化维度理论模型出发，对两者之间的文化差异进行跨文化的分析研究。正如上文所指出的，费拉罗文化维度模型，在吸收霍夫斯泰德文化维度模型的基础上，对文化差异性的存在及其重要性进行了比较全面的阐述，提出涵盖个人主义和集体主义、平等主义和等级主义制度、坚强和柔弱的社会、不同水平的不确定性规避和时间的某些方面（包括时间计算上的精确性和模糊性，过去、现在和未来的时间导向，以及时间的连续性和同时性）五个维度的文化模型。应用费拉罗文化维度理论模型，对“一带一路”沿线各国的文化进行深入分析和系统的探讨，不仅有助于我们认识文化差异对国际经济贸易往来的影响，更有助于加强对“一带一路”倡议构想实施过程中，对可能面临的挑战及潜在的困难进行超前研判，从而能够为我国对沿线国家贸易政策的制定、实施以及调整，提供相应的决策参考依据，因而具有重要的实践指导意义（田广，2017）。

五、中国企业“走出去”的跨文化管理策略

（一）促进文化的融合

处理冲突时应该遵循实事求是、互相包容、互相尊重、求同存异的原则，对待文化差异应时刻保持开放、包容、创新的心态，唯有如此才能将不同的文化融合成为跨国公司新的企业文化。跨文化管理的关键在于人的管理。一方面，跨文化管理的目的就是要融合不同文化，形成一种新的文化。另一方面，跨文化管理的主体也是人，即企业的经营管理者。在进行跨文化管理时，既要让经营管理者深刻理解母公司的企业文化，同时又要选择具有高文化整合能力的经营管理人员到国外分公司担任跨文化管理的重要职责（雷小苗，2017）。

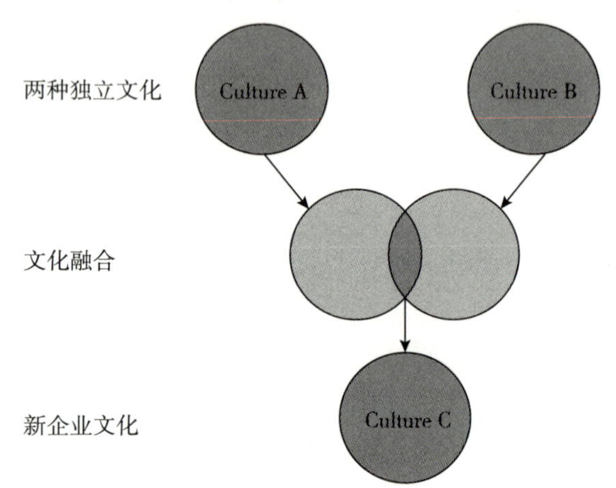

图 1　文化融合过程

资料来源：雷小苗（2017）。

如图 1 所示，跨文化管理是一个 A 与 B 两种不同文化逐渐融合的过程，具有渐进性、渗透性、长期性。跨文化企业形成完善的新企业文化一般需要以下步骤：不同文化互相接触—初步了解—跨文化冲突—跨文化沟通—更深入的交流—跨文化认同—形成新企业文化—进一步沟通—完善的企业文化。由以上步骤可以看出，在企业国际化过程中进行跨文化管理、形成新的企业文化并不是一蹴而就的，而是一个长期持续渐进的构建过程。

（二）实现本土化管理

所谓“本土化”，从企业角度说，是指跨国公司的海外子公司为了迅速融入以及适应东道国的环境、经济、政治等方面，从而对子公司在管理、生产、营销以及人事等各方面都实行当地化策略。然而，将管理人员的本土化是解决文化冲突最有效的方法之一，如关键技术人员、中高级管理人员等主要由当地人员担任，这样，可以发挥当地人员了解当地文化的优势。因为当地雇员对当地的文化、风俗习惯、经济走势、政府政策法规和市场形势等都十分熟悉，而且熟知当地消费者的消费心理和习惯，清楚消费者的需要，方便跨国企业在当地开拓新市场。而且选用当地雇员，可以减少海外派遣人员，降低跨国经营的费用。跨国企业实行管理人员的本土化不仅可以降低人事管理的成本，减少企业本土员工与派遣员工之间的冲突，同时还能提升员工的士气，对员工有较大的激励作用。另外，“本土化”管理有利于促进跨国企业与东道国文化的融合，减少与东道国文化的摩擦。企业内部建立有效的绩效考核和薪酬制度，完善对管理者的监督和激励机制。在选拔管理者时遵循机会平等的原则，根据员工的能力而不是地域背景进行客观公正的评价（刘琛军，2010）。

（三）进行跨文化培训

当前我国跨国经营企业中，绝大多数都偏重对员工的纯技术培训，却忽视了对员工尤其是管理人员的跨文化培训，而跨文化培训恰恰是解决文化差异，防止文化冲突最基本、最有效的手段。通常来讲，跨文化培训的主要内容应包括：①对双方民族文化的认识和了解；②文化的敏感性、适应性的培训；③语言培训；④冲突处理能力的培训。通过识别文化差异和进行跨文化培训，提高公司员工对文化的鉴别和适应能力。在对文化共性认识的基础上，根据环境的要求和公司战略发展的原则建立起公司的共同经营观和强有力的公司文化，使每个员工能够把自己的思想与行为同公司的经营业务和宗旨结合起来，也使子公司与母公司的结合更为紧密，增强跨国公司的文化变迁能力和适应能力。

六、结论

“一带一路”倡议的实施表明中国在世界经济版图中起到越来越重要的作用，这必将带动更多的中国企业涌入国际市场，结合费拉罗的五个文化维度模型——个人主义或集体主义的社会、重视平等主义或等级主义的社会、阳刚型或阴柔型社会、高确定性规避或低确定性规避社会、持有宽松或精确时间观念的社会来分析文化与商贸的关系，将提升我国企业“走出去”的跨文化管理力度，也将推动我国与沿线国家经贸关系持续稳定的发展。通过研究分析身处不同社会文化的员工表现及价值观差异，费拉罗揭示了不同社会中的文化背景与内涵，并借以解释员工行为差异的文化本质，从而针对不同文化类型的社会，为企业跨国经营提供实质性建议，力图消除文化差异为企业跨国经营带来的跨文化交流障碍。中国企业“走出去”要对东道国的文化有正确的认识，客观看待文化差异，树立正确的跨文化理念。在跨文化管理中，企业要加强跨文化培训，将客观存在的多元文化作为竞争优势，发挥不同文化群体的优势所在，同时尽量克服其劣势带来的负面影响，坚持求同存异；遵守东道国的法律法规，尊重当地的风俗习惯和宗教信仰；积极融入东道国的文化并结合自身文化有针对性地进行管理。

参考文献

[1] Tian, R. G., Lillis, M. P, Van Marrewk, A. H. Generao Business Anthropology [M]. Toronto: North American Business Press, 2010.

[2] Ferraro, Gary, P. The Cultural Dimension of International Business [M]. Upper Sadd River, NJ: Pearson Prentice Hall, 2006.

[3] Hofstede, G. J. Cultures and Organizations: Software of the Mind [M]. NY: Mc Gnaw Hill, 2005.

[4] 郑后建．正视文化差异发展文化认同——跨国公司全球经营中的文化思维[J]. 湖南商学院学报，2015（1）：45-49.

[5] 章泽运．试谈经济全球化条件下的跨文化营销管理策略[J]. 中国商贸，2012（18）：21-22.

[6] 资海喜．中国企业国际化过程中跨文化管理研究[J]. 现代商贸工业，2015，36（4）：1-2.

[7] 李彦亮．跨文化冲突与跨文化管理[J]. 科学社会主义，2006（2）：70-71.

[8] 赵曙明，张捷．中国企业跨国并购中的文化差异的整合策略研究[J]. 中国经济转型与发展研究，2005（5）：34-35.

[9] 李文娟．霍夫斯泰德文化维度与跨文化研究[J]. 社会科学，2009（12）：126-139.

[10] 田广，周大鸣．工商人类学通论［M］．北京：中国财政经济出版社，2013.

[11] 薛桢慧，张忠慧．浅谈跨国企业的本土化经营策略[J].中国高新技术企业，2016（11）.

[12] 张卜元，顾鑫．从集体主义和个人主义看国际商务谈判中的文化差异[J].统计与管理，2016（1）.

[13] 田广，刘瑜，王红．费拉罗文化维度模型：工商人类学理论对国际贸易的指导[J].西南民族大学学报（人文社会科学版），2017（4）：3-7.

[14] 雷小苗．正视文化差异发展文化认同——跨国公司经营中的跨文化管理研究[J].商业研究，2017（01）：13-16.

[15] 刘琛军．中国企业的跨文化管理问题探析[J].商业时代，2010（15）：96-97.

“一带一路”背景下我国企业的跨文化发展路径探析

臧义乐　王关义
（北京印刷学院，北京　102600）

[摘　要] 2013年，习近平总书记出访哈萨克斯坦和印度尼西亚之际，提出了“陆上丝绸之路”和“21世纪海上丝绸之路经济带”倡议，得到了国际社会的广泛支持。这为我国企业走出国门提供了更广阔的发展前景。“一带一路”主要面向欧亚非国家，沿线国家经济水平不一，政治制度不同，文化迥异。这就在客观上需要我国企业对“一带一路”沿线国家进行商贸活动时，注重企业的跨文化管理和寻求适合企业和当地的跨文化融合发展的路径。本文以企业在“一带一路”下的跨文化管理为研究背景，以霍夫斯泰德的文化维度理论为企业跨文化发展的研究导向，以企业管理的各个环节所面临的跨文化冲突为研究重点，通过对企业跨文化管理的解读，探究“一带一路”背景下我国企业跨文化发展的文化冲突、发展特征以及跨文化管理的应用与实践。认清贸易往来中的文化差异，树立跨文化管理理念，把握跨文化管理的核心，注重企业的文化体系建设，有效发挥企业文化功能，制定多元化的跨文化管理战略。面对区域文化差异，依据我国及当地的法律法规和风俗习惯，及时在企业各项职能管理中进行有效的沟通，共同推动我国跨国公司在海外的跨文化发展。

[关键词] “一带一路”；经营管理；文化差异；跨文化发展

一、引言

2013年“一带一路”倡议提出以来，得到了全球100多个国家和国际组织的广泛支持，有60多个国家和国际组织签署了“一带一路”合作协议。这是随着我国综合国力的日益提升，由我国倡议的一项对“一带一路”沿线国家和有意向参与“一带一路”合作的国家的互利共赢的战略。这项顶层设计对我国企业现在所面临的产能过剩问题和进行海外投资贸易带来了历史性的机遇和发展契机。“一带一路”从陆上和海上紧密连接着欧亚非，沿线国家的政治制度、经济发展水平和文化习俗等存在着不同程度的差异。不同地区文化习俗和宗教信仰方面的差异，以及以个人为单位的个体间的差异，给我国企业进行境外投资贸易和长期发展带来不同程度的文化冲突和发展障碍。为此，我国企业进行海外贸易时，应该重视企业跨文化发展问题，认清企业与当地的文化差异，尊重当地法律法规，同时兼顾企业利益和当地文化习俗，主动出击探索企业跨文化发展路径，注重建设与当地文化相适应的企业文化，为企业在当地的长期发展和长远利益奠定基础。

二、文献评述和企业跨文化发展案例分析

（一）文献评述

1. 霍夫斯泰德的文化维度理论

马斯特里赫特大学教授霍夫斯泰德通过对IBM跨国工作人员的调研，提出了可以反映各国文化环境状况的几个指标。霍夫斯泰德的文化维度理论是在经济全球化凸显、跨国公司在全球的发展和人口世界范围内流动的背景下，以跨国公司的员工为研究对象、以文化环境状况为着眼点的一种典型的跨文化的研究理论。

霍夫斯泰德的文化维度理论中，以相比较的视角提出了六个维度理论。第一，他觉得权力距离在不同的地区会给个人带来不一样的社会地位和社会权力。有些国家和地区比较注重权力，如日本，比较注重权力给人带来的社会地位。相反，欧美一些国家不太注重权力，而比较注重个人能力。第二，在面对危险、威胁和不确定的社会事件时，每个人是否会根据个人所处的环境选择一个正式的渠道来规避这些问题和风险。这种不确定性和不可控性在进行企业员工跨文化管理的过程中加大了管理难度。第三，一个地区注重个人主义还是注重集体主义影响着员工的工作态度和工作观念。如中国比较注重集体主义，中国员工的工作价值观和理念大多以国家利益和企业利益为主导。欧美国家注重个人能力的同时也注重个人主义，比较看重个人利益的得失。第四，虽然女性的社会地位和权力在当今世界得到了很大的提升和保障，但是在社会中仍然会存在一些男性化社会和女性化社会，这一维度主要是看在某一社会中代表男性的品质，如竞争性、独断性更多，还是代表女性的品质，如谦虚、关爱他人的更多。还有就是对社会上男性和女性职能的判定，以此来判定是男性化社会还是女性化社会。如日本，比较注重男性的职能，是一个男性化社会；瑞典则是一个女性品质占优势的社会，是一个女性化社会。第五，在长期取向和短期取向维度中，一个人在某种特定文化中，对于延迟其物质和情感等需求时，其所能接受的程度如何，这也是因人而异的，具有不确定性。这在企业跨文化发展过程中，就需要企业及时跟进和调研不同员工在特定环境下的不同需求，马斯洛的需求层次理论也可以在这一方面起到管理的作用。第六，对于自身放纵与约束，不同社会对人的基本需求和欲望的允许程度的不同会产生不同的社会结果。这在不同地区和不同文化背景下，个人的文化素养、自我约束和教育程度的不同会产生不同的分歧和差异，这在企业的跨文化管理的过程中，是一个不可不考虑也是不可避免的一个问题。

总之，在霍夫斯泰德的文化维度理论里，既从现实的人性角度、社会环境角度，也从心理角度进行文化差异的分析。这几种维度对于我们去探究企业在海外或企业内部来自不同国家和地区的员工的跨文化发展和管理的路径提供了重要的启示和帮助，这些维度所指出的文化差异也是企业在进行跨文化沟通和发展的过程中不可避免的问题。对于我们一一对应地解决或避免这些文化差异，使企业实现一种良性的跨文化发展提供了导向。

2. 文化差异与跨文化沟通

美国学者比默和瓦尔纳在《跨文化沟通》一书中提到了经济全球化下，企业跨国经营和员工的国际化形势下，新进入的员工因为文化差异而面临的冲击，这种冲击是多方面的，这就需要企业在面对文化多样性下的文化冲击对员工进行跨文化的疏导和管理。有效的管理就需要有效的沟

通，需要管理者了解文化差异的可调节或不可调节的节点在哪里，所以，国际化的企业组织有必要积极地进行跨文化沟通。

跨文化沟通通常是指不同文化背景下的人之间发生的沟通行为[1]。导致文化差异的因素有很多，如地域、种族、宗教、风俗和生活习惯等都会产生文化差异。在这些大的方面的文化差异之外，个体与个体之间也会存在差异，如交流与语言、自我意识不一、服饰衣装、饮食习惯、时间观念、季节差异、人际关系、价值观和行为规范、信仰和态度、思维过程和学习方式、工作习惯和实践等。个体的差异也是观察文化差异的一个角度，这些个体间的差异在一定程度上反映了文化的差异，企业的跨文化管理归根结底要落实到对员工的管理。找到文化差异和个体间的差异之后，就需要积极进行跨文化沟通，在跨文化沟通的过程中，要预先学习和了解对方的文化背景，提升语言水平，避免不必要的语义分歧和误解。

（二）企业跨文化发展案例分析

我国早在古代就已经创造了辉煌的丝绸之路，与沿线不同国家缔结友好，开展贸易。如今，在“一带一路”的倡议之下，更是给我国企业以及参与“一带一路”的国家和企业带来历史性机遇。

中国华电集团公司（以下简称中国华电）就是“一带一路”的建设者之一。中国华电是国家电力体制改革组建后的全国性五家国有独资发电企业集团之一，2016 年在世界 500 强中排名第 331 位。中国华电在印度尼西亚的巴厘岛承建了一座燃煤电厂，承担了巴厘岛近一半的用电量。巴厘岛是一个世界闻名的旅游胜地，而中国华电承建的这座燃煤电厂更是极好地与当地的环境相融合，环保排放标准大大低于印度尼西亚的国家标准要求，成为了“一带一路”上的一张靓丽“名片”。

印度尼西亚是习近平总书记提出“21 世纪海上丝绸之路经济带”的地方，这个国度是一个多民族的国家，既有伊斯兰教信众，也有印度教信众。由于巴厘岛的自然环境的天然优越性，当地群众对于发电厂的建设是否会破坏当地环境深感忧虑。但是，中国华电的做法在充分考虑了当地自然环境和文化习俗之后，给当地增加了一道“亮丽风景”。具体来说，中国华电从以下几方面进行跨文化发展，这些做法可以为在海外进行投资和贸易的企业提供启发和借鉴。

首先，在自然环境方面，由于巴厘岛是著名的旅游景区，在世界上享有盛誉。当地居民担心燃煤电站的建设会造成当地自然环境的破坏和污染，从而影响当地旅游业的发展。在这方面，中国华电对于燃煤电站的建设使用最先进的机器设备，不仅大大低于当地政府要求的环保国家标准，而且也考虑到当地的海洋环境，空气中含盐成分较高，中国华电决定在巴厘岛燃煤电站设备上使用抗腐蚀材料。

其次，中国华电积极履行社会责任。在巴厘岛建设的燃煤电站，从管理层到普通员工，印度尼西亚的当地员工占到了总人数的 2/3，为当地提供了大量的就业岗位，提升了当地员工的职业技能，缓解了当地的就业压力，更是将先进的电力技术带到了当地，为其后续开发建设新电站提供技术支持。

最后，中国华电在建设巴厘岛燃煤电站时就将宗教因素和文化习俗考虑进去，考虑到巴厘岛既有伊斯兰教信众，也有印度教信众，所以，在电站设计建造时就专门在厂区建设了供伊斯兰教信众和印度教信众的员工祷告的清真寺和神庙，充分尊重了当地的宗教信仰。不仅如此，为了使电站厂区与当地自然和人文景观更加协调，中国华电在厂区内进行绿化，使厂区看起来更像是一座公园。厂区的院墙也是聘请巴厘岛当地的设计师专门设计的充满印度教色彩的围墙，围墙的建筑材料也都是专门制作的，并由雕刻师傅对图案精雕细琢而成，远远看去，围墙就像是一件艺术品一样屹立在厂区外围。中国华电的这些做法充分地将当地的自然因素和文化因素考虑进来，使工程进度按时按质按量完成，也营造了一个与当地和谐发展、长期合作的良好氛围。这些做法也为我国企业走出国门，探索和实现企业的跨文化发展提供了范本和启发。

三、“一带一路”与跨文化发展

（一）“一带一路”跨文化贸易的发展史

从广义上来讲，“丝绸之路”包括“陆上丝绸之路”和“海上丝绸之路”。早在西汉时期，汉武帝派遣张骞出使西域，从古都长安（今西安）为起点，经过甘肃、新疆、中亚，并连接了地中海沿岸国家。由于当时运输货物以丝绸为主，所以这条通道被称为“丝绸之路”。“海上丝绸之路”是古代通过海上船舶运输，进行贸易往来的海上航线。这条海上航线主要以南海为中心，形成于秦汉时期，发展于三国至隋唐时期，繁荣于唐宋时期，是一条已知的最为古老的海上航线。

从“丝绸之路”开辟以来，沿线国家的贸易一直没有中断过，并且“朋友圈”越来越大，连接了欧亚非的大部分国家。贸易的种类也越来越丰富，各国之间的交往也从贸易向政治和文化等各领域延伸，民间交往更加频繁。

21世纪以来，世界变化日新月异，经济全球化已经将全球变成了“地球村”。从通信到交通，这个世界已经被紧紧连在一起。2013年秋，习近平总书记在出访哈萨克斯坦和印度尼西亚时，提出了建设“陆上丝绸之路”和“21世纪海上丝绸之路经济带”这一倡议。这也是依据当前国际国内形势提出的对于“一带一路”沿线国家和国际组织，以及各参与国和国际组织所互利共赢的倡议。中国和“一带一路”沿线国家有着悠久的贸易历史，辛劳智慧的古代人民能够将“丝绸之路”经营好、建设好。新时期的我们，在先辈们贸易往来和文化交流的基础上，也能够有效妥善地解决和避免分歧，实现互利共赢。“一带一路”建设就是要通过合作和交流，来促进彼此的相互理解和认同，实现共享发展，互利共赢。

（二）跨文化管理

1. 跨文化管理的内涵和源起

所谓跨文化，又称交叉文化，是指具有两种不同文化背景的群体之间的交互作用。跨文化管理又称交叉文化管理，是指在跨国经营过程中，对于不同种族、不同文化类型、不同文化发展阶段的子公司所在国的文化采取包容的管理方法[2]。

早在1961年，美国人类学家Kluckhohn和Strodtbeck就进行过跨文化管理研究，他们针对不同文化和族群社区进行了大范围的跨文化研究，同时他们也是较早提出文化理论的学者。20世纪70年代后期，荷兰学者吉尔特·霍夫斯泰德也总结出了文化维度理论。很多学者都进行过跨文化研究，为跨文化管理提供了理论来源。

2. 跨文化管理的应用和发展

跨文化管理并不是一个陌生的事物，狭义上是指管理国际间的商贸往来。早在秦汉时期的“海上丝绸之路”，我国以南海为中心的贸易往来就已经在进行着跨文化管理。古埃及人、古希腊人也在很早以前进行海外贸易，与不同文化背景的地区和人们进行交易，到了文艺复兴时期，英国、西班牙、葡萄牙以及欧洲其他国家的商人也进行世界范围内的经商，建立种植园和开展商业活动。这些都是对跨文化管理的应用和实践。

第二次世界大战之后，美国的跨国公司在海外的经营管理并不顺畅，这就引发美国管理学界对跨文化管理的研究和探索。在20世纪70年代后期，跨文化管理才真正地作为一门学科在美国逐步形成和发展起来。跨文化管理这门学科主要研究在跨文化条件下，怎样去克服和避免差异文化的冲突，如何进行有效的跨文化沟通和有成效的管理，目的在于设计出一套不同文化形态下的可行的组织结构和管理模式，使跨国企业的资源能够得到最合理的配置，也最大限度地挖掘和利用不同文化形态下的人力资源，从而全面优化企业管理结构，提高企业的整体效益。

（三）“一带一路”与跨文化

2017年5月14日，在北京举行的“一带一路”国际合作高峰论坛开幕式上，习近平总书记指出，中国企业已经在20多个国家建设了56个经贸合作区，为有关国家创造近11亿美元的税收和18万个就业岗位[3]。如表1所示，中国企业在海外投资贸易越来越多，2015年对外直接投资净额比2011年增长近一倍，对外劳务合作派出的劳务人数众多，2015年派出劳务人数已近30万人。企业需要关注在海外的跨文化发展，认清企业与当地文化的差异，加强对当地文化的学习，及时进行跨文化沟通，保障我国企业在海外的长期发展。

表1 2010～2015年我国对外贸易及劳务派出人数

年份	对外直接投资净额（万美元）	对外承包工程合同金额（亿美元）	对外劳务合作派出劳务人数（人）
2010	6881131	1343.67	186800
2011	7465404	1423.32	209100
2012	8780353	1565.29	278380
2013	10784371	1716.29	255674
2014	12311986	1917.56	292570
2015	14566715	2100.74	276800

资料来源：中国“一带一路”网。

四、我国跨国公司的跨文化管理实践

（一）我国跨国公司跨文化管理的特征

1. 以人为本

跨文化管理归根结底还是对不同文化形态下个人的跨文化沟通。21世纪人才是最重要的资源，尤其是在海外投资贸易，雇用当地员工的优势不言而喻，当地人更加熟悉当地的风土人情和政策法规。跨文化管理就是通过对人力资源的合理协调来充分开发和利用不同文化形态背景下的人力资源。所以，坚持以人为本的管理理念不仅适用于企业内部的常规管理之中，在跨文化发展的路径探索中，这一理念同样适用于跨国公司进行跨文化管理的过程中。

2. 移动信息化

随着现代通信技术和移动互联网络的快速发展，整个世界已经成为一个“地球村”。跨国企业在现代技术的支持下，通过移动互联网，可以全天候地进行跨文化管理。利用数字技术和信息系统进行经营，不仅可以节省人力资源成本，同时还能及时进行经营效果的实时监测，把握企业在投资地区的发展导向。

3. 创新性

在这个瞬息万变的时代，唯一不变的就是“变”。随着社会信息总量的不断增加，信息传播的形态和方式也变得多种多样，创新已然成为一个企业赖以生存的法宝。我国企业在目前的国际社会中，与欧美等发达国家的企业相比而言存在着不同程度的差距，尤其在高端技术方面，还正在努力地追赶过程中。那么，在这样的状况下，面对来自全球的竞争对手，企业的创新就显得尤为重要。因此，在我国跨国公司的跨文化管理中，针对投资地的文化需求和文化多样性的特点，对自身的文化制度建设、人才培养和技术革新等方面，将传统文化与现代制度相结合，寻找突破口，制定符合当地文化和企业利益的跨文化管理策略，营造包容的、多元化的文化氛围[4]。

（二）我国跨国公司跨文化管理的冲突与实践

1. 我国跨国公司跨文化管理的冲突

Reich 指出了基于文化层面的冲突，并将其分为四个阶段：第一阶段为感知差异阶段；第二阶段为放大差异阶段；第三阶段为典型化阶段；第四阶段为压制阶段。本文将我国跨文化管理的冲突分为四个阶段：第一阶段为萌芽阶段。在这一阶段中，我国跨国公司处于刚刚进入海外的市场，这是进行海外贸易的第一步，公司在当地的各项经营和管理处于摸索和初始阶段。第二阶段为发展阶段。经过了萌芽阶段的摸索和公司各项经营管理的正常运转之后，需要在当地进行市场开拓，这一时期，随着市场的开拓，跨文化管理也会随之跟进和更新。第三阶段为成熟阶段。跨国公司在经过对当地市场的探索和开拓之后，逐渐走向成熟，会在这一时期慢慢形成一套成熟的经营管理模式，跨文化管理的探索也会在这一时期逐渐完善。第四阶段为创新阶段。在前期的萌芽、发展和成熟阶段过后，跨国公司在海外已经有了一套相对系统的管理体系，之后跨国公司的跨文化管理依靠公司经营管理体系寻找当地文化与公司的契合点，进行跨文化管理的创新，制定、更新和完善公司的企业文化制度。

2. 我国跨国公司跨文化管理的实践

2017 年 3 月，华为集团公布了其 2016 年年报，华为作为全球最大的通信设备供应商，曾获得过多次“全球第一”殊荣。2016 年，华为集团在海外的营业收入取得了丰硕成果，在欧洲、非洲、中东的营业收入增长了 22.5%，在亚太的营业收入增长了 36.6%，在美洲的营业收入增长了 50.4%。这一成绩取得的背后是华为人在海外市场的努力和开拓换来的。2016 年华为的销售和管理费用共计 864.42 亿元，相比 2015 年增长了 38.8%。华为集团在海外市场的扩大，就必然会增加管理成本。在面对海外市场的开拓和管理的问题上，华为集团通过核心技术的研发和对当地技术人员的培训，提高员工的工资水平，从而推动了集团的跨文化发展。

（三）我国跨国企业与“一带一路”沿线国家的文化差异

“一带一路”倡议给中国企业带来了海外投资和开拓国际市场的机遇，中国企业在价值观和行为准则上更加强调集体利益，在中国企业“走出去”的热潮之下，需要在认识自身文化的同时，也要对“一带一路”沿线国家有一个总体认识，也有必要进行实地考察，了解当地政治制度、历史文化、宗教信仰和生活习俗等。国家与国家之间文化差异的大小对于企业的跨国贸易、跨文化沟通和跨文化管理都会带来不同程度的障碍，也会增加跨国公司的管理难度和管理成本。

“一带一路”沿线国家地理环境、政治环境、文化环境不尽相同，既有内陆国家，也有海洋岛国；既有伊斯兰教信众，也有基督教信众；既有农耕文化，也有海洋文化。这些文化的差异还包括语言、服饰、饮食、节日等，都会对中国企业在“一带一路”沿线国家的市场开拓和跨文化发展带来挑战和机遇，需要中国企业加强对其语言和文化背景的了解，认清自身与当地的文化差异，制定和完善跨文化发展战略。

五、我国跨国公司跨文化发展路径探索

（一）树立“一带一路”下的跨文化发展理念

当今世界已经成为一个紧紧联系在一起的“命运共同体”，经济全球化的趋势不可逆转，任何固守传统和封闭禁锢都必然落后于时代和潮流。“一带一路”正是我国在这样的国际环境背景下所提出的倡议，就是为了使“一带一路”沿线国家在促进相互理解和认同的基础上，实现共同发展、共同繁荣，走出一条和平发展的友谊之路。那么，我国企业在进行海外贸易时，也应该遵循国家战略和宗旨，积极践行国家倡议，认识到文化差异存在的客观性，认识到自身文化与其他国家和地区的文化差异，认识到跨国公司进行跨文化发展和管理的必然性。跨国公司只有树立了跨文化发展的理念，才能够更好地融入当地的文化中去，才能够及时发现文化差异带来的冲突和管理障碍，才能够有针对性地制定管理计划，形成一套成熟的经营管理体系。

（二）把握跨文化发展的核心与企业文化建设

1. 把握跨国公司跨文化管理的核心

跨文化管理实质上就是需要及时进行跨文化沟通，有效协调文化差异和冲突，制定和完善企业文化，充分利用和调配不同文化形态下的人力资源，使跨国公司的经营和管理更加高效。本文认为跨国公司的跨文化管理的核心就是企业文化建设。

第二次世界大战后，美国的跨国公司经营屡屡受挫，而在此时，战后的日本经济崛起对美国造成了一定冲击。为什么一个“二战”战败国在短短30年的时间里，经济就能取得如此大的成就呢？这在很大程度上要归功于日本企业对于企业文化的重视和建设。后来，美国学者在20世纪70年代后期研究美国跨国公司的经营管理屡屡受挫的原因时也证实了与文化相关。因此，美国的管理学界就开始将“跨文化沟通”作为一门学科来研究。跨国公司的跨文化管理就是将自身文化与当地文化以及不同文化形态背景下的员工进行综合的协调，制定出一套企业员工共同遵守的价值观念、道德规范和行为准则，为跨国公司的经营管理提供有力保障，也更好地为当地市场的开拓发展和市场维护服务。

2. 注重现代企业文化建设

（1）大数据下的企业文化建设。

作为一个现代企业，移动化和信息化已经成为一个现代企业的“标配”。尤其是随着大数据和云储存的快速发展，通过数据统计和数据分析来为企业决策和企业管理提供依据的现象越来越普遍。

大数据可以在复杂的环境下为综合性解决方案的制定提供数据支持。跨国公司的企业文化建设需要考虑企业自身利益、当地文化以及员工利益，是一项复杂的和烦琐的制定过程，但是，在遵守法律法规和保护他人隐私的前提下，通过数据建模，对当地的市场、企业员工的调研和数据追踪，形成大数据，通过对大数据分析来为跨国公司的企业文化建设提供依据，也为企业文化的

发展提供了数据对比和参考。

（2）正确发挥企业文化的功能。

王关义教授在《现代企业管理》一书中指出，企业文化是企业在长期的生存和发展过程中形成的、为企业多数成员所共同遵循的经营观念或价值观体系，它包括价值标准、企业哲学、管理制度、行为准则、道德规范、文化传统、风俗习惯、典礼仪式和组织形象等[5]。

实际上，企业文化归根结底需要企业员工的践行才能真正地发挥作用，形成高效的企业管理模式。这就需要企业文化的制定符合当地大的文化背景，符合企业和员工的利益，形成企业中自觉的和理性的文化。王关义教授提出了企业文化的五项功能：第一项，导向功能。这一功能主要是通过企业文化中的价值观来对企业员工进行价值观引领和潜移默化的思想观念的塑造，使自己追求的目标与企业目标相一致。第二项，凝聚功能。企业文化具有很强的向心力，在企业文化的“熏陶”下，通过员工间的沟通和交流，产生对企业文化及企业的认同感和归宿感，形成企业凝聚力。第三项，激励功能。企业文化是以人为中心的文化体系，体现了以人为本的理念，使员工在企业内感受到受尊重和受重视的人文关怀，激励和鼓舞了员工士气。第四项，约束功能。企业的目的是盈利，所以，在企业面对不同文化形态下制定的企业文化是兼顾了当地文化和企业自身利益的产物。这就意味着企业文化对企业员工具有一定的约束力，通过价值观念、行为准则、道德规范等企业文化内容对员工进行一种无形的和理性的约束，使其与企业文化保持一致。第五项，辐射功能。企业文化并非自成一体的封闭文化，尤其是跨国公司，必定是与区域文化和社会文化紧密相连，它是在社会文化的大背景下制定的，同时也通过企业和员工对企业文化的践行，影响着社会文化，形成一种企业文化和社会文化相互影响、相互学习的现象。

（三）制定多元化的跨文化发展策略

1. 规避政治和外交风险

“一带一路”下的跨文化发展不仅是企业间的经贸往来，也有政府之间的交流。跨国企业在进行海外贸易时，要自觉遵守我国和当地的法律法规。在制定公司规划和经营管理的过程中，要注意规避政治风险，不要涉及当地的政治安全。进入海外市场之后，也应及时向我国驻当地大使馆备案，了解当地经商的注意事项，避免产生误解，保障企业的顺利开展。

2. 注重跨文化培训

首先，在语言上要加强对当地语言的学习，学会当地语言能够更多地了解当地的历史发展情况和文化习俗。语言相通能够拉近企业与当地员工和消费者的距离，有利于开展贸易和开拓市场。同时，也要注重对当地文化风俗的学习，了解当地的宗教信仰、宗教禁忌、饮食习惯、节日习俗等，全面地融入当地的社会环境中去。

3. 培养跨文化管理人才

跨文化管理需要在语言上、政治上、经济上和文化上有很高的水准，这样的人才是跨国公司面对国际市场、经营跨国公司、避免和解决文化冲突、实现跨文化发展的根本。跨国公司在进入海外市场前期就需要招聘或有意培养跨文化管理方面的人才，同时，在进入海外市场后，也要重视这类人才的培养，加强人才的多元化培养。

4. 有效发挥跨文化下的职能管理

企业的职能管理大致可分为财务管理、人力资源管理、营销管理和质量管理。在跨国公司中，职能管理就需要考虑到跨文化的因素。第一，财务管理，需要考虑到当地的工资水平和当地政府对于企业员工所要求的福利政策，跨国公司要依据当地要求和企业自身进行财务管理计划的制定；第二，人力资源管理，跨国公司在进行人员招聘时，要兼顾到利益共享和社会责任，使当地员工数量在公司员工总数量中占合理比重；第三，营销管理，跨国公司在进行当地市场开拓时，依据当地市场的商品需求进行产品生产，依据当地的广告法规要求进行营销宣传；第四，质量管理，每个国家或地区对于产品的质量要求标准不一，跨国公司在进行商品生产或工程建设时，要按照当地的要求标准进行生产和建造，树立和维护“中国制造”的品质口碑。

5. 积极承担社会责任，多做公益活动

跨国公司在海外也要积极承担社会责任，参与当地的社会公益，参与社会公益不仅能够树立企业的负责任形象，也能够增进文化交流，拉近企业与当地人民的情感。有利于避免和化解文化冲突，使企业文化与区域文化、社会文化相互交融、相互影响，也树立了中国良好的国际形象。

六、结语

“一带一路”给我国企业在海外发展带来了历史性机遇，我国企业应该积极响应国家倡议，在“一带一路”宏观战略和相关政策的指导下与“一带一路”沿线国家开展商贸活动。我国跨国公司的跨国经营与管理起步比西方发达国家晚，存在经验不足的现状，面对不同地区、不同种族、不同文化发展阶段的国际市场，我国跨国公司需要本着包容、学习和探索的态度积极地“走出去”。

在我国跨国公司的跨文化发展的路径探索过程中，政府为企业在“一带一路”沿线国家开展了一系列的情况介绍，并且还专门开设了中国“一带一路”网站，网站里介绍了“一带一路”沿线主要国家自然环境和人文历史等，也通过数据介绍了沿线主要国家近年来的经济发展情况。我国跨国公司在进行跨文化发展的过程中，认清自身与当地的文化差异的同时，也要“求同存异”，将跨文化沟通应用到企业经营和管理的各个方面，使企业与当地文化更好地适应和融合，以此保障企业的跨文化发展和管理顺利进行。

参考文献

[1] Tigran Badalyan. 跨文化因素对决策的影响［D］. 哈尔滨：哈尔滨工业大学硕士学位论文，2016.

[2] 高臣，马成志．“一带一路”倡议下中国企业“走出去”的跨文化管理[J]. 中国人力资源开发，2015，(19)：14-18.

[3] 杨俊峰．中欧班列拉来经贸新机遇［N］. 人民日报海外版，2017-05-15.

[4] 白楠楠．中国跨国公司跨文化管理研究[J]. 河南社会科学，2017（3）：44-49.

[5] 王关义，刘益．现代企业管理［M］. 北京：清华大学出版社，2012：144-160.

“一带一路”背景下国有企业文化创新建设研究

廖美施　肖素萍

（江西财经大学工商管理学院，江西　南昌　330013）

［摘　要］组织文化是企业发展的灵魂，创新能力是企业竞争的核心，组织文化是否具有创新导向是一个企业能否在激烈的竞争环境下生存发展的关键。在“一带一路”倡议环境下，对国有企业的创新型企业文化的建设进行深入研究、分析创新型企业文化建设具有重大的现实意义与理论价值。本文首先在理论研究的基础上界定了创新型企业文化的内涵，继而分析了目前国有企业建设创新型企业文化的可能性和必要性，并提出了较具普遍适用性的创新型企业文化建设的方案构思，分析了在大环境“一带一路”的背景下可能存在的问题，并针对相关问题提出了具体的措施。

［关键词］创新型企业文化；“一带一路”；问题；对策建议

一、前言

在国际层面上，随着经济全球化进程加快，国际竞争日趋激烈，国内“一带一路”政策的提出和落实，市场中的发展机会日益丰富，但是竞争也越发残酷。创新已经成为各国经济发展和企业获胜的关键。为此，我国出台了一系列国有企业改革政策和措施，以建立现代企业制度，实现企业体制创新、企业管理创新，这其中尤为重要的是企业文化创新。可以说，一个企业的创新能力形成了其核心竞争力，而孕育创新能力的土壤就是创新型企业文化。本文正是基于以上背景，以“一带一路”为大背景，对创新型企业文化建设进行研究，发现其存在的问题并提出对策。

企业文化是一个企业的软实力，极富个性与特色。创新型文化是一个企业的活力源泉，在过去的众多研究中，许多学者提出了对创新型企业文化的认识。Frohman 提出：“进行创新型企业文化的建设有助于组织达到高目标和非凡成就。”① 他认为，培育一种鼓励冒险和奖励创新的文化，能够有效地激励该组织中的工作人员，应对多变的环境和突发的危机。现代经济是一种新经济，同时，人们给予它各种各样的名称：信息经济、网络经济、速度经济、开放经济等。从这些名称中可以看出，现代经济应该是一种与时俱进的经济，在这种经济下，企业文化能否顺应时代发展需要是一个企业成败的关键。创新型企业文化是开放的文化，是一种不断摆脱过去、摆脱落后的文化，是一种不断吸收新的因素，以适应新的环境、创造新的市场的文化。国有企业作为科技型企业，科技创新能力是它在行业中突起的重要因素。在国有企业改革背景下，在稳定与变革

① 转引自张炜，高静，黄学讯．创新文化及其作用机制的研究述评［J］．科技管理研究，2010（11）．

的矛盾冲突下，培育一种创新型文化，注重创新，鼓励创新，对企业顺应时代发展需要、引领时代潮流具有积极的作用。本文通过对创新型企业文化的研究，为“一带一路”大背景下建设创新型企业文化进行方案构思，同时也为国有企业建设创新型企业文化提供参考意义。

二、理论概述

（一）创新的相关理论概述

当创新型企业开始引领企业发展时，“创新”这一概念在企业发展中的意义日益凸显。近十年来，学术界掀起了一股研究创新型企业文化的热潮。国内外学者从不同的视角分析了创新型企业文化的定义、特征等，并取得了丰富的研究成果。

Patricia Carr（2000）认为，创新是小型企业竞争力的核心。他将企业文化对小型企业的影响可视化，通过严格审查传统文化的概念，提出对企业文化的理解应着眼于战略性的做法和小型企业，以确保竞争优势所需的活动和市场经济的最佳性能①。创新作为战略性思维的关键，使其成为企业文化的主导，最后进一步深入，阐述创新型企业文化在保持小企业竞争力中的核心作用。此后，基于创新对组织的作用这一视角，Robert B. Tucker（2004）指出，创新是企业成长和盈利的主要驱动力。在企业当中存在许多潜在的创新障碍，例如，组织员工的创造力、冒险精神、管理者的言行是否一致等，这些问题都触及公司创新文化的根本②。21 世纪应致力于创造创新型的企业文化，创造开放的企业文化，鼓励尝试，容纳不同的观点。作者通过描述创新先锋企业先进的创新活动，教导读者如何系统地为自己的公司规划创新流程，实现产品、流程、商业模式或管理战略方面的创新。此外，基于创新对组织的生存方面的作用，Frances Horibe（2005）认为，一个组织的生存需要创新。然而，在现实中，许多企业虽然很清楚创新的重要性，也非常渴望创新，但是，创新却与它们的组织文化相悖，因此培育一种创新型企业文化对企业的创新发展意义重大③。作者主要研究了在一个组织中异议对于创新型文化建设的作用，如书名所说“唱反调的是好员工”，当组织成员在面临权威与压力时，仍旧能够“唱反调”，提出自己的异议，这有利于营造一种良好的创新氛围。Wilson Luiz Martins Leal 等（2006）在将创新和组织文化相结合进行研究时指出，在一个组织中，在一个创新型企业中，一直悬而未决的问题是组织文化，知识的创建、共享与交流。他们通过对一个跨国企业作为案例进行研究，网络的出现带来了合作伙伴在不同群体中的知识的产生、合作、创新的过程，而实践社区能使企业以前所未有的速度交换知识和想法，实践社区的形成和性能是企业创新的工具④。文章通篇围绕创新型企业的竞争力展开分析，并结合实践对创新型文化进行研究。

---

① Patricia Carr. Understanding Enterprise Culture：The “fashioning” of Enterprise Activity within Small Business，Strat［J］. Change，2000，9（7）：45.

② Robert B. Tucker. 创新才有增长［M］. 燕清联合译 . 北京：新华出版社，2004：59-75.

③ Frances Horibe. 唱反调的是好员工［M］. 燕清联合译 . 北京：中国劳动社会保障出版社，2005：36-43.

④ Wilson Luiz Martins Leal，Adelaide Maria Coello Baeta. The Communities of Practice in an Innovative Enterprise［J］. Journal of Technology Management & Innovation，2006，1（4）：22.

（二）企业文化的相关理论概述

李桂荣（2002）认为，创新型企业文化是将创新作为企业的信念，唯有创新，企业才能够生存发展，倡导、鼓励企业管理人员及普通员工进行创新，敢于冒险，将创新观念渗透到每一位企业人员的意识当中，将创新思想转化为行为习惯①。通过阐述创新型企业文化的内涵、特征，结合企业文化调查问卷，对创新型企业文化路径的培育和企业创新能力的培育进行研究，同时选择典型企业作为案例，为中国企业如何迎接世界挑战提供了理论基础。杜蕾（2006）认为，创新型的企业文化，有利于培养中小企业的创新能力。她认为在外部环境不断变化、信息技术迅猛发展的时代，创新能力已经成为企业发展的关键，尤其对于中小企业来说，由于其在融资、经验和商誉等方面存在劣势，更应该注重员工的创造性②。在此基础上，她认为，为促进中小企业的发展，需要构建一种旨在激发和保持员工创新积极性的企业文化，即创新型企业文化。

朱凌（2008）首先提出我国企业文化问题的严重性，然后从企业子文化现象出发，展开对创新管理这一话题的讨论③。该研究建立了基本理论和企业文化与子文化创新协调机制的研究，并得出了结论：企业子文化创新协调机制是一个系统结构，要求各个要素相互协调，对企业的技术创新绩效起到促进作用，这也是企业进行可持续建设、创新管理的事实基础和保障。郭韬、史竹青（2011）认为，创新型企业文化是指一种崇尚创新的文化，并将这一思维融入企业的价值观念、经营理念、道德准则以及行为规范当中④。他通过比较创新型企业与非创新型企业、创新型小企业与创新型大企业、研发创新型企业与工艺创新企业型、产品创新型企业之间的区别，以及创新型企业的成长和培育，进一步提出了创新型企业文化的内涵和建设创新型企业文化的意义。

从相关理论的概述来看，创新型企业文化是指在一定时间积累和经济条件下，在企业发展过程中，不断进行各个方面创新以及其在经营管理活动过程中不断实践所积淀而成的，它是企业自身独具个性的创新精神财富与创新物质形态的总和，是企业在经济环境不断变化过程中，与竞争者不断竞争博弈从而形成的关于自己独有特色的、具有创新性质的一系列知识内容、意识形态和文化氛围。创新型企业文化的形成过程与企业文化的形成具有一致的规律，它的形成过程为：首先，制定激励创新的制度；其次，培训企业员工，实施制度；再次，激励创新人物；最后，将本企业的文化愿景转化为现实。这是一个开放的过程，消除保守思想和自满情绪，消除懒惰的行为和官僚主义，从而保持其创新的特点，创新型企业文化的形成过程如图 1 所示。

（三）理论述评

综合相关理论概述，我们能够发现，对于任何一种文化，都需要企业自上而下的有效引导，才能够成功塑造。不同于一般企业文化的是，创新型文化是一种新的战略思维。在传统的战略竞争中，企业所注重的是这样一种市场地位的竞争：通过在产品的功能、成本、价格等方面提高竞争力，夺取市场地位。新的战略思维除了关注市场地位中显性的一面，更多的是对企业深层次竞争力的关注，也就是企业为实现预期收益和成功而塑造自己的核心能力的竞争。创新型文化以这种新的思维为导向，着眼于企业的未来，在此基础上开展和引导创新活动，以推动企业各方面的创新活动来逐步塑造和增强企业的核心能力。因此，创新文化的建设需要更多的挑战性和前瞻性，需要创新的领导者，需要充满激情的管理团队领导。

---

① 李桂荣．创新型企业文化［M］．北京：经济管理出版社，2002：22.

② 杜蕾．培育中小企业创新能力的土壤——创新型企业文化［J］．企业活力，2006（10）：56-57.

③ 朱凌．创新型企业文化的结构与重建［M］．杭州：浙江大学出版社，2008.

④ 郭韬，史竹青．创新型企业研究综述［J］．科学进步与对策，2011（19）：156-158.

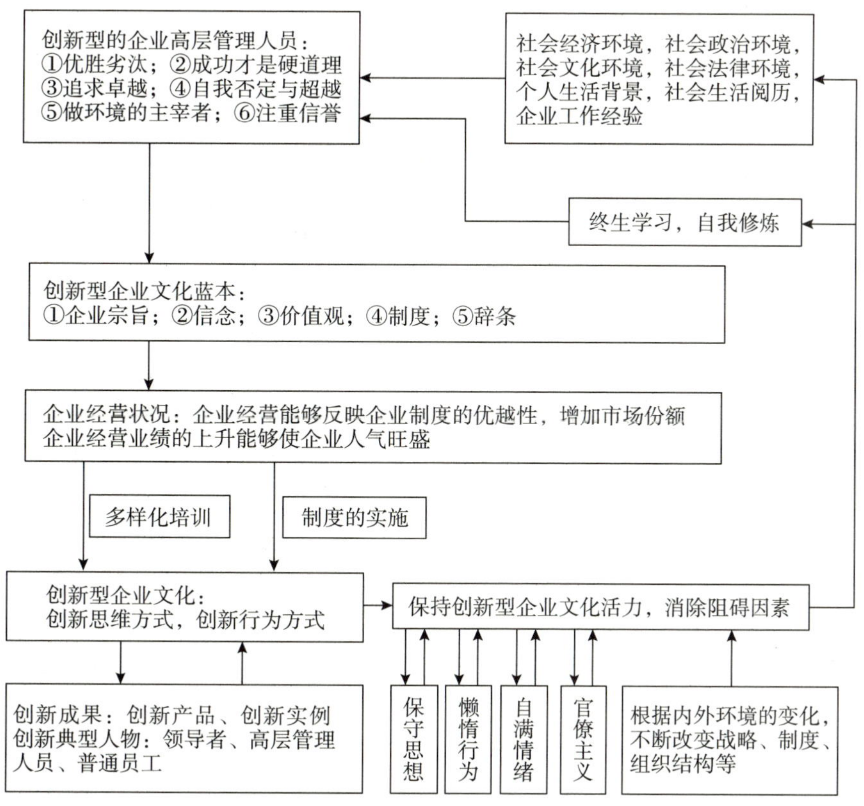

图 1 创新型企业文化的形成过程

三、国有企业建设创新型企业文化的必要性与可能性

（一）建设创新型企业文化的必要性

面对市场竞争日趋激烈的形势，公司必须积极应对，不断创新经营理念，加快市场开拓步伐，抓住“一带一路”的发展机遇，在全力争取行业内部利润额的同时，要不断进行业务的拓展，发展多元化的经济发展模式。

1. 企业全球化与新经济对企业发展的要求

在世界经济一体化环境中，加之国内“一带一路”方针政策的影响，企业全球化的趋势正愈演愈烈，因而，强大的企业成为了经济生活中的主角。随着科学技术的迅猛发展，现代经济的运行模式发生了极大的变化。互联网使信息传递的速度、信息渠道、信息保密等成为更大的挑战；同时，网络经济下产生的电子商务、电子档案等的运用也给传统的沟通方式、经营理念、销售战略等提出了挑战；极具创造性的软件所带来的种种虚拟产品、虚拟系统、虚拟商店甚至虚拟利润等，给企业的经营与管理带来了极大的挑战。由此可见，在企业全球化进程中，面临着新经济所带来的许多挑战。要如何应对这些挑战？创新是一个民族进步的灵魂，是一个国家繁荣的驱动力。同样，对一个企业来说，要在飞速发展的世界中引领企业发展，唯有创新。因此，在企业全球化背景下，创新型企业文化建设是新经济对企业发展所提出的必然要求。

2. 我国国有企业建立现代企业制度的要求

在社会主义市场经济体制不断完善的今天，国有企业的市场经济主体地位大大提高，伴随着国有企业改革的步伐，为了实现现代企业制度这一改革目标，我国国有企业必须对快速变化的市场环境做出积极的反应。经济基础的变革必然需要文化、观念等上层建筑的改变。然而，在中国国有企业的企业文化建设中，忽视了创新改革。原有的经济系统的企业价值的理念下，行为规范、管理模式已经不能适应现代企业制度的需要，难以适应社会主义市场经济发展的需要。因此，将创新融入企业文化当中，建设创新型企业文化是新的历史时期的必然要求。

（二）建设创新型企业文化的可能性

（1）创新的机遇。从国际上来看，在西方发达国家兴起的“企业文化热”和公司再造理论在一定程度上为国有企业构建创新型企业文化提供了可借鉴的依据。当发达国家掀起企业再造浪潮，国际企业文化达到高潮之时，迅速发展的高新技术产业以及全球经济一体化的态势使“更新、革新、变革”等词成为企业文化发展的核心。李仕模在《第五代管理》中说：“从20世纪90年代开始，发达国家掀起的企业再造浪潮，使得企业的传统管理模式和组织结构普遍受到怀疑。”[①] 此后，国内外企业的合作交流的增加，为企业文化创新提供了更广阔的发展空间。从大局上来看，这无疑为我国国有企业文化创新创造了良好的环境，这对创新型企业文化的形成是有利的。

（2）有利条件。党的十八届三中全会提出了全面深化改革的方向、指导思想、原则、重点任务，描绘了全面深化改革的新蓝图、新愿景、新目标，形成了改革理论、政策和实践的一系列重大突破。随着“一带一路”方针政策的实施，国家经济体制改革的目标愈加清晰。在“2014全国企业管理创新大会”上，王忠禹对全面深化改革的建议是：以深化改革为契机，进一步加强管理创新重要性的认识。他认为，企业必须用可持续发展的理念梳理企业的使命、愿景和价值观，不断加强管理理念、机制、制度、方法上的创新，在创新中实现新的飞跃[②]。因此，创新型企业文化正是企业适应社会主义市场经济的要求。

四、国有企业创新型企业文化建设方案构思

为了建立和完善现代企业制度，提高企业竞争能力，使企业的创新文化建设工作顺利开展，下文结合国有企业的实际情况，提出其创新型企业文化建设方案的具体内容。

（一）指导原则

以“积极创新，可持续发展”为指导原则，根据经济一体化、企业全球化、“一带一路”政策方针的要求与公司的发展战略，进行创新型企业文化建设。国有企业要实现多元化、可持续发展，需要摒弃求稳、守旧的观念，去除安于现状的思想，在企业管理过程中主动把握机遇，积极

① 李仕模．第五代管理［M］．北京：中国物资出版社，2001：10．

② 王忠禹．不能再走模仿的老路，要靠创新促进发展．新浪财经/会议讲座/2014年全国企业管理创新大会，http://finance.sina.com.cn/hy/20140321/092318574501.shtml，2014-03-21．

变革企业中落后的不符合发展需要的文化，不断强化持续创新的精神，树立强烈的进取心。

《第五项修炼》一书中提出，“几千年来，一直能在组织中鼓舞人心的一项领导理念是，组织中必须拥有一种能够凝聚全体成员的精神，并坚持为实现共同愿景而努力的能力。若一个组织没有全体衷心共有的目标，各自的价值大相径庭，可想而知，如散沙一般的企业必难成大器”①。良好的创新氛围需要在岗的每一位员工尤其是企业领导者及高层管理人员共同营造，加强自身修养，全面理解企业文化的内涵，学习现代企业管理知识与技能，培养创新意识，并将其转化为企业的宗旨、精神、价值观。

（二）创新型企业文化建设目标

通过创新型企业文化建设，调和强化在自主创新意识的过程中存在的矛盾，强化企业技术创新主体的创新意识，加强企业整体的创新观念②。加强企业领导、高层管理人员和每一位员工的自身修养，学习现代企业管理的知识和技能，使其转化成企业的宗旨、精神和价值观，形成一种良好的创新氛围。

（三）工作措施

1. 建立创新型企业文化制度

有研究表明，中国80%以上的企业高层管理者对创新型企业文化表示支持，认为中国企业需要这样的文化。但是，仅有不到20%的企业拥有创新型企业文化（见图2）③。应将创新型企业文化观念输入企业制度当中。企业制度具有指导性与强制性，制度的保障作用能够有效地提高员工创新的热情，将创新机制写入企业制度是培育创新型企业文化的保证。

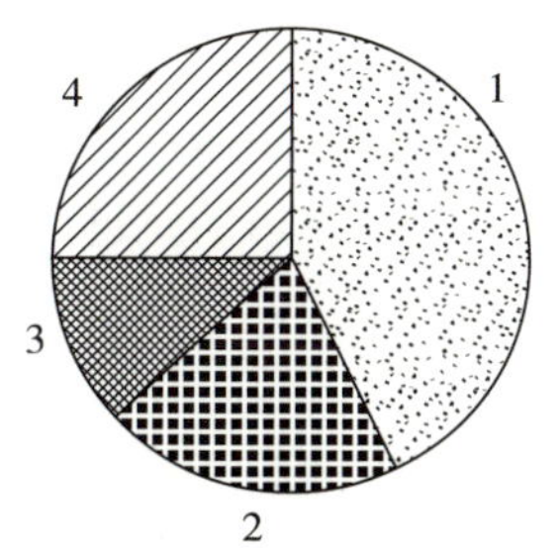

图2 企业文化类型

2. 培育创新型企业文化人才

企业的竞争归根结底是人才的竞争，企业员工既是企业文化的创建者，也是企业文化的传承者。员工的素质与能力的高低对企业文化的建设与发展具有直接影响，培育创新型人才的重点在于对组织成员进行必要的培训。首先，使企业员工理解本企业的创新型文化，学习企业的宗旨、精神、价值观等；其次，使企业员工形成创造性思维，鼓励员工将创新付诸实践，容忍失败；最后，对创新能力强的员工给予奖励、表彰，激发每一位员工的创新热情。

3. 保持创新型企业文化活力

创新不是一成不变的，创新意味着不断变化、发展，建设创新型企业文化是一个持续的过程，唯有主动变革、与时俱进、积极创新才能在竞争中取得胜利。任何创新都需要摒弃旧的、过时的东西，学习新的知识，掌握新的技能，运用新的思维，采用新的方法，一个企业若在创新的某个环节止步不前，保持现状，采用现有的运作模式等，这将使企业重新变为保守型企业。因此，保持创新型企业文化的活力将需要继续淘汰落后的因素，消除障碍。

---

① 彼得圣吉．第五项修炼［M］．张成林译．北京：中信出版社，2009.

② 朱凌．创新型企业文化的结构与重建［M］．杭州：浙江大学出版社，2008：2-3.

③ 李桂荣．创新型企业文化［M］．北京：经济管理出版社，2002：34-39.

五、国有企业创新型企业文化建设中存在的问题与对策

（一）存在的问题

1. 民族传统文化的影响

中华民族素来讲究忠孝仁义礼智信，这是我国的优良传统，对于个人是如此，对一个团队、一个组织亦如此。我国的国有企业也深受民族文化的洗礼，忠诚、正直、诚信、友爱、以人为本成为企业的追求目标。为了营造一个具有和谐情感的文化氛围，组织成员往往选择中庸之道缓解冲突，对组织中的人和事持有一种知足的态度。尽管在一定程度上，这些文化使企业稳定，但是，这对于创新型企业文化的建设却是巨大的阻碍。国企中的唯上观念、等级观念以及兄弟义气会使组织成员在为人处世上失去自己的原则；在人情交往中过多地依赖社会关系，无所作为；遇到矛盾时总以一种折中的办法去解决。同样，知足常乐的态度也会使员工缺乏进取心与忧患意识，这些都会大大削弱创新能力和创新进取的精神。

2. 执行力度不够

在企业文化建设中，绝大多数企业显然已经意识到了创新的重要性，并努力构建创新型企业文化，有的已将这一理念写入企业宗旨、价值观中。但是，很多时候创新沦为了一种表象，仅在文字上有所体现①。高喊创新之道的同时制定条条框框，在生产经营过程中，管理者背离创新型企业文化的初衷，无法将文化的精髓灌输给企业员工，更不能从实际工作中去落实，导致员工丧失活力与创造力。

据国有企业工作人员表示，公司仅有小部分规章制度能够得到很好的执行，他们认为，如果严格执行规章制度会对人际关系产生极大的影响。因此，在创新型企业文化建设过程中必然会出现制度不能被很好地执行的情况，使制度的严肃性丧失。

3. 缺乏激励机制

汤姆·彼得斯提出，良好的激励机制能够有效地激发员工投入工作以及不断创新②。激励机制的缺乏使员工安于现状，即使努力工作，为企业创造的价值也无法得到公司的肯定，过多的创新只会加大犯错的风险，从而严重打击了员工创新的积极性，这对于创新企业文化的构建无疑是巨大的绊脚石。

4. 脱离客观实际

盲目跟随国家政策，企业文化仅是为了反映政府提出的精神，而背离了企业发展的客观需要。企业员工是建设创新型企业文化的主体，需要员工在各自的岗位上，结合现有工作体制与内容，创造符合企业当前创新体制的创新型企业文化。事实上，众多企业只是将"万能的创新型文化"套用在本企业，与本企业的生产经营没有实质联系，更不用说促进企业发展、建设特有的创新型文化了。

---

① 许凤娥．创新型企业文化误区分析及合理性调节浅议［J］．经营管理者，2004（17）：246.

② 汤姆·彼得斯．追求卓越［M］．胡玮姗译．北京：中信出版社，2012：24-30.

（二）解决对策

1. 以人为本，人才强企，打造优秀团队

创新人才管理方式，努力促进人才成长，树立“能力与岗位相结合，企业效益与员工共成长”的理念。努力为培养人才创造良好的环境，激发人才的潜力，构建和谐、进取、平等和稳定的工作环境。一是加大对员工的培养力度，尤其是对公司中的新员工和专业技术能力不够强的员工，形成一种为年轻人、青少年着想，鼓励青年人的良好文化氛围，支持进步的公司，继续加大“传帮带”工作力度，重点培养经营管理型人才、技术型人才，下大力气抓好青年人才队伍建设。二是注重改进人才队伍的激励机制。为满足公司资质和投标需要、充分调动员工的学习积极性，对公司需要的各类专业技术职称，继续实行职称岗位补贴制度，促进和鼓励员工在岗学习进修，继续实行绩效考核制度，将考核标准细分到工作主动性、工作责任心、制度执行力等方面，加大创新能力的权重，通过物质与精神双重激励机制，形成尊重人才，鼓励创新的良好氛围，培养公司良好的学习风气。三是注重开展技术交流，调动员工工作积极性。定期组织员工深入开展各项技术交流，要求员工不仅对各项技术能够掌握，还要能融会贯通，对技术进行分析、进行消化，坚持“以培训抓基础，以交流促提高”。

2. 持续改进，不断创新，修订规章制度

为使公司现行规章制度符合各项工作实际，公司需重点落实各部门各岗位工作职责及工作流程的重新梳理工作，全面规范公司各项内部管理，较好地完成规章制度的“废、改、立”工作，主要包括三个部分：一是要求各部门根据日常工作中具体操作流程，去粗取精，重新梳理本部门各项规章制度，形成一整套从办公管理、财务管理、人事劳资管理到工程项目管理、机电维护管理的制度汇编，为公司进一步加强精细化管理、提高执行力提供可靠的依据。二是根据企业现状，修改完善一系列人事劳资规章制度，如《收入分配管理办法》《工程项目管理办法》等，不断强化激励机制，全面提升管理效能，保证各项工作稳步推进。三是制定各岗位工作流程，要求公司每位员工根据岗位职责制定工作流程图，准确反映每个环节的工作要求，让每个岗位都明白自己该“怎么做”。根据企业实际情况不断完善企业各项规章制度，让各项工作得到最好的保障。

3. 坚持规范，严格程序，完善运行机制

完善企业管理制度，加快建设完善的企业管理制度框架，构建一个完整的管理系统设置系统。再好的制度，如果不执行，也会形同虚设，难以发挥应有的效应。因此，公司需在严抓执行落实上下功夫，制定工作首任制，加强对制度执行的组织领导，把制度执行和监督摆在突出位置：一是各项工作开展前，明确责任部门和责任人，明确责任时限和目标要求，严格履行按流程、制度办事的工作要求，为制度执行创造良好的环境和条件。二是开展工作，加强对制度执行情况的监督检查，建立和完善执行制度的监督机制，杜绝随意性因人而异的工作作风，培养员工的归属感，确保各项工作制度要求落实到位。三是各项工作结束后，根据工作情况和存在的问题，不断调整管理体制，在横向和纵向相关联的管理，避免死角和漏洞，对每件事制定目标，进行考核，留下痕迹，奖惩要有根有据。

重点落实对各部门、各项目管理按工作流程执行到位情况和各项制度的执行落实情况，对未能落实和执行不到位的部门和人员进行公开批评，对其进行整改和处罚，不得参与单位评先等活动。

4. 加强调控，创新服务，筑牢市场基础

面对不利的市场形势，如何更大范围地赢得市场、站稳脚跟是关系公司发展尤为紧迫的一项任务，在市场开拓工作中需做到：第一，进一步密切关注市场动态，认真分析市场发展趋势，充分挖掘潜力，突出企业的特点，继续关注，有针对性地提高公司项目合同的强度。第二，突出专业优势，创新技术服务，着力建设好三个路网平台项目（省级路网中心、九江抚州两市路网平台项目），争取以优良成绩换取更大更广的业务空间。第三，要利用社会一切可利用的资源，加大信息收集、跟踪力度，进一步拓展、扩大市场范围。第四，进一步对公司业务涉及的资质进行申报及升级。

5. 注重源头，堵塞漏洞，推进廉政工作

坚持将党风建设的责任延伸到领导职务与行政权力所到之处，严格执行党风廉政建设责任制，认真学习《中国共产党员领导干部廉洁从政若干准则》，将廉洁从政理念铭记于心，做到廉洁自律，自觉接受监督。一是将党风廉政建设任务细化，严格责任考核、责任追究，做到用制度管权、管钱、管人、管事。二是进一步推进廉政文化建设，开展主题教育活动、知识竞赛和其他形式的活动，将廉洁教育纳入企业日常管理和员工素质教育中。三是同步落实廉政建设与工程建设，对于重大事项，一律以会议形式集体讨论决定，保证重大事项决策程序的民主化、程序化、科学化，逐步完善工程项目建设中的施工队伍选择、设备材料采购、车辆使用管理等的监督和检查制度，杜绝和根除容易滋生腐败的薄弱环节。

要意识到存在的差距和不足，面临的市场形势更加严峻，进一步采取有效措施，以良好的精神状态和有效的工作，为实现“做强，做精”做出更大的努力，更好地促进公司的健康协调发展。

六、总结

当经济全球化对企业经营提出更高的要求时，为了在激烈的环境中获得胜利，企业必须进行持续性的变革，提高创新能力，而创新能力来源于创新型文化。为此，本文选择江西路通科技有限公司为研究对象，构建创新型企业文化。

（1）通过分析一个企业的价值观、精神、制度以及发展状况，结合我国对企业文化建设的现状，并综合宏观政策背景等，对该企业建设创新型企业文化的必要性与可能性做出具体分析，研究了建设过程中存在的问题，并提出了具体的建议。

（2）本文在国内外学者对创新型企业文化理论研究与案例分析的基础上，把创新型企业文化理论与江西路通科技有限公司企业文化有机结合起来，然后根据国有企业的企业文化现状提出建设创新型企业文化的方案。

但是，受自身学历和专业知识水平的影响以及查阅文献资料的局限性，本文在理论阐述以及数据分析上观点不够深入、不够全面，与此同时，由于缺乏相应的社会实践，文中并没有对一些观点进行举例分析，从而缺乏实证分析，出现论据不足等问题。本人在今后的学习和工作中一定会重视这些不足之处，不断加强理论知识学习，提高专业知识水平和实践能力，提升自己的综合素质。

参考文献

[1] 彼得·圣吉．第五项修炼［M］．张成林译．北京：中信出版社，2009：35-39.

[2] 管一新．联想创新型企业文化［J］．企业改革与管理，2005（2）：48-49.

[3] 郭韬，史竹青．创新型企业研究综述［J］．科学进步与对策，2011（19）：156-158.

[4] 和君．美国3M公司创新型企业文化［J］．广西电业，2009（106）：56-57.

[5] 李桂荣．创新型企业文化［M］．北京：经济管理出版社，2002：22-39.

[6] 李世康．创新型企业文化研究——以索尼为例［J］．商场现代化，2008（22）：209.

[7] 李仕模．第五代管理［M］．北京：中国物资出版社，2001.

[8] 秦培锦．创新型企业文化建设初探［J］．机电信息，2005（6）：39.

[9] 汤姆·彼得斯．追求卓越［M］．胡玮姗译．北京：中信出版社，2012：24-30.

[10] 许凤娥．创新型企业文化误区分析及合理性调节浅议［J］．经营管理者，2004（17）：246.

[11] 许庆瑞．全面创新管理：理论与实践［M］．北京：科学出版社，2007：156.

[12] 杨依依．创新型企业文化——企业持续创新的源泉——丰田创新型企业文化的启示［J］．现代管理科学，2004（6）：43-44.

[13] 云飞．科技型企业创新型文化对技术创新能力的作用研究［D］．北京：北京交通大学硕士学位论文，2008.

[14] 甄珍，付东普．创新型企业文化构建的案例研究［J］．管理案例研究与评论，2012（3）：157-166.

[15] 周秀红．中国国有企业文化创新探究［M］．北京：北京师范大学出版社，2011：94-100.

[16] 朱凌．创新型企业文化的结构与重建［M］．杭州：浙江大学出版社，2008：2-3.

[17] Robert B. Tucker，2004. 创新才有增长（中译本）［M］．北京：新华出版社，2004：59-75.

[18] Frances Horibe，2005. 唱反调的是好员工（中译本）［M］．北京：中国劳动社会保障出版社，2005：36-43.

[19] Wilson Luiz Martins Leal，Adelaide Maria Coello Baeta. The Communities of Practice in an Innovative Enterprise［J］. Journal of Technology Management & Innovation，2006，1（4）：22.

[20] Patricia Carr. Understanding Enterprise Culture：The “fashioning” of Enterprise Activity within Small Business，Strat［J］. Change，2000，9（7）：45.

“一带一路”背景下企业营销伦理管理驱动企业发展的机制与路径探讨

程月明

（江西科技师范大学经济管理学院，江西　南昌　330013）

［摘　要］企业在“一带一路”上的投资和运营环境异常复杂，中国企业应带着企业社会责任（CSR）上路。中国企业跨国经营最初并没有较系统和规范的企业伦理管理，尤其是企业营销伦理管理。本文详细阐述企业营销伦理管理驱动企业发展的必要性和内在机制，最后，探讨了“一带一路”背景下驱动企业发展的企业营销伦理管理的路径，为海外经营的企业提供可能的借鉴。

［关键词］“一带一路”；营销；伦理管理；企业发展

一、前言

当今第三次世界全球化背景下，国际金融危机深层次的影响继续显现，世界整体经济复苏缓慢，经济发展水平分化不均，国际投资贸易格局和贸易规则正酝酿深刻调整，各国面临的经济发展形势依然严峻。作为中国首倡、高层推动的国家倡议，“一带一路”倡议对我国现代化建设和取得世界的主导地位具有深远的战略意义。“一带一路”倡议构想的提出，契合沿线国家的共同需求，为沿线国家优势互补、开放发展开启了新的机遇之窗，是国际合作的新平台。对于参与海外投资、建设和贸易输出的中国企业来说，“一带一路”倡议也无疑为其带来了巨大商机。“一带一路”沿线各国资源禀赋各异，经济互补性较强，彼此合作潜力和空间很大。参与贸易和建设的各国企业以政策沟通、设施联通、贸易畅通、资金融通、民心相通为政策引领，重点在新一代信息技术、生物、新能源、新材料等新兴产业领域进行深入合作；按照优势互补、互利共赢的原则，优化产业链分工布局，推动上下游产业链和关联产业协同发展，鼓励建立研发、生产和营销体系，提升区域产业配套能力和综合竞争力。但巨大商机也伴随着挑战，企业在“一带一路”上的投资和运营环境也异常复杂，中国企业应带着企业社会责任上路。文献梳理和历史资料的研究表明：中国企业跨国经营最初并没有较系统和规范的企业伦理管理，特别是企业营销伦理管理，中国企业跨国经营的主要目的是经济价值的追求，跨国企业经营理念仍然是经济利润最大化和管理效率最大化。本文将首先分析“一带一路”背景下企业营销伦理管理的必要性，其次在此基础上将详细阐述企业营销伦理管理驱动企业发展的内在机制，最后对“一带一路”背景下驱动企业发展的企业营销伦理管理的路径进行探索，以此为海外经营的企业提供可能的借鉴。

二、“一带一路”背景下企业营销伦理管理的必要性

在新的“一带一路”背景下，参与经营的中国企业不能只考虑盈利，而要将责任、可持续发展、共赢等融入企业战略规划中，并在“一带一路”经营管理中推行企业伦理管理，特别是企业营销伦理管理，承担企业社会责任，唯有如此，企业才能在“一带一路”的市场竞争中，获得竞争持续发展的优势。企业营销伦理其实就是一种符合道德要求的营销方式，企业在营销活动中应自觉遵守道德原则与规范，切实履行社会责任，以最大限度地实现企业利润与道德价值的统一。显然，企业营销伦理并不排斥企业对利润的追求，因为企业利润是企业赖以生存和发展的基础；但企业营销伦理强调企业的利润追求必须合乎道德的基本原则和精神，因为这也是企业持续发展的基础和条件。而企业营销伦理管理其实就是企业营销伦理的管理活动内容，其实质就是要求企业管理者在生产经营全过程中，应主动考虑社会公认的伦理道德规范，使其经营理念、管理制度、发展战略、职能权限设置等符合营销伦理道德要求，处理好企业与顾客的关系。

随着市场竞争的日益激烈，一些企业不惜采用违背法律和道德的手段从事企业营销，以获取最大经济利益，这些非道德营销行为在国内非常普遍，实际上，在“一带一路”国际营销市场上也普遍存在。这些非道德营销行为主要表现在企业营销的可控因素中——即产品、价格、渠道、促销各个环节中，见图 1，严重危害了“一带一路”国际经济的正常交流和发展，也影响了企业自身的发展。一般而言，“一带一路”国际营销市场上主要存在企业的产品伦理问题、定价中的伦理问题、企业人员推销的伦理问题。企业的产品伦理问题主要体现在产品质量的高低，具体表现在产品内在质量上的企业产品伦理问题有性能问题、寿命问题、安全性问题、经济性问题、可靠性问题等；表现在产品外在质量的伦理问题有设计问题、色泽问题、包装问题、造型问题等，以及由设计和包装带来的环保问题。定价中的伦理问题形式多样，可以从不同的角度来判断，定价中的伦理问题主要可以分为两大类：一类影响公平的定价策略，包括串谋定价、歧视定价、掠夺定价；另一类非合理性定价，主要是价格欺诈。企业人员推销的伦理问题主要表现在企业销售人员上，集中体现在企业销售人员与顾客之间，以及企业销售人员与同行竞争者之间的伦理关系中，具体是欺诈顾客、歧视顾客、误导宣传、排他阻挠、不正当竞争等。

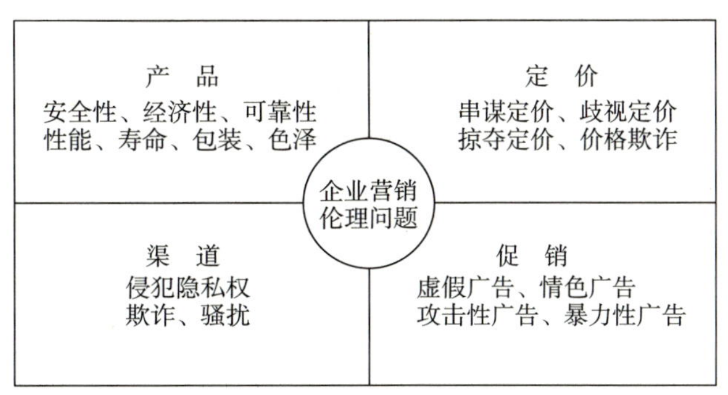

图 1　企业营销伦理问题

企业的营销活动是一种重要的社会经济活动，企业的营销伦理则是社会经济伦理的一种重要表现形式，属于社会伦理道德的一个重要组成部分。企业营销伦理是对营销策略和营销行为的道

德判断标准，属于企业伦理的一部分，是指调整企业与企业的市场利益相关者之间关系的行为规范和道德原则的总和，所以，企业营销伦理是企业在从事营销活动中所应具有的基本的道德准则，即判断企业营销活动是否符合消费者及社会的利益，能否给广大消费者及社会带来最大幸福的一种价值判断标准，是市场经济规律及法制以外制约企业行为的另一重要因素。总的来说，“一带一路”国际营销市场上顾客及社会公众可以通过企业营销行为，来判断企业的营销是否符合法律规定和社会道德要求。因此企业消除“一带一路”国际营销市场上营销伦理问题，是企业营销伦理管理的目的所在，其意义重大，对企业组织的发展和顾客服务价值的获得均产生正面影响。

三、企业营销伦理管理对企业发展的影响机制

（一）企业营销伦理管理对企业发展的具体作用

企业营销伦理管理具有约束功能、导向功能、激励功能和凝聚功能，使企业营销伦理对企业持续发展产生促进作用，而这些促进作用主要表现为企业营销伦理管理对企业竞争优势的影响。具体来说，企业营销伦理管理对企业营销力、企业人力资源、企业文化、企业组织以及企业技术等形成影响，从而对企业持续发展形成促进作用，因而，企业营销伦理管理对企业的持续发展具有重要的意义。

1. 企业营销伦理管理有利于提高企业的营销力

企业的营销能力是指通过产品、价格、分销和促销等营销组合手段，更好地满足顾客需要和实现企业目标的能力。企业营销能力是一种企业的综合能力，是指企业认识市场、开拓市场、满足消费者需要、扩大市场竞争力的能力，即企业营销力就是企业有效开展市场营销活动的能力。实际上，企业营销力也是实现企业自身生存和持续发展的一种能力，主要体现为企业通过统筹利用内外资源来满足目标市场消费者的需求，以此获得消费者的肯定和认定，这种能力可以保证企业营销活动有效地开展，对企业市场营销目标的实现、企业的生存和发展具有重要意义。马克斯·韦伯（Max Weber）曾认为企业伦理具有约束效用、工具效用和价值效用等功能。企业伦理作为一种价值判断和准则，具有软约束效用，会对企业活动和员工行为起控制效应，可事前控制和预防企业某些非伦理行为，以避免非伦理行为的出现，从而使企业经营活动符合伦理准则。工具效用是指企业把伦理道德视作一种工具和手段，以此来增进企业的经济效用；而价值效用是指把企业伦理视为企业的一种价值追求，而并不是直接以提高企业的经济效用为目的。按照马克斯·韦伯的观点，企业把企业营销伦理管理视为一种理性选择，是基于一种“工具理性”的观念，企业营销伦理管理可以节约企业的组织成本来提高企业的效率，并有利于塑造企业良好的形象，提升企业品牌声誉和品牌内涵；也有利于提高顾客的忠诚度和满意度，同客户、消费者建立一种信任关系，从而产生“品牌效应”。企业营销伦理管理的“价值效用”通过一种声誉机制可以影响到消费者和顾客乃至整个社会公众，企业的社会责任感和道德行为就会成为顾客和消费者选择企业的产品和认定企业品牌的一个重要依据。因此，企业贯彻企业营销伦理的要求，把自己塑造成为“道德经济人”，在市场营销活动中做到诚信经营，对顾客真诚无欺、信守诺言。企业营销伦理管理就可以通过品牌、顾客关系、产品等对企业营销力形成影响，从而提升企业的营销力。

2. 企业营销伦理管理有助于提升企业营销人员的素质，并改善企业营销组织效率

由于企业营销伦理具有约束功能、导向功能、凝聚功能、激励功能，因而对企业营销部门员工以及企业营销组织有重要的影响。企业营销伦理管理是一种将道德价值和企业盈利目标有机结合起来的企业营销管理方式，企业通过营销伦理管理，往往会以潜移默化的方式，形成企业认同的道德规范和行为准则，从而对营销人员形成无形的约束、导向、激励和凝聚作用。企业营销伦理管理的约束功能会使企业营销伦理准则在群体中形成某种无形的压力，使个体行为从众，产生同群体行为一致的行为准则。在很多时候，企业成员及企业本身的行为够不上法律与规章的制裁条件的情况下，道德信念与舆论压力却常常能起到极大的约束纠正作用。企业营销伦理管理的导向功能可以对企业营销组织的领导者和员工起引导作用，指导企业领导者进行正确的决策，也指导企业员工遵从道德的原则来从事企业的营销活动。企业营销伦理管理的凝聚功能产生出一种内在的凝聚力和感召力，有利于企业建立良好的营销团队，为企业提供一个和睦、融洽、向上的工作和生活氛围，使营销人员在工作中产生浓厚的归属感、荣誉感和目标服从感。企业营销伦理管理的激励功能可以调动营销组织员工的积极性和创造性，也有利于激发出员工的工作热情。企业营销伦理管理带来的美好企业品牌形象对企业营销组织人员有着极大的鼓舞作用，并产生强烈的荣誉感和自豪感，从而激励他们加倍努力，用自己的实际行动去维护企业的荣誉和形象。因此，企业营销伦理管理不仅有利于提升企业员工素质的，也能大大改善企业营销组织的运行效率。

3. 企业营销伦理管理可以降低交易成本，创造效益

企业越是用心去追求利润，获取高利润的可能性就越低，这是著名的鲍伊“逐利悖论”①。“逐利悖论”表明，企业不顾伦理道德地挖空心思逐利，会给企业带来高额的交易成本，由此企业的利润反而会降低。美国经济学家罗纳德·科斯（Ronald H. Coase）在《企业的性质》一文中首先提出了交易成本（Transaction Costs，又称交易费用），他认为交易成本就是企业发现相对价格的成本，以及企业进行的每一笔交易的谈判和签约的费用。奥利弗·威廉姆森（Oliver Williamson）将交易成本细化为：搜寻成本、信息成本、议价成本、决策成本、监督交易进行的成本；而把交易成本产生的原因主要归结为信息不对称（Information Asymmetric）和投机主义（Opportunism）。如果一个企业在进行市场营销活动时，始终遵循伦理准则，做到诚信经营，对顾客真诚无欺、信守诺言，企业就会博得消费者和顾客的满意，获得消费者和顾客的信赖，从而减少投机主义倾向，使议价成本、监督成本以及决策成本等企业交易成本大大降低，最终使企业获得效益。所以，企业做“道德经济人”，坚守伦理准则，做到以义取利，以义生利，可以降低企业交易成本，提高企业利润和效益。

（二）企业营销伦理管理对企业发展的影响机理

现代企业的营销战略决策不仅从企业自身的条件和要求出发，通过努力扩大产品的市场占有率来实现企业的发展，而且在努力开发市场适销对路产品的同时，力图建立与消费者和社会等企业利益相关者的长期互信关系，从而实现企业持续发展。显然，这要求企业领导者必须建立合理的营销伦理观价值体系，坚持以义取利、义利统一的价值观，积极主动地推行诚信、公平、责任的企业营销伦理管理。在定性研究方面，根据前面企业营销伦理管理的具体作用分析，可以得知，企业营销伦理管理其实质能影响企业绩效和企业的成长性，从而为企业发展带来企业竞争优势。在定量研究方面，国内许多学者有关企业社会责任和企业绩效与成长性的相关性的实证研究成果比较丰富。主要是利用各行业上市公司数据，运用多元统计分析方法，对企业社会责任对企业绩效和成长性的影响进行了实证分析，绝大多数结论是，企业社会责任对企业绩效和成长性具

① ［美］罗伯特·C. 所罗门．伦理与卓越——商业中的合作与诚信［M］．罗汉等译．北京：上海译文出版社，2006：45.

有正向影响作用。由于企业营销伦理管理涵盖于企业社会责任的企业伦理责任之中，因此，企业营销伦理管理对企业绩效和成长性具有正向驱动作用。

如图2所示，企业营销伦理管理分解为绿色生产、公平定价、规范促销、销伦理文化建设等变量，主要是针对企业营销伦理问题（产品问题、定价问题、促销问题等）提出的。企业营销伦理管理目的就是要解决这些问题，这些问题的解决均能对企业绩效和企业成长性产生正向影响。企业绩效是指一定经营期间的企业经营效益、业绩和成果，可分为财务绩效和非财务绩效。企业的财务绩效主要表现在盈利能力、资产运营水平、偿债能力等方面。根据已有研究文献，可用“销售量”“投资回报率”“速动比率”“现金流量比率”“营业周期”“销售利润率”“资产收益率”“净利润率”“毛利润率”等定量指标测度企业财务绩效。企业的非财务绩效可用“顾客满意度”“员工忠诚度”“企业的技术装备水平”“品牌认可度”等指标测度。企业成长性是指推动企业发展的各种内在能力以及企业业绩的增长情况。根据已有研究文献，可以用“净资产增长率”“净利润增长率”“销售收入增长率”等定量指标，再加上“创新能力”“市场营销能力”“人力资源管理能力”“战略规划能力”“财务管理能力”等定性指标测度企业成长性。企业绩效和企业成长性皆是推动企业持续发展的竞争优势。因此，企业营销伦理管理就是通过不断提升企业绩效和企业成长性来驱动企业持续发展。“一带一路”的互联互通项目将推动沿线各国发展战略的对接与耦合，发掘区域内市场的潜力，促进投资和消费，创造需求和就业，增进沿线各国人民的人文交流与文明互鉴，这给企业的经营管理提供了重大的影响因素，属于中间调节变量。

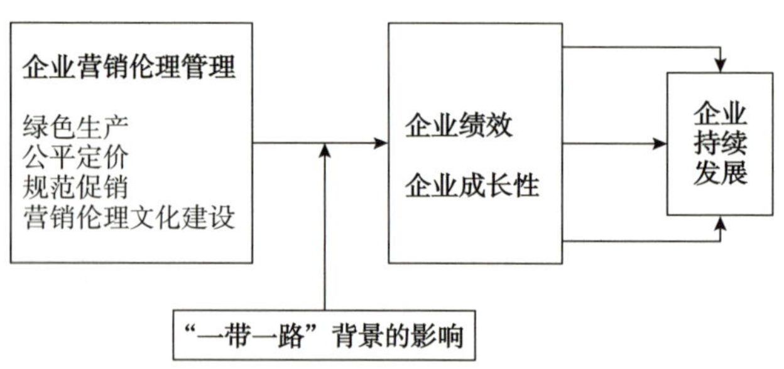

图2　企业营销伦理管理对企业发展的影响机理概念模型

四、“一带一路”背景下驱动企业发展的企业营销伦理管理路径

（一）“一带一路”背景下企业营销伦理管理遵循的原则

企业营销伦理管理其实就是一种符合道德要求的营销方式，企业在营销活动中应自觉遵守道德原则与规范，切实履行社会责任，以最大限度地实现企业利润与道德价值的统一。显然，企业营销伦理管理并不排斥企业对利润的追求，因为企业利润是企业赖以生存和发展的基础；但企业营销伦理强调企业的利润追求必须合乎道德的基本原则和精神，因为这也是企业持续发展的基础和条件。从可实际操作的规范内容层面来看，“一带一路”中的企业营销伦理管理主要内容可概括为两个基本原则，即顾客至上原则和诚实信用原则。

（1）顾客至上原则。“一带一路”相关的国家基于但不限于古代丝绸之路的范围，各国和国际、地区组织均可参与，让共建成果惠及更广泛的区域。“一带一路”中的企业营销伦理包含用户至上、与人为善、成人之美的道德情怀。企业营销伦理管理的顾客至上原则，既是营销伦理原则，也是营销原则。这要求“一带一路”中的企业营销的活动一切都要以更好地满足消费者的需要为中心，一切为顾客着想。顾客至上的原则是企业营销活动的一种根本原则，其主要内容是：“一带一路”中的企业始终把消费者的需要和利益放在首位，并站在消费者的角度考虑问题；企业的经营和营销活动以消费者需求为导向，竭尽全力满足消费者的利益，以赢得消费者满意。市场营销所蕴含的伦理思想表明，道德可以和经济相互促进、共同发展。企业遵循企业营销伦理的规范要求，在营销活动中秉承顾客至上的原则，以消费者为中心，而不是以利润为中心，注重消费者需要的满足；这种以善念、善德对待消费者的行为，消费者必会给予热情的回报，青睐其产品，信赖其声誉。“一带一路”中的企业通过提供产品或服务来满足顾客需求，企业也可以获取更大的利润，从而达到互利双赢的目的。

（2）诚实信用原则。诚实守信原则是“一带一路”中的企业从事营销活动时所要遵循的一个极其重要的原则。诚信的本意是诚实无欺，真实不假，信守诺言，讲究信用。诚信是中华民族的优秀道德传统。孟子说：“诚者，天之道也；思诚者，人之道也。”意思是说，诚是人的最高原则。诚实信用原则是指“一带一路”中的企业在市场活动中应讲信用，恪守诺言，诚实不欺；在追求自身利益的同时不损害他人和社会利益，做到维护双方的利益以及与社会利益的平衡。因此，诚实信用原则是市场经济活动中形成的道德规则，是商品交换的客观经济规律的客观要求，也是市场经济法制观念的具体体现。一个企业如果丧失诚实信用原则，虽然可能在短期内可以获得某种利益，但从长远来说，企业的营销活动很难持续有效地进行下去。在企业营销活动中，“一带一路”中的企业只有坚守诚实信用原则，才能赢得老客户，更能创造新客户，从而拥有市场，最终使企业获得持续发展能力。

（二）“一带一路”背景下驱动企业发展的企业营销伦理管理对策

企业营销伦理管理的效益不能着眼于短期，而要立足于长远，其效益指标已不再仅以利润计算，而是以企业信用、声誉和企业持续发展的优势等企业价值来衡量。企业要持续发展，就是要管理好企业的未来，企业营销伦理管理也是对企业未来的管理。伦理管理直接指向人的精神世界，通过改变人的思想价值观念来控制和管理人的行为，从而达到约束和控制企业的行为。因此，伦理管理要解决的是企业深层次的问题，它的作用也是深远的，它使企业成为一个具有高度凝聚力和向心力的和谐组织，又为企业的长期持续发展提供条件。从“一带一路”中的企业发展来看，有些企业已经陷入道德困境；唯利是图与义利对立的观念影响了企业营销实践，导致了“一带一路”中大量不道德营销行为的产生，严重损害了顾客的利益，也危害了社会经济和企业的健康发展。因此，重新审视“一带一路”中的中国企业的伦理道德状况，构建适应企业持续发展需要的企业营销伦理，推行企业营销伦理管理，无论在理论上还是在实践中都是有重要意义的。

1. 在“一带一路”经营管理中，不断更新企业的营销理念，树立社会营销观念

企业的营销理念是企业在营销过程中所推崇的基本信念和奉行的价值观。以“伦理道德”为导向的企业营销理念，主要涵盖顾客至上、义利统一、诚信为本、社会责任、可持续发展观念等内容，应该说，确立正确的企业营销观是“一带一路”经营管理中的企业营销伦理管理的关键第一步。从营销观念的发展来看，每一个观念的产生都有其深刻的时代背景，企业营销观念经历了从生产观念、产品观念、推销观念、市场营销观念到社会营销观念的重大变革，营销的服务对象也从以企业为中心、消费者为中心到以整个社会为中心的过渡。生产观念、产品观念和推销观念

是以企业自身为中心，很显然不符合时代的要求，市场营销观形成于20世纪50年代，是以消费者为中心的企业经营思想，以消费者的需求和欲望为导向的经营哲学，尽管市场营销观念也会注重企业和消费者的伦理道德。但是市场营销观只顾满足企业和消费者的短期利益，仍然没有顾及生态环境的利益，以及企业和社会的长远利益，在当今虽然市场营销观比较受企业的青睐，但市场营销观仍不符合企业持续发展的需要和时代的要求，社会营销观念更符合时代的要求。社会营销观念是以社会长远利益为中心，以社会责任和道德为导向的营销观念，是对市场营销观念的补充和完善。20世纪70年代，随着全球能源短缺、人口激增、环境污染等社会问题日益严重，以及消费者保护运动和环境保护运动日益盛行的形势下，企业开始反思传统的营销观念，越来越意识到企业承担社会责任的重要性，社会营销观念便应运而生。社会营销观念认为，企业的营销活动不仅要满足消费者当前的需要，还应符合消费者、企业、社会的长远利益的要求，企业营销决策的正确可以平衡消费者需要、企业发展需要和社会整体利益的关系①。社会营销观念更强调企业“道德经济人”的角色，要在满足消费者需求，合理取得利润的同时，杜绝任何为追求自身利益，采取欺骗、不公平和不诚信的手段损害消费者利益和社会利益的行为，同时顾及消费者、企业自身、社会的长远利益。因此，社会营销观念是在“一带一路”经营管理中企业营销伦理管理的关键第一步。

2. 在“一带一路”经营管理中，重视企业营销伦理文化的建设，塑造企业“道德经济人”的形象和精神

企业文化是企业的灵魂，是推动企业持续发展的不竭动力，它包含着非常丰富的内容；企业文化包括价值观念、行为规范、道德伦理、精神风貌、经营哲学等，其核心是企业的价值观。企业营销伦理文化其实就是关于企业营销伦理的企业文化，是企业及其员工在市场营销的实践中逐渐形成的共同思想、作风、价值观、道德规范和行为准则。企业营销伦理文化的建设是企业营销伦理构建的实质内容，可以塑造企业“道德经济人”的形象和精神，更好地为企业持续发展服务。在“一带一路”经营管理中的企业内部大力弘扬中国传统文化的“仁、义、礼、智、信”，可以更好地建设企业营销伦理文化。

文化是人类社会历史实践过程中所创造的精神财富与物质财富的总和，企业营销伦理管理应建立在对中国传统文化的继承和发扬基础之上。中国传统文化的“仁、义、礼、智、信”是中国古代儒家学派归纳出的五个最基本的道德范畴，是中国传统文化的精髓。早在先秦时代，以孔子为首的儒家学派代表人就已经分别对“仁、义、礼、智、信”的内涵做了具体阐述。为了满足不同时期的社会思想发展需要，历代儒家学派的继承人又对“仁、义、礼、智、信”做出了自己的阐释，内容不断丰富和完善，其深厚的历史文化渊源，有利于树立起共同的道德认同感和权威感。在当代中国道德文明建设中，“仁、义、礼、智、信”赋予了时代新的精神内容，“仁、义、礼、智、信”非常适合于企业“先做人，后做事”的道德标准，成为所有企业认可的道德规范体系。

“仁”表达的是人与人之间的关系，在企业营销活动中，使消费者满意就是最大的“仁”；关心消费者需求及其满足情况和满意程度，就是“仁”的体现。“义”就是要求企业自觉地做合理合适之事，企业在追求正常的利润时，必须要有以“义”为基础的行为规范，坚决杜绝重利轻义，见利忘义的不义之举。“礼”是企业进行营销活动时的行为规范和手段，企业的营销活动应遵守社会的法律法规和人们普遍信仰的道德规范，企业只有对消费者以礼相待、热情周到，竭诚满足消费者的需求，才能赢得消费者的肯定和赞誉。“智”又作“知”，指认知、知识、智慧，“智”与“仁”是相辅相成的，好学求知并善于思考的人就可能成为“智者”和“仁者”，要获

① 王煊．市场营销学新编［M］．北京：华中科技大学出版社，2009：10.

得知识与智慧，必须重视教育与学习；为此，在“一带一路”中的企业为了提升营销中的道德水平，形成学习氛围和鼓励员工学习大有必要。“信”就是诚实守信，企业在“一带一路”的营销活动中，必须讲诚信，全面树立企业形象和提高企业信誉，企业的信誉和形象比产品和价格更重要。由此，在企业内部大力推崇“仁、义、礼、智、信”的精神，有利于在“一带一路”经营管理中的企业营销伦理文化的建设和企业塑造“道德经济人”的形象和精神。

3. 在“一带一路”经营管理中，创建学习型组织，切实做好企业营销人员的职业道德教育

企业的营销行为实质上就是企业领导者或企业营销人员的行为，企业领导者或企业营销人员的行为、素质影响着企业社会形象。这就表明，企业领导者和企业员工的道德水平高低直接影响企业道德道德形象，而企业道德教育对企业领导者和企业营销人员的道德素质的提高至关重要。所谓职业道德是一般道德在职业行为中的具体体现，是人们在进行职业活动过程中，所遵循的符合职业要求的心理意识、行为准则和行为规范的总和。职业道德通常表现为观念、习惯、信念，传承着企业文化精神。实际上，企业营销人员的职业教育既包括了爱国主义、集体主义社会公德教育，也包括了“仁、义、礼、智、信”等传统道德的教育；主要是遵纪守法、诚实信用、公平待人、童叟无欺、优质服务等市场营销道德教育。企业不仅要充分认识到营销人员职业道德教育的重要性，进一步规范企业的各项规章制度，把企业营销道德教育作为企业营销伦理管理的重要内容；同时，企业也要加强企业内部管理来进行营销人员的道德教育，使其牢固树立企业营销道德观念，并以此来指导其日常营销行为。其实企业营销人员的职业道德教育可以帮助企业营销道德文化的建设和传播，并最终使营销人员接受和认定企业的营销道德文化。

任何教育都有一个效果的高低，营销人员的职业道德教育也不例外，为了提高企业营销人员职业道德教育的效率，企业可创建“学习型组织”来开展。1990 年，彼得·圣吉在《第五项修炼》（*The Fifth Discipline*）一书中创建并论述了“学习型组织”理论。所谓“学习型组织”就是持续开发未来的能力的组织，这样的组织不仅为了维持生存，而且要持续发展①。按照“学习型组织”理论的要求，在“一带一路”背景下，企业要持续发展，必须提高企业的创新和学习能力，企业通过建立“学习型组织”，培育企业学习氛围，引领企业员工不断学习、不断进步、不断更新观念，从而使企业具有长盛不衰的生命力。同样，企业也可以通过创立“学习型组织”对营销人员进行职业道德教育来提高学习的自觉性、积极性和创新能力。“学习型组织”的五项修炼——自我超越、改变心智模式、建立共同愿景、团队学习、系统思考②，可以帮助“一带一路”经营管理中的企业营销人员更好地接受职业道德教育。自我超越可以促使营销人员培养耐心、集中精力，全身心地投入职业道德的学习，它是学习型组织的精神基础；心智模式的改变使企业营销人员可以克服学习的障碍，放弃惯性思维，更易于接受新道德观念；共同愿景指的是一个组织中所有成员发自内心的共同目标，建立共同愿景可以提升组织的凝聚力，企业营销人员通过共同愿景能够对职业道德的认识趋于一致；团队的集体智慧高于个人智慧，透过团队集体的思考和分析，团队学习不仅为团队整体带来出色学习成果，个别成员学习的速度也更快；系统思考可以培养营销人员综观全局的思考能力，便于看清楚事物的本质，有助于更好地学习职业道德。

参考文献

[1] Francoise Quaire –Lanoizelee. Are Competition and Corporate Social Resposibility Compatible? [J]. Society and Business Review, 2011 (1): 77-98.

[2] Dale W. Russell, Cristel Antonia Russell. Here or there? Consumer Reactions to Corporate Social Responsibility

① [美] 彼得·圣吉. 第五项修炼 [M]. 张成林译. 北京：中信出版社，2009：15.

② [美] 彼得·圣吉. 第五项修炼 [M]. 张成林译. 北京：中信出版社，2009：7-10.

Initiatives：Egocentric Tendencies and Their Moderators [J]. Marketing Letters，2010 (1)：65-81.

[3] 李伟阳，肖红军. 全面社会责任管理——新的企业管理模式 [J]. 中国工业经济，2010 (1)：114-123.

[4] 刘凤军等. 企业社会责任对消费者抵制内化机制研究 [J]. 南开管理评论，2015 (1)：52-63.

[5] [美] 罗伯特·C. 所罗门. 伦理与卓越——商业中的合作与诚信 [M]. 罗汉等译. 上海：上海译文出版社，2006.

[6] [美] 彼得·圣吉. 第五项修炼 [M]. 张成林译. 北京：中信出版社，2009.

[7] 王煊. 市场营销学新编 [M]. 武汉：华中科技大学出版社，2009.

[8] 马龙龙. 企业社会责任对消费者购买意愿的影响机制研究 [J]. 管理世界，2011 (5)：120-126.

[9] 薛琼，肖海林. 企业社会责任与企业绩效关系：研究进展、理论综合和问题前瞻 [J]. 现代管理科学，2015 (5)：21-23.

[10] 沙学文，永年."一带一路"上的企业社会责任 (CSR) [J]. 博鳌观察，2015 (3)：122-124.

企业社会责任对营销能力和企业经营绩效的影响：一个被调节的中介模型

邵 伟 崔登峰 买 生

（石河子大学经济与管理学院，新疆 石河子 832000）

［摘 要］学界对企业社会责任与企业经营绩效的关系展开了广泛研究，但目前从组织内部营销能力与组织外部环境不确定性来综合研究这二者关系的文献还十分匮乏。本文基于利益相关者和营销能力理论，以中国经济新常态为背景，运用中国沪深两市A股2011~2015年共1471家上市公司数据为样本进行实证研究，结果表明：企业社会责任对营销能力与企业经营绩效均有显著的正向影响；营销能力部分中介了企业社会责任与企业经营绩效的关系；环境不确定性反向调节营销能力对企业经营绩效的作用。另外，环境不确定性也调节了企业社会责任通过营销能力对企业经营绩效的间接影响，存在被调节的中介效应。研究结果为企业在不确定的经营环境下通过积极履行社会责任与有效培养营销能力来促进企业经营绩效的提升提供了新的经验证据。

［关键词］企业社会责任；营销能力；企业经营绩效；环境不确定性

一、引言

近年来，伴随着全球经济的反复震荡和中国经济发展进入新常态，企业所面临的经营环境也日趋动态化和复杂化；同时科技的日新月异，消费者偏好复杂多变，使企业间的竞争也变得更为激烈。为更快地摆脱由环境不确定性所带来的企业经营绩效下降，越来越多的公司加大了对企业社会责任（Corporate Social Responsibility，CSR）的活动投资，经理们认为CSR活动会为公司带来良好的社会形象，从而有助于企业经营绩效提升（Luo，2009）。但仍有不少公司并未意识到在当前不确定环境中履行CSR对改善企业经营绩效的重要性。如先后爆发的“瘦肉精”“毒奶粉”等事件，导致相关企业品牌资产受损、企业经营绩效下滑，甚至破产关停。因此，面对当前动荡而又特殊的经营环境，如何激发企业更加重视CSR，并通过履行CSR来应对环境动态变化，从而提升企业经营绩效，已成为学界和政府共同关注的热点问题。

现有文献关于CSR如何影响企业经营绩效仍存在较大的争议。部分学者认为CSR可直接对企业经营绩效产生影响，并通过实证研究得出两者之间存在线性关系（Margolis，2003；Barnett，2007）、曲线关系（Bamett，2006；Bouquet，2008）和不相关（McWilliams，2000）三种不同的结论。而另一部分学者则认为，CSR作为企业对利益相关者的一种承诺，它并不能直接对企业经营绩效产生影响，而是需要通过一些“内部机制”间接影响绩效。Vlachos（2009）和Lev等（2010）研究发现，CSR可通过利益相关者关系、消费者信任等组织外部因素间接影响企业经营绩效；Surroca（2010）、陶文杰等（2012）研究证明，CSR 可通过组织管理能力、学习能力等组织内部因素间接影响企业经营绩效。综合前人的研究发现，尚未发现有学者从组织内部的营销能力因素来研究 CSR 对企业经营绩效的影响机制，而 Lee（2010）的研究证实了营销能力对企业经营绩效有显著的影响，Saurabh 等（2016）的研究也发现 CSR 会显著影响营销能力。因此，本文认为将营销能力纳入 CSR 对企业经营绩效影响机制的研究中是非常必要的。

任何企业的经营活动都无法在真空中进行，必须依赖一定的环境并对其做出反应（Lueg，2014）。已有研究发现，CSR 对企业财务绩效的影响受环境不确定性的调节（Wang，2013），此外，部分学者在研究动态能力、战略柔性、吸收能力与企业经营绩效之间关系时也发现，环境不确定性在它们之间均起着显著的调节作用（付丙海等，2016；和苏超等，2016）。然而，环境不确定性在营销能力与企业经营绩效之间是否存在调节作用？从现有文献来看，仅有韩顺平等（2006）从理论上猜测环境不确定性在营销能力与企业经营绩效之间可能起调节作用，但尚未有学者通过实证来证明。

鉴于此，本文以中国经济新常态为背景，基于利益相关者与营销能力理论，创新性地将营销能力与环境不确定性同时引入 CSR 与企业经营绩效的关系研究中，运用 OLS 与分位数回归的方法主要检验：①营销能力在 CSR 与企业经营绩效之间是否存在中介作用？若存在，那么是完全中介还是部分中介？②环境不确定性在营销能力与企业经营绩效之间是否存在调节作用？若存在，那么调节效应的方向如何？本文希望通过对以上问题的研究，为今后更深入地理解 CSR 对企业经营绩效的影响机制提供新的思路，同时也为引导中国企业通过积极履行 CSR 来提升企业经营绩效提供理论支撑。

二、理论分析与研究假设

（一）企业社会责任与企业经营绩效

20 世纪 70 年代以来，CSR 与企业经营绩效的关系一直是 CSR 实证研究领域较有争议的话题，虽然学者们基于不同理论取得了丰硕成果，但并未形成一致的结论（Malik，2015）。总结已有研究，可归为两类：一类是以 Friedman（1970）为代表的学者，基于委托代理理论，认为企业承担 CSR 是对有限资源的"滥用"，它会削弱企业的竞争优势，企业不应该涉足；另一类是以 Freeman（1984）为代表的学者，基于利益相关者理论，认为企业承担 CSR 可以获得利益相关者的支持和信任，企业应该积极履行。Deng 等（2013）以公司并购为背景，发现 CSR 能够促进并购绩效。Korschun 等（2014）从企业一线员工分析，发现 CSR 可以显著提升员工对企业文化的认同，增强他们工作的自信，从而显著提升企业经营绩效。Jones（2014）、顾雷雷等（2017）则从企业慈善捐助对企业经营绩效的影响研究中发现，企业通过慈善捐助能够增强企业吸引力，吸引潜在高质量的应聘者，实现企业经营绩效的增长。

通过以上论证，可以发现虽然当前学者的观点各异，但基于利益相关者理论，CSR 已不再是可以忽略的战略选择，它已成为企业获取社会资本、市场信任和保持企业竞争优势的重要途径。由此，本文提出如下假设：

H1：企业社会责任对企业经营绩效具有显著的正向影响。

（二）企业社会责任与营销能力

基于利益相关者理论，企业本质上是各利益相关者缔结的“一组契约”，企业不仅是股东的，也是各利益相关者的利益共同体，企业的任何行为均会对其产生重要的影响（Freeman and Evan，1990）。Pfeffer 和 Salancik（1978）研究认为利益相关者控制着企业生存与发展所必需的资源，会向企业进行专用性投资，而这些投入资源对企业经营绩效的提升会有显著的促进作用。可以说，如果企业通过履行 CSR 较好地满足了利益相关者的要求，他们就会持续投资；但如果企业不履行 CSR，利益相关者可能会减少相关的投资，并做出强烈反应，企业就会缺乏相应的资源来维持其正常的营销活动。Bahadir 等（2008）研究也表明，投资者在评估企业价值时会考虑企业营销能力，营销能力可以进一步强化企业承担 CSR 而得到来自利益相关者“信誉资本”或“道德资本”投入，并促成利益相关者与企业达成相互信任与合作共赢的关系，从而企业可充分利用他们所投入的这些资本来加强对营销能力的培养。卢正文等（2012）通过实证研究慈善捐赠对企业经营绩效的影响时发现，企业慈善捐赠水平与营销强度显著正相关；Saurabh 等（2016）的研究也得出了 CSR 与营销能力显著正相关的结论。由此，本文提出如下假设：

H2：企业社会责任对营销能力具有显著的正向影响。

（三）营销能力的中介作用

营销能力（Marketing Capabilities）本质上是企业的一种能力，它是指企业将集体的知识、技能和资源运用于满足相关市场需求，并通过增加其产品和服务的价值来满足竞争需要的整合过程（Day，1994）。可见，营销能力可以有效地帮助企业整合内外部资源，通过实现产品和服务的差异化，提升企业的竞争实力。因此，它的作用受到了众多学者的关注。Vorhies 和 Morgan（2009）对美国 270 家汽车运输企业进行研究后发现，企业通过营销能力来整合内外部资源可以显著提升企业市场绩效和财务绩效。Lee 和 Hsieh（2010）对 118 家中国台湾制造企业研究也表明，营销能力可以有效地整合企业的外部供应链资源，并显著地促进企业创新能力与创新绩效的提升。陈晓红（2013）、彭正龙等（2015）则分别以中国大陆的中小企业和高新技术企业为对象，研究结果同样表明通过营销能力来整合企业的内外部资源均对企业经营绩效的提升具有明显的促进作用。

基于以上分析，本文详细地论述了 CSR 可正向影响企业经营绩效与营销能力，营销能力可正向影响企业经营绩效。然而，关于 CSR 具体如何影响企业经营绩效的内在逻辑仍需进一步探索。陈宏辉等（2016）通过对国内外现有关于 CSR 领域研究的论文整理后发现，有 51.3%的作者证实了 CSR 对企业经营绩效受组织外部因素（组织管理能力、学习能力、媒体关注度等）和组织内部因素（利益相关者关系、消费者信任、品牌形象等）的间接影响。从已有研究来看，尚未发现有学者从组织内部营销能力因素来研究 CSR 对企业经营绩效的影响。由此，本文提出如下假设：

H3：营销能力对企业经营绩效具有显著的正向影响。

H4：营销能力在企业社会责任与企业经营绩效之间起中介作用。

（四）环境不确定性的调节作用

环境不确定性是指企业因缺乏外部环境相关信息、数据等而感知到的不可预测性（Uzkurt，2012）。在环境不确定的情况下，企业为了自身的生存和发展，会加大营销和研发的力度，关注市场需求和技术的变化（汪丽等，2012）。

具体而言，在不确定性较高的环境中开展经营活动的企业，它们为了摆脱经营困境，一方面，会倾向于持续地推出新产品（服务）或调整由市场营销能力来支撑的企业战略，以便成功地预测、识别和满足不断变化的顾客需求或应对竞争对手的行动（韩顺平、王永贵，2006）；另一方面，由于环境不确定性较高企业无法及时准确掌握消费者的需求信息，当它们在推出新产品（服务）时会面临巨大的经营风险，由此企业将会丧失新产品的竞争力（Li，2001）。尤其在技术环境不确定性较高时，企业发展的关键是如何赶上技术发展的趋势或实现技术创新，所以此时对营销能力的投资会很难准确预测和满足顾客需求，最终其经营绩效的提升也很微弱（瞿孙平等，2016）。相反，在不确定性较低的环境中开展经营活动的企业，因技术变化与消费者偏好相对稳定，企业可以凭借相对较少的营销投入来准确掌握消费者需求特性，同时也可以灵活高效地调整经营战略来创造更高的经营绩效。由此，本文提出以下假设：

H5：营销能力对企业经营绩效的正向影响被环境不确定性反向调节，即环境不确定性越高，营销能力对企业经营绩效的促进作用越小。

（五）整合的被调节中介模型

假设 1 至假设 4 阐述了营销能力在企业社会责任和企业经营绩效之间的中介作用，假设 5 阐述了环境不确定性在营销能力和企业经营绩效之间的调节作用。遵循上述几个假设的逻辑以及中介作用和调节作用的相关研究，本文进一步推断，环境不确定性对营销能力在企业社会责任与企业经营绩效之间的中介作用可能也存在着调节效应，即当环境不确定性较高时，企业社会责任经由营销能力的中介作用而对企业经营绩效产生的间接影响会减弱；相反，当环境不确定性较低时，通过营销能力而传导的企业社会责任对企业经营绩效的间接效应会相应地增强。由此，本文提出以下假设：

H6：环境不确定性会调节营销能力对企业社会责任与企业经营绩效之间关系的中介作用，环境不确定性越高，这一中介作用越弱；环境不确定性越低，则这一中介作用越强。

综上，本文建立了如图 1 所示的被调节的中介效应模型。

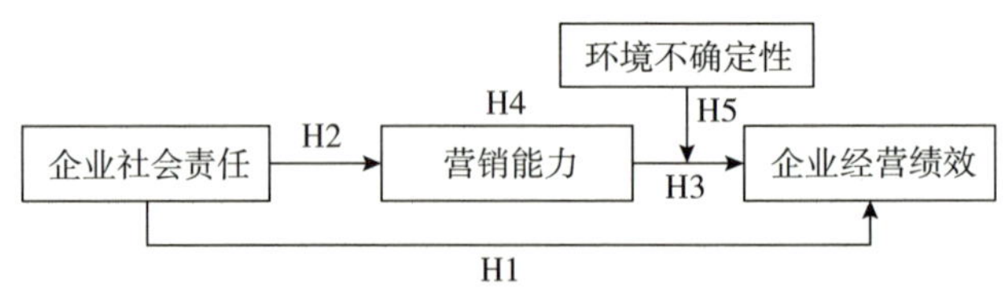

图 1 被调节的中介效应模型

三、研究设计

（一）样本选择与数据来源

本文选取中国沪深两市 2011~2015 年 A 股上市企业作为研究样本，为保证数据有效性进行了如下处理：①剔除金融保险行业、ST 与 * ST 公司；②考虑到极端值对统计结果的影响，本文剔除了 CSR 水平为负、销售费用、销售人员等不全或遗漏的公司；③计算环境不确定性需要连续5年的销售收入，另外正常情况下公司当年的销售收入不小0，故剔除销售收入数据不足5年和销售收入小于0的公司；在此基础上为进一步降低异常值的影响，将所有连续变量进行1%和99%分位数 Winsorize 处理。根据以上筛选条件，本文共得到7355个观测值。其中销售人员比例数据通过查看上市公司年报手工收集，CSR 数据主要通过查看上市公司 CSR 报告手工整理，公司治理相关数据来自 CSMAR 数据库，财务数据来自 RESSET 金融数据库。统计分析软件为 Stata12.0。

（二）变量测量

（1）企业社会责任（*CSR*）。本文主要借鉴贾兴平（2014）、陈丽蓉（2015）的做法，采用内容分析法，依托和讯网上有关上市公司 CSR 报告中对股东责任、员工责任、供应商、客户及消费者权益责任、环境责任和社会责任各方面指标的描述，对其相应指标打分并加总，即形成本研究所使用的 CSR。

（2）营销能力（*MC*）。关于营销能力的测量，为了避免主观因素的影响，本研究主要借鉴陈晓红（2013）的测量方法，选取了销售费用、销售人员比例和存货周转率这三个指标来衡量。为了保证数据的客观性，销售人员比例数据通过查看上市公司年报手工整理获得，其他数据均来自 CSMAR 数据库。

（3）环境不确定性（*EU*）。本研究参照目前学界主流 Ghosh 和 Olsen（2009）、申慧慧等（2012）的做法。即以年末销售收入作为因变量，以年度虚拟变量作为自变量，通过 OLS 回归，以回归扰动项作为过去五年的非正常销售收入，计算过去五年销售收入的标准差并经行业调整后的值来衡量企业 *EU*。

（4）企业经营绩效（*CFP*）。关于企业经营绩效的测量，国内外学者运用了多种不同的方法。如 Buyl（2011）、唐松（2013）利用总资产收益率（*ROA*）来衡量，同时 Pitts（2010）、周宏等（2010）利用净资产收益率（*ROE*）来衡量。本研究因考虑到两种衡量方法可能会存在差异，在初始回归模型中，先以 *ROA* 来衡量 *CFP*，之后在稳健性检验中，采用 *ROE* 代替 *ROA* 来衡量该变量。

（5）控制变量。为了提高模型精确度，除上述变量以外，本文选择企业规模（*Size*）、企业年龄（*Age*）、独立董事比例（*Dd*）、资产负债率（*Lev*）、董事长与总经理是否双职合一（*Dual*）等变量作为控制变量。具体各变量定义如表1所示。

表1 变量定义

变量类型	变量名称	变量符号	变量计量
考察变量	企业经营绩效	*CFP*	总资产收益率=净利润÷总资产×100%
	企业社会责任	*CSR*	企业社会责任水平，和讯网关于企业社会责任评级得分
	营销能力	*MC*	销售费用、销售人员比例、存货周转率的综合因子
	环境不确定性	*EU*	考虑行业影响的环境不确定性（具体参照上文）
控制变量	企业规模	*Size*	年末总资产的自然对数
	企业年龄	*Age*	企业年龄=研究当年-企业成立年份
	独立董事比例	*Dd*	独立董事比例=独立董事人数/董事总人数
	资产负债率	*Lev*	资产负债率=期末总负债/期末总资产
	两职合一	*Dual*	董事长与总经理是否由同一人兼任，是则值取为1，否则为0

资料来源：本文整理。

四、实证结果分析

（一）描述性统计及相关系数矩阵分析

表2列出了本研究所有变量的平均值、标准差及相关系数。从主要变量来看，*CSR*与企业经营绩效显著正相关（r=0.301，P<0.001），这与假设1一致；*CSR*与营销能力显著正相关（r=0.039，P<0.001），这与假设2相一致。营销能力与企业经营绩效显著正相关（r=0.082，P<0.001）这与假设3一致。从本研究关注的几个控制变量看，*Lev*、*Size*、*Dd*、*Age*和*Dual*对*CSR*、营销能力及企业经营绩效均部分地产生显著影响。变量间的相关系数均小于0.4，且各变量的特征根均不为0，方差膨胀因子（*VIF*）均小于4，远小于警戒值10，这说明变量间不存在严重的多重共线性问题，模型变量的选取较为合理。

表2　描述性统计分析与相关系数矩阵

变量	*CFP*	*CSR*	*MC*	*EU*	*Lev*	*Size*	*Dd*	*Age*	*Dual*
Mean	0.048	28.727	2.226	1.239	0.420	21.989	37.098	14.539	0.755
SD	0.053	18.302	3.538	0.909	0.21	1.131	9.629	5.391	0.43
CFP	1								
CSR	0.301***	1							
MC	0.082***	0.039***	1						
EU	0.089***	0.098***	0.005	1					
Lev	−0.353***	0.048***	−0.012	0.029**	1				
Size	−0.066***	0.305***	0.031***	0.083***	0.397***	1			
Dd	0.010	−0.019	−0.033***	0.028**	−0.105***	−0.072***	1		
Age	−0.112***	0.037***	0.063***	−0.001	0.314***	0.248***	−0.184***	1	
Dual	−0.053***	0.069***	0.037***	0.018	0.152***	0.179***	−0.103***	0.137***	1

注：***、**分别表示在1%、5%水平上显著；N=7355。

资料来源：本文整理。

（二）企业社会责任、营销能力对企业经营绩效的作用及中介效应分析

采用Baron和Kenny（1986）推荐的层次回归方法，分别对中介变量、调节变量的假设进行考察。探讨营销能力的中介作用步骤如下（见表3）：①检验假设1。模型3以所有的控制变量为自变量，以企业经营绩效为因变量，结果显示*Lev*（β=−0.1216，P<0.001）、*Dd*（β=−0.0002，P<0.01）、*Age*（β=−0.0002，P<0.05）和*Dual*（β=−0.0026，P<0.01）均显著降低了企业经营绩效，而企业规模能显著提升企业经营绩效（β=0.0107，P<0.001）；模型4在模型3的基础上加入*CSR*为自变量，回归结果显示*CSR*与企业经营绩效显著正相关（β=0.001，P<0.001），假设1得到支持，且加入这些变量后模型4的解释程度较模型3有了明显改善（ΔR^2=7.49%）。②检验假设2。模型1以控制变量为自变量，以营销能力为因变量；模型2在模型1的基础上，

加入 *CSR* 为自变量，回归结果表明 *CSR* 与营销能力显著正相关（β=0.005，*P*<0.01），假设 2 得到支持。③检验假设 3 与假设 4。模型 5 在模型 4 的基础上加入中介变量营销能力。对比模型 4 与模型 5 的回归结果，在引入中介变量营销能力之后，*CSR* 与企业经营绩效之间的系数由 β=0.001（*P*<0.001）变为 β=0.0008（*P*<0.001），且营销能力与企业经营绩效显著正相关（β=0.0011，*P*<0.001）。这些结果表明营销能力正向影响企业经营绩效，且在 *CSR* 与企业经营绩效之间起到部分中介作用，假设 3 与假设 4 得到支持。④为进一步严格地检验营销能力的中介作用，本文继续采用 SOBEL 检验和 BOOTSTRAP 检验，SOBEL 检验结果（*Z*=2.069，*P*=0.0385）和 BOOTSTRAP 检验结果（间接效应值为 4.8E-06，95%的置信区间为［2.3E-07，9.2E-06］）表明，营销能力在 *CSR* 与企业经营绩效之间起到显著中介作用，假设 4 得到进一步验证。

表 3 层次回归分析结果

变量	营销能力		企业经营绩效				
	模型 1	模型 2	模型 3	模型 4	模型 5	模型 6	模型 7
Lev	-1.1462***	-1.0556***	-0.1216***	-0.1063***	-0.1053***	-0.1051***	-0.1050***
Size	0.1537***	0.1193**	0.0107***	0.0049***	0.0048***	0.0046***	0.0045***
Dd	-0.0081**	-0.0081**	-0.0002**	-0.0002**	-0.0001**	-0.0002**	-0.0002**
Age	0.0422***	0.0423***	-0.0002*	-0.0002*	-0.0002*	-0.0002*	-0.0002*
Dual	0.2229**	0.2177**	-0.0026**	-0.0035**	-0.0037**	-0.0037**	-0.0037**
CSR		0.0050**		0.001***	0.0008***	0.0008***	0.0008***
MC					0.0011***	0.0011***	0.0015***
EU						0.0039***	0.0051***
MC×EU							-0.0005***
Cons	-1.1548	-0.5789	-0.1259***	-0.0287**	-0.0281	-0.0275*	-0.0283
N	7355	7355	7355	7355	7355	7355	7355
R^2	0.0081	0.0087	0.1584	0.2333	0.2374	0.2418	0.2431
F	13.04	12.65	237.58	321.67	285.99	254.57	227.39

注：***、**、*分别表示在 1%、5%和 10%水平上显著；N=7355。

资料来源：本文整理。

（三）环境不确定性的调节和被调节的中介效应检验

为验证环境不确定性的调节作用，本文首先将变量数据进行标准化处理，其次采用层级回归的方法检验。具体步骤如下：检验假设 5。模型 6 在模型 5 的基础上加入调节变量环境不确定性，模型 7 在模型 6 的基础上加入营销能力和环境不确定性的交互项（*MC×EU*），可以看到模型 7 的解释度较模型 6 得到了一定的改善（ΔR^2=0.13%），尽管加入交互项之后，ΔR^2 的增加幅度较小，但交互项的回归系数仍较为显著（β=-0.0005，*P*<0.001），充分验证了环境不确定性反向调节了营销能力和企业经营绩效之间的关系。一般来说，由于控制了主效应，调节作用的影响程度都是很小的，但如果样本量足够大，且交互项系数显著，其理论贡献也是非常重要的（Chaplin，1991）。综上，假设 5 得到支持。

为了更直观地呈现环境不确定性对营销能力与企业经营绩效之间关系的调节效应方向和趋势，根据 Aiken 和 West（1991）推荐的方法，分别取营销能力与环境不确定性的均值加减一个标准差的值代入回归模型中，并进行绘图，结果如图 2 所示。由图 2 可知，在环境不确定性较高的情况下，营销能力与企业经营绩效的正向关系较弱；而在环境不确定性较低的情况下，营销能力与企业经营绩效的正向关系较强，这与预期研究相符。

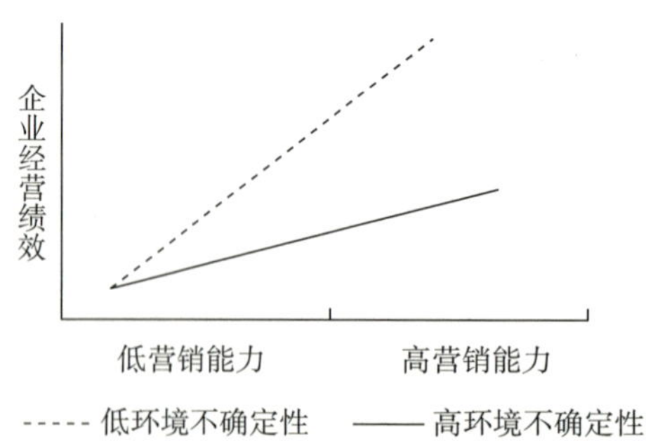

图 2　环境不确定性对营销能力与企业经营绩效之间关系的调节作用

资料来源：本文绘制。

为进一步检验被调节的中介效应，运用 BOOTSTRAP 方法，将中介和调节效应纳入同一个分析架构中加以整合以验证有调节的中介模型。不同环境不确定性条件的中介效应见表 4。可以看到，在低环境不确定性时，*CSR* 对企业经营绩效的间接效应影响显著（95%置信区间为［9.7E-07，0.000011］）；在高环境不确定性时，间接效应不显著（95%置信区间为［-3.6E-08，9.4E-06］）。这些结果说明环境不确定性越高，营销能力在 *CSR* 与企业经营绩效之间的中介作用越弱，相反，环境不确定性越低，营销能力在 *CSR* 与企业经营绩效之间的中介作用越强。因此，假设 6 得到支持，存在被调节的中介效应。

表 4　营销能力在环境不确定性不同条件的中介效应

调节变量	间接效应	标准误	95%的置信区间	
低环境不确定性	5.4E-06**	2.5E-06	9.7E-07	0.000011
中环境不确定性	4.7E-06**	2.5E-06	4.4E-07	9.9E-06
高环境不确定性	4.4E-06	2.4E-06	-3.6E-08	9.4E-06

注：低环境不确定性指低于其均值一个标准差，高环境不确定性指高于其均值一个标准差。

资料来源：本文整理。

（四）稳健性检验

为了增强研究结论的说服力，本文主要运用两种方法进行稳健性检验：①借鉴 Pitts（2010）对企业经营绩效的衡量方法，本文用 *ROE* 代替 *ROA*。回归结果与用 *ROA* 衡量企业经营绩效的结论完全一致。②考虑到数据普遍可能存在的异方差问题，本文借鉴尹开国（2014）的做法，采用分位数回归中的特例中位数回归对 *CSR* 与企业经营绩效关系的所有模型进行检验，回归结果与 OLS 回归结果一致，研究假设均得到了验证。限于篇幅，上述两种方法的稳健性测试结果未详细列出，作者留档备索。

五、结论与讨论

（一）研究结论

本文以中国经济新常态为背景，基于利益相关者和营销能力理论，整合研究了 *CSR*、营销能力、企业经营绩效和环境不确定性之间的作用关系，归纳出“有调节的中介效应”模型，运用 OLS 和分位数回归的方法对中国 A 股 2011~2015 年 1471 家上市公司数据的实证研究表明：①*CSR* 对企业经营绩效与营销能力均有显著的正向影响。②营销能力在 *CSR* 与企业经营绩效之间起到部分中介作用。③环境不确定性反向调节营销能力对企业经营绩效的正向影响。即当环境不确定性较高时，营销能力对企业经营绩效的正向影响会减弱；反之，当环境不确定性较低时，营销能力对企业经营绩效的正向影响会增强。④环境不确定性越高，营销能力在 *CSR* 和企业经营绩效之间的中介作用越弱，相反则越强，存在被调节的中介作用。

（二）理论贡献和创新点

本研究的理论贡献和创新点包括如下几点：①明晰了营销能力在 *CSR* 影响企业经营绩效关系中的重要作用。已有大量的研究表明了 *CSR* 会显著影响企业经营绩效，且部分学者还论证了在它们之间存在一些中介变量，但目前尚未发现有学者从组织内部营销能力因素来研究它在 *CSR* 对企业经营绩效影响过程中的重要作用。本文通过整合已有学者对 *CSR* 与营销能力、营销能力与企业经营绩效的研究成果，创新性地将营销能力引入模型，并通过实证研究论证了它在 *CSR* 与企业经营绩效之间起部分中介作用，从理论上弥补了以往研究的不足。②通过研究环境不确定性在“*CSR*—营销能力—企业经营绩效”一系列关系中的调节作用，本研究从实证的角度拓展了影响营销能力和企业经营绩效之间关系的边界条件知识。之前虽有学者从理论上提出了环境不确定性可能会起调节作用，但并未通过实证论证，本文的研究以中国经济新常态为背景，结合已有的理论研究，通过实证方法检验了环境不确定性对营销能力和企业经营绩效的调节作用，推动了该理论在实际管理过程中的运用。

（三）实践意义

本研究也为企业管理者提供了一些重要的启示：①增强 *CSR* 履行意识。基于利益相关者与营销能力理论可知，一方面企业积极履行 *CSR* 会显著促进企业经营绩效的提升，另一方面企业可以获得来自利益相关者对它长期稳定的投资，同时也可以在公众面前树立良好的企业形象，获得消费者青睐和认可。②注重营销能力的培养。通过本文研究发现，一方面营销能力可以显著促进企业经营绩效的提升，另一方面 *CSR* 可通过营销力对企业经营绩效产生间接促进作用，因此企业应该注重对该能力的培养，其中可以适当加强对销售费用与销售人员比例的投入，同时适当提升存货周转率，降低企业库存。③监控企业经营环境，适时有效地调整企业经营战略。通过本文的研究可知，虽然营销能力会显著提升企业经营绩效，但它会受到环境不确定性的反向调节。因此，企业管理者必须时刻观察企业所处的经营环境，尤其是当环境不确定性较低时，企业应该加强对企业营销能力的培养（如增加销售费用与销售人员比例），通过相关的营销投入扩大产品及品牌知名度和美誉度，提升消费者对本企业产品的认知。反之，当环境不确定性较高时，企业应该适当减少对营销的投入，尽量集中优势资源，加强对新技术的研发和企业产品品牌及服务的打造，为促进企业经营绩效的长期增长做好准备。

（四）研究局限及未来研究方向

本研究也存在一定的局限性：①目前关于 *CSR* 衡量指标的客观性和普适性尚存争议，而本研究仅采用上市公司 *CSR* 报告中的数据来验证相关的假设，并未实际深入企业了解它们社会责任的履行情况。未来的研究可以考虑再以问卷的形式来调查该企业社会责任履行情况，尽可能地将问卷数据与二手数据结合，并比较研究它们之间的区别与联系。②营销能力的衡量，主要参照前人的研究，只选取了其中最重要的三个维度，但实际上影响营销能力的变量较多。未来的研究可以考虑从不同的角度来做进一步的探讨。

参考文献

［1］ Aiken L. S. , West S. G. Multiple Regression: Testing and Interpreting Interactions［M］. CA: Sage Publication, 1991.

［2］ Buyl, T. , Boone. C. , Hendriks, W. , Matthyssens, P. Top Management Team Functional Diversity and Firm Performance: The Moderating Role of CEO Characteristics［J］. Journal of Management Studies, 2011, 48 (1): 151-177.

［3］ Baron R. M. , Kenny D. A. The Moderator-mediator Variable Distinction in Social Psychological Research: Conceptual, Strategicand Statistical Considerations［J］. Journal of Personality and Social Psychology, 1986, 51 (6): 1173-1182.

［4］ Bahadir S. , Bharadwaj G. , Srivastava R. Financial Value of Brands in Mergers and Acquisitions: Is Value in the Eye of the Beholder?［J］. Journal of Marketing, 2008, 72 (6): 49-64.

［5］ Barnett M. I. Stakeholder Influence Capacity and the Variability of Financial Returns to Corporate Social Responsibility［J］. Academy of Management Review, 2007, 32 (3): 794-816.

［6］ Bamett M. L. , Salomon R. M. Beyond Dichotomy: The Curvilinear Relationship between Social Responsibility and Financial Performance［J］. Strategic Management Journa1, 2006, 27 (11): 1101-1122.

［7］ Bouquet and Deutsch Y. The Impact of Corporate Social Performance on a Firm's Multinationalit［J］. Journal of Business Ethics, 2008, 80 (4): 755-769.

［8］ Chaplin. W. F. The Next Generation of Moderator Research in Personality Psychology［J］. Journal of Personality, 1991, 59 (2): 143-178.

［9］ Deng X. , Kang J. , Low B. S. Corporate Social Responsibility and Stakeholder Value Maximization: Evidence From Mergers［J］. Journal of Financial Economics, 2013, 10 (1): 87-109 .

［10］ Day G. S. The Capabilities of Market-driven Organization［J］. Journal of Marketing, , 1994, 58 (10): 37-52.

［11］ Friedman M. The Social Responsibility of Business is to Business is to Increase Its Profits［J］. New York Times, 1970, 9 (13): 122-126.

［12］ Freeman R. E. Strategic Management: A Stakeholder Approach［M］. Pitman: Boston, MA, 1984.

［13］ Freeman R. E. , and W. Evan Ernance. Corporate Goverance: A Stakeholder Interpretation［J］. Journal of Behavioral Economic, 1990 (4): 337-359.

［14］ Ghosh D. and Olsen L. Environmental Uncertainty and Managers Use of Discretionary Accruals［J］. Accounting, Organizations and Society, 2009, 34 (2): 188-205.

［15］ Jones D. A. , Willness C. R. , Madey S. Why Are Job Seekers Attracted by Corporate SocialPerformance? Experimental and Field Tests of Three Signal-based Mechanisms［J］. Academy of Management Journal, 2014, 57 (2): 383-404.

［16］ Koh P. S. , Qian L. and Wang H. I. Firm Litigation Risk and the Insurance Value of Corporate Social Performance［J］. Strategic Management Journal, 2014, 35 (10): 1464-1482.

［17］ Korschun D. , Bhattacharya C. B. , Swain S. D. Corporate Social Responsibility, Customer Orientation, and the Job Performance of Frontline Employees [J]. Journal of Marketing, 2014, 78 (3): 20-37.

[18] Luo X., Bhattacharya C. B. The Debate Over Doing Good: Corporate Social Performance, Strategic Marketing Mevers, and Firm Idiosyncratic Risk [J]. Journal of Marketing, 2009, 73 (6): 198-213.

[19] Lev B., Petrovits C. and Radhakrishnan S. Is Doing Good Good for You? How Corporate Charitable Contributions Enhance Revenue Growth [J]. Strategic Management Journal, 2010 (31): 182-200.

[20] Li H. How Does New Venture Strategy Matter in the Environment Performance Relationship? [J]. The Journal High Technology Management Research, 2001, 12 (2): 183-204.

[21] Lee P., Grewal R. Strategic Responses to New Technologies and Their Impact on Firm Performance [J]. Journal of Marketing, 2010, 68 (4): 157-171.

[22] Margolis J. D., Walsh J. P. Misery. Loves Companies: Rethinking Social Initiatives by Business [J]. Administrative Science Quarterly, 2003, 48 (2): 268-305.

[23] Mc Williams A., Siegel D. Corporate Social Responsibility and Financial Performance: Correlation or Misspecification? [J]. Strategic Management Journal, 2001, 21 (5): 603-609.

[24] Mishra, Saurabh. Corporate Social Responsibility and Shareholder Wealth: The Role of Marketing Capability [J]. Journal of Marketing, 2016, 80 (1) 26-46.

[25] Malik M. Value - Enhancing Capabilities of CSR: A Brief Review of Contemporary Literature [EB/OL]. http: //link. springer. com/article /10. 1007 / s10551, 2014.

[26] Pavlos A. Vlachos. Corporate Social Responsibility: Attributions, Loyalty, and the Mediating Role of Trust [J]. Journal of the Academy of Marketing Science, 2009, 37 (2): 170-180.

[27] Pitts D. W. Organizational Diversity and Public Service Performance [J]. Walker, R. M. Boyne, G. A. Brewer, G. A. (Eds.), Public Management and Performance: Research Directions, Cambridge University Press, Cambridge, UK, 2010, 19 (5): 178-207.

[28] Rainer Lueg and Boris Genadiev Borisov. Archival or Perceived Measures of Environmental Uncertainty? Conceptualization and New Empirical Evidence [J]. European Management Journal, 2014, 32 (4): 658-671.

[29] Surroca and Tribo. Corporate Responsibility and Financial Performance: The Role of Intangible Resources [J]. Strategic Management Journal, 2010, 31 (5): 463-490.

[30] Uzkurt C., Kumar R., Kimzan H. S., et al. The Impact of Environmental Uncertainty Dimensions on Organizational Innovativeness: An Empirical Study on SEM [J]. International Journal of Innovation Management, 2012, 16 (2): 1-23.

[31] Vorhies D., Morgan N. Benchmarking Marketing Capabilities for Sustainable Competitive Advantage [J]. Journal of Marketing, 2009, 69 (1): 80-94.

[32] 陈晓红，于涛．营销能力对技术创新和市场绩效影响的关系研究——基于我国中小上市企业的实证研究[J]．科学学研究，2013 (4).

[33] 陈宏辉，张麟，向燕．企业社会责任领域的实证研究：中国大陆学者 2000~2015 年的探索[J]．管理学报，2016 (7).

[34] 陈丽蓉，韩彬，杨兴龙．企业社会责任与高管变更交互影响研究——基于 A 股上市公司的经验证据[J]．会计研究，2015 (8).

[35] 付丙海，谢富纪，韩雨卿等．动态能力一定会带来创新绩效吗？——不确定环境下的多层次分析[J]．科学学与科学技术管理，2016 (12).

[36] 顾雷雷，欧阳文静．慈善捐赠、营销能力和企业绩效[J]．南开管理评论，2017 (2).

[37] 和苏超，黄旭，陈青．管理者环境认知能够提升企业绩效吗——前瞻型环境战略的中介作用与商业环境不确定性的调节作用[J]．南开管理评论，2016 (6).

[38] 韩顺平，王永贵．市场营销能力及其绩效影响研究[J]．管理世界，2006 (6).

[39] 贾兴平，刘益．外部环境、内部资源与企业社会责任[J]．南开管理评论，2014 (6).

[40] 卢正文，刘春林．慈善捐赠对企业绩效影响的研究——基于消费者视角[J]．山西财经大学学报，2012 (3).

[41] 彭正龙，何培旭，李泽．双元营销能力平衡、战略地位优势与新创高技术服务企业绩效[J]. 管理科学，2015（3）.

[42] 瞿孙平，石宏伟，俞林等．知识搜索、吸收能力与企业创新绩效——环境不确定性的调节作用[J]. 情报杂志，2016（8）.

[43] 申慧慧，于鹏，吴联生．国有股权、环境不确定性与投资效率[J]. 经济研究，2012（7）.

[44] 陶文杰，金占明．企业社会责任信息披露、媒体关注度与企业财务绩效关系研究[J]. 管理学报，2012（8）.

[45] 唐松，孙铮．政治关联、高管薪酬与企业未来经营绩效[J]. 管理世界，2014（5）.

[46] 汪丽，茅宁，龙静．管理者决策偏好、环境不确定性与创新强度——基于中国企业的实证研究[J]. 科学学研究，2012（7）.

[47] 尹开国，刘小芹，陈华东．基于内生性的企业社会责任与财务绩效关系研究——来自中国上市公司的经验证据[J]. 中国软科学，2014（6）.

[48] 周宏，刘玉红，张巍．激励强度、公司治理与经营绩效——基于中国上市公司的检验[J]. 管理世界，2010（4）.

品牌关系与自我建构对消费者品牌评价的影响
——基于积极情绪的中介作用

崔登峰[1,2]　李华仪[1]

（1. 石河子大学经济管理学院，新疆　石河子　832000；

2. 石河子大学品牌营销研究中心，新疆　石河子　832000）

［摘　要］品牌与消费者在互动中或打“感情牌”或打“品质牌”，哪种更能赢得消费者的青睐？本研究创新性地把自我建构扩展到品牌关系研究中，旨在探讨品牌关系（交换型 vs. 共享型）与消费者自我建构（独立自我 vs. 互依自我）对品牌评价的影响，并引入积极情绪对这一作用机制进行解释。实验 1 发现，品牌关系与自我建构存在匹配效应：独立自我的消费者对与之建立交换型品牌关系的品牌评价更高；互依自我的消费者对与之建立共享型品牌关系的品牌评价更高。实验 2 显示，品牌关系与自我建构通过积极情绪这一中介变量影响消费者的品牌评价。

［关键词］品牌关系；自我建构；积极情绪；品牌评价

一、问题提出

企业最有价值的资产之一是与其产品和服务相联系的品牌。品牌要想立于不败之地，除了提供高水准的产品和服务之外，维持与消费者的良好关系更是克敌制胜的战略性举措。全球知名品牌星巴克，采用最高标准采购烘焙咖啡豆、提供新鲜咖啡的同时，时刻以高度热忱满足消费者需求，让世界各地的星巴克店成为人们工作场所和生活居所之外温馨舒适的“第三生活空间”，“我不在办公室，就在星巴克。不在星巴克，就在去星巴克的路上”。星巴克的成功很大程度上得益于这种品牌与消费者良好的关系。

企业通常会培养两种品牌关系来吸引顾客：一种品牌主打“品质牌”，为消费者提供等值、优质的产品，强调专业和效率，力图使消费者感到物有所值，视消费者为“商业伙伴”，称之为交换型品牌关系（Exchange Relationship）；另一种品牌主打“感情牌”，重视消费者的情感需求，为消费者提供无偿的帮助和服务，视消费者为好朋友，谓之共享型品牌关系（Communal Relationship）。事实上，良好的品牌关系不仅能降低营销成本、获取新顾客，还能提高顾客重购意愿、产生品牌效益。因此，培育良好的品牌关系对于企业占据市场优势地位非常关键。

研究发现，品牌关系策略的成功与否，与消费者的性别、年龄、社会阶层等个人特质有很大关系。有学者发现，女性比男性更容易感受到品牌关系；还有学者发现，儿童、青年、中老年人与品牌均存在“好朋友”“敌视”“亲缘”等关系；此外，高、低阶层的消费者偏好的品牌关系也有差异，高阶层消费者偏好交换型品牌关系，低阶层消费者偏好共享型品牌关系。但以往的研究尚未考虑一个重要的个人因素：自我建构。互依自我看重集体，独立自我专注个体和自身，其思维方式也存在差异，在品牌关系中青睐的属性很可能也不同。本研究将考察不同建构的消费者面对上述两种品牌关系时，哪种更倾向于共享型品牌关系？哪种更倾向交换型品牌关系？消费者对两种与之建立品牌关系的品牌评价是否存在差异？差异的大小和方向如何？

以往品牌关系领域的研究，主要从关系规范、期望确认理论等角度深入探析品牌关系影响品牌评价的内在机制，缺乏从消费者情绪探讨消费者对品牌关系的感知研究。伴随着社会心理学界对"认知"的不断关注，情绪对消费者决策的影响愈加得到重视。因此，本研究创新性地从情绪视角考察品牌关系与品牌评价的作用机制。其中，积极情绪在拓宽个体的认知范围、品牌评价等方面的积极作用得到了广泛证明，然而在品牌关系的研究中尚未得到重视。学者发现，积极情绪会受个人特质、品牌与消费者互动等影响，而积极情绪与品牌评价之间也存在一定关系。那么，积极情绪在品牌关系与品牌评价之间是否发挥中介作用？鉴于此前尚没有研究这些问题，本研究将探讨品牌关系的目标人群和内在作用机制，提出研究假设并通过2个实验进行检验，以启发后续的研究。

二、文献回顾与研究假设

（一）品牌关系

品牌关系（Brand Relationship）最早由20世纪90年代的Research International市场研究公司提出，指的是消费者与品牌互动的过程中，双方产生的情感、态度和行为倾向。早期品牌关系理论的研究主要着眼于品牌如何赢得并留住顾客。后来，西方学者指出，不同于品牌个性或品牌形象，品牌关系是一个双向互动的概念，包含了消费者与品牌对彼此的态度和行为两个层面，可类比为社会人际关系。在此基础上，Aggarwal（2004）将社会人际理论拓展到品牌关系研究中，将品牌关系分为交换型与共享型两种。其中，主打"品质牌"的交换型品牌关系重视满足消费者的功能性需求，使消费者感觉物有所值，传达出可靠、高效、专业的品牌形象；而主打"感情牌"的共享型品牌关系，重视与消费者建立情感联系，关心消费者个体需求，为消费者提供无偿的帮助，传递出慷慨、真诚、乐于助人的品牌形象。

由此可知，品牌在营销实践中既可以"品质制胜"，也可以"感情动人"。那么哪种方式能获得消费者更好的评价呢？学者发现，消费者面对交换型和共享型品牌关系的品牌，产生的评价有所不同。当交换型品牌为消费者提供帮助，无论收不收取相应的费用，消费者的品牌评价均未发生显著变化；而当共享型品牌为消费者提供帮助，相比于收取相应费用，未收取费用的品牌评价更高。因此，本研究意在探讨，面对上述两种品牌关系时，消费者的品牌评价有何差异；除了性别、年龄、阶层等个人特质之外，是否还与自我建构有关。

（二）自我建构

自我建构（Self-construal）这一心理学概念最早出现于20世纪90年代，它表示个体在认识自我时，将自我放在何种参照体系中进行认知的倾向，分为独立自我和互依自我。独立自我强调个体的价值、自我独立，在认识世界时常根据人或事物的特质、属性进行概括，形成抽象性思维方式；互依自我则强调个体在群体中的身份，重视维系与他人的关系，通常将人或事物看作现实情境的一部分，形成整体性思维方式。独立自我与互依自我虽相互独立，但并非对立关系，两者能同时存在于同一个体。通常某种自我起主导作用，而潜在自我建构会因情境激发变得显著，进而影响个体的认知与行为。

后来，学者发现自我建构会显著影响消费者行为。学者研究发现，相比于互依自我，独立自我的人容易表现出更强、更频繁的冲动型购买行为；还有研究表明，相比于独立自我，互依自我的个体更倾向储蓄，而不是消费。由此可知，不同建构的消费者受文化和思维方式的影响，其消费行为和倾向有所不同。那么，不同建构的消费者更青睐哪种品牌关系？不同建构的消费者品牌评价是否存在差异？下文将对品牌关系和自我建构的关系做具体阐述。

（三）品牌关系与自我建构的交互作用

如果不同建构的消费者对品牌关系存在不同的偏好，据此进行消费者分层并采用特定的品牌关系策略，就可以吸引目标群体并影响消费者的品牌评价。已有研究发现社会阶层与品牌关系存在交互作用，那么自我建构在品牌关系与品牌评价中是否也存在类似作用？本研究尝试从认知视角和归因视角来分析自我建构和品牌关系的相互作用。

首先，不同自我类型的消费者认知方式不同，对消费者决策产生影响的重要需求属性也不同。独立自我消费者注重应得利益，看重产品功能与价值带来的得失，较少关注情感需求，符合交换型关系思维。结合品牌关系可知，主打“品质牌”的交换型品牌关系，遵循等价交换原则，强调产品属性、产品价值等，而这些属性是独立自我消费者评价品牌时最看重的；当需求得到满足，消费者便会认为品牌物有所值，从而产生较高的品牌评价。这也符合目标和任务的兼容性（Goal-task Compatibility），即决策时获得最大决策权重的是与目标相关性最高的属性。互依自我消费者看重情感交流，不以金钱衡量品牌与消费者关系。主打“感情牌”的共享型品牌作为消费者的“好朋友”，给予对方无私的帮助和支持，品牌情感、品牌体验等属性是互依自我消费者做出品牌评价时最看重的，因而互依自我消费者会对品牌产生好感以及较高品牌评价。

其次，从归因角度来说，不同的消费者会将品牌关系策略归因于不同的企业动机。研究表明，独立自我消费者更倾向于将品牌“感情牌”策略解释为企业对品牌品质的避重就轻、缺乏自信，因而不太愿意和对方建立情感关系，更倾向交换型品牌关系。互依自我消费者面对专注品牌品质、效率的交换型品牌关系时，常常会抱怨该品牌忽视消费者情感和个性化需求，将其归因于品牌只专注利益，不善于体会消费者情感、缺乏人文关怀，因此更倾向共享型品牌关系。据此，提出如下假设：

H1a：与建立共享型品牌关系相比，独立自我消费者对与之建立交换型品牌关系的品牌评价更高。

H1b：与建立交换型品牌关系相比，互依自我消费者对与之建立共享型品牌关系的品牌评价更高。

（四）积极情绪的中介作用

积极情绪（Positive Emotion）来源于情绪心理学，指的是个体需要得到满足时伴随产生的愉悦体验。随着收入增加和消费能力提升，越来越多的消费者逐渐从追求产品功能价值向层级更高的情感价值转变，这一现象引起了众多学者的注意，开始将情绪理论引入消费者行为研究。已有研究表明，当消费者对品牌的感知和体验超过预期，消费者就会更加亲近和信任该品牌，产生积极的消费情绪，如满意、高兴等，否则会产生生气、失望等消费情绪。学者的研究证明，消极情绪产生于存在生存威胁等不利的环境中，与特定趋避行动相联系来应对挑战，而积极情绪则会生成接近或趋近倾向。在积极情绪状态下，消费者会保持趋近和探索新颖事物，以及与环境主动联结。积极情绪在拓宽个体的认知、决策效率、品牌评价等方面发挥了更大的积极作用，更容易促进消费者积极的态度和品牌行为，因此，大多数学者重点关注了积极情绪的研究，而对消极情绪的研究则集中在服务失败以及品牌关系断裂等领域。本文研究的品牌关系建立在良好的品牌关系阶段，并未涉及发生品牌危机等负面的品牌表现，因此本研究只探讨积极情绪在品牌关系与品牌评价作用机制中的作用。

根据"认知—情感—行为"理论可知，消费者对品牌态度、行为的感知会影响消费者的积极情绪，而这种积极情绪则会影响消费者的品牌评价。首先，积极情绪会受到产品属性、服务人员表现等因素的影响。品牌服务人员与消费者互动的过程中，良好的态度、清晰的讲解会加深消费者的正面印象，从而产生愉悦、满足等积极情绪。其次，部分学者证实了积极情绪也会受到消费者个人特质的影响。如女性情感细腻，比男性产生更多的消费情绪。在品牌关系中，交换型品牌为消费者节省时间、提高效率，使独立自我消费者产生愉悦、开心的积极情绪；共享型品牌提供支持、帮助和共享的情感氛围，能使互依自我消费者产生愉悦、满意等积极情绪。最后，积极情绪会影响消费者的品牌评价。传统购物场景中的积极情绪会促使消费者产生积极的品牌评价、良好的口碑传播意愿；White（2010）的研究发现，消费者网络购物的良好体验、积极情绪也会促使消费者在网购平台上发表积极的言论。据此，提出以下假设：

H2：消费者积极情绪在品牌关系与自我建构对品牌评价的交互效应中起中介作用。

本文的理论框架如图 1 所示。

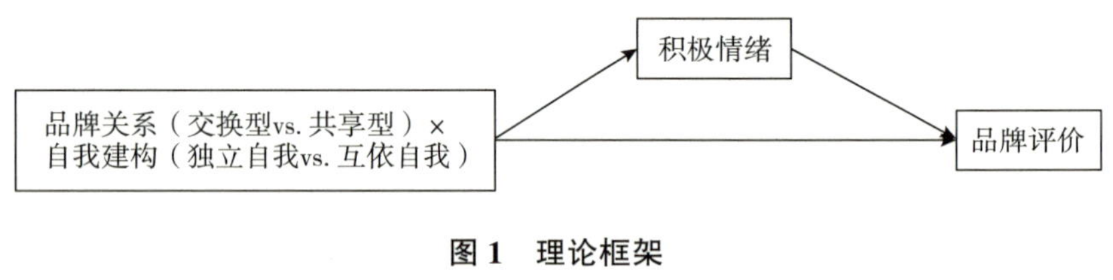

图 1 理论框架

三、实验 1：品牌关系和自我建构的交互效应

（一）实验 1 设计

1. 实验设计与被试

实验 1 的目的是检测品牌关系和自我建构对品牌评价的交互影响。采用 2（品牌关系：共享型 vs. 交换型）×2（自我建构：独立自我 vs. 互依自我）的组间实验设计。实验 1 开始之前先进行预实验，目的在于测试两种品牌关系材料是否存在差别。手机是具有较高涉入度水平的品类，因此实验 1 选取手机作为实验刺激物，虚构了"Laura"品牌手机，以排除产品熟悉度对实验的干扰。

2. 预实验

预实验设计了两段 Laura 手机与消费者关系的材料，请被试判断该段材料体现两类品牌关系的程度（1=交换型品牌关系，7=共享型品牌关系）。材料一为"十年来，Laura 手机专注提升科技，享有多项专利技术，通过优良的材质和极简的设计让您体验炫酷科技，Laura 手机，见证科技的奇迹"；材料二为"Laura 手机点亮您的生活，前置超柔光拍摄，HiFi 音乐殿堂，手感细滑，分享您的快乐，与您共享精彩人生，就在 Laura”。

预测试在校园招募了 25 名被试。有效被试中男性 10 名，女性 13 名，平均年龄为 22.35 岁（SD=2.198）。T 检验的结果显示，被试认为材料一属于交换型的均值为 $M_{材料一}=1.789$（$t(22)=11.315$，$p=0.000$），材料二属于共享型的均值为 $M_{材料二}=4.94$（$t(22)=17.035$，$p=0.000$），二者之间得分差异显著，同时分别趋近于 1（交换型品牌关系）和 7（共享型品牌关系）。据此，将材料一判定为交换型品牌关系，材料二判定为共享型品牌关系。

3. 实验 1 过程

实验首先将被试分为四组，通过圈词启动法启动特定的自我建构，具体流程为先给“独立组”“互依组”分别呈现一段游记，通过圈出人称代词“我”或“我们”来启动不同自我并进行操控检验。其次让被试阅读两段品牌关系材料，并测量被试的品牌关系感知以检验操控是否成功。最后测量被试的品牌评价以及人口统计问题。完成所有调查后，对参与人员给予微信红包表示感谢。经统计发现有效问卷共 101 份，平均年龄为 21.10 岁（SD=1.139）。

自我建构量表分别运用 12 个题项来测量独立自我和互依自我。品牌关系中用 7 个题项测量共享型关系，包括“Laura 品牌关心它的消费者”“Laura 品牌是比较特别的品牌”等；用 3 个题项测量交换型品牌关系，包括“Laura 品牌物有所值”“Laura 品牌靠质量赢得业务”等。采取均值的差值（共享型得分均值-交换型得分均值）得到消费者的品牌关系分值。品牌评价采用 Aggarwal（2004）的 3 个题项，包括“我很喜欢这个品牌”“我对这个品牌很满意”“我觉得这个品牌非常优秀”。

（二）实验结果

自我建构量表显示良好的信度（$\alpha=0.773$）。与预期一致，互依组被试的互依型自我建构水平（$M=5.434$）显著大于独立组被试（$M=5.092$），$F(1, 99)=2.272$，$p<0.05$。独立组的被试独立自我建构水平（$M=4.75$）虽然大于互依组（$M=4.562$），但差异不显著（$F(1, 99)=4.456$，$p>0.05$）。学者研究发现，欧美被试经过自我建构的操纵后互依型水平变化显著，独立型水平并未发生显著变化。考虑到实验所处国家文化的差异，认为自我建构的操控是成功的。

品牌关系中，共享型品牌关系（$\alpha=0.849$）和交换型品牌关系（$\alpha=0.838$）的测量题项均显示了良好的信度。被试操控为共享型品牌关系的净值显著高于交换型品牌关系的净值（$M_{交换型}=-0.08$，$M_{共享型}=-0.60$，$F(1, 99)=9.121$，$p<0.01$）。品牌关系的操控是成功的。

为了验证自我建构在品牌关系对品牌评价影响中的作用，采用回归分析，将被试按照自我建构分为独立组和互依组，分析自我建构和品牌关系对品牌评价的交互影响（见表 1）。回归分析中以品牌关系为自变量，品牌评价为因变量，自我建构为调节变量进行分析。研究结果表明，自我建构对品牌评价的主效应不显著（$t=-1.363$，$p>0.05$），品牌关系对品牌评价的主效应不显著（$t=-1.309$，$p>0.05$），品牌关系与自我建构对品牌评价的交互作用显著（$\beta=0.502$，$t=3.083$，$p<0.01$）。

表 1 自我建构和品牌关系对品牌评价的影响

		Mean	F（同方差）	Sig.	T	df	Sig.
独立自我	交换型品牌关系	5.545	4.456	0.037	1.408	99	0.162
	共享型品牌关系	5.208					
互依自我	交换型品牌关系	5.295	2.272	0.135	2.556	99	0.012
	共享型品牌关系	5.914					

运用双因素 ANOVA 分析，进一步得出，对于独立自我的消费者，与其建立交换型品牌关系的品牌评价显著高于与其建立共享型品牌关系的品牌评价得分（$M_{交换型}=5.545$，$M_{共享型}=5.208$）；互依自我的消费者面对与其建立共享型品牌关系的品牌评价高于交换型品牌关系的品牌评价（$M_{共享型}=5.914$，$M_{交换型}=5.295$），如图 2 所示。H1a 和 H1b 得到验证。

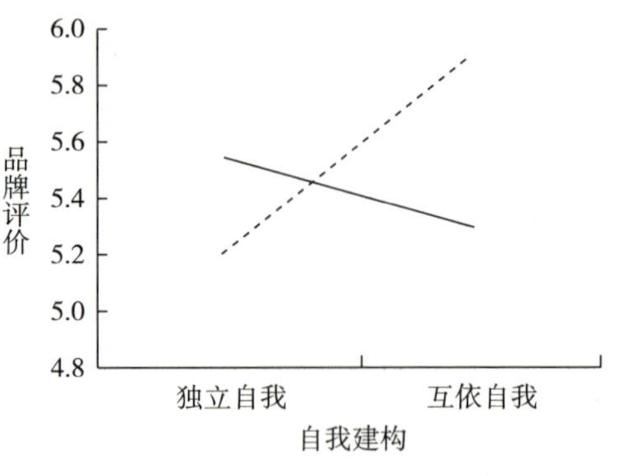

图 2 实验 1 品牌关系与自我建构对品牌评价的交互影响

因此，实验 1 验证了品牌关系与自我建构对品牌评价的交互影响。具体来说，独立自我型的消费者对与其建立交换型品牌关系的品牌评价高于共享型品牌关系，互依自我型的消费者对与其建立共享型品牌关系的品牌评价高于交换型品牌关系。

四、实验 2：积极情绪的中介作用

实验 2 的目的在于深入研究品牌关系和自我建构对品牌评价交互作用的内在机制，即验证积极情绪的中介作用。实验 2 采用 2（品牌关系：共享型 vs. 交换型）×2（自我建构：独立自我 vs. 互依自我）的组间实验设计。

（一）实验 2 设计

实验 1 采取制造业产品手机为实验刺激物，实验 2 选择服务业品牌进行实验，因而虚构 A 健身俱乐部为实验刺激物。实验内容与实验过程基本跟实验 1 一样。在北方一所"211"高校招募了 110 名大学生，其中男性被试 45 名，女性被试 65 名。实验 2 首先采用圈词启动法来启动自我建构并进行操控检验；其次让被试阅读消费者与 A 健身俱乐部的关系材料，并测量被试的感知以检验操控是否成功；最后测量被试的积极情绪，品牌评价以及人口统计信息。完成所有调查后，对实验参与人员给予一定微信红包以示感谢。经统计发现有效问卷共 106 份，有效被试的平均年龄为 20.85 岁（SD=1.36）。

（二）实验结果

自我建构类型的操控检验中，与预期一致，互依组被试的互依建构水平（M=5.464）显著大于独立组被试（M=4.969），$F(1, 104)=0.452$，$p=0.001$。独立组的被试独立自我得分（M=4.509）接近互依组（M=4.621），$F(1, 104)=0.140$，$p=0.003$。考虑到国家文化的差异，自我建构的操纵可以认为是成功的。品牌关系操控检验中，被试操控为共享型品牌关系的净值显著高于交换型品牌关系的净值（$M_{共享型}=0.179$，$M_{交换型}=-0.587$，$t(104)=2.954$，$p=0.004$）。品牌关系的操控是成功的。

采用回归分析探讨品牌关系与自我建构对品牌评价的交互影响，其中以品牌关系为自变量，品牌评价为因变量，自我建构为调节变量。研究结果表明（见表 2），自我建构对品牌评价的作用显著（$t=-2.774$，$p<0.01$）；品牌关系对品牌评价的作用显著，$\beta=-0.345$，$t=-2.588$，$p<$

0.05；品牌关系与自我建构对品牌评价的交互作用显著，$\beta=0.404$，$t=2.439$，$p<0.05$。

表 2 品牌关系和自我建构对品牌评价的影响

		Mean	F（同方差）	Sig.	T	df	Sig.
独立自我	交换型品牌关系	5.536	4.456	0.037	1.408	99	0.162
	共享型品牌关系	5.267					
互依自我	交换型品牌关系	5.431	0.452	0.503	3.532	104	0.001
	共享型品牌关系	6.038					

进一步地，双因素 ANOVA 分析得出，独立自我的消费者，对与其建立交换型品牌关系的品牌评价比共享型品牌关系更高（$M_{交换型}=5.536$，$M_{共享型}=5.267$）；互依自我型的消费者，对与其建立共享型品牌关系的品牌评价比交换型品牌关系更高（$M_{共享型}=6.038$，$M_{交换型}=5.431$）（见图 3）。因此，H1a 和 H1b 再次得到验证。

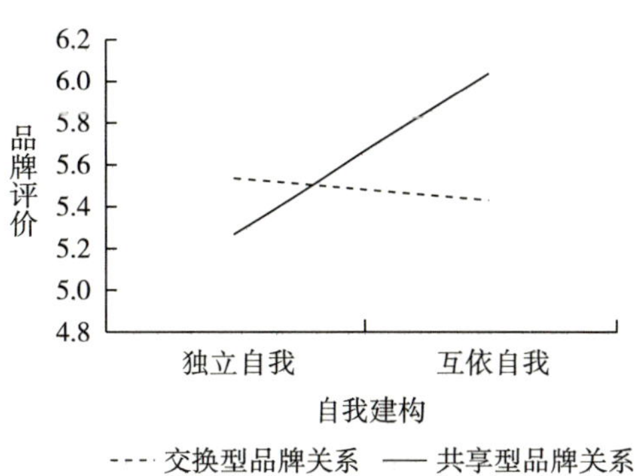

图 3 实验 2 品牌关系与自我建构对品牌评价的交互影响

采用 Baron 和 Kenny（1986）的方法检验积极情绪的中介效应。依次构建四个回归方程，结果发现，自我建构以及品牌关系对品牌评价的主效应不显著（$\triangle R^2=0.03$），自我建构和品牌关系的交互项对品牌评价进行回归，影响达到显著（$\beta=0.404$，$t=2.439$，$p=0.016$）。同时用自我建构和品牌关系的交互项与积极情绪对品牌评价进行回归，自我建构和品牌关系的交互项对品牌评价影响显著（$\beta=0.297$，$t=0.799$，$p<0.05$），积极情绪对品牌评价的影响达到显著（$\beta=0.682$，$t=9.468$，$p<0.001$），说明积极情绪部分中介了品牌关系和自我建构对品牌评价的影响（见表 3）。因此 H2 得到验证。

表 3 中介效应的检验

	模型一：主效应					模型二：积极情绪的中介作用				
	β	Std. Error	t	Sig.	R^2	β	Std. Error	t	Sig.	R^2
品牌关系×自我建构	0.404	0.354	2.439	0.016	0.121	0.297	0.264	0.799	0.018	0.519
积极情绪						0.682	0.073	9.468	0.000	

五、研究结论与讨论

（一）研究结论

本研究将积极情绪作为中介变量，通过两个情境实验，从制造业和服务业探讨了品牌关系和自我建构对品牌评价的交互影响，得出的研究结论主要有：

第一，品牌关系和自我建构对品牌评价具有交互作用。独立自我的消费者对与其建立交换型关系的品牌评价更高；互依自我的消费者对与其建立共享型品牌关系的品牌评价更高。与消费者建立交换型品牌关系的品牌，重视满足消费者的功能性需求，强调的是独立自我消费者在品牌评价中看重的品牌属性，因而使其产生较高的品牌评价。对互依自我的消费者而言，共享型品牌关系重视与消费者发展情感联系，提供无偿的帮助，让消费者产生依赖感和被重视的感觉，从而产生较高的产品评价。

第二，积极情绪在品牌关系和自我建构对品牌评价的交互影响中起中介作用。互依自我的消费者期望品牌充满情感关怀；共享型品牌关系符合消费者的期望，为消费者提供多方位的支持，提供友好、活跃的互动氛围。因而消费者更加认可该品牌，在产品和服务体验时更容易产生积极情绪并正向影响品牌评价。独立自我的消费者更看重产品属性，期望获得专业的产品和服务，因此对与其建立交换型品牌关系的品牌互动时会产生愉悦、舒服等积极情绪，并显著影响品牌评价。

（二）理论意义与管理启示

1. 理论意义

本文探讨了消费者—品牌关系和自我建构对品牌评价的影响，研究成果不仅丰富了品牌关系管理领域的相关理论，也为自我建构理论进行有益的拓展。本文还运用积极情绪理论对这一效应产生的机制进行深入剖析，拓展了以往对品牌关系—品牌评价影响的解释机制。

2. 管理启示

第一，培育品牌关系是品牌保持顾客良好的品牌评价、实现长期效益的重要手段。在消费品市场中，商家之间的竞争异常激烈，消费者的品牌转换更加频繁，培育消费者与品牌较好的关系尤为重要。营销实践人员应该充分用品牌关系来满足消费者的特定需求，提高消费者的好评。

第二，充分利用品牌关系不等于不加考虑地使用品牌关系。尽管品牌关系能够实现良好效益，但其应用人群却要根据消费者特质来决定。交换型品牌通过凸显品牌和服务的品质、水准，吸引独立自我消费者，他们更在乎专业高效和物有所值的品牌，进而提高消费者的品牌评价；共享型品牌通过营造温暖的品牌氛围、重视品牌的感情互动，吸引互依自我消费者，培养消费者的情感黏性，从而促使消费者对品牌产生更高的评价。

第三，消费者的积极情绪是提高品牌评价的重要途径。面对交换型和共享型品牌关系，消费者的反应和偏好不同。独立自我消费者更青睐节省时间、效率高的交换型品牌关系，互依自我偏好温暖、充满关怀的共享型品牌关系，当他们的需求得到满足，就会产生积极情绪，从而做出更好的品牌评价。

（三）研究局限与展望

本研究的局限和未来的研究方向如下：

第一，采用情境实验法探索品牌关系和自我建构对品牌评价的交互影响以及积极情绪的中介作用，具有一定的情境局限性。未来可以借助大数据，深入挖掘消费者的客观自我建构对品牌评价的影响。

第二，产品类型和行业类型可能会在品牌关系和自我建构对品牌评价的影响中起调节作用。因而可以将研究拓展到服务业、制造业以外的其他行业，提高研究结果的普适性。

第三，本文使用的学生样本不能广泛地代表消费者，未来的研究可以通过扩大样本量来增加结论的外部效度。

参考文献

[1] Aggrawal P. The Effects of Brand Relationship Norms on Consumer Attitudes and Behavior [J]. Journal of Con-

sumer Research, 2004, 31 (1): 87-101.

[2] Baron R. M., Kenny D. A. The Moderator-mediators Variable Distinction in Social Psychological Research: Conceptual, Strategic, and Statistical Considerations [J]. Journal of Personality and Social Psychology, 1986, 51 (6): 1173-1182.

[3] Batson C. D., Coke J. S. Buying Kindness: Effect of an Extrinsic Incentive for Helping on Perceived Altruism [J]. Personality and Social Psychology Bulletin, 1978 (4): 86-91.

[4] Bitner M. J. Service Spaces: The Impact of Physical Surroundings on Customers and Employees [J]. Journal of Marketing, 1992, 56 (2): 57-71.

[5] Blackston M. Observations: Building Brand Equity by Managing the Brand's Relationships [J]. Journal of Advertising Research, 1992 (6): 79-83.

[6] Ekman P., Friesen W. Does the Face Provides Accurate Information? [M]. Cambridge University Press, 1986: 56-97.

[7] Ficsher G. W., Carmon Z. Goal-Based Construction of Preferences: Task Goals and the Prominence effect [J]. Management Science, 1999, 48 (8): 1057-1075.

[8] Fournier S. Consumers and Their Brands: Developing Relationship Theory in Consumer Research [J]. Journal of Consumer Research, 1998, 24 (4): 343-373.

[9] Fredrickson B. L. The Value of Positive Emotions [J]. American Scientist, 2003 (91): 330-335.

[10] Hoyer W. An Examination of Consumer Decison Making for a Common Repeat-purchase Product [J]. Journal of Consumer Research. 1984, 11 (11): 822-829.

[11] Jackson B. Winning and Keeping Industrial Customers [M]. Lexington, M A: Lexington Books, 1985: 31-67.

[12] Ji M. F. Children' s Relationships with Brands: True Love or One-nights and ? [J]. Psychology and Marketing, 2002, 19 (4): 369-387.

[13] Judd C. M. James L. Fundamental Dimensions of Social Judgment: Understanding the Relations Between Judgments of Competence and Warmth [J]. Journal of Personality and Social Psychology, 2005 (89): 899-913.

[14] Keltner D., Bonanno G. A. A Study of Laughter and Dissociation: Distinct Correlates of Laughter and Smiling During Bereavement [J]. Journal of Personality and Social Psychology, 1997 (73): 687-702.

[15] Markus H. R., Kitayama S. Culture and the Self: Implications for cognition, Emotion, and Motivation [J]. Psychological Review, 1991, 98 (2): 224-253.

[16] Nisbett E., PENG K. Culture and Systems of Thought: Holistic Versus Analytic Cognition [J]. Psychological Reivew, 2001 (108): 291-310.

[17] Paul M. H., Page C. M., Pfeiffer B. E. Affective Influences on Evaluative Processing [J]. Journal of Consumer Research, 2012, 38 (5): 253-267.

[18] Priluck R. Relationship Marketing can Mitigate Product and Service Failures [J]. Journal of Service Marketing, 2003, 17 (1): 37-52.

[19] Singelis T. M. The Measurement of Independent and Interdependent Self-construals [J]. Personality and Social Psychology Bulletin, 1994, 20 (5): 580-591.

[20] Smit E., Bronner F. Brand Relationship Quality and Its Value for Personal Contact [J]. Journal of Business Research, 2007 (60): 627-633.

[21] Sui J., Han S. Self-construal Priming Modulates Neural Substrates of Self-awareness [J]. Psychological Science, 2007, 18 (10): 861-866.

[22] Trafimow D. et al. Some Tests of the Distinction Between the Private Self and the Collective Self [J]. Journal of Personality and Social Psychology, 1991 (60): 649-655.

[23] Westbrook R. A. Product/Consumption-based Affective Responses a Post Purchase Processes [J]. Journal of Marketing Research, 1987, 24 (3): 258-270.

[24] White C. J. The Impact of Emotions on Service Quality, Satisfaction and Positive Word-of-mouth Intentions over time [J]. Journal of Marketing Management, 2010, 26 (5): 381-394.

[25] White C. J. The Impact of Emotions on Service Quality, Satisfaction, and Positive Word-of-mouth Intentions

over time [J]. Journal of Marketing Management，2010，26（5）：381-394.

[26] Zhang Y.，Shrum L. J. The Influence of Self-construal on Impulsive Consumption [J]. Journal of Consumer Research，2009，35（5）：838-850.

[27] 韩冰．品牌关系与社会阶层对品牌评价的影响[J]. 管理科学，2016，29（3）：71-80.

[28] 潘黎，吕巍．从消费者行为学角度研究储蓄和消费行为的现状和评述[J]. 软科学，2013，27（2）：132-135.

[29] 韦夏，涂平．回馈如何强化关系？——价格模糊性和关系类型对顾客忠诚意愿的影响[J]. 营销科学学报，2014，10（3）：85-98.

[30] 徐小龙，苏勇．消费者与品牌关系演变研究[J]. 现代经济探讨，2012（3）：22-26.

[31] 晏国祥．消费情绪研究综述[J]. 软科学，2008（3）：28-32.

"一带一路"背景下消费者跨境电商购物的感知风险研究

李　研
（首都经济贸易大学工商管理学院，北京　100070）

［**摘　要**］"一带一路"倡议的实施使跨境电商的发展前景十分广阔。对于电商平台、商家和政府来说，了解消费者在跨境电商购物中的感知风险，有效地进行流程和服务改进从而降低消费者感知风险，促进跨境电商的快速发展，具有重要的理论和实践意义。本研究通过问卷调查的方法，共收集有效问卷485份，通过探索性因子分析、验证性因子分析、方差分析等方法探讨了消费者在跨境电商购物中的感知风险维度及其差异性。结果显示，我国消费者参与跨境电商购物的感知风险主要表现在六个维度上，包括感知时间风险、感知产品风险、感知隐私风险、感知财务风险、感知网站功能风险和感知心理风险。此外，跨境电商模式、消费者购物次数和金额、消费者的年龄和学历等因素对不同感知风险维度产生了差异性影响。

［**关键词**］"一带一路"；跨境电商；消费者行为；感知风险

一、引言

跨境电商是"一带一路"沿线国家或地区的新经济增长点，可推进"一带一路"沿线国家或地区互联互通，增加就业和社会福利，最终受益各方消费者。除了B2B跨境电商外，B2C和C2C也是跨境电商不容忽视的重要形式。对于跨境电商，有两种不同的模式，一种是出口跨境电商——我国企业和个人卖家将产品卖到国外，另一种是进口跨境电商——我国的企业或消费者通过跨境电商购买国外的产品。本研究主要探讨进口跨境电商中我国消费者购买国外产品过程中的感知风险。该研究将为"一带一路"沿线国家或地区的电子商务企业或卖家、我国跨境电子商务平台企业提供很好的理论指导与实践启示。在促进B2C和C2C跨境电商发展的过程中，了解消费者跨境电商购物的消费心理与行为，以消费者中心进行流程再造和服务改进是跨境电商企业的重要任务。无论是理论还是实践角度，都需要了解消费者跨境电商购物决策中有什么类型的感知风险，这些感知风险受到哪些因素的影响。本研究基于文献分析、消费者访谈、问卷调查的方法，使用SPSS软件和AMOS软件进行了探索性因子分析、验证性因子分析和方差分析等，对我国消费者进行跨境电商购物时的感知风险维度进行了识别研究，对每一个风险维度进行了深入分析，并探讨了影响消费者感知风险水平的主要因素。

二、"一带一路"对跨境电商的影响

为了加快构建中国开放型经济新体制，党的十八届三中全会提出"推进丝绸之路经济带、海上丝绸之路建设，形成全方位新格局"的战略规划。"一带一路"作为传承和创新古丝绸之路的战略，对于缩小亚太经济圈至欧洲经济圈广大区域内的发展差距意义重大，为我国提供了巨大的机遇（王娟娟、秦炜，2015）。"一带一路"在欧亚大陆、东太平洋和印度洋之间并行向西，中巴经济走廊和孟中印缅通道是连接两者的桥梁，使"一带一路"能够涵容更多区域的经济发展诉求（邢广程，2014）。为了使跨境电商成为我国经济发展的新增长点，中央政府相关部门及各地方政府相继出台了鼓励跨境电商发展的优惠政策。例如，2016 年 6 月，发改委在《营造良好市场环境推动交通物流融合发展实施方案》中提出"鼓励快递企业发展跨境电商业务，建设国际分拨中心、海外仓，加快海外物流基地建设"；2016 年 1 月，国务院在《关于同意在天津等 12 个城市设立跨境电子商务综合试验区的批复》中提出"同意在天津市、上海市、重庆市、合肥市、郑州市、广州市、成都市、大连市、宁波市、青岛市、深圳市、苏州市 12 个城市设立跨境电子商务综合试验区"（韦斐琼，2017）。

跨境电商（Cross-border Electronic Commerce）对我国经济发展具有不容忽视的价值，跨境电商在我国进出口总额比例不断增加。2016 年上半年跨境电子商务的规模为 2.6 亿元，同比增长 30%，跨境电子商务作为新型的模式是中小企业创新发展的重要引擎。"一带一路"政策针对跨境电商的关、检、税、汇等监管政策，仓储、物流及支付等配套服务都给予了许多便利，并选取了 12 个城市作为跨境电商试验区，为跨境电商的发展和突破奠定了基础（刘小军、张滨，2016）。我国目前现有的跨境电商的企业已经超过 5000 家，通过平台开展跨境电商的企业已经超过 20 万家（刘小军、张滨，2016）。例如，亚马逊进驻上海自贸区开展跨境电商业务，阿里巴巴、一号店等电商企业也向跨境电商领域拓展业务。在"一带一路"的背景下，跨境电商将成为电子商务新常态模式。跨境电子商务模式主要有 B2B（Business to Business）、B2C（Business to Customer）和 C2C（Customer to Customer）三种。比较早的跨境电商集中于 B2B 模式，由跨境的批发商与生产商、批发商之间进行国际贸易。随着大量第三方在线交易平台的建立，使跨境电商的交易门槛大幅降低，越来越多的零售商甚至消费者直接参与到网上购买和销售过程，B2C 模式的跨境电商显著增加，甚至还出现了不同国家消费者之间少量商品互通有无的 C2C 模式（张卉，2015）。

三、消费者跨境电商购物行为的感知风险分析

感知风险是消费者主观感受到的风险。在产品购买的过程中，消费者因无法预料购买结果的优劣以及由此导致的后果而产生的一种不确定性的感觉（Derbaix，1983）。网络购物的感知风险是指互联网使用者在电子交易中对损失的预期（Kim & Forsythe，2010）。Cunningham（1967）指出，感知风险由两个因素组成：不确定性、后果。不确定性是指消费者主观感受到的不利后果的

不确定性，后果是指不利后果可能造成的损失大小。感知风险的测量为损失的不确定性乘以结果的危害性。感知风险是电子商务的关键因素，企业必须要理解感知风险以促进电子商务的成功（Srivastava & Thakur，2015）。跨文化研究显示，不同国家的消费者进行在线零售购物时的感知风险可能是相似的（Kim et al.，2013）。Zheng 等（2015）发现，中国消费者比法国消费者对在线服装购买感知到更高水平的风险，可能源于中法两国消费者在不确定性避免方面的文化差异。

感知风险是一个多维度的概念，很多学者提出了消费者网络购物感知风险的不同维度（见表1）。不同类型的感知风险会在互联网交易中形成障碍，从而影响消费者的购物渠道选择（Kim & Forsythe，2010；Rampl et al.，2012）。风险感知维度可以帮助我们有效预测消费者行为（Geetha & Rangarajan，2015）。

表 1 消费者网络购物的感知风险研究

研究者	风险维度	样本来源
Ye（2004）	欺诈风险、交付风险、财务风险、过程与时间损失风险、产品风险、隐私风险、信息风险	中国
Ko 等（2004）	社交风险、财务风险、时间风险、心理风险	韩国、美国
Suresh 和 Shashikala（2011）	来源风险、心理风险、货币风险、功能风险、社交风险、时间风险	印度
Zhang 等（2012）	社交风险、经济风险、隐私风险、时间风险、质量风险、健康风险、投递风险、售后风险	中国
Javadi 等（2012）	财务风险、产品风险、便利风险、未投递风险	伊朗
Dash（2014）	产品风险、财务功能风险、心理风险、时间风险、投递能力风险、网站功能风险	印度
Ariff 等（2014）	产品风险、便利风险、财务风险、未投递风险	马来西亚
Geetha 和 Rangarajan（2015）	感知财务风险、感知质量风险、感知产品不可得风险、感知健康风险、感知时间风险、感知购买行为风险、感知售后服务风险、感知产品测量风险、感知信息风险、感知社会风险、感知广告风险	无
Srivastava 和 Thakur（2015）	功能风险、时间风险、社交风险、安全风险、隐私风险	印度

跨境电商是指分属不同关境的交易主体，通过电商平台达成交易和进行支付，并通过跨境物流递送商品完成交易的一种国际商业活动（张向朋等，2014；上海社会科学院经济研究所课题组，2014）。卢萍等（2015）探讨了跨境电商消费者体验影响因素，涉及产品、物流服务、售后服务和操作便利性四大方面。消费者首先要进行跨境电商平台的选择，然后在第三方平台上选择产品进行购买。在实施购买时，消费者会综合考虑诸多因素，如支付条件、通关条件、法律法规、跨国物流等。各个环节都会使消费者产生感知风险，从而影响消费者的购买行为。跨境电商的感知风险与国内电商的感知风险具有一定的差异性。有必要从跨境电商的特点出发，探索该情境下消费者感知风险的特殊性和差异性。

上海市工商局课题组（2015）研究发现，制约跨境电商发展的主要问题包括跨国物流服务落后、电商支付安全存在挑战、信用问题。具体而言，跨国物流需要涉及计税、跨国运输等环节，跨境支付存在不同货币及汇率问题，各国法律差异造成跨国维权艰难。跨境电商相比于国内电商在以下几个方面存在差异：

第一，法律法规。跨境电商相比于国内电商在法律制度方面的要求更高。欧盟联合研究中心在 2013 年发布的《欧盟跨境电子商务驱动和阻碍研究报告》中指出，相关法律法规的缺乏和模糊，会导致跨境电商操作难度加大，并且一旦交易双方发生纠纷，会在解决过程中出现法律依据缺乏、时效性差等制约因素，严重影响跨境电商的正常开展。

第二，购物成本。2016 年“新政”的出台为跨境电商的发展营造了统一的税收政策环境，同时新税制实施会引发消费者购物成本的上升（科技智囊专题研究小组，2016）。

第三，国际物流。跨境电商大多以转运公司或正常海关进口为主，物流时间平均约为一周到两个月，这导致运送时间长、包裹无法全程追踪、不支持退换货，甚至会出现清关障碍和破损甚至丢包的情况（叶华，2015）。

第四，售前与售后。在售前环节，由于消费者对海外商品的认知度不够，因而需要更多客服咨询服务（之剑，2015）。在售后方面，跨境电商使消费者便捷地获取全球商品的同时，复杂的售后流程也使得消费者容易陷入维权窘境（韦荷琳等，2017）。在纠纷处理方面，跨境电商处理交易纠纷的难度高于国内交易，因为跨境存在沟通上的障碍、退货流程问题以及没有完善的纠纷处理机制（宋秀丽，2017）。

第五，产品。跨境电商中商家和物流的双重不确定性让消费者产生了对于“正品”的怀疑（之剑，2015）。跨境电商的产品种类有限，仅限于部分爆款产品，而且可能存在非正品问题（韦荷琳等，2017）。

上述差异性和特殊性决定了跨境电商在很多方面的感知风险会高于国内电商，但现有研究尚缺乏专门针对跨境电商的感知风险维度的深入分析。本研究试图探讨跨境电商购物中消费者感知风险维度的构成，以及影响不同感知风险维度的主要因素。

四、研究设计与方法

本研究主要使用了问卷调查的方法来展开研究。在形成正式问卷之前，结合文献分析、消费者访谈和预调研进行了量表的开发。在消费者访谈中调查了 20 名有过跨境电商购物经历的消费者，他们回答了以下问题：第一，请您回忆一下曾经通过跨境电商购买过哪些海外商品？第二，在您决定通过跨境电商平台购买海外商品时，您主要担心哪些问题？第三，在您过往的跨境电商购物经历中，您有没有遇到一些让您不满意或不愉快的经历？如果有，请您描述一下该经历以及它给您造成的损失或损害？根据访谈的结果，消费者对跨境电商购物的主要担心包括：被收取较高的关税、物流的时间成本太高、遇到假货或次品、物流出现问题造成产品丢失或损坏、产品与预期不符合而退换货太麻烦、价格比国外正常价格高、使用界面理解出现问题、购物操作流程出现障碍、支付被多扣费用或物流费用过高等。

跨境电商具有多种消费者购物模式，主要包括海淘、直邮、海外购和自贸区模式（卢萍等，2015）。在我国，跨境电商购物模式主要包括在海外电子商务平台上购买商品的海淘模式和通过淘宝全球购、京东全球购达成代购交易模式，其中后者是市场的主流（聂昌腾等，2016）。自贸区模式中商家已经将海外采购的商品备货至自贸区仓库，消费者下单后会从国内直接发货。本研究想要探讨的是商品经由跨国物流后到达消费者的跨境电商，因而在问卷情境中没有涉及自贸区模式。因而，本研究选择了“海淘模式”“海外直邮模式”和“海外购模式”三种模式进行分析。被试会随机看到三种跨境电商购物模式中的一种模式的介绍（约 200 字）（见附录），然后让被试对该种模式的跨境电商的感知风险进行评估。

本研究中消费者跨境电商购物的感知风险量表开发，借鉴了在线购物感知风险研究的相关成果，并结合文献中有关跨境电商与国内电商差异的研究，以及消费者访谈的内容。最终，归纳出具有普遍性的七种感知风险维度，分别为财务风险、产品风险、时间风险、投递风险、隐私风险、心理风险、网站功能风险，共计 23 个题项。各感知风险维度的定义如表 2 所示。在感知风险的测量方面，问卷中呈现具体陈述题项，让消费者评估相关风险损失的可能性感知。采用李克特七分量表，数值越大表示该维度的感知风险越高。正式问卷的第一部分询问了消费者进行跨境电商购物的行为，包括是否通过跨境电商购买过海外商品、购买次数、购买金额等信息。第二部分是对某一种跨境电商进行介绍，然后让被试评价该种跨境电商在各个维度上对风险损失的主观感知。第三部分让被试填写了人口统计学信息。

表 2 消费者跨境电商购物的感知风险维度

风险维度	维度定义	相关文献
财务风险	与购买价格或购买过程相关的潜在的金钱损失	Swinyard 和 Smith（2003），Javadi 等（2012）
产品风险	产品性能或功能与预期不符而产生的潜在损失	Suresh 和 Shashikala（2011），Javadi 等（2012）
时间风险	花费消费者超过预期的时间而产生的潜在损失	Ko 等（2004），Srivastava 和 Thakur（2015）
投递风险	由于产品丢失、损坏或寄错而产生的潜在损失	Zhang 等（2012），Javadi 等（2012）
隐私风险	个人信息在未被许可的情况下被使用而产生的潜在损失	Zhang 等（2012），Srivastava 和 Thakur（2015）
心理风险	购物过程造成的心理焦虑和不适感而产生的潜在损失	Suresh 和 Shashikala（2011），Ko 等（2004）
网站功能风险	由于个人缺乏知识或经验造成网站使用不顺畅而产生的潜在损失	Dash（2014），Davis 等（1989）

数据收集方式包括线上和线下，线上通过在线调查网站发送问卷链接的方式邀请被试参与调查，线下通过纸质问卷邀请被试参与调查，调研时间为 2017 年 6~7 月。线上被试获得了固定金额的报酬，线下被试获得一份小礼物以示感谢。本研究共发放 520 份问卷，共有 485 份有效问卷用于数据分析，问卷有效率为 93.269%。最终，被试中男性占 48.247%。年龄分布为 18 岁以下占 2.268%，18~25 岁占 18.557%，26~30 岁占 30.309%，31~40 岁占 37.526%，41~50 岁占 8.041%，51 岁及以上占 3.299%。学历分布为初中及以下 3.299%，中专或高中占 8.041%，大专或本科占 72.165%，研究生及以上 16.495%。

五、数据分析

（一）探索性因子分析

首先，因子分析要求原有变量之间存在较强的相关关系，通过计算变量的相关系数矩阵可以发现各变量之间具有显著的相关关系。相关系数在 0.4 以上说明问卷适合进行因子分析；KMO 值为 0.886，大于 0.8，说明适合进行因子分析。Bartlett 球形检验显示显著性为 0.000，小于 0.05，因此该问卷适合进行因子分析。

本研究使用 SPSS 软件对数据进行探索性因子分析，使用主成分分析方法抽取特征值大于 1 的因子。删去因子负荷低于 0.4 或同时在两个因子上载荷值大于 0.4（杨翼、卢泰宏，2007）的 5 个题项后（包括财务风险 1 个题项、产品风险 1 个题项和投递风险 3 个题项），最终保留了 18

个题项，共六个维度。对因子矩阵进行旋转得到的结果如表3所示。所有测量题项在对应的因子上的负载都大于0.6，交叉变量的因子负载没有超过0.4，初步显示因子的聚合效度和差别效度较好。根据探索性因子分析发现，消费者跨境电商购物的感知风险包括六个维度，累计解释方差贡献率为74.783%，能够解释大部分的方差变异。整个问卷的一致性α为0.921。

表3 消费者跨境电商购物的感知风险的因子分析结果

因子	感知风险测量题项	因子负载	α系数	AVE	CR
财务风险	商品会被我国海关收取较高的关税	0.807	0.828	0.622	0.831
	商品价格会比国外正常价格要高	0.790			
	购买商品时被收取高额的物流或货币转换费	0.748			
产品风险	产品会是假货或山寨产品	0.836	0.904	0.769	0.908
	产品会是次品，出现以次充好的现象	0.859			
	产品表现会与预期不符	0.763			
时间风险	物流时间过长	0.841	0.841	0.641	0.842
	出现问题后退换货时间过长	0.828			
	商品会被长期滞留在海关	0.730			
隐私风险	个人地址、电话号码等会被泄露	0.821	0.914	0.783	0.915
	个人的信用卡或借记卡信息会被泄露	0.808			
	个人信息会被不法分子利用	0.800			
心理风险	购物过程会给我造成精神上的压力	0.739	0.877	0.710	0.880
	购物过程让我感觉缺乏安全感	0.732			
	包裹无法全程追踪会给我造成心理上的焦虑	0.659			
网站功能风险	对电商网站的使用会不顺畅	0.824	0.854	0.663	0.855
	对购物流程会缺乏了解和相关知识	0.794			
	费用支付过程中会出现问题而无法支付	0.705			

（二）信度和效度检验

信度分析用于评价问卷这种测量工具的稳定性或可靠性，就是用问卷对同一事物进行重复测量时，所得结果的一致性程度。本研究采用了Cronbach's α系数来判别量表的内部一致性信度，标准为大于0.7（见表3）。本研究利用AMOS软件对量表进行了验证性因子分析。收敛效度使用了AVE和CR检验，标准为AVE值大于0.5，CR值大于0.7。最终结果均达标准（见表3）。区分效度的检验，可比较AVE值的平方根是否大于相应维度的相关系数。结果显示，AVE值的平方根均大于两个维度之间的相关系数，说明区分效度较好（见表4）。验证性因子分析指标 $\chi^2/df=2.770<3$，$GFI=0.929>0.8$，$AGFI=0.900>0.8$，$RMSEA=0.060<0.08$，$NFI=0.944>0.9$，$CFI=0.963>0.95$，均达到拟合标准。

表4 区分效度检验

	财务风险	产品风险	时间风险	隐私风险	心理风险	网站功能风险
财务风险	0.789					
产品风险	0.526	0.877				

续表

	财务风险	产品风险	时间风险	隐私风险	心理风险	网站功能风险
时间风险	0.634	0.508	0.801			
隐私风险	0.547	0.606	0.536	0.885		
心理风险	0.472	0.379	0.391	0.507	0.843	
网站功能风险	0.434	0.375	0.335	0.473	0.663	0.814

（三）感知风险的差异分析

首先，比较我国消费者在六个主要维度上感知风险的差异性。结果显示，我国消费者认为跨境电商在时间维度上的感知风险是最高的（M=5.034），其次是产品风险（M=4.640）、隐私风险（M=4.331）、财务风险（M=4.265），感知风险程度较低的维度是网站功能风险（M=3.591）和心理风险（M=3.529）。由于感知风险会抑制消费者的购物行为，因而消费者参与跨境电商购物的主要制约因素源于获取商品时间成本的不确定性、商品本身存在问题或与预期不符的风险感知。

其次，本研究利用问卷中的有关跨境电商模式、消费者购物次数、消费者购物金额对感知风险进行了方差分析。结果发现，跨境电商模式、消费者购物次数、购物金额对感知风险各维度具有不同的影响效应（见表5）。第一，不同跨境电商模式在产品风险、隐私风险和网站功能风险维度存在显著差异。“海淘模式”在这三个维度的感知风险均高于“海外直邮模式”和“海外购模式”，后两者在各风险维度上差异不显著。第二，购买次数影响了消费者在产品风险、隐私风险、心理风险和网站功能风险四个维度的风险感知。消费者购买次数越多，在上述几个维度的感知风险程度越低。从未经历过跨境电商购物的消费者在上述几个方面的感知风险都是最高的。第三，购物金额影响了消费者在六个维度的风险感知，购物金额越高消费者在上述六个方面的感知风险越低。

表5 跨境电商模式和购物行为对感知风险影响的方差分析

感知风险维度	跨境电商模式		购物次数		购物金额	
	F值	显著性	F值	显著性	F值	显著性
财务风险	0.690	0.502	1.592	0.161	4.699	0.000***
产品风险	5.092	0.006**	7.211	0.000***	10.155	0.000***
时间风险	1.560	0.211	1.872	0.098	3.400	0.003**
隐私风险	3.065	0.048*	6.411	0.000***	4.927	0.000***
心理风险	1.290	0.276	6.176	0.000***	3.338	0.003**
网站功能风险	4.007	0.019*	8.011	0.000***	5.149	0.000***

注：* 表示在0.1的水平下显著，** 表示在0.05的水平下显著，*** 表示在0.01的水平下显著。

最后，利用问卷中收集的人口统计信息对感知风险各维度进行方差分析。结果显示，不同性别消费者在感知风险各维度没有显著差异（p>0.1）。学历仅显著影响了消费者的网站功能风险感知（F（3，481）=6.752，p<0.001），学历越高的消费者感知到的网站功能风险越低。年龄影响了消费者在四个维度的风险感知，包括产品风险（F（6，478）=6.752，p<0.01）、隐私风险（F（6，478）=3.213，p<0.01）、心理风险（F（6，478）=2.146，p<0.05）和网站功能风险（F（6，478）=2.378，p<0.05）。26~30岁这一年龄段的消费者在四个维度的感知风险是最

低的，而年龄偏小或偏大都会造成感知风险的上升。通过该分析，可以勾勒出跨境电商最重要的消费人群，就是26~30岁的、具有较高学历的年轻男性和女性。

六、结论与讨论

（一）结论

本研究主要探讨了影响消费者跨境电商购物的感知风险维度，经过量表开发、问卷调查、因子分析等方法发现，我国消费者跨境电商购物中主要有六个维度的感知风险，包括时间风险、产品风险、隐私风险、财务风险、网站功能风险和心理风险。其中，时间风险和产品风险是我国消费者感知风险水平最高的两个维度。研究还发现跨境电商模式、消费者购物次数和金额、消费者的年龄和学历等因素对不同感知风险维度产生了差异性影响。

（二）跨境电商感知风险维度的讨论

在感知时间风险方面，跨境电商购物的物流时间过长、出现问题后退换货时间过长或者商品被长期滞留在海关等因素造成了消费者感知时间风险的上升。与国内电商相比，跨境电商在消费者感知时间风险上是比较凸显的。这启示跨境电商平台和跨国物流企业应当在降低物流时间方面做出更多努力，解决跨境物流时效慢、运作水平较为滞后的问题。这也启示政府部门为了支持跨境电商，可以采取简化海关清关程序，使商品运送速度加快，降低消费者感知时间风险。

在感知产品风险方面，产品出现问题或与预期不符等因素造成了消费者感知产品风险的上升。消费者选择跨境电商往往是因为国内相关产品不能满足当前需求，或国外产品至少在某些属性上优于国内相关产品，产品为消费者创造的价值是消费者选择跨境电商的根本目的。考虑到售后服务的难度较大，消费者会比较担忧产品出现问题而导致无法发挥应有价值或产生高昂的后续成本（时间、精力、金钱成本等）。为了有效降低消费者的感知产品风险，许多电商平台做出了“正品保障”“假一罚十”等宣传口号。

在感知隐私风险方面，个人信息被泄露以致被不法分子利用等因素造成了消费者感知隐私风险的上升。该感知风险维度可能与国内电商购物是相似的。近年来，很多领域都出现了隐私泄露事件并引发了诸多令人震惊的新闻报道，这类事件频出引起了消费者对个人隐私安全的强烈关注。感知隐私风险在一定程度上也代表着后续可能出现的财务风险，如境外不法分子利用账户和信用卡信息盗取个人财产，而境外不法分子的监控和抓捕难度又远高于境内。确保消费者的隐私安全需要电商平台、物流企业和政府的共同努力。

在感知财务风险方面，商品会被我国海关收取较高的关税、商品价格比国外正常价格高或支付产品本身以外高额的物流费用、货币转换费等因素造成了消费者感知财务风险的上升。消费者之所以对收取关税产生了较高的风险感知，在于关税收取与否和收取金额的不确定性。为了降低该风险，一些电商企业或商家采取了商家承担税费的制度。由于跨境电商购物不如国内电商购物更便利，价格比较的机会和程度是有限的，这会造成消费者担心买贵的情况。随着消费者购物次数和金额的增加，这类感知风险会逐渐下降的。因而，企业采用促销手段引发消费者的首次跨境电商购物是开拓跨境电商业务和市场的必要途径。

在感知网站功能风险方面，对电商网站的使用不顺畅、对购物流程缺乏了解和相关知识或支付出现问题等因素造成了消费者感知网站功能风险的上升。该风险维度在“海淘”这一跨境电商模式中体现得比其他跨境电商购物模式更明显，因为海淘往往需要有一定的外语基础和电商知识，曾经有过留学经历的消费者在这些方面的感知风险会降低。虽然海淘比海外购、海外直邮的操作难度稍大，但商品种类足够丰富，仍然吸引着大批年轻消费者的参与。随着我国跨境电商平台的发展和壮大，网站功能风险很可能不再成为跨境电商购物的重要感知风险维度。

在感知心理风险方面，购物过程会造成精神上的压力、缺乏安全感或由于包裹无法全程追踪而产生心理上的焦虑等因素造成了消费者感知心理风险的上升。该感知风险维度在上述几个维度中是最低的，而且该维度在一定程度上源于其他维度的感知风险。相较于国内电商，跨境电商出现问题造成的麻烦和损失都可能比较高，这最终会给消费者带来一定的心理负担。客观上看，在降低了其他维度的感知风险后，该维度应该会同时降低。为了减弱消费者的心理焦虑感，企业可以提供跨境电商的实时物流监控，目前一些电商平台已经采取了该措施。

（三）研究局限与未来研究方向

本研究结论具有一定的时间局限性，随着我国跨境电商行业的不断发展、相关法律法规的不断完善、业务流程的不断优化，消费者感知风险的维度和水平会发生相应的变化。本研究仅探讨了部分人口统计学信息、消费者以往的跨境电商购物经历对感知风险各维度的影响，但除此之外还存在很多影响消费者感知风险水平的因素，包括消费者个性特质、文化背景、购物目的和对象等。例如，购物目的是赠礼的情境中感知时间风险的水平就会增加，购物对象是婴儿时感知产品风险的水平就会增加。此外，未来研究可以对比跨境电商与国内电商、不同国家和地区的消费者在感知风险维度和水平上的差异性。

附　录

“海淘模式”：国内消费者在境外网站下单结算，并自行委托转运公司或者其他国际物流寄回国内。优点是货源充足，种类数量较多，享受海外正品保障，基于海关抽查制度的灰色清关可规避关税成本。原则上只要不违反两国法律法规，任何商品都可以购买。缺点是操作流程复杂，具有一定网络风险，个人参与跨境电商网购需要外语基础和电商知识，需要使用双币信用卡，信用卡支付存在风险，顾客需承担 1.5%货币兑换费用。转运周期较长，一般 15~60 天，一旦出现清关问题可能导致产品被长期扣留海关并需缴纳关税。

“海外直邮模式”：消费者使用电商企业的跨境电商销售平台购买海外商品。直邮模式的优点是网站能够提供直邮中国的物流服务，提供了迅速解决清关手续的服务，平均国际递送周期为 9~15 天，商品较为安全。缺点是消费者需要面对跨国购物的不同语言和习惯，仅支持双币或银联信用卡，不支持银联借记卡，外币支付要额外支付约 1.5%的货币兑换费。商品种类较少，售后服务较难，流程复杂。例如，消费者在美国的亚马逊平台购物。

“海外购模式”：消费者直接从中文网站进行购物，由在平台开店的商家直接从海外发货。如天猫国际的海外直邮、京东全球购中的海外直邮。优点是采用直邮方式进行商品传递，购物流程简单，有中文购物环境。缺点是货物种类较少，信用卡支付存在风险，顾客需承担 1.5%货币兑换费用。退换货成本高，需要寄到国外。转运周期较长，一般为 15~60 天。基于海关抽查制度的灰色清关可规避关税成本，但一旦出现清关问题可能导致产品被长期扣留海关并需缴纳关税。

参考文献

[1] Ariff M. S. M., Sylvester M., Zakuan N., Ismail K., Ali K. M. Consumer Perceived Risk, Attitude and Online Shopping Behaviour: Empirical Evidence from Malaysia [J]. Journal of Urban Planning & Development, 2014, 58

(1).

[2] Cunningham S. M. The Major Dimension of Perceived Risk [M]. in Donald F. Cox, ed., Risk Taking and Information Handling in Consumer Behavior. Boston: Harvard University Press, 1967.

[3] Dash A. Perceived Risk and Consumer Behavior Towards Online Shopping: An Empirical Investigation [J]. Parikalpana Kiit Journal of Management, 2014, 10 (1): 79-89.

[4] Davis F. D., Bagozzi R. P., Warshaw P R. User Acceptance of Computer Technology: A Comparison of Two Theoretical Models [J]. Management Science, 1989, 35 (8): 982-1003.

[5] Derbaix C. Perceived Risk and Risk Relievers: An Empirical Investigation [J]. Journal of Economic Psychology, 1983, 3 (1): 19-38.

[6] Geetha V., Rangarajan K. A Conceptual Framework for Perceived Risk in Consumer Online Shopping [J]. Global Management Review, 2015, 10 (1): 9-18.

[7] Javadi M., Dolatabadi H., Nourbakhsh M., Poursaeedi A., Asadollahi A. An Analysis of Factors Affecting on Online Shopping Behavior of Consumers [J]. International Journal of Marketing Studies, 2012, 4 (5): 81-98.

[8] Kim J., Forsythe S. Factors Affecting Adoption of Product Virtualization Technology for Online Consumer Electronics Shopping [J]. International Journal of Retail & Distribution Management, 2010, 38 (3): 190-204.

[9] Kim J., Yang K., Kim B. Y. Online Retailer Reputation and Consumer Response: Examining Cross Cultural Differences [J]. International Journal of Retail & Distribution Management, 2013, 41 (9): 688-705.

[10] Ko H., Jung J., Kim J. Y., Shim S. W. Cross-Cultural Differences in Perceived Risk of Online Shopping [J]. Journal of Interactive Advertising, 2004, 4 (2): 20-29.

[11] Naiyi Y. E. Dimensions of Consumer's Perceived Risk in Online Shopping [J]. Journal of Electronic Science & Technology, 2004, 2 (3): 177-182.

[12] Rampl L. V., Eberhardt T., Schütte R., Kenning P. Consumer Trust in Food Retailers: Conceptual Framework and Empirical Evidence [J]. International Journal of Retail & Distribution Management, 2012, 40 (4): 254-272.

[13] Srivastava M., Thakur R. A Study on the Impact of Consumer Risk Perception and Innovativeness on Online Shopping in India [J]. International Journal of Retail & Distribution Management, 2015, 43 (2): 148-166.

[14] Suresh A. M., Shashikala R. Identifying Factors of Consumer Perceived Risk towards Online Shopping in India [J]. International Proceedings of Economics Development & Research, 2011 (12): 336-341.

[15] Swinyard W. R., Smith S. M. Why People Don't Shop Online: A Lifestyle Study of the Internet Consumers [J]. Psychology and Marketing, 2003, 20 (7): 567-597.

[16] Zhang L., Tan W., Xu Y., Tan G. Dimensions of Consumers' Perceived Risk and Their Influences on Online Consumers' Purchasing Behavior [J]. Communications in Information Science and Management Engineering, 2012, 2 (7): 8-14.

[17] Zheng L., Plaisent M., Pecquet P., Bernard J. R. P. Chinese and French Consumer Perceived Risk in Online Shopping: The Role of Uncertainty Avoidance [J]. Iamure International Journal of Business & Management, 2015, 5 (1).

[18] 科技智囊专题研究小组．新政出台，跨境电商告别免税时代 [R]. 2016-06.

[19] 刘小军，张滨．我国与“一带一路”沿线国家跨境电商物流的协作发展[J]. 中国流通经济，2016，30 (5)：115-120.

[20] 卢萍，林开标，吴石珑．基于消费者体验的跨境电商模式选择[J]. 厦门理工学院学报，2015 (4)：39-44.

[21] 聂昌腾，何志英．跨境电商背景下消费者购买决策影响因素分析——基于负面在线评论文本视角[J]. 福建商业高等专科学校学报，2016 (6)：24-28.

[22] 上海社会科学院经济研究所课题组．中国跨境电子商务发展及政府监管问题研究——以小额跨境网购为例[J]. 上海经济研究，2014 (9)：3-17.

[23] 上海市工商局课题组．我国跨境电子商务发展现状与监管对策研究 [R]. 2015-10.

[24] 宋秀丽．探究跨境电商的现状、问题与升级途径[J]. 财会学习，2017 (7)：183.

［25］王娟娟，秦炜．“一带一路”战略区电子商务新常态模式探索［J］．中国流通经济，2015（5）：46-54.

［26］韦斐琼．“一带一路”战略红利下跨境电商发展对策［J］．中国流通经济，2017，31（3）：62-70.

［27］韦荷琳，姚虹旭，朱少英．“海淘”售后服务流程及其差异对比分析［J］．对外经贸实务，2017（3）：25-28.

［28］邢广程．海陆两个丝路：通向世界的战略之梯［J］．学术前沿，2014（4）：90-95.

［29］杨翼，卢泰宏．中国独生代价值观系统的研究：一个量表的开发与检验［J］．营销科学学报，2007，3（3）：104-114.

［30］叶华．从亚马逊看进口跨境电商问题［J］．现代商贸工业，2015，36（21）：57-58.

［31］张卉．跨境电商发展的 SWOT 分析及对策［J］．山东工商学院学报，2015，29（3）：88-93.

［32］张向朋，袁玲玲，卜坤．探究“海淘”在我国现代国际贸易中的应用［J］．现代商业，2014（4）：77-78.

［33］之剑．跨境电商的质量之忧［J］．中国纤检，2015（20）：23.

心理契约违背对顾客忠诚度的影响研究
——转换成本的调节效应

李　倩　王　季

（辽宁大学商学院，辽宁　沈阳　110036）

[**摘　要**] 本文在回顾以往研究的基础上构建了心理契约违背、转换成本、顾客忠诚度之间关系的理论模型，并选择实体商店顾客为研究对象进行问卷调查。通过实证分析发现：心理契约违背对顾客忠诚度有着显著的负向影响，即顾客感知到的心理契约违背越高，顾客忠诚度越低。而转换成本对心理契约违背与顾客忠诚度的关系具有调节作用，具体来说转换成本可以削弱心理契约违背对顾客忠诚度的负面影响。最后，根据研究结论为企业提出相应的建议以帮助其减少顾客心理契约违背情况的发生。

[**关键词**] 心理契约违背；顾客忠诚度；转换成本

一、引言

在以顾客为中心的营销实践中，显性契约关系越来越难以解释顾客与企业之间的全部关系（赵鑫、马钦海，2012）。因此越来越多的学者尝试将心理契约的内容引申到营销学中，用来解释顾客与企业之间深层次的隐性关系。查阅文献发现目前有关营销情境心理契约的研究中，众多学者都对心理契约违背对于顾客忠诚度的影响展开研究。研究大都发现，心理契约违背对顾客忠诚度起着显著的负向影响，即当顾客发现商家没有达到自己的预期或者履行其承诺时心理契约违背就产生了，而一旦心理契约违背产生则导致顾客满意度降低，进而影响顾客忠诚度，导致顾客流失。那么是否存在某个因素能够调节二者之间的关系呢？目前有大量研究表明，转换成本是影响顾客行为的一个重要因素，企业可以通过提高转换成本来留住顾客，“限制”顾客的离开，维系与顾客的长期关系。因此对于顾客而言，在转换成本较高的情况下，是否即使感知到心理契约违背，为防止转换到另一家企业所带来的损失，顾客仍会保持原来的商家，即忠诚度不会降低或者降低幅度相对较小呢？为解决这一问题，本文在文献回顾的基础上构建了关于心理契约违背、转换成本、顾客忠诚度三者之间关系的理论模型，并提出研究假设，进而以实体商店顾客为研究对象，通过问卷收集数据进行实证研究，以验证假设的正确性。

目前有关营销情境中心理契约理论的研究相对较少，本文选择以转换成本为调节变量，研究其在心理契约违背对顾客忠诚度影响中的调节作用，能够进一步丰富营销情境中心理契约理论研究，为企业留住顾客、提高顾客忠诚度提供新的视角。

二、文献回顾与研究假设

(一) 心理契约与心理契约违背

1. 心理契约的概念

心理契约最早是由组织心理学家 Argris(1960)提出的,他使用“心理的工作契约”这一术语描述工厂雇员和工头之间的关系,但是他仅提出这样的概念,并没有给它一个确切的定义。后来 Levinson,Kotter 等发展了心理契约的概念,将其界定为雇员与组织间没有书面表达的内隐契约和相互期望。陈胜军(2015)提出心理契约是指企业组织与员工个人彼此对双方付出与回报的一种主观心理约定,核心成分是彼此隐含的非正式的激励与道德制约的相互责任。胡琪波、胡卫东(2015)在研究中指出心理契约的概念产生于 20 世纪 60 年代,学者们往往是用心理契约来定义员工与组织之间除了正式经济契约之外的隐含的相互期望和理解。

值得注意的是,在对心理契约的界定过程中,针对契约存在主体的不同,还出现了学派之争。以 Rousseau,Robinson 和 Morrison 为代表的“Rousseau”学派,认为心理契约只有一个主体,它是“员工单方关于雇员和组织之间交换协定的个体信念”。以 Guest,Conway,Herriot 和 Pemberton 为代表的“古典学派”,赞同心理契约是“雇佣双方对交换关系中彼此义务的主观理解”,契约关系中存在两个主体。也就是说,关于心理契约的理解存在广义与狭义之分,虽然目前两个学派的研究同时在进行,但是基于狭义的研究远多于基于广义的研究(魏峰等,2005)。因为广义的心理契约包含员工与组织两个主体,在研究中对组织代表者的确定以及实际的研究和测量都存在一定难度,我们无法准确确定究竟谁可以代表一个组织水平的期望,并且组织作为一个认知主体其可测量性也很差(胡琪波、胡卫东,2015)。如果利用组织代理人(如企业董事长、总经理等高层管理者)代替组织则会出现一定的偏差,因为员工是与组织之间形成契约关系,而不是与组织代理人。因此,本文也认同 Rousseau 学派狭义的观点即心理契约只有员工一个主体,是员工单方关于雇员和组织之间交换协定的个体信念。

最初对于心理契约的研究多集中在组织管理中,主要是基于心理契约理论,研究企业与员工的关系以及员工的反应、行为,如员工离职率、员工反生产行为、组织公民行为、员工满意度、员工忠诚度等。直到 20 世纪 90 年代以来,营销学界才开始关注心理契约理论,他们认为在企业与其外部顾客之间也同样存在心理契约。国内学者罗海成、范秀成最早关注了营销情境中的顾客心理契约问题。他们在研究将心理契约概念中的雇员与雇主主体置换为顾客与企业,同时强调顾客方的感知,将营销情境中的心理契约理解为“顾客对自己与企业之间互惠义务的感知和信念”(罗海成、范秀成,2005),可以看出他们也是从狭义角度进行的界定。

综上,由于本文是基于营销学角度研究心理契约违背与顾客忠诚度问题,因此更加认同中国学者罗海成、范秀成提出的营销情境中的心理契约概念,即营销情境中的心理契约是顾客这一主体对自己与企业之间互惠义务的感知和信念。

2. 心理契约的维度

目前学术界关于心理契约的维度划分还未达成一致,有分为二维度的,也有三维度的。二维度划分的学者主要有 Robinson,Kraatz 和 Rousseau(1994),Tsui(1997),Millward 和 Hopkins(1998)等,他们提出心理契约存在交易维度和关系维度两个维度。交易维度主要是与报酬、奖励等物质性相关的因素，关系维度则主要是与职业发展、社会情感等与个人生活更加相关的因素。三维度划分的学者主要有 Rousseau 和 Tijorimala（1996），Lee 和 Tinsley（1999）等，他们认为心理契约由交易维度、关系维度和团队成员维度三个维度构成。中国学者李原（2002）根据三维度划分方法，基于中国情境，提出更加符合中国企业员工心理契约的三个维度：规范性责任、人际型责任和发展型责任。

通过查看文献可以发现，目前二维度划分法更加典型，应用相对更广。另外，由于本文是基于营销情境针对组织与顾客角度展开的研究，交易维度以及关系维度的划分相对更加适合，其中交易维度可以看作是与顾客相关的经济性、物质性因素，如店家为顾客提供整洁的服务设施、给予顾客优惠的价格或免费服务等。关系维度则主要是与顾客个人情感相关的因素，如店家会尊重顾客而不是敷衍、出现服务事故后能主动承担责任维护顾客利益等。因此本文也认同二维度划分法，将营销情境中的心理契约分为交易型心理契约和关系型心理契约两个维度。

3. 心理契约违背的概念

研究表明心理契约违背是一种很普遍的现象（Robinson，1994），现实中许多员工都认为组织中存在着心理契约违背。那究竟什么是心理契约违背呢？Rousseau（1989）认为心理契约违背是雇员在认知到自己的心理契约遭到不同程度的破坏后，产生的一系列被背叛、不公平、悲痛、愤怒等情绪。Morrison 和 Robinson（1997）认为心理契约违背指的是个体在组织未能充分履行心理契约的认知基础上产生的一种情绪体验，其核心是愤怒情绪，个体感觉组织背信弃义或自己受到不公正对待。阳林、李青（2008）提出，心理契约违背是一种心理认知，是一种主观体验，是指一方认为另一方没有或没有完全履行自己的诺言，而感受到自己被欺骗或在感情上受到伤害。梁文玲、刘燕（2014）通过回顾以往学者对心理契约违背的定义，提出心理契约违背的基本特征，即契约关系中一方感知到对方未履约后而产生的负面情绪状态。这些都是在组织管理领域中从企业与员工角度对心理契约违背的界定。

那么在营销情境中心理契约违背又是什么样的呢？有学者提出目前学者们对营销情境中心理契约违背研究还处于探索性的阶段（蒋丽芹等，2016），还未形成一系列成熟的、一致性的意见。阳林、李青（2008）根据以往的研究指出营销情境中的心理契约的违背可理解为当企业没有或没有完全履行自己的诺言，顾客感到自己被欺骗或在感情上受到伤害。赵鑫、马钦海（2012）认为顾客心理契约违背是指顾客感知到企业没有履行某一项或某些义务，并产生的情感反应。

基于以上研究，本文认为营销情境中的心理契约违背是一种顾客的心理感知，是在顾客感知到企业没有履行自己的承诺或者义务时所产生的一种内在的负面情绪反应。

（二）转换成本的概念

转换成本的概念最早由 Porter（1980）引入营销管理领域。目前营销界对转换成本的概念界定已基本达成一致，多数都认为是顾客转换产品或服务时所面临的成本。如 Burnham 等（2003）认为转换成本是指消费者在从一个产品或服务的提供者转向另一个提供者时所面临的一次性成本。汪旭晖、徐健（2008）指出转换成本是一个复杂的变量，是顾客从一种产品或服务向另一种产品或服务转移时所感知的成本。汪涛、何昊（2006）在研究中指出转换成本可以是消费者更换供应商必须面对的直接财务损失，也可以是其在更换过程中承担的非财务成本。张初兵（2013）认为转换成本的本质是个人或组织从一方转换到另一方所形成的各种成本。

综上，本文认为转换成本是顾客从一种产品或服务的供应商转向另一种产品或服务的供应商时所面临的客观成本（如时间、财产等损失）以及感知到的主观成本（如精力、风险承担、情感损失等）。

（三）心理契约违背对顾客忠诚度影响的研究

无论是在组织管理领域还是在营销管理领域，心理契约违背的发生都会对企业产生很大的负面影响，不利于企业的稳定与发展。有研究发现当员工感知到组织没有履行曾经的承诺时，心理契约违背就产生了，导致员工的不满意度增加进而影响其工作的积极性（张晓旭，2012）。郑子林（2014）认为当知识型员工产生了心理契约违背的感知后会采取相应的个体应对行动，这将会对组织造成难以衡量的后果，不利于组织效益的提升、对组织文化氛围产生消极影响、对组织声誉造成严重的负面影响等。在营销情境中，目前已有的大部分研究都证实顾客心理契约违背会对顾客的产品态度、消费行为产生消极影响（林艳、王志增，2016）。阳林、李青（2008）发现一旦有心理契约违背情况产生，此时顾客的消费经历必定是不愉快的，于是他们或沉默转向其他同类企业，或向第三方抱怨传播负面口碑。赵鑫、马钦海（2012）在研究中指出当顾客感知不愉快时，心理契约违背就会发生，违背程度将影响顾客是否决定转而投向其他服务提供商。梁文玲、刘燕（2014）指出履行心理契约是企业实现顾客忠诚的有效途径，如果企业发生服务失误而使顾客感知到心理契约违背，就可能会对顾客忠诚产生负向影响，后续实证分析也显示，交易心理契约违背、关系心理契约违背确实与顾客的行为忠诚和态度忠诚均呈显著负相关关系。

通过已有研究可以看出，当顾客感知到心理契约违背发生后，往往会产生相应的不利于企业的消极行为反应，如抱怨、不满、信任度降低、结束交易、转向其他商家等，对顾客忠诚度产生负面影响。

基于此，本文提出以下研究假设：

H1：顾客感知到的心理契约违背与顾客忠诚度显著负相关，即顾客感知到的心理契约违背越高，顾客忠诚度越低。

H1a：顾客感知到的交易型心理契约违背与顾客忠诚度显著负相关，即顾客感知到的交易型心理契约违背越高，顾客忠诚度越低。

H1b：顾客感知到的关系型心理契约违背与顾客忠诚度显著负相关，即顾客感知到的关系型心理契约违背越高，顾客忠诚度越低。

（四）转换成本对心理契约违背与顾客忠诚度的关系的调节作用

虽然心理契约违背会给契约双方造成一定的负面影响，但现有研究也发现，在某些情境下，心理契约违背的消极后果会因为某些调节变量的加入而减弱（梁文玲、刘燕，2014）。查阅文献发现，虽然目前在组织管理领域心理契约违背与员工行为之间调节作用的研究较多，但是在营销管理领域对心理契约违背与顾客行为之间调节作用的研究则相对较少。

转换成本是顾客从一种产品或服务的供应商转向另一种产品或服务的供应商时所面临的各种成本。查阅文献发现，已经有一些学者开始关注转换成本在顾客忠诚形成机理中的作用，他们认为这种作用更多的是表现为一种调节作用（汪旭晖、徐健，2008）。具体来说，转换成本在顾客满意度和忠诚之间具有调节作用、转换成本在顾客信任与顾客忠诚之间存在调节作用、转换成本在顾客心理契约违背与重复购买意愿之间具有调节作用等。

虽然目前还缺乏关于转换成本在心理契约违背与顾客忠诚度之间调节作用的研究，但是通过已有研究发现转换成本可以被看作一种阻止顾客脱离企业服务关系的障碍，是影响顾客忠诚的重要因素（崔萌等，2014）。根据转换成本理论，企业可以通过合理设置各种“障碍”来防止顾客流失，从而达到保留顾客的目的（张初兵等，2011）。已有研究发现转换成本在交易型心理契约违背与重复购买意向之间的调节效应显著，即随着顾客转换成本提高，交易型心理契约违背对重复购买意向的作用减弱（刘梦琳，2013）。

综上，本文认为当顾客感知到心理契约违背，产生不满、抱怨、选择中断交易、转向其他商家行为时，此时如果企业能够合理利用转换成本这一营销策略，设置相应的成本“障碍”使得顾客发觉转向其他商家的转换成本过高，进而提高顾客对部分心理契约违背情况的容忍度，减弱顾客退出行为。因此转换成本的存在可能会使得顾客因心理契约违背而导致的忠诚度的下降有所缓解。

基于此，本文提出以下研究假设：

H2：转换成本对顾客感知到的心理契约违背与顾客忠诚度的关系具有调节作用，即转换成本能够削弱心理契约违背对顾客忠诚度的负向影响程度。

H2a：转换成本对顾客感知到的交易型心理契约违背与顾客忠诚度的关系具有调节作用，即转换成本能够削弱交易型心理契约违背对顾客忠诚度的负向影响程度。

H2b：转换成本对顾客感知到的关系型心理契约违背与顾客忠诚度的关系具有调节作用，即转换成本能够削弱关系型心理契约违背对顾客忠诚度的负向影响程度。

本文的理论模型如图 1 所示。

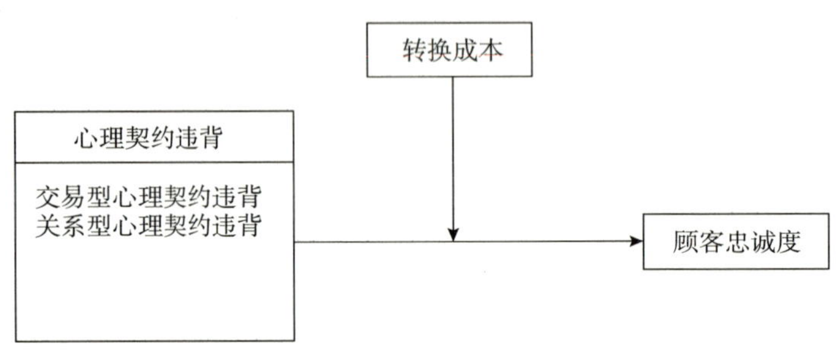

图 1　本文的理论模型

三、研究设计

（一）变量测量

本文对变量的测量都是采用现有的成熟量表，然后根据本文实际对量表题目中相关词语进行了适当修改。目前对于心理契约违背的测量还没有直接的量表，主要是借鉴对心理契约的测量题项。罗海成（2005）根据 Rousseau 的经典心理契约量表，针对消费者情境进行相应调整，在心理契约量表中，为交易心理契约和关系心理契约各设计了六个问项。我们借鉴这一量表，并根据实际情况进行了适当的语句修改。

对转换成本的测量借鉴汪旭晖、徐健（2008）的量表。对于顾客忠诚度的测量邓爱民等（2014）在研究中主要借鉴 Zeithaml 等的量表，根据我国国情进行适当修正，提出了四个测量问项，本文借鉴这一量表。对于转换成本以及顾客忠诚度的测量题项，我们都进行了适当的语句修改以适应本文实际研究情况。

对题项的测量采用李克特五分制量表法，其中 1 分表示“完全同意”，2 分表示“比较同意”，3 分表示“一般”，4 分表示“比较不同意”，5 分表示“完全不同意”。值得注意的是，本文对心理契约违背的测量借用的是心理契约的测量题项，因此在数据分析的阶段，需要对收集到的结果进行反向计分。

（二）数据收集

由于信息技术、物流运输的发展，现在越来越多的消费者选择网上购物。与网购相比，在实体商店中购物的消费者能够实际看到商店的店面、装修风格、卫生环境等，能够与店员面对面接触、交流，顾客的心理契约能得到更好的体现。因此本文以实体商店的顾客为研究样本，另外，查阅文献发现在营销情境的心理契约违背实证研究中，学者往往会选择服务过程中的人际接触程度较高，即顾客卷入度较高，且行业具有充分的竞争性的行业，如美容行业等服务性行业，因为在这样的行业中顾客心理契约能得到较好体现（罗海成，2006；杨莉、高凯，2009）。因此，本研究将调查对象选定为顾客卷入程度较高、竞争相对激烈行业中的各种实体商店（如化妆品店、服装店、超市、饭店等）顾客。

在正式调研之前，首先进行了预调研，发放了50份问卷，通过修改和调整初始量表，确定了最终量表。其次以商店顾客为调查对象，总共发放问卷200份，剔除无效问卷，有效问卷共162份，问卷的有效率为81%，达到统计要求。其中男性73人，女性89人。专科及以下学历为42人，占25.92%；本科学历为69人，占42.59%；硕士及以上学历为51人，占31.48%。

（三）实证分析

1. 信度与效度分析

实证分析结果显示交易型心理契约违背、关系型心理契约违背、转换成本、顾客忠诚度量表的Cronbach's Alpha系数分别为0.720、0.902、0.770、0.868，均大于0.7，问卷的内部一致性良好。各量表的KMO值分别为0.801、0.833、0.765、0.755，均大于0.7，且Bartlett球形检验达到显著水平（见表1），因此量表的信度和效度均符合要求。

表1 心理契约违背、转换成本、顾客忠诚度的信度和效度

量表	Cronbach's Alpha	KMO值	Bartlett球形检验
			Sig.
交易型心理契约违背	0.720	0.801	0.000
关系型心理契约违背	0.902	0.833	0.000
转换成本	0.770	0.765	0.000
顾客忠诚度	0.868	0.755	0.000

2. 回归分析

如表2所示，各自变量的容忍度均在0.2以上，方差膨胀因子小于5，自变量间不存在严重的多重共线性问题。在加入控制变量后，交易型心理契约违背、关系型心理契约违背两个维度与顾客忠诚度在0.1水平上显著负相关，β系数分别为-0.165、-0.554，因此，交易型心理契约违背、关系型心理契约违背与顾客忠诚度显著负相关，假设1a、假设1b得到验证。

表2 心理契约违背与顾客忠诚度回归系数

模型	非标准化系数		标准系数	t	Sig.	共线性统计量	
	β	标准误差	试用版			容差	VIF
（常量）	-0.667	0.441		-1.514	0.132		
性别	-0.035	0.108	-0.020	-0.327	0.744	0.922	1.084

续表

模型	非标准化系数		标准系数	t	Sig.	共线性统计量	
	β	标准误差	试用版			容差	VIF
年龄	0.003	0.067	0.003	0.044	0.965	0.760	1.316
受教育程度	0.158	0.077	0.153	2.041	0.043	0.610	1.640
职业	0.046	0.029	0.103	1.599	0.112	0.832	1.202
家庭月收入	-0.060	0.062	-0.062	-0.977	0.330	0.855	1.170
交易型心理契约违背	-0.165	0.085	-0.165	-1.945	0.054	0.478	2.093
关系型心理契约违背	-0.554	0.085	-0.554	-6.488	0.000	0.471	2.124

3. 调节作用验证

（1）转换成本在交易型心理契约违背与顾客忠诚度关系中的调节作用验证。采用层级回归法，模型1仅加入控制变量，模型2加入交易型心理契约违背与转换成本，模型3加入交易型心理契约违背与转换成本交互乘积项，结果如表3所示，当交易型心理契约违背与转换成本进入回归方程后，交互项与顾客忠诚度的回归系数依然显著（β=0.085，$p<0.05$），并且与假设一致，所以假设2a通过验证。

表3　转换成本对交易型心理契约违背与顾客忠诚度之间关系的调节分析

变量模型		顾客忠诚度		
		M1	M2	M3
控制变量	性别	-0.086	-0.025	-0.020
	年龄	-0.096	-0.093	-0.075
	受教育程度	0.058	0.039	0.008
	职业	0.063	0.077	0.077
	家庭月收入	-0.014	-0.024	-0.028
主效应	交易型心理契约违背		-0.397***	-0.308***
	转换成本		0.361***	0.327***
调节效应	交易型心理契约违背×转换成本			0.085**
R^2		0.025	0.429	0.445
ΔR^2		0.025	0.404	0.016

注：**、*** 分别代表0.05、0.01的显著水平。

（2）转换成本在关系型心理契约违背与转换成本关系中的调节作用验证。同样采用层级回归法进行分析，如表4所示，当关系型心理契约违背与转换成本的交互项进入回归方程后，交互项与顾客忠诚度的回归系数依然显著（β=0.152，$p<0.05$），并且与假设一致，转换成本的调节效应显著，所以假设2b通过验证。

表 4 转换成本对关系型心理契约违背与顾客忠诚度之间关系的调节分析

变量模型		顾客忠诚度		
		M1	M2	M3
控制变量	性别	-0.086	-0.058	-0.034
	年龄	-0.096	-0.049	-0.022
	学历	0.058	0.172	0.110
	月收入	0.063	0.071	0.075
	职业	-0.014	-0.020	-0.024
主效应	关系型心理契约违背		-0.541***	-0.492***
	转换成本		0.314***	0.259***
调节效应	关系型心理契约违背×转换成本			0.152**
R^2		0.025	0.538	0.571
ΔR^2		0.025	0.513	0.033

注：**、*** 分别代表 0.05、0.01 的显著水平。

通过以上对调节作用的实证分析可知，假设 2 转换成本对顾客感知到的心理契约违背与顾客忠诚度的关系具有调节作用成立。

为了更进一步表达转换成本的调节效应，本文将转换成本分别取均值的正负一个标准差进行调节效应展现。图 2、图 3 分别绘制了转换成本在交易型/关系型心理契约违背与顾客忠诚度关系之间的调节效应。通过图 2、图 3 可以看出当顾客处在心理契约违背的情况下时，高转换成本能够显著降低交易型/关系型心理契约违背对顾客忠诚度的负向影响程度。

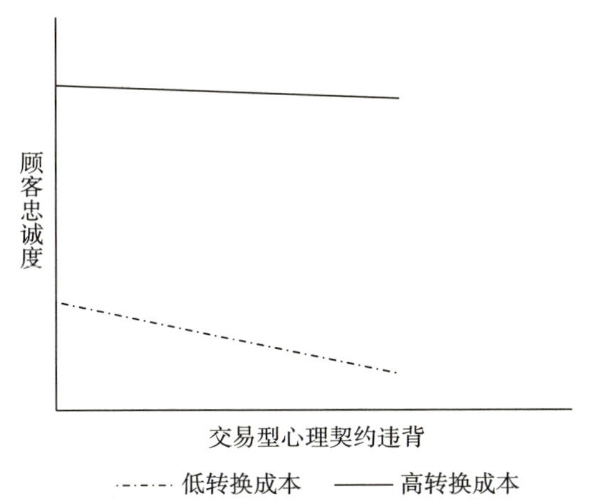

图 2 转换成本在交易型心理契约违背与顾客忠诚度关系之间的调节效应

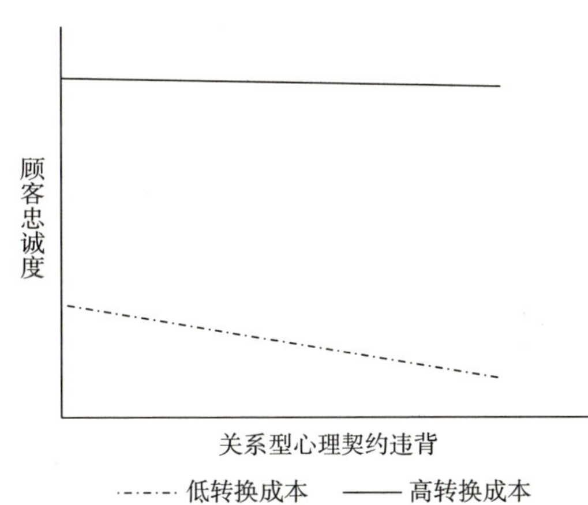

图 3 转换成本在关系型心理契约违背与顾客忠诚度关系之间的调节效应

四、研究结论及建议

（一）研究结论

本文以商店顾客为样本，通过发放问卷、数据收集与分析，研究了心理契约违背与顾客忠诚度之间的关系，以及转换成本对二者关系的调节作用。研究发现，心理契约违背与顾客忠诚度之间具有负相关关系，即顾客感知到的心理契约违背越高，顾客忠诚度越低；转换成本对顾客感知到的心理契约违背与顾客忠诚度的关系具有调节作用，相对于低转换成本，高转换成本能够显著降低心理契约违背对顾客忠诚度的负向影响程度。因此企业必须要维系好与顾客的关系，尽量减少心理契约违背情况的发生，以维护顾客忠诚。在心理契约违背发生后，企业则要迅速应对，采取相应的措施对负面影响进行调节，其中转换成本就是一个可以充分加以利用的方法。

（二）建议

针对研究结论，本文为企业提出相应的建议以帮助其减少心理契约违背情况的发生，以及发生后能够迅速应对、采取相应举措维系好与顾客的长期关系，减少顾客流失，缓和心理契约违背给企业带来的负面影响。

企业内部要加强管理。由研究结论可知心理契约违背产生会导致顾客忠诚度的下降，进而转向其他竞争对手，十分不利于企业的发展。因此企业应该加强管理，在企业内部坚持顾客导向，以顾客为先，满足顾客需求的文化。招聘员工环节要招收业务能力、职业素质、专业水平过硬的员工，为顾客提供高水平的服务。除了招聘高素质新员工外，日常对于现有员工也要加强培训，可以采取专门的岗前培训、老员工带新员工等的方式，既能够快速地提高员工的专业水平，增强员工的职业素养，也能够树立正确的价值观，增强对企业文化的认同，从而有效地降低顾客心理契约违背情况发生的概率。

维护好与顾客的交易型以及关系型心理契约关系。从交易型以及关系型心理契约两个角度出发，维系好与顾客的关系：一方面企业加强对产品的管理，生产质量过硬的产品，满足顾客对产品最基本的需求；为顾客提供整洁、干净的设施，满足顾客对卫生要求；员工为顾客提供快捷的服务，减少顾客的等待时间等，以此来减少顾客交易型心理契约违背的出现。另一方面，注重与顾客的关系，尊重顾客，对于顾客的疑问耐心解答；关注售后服务，履行对顾客的承诺；一旦出现服务事故，能够主动承担责任，为顾客考虑等，从而减少顾客关系型心理契约违背的产生。

合理利用转换成本策略。由于转换成本能够调节心理契约违背与顾客忠诚度的负向关系。高转换成本的存在，能够使顾客在感知到心理契约违背发生后，其对企业忠诚度的下降程度有所缓解。因此对于企业来说，可以采取相应的措施，合理利用转换成本策略，以"限制"顾客的离开，为企业留住顾客。如设置会员制度，一旦顾客转向其他企业，则会丧失相应的会员积分、折扣；提供新颖、独特的产品以及个性化的特色服务，顾客想找类似的替代品将会花费很大的时间、精力等。

参考文献

[1] Argyris C. Understanding Organizational Behavior [M]. London: Tavistock Publications, 1960.

[2] Levinson H., Price C. R., Manden K. J., et al. Men, Management and Mental Health [M]. Cambridge: Harvard University Press, 1962.

[3] Kotter. The Psychological Contract: Managing the Joining Up Process [J]. California Management Review, 1973, 15 (3): 91-99.

[4] Rousseau D. M. New Hire Perspective of Their Employer's Obligations: A Study of Psychological Contracts [J]. Journal of Organizational Behavior, 1990 (11): 389-400.

[5] Rousseau D. M., Parks J. M. The Contracts of Individuals and Organizations [J]. Research in Organizational Behavior, 1992 (15): 1-43.

[6] Burnham T. A., Frels J. K., Mahajan V. Consumer Switching Costs: A Typology, Antecedents, and Consequences [J]. Journal of the Academy of Marketing Science, 2003, 31 (2): 109-126.

[7] Morrison E. W., Robinson S. L. When Employees Feel Betrayed: A Model of How Psychological Contract Violation Develops [J]. Academy of Management Review, 1997, 22 (2): 226-256.

[8] 梁文玲，刘燕．心理契约违背对饭店顾客忠诚的影响——服务补救策略的调节效应[J]. 旅游学刊，2014 (2): 55-65.

[9] 罗海成，范秀成．基于心理契约的关系营销机制：服务业实证研究[J]. 南开管理评论，2005 (6): 48-55.

[10] 魏峰，李燚，张文贤．国内外心理契约研究的新进展[J]. 管理科学学报，2005 (5): 86-93.

[11] 梁文玲，刘燕．心理契约违背对饭店顾客忠诚的影响——服务补救策略的调节效应[J]. 旅游学刊，2014 (2): 55-65.

[12] 阳林，李青．基于心理契约违背的顾客抱怨管理策略研究[J]. 中国集体经济，2008 (7): 60-61.

[13] 汪旭晖，徐健．基于转换成本调节作用的网上顾客忠诚研究[J]. 中国工业经济，2008 (12): 113-123.

[14] 金立印．服务转换成本对顾客忠诚的影响——满意度与替代者吸引力的调节效应[J]. 管理学报，2008 (6): 912-920.

[15] 赵鑫，马钦海．基于心理契约违背的顾客行为[J]. 技术经济，2012 (9): 104-108.

[16] 张晓旭．心理契约违背感知的个体差异：研究进展与模型构建[J]. 江西社会科学，2012 (11): 185-189.

[17] 罗海成．营销情境中的心理契约及其测量[J]. 商业经济与管理，2005 (6): 37-41+47.

[18] 罗海成．顾客忠诚的心理契约机制实证研究[J]. 管理评论，2006 (1): 57-62+64.

[19] 杨莉，高凯．基于心理契约违背的顾客抱怨行为研究[J]. 嘉应学院学报，2009 (5): 55-60.

[20] 邓爱民，陶宝，马莹莹．网络购物顾客忠诚度影响因素的实证研究[J]. 中国管理科学，2014 (6): 94-102.

[21] 汪涛，何昊．试论转换成本分类、测量及其对消费者的影响[J]. 外国经济与管理，2006 (8): 19-25+48.

[22] 崔萌，胡泓，陈继祥．转换成本新视角下电商平台用户忠诚度研究[J]. 管理现代化，2014 (1): 30-32.

[23] 张初兵，陈亚峰，易牧农．转换成本四维度对顾客保留影响的实证研究[J]. 经济管理，2011 (3): 93-100.

[24] 张初兵．网购顾客转换成本对购后行为意向影响的实证研究——顾客后悔的中介作用[J]. 当代财经，2013 (6): 77-86.

[25] 郑子林．知识型员工心理契约违背的影响及预防措施探析[J]. 管理世界，2014 (4): 1-4.

[26] 刘梦琳．顾客心理契约违背、转换成本对重复购买意向的影响研究 [D]. 南京：南京师范大学硕士学位论文，2013.

[27] 林艳，王志增．网购顾客心理契约违背、服务补救与顾客品牌态度[J]. 商业研究，2016 (4): 131-138.

[28] 蒋丽芹，张迪，李星卫．心理契约违背、顾客满意与消费者非伦理行为——伦理意识的调节作用[J]. 工业技术经济，2016 (10): 85-93.

近二十年领导正直研究述评

熊小小　高日光　李胜兰

（江西财经大学工商管理学院，江西　南昌　330013）

［**摘　要**］频发的高层丑闻和暗箱操作事件使领导正直受到了前所未有的关注。领导正直是领导理论的关键内容，在领导力研究中具有重要地位，但学术界对领导正直的相关研究仍处于初始阶段。基于近二十年来国内外重要的理论研究和实证研究，本文对领导正直概念、测量、影响因素与影响效果的研究进行了系统梳理和评析。总体而言，学界仍未就领导正直的概念达成共识，现有研究集中于探析员工个体成果，鲜少探讨领导正直的前因，研究主要采取普适性视角。未来研究应该注重清楚简洁地界定领导正直，深入讨论领导正直的结构和测量问题，全面拓宽领导正直的研究内容，依情境进行本土化、跨文化研究。

［**关键词**］领导正直；领导理论；初始阶段

一、引言

近年来，高层丑闻和市场操纵事件频发（从21世纪初的"安然事件"到2017年曝光的三星掌门人李在镕行贿案），引起了学术界对领导正直的广泛关注。领导正直由西方学者提出，是变革型领导（Bass & Steidlmeier，1999）、道德领导（Brown，Trevino & Harrison，2005）、精神领导（Fry，2003）及真诚型领导（Avolio & Gardner，2005；Walumbwa et al.，2008）等领导理论的关键内容。早期许多领导正直研究集中于行为正直。例如，"应用心理学杂志"发表了两篇关于行为正直的文章（Dineen，Lewicki & Tomlinson，2006；Simons et al.，2007），美国管理学会每年安排1~2个会场来探讨行为正直。近年来，随着研究的不断深入，学者开始认识到行为正直的局限性，期待后续研究能够以更为全面的视角探析领导正直。因此，领导力季刊于2013年发表五篇文章作为一个特刊来推动领导正直研究，其中四篇扩宽了领导正直的内容。目前，领导正直也受到了我国学者的关注，例如，高日光和刘云分别于2015年和2016年对领导正直研究进行了综述。

美国总统德怀特·艾森豪威尔曾指出"领导最为重要的品质无疑是正直，如果缺乏该品质，就不可能取得真正的成功"。孔子高徒子夏却认为"大德不逾闲，小德出入可也"。这两种理念表达的思想各不相同，对于艾森豪威尔而言，正直是领导者最为核心的品质，而子夏认为正直不应当是僵化和不通情理的。目前，学术界对领导正直的理解仍未达成一致，存在概念模糊的问题。概念模糊造就不同研究结果，影响领导正直的测量、前因、后果和作用机制研究。

本文的主要目的是对领导正直进行综述，基于已有理论和实证研究从概念、测量、影响因素、影响效果等方面对领导正直研究进行系统梳理和评析，试图全面呈现领导正直研究进展。

二、领导正直的概念

（一）领导正直概念

正直一直被认为是变革型领导理论（Avolio & Gardner，2005）、道德领导理论（Brown et al.，2005）、真实型领导理论（Avolio & Gardner，2005）、精神领导理论（Fry，2003）和内隐型领导理论（Lord et al.，1984）等领导理论的重要内容。但目前领导正直在学术研究领域没有突破性进展，其中最为重要的一个原因是正直的定义模糊和差异（Palanski & Yammarino，2007）。目前，学者对领导正直的定义可以归纳为三类：

（1）领导正直是指领导的言行一致性。早期许多学者将正直定义为一种人们对领导者言行一致的特有感知，也被称为行为正直。Simons（2002）将行为正直定义为感知者对行为者言行一致的感知图式，包括持践行价值观与信守承诺两部分内容。

行为正直要求言行一致，但不要求言行具有道德性，Simons（1999）指出行为正直并没有考虑言行的道德性，而关注的仅是行为与准则一致的程度。因此，Simons（2012）提出行为正直是正直的子定义、第二定义。

（2）领导正直是对领导者道德和伦理行为的总体描述。相较于行为正直，道德正直不要求行为主体表达他们的价值观，但是要求反映他们行为的价值观必须是符合道德原则的。Craig 和 Gustafson（1998）提出的“知觉的领导正直”就反映了领导正直的道德性，他们认为道德性是领导正直的唯一维度。同样，Brown 等（2005）认为只有行为与一系列规范伦理准则相符的领导才被认为是正直的。

（3）领导正直是对领导者言行一致性和道德行为的感知。事实上，以上两种观点对正直的理解不够全面。一方面，行为正直仅强调言行一致，但不对言语和行为做道德要求。Bauman（2013）曾对涉及历史、哲学、商业领域关于正直的文献进行回顾梳理，他指出不求道德的正直定义不具普适性且不利于人们对正直作为道德概念的学习。他认为正直的定义不应当是非道德的，并提倡道德正直研究。另一方面，道德正直在概念上与伦理领导有部分重叠。因此，一些学者将两种观点结合起来。Mayer 等（1995）认为正直是一方对另一方始终遵守合理原则和价值观的感知。这个定义不仅关注行为正直，还关注道德正直。Palanski 和 Yammarino（2007）、Dunn（2009）都认为一致性是理解正直的关键，但此时他们更为关注的是哪些因素保持一致才能被称为正直。Palanski 和 Yammarino（2007）将正直定义为言行一致，但与 Simons（2002）提出的定义不同的是他们考虑了外部一致性，加入了道德因素。在对管理类、应用心理学类文献归纳和梳理的基础上，Palanski 和 Yammarino（2007）指出正直的定义包括完整性、真诚、在逆境保持一致、言行一致、道德行为。Dunn（2009）不赞同正直是一种品德的观点，而是扩大了正直定义的内部一致性和外部一致性范围。他认为正直的定义包括道德价值与言行的内部一致性，且一致性应当随时间和环境变化的社会价值一致。

近年来，学界倾向于基于更全面的视角来理解领导正直，Moorman 等（2013）认为领导正直是一个多维的概念，要求领导者持有道德价值观，具备专业素养并始终践行这些价值观。他们提出领导正直有三个维度，即道德行为、行为正直和跨情境一致性。道德行为是指行为符合伦理道德规范；行为正直是指言行一致；跨情境一致性是指始终保持一致，尤其是当领导者价值受到挑战。Martin 等（2013）基于文化视角对爱尔兰、美国、德国等六个国家和地区关于领导正直的定义进行比较分析。

（二）易混淆概念：正直、诚实与尽责性

组织行为学研究中，学者往往将正直与诚实的概念基本等同起来，混淆"诚实测试"与"正直测试"的概念。信任和领导力研究也是如此，学者把诚实和正直作为同义词看待（Butler & Cantrell，1984；Hosmer，1995；Yukl & Van Fleet，1992）。然而，尽管诚实与正直是两个相关联的概念，但其含义却并不相同。诚实是指拒绝将事情真相伪装成其他模样。因此，诚实与正直的区别之一在于，"诚实是承认你无法假装不存在的事实真相"（也就是指客观外部世界的事实），而"正直是承认你无法瞒过自己尽责心的事实真相"（也就是人的真正原则和价值观）（Rand，1957）。换句话说，诚实要求个体不能有意歪曲现实，而正直要求个体不能在行动上背叛自己的尽责心形成的信念。从客观主义理论上看，正直意味着按照一整套道德原则采取行动。这些原则中则又包括了这样一条，即除非出于自卫，否则诚实最符合理性人的利益。然而，为了保持正直，个体也必须坚守其他的理性法则。因此，诚实是正直的必要不充分条件。

部分研究者认为，雇员选择时的正直测试本质上是对尽责性的测试。根据大五人格理论的框架，尽责性"反映了可靠性，也就是认真仔细、考虑周全、担当责任、井井有条以及事先谋划"，另外还"包含了意志性因素，如努力、结果导向以及坚持"（Barrick & Mount，1991）。Collins 和 Schmidt（1993）称其进行的正直测试衡量的是尽责性，"因为对于组织而言，最有分量的衡量维度应体现个人价值、行为控制、责任感与冒险行为"。Ones 等（1993）提出，正直测试衡量的是总体尽责性，他们也声称"尽责性反映了可靠性、认真与责任感等特点"。以上定义之间的分歧，表明关于尽责性概念尚未明确。然而，多数学者认为，可靠性是尽责性的关键要素。一个有尽责心的人，应至少具备认真、有责任心与有条理的特点。但是尽责性只是一条原则：它反映了一种普遍信仰，即认真、责任性与有条理是最优行为模式。仅仅只关心尽责性，其测试结果是不足以证明正直的存在的。如以上对于诚实的探讨，拥有一定程度正直品质的人，必须遵照一系列正义且理性的道德原则采取行动——而不仅是一条法则。此外，尽责性概念似乎既有道德负荷元素，又有道德中立元素。例如，尽责性包含了可靠地履行承诺，在此范围内它与正直有关。然而，认真与有条理某种意义上可能是个人风格特点，人们在这两点上的不同表现都不违背道德原则。总体而言，尽管尽责性的道德负荷元素切中正直概念，但其道德中立元素却与后者无关。

（三）领导理论与领导正直

正直与领导联系的方式多样，但是两者联系的确切性质仍不明确。尽管正直在领导力研究中具有重要的地位，但我们却不能将其称为"正直理论"，而是将它视为领导力研究中的自变量或领导者的一种特质。在哲学领域，领导学中的正直往往被限定为一个个体层面的概念。正直与变革型领导、伦理型领导、精神领导和真诚领导等领导理论密切相关，并在这些领导理论中发挥重要的作用。

（1）变革型领导与领导正直。变革型领导是领导与其下属相互提升的过程，领导正直益于领导者树立良好形象，是变革型领导重要组成部分。Burns（1978）指出变革型领导实质上包含道德性，但是 Bass（1985）提出变革型领导既可以是道德的也可以是不道德的。随后，Bass 通过区分道德的变革型领导和不道德的变革型领导来阐述他的观点（Bass & Steidlmeier，1999）。Bass 和 Steidlmeier（1999）认为正直与其他一些相关的品德是道德型变革领导的重要组成部分。与之相关，Simons（1999）指出行为正直是变革型领导的关键成分。Parry 和 Proctor - Thomson

(2002)、Tracey 和 Hinkin (1994) 通过实证研究也验证了正直与变革型领导两者之间的积极关系。

(2) 伦理型领导与领导正直。在很多调查研究中，对领导效能的考察往往会涉及领导正直(如原则性行为)，领导正直是伦理型领导的重要组成部分。道德领导者必须同时具有道德的人和管理者两重角色，领导正直是道德人的考察内容之一。Khuntia 和 Suar (2004) 将言行一致视为伦理型领导考察内容之一。Brown，Trevino 和 Harrison (2005) 提出伦理型领导的概念，他们认为伦理型领导是指领导在行事和人际交往中行为恰当规范，并且能够通过双向交流、强化和决策让下属感知到这些恰当规范的行为，正直是领导者恰当行为模式的关键成分。Resick 等 (2006) 基于跨文化视角开展的伦理型领导研究将伦理型领导划分为四个维度，正直即是其中一个维度。

(3) 精神领导与领导正直。精神型领导涉及工作场所的“精神性”，正直是精神型领导要素之一。Fairholm (1996) 认为实现精神领导要求领导具备一些价值观，其中包括正直。Fry (2003) 提出精神领导由一系列能够激励自己和他人的价值观、态度和行为构成。其中，Fry's (2003) 模式中的很重要一部分内容是基于奉献之爱的内在激励机制，在他提出的模式中正直是利他之爱的关键成分。Sendjaya (2007) 指出精神领导包含宗教性、使命感、互联性和整体性四个维度，其中整体性维度涵盖正直部分概念。

(4) 真实领导与领导正直。真实型领导者是指那些深刻地意识到如何去思考和行动，并且能够清晰地认识到自己及他人价值观、道德观、知识、优势和所处工作环境的人，他们自信、乐观、满怀希望、富有韧性并拥有高尚的道德情操，真实型领导与领导正直密切相关。Luthans 和 Avolio (2003) 指出真实型领导是一个“基础架构”，包含了正直。Gerber (2006) 编制了一套五维的真实型领导量表，正直领导是维度之一。同样，Walumbwa，Gardner 和 Peterson (2008) 强调了领导者内在道德观的重要性，其中包括实现行为正直的内在动力。我国学者谢衡晓 (2007) 基于访谈和文献研究，提出真实型领导包括正直无私、诚实不欺、循规蹈矩、下属导向和领导特质五个维度。

三、领导正直的结构与测量

情景法和李克特量表法是测量领导正直的主要方法，但学者多采用的是量表测量法，情景法使用相对较少。由于领导正直概念模糊，学者对领导正直结构的理解不同。有学者提出领导正直是单维概念，只有一个维度；也有学者提出领导正直是多维概念，具有两个和三个维度。基于对领导正直结构的划分，学者提出相应的政治技能量表，目前主要有一维、二维和三维量表，如表1所示。

表1 领导正直测量量表

	研究者	量表
一维	Craig 和 Gustafson (1998)	基于潜在特质理论，在对学生和组织两组样本调查分析的基础上，开发了领导正直感知的单维 31 题量表
	Simons 等 (2007)	编制了一套行为正直的单维 8 题量表

续表

	研究者	量表
一维	Leroy 等（2012）	在 Simons 等（2007）开发的行为正直量表的基础上，形成了一个测量安全方面行为正直的单维 6 题量表
二维	Moorman 等（2012）	基于内隐式领导理论，通过概念验证研究，提出了包括道德行为和行为正直的二维 8 题量表
三维	Moorman 等（2013）	通过进一步的理论分析和实证研究，编制了一套包含道德行为、行为正直和跨情境一致性的三维 16 题量表

一维量表：一维量表包括道德正直量表和行为正直量表两类，多数为行为正直量表，其中 Simons 等（2007）提出的行为正直量表受到普遍认可。最早，Craig 和 Gustafson（1998）在对学生和组织两组样本调查分析的基础上，开发了单维的道德正直量表。该量表最初选取 100 个项目，筛选后共有 77 个项目，经过两项研究后量表共有 31 个项目。之后，相继有学者提出领导行为正直量表。Simons 等（2007）开发了单维的行为正直量表（包括 8 个项目，4 个项目测量价值观与行为的一致性和 4 个项目测量言行一致性），并验证了该量表的预测效度和区分效度。此后，陆续有学者采用 Simons 等（2007）提出的量表开展相关研究，且该量表表现出良好的测量效果。在 Simons 等（2007）开发的 8 个项目的量表基础上，Leroy 等（2012）形成了一个测量安全方面的行为正直量表，该量表包含 6 个项目，量表信度理想。

二维量表与三维量表：Moorman 等（2012）通过概念验证研究发现领导正直包含道德性和一致性两个维度，并提出一个 8 个项目的量表，其中道德行为包括 4 个项目，行为正直包括 4 个项目。Moorman 等（2013）通过进一步的理论分析和实证研究提出领导正直包含道德行为、行为正直和跨情境一致性三个维度，并基于三个维度开发测量量表，该量表包含 16 个项目，其中，道德行为维度有六个项目，行为正直维度四个项目，跨情境一致性四个项目；然后，通过 Q-sort 分析验证项目的内容效度，通过以学生和企业员工为研究样本的两项研究和验证性因子分析验证量表的结构效度；最后，通过回归分析验证量表的聚合效度，结果表明量表三个维度与领导正直显著相关。

Martin 等（2013）基于跨文化视角理解和测量领导正直，研究测量了代表三种文化集群的六个地区和国家（盎格鲁集群的爱尔兰和美国、日耳曼集群的德国和澳大利亚以及儒家亚洲集群的中国内地和中国香港）对领导正直的理解。研究通过互联网向 189 名经理发放开放式问卷，通过收集的数据分析被试对领导正直的理解。研究发现在三个社会集群中，领导正直包含九个维度，包括受强烈个人道德准则或价值观的引导，价值—行为一致性，言行一致，诚实，公平与平等，开放性和透明性，理解和尊重他人，对他人的责任感，遵守规章制度。同时，研究结果表明不同社会集群对领导正直理解的重点不同，来自爱尔兰、美国和德国的被试认为价值观/行为一致性是领导正直的一部分，而在中国内地价值观/行为一致性却不重要；平等与公平在中国被认为是评价领导正直最重要的维度，而在爱尔兰和美国却不重要；对他人负责在澳大利亚和中国香港被视为重要的维度，而在美国和爱尔兰却不重要。

四、领导正直的影响因素

为了更直观地回顾领导正直的前因和后果研究，本文将现有研究整合成一个模型（见图 1）。图 1 包括四个区域，左半部分列出的是领导正直影响因素研究，右半部分列出的是领导正直影响后果研究。

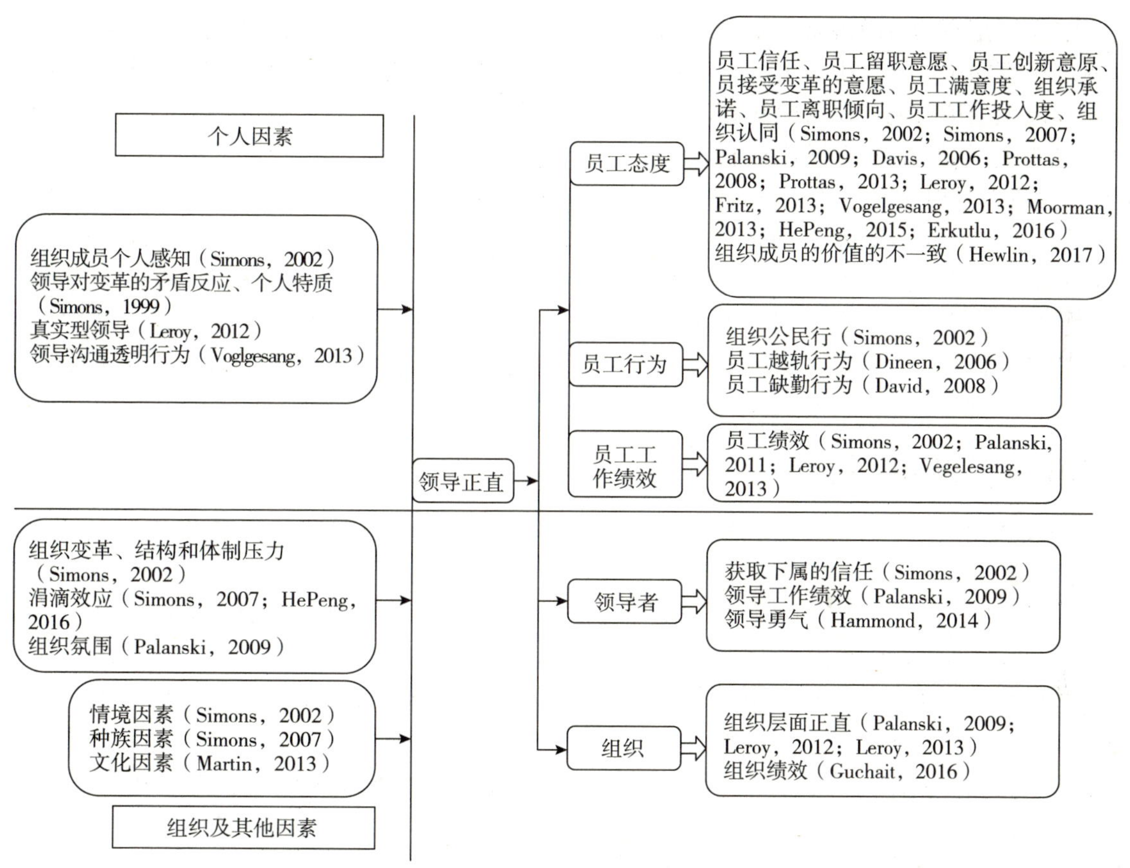

图 1 领导正直的影响因素和影响后果

目前，学术界对领导正直影响因素的研究相对较少，是亟待探索的领域。已有研究对领导正直影响因素的探讨包括个人方面因素、组织方面因素、情境因素、文化种族因素和体制压力。

（一）个人方面因素

（1）感知者。Simons（2002）基于理论分析对领导行为正直进行了探讨，他认为领导行为正直是一种感知模式，受到主观因素影响，因此感知者的心智模式和解释程序会影响他们对领导行为正直的感知。由 Simons 的分析可知，有些人可能比另一些人对领导行为正直更敏感，这些对领导行为正直更敏感的人，倾向于以行为一致性来评价人。

（2）领导者。领导正直既受感知者主观因素影响，同时，领导正直也是一种客观存在，受客观因素影响。Simons（1999）通过定性分析指出领导行为正直受领导个人认知影响。当领导者对自己有全面的认识，就能够做到言行与自己坚守的原则、价值观相匹配；当领导对自己缺乏准确的认识，就不能预见自己的行为，就可能出现言行不匹配的现象。另外，Simons 认为领导行为正直受到管理者对变革的矛盾反应和管理者人格特质的影响。近年来，研究发现领导风格是影响领导者行为正直的重要因素。Leroy，Palanski 和 Simons（2012）以服务行业的 49 个团队为研究对象，将真实型领导和领导行为正直两个有一定重叠的概念放在一起进行研究，研究结果表明真实型领导是感知领导行为正直的前因变量，真实型领导以开明和无攻击性的方式与人相处，通常被认为能够说到做到、信守承诺和言行一致。

（二）组织方面因素

影响领导正直的组织因素主要有组织变革和领导正直在组织中的涓滴效应。Simons（2002）在对领导正直的定性研究中指出组织变革和组织结构是领导正直的前因变量。在其他情况不变的前提下，组织变革可能会使人感知到领导者的言行不一致，从而行为正直水平降低，在此期间下属对领导者行为正直的评价往往低于组织稳定期间。领导正直受垂滴效应影响，Simons 等（2007）发现高层管理者行为正直对中层管理者行为正直具有显著正向影响，领导者行为正直会向下层传递，高层领导高水平的行为正直会带来中层领导高水平的行为正直；Palanski 和 Yammarino（2009）从个人、团体和组织三个不同层面对领导正直进行定性论述，发现组织中的正直氛围对领导正直有显著正向影响；He Peng 和 Feng Wei（2018）基于社会学习理论，以 716 名员工和 237 名主管为研究对象，探讨了领导正直在组织层级间的涓滴效应，结果表明管理者的正直对主管的正直有显著正向影响。

（三）其他方面因素

除个人和组织因素以外，领导正直还受到体制压力、情境因素和种族文化因素的影响。Simons 认为体制压力、情境因素和种族因素是影响领导正直的重要因素。Simons（2002）在研究中指出领导正直受管理潮流和时尚影响，也就是受体制压力影响。就情境因素而言，Simons（2002）认为对领导者行为正直的评价受情境因素影响：一是受上下级关系影响，他认为对领导行为正直的感知受上下级关系影响，下属对领导依赖程度越高，领导越容易被评价为正直。二是受焦点问题的重要性影响，对于员工关注的事项，员工会更关注经理的言行是否一致，进而影响其对管理者行为正直的评价。就种族而言，Simons 等（2007）通过对 107 家酒店 1944 名员工的研究分析，发现黑人员工对黑人管理者行为正直的评价低于非黑人员工对黑人管理者行为正直的评价。领导正直也受文化因素影响，Martin 等（2013）基于文化视角，以 189 名管理者为样本，研究六个国家和地区（三个文化群）对领导正直的理解，研究选取的六个国家分别有爱尔兰和美国（盎格鲁集群），德国和澳大利亚（日耳曼集群），以及中国内地和中国香港（儒家亚洲集群）。研究发现来自不同文化背景的被试对领导正直的理解不同，因此被试对领导者正直的感知不同。如美国、爱尔兰分别有 82. 1%和 85. 2%的被试认为价值与行为一致是领导正直概念的一部分，而中国内地只有 22. 5%的被试认为价值与行为一致是领导正直概念的一部分；中国内地 75%的被试认为公平和平等是领导正直概念的一部分，而美国只有 28. 2%的被试认为公平和平等是领导正直概念的一部分；爱尔兰有 81. 5%的被试认为诚实是领导正直概念的一部分，而中国内地只有 27. 55%的被试认为诚实是领导正直概念的一部分。

五、领导正直的影响后果

领导正直不仅对员工的态度、行为和绩效有影响，对领导者自身和组织也有影响，但目前的研究集中于探讨领导正直对员工的影响，关于其对领导者自身和团队组织的影响研究相对较少。

（一）领导正直对员工的影响

关于领导正直结果变量的研究多集中于探讨领导正直对员工的影响，领导正直对员工影响的研究又主要包括领导正直对员工态度、行为和绩效的影响研究。

（1）员工态度。领导正直对员工态度的影响既有积极影响又有消极影响，目前研究得比较多的是领导正直的积极影响。积极影响主要有领导正直对员工信任（Simons，2007；Palanski & Yammarino，2009）、员工接受变革的意愿（Simons，1999）、留职意愿（Simons，2002）、满意度（Davis & Rothstein，2006；Simons，2007；Palanski & Yammarino，2009；Prottas，2013）、组织承诺（Simons & Parks，2000；Leroy，2012；Fritz，2013）、离职倾向和工作投入（Vogelgesang et al.，2013；Moorman et al.，2013）、组织认同（Erkutlu & Chafra，2016）、创新意愿（He Peng & Feng Wei，2018）的影响。但近年来研究发现，积极的领导者特质并不总是能够带来员工的积极反馈，例如，Hewlin 等（2017）以 131 名大学生与 228 名在职工作者为研究样本，探讨领导正直是否以及如何影响员工形成服从假象的趋势，研究结果表明，当领导正直水平很高时，员工表面服从的趋势会使得价值观的不一致性增强。

（2）员工行为。研究发现领导正直对员工组织公民行为有积极影响，对员工越轨行为和员工缺勤行为有消极影响。基于定性分析，Simons（2002）指出行为正直通过信任的中介作用会对员工组织公民行为产生正向影响。Dineen，Lewicki 和 Tomlinson（2006）通过对美国中西部两个区域的零售银行样本研究发现，行为正直在上级督导和组织公民行为或员工越轨行为之间起中介作用；在行为正直水平高的情况下，上级督导与组织公民行为密切相关，而行为正直水平低的情况下，上级督导与员工越轨行为密切相关。David J. Prottas（2008）以 2002 年的美国劳动力动态变化为依据开展研究，研究结果表明领导行为正直对员工缺勤行为具有负向影响。

（3）员工绩效。领导正直能够直接或间接影响员工绩效。Simons（2002）指出行为正直通过信任的中介作用会对员工工作绩效产生正向影响。Palanski 和 Yammarino（2011）通过在线实验、实地调研和追踪实验三项研究探讨领导或员工行为正直是否会对下属工作绩效产生影响，研究结果表明领导行为正直并不直接影响下属工作绩效，而是通过对领导的信任和对领导的满意度两个中介变量来影响员工工作绩效。Leroy，Palanski 和 Simons（2012），以服务行业的 49 个团队为研究对象，发现真实型领导和领导行为正直与员工工作绩效正向相关，员工组织承诺在二者之间起完全中介作用。Vogelgesang，Leroy 和 Avolio（2013）通过对 451 名军人为期三个月的追踪研究，发现领导正直能够中介组织沟通的透明性对下属工作绩效的影响。

（二）领导正直对领导者自身的影响

目前，关于领导正直对领导自身影响的研究不多，主要围绕领导正直对领导个人声誉、领导工作绩效和领导行为勇气的影响展开分析研究。Simons（2002）认为领导正直会影响领导获取下属的信任。Palanski 和 Yammarino（2009）在多层次分析的基础上，提出领导正直对社会层面的领导工作绩效有积极影响，而对非社会层面的领导工作绩效没有影响。Hammond，Clapp-Smith 和 Palanski（2014）通过在线研究和实地调查两项研究验证领导行为正直与领导行为勇气两者之间的关系，研究结果表明领导行为正直对领导者展现勇气的行为有直接影响。

（三）领导正直对组织的影响

尽管关于领导正直对组织影响的研究还很少，但该领域研究已经成为未来研究的新方向，开始引起越来越多学者的关注。领导正直对组织正直和组织绩效有积极影响。Palanski 和 Yammarino（2009）在多层次分析的基础上，提出领导正直对组织正直有积极影响，组织中有关正直的组织制度在二者之间起中介作用。Leroy 等（2012）通过对 54 个护理团队的调查分析发现，安全方面的行为正直与团队安全优先和心理安全性相关，继而，团队安全优先和心理安全性分别与已向护士长报告的误诊数目呈负向和正向关系。不久，Leroy 等（2013）又提出领导行为正直对职业伤害事故的报告有积极影响。Guchait，Simons 和 Pasamehmetoglu（2016）以土耳其的 369 名酒店员工和 33 名部门经理为对象，研究领导行为正直与失误补救绩效之间是否存在相关性，研究结果表明领导行为正直会影响失误补救绩效，管理者的失误补救绩效会进一步影响团队整体绩效。

六、小结

近年来，领导正直引起了学术界的广泛关注。然而，作为一个新的研究议题，它在概念、测量、影响因素、影响效果等方面仍存在许多问题亟待解决。在概念方面，概念模糊，定义难以界定。早期许多学者将领导正直理解为行为正直，人为地缩小了领导正直的定义。当前学术界对领导正直的概念认识更全面，但仍没有达成共识，缺少一个学术界普遍认可的定义。在测量方面，学者往往依据个人对领导正直的理解来设计或选取量表。因概念模糊，学者在测量量表的设计和选取上可能存在局限性，进而影响研究结果的实用性与准确性。在影响因素方面，缺乏领导正直形成机制研究，已有研究对影响因素探讨相对较少，零散地探讨了领导者、员工、社会学习和情境因素对领导正直的影响。在影响效果方面，已有研究大多聚焦在领导正直如何作用于员工的态度、行为和绩效影响，鲜少探讨领导正直对领导者自身和组织的因素。因此，未来研究应致力于扩宽领导正直影响效果的研究内容。在文化情境方面，很少有研究基于文化视角探讨领导正直，未来研究应结合不同文化特点对领导正直的概念、测量、前因、后果和作用机制进行本土化和跨文化研究。另外，已有研究没有为管理者提供实际应用建议，由于缺乏领导正直形成机制和作用机制的研究，领导正直的理论研究与实际应用存在距离。因此，领导正直研究要实现突破性发展，就有必要明确界定领导正直概念和更加全面、深入地探讨领导正直形成和作用机制。作为一种新的领导形态，正直型领导能够给个人、组织和社会带来积极影响。未来研究应对这一议题给予更多关注，并将其应用于企业管理活动中，有效地发挥它的实践价值。

参考文献

[1] 陈春花，马明峰．组织内的信任与控制：一个理论模型[J]．南开管理评论，2006，9（2）：102-105.

[2] 高日光，沈华礼．国内外领导正直的研究综述[J]．领导科学，2016（35）：34-36.

[3] 高日光．领导正直的前因与结果：一项追踪研究[J]．心理科学进展，2015，23（12）：2042-2053.

[4] 高士景．正直与领导者专业形象建立：质与量的混合研究［D］．中国台湾：“国立”中山大学博士学位论文，2011.

[5] 坎杰米，富阔，佩恩．有效的领导者及其权力的行使[J].应用心理学，1997（2）：50-54.

[6] 刘军，刘小禹，任兵．员工离职：雇佣关系框架下的追踪研究[J].管理世界，2007（11）：88-95.

[7] 刘淑英．领导者的性格类型及事业发展趋势分析[J].领导科学，2015（25）：34-35.

[8] 宋萌，崔兆宁．德行领导、领导言行一致与员工承诺：一项纵向研究[J].中国人力资源开发，2013（23）：28-34.

[9] 王震，宋萌，孙健敏．真实型领导：概念、测量、形成与作用[J].心理科学进展，2014，22（3）：458-473.

[10] 吴隆增，刘军，刘刚．辱虐管理与员工表现：传统性与信任的作用[J].心理学报，2009，41（6）：510-518.

[11] 薛会娟，杨静．领导力的整合：Trickle-down 模式下的领导效应［J］．心理科学进展，2014，22（3）：474-481.

[12] 张琳，徐立国，席酉民．本土领导者权力及其在企业不同阶段的演变[J].经济管理，2016（1）：73-83.

[13] 张云．领导者行为一致性研究：过去、现在与未来[J].心理科学进展，2016（5）：773-782.

[14] Avolio，B. J.，& Gardner，W. L. Authentic Leadership Development：Getting to the Root of Positive Forms of Leadership [J]. The Leadership Quarterly，2005（16）：315-338.

[15] Barrick，M. R.，Mount，M. K.，The Big Five Personality Dimensions and Job Performance：A Meta-analysis [J]. Personnel Psychology，1991，44（1）：1-26.

[16] Bass，B. M.，& Steidlmeier，P. Ethics，Character，and Authentic Transformational Leadership Behavior [J]. Leadership Quarterly，1999，10（2）：181-217.

[17] Bauman，D. C. Leadership and the Three Faces of Integrity [J]. Leadership Quarterly，2013，24（3）：414-426.

[18] Brown，M. E.，Trevino，L. K.，& Harrison，D. Ethical leadership：A Social Learning Perspective for Construct Development and Testing [J]. Organizational Behavior and Human Decision Processes，2005（9）7：117-134.

[19] Butler，J. K. A Behavioral Decision Theory Approach to Modeling Dyadic Trust in Superiors and Subordinates [J]. Psychological Reports，1984，55（1）：19-28.

[20] Craig，S. B.，& Gustafson，S. B. Perceived Leader Integrity Scale：An Instrument for Assessing Employee Perceptions of Leader Integrity [J]. Leadership Quarterly，1998，9（2）：127-145.

[21] Davis，A. L.，& Rothstein，H. R. The Effects of the Perceived Behavioral Integrity of Managers on Employee Attitudes：A meta-analysis [J]. Journal of Business Ethics，2006，67（4）：407-419.

[22] Dineen，B. R.，Lewicki，R. J.，& Tomlinson，E. C. Supervisory Guidance and Behavioral Integrity：Relationships with Employee Citizenship and Deviant Behavior [J]. Journal of Applied Psychology，2006，91（3）：622-635.

[23] Dunn，C. P. Integrity Matters [J]. International Journal of Leadership Studies，2009（5）：102-125.

[24] Fry，L. W. Toward a Theory of Spiritual Leadership [J]. The Leadership Quarterly，2003（14）：693-727.

[25] Guchait，P.，Simons，T.，Pasamehmetoglu，A. Error Recovery Performance：The Impact of Leader Behavioral Integrity and Job Satisfaction [J]. Cornell Hospitality Quarterly，2016，57（2）.

[26] Hammond，M.，Clapp-Smith，R.，Palanski，M. An Exploration of Multi-domain Leadership [J]. Academy of Management Annual Meeting Proceedings，2014（1）：13961.

[27] He，P.，Feng，W. Trickle-down Effects of Perceived Leader Integrity on Employee Creativity：A Moderated Mediation Model [J]. Journal of Business Ethics，2018（2）：1-15.

[28] Hewlin，P.，Dumas，T. L.，Burnett，M. To Thine Own Be True?：Facades of Conformity，Values Incongruence，and the Magnifying Impact of Leader Integrity [J]. Academy of Management Journal，2017.

[29] Hosmer，L. T. Trust：The Connecting Link Between Organizational Theory and Philosophical Theory [J]. Academy of Management Review，1995，20（2）：379-403.

[30] Ken W. P.，Proctor-Thomson S. B. Perceived Integrity of Transformational Leaders in Organisational Settings [J]. Journal of Business Ethics，2002，35（2）：75-96.

[31] Khuntia, R., Suar, D. A Scale to Assess Ethical Leadership of Indian Private and Public Sector Managers [J]. Journal of Business Ethics, 2004, 49 (1): 13-26.

[32] Leroy, H., Dierynck, B., Anseel, F., et al. Behavioral Integrity for Safety, Priority of Safety, Psychological Safety, and Patient Safety: A Team-level Study [J]. Journal of Applied Psychology, 2012, 97 (6): 1273-1281.

[33] Leroy, H., Palanski, M. E., Simons, T. Authentic Leadership and Behavioral Integrity as Drivers of Follower Commitment and Performance [J]. Journal of Business Ethics, 2012, 107 (3): 255-264.

[34] Martin, G. S., Keating, M. A., Resick, C. J., et al. The Meaning of Leader Integrity: A Comparative Study Across Anglo, Asian, and Germanic Cultures [J]. Leadership Quarterly, 2013, 24 (3): 445-461.

[35] Mayer, R. C., Davis, J. H., & Schoorman, F. D. An Integrative Model of Organizational Trust [J]. Academy of Management Review, 1995 (20): 709-734.

[36] Moorman, R. H., Darnold, T. C., Priesemuth, M. et al. Toward the Measurement of Perceived Leader Integrity: Introducing a Multidimensional Approach [J]. Journal of Change Management, 2012, 12 (4): 383-398.

[37] Ones, D. S. Comprehensive Meta-analysis of Integrity Test Validities: Findings and Implications for Personnel Selection and Theories of Job Performance [J]. Journal of Applied Psychology, 1993, 78 (4): 679-703.

[38] Palanski, M. E., & Yammarino, F. J. Impact of Behavioral Integrity on Follower Job Performance: A Three-study Examination [J]. Leadership Quarterly, 2011, 22 (4): 765-786.

[39] Palanski, M. E., & Yammarino, F. J. Integrity and Leadership: A Multi-level Conceptual Framework [J]. Leadership Quarterly, 2009, 20 (3): 405-420.

[40] Palanski, M. E., & Yammarino, F. J. Integrity and Leadership: Clearing the Conceptual Confusion [J]. European Management Journal, 2007 (25): 171-184.

[41] Resick, C. J., Hanges, P. J., Dickson, M. W., Mitchelson, J. K. A Cross-cultural Examination of the Endorsement of Ethical Leadership [J]. Journal of Business Ethics, 2006 (63): 345-359.

[42] Simons, T. Behavioral Integrity as a Critical Ingredient for Transformational Leadership [J]. Journal of Organizational Change Management, 1999 (12): 89-104.

[43] Simons, T., Friedman, R., Liu, L. A., et al. Racial Differences in Sensitivity to Behavioral Integrity: Attitudinal Consequences, In-group Effects, and "Trickle Down" Among Black and Non-Black Employees [J]. Journal of Applied Psychology, 2007, 92 (3): 650-665.

[44] Simons, T. Behavioral integrity: The Perceived Alignment Between Managers' Words and Deeds as Aresearch Focus [J]. Organization Science, 2002, 13 (1): 18-35.

[45] Simons, T. Palanski, M. & Treviño, L. Toward a Broader - But Still Rigorous -Definition of Leader Integrity: Commentary [J]. Leadership Quarterly, 2013, 24 (3): 391-394.

[46] Sendjaya. Conceptualizing and Measuring Spiritual Leadership in Organizations [J]. International Journal of Business & Information, 2007, 2 (1): 104-126.

[47] Tracey J. B., Hinkin T. R. Transformational Leaders in the Hospitality Industry [J]. Cornell Hospitality Quarterly, 1994, 35 (2): 18-24.

[48] Vogelgesang, G. R., Leroy, H., & Avolio, B. J. The Mediating Effects of Leader Integrity with Transparency in Communication and Work Engagement/Performance [J]. Leadership Quarterly, 2013, 3 (3): 405-413.

[49] Walumbwa, F. O., Avolio, B. J., Gardner, W. L., Wernsing, T. S., & Peterson, S. J. Authentic Leadership: Development and Analysis of a Multidimensional Theory-based Measure [J]. Journal of Management, 2008, 34 (1): 89-126.

[50] Yukl G., Fleet, V. D. D. Theory and Research on Leadership in Organizations [D]. Theory and Research on Leadership in Organizations, 1992.

顾客间互动研究述评

熊燕平

（江西财经大学工商管理学院，江西　南昌　330032）

［摘　要］在有关服务营销和关系营销的研究中，学者们大多将焦点集中于企业和顾客层面，顾客间互动在很长时间都被忽视。但随着时代环境的变化以及营销研究的发展，人们发现顾客间互动的现象在某些领域甚至远远多于企业与顾客的互动，并以独特的方式影响企业，这大大增强了学者们对顾客间互动的研究热情。目前，顾客间互动研究已在营销领域越来越受关注，并成为极具研究前景的新兴主题。文章通过对顾客间互动这个主题文献的系统梳理，对顾客间互动的概念和分类、顾客间互动的前因变量、顾客间互动的结果变量以及顾客间互动的管理策略研究成果进行了述评，最后在述评的基础上对未来研究的发展方向进行了展望，以期为后续的研究提供一些经验参考。

［关键词］顾客间互动；前因变量；结果变量；管理策略

一、引言

在服务接触中，相比较研究较充分的顾客与企业员工、与服务环境的互动，顾客间互动研究明显缺乏（Langeard et al.，1981），服务研究者认为前两者之间的互动会对企业的满意、口碑传播和忠诚等有很大的影响，并且这些是企业可控的因素，然而顾客间互动中其他顾客的行为是企业不可控制的，因此，很难对顾客间互动的顾客购买行为和公司形象的影响理清和认定（Ajzen，1985）。1989 年，Martin 和 Pranter 在 *The Journal of Services Marketing* 上发表了一篇有关顾客间互动研究的文章，从此有关顾客间互动的研究迎来了新的时代，而之前，顾客间互动只是在一些概念性的服务框架中出现（Cowell&Donald，1984；Maister，1985；Shamir，1980），并一直以“灰姑娘”的角色被人们忽视（Nicholls，2010），之后，有关顾客间互动的研究引起了广泛而热切的关注，Grove 和 Fisk（1997）认为，必须要重视服务接触中顾客间互动对公司管理和顾客行为的积极作用。并且，随着商业环境的变化，人们发现顾客经常和其他顾客在接受企业服务时进行语言、行为等方面的互动，并影响顾客的整体体验和满意度（银成钺、杨雪等，2010），因此，其逐渐成为各界密切关注的热点。

Baron 等（2007）认为，随着商业环境和学术环境的变化，学术界对顾客间互动的研究充满了研究热情。Libai 等（2010）认为，一方面，当代信息通信技术以及社会化媒体的出现和发展，顾客间可以通过微信、微博等进行互动，大大增加了人们互动的机会，因此，引发了人们对顾客间互动在新的发展环境下的思考；另一方面，兴起的大数据挖掘等技术为营销界在获得顾客间互动的相关信息提供了新的契机，由此，进一步借助新的研究方法加深对顾客间互动的研究。服务业作为顾客间互动现象广泛存在领域，其相关研究和实践表明，积极的顾客间互动引导能够使企业和顾客达到双赢，如教育培训（Nicholls，2010）、快速交友（Baron et al.，2007）以及诸如虚拟社区、电子聊天室、顾客论坛之类的电子化服务情境（Georgi & Mink，2013），Nicholls（2007）将类似互动称为 CCI（Customer-to-customer Interaction）驱动型服务。Vargo 和 Lusch（2004）认为，在营销研究中，所有商品的价值实现都要借助于服务，服务研究已经广泛受到服务主导逻辑（Service-dominant Logic，SDL）的影响，同时也对顾客进行了重新的定位，顾客成为企业价值创造的能动资源。Gummesson（2004）认为，在关系研究领域，学术研究从顾客和企业的二元关系发展到"多元网络关系"，其中包括顾客间互动，并开始引起大家的关注，20 世纪 70 年代之后，强调顾客关系的"关系营销"范式得到持续的发展，并进一步将其他关系整合成新的理论体系（Nicholls，2010）。并且，体验经济时代的到来，人们更加意识到了体验服务的必要性（Grove & Fisk，1997），同时，Baron 和 Harris（2010）认为顾客间互动是体验互动中非常核心和重要的形式，强调要发挥其在体验价值中关键的创造作用。

随着顾客间互动受到越来越多的关注，以及各界对其开始进行不断的研究，顾客间互动在营销领域的重要性也逐渐凸显出来，成为各界积极研究的新兴主题（Nicholls，2010；Finsterwalder&Kuppelwieser，2011）。近二十年来，国外学术界对顾客间互动的相关研究进行了积极的探索，并获得了大量的研究成果，近几年来，我国学者也开始对顾客间互动关系进行研究，但还处于萌芽阶段，且研究主要集中于服务领域（蒋婷、张峰，2013；景奉杰等，2013；王永贵、马双，2013；蒋婷、胡正明，2011；蒋婷，2012，2014；银成钺、杨雪等，2010），并主要经国外相关研究运用于中国情境。为深化对顾客间互动相关领域的研究，以及促进本土化研究领域的发展，本文在顾客间互动相关研究文献进行系统梳理的基础上，主要对顾客间互动的概念和分类、顾客间互动的前因变量、顾客间互动的结果变量以及顾客间互动的管理策略研究成果进行了述评，最后在述评的基础上对未来研究的发展方向进行了展望。

二、顾客间互动的概念与分类

（一）顾客间互动的概念

对于顾客间互动的概念，学术界还没有形成统一的界定，根据现有研究主要有两种界定，一种是从狭义视角界定，另一种是从广义视角界定。Harris 等（2000）认为顾客间互动可以分为"在现场的"（On-site）的互动和"不在现场的"（off-site），其中，"在现场的"（On-site）顾客间互动是指发生在实实在在的服务场景过程中顾客间的互动，其他形式的互动则为"不在现场的"或"现场之外的"（Off-site），而狭义视角认为顾客间互动是指发生在具体服务现场或场景中的互动，即是"在现场的"（On-site）顾客间互动。Libai 等（2010）认为顾客间互动是两个或两组顾客进行信息传递的过程，并且顾客的偏好、行为或互动方式都可能在信息传递过程中受到影响，这就是广义视角顾客间互动的界定，因此广义视角顾客间互动的界定包括了"在现场的"（On-site）的互动和"不在现场的"（Off-site）的互动（蒋婷，2011）。狭义视角对顾客间互动的界定受到更多学者的认同，因此研究者大多从狭义视角进行相关的研究（Martin & Pranter，1989；Martin，1996；Grove & Fisk，1997；Harris et al.，2000，2004；Nicholls，2005，2007；Baron et al.，2007；Thakor et al.，2008；黎建新，2007；黎建新等，2009；银成钺、杨雪等，2010）；但是，广义视角顾客间互动的界定也在不断发展，Nicholl（2007）对虚拟环境中服务现场的顾客间互动（e-CCI）进行了界定；Bruhn等（2014）认为顾客间互动是消费相同品牌的两个或多个顾客在B2B虚拟品牌社区中进行资源交换协作的一个过程。

学术界对顾客间互动的概念虽然尚未达成共识，但仍发现具有以下三个共同之处：第一，都认同“在现场的”（On-site）顾客间互动，即顾客间互动是发生在实实在在的服务场景中的顾客间的互动。第二，顾客间互动的内容形式多样化、接触方式的交互性。第三，顾客间互动都可能对顾客和企业产生相应的影响。根据上述分析，本文认为从广义视角界定顾客间互动更加的全面，即顾客间互动是两个或两组顾客进行信息传递的过程，并且顾客的偏好、行为或者互动方式都可能在信息传递过程中受到影响。因此，本文认为，顾客间互动是指产品、服务或体验消费过程中，基于共享服务、服务场景或服务设施，两个或多个顾客之间通过多种方式进行交互，并且可能对企业的价值创造以及顾客的行为、意愿等方面产生影响的过程。

（二）顾客间互动的分类

顾客间互动的分类可以根据顾客间互动行为、顾客间互动内容、顾客间互动方式以及顾客间互动场景进行划分。

（1）根据顾客间互动行为分类。Martin（1996）选取企业餐馆和保龄球俱乐部为研究样本，通过将相关顾客间互动行为与被调查者的满意度进行比较，最后对互动行为进行了分类，具体分为邋遢的、社交的、粗野的、冷淡的、暴力的、从容的和争执与抱怨的行为；Grove和Fisk（1997）运用关键事件法将顾客间互动行为分为礼仪性和社交性互动；Harris和Reynolds（2004）也采用关键事件技术对顾客间互动行为进行了分类，其主要研究的是问题顾客行为，并将其分为了8类，其中，所占比例最多的是“不受欢迎的顾客”（Undesirable Customers）。Wu（2007）将顾客间互动行为分为社交的、暴力的、邋遢的、粗暴的、不满的和不体贴的六类；黎建新（2007）基于陌生顾客间互动研究，认为互动行为主要分为四类：互助、合作、竞争、干扰或破坏；蒋婷（2014）基于员工体验视角将顾客间互动行为分为三类，即礼仪行为、排斥行为和抱团行为；蒋婷和胡正明（2011）基于旅游服务场景将顾客间互动分为五类，即帮助行为、基本礼仪、语言沟通、旅游规范和其他；蒋婷和张峰（2013）认为顾客间互动可包括友好交谈、礼仪违背、争执与干扰、帮助与建议四个维度。

根据顾客间互动行为分类通常需要建立在特定的具体行业的基础上才能更好地进行互动行为的研究和判断。例如，通过对餐馆和保龄球俱乐部两个服务行业顾客间互动的研究，对32种互动行为进行了较准确的分类（Martin，1996），这一研究过程需要以相应的研究方法为基础，例如，关键事件法，但是实际过程中，学术界对于顾客间互动相关的研究方法和量表还是比较少。

（2）根据顾客间互动内容分类。Meyer和Westerbarkey（1994）将顾客间互动分为身体上的互动（Physical Interaction）、情感互动（Emotional Interaction）和智力互动（Intellectual Interaction）三种类型；Baron等（1996）认为零售业顾客间互动应包括产品相关、流程相关、指示相关、身体帮助和其他互动五种类型。Martin和Clark（1996）认为顾客间互动可以分为任务相关互动、任务无关互动和混合型互动，其中，与产品或服务相关的就是任务相关互动，与产品或服务无关的就是任务无关互动；银成钺和杨雪等（2010）认为顾客间互动可以分为三类，即其他顾客的外观、顾客间语言交流以及其他顾客的行为。

根据顾客间互动内容分类主要是早期学术界主要的分类，这类分类方法主要是进行概念层面的划分，而根据顾客间互动行为分类主要是进行方法层面的划分。

（3）根据顾客间互动方式分类。这主要分为直接和间接两种互动方式（Martin & Pranter，

1989；Jones，1995；Huang & Hsu，2009；Zhang et al.，2010；Kim & Lee，2012；Tombs & McColl-Kennedy，2013），其中，直接互动是顾客之间实实在在的人际互动交流，间接互动意味着顾客围绕服务场景出现。Harris 和 Baron（2004）将顾客间互动分为口头言语互动和非言语互动，口头言语主要体现为直接互动，非言语互动主要体现为间接互动（Jones，1995），前者指顾客发生了实际上的口头对话交流（Davies et al.，1999），如顾客询问其他顾客对某商品的评价（Libai et al.，2010）；后者则指顾客间非言语交流等产生的影响（Baron et al.，1996；Martin，1996；Wu，2007；Park et al.，2000；Tombs & McColl-Kennedy，2013）。蒋婷（2012）认为间接互动还可以分为“员工—背景顾客交互”与“中心顾客”的间接互动、“环境—背景顾客融合”与“中心顾客”的间接互动。根据顾客间互动方式分类能够体现顾客间互动涵盖内容的广泛性，但这种分类方法对互动现象的描述不够详细、具体，需要进行进一步的细分。

（4）根据顾客间互动场景分类。Harris 等（2000）认为，顾客间互动主要包括两类，一类是具体服务场景下的顾客间，即现场互动，另一类是离开具体服务场景的互动，即非现场互动，同时，非现场互动或者离场互动虽发生在具体服务场景之外，但仍处于服务毗邻区（Service Vicinity），即意味着顾客心理上仍在（Nicholls，2010），否则，这种互动就是口碑。Yoo 等（2012）认为网络社区或品牌社区在电子商务不断发展的时代背景下，将成为顾客间互动的重要平台，且网络互动对顾客的交流和购买行为发挥越来越大的作用，传统的顾客间互动多指在场互动（Nicholls，2010）。另外，根据互动场景的电子化程度，即与网络环境的关系，又可分为线下互动和在线互动（Huang & Hsu，2009；Libai et al.，2010），其中在线互动也称电子化顾客间互动（Nicholls，2010；Georgi & Mink，2013）或虚拟顾客间互动（Bruhn et al.，2014）。

根据顾客间互动场景分类能够比较准确地反映互动现象的发展过程，并随着时代的发展这一分类方式会更加丰富和完善，但要更加详细地对顾客间互动进行分类，需要进一步确定互动场景的性质和特点以及进行更加细致的研究。

还有学者根据互动角色角度、互动效应分类，首先从互动角色角度将其分为寻求帮助者、损坏者、赞扬者、主动帮助者、被动帮助者、抱怨者/竞争者、评价者、跟从者、被评价者（McGrath & Otnes，1995）；Parker 和 Ward（2000）在 McGrath 和 Otnes 的角色类型的基础上，进一步对购物中的主动求助者和被动求助者做了区分。其次从互动效应分类，顾客间互动还可以分为积极互动和消极互动（Li et al.，2013），顾客间互动对顾客有积极方面的影响，也会对顾客产生消极方面的影响（Wu & Liang，2009），并通过研究，学者发现积极互动和消极互动发生的概率几乎各占 1/2（Zhang et al.，2010）。

根据互动角色进行划分，主要是从顾客在互动中扮演的角色进行分类的，关注于顾客自身；根据互动效应分类使研究关注到了顾客间互动的影响效应，为企业和顾客双方进行互动行为分析提供了一定的指导，但两种分类方式仍待不断的完善。

三、顾客间互动的前因变量研究

目前，有关顾客间互动的前因变量影响研究相对较少，通过对相关文献的梳理，本文主要从主体因素和客体因素两方面进行探讨。

（一）主体因素

顾客间互动的主体因素主要是研究顾客自身对其的影响，具体包括顾客个体特征、顾客需求两个方面。首先，顾客个体特征主要包含人口统计因素（Baron，2007）和非人口统计因素（Harris & Baron，2004）。有学者认为人口统计因素中只有婚姻状况有显著的影响，同时还探讨了一些非人口统计变量较强的影响，如个人的穿着、外貌、个人行为等（Grove & Fisk，1997）。Parker 和 Harris（1999）经过探索性研究，发现顾客获取信息量大小、顾客间熟悉程度等是顾客间互动的重要前置变量。Moore 等（2005）认为非人口统计因素中的性格特征对互动会产生不同的影响，其中互动中性格外向的顾客主动性更强，而内向的顾客比较被动。Raajpoot 和 Sharma（2006）用实验法研究发现影响不兼容性感知的重要因素包含期望、感知程度，影响微弱因素包含价值体系、卷入等，而顾客的心情对顾客的交互感知会产生影响。Harris 和 Baron（2004）认为个人兴趣、顾客的产品反映意愿和能力、卷入水平等基于个体心理和行为的非人口统计因素对顾客间互动也会产生影响。Finsterwalder 和 Kuppelwieser（2011）从中心顾客角度出发，指出顾客间社会性互动的积极影响与自身对任务贡献的感知有关。闫静和李树民（2015）基于扎根理论认为人际互动能力和顾客间异质性是影响顾客间互动的重要前因因素，其中顾客间异质性程度对顾客的参与互动有影响，人际互动能力对顾客参与互动的可能性存在影响。对其他顾客的感知，如外貌、行为性质以及相似性等，也会影响顾客间互动（Brocato et al.，2012）。其次，顾客需求也是顾客间互动的重要前因变量。Harris 和 Baron（2004）认为顾客间互动需求包括风险降低需求、社会互动接触需求等，针对陌生顾客间互动交流，学者认为消费风险和不确定性的降低是主要因素（Davies et al.，1999；Harris & Baron，2010）。Rosenbaum（2006）从消费需求动机角度发现获得情感支持和心理陪伴是顾客的重要需求，但喜欢社会交往是最主要的因素。最后，有学者认为实用性需求是促进顾客间互动的重要因素（王永贵和马双，2013）。

（二）客体因素

顾客间互动的客体因素主要包括企业和环境两个方面。首先，企业服务人员是影响顾客间互动的重要因素，Harris 和 Baron（2004）认为服务人员对待顾客间互动的态度会影响顾客间互动的频率，还有学者认为企业为顾客提供的互动空间是重要的前置变量（Parker & Harris，1999）。企业为顾客间互动提供了相应的场所，对于互动频率高的商业环境中，有利于顾客间的互动（Grove & Fisk，1997）。其次，Moore 等（2005）认为服务环境包括实际环境和感知环境，如服务设施、装潢等硬件环境属于实际环境；噪声、温度等物理环境属于感知环境，并且指出感知环境对顾客间互动具有显著影响，而实际环境的影响微弱，高质量的感知环境会增加顾客高水平的情感兴奋体验，进而提升他们对服务体验的满意度以及再惠顾意愿。有学者发现服务场所的拥挤程度对于顾客的情绪以及顾客间互动的性质产生影响（Martin & Pranter，1989；蒋婷，2011）。另外，与服务情境和服务氛围相关的服务场景也是服务环境的重要组成部分，Baron 等（1996）认为顾客间口头互动在自助性服务环境中更易发生；Baron 等（2007）研究发现，一个落魄参与者能够为顾客互动增强交流信心，从而促进顾客间互动；Bruhn 等（2014）通过实证研究发现，无论是品牌信任还是品牌社区信任都是 B2B 虚拟品牌社区中顾客间高质量互动的基础；Davies 等（1999）认为零售店顾客具有共同排队等候的经历可以提升顾客服务体验，还有学者将顾客赶时间看作一种情境条件，并发现这一情境下大多负面顾客间互动现象容易发生，最后还辨识了包括其他顾客的身体特征在内的八种情境条件（Nicholls，2005）。

总体来说，前文关于顾客间互动前因变量的研究无论从研究对象上还是范围上都很有限，相关结论的普适性不强。尽管多种因素被识别出来对顾客间互动可能产生影响，但是大多数只是基于探索性的研究，缺乏更有利的综合研究支持。

四、顾客间互动的结果变量研究

从现有文献来看，顾客间互动的影响结果可以从企业层面和顾客层面进行总结。

（一）企业层面结果

顾客间互动对企业的影响主要包括：顾客满意、顾客忠诚、服务质量、服务体验和顾客态度和行为选择五个方面，其都会对企业的营销效果等产生影响。

1. *顾客满意*

Martin 和 Pranter（1989）认为很多学者意识到了顾客间互动会对顾客满意产生重要影响，Martin（1996）指出顾客对社交性的顾客间互动感觉最满意，暴力或脏乱的顾客间互动感觉最不满意，同样有学者发现顾客间互动效果与顾客满意之间的正向强关联性（Wu，2007；蒋婷和胡正明，2011）。Wu 和 Liang（2009）以及 Yoo 等（2012）研究论证了顾客满意与顾客间互动间接的正向关系，类似地，景奉杰等（2013）基于刺激（S）—有机体（O）—反应（R）理论，以在线品牌社群为研究背景，构建论证了同样的顾客满意与顾客间互动之间的关系。Price 和 Arnould 等（1995）发现影响顾客满意重要的因素之一就是顾客间互动行为，Grove 和 Fisk（1997）通过质性研究发现顾客间互动会给顾客满意度带来积极的作用，Levy（2010）利用实验操作技术发现积极顾客间互动对顾客积极满意度的影响。有学者认为顾客间互动能够促使稳定效应的产生，从而影响服务满意度，但也发现顾客间互动并不是在所有的情境下都会对顾客满意产生影响。Moore 等（2005）以美发沙龙为研究情境，发现顾客间互动和顾客满意并不存在联系，并进一步指出产生这一现象的原因，类似地，Guenzi 和 Pelloni（2004）也发现同样的研究结果。Fakharyan 等（2014）通过实证研究探讨了顾客间互动对酒店满意度的影响，其中人际互动的质量对酒店的满意度有着显著影响。

2. *顾客忠诚*

很多学者也确认了顾客间互动与顾客忠诚之间的关系。Wu（2008）研究发现顾客间互动与顾客忠诚之间存在正向关系，类似地，Moore 等（2005）认为顾客间互动对顾客忠诚会产生较强的影响，积极的顾客间互动能有效促进顾客的忠诚；Bruhn 等（2014）以 B2B 虚拟品牌社区为研究情境，发现顾客间互动质量与品牌忠诚正向关系；Rosenbaum（2006）研究发现顾客在某场地互动获得的陪伴/情感支持频次与顾客忠诚存在正向关系，然而，有学者以健身中心人际关系为研究对象，发现顾客间互动与顾客忠诚之间并不存在显著的关系（Guenzi & Pelloni，2004）。

3. *服务质量*

Martin 和 Pranter（1989）认为，顾客间互动对服务质量的感知呈正向关系，愉快的顾客间互动会对质量感知起到积极的作用，反之，产生消极的影响，类似地；Georgi 和 Mink（2013）认为顾客间互动能够使顾客对整体服务质量做出积极的评价；Yoo 等（2012）通过顾客参与和顾客角色感知进一步论证了积极的顾客间互动对服务质量感知的影响，同时，有学者研究发现其他顾客在服务场景中的出现就会影响服务质量评价（Kim & Lee，2012）。我国学者范秀成（1999）在扩展服务交互模型的基础上，得出消费者之间的交互会影响服务过程的评价，Wu（2007，2008）以旅游顾客为研究对象，发现顾客会根据同伴顾客的行为从而对整体服务感知做出相应的评价，

Li 等（2013）也指出，顾客与同行顾客（Fellow Customer）的积极互动能提高顾客对零售商服务质量的感知；反之，则对服务质量的感知产生负面影响。

4. 服务体验

顾客间互动与服务体验的关系也获得了学者们一定的认可和支持（Lemke et al.，2011；蒋婷，2012），Yoo 等（2012）认为，顾客间互动成为当前服务体验重要的方面。Harris 等（2000）认为互动对象是快乐购物体验的重要影响因素。有学者认为顾客间积极的互动，如短暂的谈笑交流能产生积极的体验（Davies et al.，1999），类似地，较多学者也认为顾客间互动与服务体验呈正向相关，即愉悦的互动对服务体验有积极影响，反之，则对服务体验产生不利影响（Martin & Pranter，1989；Grove & Fisk，1997；Zhang et al.，2010；银成钺等，2010）。Huang 和 Hsu（2009）认为顾客的游轮体验程度与互动水平相关，类似地，Wu 和 Liang（2009）基于餐馆情境，发现顾客间互动与体验价值的正向关系，蒋婷（2012）以高星级饭店为研究对象，通过深度访谈发现顾客间互动对中心顾客体验影响的作用机理。Harris 和 Baron（2004）认为陌生顾客间互动有助于服务体验感知的稳定性，黎建新（2007）将陌生顾客间关系划分为四类不同性质的类型，并发现不同类型互动对服务体验会有不同的影响。Martin 等（1996）通过探索性研究发现顾客间互动可以促进顾客对服务体验评价的提升，Kim 和 Choi（2016）通过实证研究指出三种客户对客户交互质量类型（朋友互动、相邻的客户互动和观众互动）与顾客体验感知质量存在显著影响。

5. 顾客态度和行为选择

McGrath 和 Otnes（1995）指出，顾客间互动会影响顾客的品牌行为选择，Davies 等（1999）通过对宜家消费者进行问卷调查，发现顾客间的互动交流，例如，产品交流、信息交流，会对顾客的购买意愿产生影响。Guenzi 和 Pelloni（2004）通过对健康中心的顾客进行调查，发现顾客间互动与购买意愿、推荐意向存在显著的关系。Moore 等（2005）认为积极的顾客间互动会让顾客感觉时间过得更快，Tombs 和 McColl-Kennedy（2013）也发现顾客间互动与顾客在服务场景中所花费的时间会产生影响。Adjei 等（2010）基于在线环境，发现顾客的行为选择受顾客间互动质量的影响，Brack 和 Benkenstein（2012）论证了顾客对相关服务的态度受到顾客间间接互动的积极影响，类似地，Li 等（2013）也发现顾客间互动与顾客购买态度和行为的正向关系。我国学者蒋婷和张峰（2013）基于顾客体验视角，从顾客间互动的不同维度发现顾客间互动对顾客再惠顾意愿的影响。

（二）顾客层面结果

顾客间互动在顾客层面的影响结果，主要体现在体验性价值、社会性价值和功能性价值三个方面。

1. 体验性价值

Bruhn 等（2014）认为体验性价值包含愉悦的精神、多样化的体验，以及能够激发情感和智力的具有挑战感的互动体验以及兴趣的满足。Grove 和 Fisk（1997）以佛罗里达主题公园为研究场景，对相应顾客体验进行研究，发现大多数受访者的顾客体验整体评价与其他顾客行为有关。有学者认为获得愉快的体验是顾客间互动主要的结果之一（Baron et al.，2007），类似地，顾客间互动通过时间的消磨以减少无聊感，可以为顾客创造愉悦的服务环境氛围、增加消费乐趣（Baron & Harris，2010；Zhang et al.，2010），还有学者认为其他顾客仅在场就会对顾客的体验产生影响（Tombs & McColl-Kennedy，2013）。

2. 社会性价值

Bruhn 等（2014）认为社会性价值包括归属感、获得自我表达，如自尊，以及社会互动交往机会（Harris & Baron，2004）。Martin 和 Pranter（1989）认为顾客间互动具有重要的作用，如可以促进友谊的形成、减少孤独以及获得归属感，类似地，Moore 等（2005）也发现促进友谊的形成是顾客间互动的一个主要结果，并且，McGrath 和 Otnes（1995）认为，顾客间互动不仅能够促进关系疏远的人们建立关系，还能够帮助熟人之间建立亲密关系，并获得社会归属感和自我身份认同感。有学者认为顾客间互动能够反映顾客在互动过程中想获得某些社会需求，如安全、情感支持、结识伙伴等，因此，对于顾客非常重要（Rosebaum，2006），我国学者蒋婷和张峰（2013）认为社会性体验价值与顾客间互动事件的礼仪违背和友好交谈两个维度显著相关。

3. 功能性价值

Gwinner 等（1998）认为功能性价值是指信心利益的获得，例如，消费焦虑和风险的减少（Baron & Harris，2010；Zhang et al.，2010）以及人际技巧的增强、建立信心、服务处理能力不足（Harris & Baron，2004；Baron & Harris，2010），Libai 等（2010）认为这些价值在降低消费成本的基础上能促进顾客价值的增加，Price 和 Arnould 等（1995）基于漂流冒险的研究，发现通过长时间的、亲密的接触并发展友谊是顾客的期望，同时通过互动也可以对顾客的情感感知产生影响。我国学者蒋婷和张峰（2013）认为功能性体验价值与顾客间互动事件的干扰和争执两个维度呈显著负相关。

总的来说，顾客间互动的影响结果研究较全面地从企业和顾客两个方面进行研究，但还有待进一步拓展和丰富。大多数研究都停留在定性研究上，缺乏对结果变量的定量研究。结果变量研究主要探讨了是什么的问题，但是对于为什么会影响以及怎样影响等深层次的论证缺乏，因此，有必要进一步深化研究。

五、顾客间互动的管理策略研究

企业在顾客间互动的管理中充当更为积极的角色（Wu，2008；Zhang et al.，2010），具体管理策略可以从互动准备阶段、互动进行阶段以及互动结束阶段三方面进行总结。

首先，互动准备阶段。企业主要是先做好相应的准备工作，如市场定位、顾客组合管理、互动场景提供等。Wu（2007）认为企业进行清晰的市场定位能够使不兼容的顾客自发远离，兼容的顾客选择合适的服务情境，类似地，Raajpoot 和 Sharma（2006）也认为顾客关于不兼容性的感知的减少与企业广告宣传与服务交付过程的一致性存在正向关系。Grove 和 Fisk（1997）强调了顾客组合管理的重要性，有学者认为，企业通过团购折扣、服务增加等奖励办法进一步渗透现有细分市场，促使熟悉的顾客一起光顾服务场所（McGrath & Otnes，1995）。Wu（2007）认为为避免不兼容现象以及不良顾客间互动的发生，企业可根据顾客爱好、价值观、经历以及个体特征外貌等对顾客进行细分，我国学者银成钺、杨雪等（2010）通过关键事件技术发现顾客兼容性问题在我国服务业较为严重，并指出增强我国服务业竞争力与学习并提高顾客兼容性管理技巧密切相关。同时，实体环境对兼容的顾客间互动关系的培养有积极的作用（Martin & Pranter，1989；Wu，2007，2008），类似地，Harris 等（2000）指出，企业有责任为培养和支持某种特定的社会互动提供相应的互动空间，Baron 等（2007）也提出，企业应为克服陌生人交谈的保留心理提供良好的环境。还有学者认为，顾客也需要进行教育和引导，使其充分了解相应的互动规则、技巧和知识等（Grove & Fisk，1997；Wu，2007，2008；Baron et al.，2007），以帮助顾客正确地理解互动行为。我国学者蒋婷（2012）以高星级饭店服务企业为研究对象，提出服务企业应采取相应的策略和战略对顾客间行为进行引导，以及明确高星级饭店的市场定位，促进顾客间的兼容性管理的强化。赵建彬等（2015）以品牌社群为研究情境，提出企业预先进行相应的宣传，增强顾客的信息互动量，并引导顾客行为，促进企业品牌忠诚度的提高。

其次，互动进行阶段。这一阶段企业主要可以通过服务活动和任务的设计安排、服务人员的安排、顾客可控感知的增强以及顾客互动体验的提升等促进积极的顾客间互动。Baron 等（2007）指出相关服务任务和活动能够促进顾客间的对话交流，能够打破诸如“天气还好”“你好”之类的较普通、浅层次的社交范式，如顾客在农产品展览活动中参与烹饪等的互动交流，还有学者认为类似俱乐部聚会活动的开展也有助于顾客间互动（Rosenbaum，2006）。Harris 等（2000）认为顾客间互动与服务人员的行为有着重要的影响，通过服务人员可以促进顾客间积极的互动，如宣传帮助他人的积极作用（Grove & Fisk，1997），积极加大具有相似体验的顾客之间的接触（Rosenbaum，2006），以及对不良顾客间互动进行妥善处理（Moore et al.，2005），因此，有学者提出，企业对一线服务人员的角色进行重新定位，并在各阶段加强积极顾客间互动的培训（Martin & Pranter，1989；Wu，2007），例如，工作定位、职责范围、工作能力等（Moore et al.，2005；Baron et al.，2007）以及如何有效地进行顾客间互动管理（Nicholls，2010），类似地，有研究发现顾客对服务员工在处理顾客间互动困境方面存在不满（蒋婷，2011），因此，一线员工是顾客间互动管理的中心，然而，我国学者蒋婷、胡正明（2011）基于关键事件技术的方法，认为游客在服务接触中，顾客自身是主体，某些顾客应该承担“兼职员工”的工作，因为游客接触中碰到的很多问题需要顾客自己而不是导游来解决，类似于与客观事实有关的情况，如天气、交通原因；而且，通常情况下，游客的主动担当会对服务补救产生重要影响，当然，导游也应该承担自身相应的职责。我国学者银成钺和杨雪（2010）基于中国情境的实证研究指出，实施主动解决相应问题的兼容性管理非常重要，并且无论兼容性效果如何，顾客对企业相应评价都会高于其他基本措施和无为的情景。有学者认为，可以通过加强顾客对服务环境选择和设计的灵活性降低其感知风险，增强互动的可控性（Raajpoot & Sharma，2006），有学者认为企业可以通过安排落魄参与者提升顾客互动过程中交流的信心和能力（Baron et al.，2007），Raajpoot 和 Sharma（2006）认为类似于音乐、活动等特殊事件可以提升顾客心情，类似地，Grove 和 Fisk（1997）建议采用舞台/剧场等相关活动调节顾客的情绪，还有学者指出基于服务环境与顾客购买场景的一致性，企业可关注于顾客所在服务场景中的位置安排，以提升顾客间的积极互动（Tombs & McColl-Kennedy，2013）。

最后，互动结束阶段。基于行为主义的理论观点，人类作为寻求酬赏的有机体，企业可以对积极的顾客间互动行为进行正强化，以强化其重复发生的频率。Martin 和 Pranter（1989）认为应奖励兼容性行为；Grove 和 Fisk（1997）指出要鼓励行善行为；Zhang 等（2010）认为应奖励帮助其他顾客的员工，以促进更多的顾客间互动。另外，Martin 和 Pranter（1989）也指出企业要对与关键顾客直接接触的人员进行积极的管理以培育积极的互动接触，如物质、精神奖励、适当的授权等（Harris et al.，2000；Wu，2007）。

总的来说，顾客间互动管理策略研究有效地把握了企业所扮演的重要角色，但研究视角还比较单一，如忽略了顾客这一主体。另外，现有管理策略研究大多为方向性的，具体性和指导性都欠缺，例如，Moore 等（2005）提到对服务接触人员进行相应培训，但是对于具体培训细节缺乏深入的介绍以及 Baron 等（2007）提到加强顾客间互动行为的监测问题，没有说明具体检测内容、时间等问题。

六、总结与展望

（一）研究不足

顾客间互动的重要性越来越受到学术界和企业界的认同，随之相关研究也在不断地增多，目前，相关研究主要从顾客间互动的概念、分类、前置变量、结果变量以及管理策略五个方面提炼出一些有价值的研究成果，这有利于完善顾客间互动的相关理论，并为实践提供积极的指导。但是，目前相应研究还处于起步阶段，存在一定的不足，因此，有待进一步的深化，具体有：①影响结果研究问题。根据现有研究发现，顾客间互动的研究结果主要是关注积极影响方面，只有较少学者对消极影响进行了研究，事实上，顾客间互动对于企业和顾客既有积极影响又有消极影响（Wu & Liang，2009；Georgi & Mink，2013；Bruhn et al.，2014），我国学者蒋婷和胡正明（2011）研究发现顾客间负面互动会对顾客产生更为深刻的影响，并且进一步指出负面互动影响甚至大于正面互动影响。②互动量表开发问题。无论是前置变量的研究还是结果变量的研究大多以定性研究居多，定量实证研究较少，而缺乏准确、科学的顾客间互动测量工具和方法是较主要的一个原因，另外，现有定量研究结论也存在矛盾，如 Guenzi 和 Pelloni（2004）以及 Moore 等（2005）指出顾客间互动与顾客满意之间并无联系，而 Wu 和 Liang（2009）以及 Yoo 等（2012）指出顾客间互动与顾客满意存在正向关系等，这很大程度上与顾客间互动测量不一致有关。

（二）研究展望

对顾客间互动研究虽然存在不足，但是现有研究为未来的研究提供了参考，因此，在对现有研究回顾、评述的基础上，本文认为未来研究可以从以下五个方面展开：①拓展概念研究。虽然关于顾客间互动取得了一定的研究成果，但对于顾客间互动的概念界定还没有达成共识，同时，现有研究大多以服务行业为研究情境进而对顾客间互动的概念进行界定，难以准确、全面地对顾客间互动进行深入的探讨，因此，未来相关研究有必要进一步拓展顾客间互动概念的研究，为后续深入研究提供较成熟的理论基础。②深入探索前置变量。现有相关研究仍处于起步阶段，对于顾客间互动的影响因素的研究有待进一步丰富，许多重要因素还待挖掘和验证，因此，未来研究有待进一步发展并采用综合研究方法对前置变量进行深入探索。③扩展和加强顾客间互动的影响结果研究。后续研究不仅要关注其积极影响研究，还要进一步加强消极影响的研究，以及两种影响结果的对比研究，以更加全面地理解和认识顾客间互动的影响；同时，结果变量研究主要探讨了是什么的问题，未来研究可以加强对为什么会影响以及怎样影响等深层次问题进行论证。④具体深化管理策略。未来研究不能忽略顾客在互动过程中的重要的作用（蒋婷、胡正明，2011），应结合企业和顾客在互动中扮演的角色等多方面研究顾客间互动的管理策略，同时，不断深化和扩展管理策略研究，以提供更加具体、更具指导性的策略。⑤积极开发互动量表。目前，关于顾客间互动的研究主要以定性研究居多，定量研究较少，同时，由于定量研究量表的不一致，得出的相应结论也存在一定的冲突，因此，开发科学、有效、全面的顾客间互动量表是未来研究的重点。

参考文献

[1] Langeard E., Bateson J., Lovelock C. et al. Marketing of Services: New Insights from Consumers and Managers [M]. Cambridg MA: Marketin Science Institute, 1981: 81-104.

[2] Ajzen I. From intentions to actions: A Theory of Planned Behavior. In J. Kuhl and J. Bechmann (eds.), Action Control: From Cognition to Behavior [M]. New York: Springer-Verlag, 1985: 11-39.

[3] Martin C. L., Pranter C. A. Compatibility Management: Customer-to-customer Relationships in Service environments [J]. Journal of Services Marketing, 1989 (3): 5-15.

[4] Cowell, Donald. The Marketing of Services [M]. Oxford: Butterworth-Heinemann, 1984.

[5] Maister D. The Psychology of Waiting Lines in Czepiel [A]//IN: J. A, Solomon, M. R. and Surprenant, C. F. (Eds), The Service Encounter. Lexington, MA: Lexington Books, 1985: 113-123.

[6] Shamir B. Between Service and Servility: Role Conflict in Subordinate Service Roles [J]. Human Relations, 1980, 33 (10): 41-58.

[7] Nicholls R. New Directions for Customer-to-customer Interaction Research [J]. Journal of Services Marketing, 2010, 24 (1): 87-97.

[8] Grove S., Fisk R. P. The Impact of Experiences: A Critical Incident Examination of Other Customers on Service Getting Along [J]. Journal of Retailing, 1997, 73 (1): 63-85.

[9] 银成钱，杨雪，王影. 基于关键事件技术的服务业顾客间互动行为研究[J]. 预测，2010，29（1）：15-20.

[10] Baron S., Patterson A., Harris K. et al., Strangers in the night: Speeddating, CCI and Service Businesses [J]. Service Business, 2007, 1 (3): 211-232.

[11] Libai B., Bolton R., Bugel M. S. et al., Customer-to-Customerinteraction: Broadening the Scope of Word of Mouth Research [J]. Journal of Service Research, 2010, 13 (3): 267-282.

[12] Georgi D., Mink M. Ecciq: The Quality of Electronic Customer-to-customer Interaction [J]. Journal of Retailing and Consumer Services, 2013, 20 (1): 11-19.

[13] Nicholls R. Value creation in service: A Customer-to-customer (C2C) Approach [A]//in Starnawska S. and Werda W. (Eds.). search for value: Selected aspects. Siedlce: University of Podlasie, 2007: 79-84.

[14] Vargo S. L., Lusch R. F. Evolving to a New Dominant Logic of Marketing [J]. Journal of Marketing, 2004 (68): 1-17.

[15] Gummesson E. From One-to-one many-to-many Marketing [A]//in Edvardsson B., (Eds.). Proceedings from QUIS9. Karlstad, Sweden: Karlstad University, 2004: 1-11.

[16] Baron S., Harris K., Toward and Understanding of Consumerperspectives on Experiences [J]. Journal of Services Marketing, 2010, 24 (7): 518-531.

[17] Finsterwalder J., Kupplwieser V. G. Co-creation by Engaging Beyond Oneself: The Influence of Task Contribution on Perceived Customer-to-customer Social Interaction During a Group Service Encounter [J]. Journal of Strategic Marketing, 2011, 19 (7): 607-618.

[18] 蒋婷，张峰. 游客间互动对再惠顾意愿的影响研究——基于游客体验视角[J]. 旅游学刊，2013，28（7）：90-100.

[19] 景奉杰，赵建彬，余樱. 顾客间互动—情绪—购后满意关系分析——基于在线品牌社群视角[J]. 中国流通经济，2013（9）：86-93.

[20] 王永贵，马双. 虚拟品牌社区顾客互动的驱动因素及对顾客满意影响的实证研究[J]. 管理学报，2013，10（9）：1375-1383.

[21] 蒋婷，胡正明. 服务接触中游客间互动行为研究——基于关键事件技术的方法[J]. 旅游学刊，2011，26（5）：77-83.

[22] 蒋婷. 顾客间互动的质性探索和理论模型构建——以高星级饭店为例[J]. 旅游论坛，2012，5（2）：6-11.

[23] 蒋婷. 基于员工体验的游客间互动行为的质性研究[J]. 河南社会科学，2014，22（3）：84-89.

[24] Harris K.，Baron S.，Parker C. Understanding the Consumer Experience：It's Good to Talk [J]. Journal of Marketing Management，2000，16（1-3）：111-127.

[25] 蒋婷. 服务业顾客间互动的影响要素及影响力探析[J]. 企业活力，2011（7）：26-29.

[26] Martin C. L. Consumer-to-consumer Relationships：Satisfaction with Other Consumers Public Behavior [J]. Journal of Consumer Affairs，1996，30（1）：146-169.

[27] Harris K.，Baron S. Consumer-to-consumer Conversation in Service Settings [J]. Journal of Service Research，2004，6（3）：287-303.

[28] Nicholls R. Interactions Between Service Customers：Managing On-site Customer-to-customer Interactions for Service Advantage [M]. Poznan：The Poznan University of Economics Publishing House，2005.

[29] Thakor M. V.，Suri R.，Saleh K. Effects of Service Setting and Other Consumers' Age on the Perceptions of Young Consumers [J]. Journal of Retailing，2008（84）：137-149.

[30] 黎建新. 服务环境中的顾客间关系及其管理[J]. 求索，2007（6）：40-41.

[31] 黎建新，唐君，蔡恒等. 服务接触中的顾客兼容性感知：前因、后果与行业比较[J]. 长沙理工大学学报（社会科学版），2009（12）：5-10.

[32] Bruhn M.，Schnebelen S.，Schafer D. Antecedents and Consequences of the Quality of E-customer-to-customer Interaction in B2B Brand Conmunities [J]. Industrial Marketing Management，2014，43（1）：164-176.

[33] Harris L. C.，Reynolds K. L. Jaycustomer Behavior：An Exploration of Types and Motives in the Hospitality Industry [J]. Journal of Services Marketing，2004（18）：339-357.

[34] Wu C. H. The Impact of Customer-to-cuotomer Intreraction and Customer Homogeneity on Customer Satisfaction in Tourism Service—The Service Encounter Prospective [J]. Tourism Management，2007，28（6）：1518-1528.

[35] Meyer A.，Westerbarkey P. Incentive and Feedback System Tools for Improving Service Quality [R]. Quality in Service Conference Proceedings，International Service Quality Association，New York，1994：301-314.

[36] Baron S.，Harris K.，Davies B. J. Oral Participation in Retail Service Delivery：A Comparison of the Roles of Contact Personnel and Customers [J]. European Journal of Marketing，1996，30（9）：71-90.

[37] Martin C. L.，Clark T. Networks of Customer-to-customer Relationships in Marketing [M]//In Lacobucci D (Eds). Networks in marketing. London：Sage，1996：342-366.

[38] Jones P. Customer-to-customer Interactions Within the Service Experience [J]. Management Research News，1995，18（12）：54-59.

[39] Huang J.，Hsu C. H. C. Interaction Among Fellow Cruise Passengers：Diverse Experiences and Impacts [J]. Journal of Travel & Tourism Marketing，2009，26（5-6）：547-567.

[40] Zhang J.，Beatty S. E.，Mothersbaugh D. A Cit Investigation of Other Customers Influence in Services [J]. Journal of Services Marketing，2010（24）：389-399.

[41] Kim N.，Lee M. Other Customers in Service Encounter：Examining the Effect in a Restaurant Setting [J]. Journal of Services Marketing，2012，26（1）：27-40.

[42] Tombs A. G.，McColl-Kennedy J. R. Third Party Customers Infecting Other Customers for Better or for Worse [J]. Psychology and Marketing，2013（30）：277-292.

[43] Davies B.，Baron S.，Harris K. Observable Oral Participation in the Servuction System：Toward a Content and Process Model [J]. Journal of Business Research，1999，44（1）：47-53.

[44] Parker C.，Ward P. An Analysis of Role Adoptions and Scripts During Customer-to-customers [J]. European Journal of Marketing，2000，34（3/4）：341-359.

[45] Yoo J.，Amold T. J.，Frankwick G. L. Effects of Positive Customer-to-customer Service Interaction [J]. Journal of Business Research，2012，65（9）：1313-1320.

[46] McGrath M. A.，Otnes C. Unacquainted Influence：When Strangers Interact in the Retail Setting [J]. Journal of Business Research，1995，32（3）：261-272.

[47] Wu C. H.，Liang R. D. Effect of Experiential Value on Customer Satisfaction with Service Encounters in Luxury-

Hotel Restaurants [J]. International Journal of Hospitality Management, 2009, 28 (4): 586-593.

[48] Parker C., Harris K. Investigating the Antecedents of Consumer-to-consumer Interaction [A]//In Menon A and SharmaA (Eds.). American Marketing Association Winter Educators' Conference Proceedings [C]. Chicago: American Marketing Association, 1999 (10): 248-249.

[49] Moore R., Moore M. L., Capella M. The Impact of Customer Interactions in a High Personal Contact Service Setting [J]. Journal of Services Marketing, 2005, 19 (7): 482-491.

[50] Raajpoot N. A., Sharma A. Perceptions of Incompatibility in Customer-to-customer Interaction: Examining Individual Level Differences [J]. Journal of Services Marketing, 2006, 20 (5): 324-332.

[51] 闫静，李树民．基于扎根理论的顾客间互动影响因素研究——以团队游客为例[J]．西北大学学报（哲学社会科学版），2015，45（6）：131-135.

[52] Brocato E. D., Voorhees C. M., Baker J. Understanding the Influence of Cues from Other Customers in the Service Experience: A Scale Deveiopment and Validation [J]. Journal of Retailing, 2012, 88 (3): 384-398.

[53] Rosenbaum M. S. Exploring the Social Supportive Role of Third Piaces in Consumers' Lives [J]. Journal of Service Research, 2006, 9 (1): 59-72.

[54] Levy S. E. The Hospitality of the Host: A Cross-cultural Examination of Managerially Facilitated Consumer-to-consumer Interactions [J]. International Journal of Hospitality Management, 2010 (29): 319-327.

[55] Guenzi P., Pelloni O. The Impact of Interpersonal Relationships on Customer Satisfaction and Loyalty to the Service Provider [J]. International Journal of Service Industry Management, 2004, 15 (4): 365-384.

[56] Fakharyan M., Omidvar S., Khodadadian M. R. et al. Examiningth Effect of Customer-to-Customer Interactions on Satisfaction, Loyalty, and Word-of-Mouth Behaviors in the Hospitality Industry: The Mediating Role of Personal Interaction Quality and Service Atmospherics [J]. Journal of Travel & Tourism Marketing, 2014 (31): 610-626.

[57] 范秀成．服务质量管理：交互过程与交互质量[J]．南开管理评论，1999，2（1）：8-12.

[58] Li M., Choi T. Y., Rabinovich E. Self-service Operations at Retail Stores: The Role of Inter-customer Interactions [J]. Production and Operations Management, 2013, 22 (4): 888-914.

[59] Lemke F., Clark M., Wilson H. Customer Experience Quality: An Exploration in Business and Consumer Contexts Using Repertory Grid Technique [J]. Journal of the Academy of Marketing Science, 2010, 39 (6): 846-869.

[60] Kim H. S., Choi B. The Effects of Three Customer-to-customer Interaction Quality Types on Customer Experience Quality and Citizenship Behavior in Mass Service Settings [J]. Journal of Services Marketing, 2016, 30 (4): 384-397.

[61] Adjei M. T., Noble S. M. Noble C. H. The Influence of C2C Communications in Online Brand Communities on Customer Purchase Behavior [J]. Journal of the Academy of Marketing Science, 2010, 38 (5): 634-653.

[62] Brack A. D., Benkenstein M. The Effects of Overall Similarity Regarding the Customer-to-customer-relationship in a Service Context [J]. Journal of Retailing and Consumer Services, 2012, 19 (5): 501-509.

[63] Gwinner K. P., Gremler D. D., Bitner M. J. Relational Benefits in Services Industries: The Customer's Perspective [J]. Journal of the Academy of Marketing Science, 1998, 26 (2): 101-114.

[64] Price L. L., Arnould E. J., Tierney P. Going to Extremes: Managing Service Encounters and Assessing Provider Performance [J]. Journal of Marketing, 1995, 59 (2): 83-97.

[65] Wu C. H. The Influence of Customer to Customer Interactions and Role Typology on Customer Reaction [J]. Service Industries Journal, 2008, 28 (10): 1501-1513.

[66] 银成钺，杨雪．服务接触中的兼容性管理对顾客反应的影响研究[J]．管理学报，2010，7（4）：547-553.

[67] 赵建彬，景奉杰，余樱．品牌社群顾客间互动、心理契约与忠诚关系研究[J]．经济经纬，2015，32（3）：96-100.

附 录

“光辉的足迹”

——中国企业管理研究会大事记

1. 1981 年　在著名经济学家马洪、蒋一苇倡议下，中国工业企业管理教育研究会在京成立。同年，中国工业企业管理教育研究会就组织编写出版了高等学校文科教材《工业企业管理》（上、下两册）。该教材于 1986 年修订再版，分为三册。以上两版由中国财政经济出版社出版，仅 1986 年版发行量达 22.6 万套。1998 年中国企业管理研究会对该书进行了再次修订。

2. 1995 年 3 月　经民政部批准，中国工业企业管理教育研究会更名为中国企业管理研究会，成为全国性的、企业管理专业学术研究的社团组织。

3. 1999 年 10 月 23~25 日　中国企业管理研究会在京举办了“跨世纪中国企业改革与发展暨中国企业管理研究会 1999 年年会”，近 200 名与会代表围绕中共中央十五届四中全会关于国有企业改革与发展若干重大问题的决议，对国有企业改革与发展的重大问题进行了研讨，并选举了第二届中国企业管理研究会理事会。

4. 2000 年 9 月　中国企业管理研究会编辑、经济管理出版社出版了《跨世纪中国企业改革、管理与发展》一书。

5. 2000 年 10 月　中国企业管理研究会与兖州矿务集团公司在山东省兖州市共同举办了“网络经济与企业管理创新暨中国企业管理研究会 2000 年年会”，100 多名与会代表对网络经济、知识管理等问题进行了探讨。

6. 2001 年初　在中国企业管理研究会倡议和协办下，《经济管理》由月刊改为半月刊，其中下半月刊为《经济管理·新管理》，定位为全国性的纯管理学术性杂志。中国企业管理研究会也有了自己的会刊。

7. 2001 年 11 月 17~18 日　中国企业管理研究会与中国小商品城集团公司在浙江省义乌市共同举办了“中国中小企业改革与发展暨中国企业管理研究会 2001 年年会”，100 多名与会代表围绕中小企业改革、管理与发展问题进行了研讨。

8. 2002 年 4 月　由中国企业管理研究会和首都经济贸易大学联合举办了企业管理学科建设研讨会，全国各大高校管理学科带头人都参加了这次研讨会，对我国未来企业管理学科发展的若干重大问题进行了探讨。

9. 2002 年 10 月　第一本中国企业管理研究会年度报告《中国中小企业改革与发展》由中国财政经济出版社出版。

10. 2002 年 11 月 30 日~12 月 2 日　中国企业管理研究会与苏州创元集团在江苏省苏州市共同召开了“核心竞争力与企业管理创新暨中国企业管理研究会 2002 年年会”，100 多名与会代表就企业核心竞争力的界定、评价、培育等一系列问题进行了研讨。

11. 2003 年 2 月　在企业会员单位支持下，中国企业管理研究会设立了五个招标课题，向全体会员单位招标，到2003年10月，各个招标课题都被高质量地完成。

12. 2003年8月　第二本中国企业管理研究会年度报告《企业核心竞争力问题研究》由中国财政经济出版社出版。

13. 2003年11月30日~12月1日　中国企业管理研究会与东胜精攻石油开发股份有限公司在山东省东营市共同举办了“中国能源企业的改革与发展暨中国企业管理研究会2003年年会”，100多名与会代表围绕能源企业发展战略、企业改革和管理创新等问题进行了全面的探讨。

14. 2004年9月　第三本中国企业管理研究会年度报告《中国能源企业的战略选择与管理创新》由中国财政经济出版社出版。

15. 2004年9月18~19日　中国企业管理研究会与辽宁大学工商管理学院在辽宁省沈阳市共同举办了“东北老工业基地振兴与管理现代化暨中国企业管理研究会2004年年会”，近200名与会代表围绕东北老工业基地振兴与管理现代化问题进行了研讨，并选举了中国企业管理研究会第三届理事会和领导人员。

16. 2005年4月　第四本中国企业管理研究会年度报告《东北老工业基地振兴与管理现代化》由中国财政经济出版社出版。

17. 2005年9月23~24日　中国企业管理研究会与厦门大学管理学院在福建省厦门市共同举办了“管理学发展及其方法论问题”学术研讨会，近百名与会代表围绕管理学方法论、管理学科学化、中国式企业管理、管理学学科建设等问题进行了全面、深入的探讨。

18. 2005年12月　中国企业管理研究会、中国社会科学院管理科学研究中心、中国社会科学院企业管理重点学科共同主编的“管理学发展及其方法论问题”学术研讨会会议论文集《管理学发展及其方法论研究》，由中国财政经济出版社出版。

19. 2005年12月18~19日　中国企业管理研究会与国联集团在江苏省无锡市共同举办了“中国企业社会责任暨中国企业管理研究会2005年年会”，近200名与会代表围绕企业社会责任理论、中国企业社会责任实践、国外企业社会责任实践的经验和教训等方面的问题进行了研讨。

20. 2006年5月　第五本中国企业管理研究会年度报告《中国企业社会责任报告》由中国财政经济出版社出版。

21. 2006年11月25~26日　中国企业管理研究会、江西财经大学、中国社会科学院管理科学研究中心在江西省南昌市共同举办了“中国企业自主创新与品牌建设暨中国企业管理研究会2006年年会”，近200名与会代表围绕中国企业自主创新和品牌建设的理论与实践问题进行了研讨。

22. 2007年8月　第六本中国企业管理研究会年度报告《中国企业自主创新与品牌建设报告》由中国财政经济出版社出版。

23. 2007年9月22~24日　中国企业管理研究会、山西财经大学工商管理学院、中国社会科学院管理科学研究中心在山西省太原市共同举办了“中国企业持续成长问题学术研讨会暨中国企业管理研究会2007年年会”，近200名与会代表围绕中国企业持续成长的理论与实践问题进行了研讨。

24. 2008年5月　第七本中国企业管理研究会年度报告《中国企业持续成长研究报告》由中国财政经济出版社出版。

25. 2008年9月2日　中国企业管理研究会与中国社会科学院工业经济研究所共同举办了“中国企业管理论坛——宏观经济调控与企业发展”。

26. 2008年9月6~8日　中国企业管理研究会、重庆工商大学、中国社会科学院管理科学研究中心在重庆市共同举办了“中国企业改革发展三十年理论与实践研讨会暨中国企业管理研究会2008年年会”，近200名与会代表围绕中国企业改革发展的理论与实践问题进行了研讨。

27. 2008 年 12 月　第八本中国企业管理研究会年度报告《中国企业改革发展三十年》由中国财政经济出版社出版。

28. 2009 年 10 月 12~13 日　中国企业管理研究会、东华大学、中国社会科学院管理科学研究中心在上海市共同举办了“国际金融危机与中国企业发展学术研讨会暨中国企业管理研究会 2009 年年会”。来自中国社会科学院、中国人民大学、清华大学、东华大学、国家电网、招商局集团等院校、企业的近 200 名管理学专家，就国际金融危机背景下中国企业的自主创新、兼并重组、品牌建设和战略转型等专题进行了深入研讨。

29. 2010 年 4 月 24 日　中国企业管理研究会、中国社会科学院管理科学研究中心、湖南农业大学商学院、湖南农业大学涉农企业研究所在湖南省长沙市共同举办了“新时期公司治理”专题研讨会，立足于后金融危机的大背景，深入探讨新时期公司治理理论与实践。与会代表就公司治理的一般问题、国有企业公司治理、民营企业公司治理、公司治理绩效的实证等专题展开研讨。

30. 2010 年 4 月 17 日　由中国比较管理研究会筹委会、蒋一苇企业改革与发展学术基金会、经济管理出版社、《比较管理》编辑部主办，南京工业大学经济管理学院承办，上海外国语大学跨文化管理研究中心、首都经济贸易大学工商管理学院协办的第二届全国比较管理研讨会在南京召开。

31. 2010 年 10 月 23 日　由中国企业管理研究会、首都经济贸易大学、经济管理出版社、《中国工业经济》杂志社、《比较管理》编辑部、《战略管理》编辑部主办，中国社会科学院管理科学与创新发展研究中心和首都企业改革与发展研究会协办，首都经济贸易大学工商管理学院承办的第三届全国比较管理研讨会在北京会议中心举行。此次研讨会主题为：比较管理的演化理论、方法及其案例分析。

32. 2010 年 11 月　第九本中国企业管理研究会年度报告《国际金融危机与中国企业发展》由中国财政经济出版社正式出版。

33. 2010 年 12 月 3~5 日　由中国企业管理研究会、蒋一苇企业改革与发展学术基金会、汕头大学、中国社会科学院管理科学与创新发展研究中心联合主办，汕头大学商学院承办的“经济发展方式转变与中国企业发展学术研讨会暨中国企业管理研究会 2010 年年会”在汕头大学举行。全国人大常委、中国社会科学院学部团代主席、经济学部主任、中国企业管理研究会会长陈佳贵参加了研讨会并作主题发言。出席会议的有来自中国社会科学院、北京大学、清华大学、中国人民大学、复旦大学、南京大学等高校及科研机构和企业界的 100 余名专家学者，与会代表围绕“经济发展方式转变与中国企业发展”这一主题展开了深入交流。

34. 2011 年 9 月 17~18 日　由中国企业管理研究会、经济管理出版社、《中国工业经济》杂志社、《比较管理》编辑部、《战略管理》编辑部及《人力资源管理评论》编辑部主办，山东大学管理学院承办，中国社会科学院管理科学与创新发展研究中心、首都经济贸易大学工商管理学院协办的“情境化、本土化理论与比较管理研究第四届全国比较管理研讨会”在泉城济南市举行。

35. 2011 年 11 月 25~27 日　由中国企业管理研究会、蒋一苇企业改革与发展学术基金会、广西大学、中国社会科学院管理科学与创新发展研究中心联合主办，广西大学商学院承办的“中国管理思想与实践学术研讨会暨中国企业管理研究会 2011 年年会”在广西大学举行。全国人大常委、中国社会科学院学部团代主席、经济学部主任、中国企业管理研究会会长陈佳贵参加了研究会并作主题发言。出席会议的有来自中国社会科学院、中国人民大学、厦门大学、复旦大学、暨南大学等高校及科研机构和企业界的 100 余名专家学者，与会代表围绕“中国管理思想与实践”这一主题展开了深入交流。

36. 2011 年 12 月　第十本中国企业管理研究会年度报告《经济发展方式转变与中国企业发展》由中国财政经济出版社正式出版。

37. 2012 年 9 月 14~16 日　由中国企业管理研究会、蒋一苇企业改革与发展学术基金会、河南大学、中国社会科学院管理科学与创新发展研究中心联合主办，河南大学工商管理学院承办的“管理学百年与中国管理学创新学术研讨会暨中国企业管理研究会 2012 年年会”在河南省开封市召开。来自北京大学、中国人民大学、厦门大学、同济大学、北京工业大学、中央财经大学、东北财经大学、重庆工商大学、辽宁大学、西安理工大学、江西财经大学等高等院校与中国社会科学院以及来自《经济管理》和《中国工业经济》杂志社的专家学者，来自国内外著名企业的商界人士，共计 300 余位代表参加了本次会议，会议共收到学术论文 200 余篇，其中 8 篇获得年会优秀论文奖。

38. 2012 年 10 月 26~27 日　由中国企业管理研究会、蒋一苇企业改革与发展学术基金会主办，香港卫生经济学会、香港理工大学专业与持续教育学院、首都经济贸易大学工商管理学院、经济管理出版社等单位联合承办的第五届全国比较管理研讨会“中国管理实践与比较管理理论创新”在香港特别行政区召开。

39. 2012 年 10 月 28~29 日　由中国企业管理研究会、中国社会科学院工业经济研究所、中国社会科学院管理科学与创新发展研究中心联合主办，北京师范大学珠海分校（商学部及管理学院）承办的“珠港澳经济合作与企业发展”学术研讨会在珠海召开。

40. 2013 年 11 月 8~10 日　由中国企业管理研究会、蒋一苇企业改革发展学术基金、景德镇陶瓷学院、中国社会科学院管理科学与创新发展研究中心联合主办，景德镇陶瓷学院工商学院、中国陶瓷产业发展研究中心、江西陶瓷产业经济与发展软科学研究基地承办的“文化发展与管理创新学术研讨会暨中国企业管理研究会 2013 年年会”在江西省景德镇市召开。来自国内外企业的商界人士，北京大学、中国人民大学、江西财经大学、厦门大学、同济大学、北京工业大学、中央财经大学、东北财经大学、重庆工商大学、辽宁大学、西安理工大学等高等院校与中国社会科学院以及来自《经济管理》和《中国工业经济》杂志社的专家、学者，共计 200 余位代表参加了本次会议，会议共收到学术论文 100 余篇，其中 8 篇获得本年会优秀论文奖。

41. 2013 年 11 月 9 日　第五届蒋一苇企业改革与发展学术基金评选出优秀专著奖 2 名、优秀论文奖 8 名并颁奖。

42. 2014 年 11 月 22 日　中国企业管理研究会、中国管理现代化研究会公司治理专业委员会、中国社会科学院管理科学与创新研究中心、安徽财经大学、北京工商大学国有资产管理协同创新中心、首都经济贸易大学在北京亮马河饭店联合举办“第三届中国国有企业改革与治理学术研讨会”。

43. 2014 年 12 月 1 日　由中国企业管理研究会、中国社会科学院工业经济研究所、陈佳贵经济管理青年学术基金在中国社会科学院学术报告厅共同举办了纪念陈佳贵先生诞辰 70 周年学术研讨会暨陈佳贵经济管理学术菁英奖学金颁奖仪式。

44. 2014 年 12 月 6~7 日　由中国企业管理研究会、厦门大学管理学院、蒋一苇企业改革与发展学术基金、中国社会科学院管理科学与创新发展研究中心联合主办，由厦门大学管理学院承办的“全面深化改革与企业管理创新学术研讨会暨中国企业管理研究会 2014 年年会”在福建省厦门市厦门大学召开。本次年会还进行了中国企业管理研究会换届选举。

45. 2015 年 4 月 16~17 日　由中国企业管理研究会、汕头大学、经济管理出版社、《战略管理》编辑部在汕头大学联合举办的“互联网下的大众创业、万众创新研讨会”顺利召开。

46. 2015 年 9 月 23~24 日　由中国企业管理研究会、东北财经大学工商管理学院、蒋一苇企业改革与发展学术基金、中国社会科学院管理科学与创新发展研究中心联合主办，由东北财经大学工商管理学院承办的“互联网与管理创新学术研讨会暨中国企业管理研究会 2015 年年会”在辽宁省大连市东北财经大学成功召开。

47. 2016 年 1 月 23 日　在江西省赣州市举行了中国企业管理研究会会长、理事长级工作会议，会议由中国企业管理研究会、江西理工大学、中国社会科学院管理科学与创新发展研究中心联合主办，江西理工大学经济管理学院、赣州市金融研究院承办。会议回顾了 2015 年工作，讨论了 2016 年工作计划。

48. 2016 年 9 月 23~24 日　由中国企业管理研究会、蒋一苇企业改革与发展学术基金、江苏大学、中国社会科学院管理科学与创新发展研究中心联合主办，江苏大学管理学院承办的“创新、创业与企业管理学术研讨会暨中国企业管理研究会 2016 年年会”在江苏省镇江市成功召开。

49. 2017 年 4 月 15 日　由中国企业管理研究会、湖北经济学院、中国社会科学院管理科学与创新发展研究中心联合主办，湖北经济学院经济与环境资源学院承办的中国企业管理研究会 2017 年会长—理事长会议在湖北经济学院国际学术交流中心顺利召开。

50. 2017 年 8 月 24~25 日　由中国企业管理研究会、蒋一苇企业改革与发展学术基金、石河子大学、中国社会科学院管理科学与创新发展研究中心联合主办，石河子大学经济与管理学院承办的“‘一带一路’与中国企业管理国际化学术研讨会暨中国企业管理研究会 2017 年年会”在新疆石河子市成功召开。